中國歷代貨幣大系
2
秦漢三國兩晉南北朝貨幣

《中國歷代貨幣大系》編輯委員會

總　主　編　　馬飛海

編　　　委　（以姓名筆畫爲序）

　　　　　　　王　岳　　王裕巽　　李偉國

　　　　　　　吳籌中　　汪慶正　　沈　寧

　　　　　　　馬承源　　洪葭管　　宣　森

　　　　　　　郭彥崗　　張繼鳳　　黄朝治

　　　　　　　葉世昌　　傅爲群

責任編輯　　楊寶林

裝幀設計　　任　意

美術編輯　　江小鐸

圖版編輯　　王　煒

馬飛海總主編

中國歷代貨幣大系

2

秦漢三國兩晉南北朝貨幣

汪慶正　朱　活　陳尊祥　主編

上海辭書出版社

見 0008

見 0076

存雲亭 藏

金立夫 藏

金立夫 藏

見 1730

中國歷史博物館　藏

中國歷史博物館　藏

中國歷史博物館　藏

中國歷史博物館　藏

存雲亭　藏

中國歷史博物館　藏

中國歷史博物館　藏

中國歷史博物館　藏

中國歷史博物館　藏

中國歷史博物館　藏

中國歷史博物館　藏

中國歷史博物館　藏

中國歷史博物館　藏

中國歷史博物館　藏

見 1901

見 2200

見 2300

見 2319

見 2339

見 2631

見 2635

見 2636

見 2648

見 2667

見 2684

見 2836

見 2850

見 1278

金立夫 藏

金立夫 藏

存雲亭 藏

見 1429

存雲亭 藏

金立夫 藏

金立夫 藏

見 2930

見 2960

見 2974

見 2991

金立夫　藏

金立夫　藏

見 3086

見 3096

見 3101

上海博物館　藏

上海博物館　藏

見 3282

見 3296

見 3367

見 3387

見 3407

見 3427

見 3429

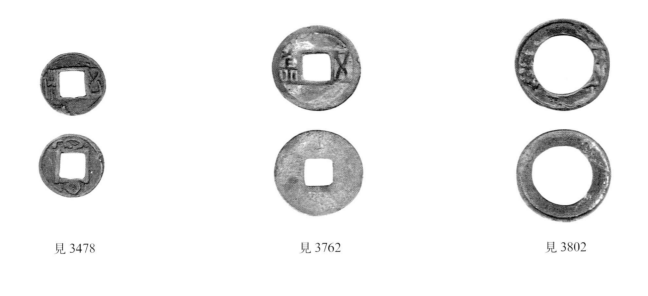

見 3478　　　　　　　　　　見 3762　　　　　　　　　　見 3802

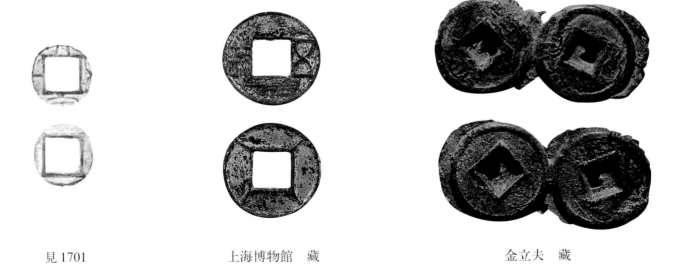

見 1701　　　　　　　　上海博物館　藏　　　　　　　　金立夫　藏

見 3977

見 3978

見 3986

見 3991

安徽省錢幣學會　提供

安徽省錢幣學會　提供

中國臺灣　報道

上海博物館　藏

見 4015

見 4016

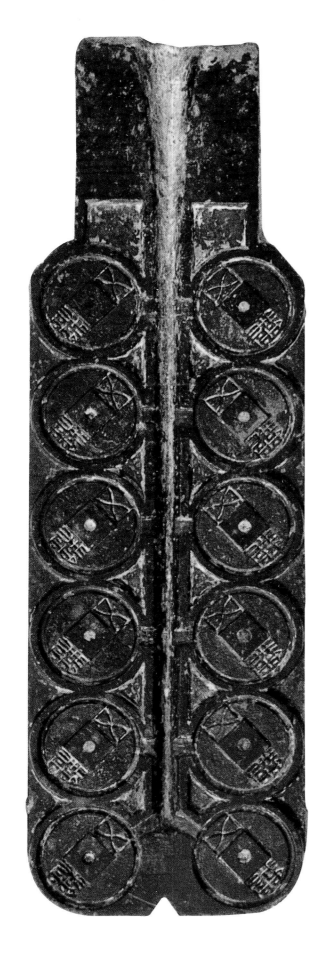

見 4019

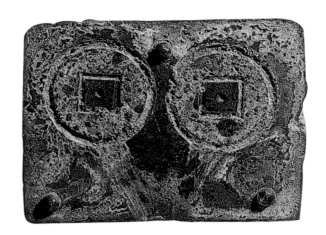

見 4052

見 4054

見 4063

朱活　提供

陝西省錢幣學會　藏

陝西省錢幣學會　藏

上海博物館　藏

朱活　提供

見 4144　　　　　　見 4145　　　　　　見 4146

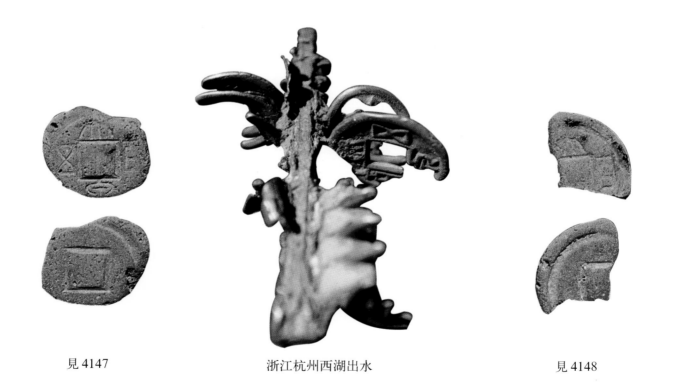

見 4147　　　　　浙江杭州西湖出水　　　　　見 4148

見 4139

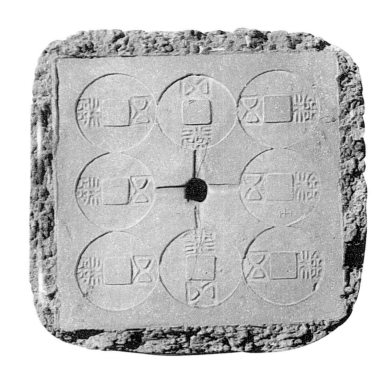

見 4150

見 4151

見 4154

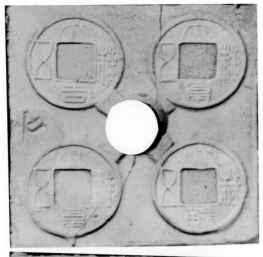

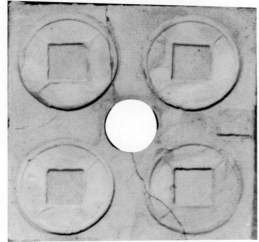

見 4180

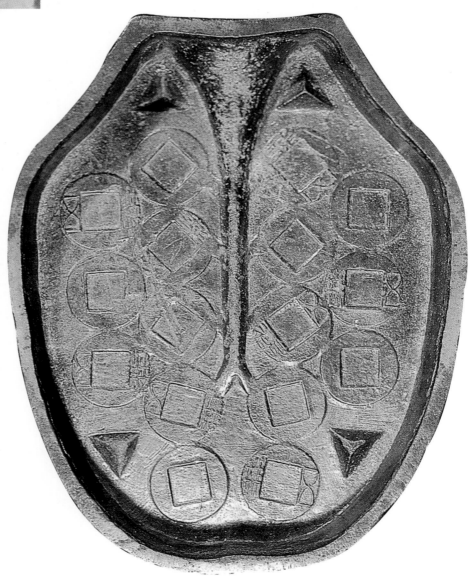

見 4189

序

　　中國是最早使用貨幣的文明古國之一。約在四千多年前的新石器時代晚期,隨着社會分工和商品交換的發展,已經出現了用牲畜、穀物等作爲充當一般等價物的實物貨幣。三四千年前的夏商時期,中原地區使用了海貝,而在商代晚期一些墓葬中發現了青銅貝。春秋戰國時期,在東周王室及主要諸侯國統治區內,流通着中國特有的由生產工具演變而來的布幣、刀幣和圜錢等青銅鑄幣。秦統一貨幣後,歷代都因襲採用了方孔圓形的金屬鑄幣。北宋時期,在四川地區出現的"交子"是世界上最早的紙幣。元、明、清三代,紙幣、銀錠和銅錢並行。清末機製銀元和銅元代替了銀錠和方孔圓錢。歷代不同幣材、形制和版別的貨幣浩如烟海,其數量之多爲世界各國歷史上所罕見。在幾千年的複雜發展過程中,各族人民共同創造了表現東方文化特徵的中國貨幣體系。這是光輝奪目的中華文化中的一簇奇葩。

　　長期以來,貨幣給予每個時代的政治、經濟、文化和人民生活以很大的影響,同時它本身也打上了各個時代的歷史烙印。中國歷史貨幣的研究涉及中國各個時代的政治、經濟、歷史、地理、文字學、美學、金屬冶煉和書法藝術等廣泛領域。錢幣是考古學上斷代的可靠依據之一。中國傳世的和出土的大量貨幣是珍貴的文物和實物資料。一千多年以來,很多錢幣學家和歷史考古學家也爲我們留下了大量的著作。這些豐富的文物資料和研究成果都急待我們進一步認真地整理、研究和總結。爲此,我們決定編纂一套《中國歷代貨幣大系》,爲研究中國貨幣史和錢幣學等提供比較系統的科學資料,爲振興中華、發揚中國燦爛文化服務。

　　《中國歷代貨幣大系》的編纂,力求聯繫各個時代的歷史背景,對歷代貨幣的制度、體系、幣材、形制和結構的變化,以及貨幣分佈、流通規律等進行科學分析。全書按照歷史發展順序,依據朝代的先後和歷史貨幣情況,分爲先秦貨幣、秦漢三國兩晉南北朝貨幣、隋唐五代十國貨幣、宋遼西夏金貨幣、元明貨幣、清錢幣、清紙幣、清民國銀錠銀元銅元、民國時期國家銀行地方銀行紙幣、民國時期商業銀行紙幣、新民主主義革命時期人民貨幣、錢幣學與貨幣文化等十二卷。各卷內容包括四個部分:一是總論,是對這一時期貨幣的總的論述;二是圖錄,是這一時期各種貨幣拓片(照片)的匯總;三是專論,是對這一時期貨幣的重要方面或重要問題的專門論述;四是資料,收錄這一時期貨幣的研究資料。有關貨幣史方面的內容,如各個歷史時期的財政、信用、貨幣購買力、貨幣理論等,本書除各卷總論或專論有所涉及以外,不再作專門介紹。

　　《中國歷代貨幣大系》被列入上海市哲學社會科學"七五"、"八五"規劃重點研究項目。《中國歷代貨幣大系》是大協作的産物,它由上海市錢幣學會發起,並組織專家、學者、專業工作者和錢幣收藏家等進行編纂。在編纂過程中,得到了中國錢幣學會、上海市社會科學界聯合會、上海博物館、中國人民銀行上海分行、各專業銀行和上海印鈔廠、造幣廠的大力支持;得到了各地博物館、錢幣學會、銀行、金融研究所、文物考古部門、高等院校等單位和很多熱心人士的積極支持。在此表示衷心感謝。

　　編纂本書,是一項頗爲艱難的工程。我們雖然勉力爲之,但書中疏漏、訛誤仍難避免,謹希望讀者不吝指教。

馬飛海

1986 年 12 月撰寫
2002 年 3 月修訂

凡　　例

一、本卷收録圖版的範圍，是秦、漢、三國、兩晉、南北朝時期鑄造和發行的貨幣或錢範，共 5 062 件。

二、"總論"是反映這一歷史時期貨幣發展的情況，並綜合國內外學者研究的成果作總的論述。

三、"專論"是就這一歷史時期一些重要的問題，進行比較深入、系統的介紹和分析研究，本着百家爭鳴的方針，各抒己見。專論按內容性質排序。

四、貨幣圖版按各朝代歷史順序排列。經常引證和研究的墓葬、窖藏等的出土錢幣，刊入《重要出土錢幣資料選編》。

五、這一歷史時期各朝代都鑄行而不能確定具體朝代的貨幣圖版列入《東漢、三國、兩晉、南北朝常見貨幣》，尚不能確定何人、何地、何時鑄造的貨幣圖版列入《待考各品》。

六、有的朝代鑄行的貨幣雖有文獻記載，但仍不能確定其貨幣圖版的則注明："圖形待確定"。

七、"圖録"中的錢幣或錢範拓片一般爲原物大小，並注明尺寸、重量、收藏者或提供者。但有的因資料不全，尺寸和重量數據暫缺。另外，錢幣中的銅錢不再注明銅質，金、銀、鐵、鉛錢則一一注明其材質。

八、彩色圖版共 20 頁，注有號碼的即列入本卷"圖録"編碼。

九、"索引"祗限於本卷所包括的貨幣詞目。索引採用筆畫查檢法。按詞目首字筆畫簡繁爲序，詞目首字筆畫相同的，以起筆筆形一、丨、丿、丶、一爲序。

十、本書紀年兼用公曆紀年和中國歷史紀年，公曆紀年用阿拉伯數字表示，中國歷史紀年用漢字數碼表示。如漢光武帝建武二年爲公元 26 年。

十一、貨幣的等級係按其歷史上的作用、學術上的價值、稀見的程度、始鑄的年代、傳統的和目前社會的評價等情況劃分爲五個等級，有四星者爲最高，其下依次爲三星、二星、一星、無星記，僅供讀者研究參考。

目　　録

壹 總 論

總　　論

總　論　編　寫　組

　　秦、漢、三國、兩晉、南北朝時期,是中國封建社會的前期階段。自秦灭六國統一天下起,中國古代歷史進入帝皇專制制度的時代,以封建地主土地所有制爲主要内容的封建經濟關係的確立,在一定程度上削弱了領主制下農奴對封建主的人身依附關係;大一統的帝國和將六國貨幣統一爲半兩錢的貨幣制度等等,都是封建經濟内部商品貨幣經濟發展的有利條件。但由於嬴政建立秦朝後實施的暴政對社會生產的嚴重破壞,未能形成促進商品貨幣關係發展的應有效應。秦亡後,經西漢前期恢復社會經濟政策的實施和一系列改革幣制的努力,終於在經濟發展水平達到空前高度的武帝時期,將中國古代幣制由半兩錢制推進到五銖錢制階段。由於該制度切合這一歷史階段的商品經濟發展水平和對適中的貨幣單位重量的要求,雖歷西漢末新莽亂改幣制的曲折,但經東漢恢復五銖錢制後,三國、兩晉、南北朝時期及隋代各朝大多承用此制,至唐初武德四年纔爲開元通宝錢制所取代。

一、秦代貨幣

　　秦半兩可分爲戰國時期和建立統一帝國的秦代時期鑄行的兩種。建國五十年來有關秦半兩錢的出土資料很多,其中对研究具有重要意義的主要有

1. 簡牘文書

　　1975 年出土於湖北雲夢縣睡虎地秦墓竹簡,簡稱《雲夢秦簡》[1]。

2. 墓葬與窖藏

　　(1) 戰國墓葬與窖藏有: 四川巴縣冬笋壩墓葬[2]、昭化寶輪院墓葬[3]、青川郝家坪墓葬[4]、郫縣紅光公社墓葬[5]、滎經古城坪墓葬[6]、大邑五龍鄉墓葬[7]、陝西耀縣戰國墓葬[8]、長安韋曲鄉首帕張堡窖藏[9]、興平磚廠墓葬[10]、渭南東源墓葬[11]、高陵城東墓葬[12]、咸陽長陵車站出土秦錢[13]、大荔朝邑墓葬[14];甘肅環縣曲子鄉墓葬[15]、慶陽驛馬鄉窖藏[16]、寧縣長慶橋窖藏[17]、天水放馬灘墓葬[18];内蒙古敖漢旗窖藏[19]、赤峰蜘蛛山遺址[20];湖北雲夢秦墓[21];山西河津墓葬[22];河南南陽戰國墓葬[23]等。
　　(2) 秦代墓葬與窖藏有: 陝西臨潼魚池村遺址[24]、秦始皇陵西側趙背户村刑徒墓[25]、鳳翔高莊秦墓[26]、咸陽近郊秦墓[27]、漢中沙沿鄉楊家山秦墓[28]、鳳翔八旗屯秦墓[29]、秦始皇陵兵俑坑遺址[30]、鳳翔南指揮鄉高家河窖藏[31];湖南汨羅永青村秦墓[32]、衡陽渣江赤石鄉秦墓[33];河南洛陽八徒山秦墓[34]、三門峽秦墓[35];甘肅清水柳灘村窖藏[36];山西安澤李子坪窖藏[37]等。

3. 秦半兩錢範

　　陝西西安未央區銅範母[38]、鳳翔東社村銅範母[39]、岐山故郡銅範母[40]、臨潼油王村銅範母[41];安徽貴池江村銅範母[42];四川高縣石範[43]等。

(一) 戰 國 半 兩

戰國半兩錢的始鑄時間,未見史録。貨幣史、錢幣學界對此所作考述,主要有三説:其一,始鑄於秦獻公七年(前378年)"初行爲市"之時;其二,始鑄於秦孝公商鞅變法第二階段(前350—338);其三,始鑄於秦惠文王二年(前336年)"初行錢"之時。還有一種説法,認爲戰國半兩錢原是秦國部分地區早已行用的一種民間自鑄的通貨,因通行漸廣,而採用爲國家鑄幣。戰國前期,經濟、文化明顯落後於關東諸國的秦國,晚至戰國中期的獻公時期,纔開始進行效法强鄰魏國的某些變革,但尚未着力於變革生產關係的根本,秦國並未經此進入封建制度與封建經濟、文化的確立和發展階段。獻公改革至孝公初,秦國的奴隸制殘餘依然嚴重。因此,秦獻公雖有"初行爲市"的政策,對商業活動的限制有所放寬,貨幣關係隨之亦有所增長,但在已然没落的奴隸制生產關係的制約以及社會剩餘產品貧乏造成流通與市場狹猲的歷史條件下,不會形成社會流通貨幣總額需求的大幅增長。所以秦國不可能逾越當時歷史的客觀局限,於此時開創中國古代貨幣史上最先進的方孔圓錢形制。

在秦國圜錢系列中,鑄期早於方孔半兩錢的圓孔圜錢,不僅其孔小徑大之式與魏國圜錢相一致,且其枚重與同式之魏圜錢亦相近合,皆是對應於重12—18克的魏一釿布的鑄品。如秦之"珠重一兩"錢(亦有認之爲權錢者),其未減重之品枚重約13—15.6克,經朱活考定爲秦佔魏桼垣後開鑄的"桼垣"錢枚重約11.5—16.7克,皆與重約14.2—16克的魏"共"字錢相近合⑭,而"珠重"錢減重之品重約9—12克,正與重約9.2—10.6克的魏"垣"字錢近合。秦之"半睘"錢枚重約7克,則正與重約6—9克的魏半釿布重量相對應。這一數據表明秦魏圜錢之間存在着一定的關係。中國古代早期鑄幣流通發展過程中,客觀存在着錢幣輕型化趨勢的規律。相對重大的魏"共"字錢的始鑄時間當早於秦國圜錢。秦獻公即位前曾流亡魏國二十九年,親歷李悝、魏成子主持變法的過程,深受魏文化的影響,故秦國圓孔圜錢當開鑄於獻公回秦執政、倡行改革期間,其鑄錢額不大,正與當時流通發展有限的秦國史況相符。

獻公死,孝公即位,其三年(前359年)開始用商鞅之法實行變革。建立封建政治、經濟體制和迅速發展經濟、軍事實力是商鞅變法的中心所在。在孝公三年開始的第一階段變法中,發佈"墾草令"、"編户"及獎勵耕織等新法;孝公十二年爲起點的第二階段變法中,頒定的"令爲田、開阡陌"、"初爲賦"等變革措施,都是圍繞變革奴隸制生產關係,加速發展以封建經濟爲重心的新政。商鞅變法收效甚快,《史記·秦本紀》云,變法之初"百姓苦之。居三年,百姓便之",至孝公十九年已因經濟發達、國力强盛而獲"天子致伯",桓譚《新論》注之爲"此天下君之冠首也",可證此時秦國已居戰國諸雄之前列。正因爲秦國耕織經濟的迅速發展,社會貨幣總額的需求纔真正有了明顯的增長,絶非鑄量有限的圓孔圜錢所能滿足,遂在秦國封建文化的勃興並領先於關東六國的發展中,始鑄半兩錢,開創了方孔圓形錢式,揭開了中國古代貨幣史上嶄新的一頁。商鞅爲統一度量衡,在孝公十二年(前350年),頒"平斗桶、權衡、丈尺",十八年督造標準量器方升。商鞅行法極重"壹制",云"守十者亂,守一者治"⑮,以此爲變法實踐的方針,雷厲風行。秦國終廢釿、甾等權量雜制,定銖、兩、斤、鈞、石五權爲法定權制而終秦不變,各種記重權制不同的圓孔圜錢隨之廢汰。所以秦國始鑄半兩錢並定其爲唯一法定流通貨幣的具體時間當在此時。

商鞅變法時期所鑄之半兩錢,其文字古拙、放逸。製作粗拙,出於土範。與此時秦國已達之高度青銅工藝水平脱節,又未見有統一鑄錢規範的明顯迹象,顯示其時尚未集鑄幣權於公室。但半兩錢中之特大型錢,徑重與圓孔圜錢中標準鑄品近合,具有明顯的承接性,當屬戰國半兩錢的早期階段鑄品。

秦惠文王二年(前336年)"初行錢",收鑄幣權於中央。此後鑄行的半兩錢,則具有前所未見的規範性的特點。徑重皆小於或明顯小於前鑄品。這在有明確斷代的四川青川郝家坪昭王元年墓中出土的半兩錢上,得到證實。這些無疑是鑄於惠文王至武王時期的半兩錢,以其錢文、形制、製作工藝和在總體類型上的整齊劃一,明顯有別於早期半兩錢,應是戰國半兩錢鑄行的中期階段。

內蒙古敖漢旗出土的一批半兩錢,在錢文書體、筆劃、字形的特徵上,與昭王元年墓所出半兩多具肖同之處,皆无晚期戰國半兩錢上書法漸藴之秦篆筆韵,亦非秦代建立前後錢文的小篆書式。兩者錢徑與面穿徑長之比近同,且皆爲背穿遠小於面穿的方孔圓錢前期鑄式;其鑄作亦具錢周不夠圓整,略呈橢圓或一側稍有斜缺的相同特點。但兩者錢徑相近而錢重有差,敖漢旗所出之品的最大錢重爲10.2—12.8克,相當於"初行錢"前之大型半兩錢,而昭王元年墓中所出最重之錢僅達9.5克。有研究者認爲,兩者雖從鑄式、文字上考察,似屬戰國半兩鑄行中期的同一階段之品,但鑄期可能有先後,鑄地也可能不同。學術界另一重要觀點,是考其爲秦代初期錢。以其出土地點屬贏政統一天下過程中入秦地區,以及錢體精整程度提示鑄期較晚爲兩大論據,亦具有一定説服力。

戰國自秦昭王中、後期起,至嬴政統一天下前爲止的各次窖藏、墓葬出土中,證實特大、大型半兩錢所佔比例不斷下降。表明在此期間半兩錢鑄行額雖不斷增加,但特大、大型半兩錢,一般已不再鑄造,所見者僅因秦國"美惡兼用"的錢法規定而雜於流通錢中。這一時期,中型半兩錢終成秦國流通錢幣結構中的主體,首帕張堡所出一釜千錢的窖藏中,錢徑 26—30 毫米的半兩錢所佔比例高達 67.3%,重 4—6 克者佔 61.3%。這一戰國晚期按秦律"千錢一畚"和"善"、"惡"錢"雜實之"的規定入藏的典型材料,當與實際流通錢的構成比例相符合。因此,戰國晚期是以半兩錢中型化爲特點的時期,應屬晚期戰國半兩錢階段。

戰國半兩錢實物出土,一般皆爲早期、中期、晚期鑄品雜存的狀態,確實造成分期的困難。在目前出土資料尚不足確斷各種半兩錢的條件下,祇能依據典籍、簡牘記載與出土半兩、錢範實物,採取錢文書體字形和徑重數據的排比分析,作較粗略的階段式分期。

早期戰國半兩錢的鑄行時期,正是大篆漸向小篆轉化的時期,其鑄期又近於圓孔圜錢。"珠重一兩"與"半圜"錢文中的"兩"、"半"二字的書體和筆法,與"半兩"錢文有一定的相承演化關係。戰國半兩錢中確有錢文雖或古拙規整,或放逸無羈,枚枚不一,但又具相類書寫特徵,皆具大篆風韵,如"半"字上點兩折特長,下劃多短,其至短粗如點,"兩"字雙足外撇明顯,被稱爲"大篆半兩"。且皆屬粗糙原始之土範澆鑄物。屬於最早階段鑄品。

中期戰國半兩錢是"初行錢"定形制、規範錢文後的鑄品。據青川昭王元年墓、巴縣冬笋壩船棺葬墓和内蒙古敖漢旗墓等處所出之戰國中期半兩錢,其"半兩"二字皆長形,上部明顯過穿,亦有"兩"字上下大抵同穿長,而"半"字甚長者;折筆皆方直,常見銳角。"半"字兩點方折作"儿",其竪筆已漸短,與早期明顯有別;下劃有見長及錢緣、穿沿者。"兩"字以"長人"式較多;其框雙足較多見略外撇者;上劃長、中長、短式皆有,但有上劃展及穿、緣者爲前所未見。同類型錢既有批量發現,可證已爲運用銅範母之鑄品。

戰國晚期秦隸已開始出現並逐漸流行,戰國半兩錢中的中型錢,其錢文近小篆,或書寫蘊秦隸氣息兼具秦隸特點的,如"半"字兩點作平撇八字形近如"八"者;上劃寬坦圓折;上下劃近於等長。"兩"字下框方折而外角略圓;雙人範式繁多,有"長人"、上下劃近於等長。"兩"字下框方折而外角略圓;雙人範式繁多,有"長人"、"短人"、"昇人"、"降人"、"連山"、"十字"、"⊥"、"↑"、"↓"等多種形式,陝西長安、鳳翔,甘肅涇川、慶陽等地所出之此類錢屬於戰國晚期之品。

早期半兩錢初鑄時期,並無規範,一般徑達 35 毫米以上,最大者有逾 40 毫米的。枚重一般爲 12—15 克,亦有逾 20 克者。似因仿效魏國圜錢之規格,故徑重較大,重 12 克以上者,一般屬初期鑄品。此後徑重漸見減縮,再經商鞅的一定整頓,略見整齊,其錢徑一般爲 33—35 毫米,重約 9—12 克。

中期半兩錢之錢式、徑重經"初行錢"制之規範,已出現近乎劃一之特點。其錢徑爲 30—32 毫米、枚重一般爲 6—9 克者,似應屬這一階段的規範鑄品。

晚期半兩錢處於徑重較快減縮時期,以錢徑 26—29 毫米、枚重 4—6 克的中型錢爲其典型。在戰國晚期窖藏中也有徑 20—25 毫米、重 1.7—3.5 克的小型半兩錢,所佔比例很小。

半兩錢的斷代還可以從不同鑄範工藝加以分析。

考古發掘的大型、特大型半兩錢,皆具土範澆鑄特點。如:錢文書寫未見相同,錢體輕重大小不一。澆口茬多爲單個,形寬大。錢緣常有流銅、毛刺,錢面粗糙。錢形常成橢圓或扁卵等畸形。穿孔不正;見有面方背圓、前大後小之狀;亦見有圓孔者。多見隨意放逸之品,缺劃短筆者亦非罕見,還有無文之錢等等。其錢文筆劃之截面常見上寬下窄如梯形者,更屬土範所出之明證,若用銅範母翻子範,則印後無法脫範。由於土範刻劃易深,錢文特別高挺,爲中晚期半兩錢所不及,也是有別於中、晚期半兩錢的重要特徵。

銅範鑄錢,見有直流分鑄式銅範 I 式和 II 式。 I 式成錢的精度與工效都較泥範有顯著提高。錢模分二列,與中央主澆道相連,左右各三,除左右最下一模爲單澆道外,其餘四模皆上下各有一澆道,故所出錢之三分之二皆留有二個澆茬,成爲此種錢模鑄品的特點,同時錢周圓正,方穿整齊,錢緣流銅、毛刺明顯減少,錢身光潔度亦大爲提高。銅範可連續反復鑄錢,必然形成此範模式的同型錢群體,從而排除了"枚枚不同"的土範鑄錢舊況。

由於不同銅範因製地與刻工行筆不同,錢文位置、筆劃、字形長度仍有所差別,但錢文書寫的總體風格仍屬一致。

直流分鑄式銅範 I 式的出土地點多在秦都咸陽附近,提示這類銅範是"初行錢"收鑄幣權於中央後,王室直接監理下官錢鑄造所用,顯示了規範程度和鑄錢工藝的革新。由於晚期中型半兩錢及秦代半兩錢中亦可見錢體上下雙澆茬之品,可知這種錢範一直沿用至嬴政統一天下前後。

1988年,陝西臨潼油王村發現直流分鑄式Ⅱ式十四模銅範,其主澆道分出十四支道各聯接一錢模。這種銅範當比六模的Ⅰ式範出現時間晚,其所出錢僅一個澆茬,茬寬亦遠較土範鑄品小。此範錢模之徑、式與晚期戰國半兩錢中之中型半兩錢可相印證。

秦統一後,這種銅範繼續應用,且成爲秦、漢兩代通用之鑄錢工藝。

(二) 兩甾、文信、長安錢

1. 兩甾錢

秦國方孔圓錢,有無面郭與有面郭兩式,背平素,徑約29—32毫米,一般重7—8.5克。出土中唯一與半兩錢在較早時期曾一併入土的秦國圜錢,祗見兩甾錢,兩甾錢中常見穿孔小者,其錢徑與穿徑之比約在100:22至100:25之間,從早期圜錢穿孔由小漸大的發展來看,兩甾錢應屬方孔圓錢之早期鑄品。據出土資料考察,兩甾錢應爲介於秦國圓孔圜錢與半兩錢之間的秦錢,其鑄期應與半兩錢相續。入土時間距惠文王"初行錢"較近的冬笋壩M42、M50兩墓,共出半兩錢30枚、兩甾錢2枚,此外,並無其他秦國圜錢共出。這一比例顯示:半兩錢無疑已是當時實際流通錢中的主體,而兩甾錢在"初行錢"制頒定時,已非法定流通錢,爲私下尚有行用之品。入土時間較晚的陝西長安首帕張堡窖藏一釜錢中,共出半兩錢997枚、兩甾錢1枚、鎰化錢2枚,甘肅寧縣長慶橋鎮窖藏共出半兩錢20 000餘枚、兩甾錢2枚,表明兩甾錢禁廢已久,屬雜入品。

2. 文信錢與長安錢

皆方穿,背平素,無內外郭。

文信錢面有外向四曲紋。1955年,河南洛陽地區曾出土文信錢石範,該地區爲戰國末秦相文信侯呂不韋封地,故多斷此錢爲其所鑄。文信錢徑24—25毫米,重2.9—3.4克,與其時之小型戰國半兩錢相近。按秦制,不應有異制錢,何況呂不韋以相國輔政,權傾朝野,持與商鞅"壹制"相同的政治主張,力主天下必需"定於一",不可能自壞秦之大制,故文信錢當非其封國自鑄流通之錢。可能鑄此以紀念、宣揚自己治國之功德,用於日常賞賜、饋贈。

長安錢甚輕小,徑21—23毫米,重1.8—2.1克。篆書"長安"兩字,分列面穿右穿下。嬴政弟成蟜,受封長安君,故學界考其爲長安君鑄於封地之錢。嬴政八年,成蟜反叛,兵敗自殺於屯留。其時亦爲呂不韋輔國主政時期,長安君鑄封國流通錢必爲秦制所不許,或係成蟜爲謀叛備用的試鑄品。

(三) 秦 半 兩

嬴政二十六年(前221年),滅六國,建立中國歷史上第一個封建大一統的秦帝國。同年,頒定一系列加強專制主義中央集權,鞏固統一的法令。廢六國舊錢,以半兩錢統一全國貨幣,是其重要內容之一。考古發掘中,確實存在一類具有較統一的制式規格,錢文爲秦統一全國文字所規定的小篆的秦代半兩錢。這類錢應屬秦代初鑄半兩錢中的規範鑄品。

由於帝國暴政對社會生產力的嚴重破壞,財政狀況隨之惡化,朝廷的鑄幣貶毀政策亦同步發展,自嬴政初鑄秦代半兩錢至嬴政三十七年始皇死的約十年間,秦代半兩錢不斷輕小。

秦二世繼位後,頒"復行錢"令㊻。"復行錢"是重申嬴政二十六年的始皇貨幣法令,並對半兩錢的制式規範有所修定。據出土資料顯示,二世時期出現了錢質、錢重有所回昇的新型廣穿式秦代半兩錢。由於這類廣穿半兩錢具有較統一的規範性,可證是在"復行錢"令重新規範下的秦帝國新鑄幣,反映了"復行錢"具有整頓秦代錢法的目的。

嬴政二十六年,開鑄的秦代半兩錢,其制式、錢文必然顯示出進入大一統帝國階段的歷史特點,同時又不可避免地在某些方面仍表現出戰國晚期半兩錢的遺韻。據出土資料的綜合分析,初期秦代半兩錢規範之錢文,採用秦國頒令"書同文"所法定的標準小篆,其字形較短,字體趨於方正,書法走向規整,"半"字之點與兩橫劃皆橫向舒展,上下間隔勻稱;"兩"字之雙人普遍作"長人"式或"短人"式。錢文仍見高挺,但不及戰國半兩錢深峻。初期秦代半兩錢徑多在28—29毫米,重常在4.5—6克。其中雖有不同範式,但其具有相同特徵而係同一類型的分類歸屬是十分清楚的。在六國舊地新鑄的半兩錢,常存戰國舊錢風貌。這是由於依令開鑄時限緊促,往往取當地的戰國半兩錢爲製範鑿模的藍本。在與咸陽相距遙遠、入秦較晚的地區,這一情況更易出現。所見初期秦代半兩錢中,錢徑達30毫米左右,錢文類近戰國半兩通常之式者,大多屬這些地方所鑄。此外,也不能排斥有曾按"重如其文"之令開鑄之品,如存世確有徑越 30 毫米,重在 8 克上下,錢文書寫、字體、字形皆切合小篆之式者。

初期秦代半兩錢的錢重雖有一定規範,但"輕重無常"的情況仍屬常見,字文、鑄式較規矩的鑄品中亦有輕於 4 克、重逾 6 克者,一般地方鑄品有在 3—4 克之間者。有錢文常不規則,但從總體而言,其字文行筆、結構,却程度不等地具有秦代小篆的氣息。

秦帝國建立後不久,即進入以鑄幣貶毀爲主導的中期秦代半兩錢階段。其最主要的特點就是徑重的減縮,並逐漸形成與前階段錢之間的明顯差別。地方所鑄的一般品,差別更爲顯著。鑄作亦見草率,出土實物上常見出於較原始的石範鑄品。鑄錢精度下降,常見成錢粗糙、錢周不正、帶有流銅之品。

中期秦代半兩錢的出土實物較多。包含錢徑 23—27 毫米、重 2.3—3 克的小型秦代半兩錢,而其中徑 25 毫米上下、重約 3 克左右的鑄品是中期秦代半兩錢的主要部分。

中期秦代半兩錢字文趨於草率,形制、範式益見繁雜,徑重減縮,已失去秦初半兩錢所蘊現的那種大一統帝國的氣勢。

考古資料顯示,這一時期的私鑄問題與朝廷的鑄幣貶毀行爲伴同發展,有關墓葬、窖藏中亦常見雜有私鑄錢,其徑小,錢體輕薄,錢文不規則,其小者甚至徑不足 20 毫米、重不及 2 克。

晚期秦代廣穿式半兩錢,是秦二世"復行錢"令對秦錢重作規範後的鑄品。這類錢與戰國末期曾出現過的秦國半兩莢錢區別明顯,其穿之廣度遠大於戰國莢錢,且穿形多見長方者,錢文爲小篆書體,徑一般在 24—25.5 毫米,重 3.5—4.5 克。

秦末半兩錢中有較輕小或甚輕小之品。其較輕小品中,字文為比較規整的小篆者,或爲地方官府鑄錢;其甚輕小之品,錢形不正,鑄作粗糙,銅質不良,錢文拙劣者,則當爲私鑄錢,其中徑在 20 毫米以下、重僅 1 克的輕劣錢並不罕見。二世雖定其廣穿錢之式,但不能排除部分地方官府及民間私鑄錢中,有仍依中期半兩錢舊式的鑄品。此類鑄品除可推知較"復行錢"前又趨輕小、文字鑄作亦更草率粗劣外,如何與中期階段同類鑄品相區別,目前尚乏確切的鑑別依據。

二世雖頒"復行錢"令,但未能真正貫徹,帝國錢法混亂的局面不但未能扭轉,反而更加惡化,這是當時秦王朝已處於總崩潰趨勢下的必然結果。

秦代鑄錢,運用"直流分鑄式"與"分流分鑄式"錢範母印製子範澆鑄的鑄錢工藝,漸被推廣使用,終成官方鑄錢的基本方式。

直流分鑄式錢範在戰國末的秦國已開始使用。分流分鑄式原是戰國楚國蟻鼻錢的傳統鑄造工藝。該錢範澆口分爲兩個主澆道,各主澆道分出若干支澆道,各連一錢模。1980 年發現於安徽貴池江村的二十三模雙鑄槽分流分鑄式半兩錢銅範母,錢模徑達 30 毫米,其徑長、錢文皆近似戰國後期半兩錢之常見形制。貴池原是嬴政二十五年入秦的楚九江郡故地。此範可能是楚故地爲遵行嬴政二十六年統一貨幣令,由當地工匠,依照舊型半兩錢刻製的。

1980 年,四川高縣文江鄉出土二十八模分流直鑄式秦代半兩錢石範。高縣原屬西南夷地區,秦統一後開五尺道時期方入秦。該範刻製粗拙,錢文不規則,模徑達 30 毫米,進一步證實秦代半兩錢範式的繁雜和多種鑄錢工藝的並存。在中期秦代半兩錢上,有的也可見石質條形紋理,表明秦代繼續使用石範鑄錢不是孤立現象。而秦代私鑄錢則皆用類似原始之範鑄技術,在秦末私鑄錢中,更可見不少顯然爲土範的鑄品。

二、西 漢 貨 幣

在反秦鬥爭的大風暴中,二世三年(子嬰元年)秦亡(前 207 年)。又經四年楚漢戰爭,劉邦終於建立漢帝國(前 202 年),都長安,史稱西漢。同年,定幣制,黃金單位改"鎰"爲"斤";行新錢,錢名仍曰"半兩"。

(一) 西 漢 半 兩

西漢甫建,高祖劉邦因"秦錢重難用,更令民鑄錢"[47],史說之"秦錢",實指秦代錢法。不僅因其"重如其文"等規定,更是經長期戰爭窮蹙困疲的漢初所難承用。即使承秦末二世"復行錢"規,復之秦錢制亦是如此,因此必須建立適合漢初情勢的新錢法。遂以改行輕錢和縱民鑄錢爲新法要則。

以高祖爲代表的漢初統治集團"貨幣即財富"的認識,是違反貨幣流通規律的,所行半兩錢又過輕,其結果必然造成流通的混亂和錢幣貶值的劇化並使盜鑄之風日盛,終於形成了穿孔極大、輕劣益甚的民鑄"莢錢"(因其輕劣薄小,形同榆莢,遂稱"莢錢")狂潮。高帝曾爲之頒"盜鑄錢令"。漢初物價踴貴,以致米石萬錢,其鑄錢政策是重要原因之一。

高后二年(前 186 年)"秋七月……行八銖錢"[48]。八銖錢,面文仍爲"半兩",其規範錢重八銖,合 5 克多,目的是改行"重錢",排斥泛濫的私鑄輕劣莢錢,穩定流通。但行八銖半兩錢並不罷廢高祖半兩錢,造成流通的更加混亂,並在"劣幣驅逐良幣"法則的制約下,八銖半兩錢成爲私鑄者改鑄莢錢的幣材。高后六年,不得不下令改行"五分錢",結果是遭受與八銖半兩錢同樣失敗的命運。

《史記·平準書》記云:"至孝文時,莢錢益多,輕,乃更鑄四銖錢,其文爲'半兩',令民縱得自鑄錢。"《漢書·文帝紀》云:"(五年)夏四月,除盜鑄錢令。更造四銖錢。"在這次幣制改革中,文帝製定"稱錢衡制"[49],以求維持民間自鑄錢的質量。規定凡民間行用自鑄四銖半兩錢者,必須經稱錢衡稱量,史述"或用輕錢,百加若干"[50],就是指稱衡中若發現其錢輕小,則必需增加錢幣數量以補足缺少之錢重。若有以不合法度的衡器及其他作弊行爲者,一律按律治罪。對民間自鑄錢採取嚴格檢驗的手段,以保證貨幣流通秩序。

景帝即位後,繼行四銖半兩。但鉛錢盜鑄與私鑄劣錢之風,非稱錢衡制所能遏制。景帝中元六年(前 144 年)冬十二月,頒佈"鑄錢、僞黃金棄市律",改變高祖以來縱民自鑄錢的政策。這是西漢建立以來,第一次採用嚴刑禁止私鑄、盜鑄的政策,標誌漢帝國開始轉向收鑄錢權於官家,由朝廷、郡國、地方以及經特許的統治階層成員共同鑄作法定貨幣,以整頓流通秩序。但因盜鑄、私鑄獲利巨大,長期以來不僅已形成龐大的社會私鑄群體,而且涉及社會上下,故其結果如賈誼所云:"令禁鑄錢,則錢必重,盜鑄如雲而起"[51],景帝之嚴令並無實效。

自武帝繼位至改行郡國五銖的二十三年間,先後進行了初行三銖錢、改行四銖半兩錢、復行三銖錢的三次幣制改革,都遭失敗。其直接原因皆在於盜鑄、私鑄錢對國家鑄幣標準的衝擊,初行三銖,"吏民之犯者不可勝數";改行四銖半兩,則"而姦或盜摩其質而取鋊,錢益輕薄";復行三銖,又被"作姦詐"[52]。儘管武帝立法"盜鑄諸金錢,罪皆死"[53],因之處死者亦不可數計,但其風不但未見稍斂,反而益熾,竟達"天下大抵無慮皆鑄金錢矣"的地步[54]。武帝終於從歷次幣制改革的失敗中,總結了經驗,開始了新的探索。

1. 高、惠半兩

高祖半兩錢之制,是承秦末二世廣穿錢之式而作減重,並變秦禁私鑄之法而實行官民共鑄的政策。高祖八、九年間,頒"盜鑄錢令",所禁者爲盜鋊官錢改鑄輕劣私錢的不法行爲,並不涉及縱民鑄錢的方針。惠帝承之不變。

高祖初鑄半兩錢。式爲廣穿,其徑重規範幾何,正史未述,僅《史記索隱》曰:"顧氏案《古今注》云,'莢錢重三銖'。"此說與出土資料所示相符。

隨高祖半兩錢鑄行時間的推移,錢文書體、書法逐漸減弱秦錢影響,終於形成漢初廣穿半兩錢的明顯特徵。鑄造規整,其錢文字形寬長,筆劃纖細方折,"半"字上點有略圓折稍呈八字形者,書體已蘊漢篆氣息,錢文平坦,錢周圓正,廣穿方正。其徑 21—22 毫米,重 1.9 克,仍近合三銖。

出土資料中,亦見規整型高祖半兩錢中含有錢徑相同而頗輕者,如陝西西安地區與山西安澤所出之中,有徑 21—23 毫米而僅重 1.2 克者,似爲後期高惠半兩減重錢。

高惠時期,民間鑄錢越鑄越輕小,錢文書寫拙劣,錢形常不正,鑄作粗糙,穿徑益大,其出土頗多。其較大者徑 15—17 毫米,但重不足 1 克;徑不足 10 毫米,重僅半克上下者,亦不罕見。出土之民間莢錢範多見此類錢模。如山東萊蕪出土的 320 模莢錢石範,錢模之徑僅 6 毫米;山東博興賢城村出土三件莢錢石範[55],其一有錢模 60 枚,模徑 12 毫米;其二有錢模 108 枚,模徑 8 毫米;其三有錢模 176 枚,模徑不一,最大者 6 毫米,最小者僅 4 毫米。對特別輕小以致難於持用之品,不少研究者認爲可能是專用之瘞錢。

2. 高后八銖半兩與"五分"半兩

高后八銖半兩錢曾因東漢應劭"本秦錢"之說,肇致復行重八銖之秦錢與高后新鑄兩說之間的長期論爭。

1986 年,徐州北洞山西漢楚王墓[56]出土半兩錢達 70 000 餘枚,其中含有文帝四銖半兩,故入葬年代之上限可定爲文帝五年。出土報告確認,出土錢中錢徑明顯較大的漢半兩錢爲高后八銖半兩,其中有相當數量錢周不甚規整,錢體厚薄不匀,錢文不甚清晰,錢身帶有流銅。有相互聯結,尚未斷開,屬鑄後未經使用即入墓葬者,足證高后八銖半兩錢爲新鑄漢錢。在這批八銖半兩錢上可見與秦錢的區別,即高后八銖半兩錢徑較大而肉薄;錢文多平坦,有的在筆劃周邊略顯凹陷。篆體字文已現漢隸氣息,一般字體較短,結構開闊灑脫,已初蘊文景半兩之風貌。楚王墓所出之八銖半兩錢,尤其是鑄後未入流通的這一部分,應屬當時郡國鑄品。

入葬時間與北洞山楚王墓相近的安徽阜陽雙古堆漢淮陰侯墓出土 4 枚"高后八銖半兩錢"[57],學者確定其應分屬戰國與秦初半兩錢。表明在高后行八銖半兩錢時期,確有部分形體或錢重近於新錢的秦半兩遺存物隨之復行。1992 年,山西安澤李子坪窖藏半兩錢出土,該窖藏入土時間,定爲高后六年左右,出土半兩錢中含有高后八銖半兩錢,不少爲帶有四個或三個澆茬的"多鑄口"或澆茬位於左右、上左、上右的"異位鑄口",與秦半兩錢僅有單鑄口或上下雙鑄口明顯不同。是西漢前期令人注目的鑄錢工藝革新——中流散鑄式範的鑄品[58],這就爲高后八銖半兩錢屬漢鑄新錢的結論,提供了確實的實證。

安澤李子坪窖藏所出的高后八銖半兩錢規範性強,形制較劃一,Ⅰ型爲徑 29.25—31 毫米,重 3.8—5 克的大型錢;Ⅱ型爲徑 26.5—28 毫米,重 2.65—3.2 克的小型錢。從鑄錢減重規律看,Ⅱ型當爲後期鑄品。兩型錢雖精整程度相當,皆徑大而輕薄,文字風格亦基本定型,但Ⅰ型錢皆爲大字,字形寬長而趨方,Ⅱ型錢字體較小,文字更趨方短。這批漢八銖半兩,似屬高后所鑄的官錢。

據上可知,高后八銖半兩錢爲中央與郡國共鑄,並曾有部分秦"八銖半兩"復行。因其與高惠莢錢並用,當時民間盜鑄錢、私鑄錢,應以八銖半兩錢銷熔、改鑄莢錢爲主要對象。

高后六年(前 182 年),改行"五分錢"。應劭稱之爲"所謂莢錢者",但其徑重規範,史皆未述。遂使以往錢學界對之產生種種猜測,洪遵引顧烜之說認之爲徑五分之半兩錢;蔡雲則考之爲半兩錢重的五分之一;彭信威同意蔡說,以十二銖計算得其重爲二銖四絫的結論。依西漢權制,1 銖合 0.672 5 克,二銖四絫僅合 1.614 克,其重明顯輕於高惠廣穿半兩錢原定的錢重規範八銖半兩或 5.38 克,與高后行八銖半兩以重錢排斥輕劣"莢錢"的政策思想不合。其實"五分"不僅可釋爲五分之一,而且經常作一半之解,即"五成",如宋《獨醒雜志》卷五"(梅花)開及五分"之例,俗語中亦常有"獨得其五分"之說,皆指其半。可以"五成"之解以考"五分錢"。如此,則高后"五分錢"是對其原行之八銖半兩錢而言,減半則爲四銖合 2.69 克,其式仍爲廣穿錢。亦即在改行八銖半兩的幣制改革失敗後,轉爲改行比高祖廣穿半兩錢增重一銖的新錢的又一次幣制改革。

高后五分錢應是實重四銖的廣穿式半兩錢,除錢重規範有別外,其與高祖錢的差別主要在錢文的書體和鑄式上:高后五分錢錢文雖因受廣穿擠壓而顯狹長,但仍承八銖半兩錢文之韵,篆書方折,結構嚴謹,部分錢文字形似承用八銖半兩規範錢文,祇是將"半"字中豎、"兩"字雙足及中豎伸長;書寫皆極規正,錢面文字佈局美觀,是秦漢廣穿式錢中佈局最成熟的;錢徑大而錢體輕薄之形制亦存八銖半兩錢鑄式特點。其銅質精良,鑄造規整。

高后五分錢也經歷減重的過程。其初鑄時期之規範品,可見如陝西西安地區出土之徑 23 毫米、重 3 克及徑 23 毫米、重 2.9 克之標本[59],以及山西安澤李子坪窖藏所出之徑 26.2 毫米、重 3.18 克者。這類鑄品不僅文字、鑄式符合五分錢特徵,而且錢重超過四銖。此後之鑄品仍具五分錢的明顯特徵,祇是逐步減重。如甘肅臨夏縣出土之徑 21 毫米、重 2.2 克者[60],安澤李子坪出土之徑 22.1 毫米、重 1.9 克等品,當爲中期五分錢,已減重至三銖上下,不足八銖半兩規範錢實重之半。又如徐州北洞山楚王墓和陝西鳳翔出土的徑 22 毫米、重 1.5 克及徑 23 毫米、重 1.3 克之品,當爲晚期五分錢鑄品,已減重爲二銖左右。

高后行五分錢的改革,亦因私鑄、盜鑄輕劣錢的激烈衝擊而告失敗。高后六年至文帝五年止用莢錢之前的私鑄、盜鑄錢徑不足 15 毫米,重多不及 1 克。五分錢的輕劣愈甚,終使"文帝以五分錢太輕小,更作四銖錢"(《史記·文帝本紀》應劭注)。

3. 文、景四銖半兩

文帝五年(前 175 年),改行四銖半兩錢,以素背方穿之制式取代廣穿半兩錢。景帝承之。

文帝半兩錢有小字、大字及字形趨長的三種範式。小字及大字範式之錢文書體,明顯承高后八銖半兩與五分錢之篆書兼隸意而又有發展,所蘊含漢隸之氣息較濃厚。錢文字體較方正,筆劃較細、方折,端莊秀麗,"兩"字多作"雙人"或"連山"式。大字範式之錢文筆劃雖有略粗於小字型錢者,但仍屬行筆纖麗之品。其字形趨長類型之品,"兩"字雙人可見有作"上"與"十"字之式,出現時間應晚於小字、大字型範式,已顯示出與後來景帝半兩錢上寬長字形的銜接徵候。

文帝半兩錢徑多在23—25毫米之間,其中以23—24毫米者佔多數。枚重約在2.2—3.3克,但大多爲2.7—2.8克,即實重四銖的規範性較强。聯繫其對民間鑄錢所立"稱錢衡"制考察,可見文帝行四銖半兩錢的改革,是以改變漢初以來的廣穿錢式,堅持法重,排斥盜鑄和輕錢爲重點。

文帝四銖半兩錢上常見面有外郭或兼有内郭之式,星點、竪劃等符號亦已有所見,似表明已開始進行防鎈邊盜鑄措施和加鑄符號以備檢驗鑄錢質量的探索。

在各處出土文帝四銖半兩錢中,常見徑重近同規範品,但錢文粗放,字形較大,有"半兩"大小懸殊者,"兩"字下框左筆外撇者等等無定規書式。但其書寫所蘊漢隸氣韵,筆劃有波勢,横劃均與字肩等長的書式,却與規範品具有一致性。這類四銖半兩錢可能爲文帝時期郡國地方鑄品。

景帝四銖半兩錢與文帝後期半兩錢承續、發展的關係很明顯。景帝初期半兩錢當近如文帝後期錢,據山東沂水縣出土之四銖半兩21模石範考察[61],該範錢模之徑爲24毫米,錢文筆劃粗壯、方折,字形寬長,"兩"字雙人作"連山"式,與文帝半兩錢上常見之筆劃纖細妍麗的風格相異。此範左側刻有"四年三月"四字,故據其錢文書式特點可斷爲景帝前元四年(前153年)或中元四年(前146年)所成錢範,當證此時景帝錢已顯示獨具的特徵。

西漢前期的錢文書體是由秦小篆受到隸書影響,隸意不等的漢初小篆。以後定型於武帝五銖錢文上。陝西西安地區出土的四銖半兩錢中,有一類隸書氣息濃郁之品,其"半"字上點作平弧外撇之八字形,上劃雙肩仰折與中竪之出頭皆甚短;"兩"字上劃長,多通貫錢緣與穿沿之間,行筆帶有波勢,有的研究者稱之爲"隸書半兩"。此類型四銖半兩錢應出現在景帝後期較晚階段。

文景時期盜鑄、私鑄迅猛發展而且急劇惡化。其時雖仍多銷熔官錢改鑄輕錢的舊風,但主要趨向却在磨熔官錢之銅,羼雜鑄造徑重近同法定規範的盜鑄錢和鐵四銖半兩錢。許多地區出土之文景半兩錢中,帶有民間盜鑄錢,其徑在22—24毫米間;其錢文亦帶有一定程度的隸意,但書寫或粗獷或拙稚,筆劃結構不勻稱,字體不正,字形長短寬狹隨意,"兩"字雙人多簡化作"十字"式;鑄作粗糙。[62]其時私鑄的鐵四銖半兩錢之錢文,式、重如文景四銖半兩錢,亦具有郭、無郭兩式,有多處出土,反映當時私鑄鐵四銖半兩錢已具有相當規模;其混雜於流通所造成的混亂和對朝廷錢法的衝擊力,遠比銅質盜鑄錢大。文景時期鑄鐵四銖半兩,比東漢初公孫述鐵錢,還早了一個多世紀。

在文帝時期的半兩錢中,有大夫鄧通鑄的"鄧通錢"、吴王劉濞鑄的"劉濞錢",在武帝時期有今人所謂"蛇目半兩"錢。前兩者史有記述,但實物難於分别。

所謂"鄧通錢"和"劉濞錢"是指文字、肉好同西漢半兩錢,錢面有突起小銅塊的四銖半兩錢;"蛇目半兩"是指面無周郭背平素、錢文上下鑄有寬闊弧形、近似外郭的四銖半兩錢。兩者之成因皆係原錢範刻模過淺,成錢明顯輕於四銖法重,爲節省重新刻製錢範之工費,故在原範模上挖去部分,經澆鑄就形成增加錢重的突起部分。由於在錢模上挖除的不同位置與形狀,就形成鑄品上的突起銅塊或異形寬郭。20世紀80年代以來,學術界已有此考説[63],且有對吴鄧錢進行實測,兩者錢重多在2.7—3.3克,正合於或稍超過四銖(秦、西漢四銖等於2.69克)法重[64]。

4.武帝半兩

武帝半兩的鑄期爲建元五年(前136年)罷三銖錢起,至元狩四年(前119年)銷半兩錢更鑄三銖錢止,前後約十八年。亦有無面郭與有面郭兩式,其徑一般在23—24毫米,重2—2.3克。其錢文筆劃更較文景半兩纖細而整齊,字形亦較之略短;穿徑比文景錢有所縮減;有面郭錢之郭緣細而劃一,兼有内郭者佔相當比例;錢文離外郭較遠之"隔輪"錢較常見,字體見小。無郭半兩之"兩"字多從"雙人"或"連山"式;有郭半兩則多從"十字"式,但亦有仍作"雙人"式者,無郭半兩錢當爲建元五年承無郭三銖而鑄造之品,其時可能亦有有郭之式並鑄,如文景時期之兩式並有。但不久即罷無郭之式,完全以有郭半兩取代。武帝半兩之出土資料顯示其有郭半兩佔絶大多數,表明自文帝以來,半兩錢加鑄面郭的防盜鎈性質日益明顯,至時已成爲武帝堅持和維護國家鑄錢標準化政策實施中的一個技術手段。從有面郭半兩錢經有面郭三銖錢的兩次實踐,終於發展爲以後面背周郭的五銖錢定式。

在考古發掘中有武帝時期的鉛質半兩錢批量出土,版式較多,錢徑約21.8—23.3毫米,枚重2—3克。

(二) 武 帝 三 銖

西漢武帝鑄行三銖錢是中國貨幣史上的一件大事。

武帝何時鑄行三銖錢,歷史文獻有不同記載。

《史記・平準書》云:"令縣官銷半兩錢,更鑄三銖,文如其重。"因發生於造"白鹿皮幣"和"白金三品"之年應是元狩四年(前 119 年)。又云:"有司言三銖錢輕,易姦詐,乃更請諸郡國鑄五銖錢,周郭其下,令不可磨取鋊焉"。因發生於武帝大破匈奴之年仍是元狩四年,四年以前是否鑄過三銖錢缺記。

《漢書・武帝紀》云,建元元年(前 140 年)"春二月……行三銖錢","五年春罷三銖錢行半兩錢",元狩五年三月"罷半兩錢,行五銖錢"。

《漢紀》云:建元元年"行三銖錢",建元五年"罷三銖錢"。又云:元狩四年"銷半兩錢,更鑄三銖錢",元狩五年"行五銖錢"。

《漢書・武帝紀》認爲三銖錢祇鑄過一次,是爲一期論;而《漢紀》則認爲前後鑄過兩次,是兩期論。

由於史書記載不同,千餘年來對鑄三銖錢時間爭論不休。過去的爭論較多集中於所據史書的可靠性上,現在則把注意力轉到從錢幣出土資料中尋找爭論的依據。1972 年,山東臨沂銀雀山出土 1 枚傳形無郭三銖錢。[65] 1991 年,河南永城芒山發現一座大型西漢墓有 10 000 餘斤從戰國鑄幣到武帝四銖半兩錢的窖藏。[66] 前者同出土墨書竹簡 4 900 餘支,有的學者從建元元年罷黜法家、縱橫家而墨書未見兩家爭論,而建元五年春是"五經博士"、"罷黜百家、獨尊儒術",而墨書中仍有大量雜說。這些説明,這枚無郭傳形三銖錢與竹簡隨同入墓的時間應在建元元年至五年之間,可以證明其時已鑄行三銖錢。[67] 後者有學者認爲,如三銖錢鑄於建元元年至五年間,必然存在於當時的流通錢幣中,但從永城芒山漢墓中所出的 10 000 餘斤窖藏錢幣中,取出 1 000 餘斤整理分析却未發現三銖錢,據此論證建元年間未鑄過三銖錢。[68] 運用考古出土資料進行科學的論證,無疑是可信的。相信在今後發現更多的科學考古資料中,可以解決這一千古疑案。現在暫從兩期説。

武帝鑄行三銖錢,在中國古代幣制改革史上的劃時代意義,是較其鑄行時間的學術討論更引起我們注意的重大研究課題。

漢初,曾承秦錢制。但因"秦錢重難用",遂"更令民鑄錢"。秦制雖定其錢爲"重如其文"的半兩錢,但半兩合十二銖,單位錢重過高,不便當時民間交易之"小用"。在秦代,已減重至遠不足半兩。漢初高帝改定半兩錢制,將單位錢重減爲三銖。呂后時期,一度鑄行實重不足的八銖半兩,以後又改行爲八銖半兩之半的五分錢。從高帝至呂后的三次幣制改革雖每次都變革了錢重單位,但皆不放棄半兩錢制重不如文的傳統政策,尚未察覺到貫徹重如其文、名實相符的國家鑄幣標準化政策纔是統一幣制、穩定流通的關鍵所在。在文景兩朝鑄行四銖半兩錢的約四十年間,更多的是重僅三銖或不足三銖的盜鑄、私鑄半兩錢湧入流通,在劣幣驅逐良幣規律支配下,重三銖上下的盜鑄、私鑄錢在實際上成爲流通幣中的主要部分,並爲商民所習用,流通更爲混亂。武帝即位後倡行幣制改革,終於突破半兩錢制傳統的束縛,決定以重如其文、名實一致的新錢制取代重不如文的半兩錢制,其三銖錢制首次創建了中國古代貨幣史上國家鑄幣名實相符的標準化制度。據出土資料,三銖錢有無郭和有郭兩種,鑄作皆正規,其徑一般爲 22—23 毫米,重 2—2.1 克,切近三銖,符合"重如其文"的制令。武帝鑄行三銖錢,導致以後集鑄幣權於中央,專鑄三官五銖錢,並加強銅質、錢式、工藝等方面的規範措施,達到"天下非三官錢不得行"的統一幣制目標,而且對此後漫長的中國封建社會史上諸多王朝的鑄錢制度發生深刻影響。武帝三銖錢制開創了中國古代國家鑄幣標準化的歷史,功莫大焉。

（三）西漢五銖錢

元狩五年春,高祖以來歷次幣制改革都在三銖、四銖"輕錢"和八銖"重錢"之間探索合適的幣重單位。因過輕、過重都不符合當時流通的客觀需求。到武帝時期,經長期休養生息,西漢已進入中國封建社會前期經濟發展階段,商業流通空前繁榮興旺,買賣交易極爲頻繁。因此,最終確立切合古代商品流通中輕重適中的幣重單位,已是迫切的歷史要求。

在確定了流通需求的幣重單位後,還必須嚴格維護國家鑄幣的標準化,纔能保證貨幣流通的穩定。當時對國家鑄幣標準化的最大破壞力,是來自社會日益猖獗的盜鑄浪潮(磨鋊官錢盜銅摻雜改鑄劣錢)。嚴刑威懾已證明無法制止私鑄,而自文景以來開始試用錢面加鑄周郭的防鋊邊措施仍不足以阻遏,故當進一步在錢幣制式上加強反盜鋊的技術手段。郡國擁有鑄錢權是高祖以來的成法,但其所鑄五銖錢輕重大小、質量、工藝、規格不一,也影響國家鑄錢的標準。

1. 郡國五銖

　　爲了解決這一重大歷史課題，武帝於元狩五年三月，應朝臣"更請諸郡國鑄五銖錢"之議，進行其又一次幣制改革。改革的基本立足點：一是改用輕重適中的五銖錢單位制，如漢簡中所說的"改更舊制，設作五銖錢，欲便百姓"[69]；二是以"周郭其質"，"令不可摩取鋊"之新錢式爲五銖錢定式，即在錢的面背上加鑄周郭，防止盜鋊，以保證名實相符的"重如其文"的國家鑄幣標準。

　　郡國五銖錢的特徵：除平背外，已多見面背皆鑄周郭，其高、寬皆顯著超越以前半兩、三銖錢上曾有之細郭。而背穿鑄郭之制度爲前所未有。外緣初未經磨瀘净邊。錢文"五銖"書體爲漢初小篆，但長形字體仍蘊寬方之韵，其"五"字中間兩筆皆交叉延長而與上下平劃交接；其"銖"字金旁下部竪筆兩側多作四小圓點，朱旁上爲方折，下折則多作圓折，長於上折，並有朱旁中竪出頭甚長及中竪與橫劃相交處中斷之式（銖）。然書寫未完全統一，"五"字中間兩筆即有直筆交叉、微曲交叉、曲筆交叉之别。其"銖"字金旁字頭亦分爲三角形與矢鏃形兩種主要寫法。徑重不一，差别明顯。河北滿城西漢中山靖王劉勝及其后竇綰墓所出 4 206 枚五銖錢，徑多在 25—26 毫米，大的達 27.7 毫米，小的 23.9 毫米。平均枚重爲 3.956 克，高於五銖合 3.362 5 克的法定重量，最重的達 7.5 克，最輕的僅 2.6 克。[70]江蘇徐州銅山小龜山西漢第五代楚襄王劉注夫婦墓出土 832 枚郡國五銖錢，徑皆爲 25 毫米，重僅 3 克。[71]錢面常鑄有不同符號，如滿城漢墓所出錢上就有十五種之多，有决文，穿上、下横劃，星點，月紋等，多釋之爲記地或記範標記，或爲各郡國自定標記，以示區别。出土郡國五銖錢範中，常有幾種符號並存的情況。顯示一個郡國可有不同符號標記，即使爲一範所出之品，錢徑、書法、符號亦常多樣。近年，陝西西漢建章宫鑄錢遺址曾出土錢模，爲穿上一横劃的徑 26 毫米、穿 10 毫米平背五銖錢範。多數研究者認爲，是早期郡國五銖錢的一種試鑄之式，也有認爲可能是鑄廢的幸存品。

2. 赤仄五銖

　　武帝聽任郡國鑄五銖錢，僅三四年，元鼎二年（前 115 年），便因"郡國多姦鑄錢，錢多輕。而公卿請令京師鑄鐘官赤側，一當五，賦官用非赤側不得行"[72]。郡國五銖雖輕重不一，但多數超過法定重量。武帝鑄行一當五的虛值錢，是含有貶低、制約郡國五銖錢，更有借口搜括錢財、解决財政困難之意。

　　"赤仄"亦稱"赤側"，這一名稱有不同解釋。一般認爲是對錢幣邊郭挫磨整修或净邊的技術，經過整修净邊的赤仄五銖錢，纔易於同未净邊的郡國五銖錢相區别，以便一當五行使。這是公認的赤仄五銖最主要的特徵。此外還有其他的不同説法，尚難定論。

　　何時廢止赤仄，史述不一。元鼎二年鑄赤仄。《漢書·食貨志》記，"其後二歲，赤仄錢賤，民巧法用之，不便，又廢"，即於元鼎四年廢止。學者吳榮曾據《漢書百官公卿表》記，元鼎三年，"鄲侯國仲居爲太常，坐不收赤側收行錢論"，師古曰："赤側當廢而不收，乃收見行之錢也。"他認爲，"這表明當時赤側已廢……到了這年的晚些時候纔停止使用"。[73]赤仄五銖是以一當五，爲"賦官用"的法定專用錢。百姓納税和政府發放官吏俸禄錢都得用赤仄五銖錢。納税人要用行用的郡國五銖錢去换取赤仄五銖，官吏爲了支付或購買貨物等，要用作爲薪俸的赤仄五銖錢，按不受歡迎的一當五比值設法向納税人或官方去换取行用錢，各方均感到不便。官吏還可能不惜壓低比值將赤仄五銖錢去换取行用錢。因而出現了專門倒换赤仄錢的謀利行當。[74]更有甚者，各郡國因赤仄五銖價值高，再鑄郡國五銖錢無利可圖，爲着繼續謀取更大利益，可能仿效鑄造赤仄净邊技術鑄錢，冒充赤仄五銖使用。所以郡國五銖錢也多經净邊。這樣既破壞了"一當五"的法規，又損害了國家的財政收入，祇好廢止赤仄五銖。事實上當時已不分赤仄和郡國五銖，都以一當一使用，赤仄五銖已不廢自廢了。這是"民巧法用之"、"赤仄錢賤"，不能不廢止的較合理的解釋。

　　關於赤仄五銖錢的實物，有的學者認爲在滿城中山靖王劉勝墓後室與金餅同裝在漆盒中的 277 枚銅錢是赤仄五銖錢，[75]其鑄造極精，"銅質相同，篆體一致，錢文清晰，無使用痕迹，估計是鑄成後未經分散流通，即用來隨葬的貨幣"[76]；有的則認爲是三官五銖錢，或其初鑄品[77]。赤仄五銖始鑄時間有元鼎二年、三年，而廢棄時間有元鼎三年、四年之説；三官五銖始鑄時間也有元鼎四年、五年之議。劉勝死於元鼎四年春二月，入葬時間不明。論者每有提及西漢武帝太初（前 104—前 101）改曆之事，此事不會改變發生在十年前的元鼎年間的史實記叙。[78]但因赤仄五銖廢止、三官五銖始鑄、劉勝入葬的具體年月及其先後相隔時間不能確定，劉勝墓中銅錢除郡國五銖外，是赤仄五銖，還是三官五銖，或兩者兼有或全無，也難確定。劉墓後室之錢，於情於理很難斷言由武帝贈送或是劉勝收藏備用。而中室銅錢，據蔣若是論證，"應屬於吊客贈送的錢財"。[79]如果此説成立，則劉勝墓後室之精製新錢部分，既不是赤仄五銖，也不是三官五銖，而應是劉勝中山靖王的封國——中山國爲他臨時特製的，送去作爲殉葬品的中山國五銖錢,屬於郡國五銖錢。這纔是比較合理的推論。至於,有些五銖錢被人指認爲赤仄五銖,但缺乏論據或論證不足。目前還難於確指赤仄錢並叙述其具體特徵。

3. 三官五銖

元鼎四年,武帝收鑄幣權於中央,廢赤仄五銖錢,禁郡國五銖錢。《漢書·食貨志下》云:"專令上林三官鑄。錢既多,而令天下非三官錢不得行,諸郡國前所鑄皆廢銷之,輸入其銅三官。"上林三官原指設在上林苑內的鐘官、均輸、辨銅,或鐘官、技巧、辨銅三家鑄錢官署。後來,漢長安城內相家巷西漢鑄錢遺址,發現"六廄錢丞"、"六廄火丞"封泥,可知鐘官、技巧、六廄爲上林苑內西漢中央鑄錢三官。鐘官、技巧也都設錢丞和火丞,前者主刻範和成品加工,後者主鼓鑄⑧。有的則認爲上林三官是鐘官、技巧、均輸三令丞,分別以鼓鑄、製範與鑄材供應爲主職。對三官,錢幣界學者的看法仍不一致。但西漢各朝皆承三官制鑄造,史稱"上林三官五銖錢",或簡稱"三官錢",從而遏制了猖獗的私鑄、盜鑄狂潮,開始了國家鑄錢的標準化。三官錢工藝複雜,銅質精良,鑄作精緻,遂使"民之鑄錢益少,計其費不能相當,唯真工大姦,迺盜爲之"⑧。

西漢三官錢自始鑄至王莽篡漢止百餘年歷史中,錢文、制式有一定演化、發展是必然的。建國以來,隨着文物考古事業的發展,西漢紀年五銖錢範陸續出土,結合諸舊譜所録,大體可探索三官錢演化規律和錢文、制式的發展脉絡。

武帝禁廢郡國、赤仄錢,改行三官錢,實行集鑄幣權於中央,以維護國家鑄幣標準化的改革措施,必然從其開始鑄行就有嚴格的統一規定。西安出土的銘有"官一"、"官二"、"巧一"、"巧二"文字的上林三官陶範,⑧是武帝鑄三官錢的錢範。範上錢模所示版式,當屬法定版式。出土和傳世的武帝各式五銖錢中,以"官"、"巧"範模所示版式佔絕對多數;證明此式範母的使用,基本貫穿武帝上林三官五銖錢的整個鑄造時期。武帝時期所鑄各種五銖錢,其錢文字形雖在趨長過程中,但從其總體而論,皆未完全擺脱半兩、三銖錢上文字寬方的影響,這是在整個西漢五銖錢系列中,武帝五銖錢特具的風貌。武帝上林三官的錢徑規範性很强,統一爲25毫米,誤差率甚小。其錢重多在3.5—3.8克。錢面符號從初鑄時期起就已趨向劃一,見於"官"、"巧"範上者皆有符號,"官一"範上有的無符號,有的爲穿四角决文,"巧"一範上有穿上横劃。符號簡化,是鑄幣權集中的結果。

昭帝鑄錢事,雖未見史録,但有其元鳳紀年錢範可證。1965年,陝西西安徵集得當地出土,銘有"元鳳四年造"之殘陶範母。此範存錢模6枚,徑皆25毫米,全有上横劃符號。模上錢文"五"字作微曲交叉後作内收,左右兩綫與上下兩平劃交接處間距顯著縮小,形成甚爲瘦長的字形,"銖"字亦較武帝後期三官錢更顯窄長,但其金旁字頭作三角形和朱旁上下折的寫法仍同武帝錢。顯示與武帝錢相衝接的發展軌迹。昭帝在位十三年,元鳳爲其後期年號,故此範鑄品當屬昭帝後期三官錢。由於迄今未發現昭帝前期錢範,故不少研究者認爲其前期錢可能承武帝後期錢之式。在可以確認的昭帝五銖錢中,有徑僅23毫米、重僅2克的小型錢,存世不多。昭帝錢不少地方仍承武帝三官錢之式,兩朝錢文書寫趨向定型化。

宣帝三官錢鑄作益趨精整。宣帝前期錢範有本始元年(前73年)、三年、四年和地節四年(前66年)的紀年陶範存世,範上尚存錢模所示錢文字形較昭帝錢寬大,其"五"字交筆之式,變爲曲筆交叉,交叉後的左右兩綫明顯内收並平行延伸與上下平劃垂直相接。從現存陝西省博物館的"元康二年八月乙未造"紀年陶範母所存錢模可知,宣帝中期三官錢錢文書式承前期又有新的發展,進入上林三官五銖錢系列中錢文書式的定型階段。其"五"字左右兩筆曲筆交叉,内收後垂直延伸與上下平劃相接的雙垂綫長於前期錢文,使五字筆劃結構已近似兩個上下對頂放置的完整砲彈,被稱爲"基本砲彈式"五字書式。

宣帝後期紀年範存世可見者有五鳳元年(前57年)、三年和甘露元年(前53年)等錢範,皆爲殘範,範面已不存在可供鑒證之完整、清晰之錢模。宣帝三官錢錢面符號僅存上横劃和下半星兩種,無符號錢佔相當比例。宣帝以後各朝三官錢情況亦大體如此。錢徑多爲25毫米,存世實物中可與宣帝錢模相印證的五銖錢,實測錢重一般皆在3—3.5克,亦有徑26毫米、重4克上下之品。其鑄作精度尚非西漢之最,錢文筆劃還較粗。

元帝時期,鑄錢規模頗大,《漢書·貢禹傳》記云:"今漢家鑄錢及諸鐵官皆置吏,卒徒攻山取銅鐵,一歲功,十萬人以上。"鑄錢工藝亦較宣帝錢有所提高。元帝時期紀年錢範有紀銘"建昭五年二月乙酉"八字的殘範母上所存三錢模,穿上皆有一横劃,錢文纖細秀美,其"五"字交筆彎曲程度甚大,交叉内收後成左右垂綫與上下平劃交接之式則同宣帝錢文之式,銖字金旁字頭爲矢鏃式,稍低於朱旁。錢徑爲25毫米,正合規範。從對現見之元帝紀年範和存世實物中,可見元帝五銖錢鑄作精整程度則爲武、昭、宣三官錢所不及。元帝錢面所鑄符號,僅見穿上橫劃、穿下半星兩種。

　　研究者一般認爲,成帝錢係承用元帝之式,並無明顯變化。成帝朝紀年錢範,雖有銘文"永始三年五月甲子"殘範一種見於譜録,但範上已無可資鑒説之錢模。

　　哀平時代已是西漢末期。成帝時期存在的社會矛盾至此益加激化,中央集權政治在統治階級内部鬥爭中亦迅速衰落。哀帝在位僅七年,平帝繼位五年即被王莽所殺。王莽廢漢建新。哀平兩朝,既無紀年殘範見存於譜録,迄今亦未見出土。

　　1987年,西安的一處錢範窖藏出土西漢五銖錢青陶範2件,範上之"五"字書式與王莽大泉五十錢文相同,且銖字亦具莽錢風,範之陶質亦同於共出之大泉五十青色陶範等,認爲"是西漢最後一種五銖錢範"。[83]在錢模上,各錢模"五"字字體寬狹長度並不一致;銖字金旁字頭所作三角形大小不等,其形狀除等腰三角形外,還有作水滴狀弧邊異式三角形者;銖字朱旁上折方圓皆有。錢徑亦大小不等,最大者達26.5毫米,最小者僅23.5毫米左右。五銖青陶範錢模穿上皆有統一的橫劃符號,由於這批錢範出土於西漢京畿地區,似應爲平帝三官錢,而其所顯示的正是當時鑄錢已失嚴格規範的情況。

4. 鉛、鐵五銖錢,小五銖錢及其他

　　西漢鉛五銖錢多出於陝西,西安地區曾出土1枚,"五"字直筆交叉,近如郡國五銖錢之同式錢文,製作頗精,輪郭較深峻,徑26.4毫米,重5.7克;1986年,陝西白河縣西漢墓葬中有成批出土,據採集到的12枚標本考察,周郭較高峻,穿略廣,錢文清晰,書寫如郡國五銖錢,徑26—27毫米,重6—6.7克,皆無流通痕迹[84]。所顯示的郡國五銖錢特徵,其鑄期可能在元狩五年至元鼎四年間,或爲殉錢。

　　1986年,陝西乾縣發現3枚鐵質五銖錢[85],出土時與30枚銅五銖錢混穿爲一貫,原報告定爲宣帝時期鑄品,實測最厚處爲2.5毫米、重3.5克左右;其錢文"五"字直筆交叉,如郡國五銖錢之同式錢文,而其"銖"字書寫却似同於東漢五銖錢文。無内外郭,素背。有認爲此種鐵質五銖錢是否爲西漢時期所鑄,尚待進一步探討。

　　西漢小五銖錢有兩類。第一類,錢文書法與鑄作皆甚精美,錢上周郭及背穿郭皆備。其錢文"五"字有微曲交叉、曲筆交叉近似"砲彈"式的寫法;有的面穿上鑄有橫劃符號;字形既有如武帝五銖錢之長中見寬舒者,亦有如昭、宣五銖錢之狹長式,故其鑄期應始自武帝元狩五年後,至少延續至昭、宣時期,或止於元、成之時。這類小五銖錢徑約12毫米,重不足1克;亦有更小者,徑約11毫米,重僅0.6克;還有周郭較寬,徑至13毫米的。出土地區多在陝西西漢墓葬中[86],如1958年西安市西門外西漢墓中出土1136枚,1962年陝西長安縣窩頭寨曾見其與小五銖錢範及五銖錢範共出,宣帝杜陵中亦曾出土1枚,可見此類小五銖錢中可能有一部分爲漢時"主作陵内器物"的少府屬下東園匠所鑄[87]。錢界對小五銖錢的研究尚存較大分歧,主要有三種觀點:一是殉錢説,論者據其出土記録記載,常見墓中小五銖錢佩掛於陪葬俑身上,是爲特鑄的殉錢,其性質與西漢半兩錢時期的小半兩錢相同;二是西漢官鑄流通錢説,論者據西安相家巷西漢官府鑄錢處出土有小錢背範[88]和《居延漢簡》有大、小錢並述的簡文,認爲西漢小五銖錢應是與三官五銖錢"子母相權"的官鑄流通錢;三是赤仄錢説,近年有研究者經對小五銖錢鑄期與"一當五"等史述的重新考證詮釋,認其爲武帝赤仄五銖錢[89]。第二類,徑重略同第一類,但周郭皆較寬闊,錢文"銖"字皆失金旁作"五朱",鑄作皆粗率。1982年,西安東郊西漢晚期墓葬中曾出土300餘枚,應爲哀、平時期之殉錢。據有關出土資料考察,新莽時期墓葬中還偶有小五銖出土,故以小五銖陪葬之俗,自武帝後期起,延續時間較長。

　　西漢銼邊五銖,是指曾被盜鑄者磨銼外周取銅後所餘的錢體,並非後來用圓周形利器衝截去周邊的剪輪錢。北京大葆臺西漢廣陽頃王墓中即有被盜銼後因銼邊未盡,周郭尚餘一綫之五銖錢。江蘇儀徵胥浦公社姜村平帝元始五年紀年墓所出的2330枚錢中,有銼邊五銖錢695枚(原報告稱作剪邊五銖),所佔比例高達29.8%,表明此時私鑄、盜鑄之風復盛。其中有所餘錢體之徑僅爲20毫米者,與規範錢徑相比減縮5毫米,所失部分已不止於周邊。

（四）武帝"白鹿皮幣"與"白金三品"

　　武帝元狩四年(前119年)冬,因徙關東貧民於隴西、北地、會稽等處和對外戰爭財政支絀,有司言:"縣官衣食振業,用度不足"[90],"遠方用幣煩費不省"[91],"請收銀錫造白金及皮幣以足用"[92],武帝遂從其請。

1. 白鹿皮幣

白鹿皮幣之形制、面額、使用諸制，史有明述。《史記·平準書》云："以白鹿皮方尺，緣以藻繢，爲皮幣，直四十萬。王侯宗室朝覲聘享，必以皮幣薦璧，然後得行。"據此可證其性質是武帝强制貴族增加貢納的交付憑證，用以墊在依漢制朝聘必呈的玉璧之下，經驗證後始得入覲。故其非流通貨幣，不存在與後世紙幣性質相同的基本特徵。白鹿皮幣之止廢時間未見史録，其實物亦未見出土。

2. 白金三品

白金三品爲銀錫和造。《史記·平準書》録其制："以爲天用莫如龍，地用莫如馬，人用莫如龜。故白金三品：其一曰重八兩，圜之，其文龍，名曰'白選'，直三千；二曰以重差小，方之，其文馬，直五百；三曰復小，橢之，其文龜，直三百。"據《漢書·酷吏列傳》"白金起，民爲姦，京師尤甚"，《鹽鐵論·錯幣》"更行白金龜龍，民多巧新幣"等記載，可證白金三品確係武帝正式發行的貴金屬流通貨幣，從民間私鑄僞白金之盛，可知當時流通之廣，投放量之大。其鑄行期自元狩四年至元鼎二年。

白金三品遺物至今未見考古出土。所謂有一種背鑄外文的鉛餅（也有同式銅餅），因其面有模糊之卷曲形紋飾，多説之爲武帝白金龍幣；有説其背鑄外文是武帝出於與西域貿易用作"國際貨幣"支付的目的。但武帝鑄行白金三品與其通西域之事無關。建元三年至元朔三年（前138—前126），張騫首次奉詔出使西域，其時尚無鑄白金三品之設想。張騫於元狩四年第二次出使西域，至元鼎二年（前115年）返回長安期間，正是武帝白金三品從始鑄、流通到終廢之時。西漢與西域的經濟文化交流與商貿交往皆初興於此後，白金三品廢銷已久矣。正如《漢書·張騫傳》所云，元鼎二年後"歲餘，騫卒。後歲餘，其所遣副使通大夏之屬者皆頗與其人俱來，於是，西北國始通於漢"。鉛餅背鑄文字，已考證爲西域希臘化地區文字，正證其絶非白金三品。

（五）西漢黃金

黃金，秦漢幣制皆定其爲"上幣"。秦代以"鎰"爲單位，西漢起，改"鎰"爲"斤"，如《史記·平準書》述"一黃斤，一斤"。

秦、西漢前期黃金形制仍如先秦之式，以餅金、版金爲主。其時，對金幣之稱，祇云"金"或"黃金"。至西漢武帝太始二年（前95年），始令改名。其詔云："往者朕郊見上帝，西登隴首，獲白麟以饋宗廟。渥窪水出天馬，泰山見黃金，宜改故名。今更黃金爲麟趾、褭蹄，以協瑞焉。"[93]此後，黃金遂有此兩種法定名稱。

1961年，山西太原東太堡西漢墓出土金餅5枚，其中編號34金餅銘文中有"令止"兩字[94]。此後，浙江杭州老和山西漢墓出土物中有陶質圓形冥金，亦見其刻銘"令止金一斤"等字[95]。古説麟足如馬，顏師古注《漢書·武帝紀》亦云麟爲"馬足，黃色，圓蹄"。故可證圓形金餅即武帝改名爲"麟趾"的金幣。而出土所見中空，下大上小之斜圓筒式橢圓形底面的黃金鑄品，當爲"褭蹄"金幣。褭蹄即馬蹄，其形逼真。

秦、西漢黃金使用皆爲稱量，但鑄作中時有輕重誤差。從鑄品背面常見的刻銘記重文字，可得其證。如1963年陝西臨潼武家宅古城屯出土之秦金餅8枚，其中背有刻銘"仝兩半"（鎰兩半）、"八三"、"八三"等字者；又如1982年江蘇盱眙出土一批西漢末窖藏金幣，其中麟趾金中有底部刻"斤八兩"、"一斤二兩九朱"、"一斤八兩四朱"、"十兩一朱"者；褭蹄金中有底部刻"一斤十一兩廿朱"、"斤十兩廿三朱"、"一斤二兩九朱"者[96]，同類出土實證頗多，如1974年西安西南郊魚化寨北石橋西漢窖藏所出之品，等等。各類金幣的成色較高，測定數據多在98%—99%。

西漢出土金幣中，見有小型者。如河北滿城西漢中山靖王劉勝墓後室漆盒中與五銖錢同置的40枚金餅，皆爲小型麟趾金，平均枚重僅17.99克，合漢制一兩餘。劉勝后竇綰墓出土小型麟趾金29枚，平均枚重僅15.11克，合漢制不足一兩[97]。這類小金幣僅見於貴族墓葬，而在作爲財富窖藏的金幣中却不見同存，如1974年河南扶溝古城村出土金幣392件，1978年河南襄城王洛公社北宋莊村出土金幣47件，1982年江蘇盱眙穆店公社南窖莊出土36件等出土記録中，皆無小金幣。故滿城漢墓所出的小型金幣，可能是貴族專鑄的殉葬品。此外，在諸侯王墓中還有具精緻紋飾的小型褭蹄金，如1973年河北定縣八角廊村40號墓西漢中山懷王劉修墓出土金幣中，有2枚小型褭蹄金皆有紋飾，周緣有金絲掐成的聯珠紋，上口嵌琉璃，通體拋光，十分華麗；另有1枚通常大小的褭蹄金，亦經相同紋飾加工，其後側加鑄一用黃金攢成的花蕾狀突起，亦嵌琉璃。這類大小不同並具特別紋飾之品，可能爲墓主生前作爲象徵符瑞、祈求福壽之用品。西漢統治者對黄金具有"益壽登仙"的神秘力量之説是很迷信的。[98]

不少研究者認爲，西漢黄金不僅具有一定的貨幣性質，而且事實上是西漢流通的貨幣之一。也有研究者認爲西漢黄金雖具一定貨幣性質，但不是西漢的流通貨幣。由於對典籍、簡牘有關記述的詮釋不同，兩種觀點尚難統一。

秦、西漢時期黄金作爲"上幣"，主要見於統治階層之間的賞賜、饋贈、器飾、貯藏等用，或在交換珍異中偶或用作大額支付。由於黄金不是當時商品交換的價值尺度與流通手段，所以不具有真正的貨幣性質，不能直接用於市易，需用時必須按黄金本身的市價出售，換得銅錢纔可購買所需商品。如《漢書·疏廣傳》記，廣受賜黄金 70 斤後，與族人、故舊、賓客相宴樂，"數問其家，金餘尚有幾，趣賣以供具"。彭信威亦認爲西漢黄金不是十足的貨幣。[99]

秦、西漢時期，黄金既是稱量使用，因此武帝太始二年雖對兩種鑄式的金幣定名，但其餘各式黄金，即使是黄金的自然形態（如砂金、塊金等）皆依然並存。不僅史書未見禁廢版金之説，而且見於出土記録的西漢末黄金窖藏中，亦可見有版金與麟趾、裏蹏金幣並存。此外，還必須注意到裏蹏金幣之式，並非始創於武帝。出土資料顯示，至晚在戰國時期已有此式。如 1974 年河南扶溝古城村出土大批金幣中，其中 2 號裏蹏金之底面刻有三字，其兩字爲標準三晉文字寫法；1975 年河北懷柔崎峰茶公社孫胡溝北墙子岩洞中出土裏蹏金一枚半，其半枚者底刻兩字，亦爲戰國文字[100]。懷柔，戰國時屬燕。可證此種鑄式出現亦較早，祇是這種裏蹄金鑄量在當時遠不及金餅與金版。

西漢時期之金銀五銖錢亦有出土發現。1980 年發現於陝西咸陽的一枚金五銖[101]，該錢錢文、錢型皆同武帝五銖，其錢上"五"字微曲交筆，上下平劃較長，"銖"字金旁字頭爲三角形，字頭下點作四小圓點，朱旁上部爲方折；面背周郭，背穿有郭，面穿上有橫杠符號。此後，河南洛陽曾再次發現。錢界多考其爲鑄於武帝時期的非行用品，並考其性質爲宫廷專鑄之賞賚物。銀五銖亦曾見於湖南長沙西漢晚期墓葬中出土[102]，其性質當與金五銖相同，亦非行用品。

三、新莽貨幣

西漢元始五年（5 年）十二月，平帝死。次年，王莽立宣帝玄孫劉嬰爲太子，號"孺子"，年號居攝，莽稱假皇帝。居攝三年（8 年），莽代漢稱帝，建國號"新"。王莽爲維護其托古改制的理論根據，重用古文經學家劉歆，以古文經學爲官學，凡有改制，皆稱天命。"每有所興造，必欲依古得經文"[103]，其歷次貨幣改制，無不如此。王莽在七年內就進行了四次貨幣改制，貨幣名目繁多，種類龐雜，單位多樣，幣值各異。其制旋立旋廢，因民拒用，大部分貨幣甫行即止。

1. 大泉五十

居攝二年（7 年）夏四月，王莽第一次貨幣改制時鑄。史述："王莽居攝，變漢制，以周錢有子母相權，於是更造大錢，徑寸二分，重十二銖，文曰'大錢五十'。"[104]"錢"與"泉"同，大泉五十與五銖錢並行，1枚值 50 枚五銖錢。

大泉五十是王莽自居攝至新亡始終鑄行的錢幣，其存世實物與有關錢範顯示，在歷次改制時其形制、錢文書寫都有相應變化。

居攝二年初鑄之品，錢文筆劃壯實，周郭較闊，形制渾重。其重平均在 9 克上下，最重者達 13 克以上。其形制、文字，有陝西地區存見的契刀五百與大泉五十共存一範的錢範可證。

始建國元年（9 年）鑄造之品。錢文筆劃較前爲細，形制仍渾重，平均錢重仍在 9 克左右。近年發現於內蒙古寧城縣黑城的有"始建國元年"銘文的記年範可資對照。

錢學界多定始鑄於始建國二年之品，錢文筆劃較前繼續趨細，形制已較輕薄，明顯減重，平均枚重已降爲 6 克上下，錢徑也由初鑄時的 27 毫米左右減爲 26 毫米左右。

錢學界多定始鑄於天鳳元年（14 年）之品，錢文筆劃纖細，周郭見狹，並出現重郭之式，鑄作雖精整，但形制已無渾重之感，錢重減縮更爲顯著，僅 4 克上下。錢徑雖有仍達 27 毫米者，但錢體輕薄。同出品中，有的常有其時之私鑄品同出，已極輕小，見有重不及 1 克、徑僅 16 毫米左右之品。

大泉五十錢的書式比較統一。其"泉"字中豎中斷，其"五"字多見如西漢宣帝五銖錢上已出現的

"砲彈"式寫法。錢之面背常鑄符號,尤多見面或背有決文者。其私鑄品上亦多見星點、決文符號。

雲南大理海東公社洱海東岸一小島上發現一罐古錢[105],内有西漢五銖、大泉五十、大布黄千三種漢莽錢。在所出 271 枚大泉五十錢中,有錢文"五十"換位的和面穿上下有較長斜紋近如四出錢等異式錢,且書體亦有不似莽錢之傳統者,書寫變形,筆劃委柔,呈蜿蜒行筆之態。有論者認爲四出文錢勃興於東漢末至魏晉南北朝時期,但出土罐中無東漢五銖及魏晉南北朝錢同出,故其斷代下限當以莽末至東漢建武十六年(40 年)前爲是。所出大泉五十異品,可能爲新莽時期西南地區郡縣所鑄,或爲當地民間所鑄的不規範品。

2. 契刀五百、一刀平五千

居攝二年夏四月,第一次貨幣改制時與大泉五十錢一起鑄造的兩種仿古刀幣,形如刀形,上環下刀,同大泉五十、五銖錢並行。契刀五百錢環首如大錢(即大泉五十錢),銘"契刀"兩字;刀銘"五百"兩字,1 枚值 500 枚五銖錢。一刀平五千錢,環首以黄金錯"一刀"兩字,刀銘"平五千"三個字,1 枚值 1 000 枚五銖錢,稱"錯刀"或"金錯刀"。[106]

3. 小泉直一

居攝三年,王莽稱帝,次年改年號爲始建國。始建國元年進行第二次貨幣改制。令廢契刀錯刀錢,罷五銖錢,鑄小錢值一錢,代替五銖錢與大泉五十並行。1 枚大泉五十值 50 枚小泉直一。史述:"莽即真,以爲書'劉'字有金刀,乃罷錯刀、契刀及五銖錢。"[107]有學者認爲廢漢五銖錢的流通是爲了消除前朝對新朝的影響,而廢契刀、錯刀是覺得刀貨流通對新朝爲不祥,並非忘情於復古[108]。

4. 五物六名二十八品

始建國二年,王莽第三次貨幣改制,採用寶貨制,共"五物六名二十八品"。五物指金銀銅龜貝五種幣材;六名二十八品,指泉貨六品、布貨十品、龜貨四品、貝貨五品、銀貨二品、金貨一品。六種貨幣又各有分等系列,並依等次規定幣值,組成極其龐雜的奇特幣制。其具體規定如下:

"泉貨",計小泉直一、幺泉一十、幼泉二十、中泉三十、壯泉四十和已有的大泉五十共六品。其錢自小泉直一重 1 銖始,按等遞昇,至大泉五十枚重 12 銖。

"布貨",計小布一百、幺布二百、幼布三百、序布四百、差布五百、中布六百、壯布七百、弟布八百、次布九百、大布黄千共十品。其布自小布枚重 15 銖,按等遞昇,至大布重 1 兩。"泉貨"與"布貨"皆爲銅幣。

"龜貨",計元龜、公龜、侯龜、子龜四品。史述以"岠冄"長度分等。自子龜值錢百,爲小貝 10 朋,依等遞昇,侯龜 300 錢,爲幺貝 10 朋,公龜 500 錢爲壯貝 10 朋,至元龜值 2 160 錢,爲大貝 10 朋。

"貝貨",計大貝、壯貝、幺貝、小貝及"不盈寸二分"之貝共五品。以貝體大小分等。前四品以兩枚爲 1 朋,其值自大貝 1 朋值 216 錢,按等遞降,壯貝 50 錢,幺貝 30 錢,至小貝 10 錢。第五品因貝體過小,"不得爲朋,率枚直錢三"。

"銀貨",以 1 流(重 8 兩)爲單位,計朱提銀、它銀二品。其值分别定爲 1 580 錢、1 000 錢。

"金貨",以重 1 斤爲單位,值錢萬。

規定:"鑄作錢布皆用銅,殽以連錫……其金銀與它物雜,色不純好,龜不盈五寸,貝不盈六分,皆不得爲寶貨。"[109]

由於"五物"之間,各"物"自有體系並各有不同計算價值。這個由五物、六名、二十八品組成的貨幣系統,實際上並無基本的貨幣單位與貨幣本位,完全違背了貨幣原理,造成了貨幣流通的更大混亂。以致百姓拒用。史述:"莽知民愁,乃但行小泉直一與大泉五十,二品並行,龜貝布屬且寢。"[110]

5. 貨布

天鳳元年王莽第四次貨幣改制時,鑄布錢"貨布"和方孔圓錢"貨泉",以取代大泉五十和小泉直一錢的二品並行制。史述:"天鳳元年,復申下金銀龜貝之貨,頗增減其賈直。而罷大小錢,改作貨布……重二十五銖,直貨泉二十五。"貨泉重五銖,"與貨布二品並行"。[111]但是大泉五十行用多時,一旦"罷之,恐民挾不止,乃令民且獨行大錢,與新貨泉俱枚直一,並行盡六年,毋得復挾大錢矣"[112]。實際上大泉五十錢和貨泉錢一直通行到東漢光武帝建武十六年。從東漢和新莽墓葬出土莽錢的結構情況也可以看出,大泉五十和貨泉錢佔大多數。[113]貨布錢形制方首雙方足,遠不如方孔圓錢大泉五十運用方便,而貨泉錢重五銖,有如五銖錢,易爲人民接受。所以大泉五十和貨泉錢得以二品並行,延用下來。

6. 貨泉

天鳳元年第四次貨幣改制時,始鑄的貨泉錢,可分爲前期、後期兩類。學術界比較一致的看法是,其前期錢皆鑄有内郭,有單郭、重郭兩式。錢文纖麗秀美。其"泉"字中竪亦中斷,錢徑22—23.5毫米,重2.6—3.5克。錢上鑄符號者較大泉五十錢明顯減少,除少量錢上見有星點外,亦見背穿有決文者,但極少。此類前期錢是天鳳元年至地皇年間鑄品。貨泉後期錢皆無内郭。錢文書寫之秀麗仍同前期錢,但鑄作遠遜之。絶大部分有如郡國五銖,面鑄星點、決文或星點加決文符號,素面無符號者極少。不少研究者認爲後期貨泉錢上可見恢復西漢舊制的痕迹,故應鑄於新莽滅亡前夕,東漢繼續鑄造,直至建武十六年間恢復五銖錢制前的這段時間。

貨泉錢有兩種異式錢:一是重輪貨泉錢,存世較少;二是餅貨泉,其鑄式特殊,中間極厚,周緣較薄;其錢面符號除有一般貨泉錢上曾有的星點、決文外,還有莽錢罕見的穿上下橫劃。其徑約26—30毫米;重最輕者約4克、最重者達25克。重輪貨泉與餅貨泉錢之文字皆如一般貨泉錢之纖細秀麗,且有内郭與無内郭兩式,即具有和一般前後期貨泉錢的同樣分期特徵。據此,可推知其鑄期應在地皇元年(20年)貨泉錢前後期的交接時期。又據這兩種錢存世數量皆遠少於一般貨泉錢,且錢上未見如一般貨泉後期錢上之恢復西漢舊制之痕迹,可知其鑄期不長,止鑄下限不會過於新莽覆滅之時。

陝西禮泉、隴縣、興平陸續出土銅質、鐵質餅貨泉[114]。據檢測,有些餅貨泉是鐵胎銅皮錢。西安還發現1件餅貨泉銅範母[115],爲叠式鑄錢範。不少研究者認爲莽末政亂,各地隨意鑄錢,輕重不一;私鑄昌盛,輕劣錢、鐵錢泛濫(這類私鑄錢在河南洛陽燒溝墓[116]、陝縣劉家渠墓[117]等處都有出土),故莽鑄餅貨泉以圖扭轉流通崩潰的局面。莽亡,餅貨泉亦隨之廢止。其出土範圍很小,限於陝西地區,亦證餅貨泉屬新莽中央所鑄,並未推及地方。由於當時私鑄極盛,其鐵質、鐵胎銅皮之類,當爲私鑄品。

7. 布泉

王莽還鑄有布泉錢,其鑄期未見史述。有人考證也是在天鳳元年第四次貨幣改制時鑄行的[118],也有考爲莽末所鑄。錢文垂針篆書體及書法秀麗,皆如貨泉。錢徑爲26毫米上下,錢重則逾於貨泉,在3—3.5克。錢面多見鑄有符號,有穿上左右決文、穿下左右決文和穿上半星之式。有銘爲"新母"、"母一"、"母二"等布泉錢範存世。布泉形制多仿效西漢五銖錢。

8. 國寶金匱·直萬

此錢形制奇特,上部圓形方孔鑄"國寶金匱"四字,對讀;下部方形,有兩竪紋,"直萬"兩字直書其間。此錢極罕,目前尚未有出土記録,中國歷史博物館藏有1品,重41.7克。舊譜可稽者亦僅稱清道光二十八年(1848年)陝西西安曾出土1枚。此物當非流通錢,但確鑿性質尚難判定。以往錢家多説爲新莽"鎮庫錢"或出入宮禁的憑證。亦有研究者對其存疑,或作爲莽宮中"金匱"上某一專用物之推測[119]。

9. 錢範

新莽錢範出土和傳世的較多。莽錢系統各種鑄幣之各式錢範全有發現。有銅範母、陶範以及如臨潁地區發現的石質大泉五十範,且有兩種錢共存於一範的錢範。從已發現的新莽錢範考察,可知其時用叠鑄式錢範鑄錢已非稀見之事。

新莽錢的鑄造與錢文書寫的精絶纖秀確爲中國古錢之冠,故常有人稱其錢爲"錢絶"。

王莽變更幣制,具有廣泛榨取包括金銀在内的民間財富的目的。其行多屬虚幣,並以嚴刑峻法强制推行。故"百姓憒亂,其貨不行,民私以五銖錢市買"[120],新莽又冠以"惑衆"等罪名而嚴處之,"於是農商失業,食貨俱廢,民涕泣於市道。坐賣買田宅奴婢鑄錢抵罪者,自公卿大夫至庶人,不可稱數"[121],新莽政權成爲社會上下衆矢之的。新莽末,曾鑄行徑重合於五銖錢的"布泉"錢,有恢復西漢舊制以緩和矛盾的企圖,但已無法消弭不斷高漲的反新浪潮。地皇四年,長安爲緑林軍攻破,王莽被殺,新朝結束。

秦漢史學界對王莽改制有的認爲,從歷史發展角度看,無疑是有進步意義的。但從歷次幣制改革的總體考察,泥古荒誕,復古改制,是中國古代貨幣史上企圖逆轉歷史的一場悲劇,對人民的利益造成嚴重損害。

四、東漢貨幣

新莽政權崩潰後，進入各反莽軍事集團間的混戰時期，劉秀集團勢力在南陽、河北豪強地主的支持下迅速發展。公元 25 年，劉秀重建漢政權，建元建武，都洛陽，史稱東漢。此後，又經十餘年戰爭，至建武十三年，始得略平各地割據力量，基本統一天下。

（一）東漢五銖

東漢建立前後，各軍事集團佔領區域所行錢幣，除劉玄更始政權(23—25)與蜀中公孫述政權(25—36)曾鑄錢外，多爲承用或仿鑄西漢五銖與新莽大泉五十、貨泉等錢。

更始政權是新莽末綠林軍立漢皇族劉玄爲帝而建立的。史述“更始二年十月，鑄五銖錢”⑫，是新莽後首鑄的五銖錢。傳世之銘“更始二年十月工維岑刻”十字之銅範母，可爲鑒證。其枚重爲 2—2.5 克。更始政權亡於其三年九月，其鑄行時間僅一年左右，鑄量有限，存世較少。

建武六年，據有四川的公孫述鑄行鐵錢。是時，“述廢銅錢，置鐵官錢，百姓貨幣不行”⑬，後以“鐵錢二當銅錢一”，⑭其鑄行是否爲“五銖”鐵錢，尚無考古資料可證。

建武十六年，光武帝劉秀納馬援之議，開鑄東漢五銖錢，史述“是歲，始行五銖錢”⑮。

自光武帝建武十六年起，經明帝至章帝時期 (40—88)，東漢五銖錢徑重、形制、錢式基本承仿西漢五銖，錢文書法明顯具有西漢五銖之舊韵，錢上加鑄的符號亦大多襲自西漢五銖之式。鑄作皆精美。

自和帝經殤、安、順、沖、質五帝，至於桓帝時期 (89—167)，東漢五銖錢的錢文書寫已擺脫陳式，並且發展成東漢五銖特定之型。鑄作仍然精整，但徑重稍見減縮。

自靈帝至獻帝末 (168—220)，爲東漢五銖錢晚期。靈帝中平三年起“又鑄四出文錢”⑯，獻帝仍承之。其間，獻帝初平元年(190 年)八月，擅政的軍閥董卓“壞五銖錢，更鑄小錢”⑰，錢文仍爲五銖，董卓死後，繼續行用，直至建安十三年(208 年)，纔“還用”舊制五銖，在曹操主政下，“補”鑄獻帝五銖錢，直至東漢滅亡。東漢晚期四出五銖錢鑄作粗率，銅質迅速下降。獻帝後期，錢重亦不斷減縮，至其末期，枚重一般僅及 2 克左右。

東漢時期，與豪強地主莊園經濟發展同步的是實物經濟的漸興，縑帛貨幣的使用漸見廣泛。但其時城市商業經濟發展的總體水平大致近於西漢，和帝、安帝以後尤爲明顯。王符《潛夫論·浮奢》云，是時“商邑翼翼，四方是極，今察洛陽，資末業者，什於農夫……天下百郡千縣，市邑萬數，類皆如此”。故其社會流通貨幣之總額需求亦大抵近於西漢。由於西漢五銖、新莽舊錢長期通行，加以實物貨幣的兼用和私鑄錢的盛行，以及東漢郡縣鑄錢較多，故其中央朝廷所鑄規範錢數額必然有限。西漢五銖錢曾經新莽時期和東漢一代的大量銷熔改鑄，因而東漢五銖錢存世數量似應超過西漢五銖錢。

東漢時期，放棄了中央政府壟斷鑄幣權的政策，朝廷鑄錢事改屬太僕卿考工令官，不再有上林三官專鑄之制。同時，朝廷以准許郡縣、地方鑄錢爲定制，且對其鑄錢徑重並無嚴格規範約束，此外亦無禁民私鑄之律。

東漢五銖錢可分爲東漢早期、中期和後期鑄品。

1. 東漢早期五銖

光武帝於建武十六年開始鑄行五銖錢，存世有銘“建武十七年三月丙申，太僕監椽倉，考工令通，丞或，工周儀造”二十四字的銅範母。範上四錢模，錢文嚴整，錢徑 25 毫米強，面背周郭皆呈外高內低的斜坡狀。其錢文書寫與更始五銖同樣帶有濃厚的西漢五銖舊韵，但其“五”字形舒展和“銖”字金旁之字頭所作三角形已漸變大、朱旁上折已方中見圓等演化趨向，已現以後東漢五銖錢文書式特徵的端倪。範母錢模皆未刻符號。

結合錢範、五銖錢出土與傳世實物考察，其徑在 25—26 毫米，錢重爲 3—4 克，近同西漢五銖錢之徑重規範。其錢有不加符號者，但有符號者不少，河南陝縣劉家渠和青海大通上孫家寨等處墓葬所出的東漢前期錢上⑱，其符號多仿自西漢郡國五銖錢，如錢面穿上或穿下鑄橫劃、星、半星等；亦有月紋，但極罕見。並可見西漢五銖錢上未曾出現的組合符號，如穿上橫劃加穿下星等，這種組合符號在建武後可能仍有一段延用時間。有些研究者認爲,這些加鑄符號錢中的大部分應爲郡縣所鑄,符號的繁雜化當與東漢廣大郡縣、地方多參與鑄錢有關。

明帝、章帝之時,五銖錢上"銖"字朱旁上折纔逐漸圓化,並正式形成這一東漢錢文書寫的特徵,但方折的書式並未絕迹,在中、晚期東漢五銖錢上仍有所見。

2. 東漢中期五銖

這一階段自和帝至桓帝共歷七朝,爲時七十九年,各帝鑄錢事皆未見直接史載,僅有"桓帝罷鑄"之史述。雖至今尚未見有這一階段的紀年錢範出土,但却有五銖錢伴有紀年文物同出的墓葬考古資料,其中屬東漢中期初墓葬有二,1972 年江蘇丹陽發掘的同出有和帝"永元十三年"款帶鉤墓[129]和 1957 年陝西長安三里村出土的同出有和帝"永元十六年十二月庚戌"款陶瓶墓。[130]東漢中期墓二,有 1981 年廣東德慶大遼山發掘的同出有安帝"元初五年"銘文銅洗、銅盤墓[131]和 1978 年陝西安康出土的安帝"延光"年號磚墓。[132]東漢中期末,有 1957 年陝西長安三里村發掘出土的同出有桓帝"建和元年十一月丁未朔十四日"款陶瓶墓。[133]這五座分別於和帝、安帝、桓帝時期入葬,所出五銖錢中皆未涵有靈帝四出五銖與董卓小錢等東漢晚期五銖錢,再據建武十七年錢範所示錢型,剔出東漢前期五銖錢後,其餘隨葬五銖錢當皆屬東漢中期五銖錢。從這些出土錢的綜合考察和比較研究中,可大體概括出東漢中期五銖錢的一般特徵:錢型近似其早期錢,但銅質、鑄工已漸現粗拙的趨勢;錢徑多在 24 毫米左右,較前期略見減縮;錢文字形不如前期錢文寬舒,錢文筆劃亦從前期之纖麗深峻漸趨肥粗與浮淺;錢文書寫的字劃結構亦出現較明顯區別,"五"字交筆甚彎曲,交筆内收後與上下平劃作左右平行的垂直綫相接;"銖"字"金"旁之字頭,常見爲等腰式的較大三角形;其下之四點雖承前仍爲四小長方形,但此四小長方形比前增長;"朱"旁字頭已定式爲皆圓折,上下折較前寬大,且出現朱旁長於金旁及朱旁上折兩竪筆微外撇之書式。周郭一般較前期錢稍窄。東漢中期墓葬錢中已含有背鑄四出文者,爲前所未見。此種錢可能是桓帝錢中開鑄較晚者,顯示與靈帝四出文錢相銜接的發展趨向。有研究者還發現,桓帝錢中有仿建武五銖錢型之品,其鑄作與銅質雖不及建武錢,但其徑重却近同建武錢。故錢界有東漢桓、靈時期,尤其是靈帝所鑄錢,具有在徑重上向建武錢規範回昇的説法。此外,東漢中期五銖之錢面符號亦有變化,常見短橫劃與單星點、雙星點,亦有以兩種符號組合使用之式。出現了有些錢背鑄有一、二、三、四、五、六、七、八、九、十等數字及"王"、"工"、"土"等文字的現象,在此後的東漢晚期五銖錢上仍有所見。

錢幣學界認爲,東漢中期五銖錢鑄作上雖已出現漸見粗率的趨向,但從總體上説,鑄作仍屬精美,出土所見的一些鑄作不甚精緻的東漢中期五銖錢實物,一般應屬政治益見腐朽、財政更加困窘背景下的東漢中期末所鑄。

3. 東漢後期五銖

自靈帝中平三年 (186 年)"鑄四出文錢"起,至獻帝建安二十五年 (220 年) 曹魏代漢爲止的三十四年間,靈帝、獻帝前後斷續鑄行四出五銖錢;其間,又有董卓鑄造五銖小錢。

(1) 靈帝五銖錢

靈帝五銖錢除背四出文可與東漢前、中期錢相區别外,其鑄作、銅質更與此前東漢五銖錢有明顯差別,鑄作已明顯粗拙,澆鑄草率,字劃粗淺,錢之面背常有不少砂眼。銅質亦欠精潔優良,而見有以銅色黄或黄中泛白、或作赭黑色的"雜銅"爲幣材者。靈帝四出錢中雖亦見有輪郭周正、青銅質泛紅色、鑄作尚好之前期鑄品,但數量較少。靈帝錢的徑重有回昇的情況,其徑一般爲 25 毫米,重 3.2—4 克[134]。錢文書式仍承中期錢上定型的寫法。其較典型的出土記録見於河南洛陽燒溝漢墓群第 147、148 號墓所出 16 枚四出五銖[135],該墓考古斷限爲獻帝初平元年,是獻帝即位之次年,亦即董卓"壞五銖錢,更鑄小錢"之年。是時,距靈帝開鑄四出文錢已六年,成錢當已有一定數量。而所出之四出文錢銅質皆黄而發白,質差;鑄作粗糙,但徑重頗劃一,錢徑皆爲 25 毫米,重皆近 3.6 克,錢文、制式仍皆屬與靈帝典型錢之同一群體。故有的研究者認爲,據此可證該墓所出皆屬靈帝後期錢。入葬之時,獻帝即位未久,可能僅承用靈帝錢,或仿鑄靈帝錢。

(2) 董卓五銖小錢

董卓小錢在獻帝至曹魏初,曾在流通錢幣的結構中佔重要地位。1987 年,河南許昌漢魏故城發現大型錢幣窖藏[136],出土銅錢達 335 公斤,許昌博物館取其 40 公斤作分類實測,在約 32 550 枚銅錢中輕劣小錢約佔總數的 41.5%,共 13 520 枚。其中定爲董卓小錢的 11 310 枚,約佔總數的 34.7%,皆穿廣徑小,肉薄質劣,徑最大 17 毫米,還有不足 10 毫米、重不足 0.5 克,無内外郭,無文字。其餘稱爲"無輪無郭錢"的 2 210 枚小錢,約佔總數的 6.8%,徑大,多在 21—23 毫米,肉薄,重皆在 2 克左右,個別錢面隱約可見"五銖"兩字,絕大多數無錢文,也無穿郭和輪郭,銅質和鑄工較好,鑄後多經加工修整。錢界曾有不少人定其爲董卓小錢。似可證董卓錢之制式、徑重亦有一定規範。

董卓廢五銖舊制改行之小錢,其輕小粗拙程度均同於當時實際流通錢幣(已爲私鑄、盜鑄、剪鑿等諸種輕劣小錢所統制)的一般品種。正因如此,董卓小錢纔能爲流通界所接受,並通過小錢的流通、支付職能,使董卓控制下的中央朝廷,得以維持必要的財政周轉,即保證董卓專權局面的存在。董卓企圖以此遏制以盜鑄聚斂社會財富的地方豪強勢力的增長,以強化其控制下的中央政權的統治地位。

董卓改行小錢後第三年即被殺,但小錢不廢,繼續流通達十五年,直至建安十三年曹操爲相,"還用五銖"時纔遭廢止。董卓小錢之徑重,比較適合當時盜鑄、剪鑿猖熾,輕劣錢統治流通的實際情況和莊園經濟日興、實物經濟漸佔統治地位所構成的極爲複雜的貨幣經濟歷史背景。東晉"沈郎"小錢,以至十六國時期"凉造新泉"、"漢興"錢,南朝劉宋"孝建"、"大明"、"兩銖"、"永光"、"景和"錢等等,徑重皆近如董卓小錢之制。對董卓小錢以後出現的這一獨特的官鑄小錢,以及形成在一段時期內小錢統治流通的情況,已引起有些學者的注意。

(3) 獻帝時期四出五銖錢

舊學無獻帝錢之說。東漢王朝的正式結束,是在曹丕代漢之時。此前,董卓擅政,曹武爲相所主鑄之錢,應仍屬東漢獻帝時期官鑄錢。近年,有些學者據史錄考察,在曹操主持下,自建安十三年起鑄行獻帝四出五銖錢是可信的。

據出土資料分析,經董卓五銖小錢長期流通後,東漢末年流通錢幣中,除極輕劣的私鑄無文小錢等品外,構成"正規"通行品之錢重均在 2 克左右,客觀上已成爲當時流通錢幣單位的一般規範。據此,可推斷建安十三年開鑄的獻帝時期五銖錢,其式承靈帝亦爲四出,但其錢重必較靈帝錢顯著減縮,除初鑄者或有重在 2—3 克之品,一般鑄品之重當亦在 2 克左右。

研究者經對有關出土資料的考察,認爲確實存在此類獻帝時期四出五銖錢,其與靈帝四出五銖之間的主要區別在徑重制式與鑄作上,獻帝時期四出五銖錢徑小,一般在 23.5—25 毫米之間,多薄肉,重 2 克上下,重達 2.5 克者少見;周郭多狹或有稍寬之式;錢文書式基本不失東漢中期五銖錢之定式,銅質則與靈帝後期相近,似多赭黑色澤之雜銅鑄品,鑄作更見草率。至於明顯脫離靈獻帝錢文書式、形制約束的更粗劣輕小之品,可能屬地方所鑄或私鑄品。

早在 20 世紀 30 年代,鄭家相就曾發現"有同靈帝錢而形制較率者,比之東漢錢(按: 指獻帝前的東漢)則不及,比之六朝錢則實勝,既不能歸諸魏,又不能屬諸晉,審其文制之氣息,實介乎東漢與魏晉之間"。鄭家相雖把這種靈帝以後、曹丕建魏前的四出五銖錢歸爲"漢末群雄所鑄"⑰。但其鑄行之實際時限亦即獻帝時期。

東漢後期五銖錢中,有不少非四出文錢。有研究者據洛陽燒溝 1035 號墓所出 350 枚東漢晚期五銖錢作論述(該墓還同出剪邊、綖環五銖 80 枚),認爲東漢晚期五銖之錢型仍仿東漢早期五銖,徑一般爲 25—26 毫米,重 2.5—3.5 克。但錢文淺平,筆劃肥粗,銅質多雜劣,色泛黃白,錢上符號繁雜,錢背並非皆作四出。

東漢中、後期五銖錢上,除見有陽鑄、陰刻文字、圖形等符號外,有的錢在面或背上鑄一"平"字,錢界認爲是"平當"之意,示此錢與標準五銖錢等值,以與惡錢相區別。"平當五銖"錢在三國、兩晉時期仍流通。

(二) 東漢郡縣地方鑄幣和私鑄錢

1. 郡縣地方五銖錢

自東漢初建武年間起,朝廷不僅容許郡縣、地方鑄錢,並准其自署錢官。如《後漢書·第五倫傳》記光武帝初,京兆尹閻興因"時長安鑄錢多姦巧,乃署倫爲督鑄錢掾,領長安市"。東漢中、後期,仍循未變,如此時甘肅武都太守李翕曾自署官鑄錢,《西峽碑》記有其"敕衡官有秩李瑾"等事。"衡官"爲主鑄錢之官。李翕之後任太守的耿勛於靈帝熹平二年"開放道銅官,鑄作錢、器,興利無極"之政事記錄,亦存見於《武都太守耿勛碑》之刻石上。武都在今甘肅成縣西 30 里處,可證東漢西北等邊地郡縣鑄錢一如內地。《後漢書·宦者·張讓傳》記,獻帝鑄四出錢,被不少人認爲是凶兆,説"此錢成,必四道而去,及京師大亂,錢果流佈四海"。亦反映了東漢中央鑄錢僅屬東漢中央京畿近輔之財用,不發行天下供四海之用。地方用錢,皆需自鑄。郡縣地方既皆鑄錢,故中央朝廷鑄錢額度當有限。東漢前、中期朝廷鑄錢重視徑重、銅質,鑄作規範,郡縣地方所鑄錢則相對輕小、粗糙,有東漢"中型五銖"之稱。

東漢郡縣地方五銖錢亦屬官錢之列,東漢前期錢型皆仿朝廷之式,僅較輕小,錢面符號亦繁雜。中、後期隨地方豪強勢力的發展,不少郡縣政權爲其把持,郡縣鑄錢實際上漸成地方豪強鑄錢,脫離朝廷規範,形成各自的錢型、錢式。錢徑由 23 毫米縮小至 17—20 毫米,錢重由 3.2 克上下漸降至 1—2克。錢式向大穿徑演化,甚至出現近如廣穿者。銅質漸劣,鑄作趨向粗率。錢文趨大,字形或趨寬闊,或趨瘦狹。由於錢徑的逐漸縮小和穿徑的不斷外擴,終致錢文"五銖"有的部分缺失,甚至祇剩"五金"或"五朱"二字,有的錢上五字亦僅見一半;有的則因錢文被輪、穿擠壓而變得字形特別窄長的"五金"錢。

東漢末,郡縣地方五銖錢更趨輕劣,鑄作更粗糙,錢式益複雜。在盜鑄錢、剪鑿錢泛濫的形勢下,出現無周郭背平素、無周郭但背穿有郭等式,並有大廣穿之式,有的錢文仍作"五銖",但出現"五銖"字劃靠外輪一側之上下角與輪重合,形成錢文侵輪之式。以後徑重更見減縮,見有徑僅 15 毫米左右,重僅 1 克上下者。

中、晚期郡縣地方五銖錢之出土例證並不少見,如上舉河南許昌出土的三國時期魏都窖藏錢幣中,可見較完整的早、中、晚期系列性實物。其較早之品亦可見於江蘇丹徒所出的東晉錢幣窖藏[138]、江蘇金壇三國時期東吳墓葬[139]、浙江臨海更樓鄉磨頭村東漢錢幣窖藏等出土資料中[140]。其東漢末期之鑄品則可見於山東微山錢幣窖藏及其他出土記錄中[141]。

東漢晚期地方鑄錢中,益州地區所鑄五銖錢漸具明顯特色。靈帝中平五年(188 年)劉焉爲益州牧,獻帝興平元年(194 年)焉卒,子劉璋繼任,至獻帝建安十九年(214 年),劉備入成都、劉璋投降的二十六年間,劉焉父子所鑄之五銖錢具有以下特徵:其徑約 23—25 毫米,重約 2.6—3.5 克,周郭寬闊或較寬,面穿無郭。錢文"五"字曲筆交叉,字形窄長,常靠穿沿;"銖"字較寬大,金旁明顯短小,因受外郭局限,其下部左側常見缺角,朱旁狹長,上下折之頂端皆長過穿沿。背穿郭四折頂端多爲圓角。面穿上有橫劃符號。對劉焉、劉璋所鑄五銖錢,有"益州五銖錢"之專稱,以別於此後劉備所鑄蜀漢五銖錢。

劉焉、劉璋"益州五銖錢"不同於一般郡縣鑄品,其較典型之考古記錄,可見於四川威遠黃荊溝秀峰橋蜀漢錢幣窖藏出土資料[142],江蘇丹徒東晉錢幣窖藏等出土記錄中亦有所見。其字形、書式、形制都與以後三國時期蜀漢五銖系列錢有近通之處。

2. 東漢私鑄錢

西漢前期,高祖縱民鑄錢,文帝許民共鑄,尚無禁民間鑄錢之律。東漢光武帝承之,遂成定制。故東漢初私鑄已頗盛。至中期,私鑄、盜鑄的主要方式仍如西漢時期之盜鉛官錢取銅,並仿其式鑄殼雜減重錢。出土所見,其時之私鑄錢皆輕薄粗劣,文字走樣,字劃少筆、漏鑄者常見;錢身缺邊、流銅、厚薄不勻等缺陷亦常存在。錢徑不等,錢重僅在 1.5—2 克,已經盜鉛致使周郭僅餘一綫的"細緣"五銖也多見出土。東漢五銖錢中期末,因私鑄、盜鑄益濫而出現了無文劣錢,其徑一般皆在 20 毫米左右。

自東漢五銖錢中期末至東漢亡,原私鑄、盜鑄的主要方式漸爲對官錢的剪鑿方法所取代,其法是用圓周形利鑿將官錢分截爲內芯與外環兩部分。起初是把內芯仍充一文使用,外環則經銷熔作爲私鑄的幣材。這一方法成爲當時私鑄者的主要盜鑄方式。後來外環亦直接進入流通,與其他各種銅錢折值並用,不再熔銷。於是逐漸形成了稱其內芯爲"剪邊錢",外環爲"綖環錢"的專名。剪邊、綖環錢能直接進入流通是有原因的,剪邊錢一般重 1 克左右,錢徑在 14—16 毫米,與東漢後期私鑄錢和不少郡縣地方五銖錢之徑重相近同;綖環錢外徑約爲 23—25 毫米,重亦在 1 克左右。綖環錢的出土數量遠少於剪邊錢,如河南許昌博物館,對當地漢魏故城大型錢幣窖藏部分出土錢所作分類報告中,剪邊五銖錢共 14 000 枚,綖環錢僅 3 800 枚,兩者數量比例約爲 3:1,其主要原因就在於剪鑿所成的外環部分曾經大量熔銷;同時,有部分剪邊錢是澆鑄品。

此外,還見有鐵質四出五銖錢存世,其鑄期當在東漢晚期,屬私鑄品的可能性較大。

東漢私鑄錢上仿鑄各種官錢符號者亦常見,並見有所鑄符號爲官錢所無或罕見者,如曾出現三星、四星、五星等符號。

有的研究者認爲,剪邊五銖錢剪鑿取銅的愈益盛行,剪鑿部位越來越向錢肉內側擴大,使錢文的外側上下字角皆被切除。東漢晚期,地方鑄錢中出現侵輪五銖之式,可能與這種剪邊錢有關。

（三）東 漢 的 黃 金

東漢時期在朝廷賞賜、公私饋贈等各種支付中,使用黃金的情況與數量較西漢顯著減少。對此原由,古今史家有後世風俗益趨奢靡說;佛教日盛,塑像塗金、泥金寫經成爲"耗金之蠹"說;產地之金"已發掘净盡", "產少靡多"説等。但都未涉及西漢時期及其後社會黃金總額和佔有情況發生變化的深層原因, 未能注意這一時期社會黃金大量進入秘藏而成爲"永久的死貯藏", 以及集中於原王室、舊貴族、富豪庫藏的黃金被分散的這兩個前後相滲與連續的大變動。

自王莽居攝時期實行黃金國有制, 令"列侯以下不得挾黃金"爲起點, 至莽末到東漢一統天下前的戰亂時期的三十多年間, 出現了黃金窖藏潮。貴族、官僚、富豪爲逃避王莽的掠奪和戰亂的損失, 紛紛把貯金轉入秘藏, 挖地埋金更是通常的秘藏方式。近年在河南扶溝、襄城, 江蘇盱眙等地出土的大批黃金窖藏中, 從其都有先秦楚金, 西漢麟趾、褭蹏金幣等品類構成, 以及入藏方式、地點等諸方面綜合考察, 其入藏應在上述窖藏潮時期。由於社會大動蕩中藏主命運的不測, 眾多秘窖中的大量黃金就成爲"永遠消失"的死貯藏。其直接結果之一, 就造成了東漢社會黃金總額減少的現象。

西漢宮廷集中了大量黃金, 至新莽末, 猶有巨額庫存。史述其時"省中黃斤萬斤爲一匱, 尚有六十匱, 黃門、鈎盾、臧府、中尚方處處各有數匱", 總計約 70 萬斤。王莽被殺、新朝滅亡之時, 宮室内庫未有大損, 其時"唯未央宮被焚而已, 其餘宮殿, 一無所毁, ……太倉武庫, 官府市里, 不改於舊"[⑭]。但自更始二年(24 年)起, 情況激變。是年, 更始帝劉玄入長安後, 問諸將"慮掠得幾何"[⑭]。次年, 赤眉軍入長安, 其"兵眾遂各逾宮斬關入", 此後"復入大掠。城中糧食盡, 遂收載珍寶, 因大縱火, 燒宮室, 引兵而西", 沿途"發掘諸陵, 取其寶貨"[⑭]。原漢、新宮廷巨額貯金悉數散入反莽各軍事集團及其將帥、兵眾手中, 並在以後的連續戰爭和各軍事集團的興亡過程中, 形成黃金分散過程的繼續發展。除在歷次變動中出現的新貴族和實力强勁的豪强梟帥等手中形成新的集中外, 也有相當一部分散入民間。史述莽亡後, 諸軍事集團中唯劉秀"所到不擄掠", 因此在其建立東漢時, 朝廷貯金係主要得自消滅其他軍事集團中所獲的戰利品, 其總量必然明顯少於西漢、新朝的宮室藏金。東漢諸朝賞賜中較西漢慎惜用金, 當然與朝廷貯金量少有關。黃金貯藏與佔有的分散, 雖與社會黃金總額無關, 但却造成了東漢朝廷貯金與用金量較西漢鋭減的現象。

東漢黃金不僅在數量上而且在流通中所起的貨幣作用都顯著減少了。有的學者認爲, 東漢社會生產力和它的經濟發展水平均超過西漢, 然而在當時自然經濟佔絶對優勢下, 客觀上並不需要貴金屬黃金作爲通行的貨幣。且由於國内黃金產量增加困難, 落後於社會各種需要, 如寶藏、統治階級豪奢享受和佛教寺廟的消耗等, 也由於黃金成本和價格的逐漸提高, 使之充作一般通用貨幣材料的有利條件相應減少。因此, "黃金的貨幣作用, 從東漢時期開始就顯著衰落了, 而進入魏晉南北朝時期以後, 它就長期的失去貨幣的資格了"[⑯]。

五、三 國 貨 幣

東漢靈帝中平元年(184 年)爆發黃巾起義, 各地豪强地主起塢堡, 繕甲兵, 形成大小軍事集團。繼以獻帝初董卓之亂爲起點, 逐步發展爲封建軍閥割據的局面, 加速了東漢政權崩潰的進程。獻帝建安二十五年(220 年)曹丕代漢建魏, 都洛陽, 建元黃初, 控有黃河流域、東北地區及淮河流域一部分。次年, 劉備建漢, 都成都, 建元章武, 控有今四川、雲南及陝西部分地區。其明年, 孫權稱王, 都武昌(七年後, 遷都建業), 建元黃武, 控有長江中下游地區及閩廣等地。至時正式進入中國歷史上的三國鼎立時期。自此經四十一年, 魏滅蜀漢, 後二年, 司馬炎代魏建晉。又十五年, 亡吳, 時在晉武帝太康元年(280 年), 中國重歸統一。

三國時期, 各國皆曾鑄錢。錢制皆承五銖之名, 但所鑄多屬虛幣, 除吳、蜀漢之以五銖爲名義計量單位的虛值大錢外, 還有如蜀五銖之類平錢。鑄錢數量皆不足流通所需, 不僅皆許它國錢幣交用, 尤其依賴兩漢與新莽舊錢。三國時期墓葬、窖藏出土錢幣情況, 爲這一史實提供了實證, 孫吳尤爲突出。錢幣減重趨勢迅速, 鑄幣信用不足, 實物經濟承東漢之漸興而加快發展, 逐漸形成實物貨幣使用益趨廣泛的局面。

（一）曹 魏 錢 幣

曹丕代漢前, 曹操已於建安元年起, 實行屯田制、興修水利、改革賦税制度等一系列有效的經濟復興政策。至曹魏政權建立時, 其經濟發展已超越其他地區, 使其具有對蜀漢、東吳兩國相對的經濟優勢。因此,曹魏的錢幣制度也是三國中最爲穩定的,自始至終祇鑄用五銖錢而未鑄大錢。

曹魏五銖錢史,始自文帝曹丕建魏後第二年,即黄初二年(221 年)三月“初復五銖錢”,是年十月即“以穀貴,罷五銖錢”[147],“使百姓以穀帛爲市”。其後階段,爲明帝太和元年(227 年),“更立五銖錢,至晉用之,不聞有所改創”[148]。

文帝之時,既云“初復”,當指復用東漢舊制與舊錢。因盜鑄、剪鑿猖熾益甚而無從維持。明帝“更立五銖錢”似指明帝對舊制、舊式有所改創而鑄行之新錢,得以流通至魏末,並爲西晉承用而不變。故經明帝“更立”之曹魏五銖錢,與東漢晚期五銖錢之制式當有所不同。

曹魏五銖錢是錢幣學界關注已久的研究課題。20 世紀 30—40 年代,丁福保、方若、鄭家相等曾對此作過不少研究工作。1992 年河南許昌漢魏故城錢幣窖藏提示:東漢晚期與三國時期曹魏地區流通錢幣的主體部分,皆由徑重近如董卓小錢的小型錢構成。其中,含有一種徑 20 毫米上下、穿徑較大、重約 2 克左右、錢文“五”字右側上下兩角及“銖”字左側金旁皆與外輪交叠而形成面輪擠壓錢文之式,被稱爲“壓五壓金”或“侵輪五銖”。此後,河南錢幣界提出侵輪五銖錢即曹魏五銖錢的新觀點,並隨之公佈了他們所據的曹魏、孫吳故地及西晉時期窖藏等資料。認爲這種五銖錢具有共同特徵:即錢體輕小(徑一般爲 18—23 毫米,重 2 克上下),穿孔大(穿徑多達 10 毫米左右),不磨濾邊緣,錢文侵輪,鑄作粗糙。並總結爲錢文侵輪是其最主要特徵,這是其他時代五銖錢中所没有的;認爲曹魏五銖錢不僅繼承了董卓小錢錢體輕小的特點,而且也受到東漢晚期剪輪五銖的直接影響。

有不少研究者認爲,這種面文侵輪式五銖錢至晚在東漢晚期已經出現,而且是江浙一帶東漢末至南梁時期考古出土中常見之品,如 1997 年 5 月蘇州市第一中學工地出土一錢幣窖藏,計百餘公斤,經初步整理,其中一般東漢五銖,約佔 80%,靈帝四出五銖、新莽貨泉、剪邊五銖、侵輪五銖錢約佔總數的 20%,此外還雜有漢半兩錢。有關研究者認爲,此窖藏錢中有靈帝四出五銖錢共存,未見董卓小錢及東吳大錢,故雖無紀年文物同出,但其入藏時期屬東漢晚期應毋庸置疑。

不少研究者認爲,面文侵輪五銖至晚是東漢晚期地方鑄錢的一種鑄式,因其徑重適合當時錢幣流通的特殊條件,成爲東漢末至六朝時期民間、地方鑄錢者採用較普遍的鑄式。雖可論定侵輪五銖曾是曹魏、東吳通行的錢幣之一,但無從論定其鑄主必屬曹魏朝廷,更不能據此確定侵輪五銖是魏明帝“更立五銖錢”頒定的國家標準制式。研究者認爲,侵輪是非官鑄錢幣款式不規範的一種表現形式[149]。至遲東漢晚期已出現,六朝時期非官鑄錢不斷,侵輪錢未息。此説,已引起學界注意。

河南學者還發現以往一直被認定爲東晉“沈郎錢”的面文“五朱”錢,在孫吳高榮墓[150]、朱然墓和洛陽西晉錢幣窖藏中,皆與面文侵輪五銖錢同存。還在三國、兩晉墓葬、窖藏中,發現有兩柱、四柱五銖錢。由於這兩類錢幣皆具面文侵輪及錢體輕小、鑄作粗糙等特徵,亦將之劃爲曹魏鑄錢。他們認爲,曹魏兩柱、四柱五銖錢與南梁兩柱、四柱五銖錢之間的區別特徵主要是:前者面無穿郭,且有面文侵輪情況;而南梁兩柱、四柱五銖錢則面背皆鑄穿郭,皆無面文侵輪,其錢文字體較小,與輪間有明顯間距。對“五朱”錢與兩柱、四柱五銖錢始鑄時限在東晉、南梁之前的觀點,已爲許多錢幣研究者認同。

(二) 蜀 漢 錢 幣

劉備是三國諸雄中鑄錢最早者。獻帝建安十九年(214 年),劉備入主成都,自領益州牧,是年,即開鑄直百五銖錢,此後又鑄蜀漢五銖錢。劉備建蜀稱帝(昭烈帝)僅三年即死,子劉禪繼位,是爲劉後主,自此至蜀亡(263 年)的四十一年間,蜀漢又先後鑄行過幾種虛值大錢。故在三國中,蜀漢錢制是最爲複雜的。

蜀漢鑄錢可分爲劉備與後主兩個階段。

劉備所鑄爲直百五銖和蜀五銖錢兩種。

後主劉禪繼位的建興元年(223 年)至延熙五年(242 年)前的二十年間,爲其前期鑄錢時期,其所鑄錢有太平百錢與世平百錢兩種。自後主延熙六年至蜀亡的二十一年間,爲後主後期鑄錢時期,所鑄之錢有大平百金錢、定平一百錢、直百錢、直一錢四種。

1. 直百五銖

劉備首鑄者爲直百五銖錢。史述,建安十九年,劉備踞成都,“軍用不足,備甚憂之。巴曰:‘易耳,但當鑄直百錢,平諸物賈,令吏爲官市。’備從之,數月之間,府庫充實”[151]。其後,有賜諸葛亮、張飛等“錢五千萬”之事,説明鑄行直百五銖錢後,曾使其財政狀況有所改善。

建安二十年,劉備進佔益州犍爲郡,遂在此開鑄背有“爲”(爲)字的直百五銖錢,首創中國方孔圓錢背鑄文字以記鑄地之制式。

錢文直讀。"五銖"篆書,"直百"兼隸。分素背及背左鑄有"爲"字兩種,面穿皆鑄郭。兩種錢皆有背加刻符號者,符號種類頗多,大多似爲數字,亦有係吉祥語者。1978 年四川威遠黄荆海公社秀峰橋出土的罐藏錢幣[132],共 10 餘公斤,計 1 703 枚,除漢、莽等錢外,直百五銖錢爲 435 枚。直百五銖中,背無"爲"字者 332 枚,佔 76.3%,背有"爲"字者 103 枚佔 23.7%。兩種直百五銖錢均有大而厚、大而薄、小而薄三型,大而厚者佔八成左右。背無"爲"字者,三型錢徑分别爲 38、27、24 毫米,平均重量分别爲 9.8、3.7、3.2 克;背有"爲"字者,三型錢徑分别爲 29、26.7、26 毫米,平均重量分别爲 9.02、6.1、5.3 克。背刻陰文符號者,背無"爲"字者有一型 41 枚、二型 6 枚,背有"爲"者字有一型 15 枚,共 62 枚,佔總數 14.3%。陰刻的符號,背無"爲"字者一型和二型分别爲"一、丨、川、Ⅲ、十、十丨、圭、卜、∧、∨、冂、⊗、⌒、朩、丨、吉、羊、田、日、◇"等和"丨、∈、Ⅲ、◇"等,背有"爲"字者,一型爲"丨、二、十、工"等。位置分别在穿的上下左右。

2. 蜀五銖

劉備於成都鑄直百五銖的同時或稍後,又鑄五銖錢,錢界稱之爲"蜀五銖"。研究者多認爲劉備以"承繼漢祚"、"復興漢業"自任,並以此號召天下,故鑄五銖錢以示脈承漢室之正統乃必然之事。因蜀中乏銅,故難以恢復漢五銖之徑重規範。亦有認爲劉備踞成都,爲解救軍用不足之急,鑄大錢以爲權宜,數月間,困窘之勢已獲緩解,遂鑄行五銖錢以求穩定流通,爲爭雄天下建立必要的經濟基礎。

蜀漢五銖錢文篆體,面背皆鑄穿郭。徑約 21 毫米上下,重 2—2.5 克。背刻陰文符號之字式,同直百五銖。有研究者認爲多出於蜀漢故地的此類小型錢爲蜀漢五銖定型品,其初鑄品徑重較大。朱活據四川威遠秀峰橋出土罐藏錢幣所含蜀錢中,有 400 枚五銖錢,其徑 25 毫米,平均重 3.1 克(其中有 49 枚徑 24 毫米,平均重 2 克,其"銖"字金旁小於朱旁),形制與文字頗具蜀漢錢氣息,認爲應屬初期蜀漢五銖錢。

3. 太平百錢

在蜀漢與孫吳地區的早期三國墓葬或窖藏中,皆未見有太(大)平百錢同出。1955 年,湖北武昌任家灣孫吳鄭丑紀年墓内所出 3 630 枚錢中,除漢、莽和蜀漢直百五銖錢外,發現太平百錢 128 枚。同出之墓主鄭丑鉛地券一件,所刻文字紀年爲吳大帝"黄武六年"。孫權黄武六年爲蜀後主建興五年(227年),其時,太平百錢已流入東吳,可證其開鑄時間之下限當早於蜀漢建興五年。

太平百錢面背皆有内郭。徑重大小不一,其重大者,徑達 26—27 毫米,重 8—9 克;輕小者,徑 13 毫米左右,重僅 0.7 克上下。錢文"大"字應爲"太"。江沅《説文釋例》云:"右祇作大,不作太,亦可作泰"。古體也作"夳"。故此錢當讀爲"太平百錢",與錢文直接寫作古體"夳"者相同。錢文作"大"者,背素或水波紋(亦稱曲折文或龜文);作"夳"者,僅有水波紋之式。

4. 世平百錢

世平百錢存世較少,1981 年開始發掘的四川忠縣蜀漢崖墓群所出 3 000 餘枚錢幣中曾發現 1 枚[133]。錢文"世平"實同"太平"。古時"大"、"太"、"世"通用,《公羊》、《穀梁》、《春秋》、《左傳》等古書中皆稱太子爲"世子"。其錢徑大於太平百錢,當非民間私鑄錢,可能爲蜀漢某郡縣依太平百錢之制式改以同義字所鑄;亦可能鑄期早於太平百錢,因"世平"之義難爲一般小民所通曉,故未幾即改用"大(太)平"。其鑄期極短,鑄量甚少。

5. 大平百金

1984 年,安徽馬鞍山發現的孫吳右軍師朱然墓出土銅錢 6 000 枚左右[134],其中除漢、莽錢及孫吳大泉、蜀漢直百五銖、太平百錢外,還有鄭丑黄武六年墓中未見的大平百金與定平一百錢。朱然在孫吳赤烏十二年(249 年)春卒,同年十月入葬。其年,爲蜀漢後主延熙十二年,故此兩種錢開鑄年代的下限當略早於是年。大平百金之名稱承同於太平百錢,後者之"太"作"大","錢"字僅殘存"金"旁。當爲太平百錢行用有時,不斷縮徑、減重而形成之品。背無水波紋,錢薄小,穿大,"平"字扁寬,錢徑大者約 16 毫米、小者僅 13 毫米上下。有傳形錢。

6. 定平一百

定平一百錢之錢形大致同於太平百金錢之大樣者,但鑄作似較之稍好。"定"字寫作"定","平"字寫作"￠"或"￥"。錢薄小,大者徑約 17.5 毫米,重 1.75—2 克,小者徑約 12.5 毫米,重 0.65—0.7 克。其錢名"定平"之"平"字即"衡"、"值",釋同新莽"一刀平五千"錢上之"平"字。故此錢文實爲"定值一百"之義,似是在太平百錢減重爲太平百金後,因繼續減重,出現徑僅 12 毫米許的極輕小錢,弊端益多,遂鑄定平一百錢以與減重直百五銖錢對等使用。有的認爲定平一百錢開鑄於後主延熙九年前後。

1975 年,陝西城固東寶山公社一蜀漢磚墓中出土定平一百錢 380 枚[156],其小者輕薄甚於太平百金。

7. 直百錢

蜀漢直百錢由來與鑄期之考證,迄無定論。有研究者據直百錢錢文、形制風格等認爲屬蜀漢後期鑄品。不少研究者認爲朱然墓中雖有太平百金、定平一百錢,卻未見直百、直一錢,可證此兩種錢之鑄期當更晚,其開鑄時間當在後主延熙十二年之後。係官鑄,以代直百五銖錢。

20 世紀 80 年代,四川成都南郊燃燈寺畔一東漢晚期墓葬出土物中,含有直百錢,該墓入土年代有墓志銘可考,爲東漢靈帝中平四年(187 年)十二月,可知東漢晚期蜀地已有直百錢出現。但自新莽至東漢末,凡踞蜀主政者所鑄之錢,皆爲五銖,如公孫述、劉焉、劉璋等皆是,未有曾行直百錢之史錄與實證,可見此直百錢非當時益州官鑄。蜀漢朝廷爲何再行鑄用前代民鑄舊錢,已成爲研究者提出的新問題。

8. 直一錢

直一錢,徑約 12 毫米左右。因其鑄造輕小粗糙,多認爲屬民間鑄品,亦有人考其鑄期在直百錢之後。

此外,有一種徑重與漢五銖錢無異的傳形五銖錢,出土與傳世皆有所見,舊譜多定之爲蜀漢錢。其實傳形錢歷代有之,傳形五銖錢以東漢晚期最多,歸其爲蜀漢鑄尚乏實據,可能是仍在流通的前代舊錢,如"平"字五銖亦然。蜀漢五銖錢亦有誤鑄傳形者,但錢面有穿郭,錢形小,與漢五銖徑、式有異。

(三) 孫吴錢幣

三國孫吴鑄行之錢皆爲高面額虛值大錢,最低面額者爲大泉五百,最高面額者爲大泉五千。鑄錢時期極短促,起鑄時間晚於魏、蜀,而且很快就停止並收銷全部已鑄錢。史述孫權嘉禾五年(236 年)"春,鑄大錢",至赤烏九年(246 年)即詔"省息"鑄錢,止廢所鑄各類大錢[156],前後僅歷十年。孫吴曾設律禁民鑄錢,有"盜鑄之科"。鑄大泉五百前,或有非官鑄錢,如五銖、大泉五十等。

孫吴所鑄大錢有大泉五百、大泉當千、大泉二千、大泉五千四種。後兩種錢之鑄期未見史錄。

1. 大泉五百錢

開鑄於嘉禾五年,史述嘉禾五年"春,鑄大錢,一當五百"[157]。其早期錢之徑在 30 毫米上下,重約 8—9 克,其減重之錢徑約 28 毫米、重 4 克上下。

2. 大泉當千錢

開鑄於赤烏元年,史述"赤烏元年春,鑄當千大錢"[158]。其特大型徑達 45 毫米,重逾 18 克;大型者,徑 34—38 毫米,重 14—15 克;小型者徑約 30 毫米,特小者徑僅 25 毫米左右,重 3.5 克上下,近同小平錢。有學者發現,其中有"千"字者中劃作雙挑的。

3. 大泉二千錢

約鑄於赤烏八年。史述赤烏九年,止廢已鑄各種大泉,自此"官勿復出也,私家有者,敕以輸藏,計界其直,勿有所枉也"[159]。大泉二千錢存世雖少,但有一定數量見於傳世;建國以來對東吴等墓葬、窖藏的考古發掘中亦有所見,可證此錢在止廢令下以前已有一段短暫的流通時期。故推定其開鑄時間約在赤烏八年之説,當近是。大泉二千錢之錢徑約 33 毫米,重有 8.7 克和 8.5 克。

4. 大泉五千錢

約鑄於赤烏九年止廢令下前不久之時。此錢存世極罕。清劉燕庭僅拓一品,1912 年浙江上虞百官龍蚌二山間曾出一品,20 世紀 30 年代浙江紹興錢塘江畔又出一品,1987 年陝西寶雞博物館徵集得一品⑯。故推定其開鑄時間切近止廢大泉令下之時,初鑄即止,或不及投放流通。大泉五千錢之徑約38毫米,重有 14.8 克和 13 克。

孫吳政權在嘉禾五年春始鑄大錢前的十四年間,行用錢幣皆藉兩漢、新莽舊錢及魏、蜀錢。如湖北武昌任家灣孫吳黃武六年鄭丑墓所出殉錢 3 630 枚,全係漢、莽舊錢和蜀漢直百五銖及太平百錢。赤烏九年停廢本國所鑄各類大錢後,流通錢幣結構仍復舊狀,間或雜有殘留的孫吳大錢。如安徽馬鞍山孫吳赤烏十二年右軍師朱然墓所出殉錢約 6 000 枚中,除漢、莽錢、蜀漢錢外,亦雜有大泉五百錢與大泉當千錢。其實,即使在孫吳鑄錢期間,因鑄量不大,且又爲虛值大錢,面額太高,僅有空名,民間患之,故其時實際行用錢幣亦是以舊錢與魏、蜀錢爲主。

1975 年,江蘇句容葛村公社發現孫吳大泉五百、大泉當千鑄錢遺址。所出爲陶範,係採用合箱多層澆鑄工藝鑄錢,中有陶質管狀鑄蕊,貫穿各層錢模中心。錢模皆爲十字花形,每層 4 枚,分層疊置成花樹狀,約二十餘層。每次鑄錢近百枚。據此可推知其大泉二千、大泉五千錢當爲同樣鑄錢工藝之鑄品⑯,但至今尚未見此兩種錢之範母或鑄錢範出土。

舊譜存有"大泉五銖"一品,昔時有定其爲東吳者,並論其爲與大泉五百、大泉當千"子母相權"之最小"東吳物"錢。但多數錢家審之爲僞品,建國後又有多次發現,諸家審説不一,尚無肯定説法。

六、兩晉、十六國貨幣

西晉統治時間很短。自公元 265 年司馬炎代魏建晉,中經太康元年(280 年)統一中國後,僅經三十六年至晉愍帝建興四年(316 年),就在北方各族人民反晉鬥爭的風暴中滅亡。此後,中國進入了長達二百七十三年的分裂時期,史稱東晉十六國與南北朝時期。北方黃河流域、東北及四川地區,先經由匈奴、鮮卑、羯、氐、羌、漢等族首領分建政權的"十六國"時期;至公元 439 年北魏統一北方進入"北朝"時期,其間經歷北魏及以後分裂對峙的東魏與西魏、北齊與北周三個階段。南方則是先在西晉覆滅的次年,由晉皇族司馬睿於建康稱帝,重建晉朝,史稱東晉;經一百零三年,北府兵將領劉裕代晉建宋(420 年),進入"南朝"時期,其間,經宋、齊、梁、陳四朝更迭,直至公元 589 年已先行統一北方的隋朝渡江滅陳,中國纔復歸一統。

在南北對峙下,東晉、南朝與十六國、北朝的錢幣分別形成兩個承續體系。

(一) 西 晉 錢 幣

史書皆無西晉鑄錢之記述。但司馬炎代魏建晉至愍帝亡晉的五十一年間,始終未止廢用錢。西晉地域廣闊,各郡縣之間文化、經濟條件差異頗大,朝廷雖未立新錢制,未令鑄錢,但亦未設"盜鑄之科"。在東漢、三國時期容許地方郡縣鑄錢的傳統政策和兩晉盜鑄、私鑄之風承漢末昌盛之勢的情況下,至少地方、民間仍然有所鑄作。

《晉書·食貨志》云:自曹魏"更立五銖錢"後,"至晉用之,不聞有所改創"。其流通之錢,除承用曹魏五銖之外,還兼用兩漢、新莽、蜀漢、東吳錢。如 1955 年河南洛陽晉墓群之所出⑯,皆未見有較明顯區別的新類型五銖錢。

西晉不設"盜鑄之科",任民鑄錢狀況發展的結果是:在西晉世族門閥制度的作用下,其時地方、民間鑄錢可能已集中於某些地方門閥世家之手。這類西晉地方豪族與民間所鑄之錢應屬西晉時期鑄錢。

1994 年,浙江永康五里鄉發現有"太康元年九月作"紀年磚的西晉早期墓一座⑯,出土錢幣 200 餘枚。其周郭若隱若現或無郭,錢徑大小不等,大者 24 毫米,小者徑僅 10 毫米,枚重平均約 1.7 克。有些錢的"五"字有重影,朱旁平夷不顯,徑約 19—22 毫米,重約 1.6 克。其中包括剪邊五銖。似皆屬西晉承用之前朝五銖錢。此外,1983 年安徽和縣戚鎮發掘的太康五年(284 年)西晉早期墓⑯,1953—1955 年河南洛陽發掘的晉墓群,其中 M22 墓出土有西晉永寧二年(302 年)墓志銘⑯,1953 年江蘇宜興城內出土的元康七年(297 年)周處父子墓等出土報告⑯,亦提供了西晉廣泛使用各式前朝五銖錢的實證。其中,有無屬西晉時期鑄造的錢幣尚無從辨認。

（二）東　晉　錢　幣

東晉墓葬出土錢幣實物情況，大致同於西晉，殉錢仍少；流通錢幣品類結構仍極複雜。1971 年江蘇丹徒高資公社出土一瓮東晉窖藏錢幣⑯，達 280 餘公斤，有漢半兩、新莽錢，蜀漢、東吳錢，十六國後趙豐貨錢、成漢漢興錢及各類五銖錢。其中五銖錢佔總數的 90% 以上，五銖錢中又以魏晉時期盛行的剪邊五銖佔多數。此大量五銖錢中，可能含有東晉錢。

《晉書·食貨志》云："晉自中原喪亂，元帝過江，用孫氏舊錢，輕重雜行，大者謂之比輪，中者謂之四文。吳興沈充，又鑄小錢，謂之沈郎錢。錢既不多，由是稍貴。"史述中"孫氏舊錢"本是兩漢、新莽與魏、蜀漢、東吳錢的集合體；"比輪"，指大泉五百、大泉當千等大型錢，既稱"比輪"，可能還有以錢徑大小比等折值之例；"四文"，指大泉五十之類中型錢，既稱四文，可能一當小錢四用；"小錢"，其主要部分爲"沈郎錢"。

"沈郎錢"開鑄於東晉初，一般徑 20 毫米、重 1.15—2 克，鑄作粗糙，多不加磨邊；面背皆有外輪，背穿有郭，間亦有背平素者；錢文爲"五朱"；常見錢型不圓整、輪郭文字不清者；銅質含鉛錫率高，色青白，故有"沈郎青錢"之稱。史錄證實，東晉亦未改創新錢制，其流通除承用兩漢、新莽、孫吳舊錢外，並以小錢爲基本單位幣。其小錢主要由沈郎錢與曾在西晉行用的各種小型舊五銖錢構成。東晉以前已經出現"五朱"錢之式，按理當與東晉"五朱"錢有所區別。三國東吳高榮墓洛陽漢魏故城西南窖藏中所出"五朱"錢，皆爲面穿無郭之式。江蘇丹徒高資公社東晉錢幣窖藏中所出 200 餘枚"五朱"錢有兩型：Ⅰ型爲面穿無郭，徑一般爲 21 毫米；Ⅱ型爲面穿有郭，徑較小，一般爲 19 毫米。有的學者認爲，面穿無郭之"五朱"錢可能屬漢末、三國時期的鑄品，西晉仍承用之；面穿有郭之"五朱"錢則爲東晉時期沈充所鑄。四川忠縣塗井蜀漢墓曾出土面穿有郭五朱錢，有可能是私鑄、盜鑄極盛的蜀漢地區私鑄品，因循蜀漢錢面鑄穿郭之習，而偶成此三國時期之別品五朱錢。此外，東晉民間私鑄亦盛，當時盛行的各種小錢，除沈郎錢類型外，應還有其他類型。東晉墓葬、窖藏出土中，可見文字草率且無定式；形制較輕小，時有錢文缺筆或傳形之品，亦見面背無周郭者；徑一般爲 21—23 毫米，重約 2.3 克左右。這類型錢之徑重都略大，可能爲某些郡縣或豪族自鑄。一般小民私鑄、盜鑄之品應不會重逾流通中盛行的沈郎錢。

（三）十　六　國　錢　幣

十六國統治者，往往以民族壓迫與民族掠奪爲國策。國家間戰爭頻繁，民族大仇殺屢見不鮮。北方人口資源損失慘重，農業、手工業水平衰退，商品貨幣經濟回落，民間必須的有無相濟多藉勞動產品間的物物交換，其流通貨幣結構與中原、江南地區基本相同，亦是各種舊錢佔主要地位。1960 年和 1970 年先後在甘肅敦煌城東新店臺和東南義園灣附近發掘七座晉墓。七墓共出錢幣 1 430 枚，其中各式五銖錢 1 398 枚，佔總數的 97.7%，其餘 32 枚爲漢半兩、新莽錢、蜀錢與十六國錢。

十六國中有前涼、後趙、成漢、大夏四國鑄過錢。其統治地區爲河西、河北、四川、河套、河南，都爲經濟基礎較好的地區。

1. 前涼五銖、涼造新泉

西晉永寧元年（301 年），任張軌爲涼州刺史，十三年後，張軌死，子張寔繼位。又三年，西晉亡。此後遂正式成爲佔有河西地區的獨立王國，史稱前涼。前涼張氏一直奉晉正朔，保持名義上的晉朝地方政權身份。前涼至其後主張天錫太清十四年（376 年），亡於前秦符堅。

前涼張軌、文王張駿都曾鑄錢。

(1) 張軌五銖

張軌於涼州鑄行五銖錢之事，史有明述。《晉書·張軌傳》記曰："太府參軍索輔言於軌曰：'古以金貝皮幣爲貨，息穀帛量度之耗。二漢制五銖錢，通易不滯。泰始中，河西荒廢，遂不用錢，裂匹以爲段數。縑布既壞，市易又難，徒壞女工，不任衣用，弊之甚也。今中州雖亂，此方安全，宜復五銖以濟通變之會。'軌納之，立制準布用錢，錢遂大行，人賴其利。"河西地區，錢本不多，停用有時，毀損復加，雖屬與西域交貿要地，但依其地之俗，多以金、銀錢交易，故張軌治河西使五銖錢"大行"，必有較多加鑄。惜至今尚難辨識張軌五銖錢。

(2) 張駿涼造新泉

前涼之主稱王始於張駿,時爲東晉穆帝永和元年(345年)。稱王鑄新錢,爲歷代成例。張駿未立國號,僅稱涼而已,故錢銘作涼造新泉。1988年甘肅發現一處前涼時期錢幣窖藏,其中除半兩、五銖(含侵輪五銖)、新莽等錢外,有涼造新泉⑱。近年有鑄主新考,作張駿後人張重華鑄說,以涼造新泉發現區域包括張重華時入涼地區爲據。

太元貨泉,或謂亦屬張駿太元年間所鑄。1981年7月內蒙古林西縣三道營子出土一古錢窖藏,其中有太元貨泉一枚。平錢,錢文書寫與錢背之式,皆近似遼錢,此窖藏中亦含有不少遼錢,故其是否爲前涼張駿鑄,尚難確定。

2. 後趙豐貨錢

後趙,羯人石勒所建,時爲東晉大興二年(319年)。石勒先稱趙王,後改稱皇帝,建年號太和。五傳至石鑒,改元青龍。次年正月,爲大將冉閔所殺。後趙皇族石祗遂稱帝於襄國,仍繼後趙國號。次年,石祗被殺(351年),後趙遂亡,計有國三十二年。

《十六國春秋輯補·後趙錄》記曰:"石勒趙王元年夏四月,鑄豐貨錢。"錢文"豐貨",橫讀,篆書。分有面郭與無面郭兩式。無郭者大字,字形長寬,"貨"字下貝之目作長方式。有面郭者又分爲兩式:周郭細者穿較大,"豐"字上部凵作圓折外撇,"貨"字下貝之目爲小長方形;周郭稍寬者穿稍小,"貨"字下貝之目作上方下圓式。錢徑一般爲24毫米,重2.1—2.75克。1982年陝西西安阿房宮遺址曾有批量豐貨錢出土。

3. 成漢漢興錢

成國,西晉後期流民起義領袖李特之子李雄,於西晉建武元年(304年)建於成都。後三傳至李壽,改國號爲漢,建元漢興,時爲東晉咸康四年(338年)。漢興六年,李壽卒,子李勢繼位,至其嘉寧二年(347年)爲東晉桓溫所滅。計有國四十三年。

成漢鑄有漢興錢。漢興錢爲李壽年號錢。錢文作隸書,有直讀與橫讀兩種。錢徑16.3毫米上下,重0.7—1.1克。

4. 大夏真興錢

夏國,匈奴貴族赫連勃勃所建,時爲東晉義熙三年(407年)。赫連勃勃自稱大夏天王,建元龍升。6年後,改元鳳翔。5年後,改元昌武。1年後,又改元真興。6年後,死。復二傳,赫連定繼位,改元勝興,4年而國亡(431年),計有國二十四年。

存世有赫連勃勃之大夏真興錢。錢文四字爲真書,錢文"大"作"太"字,旋讀;重郭,廣穿。建國前,甘肅武威曾出土1枚,徑23.5毫米,重3.03克。"大夏"係國號,"真興"係夏赫連勃勃之年號,鑄於改元真興之時,國號、年號同著一錢者自此爲始。

七、南 朝 貨 幣

南朝錢幣除官鑄外,兼有仍許流通的各種舊錢和禁而不絕的私鑄、盜鑄錢。官鑄仍守五銖錢制,但有創四銖、兩銖新制。凡鑄錢之令,定錢名、制式、規範及流通之制,皆由朝廷頒定,並由朝廷主持鑄作。其間,自宋明帝泰始二年(466年)下令斷新錢、專用古錢之時起,經齊朝一度派人入川鑄錢未獲成功,至梁初武帝天監元年(502年)正式恢復鑄錢爲止的三十年間,曾中斷朝廷鑄錢。

（一）宋 代 錢 幣

劉裕代晉建宋後,建元永初,二年死。少帝繼位僅一年,即被廢殺。皆未鑄錢。文帝即位,改元元嘉。元嘉七年(430年)開始鑄錢。

1. 文帝四銖

《宋書·文帝紀》曰:"元嘉七年(冬十月)……立錢署,鑄四銖錢。"此錢文曰"四銖",橫讀;面穿無郭;間有面鑄符號,如上下大星之品;徑一般爲 22 毫米,重 2.2—2.6 克。1952—1958 年在湖南長沙市郊發掘的南朝墓十三座,其 M1 墓中出土宋文帝四銖錢 26 枚,錢徑 22 毫米。1955 年福建福州市郊發掘一座墓磚銘文"宋大明九年"等字的南朝墓,出土四銖錢 3 枚,枚重 2.4 克左右[⑯]。在當時劣錢長期充斥的局面下,文帝改行四銖錢雖較標準五銖錢減重一銖,但大明九年墓所出之品,枚重 2.4 克左右,正近四銖,故其改制之目的當爲整頓幣制。

文帝四銖錢鑄行後,由於逐漸減重和私鑄輕劣品的流行,不斷貶值。至元嘉二十四年(447 年),文帝又制"當兩大錢"之法,以求維持流通秩序。《宋書·文帝紀》有錄,元嘉二十四年六月"以貨貴,制大錢一當兩",二十五年"五月己卯,罷大錢當兩",是文帝爲整頓幣制的再次努力。多數研究者認爲,史述之"制",爲制度之意,即以規範半兩、五銖類未經剪鑿錢,一當兩枚文帝四銖行用。文帝之"當兩制"不僅使錢制更形複雜,而且實際上是將四銖錢貶值一半,使社會上下持有此錢者遭受重大損失,必遭反對,所以此制行不足一年即止罷[⑰]。

2. 孝武帝孝建四銖、大明四銖

《宋書·孝武帝紀》述,孝建元年(454 年)"更鑄四銖錢"。孝建四銖錢面文"孝建",爲柳葉篆書,背文"四銖"之書式同於文帝四銖錢,皆橫讀;廣穿;版式較多,見有面背上下各鑄一星之類有符號錢。錢徑一般爲 22 毫米,其重合四銖,爲 2.8 克左右。還有削除背"四銖"兩字僅存面文的孝建錢,有剪邊孝建錢及傳形等品,大小輕重不一。其中如剪邊之式,當屬民間所爲。

孝武帝大明年間 (457—464) 曾鑄"大明四銖錢"。雖史無可稽,却有近年江蘇常州出土數枚實物存世[⑱]。面文"大明",背爲"四銖",橫讀。錢式如減重孝建四銖形,徑 20.5 毫米,重 1.25 克。大明四銖出土,可能說明孝武帝曾於大明年間改錢制,以對應原孝建錢私劣品減重實況,企圖以此抑制盜鑄。

3. 前廢帝兩銖,永光、景和錢

大明八年閏五月,孝武帝卒,子子業繼位,即前廢帝。次年,改元永光;八月,又改元景和;十一月被殺,明帝立。《宋書·前廢帝紀》曰,永光元年(465 年)春二月"鑄二銖錢",八月"改元爲景和元年",九月"開百姓鑄錢"。其所鑄錢有三種,一爲"兩銖"錢,另兩種錢,雖史書未述,皆爲改元所鑄年號錢,即永光與景和錢,有存世品可證。三種錢之錢文皆爲二字,篆書,橫讀。兩銖錢上"兩"字方短,"銖"字長體。永光錢上二字皆爲狹長書體。景和錢上"和"字短縮。形制都屬"兩銖"錢之式。兩銖與永光錢大小一致,皆徑 15 毫米,重 1.1 克上下。景和錢稍重大,徑 16 毫米,重約 1.3 克。此三種錢鑄期甚短,存世頗罕。

景和元年(465 年)"開百姓鑄錢"後,私鑄、盜鑄更見昌盛,成爲南朝時期如"鵝眼"之類著名輕劣惡錢大泛濫的起點。明帝即位後曾圖整治,遂於泰始二年下令"斷新錢,專用古錢"[⑫],並"復禁民鑄"[⑬]。但私鑄、盜鑄並不因禁令而稍斂,反愈益興盛。

(二) 齊 代 錢 幣

宋順帝昇明三年(479 年),大將蕭道成代宋建齊,年號建元,爲齊高帝。建元四年(482 年),曾朝議鑄錢,聽孔覬奏請"開置泉府,方牧貢金,大興熔鑄。錢重五銖,一依漢法"[⑭],並命州郡備銅炭籌措開鑄,但未幾高帝死,事未就。至武帝永明八年(490 年),方"遣使入蜀鑄錢,得千餘萬",後因功費巨大而停鑄[⑮]。此錢當爲高帝時所議定之五銖錢,由於鑄數僅及萬餘貫,以後又雜於舊五銖錢中混雜使用,今或有所出,尚無從辨識之。

齊武帝後,不復鑄錢,仍依前朝宋明帝泰始二年之令,專用古錢。其實際流通情況,依然是惡錢泛濫,錢制混亂。

(三) 梁 代 錢 幣

齊和帝中興二年(502 年),大司馬蕭衍代齊建梁,建元天監,爲梁武帝。

1. 武帝天監五銖、公式女錢

梁武帝專用新錢,禁用古錢,天監元年正式恢復五銖錢的鑄行。《隋書·食貨志》云:"武帝乃鑄錢,肉好周郭,文曰'五銖',重如其文。而又別鑄,除其肉郭,謂之女錢,二品並行。"

史述之第一種錢，即錢界稱爲"天監五銖"之錢，其錢文篆體，筆劃工整；面背穿皆有郭，輪郭略寬；字形較小，而趨方正，"銖"字較"五"字略短闊，且其金旁小於朱旁，朱旁上折爲方折；鑄造工整。錢徑25毫米，重約3.4克。見有大型者，如20世紀50年代湖南長沙古墓群發掘中之十三座南朝墓中的M7墓曾出一枚大樣梁五銖錢，色灰，徑達28毫米。[⑯]第二種爲"女錢"，亦稱"公式女錢"（即官鑄小錢之意），是以當時流行的鋊邊五銖或剪邊五銖爲模式的官鑄品。其錢文字形大，因無周郭，故"五銖"兩字多缺角，不完整，錢徑21毫米，重1.4—1.6克。

近年，對梁武帝天監五銖與公式女錢，有重大考古發現。1997年11月，鎮江古城考古所在江蘇鎮江鐵瓮城蕭梁時期南徐州治所畔，發現大型銅錢鑄造場所遺址，出土大量天監五銖與公式女錢錢範。顯示這兩種錢的鑄式遠不止已知的品種。出土錢範之錢模，天監五銖面穿皆有郭，錢文字體寬長，字形較大，背多鑄細直之四出紋，亦有素背者，錢徑24—25毫米。公式女錢有四型，面穿皆無郭，字形同於天監五銖。Ⅰ型，同出有一枚已殘之Ⅰ型錢，徑22毫米，穿徑11毫米，殘重1克。Ⅱ型錢背皆有四出文，徑略小，據對一枚當時破範取錢時遺留在錢模中的Ⅱ型錢作實測，徑20毫米，穿徑9毫米，重1.6克。Ⅲ型徑不足20毫米，因受穿、緣擠壓，錢文不完整，明顯侵及錢緣。Ⅳ型甚奇特，作方形委角式，徑僅16毫米，錢文缺少更多，銖字僅存其半，作"朱"。出土之錢範仍保留疊範澆注的原形，因澆鑄後碎範取錢的原因，範體多數缺損。錢範製作極精，皆爲泥質子範，範體極薄，厚僅3—4毫米，範面光潔平滑如鏡。同出物有熔銅爐碎塊、銅煉渣、銅液積片及附於範體的銅錢等。[⑰]

2. 梁武帝鐵五銖

《南史·梁本紀中·武帝》云，普通四年（523年），武帝"用給事中王子雲議，始鑄鐵錢"。武帝鐵錢錢文仍爲"五銖"，字形方短；錢形及穿徑皆較小；錢背皆鑄四出文。徑重大小不統一。出土多見徑在19—21毫米。1982年浙江桐廬豬頭山出土一批窖藏武帝鐵五銖錢[⑱]，有大小兩型，大型徑21毫米左右，小型徑19毫米。1972年湖北武昌魯巷吳家灣發掘一南梁墓，出土武帝鐵五銖錢1枚，徑20毫米[⑲]。這種鐵五銖錢，江蘇吳江歷年出土常見，內有徑達26毫米的。

武帝鐵五銖錢還有"大吉五銖"、"大通五銖"與"大富五銖"。實物存世頗少，"大富五銖"實物則至今未發現，另兩種有見小型者。背皆四出，錢文對讀，徑約19毫米。1935年，江蘇南京通濟門外所出梁錢範中大吉、大通、大富三種五銖錢模刻於一範的錢範[⑳]，經審察似無澆鑄痕迹，模徑達26毫米，與存世實物之較小錢形不合，或爲當時未鑄錢之範也。有研究者據範認爲，存世之小型大吉、大通五銖可能爲私鑄品。另有徑約21毫米的"大吉銖"銅錢存世，極罕，大穿，背無四出文，面穿右側直書"大吉"兩小字，穿左爲"銖"字。此類大吉錢是否爲正用品，尚待考。

3. 元帝兩柱五銖

《隋書·食貨志》云："始梁末又有兩柱錢及鵝眼錢。"但此種錢在三國、兩晉墓葬、窖藏中已見。又有學者提出兩柱五銖錢爲梁元帝承聖年間（552—555）所鑄。錢文"五銖"，橫讀；過去錢界以爲兩柱五銖，面穿上下各有一大星，稱兩柱。面穿或鑄有郭者，周郭較天監五銖錢稍狹，徑約23毫米，重2.2克上下者爲兩柱錢。元帝兩柱錢究竟爲何式，尚待重新認定。元帝鑄此錢時，曾定其爲當十錢，後改爲一當一用。

4. 敬帝四柱五銖

《梁書·敬帝本紀》云，太平二年（557年）四月，"鑄四柱錢，一準二十"。是月己卯開鑄，至壬辰即"改四柱錢一準十"，此後又曾令禁"細錢"（小錢）。錢文亦爲"五銖"，橫讀；過去學界有說面穿及背穿上下各鑄一大星者稱四柱，亦有說四柱爲面穿上下各鑄二星或穿上齊列四星。徑約23毫米，重2.5克左右。

近年，三國、兩晉墓葬、窖藏出土有四柱五銖錢，可見至晚在兩晉前已有鑄行。屬南梁所鑄者究竟爲何式，亦待重新認定。或以面背皆有穿郭，錢文字形小而方短，不侵輪，銅質欠精，色暗，輪郭、穿徑、書法皆似梁武帝五銖錢，爲是。

5. 五銖稚錢

《隋書·食貨志》云，梁武帝時，"百姓或私以古錢交易"，有"五銖稚錢"等。《通典》、《文獻通考》均作"五銖稚錢"，兩錢稱謂相通。《顧烜錢譜》云：稚錢"徑八分半，重四銖，文曰五銖，源出於五銖，但稍小，今東境謂稚錢，三吳皆用之，小者徑六分，重二銖半，世有射稚，戲用此錢也"。五銖稚錢梁前已有，蕭梁時繼續鑄行。此錢面無內外郭，背有內郭、無外郭，徑 15—20 毫米，重 0.5—2.5 克不等，邊緣有明顯打磨加工痕迹。錢文纖細有韵，柔中有剛，大小隨直徑同比變化，但書體統一，不因錢大小而變異，"銖"字與減重孝建四銖相似，"金"狹於"朱"，"金"頭尖銳，四點多呈短竪，偶有呈圓點，"五"字上下呈兩個對頂角。近二三十年中，蕭梁故地江蘇蘇州地區有多次出土發現。⑱

6. 太清豐樂

太清豐樂錢不見史書記載，往年也罕見實物，錢文又十分獨特，錢界長期以前涼鑄、蕭梁鑄、壓勝錢等多説並存。2000 年 9 月，在江蘇宜興出土南朝陳初錢幣窖藏中發現大量太清豐樂錢，⑱約佔總數 4 萬枚的 10%，其他有剪邊五銖約佔 70%，五銖女錢約佔 19%，五銖、貨泉、大泉五十等約佔 1%，最晚年代錢幣爲陳五銖。由此可定此錢當鑄於蕭梁武帝太清年間。太清豐樂錢直徑 22.5—23 毫米，厚薄不等，重 2.5—4 克，錢文書體爲篆書，"太清"兩字橫卧穿上下，"豐樂"列左右。新出土的背均爲四出文。另 1993 年在浙江湖州曾發現二枚光背者，面文均爲傳形。

（四）陳代錢幣

梁敬帝太平二年十月，丞相陳霸先代梁建陳，建元永定，爲陳武帝，在位不足二年而卒。文帝繼位，改元天嘉，開始鑄錢。陳初，已停止使用梁武帝鐵錢⑱。

1. 文帝五銖

《陳書·世祖本紀》記載，天嘉三年（562 年）文帝"改鑄五銖錢"，《隋書·食貨志》則記"至天嘉五年，改鑄五銖。初出，一當鵝眼之十"。兩書所記年代有異，以何説爲確，尚未見釋考。

陳文帝天嘉五銖錢之錢文、穿式等，與梁五銖有别。其錢文高度約同穿徑，字形稍長，"五"字交筆較直，在上下平劃之間形成上下對頂之兩等腰三角形，"銖"字金旁較朱旁短狹，朱字頭多作方折，穿徑略大，面穿無郭。外郭略寬，徑一般爲 23.5 毫米左右，重近 2.4 克。天監與天嘉兩種五銖錢，是南朝官錢中質量最好的。

2. 宣帝太貨六銖

《隋書·食貨志》云，宣帝太建十一年（579 年）"又鑄大貨六銖，以一當五銖之十，與五銖並行。後還當一，人皆不便"。大貨六銖之"大"，即"太"，錢文寫作"太"。錢面四字爲篆體，玉筋書法，秀逸端麗，似受北朝諸錢書式影響。周郭與字劃較粗壯，面背皆鑄穿郭，鑄造精整。錢徑 25 毫米，重 3 克上下。史説太貨六銖錢開鑄"未幾而帝崩，遂廢六銖而行五銖"⑱。故陳代自文帝鑄行天嘉五銖錢後，至後主禎明三年（589 年）亡於隋的二十七年間，基本行用五銖錢。

（五）南朝私鑄錢

南朝私鑄、盜鑄極盛，其因除牟利外，還因東晉南渡後，南方人口的增加與經濟的發展使社會對流通貨幣總額的需求不斷增長。南朝宋、梁、陳三代皆設錢署鑄錢，但鑄量遠不足流通實際所需，故史書記其朝議常有"公私所乏，唯錢而已"⑱、"錢貨轉少，宜更廣鑄"⑱等論。當時各種私劣錢、前朝舊錢與新鑄官錢相兼並行，實是客觀歷史條件造成的。宋明帝曾"斷新錢，專用古錢"；梁武帝曾專用新錢，禁用古錢，但無一成功。其後，梁末兩柱、四柱五銖錢，陳文帝天嘉五銖及宣帝太貨六銖錢，皆曾定爲一當十或一當二十用，實即一當十或二十的私鑄錢用，證實朝廷承認排斥私劣錢政策的失敗。梁末兩柱錢終定與私劣錢一當一用以後，"時人雜用，其價同，但兩柱重而鵝眼輕。私家多熔錢，又間以錫鐵"⑱，兼以粟帛爲貨。

南朝私鑄錢之輕劣，史有所述，皆説自宋代前廢帝景元以後，進入了盜鑄、私鑄的最盛時期。以此爲始，"啓通私鑄，由是錢貨亂敗，一千錢長不盈三寸，大小稱此，謂之鵝眼錢。劣於此者，謂之綖環錢。入水不沉，隨手破碎，市井不復料數，十萬錢不盈一掬，斗米一萬"⑱。正因爲南朝私劣錢之特别輕小爲其重要特徵，故可大致區别於東漢、兩晉之私鑄、盜鑄錢。

南朝私鑄、盜鑄錢大體可分爲四類。其一，爲仿鑄官錢品，史述其事云："官錢每出，民間即模效之，而大小厚薄，皆不及也"⑱，甚至"無輪郭，不磨鑢，如今之剪鑿者，謂之耒子"⑱。其二，爲仿鑄剪鑿舊錢之品，如面文作"五朱"，背大多平素，有的雖有內郭、外輪，但極細而且不完整，也有大廣穿近似榆荚之式者。其三,爲"五朱"、"五金"等類小錢,其中有輪郭皆備者,也有背平素,或無外輪背平素者;皆輕小質劣,徑約 10 毫米左右,重僅 1 克上下。其四,爲無文小錢,輕小薄劣,一般平均重 0.5—0.75 克,其輕劣皆過於董卓小錢。

南朝私鑄、盜鑄之品,繁雜無序,一般將類如"兩銖"、"續銖"、"五五"、"五工"、"泉泉"、"貨貨"諸種史無所錄、鑄無可考之錢,列爲這一時期的私鑄品,也有歸納爲"六朝私鑄品"。

南朝還有因盜鑄取銅剪鑿古錢取其外環而成的小錢,其形同剪邊五銖錢的有直百五銖、大泉五百、大泉當千等這類蜀、吳大錢的剪邊品,主要應是南朝時期所成。史述其時"民多剪鑿古錢,取銅盜鑄"[191],正可印證。

八、北 朝 貨 幣

北朝自北魏統一北方爲起點。此後,北魏分裂爲東魏、西魏,又更迭爲北齊、北周,終於爲隋所代,共歷一百四十二年 (439—581)。各政權皆曾鑄錢,其錢制穩定狀況優於南朝。除北周外,各政權鑄錢不僅皆循五銖單位制,且每鑄新錢,所定錢法規範,多守重如其文、鑄作合制,符合國家鑄幣標準化方針,終北朝之世,鑄行虛值大錢者僅北周一代。鑄錢多精好,北魏以後尤其如此。北魏官錢曾有因質優重大、鑄作精整而使"其錢甚貴",維持着較高的購買力。北朝錢文書法著稱於史,自北魏孝莊帝鑄永安五銖錢起,錢文多用玉筋篆書體,蜿蜒行筆,秀逸端麗,形成鮮明特色。

北朝流通錢幣品類結構基本同於南朝。1982 年河南安陽西郊出土北齊時期一處錢幣窖藏,共出錢幣 2 885 枚,其中除少量北魏永安五銖錢、西魏大統五銖錢及北齊常平五銖錢外,各式五銖錢(包括剪鑿、綖環等類)佔出土總數的 90% 以上,此外有西漢半兩,新莽,三國蜀、吳,兩晉及南朝蕭梁諸錢。顯示北朝流通錢幣亦爲新、舊錢兼用,以舊錢爲主的雜用狀態。北朝私鑄問題亦突出,史書亦見記述,但據出土所見,其私鑄品較多爲仿官錢而減重淆雜之作,似不如南朝私錢多爲剪鑿、輕小、濫劣已極之品。

(一) 北 魏 錢 幣

1. 孝文帝太和五銖

《魏書·食貨志》云:"魏初至於太和,錢貨無所周流,高祖始詔天下用錢焉。十九年,冶鑄粗備,文曰:'太和五銖',詔京師及諸州鎮皆通行之。"並規定:"民有欲鑄,聽就鑄之,銅必精練,無所和雜。"太和五銖錢爲官民並鑄,故現見實物,大小不等。

太和五銖錢之錢文書體爲篆兼隸。錢式如五銖錢,上下周郭,背穿有內郭而面穿大多無內郭。一般徑爲 25 毫米、重 3.4 克上下,其小者徑 20 毫米左右、重約 2.6 克。太和五銖版式不一,除徑度大小之別外,周郭有寬、狹。在錢文"太和五銖"四字的書式上也有較大區別,如"太"字有作"𡘋"和"𥁵"之別。有背穿郭四角不整齊、間有銳突似決文狀者,也有背穿郭較整齊、有決文等樣式。

2. 宣武帝永平五銖

《魏書·食貨志》云:"世宗永平三年冬,又鑄五銖錢。"錢文"五銖",錢式依舊。"五"字直筆交叉,稍內收,"銖"字金旁多略彎曲,其字頭作小三角形,朱旁上部作方折,上下折多等長;周郭略寬。徑 22—23 毫米,重 2.8—3 克。其減重或私鑄物,有重僅克餘之品。

孝文帝鑄太和五銖後,私鑄亦漸多。北魏對私錢禁律甚寬,"不行之錢,律有明式,指謂鵝眼、環鑿,更無餘禁"[192]。雖"所行之錢,民多私鑄",但主要是"稍就小薄"[193]。其地所見之極劣私錢,大多爲南朝流入,這類"風飄水浮"之品,"價用"甚低,"米斗幾直一千"[194],造成對北魏錢幣流通秩序的干擾。

3. 孝莊帝永安五銖

《魏書·食貨志》云:"永安二年秋,詔更改鑄,文曰:'永安五銖'。官自立爐。"《通典》亦記其事,並曰"亦聽人自鑄",即仍取官民並鑄的方針。

永安五銖錢之字形方正,字體已用玉筋篆;其"五"字直筆交叉,字左穿沿有一細楞,"銖"之金字頭作較大三角形,朱字上下皆方折。周郭與背穿郭皆寬闊;形制較永平五銖渾重。1988年河南洛陽北魏建春門遺址曾出土1枚[195],應屬官錢之較典型品,其"五"字交筆後上半部之三角形略窄於下半部,徑24毫米。1955年江蘇徐州雲龍山北魏磚墓所出永安五銖65枚[196],錢徑22—23毫米,重2.9—3.9克。永安五銖錢存世實物多較規整,錢文形制一致性較強,由於此錢之官民鑄品都有減重錢,兩者間的區別不能以徑重大小作標準,有較大難度。

永安五銖錢中有一種背穿上鑄有"土"字之品,有大小兩型,較少見,且在考古發掘中未見與流通錢共出的記錄,可能不是正用品。錢界對其背"土"字有種種推測,有記地、表魏"以土德王"等說,還有將"土"與方穿相合釋作"吉"字者。但據此錢的鑄作、文字輪廓考察,其鑄期不會晚於孝武帝永熙三年(534年)十月北魏分裂之時。錢家有說其開鑄於永安三年(530年)者。

(二) 東 魏 錢 幣

北魏永熙三年(534年)十月,權臣高歡立元善見爲孝靜帝,改元天平,都洛陽,隨即遷鄴,是爲東魏。朝政悉歸高氏,鑄錢更制諸事皆其主宰。

1. 天平年間永安五銖

《隋書·食貨志》云:"齊神武霸政之初,承魏猶用永安五銖。"故東魏初所行之錢當仍同北魏永安五銖,若鑄則可能仍用舊範,其錢之文字、制式皆無變異。

2. 興和三年永安五銖

自天平初年(534年)至興和三年(541年)的七年間,東魏錢制漸亂。《隋書·食貨志》云:"遷鄴以後,百姓私鑄,體制漸別,遂各以爲名,有雍州青赤、梁州生厚、緊錢、吉錢、河陽生澀、天柱、赤牽之稱。冀州以北,錢皆不行,交貿者皆以絹布。"可見至興和三年,情況已漸嚴重。《魏書·孝靜紀》述,是年十月,文襄王(高澄)"與群臣於麟趾閣議定新制,甲寅班於天下"。此新制名爲"麟趾格",其中有無錢制條例尚未見考,但於整頓舊律的同時整治錢法似是必然。永安五銖錢中有背四出文之類別,日本《東亞錢志》係之於興和三年。據史情而論,並非無據。

永安五銖背四出文錢與東魏初承用之舊式永安五銖錢相比較,除背有四出文是其最重要的特徵區別外,還有如周郭、背穿郭皆更寬闊,錢文字形略大等不同。其形制較舊錢更見渾重,徑重則相近似。

3. 武定年間永安五銖

興和改鑄四出文永安五銖錢後,私鑄輕劣錢問題又復突出。"武定初,齊文襄王(高澄)奏革其弊。於是詔遣人詣諸州鎮,收銅及錢,悉更改鑄,其文仍舊"。錢史稱之爲"武定改造"。武定改造之永安五銖錢的最重要一點,是據高澄"錢文五銖,名須稱實"[197]的思想而匡復的西漢五銖錢之徑重,據其規範錢考察,徑近25毫米,枚重約3.5克以上,其重大者則逾4克。這種標準武定改造永安五銖錢,可見於1984年陝西咸陽胡家溝西魏侯義墓出土之品[198]。

武定改造之錢是重新更鑄,錢文雖"仍舊",但書式與興和三年錢略有不同。如其初鑄品"五"字較寬大,交筆之左右斜劃皆甚直;"永"字闊,其字首橫劃多呈反弧形等等。背穿郭較前細直。

武定改造後,因"姦僥之徒,越法趨利,未幾之間,漸復細薄"。高澄於武定六年又圖整治,並擬於市設"置錢樣"之法,但因朝議不一而未行。武定八年(550年),高洋代魏建齊,東魏結束。東魏末之永安五銖,錢徑減縮至22—23毫米,重不足2.5克,並見有不足2克之品。

(三) 西 魏 錢 幣

在東魏建立後的次年,原北魏權臣宇文泰立元寶炬爲帝,改元大統,都長安,是爲西魏。

1. 大統六年五銖

西魏初,未自鑄錢。大統六年(540年),始鑄五銖錢,《北史·魏本紀》述,是年二月"鑄五銖錢"。大統六年五銖錢以永安五銖錢爲母本而去其"永安"二字。"五"字直筆交叉,字左加鑄一豎劃,其長同穿,是大統六年五銖錢首創之式。"銖"字金旁上部稍右彎,三角頭呈葉形如Ⅴ,朱旁上下方折而等長,上折略寬，外側兩竪劃上端稍外撇；周郭與背穿郭皆寬闊，銅色黃白。錢徑 25 毫米，重 3.6 克左右，鑄作皆規整。舊說多把大統六年五銖誤認爲隋置樣五銖。1984 年陝西咸陽胡家溝西魏大統十年入葬的侯義墓中除出土 1 枚"武定改造"之永安五銖外，還有 39 枚這種"五"字左竪劃大樣西魏五銖錢，據此定爲西魏大統六年五銖錢。⑲另有"五"字直筆微曲交叉、左無一竪之式。

2. 大統十二年五銖

《北史·魏本紀》云："十二年三月，鑄五銖錢。"所鑄大統十二年五銖錢，除較大統六年五銖徑重減縮外，一般徑 23 毫米上下，重 2—3 克。文字書式與錢式皆近同六年之品，並保存了西魏五銖錢"五"字左側一竪劃的特徵。20 世紀 90 年代初陝西咸陽地區發掘北周墓葬群⑳，在紀年北周建德五年、宣政元年與隋開皇三年的三座墓中有五銖錢出土，共 22 枚，其形制、書法皆爲大統六年五銖錢的縮型，"五"字左側皆有一竪劃，但書式略有變化，"五"字交筆除直筆外有部分爲直筆略呈微曲；錢徑 22—23 毫米。證實此類西魏五銖錢爲大統十二年五銖錢，與隋開皇五銖形制一致，書式近似，故在隋代一直與隋五銖錢兼用㉑。

（四）北 齊 錢 幣

東魏武定八年 (550 年)，高洋廢孝静帝，自立爲帝，改國號齊，建元天保，史稱北齊。高洋，即齊文宣帝。

天保四年(553 年)開始鑄錢。《北史·齊本紀》記，是年正月"鑄新錢，文曰：'常平五銖'"。《隋書·食貨志》述此錢"重如其文。其錢甚貴，且製造甚精"。北齊一代，僅鑄常平五銖錢，錢制簡單。常平五銖錢之錢文書體爲玉筋篆，書法端莊秀美；周郭略寬，背穿寬郭，鑄作極精。徑近 25 毫米，重 3.4—3.6 克，亦有重達 4 克者。

天保十年，高洋死。其後，"往往私鑄"，輕小錢漸多。北齊末，"武平已後，私鑄轉甚，或以生鐵和銅。至於齊亡，卒不能禁"㉒。常平五銖錢出土常見，如河北平山北齊禮部尚書崔昂墓㉓、河北吳橋北朝墓㉔等皆有所出。還見有鎏金常平五銖瘞錢出土，如山西祁縣白圭鎮北齊驃騎大將軍墓中曾出土 4 枚㉕。出土與傳世所見之常平五銖輕小品，多爲私鑄物。

（五）北 周 錢 幣

西魏恭帝三年 (557 年)，宇文覺廢恭帝，自立爲天王，國號周，史稱北周。未幾，宇文護廢宇文覺，立宇文毓爲帝。經 2 年，宇文邕繼位，是爲武帝。後傳宇文贇爲宣帝。再傳宇文闡，爲静帝。北齊武帝和静帝鑄有錢幣。

1. 武帝布泉

《周書·武帝紀》述，北周保定元年 (561 年) 七月"更鑄錢，文曰：'布泉'，以一當五，與五銖並行"。武帝布泉錢，玉筋篆書體，"泉"字中竪不間斷，與莽錢之"布泉"寫法有別。其面穿有郭，鑄作較精。1983 年陝西西安東郊姚村出土北周錢幣中有布泉 2 枚㉖：其一，徑 26 毫米，重 4.2 克；其二，徑 25.5 毫米，重 4.1 克。似皆屬較早之鑄品。其後來之減重品，徑僅 23 毫米左右，重 2.1 克上下。一布泉當五枚西魏五銖錢，明顯爲虛值錢，民間盜鑄仿其錢者益衆，輕劣迭出，其錢值迅速下降，至武帝建德五年(576 年)正月，終"以布泉漸賤，而人不用，遂廢之"㉗。

2. 武帝五行大布

《隋書·食貨志》云："建德三年六月，更鑄五行大布錢，以一當十，大收商估之利，與布泉錢並行。"五行大布爲面額更高的虛值錢，一當十布泉，即 50 枚西魏五銖。

五行大布之錢文亦作玉筋篆，字形較小而離周郭，錢面留白大，佈局舒展。面穿亦鑄郭。初鑄品徑 27—28 毫米，重 3.6—5.1 克，屬大樣。其減重品徑 23—25 毫米，重 2.1—2.8 克，屬小樣。另有輕小品，徑僅近 20 毫米，重僅 1 克左右者，當爲民間私鑄。事實上五行大布之私鑄品頗多，史述其時"邊境之上，人多盜鑄"，使朝廷不得不"禁五行大布，不得出入四關"㉘。

3. 静帝永通萬國

北周静帝大象年間 (579—580)，鑄永通萬國錢。《隋書·食貨志》記其"以一當十，與五行大布及五銖，凡三品並用"。此錢爲大面額虛值錢，其面額一當五行大布十，合西魏五銖錢 500枚。

永通萬國錢鑄作極精，面穿亦有郭。錢文亦爲玉筋篆，其行筆工巧，結構精妙，成爲六朝錢幣書法之冠。其初、早期鑄品之錢徑在 30 毫米上下，重 5—6 克，此後因鑄作減重及私鑄流行，徑重趨輕小，見有徑 25 毫米、重僅 2 克餘之品，鑄作亦見粗率。永通萬國錢因貶值過甚，民不樂用，民間多以絹布或金銀爲交易媒介。

北周大定元年 (581 年)，楊堅代周建隋後，於開皇三年 (583 年) 行新錢，規定"前代舊錢，有五行大布、永通萬國及齊常平，所在用以貿易不止"，詔禁勿用，五年又詔嚴其制，禁廢北周、北齊錢。"自是錢貨始一"[209]。

九、西域（新疆）貨幣

在今玉門關、陽關以西，天山南北和西面烏孫、大宛、葱嶺這一廣大區域，自古就是中外交通的要衝，聚居着衆多的民族，先後建立了多達五十個國家，史稱西域諸國。西漢皇朝於神爵二年（前 60 年）設軍事行政機構——西域都護府於烏壘域（在今新疆輪臺東）。新莽時廢。東漢曾兩次 (24—76、91—107) 復置西域都護府於龜兹它乾城（在今新疆和闐西南）。後凉吕光麟嘉六年 (394 年) 設大都護府於高昌（在今新疆吐魯番東南）。

在秦漢魏晉南北朝這一歷史時期，西域諸國流通着中原傳入的半兩和五銖等錢幣，由中亞、西亞和歐洲流入的貴霜、波斯銀幣和東羅馬金幣。自行鑄造的已發現有：東漢時期（1—2 世紀）于闐國鑄的錢文爲漢文和佉盧文合璧的無孔圓形漢佉二體錢，晉至初唐（3—7 世紀中期）龜兹國鑄的錢文爲漢文和龜兹文合璧、佈局各異的方孔圓形龜兹五銖錢和無文小銅錢。（參見本卷"專論"，蔣其祥：《秦、漢、三國、兩晉、南北朝西域（新疆）錢幣研究》）

十、三國、兩晉、南北朝實物與金銀

三國、兩晉、南北朝時期是中國歷史上分裂割據的戰亂時期，儘管其時南北地區的經濟仍有所發展，但自東漢以降，戰爭頻繁，經濟發展具有地區性與間續性的特點，社會可供流通的剩餘產品的數量往往較少或很少，加以這一時期封建莊園的廣泛存在，對商品貨幣經濟的發展也是一種阻礙因素。各朝代的錢幣鑄造、發行往往不正常，鑄行量小或極小，依藉舊錢兼行。同時，私劣錢橫溢，錢幣貶值。政權更迭又極頻繁，錢幣信用低。所以，不少地區在較長時間内是以實物貨幣作爲主要交換媒介或直接以物易物。有關記載較多，如史述東晉之時"錢不普用"[210]，南朝梁陳之時"唯京師及三吳、荆、郢、江、湘、梁、益用錢。其餘州郡，則雜以穀帛交易"[211]，"其嶺南諸州，多以鹽米布交易，俱不用錢"[212]，北朝在北魏太和五銖鑄行之後，除京師以外仍多依"裂匹爲尺，以濟有無"[213]。

三國、兩晉至南北朝，黃金密藏和因戰爭勝負、朝廷興亡而發生的黃金轉手與聚散的過程仍然繼續，加以佛教日盛、風俗侈靡等原因，黃金見於巨額貯積和大額支付的情況更較東漢減少，金價也漸見騰貴，使用單位也改爲以一兩爲一"金"。這一階段，黃金形制多爲餅形，即古謂之"捆金"。如《南史·梁武陵王紀傳》所云："黃金一斤爲捆，百捆爲簏，至有百簏，銀百倍之。"稱爲"鋌"的長條形金、銀鑄式也漸流行。南北朝時，金、銀鋌已是常見鑄形。及至隋唐，鋌形更發展爲金銀的重要形制。

在當時的經濟條件下，貴金屬金、銀較兩漢時期更不具備發展爲貨幣的必需前提。在特殊情況下，曾出現於某個地區的金銀充當交換媒介的史錄，並不是當時金銀已是社會普遍的價值尺度與流通手段的史實反映。如《晉書·石勒載記》所述："勒既還襄國（按：河北邢臺），……穀二升直銀二斤，肉一斤直銀一兩"，屬記述其時其地因物資匱乏而造成的物價騰貴，這類表述方式諸史常見，不能作爲貴金屬貨幣正式出現的史證。至於這一時期所鑄的金、銀錢,更非流通貨幣,皆出於墓葬,當爲瘞錢。如 1976 年江蘇宜興發掘有紀年"建興四年"墓磚的西晉末愍帝時期墓中,出土金錢一枚,方孔圓形,面背無字,徑 22 毫米,重 1.42 克[214];又如出土於河南洛陽北邙山的北魏金錢,面文爲"天興七年"四字,天興是魏道武帝年號,六年而止。既與紀年不合,且此時爲北魏初期,未曾鑄造流通錢幣,此金錢亦當爲民間或官家所鑄瘞錢。其性質亦與 1980 年出土於陝西咸陽的西漢金五銖錢不同[215],此金五銖之錢文書式、形制與錢面穿上橫劃符號皆與武帝五銖錢一致,則屬宮廷作坊仿官錢鑄作的賞賜錢。

南方地區亦有貴金屬鑄作的瘞錢出土。如江蘇江寧黃家營 5 號東吳前期墓出土銀五銖錢 2 枚,皆爲澆鑄品,面文皆爲陰文,且作反體傳形,錢徑分別爲 25 毫米、26 毫米[216]。江寧丁甲山 1 號墓亦出土與此形制文字相同的銀五銖錢 1 枚,該墓墓主爲孫吳立節校尉曹翌,入葬時期爲吳亡後 4 年之西晉武帝太康五年(284 年)。

十一、結　束　語

秦、漢、三國、兩晉、南北朝貨幣的歷史,展現了在此八百年間貨幣經濟結構的發展變化和錢幣鑄式、錢文書體書式的演進歷程以及許多歷史性的決策,顯示了這一歷史時期是中國古代貨幣史上的重要階段。

自嬴政統一天下爲起點,戰國時代紛雜的鑄幣形式和複雜的幣制單位被統一於半兩錢制,正式進入長達二千餘年的方孔圓錢流通時期。方孔圓錢因其形制適合流通發展需要,最終取代刀、布、蟻鼻等錢,無疑是歷史的抉擇。秦國是戰國後期七雄中錢制最先進的國家,流通錢幣僅半兩一種,錢法簡明,一律以枚行用。齊燕雖亦鑄行方孔圓錢,但皆有大小三等,且與其刀幣兼行,換算複雜,行用不便,在很大程度上保存了落後的舊制。秦代建立後所行半兩錢制雖是最先進的錢制,但因秦朝的暴政對經濟的破壞,朝廷轉而採用鑄幣貶損政策,秦半兩錢制墮壞。遂在秦亡後,形成西漢幣制的重大變革。

秦統一天下並以半兩錢統一全國錢制之時,早是名目價值與實際錢重不符的錢幣,並在秦代繼續減重。經西漢前期多次變更單位錢重的探索,至武帝時期確定了五銖錢制。五銖錢重約合 3.36 克,持續流通七百餘年,至唐初武德四年改行寶文錢制後直至清末,各朝鑄錢除特意加重外,一般錢重爲每文一錢,即 3.73 克,其單位錢重仍近於五銖錢。可證五銖錢制客觀上奠定了適合中國封建經濟條件下,商品貨幣經濟發展各階段的單位錢重的基礎。

這一歷史時期,不僅是中國古代史上以封建大一統帝國爲發展主綫的二千餘年歷史的起端,而且是中國古代貨幣史上實現並堅持國家鑄幣標準化的開端。秦代半兩錢不斷輕小的過程,不僅因爲受到中國古代鑄幣早期流通階段錢幣輕型化趨勢的影響,並在相當程度上反映了秦王朝實行鑄幣貶值的方針,因此肇致私鑄浪潮的興起,使貨幣流通形成無法控制的混亂局面。西漢初,承用半兩錢名,並變更秦錢法,改爲更輕小的錢式,許民共鑄,肇致盜鑄、私鑄蜂起,莢錢盛行,造成極大的流通混亂,在多次幣制改革和實行嚴禁盜鑄、私鑄政策皆告失敗的經驗教訓下,西漢統治者終於認識到確定切合當時流通需求的合適單位錢重,確立國家鑄幣標準化的錢幣鑄行大政,是解決秦代以來一直存在的貨幣流通混亂問題的關鍵所在。終在武帝元狩五年(前 118 年)改行五銖錢制,並經元鼎四年(前 113 年)集鑄幣權於中央,鑄行上林三官五銖錢後,才實現流通秩序的穩定和國家鑄幣的標準化。從半兩錢制到上林三官五銖錢的鑄行,顯示了中國古代早期錢幣鑄行制度漸趨完備的歷程。這一古代錢幣發行與流通制度的歷史經驗與要則,爲此後歷朝所重視,尤其是大一統的隋、唐、明、清諸朝。

這一歷史時期,錢制發展的歷程不僅顯示了中國封建社會商品經濟與貨幣制度演進階段之間的辯證關係,而且顯示了中國方孔圓錢流通早期階段的曲折發展歷程。不但反映在半兩錢制向五銖錢制轉變過程中的反覆探索和屢遭失敗,而且在五銖錢制確立後還曾經歷多次波折,每次波折實質上都是一次歷史檢驗。如西漢末王莽篡政,托古改制,創行新莽幣制,雖曾造成對五銖錢制的巨大衝擊,但新莽幣制在貫徹實施中受阻於流通,屢經變革最終不得不在實際上返歸於五銖錢制。又如東漢以後,中國進入長達三百餘年的分裂割據時期(其中僅出現過西晉的短期統一)。在此期間,隨商品貨幣經濟的衰退,貨幣經濟結構亦發生相應變化,在經濟交換中的媒介物出現了實物化的傾向,錢幣發行及流通範圍都出現萎縮;而且由於政權紛立,興亡無常,各國各朝所鑄錢幣亦隨之更迭頻繁。但各朝錢幣發行卻基本上都爲五銖錢或源於五銖錢單位的其他名稱錢幣,可證五銖錢制在當時歷史條件下,不管商品經濟發展水平出現一定幅度的漲落,仍是一種適合流通需求的幣制單位。

注:
① 《睡虎地秦墓竹簡》,文物出版社 1978 年版。
②③ 《四川船棺葬發掘報告》,文物出版社 1960 年版。沈仲常、王家祐著:《記四川巴县冬笋壩出土的古印及古幣》,載《考古通論》1955 年第 6 期。
④ 《四川青川戰國墓發掘簡報》,載《文物》1982 年第 1 期。
⑤ 李復華著:《四川郫縣紅光公社出土戰國銅器》,載《文物》1982 年第 1 期。
⑥ 《四川榮經古城坪秦漢墓葬》,載《文物資料叢刊》1981 年第 4 期。
⑦ 《四川大邑縣五龍鄉土坑墓清理報告》,載《考古》1959 年第 3 期。
⑧ 馬津熙著:《陝西耀縣戰國漢墓葬清理報告》,載《考古》1987 年第 7 期。
⑨ 陳尊祥、路遠著:《首帕張堡窖藏秦錢清理報告》,載《中國錢幣》1987 年第 3 期。
⑩⑪⑫ 吳琪榮著:《五墓出土的秦半兩》,載《陝西金融·錢幣研究專輯》(10)。
⑬ 李原志、孫志文著:《咸陽長陵車站出土秦錢》,載《中國錢幣》1991 年第 2 期。
⑭ 《朝邑戰國墓葬發掘簡報》,載《文物資料叢刊》1978 年第 2 期。
⑮ 《從環縣墓葬出土的戰國秦半兩談隴東早期貨幣》,載《甘肅金融·錢幣研究專輯》(10)。
⑯ 周延齡、林振榮著:《驛馬窖藏秦錢清理及幾點看法》,載《陝西金融·錢幣研究專輯》(10)。
⑰ 周延齡、林振榮著:《長慶橋窖藏秦錢及所見的問題》,載《陝西金融·錢幣研究專輯》(10)。
⑱ 《甘肅天水放馬灘戰國秦漢墓群的發掘》,載《陝西金融·錢幣研究專輯》(15)。
⑲ 邵國田著:《內蒙古敖漢旗出土秦半兩》,載《中國錢幣》1988 年第 2 期。
⑳ 《赤峰蜘蛛山遺址的發掘》,載《考古學報》1979 年第 2 期。
㉑ 《1978 年雲夢秦漢墓發掘報告》,載《考古學報》1986 年第 4 期。
㉒ 胡振祺著:《山西河津縣發現秦半兩》,載《中國錢幣》1986 年第 1 期。
㉓ 胡誠著:《戰國墓出土的半兩錢》,載《陝西金融·錢幣研究專輯》(10)。
㉔ 《陝西臨潼魚池遺址調查簡報》,載《考古與文物》1983 年第 4 期。
㉕ 《秦始皇陵西側趙背戶村秦刑徒墓》,載《文物》1982 年第 3 期。
㉖ 吳鎮烽、尚志儒著:《陝西鳳翔高莊秦墓地發掘簡報》,載《考古與文物》1981 年第 3 期。
㉗ 吳琪榮著:《五墓出土的秦半兩》,載《陝西金融·錢幣研究專輯》(10)。
㉘ 何新成著:《漢中楊家山秦墓發掘簡報》,載《文博》1985 年第 5 期。
㉙ 尚志儒、趙叢蒼著:《陝西鳳翔八旗屯西溝道秦墓發掘簡報》,載《文博》1986 年第 3 期。
㉚ 《秦始皇陵兵馬俑一號坑發掘報告》,陝西省考古研究所、始皇陵秦俑坑考古發掘隊,1988 年發表。
㉛ 趙叢蒼、延晶平著:《鳳翔高家河村出土窖藏秦半兩》,載《陝西金融·錢幣研究專輯》(10)。
㉜ 高至喜著:《論湖南秦墓》,載《湖南考古輯刊》、《文博》1990 年第 1 期。
㉝ 《衡陽渣江赤石發現秦漢半兩》,載《湖南考古輯刊》1987 年第 4 期。
㉞ 《洛陽市新安縣八徒山出土秦國半兩》,載《中州錢幣》1988 年第 8 期。
㉟ 《河南考古》,河南省考古學會 1985 年版。
㊱ 黃本立著:《清水出土半兩一罐千錢》,載《陝西金融·錢幣研究專輯》(15)。
㊲ 王雪農、祁生著:《安澤出土秦漢半兩錢的整理及研究》,載《中國錢幣學會成立十週年紀念文集》,金融出版社 1992 年版。
㊳ 蔣若是著:《秦漢半兩錢範斷代研究》,載《中國錢幣》1989 年第 4 期。
㊴ 田亞岐著:《鳳翔出土秦半兩錢銅範》,載《陝西金融·錢幣研究專輯》(10)。
㊵ 崔玫英著:《岐山館藏銅"半兩"錢範》,載《陝西金融·錢幣研究專輯》(10)。
㊶ 張海雲著:《陝西臨潼油王村發現秦半兩銅母範》,載《中國錢幣》1987 年第 4 期。
㊷ 陝西省錢幣學會編纂:《秦漢錢範》,三秦出版社 1992 年版。
㊸ 何澤宇著:《四川高縣出土半兩錢母範》,載《考古》1982 年第 1 期。
㊹ 按:魏"共"字錢之重大者,徑達 45 毫米上下,重約 14—16 克。
㊺ 《史記》卷 6《秦始皇本紀》。
㊻ 《史記》卷 15《六國年表》。
㊼ 《漢書》卷 24《食貨志下》、《史記》卷 30《平準書》。
㊽ 《漢書》卷 3《高后紀》。
㊾ 《江陵鳳凰山一六八號漢墓》,載《考古學報》1993 年第 4 期。《西漢稱錢天平與砝碼》,載《文物》1977 年第 11 期。
㊿51525354 《漢書》卷 24《食貨志下》。
55 李少南:《山東博興出土西漢榆莢錢石範》,載《文物》1987 年第 7 期。
56 《徐州北洞山西漢墓發掘簡報》,載《文物》1988 年第 2 期。

(57) 《阜陽雙古堆西漢淮陰侯墓發掘簡報》，載《文物》1978 年第 8 期。
(58) 王雪農、祁生著：《安澤出土秦漢半兩錢的整理與研究》，載《中國錢幣學會成立十周年紀念文集》，中國金融出版社 1992 年版。
(59) 《陝西金融·錢幣研究專輯》(10) 所録資料，其中"高帝莢錢"部分亦見關漢亨著《半兩貨幣圖説》所録，上海書店出版社 1995 年版。
(60) 《陝西金融·錢幣研究專輯》(15) 所録資料。
(61) 陝西省錢幣學會編纂：《秦漢錢範》，三秦出版社 1992 年版。
(62) 此類半兩錢較多見。如陝西眉縣常興漢墓、山東臨沂銀雀山漢墓等出土資料中皆有所見。
(63) 唐石父著：《蛇目半兩》，載《陝西金融·錢幣研究專輯》(6)。
(64) 伊真著：《吴王、鄧通所鑄半兩錢》，載《陝西金融·錢幣研究專輯》(15)。
(65) 《臨沂銀雀山四座西漢墓葬》，載《考古》1972 年第 2 期。
(66) 《河南永城芒山西漢梁周王陵的調查》，載《華夏考古》1992 年第 3 期。
(67) 王裕巽著：《西漢武帝建元年間初行三銖錢考》，載《中國錢幣》2000 年第 2 期。
(68) 劉森著：《三銖錢論》，載《中國錢幣論文集》第 3 輯。
(69) 《居延漢簡》第十六·十一。載《居延漢簡譯文合校》第 26 頁，文物出版社 1987 年版。
(70) 李建麗著：《滿城漢墓錢幣新探》，載《陝西金融·錢幣研究專輯》(15)。
(71) 《銅山小龜山西漢崖洞墓》，載《文物》1973 年第 4 期。
(72) 《漢書》卷 24《食貨志下》。
(73) 吴榮曾著：《兩漢五銖概述》，見本卷《專論》。
(74) 党順民著：《從出土背範探尋赤仄五銖錢》，載《陝西金融·錢幣研究專輯》(15)。
(75) 蔣若是著：《郡國、赤仄與三官五銖之考古學驗證》，載《文物》1989 年第 4 期。
(76) 中國科學院考古研究所、河北省文物工作隊編著：《滿城漢墓發掘報告》第 207 頁。
(77) 李建麗、趙衛平、陳麗鳳著：《滿城漢墓錢幣新探》，載《中國錢幣》1991 年第 2 期。
〔日〕關道雄著：《中山王劉勝墓五銖錢》，載《中國錢幣》1990 年第 3 期。
(78) 陳垣著：《二十史朔閏表·例言》。
(79) 蔣若是著：《就赤仄五銖問題答客難》，載《中國錢幣》1992 年第 2 期。
(80) 党順民、吴鎮烽著：《上林三官鑄錢官署新解》，載陝西省考古研究所華誕四十周年紀念文集《遠望集》。
(81) 《漢書》卷 24《食貨志下》。
(82) 陝西省錢幣學會編纂：《秦漢錢範》，三秦出版社 1992 年版。
(83) 《西漢最後一種五銖錢範》，載《陝西金融·錢幣研究專輯》(7)。
(84) 朱活著：《古錢新典》第 160 頁，三秦出版社 1991 年版。
(85) 胡城著：《西漢五銖鐵錢》，載《中國錢幣》1987 年第 4 期。
(86) 朱活著：《古錢新典》第 153 頁，三秦出版社 1991 年版。
(87) 《漢書》卷 19《百官公卿表上》，記"(少府)屬官有尚書、符節……東園匠十六官令丞"。師古注："東園匠，主作陵内器物者也。"
(88) 陝西省錢幣學會編纂：《秦漢錢範》，三秦出版社 1992 年版。
(89) 朱活著：《小五銖即赤側五銖論》，載《陝西金融·錢幣研究專輯》(15)。
朱活著：《再談小五銖即赤側五銖》，載《江蘇錢幣》1992 年第 2 期。
(90) 《漢書》卷 6《武帝紀》。
(91) 《史記》卷 30《平準書》。
(92)(93) 《漢書》卷 6《武帝紀》。
(94) 解希恭著：《太原東太堡出土漢代銅器》，載《文物》1962 年第 4、5 期合刊。
(95) 《漢代隨葬冥幣陶麟趾的文字》，載《文物》1960 年第 7 期。
《關於馬蹄金、麟趾金的定名時代與源流》，載《中國錢幣論文集》，中國金融出版社 1985 年版。
(96) 朱活著：《古錢新典》，三秦出版社 1991 年版。
(97) 《滿城漢墓發掘紀要》，載《考古》1972 年第 1 期。
(98) 《史記》卷 12《孝武本紀》云：黄金"以爲飲食器，則益壽，益壽則海中蓬萊仙者可見，見之以封禪則不死"。
(99) 彭信威著：《中國貨幣史》第 141 頁，上海人民出版社 1965 年版。
(100) 張先得著：《懷柔縣崎峰茶公社發現漢代麟趾、馬蹄金》，載《文物》1976 年第 6 期。
(101) 見陝西咸陽發現金五銖報導，載《考古與文物》1984 年第 4 期。
(102) 《長沙發掘報告》，載《考古學報》1957 年第 1 期。
(103)(104) 《漢書》卷 24《食貨志下》。
(105) 朱活著：《古錢新典》，三秦出版社 1991 年版。
(106)(107) 《漢書》卷 24《食貨志下》。
(108) 蕭清著：《中國古代貨幣史》，人民出版社 1984 年版。
(109)(110)(111)(112) 《漢書》卷 24《食貨志下》。
(113) 《洛陽西郊漢墓發掘報告》，載《考古學報》1963 年第 2 期。

⑭⑮　党順民著：《餅貨泉是新莽末年的鑄幣》，載《陝西金融·錢幣研究專輯》(8)。

⑯　《洛陽燒溝漢墓》，科學出版社 1959 年版。

⑰　《河南陝縣劉家渠漢墓》，載《考古學報》1965 年第 1 期。

⑱　袁林著：《王莽布泉初探》，載《中國錢幣論文集》，中國金融出版社 1985 年版。

⑲　戴志强、謝世平著：《貨泉初探》，載《中國錢幣論文集》，中國金融出版社 1985 年版。

⑳　《漢書》卷 24《食貨志下》。

㉑　《漢書》卷 99《王莽傳》。

㉒　《後漢書》卷 41《劉玄傳》。

㉓　《後漢書》卷 43《公孫述傳》。

㉔　《四川通志》。

㉕　《後漢書》卷 1《光武帝紀》。

㉖　《後漢書》卷 8《靈帝紀》。

㉗　《後漢書》卷 9《獻帝紀》。

㉘　《河南陝縣劉家渠漢墓》，載《考古學報》1965 年第 1 期。《上孫家寨晉墓》，文物出版社 1993 年版。

㉙　《江蘇丹陽東漢墓》，載《考古》1973 年第 3 期。

㉚　《長安縣三里村東漢墓發掘簡報》，載《文物參考資料》1958 年第 7 期。

㉛　《廣東德慶大遼山發現東漢文物》，載《考古》1981 年第 4 期。

㉜　徐信印、丁義前著：《陝西安康發現古代窖藏錢幣》，載《考古》1987 年第 12 期。

㉝　《長安縣三里村東漢墓發掘簡報》，載《文物參考資料》1958 年第 7 期。

㉞　《陝西金融·錢幣研究專輯》(15)

㉟　《洛陽燒溝漢墓·錢幣》，科學出版社 1959 年版。

㊱　黃留春著：《淺識漢魏許都故城窖藏銅錢》，載《中國錢幣》1992 年第 2 期。

㊲　鄭家相著：《五銖之研究》，載《泉幣》第 17 期。

㊳　《江蘇丹徒東晉窖藏銅錢》，載《考古》1978 年第 2 期。

㊴　《江蘇金壇方麓東漢墓》，載《文物》1989 年第 8 期。

㊵　徐三見、朱汝略著：《臨海磨頭出土漢代銅器初探》，載《浙江金融》1987 年增刊。

㊶　楊建東著：《山東微山縣出土三批漢代貨幣》，載《陝西金融·錢幣研究專輯》(8)

㊷　莫洪貴著：《四川威遠出土大量直百五銖錢》，載《文物》1981 年第 12 期。

㊸㊹　《後漢書》卷 41《劉玄傳》。

㊺　《後漢書》卷 41《劉盆子傳》。

㊻　蕭清著：《中國古代貨幣史》，人民出版社 1984 年版。

㊼　《三國志》卷 2《魏書·文帝紀》。

㊽　《晉書》卷 26《食貨志》。

㊾　鄒誌諒著：《侵輪五銖錢非官鑄論——兼談曹魏五銖》，載《中國錢幣》1998 年第 3 期。

㊿　《江西南昌東吳高榮墓的發掘》，載《考古》1980 年第 3 期。

(151)　《三國志》卷 39《蜀書·劉巴傳》。

(152)　莫洪貴著：《四川威遠出土大量直百五銖錢》，載《文物》1981 年第 11 期。

(153)　《四川忠縣塗井蜀漢崖墓》，載《文物》1985 年第 2 期。

(154)　《安徽馬鞍山東吳朱然墓發掘簡報》，載《文物》1986 年第 3 期。

(155)　王壽芝著：《陝西城固蜀漢墓清理記》，載《考古與文物》1992 年第 3 期。

(156)(157)(158)(159)　《三國志》卷 47《吳書·吳主權》。

(160)　朱活著：《古錢新典》，三秦出版社 1991 年版第 221 頁。

(161)　劉興著：《江蘇句容縣發現東吳鑄錢遺物》，載《文物》1983 年第 1 期。

(162)　朱活著：《古錢新典》，三秦出版社 1991 年版。

(163)　李厚志著：《永康西晉紀年墓出土五銖錢》，載《陝西金融·錢幣研究專輯》(2)。

(164)　《安徽和縣西晉紀年墓》，載《考古》1984 年第 9 期。

(165)　朱活著：《古錢新典》，三秦出版社 1991 年版。

(166)　羅宗真著：《江蘇宜興晉墓發掘報告》，載《考古學報》1957 年第 4 期。

(167)　《江蘇丹徒東晉窖藏銅錢》，載《考古》1978 年第 2 期。

(168)　黎大祥著：《武威出土·涼造新泉》，載《中國錢幣》1988 年第 2 期。

(169)(170)　朱活著：《古錢新典》，三秦出版社 1991 年版。

(171)　袁濤著：《説大明四銖錢》，載《中國錢幣》1993 年第 4 期。

(172)　《宋書》卷 8《明帝本紀》。

(173)　《宋書》卷 7《顏竣傳》。

(174)(175)　《南齊書》卷 37《劉悛傳》。

(176)　朱活著：《古錢新典》，三秦出版社 1991 年版。

(177)　鄒誌諒著：《鎮江南朝蕭梁五銖錢範考察》，載《中國錢幣》1999 年第 1 期。劉建國著：《論梁五銖與公式女

錢——從鎮江蕭梁鑄錢遺址的發現説起》，載《中國錢幣》1999 年第 2 期。鎮江古城考古所編：《鎮江市蕭梁
鑄錢遺址發掘簡報》，載《中國錢幣》1999 年第 3 期。

⑰⑱ 朱活著：《古錢新典》，三秦出版社 1991 年版。

⑱⑩ 《歷代古錢圖説》。

⑱⑪ 鄒誌諒著：《五銖稚錢考》，載《中國錢幣》2000 年第 2 期。

⑱⑫ 劉健平著：《談宜興出土的大量太清豐樂錢》，載《中國錢幣》2001 年第 3 期。

⑱⑬⑱⑭ 《隋書》卷 24《食貨志》。

⑱⑮ 《宋書》卷 75《顏竣傳》。

⑱⑯ 《南齊書》卷 37《劉悛傳》。

⑱⑰ 《隋書》卷 24《食貨志》。

⑱⑱⑱⑲⑲⑩ 《宋書》卷 75《顏竣傳》。

⑲⑪ 《資治通鑑》卷 125《宋紀七·文帝》。

⑲⑫⑲⑬ 《魏書》卷 110《食貨志》。

⑲⑭ 《魏書》卷 58《楊播傳》。

⑲⑮ 《漢魏洛陽北魏建春門遺址》，載《考古》1988 年第 9 期。

⑲⑯ 《徐州市雲龍山發現北朝末墓葬及漢代五銖》，載《文物參考資料》1955 年第 11 期。

⑲⑰ 《魏書》卷 110《食貨志》。

⑲⑱ 《咸陽市胡家溝侯義墓清理簡報》，載《文物》1987 年第 12 期。

⑲⑲ 杜維善著：《五銖繫年彙考》第 4 冊。

⑳⑩ 《中國北周珍貴文物——北周墓葬發掘報告》，陝西人民美術出版社 1992 年版。

⑳⑪ 王裕巽著：《大統五銖芻議》，載《錢幣世界》1991 年第 4 期。

⑳⑫ 《隋書》卷 24《食貨志》。

⑳⑬ 《河北平山齊崔昂墓調查報告》，載《文物》1973 年第 4 期。

⑳⑭⑳⑮⑳⑯ 朱活著：《古錢新典》，三秦出版社 1991 年版。

⑳⑰⑳⑱⑳⑲ 《隋書》卷 24《食貨志》。

⑳⑩ 《宋書》卷 66《何尚之傳》。

⑳⑪⑳⑫ 《隋書》卷 24《食貨志》。

⑳⑬ 《魏書》卷 110《食貨志》。

⑳⑭ 《江蘇宜興晉墓的第二次發掘》，載《考古》1977 年第 2 期。

⑳⑮ 陳穎著：《一枚罕見的西漢五銖金錢》，載《考古與文物》1984 年第 4 期。

⑳⑯ 《文物參考資料》1955 年第 12 期封 3。

貳 圖録

一、秦代貨幣

1. 先秦半兩

0001
徑 42.15 毫米
重 64.5 克
上海博物館 藏
★★★

0002
徑 40.33 毫米
重 26.2 克
上海博物館 藏
★★

0003
徑 36.21 毫米
重 20.5 克
劉建民 提供
陝西神木出土
★

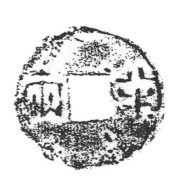

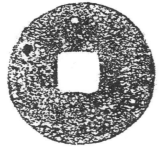
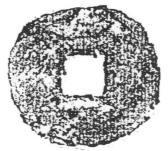
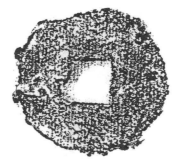

0004
徑 38.92 毫米
重 12.1 克
選自《陝西金融·錢幣研究》

0005
徑 41.15 毫米
重 12.5 克
關漢亨 藏
西安地區出土
★

0006
徑 40.32 毫米
重 19.0 克
關漢亨 藏
西安地區出土

0007
徑 40.32 毫米
重 12.1 克
關漢亨 藏
西安地區出土

0008
徑 32.92毫米
重 14.2克
金立夫　藏

0009
徑 34.94毫米
重 11.4克
上海博物館　藏

0010
徑 38.54毫米
重 12.1克
選自《陝西金融》

0011
徑 34.98毫米
重 17.1克
選自《陝西金融》

0012
徑 34.89毫米
重 16.5克
選自《陝西金融》

0013
徑 33.61毫米
重 13.3克
選自《陝西金融》

0014
徑 31.96毫米
重 12.4克
金立夫　藏

0015
徑 37.36毫米
重 5.9克
鄒誌諒　提供

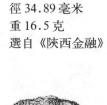

0016
徑 32.66毫米
重 14.0克
金立夫　藏

0017
徑 33.00毫米
重 9.5克
首帕張堡出土

0018
徑 28.00毫米
重 5.0克
首帕張堡出土

0019
徑 35.35毫米
重 12.1克
上海博物館　藏

0020
徑 34.28 毫米
重 9.1 克
存雲亭　藏

0021
徑 29.66 毫米
重 4.0 克
上海博物館　藏

0022
徑 33.45 毫米
重 11.2 克
金立夫　藏

0023
徑 31.86 毫米
重 4.5 克
上海博物館　藏

0024
徑 31.65 毫米
重 6.8 克
上海博物館　藏

0025
徑 30.01 毫米
重 4.2 克
上海博物館　藏

0026
徑 33.33 毫米
重 4.3 克
上海博物館　藏

0027
徑 31.98 毫米
重 5.4 克
上海博物館　藏

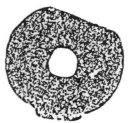

0028
徑 29.87 毫米
重 4.8 克
上海博物館　藏

0029
徑 31.48 毫米
重 5.8 克
上海博物館　藏

0030
徑 31.61 毫米
重 8.5 克
存雲亭　藏

0031
徑 32.00 毫米
重 6.5 克
首帕張堡出土

0032
徑 31.91毫米
重 10.2克
金立夫 藏

0033
徑 31.00毫米
重 4.5克
首帕張堡出土

0034
徑 31.94毫米
重 9.5克
存雲亭 藏

0035
徑 36.29毫米
重 7.2克
上海博物館 藏

0036
徑 35.29毫米
重 10.8克
上海博物館 藏

0037
徑 35.79毫米
重 11.4克
上海博物館 藏

0038
徑 32.14毫米
重 13.8克
上海博物館 藏

0039
徑 33.19毫米
重 11.8克
上海博物館 藏

0040
徑 32.72毫米
重 9.8克
上海博物館 藏

0041
徑 33.49毫米
重 10.2克
上海博物館 藏

0042
徑 35.26毫米
重 11.6克
上海博物館 藏

0043
徑 31.59毫米
重 11.0克
上海博物館 藏

0044
徑 33.39 毫米
重 9.2 克
上海博物館 藏

0045
徑 30.37 毫米
重 10.8 克
上海博物館 藏

0046
徑 32.64 毫米
重 12.6 克
上海博物館 藏

0047
徑 33.23 毫米
重 15.2 克
上海博物館 藏

0048
徑 37.62 毫米
重 9.3 克
上海博物館 藏

0049
徑 33.40 毫米
重 11.0 克
上海博物館 藏

0050
徑 33.23 毫米
重 6.4 克
上海博物館 藏

0051
徑 31.99 毫米
重 10.6 克
上海博物館 藏

0052
徑 33.94 毫米
重 8.4 克
上海博物館 藏

0053
徑 33.35 毫米
重 7.8 克
上海博物館 藏

0054
徑 32.22 克
重 8.8 克
上海博物館 藏

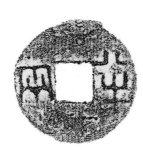
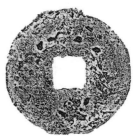

0055
徑 34.49 毫米
重 7.5 克
上海博物館 藏

0056
徑 35.47 毫米
重 6.4 克
上海博物館　藏

0057
徑 30.91 毫米
重 5.3 克
上海博物館　藏

0058
徑 28.97 克
重 4.4 克
上海博物館　藏

0059
徑 26.00 毫米
重 3.3 克
上海博物館　藏

0060
徑 26.50 毫米
重 4.7 克
上海博物館　藏

0061
徑 30.13 毫米
重 3.1 克
上海博物館　藏

0062
徑 31.02 毫米
重 3.9 克
上海博物館　藏

0063
徑 31.37 毫米
重 3.8 克
上海博物館　藏

0064
徑 29.49 毫米
重 3.0 克
上海博物館　藏

0065
徑 29.96 毫米
重 3.2 克
上海博物館　藏

0066
徑 26.35 毫米
重 3.5 克
上海博物館　藏

0067
徑 28.67 毫米
重 10.6 克
上海博物館　藏

0068
徑 29.40 毫米
重 3.7 克
上海博物館　藏

0069
徑 30.81 毫米
重 3.2 克
上海博物館　藏

0070　鎏金
徑 37.36 毫米
重 5.9 克
鄒誌諒　藏

0071
徑 30.85 毫米
重 4.0 克
上海博物館　藏

0072
徑 30.89 毫米
重 3.7 克
上海博物館　藏

0073
徑 30.53 毫米
重 4.0 克
上海博物館　藏

0074
徑 29.77 毫米
重 4.2 克
上海博物館　藏

0075
徑 35.44 毫米
重 7.2 克
上海博物館　藏

0076
徑 34.14 毫米
重 9.1 克
存雲亭　藏

0077
徑 30.50 毫米
重 7.2 克
上海博物館　藏

0078
徑 37.84 毫米
重 7.8 克
上海博物館　藏

0079
徑 32.43 毫米
重 5.7 克
上海博物館　藏

0080
徑 33.84 毫米
重 10.4 克
上海博物館 藏

0081
徑 33.37 毫米
重 11.0 克
上海博物館 藏

0082
徑 29.88 毫米
重 7.6 克
上海博物館 藏

0083
徑 29.74 毫米
重 5.4 克
上海博物館 藏

0084
徑 35.31 毫米
重 6.6 克
上海博物館 藏

0085
徑 32.83 毫米
重 14.8 克
上海博物館 藏

0086
徑 32.69 毫米
重 10.0 克
上海博物館 藏

0087
徑 29.34 毫米
重 4.6 克
上海博物館 藏

0088
徑 30.81 毫米
重 7.0 克
上海博物館 藏

0089
徑 31.42 毫米
重 6.7 克
上海博物館 藏

0090
徑 29.58 毫米
重 5.2 克
上海博物館 藏

0091
徑 32.48 毫米
重 6.0 克
上海博物館 藏

0092
徑 29.41 毫米
重 11.1 克
上海博物館 藏

0093
徑 31.68 毫米
重 7.3 克
上海博物館 藏

0094
徑 31.79 毫米
重 5.8 克
上海博物館 藏

0095
徑 32.02 毫米
重 6.8 克
上海博物館 藏

0096
徑 28.35 毫米
重 9.8 克
上海博物館 藏

0097
徑 31.55 毫米
重 4.5 克
上海博物館 藏

0098
徑 30.71 毫米
重 11.5 克
上海博物館 藏

0099
徑 31.19 毫米
重 10.0 克
上海博物館 藏

0100
徑 31.65 毫米
重 9.0 克
上海博物館 藏

0101
徑 31.02 毫米
重 5.3 克
存雲亭 藏

0102
徑 30.84 毫米
重 7.5 克
上海博物館 藏

0103
徑 32.52 毫米
重 10.8 克
上海博物館 藏

0104
徑 30.29 毫米
重 3.6 克
上海博物館　藏

0105
徑 31.42 毫米
重 6.0 克
上海博物館　藏

0106
徑 29.77 毫米
重 5.2 克
上海博物館　藏

0107
徑 32.81 毫米
重 7.0 克
上海博物館　藏

0108
徑 33.03 毫米
重 9.0 克
上海博物館　藏

0109
徑 30.53 毫米
重 8.3 克
上海博物館　藏

0110
徑 31.24 毫米
重 4.8 克
上海博物館　藏

0111
徑 23.98 毫米
重 3.0 克
上海博物館　藏

0112
上海博物館　藏

0113
上海博物館　藏

0114
徑 24.67 毫米
重 2.7 克
上海博物館　藏

0115
徑 25.97 毫米
重 3.1 克
上海博物館　藏

0116
徑 27.75 毫米
重 3.4 克
上海博物館　藏

0117
徑 26.72 毫米
重 3.1 克
上海博物館　藏

0118
徑 25.86 毫米
重 2.8 克
上海博物館　藏

0119
徑 25.94 毫米
重 3.0 克
上海博物館　藏

0120
徑 26.36 毫米
重 9.0 克
上海博物館　藏

0121
徑 27.09 毫米
重 3.2 克
上海博物館　藏

0122
徑 24.71 毫米
重 2.8 克
上海博物館　藏

0123
徑 27.31 毫米
重 3.5 克
上海博物館　藏

0124
徑 27.07 毫米
重 3.4 克
上海博物館　藏

0125
徑 27.57 毫米
重 6.9 克
上海博物館　藏

0126
徑 26.64 毫米
重 3.5 克
上海博物館　藏

0127
徑 28.73 毫米
重 6.2 克
上海博物館　藏

0128
徑 25.24 毫米
重 3.0 克
上海博物館　藏

0129
徑 24.73 毫米
重 2.9 克
上海博物館　藏

0130
徑 24.10 毫米
重 2.4 克
上海博物館　藏

0131
徑 24.39 毫米
重 2.8 克
上海博物館　藏

0132
徑 20.81 毫米
重 2.5 克
上海博物館　藏

0133
上海博物館　藏

0134
徑 27.38 毫米
重 3.4 克
上海博物館　藏

0135
上海博物館　藏

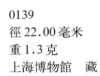

0136
上海博物館　藏

0137
徑 27.46 毫米
重 3.0 克
上海博物館　藏

0138
上海博物館　藏

0139
徑 22.00 毫米
重 1.3 克
上海博物館　藏

0140
上海博物館　藏

0141
徑 24.50 毫米
重 2.6 克
上海博物館　藏

0142
上海博物館　藏

0143
徑 23.42 毫米
重 2.0 克
上海博物館　藏

0144
徑 20.65 毫米
重 2.3 克
傅爲群　藏

0145
上海博物館　藏

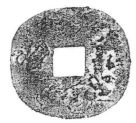

0146
徑 31.17 毫米
重 12.2 克
上海博物館 藏

0147
徑 31.91 毫米
重 7.8 克
上海博物館 藏

0148
徑 28.51 毫米
重 3.1 克
上海博物館 藏

0149
徑 32.04 毫米
重 4.2 克
上海博物館 藏

0150
徑 31.71 毫米
重 14.5 克
上海博物館 藏

0151
徑 30.25 毫米
重 3.7 克
上海博物館 藏

0152
徑 30.34 毫米
重 3.6 克
上海博物館 藏

0153
徑 29.73 毫米
重 3.4 克
上海博物館 藏

0154
徑 30.12 毫米
重 4.1 克
上海博物館 藏

0155
徑 29.79 毫米
重 3.7 克
上海博物館 藏

0156
徑 30.08 毫米
重 5.0 克
上海博物館 藏

0157
上海博物館 藏

0158
徑 33.86 毫米
重 11.4 克
上海博物館 藏

0159
徑 30.69 毫米
重 3.8 克
上海博物館 藏

0160
徑 32.08 毫米
重 11.0 克
上海博物館 藏

0161
徑 33.21毫米
重 6.6克
上海博物館 藏

0162
徑 30.48毫米
重 8.0克
上海博物館 藏

0163
徑 33.38毫米
重 8.3克
上海博物館 藏

0164
徑 32.61毫米
重 8.6克
上海博物館 藏

0165
徑 32.23毫米
重 7.5克
上海博物館 藏

0166
徑 29.96毫米
重 14.2克
上海博物館 藏

0167
徑 33.74毫米
重 9.0克
上海博物館 藏

0168
徑 35.22毫米
重 8.7克
上海博物館 藏

0169
徑 31.95毫米
重 7.2克
上海博物館 藏

0170
徑 32.19毫米
重 6.5克
上海博物館 藏

0171
徑 31.39毫米
重 4.8克
上海博物館 藏

0172
徑 32.06毫米
重 7.0克
上海博物館 藏

0173
徑 31.72毫米
重 8.4克
上海博物館 藏

0174
徑 32.29毫米
重 7.4克
上海博物館 藏

0175
徑 32.16毫米
重 7.8克
上海博物館 藏

2.秦半兩

0176
徑36.62毫米
重11.2克
上海博物館 藏

0177
徑35.34毫米
重9.6克
上海博物館 藏

0178
徑33.05毫米
重6.5克
上海博物館 藏

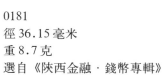

0179
徑38.35毫米
重9.7克
上海博物館 藏

0180
徑36.62毫米
重7.2克
上海博物館 藏

0181
徑36.15毫米
重8.7克
選自《陝西金融·錢幣專輯》

0182
徑36.56毫米
重8.4克
上海博物館 藏

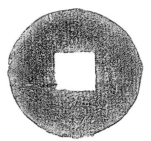

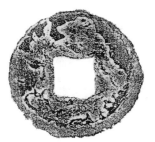

0183
徑31.73毫米
重9.3克
金立夫 藏

0184
徑35.36毫米
重8.7克
上海博物館 藏

0185
徑35.92毫米
重7.5克
上海博物館 藏

0186
徑35.93毫米
重6.8克
上海博物館 藏

0187
徑 34.57 毫米
重 11.4 克
上海博物館 藏

0188
徑 34.15 毫米
重 7.0 克
王侖西 提供

0189
徑 35.81 毫米
重 11.0 克
上海博物館 藏

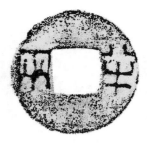
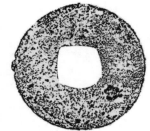

0190
徑 35.32 毫米
重 9.0 克
王侖西 提供

0191
徑 31.79 毫米
重 7.6 克
上海博物館 藏

0192
徑 32.18 毫米
重 6.5 克
上海博物館 藏

0193
徑 32.78 毫米
內蒙古敖漢旗出土

0194
徑 31.99 毫米
內蒙古敖漢旗出土

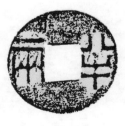

0195
徑 32.24 毫米
內蒙古敖漢旗出土

0196
徑 31.75 毫米
重 8.8 克
金立夫 藏

0197
徑 30.99 毫米
重 4.4 克
上海博物館 藏

0198
徑 30.89 毫米
重 3.8 克
上海博物館 藏

0199
徑 34.76 毫米
重 6.7 克
王侖西　提供

0200
徑 31.12 毫米
蕭琦、胡百川　提供

0201
徑 32.03 毫米
重 7.1 克
上海博物館　藏

0202
徑 31.94 毫米
重 9.5 克
傅爲群　藏

0203
徑 26.65 毫米
重 6.7 克
金立夫　藏

0204
徑 31.25 毫米
重 5.8 克
王侖西　提供

0205
徑 30.26 毫米
重 5.7 克
蕭琦、胡百川　提供

0206
徑 32.07 毫米
重 7.1 克
蕭琦、胡百川　提供

0207
上海博物館　藏

0208
徑 32.09 毫米
重 9.5 克
金立夫　藏

0209
徑 27.83 毫米
重 3.4 克
上海博物館　藏

0210
徑 27.53 毫米
重 3.5 克
上海博物館　藏

0211
徑 28.75 毫米
重 3.1 克
上海博物館　藏

0212
徑 26.87 毫米
重 2.9 克
上海博物館　藏

0213
徑 25.44 毫米
重 2.8 克
上海博物館　藏

0214
徑 27.47 毫米
重 3.2 克
上海博物館　藏

0215
徑 26.61 毫米
重 3.1 克
上海博物館　藏

0216
徑 27.56 毫米
重 3.0 克
上海博物館　藏

0217
徑 25.87 毫米
重 3.0 克
上海博物館　藏

0218
徑 28.59 毫米
重 3.3 克
上海博物館　藏

0219
徑 27.75 毫米
重 3.2 克
上海博物館　藏

0220
徑 27.38 毫米
重 3.6 克
上海博物館　藏

0221
徑 28.99 毫米
重 3.0 克
上海博物館　藏

0222
徑 27.85 毫米
重 3.2 克
上海博物館　藏

0223
徑 25.00 毫米
重 3.4 克
上海博物館　藏

0224
徑 25.90 毫米
重 2.8 克
上海博物館　藏

0225
徑 23.00 毫米
重 2.1 克
上海博物館　藏

0226
徑 23.00 毫米
重 1.7 克
上海博物館　藏

0227
徑 23.00 毫米
重 1.8 克
上海博物館　藏

0228
徑 25.00 毫米
重 3.6 克
上海博物館　藏

0229
徑 23.50毫米
重 3.2克
上海博物館 藏

0230
徑 26.00毫米
重 4.1克
上海博物館 藏

0231
徑 27.00毫米
重 4.6克
上海博物館 藏

0232
徑 26.00毫米
重 2.4克
上海博物館 藏

0233
徑 26.21毫米
重 2.4克
上海博物館 藏

0234
徑 23.55毫米
重 2.3克
上海博物館 藏

0235
徑 23.06毫米
重 2.2克
上海博物館 藏

0236
徑 24.00毫米
重 4.8克
上海博物館 藏

0237
徑 26.00毫米
重 3.6克
上海博物館 藏

0238
徑 24.76毫米
重 2.7克
上海博物館 藏

0239
徑 24.50毫米
重 2.8克
上海博物館 藏

0240
徑 25.97毫米
重 3.1克
上海博物館 藏

0241
徑 25.50毫米
重 2.3克
上海博物館 藏

0242
徑 25.00毫米
重 2.7克
上海博物館 藏

0243
徑 22.50毫米
重 2.9克
上海博物館 藏

0244
徑 24.78 毫米
重 2.2 克
上海博物館 藏

0245
徑 25.00 毫米
重 4.2 克
上海博物館 藏

0246
徑 24.00 毫米
重 3.0 克
上海博物館 藏

0247
徑 22.00 毫米
重 2.0 克
上海博物館 藏

0248
徑 23.00 毫米
重 2.5 克
上海博物館 藏

0249
徑 25.00 毫米
重 2.2 克
上海博物館 藏

0250
徑 24.67 毫米
重 3.0 克
上海博物館 藏

0251
徑 25.00 毫米
重 3.4 克
上海博物館 藏

0252
徑 24.00 毫米
重 2.7 克
上海博物館 藏

0253
徑 25.38 毫米
重 2.8 克
上海博物館 藏

0254
徑 23.00 毫米
重 2.7 克
上海博物館 藏

0255
徑 27.28 毫米
重 3.2 克
上海博物館 藏

0256
徑 25.81 毫米
重 3.4 克
上海博物館 藏

0257
徑 24.73 毫米
重 2.4 克
上海博物館 藏

0258
徑 27.31 毫米
重 2.7 克
上海博物館 藏

0259
徑 24.66 毫米
重 2.5 克
上海博物館 藏

0260
徑 26.78 毫米
重 3.0 克
上海博物館 藏

0261
徑 26.10 毫米
重 2.5 克
上海博物館 藏

0262
徑 25.32 毫米
重 2.8 克
上海博物館 藏

0263
徑 26.36 毫米
重 2.6 克
上海博物館 藏

0264
徑 25.32 毫米
重 2.8 克
上海博物館 藏

0265
徑 24.00 毫米
重 2.6 克
上海博物館 藏

0266
徑 25.00 毫米
重 3.1 克
上海博物館 藏

0267
徑 23.00 毫米
重 5.4 克
上海博物館 藏

0268
徑 23.00 毫米
重 2.9 克
上海博物館 藏

0269
徑 22.00 毫米
重 2.7 克
上海博物館 藏

0270
徑 24.00 毫米
重 2.9 克
上海博物館 藏

0271
徑 23.00 毫米
重 3.0 克
上海博物館 藏

0272
徑 24.00 毫米
重 3.1 克
上海博物館 藏

0273
徑 24.92 毫米
重 2.6 克
上海博物館 藏

0274
徑 27.54 毫米
重 3.0 克
上海博物館 藏

0275
徑 27.23 毫米
重 3.4 克
上海博物館 藏

0276
徑 26.36 毫米
重 3.3 克
上海博物館 藏

0277
徑 23.80 毫米
重 3.0 克
上海博物館 藏

0278
徑 24.54 毫米
重 2.9 克
上海博物館 藏

0279
徑 23.71 毫米
重 3.9 克
上海博物館 藏

0280
徑 23.77 毫米
重 2.7 克
上海博物館 藏

0281
徑 25.10 毫米
重 2.8 克
上海博物館 藏

0282
徑 23.37 毫米
重 2.6 克
上海博物館 藏

0283
徑 23.12 毫米
重 5.7 克
上海博物館 藏

0284
徑 27.71 毫米
重 2.9 克
上海博物館 藏

0285
徑 26.75 毫米
重 2.8 克
上海博物館 藏

0286
徑 26.21 毫米
重 3.1 克
上海博物館 藏

0287
徑 25.24 毫米
重 3.0 克
上海博物館 藏

0288
徑 26.00 毫米
重 2.5 克
上海博物館 藏

0289
徑 25.27 毫米
重 2.5 克
上海博物館 藏

0290
徑 23.85 毫米
重 2.6 克
上海博物館 藏

0291
徑 23.91 毫米
重 2.5 克
上海博物館 藏

0292
徑 24.32 毫米
重 2.3 克
上海博物館 藏

0293
徑 26.00 毫米
重 2.5 克
上海博物館 藏

0294
徑 22.00 毫米
重 2.4 克
上海博物館 藏

0295
徑 24.72 毫米
重 3.3 克
上海博物館 藏

0296
徑 24.33 毫米
重 3.1 克
上海博物館 藏

0297
徑 24.04 毫米
重 3.1 克
上海博物館 藏

0298
徑 26.00 毫米
重 2.5 克
上海博物館 藏

0299
徑 26.00 毫米
重 2.6 克
上海博物館 藏

0300
徑 24.00 毫米
重 2.3 克
上海博物館 藏

0301
徑 25.00 毫米
重 4.6 克
上海博物館 藏

0302
徑 24.00 毫米
重 3.1 克
上海博物館 藏

0303
徑 24.00 毫米
重 2.8 克
上海博物館 藏

0304
徑 26.91 毫米
重 3.0 克
上海博物館 藏

0305
徑 25.50 毫米
重 3.6 克
上海博物館 藏

0306
徑 24.86 毫米
重 2.6 克
上海博物館 藏

0307
徑 24.00 毫米
重 2.7 克
上海博物館 藏

0308
徑 23.00 毫米
重 2.7 克
上海博物館 藏

0309
徑 23.00 毫米
重 3.2 克
上海博物館 藏

0310
徑 29.39 毫米
重 3.6 克
上海博物館 藏

0311
徑 23.00 毫米
重 2.2 克
上海博物館 藏

0312
徑 26.50 毫米
重 2.3 克
上海博物館 藏

0313
徑 24.89 毫米
重 2.0 克
上海博物館 藏

0314
徑 22.00 毫米
重 3.0 克
上海博物館 藏

0315
徑 22.00 毫米
重 2.0 克
上海博物館 藏

0316
徑 23.00 毫米
重 3.0 克
上海博物館 藏

0317
徑 22.16 毫米
重 2.0 克
上海博物館 藏

0318
徑 23.44 毫米
重 2.4 克
上海博物館 藏

0319
徑 24.63毫米
重 2.2克
上海博物館 藏

0320
徑 26.61毫米
重 3.2克
上海博物館 藏

0321
徑 23.00毫米
重 2.7克
上海博物館 藏

0322
徑 22.75毫米
重 2.7克
上海博物館 藏

0323
徑 24.34毫米
重 2.2克
上海博物館 藏

0324
徑 23.73毫米
重 2.4克
上海博物館 藏

0325
徑 22.00毫米
重 2.7克
上海博物館 藏

0326
徑 24.44毫米
重 2.3克
上海博物館 藏

0327
徑 25.49毫米
重 2.9克
上海博物館 藏

0328
徑 23.67毫米
重 2.5克
上海博物館 藏

0329
徑 23.95毫米
重 3.2克
上海博物館 藏

0330
徑 25.08毫米
重 3.1克
上海博物館 藏

0331
徑 24.00毫米
重 2.5克
上海博物館 藏

0332
徑 24.00毫米
重 3.1克
上海博物館 藏

0333
徑 24.65毫米
重 2.0克
上海博物館 藏

0334
徑 22.85毫米
重 1.4克
上海博物館 藏

0335
徑 22.00毫米
重 1.3克
上海博物館 藏

0336
徑 20.94毫米
重 1.5克
上海博物館 藏

0337
徑 21.85毫米
重 1.3克
上海博物館 藏

0338
徑 22.00毫米
重 4.6克
上海博物館 藏

   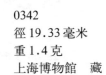

0339
徑 20.00毫米
重 2.3克
上海博物館 藏

0340
徑 23.00毫米
重 3.2克
上海博物館 藏

0341
徑 19.32毫米
重 0.8克
上海博物館 藏

0342
徑 19.33毫米
重 1.4克
上海博物館 藏

0343
徑 18.21毫米
重 0.9克
上海博物館 藏

0344
徑 23.22毫米
重 2.2克
上海博物館 藏

0345
徑 18.27毫米
重 0.9克
上海博物館 藏

0346
徑 20.44毫米
重 1.0克
上海博物館 藏

0347
徑 21.97毫米
重 1.1克
上海博物館 藏

0348
徑 18.34毫米
重 0.6克
上海博物館 藏

0349
徑 25.50 毫米
重 6.0 克
上海博物館 藏

0350
徑 23.00 毫米
重 3.7 克
上海博物館 藏

0351
徑 22.00 毫米
重 2.1 克
上海博物館 藏

0352
徑 23.31 毫米
重 1.8 克
上海博物館 藏

0353
徑 22.08 毫米
重 1.2 克
上海博物館 藏

0354
徑 23.33 毫米
重 0.9 克
上海博物館 藏

0355
徑 21.78 毫米
重 1.6 克
上海博物館 藏

0356
徑 22.56 毫米
重 1.4 克
上海博物館 藏

0357
徑 22.29 毫米
重 1.4 克
上海博物館 藏

0358
徑 23.46 毫米
重 2.1 克
上海博物館 藏

0359
徑 24.46 毫米
重 2.2 克
上海博物館 藏

0360
徑 24.24 毫米
重 1.7 克
上海博物館 藏

0361
徑 24.97 毫米
重 2.0 克
上海博物館 藏

0362
徑 24.00 毫米
重 3.6 克
上海博物館 藏

0363
徑 22.22 毫米
重 1.4 克
上海博物館 藏

0364
徑 22.50毫米
重 3.0克
上海博物館 藏

0365
徑 20.63毫米
重 2.4克
上海博物館藏

0366
徑 21.95毫米
重 1.9克
上海博物館 藏

0367
徑 21.03毫米
重 1.9克
上海博物館 藏

0368
徑 20.00毫米
重 1.4克
上海博物館 藏

0369
徑 21.50毫米
重 3.5克
上海博物館 藏

0370
徑 19.50毫米
重 1.5克
上海博物館 藏

0371
徑 24.35毫米
牛群生 提供

0372
徑 27.34毫米
重 3.0克
上海博物館 藏

0373
徑 25.92毫米
重 2.9克
上海博物館 藏

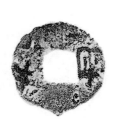

0374
徑 27.29毫米
重 2.9克
上海博物館 藏

0375
徑 26.22毫米
重 2.4克
上海博物館 藏

0376
徑 25.44毫米
重 2.0克
上海博物館 藏

0377
徑 27.05毫米
重 2.5克
上海博物館 藏

0378
徑 25.21毫米
重 2.0克
上海博物館 藏

0379
徑 24.30毫米
重 2.0克
上海博物館　藏

3. 文信

0380
徑 23.74毫米
重 3.5克
李蔭軒　舊藏

0381
徑 24.15毫米
選自《泉幣》

0382
徑 24.03毫米
馬定祥　藏

0383
徑 23.68毫米
重 3.0克
上海博物館　藏

4. 長安

0384
徑 23.11毫米
重 2.5克
上海博物館　藏

0385
徑 23.23毫米
重 2.7克
上海博物館　藏

0386
徑 22.03毫米
選自《泉幣》

二、西漢貨幣

1. 莢錢

漢高祖立國（前206年）初"爲秦錢重難用，更令民鑄錢"。文帝時（前179－157年）"除盜鑄錢令，使民放鑄"。漢初錢幣文仍爲"半兩"，多莢錢、民鑄小錢。

0387
徑 21.58 毫米
重 1.4 克
上海博物館 藏

0388
徑 23.50 毫米
重 1.6 克
上海博物館 藏

0389
徑 22.98 毫米
重 1.5 克
上海博物館 藏

0390
徑 23.92 毫米
重 2.0 克
上海博物館 藏

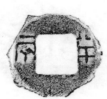

0391
徑 24.92 毫米
重 1.6 克
上海博物館 藏

0392
徑 26.10 毫米
重 1.8 克
上海博物館 藏

0393
徑 23.36 毫米
重 1.2 克
上海博物館 藏

0394
徑 23.32 毫米
重 2.1 克
上海博物館 藏

0395
徑 23.71 毫米
重 1.7 克
上海博物館 藏

0396
徑 24.08 毫米
重 2.8 克
上海博物館 藏

0397
徑 23.95 毫米
重 3.1 克
上海博物館 藏

0398
徑 22.00 毫米
重 1.8 克
上海博物館 藏

0399
徑 22.68 毫米
重 1.2 克
上海博物館 藏

0400
徑 22.50 毫米
重 1.5 克
上海博物館 藏

0401
徑 20.87 毫米
重 2.2 克
上海博物館 藏

0402
徑 21.62 毫米
重 2.0 克
上海博物館 藏

0403
徑 21.21 毫米
重 1.6 克
上海博物館 藏

0404
徑 20.64 毫米
重 1.8 克
上海博物館 藏

0405
徑 19.17 毫米
重 1.9 克
上海博物館 藏

0406
徑 21.29 毫米
重 1.6 克
上海博物館 藏

0407
徑 20.04 毫米
重 1.4 克
上海博物館 藏

0408
徑 21.51 毫米
重 2.1 克
上海博物館 藏

0409
徑 20.58 毫米
重 1.3 克
上海博物館 藏

0410
徑 22.14 毫米
重 2.8 克
上海博物館 藏

0411
徑 21.68 毫米
重 1.7 克
上海博物館 藏

0412
徑 21.79 毫米
重 3.0 克
上海博物館 藏

0413
徑 21.30 毫米
重 2.3 克
上海博物館 藏

0414
徑 19.29 毫米
重 0.7 克
上海博物館 藏

0415
徑 23.85 毫米
重 1.6 克
上海博物館 藏

0416
徑 24.00毫米
重 3.0克
上海博物館 藏

0417
徑 24.49毫米
重 2.0克
上海博物館 藏

0418
徑 24.38毫米
重 1.7克
上海博物館 藏

0419
徑 23.22毫米
重 0.9克
上海博物館 藏

0420
徑 23.37毫米
重 2.1克
上海博物館 藏

0421
徑 23.14毫米
重 1.7克
上海博物館 藏

0422
徑 21.12毫米
重 1.5克
上海博物館 藏

0423
徑 21.62毫米
重 2.0克
上海博物館 藏

0424
徑 22.39毫米
重 2.4克
上海博物館 藏

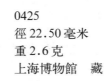

0425
徑 22.50毫米
重 2.6克
上海博物館 藏

0426
徑 21.64毫米
重 1.3克
上海博物館 藏

0427
徑 22.00毫米
重 1.2克
上海博物館 藏

0428
徑 21.58毫米
重 1.1克
上海博物館 藏

0429
徑 21.81毫米
重 1.1克
上海博物館 藏

0430
徑 23.29毫米
重 0.6克
上海博物館 藏

0431
徑 19.51毫米
重 0.7克
上海博物館 藏

0432
徑 19.53毫米
重 0.8克
上海博物館 藏

0433
牛群生 提供

0434
徑 19.97毫米
重 0.8克
上海博物館 藏

0435
徑 22.97毫米
重 1.6克
上海博物館 藏

0436
徑 17.97毫米
重 0.6克
上海博物館 藏

0437
徑 20.15毫米
重 1.3克
上海博物館 藏

0438
徑 20.86毫米
重 1.1克
上海博物館 藏

0439
徑 19.77毫米
重 0.9克
上海博物館 藏

0440
徑 18.28毫米
重 0.9克
上海博物館 藏

0441
徑 19.15毫米
重 1.3克
上海博物館 藏

0442
徑 17.02毫米
重 1.8克
上海博物館 藏

0443
徑 18.26毫米
重 1.5克
上海博物館 藏

0444
徑 17.64毫米
重 0.7克
上海博物館 藏

0445
徑 17.81毫米
重 0.5克
上海博物館 藏

0446
徑 18.40 毫米
重 0.7 克
上海博物館 藏

0447
徑 17.25 毫米
重 1.0 克
上海博物館 藏

0448
徑 17.70 毫米
重 1.0 克
上海博物館 藏

0449
徑 20.11 毫米
重 1.0 克
上海博物館 藏

0450
徑 21.18 毫米
重 0.7 克
上海博物館 藏

0451
徑 19.75 毫米
重 0.7 克
上海博物館 藏

0452
徑 17.84 毫米
重 0.6 克
上海博物館 藏

0453
徑 17.82 毫米
重 0.4 克
上海博物館 藏

0454
徑 13.86 毫米
重 0.5 克
上海博物館 藏

0455
徑 15.36 毫米
重 1.2 克
上海博物館 藏

0456
徑 14.98 毫米
重 0.9 克
上海博物館 藏

0457
徑 14.49 毫米
重 0.4 克
上海博物館 藏

0458
徑 14.98 毫米
重 0.6 克
上海博物館 藏

0459
徑 14.76 毫米
重 0.6 克
上海博物館 藏

0460
徑 15.38 毫米
重 1.1 克
上海博物館 藏

0461	0462	0463	0464	0465
徑 12.85 毫米	徑 12.66 毫米	徑 12.48 毫米	徑 15.75 毫米	徑 15.62 毫米
重 0.7 克	重 0.5 克	重 0.9 克	重 1.1 克	重 0.4 克
上海博物館 藏	上海博物館 藏	上海博物館 藏	上海博物館 藏	上海博物館 藏

0466	0467	0468	0469	0470
徑 15.76 毫米	徑 16.48 毫米	徑 15.41 毫米	徑 15.33 毫米	徑 15.32 毫米
重 0.5 克	重 0.3 克	重 0.5 克	重 0.6 克	重 0.9 克
上海博物館 藏	上海博物館 藏	上海博物館 藏	上海博物館 藏	上海博物館 藏

0471	0472	0473	0474	0475
徑 15.82 毫米	徑 15.49 毫米	徑 16.40 毫米	徑 14.68 毫米	徑 14.64 毫米
重 0.9 克	重 0.5 克	重 0.5 克	重 0.5 克	重 0.7 克
上海博物館 藏	上海博物館 藏	上海博物館 藏	上海博物館 藏	上海博物館 藏

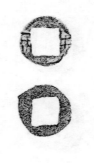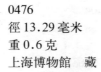

0476
徑 13.29 毫米
重 0.6 克
上海博物館 藏

0477
徑 14.09 毫米
重 0.2 克
上海博物館 藏

0478
徑 12.95 毫米
重 0.4 克
上海博物館 藏

0479
徑 13.19 毫米
重 0.6 克
上海博物館 藏

0480
徑 13.48 毫米
重 0.4 克
上海博物館 藏

0481
徑 12.67 毫米
重 0.3 克
上海博物館 藏

0482
徑 13.42 毫米
重 0.5 克
上海博物館 藏

0483
徑 13.45 毫米
重 0.6 克
上海博物館 藏

0484
徑 14.33 毫米
重 0.6 克
上海博物館 藏

0485
徑 14.04 毫米
重 0.7 克
上海博物館 藏

0486
徑 12.31 毫米
重 0.4 克
上海博物館 藏

0487
徑 12.22 毫米
重 0.5 克
上海博物館 藏

0488
徑 12.54 毫米
重 0.5 克
上海博物館 藏

0489
徑 12.84 毫米
重 0.5 克
上海博物館 藏

0490
徑 13.01 毫米
重 0.5 克
上海博物館 藏

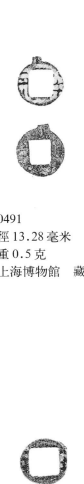
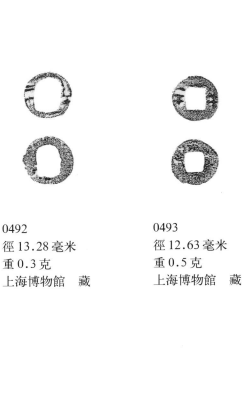
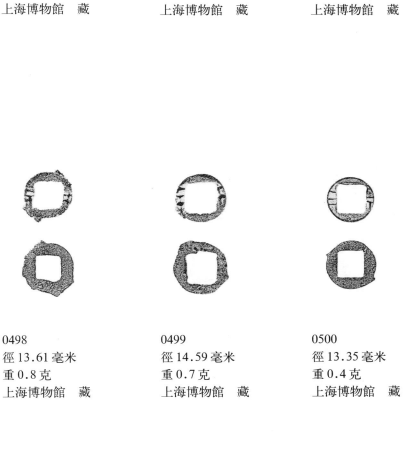

0491
徑 13.28毫米
重 0.5克
上海博物館　藏

0492
徑 13.28毫米
重 0.3克
上海博物館　藏

0493
徑 12.63毫米
重 0.5克
上海博物館　藏

0494
徑 14.42毫米
重 0.4克
上海博物館　藏

0495
徑 13.76毫米
重 0.5克
上海博物館　藏

0496
徑 14.18毫米
重 0.6克
上海博物館　藏

0497
徑 12.77毫米
重 0.4克
上海博物館　藏

0498
徑 13.61毫米
重 0.8克
上海博物館　藏

0499
徑 14.59毫米
重 0.7克
上海博物館　藏

0500
徑 13.35毫米
重 0.4克
上海博物館　藏

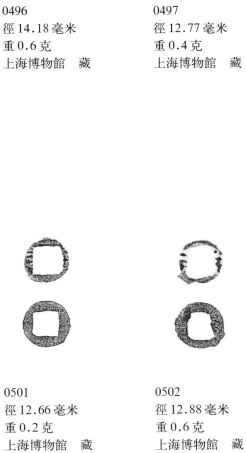

0501
徑 12.66毫米
重 0.2克
上海博物館　藏

0502
徑 12.88毫米
重 0.6克
上海博物館　藏

0503
徑 12.64毫米
重 0.4克
上海博物館 藏

0504
徑 12.67毫米
重 0.4克
上海博物館　藏

0505
徑 13.60毫米
重 0.4克
上海博物館　藏

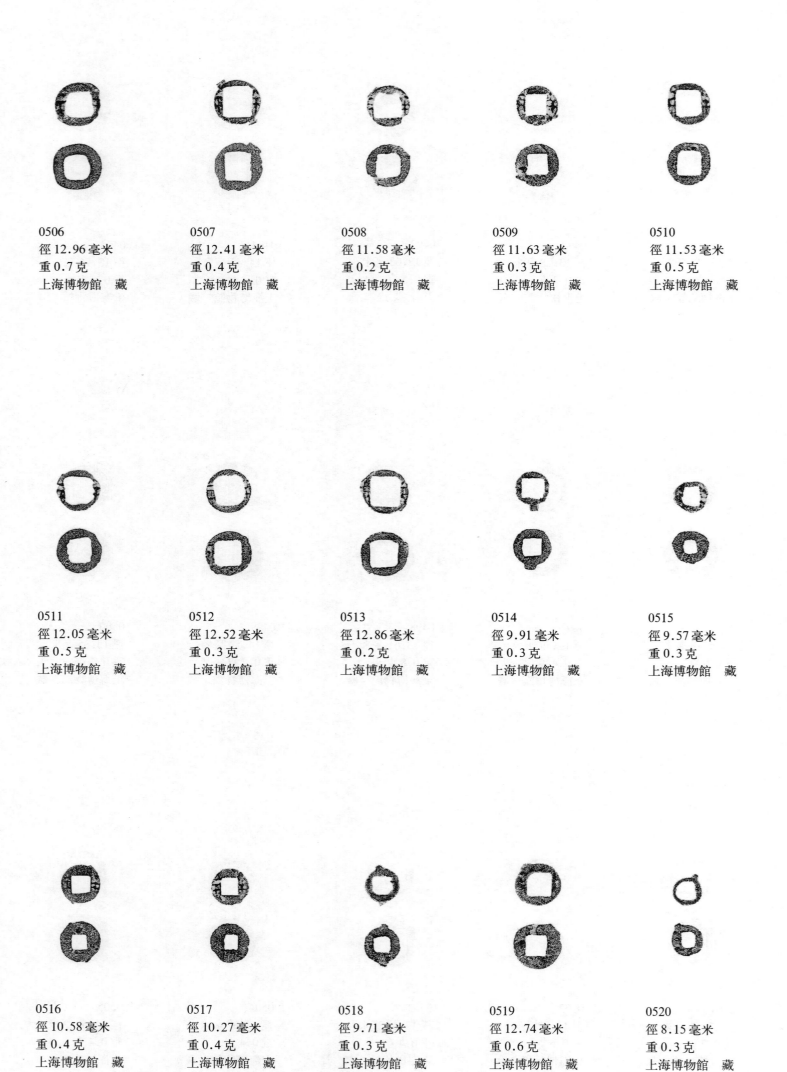

0506
徑 12.96 毫米
重 0.7 克
上海博物館 藏

0507
徑 12.41 毫米
重 0.4 克
上海博物館 藏

0508
徑 11.58 毫米
重 0.2 克
上海博物館 藏

0509
徑 11.63 毫米
重 0.3 克
上海博物館 藏

0510
徑 11.53 毫米
重 0.5 克
上海博物館 藏

0511
徑 12.05 毫米
重 0.5 克
上海博物館 藏

0512
徑 12.52 毫米
重 0.3 克
上海博物館 藏

0513
徑 12.86 毫米
重 0.2 克
上海博物館 藏

0514
徑 9.91 毫米
重 0.3 克
上海博物館 藏

0515
徑 9.57 毫米
重 0.3 克
上海博物館 藏

0516
徑 10.58 毫米
重 0.4 克
上海博物館 藏

0517
徑 10.27 毫米
重 0.4 克
上海博物館 藏

0518
徑 9.71 毫米
重 0.3 克
上海博物館 藏

0519
徑 12.74 毫米
重 0.6 克
上海博物館 藏

0520
徑 8.15 毫米
重 0.3 克
上海博物館 藏

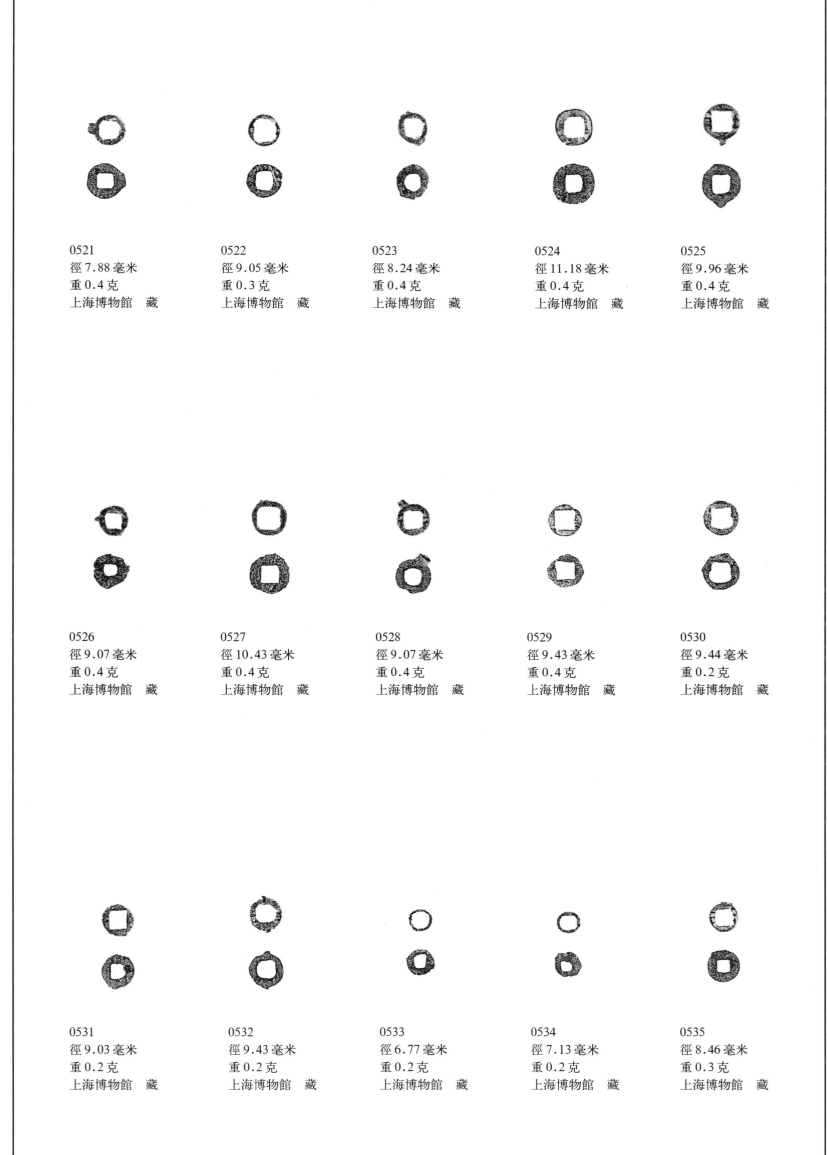

0521
徑 7.88 毫米
重 0.4 克
上海博物館 藏

0522
徑 9.05 毫米
重 0.3 克
上海博物館 藏

0523
徑 8.24 毫米
重 0.4 克
上海博物館 藏

0524
徑 11.18 毫米
重 0.4 克
上海博物館 藏

0525
徑 9.96 毫米
重 0.4 克
上海博物館 藏

0526
徑 9.07 毫米
重 0.4 克
上海博物館 藏

0527
徑 10.43 毫米
重 0.4 克
上海博物館 藏

0528
徑 9.07 毫米
重 0.4 克
上海博物館 藏

0529
徑 9.43 毫米
重 0.4 克
上海博物館 藏

0530
徑 9.44 毫米
重 0.2 克
上海博物館 藏

0531
徑 9.03 毫米
重 0.2 克
上海博物館 藏

0532
徑 9.43 毫米
重 0.2 克
上海博物館 藏

0533
徑 6.77 毫米
重 0.2 克
上海博物館 藏

0534
徑 7.13 毫米
重 0.2 克
上海博物館 藏

0535
徑 8.46 毫米
重 0.3 克
上海博物館 藏

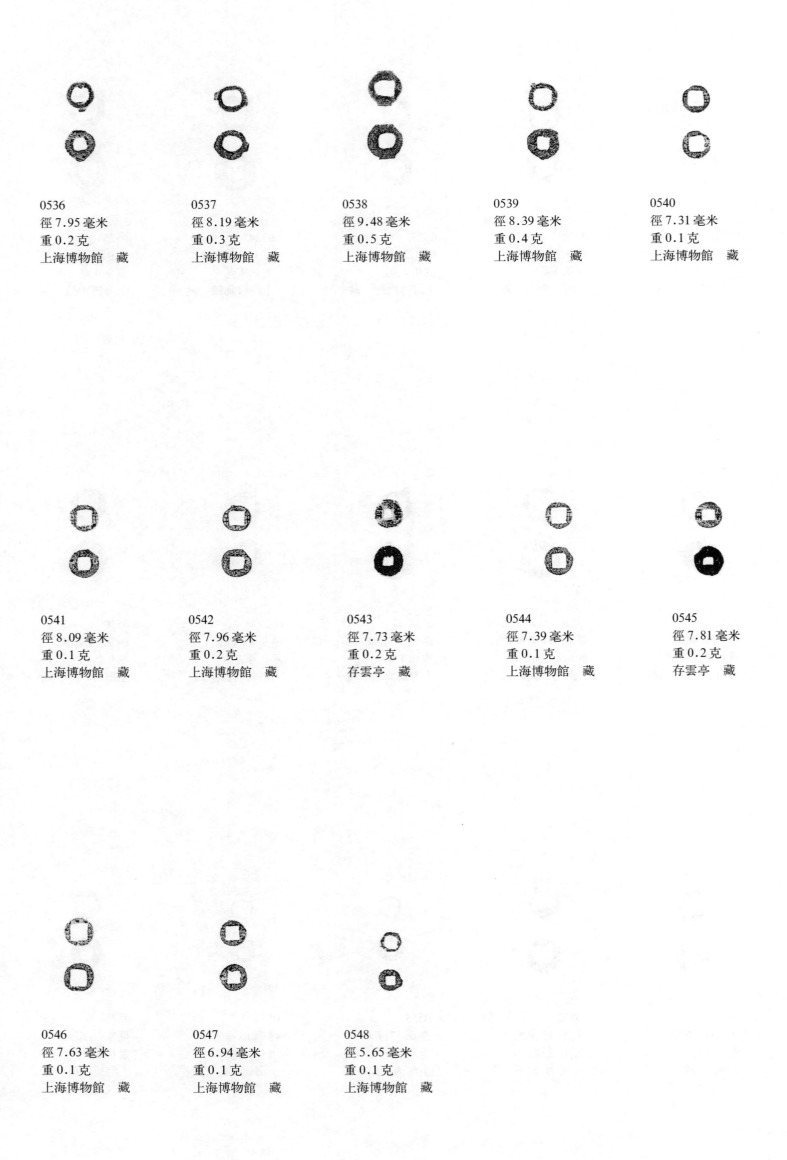

0536
徑 7.95 毫米
重 0.2 克
上海博物館 藏

0537
徑 8.19 毫米
重 0.3 克
上海博物館 藏

0538
徑 9.48 毫米
重 0.5 克
上海博物館 藏

0539
徑 8.39 毫米
重 0.4 克
上海博物館 藏

0540
徑 7.31 毫米
重 0.1 克
上海博物館 藏

0541
徑 8.09 毫米
重 0.1 克
上海博物館 藏

0542
徑 7.96 毫米
重 0.2 克
上海博物館 藏

0543
徑 7.73 毫米
重 0.2 克
存雲亭 藏

0544
徑 7.39 毫米
重 0.1 克
上海博物館 藏

0545
徑 7.81 毫米
重 0.2 克
存雲亭 藏

0546
徑 7.63 毫米
重 0.1 克
上海博物館 藏

0547
徑 6.94 毫米
重 0.1 克
上海博物館 藏

0548
徑 5.65 毫米
重 0.1 克
上海博物館 藏

2.八銖半兩

高后二年(前186年)"行八銖錢",較秦半兩輕又平夷,重於莢錢,錢文仍為"半兩"。

0549
徑 32.52毫米
重 4.7克
上海博物館 藏

0550
徑 31.22毫米
重 4.9克
上海博物館 藏

0551
徑 30.06毫米
重 6.2克
上海博物館 藏

0552
徑 30.96毫米
重 5.9克
上海博物館 藏

0553
徑 31.35毫米
重 5.9克
上海博物館 藏

0554
徑 29.88毫米
重 3.3克
上海博物館 藏

0555
徑 30.86毫米
重 5.9克
上海博物館 藏

0556
徑 31.26毫米
重 8.4克
上海博物館 藏

0557
徑 33.64毫米
重 5.8克
上海博物館 藏

0558
徑 32.44毫米
重 7.0克
上海博物館 藏

0559
徑 31.58毫米
重 5.4克
上海博物館 藏

0560
徑 31.99毫米
重 6.3克
上海博物館 藏

0561
徑 32.41毫米
重 4.0克
上海博物館 藏

0562
徑 31.17毫米
重 3.1克
上海博物館 藏

0563
徑 32.98 毫米
重 4.7 克
上海博物館　藏

0564
徑 30.69 毫米
重 7.3 克
上海博物館　藏

0565
徑 29.15 毫米
重 3.8 克
上海博物館　藏

0566
徑 31.30 毫米
重 3.6 克
上海博物館　藏

0567
徑 27.00 毫米
重 3.4 克
上海博物館　藏

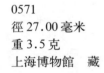

0568
徑 30.80 毫米
重 3.6 克
上海博物館　藏

0569
徑 23.00 毫米
重 2.8 克
上海博物館　藏

0570
徑 25.00 毫米
重 5.0 克
上海博物館　藏

0571
徑 27.00 毫米
重 3.5 克
上海博物館　藏

0572
徑 26.50 毫米
重 3.4 克
上海博物館　藏

0573
徑 24.00 毫米
重 3.4 克
上海博物館　藏

0574
徑 24.81 毫米
重 2.2 克
上海博物館　藏

3. 五分錢、四銖半兩

　　高后六年(前182年)
"行五分錢"。文帝五年(前
175年)"更造四銖錢",是時
吳王劉濞"即山鑄錢",鄧
通"以鑄錢財過王者","故
吳、鄧氏錢佈天下"。錢文
仍爲"半兩"。

0575	0576	0577	0578
徑23.71毫米	徑24.63毫米	徑22.83毫米	徑21.57毫米
重2.8克	重1.6克	重1.3克	重0.6克
金立夫　藏	上海博物館　藏	上海博物館　藏	上海博物館　藏

0579	0580	0581	0582	0583
徑23.19毫米	徑22.50毫米	徑22.92毫米	徑23.50毫米	徑24.47毫米
重0.5克	重3.1克	重2.0克	重2.9克	重2.1克
上海博物館　藏	上海博物館　藏	上海博物館　藏	上海博物館　藏	上海博物館　藏

0584	0585	0586	0587	0588
徑23.16毫米	徑25.00毫米	徑24.00毫米	徑24.66毫米	徑24.37毫米
重2.6克	重2.9克	重2.9克	重2.3克	重2.6克
上海博物館　藏	上海博物館　藏	上海博物館　藏	上海博物館　藏	上海博物館　藏

0589	0590	0591	0592	0593
徑 23.79毫米	徑 23.93毫米	徑 24.35毫米	徑 24.41毫米	徑 24.61毫米
重 2.8克	重 3.2克	重 4.2克	重 3.0克	重 3.2克
上海博物館 藏	上海博物館 藏	上海博物館 藏	上海博物館 藏	上海博物館 藏

0594	0595	0596	0597	0598
徑 24.67毫米	徑 24.23毫米	徑 23.00毫米	徑 23.93毫米	徑 24.09毫米
重 3.3克	重 3.0克	重 2.6克	重 2.7克	重 4.1克
上海博物館 藏	上海博物館 藏	上海博物館 藏	上海博物館 藏	上海博物館 藏

0599	0600	0601	0602	0603
徑 23.97毫米	徑 24.45毫米	徑 23.48毫米	徑 23.36毫米	徑 22.05毫米
重 3.4克	重 3.2克	重 3.0克	重 3.1克	重 2.8克
上海博物館 藏	上海博物館 藏	上海博物館 藏	上海博物館 藏	上海博物館 藏

0604
徑 23.31 毫米
重 2.3 克
上海博物館 藏

0605
徑 24.55 毫米
重 3.2 克
上海博物館 藏

0606
徑 24.52 毫米
重 2.8 克
上海博物館 藏

0607
徑 23.13 毫米
重 2.5 克
上海博物館 藏

0608
徑 22.93 毫米
重 2.4 克
上海博物館 藏

0609
徑 22.14 毫米
重 3.7 克
上海博物館 藏

0610
徑 23.59 毫米
重 2.6 克
上海博物館 藏

0611
徑 24.66 毫米
重 3.1 克
上海博物館 藏

0612
徑 23.33 毫米
重 3.3 克
存雲亭 藏

0613
徑 24.23 毫米
重 2.8 克
存雲亭 藏

0614
徑 24.74 毫米
重 3.4 克
上海博物館 藏

0615
徑 23.83 毫米
重 2.3 克
存雲亭 藏

0616
徑 23.82 毫米
重 2.6 克
上海博物館 藏

0617
徑 25.14 毫米
重 3.0 克
上海博物館 藏

0618
徑 24.96 毫米
重 3.4 克
上海博物館 藏

0619
徑 23.78 毫米
重 3.1 克
上海博物館 藏

0620
徑 24.90 毫米
重 2.8 克
上海博物館 藏

0621
徑 23.72 毫米
重 3.2 克
上海博物館 藏

0622
徑 24.03 毫米
重 3.4 克
上海博物館 藏

0623
徑 24.41 毫米
重 3.1 克
上海博物館 藏

0624
徑 24.39 毫米
重 3.0 克
上海博物館 藏

0625
徑 24.52 毫米
重 3.1 克
上海博物館 藏

0626
徑 24.36 毫米
重 3.1 克
上海博物館 藏

0627
徑 23.62 毫米
重 1.8 克
上海博物館 藏

0628
徑 23.94 毫米
重 2.5 克
上海博物館 藏

0629
徑 23.78 毫米
重 3.2 克
上海博物館 藏

0630
徑 23.58 毫米
重 2.2 克
上海博物館 藏

0631
徑 24.47 毫米
重 2.7 克
上海博物館 藏

0632
徑 24.21 毫米
重 3.0 克
上海博物館 藏

0633
徑 23.24 毫米
重 3.0 克
上海博物館 藏

0634
徑 23.74 毫米
重 2.9 克
上海博物館 藏

0635
徑 25.29 毫米
重 3.1 克
上海博物館 藏

0636
徑 23.97 毫米
重 3.0 克
上海博物館 藏

0637
徑 22.89 毫米
重 2.0 克
徐州北洞山漢墓出土

0638
徑 24.98 毫米
重 1.6 克
徐州北洞山漢墓出土

0639
徑 24.48 毫米
重 2.8 克
上海博物館 藏

0640
徑 24.64 毫米
重 2.8 克
上海博物館 藏

0641
徑 24.39 毫米
重 2.6 克
上海博物館 藏

0642
徑 23.21 毫米
重 2.3 克
上海博物館 藏

0643
徑 22.71 毫米
重 3.1 克
上海博物館 藏

0644
徑 25.34 毫米
重 2.9 克
上海博物館 藏

0645
徑 23.47 毫米
重 2.7 克
上海博物館 藏

0646
徑 23.66 毫米
重 2.6 克
上海博物館 藏

0647
徑 24.26 毫米
重 2.7 克
上海博物館 藏

0648
徑 23.51 毫米
重 3.0 克
上海博物館 藏

0649	0650	0651	0652	0653
徑 24.10毫米	徑 24.76毫米	徑 24.12毫米	徑 24.41毫米	徑 23.51毫米
重 2.8 克	重 2.6 克	重 2.7 克	重 2.7 克	重 2.9 克
上海博物館 藏	上海博物館 藏	上海博物館 藏	上海博物館 藏	上海博物館 藏

0654	0655	0656	0657	0658
徑 24.09毫米	徑 23.06毫米	徑 23.88毫米	徑 22.90毫米	徑 24.85毫米
重 2.5 克	重 3.2 克	重 2.8 克	重 2.5 克	重 2.7 克
上海博物館 藏	上海博物館 藏	上海博物館 藏	上海博物館 藏	上海博物館 藏

0659	0660	0661	0662	0663
徑 23.30毫米	徑 24.06毫米	徑 24.15毫米	徑 23.75毫米	徑 23.89毫米
重 2.7 克	重 2.8 克	重 2.8 克	重 2.5 克	重 2.9 克
上海博物館 藏	上海博物館 藏	上海博物館 藏	上海博物館 藏	上海博物館 藏

0664
徑 24.21毫米
重 3.1克
上海博物館 藏

0665
徑 24.38毫米
重 3.6克
上海博物館 藏

0666
徑 24.83毫米
重 2.8克
上海博物館 藏

0667
徑 24.35毫米
重 3.1克
上海博物館 藏

0668
徑 24.34毫米
重 3.4克
上海博物館 藏

0669
徑 23.30毫米
重 2.3克
上海博物館 藏

0670
徑 24.95毫米
重 2.7克
上海博物館 藏

0671
徑 22.86毫米
重 2.2克
上海博物館 藏

0672
徑 24.40毫米
重 2.8克
上海博物館 藏

0673
徑 24.48毫米
重 2.8克
上海博物館 藏

0674
徑 24.13毫米
重 2.9克
上海博物館 藏

0675
徑 24.01毫米
重 2.2克
上海博物館 藏

0676
徑 23.91毫米
重 2.8克
上海博物館 藏

0677
徑 23.52毫米
重 3.5克
上海博物館 藏

0678
徑 22.94毫米
重 2.3克
上海博物館 藏

0679
徑 24.76 毫米
重 3.9 克
上海博物館 藏

0680
徑 23.41 毫米
重 3.2 克
上海博物館 藏

0681
徑 23.86 毫米
重 3.4 克
上海博物館 藏

0682
徑 22.96 毫米
重 2.7 克
上海博物館 藏

0683
徑 24.82 毫米
重 2.9 克
上海博物館 藏

0684
徑 24.80 毫米
重 3.5 克
上海博物館 藏

0685
徑 23.82 毫米
重 2.9 克
上海博物館 藏

0686
徑 24.71 毫米
重 3.2 克
上海博物館 藏

0687
徑 25.24 毫米
重 2.0 克
上海博物館 藏

0688
徑 21.97 毫米
重 1.9 克
上海博物館 藏

0689
徑 23.12 毫米
重 3.5 克
上海博物館 藏

0690
徑 22.43 毫米
重 2.9 克
上海博物館 藏

0691
徑 21.69 毫米
重 2.3 克
上海博物館 藏

0692
徑 22.30 毫米
重 2.3 克
上海博物館 藏

0693
徑 23.34 毫米
重 3.2 克
上海博物館 藏

0694
徑 23.16毫米
重 2.9克
上海博物館 藏

0695
徑 22.63毫米
重 1.5克
上海博物館 藏

0696
徑 22.29毫米
重 2.4克
上海博物館 藏

0697
徑 22.52毫米
重 2.0克
上海博物館 藏

0698
徑 23.01毫米
重 2.9克
上海博物館 藏

0699
徑 22.24毫米
重 2.6克
上海博物館 藏

0700
徑 22.64毫米
重 2.9克
上海博物館 藏

0701
徑 23.33毫米
重 3.0克
上海博物館 藏

0702
徑 23.06毫米
重 2.5克
上海博物館 藏

0703
徑 22.87毫米
重 3.1克
上海博物館 藏

0704
徑 22.51毫米
重 2.7克
上海博物館 藏

0705
徑 22.13毫米
重 1.6克
上海博物館 藏

0706
徑 23.22毫米
重 2.6克
上海博物館 藏

0707
徑 22.63毫米
重 3.5克
上海博物館 藏

0708
徑 22.70毫米
重 2.3克
上海博物館 藏

0709
徑 23.69 毫米
重 3.2 克
上海博物館 藏

0710
徑 23.05 毫米
重 2.8 克
上海博物館 藏

0711
徑 22.35 毫米
重 2.6 克
上海博物館 藏

0712
徑 23.00 毫米
重 4.4 克
上海博物館 藏

0713
徑 23.34 毫米
重 2.6 克
上海博物館 藏

0714
徑 22.30 毫米
重 2.5 克
上海博物館 藏

0715
徑 22.92 毫米
重 2.7 克
上海博物館 藏

0716
徑 22.20 毫米
重 2.2 克
上海博物館 藏

0717
徑 22.66 毫米
重 2.9 克
上海博物館 藏

0718
徑 23.22 毫米
重 3.0 克
上海博物館 藏

0719
徑 22.61 毫米
重 3.2 克
上海博物館 藏

0720
徑 23.60 毫米
重 2.9 克
上海博物館 藏

0721
徑 23.03 毫米
重 2.9 克
上海博物館 藏

0722
徑 22.90 毫米
重 2.5 克
上海博物館 藏

0723
徑 22.03 毫米
重 2.0 克
上海博物館 藏

0724
徑 23.86 毫米
重 3.1 克
上海博物館 藏

0725
徑 23.01 毫米
重 3.1 克
上海博物館 藏

0726
徑 23.82 毫米
重 2.8 克
上海博物館 藏

0727
徑 24.02 毫米
重 3.0 克
上海博物館 藏

0728
徑 24.40 毫米
重 3.1 克
上海博物館 藏

0729
徑 24.08 毫米
重 2.7 克
上海博物館 藏

0730
徑 24.50 毫米
重 2.6 克
上海博物館 藏

0731
徑 23.76 毫米
重 3.1 克
上海博物館 藏

0732
徑 23.71 毫米
重 2.7 克
上海博物館 藏

0733
徑 23.17 毫米
重 2.8 克
上海博物館 藏

0734
徑 23.00 毫米
重 2.6 克
上海博物館 藏

0735
徑 23.50 毫米
重 2.4 克
上海博物館 藏

0736
徑 23.50 毫米
重 3.0 克
上海博物館 藏

0737
徑 22.00 毫米
重 2.8 克
上海博物館 藏

0738
徑 24.37 毫米
重 2.9 克
上海博物館 藏

0739
徑 24.30毫米
重 2.6 克
上海博物館 藏

0740
徑 24.15毫米
重 2.4 克
上海博物館 藏

0741
徑 23.81毫米
重 3.0 克
上海博物館 藏

0742
徑 24.76毫米
重 2.7 克
上海博物館 藏

0743
徑 23.54毫米
重 2.6 克
上海博物館 藏

0744
徑 24.12毫米
重 2.2 克
上海博物館 藏

0745
徑 23.27毫米
重 2.2 克
上海博物館 藏

0746
徑 24.10毫米
重 2.7 克
上海博物館 藏

0747
徑 23.00毫米
重 2.1 克
上海博物館 藏

0748
徑 23.00毫米
重 2.9 克
上海博物館 藏

0749
徑 24.92毫米
重 3.1 克
上海博物館 藏

0750
徑 22.00毫米
重 3.6 克
上海博物館 藏

0751
徑 23.76毫米
重 3.3 克
上海博物館 藏

0752
徑 23.94毫米
重 2.8 克
上海博物館 藏

0753
徑 23.71毫米
重 2.9 克
上海博物館 藏

0754
徑 23.17毫米
重 2.3克
上海博物館 藏

0755
徑 25.30毫米
重 2.7克
上海博物館 藏

0756
徑 23.00毫米
重 3.3克
上海博物館 藏

0757
徑 24.35毫米
重 3.0克
上海博物館 藏

0758
徑 22.00毫米
重 1.8克
上海博物館 藏

0759
徑 24.44毫米
重 2.9克
上海博物館 藏

0760
徑 23.00毫米
重 4.6克
上海博物館 藏

0761
徑 23.06毫米
重 2.3克
上海博物館 藏

0762
徑 24.02毫米
重 2.9克
上海博物館 藏

0763
徑 21.98毫米
重 1.9克
上海博物館 藏

0764
徑 23.86毫米
重 2.2克
上海博物館 藏

0765
徑 24.04毫米
重 2.9克
上海博物館 藏

0766
徑 23.24毫米
重 2.5克
上海博物館 藏

0767
徑 26.27毫米
重 2.9克
上海博物館 藏

0768
徑 24.57毫米
重 3.2克
上海博物館 藏

0769
徑 21.87毫米
重 2.0克
上海博物館 藏

0770
徑 22.74毫米
重 2.4克
上海博物館 藏

0771
徑 24.59毫米
重 2.9克
上海博物館 藏

0772
徑 25.10毫米
重 4.2克
上海博物館 藏

0773
徑 23.69毫米
重 2.7克
上海博物館 藏

0774
徑 24.46毫米
重 3.2克
上海博物館 藏

0775
徑 23.24毫米
重 2.8克
上海博物館 藏

0776
徑 24.17毫米
重 2.2克
上海博物館 藏

0777
徑 24.52毫米
重 3.2克
上海博物館 藏

0778
徑 23.79毫米
重 2.5克
上海博物館 藏

0779
徑 23.15毫米
重 2.2克
上海博物館 藏

0780
徑 22.22毫米
重 2.0克
上海博物館 藏

0781
徑 23.48毫米
重 3.3克
上海博物館 藏

0782
徑 23.34毫米
重 1.9克
上海博物館 藏

0783
徑 22.93毫米
重 2.9克
上海博物館 藏

0784
徑 23.14毫米
重 2.2克
上海博物館 藏

0785
徑 24.31毫米
重 2.5克
存雲亭 藏

0786
徑 24.83毫米
重 2.9克
上海博物館 藏

0787
徑 23.36毫米
重 2.4克
上海博物館 藏

0788
徑 24.62毫米
重 3.2克
上海博物館 藏

0789
徑 24.25毫米
重 3.6克
上海博物館 藏

0790
徑 23.19毫米
重 1.9克
上海博物館 藏

0791
徑 24.65毫米
重 2.8克
上海博物館 藏

0792
徑 25.37毫米
重 3.2克
上海博物館 藏

0793
徑 23.36毫米
重 2.7克
上海博物館 藏

0794
徑 23.62毫米
重 2.8克
上海博物館 藏

0795
徑 26.38毫米
重 3.1克
上海博物館 藏

0796
徑 23.78毫米
重 2.9克
上海博物館 藏

0797
徑 23.65毫米
重 2.4克
上海博物館 藏

0798
徑 23.29毫米
重 2.6克
上海博物館 藏

0799
徑 24.47 毫米
重 2.6 克
上海博物館 藏

0800
徑 23.54 毫米
重 2.9 克
上海博物館 藏

0801
徑 22.63 毫米
重 3.0 克
上海博物館 藏

0802
徑 22.74 毫米
重 1.7 克
上海博物館 藏

0803
徑 25.00 毫米
重 2.5 克
存雲亭 藏

0804
徑 25.22 毫米
重 3.4 克
上海博物館 藏

0805
徑 24.29 毫米
重 3.0 克
上海博物館 藏

0806
徑 24.25 毫米
重 3.2 克
上海博物館 藏

0807
徑 25.50 毫米
重 3.7 克
上海博物館 藏

0808
徑 25.48 毫米
重 2.4 克
上海博物館 藏

0809
徑 23.96 毫米
重 2.0 克
上海博物館 藏

0810
徑 23.94 毫米
重 1.9 克
上海博物館 藏

0811
徑 24.37 毫米
重 2.4 克
上海博物館 藏

0812
徑 24.67 毫米
重 2.5 克
上海博物館 藏

0813
徑 22.68 毫米
重 2.3 克
上海博物館 藏

0814	0815	0816	0817	0818
徑 21.82毫米	徑 22.34毫米	徑 23.33毫米	徑 22.80毫米	徑 22.57毫米
重 1.9克	重 2.6克	重 2.1克	重 2.2克	重 2.5克
上海博物館 藏	上海博物館 藏	上海博物館 藏	上海博物館 藏	上海博物館 藏

0819	0820	0821	0822	0823
徑 23.81毫米	徑 24.23毫米	徑 23.95毫米	徑 23.79毫米	徑 24.71毫米
重 2.6克	重 2.4克	重 2.6克	重 2.1克	重 1.4克
上海博物館 藏	上海博物館 藏	上海博物館 藏	上海博物館 藏	上海博物館 藏

0824	0825	0826	0827	0828
徑 24.66毫米	徑 24.05毫米	徑 24.31毫米	徑 22.45毫米	徑 24.47毫米
重 2.8克	重 2.1克	重 1.9克	重 1.9克	重 2.0克
上海博物館 藏	存雲亭 藏	上海博物館 藏	上海博物館 藏	上海博物館 藏

0829
徑 22.36 毫米
重 1.7 克
上海博物館 藏

0830
徑 23.57 毫米
重 2.4 克
上海博物館 藏

0831
徑 23.11 毫米
重 2.6 克
上海博物館 藏

0832
徑 22.85 毫米
重 1.5 克
上海博物館 藏

0833
徑 23.56 毫米
重 2.5 克
存雲亭 藏

0834
徑 23.42 毫米
重 2.4 克
上海博物館 藏

0835
徑 24.02 毫米
重 2.7 克
上海博物館 藏

0836
徑 23.33 毫米
重 2.7 克
上海博物館 藏

0837
徑 23.22 毫米
重 2.0 克
上海博物館 藏

0838
徑 24.29 毫米
重 2.4 克
上海博物館 藏

0839
徑 24.17 毫米
重 2.9 克
上海博物館 藏

0840
徑 24.08 毫米
重 2.3 克
上海博物館 藏

0841
徑 23.70 毫米
重 2.6 克
上海博物館 藏

0842
徑 22.38 毫米
重 2.6 克
上海博物館 藏

0843
徑 23.44 毫米
重 2.4 克
上海博物館 藏

0844
徑 23.11 毫米
重 2.2 克
上海博物館 藏

0845
徑 23.43 毫米
重 2.7 克
上海博物館 藏

0846
徑 23.18 毫米
重 2.5 克
上海博物館 藏

0847
徑 21.82 毫米
重 2.2 克
上海博物館 藏

0848
徑 23.42 毫米
重 2.6 克
上海博物館 藏

0849
徑 24.15 毫米
重 2.2 克
上海博物館 藏

0850
徑 24.12 毫米
重 2.8 克
上海博物館 藏

0851
徑 22.86 毫米
重 1.9 克
上海博物館 藏

0852
徑 23.62 毫米
重 2.1 克
上海博物館 藏

0853
徑 23.39 毫米
重 2.9 克
上海博物館 藏

0854
徑 23.31 毫米
重 2.2 克
上海博物館 藏

0855
徑 23.75 毫米
重 2.7 克
上海博物館 藏

0856
徑 24.25 毫米
重 2.4 克
上海博物館 藏

0857
徑 23.42 毫米
重 3.1 克
上海博物館 藏

0858
徑 23.29 毫米
重 2.9 克
上海博物館 藏

0859
徑 23.43毫米
重 2.7克
上海博物館 藏

0860
徑 22.92毫米
重 2.3克
上海博物館 藏

0861
徑 23.24毫米
重 3.1克
上海博物館 藏

0862
徑 22.20毫米
重 2.7克
上海博物館 藏

0863
徑 22.82毫米
重 2.9克
上海博物館 藏

0864
徑 22.42毫米
重 2.3克
上海博物館 藏

0865
徑 23.10毫米
重 2.7克
上海博物館 藏

0866
徑 23.57毫米
重 2.8克
上海博物館 藏

0867
徑 23.42毫米
重 2.8克
上海博物館 藏

0868
徑 23.53毫米
重 2.8克
上海博物館 藏

0869
徑 24.27毫米
重 2.4克
上海博物館 藏

0870
徑 24.47毫米
重 2.8克
上海博物館 藏

0871
徑 23.24毫米
重 2.1克
上海博物館 藏

0872
徑 23.84毫米
重 2.0克
上海博物館 藏

0873
徑 24.89毫米
重 3.0克
上海博物館 藏

0874	0875	0876	0877	0878
徑 24.13毫米	徑 22.52毫米	徑 23.23毫米	徑 22.80毫米	徑 23.03毫米
重 3.0克	重 2.1克	重 3.1克	重 1.8克	重 2.5克
傅爲群 藏	上海博物館 藏	上海博物館 藏	上海博物館 藏	上海博物館 藏

0879	0880	0881	0882	0883
徑 24.84毫米	徑 24.68毫米	徑 25.40毫米	徑 23.99毫米	徑 23.84毫米
重 2.6克	重 2.2克	重 2.4克	重 2.3克	重 2.2克
上海博物館 藏	上海博物館 藏	上海博物館 藏	上海博物館 藏	上海博物館 藏

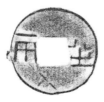

0884	0885	0886	0887	0888
徑 24.00毫米	徑 23.70毫米	徑 24.03毫米	徑 24.55毫米	徑 23.69毫米
重 2.2克	重 2.4克	重 2.0克	重 2.3克	重 1.9克
上海博物館 藏	上海博物館 藏	上海博物館 藏	上海博物館 藏	上海博物館 藏

0889
徑 23.14毫米
重 1.8克
上海博物館 藏

0890
徑 23.70毫米
重 1.9克
上海博物館 藏

0891
徑 23.80毫米
重 2.5克
上海博物館 藏

0892
徑 23.01毫米
重 1.8克
上海博物館 藏

0893
徑 23.08毫米
重 2.1克
上海博物館 藏

0894
徑 24.15毫米
重 2.4克
上海博物館 藏

0895
徑 23.48毫米
重 1.8克
上海博物館 藏

0896
徑 23.94毫米
重 2.2克
上海博物館 藏

0897
徑 24.45毫米
重 2.8克
上海博物館 藏

0898
徑 22.72毫米
重 2.0克
上海博物館 藏

0899
徑 23.50毫米
重 2.6克
上海博物館 藏

0900
徑 22.18毫米
重 2.4克
上海博物館 藏

0901
徑 22.34毫米
重 2.4克
上海博物館 藏

0902
徑 23.13毫米
牛群生 提供

0903
徑 23.28毫米
重 2.3克
上海博物館 藏

0904
徑 23.79 毫米
牛群生　提供

0905
徑 25.61 毫米
重 2.8 克
上海博物館　藏

0906
徑 24.27 毫米
重 2.4 克
上海博物館　藏

0907
徑 24.49 毫米
重 2.6 克
上海博物館　藏

0908
徑 23.07 毫米
重 2.2 克
上海博物館　藏

0909
徑 23.81 毫米
重 3.1 克
上海博物館　藏

0910
徑 23.93 毫米
重 2.2 克
上海博物館　藏

0911
徑 24.82 毫米
重 3.5 克
上海博物館　藏

0912
徑 25.19 毫米
重 2.7 克
上海博物館　藏

0913
徑 24.33 毫米
重 3.2 克
上海博物館　藏

0914
徑 23.59 毫米
重 3.3 克
上海博物館　藏

0915
徑 24.23 毫米
重 3.0 克
上海博物館　藏

0916
徑 23.95 毫米
重 2.8 克
上海博物館　藏

0917
徑 26.76 毫米
重 2.1 克
上海博物館　藏

0918
徑 24.51 毫米
重 2.7 克
上海博物館　藏

0919
徑 24.24 毫米
重 2.3 克
上海博物館 藏

0920
徑 24.00 毫米
重 2.1 克
上海博物館 藏

0921
徑 22.96 毫米
重 2.2 克
上海博物館 藏

0922
徑 23.75 毫米
重 2.6 克
上海博物館 藏

0923
徑 24.01 毫米
重 2.8 克
上海博物館 藏

0924
徑 24.74 毫米
重 2.6 克
上海博物館 藏

0925
徑 23.57 毫米
重 2.8 克
上海博物館 藏

0926
徑 24.44 毫米
重 3.1 克
上海博物館 藏

0927
徑 23.81 毫米
重 3.2 克
上海博物館 藏

0928
徑 24.00 毫米
重 3.0 克
上海博物館 藏

0929
徑 24.95 毫米
重 3.5 克
上海博物館 藏

0930
徑 24.55 毫米
重 2.8 克
上海博物館 藏

0931
徑 24.04 毫米
重 3.0 克
上海博物館 藏

0932
徑 24.28 毫米
重 2.6 克
上海博物館 藏

0933
徑 25.09 毫米
重 3.2 克
上海博物館 藏

0934
徑 24.27 毫米
重 2.7 克
上海博物館 藏

0935
徑 23.09 毫米
重 2.7 克
上海博物館 藏

0936
徑 23.77 毫米
重 2.2 克
上海博物館 藏

0937
徑 24.67 毫米
重 2.7 克
上海博物館 藏

0938
徑 24.63 毫米
重 3.3 克
上海博物館 藏

0939
徑 24.15 毫米
重 3.1 克
上海博物館 藏

0940
徑 23.98 毫米
重 3.0 克
上海博物館 藏

0941
徑 22.86 毫米
重 2.7 克
上海博物館 藏

0942
徑 23.32 毫米
重 1.8 克
上海博物館 藏

0943
徑 24.12 毫米
重 2.7 克
存雲亭 藏

0944
徑 23.61 毫米
重 3.1 克
上海博物館 藏

0945
徑 24.85 毫米
重 3.8 克
上海博物館 藏

0946
徑 23.00 毫米
重 3.2 克
上海博物館 藏

0947
徑 24.00 毫米
重 2.9 克
上海博物館 藏

0948
徑 27.00 毫米
重 4.2 克
上海博物館 藏

0949
徑 24.93 毫米
重 2.0 克
上海博物館 藏

0950
徑 24.51 毫米
重 2.8 克
上海博物館 藏

0951
徑 25.41 毫米
重 3.1 克
上海博物館 藏

0952
徑 23.99 毫米
重 2.2 克
上海博物館 藏

0953
徑 24.71 毫米
重 2.3 克
上海博物館 藏

0954
徑 23.59 毫米
重 3.8 克
上海博物館 藏

0955
徑 25.28 毫米
重 3.3 克
上海博物館 藏

0956
徑 22.06 毫米
重 3.0 克
上海博物館 藏

0957
徑 23.95 毫米
重 2.8 克
上海博物館 藏

0958
徑 24.68 毫米
重 2.9 克
上海博物館 藏

0959
徑 25.10 毫米
重 3.1 克
上海博物館 藏

0960
徑 24.60 毫米
重 3.0 克
上海博物館 藏

0961
徑 23.57 毫米
重 2.4 克
上海博物館 藏

0962
徑 23.88 毫米
重 3.0 克
上海博物館 藏

0963
徑 24.76 毫米
重 2.3 克
上海博物館 藏

0964
徑 23.71 毫米
重 2.9 克
存雲亭 藏

0965
徑 23.84 毫米
重 2.8 克
上海博物館 藏

0966
徑 25.82 毫米
重 2.9 克
上海博物館 藏

0967
徑 24.48 毫米
重 2.6 克
上海博物館 藏

0968
徑 24.32 毫米
重 2.8 克
上海博物館 藏

0969
徑 23.33 毫米
重 2.5 克
上海博物館 藏

0970
徑 24.09 毫米
重 2.7 克
上海博物館 藏

0971
徑 23.32 毫米
重 2.1 克
上海博物館 藏

0972
徑 24.51 毫米
重 2.4 克
上海博物館 藏

0973
徑 23.97 毫米
重 3.0 克
上海博物館 藏

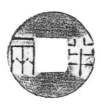

0974
徑 23.98 毫米
重 2.8 克
上海博物館 藏

0975
徑 24.28 毫米
重 3.1 克
上海博物館 藏

0976
徑 23.32 毫米
重 2.6 克
上海博物館 藏

0977
徑 24.36 毫米
重 3.8 克
上海博物館 藏

0978
徑 23.56 毫米
重 2.9 克
上海博物館 藏

0979
徑 23.24 毫米
重 2.9 克
上海博物館 藏

0980
徑 23.53 毫米
重 3.3 克
上海博物館 藏

0981
徑 24.06 毫米
重 2.9 克
上海博物館 藏

0982
徑 24.37 毫米
重 2.5 克
存雲亭 藏

0983
徑 23.17 毫米
重 2.8 克
上海博物館 藏

0984
徑 24.72 毫米
重 3.2 克
上海博物館 藏

0985
徑 24.08 毫米
重 2.9 克
上海博物館 藏

0986
徑 22.81 毫米
重 2.6 克
上海博物館 藏

0987
徑 24.41 毫米
重 3.1 克
上海博物館 藏

0988
徑 23.00 毫米
重 2.4 克
上海博物館 藏

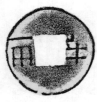

0989
徑 24.01 毫米
重 2.9 克
上海博物館 藏

0990
徑 23.93 毫米
重 2.4 克
存雲亭 藏

0991
徑 24.39 毫米
重 2.3 克
上海博物館 藏

0992
徑 24.76 毫米
重 2.9 克
上海博物館 藏

0993
徑 24.70 毫米
重 2.8 克
上海博物館 藏

0994
徑 24.81毫米
重 2.7克
上海博物館 藏

0995
徑 23.65毫米
重 3.2克
上海博物館 藏

0996
徑 23.85毫米
重 2.9克
上海博物館 藏

0997
徑 24.18毫米
重 2.9克
上海博物館 藏

0998
徑 23.54毫米
重 3.1克
上海博物館 藏

0999
徑 22.49毫米
重 3.0克
上海博物館 藏

1000
徑 20.87毫米
重 2.4克
上海博物館 藏

1001
徑 23.25毫米
重 3.3克
上海博物館 藏

1002
徑 23.75毫米
重 2.3克
上海博物館 藏

1003
徑 23.09毫米
重 2.7克
存雲亭 藏

1004
徑 23.31毫米
重 2.6克
上海博物館 藏

1005
徑 24.64毫米
重 3.5克
上海博物館 藏

1006
徑 22.65毫米
重 3.1克
上海博物館 藏

1007
徑 23.84毫米
重 2.8克
上海博物館 藏

1008
徑 23.22毫米
重 1.5克
上海博物館 藏

1009
徑 22.83毫米
重 2.8克
上海博物館 藏

1010
徑 24.15毫米
重 2.6克
上海博物館 藏

1011
徑 23.22毫米
重 2.8克
上海博物館 藏

1012
徑 23.10毫米
重 2.8克
上海博物館 藏

1013
徑 25.34毫米
重 3.4克
上海博物館 藏

1014
徑 23.08毫米
重 2.7克
上海博物館 藏

1015
徑 23.44毫米
重 2.9克
上海博物館 藏

1016
徑 22.99毫米
重 3.3克
上海博物館 藏

1017
徑 23.34毫米
重 2.7克
上海博物館 藏

1018
徑 24.13毫米
重 3.6克
上海博物館 藏

1019
徑 24.50毫米
重 2.6克
上海博物館 藏

1020
徑 24.47毫米
重 2.4克
上海博物館 藏

1021
徑 24.75毫米
重 3.0克
上海博物館 藏

1022
徑 23.79毫米
重 2.6克
上海博物館 藏

1023
徑 25.38毫米
重 3.0克
上海博物館 藏

1024
徑 24.77 毫米
重 2.5 克
上海博物館 藏

1025
徑 22.96 毫米
重 2.6 克
上海博物館 藏

1026
徑 24.09 毫米
重 2.7 克
上海博物館 藏

1027
徑 23.39 毫米
重 2.9 克
上海博物館 藏

1028
徑 23.99 毫米
重 2.3 克
存雲亭 藏

1029
徑 25.34 毫米
重 3.5 克
上海博物館 藏

1030
徑 23.93 毫米
重 2.8 克
上海博物館 藏

1031
徑 25.03 毫米
重 3.2 克
上海博物館 藏

1032
徑 24.91 毫米
重 2.1 克
上海博物館 藏

1033
徑 26.95 毫米
重 2.2 克
上海博物館 藏

1034
徑 24.38 毫米
重 2.4 克
上海博物館 藏

1035
徑 23.37 毫米
重 2.7 克
上海博物館 藏

1036
徑 23.74 毫米
重 2.6 克
上海博物館 藏

1037
徑 23.64 毫米
重 2.8 克
上海博物館 藏

1038
徑 24.55 毫米
重 2.7 克
上海博物館 藏

1039
徑 23.91 毫米
重 2.2 克
上海博物館 藏

1040
徑 24.61 毫米
重 3.0 克
上海博物館 藏

1041
徑 23.67 毫米
重 3.5 克
上海博物館 藏

1042
徑 24.19 毫米
重 2.8 克
上海博物館 藏

1043
徑 24.77 毫米
重 1.8 克
上海博物館 藏

1044
徑 24.15 毫米
重 2.8 克
上海博物館 藏

1045
徑 23.12 毫米
重 2.2 克
上海博物館 藏

1046
徑 25.89 毫米
重 3.0 克
上海博物館 藏

1047
徑 25.18 毫米
重 2.9 克
上海博物館 藏

1048
徑 24.97 毫米
重 2.8 克
上海博物館 藏

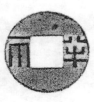

1049
徑 25.16 毫米
重 2.4 克
上海博物館 藏

1050
徑 24.36 毫米
重 2.6 克
上海博物館 藏

1051
徑 23.71 毫米
重 1.9 克
上海博物館 藏

1052
徑 24.57 毫米
重 2.9 克
上海博物館 藏

1053
徑 24.80 毫米
重 2.5 克
上海博物館 藏

1054
徑 24.17 毫米
重 2.9 克
傅爲群　藏

1055
徑 24.89 毫米
重 2.9 克
上海博物館　藏

1056
徑 25.65 毫米
重 2.6 克
上海博物館　藏

1057
徑 25.33 毫米
重 2.3 克
上海博物館　藏

1058
徑 24.82 毫米
重 3.4 克
上海博物館　藏

1059
徑 26.22 毫米
重 2.4 克
上海博物館　藏

1060
徑 25.70 毫米
重 2.7 克
上海博物館　藏

1061
徑 25.94 毫米
重 2.3 克
上海博物館　藏

1062
徑 24.66 毫米
重 3.3 克
上海博物館　藏

1063
徑 24.92 毫米
重 2.7 克
上海博物館　藏

1064
徑 24.54 毫米
重 3.1 克
上海博物館　藏

1065
徑 23.69 毫米
牛群生　提供

1066
徑 24.84 毫米
重 2.9 克
存雲亭　藏

1067
徑 24.10 毫米
重 2.7 克
上海博物館　藏

1068
徑 25.21 毫米
重 2.7 克
上海博物館　藏

1069
徑 24.16 毫米
重 2.9 克
上海博物館 藏

1070
徑 24.98 毫米
重 2.1 克
存雲亭 藏

1071
徑 23.45 毫米
重 2.9 克
上海博物館 藏

1072
徑 23.11 毫米
重 3.0 克
上海博物館 藏

1073
徑 24.96 毫米
重 3.1 克
上海博物館 藏

1074
徑 24.00 毫米
重 2.8 克
上海博物館 藏

1075
徑 24.05 毫米
重 2.4 克
上海博物館 藏

1076
徑 23.46 毫米
重 3.0 克
上海博物館 藏

1077
徑 24.45 毫米
重 2.6 克
上海博物館 藏

1078
徑 23.29 毫米
重 2.7 克
上海博物館 藏

1079
徑 25.54 毫米
重 3.0 克
上海博物館 藏

1080
徑 23.30 毫米
重 2.9 克
上海博物館 藏

1081
徑 24.01 毫米
重 2.5 克
存雲亭 藏

1082
徑 22.61 毫米
重 2.6 克
上海博物館 藏

1083
徑 24.79 毫米
重 2.6 克
上海博物館 藏

1084
徑 24.23毫米
重 2.4克
上海博物館 藏

1085
徑 23.89毫米
重 2.8克
上海博物館 藏

1086
徑 24.40毫米
重 3.0克
上海博物館 藏

1087
徑 25.25毫米
重 2.4克
上海博物館 藏

1088
徑 24.18毫米
重 2.3克
上海博物館 藏

1089
徑 23.49毫米
重 2.6克
上海博物館 藏

1090
徑 25.13毫米
重 2.4克
上海博物館 藏

1091
徑 23.94毫米
重 2.4克
上海博物館 藏

1092
徑 23.80毫米
重 2.9克
上海博物館 藏

1093
徑 24.22毫米
重 2.0克
上海博物館 藏

1094
徑 23.48毫米
重 2.8克
上海博物館 藏

1095
徑 24.29毫米
重 2.9克
上海博物館 藏

1096
徑 22.87毫米
重 1.6克
上海博物館 藏

1097
徑 24.71毫米
重 2.7克
上海博物館 藏

1098 鐵質
徑 24.22毫米
選自《中國珍稀錢幣》
★

1099　鐵質
徑 24.45毫米
選自《中國古錢譜》
★

1100　鐵質
徑 23.07毫米
選自《中國古錢譜》
★

1101　鐵質
徑 23.82毫米
選自《中國古錢譜》
★

1102　鐵質
徑 23.41毫米
選自《中國古錢譜》
★

1103　鐵質
徑 23.11毫米
選自《中國古錢譜》
★

1104　鉛質
徑 24.04毫米
重 2.5克
金立夫　藏
★

1105　鉛質
徑 23.00毫米
重 2.7克
蕭春源　提供
★

1106　鉛質
徑 23.00毫米
重 2.9克
蕭春源　提供
★

1107　鉛質
徑 22.50毫米
重 2.5克
鄒誌諒　藏
★

1108
徑 26.23毫米
選自《古錢幣圖解》
★★

1109
徑 22.09毫米
選自《古錢幣圖解》
★★

4. 三銖

1110
徑 23.62 毫米
重 2.7 克
上海博物館 藏
★

1111
徑 22.74 毫米
選自《中國珍稀錢幣》
★

1112
徑 23.87 毫米
重 2.0 克
上海博物館 藏
★

1113
徑 24.37 毫米
重 2.4 克
上海博物館 藏
★

1114
徑 23.47 毫米
重 2.2 克
金立夫 藏
★

1115
徑 23.36 毫米
重 2.2 克
上海博物館 藏
★

1116
徑 23.34 毫米
重 1.9 克
上海博物館 藏
★

1117
徑 23.29 毫米
重 1.8 克
金立夫 藏
★

1118
徑 23.12 毫米
重 1.6 克
上海博物館 藏
★

1119
徑 23.08 毫米
重 2.2 克
上海博物館 藏
★

1120
徑 23.03 毫米
重 1.9 克
上海博物館 藏
★

1121
徑 23.00 毫米
重 2.0 克
上海博物館 藏
★

1122
徑 22.82 毫米
重 1.8 克
金立夫 藏
★

1123
徑 22.76 毫米
重 2.0 克
上海博物館 藏
★

1124
徑 22.72毫米
重 2.1克
金立夫 藏
★

1125
徑 22.70毫米
重 2.1克
屠燕治 藏
★

1126
徑 22.65毫米
重 2.7克
上海博物館 藏
★

1127
徑 22.57毫米
重 2.4克
上海博物館 藏
★

1128
徑 22.98毫米
重 2.2克
上海博物館 藏
★

1129
徑 22.46毫米
重 1.8克
上海博物館 藏
★

1130
徑 22.31毫米
選自《中國珍稀錢幣》
★

5. 五銖

1131
徑 25.00毫米
重 8.0克
1987年漢長安西直門
外高紙堡村西北梁村
出土

1132
徑 25.00毫米
重 3.5克
1987年漢長安西直門
外高紙堡村西北梁村
出土

1133
徑 25.00毫米
重 4.0克
1987年漢長安西直門
外高紙堡村西北梁村
出土

1134
徑 25.00 毫米
重 4.0 克
1987年漢長安西直門
外高紙堡村西北梁村
出土

1135
徑 25.00 毫米
重 4.0 克
1987年漢長安西直門
外高紙堡村西北梁村
出土

1136
徑 25.00 毫米
重 4.5 克
1987年漢長安西直門
外高紙堡村西北梁村
出土

1137
徑 27.36 毫米
重 4.1 克
上海博物館　藏

1138
徑 26.75 毫米
重 7.0 克
上海博物館　藏

1139
徑 26.07 毫米
重 4.2 克
上海博物館　藏

1140
徑 25.91 毫米
重 3.6 克
上海博物館　藏

1141
徑 26.03 毫米
重 4.3 克
上海博物館　藏

1142
徑 26.02 毫米
重 4.0 克
上海博物館　藏

1143
徑 25.72 毫米
重 3.5 克
上海博物館　藏

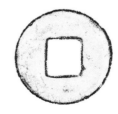

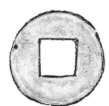

1144
徑 26.55 毫米
重 3.0 克
上海博物館　藏

1145
徑 25.71 毫米
重 4.5 克
上海博物館　藏

1146
徑 25.34 毫米
重 3.8 克
上海博物館　藏

1147
徑 25.31 毫米
重 4.7 克
上海博物館　藏

1148
徑 24.96 毫米
重 2.3 克
存雲亭　藏

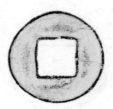

1149
徑 25.88 毫米
重 4.8 克
上海博物館　藏

1150
徑 26.37 毫米
重 4.6 克
上海博物館　藏

1151
徑 24.27 毫米
重 4.6 克
存雲亭　藏

1152
徑 26.70 毫米
重 7.0 克
上海博物館　藏

1153
徑 25.64 毫米
重 3.0 克
存雲亭　藏

1154
徑 26.45 毫米
重 4.1 克
上海博物館　藏

1155
徑 26.21 毫米
重 4.6 克
上海博物館　藏

1156
徑 25.73 毫米
重 3.2 克
存雲亭　藏

1157
徑 26.28 毫米
重 4.2 克
上海博物館　藏

1158
徑 25.96 毫米
重 4.1 克
上海博物館　藏

1159
徑 26.41 毫米
重 3.9 克
上海博物館　藏

1160
徑 25.91 毫米
重 3.7 克
上海博物館　藏

1161
徑 26.67 毫米
重 3.8 克
上海博物館　藏

1162
徑 25.86 毫米
重 3.6 克
上海博物館　藏

1163
徑 25.36 毫米
重 3.5 克
上海博物館　藏

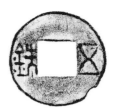

1164
徑 26.42 毫米
重 4.0 克
上海博物館 藏

1165
徑 26.26 毫米
重 4.7 克
上海博物館 藏

1166
徑 25.69 毫米
重 4.3 克
上海博物館 藏

1167
徑 25.97 毫米
重 3.4 克
存雲亭 藏

1168
徑 24.54 毫米
重 3.1 克
上海博物館 藏

1169
徑 24.96 毫米
重 3.5 克
上海博物館 藏

1170
徑 27.08 毫米
重 5.1 克
上海博物館 藏

1171
徑 25.78 毫米
重 3.7 克
上海博物館 藏

1172
徑 25.03 毫米
重 5.3 克
上海博物館 藏

1173
徑 25.55 毫米
重 4.8 克
上海博物館 藏

1174
徑 24.63 毫米
重 4.3 克
上海博物館 藏

1175
徑 26.42 毫米
重 4.2 克
上海博物館 藏

1176
徑 25.36 毫米
重 3.0 克
存雲亭 藏

1177
徑 24.99 毫米
重 3.9 克
上海博物館 藏

1178
徑 25.16 毫米
重 3.8 克
上海博物館 藏

1179	1180	1181	1182	1183
徑 25.72毫米	徑 25.23毫米	徑 25.17毫米	徑 25.66毫米	徑 25.43毫米
重 3.2克	重 4.9克	重 4.6克	重 4.3克	重 3.5克
上海博物館 藏	上海博物館 藏	上海博物館 藏	上海博物館 藏	上海博物館 藏

1184	1185	1186	1187	1188
徑 25.78毫米	徑 25.43毫米	徑 25.26毫米	徑 25.34毫米	徑 24.72毫米
重 4.0克	重 3.4克	重 3.4克	重 3.1克	重 3.3克
上海博物館 藏	上海博物館 藏	上海博物館 藏	上海博物館 藏	上海博物館 藏

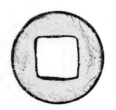
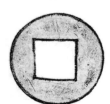

1189	1190	1191	1192	1193
徑 25.11毫米	徑 25.43毫米	徑 24.76毫米	徑 24.66毫米	徑 25.22毫米
重 3.3克	重 2.0克	重 3.0克	重 4.1克	重 4.6克
上海博物館 藏	存雲亭 藏	上海博物館 藏	上海博物館 藏	上海博物館 藏

1194
徑 25.33毫米
重 3.8克
上海博物館 藏

1195
徑 25.70毫米
重 3.7克
上海博物館 藏

1196
徑 25.19毫米
重 3.6克
上海博物館 藏

1197
徑 25.55毫米
重 4.5克
上海博物館 藏

1198
徑 25.23毫米
重 2.6克
存雲亭 藏

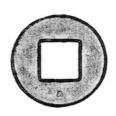

1199
徑 25.41毫米
重 3.8克
上海博物館 藏

1200
徑 24.98毫米
重 4.0克
上海博物館 藏

1201
徑 26.27毫米
重 4.1克
上海博物館 藏

1202
徑 25.61毫米
重 3.6克
上海博物館 藏

1203
徑 25.77毫米
重 3.2克
上海博物館 藏

1204
徑 25.41毫米
重 3.8克
上海博物館 藏

1205
徑 25.24毫米
重 3.9克
上海博物館 藏

1206
徑 25.22毫米
重 4.3克
上海博物館 藏

1207
徑 25.44毫米
重 3.4克
上海博物館 藏

1208
徑 25.23毫米
重 2.6克
上海博物館 藏

1209
徑 25.26 毫米
重 2.1 克
存雲亭 藏

1210
徑 24.67 毫米
重 2.8 克
上海博物館 藏

1211
徑 24.71 毫米
重 2.1 克
上海博物館 藏

1212
徑 25.17 毫米
重 2.5 克
上海博物館 藏

1213
徑 24.62 毫米
重 2.8 克
上海博物館 藏

1214
徑 23.84 毫米
重 1.9 克
存雲亭 藏

1215
徑 25.24 毫米
重 3.0 克
上海博物館 藏

1216
徑 25.07 毫米
重 2.3 克
上海博物館 藏

1217
徑 26.02 毫米
重 3.1 克
上海博物館 藏

1218
徑 25.46 毫米
重 4.1 克
上海博物館 藏

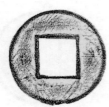

1219
徑 26.91 毫米
重 3.2 克
上海博物館 藏

1220
徑 26.08 毫米
重 2.4 克
上海博物館 藏

1221
徑 24.93 毫米
重 2.9 克
存雲亭 藏

1222
徑 26.11 毫米
重 3.0 克
上海博物館 藏

1223
徑 25.76 毫米
重 3.8 克
上海博物館 藏

1224
徑 25.08 毫米
重 4.1 克
上海博物館 藏

1225
徑 25.25 毫米
重 3.7 克
上海博物館 藏

1226
徑 25.11 毫米
重 3.3 克
上海博物館 藏

1227
徑 25.09 毫米
重 2.6 克
上海博物館 藏

1228
徑 25.58 毫米
重 4.3 克
上海博物館 藏

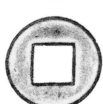

1229
徑 25.94 毫米
重 4.7 克
上海博物館 藏

1230
徑 25.32 毫米
重 3.6 克
上海博物館 藏

1231
徑 25.15 毫米
重 4.2 克
上海博物館 藏

1232
徑 25.05 毫米
重 3.6 克
上海博物館 藏

1233
徑 25.97 毫米
重 3.2 克
上海博物館 藏

1234
徑 27.07 毫米
重 3.9 克
上海博物館 藏

1235
徑 26.51 毫米
重 4.0 克
上海博物館 藏

1236
徑 25.29 毫米
重 4.4 克
上海博物館 藏

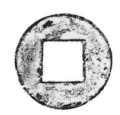

1237
徑 26.00 毫米
重 3.4 克
上海博物館 藏

1238
徑 25.94 毫米
重 4.1 克
上海博物館 藏

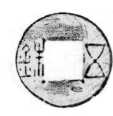

1239
徑 25.43毫米
重 4.7克
上海博物館 藏

1240
徑 24.87毫米
重 5.3克
上海博物館 藏

1241
徑 25.43毫米
重 4.2克
上海博物館 藏

1242
徑 25.34毫米
重 3.3克
上海博物館 藏

1243
徑 25.02毫米
重 4.6克
上海博物館 藏

1244
徑 25.71毫米
重 4.4克
上海博物館 藏

1245
徑 24.98毫米
重 3.2克
上海博物館 藏

1246
徑 25.42毫米
重 3.8克
上海博物館 藏

1247
徑 25.56毫米
重 4.5克
上海博物館 藏

1248
徑 25.24毫米
重 3.9克
上海博物館 藏

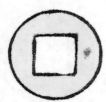

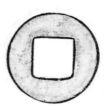

1249
徑 26.67毫米
重 4.0克
上海博物館 藏

1250
徑 25.27毫米
重 4.4克
金立夫 藏

1251
徑 28.27毫米
重 4.9克
存雲亭 藏

1252
徑 25.67毫米
重 3.7克
上海博物館 藏

1253
徑 24.71毫米
重 4.0克
上海博物館 藏

1254
徑 24.73毫米
重 5.1克
上海博物館 藏

1255
徑 25.36毫米
重 4.1克
上海博物館 藏

1256
徑 25.17毫米
重 4.3克
上海博物館 藏

1257
徑 25.41毫米
重 3.7克
上海博物館 藏

1258
徑 27.33毫米
重 4.6克
上海博物館 藏

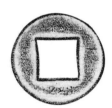

1259
徑 25.16毫米
重 3.8克
上海博物館 藏

1260
徑 27.23毫米
重 4.6克
上海博物館 藏

1261
徑 25.43毫米
重 3.5克
上海博物館 藏

1262
徑 25.36毫米
重 3.9克
上海博物館 藏

1263
徑 25.33毫米
重 3.8克
上海博物館 藏

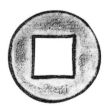

1264
徑 24.90毫米
重 3.4克
上海博物館 藏

1265
徑 24.51毫米
重 3.3克
上海博物館 藏

1266 鎏金
徑 25.14毫米
重 3.4克
上海博物館 藏

1267
徑 24.97毫米
重 2.8克
上海博物館 藏

1268
徑 24.73毫米
重 2.6克
上海博物館 藏

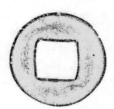

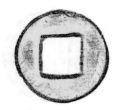

1269
徑 25.76 毫米
重 5.6 克
上海博物館 藏

1270
徑 25.51 毫米
重 3.8 克
上海博物館 藏

1271
徑 25.13 毫米
重 4.2 克
上海博物館 藏

1272
徑 25.23 毫米
重 3.1 克
上海博物館 藏

1273
徑 25.46 毫米
重 3.7 克
上海博物館 藏

1274
徑 25.33 毫米
重 3.7 克
上海博物館 藏

1275
徑 25.77 毫米
重 4.2 克
上海博物館 藏

1276
徑 25.14 毫米
重 3.9 克
上海博物館 藏

1277
徑 25.32 毫米
重 4.0 克
上海博物館 藏

1278
徑 24.93 毫米
重 3.5 克
存雲亭 藏

1279
徑 24.92 毫米
重 3.7 克
上海博物館 藏

1280
徑 25.17 毫米
重 4.3 克
上海博物館 藏

1281
徑 25.33 毫米
重 3.8 克
上海博物館 藏

1282
徑 26.02 毫米
重 3.4 克
上海博物館 藏

1283
徑 25.13 毫米
重 4.0 克
上海博物館 藏

1284
徑 25.25 毫米
重 4.1 克
上海博物館　藏

1285
徑 25.56 毫米
重 3.3 克
上海博物館　藏

1286
徑 26.21 毫米
重 3.1 克
存雲亭　藏

1287
徑 25.72 毫米
重 4.6 克
上海博物館　藏

1288
徑 24.64 毫米
重 3.7 克
上海博物館　藏

1289
徑 25.76 毫米
重 3.8 克
上海博物館　藏

1290
徑 25.53 毫米
重 2.8 克
上海博物館　藏

1291
徑 25.58 毫米
重 3.9 克
上海博物館　藏

1292
徑 24.59 毫米
重 3.8 克
上海博物館　藏

1293
徑 26.15 毫米
重 4.2 克
上海博物館　藏

1294
徑 25.48 毫米
重 3.5 克
上海博物館　藏

1295
徑 25.64 毫米
重 4.1 克
上海博物館　藏

1296
徑 25.23 毫米
重 3.4 克
上海博物館　藏

1297
徑 24.97 毫米
重 3.9 克
上海博物館　藏

1298
徑 25.06 毫米
重 3.3 克
上海博物館　藏

1299
徑 26.42 毫米
重 4.4 克
上海博物館 藏

1300
徑 25.11 毫米
重 3.0 克
上海博物館 藏

1301
徑 25.04 毫米
重 4.0 克
上海博物館 藏

1302
徑 25.33 毫米
重 4.1 克
上海博物館 藏

1303
徑 24.84 毫米
重 4.0 克
上海博物館 藏

1304
徑 25.39 毫米
重 4.7 克
上海博物館 藏

1305
徑 24.46 毫米
重 4.0 克
上海博物館 藏

1306
徑 25.06 毫米
重 3.4 克
上海博物館 藏

1307
徑 25.67 毫米
重 3.1 克
上海博物館 藏

1308
徑 25.35 毫米
重 4.5 克
上海博物館 藏

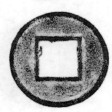

1309
徑 25.12 毫米
重 3.4 克
上海博物館 藏

1310
徑 25.98 毫米
重 3.7 克
上海博物館 藏

1311
徑 25.25 毫米
重 3.0 克
上海博物館 藏

1312
徑 24.57 毫米
重 4.7 克
上海博物館 藏

1313
徑 25.48 毫米
重 4.4 克
上海博物館 藏

1314
徑 25.24 毫米
重 3.8 克
上海博物館 藏

1315
徑 25.02 毫米
重 4.4 克
上海博物館 藏

1316
徑 25.36 毫米
重 4.0 克
上海博物館 藏

1317
徑 25.77 毫米
重 3.5 克
上海博物館 藏

1318
徑 25.81 毫米
重 4.6 克
上海博物館 藏

1319
徑 24.34 毫米
重 3.3 克
上海博物館 藏

1320
徑 25.44 毫米
重 3.9 克
上海博物館 藏

1321
徑 24.88 毫米
重 4.1 克
上海博物館 藏

1322
徑 25.68 毫米
重 3.8 克
上海博物館 藏

1323
徑 24.87 毫米
重 3.3 克
上海博物館 藏

1324
徑 25.05 毫米
重 3.2 克
上海博物館 藏

1325
徑 26.11 毫米
重 3.4 克
上海博物館 藏

1326
徑 25.05 毫米
重 3.0 克
上海博物館 藏

1327
徑 25.82 毫米
重 3.8 克
上海博物館 藏

1328
徑 26.58 毫米
重 3.8 克
上海博物館 藏

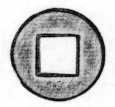

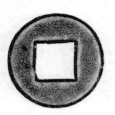

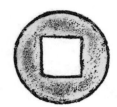

1329
徑 25.20 毫米
重 2.9 克
上海博物館 藏

1330
徑 26.08 毫米
重 3.2 克
上海博物館 藏

1331
徑 25.36 毫米
重 3.2 克
上海博物館 藏

1332
徑 25.46 毫米
重 3.8 克
上海博物館 藏

1333
徑 25.82 毫米
重 4.0 克
上海博物館 藏

1334
徑 27.15 毫米
重 3.5 克
上海博物館 藏

1335
徑 26.17 毫米
重 4.7 克
上海博物館 藏

1336
徑 25.85 毫米
重 3.3 克
上海博物館 藏

1337
徑 25.36 毫米
重 3.2 克
上海博物館 藏

1338
徑 25.23 毫米
重 3.6 克
上海博物館 藏

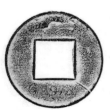

1339
徑 26.01 毫米
重 3.3 克
上海博物館 藏

1340
徑 25.93 毫米
重 3.7 克
上海博物館 藏

1341
徑 26.43 毫米
重 4.1 克
上海博物館 藏

1342
徑 25.16 毫米
重 4.0 克
上海博物館 藏

1343
徑 26.04 毫米
重 4.0 克
上海博物館 藏

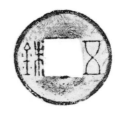

1344
徑 25.51毫米
重 3.0克
上海博物館 藏

1345
徑 25.33毫米
重 3.8克
上海博物館 藏

1346
徑 23.84毫米
重 4.9克
上海博物館 藏

1347
徑 25.81毫米
重 3.1克
上海博物館 藏

1348
徑 25.35毫米
重 4.7克
上海博物館 藏

1349
徑 24.23毫米
重 4.8克
上海博物館 藏

1350
徑 25.03毫米
重 3.1克
上海博物館 藏

1351
徑 25.62毫米
重 3.5克
上海博物館 藏

1352
徑 25.83毫米
重 2.4克
存雲亭 藏

1353
徑 25.46毫米
重 3.8克
上海博物館 藏

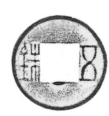

1354
徑 25.31毫米
重 3.4克
上海博物館 藏

1355
徑 24.79毫米
重 3.9克
上海博物館 藏

1356
徑 25.10毫米
重 4.6克
上海博物館 藏

1357
徑 25.23毫米
重 3.6克
上海博物館 藏

1358
徑 24.65毫米
重 4.1克
上海博物館 藏

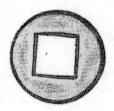

1359
徑 25.33毫米
重 3.5克
上海博物館 藏

1360
徑 24.87毫米
重 3.4克
上海博物館 藏

1361
徑 25.23毫米
重 3.7克
上海博物館 藏

1362
徑 25.22毫米
重 3.7克
上海博物館 藏

1363
徑 25.44毫米
重 3.6克
上海博物館 藏

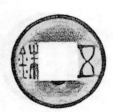

1364
徑 25.46毫米
重 3.4克
上海博物館 藏

1365
徑 25.86毫米
重 3.9克
上海博物館 藏

1366
徑 25.23毫米
重 4.2克
上海博物館 藏

1367
徑 25.22毫米
重 4.0克
上海博物館 藏

1368
徑 26.32毫米
重 4.1克
上海博物館 藏

1369
徑 25.84毫米
重 3.5克
上海博物館 藏

1370
徑 25.32毫米
重 3.5克
上海博物館 藏

1371
徑 24.20毫米
重 3.2克
存雲亭 藏

1372
徑 25.43毫米
重 3.8克
上海博物館 藏

1373
徑 24.92毫米
重 4.0克
上海博物館 藏

1374
徑 26.83 毫米
重 4.1 克
上海博物館 藏

1375
徑 25.20 毫米
重 4.1 克
上海博物館 藏

1376
徑 25.46 毫米
重 4.3 克
上海博物館 藏

1377
徑 25.56 毫米
重 3.4 克
上海博物館 藏

1378
徑 25.76 毫米
重 2.6 克
上海博物館 藏

1379
徑 25.05 毫米
重 3.5 克
上海博物館 藏

1380
徑 24.91 毫米
重 5.0 克
上海博物館 藏

1381
徑 25.05 毫米
重 4.2 克
上海博物館 藏

1382
徑 25.09 毫米
重 3.7 克
上海博物館 藏

1383
徑 24.83 毫米
重 4.1 克
上海博物館 藏

1384
徑 25.30 毫米
重 4.1 克
上海博物館 藏

1385
徑 25.17 毫米
重 3.4 克
上海博物館 藏

1386
徑 25.00 毫米
重 4.2 克
上海博物館 藏

1387
徑 24.58 毫米
重 4.1 克
上海博物館 藏

1388
徑 25.44 毫米
重 4.4 克
上海博物館 藏

1389
徑 25.09 毫米
重 3.9 克
上海博物館 藏

1390
徑 24.57 毫米
重 4.0 克
上海博物館 藏

1391
徑 25.08 毫米
重 3.9 克
上海博物館 藏

1392
徑 25.95 毫米
重 3.3 克
上海博物館 藏

1393
徑 25.58 毫米
重 3.3 克
上海博物館 藏

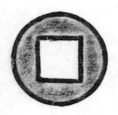

1394
徑 25.33 毫米
重 3.0 克
上海博物館 藏

1395
徑 26.07 毫米
重 4.3 克
上海博物館 藏

1396
徑 25.67 毫米
重 3.8 克
上海博物館 藏

1397
徑 25.54 毫米
重 3.5 克
上海博物館 藏

1398
徑 26.25 毫米
重 4.1 克
上海博物館 藏

1399
徑 25.33 毫米
重 2.8 克
上海博物館 藏

1400
徑 25.91 毫米
重 3.8 克
上海博物館 藏

1401
徑 25.45 毫米
重 4.1 克
上海博物館 藏

1402
徑 26.07 毫米
重 3.1 克
上海博物館 藏

1403
徑 25.23 毫米
重 3.1 克
上海博物館 藏

1404
徑 25.41 毫米
重 4.4 克
上海博物館 藏

1405
徑 25.78 毫米
重 3.9 克
上海博物館 藏

1406
徑 24.41 毫米
重 3.8 克
上海博物館 藏

1407
徑 25.93 毫米
重 4.0 克
上海博物館 藏

1408
徑 26.26 毫米
重 4.0 克
上海博物館 藏

1409
徑 25.71 毫米
重 3.5 克
上海博物館 藏

1410
徑 25.67 毫米
重 3.1 克
上海博物館 藏

1411
徑 25.44 毫米
重 3.5 克
上海博物館 藏

1412
徑 25.06 毫米
重 3.2 克
上海博物館 藏

1413
徑 26.88 毫米
重 5.2 克
上海博物館 藏

1414
徑 26.27 毫米
重 5.6 克
上海博物館 藏

1415
徑 27.84 毫米
重 4.7 克
上海博物館 藏

1416
徑 27.01 毫米
重 4.0 克
上海博物館 藏

1417
徑 28.74 毫米
重 5.5 克
上海博物館 藏

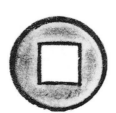

1418　鎏金
徑 25.98 毫米
重 4.0 克
上海博物館 藏

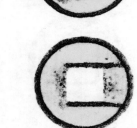

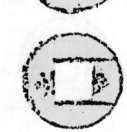

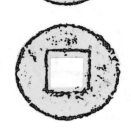

1422　鉛質
徑 27.11 毫米
重 3.85 克
《中國歷代貨幣大系》
編輯委員會　提供
★

1423　鉛質
徑 27.89 毫米
重 6.0 克
《中國歷代貨幣大系》
編輯委員會　提供
★

1419
徑 25.32 毫米
牛群生　藏

1420
徑 26.84 毫米
重 4.5 克
金立夫　藏

1421　鎏金
徑 26.87 毫米
曾鐸禄　藏

6. 小五銖

1424　鐵質
徑 25.00 毫米
重 3.5 克
選自《中國錢幣》
★★

1425　鐵質
徑 25.00 毫米
重 3.6 克
選自《中國錢幣》
★★

1426
徑 11.85 毫米
重 0.4 克
上海博物館　藏

1427
徑 12.23 毫米
重 0.6 克
上海博物館　藏

1428
徑 11.82 毫米
重 0.7 克
上海博物館　藏

1429
徑 11.99 毫米
重 0.5 克
存雲亭　藏

1430
徑 11.63 毫米
重 0.5 克
上海博物館　藏

1431
徑 10.35 毫米
重 0.4 克
上海博物館 藏

1432
徑 11.97 毫米
重 0.6 克
上海博物館 藏

1433
徑 11.67 毫米
重 0.4 克
上海博物館 藏

1434
徑 11.86 毫米
重 0.5 克
存雲亭 藏

1435
徑 11.65 毫米
重 0.5 克
上海博物館 藏

1436
徑 11.95 毫米
重 0.5 克
上海博物館 藏

1437
徑 11.43 毫米
重 0.6 克
上海博物館 藏

1438
徑 11.43 毫米
重 0.7 克
上海博物館 藏

1439
徑 12.01 毫米
重 0.6 克
上海博物館 藏

1440　鎏金
徑 12.12 毫米
重 0.7 克
上海博物館 藏

1441
徑 12.31 毫米
重 0.9 克
上海博物館 藏

1442
徑 12.83 毫米
重 0.7 克
上海博物館 藏

1443
徑 10.69 毫米
重 0.6 克
上海博物館 藏

1444
徑 11.76 毫米
重 0.6 克
上海博物館 藏

1445
徑 12.42 毫米
重 0.4 克
上海博物館 藏

1446	1447	1448	1449	1450
徑 12.00 毫米	徑 12.10 毫米	徑 12.01 毫米	徑 11.02 毫米	徑 12.31 毫米
重 0.5 克	重 0.5 克	重 0.7 克	重 0.4 克	重 0.7 克
上海博物館 藏	上海博物館 藏	上海博物館 藏	上海博物館 藏	上海博物館 藏

1451	1452	1453	1454	1455
徑 12.22 毫米	徑 11.73 毫米	徑 10.98 毫米	徑 11.45 毫米	徑 12.01 毫米
重 0.7 克	重 0.6 克	重 0.4 克	重 0.8 克	重 0.7 克
上海博物館 藏	上海博物館 藏	上海博物館 藏	上海博物館 藏	上海博物館 藏

1456	1457	1458	1459	1460
徑 11.32 毫米	徑 11.21 毫米	徑 11.16 毫米	徑 11.07 毫米	徑 12.00 毫米
重 0.5 克	重 0.5 克	重 0.3 克	重 0.6 克	重 0.9 克
上海博物館 藏	上海博物館 藏	上海博物館 藏	上海博物館 藏	党順民 提供

三、新莽貨幣

1. 契刀五百

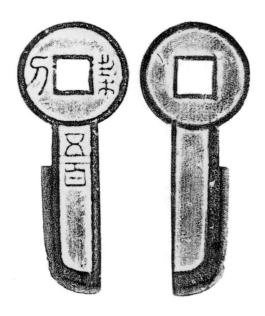

1461
長 75.21毫米　重 16.8克
上海博物館　藏
★

1462
長 74.86毫米　重 20.8克
上海博物館　藏
★

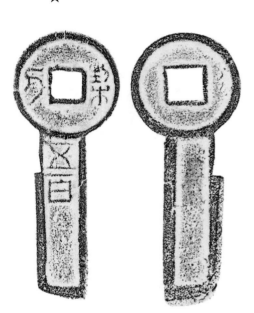

1463
長 73.55毫米　重 20.6克
上海博物館　藏
★

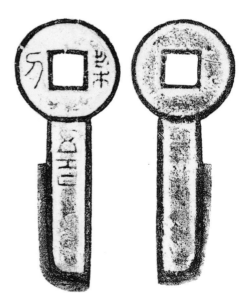

1464
長 74.27毫米　重 16.8克
上海博物館　藏
★

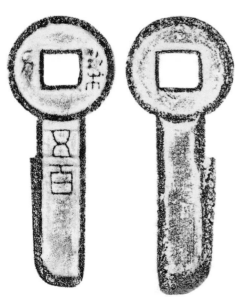

1465
長 74.79毫米　重 18.5克
上海博物館　藏
★

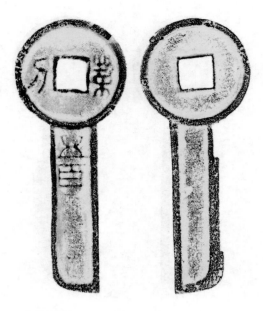

1466
長 75.62 毫米　重 15.8 克
上海博物館　藏
★

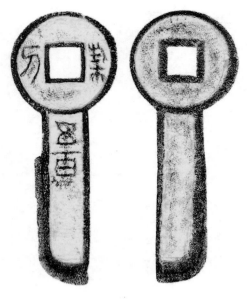

1467
長 76.22 毫米　重 10.0 克
陝西扶風博物館　藏
1977 年陝西扶風絳帳柿坡出土
★

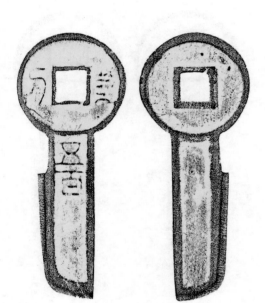

1468
長 73.25 毫米　重 23.0 克
上海博物館　藏
★

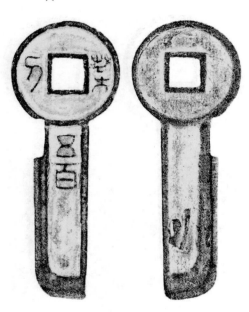

1469
長 76.04 毫米　重 17.2 克
上海博物館　藏
★

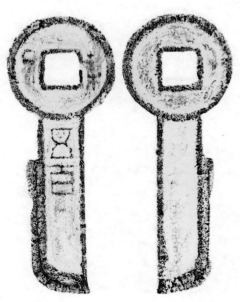

1470
長 76.08 毫米　重 20.2 克
上海博物館　藏
★

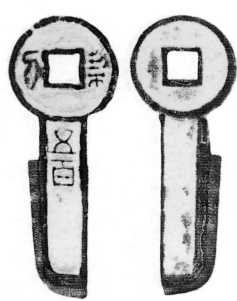

1471
長 76.92 毫米　重 18.0 克
金立夫　藏
★

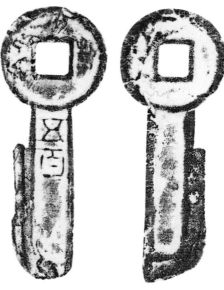

1472
長 77.81毫米　重 23.2克
金立夫　藏
★

1473
長 72.33毫米　重 14.2克
屠燕治　藏
★

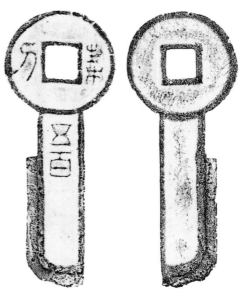

1474
長 75.41毫米　重 17.4克
上海博物館　藏
★

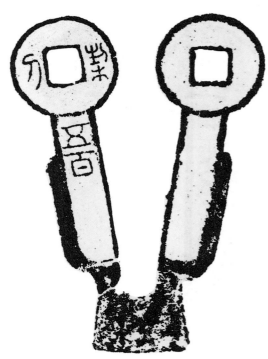

1475
長 93.72毫米
選自《歷代古錢圖說》
★

1476
徑 28.43毫米
選自《歷代古錢圖說》
★

1477
徑 28.92毫米
重 8.4克
金立夫　藏
★

1478
徑 28.98毫米
重 12.0克
傅爲群　藏
★

2. 一刀平五千

1479
長 76.04 毫米　重 30.8 克
王允元　舊藏
★★

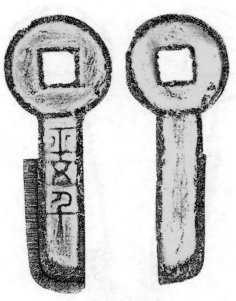

1480
長 76.04 毫米　重 34.9 克
上海博物館　藏
★★

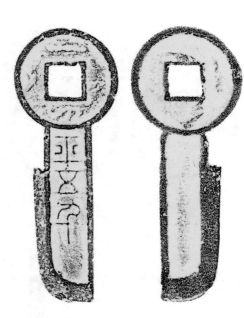

1481
長 75.21 毫米　重 34.4 克
上海博物館　藏
★★

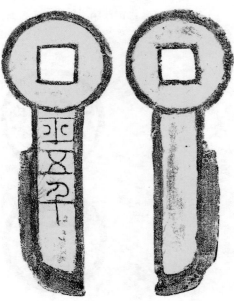

1482
長 78.12 毫米　重 33.6 克
中國歷史博物館　藏
★★

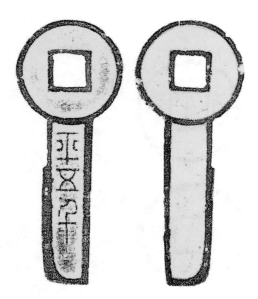

1483
長 73.41 毫米　重 33.3 克
上海博物館　藏
★★

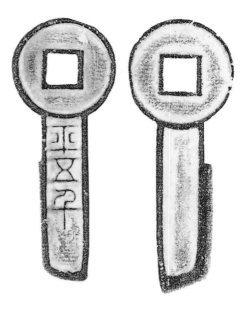

1484
長 72.34 毫米　重 34.0 克
上海博物館　藏
★★

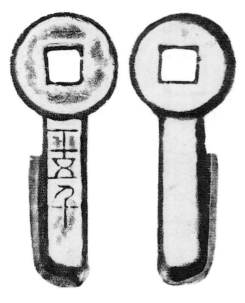

1485
長 74.81 毫米　重 25.2 克
金立夫　藏
★★

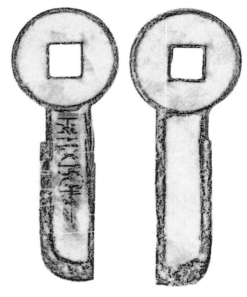

1486
長 75.46 毫米　重 29.2 克
王紀耕　提供
★★

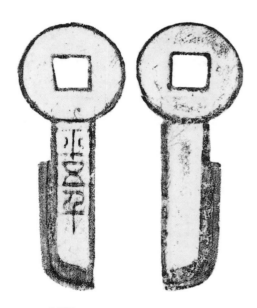

1487
長 73.43 毫米　重 28.8 克
中國歷史博物館　藏
★★

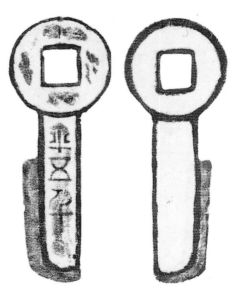

1488
長 71.36 毫米　重 29.6 克
金立夫　藏
★★

1489
長 75.02 毫米　重 28.5 克
張豐志　提供
★★

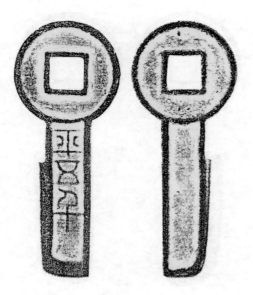

1490
長 72.36 毫米　重 39.1 克
上海博物館　藏
★★

1491
長 71.33 毫米　重 35.0 克
屠燕治　藏
★★

1492
長 73.05 毫米　重 34.8 克
上海博物館　藏
★★

1493
長 75.17 毫米　重 33.8 克
上海博物館　藏
★★

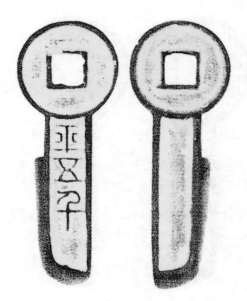

1494
長 73.34 毫米　重 30.2 克
上海博物館　藏
★★

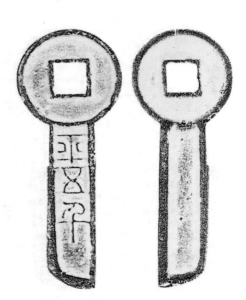

1495
長 72.44 毫米　重 30.1 克
上海博物館　藏
★★

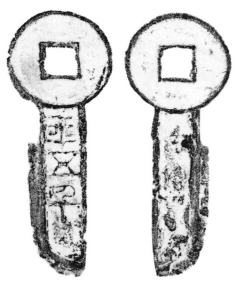

1496
長 72.31毫米　重 26.6克
中國歷史博物館　藏
★★

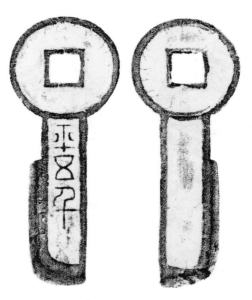

1497
長 73.48毫米　重 25.4克
中國歷史博物館　藏
★★

1498
徑 27.75毫米
重 17.8克
金立夫　藏
★★

1499
徑 30.24毫米
重 14.4克
金立夫　藏
★★

3. 貨泉六品

1500
徑 26.85毫米
重 7.8克
上海博物館　藏

1501
徑 27.94毫米
重 8.5克
上海博物館　藏

1502
徑 27.32毫米
重 8.8克
上海博物館　藏

1503
徑 27.01毫米
重 6.6克
上海博物館 藏

1504
徑 26.60毫米
重 7.2克
上海博物館 藏

1505
徑 27.06毫米
重 5.7克
上海博物館 藏

1506
徑 27.89毫米
重 8.2克
上海博物館 藏

1507
徑 26.76毫米
重 6.7克
上海博物館 藏

1508
徑 27.5毫米
重 5.5克
中國歷史博物館 藏

1509
徑 27.32毫米
重 6.3克
上海博物館 藏

1510
徑 26.62毫米
重 7.4克
上海博物館 藏

1511
徑 27.29毫米
重 5.6克
上海博物館 藏

1512
徑 27.66毫米
重 6.9克
上海博物館 藏

1513
徑 28.35毫米
重 7.6克
上海博物館 藏

1514
徑 27.70毫米
重 5.6克
上海博物館 藏

1515
徑 27.14毫米
重 7.2克
上海博物館 藏

1516
徑 27.51毫米
重 5.1克
存雲亭 藏

1517
徑 30.43毫米
重 8.8克
上海博物館 藏

1518
徑 28.06 毫米
重 6.6 克
存雲亭　藏

1519
徑 28.25 毫米
重 9.8 克
上海博物館　藏

1520
徑 28.27 毫米
重 9.6 克
上海博物館　藏

1521
徑 27.81 毫米
重 7.2 克
上海博物館　藏

1522
徑 28.97 毫米
重 7.8 克
上海博物館　藏

1523
徑 26.86 毫米
重 6.0 克
上海博物館　藏

1524
徑 27.47 毫米
重 6.3 克
上海博物館　藏

1525
徑 27.71 毫米
重 8.2 克
上海博物館　藏

1526
徑 29.05 毫米
重 13.4 克
上海博物館　藏

1527
徑 26.11 毫米
重 6.3 克
上海博物館　藏

1528
徑 26.33 毫米
重 6.4 克
上海博物館　藏

1529
徑 26.91 毫米
重 8.4 克
上海博物館　藏

1530
徑 26.22 毫米
重 4.7 克
上海博物館　藏

1531
徑 25.99 毫米
重 6.0 克
上海博物館　藏

1532
徑 26.19 毫米
重 4.8 克
上海博物館　藏

1533
徑 26.74 毫米
重 6.0 克
上海博物館 藏

1534
徑 25.90 毫米
重 6.8 克
上海博物館 藏

1535
徑 27.5 毫米
重 5.5 克
中國歷史博物館 藏

1536
徑 26.79 毫米
重 5.6 克
存雲亭 藏

1537
徑 26.36 毫米
重 6.4 克
上海博物館 藏

1538
徑 27.11 毫米
重 9.2 克
上海博物館 藏

1539
徑 27.34 毫米
重 7.9 克
上海博物館 藏

1540
徑 27.31 毫米
重 5.9 克
存雲亭 藏

1541
徑 28.21 毫米
重 9.2 克
上海博物館 藏

1542
徑 28.89 毫米
重 10.2 克
上海博物館 藏

1543
徑 26.40 毫米
重 8.1 克
上海博物館 藏

1544
徑 26.93 毫米
重 8.4 克
上海博物館 藏

1545
徑 28.01 毫米
重 7.4 克
上海博物館 藏

1546
徑 25.76 毫米
重 6.6 克
上海博物館 藏

1547
徑 26.90 毫米
重 7.5 克
上海博物館 藏

1548
徑 26.85 毫米
重 5.6 克
上海博物館 藏

1549
徑 26.86 毫米
重 7.1 克
上海博物館 藏

1550
徑 26.18 毫米
重 5.1 克
上海博物館 藏

1551
徑 27.04 毫米
重 6.2 克
上海博物館 藏

1552
徑 27.06 毫米
重 6.6 克
上海博物館 藏

1553
徑 28.28 毫米
重 10.0 克
上海博物館 藏

1554
徑 27.30 毫米
重 5.9 克
上海博物館 藏

1555
徑 27.58 毫米
重 7.9 克
上海博物館 藏

1556
徑 26.26 毫米
重 6.5 克
上海博物館 藏

1557
徑 27.18 毫米
重 7.6 克
上海博物館 藏

1558
徑 26.62 毫米
重 6.4 克
上海博物館 藏

1559
徑 28.53 毫米
重 7.3 克
上海博物館 藏

1560
徑 27.87 毫米
重 5.8 克
上海博物館 藏

1561
徑 28.47 毫米
重 7.2 克
傅爲群 藏

1562
徑 28.40 毫米
重 7.9 克
上海博物館 藏

1563
徑 26.73 毫米
重 7.0 克
上海博物館 藏

1564
徑 27.11 毫米
重 5.9 克
上海博物館 藏

1565
徑 28.14 毫米
重 6.2 克
上海博物館 藏

1566
徑 23.93 毫米
重 3.3 克
上海博物館 藏

1567
徑 25.06 毫米
重 3.7 克
上海博物館 藏

1568
徑 26.04 毫米
重 3.3 克
上海博物館 藏

1569
徑 26.54 毫米
重 5.6 克
上海博物館 藏

1570
徑 24.57 毫米
重 3.9 克
上海博物館 藏

1571
徑 28.64 毫米
重 7.7 克
上海博物館 藏

1572
徑 26.36 毫米
重 4.9 克
上海博物館 藏

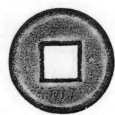

1573
徑 25.77 毫米
重 5.2 克
上海博物館 藏

1574
徑 28.37 毫米
重 5.3 克
上海博物館 藏

1575
徑 25.58 毫米
重 4.1 克
上海博物館 藏

1576
徑 27.07 毫米
重 6.2 克
上海博物館 藏

1577
徑 24.97 毫米
重 4.0 克
上海博物館 藏

1578
徑 26.15 毫米
重 5.3 克
上海博物館　藏

1579
徑 26.34 毫米
重 4.9 克
上海博物館　藏

1580
徑 26.66 毫米
重 5.3 克
上海博物館　藏

1581
徑 25.75 毫米
重 4.9 克
上海博物館　藏

1582
徑 26.84 毫米
重 3.6 克
上海博物館　藏

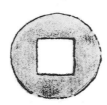

1583
徑 29.05 毫米
重 6.5 克
上海博物館　藏

1584
徑 24.16 毫米
重 2.6 克
上海博物館　藏

1585
徑 24.87 毫米
重 2.4 克
上海博物館　藏

1586
徑 24.46 毫米
重 3.7 克
上海博物館　藏

1587
徑 24.16 毫米
重 1.1 克
存雲亭　藏

1588
徑 23.62 毫米
重 2.1 克
上海博物館　藏

1589
徑 22.71 毫米
重 2.0 克
上海博物館　藏

1590
徑 23.13 毫米
重 1.8 克
上海博物館　藏

1591
徑 25.21 毫米
重 2.3 克
存雲亭　藏

1592
徑 21.62 毫米
重 1.3 克
上海博物館　藏

1593
徑 23.23 毫米
重 2.7 克
存雲亭 藏

1594
徑 22.60 毫米
重 2.6 克
上海博物館 藏

1595
徑 22.66 毫米
重 1.8 克
上海博物館 藏

1596
徑 21.89 毫米
重 1.4 克
上海博物館 藏

1597
徑 22.45 毫米
重 2.0 克
上海博物館 藏

1598
徑 23.43 毫米
重 2.8 克
上海博物館 藏

1599
徑 26.09 毫米
重 3.6 克
上海博物館 藏

1600
徑 21.91 毫米
重 2.1 克
上海博物館 藏

1601
徑 17.00 毫米
重 0.7 克
上海博物館 藏

1602
徑 20.27 毫米
重 1.2 克
上海博物館 藏

1603
徑 20.66 毫米
重 2.8 克
上海博物館 藏

1604
徑 18.26 毫米
重 0.8 克
上海博物館 藏

1605
徑 18.77 毫米
重 0.8 克
上海博物館 藏

1606
徑 20.24 毫米
重 1.2 克
上海博物館 藏

1607
徑 20.23 毫米
重 0.9 克
上海博物館 藏

1608
徑 20.73毫米
重 1.2克
上海博物館 藏

1609
徑 27.43毫米
選自《中國珍稀錢幣》

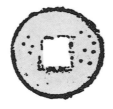

1610
徑 24.67毫米
重 5.1克
選自《中國珍稀錢幣》

1611
徑 24.64毫米
重 4.5克
上海博物館 藏
★

1612
徑 26.43毫米
重 5.9克
上海博物館 藏
★

1613
徑 26.44毫米
重 5.3克
上海博物館 藏
★

1614
徑 27.00毫米
重 4.8克
上海博物館 藏
★

1615
徑 26.14毫米
重 4.4克
上海博物館 藏
★

1616
徑 25.60毫米
重 4.5克
上海博物館 藏
★

1617
徑 26.45毫米
重 4.1克
上海博物館 藏
★

1618
徑 26.54毫米
重 5.1克
上海博物館 藏
★

1619
徑 25.15毫米
重 5.2克
上海博物館 藏
★

1620
徑 25.53毫米
重 4.0克
上海博物館 藏
★

1621
徑 26.84毫米
重 3.5克
上海博物館 藏
★

1622
徑 28.21毫米
重 5.2克
金立夫 藏
★

1623
徑 26.10毫米
重 6.3克
上海博物館　藏
★

1624
徑 20.06毫米
重 1.0克
上海博物館　藏
★

1625
徑 22.24毫米
重 2.3克
上海博物館　藏
★

1626
徑 21.77毫米
重 1.6克
上海博物館　藏
★

1627
徑 24.05毫米
重 3.2克
上海博物館　藏
★

1628
徑 24.55毫米
重 2.3克
上海博物館　藏
★

1629
徑 19.83毫米
重 0.8克
上海博物館　藏
★

1630
徑 25.96毫米
重 3.9克
上海博物館　藏
★

1631
徑 24.47毫米
重 4.1克
上海博物館　藏
★

1632
徑 24.52毫米
重 3.3克
上海博物館　藏
★

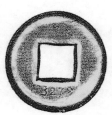

1633
徑 26.65毫米
重 4.6克
上海博物館　藏
★

1634
徑 26.61毫米
重 4.5克
上海博物館　藏
★

1635
徑 26.22毫米
重 4.4克
上海博物館　藏
★

1636
徑 26.23毫米
重 4.4克
上海博物館　藏
★

1637
徑 25.32毫米
重 3.2克
上海博物館　藏
★

1638
徑 25.80毫米
重 3.3克
上海博物館 藏
★

1639
徑 26.54毫米
重 3.9克
上海博物館 藏
★

1640
徑 24.03毫米
重 2.0克
上海博物館 藏
★

1641
徑 26.73毫米
重 5.0克
上海博物館 藏
★

1642
徑 26.74毫米
重 11.8克
上海博物館 藏
★

1643
徑 26.48毫米
重 7.5克
上海博物館 藏
★

1644
徑 25.50毫米
重 4.5克
上海博物館 藏
★

1645
徑 24.84毫米
重 3.2克
上海博物館 藏
★

1646
徑 25.41毫米
重 5.5克
上海博物館 藏
★

1647
徑 24.76毫米
重 6.3克
上海博物館 藏
★

1648
徑 26.80毫米
重 8.7克
上海博物館 藏
★

1649
徑 27.24毫米
重 7.8克
上海博物館 藏
★

1650
徑 22.57毫米
重 4.5克
上海博物館 藏
★

1651
徑 25.49毫米
重 7.7克
上海博物館 藏
★

1652
徑 28.30毫米
重 6.4克
上海博物館 藏
★

1653
徑 26.46 毫米
重 4.5 克
上海博物館 藏
★

1654
徑 28.00 毫米
重 7.3 克
存雲亭 藏
★

1655
徑 26.72 毫米
重 7.0 克
上海博物館 藏
★

1656
徑 25.44 毫米
重 6.4 克
上海博物館 藏
★

1657
徑 26.67 毫米
重 5.8 克
上海博物館 藏
★

1658
徑 25.11 毫米
重 5.0 克
上海博物館 藏
★

1659
徑 26.97 毫米
重 4.8 克
上海博物館 藏
★

1660
徑 27.02 毫米
重 4.5 克
上海博物館 藏
★

1661
徑 26.98 毫米
重 4.3 克
上海博物館 藏
★

1662
徑 24.75 毫米
重 4.0 克
上海博物館 藏
★

1663
徑 24.28 毫米
重 3.6 克
上海博物館 藏
★

1664
徑 26.86 毫米
重 2.6 克
上海博物館 藏
★

1665
徑 24.55 毫米
重 3.9 克
上海博物館 藏
★

1666
徑 26.22 毫米
重 6.9 克
上海博物館 藏
★

1667
徑 24.31 毫米
重 3.6 克
上海博物館 藏
★

1668
徑 26.74 毫米
重 3.3 克
上海博物館　藏
★

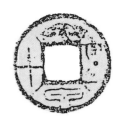

1669
徑 26.68 毫米
選自《中國珍稀
錢幣》
★

1670
徑 26.32 毫米
選自《中國珍稀
錢幣》
★

1671
徑 25.78 毫米
選自《中國珍稀
錢幣》
★

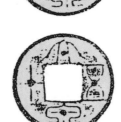

1672
徑 27.22 毫米
選自《中國珍稀
錢幣》
★

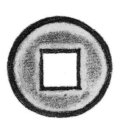

1673
徑 28.20 毫米
重 6.2 克
上海博物館　藏
★

1674
徑 28.11 毫米
重 8.2 克
上海博物館　藏

1675
徑 25.75 毫米
重 3.8 克
上海博物館　藏

1676
徑 25.15 毫米
重 4.0 克
上海博物館　藏

1677
徑 25.72 毫米
重 5.3 克
上海博物館　藏

1678
徑 26.39 毫米
重 4.7 克
上海博物館　藏

1679
徑 25.71 毫米
重 6.1 克
上海博物館　藏

1680
徑 24.54 毫米
重 2.0 克
上海博物館　藏
★

1681
徑 27.20 毫米
重 5.8 克
上海博物館　藏
★

1682
徑 25.98 毫米
重 4.7 克
上海博物館　藏
★

1683
徑 25.41 毫米
重 4.3 克
上海博物館 藏
★

1684
徑 27.90 毫米
重 7.7 克
金立夫 藏

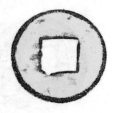

1685
徑 25.86 毫米
重 5.1 克
金立夫 藏

1686
徑 27.47 毫米
重 6.9 克
金立夫 藏

1687
徑 28.13 毫米
重 14.4 克
金立夫 藏

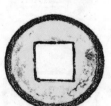

1688
徑 26.87 毫米
重 6.2 克
金立夫 藏

1689
徑 29.49 毫米
重 8.4 克
金立夫 藏

1690
徑 26.30 毫米
重 4.7 克
上海博物館 藏
★

1691
徑 26.61 毫米
重 5.7 克
上海博物館 藏
★

1692
徑 25.49 毫米
重 4.6 克
上海博物館 藏
★

1693
徑 34.11 毫米
重 20.1 克
選自《中國珍稀
錢幣》

1694
徑 24.63 毫米
重 7.2 克
選自《中國珍稀
錢幣》

1695
徑 26.76 毫米
重 5.0 克
上海博物館 藏
★

1696
徑 24.95 毫米
重 4.1 克
上海博物館 藏
★

1697
徑 25.72 毫米
重 4.6 克
上海博物館 藏
★

1698
徑 27.23 毫米
選自《中國珍稀錢幣》

1699
徑 28.02 毫米
選自《中國珍稀錢幣》

1700
徑 26.98 毫米
選自《中國珍稀錢幣》

1701
徑 16.91 毫米
重 1.1 克
存雲亭　藏

1702
徑 15.58 毫米
重 0.4 克
上海博物館　藏

1703　鐵質
徑 27.83 毫米
重 5.7 克
上海博物館　藏

1704　鐵質
徑 27.82 毫米
選自《中國珍稀錢幣》

1705　鐵質
徑 26.26 毫米
選自《中國珍稀錢幣》

1706
徑 14.80 毫米
重 1.5 克
上海博物館　藏

1707
徑 14.17 毫米
重 1.2 克
上海博物館　藏

1708
徑 14.59 毫米
重 1.5 克
上海博物館　藏

1709
徑 14.36 毫米
重 1.1 克
上海博物館　藏

1710
徑 14.26 毫米
重 0.8 克
上海博物館　藏

1711
徑 16.00 毫米
重 1.8 克
中國歷史博物館　藏

1712
徑 13.54 毫米
重 1.1 克
上海博物館　藏

1713	1714	1715	1716	1717
徑 15.21 毫米	徑 14.67 毫米	徑 14.31 毫米	徑 14.55 毫米	徑 14.71 毫米
重 1.3 克	重 1.6 克	重 1.1 克	重 0.9 克	重 1.4 克
上海博物館 藏	上海博物館 藏	上海博物館 藏	存雲亭 藏	上海博物館 藏

1718	1719	1720	1721	1722
徑 14.86 毫米	徑 14.74 毫米	徑 14.58 毫米	徑 14.67 毫米	徑 13.82 毫米
重 1.0 克	重 1.2 克	重 1.3 克	重 1.2 克	重 1.5 克
張豐志 提供	上海博物館 藏	上海博物館 藏	上海博物館 藏	上海博物館 藏

1723	1724	1725	1726	1727
徑 13.78 毫米	徑 14.48 毫米	徑 14.68 毫米	徑 14.40 毫米	徑 14.24 毫米
重 1.3 克	重 1.2 克	重 1.2 克	重 1.7 克	重 1.4 克
上海博物館 藏	上海博物館 藏	存雲亭 藏	上海博物館 藏	上海博物館 藏

1728
徑 13.69 毫米
重 0.8 克
查中偉 藏

1729
徑 13.79 毫米
重 0.9 克
上海博物館 藏

1730
徑 14.63 毫米
重 1.3 克
存雲亭 藏

1731
徑 14.37 毫米
重 1.7 克
上海博物館 藏

1732
徑 14.46 毫米
重 1.2 克
上海博物館 藏

1733
徑 14.23 毫米
重 1.7 克
上海博物館 藏

1734
徑 14.86 毫米
重 2.0 克
上海博物館 藏

1735
徑 12.68 毫米
重 0.6 克
上海博物館 藏

1736
徑 15.71 毫米
重 1.7 克
上海博物館 藏

1737
徑 15.37 毫米
重 1.0 克
上海博物館 藏

1738
徑 13.01 毫米
重 0.8 克
上海博物館 藏

1739
徑 14.11 毫米
重 1.0 克
陝西扶風博物館 藏
1982年陝西扶風西官
村出土

1740
徑 14.73 毫米
重 0.9 克
上海博物館 藏

1741
徑 15.10 毫米
重 1.7 克
存雲亭 提供
★★

1742
徑 14.32 毫米
重 1.3 克
存雲亭 提供
★★

1743
徑 13.76毫米
選自《中國珍稀
錢幣》
★★

1744
徑 13.56毫米
選自《中國珍稀
錢幣》
★★

1745
徑 14.68毫米
選自《中國珍稀
錢幣》
★★

1746　鎏金
徑 14.66毫米
選自《歷代古錢
圖説》
★

1747　鎏金
徑 14.54毫米
選自《歷代古錢
圖説》
★

1748
徑 16.42毫米
重 2.0克
上海博物館　藏
★

1749
徑 16.43毫米
重 1.8克
上海博物館　藏
★

1750
徑 16.81毫米
選自《歷代古錢
圖説》
★

1751
徑 17.00毫米
重 2.3克
中國歷史博物館　藏
★

1752
徑 16.55毫米
重 2.7克
張豐志　提供
★

1753
徑 17.02毫米
選自《中國珍稀
錢幣》
★

1754
徑 17.30毫米
重 2.5克
立川　提供
★

1755
徑 16.21毫米
重 1.8克
選自《中國珍稀
錢幣》
★

1756
徑 16.78毫米
選自《中國珍稀
錢幣》
★

1757
徑 16.33毫米
選自《中國珍稀
錢幣》
★

1758
徑 16.20 毫米
重 1.6 克
王紀耕　提供
★

1759
徑 19.00 毫米
重 2.9 克
中國歷史博物館　藏
★

1760
徑 18.64 毫米
重 2.3 克
上海博物館　藏
★

1761
徑 18.80 毫米
重 3.3 克
立川　提供
★

1762
徑 18.55 毫米
重 1.8 克
上海博物館　藏
★

1763
徑 18.35 毫米
選自《歷代古錢
圖説》
★

1764
徑 18.00 毫米
重 2.1 克
王紀耕　提供
★

1765
徑 18.79 毫米
選自《中國珍稀
錢幣》
★

1766
徑 17.96 毫米
重 2.1 克
張豐志　提供
★

1767
徑 17.98 毫米
選自《中國珍稀
錢幣》
★

1768
徑 21.55 毫米
重 2.8 克
羅伯昭　舊藏
★★★

1769
徑 21.11 毫米
重 3.9 克
上海博物館　藏
★★

1770
徑 20.00 毫米
重 3.4 克
中國歷史博物館　藏
★★

1771
徑 20.45 毫米
重 2.6 克
張豐志　提供
★★

1772
徑 20.60 毫米
重 2.5 克
鄒誌諒　藏
★★

1773
徑 20.88 毫米
選自《歷代古錢
圖說》
★★

1774
徑 20.30 毫米
重 2.7 克
王紀耕　提供
★★

1775
徑 20.71 毫米
選自《中國珍稀
錢幣》
★★

1776
徑 20.87 毫米
選自《中國珍稀
錢幣》
★★

1777
徑 21.22 毫米
選自《中國珍稀
錢幣》
★★

1778
徑 22.12 毫米
重 3.0 克
上海博物館　藏
★★

1779
徑 22.23 毫米
重 3.5 克
上海博物館　藏
★★

1780
徑 22.98 毫米
選自《歷代古錢
圖說》
★★

1781
徑 22.20 毫米
重 3.2 克
王紀耕　提供
★★

1782
徑 22.87 毫米
選自《中國珍稀
錢幣》
★★

1783
徑 23.00 毫米
重 5.1 克
中國歷史博物館　藏
★★

1784
徑 24.56 毫米
選自《中國珍稀
錢幣》
★★

1785
徑 23.11 毫米
選自《中國珍稀
錢幣》
★★

1786
徑 22.62 毫米
選自《中國珍稀
錢幣》
★★

1787
徑 21.97 毫米
重 3.0 克
張豐志　提供
★★

4.布貨十品

1788
徑 22.31 毫米
選自《中國珍稀錢幣》
★★

1789
長 35.37 毫米
選自《歷代古錢圖說》
★

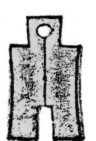

1790
長 34.41 毫米　重 7.5 克
李蔭軒　舊藏
★

1791
長 34.22 毫米　重 6.1 克
張豐志　提供
★

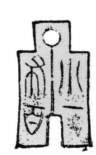

1792
長 37.15 毫米　重 6.8 克
上海博物館　藏
★

1793
長 35.21 毫米　重 6.6 克
金立夫　藏
★

1794
長 35.00 毫米　重 6.9 克
中國歷史博物館　藏
★

1795
長 35.20毫米　重 5.2克
AMERICAN NUMISMATIC
SOCIETY　提供
★

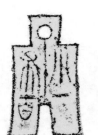

1796
長 35.50毫米　重 5.5克
屠燕治　藏
★

1797
長 38.76毫米
選自《中國珍稀錢幣》
★

1798
長 36.49毫米　重 9.6克
上海博物館　藏
★

1799
長 33.98毫米
選自《歷代古錢圖說》
★

1800
長 30.47毫米　重 4.1克
上海博物館　藏
★

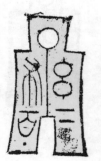

1801
長 39.66毫米　重 6.1克
上海博物館　藏
★

1802
長 37.00毫米　重 7.3克
中國歷史博物館　藏
★

1803
長 36.70 毫米
選自《歷代古錢圖説》
★

1804
長 37.65 毫米　重 7.0 克
金立夫　藏
★

1805
長 40.00 毫米　重 8.5 克
AMERICAN NUMISMATIC
SOCIETY　提供
★

1806
長 36.43 毫米
選自《中國珍稀錢幣》
★

1807
長 38.12 毫米
選自《中國珍稀錢幣》
★

1808
長 35.11 毫米　重 5.0 克
陝西扶風博物館　藏
1977 年陝西扶風絲帳柿坡出土
★

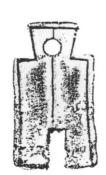

1809
長 40.07 毫米　重 8.2 克
上海博物館　藏
★

1810
長 38.75 毫米
選自《歷代古錢圖説》
★

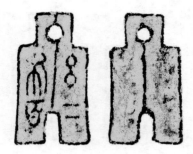

1811
長 35.65 毫米　重 6.1 克
張豐志　提供
★

1812
長 38.21 毫米
選自《中國珍稀錢幣》
★

1813
長 40.17 毫米　重 9.0 克
上海博物館　藏
★

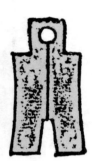

1814
長 38.45 毫米
選自《歷代古錢圖説》
★

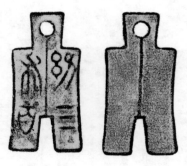

1815
長 39.00 毫米　重 7.6 克
中國歷史博物館　藏
★

1816
長 39.90 毫米　重 10.1 克
AMERICAN NUMISMATIC
SOCIETY　提供
★

1817
長 39.15 毫米
選自《中國珍稀錢幣》
★

1818
長 38.31 毫米
選自《中國珍稀錢幣》
★

1819
長 44.33 毫米　重 15.0 克
上海博物館　藏
★

1820
長 42.34 毫米
選自《歷代古錢圖説》
★

1821
長 40.87 毫米　重 9.4 克
金立夫　藏
★

1822
長 42.76 毫米
選自《中國珍稀錢幣》
★

1823
長 38.32 毫米
選自《中國珍稀錢幣》
★

1824
長 40.43 毫米　重 6.0 克
張豐志　提供
★

1825
長 41.94 毫米　重 8.8 克
上海博物館　藏
★

1826
長 40.00 毫米　重 6.8 克
中國歷史博物館　藏
★

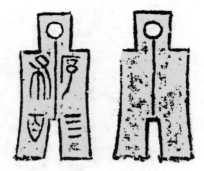

1827
長 41.71 毫米
選自《歷代古錢圖説》
★

1828
長 42.20 毫米　重 7.5 克
AMERICAN NUMISMATIC
SOCIETY　提供
★

1829
長 39.81 毫米　重 5.7 克
張豐志　提供
★

1830
長 41.32 毫米
選自《中國珍稀錢幣》
★

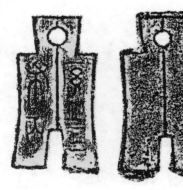

1831
長 46.35 毫米　重 14.2 克
上海博物館　藏
★

1832
長 44.63 毫米　重 9.2 克
金立夫　藏
★

1833
長 43.74 毫米
選自《歷代古錢圖説》
★

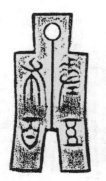

1834
長 44.07 毫米　重 9.8 克
上海博物館　藏
★

1835
長 42.15 毫米
選自《中國珍稀錢幣》
★

1836
長 43.79 毫米
選自《歷代古錢圖說》
★

1837
長 44.62 毫米　重 9.1 克
金立夫　藏
★

1838
長 45.80 毫米　重 9.1 克
AMERICAN NUMISMATIC
SOCIETY　提供
★

1839
長 45.00 毫米　重 6.7 克
中國歷史博物館　藏
★

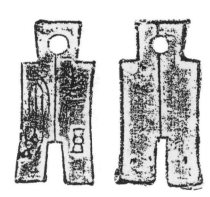

1840
長 47.21 毫米　重 12.4 克
上海博物館　藏
★

1841
長 46.33 毫米　重 8.7 克
張豐志　提供
★

1842
長 44.89 毫米
選自《歷代古錢圖說》
★

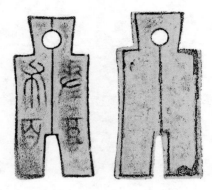

1843
長 45.33 毫米　重 11.0 克
陝西扶風博物館　藏
1977 年陝西扶風絳帳柿坡出土
★

1844
長 43.33 毫米
選自《中國珍稀錢幣》
★

1845
長 47.46 毫米　重 9.6 克
上海博物館　藏
★

1846
長 47.00 毫米　重 11.2 克
中國歷史博物館　藏
★

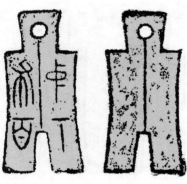

1847
長 46.27 毫米
選自《歷代古錢圖説》
★

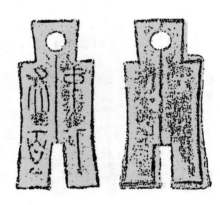

1848
長 48.34 毫米
選自《中國珍稀錢幣》
★

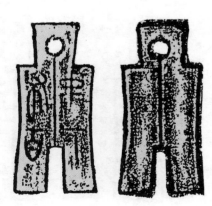

1849
長 49.44 毫米
選自《中國珍稀錢幣》
★

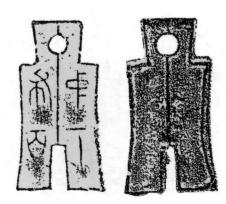

1850
長 48.07 毫米　重 12.2 克
上海博物館　藏
★

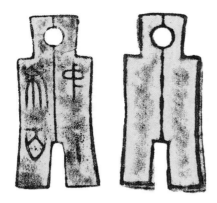

1851
長 49.63毫米　重 11.0克
金立夫　藏

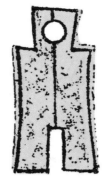

1852
長 42.11毫米
選自《歷代古錢圖説》
★

1853
長 48.05毫米　重 12.8克
AMERICAN　NUMISMATIC
SOCIETY　提供
★

1854
長 46.47毫米　重 7.9克
張豐志　提供
★

1855
長 50.21毫米
選自《中國珍稀錢幣》
★

1856
長 43.22毫米　重 11.0克
上海博物館　藏
★

1857
長 48.84毫米　重 11.0克
金立夫　藏
★

1858
長 50.00毫米　重 8.0克
中國歷史博物館　藏
★

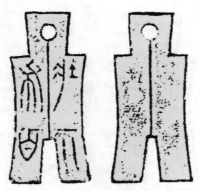

1859
長 46.38 毫米
選自《歷代古錢圖說》
★

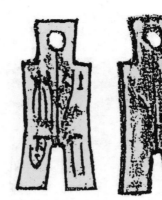

1860
長 49.16 毫米
選自《中國珍稀錢幣》
★

1861
長 46.79 毫米　重 7.3 克
張豐志　提供
★

1862
長 52.32 毫米　重 13.6 克
上海博物館　藏
★

1863
長 52.60 毫米　重 12.7 克
AMERICAN NUMISMATIC
SOCIETY　提供
★

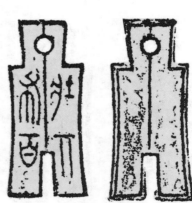

1864
長 50.11 毫米
選自《歷代古錢圖說》
★

1865
長 51.84 毫米
選自《中國珍稀錢幣》
★

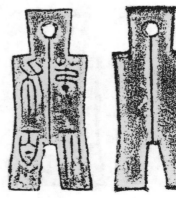

1866
長 50.02 毫米　重 10.6 克
上海博物館　藏
★

1867
長 50.00毫米　重 11.2克
中國歷史博物館　藏
★

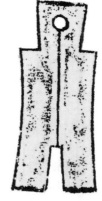

1868
長 52.27毫米
選自《歷代古錢圖說》
★

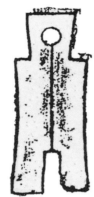

1869
長 51.40毫米
選自《中國珍稀錢幣》
★

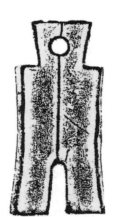

1870
長 53.74毫米　重 13.6克
上海博物館　藏
★

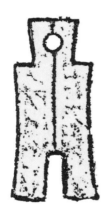

1871
長 50.27毫米
選自《歷代古錢圖說》
★

1872
長 54.90毫米　重 15.4克
AMERICAN NUMISMATIC
SOCIETY　提供
★

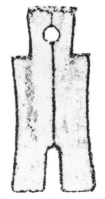

1873
長 50.06毫米　重 11.3克
張豐志　提供
★

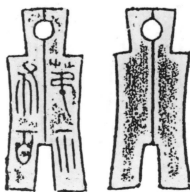

1874
長 49.89毫米
選自《中國珍稀錢幣》
★

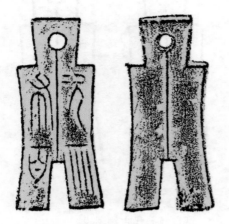

1875
長 54.12毫米　重 12.6克
上海博物館　藏
★

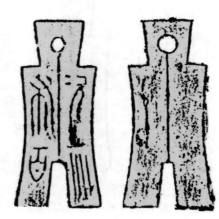

1876
長 53.08毫米
選自《中國珍稀錢幣》
★

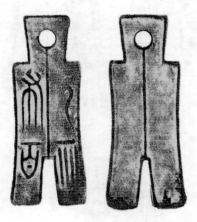

1877
長 54.49毫米　重 12.4克
金立夫　藏
★

1878
長 52.45毫米　重 8.4克
AMERICAN NUMISMATIC
SOCIETY　提供
★

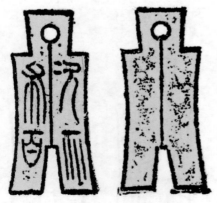

1879
長 52.51毫米
選自《歷代古錢圖說》
★

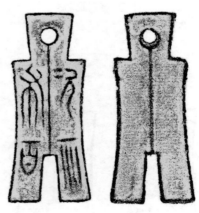

1880
長 52.00毫米　重 11.0克
中國歷史博物館　藏
★

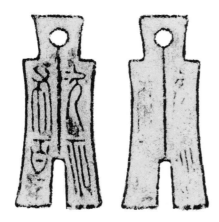

1881
長 52.76 毫米　重 10.1 克
張豐志　提供
★

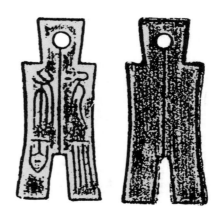

1882
長 51.65 毫米
選自《中國珍稀錢幣》
★

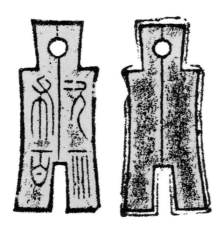

1883
長 54.03 毫米　重 15.4 克
上海博物館　藏
★

1884
長 52.37 毫米
選自《中國珍稀錢幣》
★

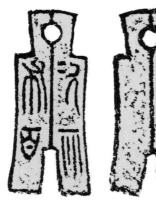

1885
長 51.42 毫米
選自《歷代古錢圖説》
★

1886
長 57.46 毫米　重 17.8 克
上海博物館　藏

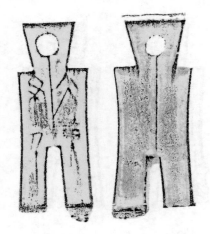

1887
長 56.34毫米　重 14.7克
上海博物館　藏

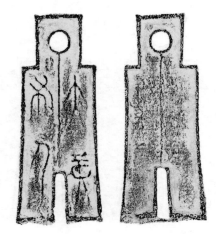

1888
長 57.90毫米　重 14.5克
上海博物館　藏

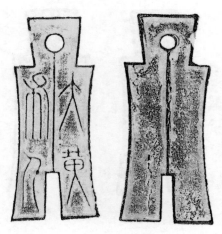

1889
長 55.67毫米　重 10.0克
上海博物館　藏

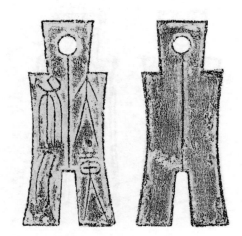

1890
長 56.32毫米　重 13.9克
上海博物館　藏

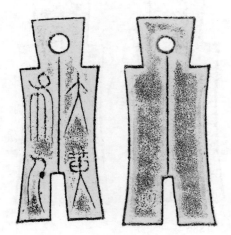

1891
長 55.37毫米　重 12.2克
上海博物館　藏

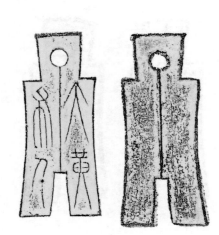

1892
長 50.12毫米　重 9.1克
上海博物館　藏

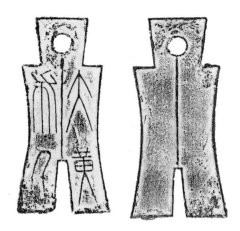

1893
長 52.78毫米　重 8.5克
上海博物館　藏

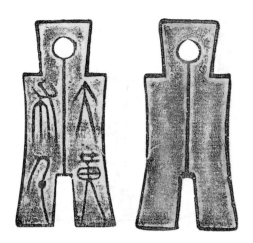

1894
長 56.89毫米　重 14.0克
上海博物館　藏

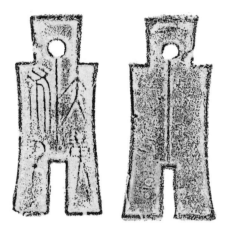
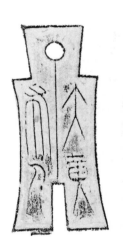

1895
長 55.23毫米　重 14.8克
上海博物館　藏

1896
長 57.92毫米　重 9.8克
上海博物館　藏

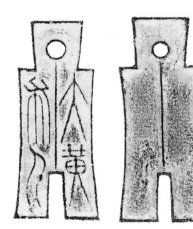

1897
長 53.86毫米　重 11.1克
上海博物館　藏

1898
長 56.07毫米　重 17.5克
上海博物館　藏

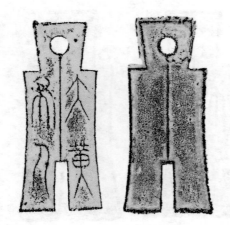

1899
長 54.43毫米　重 12.7克
上海博物館　藏

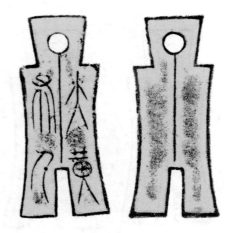

1900
長 57.21毫米　重 14.8克
金立夫　藏

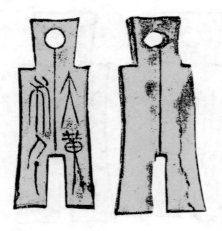

1901
長 55.53毫米　重 12.2克
存雲亭　藏

1902
長 54.89毫米　重 11.2克
上海博物館　藏

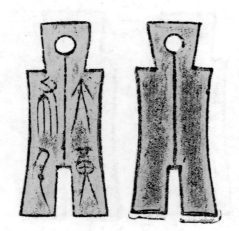

1903
長 55.43毫米　重 9.6克
上海博物館　藏

1904
長 58.35毫米　重 9.7克
金立夫　藏

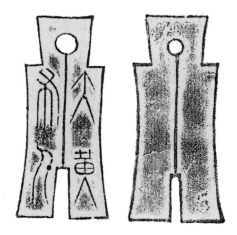

1905
長 55.01 毫米　重 19.4 克
上海博物館　藏

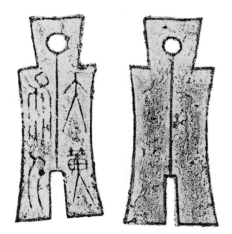

1906
長 55.63 毫米　重 10.2 克
上海博物館　藏

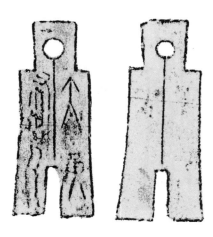

1907
長 55.32 毫米　重 12.5 克
張豐志　提供

1908
長 56.21 毫米　重 15.6 克
上海博物館　藏

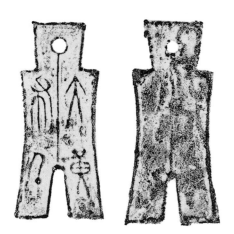

1909
長 53.68 毫米　重 15.6 克
上海博物館　藏

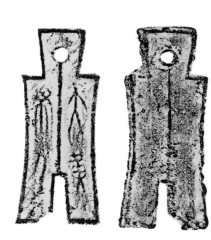

1910
長 53.44 毫米　重 11.2 克
上海博物館　藏

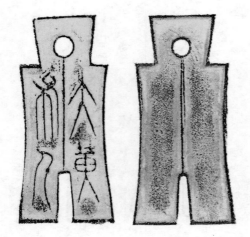

1911
長 56.56毫米　重 19.5克
上海博物館　藏

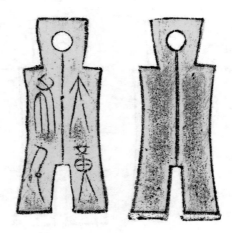

1912
長 53.61毫米　重 10.2克
上海博物館　藏

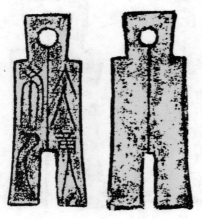

1913
長 54.50毫米　重 16.2克
謝世平　提供

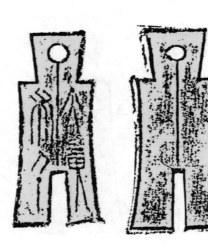

1914
長 56.07毫米　重 19.5克
謝世平　提供

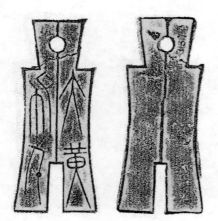

1915
長 53.11毫米　重 11.2克
上海博物館　藏

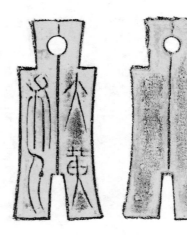

1916
長 55.23毫米　重 11.7克
上海博物館　藏

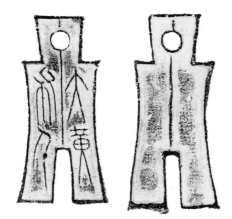

1917
長 51.71 毫米　重 12.2 克
上海博物館　藏

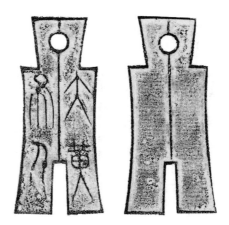

1918
長 54.63 毫米　重 13.8 克
上海博物館　藏

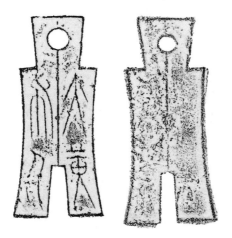

1919
長 50.22 毫米　重 18.1 克
上海博物館　藏

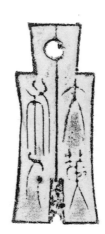

1920
長 50.27 毫米　重 13.6 克
上海博物館　藏

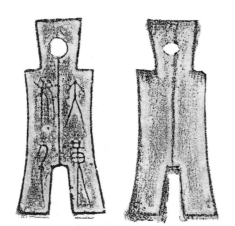

1921
長 54.91 毫米　重 7.3 克
上海博物館　藏

1922
長 55.23 毫米　重 11.0 克
上海博物館　藏

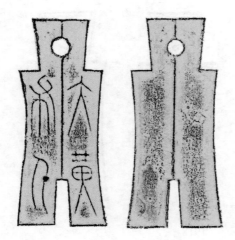

1923
長 56.89毫米　重 12.1克
上海博物館　藏

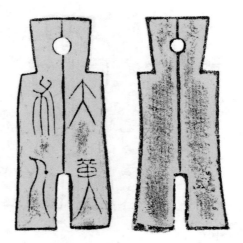

1924
長 58.98毫米　重 14.0克
上海博物館　藏

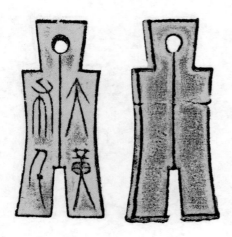

1925
長 56.00毫米　重 11.8克
中國歷史博物館　藏

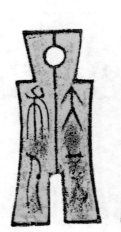

1926
長 53.43毫米　重 13.2克
上海博物館　藏

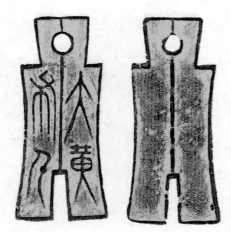

1927
長 56.32毫米　重 11.6克
上海博物館　藏

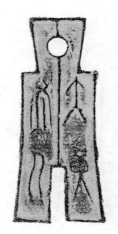

1928
長 56.33毫米　重 14.6克
上海博物館　藏

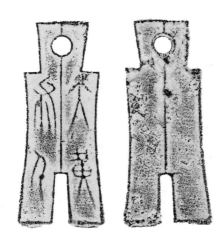

1929
長 56.72毫米　重 12.0克
上海博物館　藏

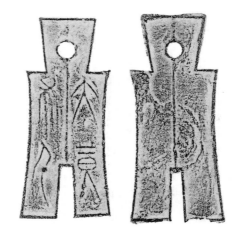

1930
長 55.81毫米　重 14.8克
上海博物館　藏

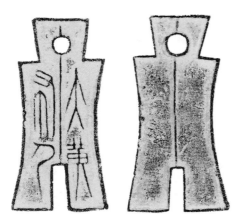

1931
長 55.24毫米　重 13.3克
上海博物館　藏

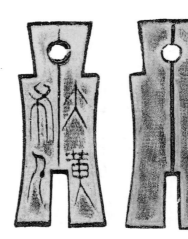

1932
長 56.43毫米　重 13.8克
上海博物館　藏

1933
長 50.50毫米　重 8.2克
金立夫　藏

1934
長 56.10毫米　重 15.3克
AMERICAN NUMISMATIC
SOCIETY　提供

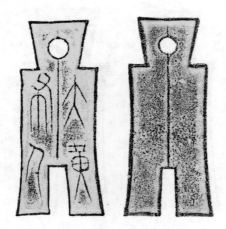

1935
長 53.77毫米　重 10.6克
上海博物館　藏

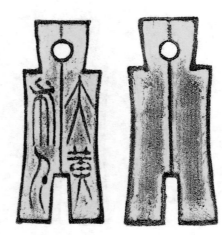

1936
長 55.74毫米　重 11.6克
上海博物館　藏

1937
長 56.43毫米
謝世平　提供
★

1938
長 53.21毫米　重 11.6克
上海博物館　藏

5. 貨泉

1939
徑 22.10毫米
重 2.8克
上海博物館　藏

1940
徑 22.68毫米
重 3.2克
上海博物館　藏

1941
徑 22.80毫米
重 2.3克
上海博物館　藏

1942
徑 23.06毫米
重 4.1克
上海博物館　藏

1943
徑 22.69 毫米
重 3.5 克
上海博物館　藏

1944
徑 22.93 毫米
重 3.9 克
上海博物館　藏

1945
徑 22.17 毫米
重 2.6 克
上海博物館　藏

1946
徑 22.57 毫米
重 2.4 克
上海博物館　藏

1947
徑 22.14 毫米
重 3.4 克
上海博物館　藏

1948
徑 21.15 毫米
重 2.2 克
上海博物館　藏

1949
徑 22.76 毫米
上海博物館　藏
★★

1950
徑 24.20 毫米
重 4.3 克
吳佩英　藏
★★

1951
徑 24.21 毫米
選自《中國珍稀
錢幣》
★★

1952
徑 24.07 毫米
選自《中國珍稀
錢幣》
★★

1953
徑 25.11 毫米
選自《中國珍稀
錢幣》
★★

1954
徑 25.07 毫米
選自《中國珍稀
錢幣》
★★

1955
徑 22.20 毫米
重 2.8 克
上海博物館　藏

1956
徑 22.21 毫米
重 2.3 克
上海博物館　藏

1957
徑 23.20 毫米
重 2.7 克
上海博物館　藏

1958
徑 22.99 毫米
重 3.4 克
存雲亭　提供

1959
徑 22.41 毫米
重 3.2 克
上海博物館　藏

1960
徑 23.44 毫米
重 3.5 克
存雲亭　提供

1961
徑 22.87 毫米
重 3.0 克
上海博物館　藏

1962
徑 22.83 毫米
重 2.4 克
上海博物館　藏

1963
徑 22.82 毫米
重 2.5 克
上海博物館　藏

1964
徑 22.27 毫米
重 3.0 克
上海博物館　藏

1965
徑 22.23 毫米
重 2.7 克
存雲亭　提供

1966
徑 23.30 毫米
重 5.5 克
上海博物館　藏

1967
徑 22.74 毫米
重 4.1 克
上海博物館　藏

1968
徑 21.64 毫米
重 4.8 克
上海博物館　藏

1969
徑 22.75 毫米
重 3.4 克
上海博物館　藏

1970
徑 22.38 毫米
重 3.3 克
上海博物館　藏

1971
徑 23.42 毫米
重 3.1 克
存雲亭　提供

1972
徑 22.39 毫米
重 3.4 克
上海博物館　藏

1973
徑 23.27 毫米
重 3.6 克
存雲亭　提供

1974
徑 23.49 毫米
重 3.4 克
存雲亭　提供

1975
徑 22.55 毫米
重 3.1 克
上海博物館　藏

1976
徑 22.41 毫米
重 2.7 克
上海博物館　藏

1977
徑 23.67 毫米
重 6.3 克
存雲亭　提供

1978
徑 21.50 毫米
重 2.3 克
上海博物館　藏

1979
徑 20.22 毫米
重 1.9 克
上海博物館　藏

1980
徑 21.96 毫米
重 2.0 克
存雲亭　提供

1981
徑 21.15 毫米
重 2.5 克
上海博物館　藏

1982
徑 22.01 毫米
重 2.6 克
上海博物館　藏

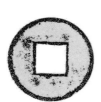

1983
徑 23.82 毫米
重 4.9 克
存雲亭　提供

1984
徑 22.14 毫米
重 2.7 克
上海博物館　藏

1985
徑 22.54 毫米
重 3.0 克
上海博物館　藏

1986
徑 21.56 毫米
重 1.5 克
存雲亭　提供

1987
徑 21.88 毫米
重 3.0 克
上海博物館　藏

1988
徑 21.20 毫米
重 1.9 克
上海博物館　藏

1989
徑 21.70 毫米
重 2.2 克
上海博物館　藏

1990
徑 22.63 毫米
重 2.2 克
上海博物館　藏

1991
徑 22.72 毫米
重 3.7 克
存雲亭　提供

1992
徑 19.82 毫米
重 2.0 克
上海博物館　藏

1993
徑 19.60 毫米
重 2.2 克
上海博物館　藏

1994
徑 23.11 毫米
重 3.6 克
存雲亭　提供

1995
徑 19.22 毫米
重 1.7 克
上海博物館　藏

1996
徑 19.85 毫米
重 1.5 克
上海博物館　藏

1997
徑 20.14 毫米
重 1.3 克
上海博物館　藏

1998
徑 21.11 毫米
重 1.9 克
存雲亭　提供

1999
徑 22.03 毫米
重 1.8 克
存雲亭　提供

2000
徑 19.89 毫米
重 1.3 克
上海博物館　藏

2001
徑 19.72 毫米
重 1.5 克
上海博物館　藏

2002
徑 19.81 毫米
重 1.4 克
上海博物館　藏

2003
徑 21.25 毫米
重 2.1 克
存雲亭　提供

2004
徑 19.81 毫米
重 1.4 克
上海博物館　藏

2005
徑 19.11 毫米
重 1.3 克
上海博物館　藏

2006
徑 19.44 毫米
重 1.6 克
上海博物館　藏

2007
徑 23.34 毫米
重 6.2 克
存雲亭　提供

2008
徑 19.87 毫米
重 1.5 克
上海博物館　藏

2009
徑 21.47 毫米
重 2.5 克
存雲亭　提供

2010
徑 19.44 毫米
重 1.1 克
上海博物館　藏

2011
徑 17.14 毫米
重 1.1 克
上海博物館　藏

2012
徑 17.50 毫米
重 1.0 克
上海博物館　藏

2013
徑 16.85 毫米
重 1.1 克
上海博物館　藏

2014
徑 17.05 毫米
重 0.9 克
上海博物館　藏

2015
徑 20.36 毫米
重 2.6 克
存雲亭　提供

2016
徑 18.29 毫米
重 1.3 克
上海博物館　藏

2017
徑 17.80 毫米
重 1.0 克
上海博物館　藏

2018
徑 15.91 毫米
重 0.8 克
上海博物館 藏

2019
徑 17.19 毫米
重 0.8 克
存雲亭 藏

2020
徑 20.18 毫米
重 1.5 克
上海博物館 藏

2021
徑 21.12 毫米
重 2.3 克
上海博物館 藏

2022
徑 20.04 毫米
重 1.3 克
上海博物館 藏

2023
徑 23.28 毫米
重 3.2 克
存雲亭 提供

2024
徑 21.57 毫米
重 3.0 克
上海博物館 藏

2025
徑 22.89 毫米
重 4.6 克
上海博物館 藏

2026
徑 23.06 毫米
重 2.8 克
存雲亭 提供

2027
徑 21.82 毫米
重 5.0 克
上海博物館 藏

2028
徑 21.70 毫米
重 2.1 克
上海博物館 藏

2029
徑 22.45 毫米
重 3.3 克
上海博物館 藏

2030
徑 23.86 毫米
重 3.5 克
存雲亭 提供

2031
徑 23.54 毫米
重 3.1 克
存雲亭 提供

2032
徑 22.47 毫米
重 3.6 克
上海博物館 藏

2033
徑 22.56 毫米
重 3.0 克
上海博物館 藏

2034
徑 23.27 毫米
重 3.4 克
存雲亭 提供

2035
徑 22.74 毫米
重 3.2 克
上海博物館 藏

2036
徑 22.05 毫米
重 3.2 克
上海博物館 藏

2037
徑 23.88 毫米
重 4.3 克
存雲亭 提供

2038
徑 22.57 毫米
重 2.8 克
上海博物館 藏

2039
徑 23.16 毫米
重 5.2 克
存雲亭 提供

2040
徑 22.22 毫米
重 3.1 克
上海博物館 藏

2041
徑 23.09 毫米
重 3.3 克
存雲亭 提供

2042
徑 23.58 毫米
重 3.4 克
存雲亭 提供

2043
徑 22.91 毫米
重 3.0 克
上海博物館 藏

2044
徑 22.03 毫米
重 2.1 克
存雲亭 提供

2045
徑 24.02 毫米
重 4.1 克
存雲亭 提供

2046
徑 23.21 毫米
重 3.3 克
存雲亭 提供

2047
徑 23.29 毫米
重 3.1 克
存雲亭 提供

2048
徑 22.01 毫米
重 3.8 克
上海博物館 藏

2049
徑 22.18 毫米
重 4.4 克
上海博物館 藏

2050
徑 20.86 毫米
重 2.2 克
上海博物館 藏

2051
徑 23.43 毫米
重 3.4 克
存雲亭 提供

2052
徑 21.13 毫米
重 1.6 克
存雲亭 提供

2053
徑 23.68 毫米
重 3.5 克
存雲亭 提供

2054
徑 23.21 毫米
重 3.2 克
存雲亭 提供

2055
徑 24.30 毫米
重 3.5 克
存雲亭 提供

2056
徑 23.22 毫米
重 3.0 克
存雲亭 提供

2057
徑 20.79 毫米
重 2.0 克
上海博物館 藏

2058
徑 20.61 毫米
重 1.8 克
上海博物館 藏

2059
徑 20.19 毫米
重 1.4 克
存雲亭 提供

2060
徑 21.36 毫米
重 2.3 克
上海博物館 藏

2061
徑 21.04 毫米
重 1.8 克
上海博物館 藏

2062
徑 20.94 毫米
重 2.4 克
存雲亭 提供

2063
徑 20.18毫米
重 1.5克
上海博物館 藏

2064
徑 19.72毫米
重 1.3克
上海博物館 藏

2065
徑 19.48毫米
重 1.7克
上海博物館 藏

2066
徑 21.42毫米
重 2.0克
上海博物館 藏

2067
徑 18.21毫米
重 1.9克
上海博物館 藏

2068
徑 18.21毫米
重 1.1克
上海博物館 藏

2069
徑 18.21毫米
重 1.3克
上海博物館 藏

2070
徑 17.52毫米
重 1.3克
上海博物館 藏

2071
徑 22.80毫米
重 3.0克
上海博物館 藏

2072
徑 22.31毫米
重 2.6克
上海博物館 藏

2073
徑 22.52毫米
重 2.8克
上海博物館 藏

2074
徑 20.45毫米
重 2.4克
上海博物館 藏

2075
徑 22.42毫米
重 3.0克
存雲亭 提供

2076
徑 21.55毫米
重 2.8克
上海博物館 藏

2077
徑 22.11毫米
重 2.6克
上海博物館 藏

2078
徑 22.12 毫米
重 2.4 克
上海博物館　藏

2079
徑 20.71 毫米
重 2.7 克
上海博物館　藏

2080
徑 21.19 毫米
重 1.8 克
上海博物館　藏

2081
徑 21.09 毫米
重 2.1 克
上海博物館　藏

2082
徑 21.57 毫米
重 2.7 克
上海博物館　藏

2083
徑 21.87 毫米
重 2.7 克
上海博物館　藏

2084
徑 20.09 毫米
重 1.8 克
上海博物館　藏

2085
徑 23.22 毫米
重 3.3 克
存雲亭　提供

2086
徑 21.84 毫米
重 2.0 克
存雲亭　提供

2087
徑 22.01 毫米
重 3.2 克
上海博物館　藏

2088
徑 21.13 毫米
重 2.5 克
存雲亭　提供

2089
徑 22.72 毫米
重 3.7 克
上海博物館　藏

2090
徑 22.39 毫米
重 3.0 克
上海博物館　藏

2091
徑 21.43 毫米
重 3.1 克
上海博物館　藏

2092
徑 23.03 毫米
重 2.8 克
上海博物館　藏

2093
徑 23.26 毫米
重 3.8 克
存雲亭 提供

2094
徑 22.67 毫米
重 3.8 克
上海博物館 藏

2095
徑 22.88 毫米
重 3.2 克
上海博物館 藏

2096
徑 22.87 毫米
重 3.4 克
上海博物館 藏

2097
徑 23.20 毫米
重 3.4 克
上海博物館 藏

2098
徑 22.81 毫米
重 2.4 克
上海博物館 藏

2099
徑 20.50 毫米
重 1.6 克
上海博物館 藏

2100
徑 21.28 毫米
重 1.9 克
上海博物館 藏

2101
徑 22.47 毫米
重 2.4 克
上海博物館 藏

2102
徑 21.80 毫米
重 1.8 克
上海博物館 藏

2103
徑 22.59 毫米
重 2.7 克
上海博物館 藏

2104
徑 22.74 毫米
重 2.9 克
上海博物館 藏

2105
徑 21.63 毫米
重 2.4 克
上海博物館 藏

2106
徑 22.33 毫米
重 2.2 克
存雲亭 提供

2107
徑 22.68 毫米
重 3.0 克
上海博物館 藏

2108	2109	2110	2111	2112
徑 23.20毫米	徑 21.63毫米	徑 22.61毫米	徑 22.62毫米	徑 23.03毫米
重 3.6克	重 2.5克	重 3.8克	重 3.0克	重 3.6克
存雲亭　提供	上海博物館　藏	上海博物館　藏	上海博物館　藏	存雲亭　提供

2113	2114	2115	2116	2117
徑 22.05毫米	徑 22.84毫米	徑 21.75毫米	徑 22.05毫米	徑 21.23毫米
重 3.1克	重 3.8克	重 3.0克	重 1.9克	重 1.9克
上海博物館　藏	存雲亭　提供	上海博物館　藏	上海博物館　藏	上海博物館　藏

2118	2119	2120	2121	2122
徑 21.45毫米	徑 19.55毫米	徑 21.24毫米	徑 22.43毫米	徑 21.38毫米
重 2.1克	重 1.4克	重 2.1克	重 2.8克	重 2.3克
存雲亭　提供	上海博物館　藏	上海博物館　藏	上海博物館　藏	上海博物館　藏

2123
徑 23.49毫米
重 4.2克
存雲亭 提供

2124
徑 22.37毫米
重 2.6克
上海博物館 藏

2125
徑 22.72毫米
重 4.0克
上海博物館 藏

2126
徑 22.76毫米
重 3.1克
上海博物館 藏

2127
徑 22.38毫米
重 3.3克
上海博物館 藏

2128
徑 20.14毫米
重 2.0克
上海博物館 藏

2129
徑 21.40毫米
重 2.2克
上海博物館 藏

2130
徑 21.86毫米
重 3.9克
上海博物館 藏

2131
徑 22.59毫米
重 2.8克
存雲亭 提供

2132
徑 22.52毫米
重 3.2克
上海博物館 藏

2133
徑 21.38毫米
重 4.0克
上海博物館 藏

2134
徑 22.97毫米
重 3.2克
上海博物館 藏

2135
徑 22.45毫米
重 2.3克
存雲亭 提供

2136
徑 22.93毫米
重 2.8克
上海博物館 藏

2137
徑 22.18毫米
重 2.0克
上海博物館 藏

2138
徑 22.35 毫米
重 2.9 克
存雲亭 提供

2139
徑 22.09 毫米
重 2.5 克
上海博物館 藏

2140
徑 21.62 毫米
重 2.1 克
上海博物館 藏

2141
徑 21.14 毫米
重 2.4 克
上海博物館 藏

2142
徑 22.42 毫米
重 2.4 克
存雲亭 提供

2143
徑 20.41 毫米
重 2.5 克
上海博物館 藏

2144
徑 21.47 毫米
重 2.6 克
上海博物館 藏

2145
徑 22.52 毫米
重 3.0 克
上海博物館 藏

2146
徑 22.67 毫米
重 2.4 克
存雲亭 提供

2147
徑 22.00 毫米
重 3.3 克
上海博物館 藏

2148
徑 22.65 毫米
重 3.5 克
存雲亭 提供

2149
徑 22.62 毫米
重 2.8 克
存雲亭 提供

2150
徑 21.97 毫米
重 2.3 克
上海博物館 藏

2151
徑 22.49 毫米
重 3.2 克
上海博物館 藏

2152
徑 21.67 毫米
重 1.9 克
上海博物館 藏

2153
徑 22.97毫米
重 3.7克
存雲亭　提供

2154
徑 23.40毫米
重 3.4克
上海博物館　藏

2155
徑 20.10毫米
重 1.4克
上海博物館　藏

2156
徑 21.43毫米
重 2.1克
上海博物館　藏

2157
徑 20.00毫米
重 5.6克
上海博物館　藏

2158
徑 20.23毫米
重 2.3克
上海博物館　藏

2159
徑 21.12毫米
重 2.1克
上海博物館　藏

2160
徑 21.55毫米
重 1.8克
上海博物館　藏

2161
徑 21.54毫米
重 2.1克
上海博物館　藏

2162
徑 22.05毫米
重 2.0克
上海博物館　藏

2163
徑 20.87毫米
重 2.2克
上海博物館　藏

2164
徑 22.17毫米
重 2.5克
上海博物館　藏

2165
徑 21.46毫米
重 2.3克
上海博物館　藏

2166
徑 20.36毫米
重 1.2克
上海博物館　藏

2167
徑 19.23毫米
重 1.3克
上海博物館　藏

2168
徑 18.81 毫米
重 1.4 克
上海博物館　藏

2169
徑 19.35 毫米
重 1.7 克
上海博物館　藏

2170
徑 20.14 毫米
重 1.3 克
上海博物館　藏

2171
徑 19.40 毫米
重 1.3 克
上海博物館　藏

2172
徑 18.89 毫米
重 1.0 克
上海博物館　藏

2173
徑 18.52 毫米
重 1.1 克
上海博物館　藏

2174
徑 18.80 毫米
重 1.3 克
上海博物館　藏

2175
徑 19.22 毫米
重 1.4 克
上海博物館　藏

2176
徑 19.24 毫米
重 1.3 克
上海博物館　藏

2177
徑 18.05 毫米
重 1.0 克
上海博物館　藏

2178
徑 17.61 毫米
重 1.2 克
上海博物館　藏

2179
徑 17.93 毫米
重 1.3 克
上海博物館　藏

2180
徑 17.76 毫米
重 0.9 克
上海博物館　藏

2181
徑 18.74 毫米
重 1.3 克
上海博物館　藏

2182
徑 21.14 毫米
重 2.0 克
金立夫　藏

2183
徑 16.15毫米
重 0.9克
上海博物館　藏

2184
徑 15.28毫米
重 0.9克
上海博物館　藏

2185
徑 16.46毫米
重 0.9克
上海博物館　藏

2186
徑 16.30毫米
重 0.6克
上海博物館　藏

2187
徑 15.99毫米
重 1.0克
上海博物館　藏

2188
徑 16.62毫米
重 1.0克
上海博物館　藏

2189
徑 17.02毫米
重 0.8克
上海博物館　藏

2190
徑 17.55毫米
重 1.0克
上海博物館　藏

2191
徑 18.48毫米
重 0.8克
上海博物館　藏

2192
徑 13.19毫米
重 0.7克
上海博物館　藏

2193
徑 15.73毫米
重 0.8克
上海博物館　藏

2194
徑 15.00毫米
重 0.7克
上海博物館　藏

2195
徑 15.22毫米
重 0.9克
上海博物館　藏

2196
徑 14.35毫米
重 0.5克
上海博物館　藏

2197
徑 14.66毫米
重 0.8克
上海博物館　藏

2198
徑 16.32 毫米
重 1.1 克
上海博物館 藏

2199
徑 15.24 毫米
重 0.6 克
上海博物館 藏

2200
徑 15.77 毫米
重 0.9 克
存雲亭 藏

2201
徑 22.81 毫米
重 3.0 克
上海博物館 藏

2202
徑 20.11 毫米
重 1.7 克
上海博物館 藏

2203
徑 21.22 毫米
重 2.5 克
上海博物館 藏

2204
徑 21.64 毫米
重 2.5 克
上海博物館 藏

2205
徑 20.97 毫米
重 1.9 克
上海博物館 藏

2206
徑 21.06 毫米
重 2.2 克
上海博物館 藏

2207
徑 18.24 毫米
重 1.0 克
上海博物館 藏

2208
徑 18.35 毫米
重 1.3 克
上海博物館 藏

2209
徑 22.13 毫米
重 4.5 克
上海博物館 藏

2210
徑 21.11 毫米
重 3.2 克
上海博物館 藏

2211
徑 21.41 毫米
重 5.4 克
上海博物館 藏

2212
徑 21.30 毫米
重 2.1 克
上海博物館 藏

2213
徑 21.65 毫米
重 2.3 克
上海博物館　藏

2214
徑 20.91 毫米
重 2.1 克
上海博物館　藏

2215
徑 21.95 毫米
重 3.7 克
上海博物館　藏

2216
徑 22.30 毫米
重 5.6 克
上海博物館　藏

2217
徑 21.32 毫米
重 3.9 克
上海博物館　藏

2218
徑 22.26 毫米
重 5.1 克
上海博物館　藏

2219
徑 22.29 毫米
重 3.0 克
上海博物館　藏

2220
徑 22.78 毫米
重 3.0 克
上海博物館　藏

2221
徑 22.78 毫米
重 2.8 克
上海博物館　藏

2222
徑 22.47 毫米
重 3.3 克
上海博物館　藏

2223
徑 22.32 毫米
重 2.6 克
上海博物館　藏

2224
徑 22.17 毫米
重 3.9 克
上海博物館　藏

2225
徑 22.11 毫米
重 3.7 克
上海博物館　藏

2226
徑 20.41 毫米
重 1.4 克
上海博物館　藏

2227
徑 22.05 毫米
重 2.6 克
上海博物館　藏

2228
徑 21.15 毫米
重 2.3 克
上海博物館 藏

2229
徑 21.57 毫米
重 3.2 克
上海博物館 藏

2230
徑 22.75 毫米
重 2.4 克
存雲亭 藏

2231
徑 21.58 毫米
重 2.3 克
上海博物館 藏

2232
徑 21.82 毫米
重 5.2 克
上海博物館 藏

2233
徑 22.95 毫米
重 4.4 克
上海博物館 藏

2234
徑 21.77 毫米
重 2.5 克
上海博物館 藏

2235
徑 22.20 毫米
重 2.8 克
上海博物館 藏

2236
徑 21.85 毫米
重 4.0 克
上海博物館 藏

2237
徑 21.01 毫米
重 2.4 克
上海博物館 藏

2238
徑 21.72 毫米
重 2.0 克
上海博物館 藏

2239
徑 22.06 毫米
重 3.2 克
上海博物館 藏

2240
徑 23.12 毫米
重 3.4 克
上海博物館 藏

2241
徑 22.27 毫米
重 3.0 克
上海博物館 藏

2242
徑 22.52 毫米
重 2.4 克
上海博物館 藏

2243
徑 21.13 毫米
重 1.5 克
鄒誌諒 藏

2244
徑 21.56 毫米
重 2.0 克
上海博物館 藏

2245
徑 22.43 毫米
重 2.8 克
上海博物館 藏

2246
徑 21.60 毫米
重 3.0 克
上海博物館 藏

2247
徑 21.24 毫米
重 3.3 克
上海博物館 藏

2248
徑 22.56 毫米
重 3.1 克
上海博物館 藏

2249
徑 21.94 毫米
重 3.2 克
上海博物館 藏

2250
徑 18.93 毫米
重 1.6 克
上海博物館 藏

2251
徑 19.93 毫米
重 1.3 克
上海博物館 藏

2252
徑 17.90 毫米
重 1.0 克
上海博物館 藏

2253
徑 20.41 毫米
重 1.8 克
上海博物館 藏

2254
徑 19.35 毫米
重 2.0 克
上海博物館 藏

2255
徑 18.32 毫米
上海博物館 藏

2256
徑 19.94 毫米
重 1.8 克
上海博物館 藏

2257
徑 21.43 毫米
呂華林 藏

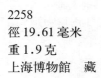

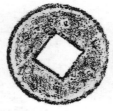

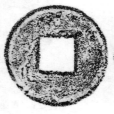
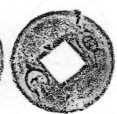

2258
徑 19.61毫米
重 1.9克
上海博物館　藏

2259
徑 18.53毫米
重 1.5克
存雲亭　藏

2260
徑 15.18毫米
重 0.9克
上海博物館　藏

2261
徑 26.91毫米
重 48.5克
上海博物館　藏

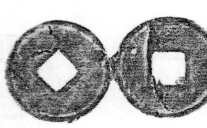

2262
徑 27.68毫米
重 33.8克
金立夫　藏

2263
徑 27.05毫米
重 24.9克
上海博物館　藏

2264
徑 27.65毫米
重 44.0克
上海博物館　藏

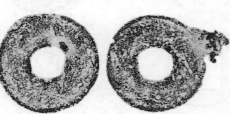

2265
徑 27.35毫米
重 48.9克
上海博物館　藏

2266
徑 22.46毫米
重 7.2克
上海博物館　藏

2267
徑 24.21毫米
重 11.0克
上海博物館　藏

2268
徑 24.16毫米
重 9.1克
上海博物館　藏

2269
徑 24.68毫米
重 12.9克
上海博物館 藏

2270
徑 24.59毫米
重 11.5克
上海博物館藏

2271
徑 26.21毫米 藏
陝西扶風博物館 藏
1982年陝西扶風西官
村出土

2272
徑 24.72毫米
重 9.2克
上海博物館 藏

2273
徑 25.27毫米
重 13.2克
上海博物館 藏

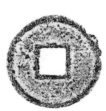

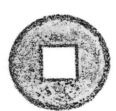

2274
徑 24.77毫米
重 8.8克
上海博物館 藏

2275
徑 25.06毫米
重 9.5克
上海博物館藏

2276
徑 24.79毫米
重 10.0克
上海博物館 藏

2277
徑 26.02毫米
重 16.8克
上海博物館 藏

2278
徑 26.47毫米
重 18.1克
上海博物館 藏

2279
徑 26.23毫米
重 19.0克
上海博物館 藏

2280
徑 25.49毫米
重 16.6克
上海博物館 藏

2281
徑 26.86毫米
重 17.8克
上海博物館 藏

2282
徑 32.98毫米
重 22.8克
存雲亭 提供

2283
徑 25.94毫米
重 19.2克
上海博物館 藏

2284
徑 25.61 毫米
重 8.5 克
存雲亭 提供

2285 鐵質
徑 27.80 毫米
謝世平 提供

2286 鐵質
徑 27.90 毫米
謝世平 提供

2287 鐵質
徑 28.20 毫米
謝世平 提供

2288 鐵質
徑 29.00 毫米
謝世平 提供

2289 鐵質
徑 32.00 毫米
重 18.2 克
鄒誌諒 提供

2290 銅包鐵
徑 28.00 毫米
重 15.1 克
謝世平 提供
★

2291 銅包鐵
徑 30.50 毫米
重 25.6 克
謝世平 提供
★

6. 貨布

2292
長 57.32 毫米　重 17.4 克
上海博物館　藏

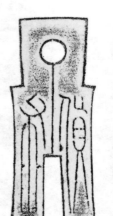
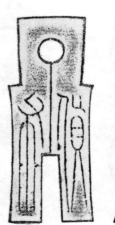

2293
長 56.41 毫米　重 16.9 克
上海博物館　藏

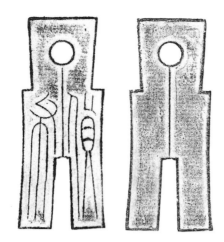

2294
長 57.88毫米　重 18.1克
上海博物館　藏

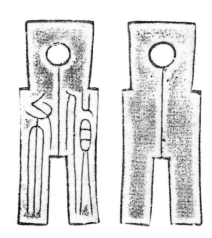

2295
長 56.33毫米　重 13.0克
上海博物館　藏

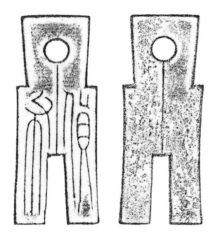

2296
長 57.24毫米　重 16.1克
上海博物館　藏

2297
長 56.88毫米　重 14.9克
上海博物館　藏

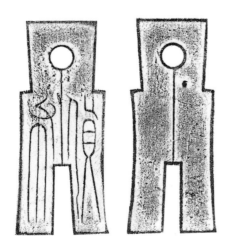

2298
長 58.02毫米　重 19.0克
上海博物館　藏

2299
長 57.63毫米　重 16.8克
上海博物館　藏

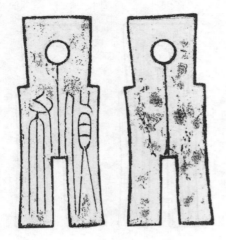

2300
長 58.76毫米　重 17.6克
存雲亭　藏

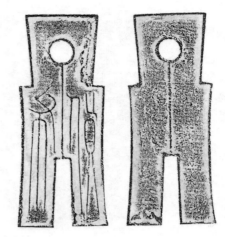

2301
長 58.99毫米　重 16.2克
上海博物館　藏

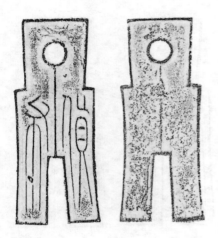

2302
長 56.41毫米　重 14.4克
上海博物館　藏

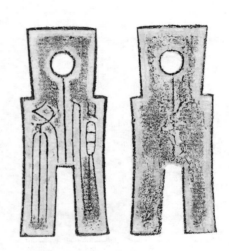

2303
長 56.82毫米　重 14.4克
上海博物館　藏

2304
長 57.05毫米　重 14.7克
上海博物館　藏

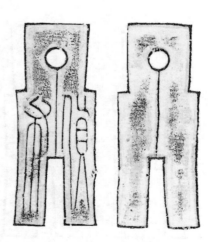

2305
長 55.17毫米　重 9.7克
上海博物館　藏

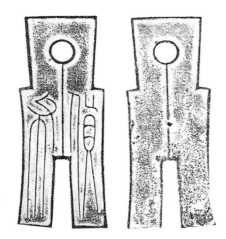

2306
長 58.02毫米　重 16.4克
上海博物館　藏

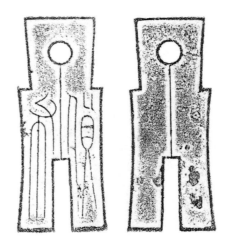

2307
長 58.43毫米　重 18.3克
上海博物館　藏

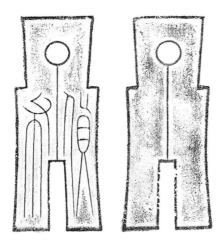

2308
長 58.72毫米　重 18.9克
上海博物館　藏

2309
長 56.99毫米　重 14.4克
上海博物館　藏

2310
長 56.55毫米　重 13.9克
上海博物館　藏

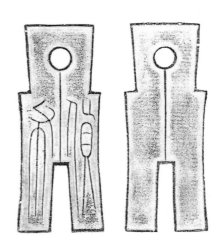

2311
長 56.71毫米　重 14.9克
上海博物館　藏

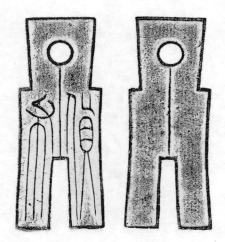

2312
長58.00毫米　重16.6克
上海博物館　藏

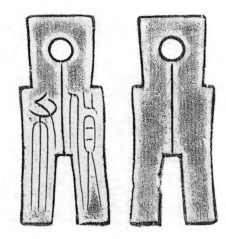

2313
長57.65毫米　重15.4克
上海博物館　藏

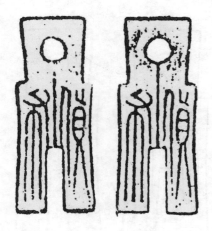

2314
長54.62毫米
選自《歷代古錢圖說》

7. 布泉

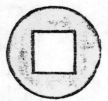

2315
徑26.44毫米
重3.6克
金立夫　藏

2316
徑26.08毫米
重4.0克
上海博物館　藏

2317
徑26.05毫米
重3.0克
上海博物館　藏

2318
徑 25.99 毫米
重 3.0 克
上海博物館 藏

2319
徑 25.96 毫米
重 3.4 克
金立夫 藏

2320
徑 25.84 毫米
重 3.4 克
金立夫 藏

2321
徑 25.20 毫米
重 3.3 克
上海博物館 藏

2322
徑 25.78 毫米
上海博物館 藏

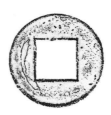

2323
徑 25.96 毫米
重 3.2 克
上海博物館 藏

2324
徑 25.93 毫米
重 3.0 克
上海博物館 藏

2325
徑 25.82 毫米
重 3.0 克
上海博物館 藏

2326
徑 25.57 毫米
重 3.0 克
上海博物館 藏

2327
徑 25.19 毫米
重 3.1 克
上海博物館 藏

2328
徑 25.19 毫米
重 3.2 克
上海博物館 藏

2329
徑 23.95 毫米
重 2.5 克
上海博物館 藏

2330
徑 23.64 毫米
重 2.5 克
上海博物館 藏

2331
徑 27.21 毫米
重 4.0 克
上海博物館 藏

2332
徑 26.13 毫米
重 3.0 克
上海博物館 藏

2333
徑 25.89毫米
重 3.4克
上海博物館 藏

2334
徑 25.20毫米
重 3.1克
上海博物館 藏

2335
徑 25.19毫米
重 3.5克
上海博物館 藏

2336
徑 26.17毫米
重 4.0克
上海博物館 藏

2337
徑 19.99毫米
重 1.4克
上海博物館 藏

8. 國寶金匱·直萬

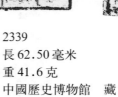
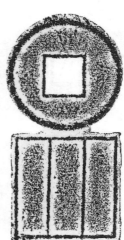

2338
長 61.32毫米
選自《中國珍稀錢幣》
★★★★

2339
長 62.50毫米
重 41.6克
中國歷史博物館 藏
★★★★

四、東漢貨幣

1. 五銖

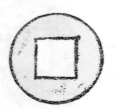

2340
徑 25.20毫米
重 3.2克
金立夫 藏

2341
徑 25.44毫米
重 4.4克
金立夫 藏

2342
徑 25.76毫米
重 3.6克
金立夫 藏

2343
徑 25.91毫米
重 3.5克
金立夫 藏

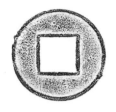

2344
徑 25.35 毫米
重 3.6 克
上海博物館 藏

2345
徑 25.55 毫米
重 3.0 克
上海博物館 藏

2346
徑 25.84 毫米
重 2.9 克
上海博物館 藏

2347
徑 25.02 毫米
重 3.3 克
上海博物館 藏

2348
徑 26.02 毫米
重 3.6 克
上海博物館 藏

2349
徑 25.41 毫米
重 2.8 克
上海博物館 藏

2350
徑 25.31 毫米
重 3.4 克
上海博物館 藏

2351
徑 25.56 毫米
重 3.0 克
存雲亭 藏

2352
徑 25.76 毫米
重 4.8 克
上海博物館 藏

2353
徑 25.33 毫米
重 3.0 克
上海博物館 藏

2354
徑 25.48 毫米
重 2.8 克
上海博物館 藏

2355
徑 26.16 毫米
重 2.8 克
上海博物館 藏

2356
徑 25.24 毫米
重 2.3 克
存雲亭 藏

2357
徑 25.92 毫米
重 3.3 克
上海博物館 藏

2358
徑 25.21 毫米
重 2.9 克
上海博物館 藏

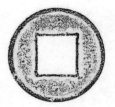

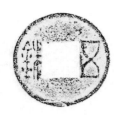

2359
徑 25.51毫米
重 2.3克
上海博物館 藏

2360
徑 25.73毫米
重 2.5克
存雲亭 藏

2361
徑 25.98毫米
重 2.5克
上海博物館 藏

2362
徑 26.02毫米
重 3.0克
上海博物館 藏

2363
徑 25.28毫米
重 3.4克
存雲亭 藏

2364
徑 24.43毫米
重 2.2克
上海博物館 藏

2365
徑 25.46毫米
重 2.3克
上海博物館 藏

2366
徑 25.45毫米
重 3.3克
上海博物館 藏

2367
徑 25.77毫米
重 3.4克
存雲亭 藏

2368
徑 25.52毫米
重 3.6克
上海博物館 藏

2369
徑 25.69毫米
重 2.8克
上海博物館 藏

2370
徑 25.43毫米
重 3.6克
上海博物館 藏

2371
徑 25.34毫米
重 3.3克
上海博物館 藏

2372
徑 25.43毫米
重 2.9克
上海博物館 藏

2373
徑 25.03毫米
重 3.2克
上海博物館 藏

2374
徑 24.86毫米
重 1.8克
上海博物館 藏

2375
徑 24.72毫米
重 2.9克
上海博物館 藏

2376
徑 26.24毫米
重 3.6克
存雲亭 藏

2377
徑 25.76毫米
重 3.3克
上海博物館 藏

2378
徑 27.02毫米
重 2.7克
上海博物館 藏

2379
徑 25.89毫米
重 2.8克
上海博物館 藏

2380
徑 25.03毫米
重 3.0克
上海博物館 藏

2381
徑 22.89毫米
重 2.3克
存雲亭 藏

2382
徑 25.82毫米
重 3.2克
上海博物館 藏

2383
徑 25.22毫米
上海博物館 藏

2384
徑 26.02毫米
重 2.4克
上海博物館 藏

2385
徑 25.44毫米
重 2.7克
上海博物館 藏

2386
徑 25.67毫米
重 2.6克
上海博物館 藏

2387
徑 25.82毫米
重 2.8克
上海博物館 藏

2388
徑 24.64毫米
重 1.9克
上海博物館 藏

2389
徑 25.77 毫米
重 3.0 克
上海博物館 藏

2390
徑 26.97 毫米
重 3.7 克
上海博物館 藏

2391
徑 25.78 毫米
重 2.8 克
上海博物館 藏

2392
徑 25.07 毫米
重 2.8 克
上海博物館 藏

2393
徑 24.88 毫米
重 2.4 克
存雲亭 藏

2394
徑 22.76 毫米
重 1.2 克
上海博物館 藏

2395
徑 26.04 毫米
重 3.2 克
存雲亭 藏

2396
徑 25.31 毫米
重 3.2 克
上海博物館 藏

2397
徑 25.61 毫米
重 3.0 克
上海博物館 藏

2398
徑 24.90 毫米
重 3.1 克
上海博物館 藏

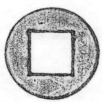

2399
徑 25.35 毫米
重 3.0 克
上海博物館 藏

2400
徑 24.52 毫米
重 3.1 克
上海博物館 藏

2401
徑 25.89 毫米
重 3.3 克
上海博物館 藏

2402
徑 25.22 毫米
重 3.0 克
上海博物館 藏

2403
徑 25.19 毫米
重 2.9 克
上海博物館 藏

2404	2405	2406	2407	2408
徑 25.13 毫米	徑 25.58 毫米	徑 26.17 毫米	徑 24.97 毫米	徑 24.50 毫米
重 2.8 克	重 2.8 克	重 3.1 克	重 2.3 克	重 2.2 克
上海博物館 藏	上海博物館 藏	存雲亭 藏	上海博物館 藏	上海博物館 藏

2409	2410	2411	2412	2413
徑 25.83 毫米	徑 23.67 毫米	徑 24.95 毫米	徑 25.76 毫米	徑 25.14 毫米
重 2.8 克	重 2.2 克	重 3.0 克	重 2.2 克	重 2.6 克
上海博物館 藏	上海博物館 藏	上海博物館 藏	上海博物館 藏	上海博物館 藏

2414	2415	2416	2417	2418
徑 24.98 毫米	徑 25.34 毫米	徑 25.17 毫米	徑 23.67 毫米	徑 24.67 毫米
重 3.0 克	重 1.7 克	重 2.7 克	重 1.8 克	重 2.7 克
上海博物館 藏	上海博物館 藏	上海博物館 藏	上海博物館 藏	上海博物館 藏

2419
徑 25.89毫米
重 2.8克
上海博物館　藏

2420
徑 25.91毫米
重 2.7克
存雲亭　藏

2421
徑 25.03毫米
選自《長安縣三里村
東漢墓發掘報告》

2422
徑 24.76毫米
選自《長安縣三里村
東漢墓發掘報告》

2423
徑 26.07毫米
重 2.7克
上海博物館　藏

2424
徑 26.13毫米
重 3.4克
存雲亭　藏

2425
徑 26.11毫米
重 3.3克
上海博物館　藏

2426
徑 25.64毫米
重 2.7克
上海博物館　藏

2427
徑 25.45毫米
重 4.3克
上海博物館　藏

2428
徑 26.49毫米
重 3.2克
上海博物館　藏

2429
徑 26.05毫米
重 3.4克
上海博物館　藏

2430
徑 26.13毫米
重 2.5克
存雲亭　藏

2431
徑 25.91毫米
重 3.2克
上海博物館　藏

2432
徑 24.97毫米
重 3.3克
上海博物館　藏

2433
徑 25.11毫米
重 2.9克
上海博物館　藏

2434
徑 25.60毫米
重 2.8 克
上海博物館 藏

2435
徑 25.77毫米
重 3.1 克
上海博物館 藏

2436
徑 24.55毫米
重 2.3 克
上海博物館 藏

2437
徑 25.33毫米
重 2.3 克
上海博物館 藏

2438
徑 24.67毫米
重 2.4 克
上海博物館 藏

2439
徑 26.05毫米
重 2.6 克
上海博物館 藏

2440
徑 25.17毫米
重 2.3 克
上海博物館 藏

2441
徑 25.32毫米
重 2.3 克
上海博物館 藏

2442
徑 25.72毫米
重 3.1 克
上海博物館 藏

2443
徑 25.78毫米
重 2.4 克
上海博物館 藏

2444
徑 25.07毫米
重 2.9 克
上海博物館 藏

2445
徑 23.43毫米
選自《河北定縣43號
漢墓發掘報告》

2446
徑 23.76毫米
選自《河北定縣43號
漢墓發掘報告》

2447
徑 25.88毫米
選自《河北定縣43號
漢墓發掘報告》

2448
徑 25.97毫米
選自《河北定縣43號
漢墓發掘報告》

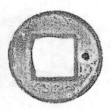

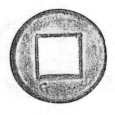

2449
徑 25.65 毫米
重 2.9 克
上海博物館 藏

2450
徑 25.30 毫米
重 2.7 克
上海博物館 藏

2451
徑 25.02 毫米
重 2.8 克
上海博物館 藏

2452
徑 25.12 毫米
重 3.3 克
上海博物館 藏

2453
徑 25.54 毫米
重 2.8 克
上海博物館 藏

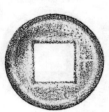

2454
徑 25.74 毫米
重 3.5 克
上海博物館 藏

2455
徑 24.06 毫米
重 3.0 克
上海博物館 藏

2456
徑 24.52 毫米
重 1.9 克
上海博物館 藏

2457
徑 24.85 毫米
重 2.2 克
上海博物館 藏

2458
徑 24.96 毫米
重 1.9 克
上海博物館 藏

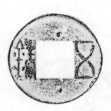
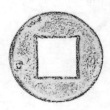

2459
徑 24.88 毫米
重 2.3 克
上海博物館 藏

2460
徑 23.33 毫米
重 2.3 克
上海博物館 藏

2461
徑 24.49 毫米
重 2.3 克
上海博物館 藏

2462
徑 23.36 毫米
重 1.9 克
上海博物館 藏

2463
徑 24.19 毫米
重 1.5 克
上海博物館 藏

2464
徑 24.72毫米
重 2.3克
上海博物館 藏

2465
徑 25.15毫米
重 3.1克
上海博物館 藏

2466
徑 25.02毫米
重 2.6克
上海博物館 藏

2467
徑 25.06毫米
重 3.1克
上海博物館 藏

2468
徑 25.03毫米
重 2.9克
上海博物館 藏

2469
徑 25.17毫米
重 2.6克
上海博物館 藏

2470
徑 25.00毫米
重 2.7克
上海博物館 藏

2471
徑 25.32毫米
重 2.6克
上海博物館 藏

2472
徑 25.31毫米
重 2.0克
上海博物館 藏

2473
徑 25.28毫米
重 2.7克
上海博物館 藏

2474
徑 24.12毫米
重 2.4克
上海博物館 藏

2475
徑 25.91毫米
重 2.3克
上海博物館 藏

2476
徑 25.54毫米
重 3.1克
上海博物館 藏

2477
徑 26.15毫米
重 3.1克
上海博物館 藏

2478
徑 25.51毫米
重 2.8克
上海博物館 藏

2479
徑 23.74毫米
重 2.4克
上海博物館 藏

2480
徑 26.11毫米
重 3.1克
上海博物館 藏

2481
徑 22.86毫米
重 1.9克
上海博物館 藏

2482
徑 23.25毫米
重 2.1克
上海博物館 藏

2483
徑 25.56毫米
重 3.1克
上海博物館 藏

2484
徑 25.71毫米
重 2.5克
上海博物館 藏

2485
徑 24.11毫米
重 2.0克
上海博物館 藏

2486
徑 24.75毫米
重 1.8克
上海博物館 藏

2487
徑 23.23毫米
重 2.5克
上海博物館 藏

2488
徑 24.81毫米
重 2.7克
上海博物館 藏

2489
徑 25.39毫米
重 2.6克
上海博物館 藏

2490
徑 25.89毫米
重 2.3克
上海博物館 藏

2491
徑 25.42毫米
重 2.8克
上海博物館 藏

2492
徑 25.34毫米
重 2.2克
上海博物館 藏

2493
徑 25.75毫米
重 2.4克
上海博物館 藏

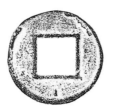

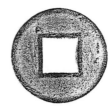

2494
徑 24.99 毫米
重 3.4 克
上海博物館 藏

2495
徑 25.48 毫米
重 2.8 克
上海博物館 藏

2496
徑 24.84 毫米
重 2.8 克
上海博物館 藏

2497
徑 25.87 毫米
重 2.7 克
上海博物館 藏

2498
徑 25.76 毫米
重 2.7 克
上海博物館 藏

2499
徑 23.93 毫米
重 2.4 克
上海博物館 藏

2500
徑 22.52 毫米
重 3.0 克
上海博物館 藏

2501
徑 23.01 毫米
重 2.0 克
上海博物館 藏

2502
徑 22.74 毫米
重 2.2 克
上海博物館 藏

2503
徑 22.66 毫米
重 2.1 克
上海博物館 藏

2504
徑 25.56 毫米
重 2.6 克
上海博物館 藏

2505
徑 25.18 毫米
重 2.9 克
上海博物館 藏

2506
徑 25.57 毫米
重 3.8 克
上海博物館 藏

2507
徑 24.92 毫米
重 2.9 克
上海博物館 藏

2508
徑 23.76 毫米
重 2.7 克
上海博物館 藏

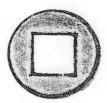

2509	2510	2511	2512	2513
徑 24.44毫米	徑 25.25毫米	徑 24.66毫米	徑 26.00毫米	徑 25.77毫米
重 2.0克	重 2.4克	重 2.6克	重 1.9克	重 2.8克
上海博物館 藏	上海博物館 藏	上海博物館 藏	上海博物館 藏	上海博物館 藏

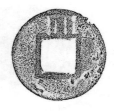

2514	2515	2516	2517	2518
徑 25.34毫米	徑 25.45毫米	徑 24.97毫米	徑 24.48毫米	徑 24.44毫米
重 3.3克	重 3.6克	重 2.6克	重 2.5克	重 1.9克
上海博物館 藏	上海博物館 藏	上海博物館 藏	上海博物館 藏	上海博物館 藏

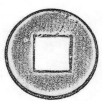

2519	2520	2521	2522	2523
徑 24.95毫米	徑 24.96毫米	徑 24.06毫米	徑 24.35毫米	徑 23.55毫米
重 2.5克	重 2.6克	重 2.3克	重 2.4克	重 2.1克
上海博物館 藏	上海博物館 藏	上海博物館 藏	上海博物館 藏	上海博物館 藏

2524
徑 23.87毫米
重 3.1 克
上海博物館 藏

2525
徑 23.93毫米
重 2.7 克
上海博物館 藏

2526
徑 23.10毫米
重 2.4 克
上海博物館 藏

2527
徑 23.61毫米
重 2.0 克
上海博物館 藏

2528
徑 21.82毫米
重 2.3 克
上海博物館 藏

2529
徑 22.70毫米
重 1.5 克
上海博物館 藏

2530
徑 23.19毫米
重 1.9 克
上海博物館 藏

2531
徑 21.19毫米
重 1.1 克
上海博物館 藏

2532
徑 20.88毫米
重 1.5 克
上海博物館 藏

2533
徑 18.82毫米
重 1.2 克
上海博物館 藏

2534
徑 24.60毫米
重 5.3 克
上海博物館 藏

2535
徑 24.77毫米
重 4.1 克
上海博物館 藏

2536
徑 26.37毫米
重 3.3 克
存雲亭 藏

2537
徑 26.04毫米
重 6.2 克
上海博物館 藏

2538
徑 25.77毫米
重 5.3 克
上海博物館 藏

2539
徑 23.89 毫米
重 4.7 克
上海博物館　藏

2540
徑 27.73 毫米
重 5.2 克
上海博物館　藏

2541
徑 24.69 毫米
重 3.2 克
上海博物館　藏

2542
徑 25.74 毫米
重 3.4 克
上海博物館　藏

2543
徑 24.73 毫米
重 3.2 克
上海博物館　藏

2544
徑 25.39 毫米
重 4.6 克
上海博物館　藏

2545
徑 25.39 毫米
重 6 克
上海博物館　藏

2546
徑 26.20 毫米
重 3.5 克
上海博物館　藏

2547
徑 24.88 毫米
重 4.6 克
上海博物館　藏

2548
徑 25.15 毫米
重 2.7 克
上海博物館　藏

2549
徑 26.04 毫米
重 2.9 克
陝西西安金泉錢幣文
化股份有限公司　藏

2. 四出五銖

2550
徑 25.43 毫米
重 3.5 克
上海博物館 藏

2551
徑 24.87 毫米
重 3.5 克
上海博物館 藏

2552
徑 25.11 毫米
重 3.0 克
上海博物館 藏

2553
徑 26.06 毫米
重 3.9 克
上海博物館 藏

2554
徑 25.95 毫米
重 4.2 克
上海博物館 藏

2555
徑 25.63 毫米
重 3.9 克
上海博物館 藏

2556
徑 24.50 毫米
重 4.0 克
上海博物館 藏

2557
徑 25.13 毫米
重 3.4 克
上海博物館 藏

2558
徑 25.52 毫米
重 3.2 克
上海博物館 藏

2559
徑 25.31 毫米
重 3.8 克
上海博物館 藏

2560
徑 25.48 毫米
重 3.7 克
上海博物館 藏

2561
徑 24.81 毫米
重 3.6 克
上海博物館 藏

2562
徑 25.66 毫米
重 4.3 克
上海博物館 藏

2563
徑 24.83 毫米
重 3.1 克
上海博物館 藏

2564
徑 24.44毫米
重 2.6克
存雲亭 藏

2565
徑 24.98毫米
重 3.5克
上海博物館 藏

2566
徑 25.66毫米
重 3.0克
存雲亭 藏

2567
徑 25.46毫米
重 3.7克
上海博物館 藏

2568
徑 24.10毫米
重 2.7克
上海博物館 藏

2569
徑 22.52毫米
重 2.4克
上海博物館 藏

2570
徑 23.55毫米
重 2.3克
上海博物館 藏

2571
徑 25.64毫米
重 3.4克
上海博物館 藏

2572
徑 24.34毫米
重 1.4克
上海博物館 藏

2573
徑 25.56毫米
重 3.5克
存雲亭 藏

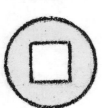

2574
徑 22.41毫米
重 2.2克
上海博物館 藏

2575
徑 25.33毫米
重 4.6克
鄒誌諒 藏

2576
徑 25.83毫米
重 3.3克
鄒誌諒 藏

2577
徑 24.57毫米
重 2.1克
上海博物館 藏

2578
徑 24.52毫米
重 1.8克
上海博物館 藏

2579
徑 25.50毫米
重 2.0克
上海博物館　藏

2580
徑 23.08毫米
重 1.5克
上海博物館　藏

2581
徑 24.19毫米
重 1.9克
上海博物館　藏

3. 董卓小錢

2582
徑 16.43毫米
重 1.2克
上海博物館　藏

2583
徑 2.00毫米
重 0.7克
上海博物館　藏

2584
徑 19.66毫米
重 0.7克
上海博物館　藏

2585
徑 17.88毫米
重 0.9克
存雲亭　藏

2586
徑 18.21毫米
重 1.5克
上海博物館　藏

2587
徑 19.23毫米
重 0.7克
上海博物館　藏

2588
徑 12.32毫米
選自《中國錢幣》

2589
徑 17.67毫米
選自《中國錢幣》

2590
徑 16.45毫米
選自《中國錢幣》

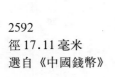

2591
徑 17.02 毫米
選自《中國錢幣》

2592
徑 17.11 毫米
選自《中國錢幣》

2593
徑 16.12 毫米
重 0.3 克
上海博物館 藏

2594
徑 16.12 毫米
重 1.1 克
上海博物館 藏

2595
徑 14.75 毫米
重 0.6 克
上海博物館 藏

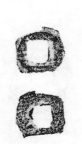

2596
徑 15.74 毫米
重 0.4 克
上海博物館 藏

2597
徑 18.64 毫米
重 0.5 克
上海博物館 藏

2598
徑 15.24 毫米
重 1.0 克
上海博物館 藏

2599
徑 15.63 毫米
重 0.8 克
上海博物館 藏

2600
徑 15.93 毫米
重 0.7 克
上海博物館 藏

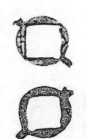

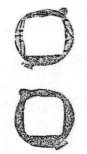

2601
徑 14.16 毫米
重 0.6 克
存雲亭 藏

2602
徑 14.05 毫米
重 0.5 克
上海博物館 藏

2603
徑 13.47 毫米
重 0.5 克
上海博物館 藏

2604
徑 15.85 毫米
重 1.2 克
上海博物館 藏

2605
徑 13.54 毫米
重 0.5 克
上海博物館 藏

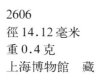

2606
徑 14.12 毫米
重 0.4 克
上海博物館　藏

2607
徑 13.62 毫米
重 0.6 克
上海博物館　藏

2608　鉛質
徑 25.23 毫米
重 2.1 克
選自《中國錢幣》
河南洛陽燒溝漢墓出土

五、三國貨幣

（一）曹魏

五銖（圖形待確定）

（二）蜀漢

1. 五銖

2609
徑 21.17 毫米
重 2.3 克
上海博物館　藏

2610
徑 21.23 毫米
重 2.2 克
上海博物館　藏

2611
徑 20.23 毫米
重 2.0 克
上海博物館　藏

2612
徑 20.96 毫米
重 2.5 克
上海博物館　藏

2613
徑 20.78毫米
重 2.4克
上海博物館 藏

2614
徑 21.01毫米
重 2.1克
上海博物館 藏

2615
徑 21.03毫米
重 2.2克
上海博物館 藏

2616
徑 21.06毫米
重 2.2克
上海博物館 藏

2617
徑 20.81毫米
重 2.1克
上海博物館 藏

2618
徑 20.81毫米
重 2.0克
上海博物館 藏

2619
徑 20.95毫米
重 1.4克
上海博物館 藏

2620
徑 21.67毫米
重 2.5克
上海博物館 藏

2621
徑 21.03毫米
重 1.9克
上海博物館 藏

2622
徑 20.95毫米
重 1.4克
存雲亭 藏

2623
徑 22.11毫米
重 2.2克
上海博物館 藏

2624
徑 21.29毫米
重 2.9克
上海博物館 藏

2625
徑 19.96毫米
重 2.1克
上海博物館 藏

2626
徑 21.97毫米
重 2.3克
上海博物館 藏

2627
徑 21.96毫米
重 2.3克
上海博物館 藏

2628
徑 22.26 毫米
重 2.5 克
金立夫　藏

2629
徑 21.18 毫米
重 2.0 克
存雲亭　藏

2. 世平百錢

2630
徑 29.12 毫米
重 8.2 克
選自《中國珍稀錢幣》
★★★

2631
徑 27.28 毫米
重 5.4 克
上海博物館　藏
★★★

2632
徑 27.63 毫米
選自《戴葆庭集拓中外錢幣
珍品》
★★★

2633
徑 26.47 毫米
重 5.6 克
上海博物館　藏
★★★

2634
徑 28.58 毫米
重 7.4 克
金立夫　藏
★★★

3. 太平百錢（大平百金、大平金百）

2635
徑 28.11 毫米
重 8.7 克
金立夫 藏
★★

2636
徑 27.90 毫米
重 7.3 克
屠燕治 藏
★★

2637
徑 27.77 毫米
重 6.1 克
上海博物館 藏
★★

2638
徑 27.40 毫米
重 6.7 克
立川 提供
★★

2639
徑 26.43 毫米
重 5.2 克
張豐志 提供
★★

2640
徑 25.74 毫米
重 5.0 克
上海博物館 藏
★★

2641
徑 26.36 毫米
重 4.3 克
上海博物館 藏
★★

2642
徑 24.89 毫米
重 4.4 克
張豐志 提供
★

2643
徑 23.83 毫米
重 2.5 克
上海博物館 藏
★

2644
徑 24.88 毫米
重 4.5 克
金立夫 藏
★

2645
徑 24.43 毫米
重 4.5 克
上海博物館 藏
★

2646
徑 25.17 毫米
重 5.7 克
上海博物館 藏
★

2647
徑 25.76 毫米
重 6.3 克
張豐志 提供
★

2648
徑 24.89 毫米
重 4.3 克
金立夫　藏
★

2649
徑 24.42 毫米
重 5.3 克
張豐志　提供
★

2650
徑 24.01 毫米
重 4.0 克
上海博物館　藏
★

2651
徑 23.76 毫米
重 4.2 克
上海博物館　藏
★

2652
徑 22.93 毫米
重 4.7 克
上海博物館　藏
★

2653
徑 24.71 毫米
重 5.4 克
金立夫　藏
★

2654
徑 24.62 毫米
重 2.5 克
張豐志　提供

2655
徑 24.44 毫米
重 3.8 克
上海博物館　藏

2656
徑 23.98 毫米
重 4.3 克
上海博物館　藏

2657
徑 23.98 毫米
重 4.2 克
上海博物館　藏

2658
徑 23.11 毫米
重 1.9 克
張豐志　提供

2659
徑 22.41 毫米
重 2.8 克
上海博物館　藏

2660
徑 23.78 毫米
重 3.3 克
上海博物館　藏

2661
徑 23.66 毫米
重 2.5 克
上海博物館　藏

2662
徑 22.86 毫米
重 3.6 克
上海博物館　藏

2663
徑 24.37毫米
重 4.8克
上海博物館

2664
徑 24.54毫米
重 4.2克
上海博物館 藏

2665
徑 23.77毫米
重 2.8克
上海博物館 藏

2666
徑 22.85毫米
重 4.7克
上海博物館 藏

2667
徑 24.71毫米
重 5.2克
金立夫 藏

2668
徑 23.84毫米
重 2.8克
上海博物館 藏

2669
徑 23.88毫米
重 3.6克
上海博物館 藏

2670
徑 24.13毫米
重 5.1克
上海博物館 藏

2671
徑 24.15毫米
重 3.1克
上海博物館 藏

2672
徑 24.81毫米
重 4.2克
上海博物館 藏

2673
徑 23.70毫米
重 3.4克
上海博物館 藏

2674
徑 19.67毫米
重 1.4克
上海博物館 藏

2675
徑 19.78毫米
重 1.5克
上海博物館 藏

2676
徑 19.62毫米
重 1.4克
存雲亭 藏

2677
徑 20.02毫米
重 1.6克
上海博物館 藏

2678
徑 19.37 毫米
重 1.6 克
上海博物館 藏

2679
徑 17.36 毫米
重 0.9 克
上海博物館 藏

2680
徑 18.14 毫米
重 0.9 克
存雲亭 藏

2681
徑 18.76 毫米
重 1.3 克
上海博物館 藏

2682
徑 19.74 毫米
重 1.3 克
張豐志 提供

2683
徑 17.49 毫米
重 1.2 克
存雲亭 藏

2684
徑 17.79 毫米
重 0.6 克
查中偉 藏

2685
徑 17.54 毫米
重 0.9 克
上海博物館 藏

2686
徑 19.83 毫米
重 1.3 克
查中偉 藏

2687
徑 19.31 毫米
重 1.5 克
上海博物館 藏

2688
徑 16.92 毫米
重 1.1 克
上海博物館 藏

2689
徑 17.95 毫米
重 0.9 克
存雲亭 藏

2690
徑 18.60 毫米
重 1.1 克
存雲亭 藏

2691
徑 17.95 毫米
重 1.1 克
上海博物館 藏

2692
徑 18.16 毫米
重 1.4 克
上海博物館 藏

2693
徑 17.22毫米
重 1.0克
上海博物館 藏

2694
徑 16.55毫米
重 0.9克
上海博物館 藏

2695
徑 17.79毫米
重 0.7克
存雲亭 藏

2696
徑 16.46毫米
重 1.1克
上海博物館 藏

2697
徑 16.52毫米
重 1.2克
上海博物館 藏

2698
徑 18.04毫米
重 1.0克
上海博物館 藏

2699
徑 12.07毫米
重 0.4克
上海博物館 藏

2700
徑 11.97毫米
重 0.4克
上海博物館 藏

2701
徑 12.20毫米
重 0.5克
上海博物館 藏

2702
徑 13.02毫米
重 0.4克
上海博物館 藏

2703
徑 13.02毫米
重 0.5克
上海博物館 藏

2704
徑 12.21毫米
重 0.5克
存雲亭 藏

2705
徑 12.06毫米
重 0.4克
張豐志 提供

2706
徑 17.81毫米
重 0.8克
存雲亭 藏

2707
徑 16.69毫米
重 1.0克
存雲亭 藏

2708
徑 16.34毫米
重 0.9克
上海博物館 藏

2709
徑 16.10毫米
重 0.9克
上海博物館 藏

2710
徑 16.11毫米
重 1.3克
上海博物館 藏

2711
徑 16.33毫米
重 0.8克
上海博物館 藏

2712
徑 16.45毫米
重 1.2克
上海博物館 藏

2713
徑 16.16毫米
重 0.6克
查中偉 藏

2714
徑 15.68毫米
重 0.8克
上海博物館 藏

2715
徑 15.44毫米
重 0.4克
張豐志 提供

2716
徑 13.31毫米
重 0.7克
上海博物館 藏

4. 直一

2717
徑 12.30毫米
重 0.5克
上海博物館 藏
★★

5.直百、直百五銖

2718
徑 18.18 毫米
重 2.3 克
上海博物館 藏

2719
徑 18.17 毫米
重 1.9 克
上海博物館 藏

2720
徑 18.43 毫米
重 2.0 克
上海博物館 藏

2721
徑 19.34 毫米
重 2.3 克
上海博物館 藏

2722
徑 19.37 毫米
重 2.0 克
上海博物館 藏

2723
徑 17.66 毫米
重 2.1 克
上海博物館 藏

2724
徑 18.49 毫米
重 1.9 克
上海博物館 藏

2725
徑 18.22 毫米
重 1.6 克
上海博物館 藏

2726
徑 17.67 毫米
重 2.0 克
上海博物館 藏

2727
徑 15.82 毫米
重 0.9 克
上海博物館 藏

2728
徑 17.86 毫米
南京博物院 藏

2729
徑 16.22 毫米
重 0.9 克
上海博物館 藏

2730
徑 12.40 毫米
重 0.8 克
上海博物館 藏

2731
徑 12.21毫米
重 0.8克
上海博物館 藏

2732
徑 12.93毫米
重 0.6克
上海博物館 藏

2733
徑 11.23毫米
重 1.0克
上海博物館 藏

2734
徑 11.30毫米
重 0.8克
上海博物館 藏

2735
徑 11.36毫米
重 0.6克
上海博物館 藏

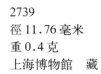

2736
徑 13.21毫米
重 0.6克
上海博物館 藏

2737
徑 13.24毫米
重 0.6克
上海博物館 藏

2738
徑 11.62毫米
重 0.3克
上海博物館 藏

2739
徑 11.76毫米
重 0.4克
上海博物館 藏

2740
徑 11.36毫米
重 0.6克
上海博物館 藏

2741
徑 11.36毫米
重 0.7克
上海博物館 藏

2742
徑 11.28毫米
重 0.4克
上海博物館 藏

2743
徑 13.08毫米
重 0.8克
上海博物館 藏

2744
徑 13.22毫米
重 0.5克
上海博物館 藏

2745
徑 12.40毫米
重 0.7克
上海博物館 藏

  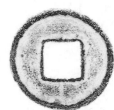

2746
徑 12.90 毫米
重 0.7 克
上海博物館 藏

2747
徑 13.12 毫米
重 0.3 克
上海博物館 藏

2748
徑 27.16 毫米
重 10.2 克
上海博物館 藏

2749
徑 26.93 毫米
重 9.4 克
上海博物館 藏

2750
徑 27.22 毫米
重 8.7 克
上海博物館 藏

   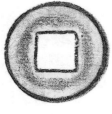 

2751
徑 26.99 毫米
重 8.6 克
上海博物館 藏

2752
徑 26.98 毫米
重 8.6 克
上海博物館 藏

2753
徑 27.61 毫米
重 8.4 克
上海博物館 藏

2754
徑 27.71 毫米
重 7.7 克
上海博物館 藏

2755
徑 26.06 毫米
重 6.2 克
上海博物館 藏

2756
徑 27.10 毫米
重 7.1 克
上海博物館 藏

2757
徑 26.17 毫米
重 8.5 克
上海博物館 藏

2758
徑 26.73 毫米
重 8.2 克
上海博物館 藏

2759
徑 26.58 毫米
重 8.1 克
上海博物館 藏

2760
徑 26.59 毫米
重 7.8 克
上海博物館 藏

2761
徑 27.57 毫米
重 7.8 克
上海博物館 藏

2762
徑 26.36 毫米
重 7.2 克
上海博物館 藏

2763
徑 26.49 毫米
重 7.4 克
上海博物館 藏

2764
徑 26.17 毫米
重 7.6 克
上海博物館 藏

2765
徑 26.42 毫米
重 6.7 克
上海博物館 藏

2766
徑 26.70 毫米
重 6.3 克
上海博物館 藏

2767
徑 25.47 毫米
重 7.0 克
上海博物館 藏

2768
徑 25.77 毫米
重 6.2 克
上海博物館 藏

2769
徑 26.52 毫米
重 5.6 克
上海博物館 藏

2770
徑 25.97 毫米
重 4.9 克
上海博物館 藏

2771
徑 26.07 毫米
重 4.0 克
上海博物館 藏

2772
徑 26.02 毫米
重 3.9 克
上海博物館 藏

2773
徑 22.41 毫米
重 3.0 克
上海博物館 藏

2774
徑 23.46 毫米
重 3.2 克
上海博物館 藏

2775
徑 24.99 毫米
重 4.3 克
上海博物館 藏

2776
徑 25.25 毫米
重 3.3 克
上海博物館 藏

2777
徑 25.66 毫米
重 3.1 克
上海博物館 藏

2778
徑 25.24 毫米
重 3.2 克
上海博物館 藏

2779
徑 25.72 毫米
重 3.1 克
上海博物館 藏

2780
徑 24.77 毫米
重 3.0 克
上海博物館 藏

2781
徑 21.74 毫米
重 1.6 克
上海博物館 藏

2782
徑 21.69 毫米
重 1.4 克
上海博物館 藏

2783
徑 23.32 毫米
重 2.0 克
上海博物館 藏

2784
徑 22.33 毫米
重 4.0 克
上海博物館 藏

2785
徑 27.08 毫米
重 7.5 克
金立夫 藏

2786
徑 26.26 毫米
重 7.1 克
上海博物館 藏

2787
徑 26.48 毫米
重 7.2 克
上海博物館 藏

2788
徑 25.62 毫米
重 2.1 克
上海博物館 藏

2789
徑 26.98 毫米
重 8.4 克
上海博物館 藏

2790
徑 26.43 毫米
重 6.6 克
上海博物館 藏

2791
徑 27.86毫米
重 7.6克
金立夫 藏

2792
徑 27.16毫米
重 9.6克
金立夫 藏

2793
徑 26.45毫米
重 7.8克
上海博物館 藏

2794
徑 26.42毫米
重 5.8克
上海博物館 藏

2795
徑 26.59毫米
重 6.5克
上海博物館 藏

2796
徑 25.47毫米
重 6.8克
上海博物館 藏

2797
徑 26.13毫米
重 6.3克
上海博物館 藏

2798
徑 27.04毫米
重 4.0克
上海博物館 藏

2799
徑 25.38毫米
重 3.0克
上海博物館 藏

2800
徑 25.92毫米
重 2.5克
上海博物館 藏

2801
徑 25.48毫米
重 6.3克
上海博物館 藏

2802
徑 26.60毫米
重 5.3克
上海博物館 藏

2803
徑 26.05毫米
重 5.2克
上海博物館 藏

2804
徑 26.89毫米
重 5.2克
上海博物館 藏

2805
徑 24.42毫米
重 3.5克
上海博物館 藏

2806
徑 26.33 毫米
重 2.8 克
上海博物館　藏

2807
徑 25.06 毫米
重 2.7 克
上海博物館　藏

2808
徑 26.21 毫米
重 2.8 克
上海博物館　藏

2809
徑 26.23 毫米
重 3.9 克
上海博物館　藏

2810
徑 25.81 毫米
重 5.1 克
上海博物館　藏

2811
徑 26.25 毫米
重 4.4 克
上海博物館　藏

2812
徑 25.88 毫米
重 4.0 克
上海博物館　藏

2813
徑 25.43 毫米
重 3.0 克
上海博物館　藏

2814
徑 24.27 毫米
重 2.7 克
上海博物館　藏

2815
徑 25.55 毫米
重 3.2 克
上海博物館　藏

2816
徑 25.80 毫米
重 3.3 克
上海博物館　藏

2817
徑 24.79 毫米
重 2.5 克
上海博物館　藏

2818
徑 24.94 毫米
重 2.8 克
上海博物館　藏

2819
徑 26.58 毫米
重 3.4 克
上海博物館　藏

2820
徑 25.57 毫米
重 3.6 克
上海博物館　藏

2821
徑 25.80毫米
重 3.3克
上海博物館 藏

2822
徑 25.61毫米
重 3.3克
上海博物館 藏

2823
徑 25.93毫米
重 3.5克
上海博物館 藏

2824
徑 26.37毫米
重 3.5克
上海博物館 藏

2825
徑 24.76毫米
重 3.9克
上海博物館 藏

2826
徑 25.87毫米
重 2.9克
上海博物館 藏

2827
徑 21.75毫米
重 1.4克
上海博物館 藏

2828
徑 25.13毫米
重 2.7克
上海博物館 藏

2829
徑 24.68毫米
重 3.0克
上海博物館 藏

2830
徑 24.68毫米
重 4.0克
上海博物館 藏

2831
徑 24.93毫米
重 3.0克
上海博物館 藏

2832
徑 25.78毫米
重 3.2克
上海博物館 藏

2833
徑 26.87毫米
重 5.0克
上海博物館 藏

2834
徑 27.04毫米
重 6.6克
上海博物館 藏

2835
徑 26.33毫米
重 8.1克
上海博物館 藏

2836	2837 鐵質	2838	2839	2840
徑 27.05 毫米	徑 27.68 毫米	徑 26.97 毫米	徑 26.72 毫米	徑 26.49 毫米
重 7.9 克	重 8.4 克	重 8.4 克	重 7.3 克	重 5.7 克
上海博物館 藏	金立夫 藏	上海博物館 藏	上海博物館 藏	上海博物館 藏

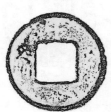

2841	2842	2843	2844	2845
徑 26.86 毫米	徑 26.49 毫米	徑 25.57 毫米	徑 25.31 毫米	徑 25.07 毫米
重 6.6 克	重 6.2 克	重 3.5 克	重 3.4 克	重 2.5 克
上海博物館 藏	上海博物館 藏	上海博物館 藏	上海博物館 藏	上海博物館 藏

6. 定平一百

2846	2847	2848	2849
徑 16.44 毫米	徑 16.52 毫米	徑 16.16 毫米	徑 16.17 毫米
重 0.8 克	重 0.7 克	重 1.7 克	重 1.2 克
上海博物館 藏	查中偉 藏	上海博物館 藏	上海博物館 藏

2850
徑 17.06 毫米
重 0.7 克
查中偉 藏

2851
徑 17.32 毫米
重 1.3 克
上海博物館 藏

2852
徑 15.83 毫米
重 0.5 克
查中偉 藏

2853
徑 15.84 毫米
重 0.6 克
查中偉 藏

2854
徑 16.27 毫米
重 0.9 克
上海博物館 藏

2855
徑 16.45 毫米
重 1.0 克
上海博物館 藏

2856
徑 15.91 毫米
重 0.7 克
存雲亭 藏

2857
徑 15.69 毫米
重 0.8 克
查中偉 藏

2858
徑 16.11 毫米
重 1.1 克
上海博物館 藏

2859
徑 16.44 毫米
重 0.9 克
上海博物館 藏

2860
徑 13.12 毫米
重 0.5 克
上海博物館 藏

2861
徑 14.14 毫米
重 0.9 克
上海博物館 藏

2862
徑 15.83 毫米
重 0.7 克
存雲亭 藏

2863
徑 12.89 毫米
重 0.6 克
上海博物館 藏

2864
徑 12.86 毫米
重 0.5 克
上海博物館 藏

2865
徑 13.41 毫米
重 0.4 克
上海博物館 藏

2866
徑 13.01 毫米
重 0.7 克
上海博物館 藏

2867
徑 13.15 毫米
重 0.6 克
上海博物館 藏

2868
徑 15.34 毫米
重 0.8 克
上海博物館 藏

2869
徑 16.29 毫米
重 1.3 克
上海博物館 藏

2870
徑 15.71 毫米
重 1.0 克
上海博物館 藏

2871
徑 15.75 毫米
重 0.7 克
查中偉 藏

2872
徑 13.46 毫米
重 0.7 克
上海博物館 藏

（三）孫吳

1. 大泉五百

2873
徑 29.42 毫米
重 11.2 克
上海博物館 藏

2874
徑 28.12 毫米
重 6.9 克
上海博物館 藏

2875
徑 29.03 毫米
重 7.0 克
上海博物館 藏

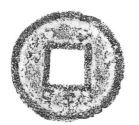

2876
徑 30.44毫米
重 5.4克
上海博物館 藏

2877
徑 29.37毫米
重 6.3克
上海博物館 藏

2878
徑 27.63毫米
重 5.7克
上海博物館 藏

2879
徑 27.66毫米
重 5.3克
上海博物館 藏

2880
徑 29.04毫米
重 8.0克
上海博物館 藏

2881
徑 30.84毫米
重 7.7克
上海博物館 藏

2882
徑 28.64毫米
重 5.3克
上海博物館 藏

2883
徑 28.63毫米
重 6.8克
上海博物館 藏

2884
徑 29.42毫米
重 8.1克
上海博物館 藏

2885
徑 28.43毫米
重 8.3克
上海博物館 藏

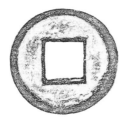

2886
徑 27.56毫米
重 5.2克
上海博物館 藏

2887
徑 28.48毫米
重 10.0克
上海博物館 藏

2888
徑 28.46毫米
重 6.7克
上海博物館 藏

2889
徑 31.7毫米
重 7.6克
屠燕治 藏

2890
徑 31.9毫米
重 7.4克
屠燕治 藏

2. 大泉當千

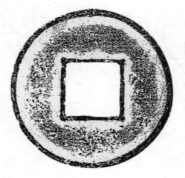

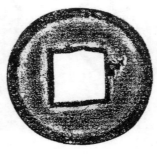

2891
徑 48.99 毫米
重 15.4 克
上海博物館　藏
★★

2892
徑 37.86 毫米
重 18.8 克
李蔭軒　舊藏
★★

2893
徑 33.21 毫米
重 9.4 克
上海博物館　藏

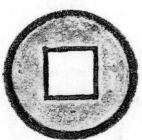

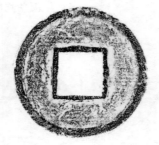

2894
徑 35.57 毫米
重 13.6 克
上海博物館　藏

2895
徑 35.61 毫米
重 15.0 克
上海博物館　藏

2896
徑 34.21 毫米
重 12.4 克
上海博物館　藏

2897
徑 34.28 毫米
重 14.3 克
上海博物館　藏

2898
徑 33.45 毫米
重 9.3 克
上海博物館　藏

2899
徑 33.31 毫米
重 9.7 克
上海博物館　藏

2900
徑 32.42 毫米
重 8.8 克
上海博物館　藏

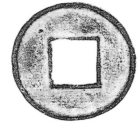

2901
徑 33.41 毫米
重 7.3 克
上海博物館　藏

2902
徑 32.71 毫米
重 12.8 克
上海博物館　藏

2903
徑 30.73 毫米
重 11.7 克
上海博物館　藏

2904
徑 30.23 毫米
重 6.0 克
張豐志　提供

2905
徑 28.86 毫米
重 5.3 克
上海博物館　藏

2906
徑 29.53 毫米
重 9.6 克
上海博物館　藏

2907
徑 29.56 毫米
重 6.3 克
上海博物館　藏

2908
徑 26.51 毫米
重 3.8 克
上海博物館　藏

2909
徑 26.40 毫米
重 3.9 克
屠燕治　藏

2910
徑 27.05毫米
重 4.2克
金立夫 藏

2911
徑 26.18毫米
重 3.2克
張豐志 提供

2912
徑 26.47毫米
重 4.0克
上海博物館 藏

2913
徑 26.10毫米
重 3.6克
上海博物館 藏

2914
徑 25.00毫米
鄒誌諒 提供

3. 大泉二千

2915
徑 33.27毫米
重 8.7克
選自《中國珍稀錢幣》
★

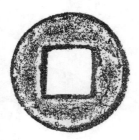

2916
徑 33.08毫米
選自《戴葆庭集拓中
外錢幣珍品》
★

2917
徑 32.90毫米
重 9.7克
林春雄 提供
★

2918
徑 32.33毫米
選自《戴葆庭集拓中
外錢幣珍品》
★

2919
徑 32.00毫米
重 6.3克
王紀耕 提供
★

2920
徑 31.51毫米
重 11.5克
上海博物館 藏
★

2921
徑 31.20毫米
重 8.0克
立川 提供
★

2922
徑 30.89 毫米
王蔭嘉　舊藏
★

2923
徑 30.25 毫米
選自《戴葆庭集拓中
外錢幣珍品》
★

2924
徑 22.51 毫米
重 8.5 克
選自《中國珍稀錢幣》
★

4. 大泉五千

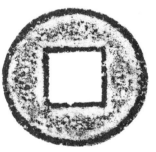

2925
徑 39.50 毫米
重 14.8 克
陳仁濤　舊藏
★★★

2926
徑 37.84 毫米
程文龍　舊藏
★★★

2927
徑 37.22 毫米
重 13.0 克
中國歷史博物館　藏
★★★

六、兩晉、十六國貨幣

（一）東晉

沈郎五銖（圖形待確定）

（二）前涼

涼造新泉

2928
徑 22.00 毫米
重 2.1 克
陳吾年 提供
★★

2929
徑 21.70 毫米
重 2.4 克
陳吾年 提供
★★

2930
徑 21.20 毫米
重 2.5 克
陳吾年 提供
★★

2931
徑 21.20 毫米
重 1.7 克
陳吾年 提供
★★

2932
徑 21.20 毫米
重 2.3 克
立川 提供
★★

2933
徑 21.00 毫米
重 1.8 克
王紀耕 提供
★★

2934
徑 21.00 毫米
重 1.2 克
陳吾年 提供
★★

2935
徑 21.00 毫米
重 2.1 克
陳吾年 提供
★★

2936
徑 21.00 毫米
重 1.8 克
陳吾年 提供
★★

2937
徑 20.80 毫米
重 2.0 克
陳吾年　提供
★★

2938
徑 20.80 毫米
重 2.5 克
王紀耕　提供
★★

2939
徑 20.50 毫米
重 2.1 克
陳吾年　提供
★★

2940
徑 20.50 毫米
重 2.0 克
陳吾年　提供
★★

2941
徑 20.47 毫米
選自《戴葆庭集
拓中外錢幣珍品》
★★

2942
徑 20.27 毫米
重 1.5 克
上海博物館　藏
★★

2943
徑 20.11 毫米
上海博物館　藏
★★

2944
徑 19.77 毫米
重 2.0 克
李蔭軒　舊藏
★★

2945
徑 19.62 毫米
選自《戴葆庭集
拓中外錢幣珍品》
★★

2946
徑 19.62 毫米
重 1.7 克
上海博物館　藏
★★

2947
徑 19.60 毫米
重 2.0 克
陳吾年　提供
★★

2948
徑 19.52 毫米
王蔭嘉　舊藏
★★

2949
徑 19.22 毫米
重 1.1 克
張豐志　提供
★★

2950
徑 19.20 毫米
重 1.3 克
屠燕治　藏
★★

2951
徑 19.00 毫米
重 1.1 克
陳吾年　提供
★★

2952
徑 18.10 毫米
重 1.2 克
陳吾年　提供
★★

2953
徑 18.75 毫米
重 1.7 克
上海博物館　藏
★★

2954
徑 18.00 毫米
重 1.2 克
陳吾年　提供
★★

2955
徑 18.00 毫米
重 1.2 克
陳吾年　提供
★★

2956
徑 18.00 毫米
重 1.3 克
陳吾年　提供
★★

2957
徑 17.30 毫米
重 1.4 克
陳吾年　提供
★★

2958
徑 17.00 毫米
重 1.3 克
陳吾年　提供
★★

（三）成漢

漢興

2959
徑 17.55 毫米
重 0.9 克
金立夫　藏

2960
徑 17.55 毫米
重 0.9 克
金立夫　藏

2961
徑 17.54 毫米
重 0.8 克
金立夫　藏

2962
徑 17.46 毫米
重 0.9 克
金立夫　藏

2963
徑 17.40 毫米
重 1.0 克
鄒誌諒　藏

2964
徑 17.40 毫米
重 0.9 克
鄒誌諒　藏

2965
徑 17.19 毫米
重 0.8 克
金立夫　藏

2966
徑 17.13 毫米
重 1.1 克
上海博物館　藏

2967
徑 17.03 毫米
選自《戴葆庭集
拓中外錢幣珍品》

2968
徑 16.98 毫米
選自《中國珍稀
錢幣》

2969
徑 16.60 毫米
重 1.0 克
上海博物館　藏

2970
徑 15.48 毫米
重 0.9 克
張豐志　提供

2971
徑 17.72 毫米
重 0.9 克
上海博物館　藏

2972
徑 18.00 毫米
重 0.9 克
鄒誌諒　藏
★

2973
徑 18.00 毫米
重 1.6 克
選自《蘇州錢幣》
★

2974
徑 17.90 毫米
重 1.1 克
金立夫　藏
★

2975
徑 17.62 毫米
重 0.9 克
張豐志　提供
★

2976
徑 17.45 毫米
重 0.8 克
上海博物館　藏
★

2977
徑 17.44 毫米
選自《中國珍稀
錢幣》
★

2978
徑 17.32 毫米
重 0.9 克
上海博物館　藏
★

2979
徑 17.23 毫米
重 1.2 克
上海博物館　藏
★

2980
徑 17.22 毫米
選自《戴葆庭集
拓中外錢幣珍品》
★

2981
徑 17.10 毫米
重 1.1 克
李蔭軒　舊藏
★

2982
徑 17.01 毫米
選自《中國珍稀
錢幣》
★

2983
徑 16.95 毫米
選自《中國珍稀
錢幣》
★

2984　鉛質
徑 18.00 毫米
重 1.4 克
選自《蘇州錢幣》
★★

（四）後趙

豐貨

2985
徑 23.27 毫米
重 2.7 克
上海博物館　藏

2986
徑 24.49 毫米
重 2.7 克
上海博物館　藏

2987
徑 25.60 毫米
重 2.6 克
甘肅武威城關鎮出土

2988
徑 24.45 毫米
重 2.5 克
上海博物館　藏

2989
徑 24.67毫米
重 2.7克
張豐志 提供

2990
徑 23.67毫米
重 2.9克
金立夫 藏

2991
徑 24.84毫米
重 2.6克
查中偉 藏

2992
徑 25.17毫米
重 3.9克
張豐志 提供

2993
徑 23.10毫米
重 2.5克
甘肅武威城關鎮出土

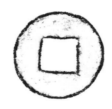

2994
徑 24.32毫米
重 3.0克
上海博物館 藏

2995
徑 23.81毫米
重 2.5克
上海博物館 藏

2996
徑 23.76毫米
重 2.6克
張豐志 提供

2997
徑 23.40毫米
重 2.6克
立川 提供

2998
徑 24.44毫米
重 2.8克
金立夫 藏

2999
徑 23.67毫米
重 2.5克
金立夫 藏

3000
徑 25.01毫米
重 2.8克
金立夫 藏

3001
徑 23.81毫米
重 3.3克
陝西扶風博物館 藏
1977年陝西扶風絳帳
柿坡出土

3002
徑 24.81毫米
重 4.2克
金立夫 藏

3003
徑 26.08毫米
重 3.1克
張豐志 提供

3004
徑 24.83 毫米
重 3.3 克
張豐志　提供

3005
徑 25.33 毫米
重 2.9 克
張豐志　提供

（五）夏

太夏真興

3006
徑 24.80 毫米
重 2.3 克
王貪西　提供
★★★★

3007
徑 24.05 毫米
選自《戴葆庭集
拓中外錢幣珍品》
★★★★

七、南朝貨幣

（一）劉宋

1. 四銖

3008
徑 23.02 毫米
重 2.4 克
上海博物館　藏

3009
徑 22.40 毫米
重 3.6 克
上海博物館　藏

3010
徑 24.07 毫米
重 2.3 克
上海博物館　藏

3011
徑 23.01毫米
重 2.1克
上海博物館 藏

3012
徑 22.76毫米
重 2.1克
上海博物館 藏

3013
徑 21.96毫米
重 1.9克
上海博物館 藏

3014
徑 22.36毫米
重 1.7克
上海博物館 藏

3015
徑 21.06毫米
重 1.3克
上海博物館 藏

3016
徑 21.20毫米
重 1.1克
上海博物館 藏

3017
徑 18.93毫米
重 1.3克
上海博物館 藏

3018
徑 22.17毫米
重 2.0克
上海博物館 藏

3019
徑 21.98毫米
重 1.7克
上海博物館 藏

3020　鎏金
徑 21.80毫米
重 1.5克
屠燕治 藏

3021
徑 22.97毫米
重 3.0克
張豐志 提供

2. 孝建四銖

3022
徑 21.99 毫米
重 1.6 克
上海博物館 藏

3023
徑 22.44 毫米
重 3.1 克
上海博物館 藏

3024
徑 21.44 毫米
重 1.8 克
上海博物館 藏

3025
徑 21.91 毫米
重 1.9 克
上海博物館 藏

3026
徑 21.73 毫米
重 2.7 克
上海博物館 藏

3027
徑 20.06 毫米
重 1.3 克
上海博物館 藏

3028
徑 20.38 毫米
重 1.0 克
上海博物館 藏

3029
徑 21.69 毫米
重 1.3 克
上海博物館 藏

3030
徑 20.75 毫米
重 1.4 克
上海博物館 藏

3031
徑 21.30 毫米
重 1.3 克
上海博物館 藏

3032
徑 21.15 毫米
重 1.0 克
上海博物館 藏

3033
徑 19.92 毫米
重 1.0 克
上海博物館 藏

3034
徑 21.22 毫米
重 0.7 克
上海博物館 藏

3035
徑 19.77 毫米
重 1.0 克
張豐志 提供

3036
徑 20.02毫米
重 1.2 克
上海博物館 藏

3037
徑 19.03毫米
重 1.1 克
上海博物館 藏

3038
徑 21.21毫米
重 1.4 克
張豐志 提供

3039
徑 19.29毫米
重 1.0 克
上海博物館 藏

3040
徑 18.66毫米
重 0.9 克
上海博物館 藏

3041
徑 20.80毫米
重 1.2 克
林春雄 提供

3042
徑 18.84毫米
重 1.4 克
上海博物館 藏

3043
徑 19.72毫米
重 1.3 克
上海博物館 藏

3044
徑 19.90毫米
重 0.8 克
上海博物館 藏

3045
徑 18.67毫米
重 1.1 克
上海博物館 藏

3046
徑 16.58毫米
重 0.8 克
上海博物館 藏

3047
徑 18.85毫米
重 0.7 克
上海博物館 藏

3048
徑 16.09毫米
重 0.4 克
上海博物館 藏

3049
徑 17.79毫米
重 0.6 克
上海博物館 藏

3050
徑 18.97毫米
重 1.2 克
上海博物館 藏

3051
徑 18.85 毫米
重 0.9 克
上海博物館 藏

3052
徑 17.85 毫米
重 0.7 克
上海博物館 藏

3053
徑 16.77 毫米
重 0.5 克
上海博物館 藏

3054
徑 17.57 毫米
重 0.4 克
上海博物館 藏

3055
徑 15.45 毫米
重 0.6 克
上海博物館 藏

3056
徑 15.99 毫米
重 1.0 克
上海博物館 藏

3057
徑 16.08 毫米
重 0.5 克
上海博物館 藏

3058
徑 14.76 毫米
重 0.4 克
上海博物館 藏

3059
徑 15.28 毫米
重 0.5 克
上海博物館 藏

3060
徑 16.72 毫米
重 0.6 克
上海博物館 藏

3061
徑 17.39 毫米
重 0.7 克
上海博物館 藏

3062
徑 15.08 毫米
重 0.4 克
上海博物館 藏

3063
徑 16.02 毫米
重 0.5 克
上海博物館 藏

3064
徑 16.31 毫米
重 0.6 克
上海博物館 藏

3065
徑 17.30 毫米
重 0.8 克
上海博物館 藏

3066
徑 17.52 毫米
重 1.3 克
上海博物館　藏

3067
徑 17.74 毫米
重 1.4 克
上海博物館　藏

3068
徑 18.59 毫米
重 1.0 克
上海博物館　藏

3069
徑 17.23 毫米
重 1.0 克
上海博物館　藏

3070
徑 16.80 毫米
重 0.5 克
上海博物館　藏

3071
徑 15.94 毫米
重 0.8 克
上海博物館　藏

3072
徑 17.95 毫米
重 1.0 克
上海博物館　藏

3073
徑 15.87 毫米
重 0.4 克
上海博物館　藏

3074
徑 17.03 毫米
重 0.8 克
上海博物館　藏

3. 大明四銖

3075
徑 22.40 毫米
重 2.0 克
選自《中國錢幣》
★★

3076
徑 21.50 毫米
重 2.1 克
選自《中國錢幣》
★★

3077
徑 21.00 毫米
重 1.1 克
選自《中國錢幣》
★★

3078
徑 20.50 毫米
重 1.3 克
選自《中國錢幣》
★★

4. 兩銖

3079
徑 18.48 毫米
選自《中國珍稀
錢幣》
★

3080
徑 17.86 毫米
選自《中國珍稀
錢幣》
★

3081
徑 17.00 毫米
重 2.0 克
選自《中國錢幣》
★

3082
徑 17.00 毫米
重 2.0 克
選自《中國錢幣》
★

3083
徑 16.98 毫米
選自《戴葆庭集
拓中外錢幣珍品》
★

3084
徑 18.80 毫米
重 1.0 克
鄒誌諒 藏
★

3085
徑 19.30 毫米
重 1.0 克
立川 提供
★

3086
徑 19.27 毫米
重 0.8 克
上海博物館 藏
★

3087
徑 19.11 毫米
選自《中國珍稀
錢幣》
★

3088
徑 19.03 毫米
重 1.2 克
上海博物館 藏
★

3089
徑 18.43 毫米
重 0.94 克
張豐志 提供
★

5. 永光

3090
徑 18.00 毫米
重 1.0 克
羅伯昭　舊藏
★★

3091
徑 19.00 毫米
重 1.2 克
何昌建　藏
★★

3092
徑 17.00 毫米
重 1.8 克
選自《中國錢幣》
★★

3093
徑 16.00 毫米
重 2.0 克
選自《中國錢幣》
★★

3094
徑 18.21 毫米
何昌建　提供
★★

3095
徑 15.17 毫米
何昌建　提供
★★

3096
徑 17.16 毫米
重 0.9 克
金立夫　藏
★★

3097
徑 16.98 毫米
選自《中國珍稀
錢幣》
★★

3098
徑 16.00 毫米
重 0.9 克
選自《安徽錢幣》
★★

6. 景和

3099
徑 18.50 毫米
重 0.9 克
立川　提供
★★

3100
徑 18.47 毫米
羅伯昭　舊藏
★★

3101
徑 18.32 毫米
重 1.5 克
上海博物館　藏
★★

3102
徑 18.21 毫米
選自《中國珍稀
錢幣》
★★

3103
徑 18.00 毫米
重 2.0 克
選自《中國錢幣》
★★

3104
徑 18.00 毫米
重 1.9 克
選自《中國錢幣》
★★

3105
徑 18.00 毫米
重 1.9 克
選自《中國錢幣》
★★

3106
徑 17.98 毫米
重 1.5 克
孫鼎　舊藏
★★

3107
徑 17.32 毫米

何昌建　提供
★★

3108
徑 16.72 毫米

選自《中國珍稀錢幣》
★★

（二）蕭梁

1. 五銖

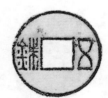

3109
徑 25.10 毫米
重 3.3 克
立川　提供

3110
徑 24.24 毫米
重 3.2 克
上海博物館　藏

3111
徑 24.44 毫米
重 2.2 克
上海博物館　藏

3112
徑 22.12 毫米
重 3.1 克
上海博物館　藏

3113
徑 23.62 毫米
重 3.2 克
上海博物館　藏

3114
徑 23.25 毫米
重 3.2 克
上海博物館　藏

3115
徑 23.94 毫米
重 2.4 克
上海博物館　藏

3116
徑 21.67 毫米
重 2.2 克
上海博物館　藏

3117
徑 22.79 毫米
重 2.1 克
上海博物館　藏

3118
徑 21.02 毫米
重 1.8 克
上海博物館　藏

3119
徑 21.26 毫米
重 2.3 克
上海博物館　藏

2. 五銖稚錢

3120
徑 19.80 毫米
重 1.0 克
鄒誌諒　藏

3121
徑 20.20 毫米
重 1.6 克
鄒誌諒　藏

3122
徑 19.10 毫米
重 0.7 克
鄒誌諒　藏

3123
徑 18.20 毫米
重 0.7 克
鄒誌諒　藏

3124
徑 18.40毫米
重 0.9克
鄒誌諒 藏

3125
徑 16.70毫米
重 0.5克
鄒誌諒 藏

3126
徑 16.20毫米
重 0.5克
鄒誌諒 藏

3127
徑 17.50毫米
重 0.6克
鄒誌諒 藏

3128
徑 16.10毫米
重 0.4克
鄒誌諒 藏

3129
徑 16.90毫米
重 0.6克
鄒誌諒 藏

3130
徑 16.90毫米
重 0.6克
鄒誌諒 藏

3131
徑 16.70毫米
重 0.5克
鄒誌諒 藏

3132
徑 16.10毫米
重 0.5克
鄒誌諒 藏

3133
徑 16.70毫米
重 0.7克
鄒誌諒 藏

3134
徑 16.40毫米
重 0.6克
鄒誌諒 藏

3. 二柱五銖、四柱
五銖（圖形待確定）

4. 鐵五銖

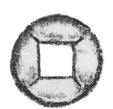

3135　鐵質
徑 26.39 毫米
重 5.1 克
吳根生　藏
★

3136　鐵質
徑 26.21 毫米
重 3.0 克
吳根生　藏
★

3137　鐵質
徑 26.14 毫米
重 6.2 克
吳根生　藏
★

3138　鐵質
徑 25.00 毫米
重 3.3 克
鄒誌諒　提供
★

3139　鐵質
徑 25.00 毫米
重 4.2 克
鄒誌諒　提供
★

3140　鐵質
徑 24.80 毫米
重 3.2 克
鄒誌諒　藏
★

3141　鐵質
徑 24.00 毫米
重 4.0 克
鄒誌諒　提供
★

3142　鐵質
徑 23.40 毫米
重 3.9 克
鄒誌諒　藏

3143　鐵質
徑 21.35 毫米
重 4.4 克
上海博物館　藏

3144　鐵質
徑 21.33 毫米
重 4.2 克
上海博物館　藏

3145　鐵質
徑 22.56 毫米
重 4.8 克
上海博物館　藏

3146　鐵質
徑 21.82 毫米
重 4.0 克
上海博物館　藏

3147　鐵質
徑 22.66 毫米
重 4.0 克
上海博物館　藏

3148　鐵質
徑 22.46 毫米
重 4.0 克
上海博物館　藏

3149　鐵質
徑 22.35 毫米
重 4.1 克
上海博物館　藏

3150　鐵質
徑 21.55 毫米
重 3.6 克
上海博物館　藏

3151　鐵質
徑 20.99 毫米
重 3.9 克
上海博物館　藏

3152　鐵質
徑 19.65 毫米
重 3.7 克
上海博物館　藏

3153　鐵質
徑 18.72 毫米
重 2.2 克
上海博物館　藏

3154　鐵質
徑 19.35 毫米
重 3.4 克
上海博物館　藏

3155　鐵質
徑 19.36 毫米
重 3.4 克
上海博物館　藏

3156　鐵質
徑 22.08 毫米
重 3.3 克
上海博物館　藏

3157　鐵質
徑 18.96 毫米
重 1.6 克
上海博物館　藏

3158　鐵質
徑 19.38 毫米
重 3.4 克
上海博物館　藏

3159　鐵質
徑 19.15 毫米
重 3.0 克
上海博物館　藏

3160　鐵質
徑 19.65 毫米
重 4.0 克
上海博物館　藏

3161　鐵質
徑 19.18 毫米
重 3.3 克
上海博物館　藏

3162　鐵質
徑 19.63 毫米
重 3.5 克
上海博物館　藏

3163　鐵質
徑 23.11 毫米
重 2.6 克
上海博物館　藏

3164　鐵質
徑 19.92 毫米
重 2.6 克
上海博物館　藏

3165　鐵質
徑 19.92 毫米
重 2.8 克
上海博物館　藏

3166　鐵質
徑 19.67 毫米
重 2.9 克
上海博物館　藏

3167　鐵質
徑 19.08 毫米
重 3.2 克
上海博物館　藏

3168　鐵質
徑 19.79 毫米
重 3.2 克
上海博物館　藏

3169　鐵質
徑 19.17 毫米
重 3.1 克
上海博物館　藏

3170　鐵質
徑 19.64 毫米
重 2.9 克
上海博物館　藏

3171　鐵質
徑 19.24 毫米
重 2.3 克
上海博物館　藏

3172　鐵質
徑 19.56 毫米
重 2.9 克
上海博物館　藏

3173　鐵質
徑 20.02 毫米
重 3.3 克
上海博物館　藏

3174　鐵質	3175　鐵質	3176　鐵質	3177　鐵質	3178　鐵質
徑 19.26毫米	徑 19.63毫米	徑 20.04毫米	徑 18.93毫米	徑 19.38毫米
重 3.0克	重 2.9克	重 2.7克	重 2.2克	重 3.2克
上海博物館　藏	上海博物館　藏	上海博物館　藏	上海博物館　藏	上海博物館　藏

3179　鐵質	3180　鐵質	3181　鐵質	3182　鐵質	3183　鐵質
徑 19.86毫米	徑 19.05毫米	徑 19.56毫米	徑 19.15毫米	徑 19.15毫米
重 2.9克	重 2.7克	重 2.3克	重 3.4克	重 3.0克
上海博物館　藏	上海博物館　藏	上海博物館　藏	上海博物館　藏	上海博物館　藏

3184　鐵質	3185　鐵質	3186　鐵質	3187　鐵質	3188　鐵質
徑 18.55毫米	徑 19.86毫米	徑 19.18毫米	徑 18.83毫米	徑 19.73毫米
重 2.8克	重 3.4克	重 2.9克	重 2.5克	重 2.8克
上海博物館　藏	上海博物館　藏	上海博物館　藏	上海博物館　藏	上海博物館　藏

3189　鐵質
徑 18.10毫米
重 2.5克
上海博物館 藏

3190　鐵質
徑 18.11毫米
重 2.8克
上海博物館 藏

3191　鐵質
徑 21.33毫米
重 3.6克
上海博物館 藏

3192　鐵質
徑 19.48毫米
重 3.5克
上海博物館 藏

3193　鐵質
徑 19.62毫米
重 2.9克
上海博物館 藏

3194　鐵質
徑 20.28毫米
重 2.6克
上海博物館 藏

3195　鐵質
徑 18.83毫米
重 2.4克
上海博物館 藏

3196　鐵質
徑 18.40毫米
重 2.7克
上海博物館 藏

3197　鐵質
徑 22.07毫米
重 3.7克
上海博物館 藏

3198　鐵質
徑 19.82毫米
重 3.0克
上海博物館 藏

3199　鐵質
徑 20.04毫米
重 2.7克
上海博物館 藏

3200　鐵質
徑 19.87毫米
重 2.5克
上海博物館 藏

3201　鐵質
徑 19.25毫米
重 2.8克
上海博物館 藏

3202　鐵質
徑 18.92毫米
重 2.3克
上海博物館 藏

3203　鐵質
徑 18.23毫米
重 2.5克
上海博物館 藏

3204 鐵質
徑 19.86毫米
重 2.7克
上海博物館 藏

3205 鐵質
徑 19.05毫米
重 2.7克
上海博物館 藏

3206 鐵質
徑 19.06毫米
重 2.3克
上海博物館 藏

3207 鐵質
徑 19.33毫米
重 2.6克
上海博物館 藏

3208 鐵質
徑 19.12毫米
重 2.5克
上海博物館 藏

3209 鐵質
徑 19.76毫米
重 3.1克
上海博物館 藏

3210 鐵質
徑 19.35毫米
重 2.5克
上海博物館 藏

3211 鐵質
徑 19.57毫米
重 2.3克
上海博物館 藏

3212 鐵質
徑 19.44毫米
重 2.7克
上海博物館 藏

3213 鐵質
徑 19.67毫米
重 2.5克
上海博物館 藏

3214 鐵質
徑 20.71毫米
重 3.0克
吳根生 藏

3215 鐵質
徑 19.97毫米
重 1.9克
吳根生 藏

3216 鐵質
徑 23.79毫米
重 3.9克
吳根生 藏
★

3217 鐵質
徑 20.72毫米
重 3.1克
吳根生 藏
★

3218 鐵質
徑 20.47毫米
重 3.3克
吳根生 藏
★

3219　鐵質
徑21.42毫米
重4.0克
上海博物館　藏
★

3220　鐵質
徑16.50毫米
重0.9克
鄒誌諒　藏

5. 太清豐樂

3221
徑22.46毫米
選自《戴葆庭集拓中外
錢幣珍品》
★

3222
徑23.97毫米
重2.8克
金立夫　藏
★

3223
徑23.30毫米
重2.6克
鄒誌諒　提供
★

3224
徑22.60毫米
重2.5克
鄒誌諒　提供
★

3225
徑23.00毫米
重3.2克
鄒誌諒　提供
★

3226
徑23.12毫米
重2.9克
上海博物館　藏
★

3227
徑22.22毫米
重2.7克
上海博物館　藏
★

3228
徑21.20毫米
選自《戴葆庭集拓中錢
幣珍品》
★

3229
徑23.07毫米
選自《戴葆庭集拓中
外錢幣珍品》
★

3230
徑 22.27 毫米
選自《戴葆庭集拓中外錢幣珍品》
★

3231
徑 23.08 毫米
選自《中國珍稀錢幣》
★

3232
徑 23.21 毫米
重 3.0 克
選自《中國珍稀錢幣》
★

3233
徑 23.30 毫米
重 2.6 克
鄒誌諒　提供
★

3234
徑 23.00 毫米
重 2.8 克
鄒誌諒　提供
★

3235
徑 23.80 毫米
重 3.2 克
鄒誌諒　提供
★

3236
徑 23.30 毫米
重 3.0 克
鄒誌諒　提供
★

3237
徑 23.20 毫米
重 3.0 克
鄒誌諒　提供
★

3238
徑 23.50 毫米
重 3.0 克
鄒誌諒　提供
★

3239
徑 23.20 毫米
重 3.8 克
鄒誌諒　提供
★

3240
徑 22.90 毫米
重 2.1 克
鄒誌諒　提供
★

3241
徑 23.20 毫米
重 3.6 克
鄒誌諒　提供
★

3242
徑 22.90 毫米
重 2.9 克
鄒誌諒　提供
★

3243
徑 22.98 毫米
選自《中國珍稀錢幣》
★

3244
徑 22.80 毫米
重 3.3 克
鄒誌諒　提供
★

3245
徑 23.30毫米
重 2.8 克
鄒誌諒　提供
★

3246
徑 22.80毫米
重 2.7 克
鄒誌諒　提供
★

3247
徑 22.80毫米
重 3.0 克
鄒誌諒　提供
★

3248
徑 23.20毫米
重 2.7 克
鄒誌諒　提供
★

3249
徑 23.30毫米
重 3.2 克
鄒誌諒　提供
★

3250
徑 22.90毫米
重 3.4 克
鄒誌諒　提供
★

3251
徑 22.15毫米
重 2.6 克
鄒誌諒　提供
★

3252
徑 23.10毫米
重 2.4 克
鄒誌諒　提供
★

3253
徑 23.10毫米
重 3.4 克
鄒誌諒　提供
★

（三）陳

1. 五銖

3254
徑 24.07毫米
重 2.4 克
上海博物館　藏

3255
徑 24.08毫米
重 2.3 克
上海博物館　藏

3256
徑 24.30毫米
重 2.6 克
鄒誌諒　藏

3257
徑 24.30毫米
重 2.5 克
鄒誌諒　藏

3258
徑 24.30毫米
重 2.5克
鄒誌諒 藏

3259
徑 24.50毫米
重 2.9克
鄒誌諒 藏

3260
徑 24.00毫米
重 2.6克
鄒誌諒 藏

3261
徑 24.80毫米
重 2.7克
鄒誌諒 藏

3262
徑 24.50毫米
重 2.3克
鄒誌諒 藏

3263
徑 24.50毫米
重 2.6克
鄒誌諒 藏

3264
徑 24.60毫米
重 2.7克
鄒誌諒 藏

3265
徑 24.50毫米
重 2.4克
鄒誌諒 藏

3266
徑 24.40毫米
重 2.9克
鄒誌諒 藏

3267
徑 24.10毫米
重 2.7克
鄒誌諒 藏

3268
徑 24.50毫米
重 2.4克
鄒誌諒 藏

3269
徑 24.30毫米
重 2.6克
鄒誌諒 藏

3270
徑 24.30毫米
重 2.4克
鄒誌諒 藏

3271
徑 24.00毫米
重 2.3克
鄒誌諒 藏

3272
徑 24.70毫米
重 2.6克
鄒誌諒 藏

3273
徑 24.70 毫米
重 2.6 克
鄒誌諒 藏

3274
徑 24.70 毫米
重 2.8 克
鄒誌諒 藏

3275
徑 24.70 毫米
重 2.4 克
鄒誌諒 藏

3276
徑 22.22 毫米
重 2.3 克
上海博物館 藏

3277
徑 23.70 毫米
重 2.4 克
鄒誌諒 藏

2. 太貨六銖

3278
徑 25.66 毫米
重 3.9 克
金立夫 藏

3279
徑 25.62 毫米
重 3.1 克
存雲亭 藏

3280
徑 25.40 毫米
重 3.2 克
屠燕治 藏

3281
徑 25.40 毫米
重 3.6 克
鄒誌諒 藏

3282
徑 25.40 毫米
重 3.6 克
查中偉 藏

3283
徑 25.22 毫米
重 4.2 克
上海博物館 藏

3284
徑 25.21 毫米
重 3.9 克
上海博物館 藏

3285
徑 25.20 毫米
重 3.9 克
上海博物館 藏

3286
徑 25.19 毫米
重 3.5 克
上海博物館 藏

3287
徑 25.07 毫米
重 3.1 克
金立夫 藏

3288
徑 24.94 毫米
重 2.8 克
查中偉 藏

3289
徑 24.86 毫米
重 2.8 克
上海博物館 藏

3290
徑 23.55 毫米
重 2.3 克
上海博物館 藏

3291
徑 24.82 毫米
張豐志 提供

3292
徑 23.67 毫米
選自《戴葆庭集拓中外錢
幣珍品》

八、北朝貨幣

（一）北魏、東魏

1. 太和五銖

3293
徑 24.66 毫米
重 3.2 克
上海博物館 藏

3294
徑 24.60 毫米
重 3.5 克
鄒誌諒 藏

3295
徑 25.21 毫米
重 3.0 克
金立夫 藏

3296
徑 24.55 毫米
重 2.7 克
金立夫 藏

3297
徑 24.28 毫米
重 2.7 克
上海博物館 藏

3298
徑 24.19 毫米
重 2.3 克
金立夫 藏

3299
徑 23.72 毫米
重 2.8 克
上海博物館 藏

3300
徑 22.82 毫米
重 2.2 克
上海博物館 藏

3301
徑 22.34 毫米
重 1.8 克
上海博物館 藏

3302
徑 21.67 毫米
重 2.0 克
金立夫 藏

3303
徑 21.61 毫米
重 1.8 克
上海博物館 藏

3304
徑 25.45 毫米
重 3.7 克
上海博物館 藏

3305
徑 24.30 毫米
重 2.4 克
林春雄 提供

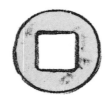

3306
徑 24.12 毫米
重 2.7 克
上海博物館 藏

3307
徑 23.80 毫米
重 2.1 克
林春雄 提供

3308
徑 22.45 毫米
選自《戴葆庭集拓中外
錢幣珍品》
★★

3309
徑 25.33 毫米
重 4.9 克
上海博物館 藏
★★

2. 永平五銖（圖形待確定）

3. 永安五銖

3310
徑 24.40毫米
重 4.1克
上海博物館 藏

3311
徑 24.20毫米
重 3.8克
上海博物館 藏

3312
徑 24.57毫米
重 3.9克
上海博物館 藏

3313
徑 23.49毫米
重 3.7克
上海博物館 藏

3314
徑 23.23毫米
重 3.8克
上海博物館 藏

3315
徑 22.74毫米
重 3.4克
上海博物館 藏

3316
徑 22.75毫米
重 3.1克
上海博物館 藏

3317
徑 22.47毫米
重 3.2克
上海博物館 藏

3318
徑 22.76 毫米
重 3.3 克
上海博物館 藏

3319
徑 23.51 毫米
重 3.2 克
上海博物館 藏

3320
徑 22.43 毫米
重 3.0 克
上海博物館 藏

3321
徑 23.86 毫米
重 2.8 克
上海博物館 藏

3322
徑 23.24 毫米
重 3.1 克
上海博物館 藏

3323
徑 23.24 毫米
重 2.8 克
上海博物館 藏

3324
徑 23.09 毫米
重 3.2 克
上海博物館 藏

3325
徑 22.76 毫米
重 3.4 克
上海博物館 藏

3326
徑 23.19 毫米
重 3.2 克
上海博物館 藏

3327
徑 23.26 毫米
重 3.0 克
上海博物館 藏

3328
徑 22.98 毫米
重 3.1 克
上海博物館 藏

3329
徑 22.41 毫米
重 2.6 克
上海博物館 藏

3330
徑 22.63 毫米
重 2.9 克
上海博物館 藏

3331
徑 22.10 毫米
重 2.1 克
上海博物館 藏

3332
徑 22.60 毫米
重 2.9 克
上海博物館 藏

3333
徑 22.29毫米
重 2.2克
上海博物館 藏

3334
徑 22.64毫米
重 2.4克
上海博物館 藏

3335
徑 22.63毫米
重 2.8克
上海博物館 藏

3336
徑 23.06毫米
重 2.8克
上海博物館 藏

3337
徑 23.40毫米
重 2.7克
上海博物館 藏

3338
徑 21.57毫米
重 2.7克
上海博物館 藏

3339
徑 22.21毫米
重 2.7克
上海博物館 藏

3340
徑 22.61毫米
重 3.1克
上海博物館 藏

3341
徑 22.37毫米
重 3.0克
上海博物館 藏

3342
徑 22.80毫米
重 2.8克
上海博物館 藏

3343
徑 23.56毫米
重 3.0克
上海博物館 藏

3344
徑 22.13毫米
重 3.1克
上海博物館 藏

3345
徑 22.47毫米
重 3.0克
上海博物館 藏

3346
徑 22.67毫米
重 2.8克
上海博物館 藏

3347
徑 22.43毫米
重 2.9克
上海博物館 藏

3348
徑 22.44 毫米
重 2.9 克
上海博物館 藏

3349
徑 22.28 毫米
重 2.8 克
上海博物館 藏

3350
徑 21.47 毫米
重 2.8 克
上海博物館 藏

3351
徑 22.31 毫米
重 2.9 克
上海博物館 藏

3352
徑 23.38 毫米
重 2.8 克
上海博物館 藏

3353
徑 22.33 毫米
重 2.6 克
上海博物館 藏

3354
徑 23.03 毫米
重 3.1 克
上海博物館 藏

3355
徑 21.57 毫米
重 2.6 克
上海博物館 藏

3356
徑 21.51 毫米
重 2.8 克
上海博物館 藏

3357
徑 22.37 毫米
重 2.7 克
上海博物館 藏

3358
徑 22.68 毫米
重 3.4 克
上海博物館 藏

3359
徑 22.35 毫米
重 3.1 克
上海博物館 藏

3360
徑 22.34 毫米
重 2.9 克
上海博物館 藏

3361
徑 24.00 毫米
重 3.8 克
上海博物館 藏

3362
徑 25.00 毫米
選自《文物》
咸陽侯義墓 出土

307

3363
徑 24.80毫米
重 2.9克
立川　提供

3364
徑 23.33毫米
重 3.4克
上海博物館　藏

3365
徑 23.49毫米
重 3.1克
上海博物館　藏

3366
徑 23.48毫米
重 2.8克
上海博物館　藏

3367
徑 24.05毫米
重 3.5克
上海博物館　藏

3368
徑 24.44毫米
重 3.3克
金立夫　藏

3369
徑 22.72毫米
重 3.4克
上海博物館　藏

3370
徑 23.89毫米
重 3.4克
上海博物館　藏

3371
徑 23.55毫米
重 3.2克
上海博物館　藏

3372
徑 23.12毫米
重 3.1克
上海博物館　藏

3373
徑 23.65毫米
重 3.2克
上海博物館　藏

3374
徑 24.72毫米
重 3.5克
上海博物館　藏

3375
徑 22.7毫米
重 2.1克
鄒誌諒　藏

(二)西魏

五銖

3376
徑 25.00 毫米
選自《文物》
咸陽侯義墓　出土

3377
徑 23.43 毫米
重 2.5 克
上海博物館　藏

3378
徑 22.62 毫米
重 1.6 克
上海博物館　藏

3379
徑 23.97 毫米
重 2.8 克
上海博物館　藏

3380
徑 24.83 毫米
重 2.7 克
上海博物館　藏

3381
徑 23.18 毫米
重 1.9 克
上海博物館　藏

3382
徑 23.00 毫米
選自《中國古錢譜》

（三）北齊

常平五銖

3383
徑 23.81 毫米
重 3.9 克
上海博物館　藏

3384
徑 23.67 毫米
重 3.6 克
上海博物館　藏

3385
徑 24.43 毫米
重 3.9 克
上海博物館　藏

3386
徑 23.23 毫米
重 3.2 克
上海博物館　藏

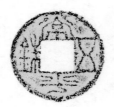

3387
徑 24.55毫米
重 3.6克
上海博物館 藏

3388
徑 24.64毫米
重 4.2克
傅爲群 藏

3389
徑 24.61毫米
重 4.4克
傅爲群 藏

3390
徑 23.00毫米
重 3.3克
鄒誌諒 藏

3391
徑 24.00毫米
重 2.6克
鄒誌諒 藏

3392
徑 24.00毫米
重 2.9克
鄒誌諒 藏

3393
徑 24.00毫米
重 3.3克
鄒誌諒 藏

3394
徑 24.45毫米
重 4.1克
金立夫 藏

3395
徑 24.53毫米
重 3.5克
金立夫 藏

3396 鎏金
徑 24.40毫米
重 8.5克
林春雄 提供

（四）北周

1. 布泉

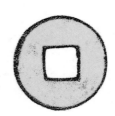

3397
徑 25.26毫米
重 4.1克
上海博物館 藏

3398
徑 25.65毫米
重 3.3克
上海博物館 藏

3399
徑 25.50毫米
重 3.4克
牛群生 藏

3400
徑 26.02毫米
重 5.0克
王俞西　提供

3401
徑 25.16毫米
重 3.8克
上海博物館　藏

3402
徑 24.09毫米
重 2.3克
上海博物館　藏

3403
徑 25.55毫米
重 3.8克
金立夫　藏

3404
徑 26.20毫米
重 3.4克
鄒誌諒　藏

3405
徑 26.86毫米
重 4.3克
金立夫　藏

3406
徑 26.25毫米
重 3.4克
金立夫　藏

3407
徑 26.51毫米
重 3.6克
金立夫　藏

2. 五行大布

3408
徑 28.26毫米
重 5.2克
上海博物館　藏

3409
徑 26.23毫米
重 4.7克
上海博物館　藏

3410
徑 26.10毫米
重 4.2克
上海博物館　藏

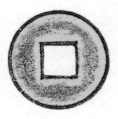

3411
徑 26.85毫米
重 4.1克
上海博物館　藏

3412
徑 25.48毫米
重 3.4克
上海博物館　藏

3413
徑 25.48毫米
重 3.1克
上海博物館　藏

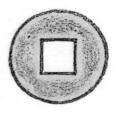

3414
徑 26.21毫米
重 3.2克
上海博物館　藏

3415
徑 24.40毫米
重 2.5克
上海博物館　藏

3416
徑 24.14毫米
重 2.1克
上海博物館　藏

3417
徑 24.04毫米
重 2.4克
上海博物館　藏

3418
徑 26.50毫米
重 3.6克
牛群生　藏

3419
徑 26.04毫米
南京博物院　藏

3420
徑 24.11毫米
重 3.0克
王侖西　提供

3421
徑 23.38毫米
重 2.7克
上海博物館　藏

3422
徑 21.43毫米
重 1.7克
上海博物館　藏

3423
徑 21.92毫米
重 1.9克
上海博物館　藏

3424
徑 18.64毫米
重 1.5克
上海博物館　藏

3425
徑 19.16毫米
重 1.5克
上海博物館　藏

3426　鎏金
徑 27.20 毫米
重 4.2 克
林春雄　提供

3427

山西省錢幣學會　提供

★★★

3. 永通萬國

3428
徑 30.46 毫米
重 5.7 克
金立夫　藏

3429
徑 29.96 毫米
重 5.2 克
金立夫　藏

3430
徑 29.32 毫米
重 5.2 克
上海博物館　藏

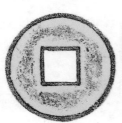

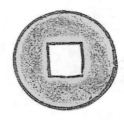

3431
徑 29.00 毫米
重 5.4 克
上海博物館 藏

3432
徑 28.50 毫米
重 4.6 克
牛群生 藏

3433
徑 27.86 毫米
重 6.9 克
上海博物館 藏

3434
徑 27.46 毫米
重 2.4 克
上海博物館 藏

3435
徑 26.72 毫米
重 2.7 克
上海博物館 藏

3436
徑 25.01 毫米
重 2.3 克
上海博物館 藏

3437
徑 24.62 毫米
重 2.1 克
上海博物館 藏

3438
徑 23.82 毫米
重 2.3 克
上海博物館 藏

3439
徑 23.17 毫米
重 1.8 克
上海博物館 藏

3440
徑 22.70 毫米
重 1.6 克
鄒誌諒 藏

3441
徑 22.63 毫米
重 1.9 克
上海博物館 藏

3442
徑 21.81 毫米
重 1.5 克
上海博物館 藏

3443
徑 28.95 毫米
重 6.0 克
上海博物館 藏
★

3444　鉛質
徑 29.8 毫米
重 9.4 克
立川 提供
★

九、西域(新疆)貨幣

(一) 漢佉二體錢

1. 六銖錢

J.Cribb 摹本　　J.Cribb 摹本　　J.Cribb 摹本

3445
徑 15.77 毫米
重 2.5 克
大英博物館　藏

3446
重 3.0 克
大英博物館　藏

3447
徑 21.23 毫米
大英博物館　藏

J.Cribb 摹本　　J.Cribb 摹本

3448
徑 21.02 毫米
重 4.2 克
大英博物館　藏

3449
重 4.9 克
大英博物館　藏

3450
曾澤禄　藏

3451
徑 22.00 毫米
重 5.1 克
旅順博物館　藏

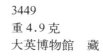 

3452
徑 21.00 毫米
重 4.1 克
旅順博物館　藏

3453
徑 19.00 毫米
重 4.1 克
旅順博物館　藏

3454
徑 17.70 毫米
重 2.3 克
旅順博物館　藏

3455
徑 17.20 毫米
重 3.1 克
旅順博物館　藏

3456
徑 17.70 毫米
重 2.1 克
旅順博物館　藏

J.Cribb 摹本

J.Cribb 摹本

3457
徑 20.11毫米
重 4.0 克
牛津市博物館 藏

3458
徑 17.84毫米
重 3.9 克
大英博物館 藏

3459
徑 22.87毫米
列寧格勒愛爾米塔什
博物館 藏

3460
徑 25.00毫米
重 6.1 克
中國錢幣博物館 藏
新疆洛甫縣 出土

2. 重廿四銖錢

J.Cribb 摹本

J.Cribb 摹本

J.Cribb 摹本

3461
徑 26.17毫米
列寧格勒愛爾米塔什博物館 藏

3462
重 15.7克
大英博物館 藏

3463
重 1.2克
大英博物館 藏

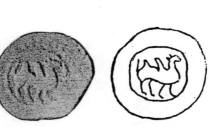

J.Cribb 摹本

J.Cribb 摹本

J.Cribb 摹本

3464
重 1.5克
大英博物館 藏

3465 陶質
徑 26.07毫米
重 16.1克
大英博物館 藏

3466
徑 26.34毫米
列寧格勒愛爾米塔什博物館 藏

3. 于闐五銖錢

J.Cribb 摹本

J.Cribb 摹本

J.Cribb 摹本

3467
徑 20.71 毫米
重 1.5 克
法國巴黎圖書館　藏
杜特雷依探險隊　發現

3468　鉛質
徑 24.07 毫米
重 12.9 克
大英博物館　藏

3469　鉛質
徑 23.41 毫米
重 17.5 克
大英博物館　藏

（二）龜茲五銖（漢龜二體錢）

1. 龜茲五銖一式錢

3470
徑 18.00 毫米
重 1.8 克
新疆維吾爾自治區阿
克蘇地區博物館　藏

3471
徑 20.00 毫米
重 2.0 克
新疆維吾爾自治區博
物館藏
1957-1958 年庫車縣
蘇巴什遺址　出土

3472
徑 18.50 毫米
重 2.0 克
旅順博物館　藏

3473
徑 18.00 毫米
重 1.5 克
新疆維吾爾自治
區博物館　藏

3474
徑 17.00 毫米
重 1.2 克
新疆維吾爾自治區
庫車縣文物保護管
理所　藏
1986 年庫車縣地區
出土

3475
徑 18.00 毫米
重 1.6 克
新疆維吾爾自治區庫車
縣文物保護管理所　藏
1986 年庫車縣地區
出土

3476
徑 17.30 毫米
重 1.3 克
新疆維吾爾自治區
庫車縣文物保護管
理所　藏
1986 年庫車縣地區
出土

3477
徑 18.00 毫米
重 2.1 克
新疆維吾爾自治區博
物館　藏
1957-1958 年庫車縣
蘇巴什遺址　出土

3478
徑 17.60 毫米
重 1.2 克
新疆維吾爾自治區阿
克蘇地區博物館　藏

3479
徑 16.00 毫米
重 1.3 克
新疆維吾爾自治區
博物館　藏
1957–1958庫車縣
蘇巴什遺址　出土

3480
徑 16.00 毫米
重 1.3 克
新疆維吾爾自治區
博物館　藏
1957–1958年庫車縣
蘇巴什遺址　出土

3481
徑 15.00 毫米
重 0.9 克
新疆維吾爾自治區庫車縣
文物保護管理所　藏
1986年庫車縣地區　出土

2. 龜茲五銖二式錢

3482
徑 21.50 毫米
重 2.0 克
旅順博物館　藏

3483
徑 19.20 毫米
重 1.7 克
新疆維吾爾自治區庫車縣
文物保護管理所　藏
1986年庫車縣地區　出土

3484
徑 21.00 毫米
重 2.7 克
新疆維吾爾自治區庫車縣
文物保護管理所　藏
1986年庫車縣地區　出土

3485
徑 17.00 毫米
重 1.2 克
新疆維吾爾自治區
庫車縣文物保護管
理所　藏
1986年庫車縣地區
出土

3486
徑 20.00 毫米
重 1.9 克
新疆維吾爾自治區
庫車縣文物保護管
理所　藏
1986年庫車縣地區
出土

3487
徑 21.00 毫米
重 2.2 克
新疆維吾爾自治區
庫車縣文物保護管
理所　藏
1986年庫車縣地區
出土

3488
徑 21.00 毫米
重 1.9 克
新疆維吾爾自治
區阿克蘇地區博
物館　藏

3489
徑 21.00 毫米
重 2.2 克
新疆維吾爾自治區
博物館　藏
1986年輪臺縣"輪臺
古城"遺址　出土

3490
徑 20.00 毫米
重 2.4 克
新疆維吾爾自治區阿克蘇
地區博物館 藏

3491
徑 19.20 毫米
重 1.2 克
鄒誌諒 藏

3. 龜茲五銖三式錢

3492
徑 20.00 毫米
重 1.4 克
新疆維吾爾自治區阿克蘇
地區博物館 藏

3493
徑 20.00 毫米
重 1.6 克
新疆維吾爾自治區阿克蘇
地區博物館 藏

4. 龜茲五銖四式錢

3494
徑 21.00 毫米
重 2.1 克
新疆維吾爾自治區庫車縣
文物保護管理所 藏
1986 年庫車縣地區 出土

3495
徑 21.01 毫米
重 1.8 克
傅爲群 藏

3496
徑 18.50 毫米
重 1.7 克
新疆維吾爾自治區庫車縣
文物保護管理所　藏
1986年庫車縣地區　出土

3497
徑 18.00 毫米
重 1.2 克
新疆維吾爾自治區阿
克蘇地區博物館　藏

3498
徑 16.50 毫米
重 1.5 克
新疆維吾爾自治區
博物館　藏
1986年輪臺縣"輪臺
古城"遺址　出土

3499
徑 16.10 毫米
重 0.9 克
鄒誌諒　藏

3500
徑 15.00 毫米
重 1.3 克
新疆維吾爾自治區博
物館　藏
1986年輪臺縣"輪臺
古城"遺址　出土

3501
徑 17.60 毫米
重 1.2 克
林春雄　提供

3502
徑 15.00 毫米
重 1.1 克
新疆維吾爾自治區庫
車縣文物保護管理所　藏
1986年庫車縣地區　出土

5. 龜茲五銖五式錢

3503
徑 18.50 毫米
重 1.6 克
新疆維吾爾自治區庫車縣
文物保護管理所　藏
1986年庫車縣地區　出土

3504
徑 17.20 毫米
重 1.6 克
林春雄　提供

3505
徑 18.00 毫米
新疆維吾爾自治區阿
克蘇地區博物館　藏

3506
徑 18.00 毫米
新疆維吾爾自治區
博物館　藏

3507
徑 18.00 毫米
新疆維吾爾自治區阿
克蘇地區博物館　藏

3508
徑 20.00 毫米
重 1.8 克
新疆維吾爾自治區庫車縣
文物保護管理所　藏
1986年庫車縣地區　出土

3509
徑 18.00 毫米
重 1.6 克
新疆維吾爾自治區庫車縣
文物保護管理所　藏
1986年庫車縣地區　出土

3510
徑 14.00 毫米
重 1.0 克
新疆維吾爾自治區博物館　藏
1957-1958年庫車縣蘇巴什遺址
出土

6. 龜茲五銖一體錢

3511
徑 14.00 毫米
重 0.9 克
新疆維吾爾自治區庫車縣
文物保護管理所　藏
1986年庫車縣地區　出土

3512
徑 15.50 毫米
重 1.0 克
新疆維吾爾自治區庫車縣
文物保護管理所　藏
1986年庫車縣地區　出土

3513
徑 15.00 毫米
重 1.1 克
新疆維吾爾自治區博物館　藏
1984年庫車縣庫木吐拉古遺址
南五百米古缸群　出土

3514
徑 14.90 毫米
重 1.1 克
新疆維吾爾自治區庫車縣
文物保護管理所　藏
1986年庫車縣地區　出土

3515
徑 15.00 毫米
重 1.1 克
新疆維吾爾自治區博物館　藏
1957-1958年庫車縣蘇巴什遺址
出土

3516
徑 14.00 毫米
重 1.1 克
新疆維吾爾自治區博物館　藏
1957-1958 年庫車縣蘇巴什遺址
出土

7. 龜茲五銖素背錢

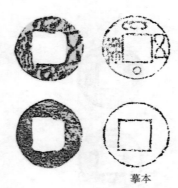

摹本

3517
徑 18.00 毫米
重 1.6 克
新疆維吾爾自治區博物館　藏
1928 年庫車遺址　出土

8. 龜茲五銖小錢

3518
徑 11.51 毫米
重 0.5 克
新疆維吾爾自治區阿克蘇
地區博物館　藏

3519
徑 11.21 毫米
重 0.5 克
新疆維吾爾自治區阿克蘇
地區博物館　藏

3520
徑 10.91 毫米
重 0.3 克
新疆維吾爾自治區阿克蘇
地區博物館　藏

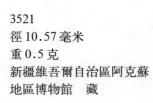

3521
徑 10.57 毫米
重 0.5 克
新疆維吾爾自治區阿克蘇
地區博物館　藏

3522
徑 10.54 毫米
重 0.3 克
新疆維吾爾自治區阿克蘇
地區博物館　藏

3523
徑 10.38 毫米
重 0.5 克
新疆維吾爾自治區阿克蘇
地區博物館　藏

十、東漢、三國、兩晉、南北朝常見貨幣

1. 五銖

東漢、三國、兩晉、南北朝各政權雖有自己鑄行的特定錢幣，但五銖錢依然在各地普遍通行。當時，五銖錢除官方有鑄外，還出現大量民鑄錢，形態各異；又有將舊錢剪、鑿、磨，以達到取銅之目的。

3524
徑 23.57 毫米
重 2.0 克
上海博物館 藏

3525
徑 21.06 毫米
重 1.6 克
上海博物館 藏

3526
徑 23.21 毫米
重 1.9 克
上海博物館 藏

3527
徑 24.46 毫米
重 1.9 克
上海博物館 藏

3528
徑 22.24 毫米
重 1.6 克
上海博物館 藏

3529
徑 21.97 毫米
重 1.8 克
上海博物館 藏

3530
徑 21.00 毫米
重 1.7 克
上海博物館 藏

3531
徑 20.13 毫米
重 2.0 克
上海博物館 藏

3532
徑 20.56 毫米
重 1.7 克
上海博物館 藏

3533
徑 24.87 毫米
重 4.0 克
上海博物館 藏

3534
徑 23.41 毫米
重 3.0 克
上海博物館 藏

3535
徑 23.17 毫米
重 2.6 克
上海博物館 藏

3536
徑 24.59 毫米
重 3.4 克
上海博物館 藏

3537
徑 24.09 毫米
重 2.5 克
上海博物館 藏

3538
徑 24.24 毫米
重 2.6 克
上海博物館 藏

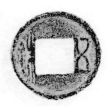

3539
徑 23.39 毫米
重 3.2 克
上海博物館 藏

3540
徑 23.39 毫米
重 3.4 克
上海博物館 藏

3541
徑 24.32 毫米
重 2.3 克
上海博物館 藏

3542
徑 24.32 毫米
重 3.2 克
上海博物館 藏

3543
徑 22.92 毫米
重 1.8 克
上海博物館 藏

3544
徑 22.93 毫米
重 1.3 克
上海博物館 藏

3545
徑 24.92 毫米
重 2.6 克
上海博物館 藏

3546
徑 23.28 毫米
重 2.5 克
上海博物館 藏

3547
徑 21.82 毫米
重 2.0 克
上海博物館 藏

3548
徑 23.11 毫米
重 2.5 克
上海博物館 藏

3549
徑 23.24 毫米
重 2.9 克
上海博物館 藏

3550
徑 22.07 毫米
重 2.1 克
上海博物館 藏

3551
徑 20.64 毫米
重 1.3 克
上海博物館 藏

3552
徑 22.12 毫米
重 1.9 克
上海博物館 藏

3553
徑 23.18 毫米
重 2.2 克
上海博物館 藏

3554
徑 23.10 毫米
重 2.1 克
上海博物館 藏

3555
徑 22.88 毫米
重 1.7 克
上海博物館 藏

3556
徑 22.73 毫米
重 3.9 克
上海博物館 藏

3557
徑 22.33 毫米
重 2.4 克
上海博物館 藏

3558
徑 22.53 毫米
重 2.5 克
上海博物館 藏

3559
徑 22.77 毫米
重 2.0 克
上海博物館 藏

3560
徑 23.76 毫米
重 2.8 克
上海博物館 藏

3561
徑 22.64 毫米
重 2.4 克
上海博物館 藏

3562
徑 22.64 毫米
重 2.2 克
上海博物館 藏

3563
徑 23.70 毫米
重 3.1 克
上海博物館 藏

3564
徑 24.55 毫米
重 3.4 克
上海博物館 藏

3565
徑 23.72 毫米
重 2.5 克
上海博物館 藏

3566
徑 24.22 毫米
重 3.2 克
上海博物館 藏

3567
徑 24.41毫米
重 2.8克
上海博物館 藏

3568
徑 24.60毫米
重 3.7克
上海博物館 藏

3569
徑 23.47毫米
重 2.7克
上海博物館 藏

3570
徑 23.71毫米
重 2.6克
上海博物館 藏

3571
徑 24.88毫米
重 2.8克
上海博物館 藏

3572
徑 24.15毫米
重 3.0克
上海博物館 藏

3573
徑 24.00毫米
重 3.3克
上海博物館 藏

3574
徑 24.15毫米
重 3.0克
上海博物館 藏

3575
徑 28.00毫米
重 3.9克
鄒誌諒 藏

3576
徑 24.98毫米
重 2.8克
上海博物館 藏

3577
徑 24.14毫米
重 2.7克
存雲亭 藏

3578
徑 23.38毫米
重 2.8克
上海博物館 藏

3579
徑 24.37毫米
重 2.8克
上海博物館 藏

3580
徑 22.84毫米
重 3.0克
上海博物館 藏

3581
徑 23.22毫米
重 2.2克
上海博物館 藏

3582
徑 24.30毫米
重 2.2克
上海博物館 藏

3583
徑 23.93毫米
重 2.5克
存雲亭 藏

3584
徑 23.53毫米
重 2.6克
上海博物館 藏

3585
徑 23.64毫米
重 2.3克
上海博物館 藏

3586
徑 22.87毫米
重 2.0克
上海博物館 藏

3587
徑 23.00毫米
重 1.9克
上海博物館 藏

3588
徑 22.81毫米
重 2.7克
存雲亭 藏

3589
徑 22.34毫米
重 2.4克
上海博物館 藏

3590
徑 25.12毫米
重 3.0克
上海博物館 藏

3591
徑 24.64毫米
重 2.8克
上海博物館 藏

3592
徑 25.67毫米
重 3.1克
上海博物館 藏

3593
徑 18.26毫米
重 1.7克
上海博物館 藏

3594
徑 19.00毫米
重 1.4克
上海博物館 藏

3595
徑 19.60毫米
重 1.2克
上海博物館 藏

3596
徑 19.16毫米
重 1.0克
上海博物館 藏

3597
徑 18.73 毫米
重 3.1 克
上海博物館　藏

3598
徑 19.63 毫米
重 0.4 克
上海博物館　藏

3599
徑 19.63 毫米
重 0.7 克
上海博物館　藏

3600
徑 22.85 毫米
重 2.0 克
存雲亭　藏

3601
徑 22.06 毫米
重 2.1 克
上海博物館　藏

3602
徑 24.00 毫米
選自《歷代古錢圖説》

3603
徑 23.32 毫米
重 1.7 克
上海博物館　藏

3604
徑 23.85 毫米
重 2.5 克
上海博物館　藏

3605
徑 24.58 毫米
重 2.4 克
上海博物館　藏

3606
徑 20.62 毫米
重 2.2 克
上海博物館　藏

3607
徑 22.23 毫米
重 2.2 克
上海博物館　藏

3608
徑 22.56 毫米
重 2.9 克
上海博物館　藏

3609
徑 21.17 毫米
重 3.4 克
上海博物館　藏

3610
徑 22.36 毫米
重 1.6 克
上海博物館　藏

3611
徑 22.51 毫米
重 2.1 克
上海博物館　藏

3612
徑 23.18 毫米
重 2.0 克
上海博物館 藏

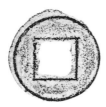

3613
徑 24.25 毫米
重 3.0 克
上海博物館 藏

3614
徑 24.17 毫米
重 3.0 克
上海博物館 藏

3615
徑 24.94 毫米
重 2.3 克
上海博物館 藏

3616
徑 17.34 毫米
重 0.8 克
上海博物館 藏

3617
徑 16.85 毫米
重 0.9 克
上海博物館 藏

3618
徑 21.47 毫米
重 1.2 克
上海博物館 藏

3619
徑 23.53 毫米
重 2.0 克
上海博物館 藏

3620
徑 18.39 毫米
重 1.7 克
上海博物館 藏

3621
徑 19.94 毫米
重 1.4 克
上海博物館 藏

3622
徑 18.13 毫米
重 1.5 克
上海博物館 藏

3623
徑 21.76 毫米
重 1.8 克
上海博物館 藏

2. 五銖異文、異形

3624
徑 22.78 毫米
重 2.9 克
上海博物館　藏

3625
徑 21.77 毫米
重 3.1 克
上海博物館　藏

3626
徑 22.41 毫米
選自《戴葆庭集
拓中外錢幣珍品》

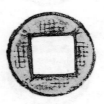

3627
徑 23.25 毫米
重 2.8 克
上海博物館　藏

3628
徑 22.30 毫米
重 3.9 克
上海博物館　藏

3629
徑 23.22 毫米
重 4.0 克
上海博物館　藏

3630
徑 22.74 毫米
選自《戴葆庭集
拓中外錢幣珍品》

3631
徑 23.23 毫米
選自《戴葆庭集
拓中外錢幣珍品》

3632
徑 22.27 毫米
選自《戴葆庭集
拓中外錢幣珍品》

3633
徑 23.59 毫米
重 2.7 克
鄒誌諒　藏

3634
徑 23.70 毫米
重 2.5 克
鄒誌諒　藏

3635
徑 22.2 毫米
重 1.9 克
金立夫　藏

3636
徑 21.81 毫米
重 2.1 克
上海博物館　藏

3637
徑 20.11毫米
選自《戴葆庭集
拓中外錢幣珍品》

3638
徑 19.56毫米
重 1.3克
上海博物館　藏

3639
徑 18.96毫米
重 1.4克
上海博物館　藏

3640
徑 19.15毫米
重 1.8克
上海博物館　藏

3641
徑 21.04毫米
選自《戴葆庭集
拓中外錢幣珍品》

3. 侵輪五銖

3642
徑 23.11毫米
重 1.7克
上海博物館　藏

3643
徑 23.24毫米
重 2.3克
上海博物館　藏

3644
徑 22.46毫米
重 1.6克
上海博物館　藏

3645
徑 23.10毫米
重 3.5克
上海博物館　藏

3646
徑 22.67毫米
重 2.9克
上海博物館　藏

3647
徑 21.78毫米
重 2.1克
上海博物館　藏

3648
徑 23.96毫米
重 3.1克
上海博物館　藏

3649
徑 23.02毫米
重 2.1克
上海博物館　藏

3650
徑 21.13毫米
重 2.0克
上海博物館 藏

3651
徑 20.69毫米
重 1.8克
上海博物館 藏

3652
徑 21.23毫米
重 1.9克
上海博物館 藏

3653
徑 21.50毫米
重 2.2克
上海博物館 藏

3654
徑 21.34毫米
重 1.8克
上海博物館 藏

3655
徑 21.77毫米
重 2.1克
上海博物館 藏

3656
徑 19.23毫米
重 1.2克
上海博物館 藏

3657
徑 22.77毫米
重 2.3克
上海博物館 藏

3658
徑 22.50毫米
重 2.5克
上海博物館 藏

3659
徑 21.89毫米
重 1.5克
上海博物館 藏

3660
徑 23.22毫米
重 2.2克
存雲亭 藏

3661
徑 24.32毫米
重 2.5克
上海博物館 藏

3662
徑 24.76毫米
重 3.0克
上海博物館 藏

3663
徑 22.12毫米
重 2.2克
上海博物館 藏

3664
徑 23.33毫米
重 2.6克
上海博物館 藏

3665
徑 21.94 毫米
重 2.9 克
上海博物館 藏

3666
徑 22.80 毫米
重 2.8 克
上海博物館 藏

3667
徑 22.98 毫米
重 2.4 克
上海博物館 藏

3668
徑 22.44 毫米
重 2.6 克
上海博物館 藏

3669
徑 22.87 毫米
重 2.8 克
上海博物館 藏

3670
徑 20.43 毫米
重 1.4 克
上海博物館 藏

3671
徑 20.90 毫米
重 2.3 克
上海博物館 藏

4. 五朱

3672
徑 23.40 毫米
重 1.9 克
上海博物館 藏

3673
徑 23.31 毫米
重 1.8 克
上海博物館 藏

3674
徑 22.30 毫米
重 2.3 克
上海博物館 藏

3675
徑 23.69 毫米
重 2.8 克
上海博物館 藏

3676
徑 23.69 毫米
重 2.4 克
上海博物館 藏

3677
徑 23.08 毫米
重 3.1 克
上海博物館 藏

3678
徑 22.36 毫米
重 2.6 克
上海博物館 藏

3679
徑 21.37 毫米
重 1.9 克
上海博物館 藏

3680
徑 19.06 毫米
重 1.0 克
上海博物館 藏

3681
徑 20.05 毫米
重 2.1 克
上海博物館 藏

3682
徑 21.16 毫米
重 1.6 克
上海博物館 藏

3683
徑 18.92 毫米
重 1.5 克
存雲亭 藏

3684
徑 19.12 毫米
重 1.3 克
上海博物館 藏

3685
徑 18.45 毫米
重 0.7 克
上海博物館 藏

3686
徑 21.76 毫米
重 1.9 克
上海博物館 藏

3687
徑 22.07 毫米
重 3.2 克
上海博物館 藏

3688
徑 22.45 毫米
重 3.3 克
上海博物館 藏

3689
徑 21.54 毫米
重 2.2 克
上海博物館 藏

3690
徑 21.79 毫米
重 2.4 克
上海博物館 藏

3691
徑 21.85 毫米
重 1.4 克
上海博物館 藏

3692
徑 22.70 毫米
重 2.4 克
上海博物館 藏

3693
徑 20.47 毫米
重 1.3 克
上海博物館 藏

3694
徑 21.04 毫米
重 1.9 克
上海博物館 藏

3695
徑 19.51 毫米
重 1.3 克
上海博物館 藏

3696
徑 22.12 毫米
重 1.6 克
上海博物館 藏

3697
徑 17.11 毫米
重 1.0 克
上海博物館 藏

3698
徑 17.82 毫米
重 0.6 克
上海博物館 藏

3699
徑 20.09 毫米
重 1.5 克
存雲亭 藏

3700
徑 19.94 毫米
重 1.6 克
上海博物館 藏

3701
徑 22.17 毫米
重 1.4 克
上海博物館 藏

3702
徑 21.92 毫米
重 1.7 克
上海博物館 藏

3703
徑 21.21 毫米
重 1.6 克
上海博物館 藏

3704
徑 20.68 毫米
重 1.1 克
上海博物館 藏

3705
徑 18.14 毫米
重 0.7 克
上海博物館 藏

3706
徑 19.99毫米
重 1.4克
上海博物館　藏

3707
徑 20.23毫米
重 1.1克
上海博物館　藏

3708
徑 21.38毫米
重 1.8克
上海博物館　藏

3709
徑 20.94毫米
重 1.7克
上海博物館　藏

3710
徑 21.21毫米
重 1.3克
上海博物館　藏

3711
徑 17.60毫米
重 1.2克
上海博物館　藏

3712
徑 18.67毫米
重 1.2克
存雲亭　藏

3713
徑 18.78毫米
重 1.1克
上海博物館　藏

3714
徑 18.68毫米
重 0.9克
上海博物館　藏

3715
徑 17.45毫米
重 0.7克
上海博物館　藏

3716
徑 17.13毫米
重 0.8克
上海博物館　藏

3717
徑 18.86毫米
重 1.1克
上海博物館　藏

3718
徑 16.63毫米
重 1.1克
上海博物館　藏

3719
徑 17.95毫米
重 1.1克
上海博物館　藏

3720
徑 20.25毫米
重 1.3克
上海博物館　藏

3721	3722	3723	3724	3725
徑 19.80毫米	徑 20.34毫米	徑 21.55毫米	徑 21.85毫米	徑 20.81毫米
重 1.6克	重 1.8克	重 1.3克	重 2.0克	重 1.3克
上海博物館 藏	上海博物館 藏	上海博物館 藏	上海博物館 藏	上海博物館 藏

3726	3727	3728	3729	3730
徑 19.68毫米	徑 18.70毫米	徑 18.69毫米	徑 22.82毫米	徑 19.31毫米
重 1.6克	重 1.6克	重 1.4克	重 1.8克	重 1.2克
上海博物館 藏	上海博物館 藏	上海博物館 藏	上海博物館 藏	上海博物館 藏

3731	3732	3733	3734	3735
徑 16.77毫米	徑 18.11毫米	徑 19.77毫米	徑 18.47毫米	徑 20.46毫米
重 1.2克	重 0.7克	重 0.8克	重 1.4克	重 1.3克
上海博物館 藏	上海博物館 藏	上海博物館 藏	上海博物館 藏	上海博物館 藏

3736
徑 21.32毫米
重 1.5克
上海博物館 藏

3737
徑 19.24毫米
重 1.3克
上海博物館 藏

3738
徑 19.41毫米
重 1.1克
上海博物館 藏

3739
徑 19.77毫米
重 2.6克
上海博物館 藏

3740
徑 21.39毫米
重 2.0克
上海博物館 藏

3741
徑 21.86毫米
重 1.6克
上海博物館 藏

3742
徑 21.07毫米
重 1.6克
上海博物館 藏

3743
徑 22.86毫米
重 2.2克
上海博物館 藏

3744
徑 21.46毫米
重 2.1克
上海博物館 藏

3745
徑 21.72毫米
重 1.5克
上海博物館 藏

3746
徑 22.34毫米
重 1.7克
上海博物館 藏

3747
徑 23.11毫米
重 2.2克
上海博物館 藏

3748
徑 21.76毫米
上海博物館 藏

3749
徑 20.27毫米
重 1.4克
上海博物館 藏

3750
徑 20.17毫米
重 1.3克
上海博物館 藏

3751
徑 22.35毫米
重 1.8 克
上海博物館　藏

5. 五銖

3752
徑 19.67毫米
重 1.1 克
上海博物館　藏

3753
徑 21.43毫米
重 2.1 克
上海博物館　藏

3754
徑 17.03毫米
重 0.7 克
上海博物館　藏

3755
徑 16.21毫米
重 0.6 克
上海博物館　藏

3756
徑 19.88毫米
重 2.4 克
上海博物館　藏

3757
徑 17.01毫米
重 0.9 克
上海博物館　藏

3758
徑 16.91毫米
重 1.4 克
上海博物館　藏

3759
徑 18.22毫米
重 1.1 克
上海博物館　藏

3760
徑 19.25毫米
重 0.7 克
上海博物館　藏

3761
徑 21.46毫米
重 1.4克
上海博物館　藏

3762
徑 23.88毫米
重 3.6克
金立夫　藏

3763
徑 23.70毫米
重 3.3克
上海博物館　藏

3764
徑 23.20毫米
重 3.6克
林春雄　提供

3765
徑 21.45毫米
重 3.1克
上海博物館　藏

3766
徑 16.14毫米
重 1.0克
上海博物館　藏

3767
徑 16.94毫米
重 0.8克
上海博物館　藏

3768
徑 19.43毫米
重 0.6克
上海博物館　藏

3769
徑 19.61毫米
重 0.4克
上海博物館　藏

3770
徑 18.48毫米
重 1.1克
上海博物館　藏

3771　鐵質
徑 22.58毫米
重 3.3克
上海博物館　藏

3772　鐵質
徑 22.57毫米
重 3.0克
上海博物館　藏

3773　鐵質
徑 23.40毫米
重 2.8克
林春雄　提供

6. 磨邊五銖

3774	3775	3776	3777
徑 20.76毫米	徑 23.14毫米	徑 18.85毫米	徑 20.94毫米
重 0.7克	重 2.5克	重 0.7克	重 1.8克
上海博物館 藏	存雲亭 藏	上海博物館 藏	上海博物館 藏

3778	3779	3780	3781	3782
徑 21.08毫米	徑 22.17毫米	徑 22.49毫米	徑 21.28毫米	徑 21.37毫米
重 2.2克	重 1.7克	重 3.6克	重 2.4克	重 1.3克
上海博物館 藏	存雲亭 藏	上海博物館 藏	上海博物館 藏	存雲亭 藏

7. 剪輪五銖

3783	3784	3785	3786
徑 15.67毫米	徑 17.64毫米	徑 17.04毫米	徑 16.66毫米
重 0.6克	重 1.1克	重 1.0克	重 1.2克
上海博物館 藏	傅爲群 藏	上海博物館 藏	上海博物館 藏

3787
徑 14.10毫米
重 0.7克
上海博物館　藏

3788
徑 16.93毫米
重 0.7克
上海博物館　藏

8. 其他剪輪錢

3789
徑 16.24毫米
重 1.1克
上海博物館　藏

3790
徑 15.76毫米
重 1.0克
上海博物館　藏

3791
徑 18.87毫米
重 2.3克
上海博物館　藏

3792
徑 16.33毫米
重 0.9克
上海博物館　藏

3793
徑 16.86毫米
重 1.1克
上海博物館　藏

3794
徑 12.88毫米
重 0.8克
上海博物館　藏

3795
徑 15.98毫米
重 1.3克
上海博物館　藏

3796
徑 18.12毫米
重 1.1克
上海博物館　藏

3797
徑 17.20毫米
重 1.4克
上海博物館　藏

3798
徑 17.72 毫米
重 1.3 克
上海博物館 藏

3799
徑 18.38 毫米
重 2.0 克
上海博物館 藏

3800
徑 15.81 毫米
重 1.0 克
上海博物館 藏

9.綖環五銖

3801
徑 25.31 毫米
重 1.7 克
上海博物館 藏

3802
徑 25.53 毫米
重 3.0 克
存雲亭 藏

3803
徑 25.15 毫米
重 1.7 克
上海博物館 藏

3804
徑 24.62 毫米
重 1.5 克
上海博物館 藏

3805
徑 25.02 毫米
重 1.6 克
上海博物館 藏

3806
徑 26.02 毫米
重 2.5 克
上海博物館 藏

3807
徑 25.86 毫米
重 1.6 克
上海博物館 藏

3808
徑 21.63 毫米
重 1.6 克
上海博物館 藏

3809
徑 23.12 毫米
重 1.4 克
上海博物館 藏

3810
徑 25.44毫米
重 2.3克
上海博物館　藏

3811
徑 21.11毫米
重 1.5克
上海博物館　藏

3812
徑 20.98毫米
重 0.8克
上海博物館　藏

3813
徑 22.24毫米
重 0.9克
上海博物館　藏

3814
徑 19.33毫米
重 0.9克
上海博物館　藏

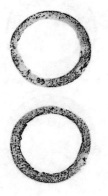

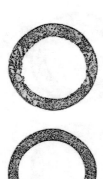

3815
徑 21.30毫米
重 0.8克
上海博物館　藏

3816
徑 22.63毫米
重 0.9克
上海博物館　藏

3817
徑 21.12毫米
重 0.8克
上海博物館　藏

3818
徑 23.58毫米
重 1.2克
上海博物館　藏

3819
徑 22.56毫米
重 1.1克
上海博物館　藏

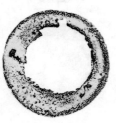

3820
徑 25.66毫米
重 2.3克
上海博物館　藏

3821
徑 25.21毫米
重 2.4克
上海博物館　藏

3822
徑 28.61毫米
重 2.8克
上海博物館　藏

3823
徑 25.32毫米
重 2.6克
上海博物館　藏

3824
徑 26.42毫米
重 2.4克
上海博物館　藏

3825
徑 26.12毫米
重 3.2克
上海博物館 藏

3826
徑 25.84毫米
重 2.5克
上海博物館 藏

10. 其他綖環錢

3827
徑 23.61毫米
重 1.7克
上海博物館 藏

3828
徑 25.09毫米
重 1.4克
上海博物館 藏

3829
徑 23.32毫米
重 1.6克
上海博物館 藏

3830
徑 25.73毫米
重 1.6克
上海博物館 藏

3831
徑 19.56毫米
重 1.2克
上海博物館 藏

3832
徑 22.13毫米
重 2.1克
上海博物館 藏

3833
徑 22.82毫米
重 1.8克
上海博物館 藏

3834
徑 22.76毫米
重 1.7克
上海博物館 藏

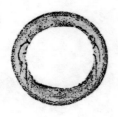

3835
徑 25.55 毫米
重 2.0 克
上海博物館　藏

3836
徑 27.23 毫米
重 3.6 克
　上海博物館　藏

11. 鑄對文

3837
徑 18.43 毫米
重 1.6 克
上海博物館　藏

3838
徑 18.01 毫米
重 1.3 克
上海博物館　藏

3839
徑 18.47 毫米
重 1.0 克
上海博物館　藏

3840
徑 19.34 毫米
重 1.6 克
上海博物館　藏

3841
徑 18.13 毫米
重 1.0 克
上海博物館　藏

3842
徑 18.46 毫米
重 1.2 克
上海博物館　藏

3843
徑 17.68 毫米
重 0.7 克
存雲亭　藏

3844
徑 18.35 毫米
重 0.9 克
存雲亭　藏

3845
徑 17.11 毫米
重 1.2 克
上海博物館　藏

3846
徑 19.26毫米
重 1.3克
上海博物館 藏

3847
徑 18.91毫米
重 1.1克
上海博物館 藏

3848
徑 18.18毫米
重 0.7克
存雲亭 藏

3849
徑 19.71毫米
重 1.7克
上海博物館 藏

3850
徑 19.70毫米
重 1.3克
上海博物館 藏

3851
徑 18.56毫米
重 1.0克
上海博物館 藏

3852
徑 17.33毫米
重 0.9克
存雲亭 藏

3853
徑 17.47毫米
重 0.8克
上海博物館 藏

3854
徑 18.96毫米
重 1.1克
上海博物館 藏

3855
徑 18.74毫米
重 1.2克
上海博物館 藏

3856
徑 19.85毫米
重 1.1克
上海博物館 藏

3857
徑 18.42毫米
重 1.2克
上海博物館 藏

3858
徑 20.21毫米
重 1.6克
上海博物館 藏

3859
徑 17.07毫米
重 0.8克
存雲亭 藏

3860
徑 17.14毫米
重 0.9克
上海博物館 藏

3861
徑 19.32 毫米
重 1.2 克
上海博物館 藏

3862
徑 17.67 毫米
重 1.5 克
上海博物館 藏

3863
徑 18.79 毫米
重 1.0 克
上海博物館 藏

3864
徑 17.23 毫米
重 1.1 克
上海博物館 藏

3865
徑 18.42 毫米
重 0.8 克
上海博物館 藏

3866
徑 19.20 毫米
重 0.8 克
上海博物館 藏

3867
徑 16.38 毫米
重 1.1 克
存雲亭 藏

3868
徑 17.24 毫米
重 1.0 克
上海博物館 藏

3869
徑 18.46 毫米
重 1.2 克
上海博物館 藏

3870
徑 21.37 毫米
重 1.6 克
上海博物館 藏

3871
徑 18.18 毫米
重 1.5 克
上海博物館 藏

3872
徑 18.34 毫米
重 1.1 克
上海博物館 藏

3873
徑 18.61 毫米
重 1.0 克
上海博物館 藏

3874
徑 16.62 毫米
重 1.3 克
上海博物館 藏

3875
徑 17.12 毫米
重 1.7 克
上海博物館 藏

12. 無文錢

3876
徑 17.32 毫米
重 1.3 克
上海博物館 藏

3877
徑 19.36 毫米
重 1.3 克
上海博物館 藏

3878
徑 17.66 毫米
重 1.1 克
上海博物館 藏

3879
徑 16.81 毫米
重 0.9 克
上海博物館 藏

3880
徑 17.43 毫米
重 0.9 克
上海博物館 藏

3881
徑 17.72 毫米
重 1.1 克
上海博物館 藏

3882
徑 18.02 毫米
重 1.0 克
上海博物館 藏

3883
徑 18.38 毫米
重 1.0 克
上海博物館 藏

3884
徑 17.64 毫米
重 0.8 克
上海博物館 藏

3885
徑 17.25 毫米
重 1.3 克
上海博物館 藏

3886
徑 19.50 毫米
重 1.3 克
上海博物館 藏

3887
徑 13.59 毫米
重 0.5 克
上海博物館 藏

3888
徑 13.89 毫米
重 0.3 克
上海博物館 藏

3889
徑 15.32 毫米
重 0.6 克
上海博物館 藏

3890
徑 17.23 毫米
重 1.3 克
上海博物館 藏

3891
徑 17.42 毫米
重 1.0 克
上海博物館 藏

3892
徑 17.67 毫米
重 1.3 克
上海博物館 藏

3893
徑 12.81 毫米
重 0.6 克
上海博物館 藏

3894
徑 14.27 毫米
重 0.4 克
上海博物館 藏

3895
徑 15.91 毫米
重 1.1 克
上海博物館 藏

3896
徑 14.78 毫米
重 0.8 克
上海博物館 藏

3897
徑 16.91 毫米
重 1.1 克
上海博物館 藏

3898
徑 12.93 毫米
重 0.5 克
上海博物館 藏

3899
徑 13.07 毫米
重 0.5 克
上海博物館 藏

3900
徑 13.44 毫米
重 0.8 克
上海博物館 藏

3901
徑 11.99 毫米
重 0.4 克
上海博物館 藏

3902
徑 13.26 毫米
重 0.3 克
上海博物館 藏

3903
徑 11.69 毫米
重 0.4 克
上海博物館 藏

3904
徑 11.31 毫米
重 0.4 克
上海博物館 藏

3905
徑 12.25 毫米
重 0.6 克
上海博物館 藏

3906
徑 11.56 毫米
重 0.5 克
上海博物館 藏

3907
徑 11.94 毫米
重 0.4 克
上海博物館 藏

3908
徑 12.56 毫米
重 0.7 克
上海博物館 藏

3909
徑 14.33 毫米
重 0.5 克
上海博物館 藏

3910
徑 15.04 毫米
重 0.6 克
上海博物館 藏

3911
徑 15.11 毫米
重 0.9 克
上海博物館 藏

3912
徑 16.28 毫米
重 0.6 克
上海博物館 藏

3913
徑 16.87 毫米
重 1.0 克
上海博物館 藏

3914
徑 16.48 毫米
重 1.3 克
上海博物館 藏

3915
徑 9.08 毫米
重 0.2 克
上海博物館 藏

3916
徑 9.97 毫米
重 0.2 克
上海博物館 藏

3917
徑 11.12 毫米
重 0.2 克
上海博物館 藏

3918
徑 9.99 毫米
重 0.3 克
上海博物館 藏

3919
徑 10.05 毫米
重 0.4 克
上海博物館 藏

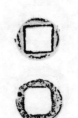

3920
徑 12.05 毫米
重 0.7 克
上海博物館　藏

3921
徑 14.60 毫米
重 0.5 克
上海博物館　藏

3922
徑 16.14 毫米
重 0.6 克
上海博物館　藏

3923
徑 17.18 毫米
重 1.0 克
上海博物館　藏

13. 劣錢

3924
徑 14.11 毫米
重 0.7 克
上海博物館　藏

3925
徑 13.04 毫米
重 0.5 克
上海博物館　藏

3926
徑 14.94 毫米
重 0.6 克
上海博物館　藏

3927
徑 14.08 毫米
重 0.7 克
上海博物館　藏

3928
徑 14.21 毫米
重 0.6 克
上海博物館　藏

3929
徑 14.96 毫米
重 0.6 克
上海博物館　藏

3930
徑 14.34 毫米
重 0.7 克
上海博物館　藏

3931
徑 15.98 毫米
重 0.7 克
上海博物館　藏

3932
徑 15.31 毫米
重 0.6 克
上海博物館　藏

3933
徑 17.11毫米
重 0.9克
上海博物館 藏

3934
徑 15.96毫米
重 0.7克
上海博物館 藏

3935
徑 14.49毫米
重 0.6克
上海博物館 藏

3936
徑 13.92毫米
重 0.6克
上海博物館 藏

3937
徑 14.40毫米
重 0.5克
上海博物館 藏

3938
徑 15.98毫米
重 1.0克
上海博物館 藏

3939
徑 16.19毫米
重 0.7克
上海博物館 藏

3940
徑 16.44毫米
重 0.7克
上海博物館 藏

3941
徑 18.29毫米
重 1.0克
上海博物館 藏

3942
徑 16.86毫米
重 0.8克
上海博物館 藏

3943
徑 16.45毫米
重 0.7克
上海博物館 藏

3944
徑 17.60毫米
重 0.7克
上海博物館 藏

3945
徑 15.97毫米
重 0.8克
上海博物館 藏

3946
徑 15.27毫米
重 1.0克
上海博物館 藏

3947
徑 14.94毫米
重 0.8克
上海博物館 藏

3948
徑 15.59 毫米
重 0.8 克
上海博物館　藏

3949
徑 14.03 毫米
重 0.8 克
上海博物館　藏

3950
徑 15.44 毫米
重 0.7 克
上海博物館　藏

3951
徑 10.52 毫米
重 0.5 克
上海博物館　藏

3952
徑 10.89 毫米
重 0.3 克
上海博物館　藏

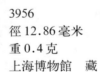

3953
徑 14.53 毫米
重 0.6 克
上海博物館　藏

3954
徑 13.04 毫米
重 0.6 克
上海博物館　藏

3955
徑 12.79 毫米
重 0.5 克
上海博物館　藏

3956
徑 12.86 毫米
重 0.4 克
上海博物館　藏

十一、待考各品

1. 大泉五銖

3957
徑 24.91 毫米
重 2.4 克
鄒誌諒　藏

3958
徑 22.79 毫米
選自《戴葆庭集拓中
外錢幣珍品》

2. 大泉五十

3959
徑 35.00 毫米
重 18.0 克
陳耀基　藏

3960
徑 32.17 毫米
王蔭嘉　舊藏

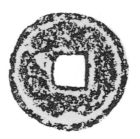

3961
徑 32.16 毫米
重 5.3 克
鄒誌諒　藏

3962　鐵質
徑 32.45 毫米
王蔭嘉　舊藏

3. 孝業五銖

3963
徑 19.00 毫米
鄒誌諒　提供

4. 太元貨泉

3964
徑 23.10 毫米
重 1.8 克
選自《中國錢幣》

3965
徑 24.62 毫米
選自《歷代古錢圖説》

5. 續銖

3966
徑 24.22 毫米
上海博物館　藏

3967
徑 26.04 毫米
戴葆庭　舊藏

6. 驫虞峙錢

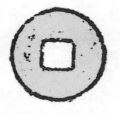

3968
徑 25.31 毫米
選自《歷代古錢圖説》

7. 義通

3969
徑 32.33毫米
沈子槎　舊藏

8. 大吉銖

3970
徑 20.50毫米
重 1.7克
林春雄　提供

3971
徑 20.30毫米
重 1.5克
鄒誌諒　藏

3972
徑 20.20毫米
選自《歷代古錢圖說》

十二、黃金、白銀

1. 金餅

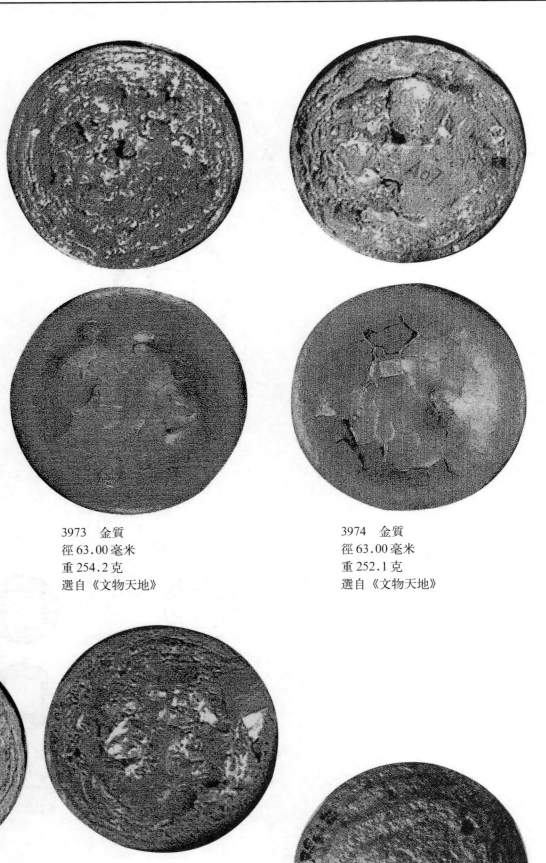

3973　金質
徑 63.00 毫米
重 254.2 克
選自《文物天地》

3974　金質
徑 63.00 毫米
重 252.1 克
選自《文物天地》

3975　金質
徑 63.00 毫米
重 247.2 克
選自《文物天地》

3976　金質
徑 63.00 毫米
重 249.5 克
選自《文物天地》

3977　金質
徑 61.02 毫米
重 376.0 克
朱活　提供

2. 麟趾金

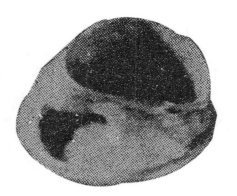

3978　金質
長 56.00 毫米
重 269.5 克
上海博物館　藏

3979　金質
重 288.4 克
選自《中國錢幣》

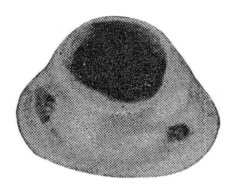

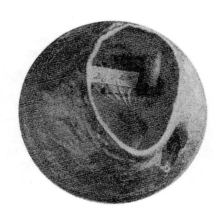

3980　金質
重 279.3 克
選自《中國錢幣》

3981　金質
重 279.2 克
選自《中國錢幣》

3982　金質
重 268.2 克
朱活　提供

3983　金質
重 266.5 克
選自《中國錢幣》

3984　金質
重 246.6 克
選自《中國錢幣》

3.馬蹄金

3985　金質
重462.2克
選自《中國錢幣》

3986　金質
重421.4克
朱活　提供

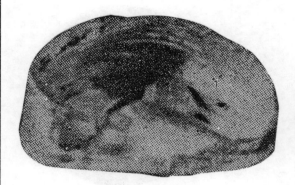  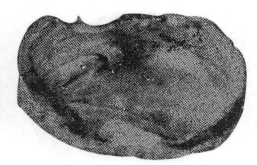

3987　金質
重414.2克
選自《中國錢幣》

3988　金質
重327.1克
選自《中國錢幣》

3989　金質
重296.7克
選自《中國錢幣》

4.金五銖

3990　金質
徑22.55毫米
重9.0克
選自《中國錢幣》

5．銀五銖

3991　銀質
徑 26.10 毫米
重 5.4 克
屠燕治　藏

3992　銀質
徑 26.00 毫米
選自《文物參考
資料》
南京光華門外黃
家營5號墓　出土

3993　銀質
徑 25.00 毫米
選自《文物參考
資料》
南京光華門外黃
家營5號墓　出土

十三、錢範

3994
半兩銅範
長：171.80 毫米
陝西雍城考古隊　藏
陝西鳳翔雍城東社村　出土

3995
半兩銅範
長：165.00毫米
寬：87.00毫米
選自《陝西金融·錢幣專輯》
陝西岐山　出土

3996
半兩銅範
選自《戴葆庭集拓中外錢幣珍品》

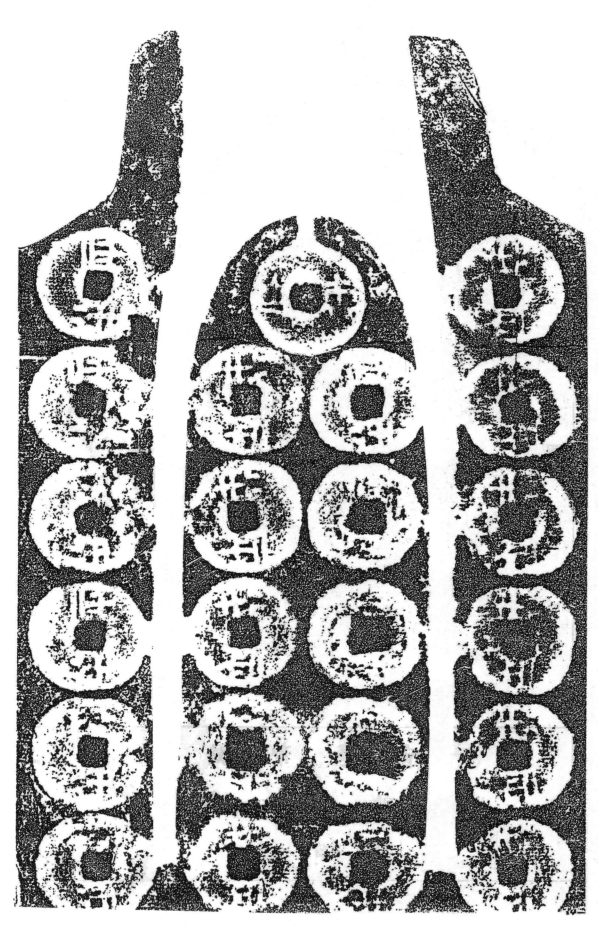

3997
半兩銅範
長：250.00毫米
寬：157.00毫米
安徽省考古研究所　藏
安徽貴池江村渡口河崖　出土

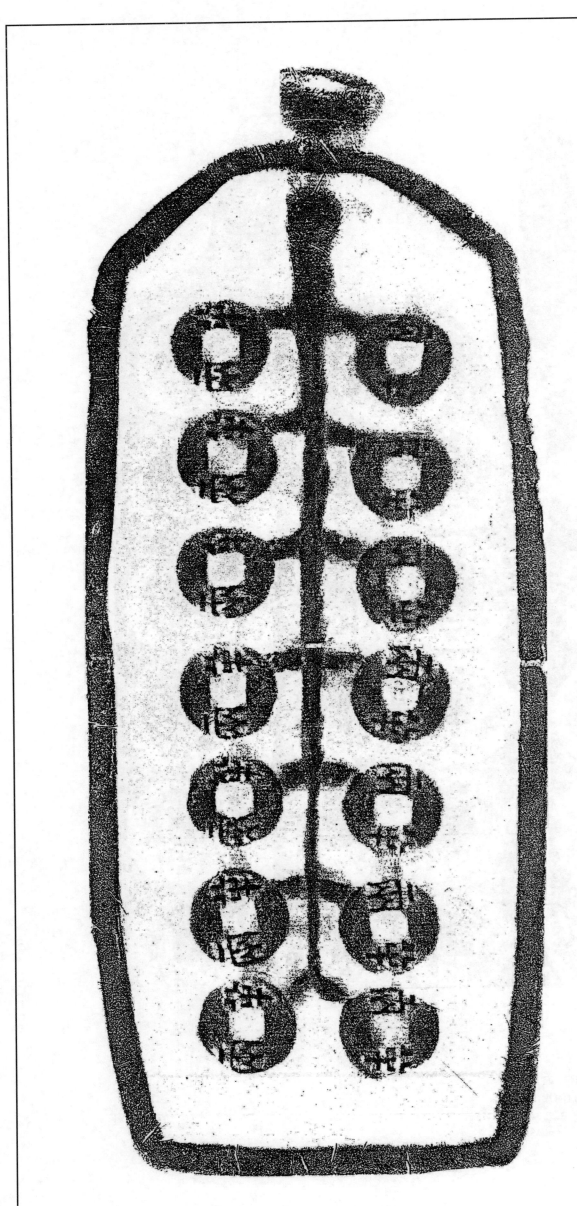

3998
半兩銅母範
長：300.00毫米
寬：100.00毫米
重：2380.0克
陝西省考古研究所　藏
陝西臨潼韓峪鄉油王村秦
芷陽宮遺址　出土

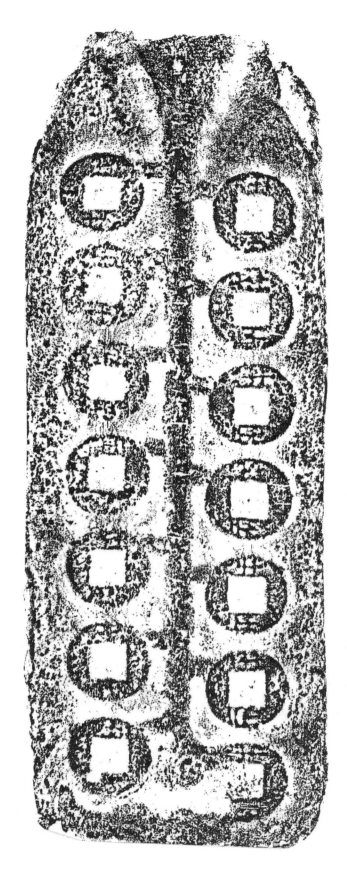

3999
半兩銅範
重：1500.0克
陝西咸陽博物館　藏

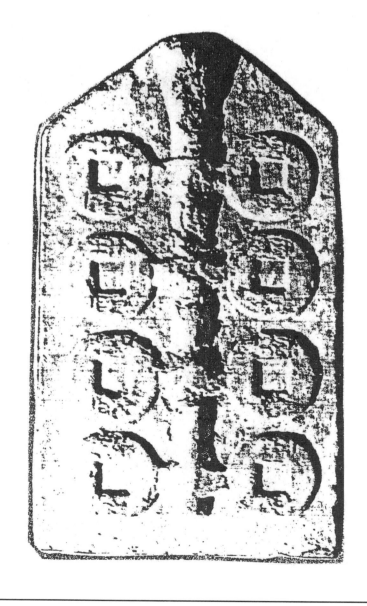

4000
半兩鉛範
長：159.00毫米
寬：88.00毫米
重：767.0克
選自《中國錢幣》
河北平泉　出土

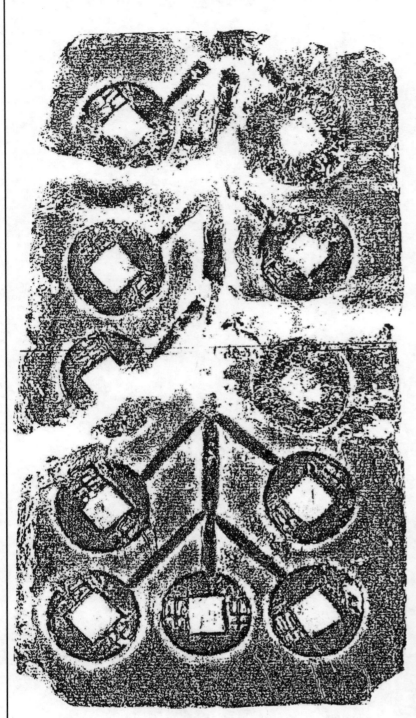

4001
半兩鉛範
長：185.00毫米
寬：100.00毫米
首都博物館　藏
北京朝陽　出土

4002
半兩石範
長：265.00毫米
寬：124.00毫米
陝西省安康地區博物館　藏
陝西安康恒口新街村　出土

4003
半兩石範
上海博物館　藏

4004
半兩石範
長：248.00毫米
寬：97.00毫米
特徵：左側陰刻"四年三月"
山東沂水縣博物館　藏

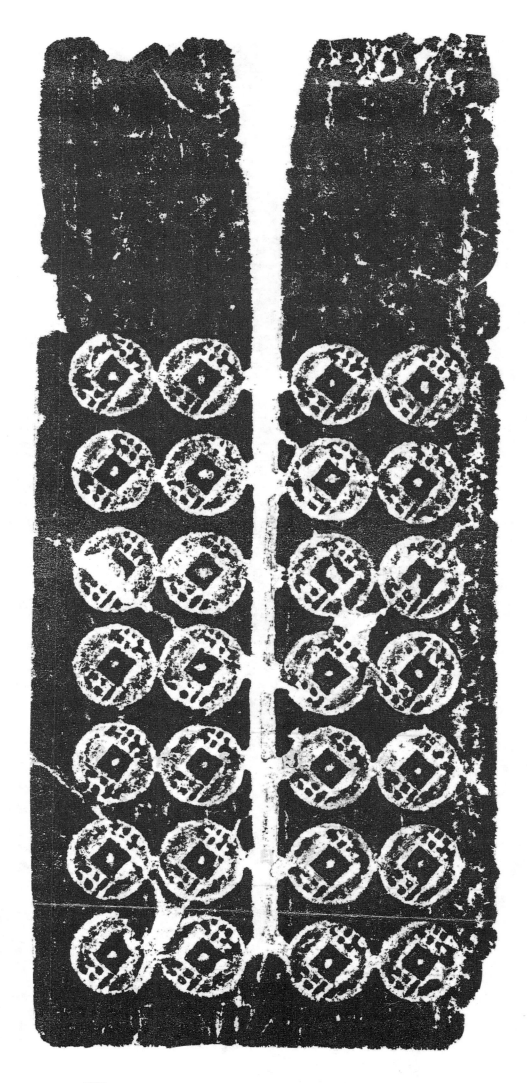

4005
半兩石範
屠燕治　提供

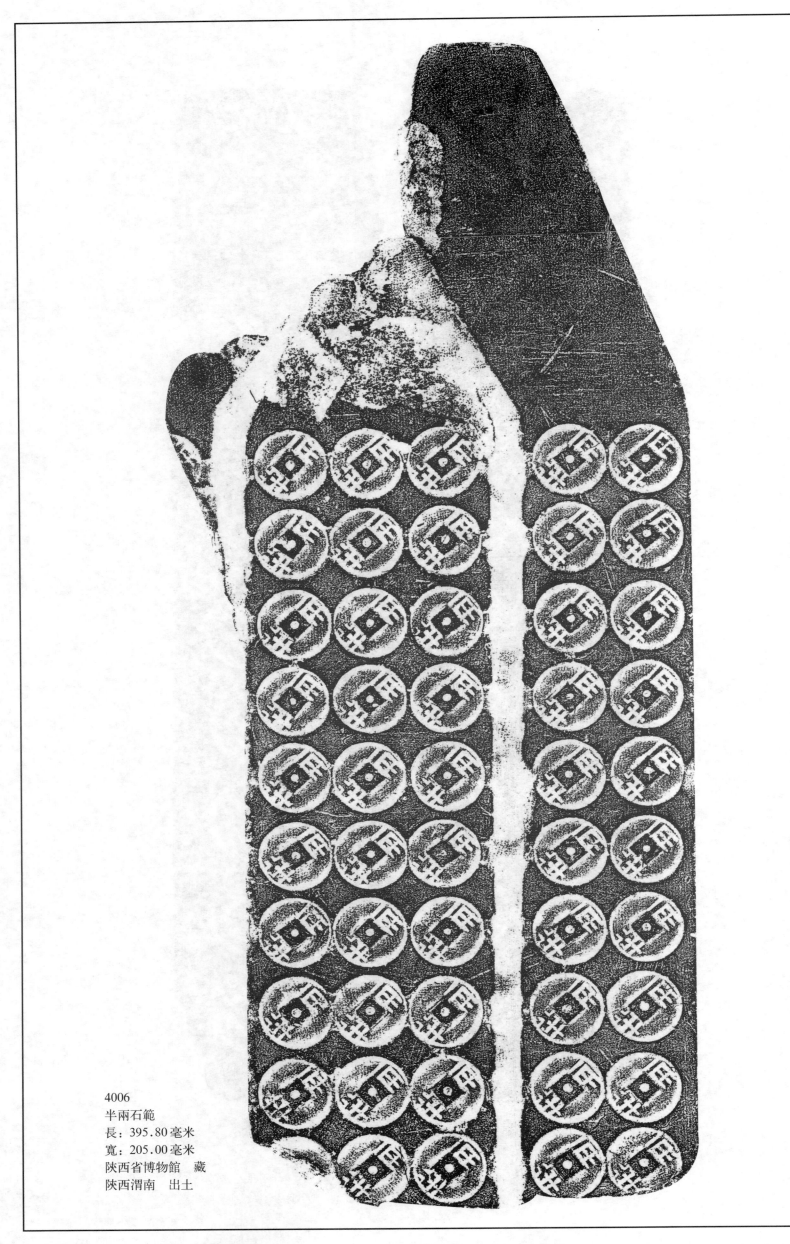

4006
半兩石範
長：395.80毫米
寬：205.00毫米
陝西省博物館　藏
陝西渭南　出土

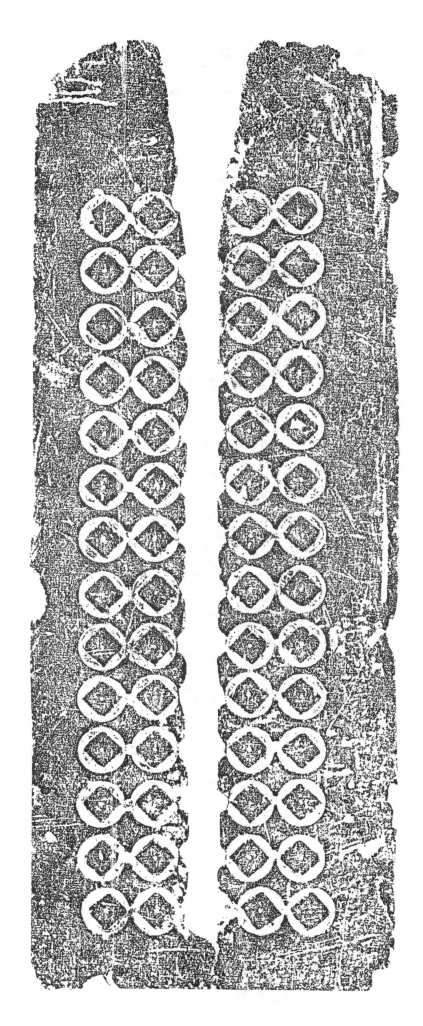

4007
半兩莢錢石範
孫仲匯　提供

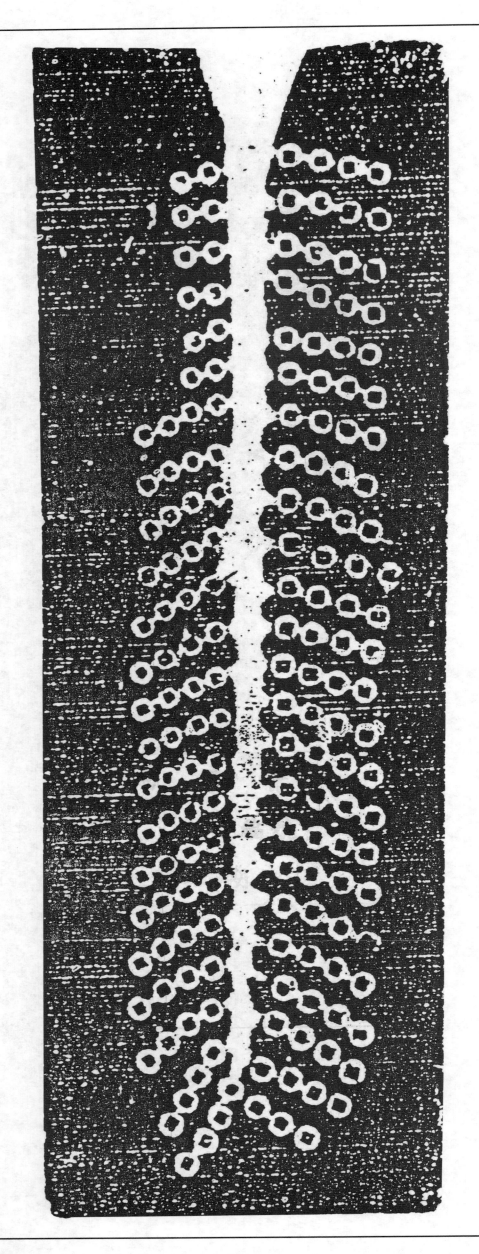

4008
荚錢石範
長：345.00毫米
寬：112.00毫米
選自《秦漢錢範》
山東博興　出土

4009
半兩銅範
徑：118.00毫米
重：450.0克
陝西省博物館　藏

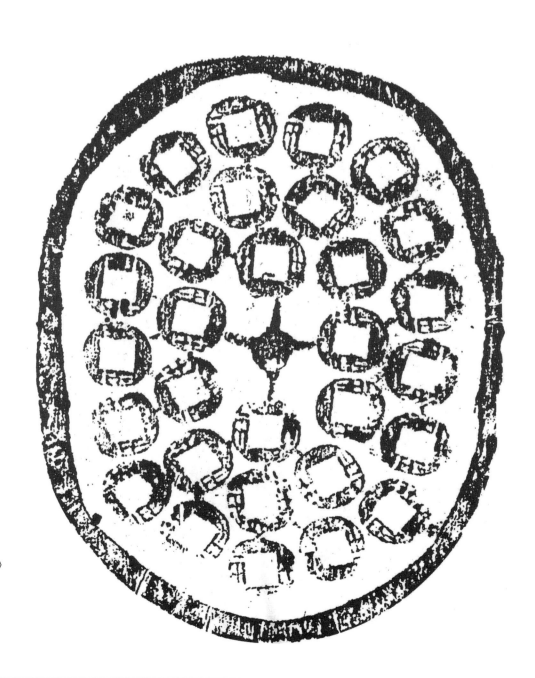

4010
半兩銅母範
選自《小校經閣金文》

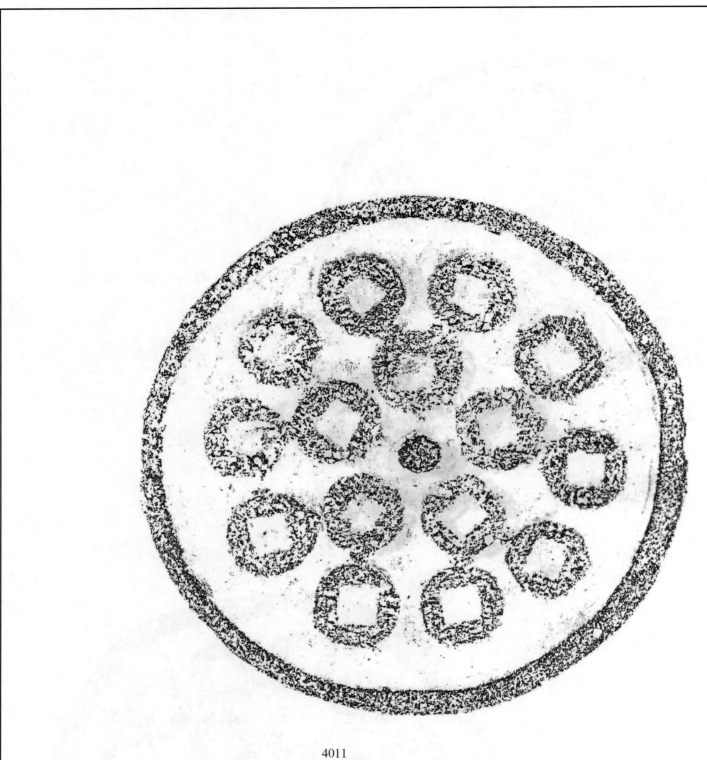

4011
半兩銅範
徑：145.00毫米
重：850.0克
陝西咸陽博物館　藏
咸陽窰店永興村　出土

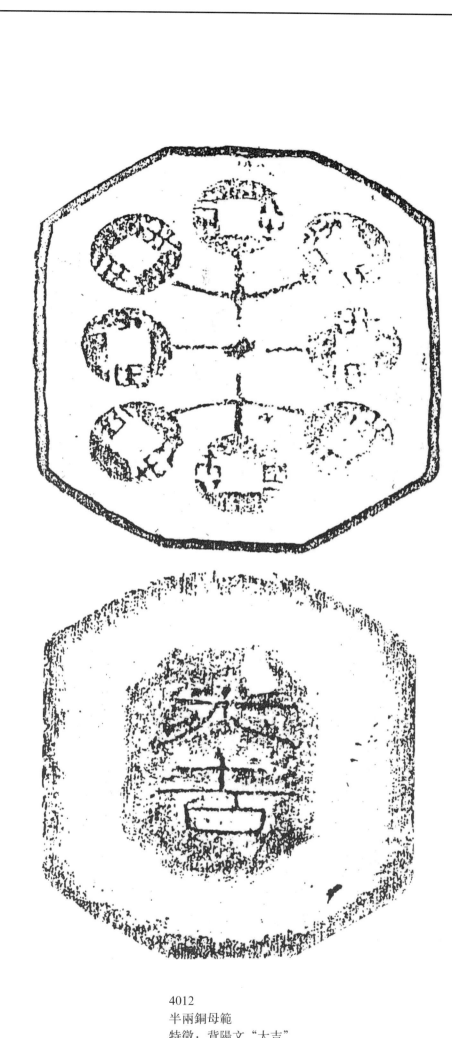

4012
半兩銅母範
特徵：背陽文"大吉"
北京大學　藏

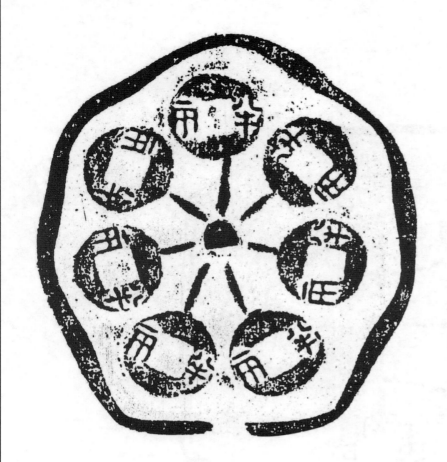

4013
半兩銅母範
選自《小校經閣金文》

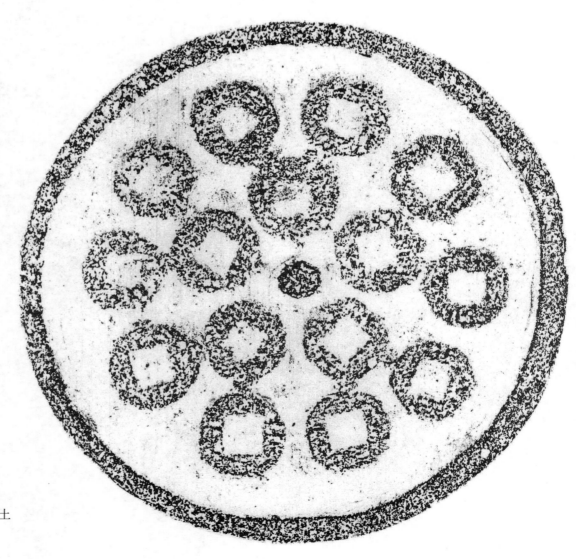

4014
半兩銅範
徑：141.00毫米
重：950.0克
陝西咸陽博物館　藏
咸陽窰店永興村　出土

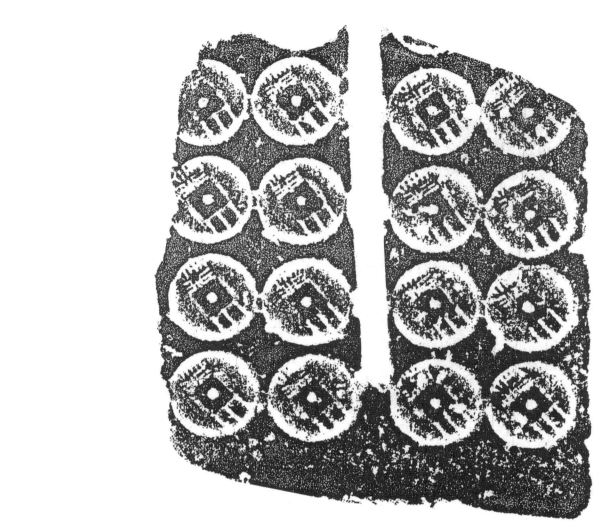

4015
三銖錢滑石範
山東省博物館　藏
山東萊蕪銅山村冶銅遺址　出土

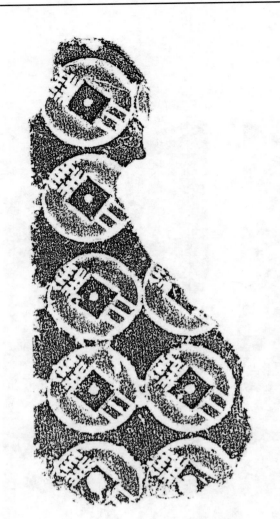

4016
三銖錢石範
上海博物館　藏

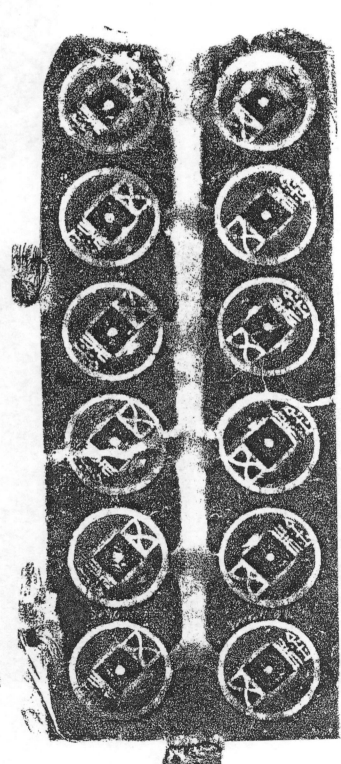

4017
郡國五銖銅範
長：192.00毫米
寬：78.00毫米
河南省博物館　藏

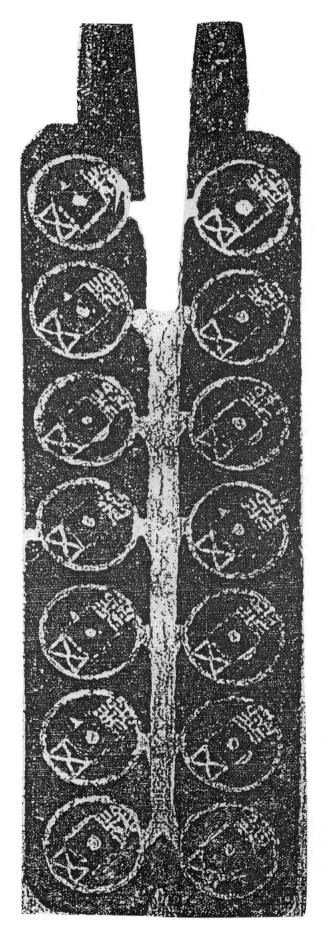

4018
郡國五銖銅範
選自《中國錢幣》
河南洛陽王城公園　出土

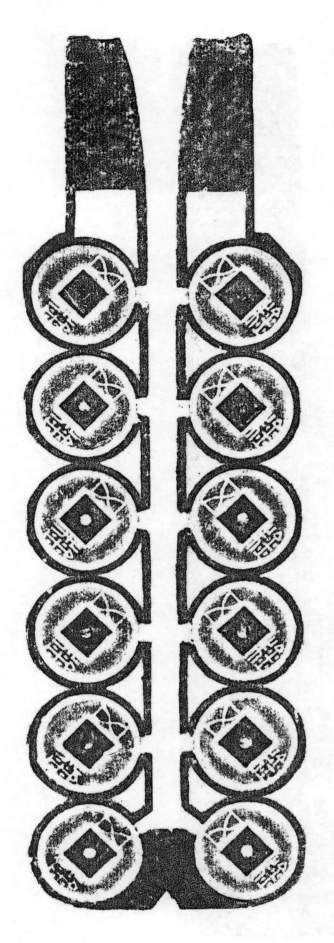 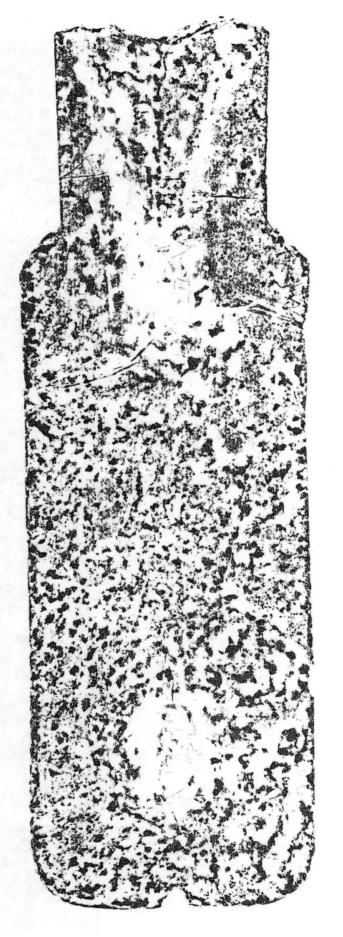

4019
五銖銅範
長：242.00毫米
寬：70.00毫米
重：1200.0克
鄒誌諒　藏

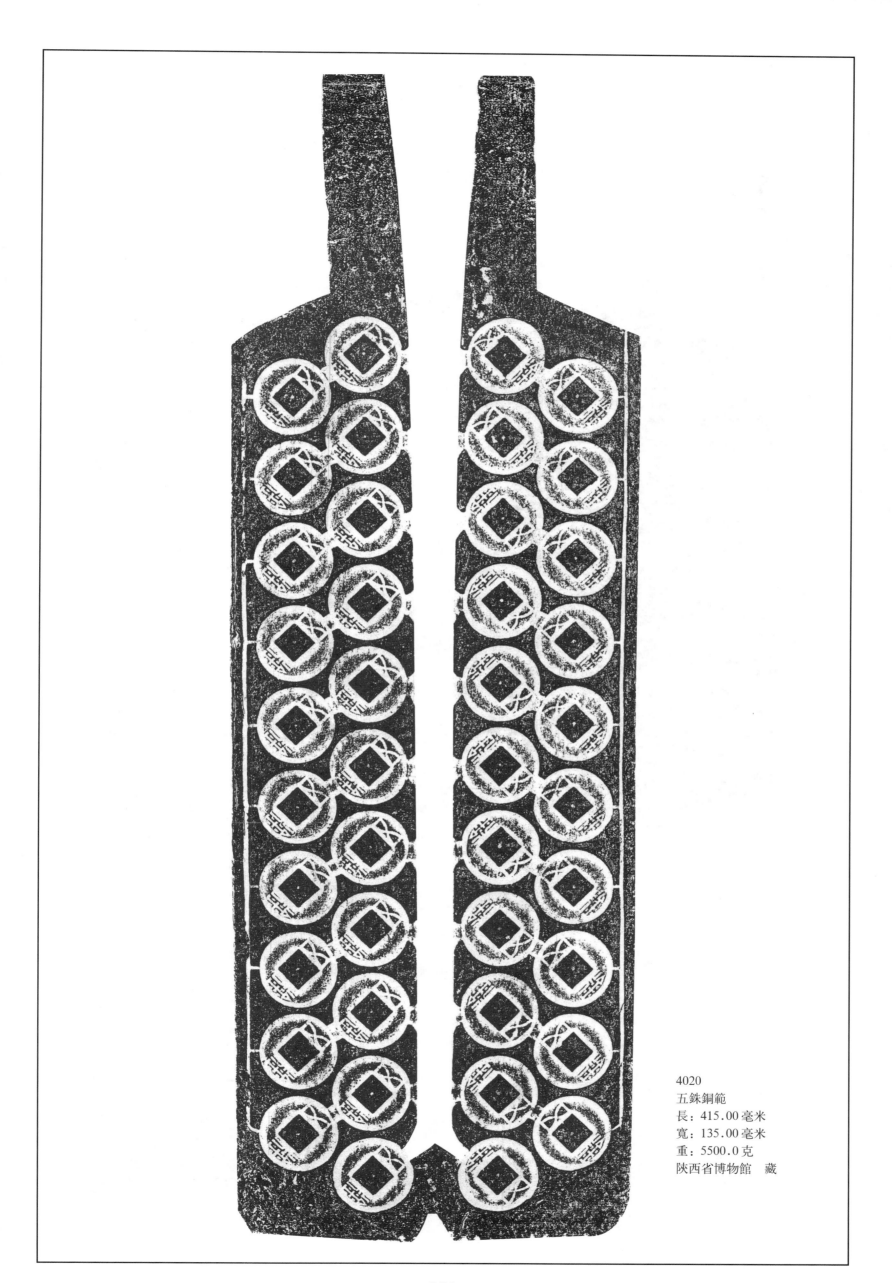

4020
五銖銅範
長：415.00毫米
寬：135.00毫米
重：5500.0克
陝西省博物館　藏

4021
五銖銅範
陝西省博物館　藏

4022
五銖陶範
長：303.00毫米
寬：73.00毫米
重：1632.0克
陝西省博物館　藏
陝西長安郭杜鎮永村　出土

4023
範背
特徵：背陽文"五十三"、"第七"、"第八"、"第九"
陝西省博物館　藏

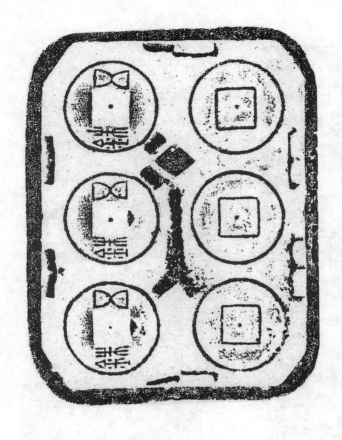

4024
五銖銅範
長：101.00毫米
寬：79.00毫米
重：405.0克
特徵：背陽文"多得五銖千万"
陝西省博物館　藏

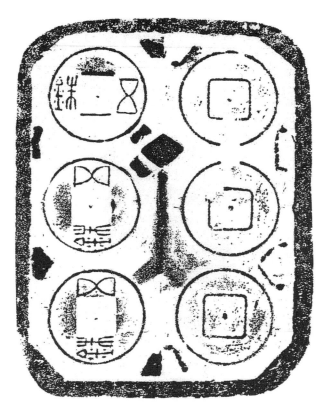
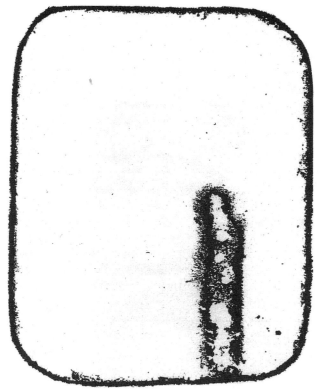

4025
五銖銅範
長：104.00毫米
寬：80.00毫米
重：500.0克
陝西省博物館 藏

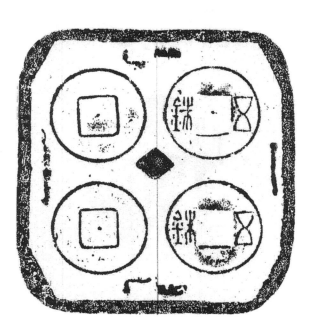

4026
五銖銅範
長：76.00毫米
寬：73.00毫米
重：400.0克
特徵：背陽文"弌万"
陝西省博物館 藏

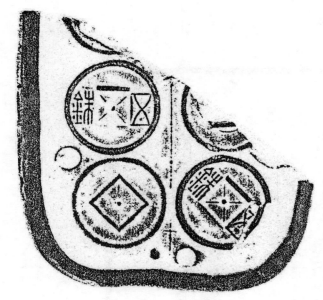

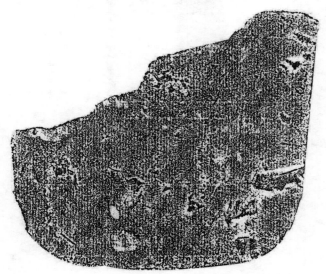

4027
五銖銅範
長：70.00毫米
寬：70.00毫米
朱活　提供

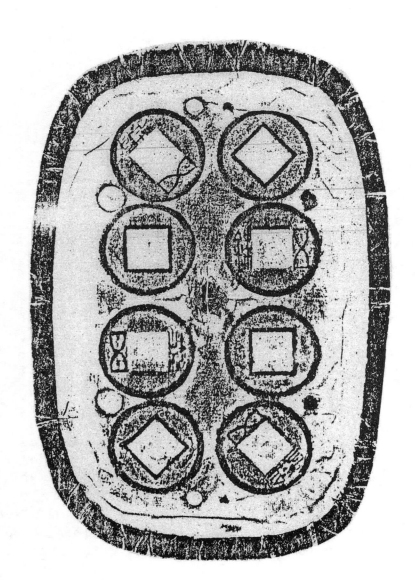

4028
五銖銅範
上海博物館　藏

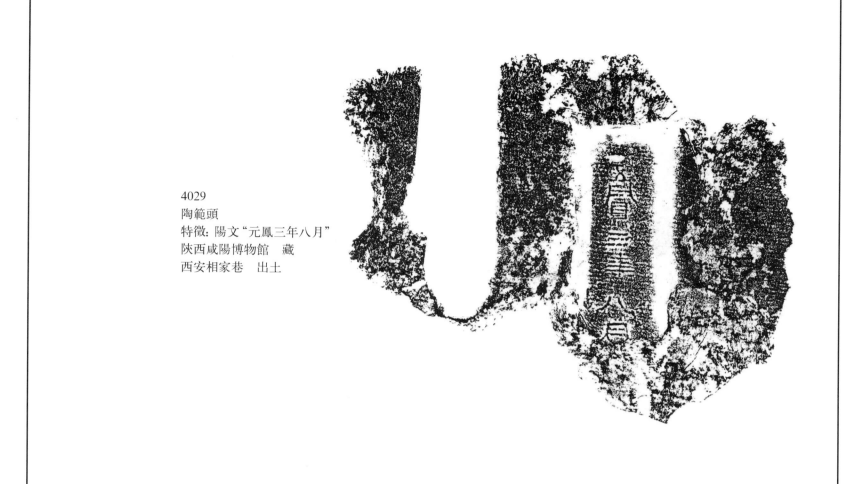

4029
陶範頭
特徵：陽文"元鳳三年八月"
陝西咸陽博物館　藏
西安相家巷　出土

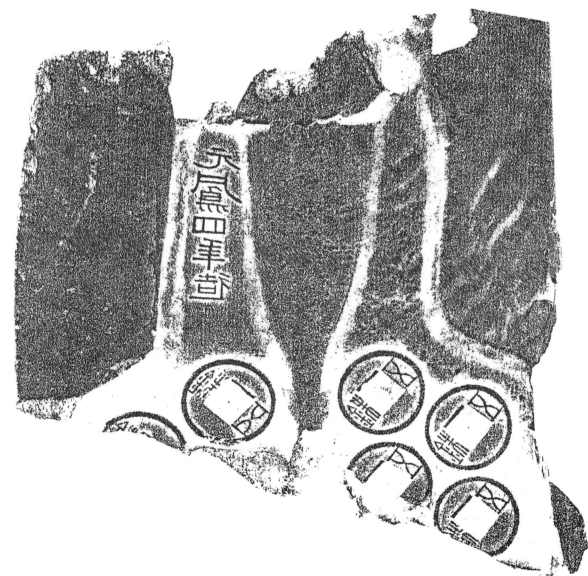

4030
陶範頭
特徵：陽文"元鳳四年造"
陝西省博物館　藏

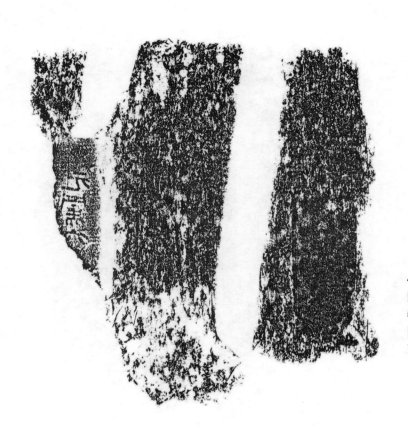

4031
陶範頭
特徵：陽文“元鳳六年”
陝西省博物館　藏
西安相家巷　出土

4032
陶範頭
特徵：陽文“本始元年五月”
羅伯昭　舊藏

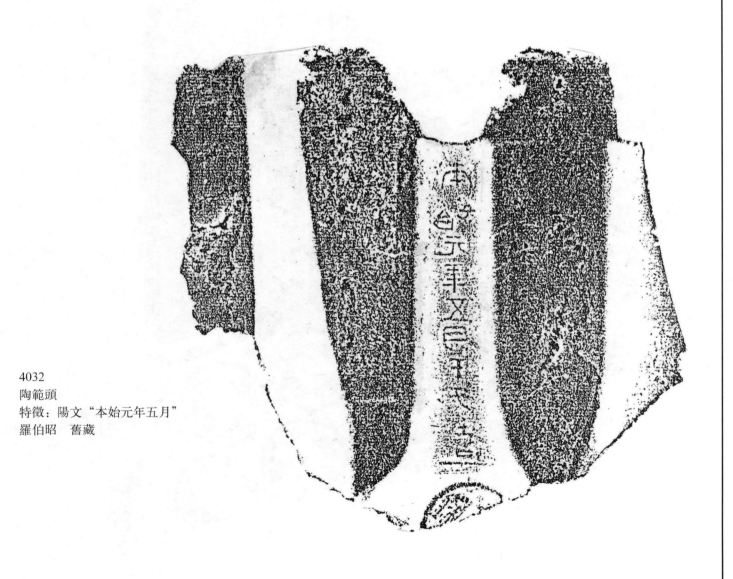

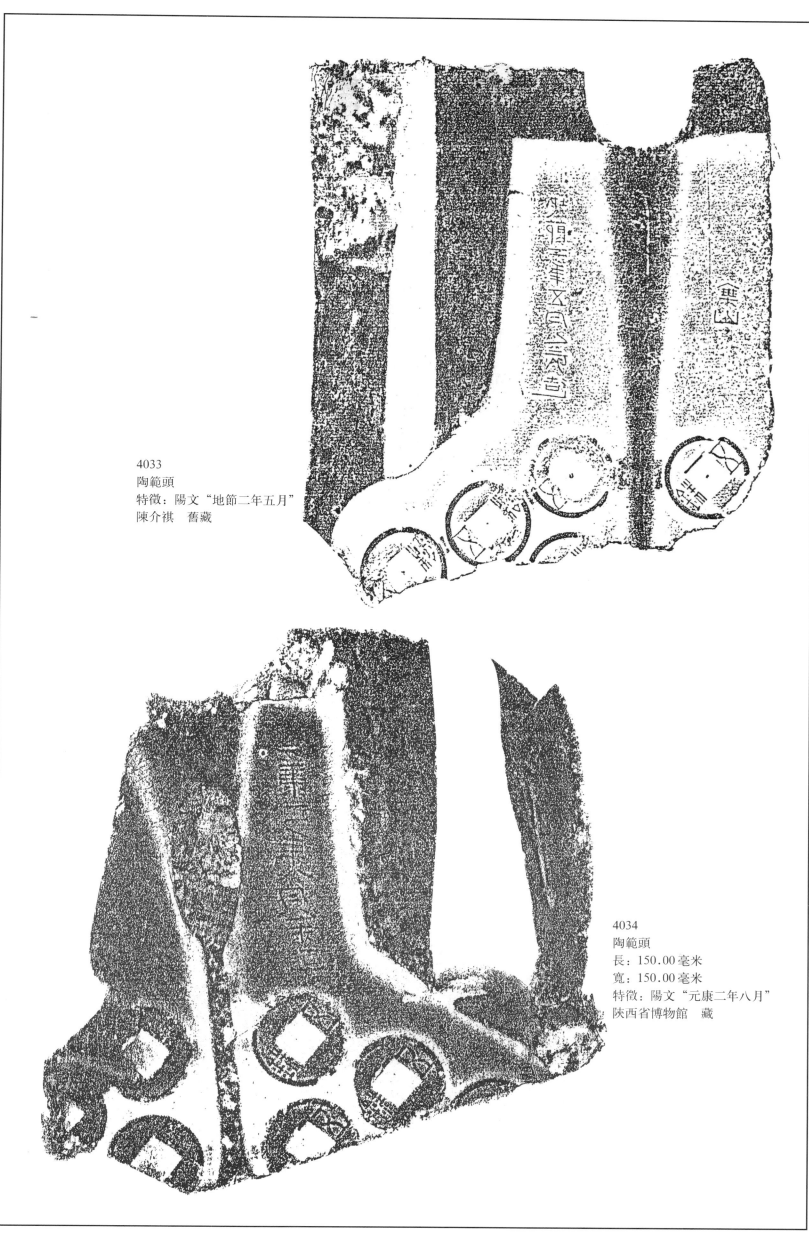

4033
陶範頭
特徵：陽文“地節二年五月”
陳介祺　舊藏

4034
陶範頭
長：150.00毫米
寬：150.00毫米
特徵：陽文“元康二年八月”
陝西省博物館　藏

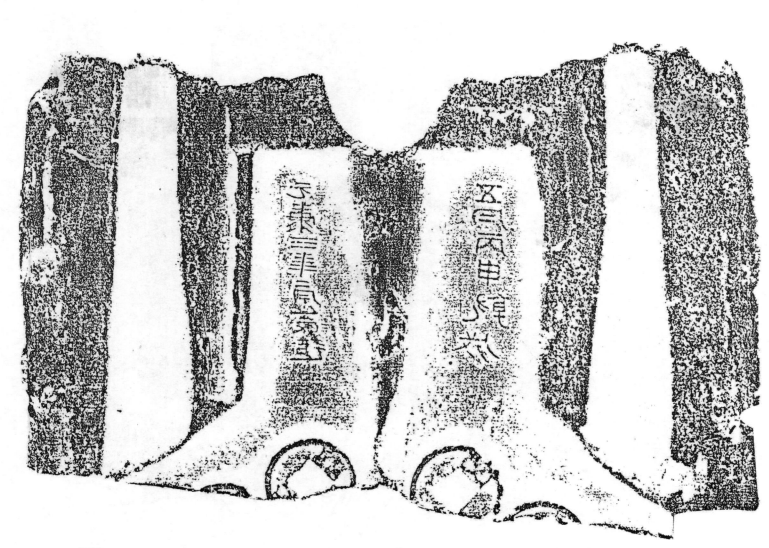

4035
陶範頭
特徵：陽文“元康三年二月乙亥造”
陳介祺　舊藏

4036
陶範頭
長：80.00毫米
寬：50.00毫米
特徵：陽文“神爵元年”
陝西省博物館　藏

4037
陶範頭
特徵：陽文"神爵四年四月"
陳介祺　舊藏

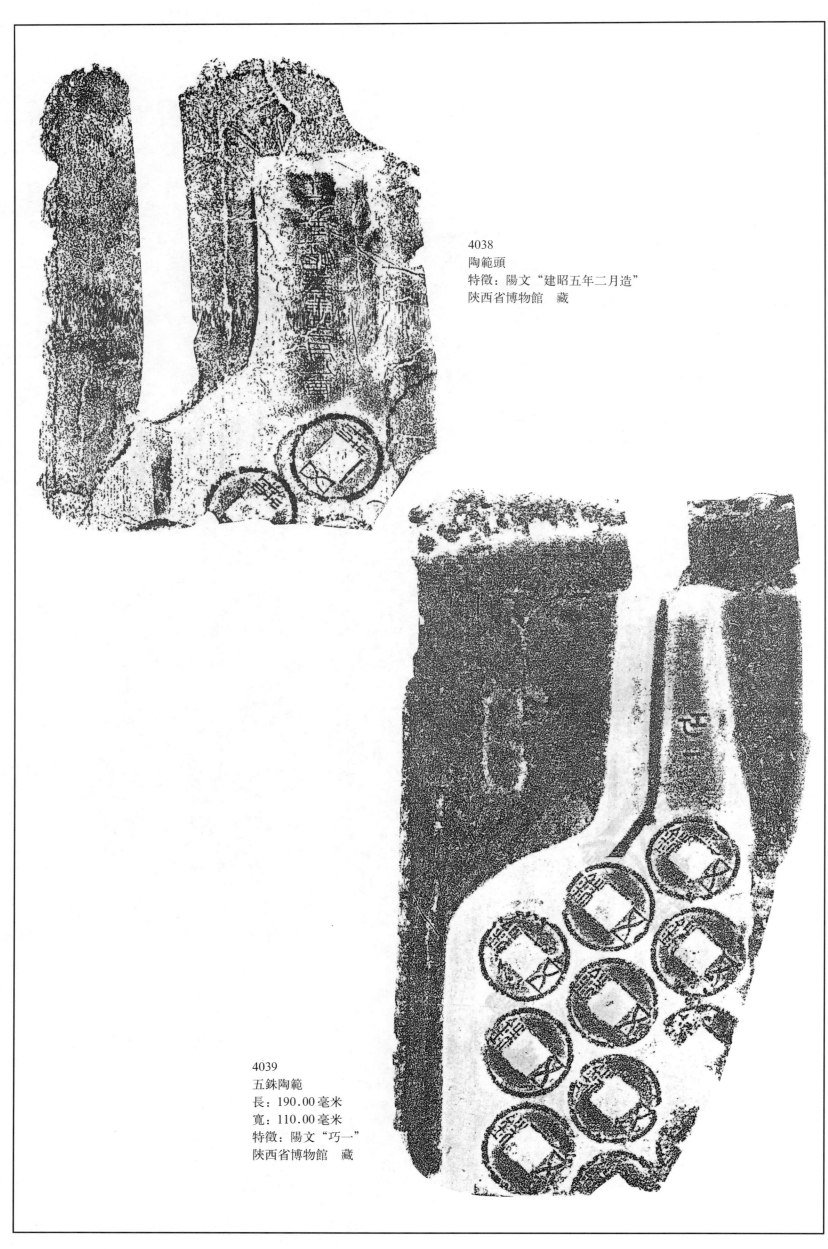

4038
陶範頭
特徵：陽文“建昭五年二月造”
陝西省博物館　藏

4039
五銖陶範
長：190.00毫米
寬：110.00毫米
特徵：陽文“巧一”
陝西省博物館　藏

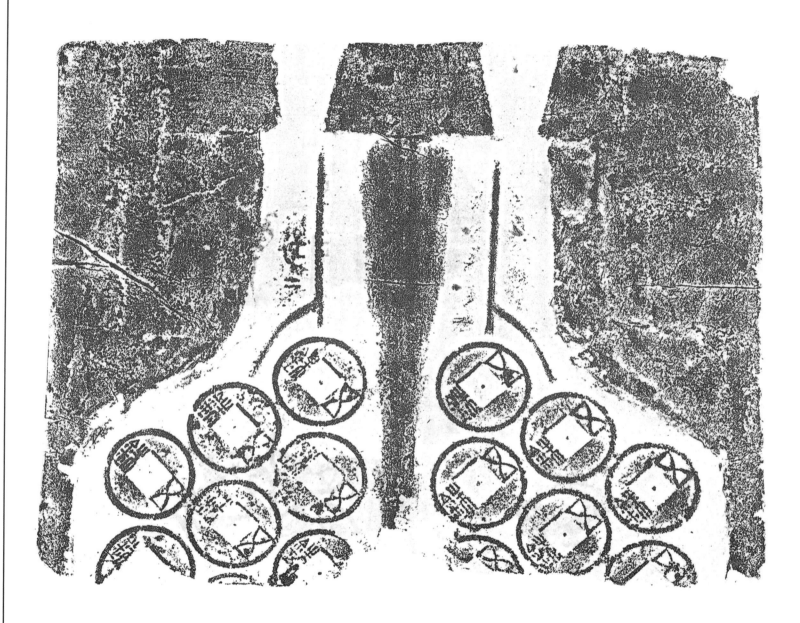

4040
五銖陶範
長：150.00毫米
寬：190.00毫米
特徵：陽文"巧二"
陝西省博物館　藏

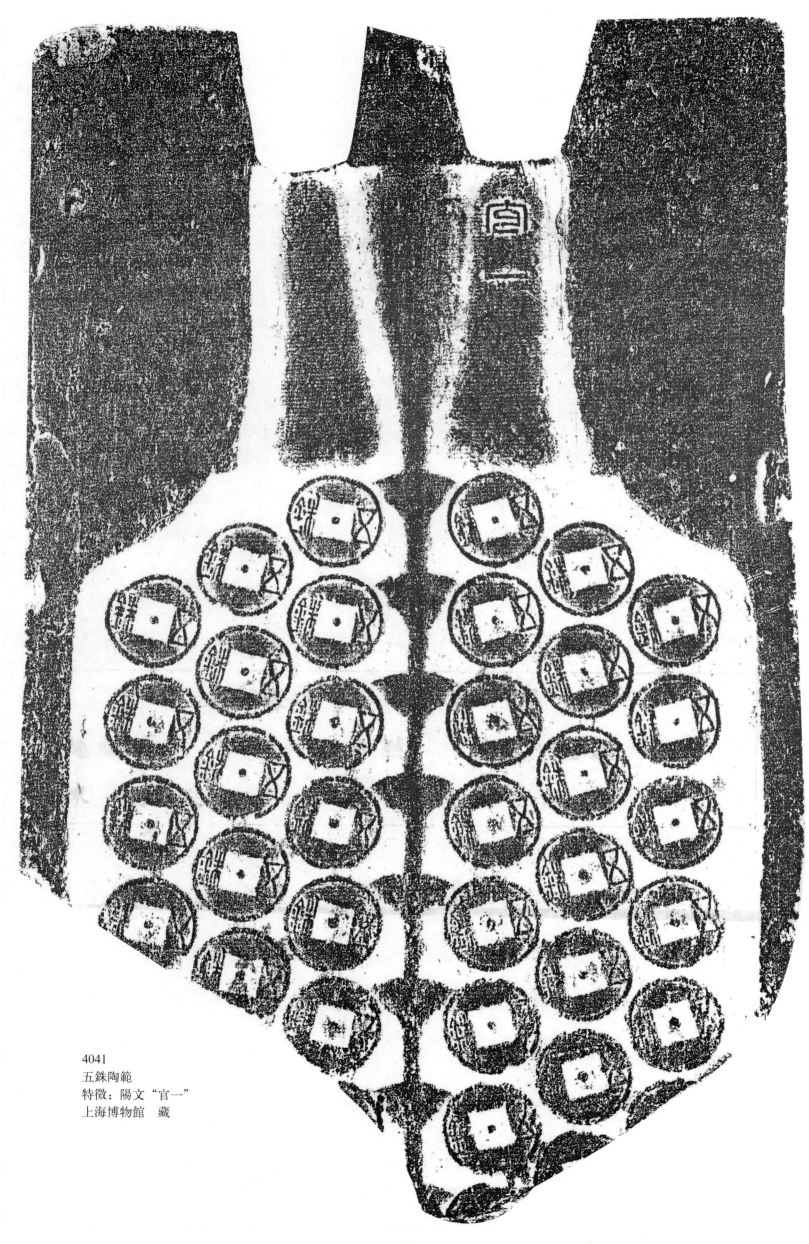

4041
五銖陶範
特徵：陽文"官一"
上海博物館　藏

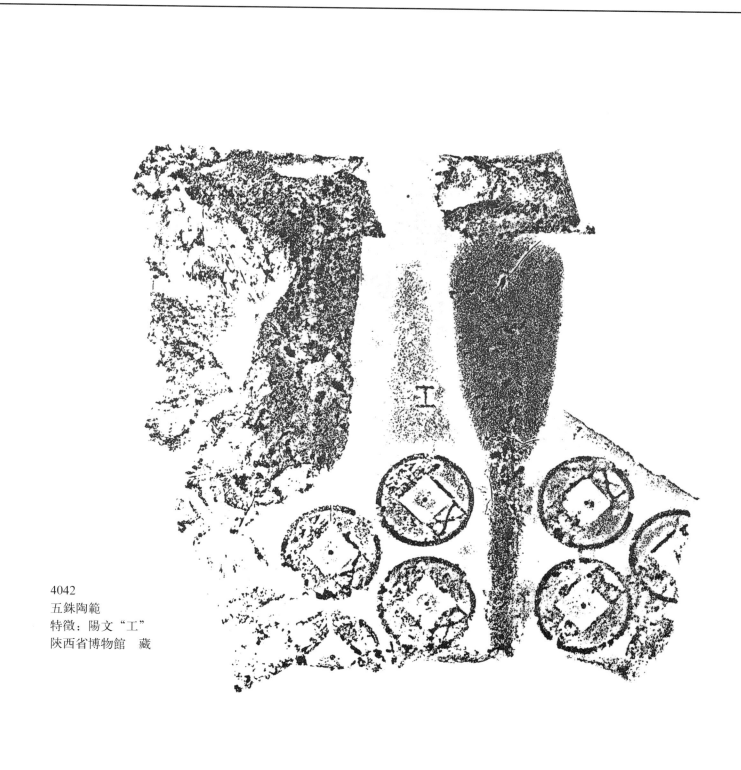

4042
五銖陶範
特徵：陽文“工”
陝西省博物館　藏

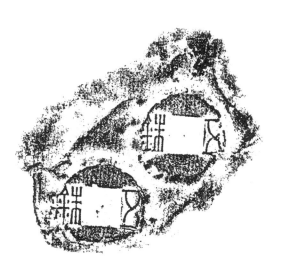

4043
五銖陶範
姜寶蓮　提供
陝西户縣兆倫村　出土

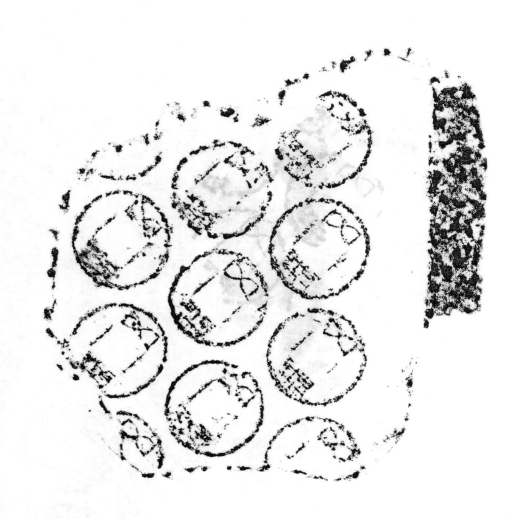

4044
五銖陶範
姜寶蓮　提供
陝西戶縣兆倫村　出土

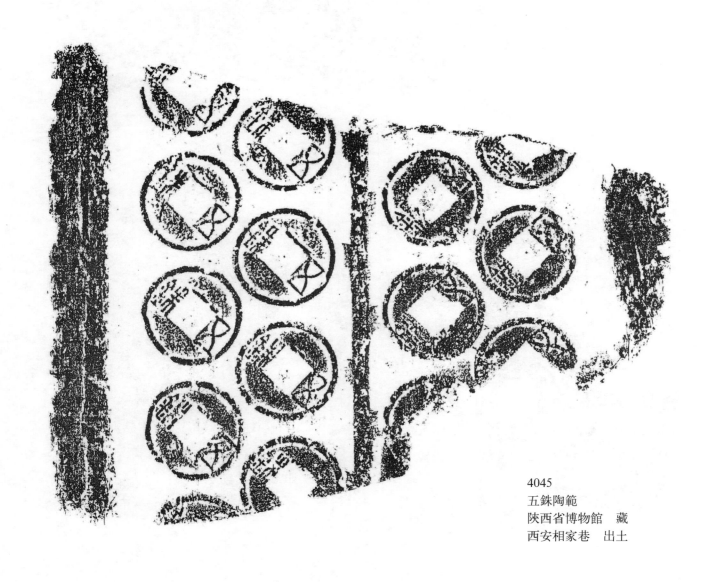

4045
五銖陶範
陝西省博物館　藏
西安相家巷　出土

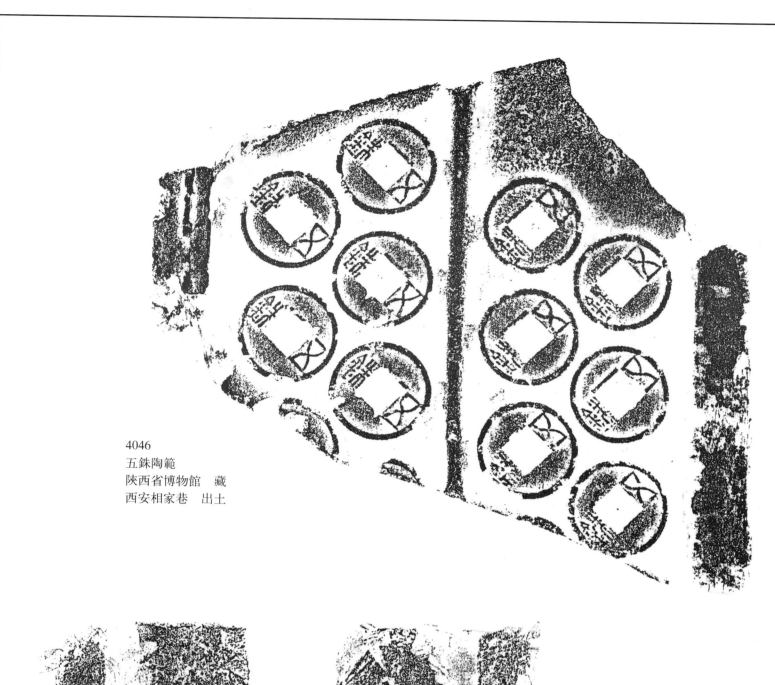

4046
五銖陶範
陝西省博物館　藏
西安相家巷　出土

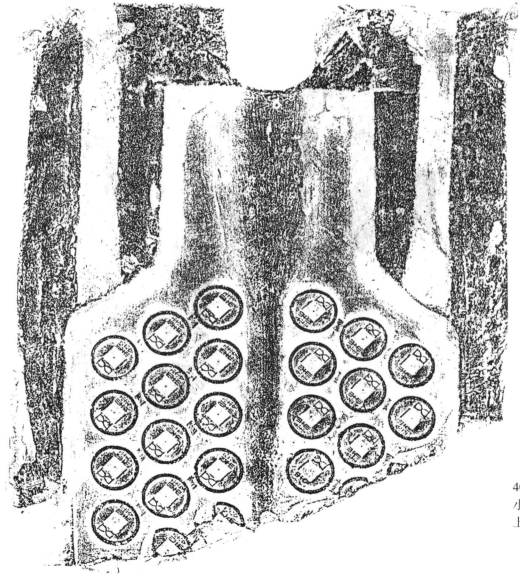

4047
小五銖陶母範
上海博物館　藏

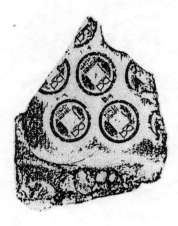

4048
小五銖陶母範
上海博物館　藏

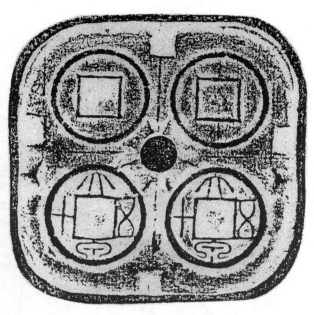

4049
大泉五十銅母範
上海博物館　藏

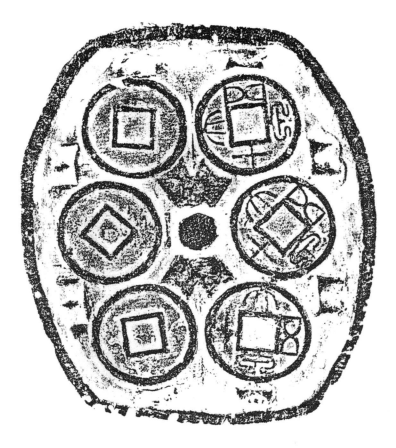

4050
大泉五十銅母範
上海博物館　藏

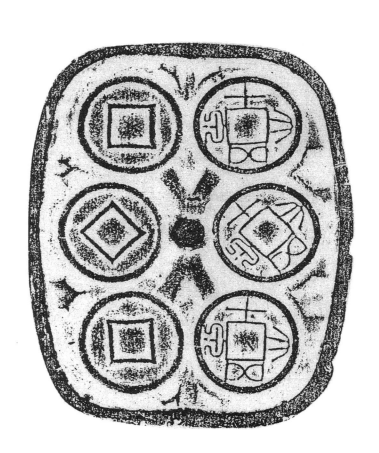

4051
大泉五十銅母範
上海博物館　藏

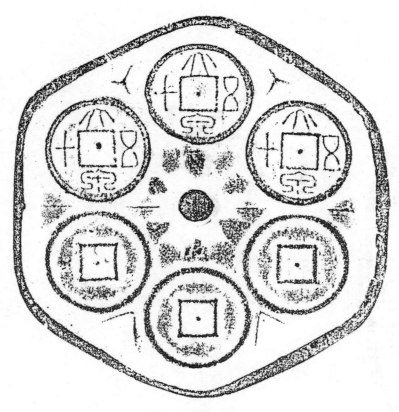

4052
大泉五十銅母範
特徵：背陽文"上利"虎形圖
上海博物館　藏

4053
大泉五十銅範
上海博物館　藏

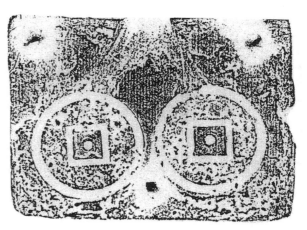
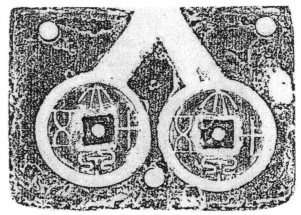

4054
大泉五十銅範
上海博物館　藏

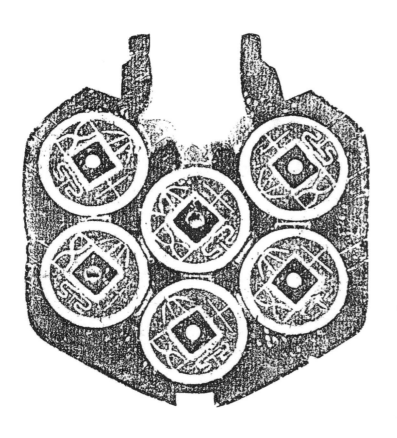

4055
大泉五十銅範
上海博物館　藏

4056
大泉五十銅範
上海博物館　藏

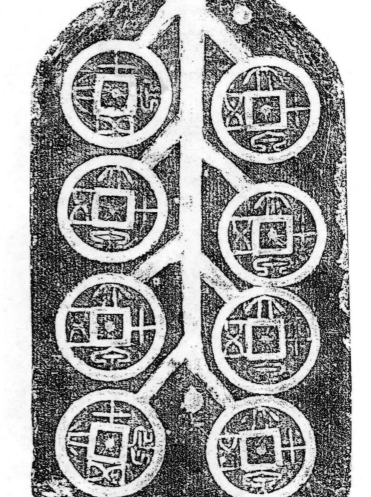

4057
大泉五十銅範
上海博物館　藏

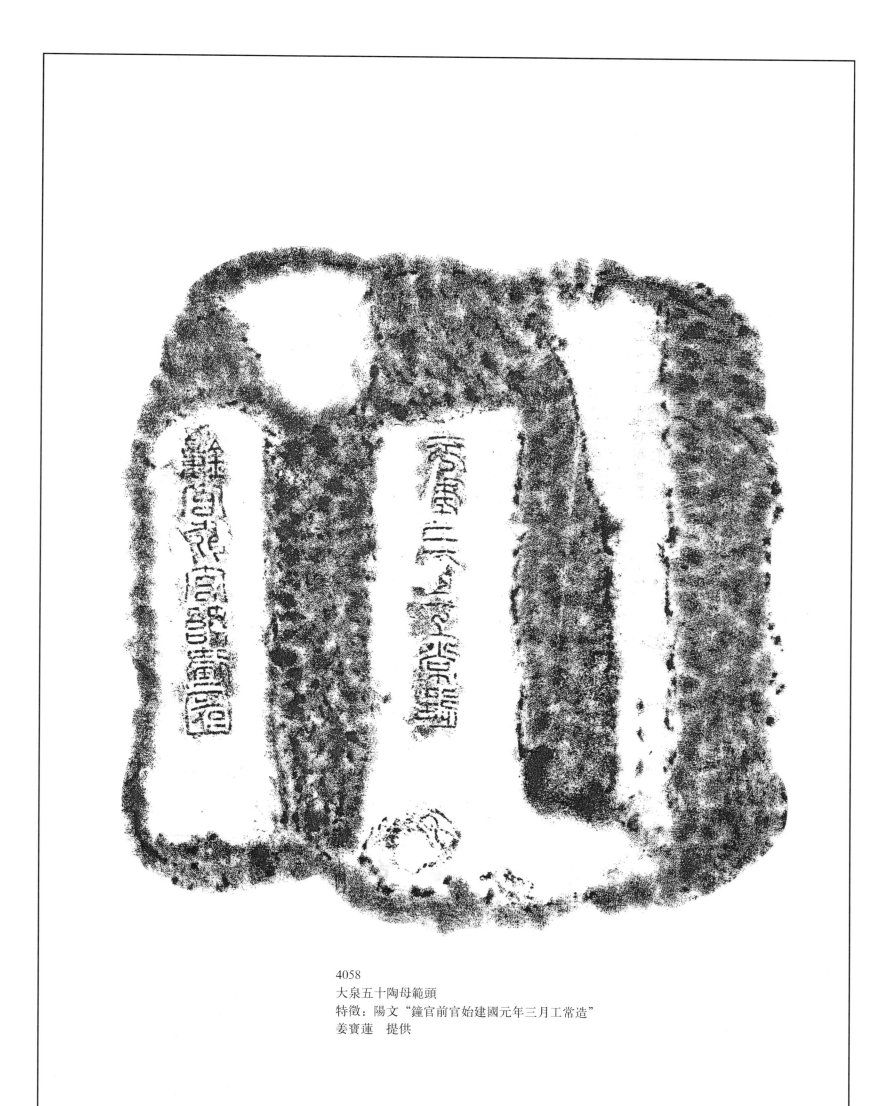

4058
大泉五十陶母範頭
特徵：陽文"鐘官前官始建國元年三月工常造"
姜寶蓮　提供

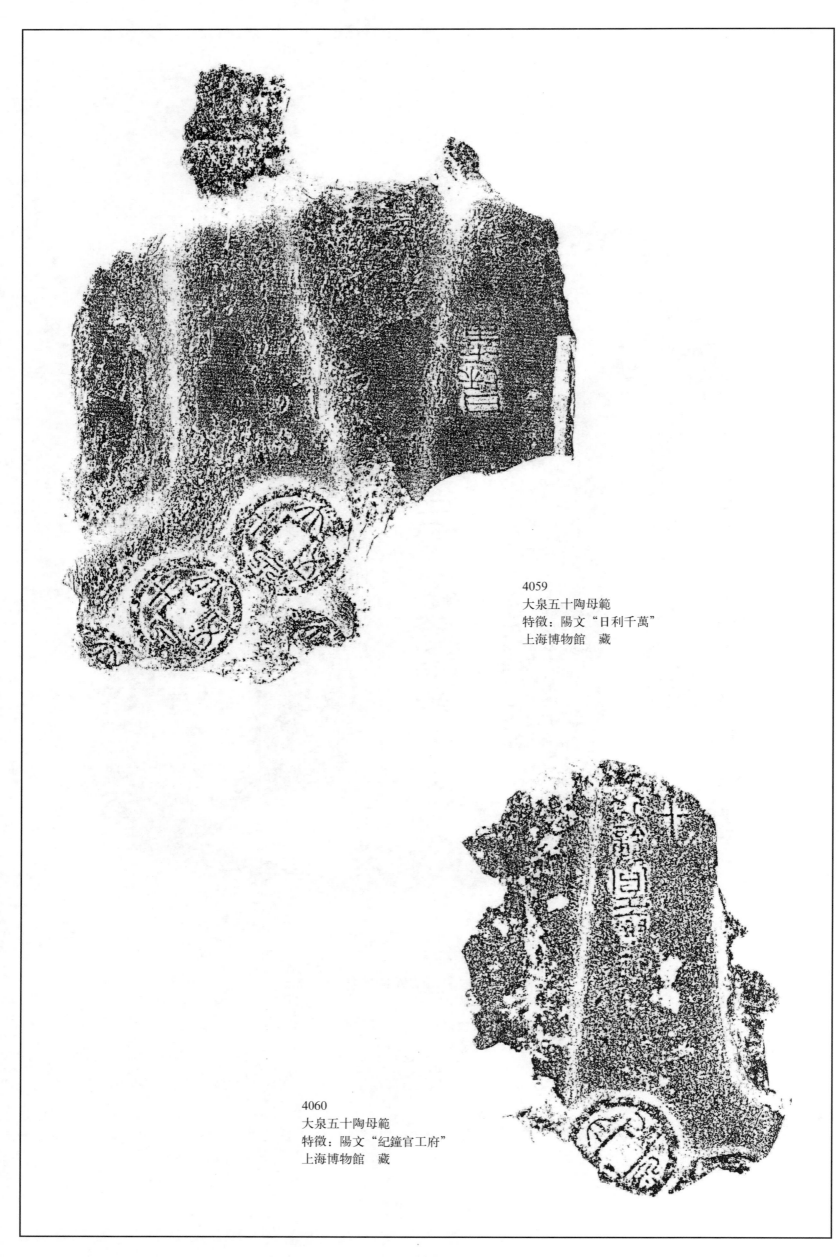

4059
大泉五十陶母範
特徵：陽文“日利千萬”
上海博物館　藏

4060
大泉五十陶母範
特徵：陽文“紀鐘官工府”
上海博物館　藏

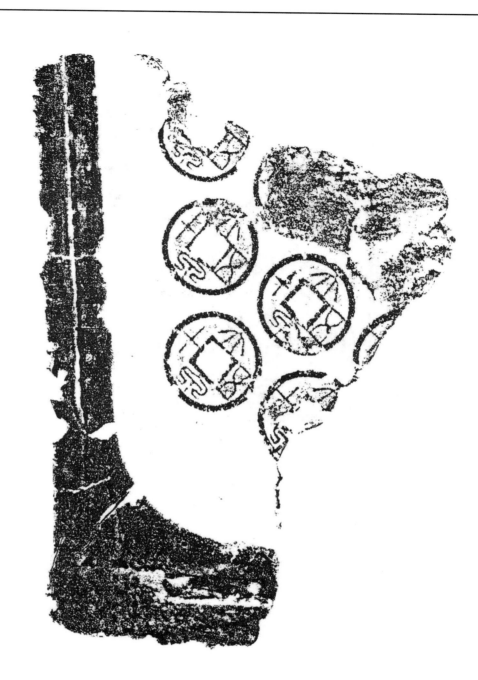

4061
大泉五十陶母範
上海博物館　藏

4062
大泉五十陶範
上海博物館　藏

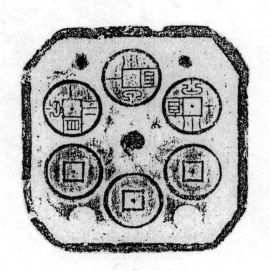

4063
小泉直一銅母範
上海博物館　藏

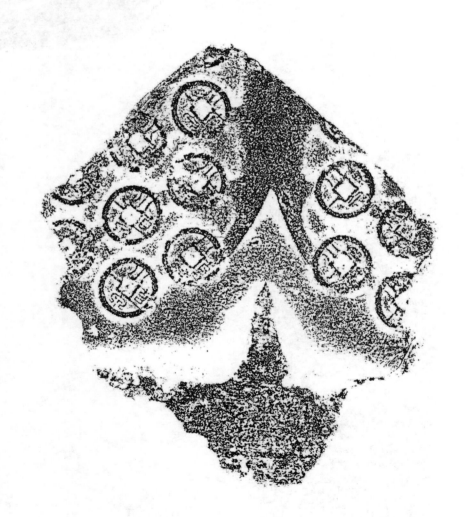

4064
小泉直一陶母範
上海博物館　藏

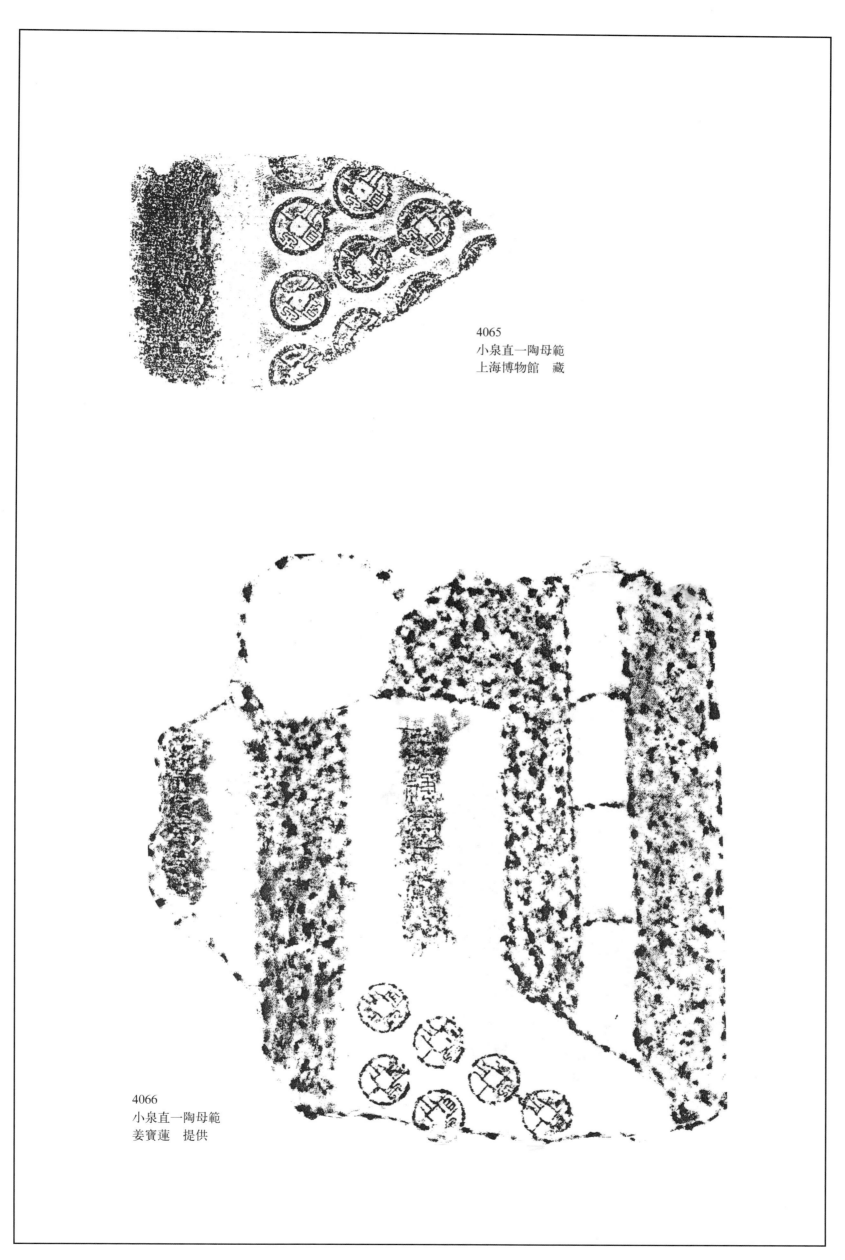

4065
小泉直一陶母範
上海博物館　藏

4066
小泉直一陶母範
姜寶蓮　提供

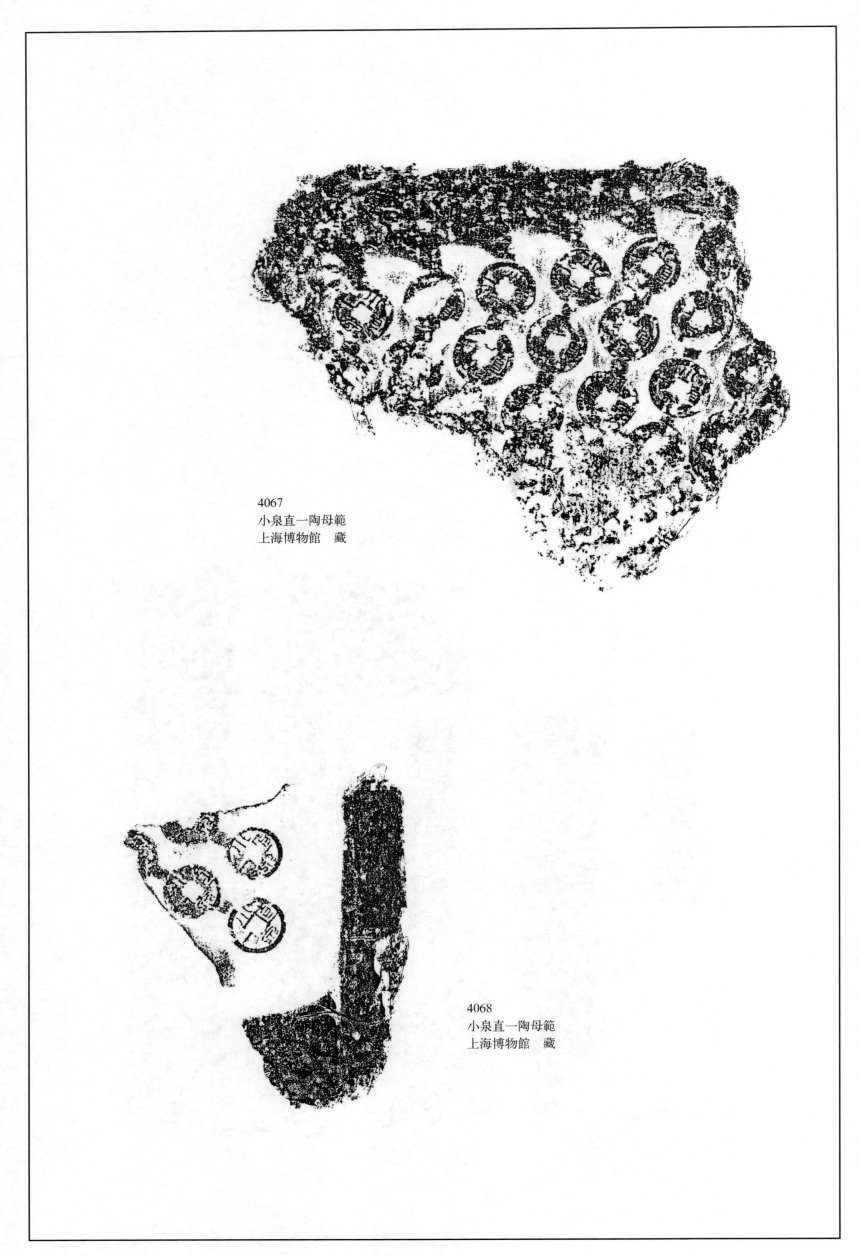

4067
小泉直一陶母範
上海博物館　藏

4068
小泉直一陶母範
上海博物館　藏

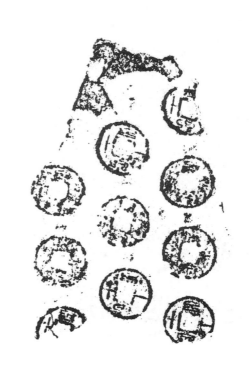

4069
幺泉一十陶母範
陝西省錢幣學會　藏
西安好漢廟地區　出土

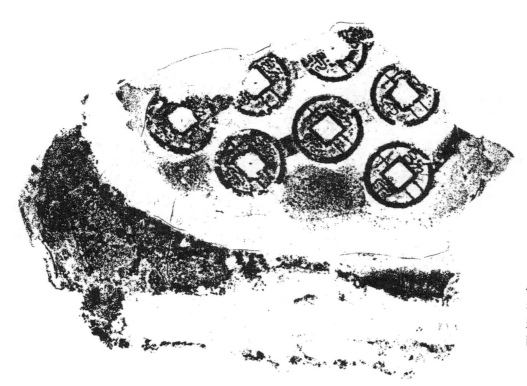

4070
幼泉二十陶母範
選自《新莽錢範》
西安好漢廟地區　出土

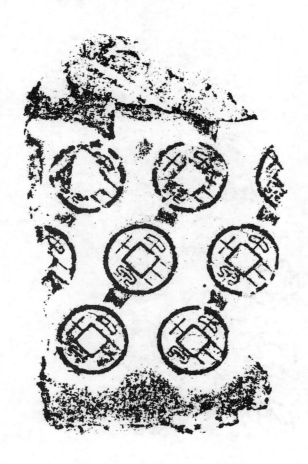

4071
中泉三十陶範
長 242.00毫米
陝西省錢幣學會　藏
西安好漢廟地區　出土

4072
中泉三十陶範
長 243.00毫米
陝西省錢幣學會　藏
西安好漢廟地區　出土

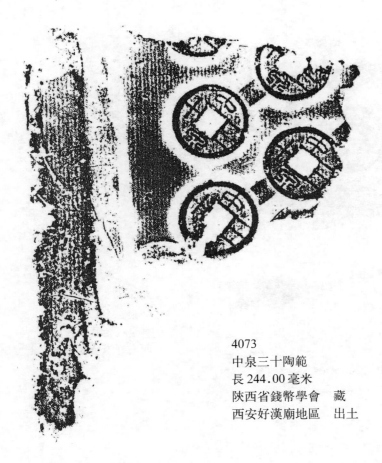

4073
中泉三十陶範
長 244.00毫米
陝西省錢幣學會　藏
西安好漢廟地區　出土

4074
壯泉四十陶範
上海博物館　藏

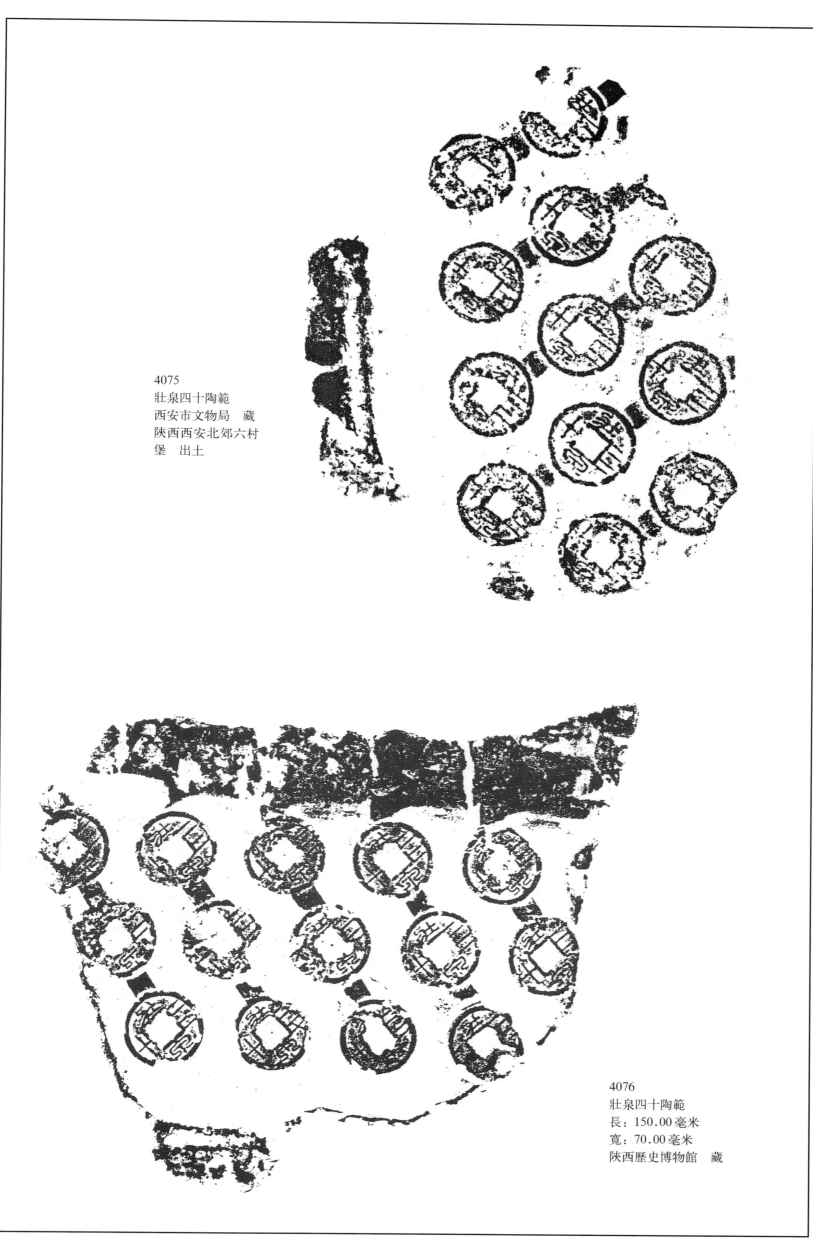

4075
壮泉四十陶範
西安市文物局　藏
陝西西安北郊六村
堡　出土

4076
壮泉四十陶範
長：150.00毫米
寬：70.00毫米
陝西歷史博物館　藏

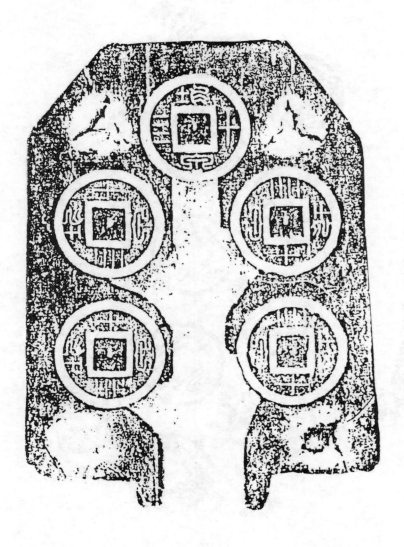

4077
壯泉四十陶範
西安市文物局　藏
陝西西安北郊六村堡　出土

4078
小布一百陶範
陝西省錢幣學會　藏
西安好漢廟地區　出土

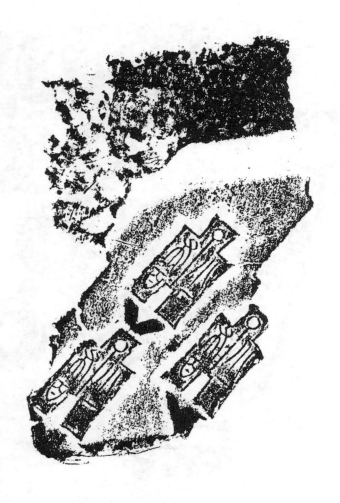

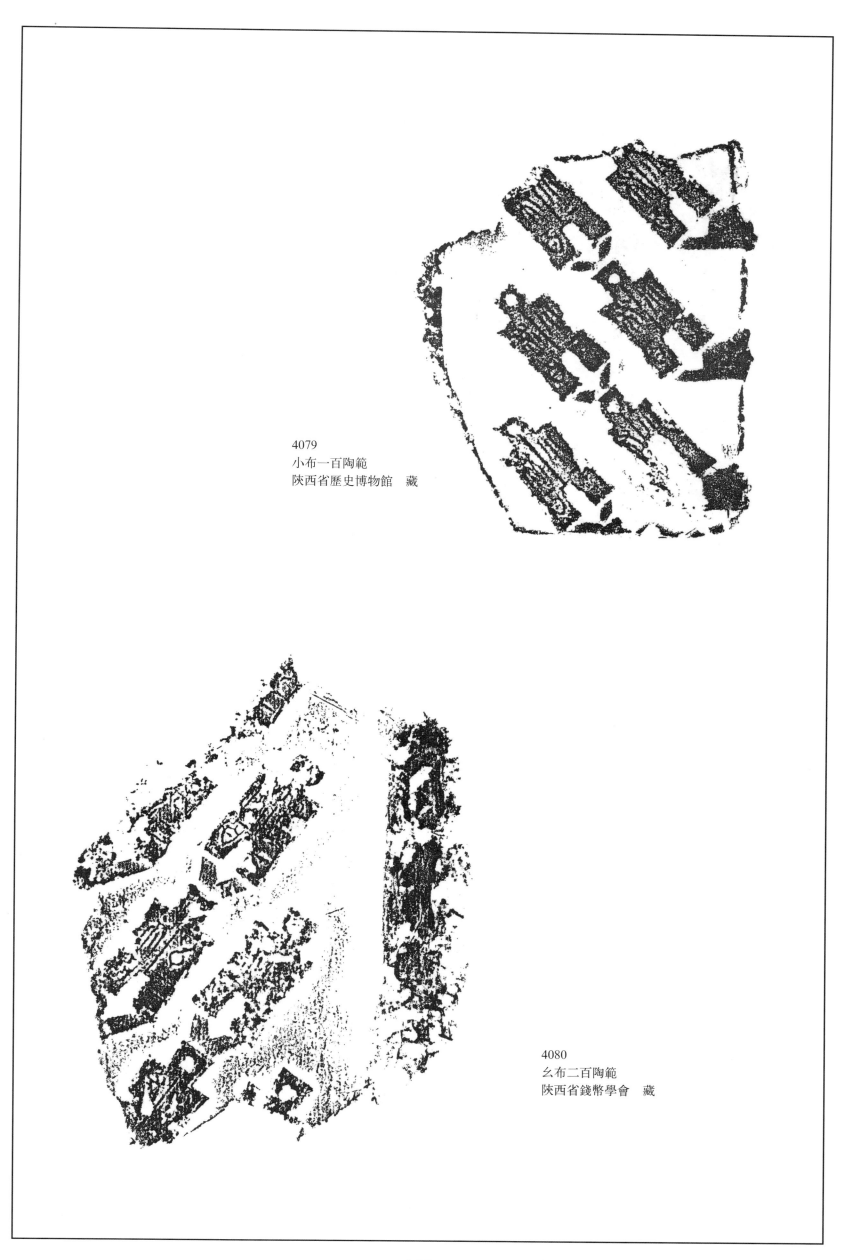

4079
小布一百陶範
陝西省歷史博物館　藏

4080
幺布二百陶範
陝西省錢幣學會　藏

4081
幺布二百陶範
陝西省錢幣學會　藏
西安好漢廟地區　出土

4082
幺布二百陶範
特徵：陽文"始建國
四年四月壬午造九月
丁日築。"
孫仲匯　提供

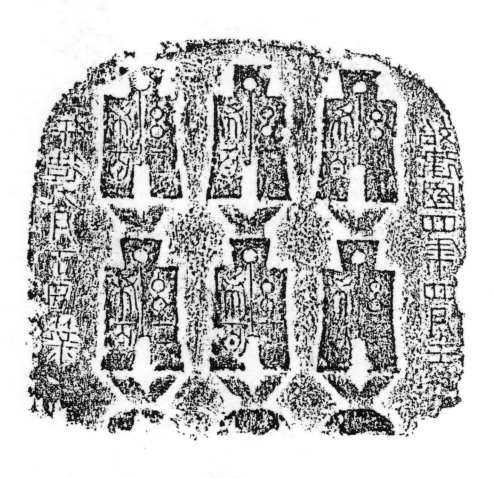

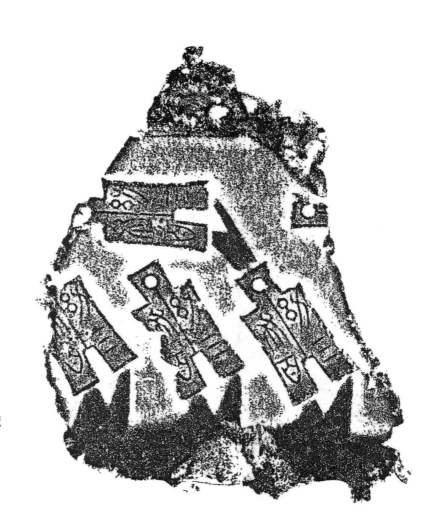

4083
幼布三百陶範
陝西省錢幣學會　藏

4084
幼布三百陶範
上海博物館　藏

4085
序布四百陶範
上海博物館　藏

4086
序布四百陶範
陝西省錢幣學會　藏
西安好漢廟地區　出土

4087
差布五百陶範
上海博物館　藏

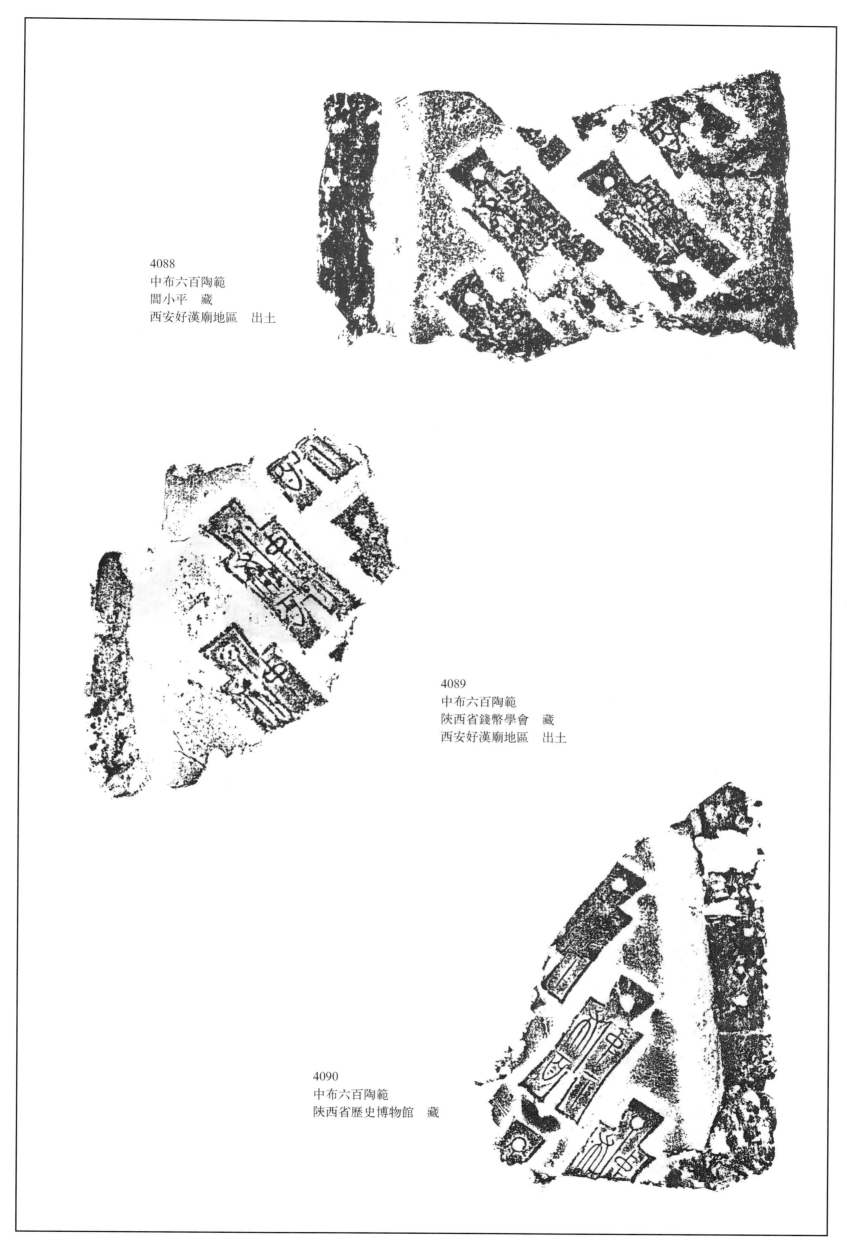

4088
中布六百陶範
闞小平　藏
西安好漢廟地區　出土

4089
中布六百陶範
陝西省錢幣學會　藏
西安好漢廟地區　出土

4090
中布六百陶範
陝西省歷史博物館　藏

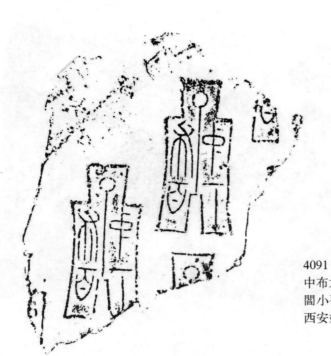

4091
中布六百陶範
閻小平　藏
西安好漢廟地區　出土

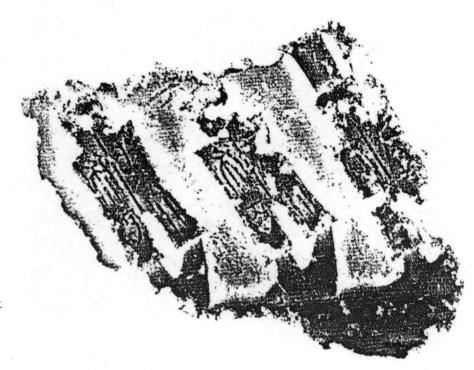

4092
壯布七百陶範
陝西省錢幣學會　藏
西安好漢廟地區　出土

4093
壯布七百陶範
陝西省錢幣學會　藏
西安好漢廟地區　出土

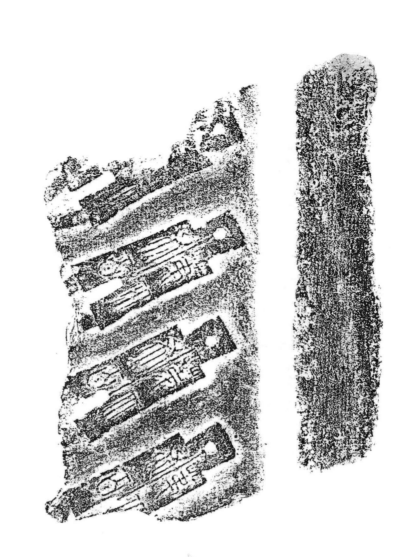

4094
弟布八百陶母範
上海博物館　藏

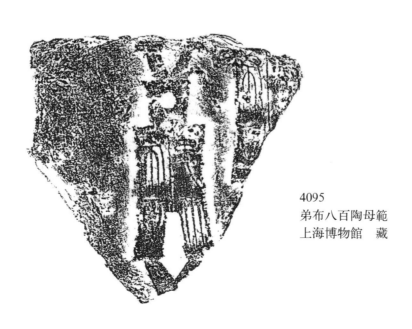

4095
弟布八百陶母範
上海博物館　藏

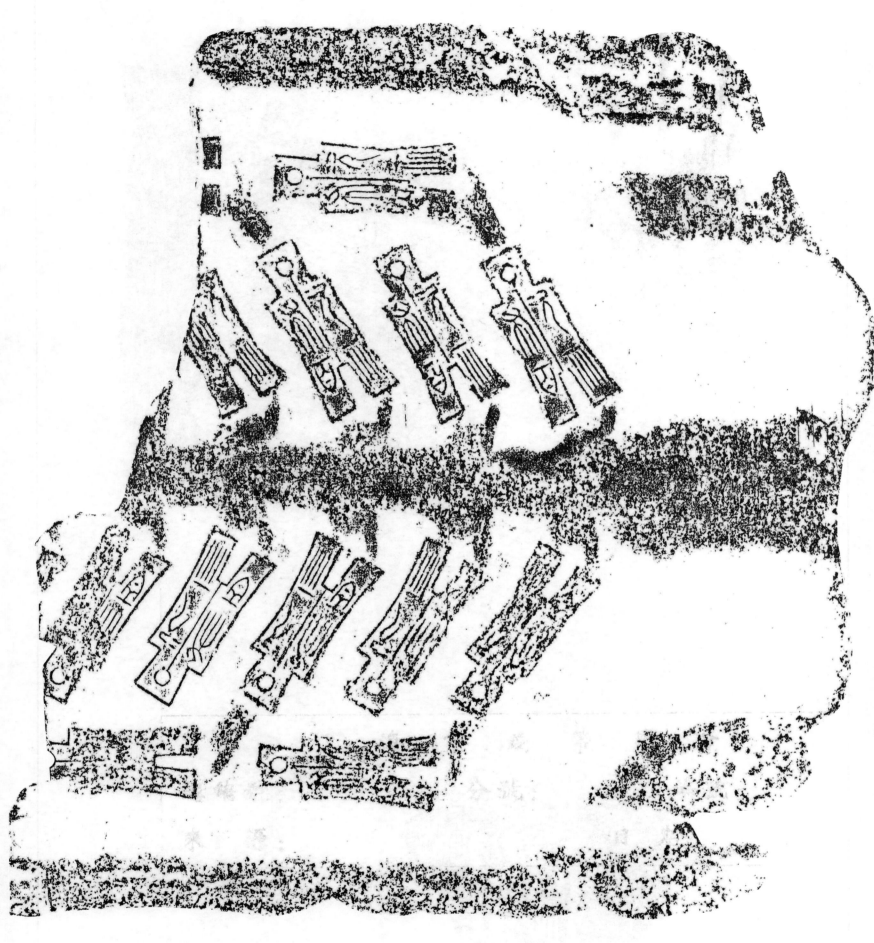

4096
次布九百陶母範
長：149.00毫米
西安市文物局　藏
西安好漢廟地區　出土

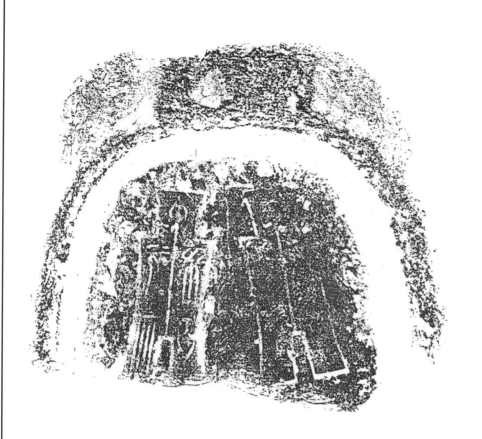

4097
次布九百陶範
上海博物館　藏

4098
大布黃千陶母範
上海博物館　藏

4099
大布黃千銅母範
上海博物館　藏

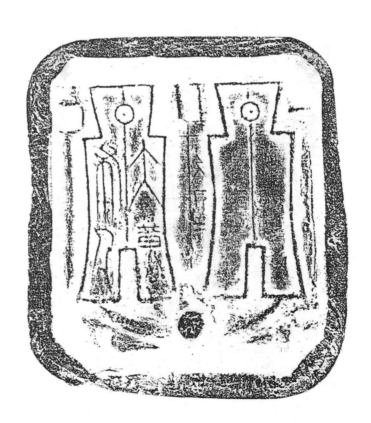

4100
大布黃千銅母範
上海博物館　藏

4101
大布黃千銅母範
上海博物館　藏

4102
大布黃千銅母範
上海博物館　藏

4103
大布黃千銅母範
上海博物館　藏

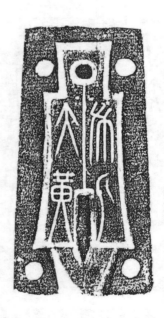

4104
大布黃千銅範
上海博物館　藏

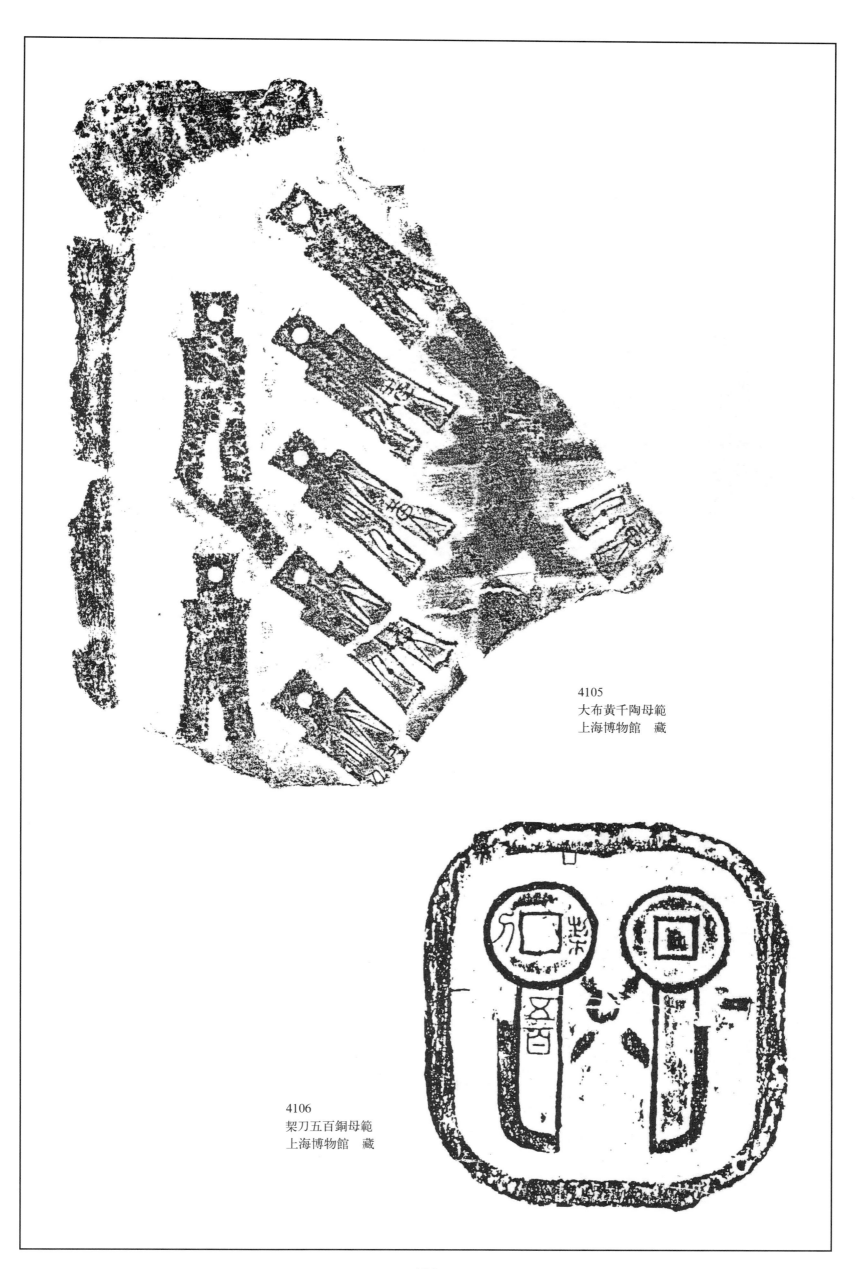

4105
大布黄千陶母範
上海博物館　藏

4106
絜刀五百銅母範
上海博物館　藏

423

4107
栔刀五百陶母範
上海博物館　藏

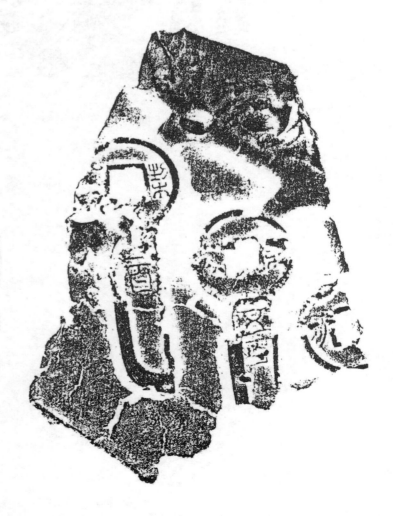

4108
栔刀五百陶母範
上海博物館　藏

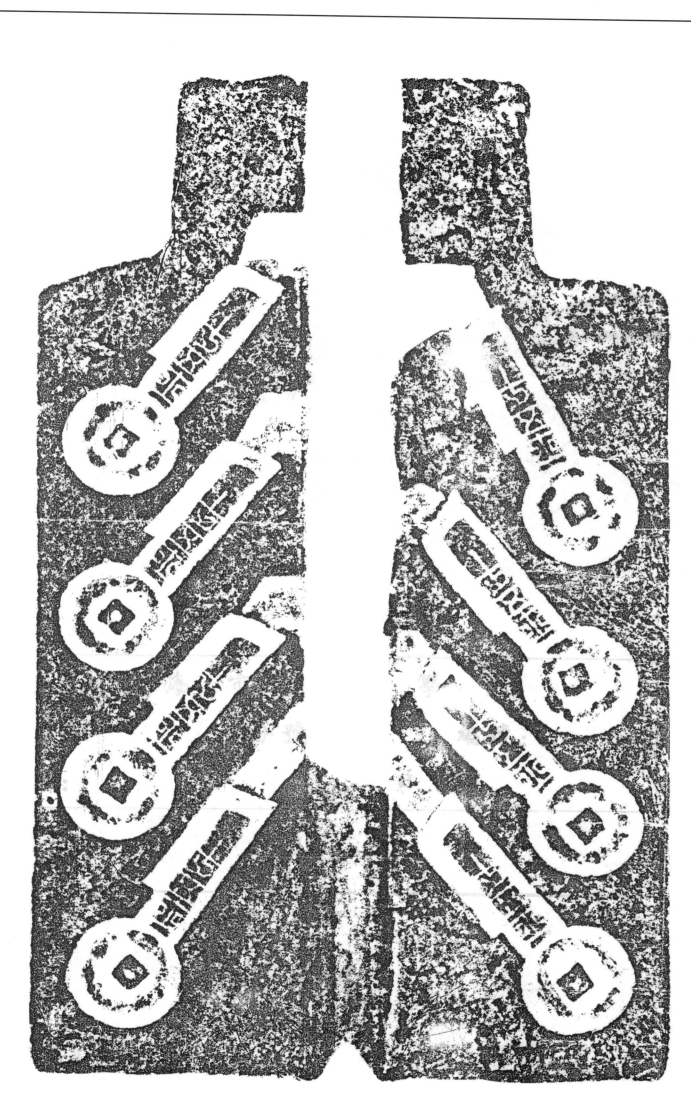

4109
一刀平五千銅範
姜寶蓮　提供
陝西户縣兆倫村　出土

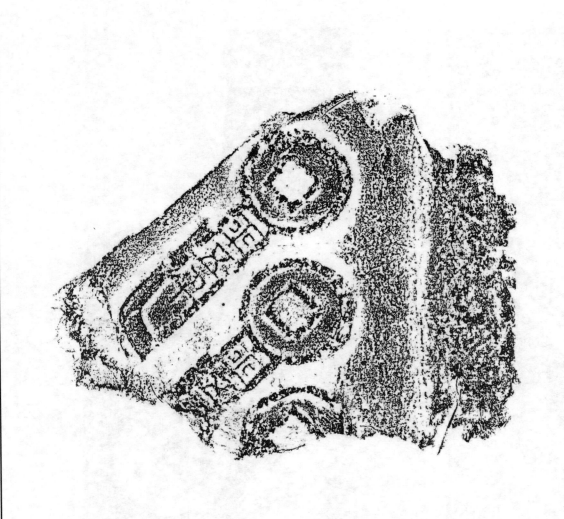

4110
一刀平五千陶母範
上海博物館　藏

4111
一刀平五千陶母範
上海博物館　藏

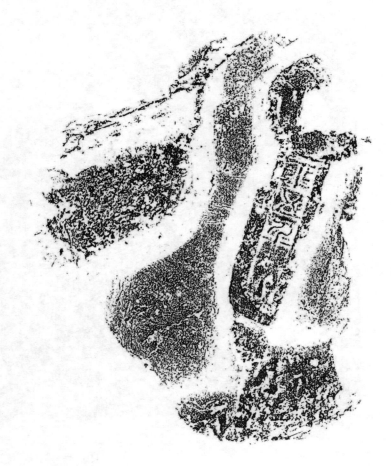

4112
貨布銅母範
上海博物館　藏

4113
貨布銅母範
上海博物館　藏

4114
貨布銅母範
上海博物館　藏

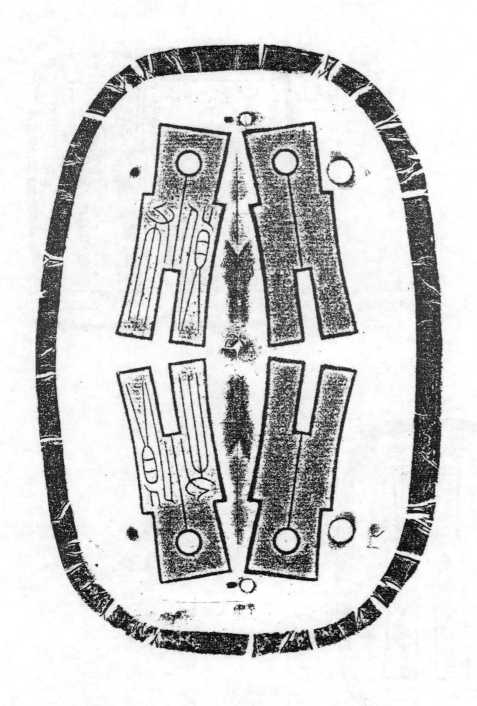

4115
貨布銅母範
上海博物館　藏

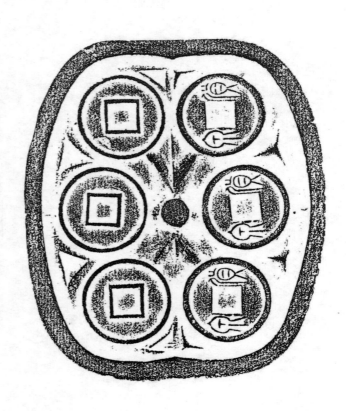

4116
貨泉銅母範
上海博物館　藏

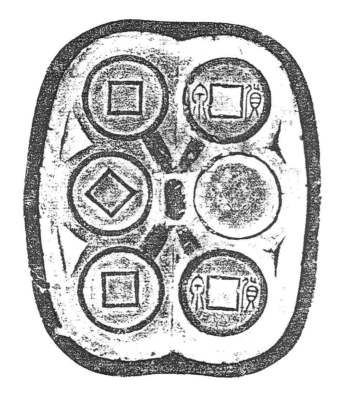

4117
貨泉銅母範
上海博物館　藏

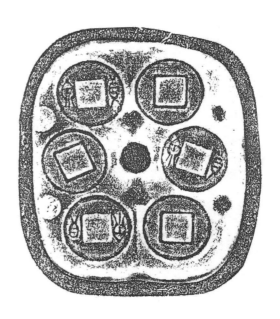

4118
貨泉銅母範
上海博物館　藏

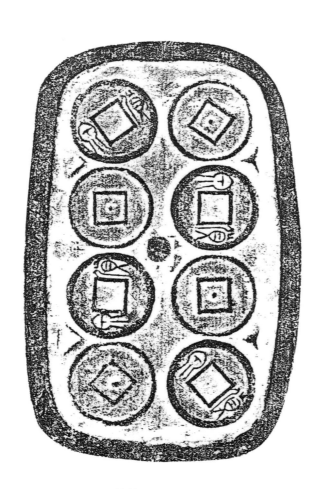

4119
貨泉銅母範
上海博物館　藏

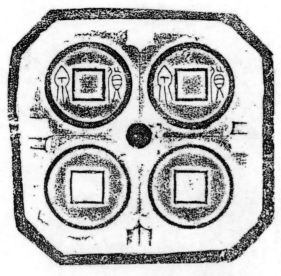

4120
貨泉銅母範
上海博物館　藏

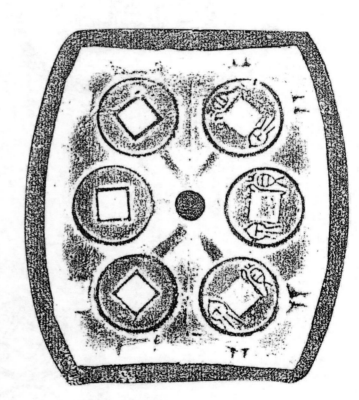

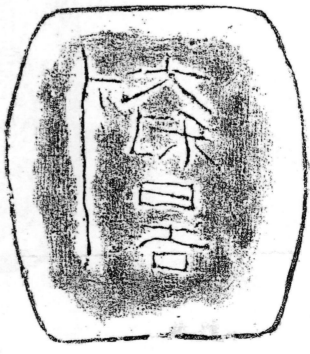

4121
貨泉銅母範
特徵：背陽文"大利日吉"
上海博物館　藏

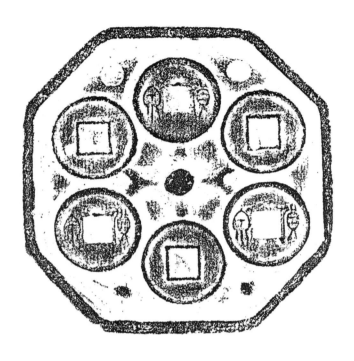

4122
貨泉銅母範
上海博物館　藏

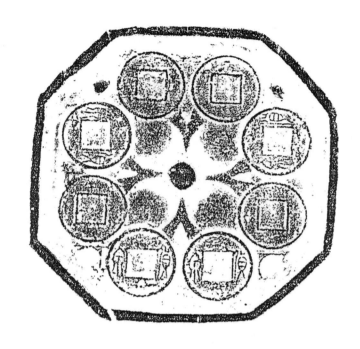

4123
貨泉銅母範
上海博物館　藏

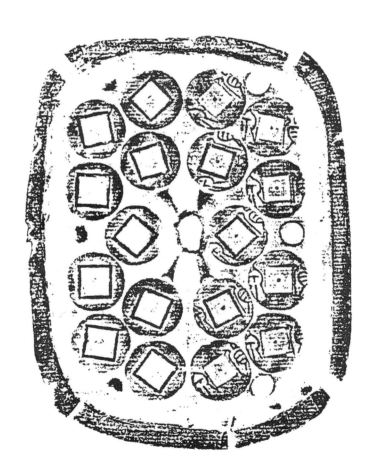

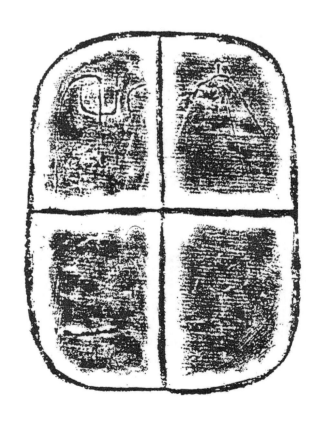

4124
貨泉銅母範
重：223.0克
特徵：背有陽文
河南省博物館　藏

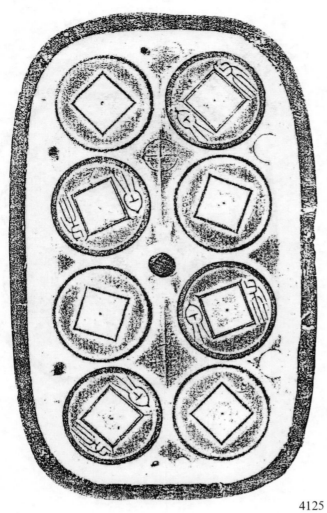
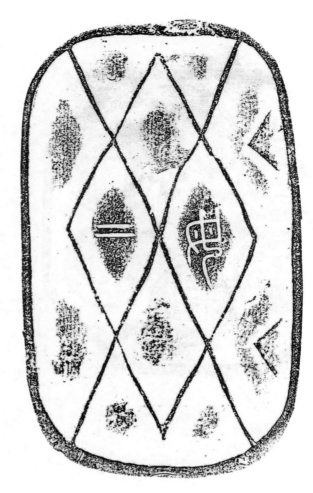

4125
布泉銅母範
特徵：背陰文“母二”
上海博物館　藏

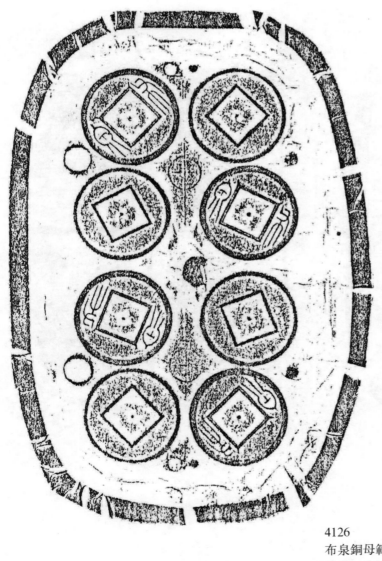
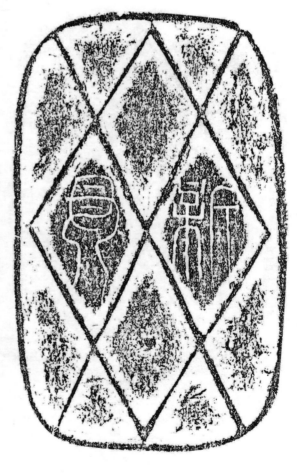

4126
布泉銅母範
特徵：背陰文“新母”
陝西省歷史博物館　藏

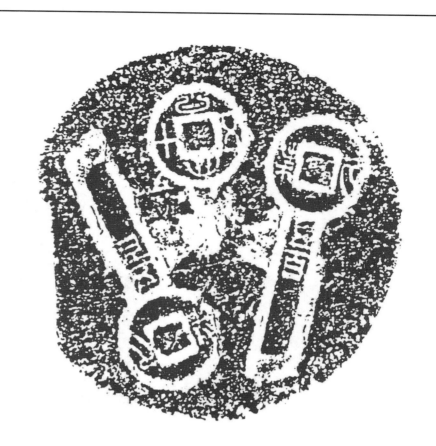

4127
大泉五十、契刀五百合範陶範
中國錢幣學會 藏
西安 出土

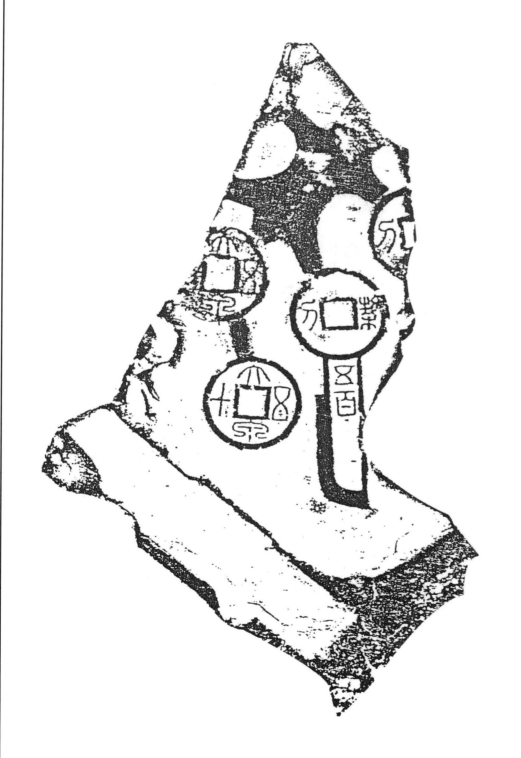

4128
大泉五十、契刀五百合範陶範
中國錢幣學會 藏
西安 出土

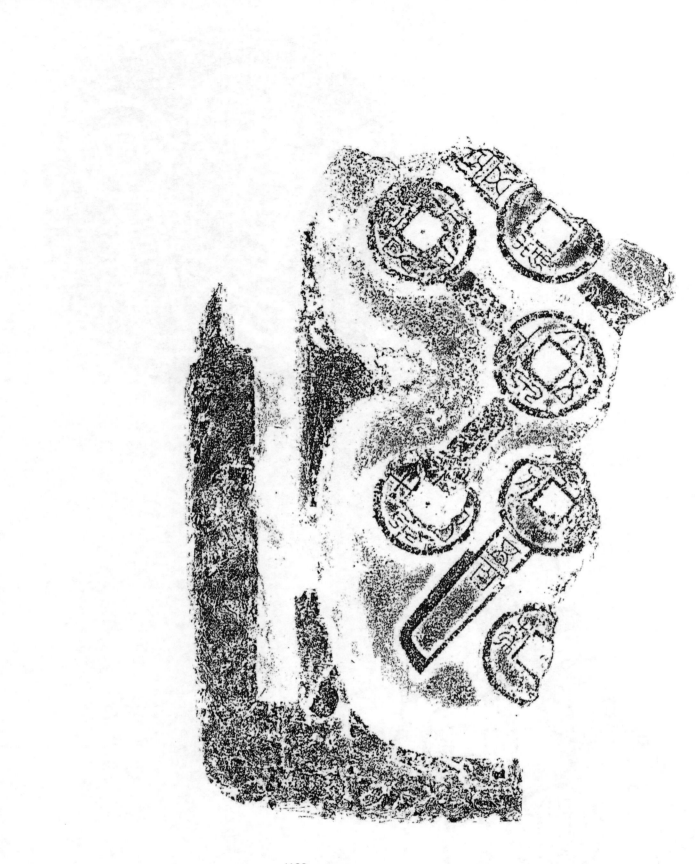

4129
大泉五十、栔刀五百合範陶範
上海博物館　藏

4130
大泉五十、契刀五百合範陶範
上海博物館　藏

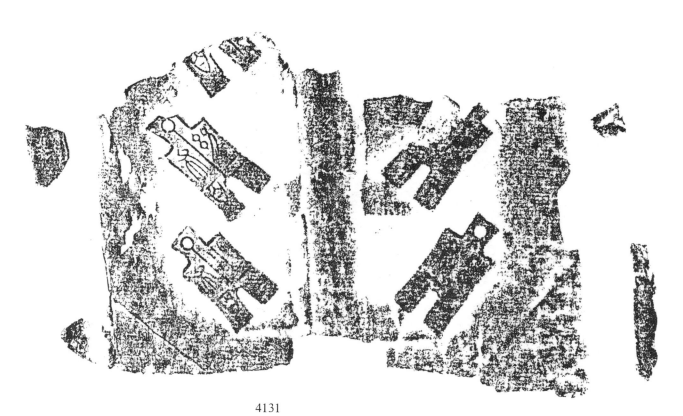

4131
小布一百、幼布三百合範陶範
上海博物館　藏

435

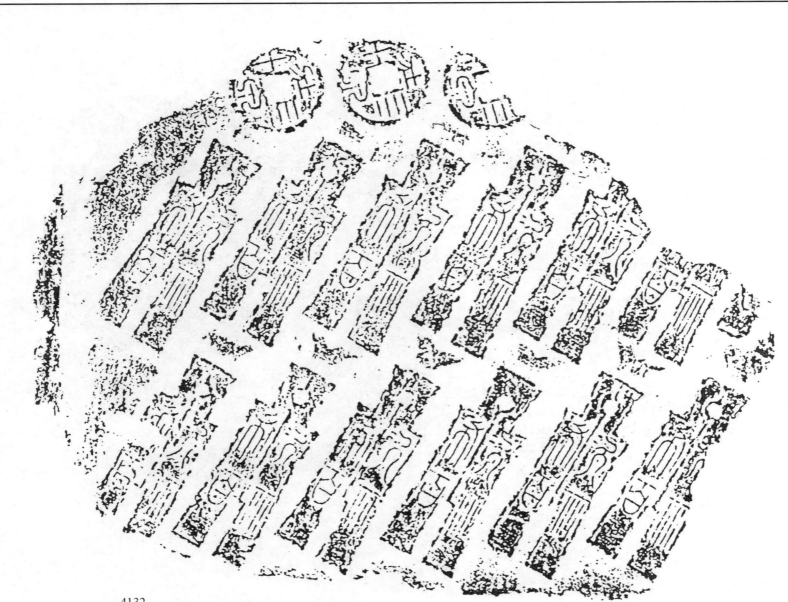

4132
壯泉四十、次布九百合範陶範
上海博物館　藏

4133
小布一百、幺布二百、幼布三百、序布
四百、差布五百合範陶範
張湘生　藏
陝西西安好漢廟　出土

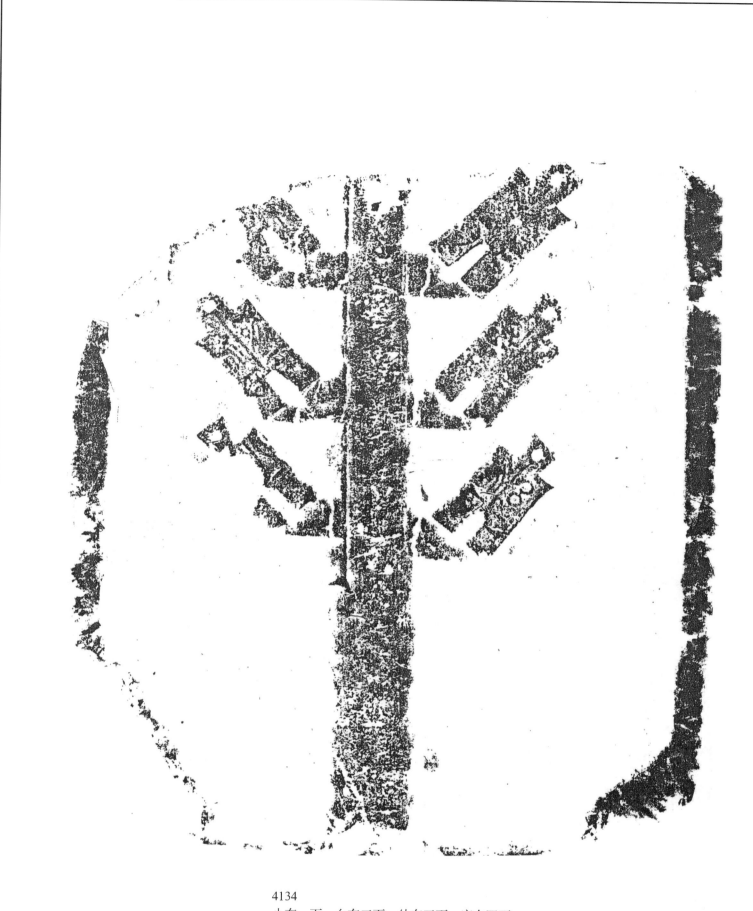

4134
小布一百、幺布二百、幼布三百、序布四百、
差布五百、中布六百合範陶範
張湘生　藏
陝西西安好漢廟　出土

4135
銖泉五一陶母範
上海博物館　藏

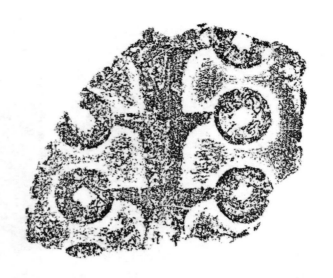

4136
銖泉五一陶母範
上海博物館　藏

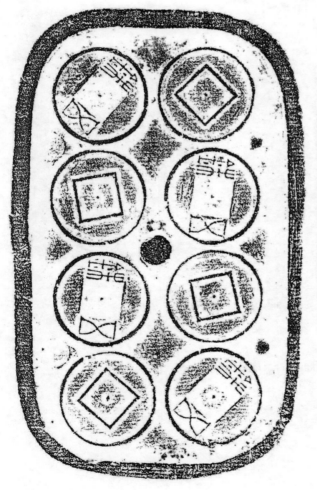

4137
五銖銅母範
特徵：背陰文"更始二年
十月工維李刻"
上海博物館　藏

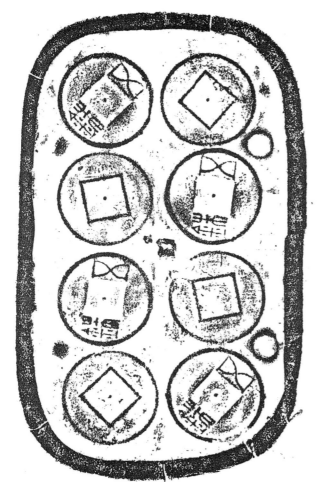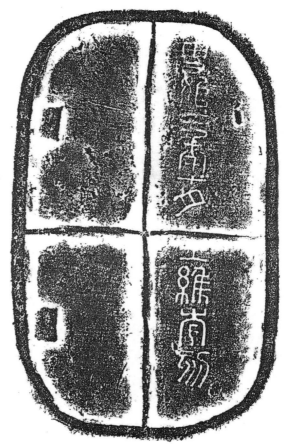

4138
五銖銅母範
特徵：背陰文"更始二年
十月工維李刻"
西安市文物局　藏

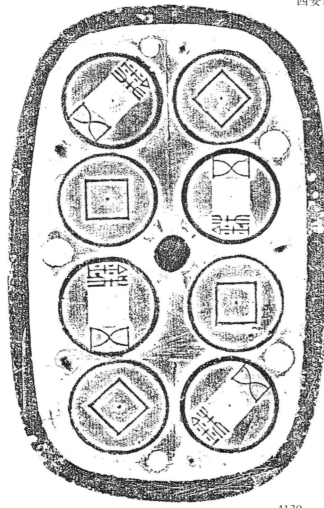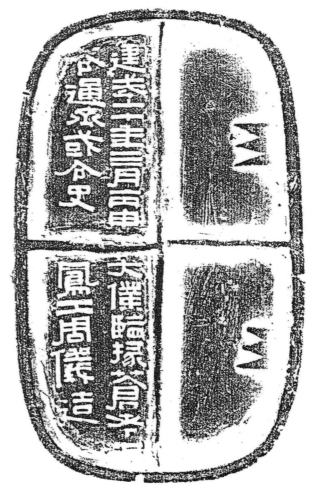

4139
五銖銅母範
特徵：背陰文"建武十七年三月
丙申太僕監掾蒼考工令通丞或令
史鳳工周儀造"
上海博物館　藏

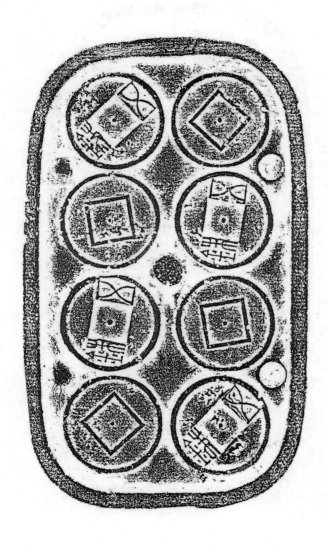

4140
五銖銅母範
上海博物館　藏

4141
五銖銅母範
上海博物館　藏

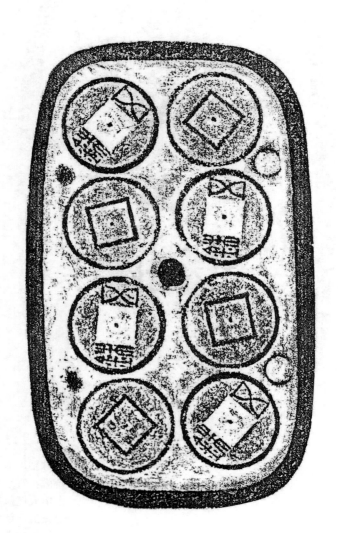

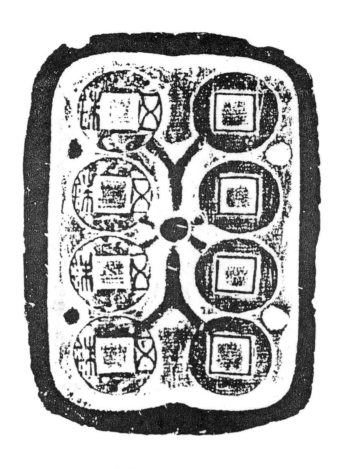

4142
五銖銅母範
中國歷史博物館　藏

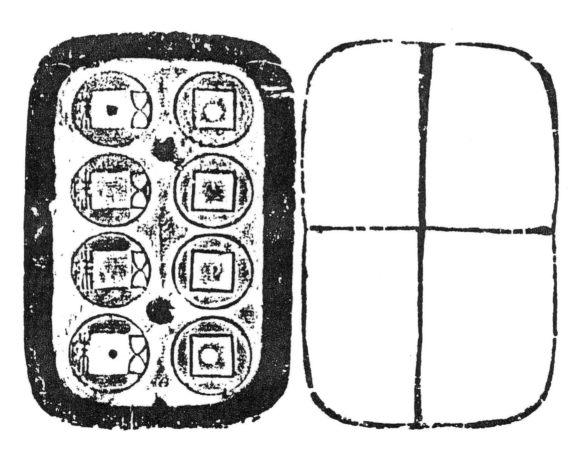

4143
五銖銅母範
中國歷史博物館　藏

4144
大泉五百陶範
徑：35.80毫米
重：11.2克
屠燕治　藏

4145
大泉五百陶範
徑：37.60毫米
重：11.4克
屠燕治　藏

4146
大泉五百陶範
徑：35.20毫米
重：7.1克
屠燕治　藏

4147
大泉五百陶範
徑：31.50毫米
重：5.3克
屠燕治　藏

4148
大泉五百陶範
徑：24.70毫米
重：3.8克
屠燕治　藏

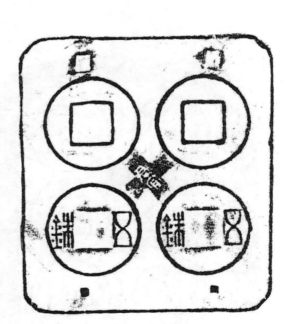

4149
五銖陶範
特徵：陰文“君官”
屠燕治　提供
浙江杭州西湖地區　出水

4150
五銖陶範
江蘇省錢幣學會　藏

4151
五銖陶範
江蘇省錢幣學會　藏

4152
五銖陶範
江蘇省錢幣學會　藏

4153
五銖陶範
江蘇省錢幣學會　藏

4154
五銖陶範
江蘇省錢幣學會　藏

4155
五銖陶範
鎮江古城考古所　藏
江蘇鎮江北固山南腳　出土

4156
五銖陶範
鎮江古城考古所　藏
江蘇鎮江北固山南腳　出土

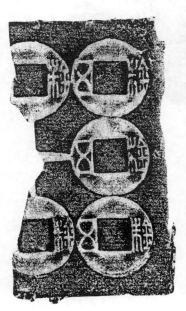

4157
五銖陶範
鎮江古城考古所　藏
江蘇鎮江北固山南腳　出土

4158
五銖陶範
鎮江古城考古所　藏
江蘇鎮江北固山南脚　出土

4159
五銖陶範
鎮江古城考古所　藏
江蘇鎮江北固山南脚　出土

4160
五銖陶範
鎮江古城考古所　藏
江蘇鎮江北固山南脚　出土

4161
五銖陶範
鎮江古城考古所　藏
江蘇鎮江北固山南脚　出土

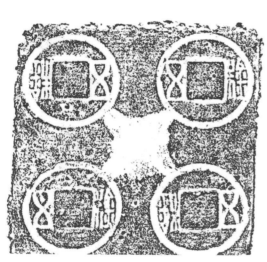

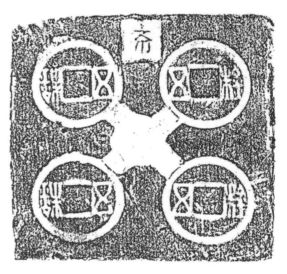

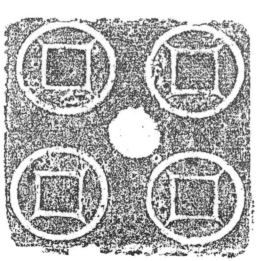

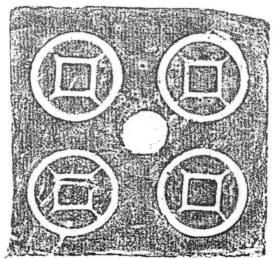

4162
五銖陶範
上海博物館　藏

4163
五銖陶範
特徵：陽文“齊”
上海博物館　藏

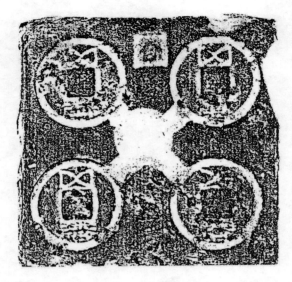

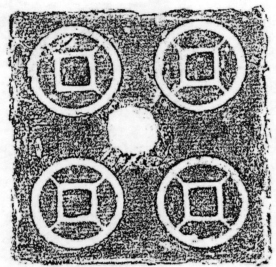

4164
五銖陶範
特徵：陽文 "合"
上海博物館　藏

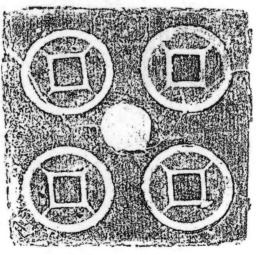

4165
五銖陶範
特徵：陽文 "定"
上海博物館　藏

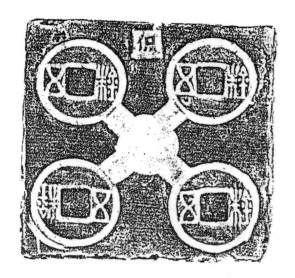

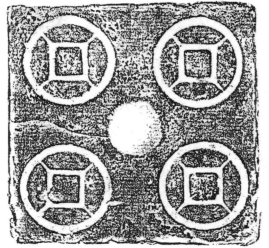

4166
五銖陶範
特徵：陽文"侃"
上海博物館　藏

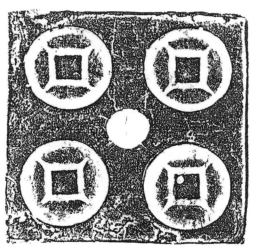

4167
五銖陶範
特徵：陽文"未"
上海博物館　藏

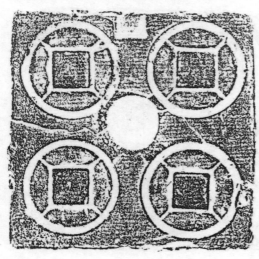

4168
五銖陶範
特徵：陽文"尫"
上海博物館　藏

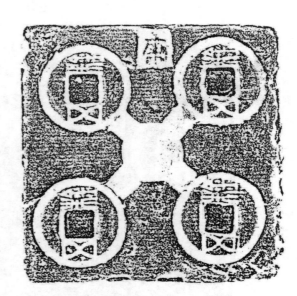

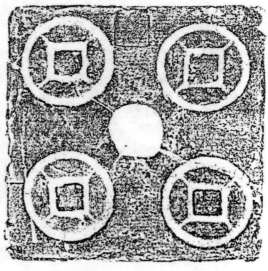

4169
五銖陶範
特徵：陽文"康"
上海博物館　藏

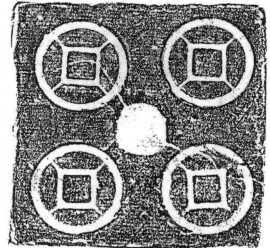

4170
五銖陶範
特徵：陽文“由”
上海博物館　藏

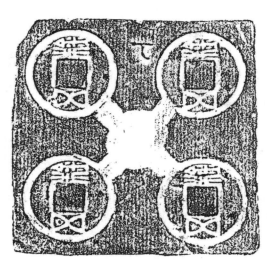

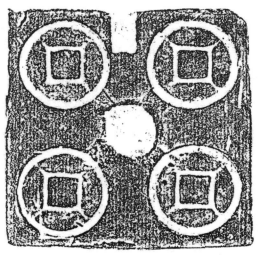

4171
五銖陶範
特徵：陽文“丁”
上海博物館　藏

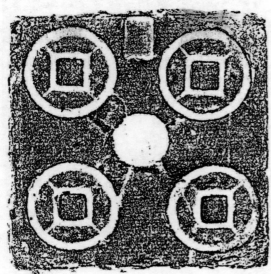

4172
五銖陶範
特徵：陽文"道"
上海博物館 藏

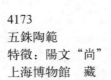

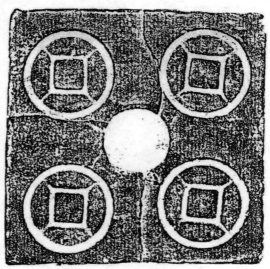

4173
五銖陶範
特徵：陽文"尚"
上海博物館 藏

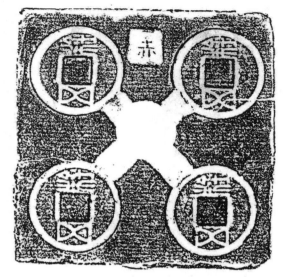

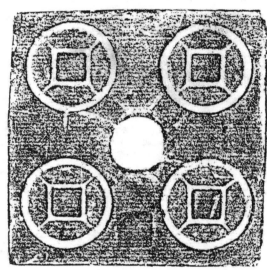

4174
五銖陶範
特徵：陽文"赤"
上海博物館　藏

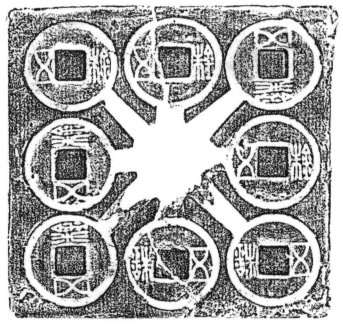

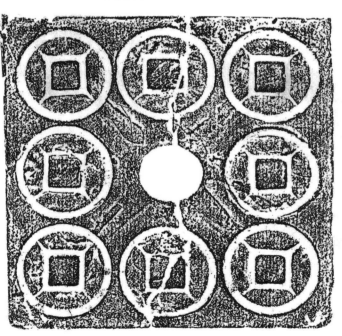

4175
五銖陶範
上海博物館　藏

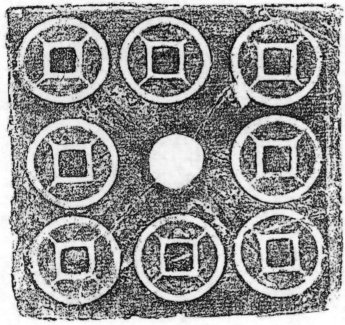

4176
五銖陶範
上海博物館　藏

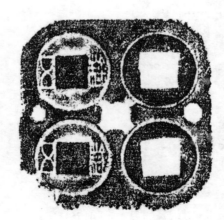

4177
五銖陶範
屠燕治　提供
浙江杭州西湖地區　出水

4178
五銖陶範
屠燕治　提供
浙江杭州西湖地區　出水

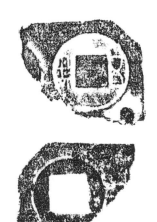

4179
五銖陶範
屠燕治　提供
浙江杭州西湖地區　出水

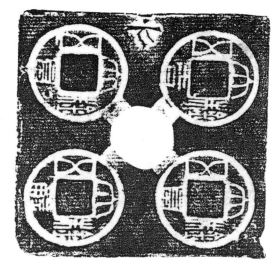

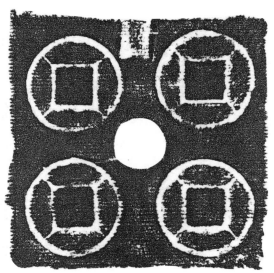

4180
大吉五銖、大富大銖、大通五銖合範陶範
特徵：陽文“方”
金立夫　藏

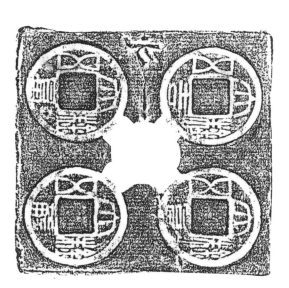

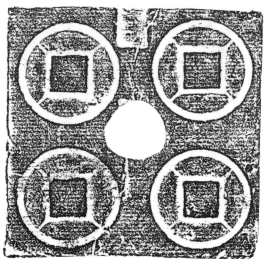

4181
大吉五銖、大富大銖、大通五銖合範陶範
特徵：陽文“方”
上海博物館　藏

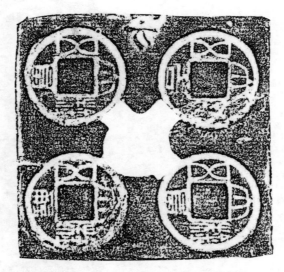

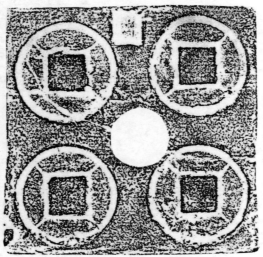

4182
大吉五銖、大富大銖、
大通五銖合範陶範
特徵：陽文“方”
上海博物館　藏

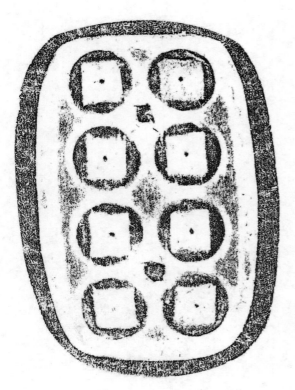

4183
無文小錢銅母範
上海博物館　藏

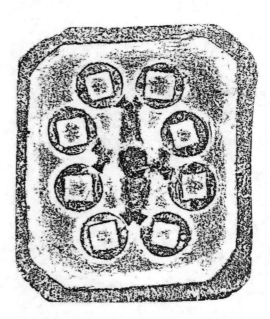

4184
無文小錢銅母範
上海博物館　藏

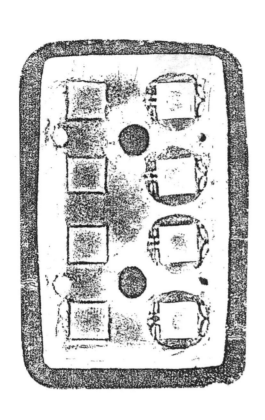

4185
五銖銅範
上海博物館　藏

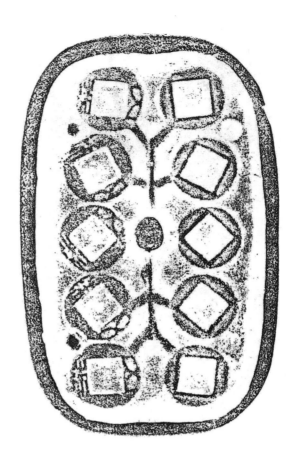

4186
五銖銅範
上海博物館　藏

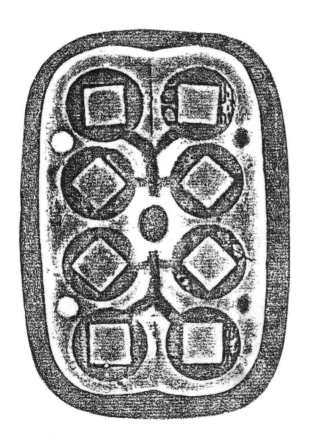

4187
五銖銅範
特徵：背陽文"大吉□子"
上海博物館　藏

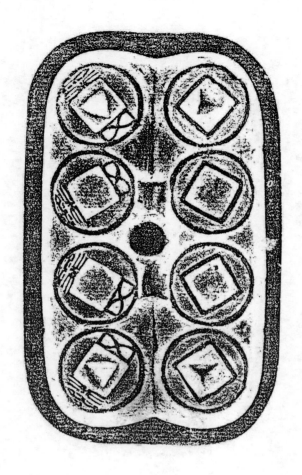

4188
五銖銅範
上海博物館　藏

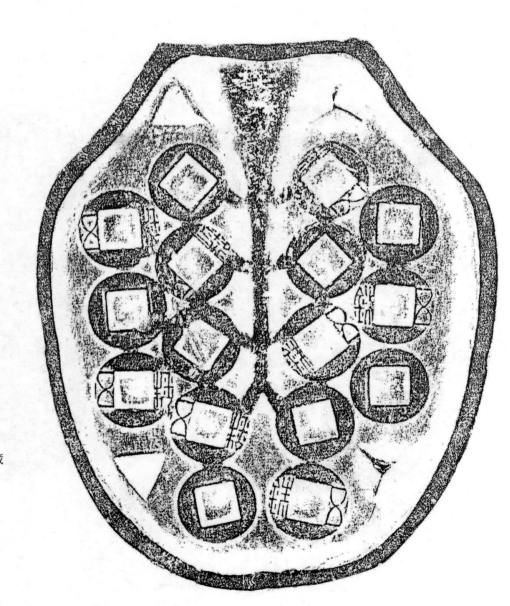

4189
五銖銅母範
上海博物館　藏

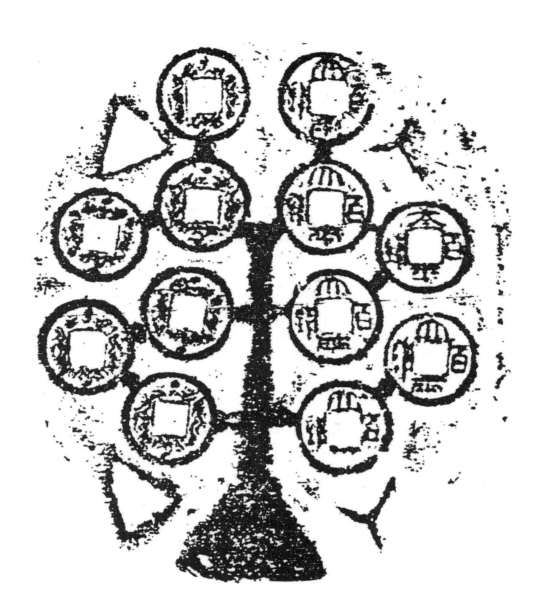

4190
太平百錢銅母範
周長：47.20毫米
選自《文物》
1980年成都營門　出土

457

十四、重要出土錢幣資料選編

1. 陝西首帕張堡窖藏

　　1962年，陝西長安韋曲鄉首帕張堡出土錢幣。原存於五件戰國陶釜、陶罐內。其中四器發現時破碎，內存30餘公斤錢幣流散。有一釜完整無損，毛重8公斤。該釜內存錢幣千枚，其中除兩甾錢1枚、益化錢2枚外，997枚全是半兩錢。

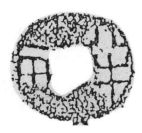

4191
徑：33.00毫米
重：9.5克
陝西首帕張堡　窖藏

4192
徑：37.00毫米
重：10.0克
陝西首帕張堡　窖藏

4193
徑：33.00毫米
重：9.5克
陝西首帕張堡　窖藏

4194
徑：35.00毫米
重：7.0克
陝西首帕張堡　窖藏

4195
徑：32.00毫米
重：7.2克
陝西首帕張堡　窖藏

4196
徑：32.00毫米
重：6.2克
陝西首帕張堡　窖藏

4197
徑：31.00毫米
重：6.0克
陝西首帕張堡　窖藏

4198
徑：28.00毫米
重：5.0克
陝西首帕張堡　窖藏

4199
徑：27.00毫米
重：5.0克
陝西首帕張堡　窖藏

4200
徑：26.50毫米
重：4.0克
陝西首帕張堡　窖藏

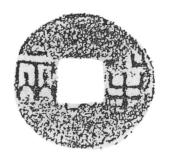

4201
徑：37.00毫米
重：11.0克
陝西首帕張堡　窖藏

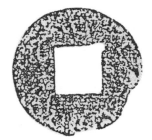

4202
徑：34.00毫米
重：6.0克
陝西首帕張堡　窖藏

4203
徑：32.00毫米
重：8.0克
陝西首帕張堡　窖藏

4204
徑：32.00毫米
重：6.5克
陝西首帕張堡　窖藏

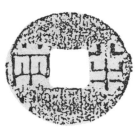

4205
徑：32.50毫米
重：4.0克
陝西首帕張堡　窖藏

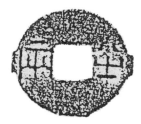

4206
徑：30.50毫米
重：3.0克
陝西首帕張堡　窖藏

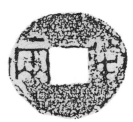

4207
徑：31.50毫米
重：3.5克
陝西首帕張堡　窖藏

4208
徑：28.50毫米
重：4.0克
陝西首帕張堡　窖藏

4209
徑：30.50毫米
重：8.0克
陝西首帕張堡　窖藏

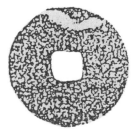

4210
徑：31.00毫米
重：7.5克
陝西首帕張堡　窖藏

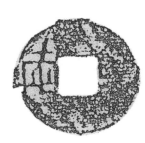

4211
徑：34.00毫米
重：6.0克
陝西首帕張堡　窖藏

4212
徑：30.50毫米
重：7.0克
陝西首帕張堡　窖藏

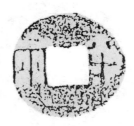
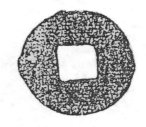

4213
徑：33.00毫米
重：5.0克
陝西首帕張堡 窖藏

4214
徑：31.50毫米
重：4.0克
陝西首帕張堡 窖藏

4215
徑：32.50毫米
重：5.0克
陝西首帕張堡 窖藏

4216
徑：31.00毫米
重：5.0克
陝西首帕張堡 窖藏

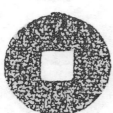

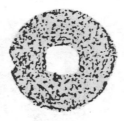

4217
徑：28.00毫米
重：3.0克
陝西首帕張堡 窖藏

4218
徑：21.50毫米
重：4.0克
陝西首帕張堡 窖藏

4219
徑：29.00毫米
重：3.5克
陝西首帕張堡 窖藏

4220
徑：28.00毫米
重：4.0克
陝西首帕張堡 窖藏

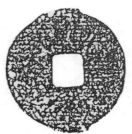

4221
徑：26.00毫米
重：2.5克
陝西首帕張堡 窖藏

4222
徑：32.00毫米
重：7.0克
陝西首帕張堡 窖藏

4223
徑：32.50毫米
重：7.0克
陝西首帕張堡 窖藏

4224
徑：31.00毫米
重：6.5克
陝西首帕張堡 窖藏

4225
徑：31.00毫米
重：5.5克
陝西首帕張堡　窖藏

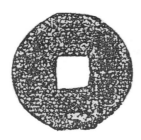

4226
徑：32.00毫米
重：7.0克
陝西首帕張堡　窖藏

4227
徑：32.00毫米
重：6.0克
陝西首帕張堡　窖藏

4228
徑：32.50毫米
重：6.0克
陝西首帕張堡　窖藏

4229
徑：31.00毫米
重：5.0克
陝西首帕張堡　窖藏

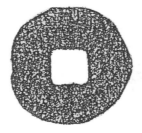

4230
徑：31.70毫米
重：6.0克
陝西首帕張堡　窖藏

4231
徑：30.00毫米
重：4.1克
陝西首帕張堡　窖藏

4232
徑：30.00毫米
重：5.0克
陝西首帕張堡　窖藏

4233
徑：30.50毫米
重：10.0克
陝西首帕張堡　窖藏

4234
徑：28.00毫米
重：4.5克
陝西首帕張堡　窖藏

4235
徑：30.00毫米
重：7.5克
陝西首帕張堡　窖藏

4236
徑：31.00毫米
重：6.0克
陝西首帕張堡　窖藏

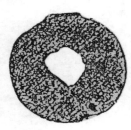

4237
徑：31.50毫米
重：4.5克
陝西首帕張堡　窖藏

4238
徑：30.50毫米
重：5.5克
陝西首帕張堡　窖藏

4239
徑：28.00毫米
重：5.0克
陝西首帕張堡　窖藏

4240
徑：31.00毫米
重：4.5克
陝西首帕張堡　窖藏

4241
徑：32.00毫米
重：6.5克
陝西首帕張堡　窖藏

4242
徑：30.00毫米
重：4.5克
陝西首帕張堡　窖藏

4243
徑：27.00毫米
重：4.0克
陝西首帕張堡　窖藏

4244
徑：27.50毫米
重：4.0克
陝西首帕張堡　窖藏

4245
徑：26.50毫米
重：5.0克
陝西首帕張堡　窖藏

4246
徑：26.50毫米
重：3.5克
陝西首帕張堡　窖藏

4247
徑：27.50毫米
重：3.5克
陝西首帕張堡　窖藏

4248
徑：25.00毫米
重：3.0克
陝西首帕張堡　窖藏

4249
徑：21.00毫米
重：3.5克
陝西首帕張堡　窖藏

4250
徑：20.00毫米
重：3.0克
陝西首帕張堡　窖藏

4251
徑：25.00毫米
重：4.0克
陝西首帕張堡　窖藏

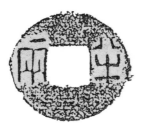

4252
徑：27.50毫米
重：4.5克
陕西首帕張堡 窖藏

4253
徑：31.00毫米
重：5.0克
陕西首帕張堡 窖藏

4254
徑：32.50毫米
重：5.5克
陕西首帕張堡 窖藏

4255
徑：30.50毫米
重：5.0克
陕西首帕張堡 窖藏

4256
徑：29.50毫米
重：6.1克
陕西首帕張堡 窖藏

4257
徑：27.50毫米
重：6.0克
陕西首帕張堡 窖藏

4258
徑：26.50毫米
重：2.5克
陕西首帕張堡 窖藏

4259
徑：27.50毫米
重：5.5克
陕西首帕張堡 窖藏

4260
徑：27.50毫米
重：5.5克
陕西首帕張堡 窖藏

4261
徑：24.00毫米
重：3.0克
陕西首帕張堡 窖藏

4262
徑：27.50毫米
重：3.0克
陕西首帕張堡 窖藏

4263
徑：25.0毫米
重：3.0克
陕西首帕張堡 窖藏

4264
徑：27.00毫米
重：6.0克
陕西首帕張堡 窖藏

4265
徑：30.00毫米
重：3.0克
陕西首帕張堡 窖藏

4266
徑：28.50毫米
重：3.0克
陕西首帕張堡 窖藏

4267
徑：24.00毫米
重：3.0克
陝西首帕張堡 窖藏

4268
徑：23.00毫米
重：2.0克
陝西首帕張堡 窖藏

4269
徑：28.50毫米
重：4.0克
陝西首帕張堡 窖藏

4270
徑：31.50毫米
重：4.0克
陝西首帕張堡 窖藏

4271
徑：27.50毫米
重：5.0克
陝西首帕張堡 窖藏

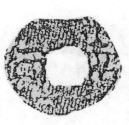

4272
徑：30.00毫米
重：6.0克
陝西首帕張堡 窖藏

4273
徑：27.00毫米
重：4.0克
陝西首帕張堡 窖藏

4274
徑：24.50毫米
重：3.0克
陝西首帕張堡 窖藏

4275
徑：26.00毫米
重：3.0克
陝西首帕張堡 窖藏

4276
徑：25.00毫米
重：3.0克
陝西首帕張堡 窖藏

4277
徑：25.00毫米
重：3.0克
陝西首帕張堡 窖藏

4278
徑：24.50毫米
重：5.0克
陝西首帕張堡 窖藏

4279
徑：25.00毫米
重：3.5克
陝西首帕張堡 窖藏

4280
徑：25.00毫米
重：3.5克
陝西首帕張堡 窖藏

4281
徑：28.00毫米
重：3.0克
陝西首帕張堡 窖藏

4282
徑：24.50毫米
重：3.0克
陝西首帕張堡　窖藏

4283
徑：24.50毫米
重：3.0克
陝西首帕張堡　窖藏

4284
徑：27.00毫米
重：3.0克
陝西首帕張堡　窖藏

4285
徑：25.00毫米
重：3.5克
陝西首帕張堡　窖藏

4286
徑：24.50毫米
重：6.0克
陝西首帕張堡　窖藏

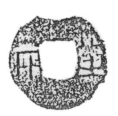

4287
徑：26.00毫米
重：4.0克
陝西首帕張堡　窖藏

4288
徑：28.00毫米
重：4.0克
陝西首帕張堡　窖藏

4289
徑：25.00毫米
重：3.0克
陝西首帕張堡　窖藏

4290
徑：26.50毫米
重：3.5克
陝西首帕張堡　窖藏

4291
徑：27.00毫米
重：5.0克
陝西首帕張堡　窖藏

4292
徑：25.00毫米
重：6.0克
陝西首帕張堡　窖藏

4293
徑：27.00毫米
重：5.2克
陝西首帕張堡　窖藏

4294
徑：26.50毫米
重：3.0克
陝西首帕張堡　窖藏

4295
徑：26.00毫米
重：3.0克
陝西首帕張堡　窖藏

4296
徑：21.00毫米
重：2.5克
陝西首帕張堡　窖藏

2. 山西河津東辛封村窖藏

　　1984年4月，山西河津東辛封村出土窖藏錢幣。原裝在一繩紋陶罐內，罐高360毫米，口徑115毫米，底徑105毫米。罐裝全是半兩錢，重約13公斤。這批半兩錢錢文高挺。直徑一般在28—32毫米間，最大直徑37毫米，最小直徑26毫米。重一般在5—7克間，其中最重達14克，最輕僅3克。

4297	4298	4299
山西河津東辛	山西河津東辛	山西河津東辛
封村　窖藏	封村　窖藏	封村　窖藏

4300	4301	4302	4303	4304
山西河津東辛	山西河津東辛	山西河津東辛	山西河津東辛	山西河津東辛
封村　窖藏	封村　窖藏	封村　窖藏	封村　窖藏	封村　窖藏

3. 陝西咸陽二號宮遺址窖藏

　　1980年秋，陝西咸陽二號宮遺址北100米處出土窖藏錢幣。全爲半兩錢，約25公斤。這批錢原存在一個陶瓮中，被認定爲秦宮殿範圍內的窖藏。

4305	4306	4307
陝西咸陽二號	陝西咸陽二號	陝西咸陽二號
宮遺址　窖藏	宮遺址　窖藏	宮遺址　窖藏

4308	4309	4310	4311	4312
陝西咸陽二號	陝西咸陽二號	陝西咸陽二號	陝西咸陽二號	陝西咸陽二號
宮遺址　窖藏	宮遺址　窖藏	宮遺址　窖藏	宮遺址　窖藏	宮遺址　窖藏

4313
陝西咸陽二號
宮遺址 窖藏

4314
陝西咸陽二號
宮遺址 窖藏

4315
陝西咸陽二號
宮遺址 窖藏

4316
陝西咸陽二號
宮遺址 窖藏

4317
陝西咸陽二號
宮遺址 窖藏

4318
陝西咸陽二號
宮遺址 窖藏

4319
陝西咸陽二號
宮遺址 窖藏

4320
陝西咸陽二號
宮遺址 窖藏

4321
陝西咸陽二號
宮遺址 窖藏

4322
陝西咸陽二號
宮遺址 窖藏

4323
陝西咸陽二號
宮遺址 窖藏

4. 陝西咸陽長陵車站窖藏

陝西咸陽秦宮遺址西南的長陵
車站，在排水溝側壁出土窖藏錢幣。
全爲半兩錢，約3.35公斤，計460枚。

4324
陝西咸陽長陵
車站 窖藏

4325
陝西咸陽長陵
車站 窖藏

4326
陝西咸陽長陵
車站 窖藏

4327
陝西咸陽長陵
車站 窖藏

4328
陝西咸陽長陵
車站 窖藏

4329
陝西咸陽長陵
車站 窖藏

4330
陝西咸陽長陵
車站 窖藏

4331
陝西咸陽長陵
車站 窖藏

4332
陝西咸陽長陵
車站 窖藏

4333
陝西咸陽長陵
車站 窖藏

4334
陝西咸陽長陵
車站 窖藏

4335
陝西咸陽長陵
車站 窖藏

4336
陝西咸陽長陵
車站 窖藏

4337
陝西咸陽長陵
車站 窖藏

4338
陝西咸陽長陵
車站 窖藏

4339
陝西咸陽長陵
車站 窖藏

4340
陝西咸陽長陵
車站 窖藏

4341
陝西咸陽長陵
車站 窖藏

4342
陝西咸陽長陵
車站 窖藏

4343
陝西咸陽長陵
車站 窖藏

4344
陝西咸陽長陵
車站 窖藏

4345
陝西咸陽長陵
車站 窖藏

4346
陝西咸陽長陵
車站 窖藏

4347
陝西咸陽長陵
車站 窖藏

5. 內蒙古赤峰敖漢旗窖藏

1976年夏，內蒙古赤峰市敖漢旗小各各召村位於長城北側處出土一批半兩錢。出土時有的成串，埋於地表約0.7米處。這批半兩厚重規整，最大直徑33毫米，最小直徑31毫米；最重12.3克，最輕10.2克。

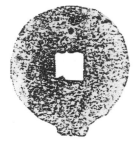

4348
內蒙古赤峰敖
漢旗 窖藏

4349
內蒙古赤峰敖
漢旗 窖藏

4350
內蒙古赤峰敖
漢旗 窖藏

4351
内蒙古赤峰敖
漢旗 窖藏

4352
内蒙古赤峰敖
漢旗 窖藏

4353
内蒙古赤峰敖
漢旗 窖藏

4354
内蒙古赤峰敖
漢旗 窖藏

4355
内蒙古赤峰敖
漢旗 窖藏

4356
内蒙古赤峰敖
漢旗 窖藏

6. 山西安澤窖藏

1984年春,山西安澤城內修下水道,於地表下1米處出土一個儲滿錢幣的陶罐。所儲錢幣全爲半兩錢,約五六十公斤。該陶罐具有西漢早期時代特徵。

4357
重：12.4克
山西安澤 窖藏

4358
重：11.7克
山西安澤 窖藏

4359
重：10.4克
山西安澤 窖藏

4360
重：7.6克
山西安澤　窖藏

4361
重：10.1克
山西安澤　窖藏

4362
重：7.5克
山西安澤　窖藏

4363
重：5.5克
山西安澤　窖藏

4364
重：6.1克
山西安澤　窖藏

4365
重：4.2克
山西安澤　窖藏

4366
重：6.4克
山西安澤　窖藏

4367
重：5.2克
山西安澤　窖藏

4368
重：7.8克
山西安澤　窖藏

4369
重：5.0克
山西安澤　窖藏

4370
重：5.5克
山西安澤　窖藏

4371
重：6.3克
山西安澤　窖藏

4372	4373	4374	4375	4376
重：5.1克	重：5.9克	重：6.3克	重：5.5克	重：4.8克
山西安澤 窖藏	山西安澤 窖藏	山西安澤 窖藏	山西安澤 窖藏	山西安澤 窖藏

4377	4378	4379	4380	4381
重：5.5克	重：12.5克	重：6.0克	重：5.4克	重：3.5克
山西安澤 窖藏	山西安澤 窖藏	山西安澤 窖藏	山西安澤 窖藏	山西安澤 窖藏

4382	4383	4384	4385	4386
重：3.3克	重：3.0克	重：13.8克	重：4.1克	重：6.5克
山西安澤 窖藏	山西安澤 窖藏	山西安澤 窖藏	山西安澤 窖藏	山西安澤 窖藏

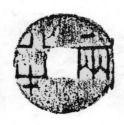

4387	4388	4389	4390	4391
重：3.3克	重：3.0克	重：4.9克	重：2.5克	重：4.3克
山西安澤 窖藏	山西安澤 窖藏	山西安澤 窖藏	山西安澤 窖藏	山西安澤 窖藏

4392
重：3.3克
山西安澤　窖藏

4393
重：3.5克
山西安澤　窖藏

4394
重：3.6克
山西安澤　窖藏

4395
重：3.9克
山西安澤　窖藏

4396
重：4.0克
山西安澤　窖藏

4397
重：4.1克
山西安澤　窖藏

4398
重：2.4克
山西安澤　窖藏

4399
重：2.1克
山西安澤　窖藏

4400
重：1.9克
山西安澤　窖藏

4401
重：2.0克
山西安澤　窖藏

4402
重：2.5克
山西安澤　窖藏

4403
重：2.1克
山西安澤　窖藏

4404
重：2.0克
山西安澤　窖藏

4405
重：3.1克
山西安澤　窖藏

4406
重：2.4克
山西安澤　窖藏

4407
重：1.9克
山西安澤　窖藏

4408
重：1.2克
山西安澤　窖藏

4409
重：1.9克
山西安澤　窖藏

4410
重：2.4克
山西安澤　窖藏

4411
重：1.5克
山西安澤　窖藏

4412
重：1.4克
山西安澤 窖藏

4413
重：3.2克
山西安澤 窖藏

4414
重：3.8克
山西安澤 窖藏

4415
重：3.4克
山西安澤 窖藏

4416
重：3.7克
山西安澤 窖藏

4417
重：4.4克
山西安澤 窖藏

4418
重：3.5克
山西安澤 窖藏

4419
重：3.2克
山西安澤 窖藏

4420
重：2.8克
山西安澤 窖藏

4421
重：2.7克
山西安澤 窖藏

4422
重：2.4克
山西安澤 窖藏

4423
山西安澤 窖藏

4424
山西安澤 窖藏

4425
山西安澤 窖藏

4426
山西安澤 窖藏

4427
山西安澤　窖藏

4428
山西安澤　窖藏

4429
山西安澤　窖藏

7. 陝西鳳翔高莊秦墓

1977年，陝西雍城考古隊對鳳翔高莊秦墓進行發掘。出土半兩錢共750枚，其中最大直徑32毫米，重6.75克；最小直徑11.5毫米，重0.2克。

4430
徑：32.00毫米
重：6.8克
陝西鳳翔高莊秦墓
出土

4431
徑：24.00毫米
重：3.1克
陝西鳳翔高莊秦墓
出土

4432
徑：23.50毫米
重：2.3克
陝西鳳翔高莊秦墓
出土

4433
徑：27.00毫米
重：1.9克
陝西鳳翔高莊秦墓
出土

4434
徑：24.50毫米
重：3.3克
陝西鳳翔高莊秦墓
出土

4435
徑：24.00毫米
重：2.6克
陝西鳳翔高莊秦墓
出土

4436
徑：23.50毫米
重：3.0克
陝西鳳翔高莊秦墓
出土

4437
徑：23.00毫米
重：2.6克
陝西鳳翔高莊秦墓
出土

4438
徑：22.50毫米
重：1.8克
陝西鳳翔高莊秦墓
出土

4439
徑：22.00毫米
重：0.9克
陝西鳳翔高莊秦墓
出土

4440
徑：21.00毫米
重：0.8克
陝西鳳翔高莊秦墓
出土

4441
徑：20.00毫米
重：0.6克
陝西鳳翔高莊秦墓
出土

4442
徑：19.50毫米
重：1.0克
陝西鳳翔高莊秦墓
出土

4443
徑：19.00毫米
重：0.6克
陝西鳳翔高莊秦墓
出土

4444
徑：18.50毫米
重：0.7克
陝西鳳翔高莊秦墓
出土

4445
徑：18.00毫米
重：0.4克
陝西鳳翔高莊秦墓
出土

4446
徑：16.50毫米
重：0.3克
陝西鳳翔高莊秦墓
出土

4447
徑：15.50毫米
重：0.7克
陝西鳳翔高莊秦墓
出土

4448
徑：15.00毫米
重：0.4克
陝西鳳翔高莊秦墓
出土

4449
徑：14.50毫米
重：0.3克
陝西鳳翔高莊秦墓
出土

4450
徑：13.50毫米
重：0.3克
陝西鳳翔高莊秦墓
出土

4451
徑：13.00毫米
重：0.3克
陝西鳳翔高莊秦墓
出土

4452
徑：12.50毫米
重：0.4克
陝西鳳翔高莊秦墓
出土

4453
徑：12.00毫米
重：0.2克
陝西鳳翔高莊秦墓
出土

4454
徑：11.50毫米
重：0.3克
陝西鳳翔高莊秦墓
出土

4455
徑：25.00毫米
重：3.0克
陝西鳳翔高莊秦墓
出土

4456
徑：24.50毫米
重：3.1克
陝西鳳翔高莊秦墓
出土

4457
徑：24.00毫米
重：1.8克
陝西鳳翔高莊秦墓
出土

4458
徑：23.50毫米
重：2.3克
陝西鳳翔高莊秦墓
出土

4459
徑：23.00毫米
重：2.5克
陝西鳳翔高莊秦墓
出土

4460
徑：22.50毫米
重：1.6克
陝西鳳翔高莊秦墓
出土

4461
徑：22.00毫米
重：1.1克
陝西鳳翔高莊秦墓
出土

4462
徑：21.50毫米
重：1.7克
陝西鳳翔高莊秦墓
出土

4463
徑：21.00毫米
重：1.2克
陝西鳳翔高莊秦墓
出土

4464
徑：20.50毫米
重：0.5克
陝西鳳翔高莊秦墓
出土

4465
徑：20.00毫米
重：1.3克
陝西鳳翔高莊秦墓
出土

4466
徑：19.50毫米
重：0.6克
陝西鳳翔高莊秦墓
出土

4467
徑：19.00毫米
重：0.7克
陝西鳳翔高莊秦墓
出土

4468
徑：18.50毫米
重：1.3克
陝西鳳翔高莊秦墓
出土

4469
徑：18.00毫米
重：1.1克
陝西鳳翔高莊秦墓
出土

4470
徑：15.00毫米
重：0.6克
陝西鳳翔高莊秦墓
出土

4471
徑：14.50毫米
重：0.3克
陝西鳳翔高莊秦墓
出土

4472
徑：14.00毫米
重：0.5克
陝西鳳翔高莊秦墓
出土

4473
徑：13.50毫米
重：0.3克
陝西鳳翔高莊秦墓
出土

4474
徑：13.00毫米
重：0.2克
陝西鳳翔高莊秦墓
出土

4475
徑：12.50毫米
重：0.3克
陝西鳳翔高莊秦墓
出土

4476
徑：12.00毫米
重：0.4克
陝西鳳翔高莊秦墓
出土

4477
徑：11.50毫米
重：0.2克
陝西鳳翔高莊秦墓
出土

4478
徑：11.00毫米
重：0.1克
陝西鳳翔高莊秦墓
出土

4479
徑：10.50毫米
重：0.1克
陝西鳳翔高莊秦墓
出土

4480
徑：24.00毫米
重：3.0克
陝西鳳翔高莊秦墓
出土

4481
徑：23.50毫米
重：2.9克
陝西鳳翔高莊秦墓
出土

4482
徑：23.00毫米
重：2.6克
陝西鳳翔高莊秦墓
出土

4483
徑：30.50毫米
重：2.9克
陝西鳳翔高莊秦墓
出土

4484
徑：23.00毫米
重：1.6克
陝西鳳翔高莊秦墓
出土

4485
徑：28.00毫米
重：2.9克
陝西鳳翔高莊秦墓
出土

4486
徑：27.00毫米
重：2.7克
陝西鳳翔高莊秦墓
出土

4487
徑：26.50毫米
重：3.0克
陝西鳳翔高莊秦墓
出土

4488
徑：26.00毫米
重：3.1克
陝西鳳翔高莊秦墓
出土

4489
徑：25.50毫米
重：3.5克
陝西鳳翔高莊秦墓
出土

4490
徑：25.00毫米
重：3.8克
陝西鳳翔高莊秦墓
出土

4491
徑：24.50毫米
重：2.7克
陝西鳳翔高莊秦墓
出土

4492
徑：24.00毫米
重：3.6克
陝西鳳翔高莊秦墓
出土

4493
徑：23.50毫米
重：2.7克
陝西鳳翔高莊秦墓
出土

4494
徑：22.50毫米
重：2.2克
陝西鳳翔高莊秦墓
出土

4495
徑：22.00毫米
重：2.0克
陝西鳳翔高莊秦墓
出土

4496
徑：21.50毫米
重：1.0克
陝西鳳翔高莊秦墓
出土

4497
徑：26.50毫米
重：3.5克
陝西鳳翔高莊秦墓
出土

4498
徑：25.00毫米
重：3.2克
陝西鳳翔高莊秦墓
出土

4499
徑：24.00毫米
重：2.8克
陝西鳳翔高莊秦墓
出土

4500
徑：23.00毫米
重：2.8克
陝西鳳翔高莊秦墓
出土

4501
徑：22.00毫米
重：1.2克
陝西鳳翔高莊秦墓
出土

4502
徑：25.00毫米
重：3.0克
陝西鳳翔高莊秦墓
出土

4503
徑：24.50毫米
重：3.0克
陝西鳳翔高莊秦墓
出土

4504
徑：24.00毫米
重：3.1克
陝西鳳翔高莊秦墓
出土

4505
徑：23.50毫米
重：2.8克
陝西鳳翔高莊秦墓
出土

4506
徑：23.00毫米
重：2.7克
陝西鳳翔高莊秦墓
出土

4507
徑：25.50毫米
重：2.6克
陝西鳳翔高莊秦墓
出土

4508
徑：25.00毫米
重：3.2克
陝西鳳翔高莊秦墓
出土

4509
徑：24.50毫米
重：3.1克
陝西鳳翔高莊秦墓
出土

4510
徑：24.00毫米
重：2.8克
陝西鳳翔高莊秦墓
出土

4511
徑：23.50毫米
重：3.1克
陝西鳳翔高莊秦墓
出土

4512
徑：23.00毫米
重：2.7克
陝西鳳翔高莊秦墓
出土

4513
徑：22.50毫米
重：2.9克
陝西鳳翔高莊秦墓
出土

4514
徑：22.00毫米
重：2.9克
陝西鳳翔高莊秦墓
出土

4515
徑：24.00毫米
重：2.6克
陝西鳳翔高莊秦墓
出土

4516
徑：23.50毫米
重：2.8克
陝西鳳翔高莊秦墓
出土

4517
徑：22.50毫米
重：2.2克
陝西鳳翔高莊秦墓
出土

8. 河北滿城西漢劉勝墓

　　1968年，在發掘河北滿城西漢中山靖王劉勝及其妻墓時出土大批五銖錢。兩墓除各發現1枚文帝半兩外，全部爲五銖。劉勝墓出2 316枚，其妻墓出1 890枚。劉勝卒於元鼎四年(前113年)，故這批五銖被作爲研究郡國五銖、赤仄五銖、上林三官五銖的重要標本。

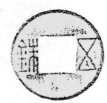
4518
河北滿城西漢
劉勝墓　出土

4519
河北滿城西漢
劉勝墓　出土

4520
河北滿城西漢
劉勝墓　出土

4521
河北滿城西漢
劉勝墓　出土

4522
河北滿城西漢
劉勝墓　出土

4523
河北滿城西漢
劉勝墓　出土

4524
河北滿城西漢
劉勝墓　出土

4525
河北滿城西漢
劉勝墓　出土

4526
河北滿城西漢
劉勝墓　出土

4527
河北滿城西漢
劉勝墓　出土

4528
河北滿城西漢
劉勝墓　出土

4529
河北滿城西漢
劉勝墓　出土

4530
河北滿城西漢
劉勝墓　出土

4531
河北滿城西漢
劉勝墓　出土

4532
河北滿城西漢
劉勝墓　出土

4533
河北滿城西漢
劉勝墓　出土

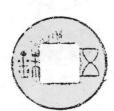
4534
河北滿城西漢
劉勝墓　出土

4535
河北滿城西漢
劉勝墓　出土

4536
河北滿城西漢
劉勝墓　出土

4537
河北滿城西漢
劉勝墓　出土

4538
河北滿城西漢
劉勝墓　出土

4539
河北滿城西漢
劉勝墓　出土

4540
河北滿城西漢
劉勝墓　出土

4541
河北滿城西漢
劉勝墓　出土

4542
河北滿城西漢
劉勝墓　出土

4543
河北滿城西漢
劉勝墓　出土

4544
河北滿城西漢
劉勝墓　出土

4545
河北滿城西漢
劉勝墓　出土

4546
河北滿城西漢
劉勝墓　出土

4547
河北滿城西漢
劉勝墓　出土

4548
河北滿城西漢
劉勝墓　出土

4549
河北滿城西漢
劉勝墓　出土

4550
河北滿城西漢
劉勝墓　出土

4551
河北滿城西漢
劉勝墓　出土

4552
河北滿城西漢
劉勝墓　出土

4553
河北滿城西漢
劉勝墓　出土

4554
河北滿城西漢
劉勝墓　出土

4555
河北滿城西漢
劉勝墓　出土

4556
河北滿城西漢
劉勝墓　出土

4557
河北滿城西漢
劉勝墓　出土

4558
河北滿城西漢
劉勝墓　出土

4559
河北滿城西漢
劉勝墓　出土

4560
河北滿城西漢
劉勝墓　出土

4561
河北滿城西漢
劉勝墓　出土

4562
河北滿城西漢
劉勝墓　出土

4563
河北滿城西漢
劉勝墓　出土

4564
河北滿城西漢
劉勝墓　出土

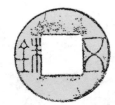

4565
河北滿城西漢
劉勝墓　出土

4566
河北滿城西漢
劉勝墓　出土

4567
河北滿城西漢
劉勝墓　出土

9. 江蘇徐州北洞山西漢墓

　　1986 年秋，江蘇徐州北洞山西漢墓進行清理發掘。在一墓石上發現"辛酉"紀年，入葬年代被考定爲呂后八年。該墓出土半兩錢數噸。其中最大直徑 35 毫米，最小直徑 20 毫米。直徑超過 34 毫米的佔 0.7%，超過 30 毫米的佔 10%，小於 24 毫米的佔 8%，小於 22 毫米的佔 0.1%。重量超過 7 克的佔 1.5%，輕於 2 克的佔 7%，輕於 1.2 克的佔 0.3%。

4568
重：1.6 克
江蘇徐州北洞山西
漢墓　出土

4569
重：2.0 克
江蘇徐州北洞山西
漢墓　出土

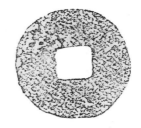

4570
重：2.0克
江蘇徐州北洞山西
漢墓 出土

4571
重：1.7克
江蘇徐州北洞山西
漢墓 出土

4572
重：1.6克
江蘇徐州北洞山西
漢墓 出土

4573
重：7.5克
江蘇徐州北洞山西
漢墓 出土

4574
重：3.3克
江蘇徐州北洞山西
漢墓 出土

4575
重：2.0克
江蘇徐州北洞山西
漢墓 出土

4576
重：2.8克
江蘇徐州北洞山西
漢墓 出土

4577
重：2.8克
江蘇徐州北洞山西
漢墓 出土

4578
重：4.3克
江蘇徐州北洞山西
漢墓 出土

4579
重：3.1克
江蘇徐州北洞山西
漢墓 出土

4580
重：2.6克
江蘇徐州北洞山西
漢墓 出土

4581
重：2.8克
江蘇徐州北洞山西
漢墓 出土

4582
重：3.8克
江蘇徐州北洞山西
漢墓 出土

4583
重：2.0克
江蘇徐州北洞山西
漢墓 出土

4584
重：2.6克
江蘇徐州北洞山西
漢墓 出土

4585
重：2.6克
江蘇徐州北洞山西
漢墓　出土

4586
重：2.9克
江蘇徐州北洞山西
漢墓　出土

4587
江蘇徐州北洞山西
漢墓　出土

4588
江蘇徐州北洞山西
漢墓　出土

4589
江蘇徐州北洞山西
漢墓　出土

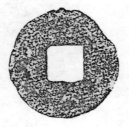

4590
重：5.4克
江蘇徐州北洞山西
漢墓　出土

4591
重：3.5克
江蘇徐州北洞山西
漢墓　出土

10. 河南永城芒山西漢梁王墓

1990年，河南永城芒山西漢梁王墓進行發掘。在墓門西側封石下發現錢幣窖藏，內儲半兩錢、莢錢共約225萬枚，計5 000公斤，同出的有金餅、玉衣片等。

4592
河南永城芒山西漢
梁王墓　出土

4593
河南永城芒山西漢
梁王墓　出土

4594
河南永城芒山西漢
梁王墓　出土

4595
河南永城芒山西漢
梁王墓　出土

4596
河南永城芒山西漢
梁王墓　出土

4597
河南永城芒山西漢
梁王墓　出土

4598
河南永城芒山西漢
梁王墓　出土

4599
河南永城芒山西漢
梁王墓　出土

4600
河南永城芒山西漢
梁王墓　出土

4601
河南永城芒山西漢
梁王墓　出土

4602
河南永城芒山西漢
梁王墓　出土

4603
河南永城芒山西漢
梁王墓　出土

4604
徑：16.70毫米
河南永城芒山西漢
梁王墓　出土

4605
徑：13.20毫米
河南永城芒山西漢
梁王墓　出土

4606
徑：21.90毫米
重：1.8克
河南永城芒山西漢
梁王墓　出土

4607
徑：23.70毫米
重：2.4克
河南永城芒山西漢
梁王墓　出土

11. 山東臨沂銀雀山西漢墓

　　1983年12月，在清理山東臨沂銀雀山
西漢墓時出土半兩、五銖錢共234枚。其中
無郭半兩42枚，有郭半兩3枚，五銖錢189
枚。此墓入葬年代被定爲西漢中、晚期。

4608
山東臨沂銀雀山
西漢墓　出土

4609
山東臨沂銀雀山
西漢墓　出土

4610
山東臨沂銀雀山
西漢墓　出土

4611
山東臨沂銀雀山
西漢墓　出土

4612
山東臨沂銀雀山
西漢墓　出土

4613
山東臨沂銀雀山
西漢墓　出土

4614
山東臨沂銀雀山
西漢墓　出土

4615
山東臨沂銀雀山
西漢墓　出土

4616
山東臨沂銀雀山
西漢墓　出土

12. 陝西興平窖藏

1987年3月，陝西興平出土窖藏錢幣。原藏於三片大青瓦圍成的圓柱體中，埋於距地表1米深處。錢體大多輕薄，磨損嚴重。清理後共計6 781枚，其中除漢半兩7枚、貨泉19枚、大泉五十2枚外，均爲五銖錢，絕大部分爲西漢五銖，另有部分磨邊、剪輪、侵輪五銖。

4617
陝西興平　窖藏

4618
陝西興平　窖藏

4619
陝西興平　窖藏

4620
陝西興平　窖藏

4621
陝西興平　窖藏

4622
陝西興平　窖藏

4623
陝西興平　窖藏

4624
陝西興平　窖藏

4625
陝西興平　窖藏

4626
陝西興平　窖藏

4627
陝西興平　窖藏

4628
陝西興平　窖藏

4629
陕西兴平　窖藏

4630
陕西兴平　窖藏

4631
陕西兴平　窖藏

4632
陕西兴平　窖藏

4633
陕西兴平　窖藏

4634
陕西兴平　窖藏

4635
陕西兴平　窖藏

4636
陕西兴平　窖藏

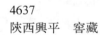

4637
陕西兴平　窖藏

4638
陕西兴平　窖藏

4639
陕西兴平　窖藏

4640
陕西兴平　窖藏

4641
陕西兴平　窖藏

4642
陕西兴平　窖藏

4643
陕西兴平　窖藏

4644
陕西興平　窖藏

4645
陕西興平　窖藏

4646
陕西興平　窖藏

4647
陕西興平　窖藏

4648
陕西興平　窖藏

4649
陕西興平　窖藏

4650
陕西興平　窖藏

4651
陕西興平　窖藏

4652
陕西興平　窖藏

4653
陕西興平　窖藏

4654
陕西興平　窖藏

4655
陕西興平　窖藏

4656
陕西興平　窖藏

4657
陕西興平　窖藏

4658
陕西興平　窖藏

4659
陝西興平　窖藏

4660
陝西興平　窖藏

4661
陝西興平　窖藏

4662
陝西興平　窖藏

4663
陝西興平　窖藏

4664
陝西興平　窖藏

4665
陝西興平　窖藏

4666
陝西興平　窖藏

4667
陝西興平　窖藏

4668
陝西興平　窖藏

4669
陝西興平　窖藏

4670
陝西興平　窖藏

4671
陝西興平　窖藏

4672
陝西興平　窖藏

4673
陝西興平　窖藏

4674
陕西興平　窖藏

4675
陕西興平　窖藏

4676
陕西興平　窖藏

4677
陕西興平　窖藏

4678
陕西興平　窖藏

4679
陕西興平　窖藏

4680
陕西興平　窖藏

4681
陕西興平　窖藏

4682
陕西興平　窖藏

4683
陕西興平　窖藏

4684
陕西興平　窖藏

4685
陕西興平　窖藏

4686
陕西興平　窖藏

4687
陕西興平　窖藏

4688
陕西興平　窖藏

4689
陕西興平　窖藏

4690
陕西興平　窖藏

4691
陕西興平　窖藏

4692
陕西興平　窖藏

4693
陕西興平　窖藏

4694
陕西興平　窖藏

4695
陕西興平　窖藏

4696
陕西興平　窖藏

4697
陕西興平　窖藏

4698
陕西興平　窖藏

4699
陕西興平　窖藏

4700
陕西興平　窖藏

4701
陕西興平　窖藏

4702
陕西興平　窖藏

4703
陕西興平　窖藏

4704
陕西興平　窖藏

4705
陕西興平　窖藏

4706
陕西興平　窖藏

4707
陕西興平　窖藏

4708
陕西興平　窖藏

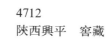

4709
陕西興平　窖藏

4710
陕西興平　窖藏

4711
陕西興平　窖藏

4712
陕西興平　窖藏

4713
陕西興平　窖藏

4714
陕西興平　窖藏

4715
陕西興平　窖藏

4716
陕西興平　窖藏

4717
陕西興平　窖藏

4718
陕西興平　窖藏

4719
陕西興平　窖藏

4720
陕西興平　窖藏

4721
陕西興平　窖藏

4722
陕西興平　窖藏

4723
陕西興平　窖藏

4724
陕西興平　窖藏

4725
陕西興平　窖藏

4726
陕西興平　窖藏

4727
陕西興平　窖藏

4728
陕西興平　窖藏

4729
陕西興平　窖藏

4730
陕西興平　窖藏

4731
陕西興平　窖藏

4732
陕西興平　窖藏

4733
陕西興平　窖藏

4734
陝西興平　窖藏

4735
陝西興平　窖藏

4736
陝西興平　窖藏

4737
陝西興平　窖藏

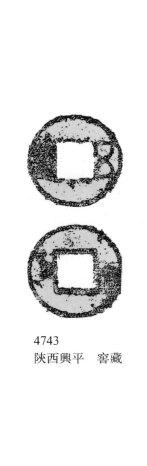

4738
陝西興平　窖藏

4739
陝西興平　窖藏

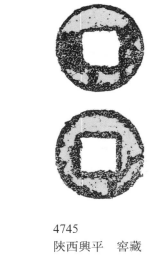

4740
陝西興平　窖藏

4741
陝西興平　窖藏

4742
陝西興平　窖藏

4743
陝西興平　窖藏

4744
陝西興平　窖藏

4745
陝西興平　窖藏

4746
陝西興平　窖藏

4747
陝西興平　窖藏

4748
陝西興平　窖藏

4749	4750	4751	4752	4753
陝西興平　窖藏	陝西興平　窖藏	陝西興平　窖藏	陝西興平　窖藏	陝西興平　窖藏

4754	4755	4756	4757
陝西興平　窖藏	陝西興平　窖藏	陝西興平　窖藏	陝西興平　窖藏

13. 河南洛陽燒溝漢墓群

　　1953年，對河南洛陽燒溝225座漢墓發掘中有162座墓出土錢幣。各墓出土錢幣多寡不一，共出錢幣11 267枚。其中包括鐵錢、鉛錢各一枚。半兩錢以大小輕重可分爲三類：①徑33毫米，重7克左右；②徑27毫米，重4.5克左右；③徑24毫米，重3.5克左右。五銖錢一般直徑爲25毫米，重約3.5克。還有大泉五十、契刀五百、小泉直一、大布黄千、貨泉、布泉、四出五銖、磨邊五銖、綖環錢和一些民鑄劣錢。該墓入葬年代被推斷爲東漢末年。

4758	4759
河南洛陽燒溝漢墓群　出土	河南洛陽燒溝漢墓群　出土

4760
河南洛陽燒溝漢
墓群　出土

4761
河南洛陽燒溝漢
墓群　出土

4762
河南洛陽燒溝漢
墓群　出土

4763
河南洛陽燒溝漢
墓群　出土

4764
河南洛陽燒溝漢
墓群　出土

4765
河南洛陽燒溝漢
墓群　出土

4766
河南洛陽燒溝漢
墓群　出土

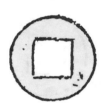

4767
河南洛陽燒溝漢
墓群　出土

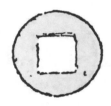

4768
河南洛陽燒溝漢
墓群　出土

4769
河南洛陽燒溝漢
墓群　出土

4770
河南洛陽燒溝漢
墓群　出土

4771
河南洛陽燒溝漢
墓群　出土

4772
河南洛陽燒溝漢
墓群　出土

4773
河南洛陽燒溝漢
墓群　出土

4774
河南洛陽燒溝漢
墓群　出土

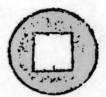

4775
河南洛陽燒溝漢
墓群　出土

4776
河南洛陽燒溝漢
墓群　出土

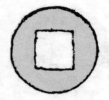

4777
河南洛陽燒溝漢
墓群　出土

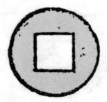

4778
河南洛陽燒溝漢
墓群　出土

4779
河南洛陽燒溝漢
墓群　出土

4780
河南洛陽燒溝漢
墓群　出土

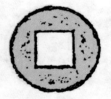

4781
河南洛陽燒溝漢
墓群　出土

4782
河南洛陽燒溝漢
墓群　出土

4783
河南洛陽燒溝漢
墓群　出土

4784
河南洛陽燒溝漢
墓群　出土

4785
河南洛陽燒溝漢
墓群　出土

4786
河南洛陽燒溝漢
墓群　出土

4787
河南洛陽燒溝漢
墓群　出土

4788
河南洛陽燒溝漢
墓群　出土

4789
河南洛陽燒溝漢
墓群　出土

4790
河南洛陽燒溝漢
墓群 出土

4791
河南洛陽燒溝漢
墓群 出土

4792
河南洛陽燒溝漢
墓群 出土

4793
河南洛陽燒溝漢
墓群 出土

4794
河南洛陽燒溝漢
墓群 出土

4795
河南洛陽燒溝漢
墓群 出土

4796
河南洛陽燒溝漢
墓群 出土

4797
河南洛陽燒溝漢
墓群 出土

4798
河南洛陽燒溝漢
墓群 出土

4799
河南洛陽燒溝漢
墓群 出土

4800
河南洛陽燒溝漢
墓群 出土

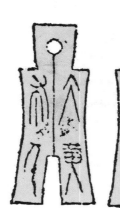

4801
河南洛陽燒溝漢
墓群 出土

4802
河南洛陽燒溝漢
墓群 出土

4803
河南洛陽燒溝漢
墓群 出土

4804
河南洛陽燒溝漢
墓群 出土

4805
河南洛陽燒溝漢
墓群　出土

4806
河南洛陽燒溝漢
墓群　出土

4807
河南洛陽燒溝漢
墓群　出土

14. 安徽馬鞍山東吳朱然墓

　　1984年，安徽馬鞍山發現三國東吳右
軍師、左大司馬朱然墓。發掘出土錢幣約
6000枚。錢幣原散於墓室地磚上和棺內。
有半兩、五銖、貨泉、大泉五十、直百五
銖、定平一百、太平百錢、大泉當千、大
泉五百等。其中五銖佔97.5%，可分爲有
郭、無郭、侵輪、綖環、"平"字錢等品種。

4808
安徽馬鞍山東吳
朱然墓　出土

4809
安徽馬鞍山東吳
朱然墓　出土

4810
安徽馬鞍山東吳
朱然墓　出土

4811
徑：23.20毫米
重：2.2克
安徽馬鞍山東吳
朱然墓　出土

4812
徑：22.40毫米
重：1.9克
安徽馬鞍山東吳
朱然墓　出土

4813
徑：22.40毫米
重：2.7克
安徽馬鞍山東吳
朱然墓　出土

4814
徑：24.30毫米
重：2.4克
安徽馬鞍山東吳
朱然墓　出土

4815
徑：25.40毫米
重：2.2克
安徽馬鞍山東吳
朱然墓　出土

4816
徑：20.30毫米
重：1.2克
安徽馬鞍山東吳
朱然墓　出土

4817
徑：21.30毫米
重：1.0克
安徽馬鞍山東吳
朱然墓　出土

4818
徑：23.50毫米
重：2.0克
安徽馬鞍山東吳
朱然墓　出土

4819
徑：23.60毫米
重：2.1克
安徽馬鞍山東吳
朱然墓　出土

4820
徑：20.50毫米
重：1.4克
安徽馬鞍山東吳
朱然墓　出土

4821
徑：22.00毫米
重：1.4克
安徽馬鞍山東吳
朱然墓　出土

4822
徑：24.10毫米
重：1.6克
安徽馬鞍山東吳
朱然墓　出土

4823
徑：20.30毫米
重：1.3克
安徽馬鞍山東吳
朱然墓　出土

4824
徑：24.70毫米
重：2.0克
安徽馬鞍山東吳
朱然墓　出土

4825
徑：24.00毫米
重：2.0克
安徽馬鞍山東吳
朱然墓　出土

4826
徑：22.00毫米
重：1.8克
安徽馬鞍山東吳
朱然墓　出土

4827
徑：21.30毫米
重：1.5克
安徽馬鞍山東吳
朱然墓　出土

4828
徑：19.20毫米
重：1.1克
安徽馬鞍山東吳
朱然墓　出土

4829
徑：19.70毫米
重：1.1克
安徽馬鞍山東吳
朱然墓　出土

4830
徑：23.30毫米
重：1.5克
安徽馬鞍山東吳
朱然墓　出土

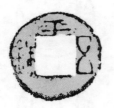

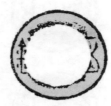

4831
安徽馬鞍山東吳
朱然墓 出土

4832
安徽馬鞍山東吳
朱然墓 出土

4833
安徽馬鞍山東吳
朱然墓 出土

4834
安徽馬鞍山東吳
朱然墓 出土

4835
安徽馬鞍山東吳
朱然墓 出土

4836
安徽馬鞍山東吳
朱然墓 出土

4837
安徽馬鞍山東吳
朱然墓 出土

4838
安徽馬鞍山東吳
朱然墓 出土

4839
徑：21.40毫米
重：1.3克
安徽馬鞍山東吳
朱然墓 出土

4840
徑：25.00毫米
安徽馬鞍山東吳
朱然墓 出土

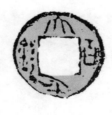

4841
徑：18.10毫米
重：1.0克
安徽馬鞍山東吳
朱然墓 出土

4842
安徽馬鞍山東吳
朱然墓 出土

4843
安徽馬鞍山東吳
朱然墓 出土

4844
安徽馬鞍山東吳
朱然墓 出土

4845
安徽馬鞍山東吳
朱然墓 出土

15. 江蘇蘇州市一中窖藏

1997年4月，江蘇蘇州市第一中學基建工地上出土百餘公斤窖藏錢幣。入土時錢幣用繩子貫穿裝於一個袋中，埋於距地表5米深處。其中70%爲完整的普通東漢五銖，20%爲經剪鑿過的東漢五銖，餘爲少量的漢半兩、貨泉和侵輪五銖。

4846
徑：22.40毫米
重：2.0克
江蘇蘇州市一中　窖藏

4847
徑：23.00毫米
重：3.6克
江蘇蘇州市一中　窖藏

4848
徑：25.60毫米
重：2.5克
江蘇蘇州市一中
窖藏

4849
徑：25.40毫米
重：2.8克
江蘇蘇州市一中
窖藏

4850
徑：24.60毫米
重：2.1克
江蘇蘇州市一中
窖藏

4851
徑：26.00毫米
重：3.4克
江蘇蘇州市一中
窖藏

4852
徑：25.90毫米
重：3.2克
江蘇蘇州市一中
窖藏

4853
徑：23.00毫米
重：2.3克
江蘇蘇州市一中
窖藏

4854
徑：25.00毫米
重：3.0克
江蘇蘇州市一中
窖藏

4855
江蘇蘇州市一中
窖藏

4856
徑：25.90毫米
江蘇蘇州市一中
窖藏

4857
江蘇蘇州市一中
窖藏

4858
江蘇蘇州市一中
窖藏

4859
徑：22.40毫米
重：1.5克
江蘇蘇州市一中
窖藏

4860
徑：22.00毫米
重：1.5克
江蘇蘇州市一中
窖藏

4861
徑：17.40毫米
重：0.9克
江蘇蘇州市一中
窖藏

4862
徑：17.30毫米
重：0.8克
江蘇蘇州市一中
窖藏

4863
徑：17.40毫米
重：1.0克
江蘇蘇州市一中
窖藏

4864
徑：22.70毫米
重：2.0克
江蘇蘇州市一中
窖藏

4865
徑：21.40毫米
重：1.6克
江蘇蘇州市一中
窖藏

4866
江蘇蘇州市一中
窖藏

4867
江蘇蘇州市一中
窖藏

4868
江蘇蘇州市一中
窖藏

4869
江蘇蘇州市一中
窖藏

16. 甘肅武威十六國墓

　　1986年9月，甘肅武威發現十六
國時期墓。清理中發現錢幣百餘枚，其
中有大泉五十、貨泉和各種東漢五銖、
直百五銖等。

4870
甘肅武威十六國墓
出土

4871
甘肅武威十六國墓
出土

4872
甘肅武威十六國墓
出土

4873
甘肅武威十六國墓
出土

4874
甘肅武威十六國墓
出土

4875
甘肅武威十六國墓
出土

4876
甘肅武威十六國墓
出土

4877
甘肅武威十六國墓
出土

4878
甘肅武威十六國墓
出土

4879
甘肅武威十六國墓
出土

4880
甘肅武威十六國墓
出土

4881
甘肅武威十六國墓
出土

4882
甘肅武威十六國墓
出土

17.甘肃武威西营乡宏寺村窖藏

1986年9月,甘肃武威西营乡宏寺村出土窖藏钱币。钱币在窖穴内层层互相叠压,锈色不严重,有一化、半两、五铢、大泉五十、货泉、布泉、大泉当千、直百五铢、太平百钱、凉造新钱、丰货、汉兴、侵轮五铢等。

4883
径:22.00毫米
重:2.0克
甘肃武威西营乡宏
寺村 窖藏

4884
径:21.00毫米
重:2.5克
甘肃武威西营乡宏
寺村 窖藏

4885
径:23.00毫米
重:1.2克
甘肃武威西营乡宏
寺村 窖藏

4886
径:22.00毫米
重:1.6克
甘肃武威西营乡宏
寺村 窖藏

4887
径:21.00毫米
重:2.3克
甘肃武威西营乡宏
寺村 窖藏

4888
径:20.50毫米
重:1.5克
甘肃武威西营乡宏
寺村 窖藏

4889
径:12.00毫米
重:0.6克
甘肃武威西营乡宏
寺村 窖藏

4890
径:15.00毫米
重:1.0克
甘肃武威西营乡宏
寺村 窖藏

4891
径:23.00毫米
重:2.6克
甘肃武威西营乡宏
寺村 窖藏

4892
径:21.00毫米
重:2.2克
甘肃武威西营乡宏
寺村 窖藏

4893
径:21.00毫米
重:2.2克
甘肃武威西营乡宏
寺村 窖藏

4894
径:22.00毫米
重:1.6克
甘肃武威西营乡宏
寺村 窖藏

4895	4896	4897	4898	4899
徑：23.00毫米	徑：23.00毫米	徑：23.00毫米	徑：22.00毫米	徑：23.00毫米
重：2.2克	重：1.8克	重：2.2克	重：2.3克	重：2.2克
甘肅武威西營鄉宏寺村 窖藏	甘肅武威西營鄉宏寺村 窖藏	甘肅武威西營鄉宏寺村 窖藏	甘肅武威西營鄉宏寺村 窖藏	甘肅武威西營鄉宏寺村 窖藏

4900	4901	4902	4903	4904
徑：24.00毫米	徑：22.00毫米	徑：23.00毫米	徑：22.00毫米	徑：22.00毫米
重：2.0克	重：2.3克	重：2.6克	重：2.5克	重：1.9克
甘肅武威西營鄉宏寺村 窖藏	甘肅武威西營鄉宏寺村 窖藏	甘肅武威西營鄉宏寺村 窖藏	甘肅武威西營鄉宏寺村 窖藏	甘肅武威西營鄉宏寺村 窖藏

4905	4906	4907	4908	4909
徑：19.00毫米	徑：13.00毫米	徑：22.00毫米	徑：23.00毫米	徑：23.00毫米
重：1.6克	重：2.1克	重：2.3克	重：2.3克	重：1.8克
甘肅武威西營鄉宏寺村 窖藏	甘肅武威西營鄉宏寺村 窖藏	甘肅武威西營鄉宏寺村 窖藏	甘肅武威西營鄉宏寺村 窖藏	甘肅武威西營鄉宏寺村 窖藏

4910
徑：23.00毫米
重：2.1克
甘肅武威西營鄉宏
寺村　窖藏

4911
徑：23.00毫米
重：1.8克
甘肅武威西營鄉宏
寺村　窖藏

4912
徑：22.00毫米
重：1.6克
甘肅武威西營鄉宏
寺村　窖藏

18. 江蘇溧水寺橋窖藏

　　1987年11月，江蘇溧水寺橋出土
窖藏錢幣。共重1.25公斤。原存一陶
罐內，埋於距地表2米處。銹結成塊，
大小混雜，經除銹清理共得錢幣871
枚，內含半兩、五銖、大泉五十、貨泉、
直百五銖、直百、定平一百、四銖、孝
建四銖等。據考證，其入藏時間可能在
泰始二年(466年)前後。

4913
江蘇溧水寺橋　窖藏

4914
江蘇溧水寺橋　窖藏

4915
江蘇溧水寺橋　窖藏

4916
江蘇溧水寺橋　窖藏

4917
江蘇溧水寺橋　窖藏

4918
江蘇溧水寺橋　窖藏

4919
江蘇溧水寺橋　窖藏

4920
江蘇溧水寺橋　窖藏

4921
江蘇溧水寺橋　窖藏

4922
江蘇溧水寺橋　窖藏

4923
江蘇溧水寺橋　窖藏

4924
江蘇溧水寺橋　窖藏

4925
江蘇溧水寺橋　窖藏

4926
江蘇溧水寺橋　窖藏

4927
江蘇溧水寺橋　窖藏

4928
江蘇溧水寺橋　窖藏

4929
江蘇溧水寺橋　窖藏

4930
江蘇溧水寺橋　窖藏

4931
江蘇溧水寺橋　窖藏

4932
江蘇溧水寺橋　窖藏

4933
江蘇溧水寺橋　窖藏

4934
江蘇溧水寺橋　窖藏

4935
江蘇溧水寺橋　窖藏

4936
江蘇溧水寺橋　窖藏

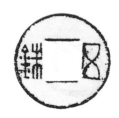
4937
江蘇溧水寺橋　窖藏

4938
江蘇溧水寺橋　窖藏

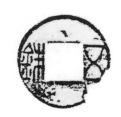
4939
江蘇溧水寺橋　窖藏

4940
江蘇溧水寺橋　窖藏

4941
江蘇溧水寺橋　窖藏

4942
江蘇溧水寺橋　窖藏

4943
江蘇溧水寺橋　窖藏

4944
江蘇溧水寺橋　窖藏

4945
江蘇溧水寺橋　窖藏

4946
江蘇溧水寺橋　窖藏

4947
江蘇溧水寺橋　窖藏

4948
江蘇溧水寺橋　窖藏

4949
江蘇溧水寺橋　窖藏

4950
江蘇溧水寺橋　窖藏

4951
江蘇溧水寺橋　窖藏

4952
江蘇溧水寺橋　窖藏

4953
江蘇溧水寺橋　窖藏

4954
江蘇溧水寺橋　窖藏

4955
江蘇溧水寺橋　窖藏

4956
江蘇溧水寺橋　窖藏

4957
江蘇溧水寺橋　窖藏

4958
江蘇溧水寺橋　窖藏

4959
江蘇溧水寺橋　窖藏

4960
江蘇溧水寺橋 窖藏

4961
江蘇溧水寺橋 窖藏

4962
江蘇溧水寺橋 窖藏

4963
江蘇溧水寺橋 窖藏

4964
江蘇溧水寺橋 窖藏

4965
江蘇溧水寺橋 窖藏

4966
江蘇溧水寺橋 窖藏

4967
江蘇溧水寺橋 窖藏

4968
江蘇溧水寺橋 窖藏

4969
江蘇溧水寺橋 窖藏

4970
江蘇溧水寺橋 窖藏

4971
江蘇溧水寺橋 窖藏

4972
江蘇溧水寺橋 窖藏

4973
江蘇溧水寺橋 窖藏

4974
江蘇溧水寺橋 窖藏

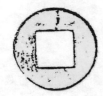

4975
江蘇溧水寺橋　窖藏

4976
江蘇溧水寺橋　窖藏

4977
江蘇溧水寺橋　窖藏

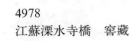

4978
江蘇溧水寺橋　窖藏

4979
江蘇溧水寺橋　窖藏

4980
江蘇溧水寺橋　窖藏

4981
江蘇溧水寺橋　窖藏

4982
江蘇溧水寺橋　窖藏

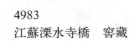

4983
江蘇溧水寺橋　窖藏

4984
江蘇溧水寺橋　窖藏

4985
江蘇溧水寺橋　窖藏

4986
江蘇溧水寺橋　窖藏

4987
江蘇溧水寺橋　窖藏

4988
江蘇溧水寺橋　窖藏

4989
江蘇溧水寺橋　窖藏

4990
江蘇溧水寺橋　窖藏

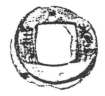

4991
江蘇溧水寺橋　窖藏

4992
江蘇溧水寺橋　窖藏

4993
江蘇溧水寺橋　窖藏

4994
江蘇溧水寺橋　窖藏

4995
江蘇溧水寺橋　窖藏

4996
江蘇溧水寺橋　窖藏

4997
江蘇溧水寺橋　窖藏

4998
江蘇溧水寺橋　窖藏

4999
江蘇溧水寺橋　窖藏

5000
江蘇溧水寺橋　窖藏

5001
江蘇溧水寺橋　窖藏

5002
江蘇溧水寺橋　窖藏

5003
江蘇溧水寺橋　窖藏

5004
江蘇溧水寺橋　窖藏

5005
江蘇溧水寺橋　窖藏

十五、附録

5006
徑：50.00毫米
重：80.0克
《中國歷代貨幣大系》編輯
委員會　提供

5007
徑：49.70毫米
《中國歷代貨幣大系》編輯
委員會　提供

5008
徑：48.00毫米
張金連　提供

5009
徑：45.00毫米
重：26.1克
《中國歷代貨幣大系》編輯
委員會　提供
陝西西安地區　出土

5010
徑：14.50毫米
重：1.3克
謝世平　提供

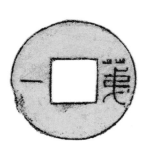

5011
重：11.0克
張龍海　提供
山東臨淄西漢墓　出土

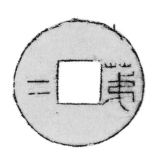

5012
重：11.5克
張龍海　提供
山東臨淄西漢墓　出土

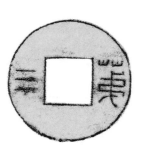

5013
重：12.0克
張龍海　提供
山東臨淄西漢墓　出土

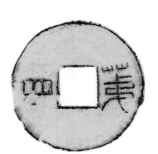

5014
重：9.5克
張龍海　提供
山東臨淄西漢墓　出土

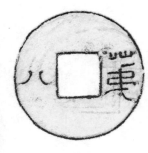

5015
重：13.0克
張龍海　提供
山東臨淄西漢墓　出土

5016
徑：35.00毫米
重：12.0克
張龍海　提供
山東臨淄西漢墓　出土

5017
重：9.0克
張龍海　提供
山東臨淄西漢墓　出土

5018
重：11.0克
張龍海　提供
山東臨淄西漢墓　出土

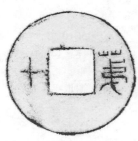

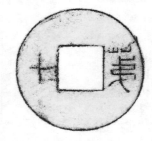

5019
徑：34.00毫米
重：12.5克
張龍海　提供
山東臨淄西漢墓　出土

5020
重：12.5克
張龍海　提供
山東臨淄西漢墓　出土

5021
徑：34.00毫米
重：12.0克
張龍海　提供
山東臨淄西漢墓　出土

5022
重：10.0克
張龍海　提供
山東臨淄西漢墓　出土

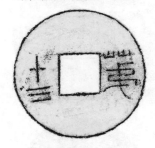

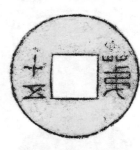

5023
重：9.5克
張龍海　提供
山東臨淄西漢墓　出土

5024
重：12.0克
張龍海　提供
山東臨淄西漢墓　出土

5025
重：12.5克
張龍海　提供
山東臨淄西漢墓　出土

5026
重：11.5克
張龍海　提供
山東臨淄西漢墓　出土

5027
重：11.6克
張龍海　提供
山東臨淄西漢墓　出土

5028
徑：35.00毫米
重：12.0克
張龍海　提供
山東臨淄西漢墓　出土

5029
重：13.0克
張龍海　提供
山東臨淄西漢墓　出土

5030
重：13.5克
張龍海　提供
山東臨淄西漢墓　出土

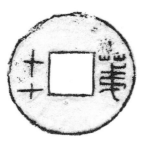

5031
重：11.5克
張龍海　提供
山東臨淄西漢墓　出土

5032
選自《歷代古錢圖
說》

5033
選自《歷代古錢圖
說》

5034
長：15.00毫米
重：3.7克
選自《安徽錢幣》

5035
徑：14.64毫米
重：2.5克
金立夫　藏

5036
選自《歷代古錢
圖說》

5037
選自《歷代古錢
圖說》

5038
徑：19.00毫米
重：2.8克
選自《安徽錢幣》

5039
選自《歷代古錢
圖說》

5040	5041	5042	5043	5044
選自《歷代古錢圖説》	選自《歷代古錢圖説》	選自《歷代古錢圖説》	選自《歷代古錢圖説》	選自《歷代古錢圖説》

5045	5046	5047	5048	5049
選自《歷代古錢圖説》	選自《歷代古錢圖説》	選自《歷代古錢圖説》	選自《歷代古錢圖説》	長：14.00毫米 重：1.9克 選自《安徽錢幣》

5050	5051	5052	5053	5054
選自《歷代古錢圖説》	選自《歷代古錢圖説》	長：15.80毫米 重：2.0克 存雲亭　藏	長：15.00毫米 重：2.5克 選自《安徽錢幣》	選自《歷代古錢圖説》

5055
選自《歷代古錢
圖説》

5056
選自《歷代古錢
圖説》

5057
選自《歷代古錢
圖説》

5058
選自《歷代古錢
圖説》

5059
選自《歷代古錢
圖説》

5060
選自《歷代古錢
圖説》

5061
選自《歷代古錢
圖説》

5062
選自《歷代古錢
圖説》

［叁］専論

秦半兩的分期斷代及版別初探

關漢亨

　　秦半兩錢按各歷史時期鑄造的先後,可分爲戰國時秦國半兩貨幣和秦代半兩貨幣。前者一般稱爲先秦半兩,後者稱爲秦半兩。在 20 世紀 50 年代以前,秦國故地出土半兩錢實物資料仍然不多,而流散在民間各式大小半兩錢輕重殊異,錢文字形可謂千錢千面,紛錯雜陳。要鑒別和整理各個時期的半兩貨幣,實在是相當困難的。故昔日古泉學者,把秦半兩錢僅視爲秦始皇統一中國之後鑄造的貨幣,而從未論及先秦半兩貨幣。近四十年來,隨着陝甘川等地區經濟建設及科學考古事業的發展,在該地區先後出土不少秦半兩錢幣,包括墓葬出土和窖藏出土。這些出土半兩錢幣文物,對於深入探討半兩貨幣的起源,研究它的演變發展及類型、版別,提供了十分重要的科學實證依據。本文根據出土的半兩貨幣資料及筆者藏品實物資料,以錢型特徵及文字風格分類,嘗試對這兩個時期半兩錢的類型及各式版別作初步的探討。

一、先秦半兩貨幣

　　戰國時秦國地處西北一隅,不與中原諸侯國會盟,一向被視爲落後的"夷狄"之地。戰國初期,秦國仍處於奴隸制社會階段,在商品經濟未發展以前,仍然使用貝殼、珠玉等實物貨幣。戰國中前期,秦獻公七年(前 378 年)"初行爲市",秦國城邑集市貿易及社會商品經濟逐步得到發展。起步較晚的秦國,這時已開始鑄造金屬貨幣。根據目前出土資料顯示,秦國各地城邑先後鑄造貨幣有"一珠重一兩"圓孔圜錢、圓孔"半圜"錢、圓孔"泰圜一釿"錢及方孔"兩甾"錢。各地城邑鑄幣採用了各種衡制名稱,說明戰國中前期秦國衡制仍十分混亂,未見統一。

　　公元前 4 世紀中葉,秦孝公起用魏國謀士商鞅,實施變法圖强,並統一秦國度量衡。此後,秦國正式實行銖兩制,取消各地城邑使用的甾、釿、鍰等計量名稱,各地城邑亦先後更鑄圓孔或方孔"半兩"錢,以取代"半圜"及"兩甾"錢。此時開始了"半兩"貨幣的初鑄時期。

(一) 城邑鑄幣是半兩貨幣的初鑄時期

　　戰國中期秦國地方城邑(包括秦都雍城及杜縣、櫟陽等)大約在秦孝公十四年(前 348 年)商鞅變法之後,先後更鑄"半兩"貨幣。在這十餘年間,秦中央政府仍未實施統一鑄幣,允許地方自由鼓鑄,衹是在錢幣計量上統一實行銖兩制,即以"半兩"爲貨幣基本單位,至於錢型大小輕重及錢文字形均未有嚴格規範。城邑鑄行"半兩"錢,實際是各地城邑鑄幣的延續,適應了當時社會商品經濟發展的需要。從目前各地區尤其是秦故地出土的半兩貨幣資料所知,初鑄時期的半兩錢有三大特徵: (1) 鑄工原始,製作粗糙,多見其錢型不圓,穿孔小呈半方半圓形,一般面穿大於背穿。由於部分是用泥範鑄造,屬一錢一範式,製作時錢體容易變形,凡出土所見其錢畸形、字怪狀者,大多沒有相同的版別。這個時期半兩錢有類圓孔與方孔兩種類型,其中類圓孔半兩應屬於最早期鑄幣。(2) 錢徑大而厚重者佔多數,一般錢徑 30—35 毫米,部分達 38 毫米。錢身較厚,有的呈餅狀。一般重量 8—15 克不等,亦有重達 20 克者。(3) 錢文甚高挺,部分挺突狀如山峰。字形大小極不規範,多屬製範工匠隨意刻寫,故字體形態變化多姿,百花齊放。其中筆法粗獷大字型佔多數,亦見纖細的小字型,部分文字奇古而蒼勁樸拙,大篆韻味甚濃。錢文各異,更顯出不同地域鑄幣的特色。由於這類半兩錢範未見出土,鑄幣又無邑名可考,目前尚難以判斷其原鑄地。

城邑鑄幣流通範圍不廣,多局限在秦國本土及渭河流域地區,包括現今陝西鳳翔、扶風、岐山、寶雞、長安及神木等地均有發現,但數量不多。我們通過對這類錢幣實物及拓圖觀察,從錢型特徵及文字風格歸類,得知這個時期的半兩錢常見有三種類型:

1. 古拙字型半兩

錢文筆法呈圓轉弧形,近似大篆書體。茲舉上海博物館藏一枚"大篆半兩"爲例(圖一①):該半兩出土地點不詳,錢徑 36 毫米,目測其厚度約 3—4 毫米,錢體呈餅狀,枚重 22.6 克,内穿細小而不方正。錢文"兩"字省筆,"半"字短脚,筆法圓融流動,蒼古樸拙,是一枚難得一見的典型"大篆半兩"。①同類型半兩有出土自陝西鳳翔高莊(圖一②),該半兩錢徑 32 毫米、重 7.8 克,錢身上下見突出的澆鑄口,面方穿而背圓穿,字形筆劃圓潤呈弧形,大篆氣息濃,是一枚重十二銖"古拙字型半兩"。②另一枚出土自陝西地區的半兩(圖一③),鑄工粗糙,錢體呈橢圓形,上下澆鑄口寬大,錢徑 31 毫米、厚 1.4 毫米、重 8 克。文字傳形,字大而奇古,圓轉筆法甚富奇趣。③這類型半兩難以找到相同的版別。以下再列舉四種古拙字型半兩,均有出土地點可考,各枚均有相似的特徵,大致可歸入相同版別來分析。

(1) 古拙字型第一版別(圖二①至④)。4 枚半兩的錢徑及重量分別爲 30 毫米、15.6 克,32 毫米、7.8 克,32 毫米、10 克,30 毫米、9.5 克。均出土自陝西鳳翔和西安地區。④錢型見上下寬大鑄口。字形寬扁,筆劃曲折位呈弧形,古拙遒勁。這類錢形粗拙、質厚重而具獨特錢風之半兩,不難判斷它是屬於早期鑄造的半兩貨幣。

(2) 古拙字型第二版別(圖三①至③)。3 枚半兩出土自陝西鳳翔,現歸該縣博物館收藏,錢質紅銅,生坑出土。其錢徑及重量分別爲 34 毫米、11 克,34 毫米、9.8 克,35 毫米、6.8 克。⑤這類半兩形制大而粗獷,上或下有較寬鑄口,錢文字形筆劃圓厚而古拙,充分顯現秦故地早期城邑鑄幣粗獷樸拙的錢風,具有濃厚的地域特色。

(3) 古拙字型第三版別(圖四①至③)。圖四①、②半兩錢徑及重量分別爲 30 毫米、12 克,31 毫米、15.5 克,均出土自陝西北部神木。⑥圖四③半兩錢徑 30 毫米、重 11.7 克,出土於山西安澤。⑦3 枚半兩錢均厚重,剖面呈橢圓形或呈餅狀,其鑄工粗糙,穿不方正或見方穿未透,再經人工衝鑿而成圓穿。本版別錢文特徵:文字書體多大篆而兼小篆,筆法圓勻遒勁,此乃是大篆向小篆演化過程中的一種字形,故大篆韻味甚濃,可稱爲"大篆半兩"。其中圖四①、②半兩錢徑小厚重,字形怪異,"兩"字框内上見兩短豎筆,下爲"T"字,別具一格,極爲罕見。1993 年陝西北部神木曾出土數十枚這類厚重型餅半兩,王雪農先生曾作介紹"餅半兩是一種文獻不載、由雙合範工藝鑄造而成的厚重型半兩錢","餅半兩形如餅狀,面背中間平而略厚,緣邊圓而微薄,橫側面視如兩枚普通半兩背背相合,有異於常見的平背半兩錢"。⑧圖四③半兩雖出土自山西,其錢型及錢文風格均與秦本土所鑄秦錢相類似,故原鑄地應在秦國故地,其後流通至山西安澤地區而入藏,這類厚重型半兩應屬於秦國地方城邑早期鼓鑄之錢幣。

(4) 古拙字型第四版別(圖五①至③)。圖五①半兩錢徑 31 毫米、重 8.4 克,陝西鳳翔高家河村出土;圖五②半兩錢徑 30 毫米、重 6.1 克,收集自河南靈寶。⑨圖五③半兩錢徑 30 毫米、重量不詳,陝西長安首帕張堡出土。⑩本版別錢型上下澆鑄口甚寬,鑄口柄長而不修整,甚有特色。錢型直徑大於橫徑,外形似掛燈,俗稱"燈籠半兩"。錢文呈長字型,其中"半"字頭呈八字,含大篆風韻。這類字形古拙的"燈籠半兩",係先秦半兩貨幣在某個時期流行的半兩錢式,現多見出土於陝西鳳翔、長安及咸陽地區。此外四川青川、廣漢、郫縣;甘肅西和、慶陽亦見出土。其中形制粗劣者,大多是民間私鑄錢幣,而製作較規範者,可能屬早期秦國城邑鑄幣。

2. 粗放大字型半兩

錢體徑大厚重,鑄工甚粗糙。錢文高挺,字體闊大而傾斜。筆劃有粗獷渾厚者,亦有瘦硬剛勁者,多屬於製範工匠隨意刻寫,不甚規範,故字形多姿多彩,幾乎枚枚不同,各具特色。經過分類排比,仍可找到相類似之秦錢,茲舉兩種版式加以說明。

(1) 粗放大字型第一版別(圖六①至④)。這 4 枚半兩均出土自陝西神木。該批出土半兩 10 餘枚由山西省錢幣學會劉建民先生收藏。⑪錢徑及重量分別爲 34 毫米、15 克,33 毫米、9.5 克,34 毫米、14.1 克,34 毫米、14.9 克。本版別特徵:鑄工粗糙,錢體厚重,穿不規整,字大挺突而粗獷,筆法挺拔硬峭,蒼勁老辣。從形制及錢文風格觀察,該類厚重秦半兩似屬於同時、同地、同一鑄工鑄造的錢幣,均顯現北部黃土高原地區粗獷樸拙的氣息,可斷爲早期秦國地方城邑鑄幣。

（2）粗放大字型第二版別（圖七①至④）。圖七①、②半兩錢徑及重量分別爲34毫米、重15克，32毫米、重9.8克，均出土於陝西鳳翔秦故都雍城遺址內。⑫圖七③半兩錢徑30毫米、重11.2克，係上海博物館藏品。⑬圖七④半兩錢徑29毫米、重8.8克，承蘇州鄒誌諒先生提供。⑭本版別特徵是：鑄工原始，錢型不圓，穿不方正，錢文大字粗放而體態飄逸，筆劃方圓兼有，纖細而不工整，明顯與圖六半兩筆劃粗獷渾厚字型有所不同，應屬於當年秦故都雍城流通的半兩貨幣。

3. 小字型半兩

鑄工甚粗拙，錢型上下均有寬大突出的澆鑄口，錢徑30—32毫米，枚重5克左右。錢文字體嬌小玲瓏，古拙怪趣。筆法呈圓轉弧形，大篆韵味濃。小字型半兩多出土於陝西、四川及甘肅地區。其中四川青川赤家坪五十號秦墓出土7枚半兩錢，有1枚屬於小字型半兩。這座戰國秦墓是目前唯一有紀年墓葬出土的秦錢，可判斷小字型半兩在秦昭王元年（前306年）以前已經鑄造。以下列舉三種版別加以說明。

（1）小字型半兩第一版別（圖八①至④）。小字型半兩以其字文細小玲瓏爲特色，錢文多大篆而兼小篆。筆者曾先後收集到50枚這類型半兩，其中於1987年一次集得10餘枚，是從一批先秦半兩錢中揀選出來的。該批半兩錢來自陝西，生坑出土，銅銹沁骨，綠翠斑駁。現選出其中4枚，⑮錢徑及重量分別爲30毫米、5.2克，31毫米、6.1克，31毫米、6.1克，31毫米、4.3克。錢型粗糙不工，上下見突出而寬大的鑄口，屬分流直鑄式錢範鑄成，錢文修長，“半”字筆劃多圓折少方折，“兩”字缺上橫劃，與西周共和三年（前839年）裘衛盉銘文中的“兩”字相類，大篆韵味猶存。這一類體現某個地區特色的秦錢，筆者認爲是較早期秦國地方所鑄的貨幣。

（2）小字型半兩第二版別（圖九①至④）。本版別半兩選自上海博物館藏品，⑯出土地點不詳。4枚半兩錢徑及重量分別爲32毫米、4.3克，31毫米、6.8克，30毫米、5.4克，32毫米、4.5克。本版別錢型較大，錢文圓潤粗放，與第一版式文字筆劃纖秀有所區別，但錢風却相類，同屬於一個時期的鑄幣。現今在陝西鳳翔、高陵及西安地區，甘肅慶陽、寧縣及四川郫縣、青川均有出土。反映這類獨特的小字型錢當年鑄量較多，流通範圍較廣，代表着某個時期某地區流行的錢式。

（3）小字型半兩第三版別（圖十①至④）。4枚小字型半兩分別來自不同地區。圖十①半兩錢徑29毫米、重3.5克，四川郫縣出土；圖十②半兩錢徑30毫米、重3.4克，陝西鳳翔出土；圖十③半兩錢徑31毫米、重5.4克，西安地區出土；⑰圖十④半兩錢徑29毫米、重4.4克，上海博物館藏品。⑱本版別半兩錢周圓而徑小，部分仍是鑄口上或下寬大，文字更爲嬌小古拙，字形寬扁，筆劃各顯特色。現亦多見出土於陝、甘、川地區。

當年秦國各地城邑鑄幣，錢文書寫各有特色，這類小字型半兩，正反映其城邑鑄幣是以字文細小爲特色，書式有別於其他地區鑄幣。

（二）秦中央政府統一鑄幣是半兩貨幣的定型時期

初期由城邑所鑄的半兩，錢型大小不統一，重量亦不一致。這不利於城邑之間民間市集貿易往來，亦不利於秦國與周邊國家的經濟交往。半兩錢經歷了初鑄階段之後，秦惠文王二年（前336年）開始頒佈錢法，正式確立以“半兩”爲秦國的法定貨幣，規定“半兩”爲方孔圓形，重12銖，由中央政府統一鑄造發行，後期各地郡政府亦按中央所訂之錢制鑄行半兩貨幣。政府統一鑄幣，製作較規範，錢文較劃一，多見枚重10—12銖。我們按形制重量及文字特作歸類，這個時期的秦錢大致可劃分爲三大類型：

1. 長字型半兩

錢體上下直徑大於橫徑，徑長30—32毫米，枚重6—8克不等。按“半”字的形態寬狹不同，又可分爲狹長字型與寬長字型兩類。茲列舉各類版式説明之。

（1）狹長字型分脚半兩（圖十一①至④）。圖十一①半兩錢徑32毫米，重量不詳，陝西長安出土。⑲圖十一②半兩錢徑32毫米、重7.7克，四川郫縣出土。⑳圖十一③半兩錢徑32毫米、重5.7克，甘肅西和出土。㉑圖十一④半兩錢徑33毫米、重8.2克，四川郫縣出土。㉒本版別半兩製作較精整，內穿方正，錢型上或下仍見鑄口，錢文書體規範，古雅秀麗。其中“半”字狹長，筆劃方折呈直角，下橫劃長於上橫，竪筆亦甚長。“兩”字分脚（左右竪筆向外分開），俗稱“分脚半兩”。這類型半兩近年多有發現。1962年陝西長安首帕張堡發現窖藏先秦半兩近1000枚，其中有“分脚半兩”28枚。1989年在陝西鳳翔秦故都雍城遺址內,曾出土半兩錢 28 枚,其中 3 枚屬於狹長字型分脚半兩。[23]此外,1987 年河南新安八徒山發現一座戰國墓,出土半兩錢 53 枚,當中亦見有狹長字型分脚半兩。[24]其他地區例如陝西寶雞、耀縣,甘肅寧縣等均見出土。說明當年鑄行流通範圍很廣。把這類秦錢斷定爲秦惠文王二年"初行錢"之後官府鑄幣的看法是可信的。其中重約 7.5 克者,更屬於官鑄標準錢。

出土秦錢中,與狹長字型分脚半兩屬同一類型的還見有三種版式: (A) 錢文筆劃纖細而清秀,此版式甚爲罕見(圖十二①);(B) 錢文比一般"分脚半兩"的字型大,筆劃略粗放(圖十二②);(C)"半"字細小,"兩"字分脚,相互輝映(圖十二③)。前兩品係筆者拙藏,後一品出土於甘肅西和蘇合鄉。鑄造狹長字型分脚半兩的錢範(共 4 件),先後在陝西岐山發現。而其他縣未見出土,可能祇屬於岐山之特產,故由此錢範鑄出的"分脚半兩",亦稱爲"岐山型半兩",是戰國中後期比較多見的半兩版式。

(2) 狹長字型直脚半兩(圖十三①至④): 圖十三①半兩出土自甘肅西和,錢徑 31 毫米、重 6.7 克;圖十三②半兩出土於陝西長安首帕張堡,錢徑 30 毫米,重量不詳;圖十三③、④半兩係筆者拙藏品,錢徑及重量分別爲 31 毫米、5.3 克,32 毫米、5.2 克。[25]本版別與"分脚半兩"不同之處是: 錢文"兩"字甚工整,左右豎筆垂直(直脚),"半"字呈狹長字型,曲折位呈直角,故稱它爲"狹長字型直脚半兩"。也是先秦半兩中較常見的版式。這個時期的錢文漸趨於定型規範化,這種方折筆劃長字型,正好是修長的大篆向方形方折的小篆演變過渡的一種字形。故此狹長字型直脚半兩是秦錢中佔有一段較長時間的流行之錢式。可以說它是秦惠文王統一鑄幣後最具代表性的先秦半兩貨幣。

(3) 狹長字型短脚半兩(圖十四①至④)。圖十四①半兩錢徑 31 毫米、重量不詳,陝西長安首帕張堡出土;圖十四②半兩錢徑 31 毫米、重 5.5 克;甘肅西和出土;圖十四③半兩錢徑 31 毫米、重 6.2 克,甘肅西和出土;圖十四④半兩錢徑 31 毫米、重 5.3 克,係筆者拙藏品。[26]本類型半兩多見錢型上下較寬澆鑄口,內穿方正,製作尚規整,錢體略呈橢圓形。錢文"半"字仍保留部分大篆筆法,其筆劃略帶弧形,下橫劃甚長而脚甚短小是其特色。"兩"字方折工整甚規範,左右豎筆直脚。綜觀錢文大篆小篆兼而有之,也是大篆向小篆演化中的一種字形。狹長字型短脚半兩除上述地區出土外,陝西寶雞及西安地區,甘肅天水地區亦有發現。同屬於秦中央政府統一鑄幣後所鑄行的半兩錢。

(4) 寬長字型半兩第一版別(圖十五①至③)。圖十五①半兩錢徑 31 毫米、重 5.8 克,四川青川赤家坪五十號秦墓出土;[27]圖十五②半兩錢徑 30 毫米、重 5 克,四川廣漢出土;[28]圖十五③半兩錢徑 32 毫米、重 6.6 克,出土地區不詳,上海博物館藏品。[29]寬長字型半兩,其字體比狹長字型半兩爲大,其中"半"字頭寬大,左右頂格,上橫曲折豎筆甚長,呈長肩形狀。"兩"字大而工整,雙人呈長人式。這類半兩的錢面上下多見寬大澆鑄口而不修整,別具一格。其中圖十五①半兩是"青川七秦錢"中的一枚半兩,如前所述,已可確定爲秦昭王元年(前 306 年)之前(即秦惠文王及秦武王時期)所鑄,故同類版式之半兩,應當屬於同一時期流通之錢幣。

(5) 寬長字型半兩第二版別(圖十六①至③)。本版別半兩錢徑及重量分別爲 32 毫米、7.6 克,32 毫米、7.6 克,32 毫米、7.8 克,均出土自陝西鳳翔高莊。[30]其特徵是: 錢徑較大,錢體較重,是符合官府規定枚重 12 銖的標準錢。所見錢文寬長大字,筆劃方折而較規範,其粗獷之錢風,枚枚雷同,似屬於同一時期、同一鑄地之錢幣。鳳翔高莊曾發現不少戰國秦墓,秦錢亦不時成批出土,這類錢幣文物爲我們考證戰國時期秦國貨幣提供了重要的依據。

(6) 寬長字型半兩第三版別(圖十七①、②)。圖十七①半兩錢徑 31 毫米、重 4.8 克,出土地點不詳,上海博物館藏品;[31]圖十七②半兩錢徑 32 毫米、重 6.8 克,本品拓片承北京高桂雲女士提供。[32]本版別特徵是: 錢形圓好,內穿方正,錢文工整規範,其中"半"字寬長特大,上橫(肩部)寬闊,方折位豎筆長,幾乎佔滿左右上下空間,而筆劃略爲瘦削,明顯與上述兩版式不同。"兩"字甚工整,雙人豎筆長,呈長人式。這類寬長大字型半兩在陝西長安、鳳翔,甘肅寧縣、西和、慶陽及天水地區均有出土。

(7) 寬長字型半兩第四版別(圖十八①至④)。本版別選自上海博物館藏品,出土地點不詳。[33]各半兩錢徑及重量分別爲 32 毫米、9.8 克,31 毫米、11 克,32 毫米、10.2 克,31 毫米、10.6 克。該類半兩錢體均厚重,枚重超過 12 銖。錢型圓好,仍可見較寬的上鑄口。錢文字形寬長博大,二字佔滿左右空間位置。筆劃多方折少圓折,粗放飄逸,別具特色。這種製作規整,符合標準的半兩錢,應屬於秦中央政府統一鑄幣後官府鑄行的貨幣。

2. 方折規範型半兩

在陝西長安首帕張堡窖藏的秦錢中,與上述長字型半兩同時出土的,還有一種製作規範,錢文字形方正工整,筆劃方折呈直角的半兩錢,稱爲"方折規範型半兩",同是一種官鑄的標準錢。根據近年戰國秦墓出土及窖藏出土的這類型半兩資料觀察,可見有多種版式。茲舉例三種版別說明之。

(1) 方折規範型半兩第一版別(圖十九①至④)。圖十九①、②半兩錢徑均爲 30 毫米、重量不詳,係陝西長安首帕張堡出土;圖十九③半兩錢徑 30 毫米、重 4.5 克,甘肅寧縣長慶橋鎮出土;圖十九④半兩錢徑 32 毫米、重 3.8 克,甘肅西和蘇合鄉出土。㉞各枚半兩見有左右橫鑄口,或見上及左右多鑄口,且澆鑄口較寬而突出,未經修整。其錢型寬扁,左右橫徑大於直徑,錢體輕薄,一般 4—5 克左右。錢文字形方正工整,筆劃方折呈直角,橫平豎直,疏密有致,係典型的方折秦小篆書體。與上述長字型半兩風格迥異。從其澆鑄口判斷,這類型半兩並非由分流直鑄式錢範所鑄,而係屬於目前尚未發現的另類型錢範鑄造,值得深入研究。

(2) 方折規範型半兩第二版別(圖二十①、②)。圖二十①半兩錢徑 32 毫米、重 4.5 克,四川青川赤家坪五十號秦墓出土。㉟圖二十②半兩錢徑 32 毫米、重 5.8 克,甘肅西和蘇合鄉出土。㊱本版半兩錢型除見寬闊上鑄口外,部分亦見橫鑄口。錢文字形豎筆稍長,方折工整,與上述第一版式寬闊字型略有不同,亦屬於秦小篆書體。其中圖二十①半兩出土自青川戰國秦墓,係"青川七秦錢"中的一枚,此墓出土的秦半兩已確定屬於秦昭王元年以前所鑄造。換言之,在秦惠文王及秦武王時期鑄造的半兩,已開始使用秦小篆爲錢文書體。

(3) 方折規範型半兩第三版別(圖二十一①至④)。圖二十一①至③半兩出土自陝西鳳翔高家河村,錢徑與重量分別是 32 毫米、7.8 克,31 毫米、8.2 克,31 毫米、6.1 克;㊲圖二十一④半兩錢徑 30 毫米、重量不詳,係河南洛寧窖藏出土。㊳本版半兩錢型仍可見有上鑄口,已經過修平,錢周圓好,內穿方正。錢文字形闊大方正,筆劃渾厚,方折工整呈直角,橫平豎直,間隔有度,十分規範,是鳳翔高家河村出土秦錢中最具代表性的半兩版式。在河南洛寧窖藏出土的秦錢中,亦見此類型半兩錢。蔣若是先生認爲,該批窖藏秦錢與當年秦軍屯兵於洛寧有關,時間大約在秦武王四年(前 307 年)之前。故可判斷方折規範型半兩版式在秦惠文王及秦武王時期已經鑄造並廣泛流通,與長字型半兩同屬於官府鑄行的貨幣。

3. 大型先秦半兩

在陝甘川地區出土的秦錢中,發現有錢徑 35—37 毫米一類徑寬厚重的大型半兩錢。例如:陝西鳳翔秦故都雍城遺址出土的秦半兩(圖二十二①),錢徑 37 毫米、重 15.1 克;㊴陝西長安首帕張堡窖藏出土的秦半兩(圖二十二②),錢徑 36 毫米;河南新安八徒山戰國墓出土的秦半兩(圖二十二③),錢徑 35 毫米;㊵陝西神木出土的秦半兩(圖二十二④),錢徑 38 毫米、重 9.7 克。㊶這類大型先秦半兩錢製作多見粗糙厚重,內穿孔細小而不方正,字形大小不一,甚不規範。但亦有製作圓好,文字精整者。前者可能是在秦惠文王之前鑄造,屬於地方城邑鑄幣,後者可能在秦中央政府統一鑄幣後,某君主在位時喜好大錢而鑄行之,錢面徑度與"一珠重一兩"圓錢相若,實際是一種復古的表現。近年亦有半兩研究者認爲:鑄造粗陋,錢文隨意不定,厚重得出格的大錢,屬於戰國末期秦的稱量貨幣。㊷有關大型半兩錢的鑄行年代及用途,仍有待深入考證。以下列舉各地出土大型半兩錢的幾種版別說明之。

(1) 大型先秦半兩第一版別(圖二十三①至④)。本版半兩係甘肅寧縣長慶橋鎮窖藏出土。該處出土半兩錢共 20 000 多枚,其中錢徑在 35 毫米以上者有 100 餘枚。選出此 4 枚錢徑與重量分別是 37 毫米、7.8 克,35 毫米、6.8 克,37 毫米、7.7 克,35 毫米、11.7 克。錢文字形均屬同一風格,其中"半"字筆劃多方折少圓折,粗放飄逸,"兩"字規範而較劃一。㊸戰國中後期,甘肅寧縣地區是秦都咸陽通往西北的必經之路,是秦軍與西戎部落義渠國交戰的主要戰場,該處近年出土不少戰國秦半兩貨幣,似與秦軍屯兵於該地時作爲軍餉支用有關。

(2) 大型先秦半兩第二版別(圖二十四①至③)。圖二十四①半兩錢徑 35 毫米、重 8 克,陝西岐山出土;㊹圖二十四②半兩錢徑 35 毫米、重 12 克,河南南陽市郊出土;㊺圖二十四③半兩錢徑 34 毫米、重 12 克,陝西鳳翔高家河村出土。㊻本版錢型寬闊,左右橫徑大於直徑。錢文字形方正,筆劃方折,剛勁有力,屬於秦小篆書體。近十年來,這類大型半兩錢出土較多。過去傳統看法,視爲秦始皇統一中國後鑄造。自戰國秦墓發現這類大型秦錢後,足以證明早在戰國時期秦國官府已鑄造這類大型半兩貨幣。

(3) 大型先秦半兩第三版別(圖二十五①至④)。圖二十五①半兩錢徑 35 毫米、重 8.6 克,圖二十五②半兩錢徑 35 毫米、重 8.2 克,均出土自陝西寶雞;㊼圖二十五③半兩錢徑 35 毫米、重量不詳,山西河津出土,現藏山西省博物館;㊽圖二十五④半兩錢徑 35 毫米、重 8.4 克,係筆者拙藏品。本版半兩錢製作較精整,錢周圓好內穿方正,枚重符合官鑄重 12 銖標準。錢文字大,方折規範,其中"半"字上橫劃(肩部)方折豎筆甚長,中豎筆上段亦甚長而腳短小,是該錢文的特色,俗稱"大型長肩半兩"。這種半兩在陝西咸陽地區、西安地區均見出土。圖二十五③半兩出土自山西河津,原鑄地可能在咸陽地區,其後流通至山西河津地區。據載,山西河津在戰國時稱皮氏縣,原屬魏地。秦惠文王九年(前329年)該地區被秦軍攻佔,戰國半兩錢很早已在此地區流通使用。

(4) 大型先秦半兩第四版別(圖二十六①至③)。本版半兩係筆者拙藏品,生坑出土,據説來自西安地區。各枚錢徑及重量分別爲 37 毫米、20.4 克,37 毫米、18.6 克,37 毫米、18.2 克。⑭三錢均屬於同一版式,錢型厚重,超過 12 銖標準,爲上下寬大鑄口。面穿大而背穿小。錢文屬寬長大字型,筆劃方折粗獷,"兩"字竪筆甚長是其特色。在陝西興平及西安市西郊亦曾出土這類大型秦錢,應屬於秦國較早期所鑄的貨幣。

(5) 大型先秦半兩第五版別(圖二十七①、②)。本版半兩係筆者拙藏品,圖二十七①半兩錢徑 33 毫米、重 12.6 克;圖二十七②半兩錢徑 34 毫米、重 10.3 克。錢型均是寬大的上鑄口,穿孔小而方正,錢體厚重呈餅狀。錢文甚高挺,屬於寬長大字型,筆劃粗壯,剛勁有力。⑮這類型半兩曾見出土於陝西鳳翔及咸陽地區,也是屬於秦國較早時期官府鑄行的貨幣。

(6) 大型先秦半兩第六版別(圖二十八①至③)。本版半兩係筆者拙藏品,生坑出土。錢徑及重量分別爲 35 毫米、8.2 克,35 毫米、9.8 克,35 毫米、8.2 克。⑯各錢見上下有較寬大鑄口,内穿孔大是其特色。錢文字形狹長而筆劃纖秀,其中"半"字頭呈八字,下橫劃甚長,仍保留部分大篆筆法,樸拙而古雅。各泉字風相類,故列爲一版式。這種大穿孔而字體修長的大型半兩,多見於陝西地區出土,應屬於大型秦錢中較早期鑄造之物。

(7) 大型先秦半兩第七版別(圖二十九①、②)。本版半兩生坑出土,緑銹斑駁,從一批半兩錢中同時選出,現歸筆者拙藏。錢徑及重量分別爲 36 毫米、10.3 克,37 毫米、10.5 克。⑰兩枚半兩的形制、重量及文字皆相類,似屬同時、同地、同一鑄工所造。其製作較規範,左上方均有流銅,穿孔較大而方正,錢文劃一,字形纖秀端莊而工整,其中"半"字上橫方折竪筆短,下橫劃甚長,"兩"字上橫短,雙人竪筆長。可能由同一錢範中不同錢模所出,故雷同中有差別,實屬罕見。

(8) 大型先秦半兩第八版別(圖三十①、②)。本版半兩於 1988 年同時收集,來自西安地區,生坑出土。錢徑及重量分別爲 35 毫米、7.9 克,35 毫米、8.7 克。⑱錢型圓好,均見小鑄口在下,内穿方正。錢文規範,字形寬扁。筆劃纖秀,方折中見圓折。同類型半兩曾見出土於陝西西安、咸陽地區及山西河津。屬於標準的重 12 銖官鑄半兩錢。傳統看法認爲這類大型錢是秦始皇所鑄。近年較多出土資料説明,亦有可能屬於秦惠文王之後某君主在位時所鑄造。值得一提的是,秦昭王之母秦宣太后在秦昭王時期曾專政達四十一年之久,不少研究秦史的專家經考證後提出:秦兵馬坑其實是秦宣太后專政時期所建造。故此,亦不排除官版大型半兩貨幣出自這個時期的可能性。大型秦錢的斷代問題,是值得深入探討的。

談大型半兩時,不能不記述近期發現的一枚大型鐵半兩錢。該錢於 1994 年在陝西西安地區發現。錢徑 36 毫米、穿徑 10 毫米、厚 1.5 毫米、重 6.5 克。錢邊沿有毛刺,不甚規整,錢面大部呈水銀古,背欠平坦,爲鐵銹紅覆蓋。錢文長字型,含大篆氣息。形制文字均體現先秦半兩錢風,經陝西省錢幣學會多位專家鑒定,確認屬於先秦鐵半兩錢。由此可説明,鐵半兩錢在戰國時之秦國已經鑄造流通,相信日後會有更多的發現。⑲

經過對以上各類型半兩的觀察分析,筆者認爲:不同書體的錢文大致可反映年代之遠近,各具特色的字型却顯示濃重的地域性。關於各類型半兩的原鑄地問題,因秦錢不鑄地名,故目前仍是一個未解之謎。除在陝西岐山先後發現四件"狹長字型分脚半兩"的銅質範,從而有可能認定該地區是該類型半兩的原鑄地外,迄今仍未發現其他相關類型的半兩錢範或鑄錢遺址。先秦半兩自始鑄後一直通行一百餘年,當中包括秦孝公執政後期以及秦惠文王(在位二十七年)、秦武王(在位四年)、秦昭王(在位五十六年)、秦孝文王(在位一年)、秦莊襄王(在位三年)、秦王嬴政(在位二十六年時統一中國)執政時期。每當一位新君主登基之時,中央及地方郡政府可能鑄造一種或多種新版別的半兩貨幣。經歷百餘年的演變,故所見先秦半兩類型繁多,版式複雜。究竟哪類型半兩屬於秦國哪位君主在位時鑄造?目前出土資料有限,不可能作科學準確的判斷,亦不宜主觀臆測。這個問題仍有待日後深入考證。

(三) 戰國晚期官鑄錢減重及私鑄小錢泛濫是先秦半兩貨幣的衰落時期

從秦惠文王執政後期開始,對外戰爭日漸頻繁,秦國版圖日益擴大,半兩貨幣亦隨秦國大軍東征西戰,流通範圍日漸廣泛。目前在陝北、甘肅、四川、河南、内蒙古及湖北等地區發現的先秦半兩錢,大多與秦軍征戰所經過的地區有密切關係。半兩貨幣作爲軍餉隨軍隊所經過的地區而遺留下來,爲後世考證秦國貨幣提供了重要的實證依據。秦王嬴政就位時(前246年),秦國已在其管轄地區設置十三郡(包括上郡、蜀郡、巴郡、漢中郡、隴西郡、北地郡、南郡、黔中郡、南陽郡、三川郡、太原郡、河南郡及上黨郡等),版圖除包括現今陝西、甘肅、四川三省外,還包括山西的絕大部分地區,河南及湖北的大半地區。由於軍餉及秦佔領區的市場對秦幣需求量不斷增加,秦中央政府要維持龐大的貨幣供應量,唯有節省鑄幣銅料,把官鑄錢縮型減重,於是半兩錢便向輕、小、薄演變。

這個時期官鑄半兩錢的製作仍然十分精整,錢文規範,錢徑多見26—27毫米,枚重3.5—4克左右(舊稱六銖錢)。這類官鑄小型半兩有版式可尋(圖三十一①至⑤),其中圖三十一①至④半兩出土於陝西長安首帕張堡;圖三十一⑤半兩出土於四川昭化戰國秦墓。[55]從出土錢幣實物所見,這個時期有不少民間私鑄小錢流通。這類私鑄錢製作粗劣而輕薄,枚重約2—2.5克不等。錢文大小參差,極不規範,因其筆法飄逸隨意,枚枚不同,被稱爲"放逸型小半兩"(圖三十二①至⑥),[56]此乃是戰國末年小型半兩錢文之特色。

戰國末年,地方王侯自行鼓鑄及民間盜鑄的小型半兩錢已大量充斥市場,官幣與私錢混雜一起流通。正如反映秦國末期貨幣狀況的出土秦簡《金布律》中所言:"官府受錢者,千錢一畚","錢善不善雜實之","百姓市用錢,美惡雜之,勿敢異"。[57]這段歷史文獻可以說明,當年秦國管轄地區的幣制相當混亂,這種狀況極不利於秦國實施中央集權制,更有礙於社會經濟的發展,故促使秦始皇在統一中國之後,決心整頓全國貨幣制度。

二、秦半兩貨幣

秦始皇二十六年(前221年)統一中國後,以秦國沿用的方孔半兩圓錢取代六國各式鑄幣。秦初所推行的幣制改革,在全國範圍內確立以"半兩"爲貨幣單位,每枚"重如其文"即12銖,是國家法定的標準錢重。並規定由中央政府掌握鑄幣權和發行權,嚴禁民間私鑄。在全國實施統一幣制,對秦王朝的中央集權具有十分重要的意義。正如朱活先生所指出:"秦半兩錢實際是短命秦王朝的商品經濟和國家財政的支柱","統一幣制是鞏固封建統治的重要環節"。[58]考證秦半兩貨幣時,有兩點值得注意:(1)秦始皇統一中國後,將全國分爲三十六郡,因管治地域寬廣,在秦代中期或中後期各郡政府可能按中央頒佈的錢制自行鑄幣,以供本地區需要。故各地鑄出的半兩錢,錢型規格及文字書寫各有不同,出現各類型及各式版別。(2)秦王朝存世十五年便覆亡,秦始皇推行統一幣制的法令,只能在一定程度上得以實施。同時秦代早晚不同時期所鑄造的貨幣,其錢型大小輕重並非始終如一,它是隨着年代而變化,大致上由較大錢型漸次向中、小錢型演變。正如《史記・平準書》指出:"然各隨時而輕重無常。"根據近年各地出土秦半兩錢資料觀察,嘗試就秦代初期、中期及晚期各類型及各式版別的半兩作初步的探討。

(一)秦開國半兩

在四川茂縣一處石棺葬M7秦墓,出土一批大小各式半兩錢,其中一枚大型半兩直徑35毫米、重8.3克(圖三十三①),錢質紅銅,製作精整,内穿方正,鑄口在下。錢文屬於方折方體的秦小篆,筆劃橫平豎直,工整端莊。考古學者已確認該石棺葬爲秦代末年墓葬。[59]山西安澤曾出土大型半兩錢,其中有錢徑34毫米、重7.5克的半兩(圖三十三②),錢型圓好,小鑄口在下,錢文工整規範,屬官版半兩無疑。[60]一枚出土自陝西扶風的大型半兩(圖三十三③),錢徑35毫米、重7克,錢型規整,字形方正。[61]還有出土於陝西咸陽地區的大型半兩,錢徑35毫米(圖三十三④),亦屬於官鑄半兩錢。[62]此外,選自上海博物館的一枚大型半兩,錢徑35毫米、重7.3克(圖三十三⑤);孫仲匯先生提供的一枚大型半兩,錢徑34毫米、重8.5克(圖三十三⑥);筆者拙藏的一枚大型半兩(圖三十三⑦),錢徑35毫米、重9克。[63]以上列舉數品大型秦半兩,均"重如其文",與《平準書》記載相吻合。這類大型錢製作精整,出類拔萃,錢文雄健俊逸,肯定是一種官府鑄幣。目前各地發現的大型錢,多屬於窖藏出土,其入藏年代未明,秦代墓葬出土的大型錢比較少見,故此對於大型秦半兩錢的斷代,學者衆説紛紜。鑒於目前尚未有確實的科學出土資料,證明所有大型秦半兩(包括粗拙厚重型及製作精整規範型)都屬於先秦半兩之前,我們不宜過早定論,應繼續作多方面的探索。例如有學者提出:在湖北雲夢睡虎地秦墓出土的一枚秦半兩(圖三十四①),錢徑 30 毫米、重 6.5 克(十銖),製作精緻,均有內外郭,文字方折工整,應屬於秦統一初行標準半兩錢。[64]筆者認爲:這枚重十銖的半兩精品,迄今僅發現 1 枚,應爲秦前期官鑄半兩,但並非屬於秦開國半兩。秦始皇統一中國後,承襲先王早期鑄大型錢的規範,在秦開國初期,可能曾經鑄造過一類錢徑寬博、文字方折規整、重如其文(十二銖)的大型半兩,作爲開國半兩貨幣。這也是秦王朝開國身份的象徵,完全符合秦始皇好大喜功的心態。估計大型錢的鑄造時間十分短暫。秦中央政府要維持全國各地區龐大的貨幣供應量,官鑄錢也逐漸縮小錢型,減輕錢重,以節省銅料。中小型半兩便成爲秦半兩的主要錢式。秦亡後,漢初高祖令民更鑄小錢,而秦半兩中的大型錢多被熔鑄,日漸匿迹,故現今出土的大型秦半兩已不多見。以上亦祇是筆者的一種推斷,有關其準確的製作年代,還有待科學的考古發掘出土資料來證實。

(二)秦中型半兩的大樣錢與小樣錢

我們首先對陝西、甘肅、山西及四川等地出土的秦半兩資料,按其形制大小及重量作分類:(1) 直徑在 30—32 毫米之間、重 6 克左右者,屬於中型半兩大樣錢;(2) 直徑在 26—28 毫米、重 3—5 克者,屬中型半兩小樣錢;(3) 直徑在 25 毫米以下、重不足 3 克者,屬於小型秦半兩錢。秦王朝短短十五年中,前期通行的半兩貨幣,有據可考者應以咸陽、西安等地區出土的中型半兩大樣錢爲主,而在秦代中期至中後期一段較長時間內,流通貨幣則以中型半兩小樣錢爲主。茲列舉數版別說明之。

1. 中型半兩大樣錢

(1) 中型半兩大樣錢第一版別(圖三十五①至④)。圖三十五①半兩錢徑 31 毫米、重 7.8 克,四川茂縣秦代墓葬出土;[65]圖三十五②半兩錢徑 32 毫米、重 6.8 克,陝西鳳翔出土;圖三十五③半兩錢徑 31 毫米、重 7.5 克,陝西鳳翔出土;[66]圖三十五④半兩錢徑 32 毫米、重 7.8 克,西安地區出土。[67]本版半兩錢製作較規範,內穿方正,鑄口已收窄。文字劃一,其中"半"字頭呈八字式,上橫曲折帶弧形,下橫與上橫等長;"兩"字方正工整,雙人短而位置適中。這類型半兩俗稱"八字式半兩"。近年來,四川郫縣、茂縣,山西安澤,河南靈寶,甘肅慶陽,陝西西安地區等均見出土。其中在內蒙古赤峰蜘蛛山遺址亦見出土,並與秦始皇詔書陶文同出,考古學者視之爲秦統一後的半兩貨幣。[68]此類型半兩初鑄時枚重達 7.5—8 克,鼓鑄已減至 6 克左右。亦不排除此類型半兩的鑄行年代跨越戰國至秦代前期的一段較長時間,其鑄量甚多,並廣泛流通各地。

(2) 中型半兩大樣錢第二版別(圖三十六①至④)。圖三十六①半兩錢徑 32 毫米、重 6.2 克,陝西鳳翔高家河村出土;圖三十六②半兩錢徑 32 毫米、重 5.9 克,陝西臨潼趙背戶村 M29 墓出土;[69]圖三十六③半兩錢徑 31 毫米、重 6 克,圖三十六④半兩錢徑 30 毫米、重 5 克,二泉均屬四川廣漢出土。[70]本版半兩製作規整,錢周圓好,穿孔方正,錢文筆劃多見方折,工整而秀麗,枚重 6 克左右,亦屬於秦代前期官府鑄錢中常見版式之一。

(3) 中型半兩大樣錢第三版別(圖三十七①至④)。本版半兩出土自內蒙古赤峰敖漢旗地區。錢型均規範而厚重,無內外郭,錢徑 30—32 毫米,錢重 10—12 克不等,錢文呈長字型,方折工整的秦小篆,十分俏秀古雅。[71]秦始皇二十六年始置遼西郡(敖漢旗地區在秦代屬遼西郡),這類出土秦半兩,可能是當年郡政府按秦王朝中央頒佈的錢法規定,鑄出這類重 12 銖的半兩貨幣。

2. 中型半兩小樣錢

(1) 中型半兩小樣錢第一版別(圖三十八①至④)。本版半兩出土自陝西臨潼始皇陵北側魚池村遺址內,該處共出土半兩 540 枚,錢徑多在 26—28 毫米之間,枚重 3—4 克左右。選其中 4 枚爲小樣錢第一版別,錢徑與重量分別爲 28 毫米、4.3 克,28 毫米、3.7 克,28 毫米、3.5 克,27 毫米、3.5 克。[72]形制尚規整,錢文字體修長,筆劃略帶弧形,具秦篆風格。這類型半兩當年鑄量最多,行用時間最長,流通地區甚廣,被認爲是秦代中期之後最具代表性的官版半兩鑄幣。

(2) 中型半兩小樣錢第二版別(圖三十九①至④)。本版半兩出土自陝西鳳翔高家河村,各枚錢徑及重量分別爲 26 毫米、2.1 克,31 毫米、3.1 克,26 毫米、5.2 克,26 毫米、4 克。[73]錢周圓,穿方正,錢文工整規範,筆劃方折而渾厚,屬官版鑄幣。高家河村出土秦錢跨越戰國及秦代,大部分屬於先秦半兩,唯見這類型半兩與先秦半兩有別,可斷爲秦代鑄幣。在陝西西安地區、山西安澤等地亦見有出土,也是秦代中後期半兩錢中較常見之版式。

(3) 中型半兩小樣錢第三版別(圖四十①、②)。圖四十①半兩錢徑 28 毫米、重 5.1 克,山西安澤窖藏出土;⑭圖四十⑫半兩錢徑 27 毫米、重量不詳,陝西臨潼出土。所見二泉錢型及字形皆寬扁,錢文古雅俊美,筆劃略帶弧形而纖細。係秦代半兩小樣錢中較少見之版式。

(4) 中型半兩小樣錢第四版別(圖四十一①至④)。本版半兩係筆者拙藏品,各枚半兩錢徑、重量分別為 28 毫米、4.5 克,27 毫米、5.2 克,27 毫米、4.5 克,28 毫米、5.8 克。⑮錢幣來自陝西地區,生坑出土,錢型有小鑄口,多在下方,內穿方正,文字劃一規範,字形寬長,屬方折秦小篆,與第一版別類同,僅區別於:本版"半"字頭方折,第一版別"半"字頭呈八字。這類中型半兩小樣錢在陝西咸陽、臨潼、西安地區出土最多。鑄造這類型半兩的錢範亦已在臨潼縣兩處地點發現。其中一件官鑄半兩銅母範出土自臨潼油王村,屬於秦代芷陽遺址手工業作坊區內;另一件銅質半兩錢範,出土自臨潼代王鎮孟家村,此處亦曾是秦代的鑄錢遺址。

(5) 中型半兩小樣錢第五版別(圖四十二①至④)。本版半兩係筆者拙藏品。各枚半兩錢徑、重量分別為 27 毫米、4.9 克,27 毫米、5.6 克,27 毫米、5.1 克,27 毫米、5.2 克。⑯各枚半兩屬生坑出土,來自西安地區,錢型圓好,多見小鑄口在下方,內穿方正,錢文劃一規範,字形寬扁而秀麗,筆劃方圓兼有。在甘肅清水、山西河津亦發現這類型半兩。可斷為秦代官鑄半兩貨幣。

(三) 秦 小 型 半 兩

秦始皇三十七年七月(前 210 年),秦始皇在東巡返咸陽途中病死於沙丘平臺。同年十月,少子胡亥繼位為秦二世。始皇去世後,秦朝中央推行幣制出現了反覆。因此時六國後裔及商賈豪強不滿秦法,伺機而起,或自行鑄錢,或復用戰國時期各式貨幣,以致幣制混亂,通貨貶值。據《史記·六國年表》記載,始皇三十七年"十月,子胡亥立,為二世皇帝……復行錢"。秦二世要"復行錢",就是再一次頒佈法令,繼續推行秦王朝的幣制。復行的"錢"當是秦半兩錢。據各地出土秦半兩資料顯示,秦二世時期鑄行的半兩錢徑小輕薄,大致可劃分為官鑄與私鑄兩類。

1. 四銖類型小半兩

該半兩錢見圖四十三①至⑥。圖四十三①半兩錢徑 21 毫米、重 2 克,四川郫縣出土;圖四十三②半兩錢徑 20 毫米、重 2.1 克,山西安澤出土;圖四十三③半兩錢徑 19 毫米、重 1.4 克,陝西鳳翔高莊M6 墓出土,⑰圖四十三④半兩錢徑 20 毫米、重 1.9 克,山西安澤出土;圖四十三⑤半兩錢徑 23 毫米、重 2.5 克,山西安澤出土;⑱圖四十三⑥半兩錢徑 23 毫米、重 3.5 克,係筆者拙藏。此類小型秦半兩多屬地方官府鑄造,其錢型較圓整,部分仍見上或下小鑄口,穿孔方正,枚重一般 2.5 克左右,相當於四銖半兩。錢文稍高挺,字形稍長,筆劃方中帶圓,屬於秦小篆書體。1977 年在陝西鳳翔高莊發現一處跨越戰國晚期至西漢前期的墓葬群,出土不少這類型小半兩,它與西漢文景帝四銖半兩錢文風格迥異,二者有明顯的不同特徵。⑲此外,在山西、河南、四川、甘肅等地區亦見這類小型秦半兩出土。

2. 秦莢錢

秦莢錢見圖四十四①至⑥。圖四十四①至④半兩為陝西漢陰出土;圖四十四⑤、⑥半兩為四川茂縣出土。⑳這類秦錢製作粗劣輕薄,穿孔較大,錢文草率不規範,錢徑多為 15—20 毫米左右,枚重不足 2 克,相當於 3 銖的重量。這類廣穿型的小半兩,錢型輕薄如榆莢,故稱為"秦莢錢",多屬於秦代末年民間私鑄錢。例如圖四十四⑤、⑥半兩出土自四川茂縣石棺葬 CM7 秦墓內,墓葬年代已考訂在秦代末年,這兩枚小半兩屬於"秦莢錢"。朱活在《古錢新譚》一書中指出:"秦末半兩錢已大小不一,比值竟達到一比一百,後世出土的小型秦半兩,實際上就是'莢錢',而當百錢就是'重如其文'的秦半兩。"㉑由此可見,秦末的半兩貨幣已經嚴重減重變質,完全脫離"重如其文"的法定標準,正好說明秦王朝正走向衰亡。

綜觀秦代所鑄的"半兩",其特徵可歸納為三點:(1) 秦半兩錢多見單鑄口,鑄口茬較窄,鑄口的位置多在上方或下方,部分見在左上方或右下方。鑄口及流銅經過修磨,鑄造技術有明顯進步。此時期錢範已採用直流分鑄式及分流分鑄式工藝,每次可鑄出較多的錢幣;(2) 秦官鑄半兩製作較精整,錢圓好,穿方正,面穿與背穿大小基本一致。錢肉較厚,與徑小肉薄的漢八銖半兩有明顯區別;(3) 秦半兩錢文仍然較高挺,字形已趨向規範化,筆劃方折,橫平豎直,工整端莊,屬於方折秦小篆書體,部分錢文仍保留圓厚弧形筆法。較容易找到錢文字形相類的版式。

以上根據近年出土的秦半兩實物資料,對秦半兩錢的類型及版別作一次比較系統的整理,並對它的斷代分期作初步的探討。其中有一點應該説明,本文所言秦半兩版別,並非指其出自同一錢範,祇是相對於半兩類別而言。即在半兩類型之下(例如古拙字型、粗放大字型、長字型等),再細分出不同的版式,每版式中各錢型及文字並非完全吻合,不可與後世所鑄之通寶錢的版式相提並論。目前經科學發掘出土的秦半兩及資料數據仍然有限,對上述有關秦半兩問題,錢幣學術界仍在討論之中。隨着科學考古事業的發展,筆者深信,埋藏兩千多年的秦半兩貨幣必然會有更多的發現。此時對它會有更全面深入的認識,上述許多疑難問題亦一定能得到解決。

注:
① 上海博物館青銅器研究部編:《上海博物館藏錢幣·先秦錢幣》第 717 頁,上海書畫出版社 1994 年版。
② 關漢亨編著:《半兩貨幣圖説》第 163 頁,上海書店出版社 1995 年版。
③ 《陝西金融·錢幣研究專輯》(15)1991 年增刊第 76 頁。
④⑤ 《陝西金融·錢幣研究專輯》(10)1988 年增刊第 16、35、89 頁。
⑥ 關漢亨編著:《半兩貨幣圖説》第 22 頁,上海書店出版社 1995 年版。
⑦ 中國錢幣學會編:《中國錢幣學會成立三十周年紀念集》第 109 頁,中國金融出版社 1992 年版。
⑧ 關漢亨編著:《半兩貨幣圖説》第 161 頁,上海書店出版社 1995 年版。
⑨ 《陝西金融·錢幣研究專輯》(10)1988 年增刊第 15、95 頁。
⑩ 《陝西金融·錢幣研究專輯》(5)1986 年增刊第 17 頁。
⑪ 關漢亨編著:《半兩貨幣圖説》第 25 頁,上海書店出版社 1995 年版。
⑫ 《陝西金融·錢幣研究專輯》(15)1991 年增刊第 73 頁。
⑬ 馬飛海總主編、汪慶正主編:《中國歷代貨幣大系·先秦貨幣》第 1064 頁,上海人民出版社 1988 年版。
⑭ 蘇州錢幣研究會編:《蘇州錢幣》雜志第五期。
⑮ 關漢亨編著:《半兩貨幣圖説》第 26 頁,上海書店出版社 1995 年版。
⑯ 上海博物館青銅器研究部編:《上海博物館藏錢幣·秦漢錢幣》第 28 頁,上海書畫出版社 1994 年版。
⑰ 《陝西金融·錢幣研究專輯》(10)1988 年增刊第 33、89、92 頁。
⑱ 上海博物館青銅器研究部編:《上海博物館藏錢幣·秦漢錢幣》第 30 頁,上海書畫出版社 1994 年版。
⑲ 《陝西金融·錢幣研究專輯》(5)1986 年增刊第 17 頁。
⑳ 《陝西金融·錢幣研究專輯》(10)1988 年增刊第 92 頁。
㉑ 《陝西金融·錢幣研究專輯》(15)1991 年增刊第 64 頁。
㉒ 《陝西金融·錢幣研究專輯》(10)1988 年增刊第 93 頁。
㉓ 《陝西金融·錢幣研究專輯》(15)1991 年增刊第 73 頁。
㉔ 蔡運章、李運興主編:《洛陽錢幣》(2)第 36 頁,中國社會科學出版社 1993 年版。
㉕㉖ 關漢亨編著:《半兩貨幣圖説》第 32、34 頁,上海書店出版社 1995 年版。
㉗ 《中國錢幣》1989 年第 1 期第 19 頁。
㉘ 《陝西金融·錢幣研究專輯》(10)1988 年增刊第 92 頁。
㉙ 上海博物館青銅器研究部編:《上海博物館藏錢幣·秦漢錢幣》第 15 頁,上海書畫出版社 1994 年版。
㉚ 關漢亨編著:《半兩貨幣圖説》第 162、163 頁,上海書店出版社 1995 年版。
㉛ 上海博物館青銅器研究部編:《上海博物館藏錢幣·秦漢錢幣》第 21 頁,上海書畫出版社 1994 年版。
㉜ 關漢亨編著:《半兩貨幣圖説》第 165 頁,上海書店出版社 1995 年版。
㉝ 中國錢幣學會編:《中國錢幣論文集》第 2 輯第 115 頁,中國金融出版社 1992 年版。
㉞ 《陝西金融·錢幣研究專輯》(15)1991 年增刊第 59、64 頁。
㉟ 蔡運章、李運興主編:《洛陽錢幣》(2)第 34 頁,中國社會科學出版社 1993 年版。
㊱ 《陝西金融·錢幣研究專輯》(15)1991 年增刊第 64 頁。
㊲ 《陝西金融·錢幣研究專輯》(10)1988 年增刊第 15、16 頁。
㊳ 蔡運章、李運興主編:《洛陽錢幣》(2)第 36 頁,中國社會科學出版社 1993 年版。
㊴ 《陝西金融·錢幣研究專輯》(15)1991 年增刊第 73 頁。
㊵ 蔡運章、李運興主編:《洛陽錢幣》(2)第 36 頁,中國社會科學出版社 1993 年版。
㊶ 關漢亨編著:《半兩貨幣圖説》第 219 頁,上海書店出版社 1995 年版。
㊷ 《陝西金融·錢幣研究》1994 年第 1 期第 1 頁。
㊸ 《陝西金融·錢幣研究專輯》(15)1991 年增刊第 61 頁。
㊹ 《中國錢幣》1993 年第 1 期第 69 頁。
㊺ 《陝西金融·錢幣研究專輯》(10)1988 年增刊第 98 頁。
㊻ 中國錢幣學會編:《中國錢幣學會成立三十周年紀念集》第 183 頁,中國金融出版社 1992 年版。
㊼ 關漢亨編著:《半兩貨幣圖説》第 214 頁,上海書店出版社 1995 年版。
㊽ 《中國錢幣》1986 年第 1 期第 78 頁。

㊾㊿51 52 53　關漢亨編著:《半兩貨幣圖説》第 78、81、82、83、84、87 頁,上海書店出版社 1995 年版。

54　《人民日報》1995 年 6 月 22 日。

55　中國錢幣學會編:《中國錢幣論文集》第 182 頁,中國金融出版社 1985 年版。

56　關漢亨編著:《半兩貨幣圖説》第 38、39 頁,上海書店出版社 1995 年版。

57　《睡虎地秦墓竹簡》,文物出版社 1978 年版。

58　朱活著:《古錢新譚》第 101、105 頁,山東大學出版社 1992 年版。

59　《中國錢幣》1989 年第 1 期第 22 頁。

60　中國錢幣學會編:《中國錢幣學會成立三十周年紀念集》第 109 頁,中國金融出版社 1992 年版。

61　《中國錢幣》1989 年第 1 期第 64 頁。

62　《中國錢幣》1991 年第 2 期第 66 頁。

63　關漢亨編著:《半兩貨幣圖説》第 203、204 頁,上海書店出版社 1995 年版。

64 65　《中國錢幣》1989 年第 1 期第 19、22 頁。

66　《陝西金融・錢幣研究專輯》(10)1988 年增刊第 17 頁。

67　《陝西金融・錢幣研究專輯》(15)1991 年增刊第 71 頁。

68　蔡運章、李運興主編:《洛陽錢幣》(2)第 21 頁,中國社會科學出版社 1993 年版。

69　中國錢幣學會編:《中國錢幣論文集》第 183 頁,中國金融出版社 1985 年版。

70　《陝西金融・錢幣研究專輯》(10)1988 年增刊第 92 頁。

71　《中國錢幣》1988 年第 2 期第 59 頁。

72　中國錢幣學會編:《中國錢幣論文集》第 183 頁,中國金融出版社 1985 年版。

73　《陝西金融・錢幣研究專輯》(10)1988 年增刊第 18 頁。

74　中國錢幣學會編:《中國錢幣學會成立三十周年紀念集》第 110 頁,中國金融出版社 1992 年版。

75 76　關漢亨編著:《半兩貨幣圖説》第 244、246 頁,上海書店出版社 1995 年版。

77　中國錢幣學會編:《中國錢幣論文集》第 183 頁,中國金融出版社 1985 年版。

78　中國錢幣學會編:《中國錢幣學會成立三十周年紀念集》第 114 頁,中國金融出版社 1992 年版。

79　關漢亨著:《試談鳳翔縣高莊出土"西漢風格錢"》,載《香港錢幣研究會會刊》1994 年第 9 期。

80　《中國錢幣》1989 年第 1 期第 22 頁。

81　朱活著:《古錢新譚》第 43 頁,山東大學出版社 1992 年版。

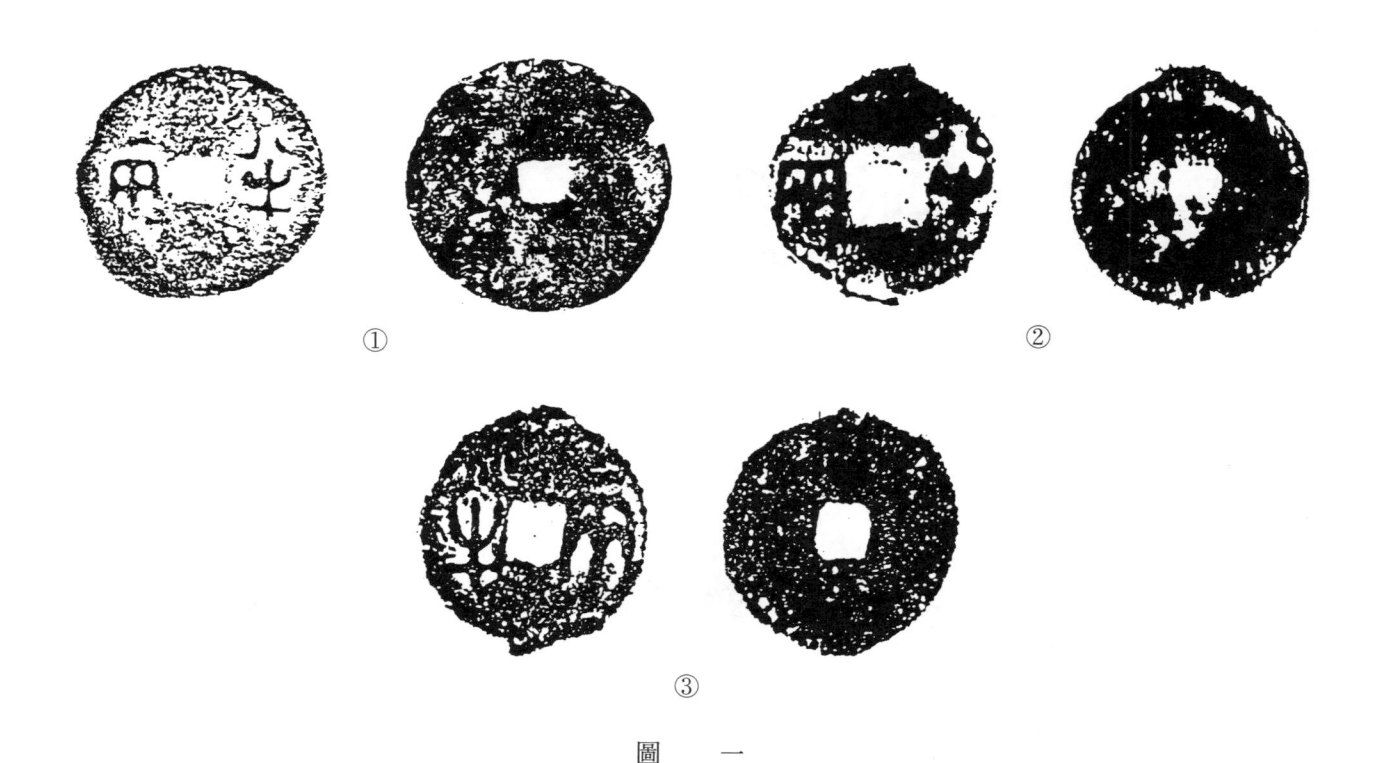

①　　　　　　　　　　②

③

圖　　一

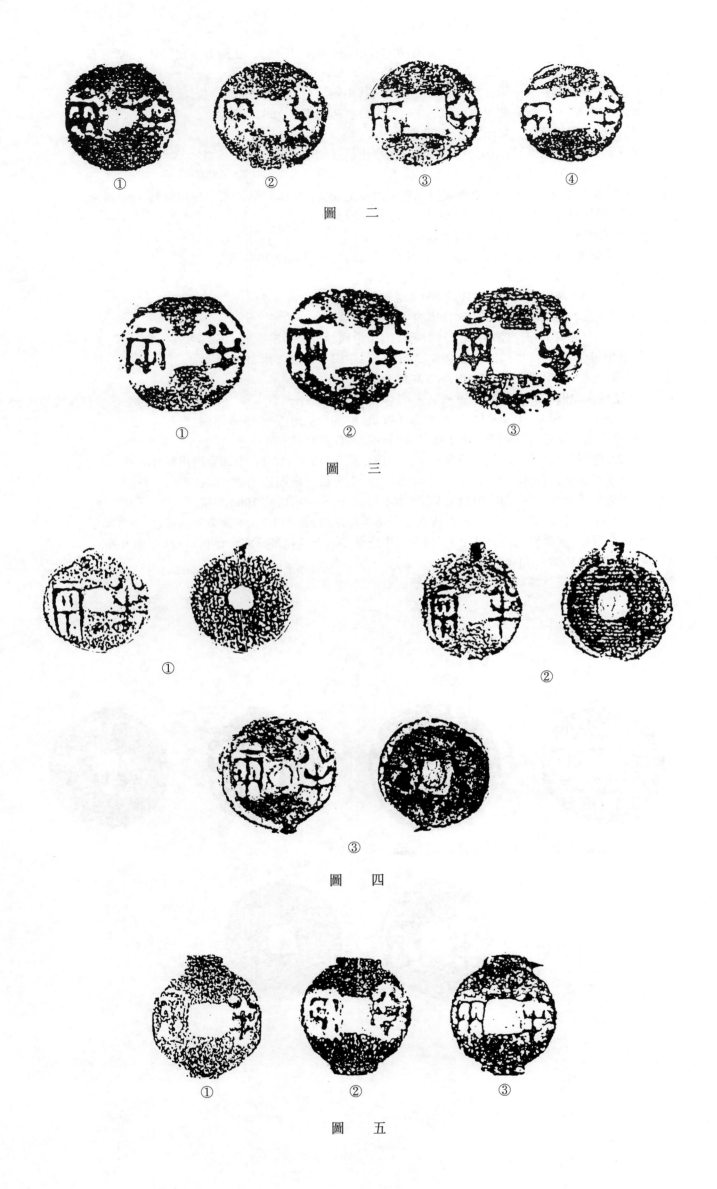

①　　　　　②　　　　　③　　　　　④

圖　二

①　　　　　②　　　　　③

圖　三

①　　　　　　　　　　　②

③

圖　四

①　　　　　②　　　　　③

圖　五

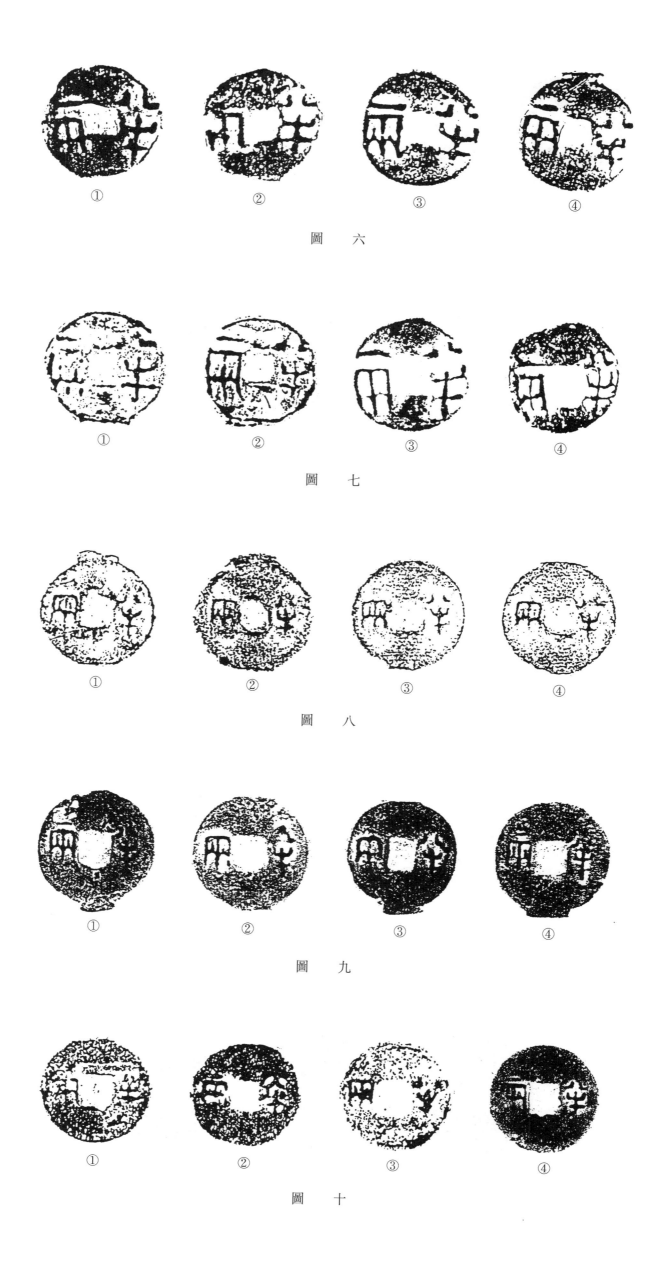

①　　　　　　②　　　　　　③　　　　　　④

圖　　六

①　　　　　　②　　　　　　③　　　　　　④

圖　　七

①　　　　　　②　　　　　　③　　　　　　④

圖　　八

①　　　　　　②　　　　　　③　　　　　　④

圖　　九

①　　　　　　②　　　　　　③　　　　　　④

圖　　十

①　　　　　②　　　　　③　　　　　④

圖 十 一

①　　　　　②　　　　　③

圖 十 二

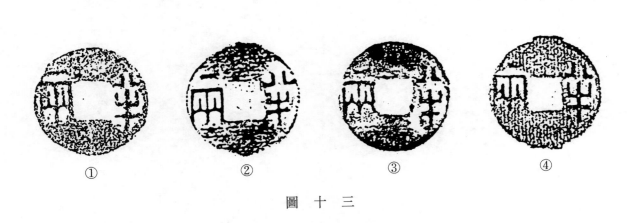

①　　　　　②　　　　　③　　　　　④

圖 十 三

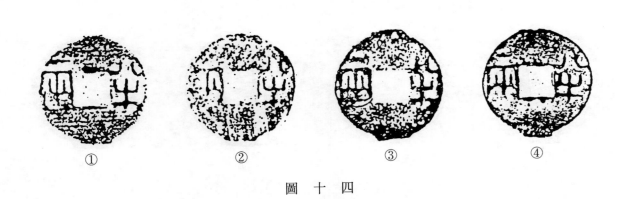

①　　　　　②　　　　　③　　　　　④

圖 十 四

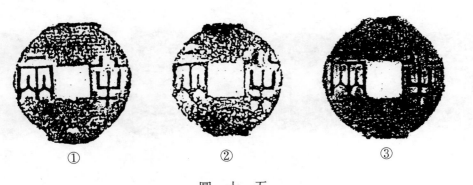

①　　　　　②　　　　　③

圖 十 五

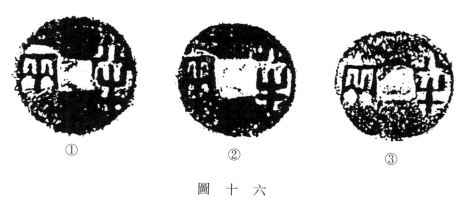

①　　　　　　　　②　　　　　　　　③

圖　十　六

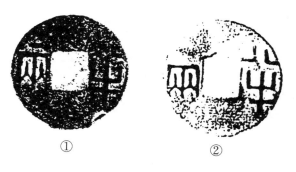

①　　　　　　　　②

圖　十　七

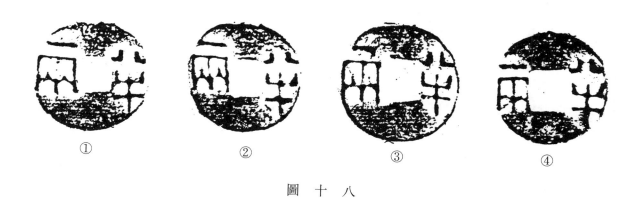

①　　　　　②　　　　　③　　　　　④

圖　十　八

①　　　　　②　　　　　③　　　　　④

圖　十　九

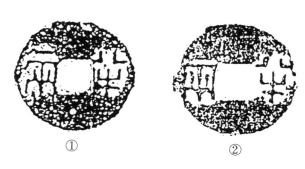

①　　　　　　　　②

圖　二　十

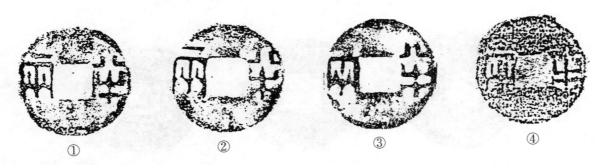

① ② ③ ④

圖 二 十 一

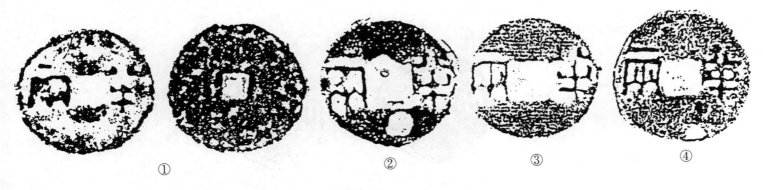

① ② ③ ④

圖 二 十 二

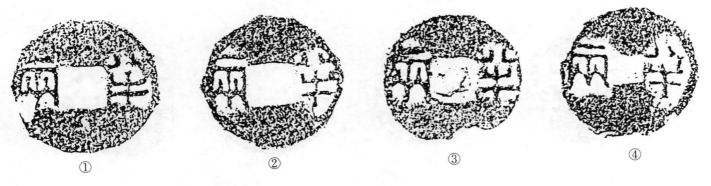

① ② ③ ④

圖 二 十 三

① ② ③

圖 二 十 四

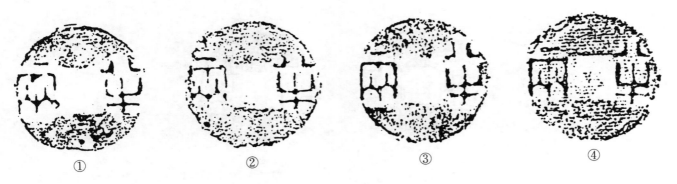

① ② ③ ④

圖 二 十 五

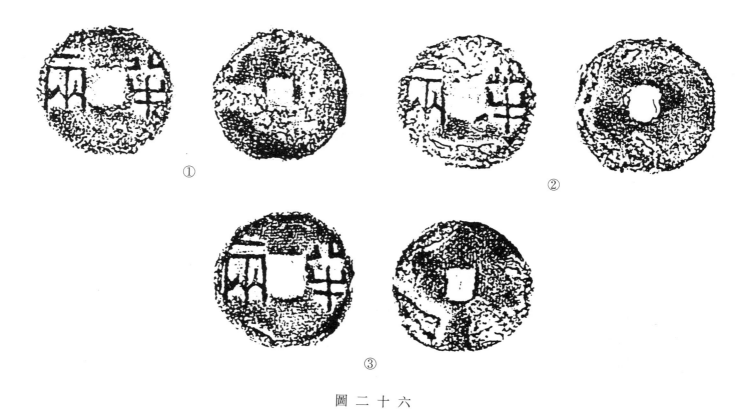

①　　　　　　　　　　　　　　　　　　　　　②

③

圖　二　十　六

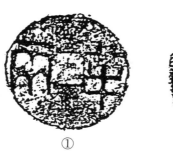

①　　　　　　　②

圖　二　十　七

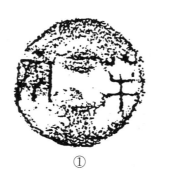

①　　　　　　　　②　　　　　　　　③

圖　二　十　八

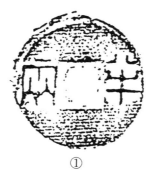

①　　　　　　　②

圖　二　十　九

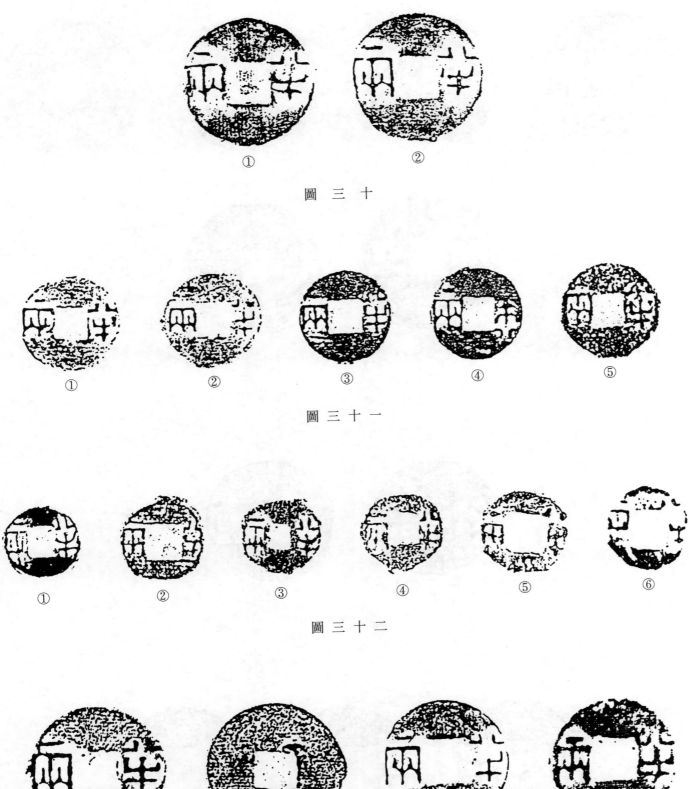

①　　　　　②

圖　三　十

①　　　②　　　③　　　④　　　⑤

圖　三　十　一

①　　②　　③　　④　　⑤　　⑥

圖　三　十　二

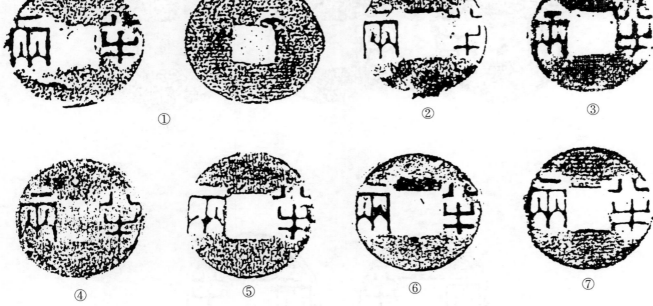

①　　　　②　　　③

④　　　　⑤　　　⑥　　　⑦

圖　三　十　三

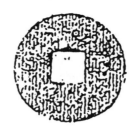

圖 三 十 四

①　　　　②　　　　③　　　　④

圖 三 十 五

①　　　　②　　　　③　　　　④

圖 三 十 六

①　　　　②　　　　③　　　　④　　　　⑤

圖 三 十 七

①　　　　②　　　　③　　　　④

圖 三 十 八

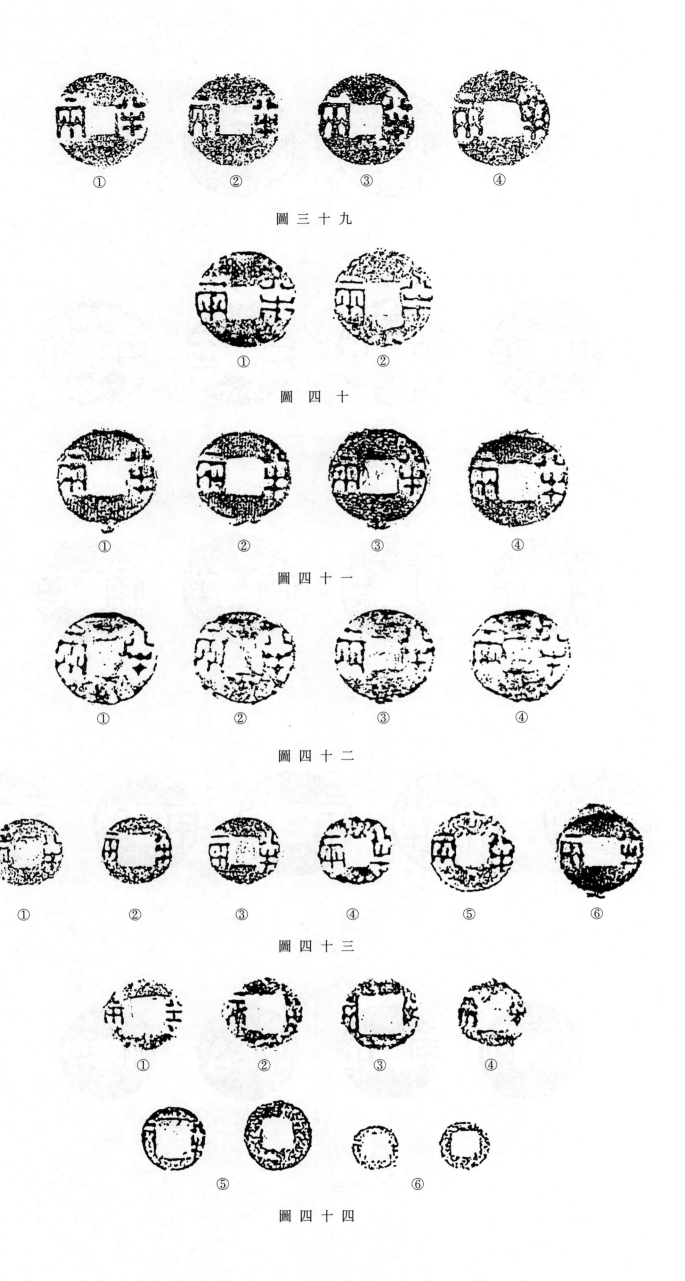

① ② ③ ④

圖 三 十 九

① ②

圖 四 十

① ② ③ ④

圖 四 十 一

① ② ③ ④

圖 四 十 二

① ② ③ ④ ⑤ ⑥

圖 四 十 三

① ② ③ ④

⑤ ⑥

圖 四 十 四

兩漢五銖概述

吳榮曾

　　五銖是中國古錢幣中很常見的一種。五銖始鑄於漢武帝元狩五年(前118年)，使用到東漢末，中間除去新莽和東漢初一段時間停鑄或停用外，漢五銖總共鑄用將近三個世紀。據《漢書·食貨志》記載，從元狩五年到平帝時，西漢王朝鑄造額總計達到"二百八十億萬餘枚"之多。東漢的史籍中未留下類似的統計數字。但從出土的實物來推測，東漢時鑄造的數量肯定要超過西漢。

　　數量極多的兩漢五銖，是今天研究兩漢財政經濟或冶金技術的重要材料。在文物考古領域，早晚期不同的五銖，又往往是判斷遺址、墓葬年代的重要依據。在國外有些地方也出土過一些五銖，這又爲中外文化的交往提供了綫索。總之，漢五銖在歷史或考古學研究中受到人們的重視是不奇怪的。

　　從古錢學或文物考古學的角度來說，辨認出漢代五銖的年代早晚，成爲研究工作中一項重要内容。最初在這方面作過嘗試的，是清代的一些古錢學家。如李佐賢在《古泉匯》中，曾利用有紀年的範母來確定某些五銖的年代。民國時期，方若在其《言錢別録》中，對考定西漢五銖提出過若干很好的見解。繼之而起的乃是鄭家相的《五銖之研究》[1]。他通過大量傳世品，尋找出西漢到三國之間早晚不同的類型。儘管他的這項研究完成於距今半個多世紀以前，但按今天的眼光去衡量，他的大部分結論仍都正確，表明他在五銖研究方面取得了很大的成就。

　　近幾十年來，文物考古工作獲得很大的發展，對古錢幣的研究也起到重要的推動作用。

　　首先，通過考古調查、發掘，爲古錢研究提供了豐富的出土材料。如20世紀50年代初，從河南洛陽燒溝漢墓群獲得大量的兩漢五銖錢，其年代從武帝後期一直到東漢末[2]。後來河北滿城漢劉勝墓也出土了不少的五銖[3]。劉勝卒於元鼎四年(前113年)，則墓中所出的2 000多枚五銖，應包括元狩五年到元鼎四年之間所鑄造的各種五銖，特別是元鼎四年以前的，屬於武帝五銖中的早期類型，而燒溝五銖中唯獨没有。由於滿城漢墓出土了這種早期五銖，正好填補了燒溝五銖中的空缺部分。儘管滿城和燒溝所出的五銖還不可能包括了兩漢五銖的所有類型，但許多重要而有代表性的類型基本上已具備。因此，現在人們可以憑借這兩處所出的五銖以作爲檢測別處出土品時代早晚的重要依據。

　　其次，考古學的某些方法或手段也被引進或吸收到古錢學研究領域之中，如考古學中的標型學，對於解決古錢年代發揮過不小的作用。還有像通過物理或化學方法來探測古錢的金屬成分的技術，這對於了解古代冶鑄工藝大有幫助。今天的古錢學研究因爲有了以上的新方法和新技術，使得傳統方法有了革新和改進。這對於推進古錢學的研究具有重要的意義。當然，這也不等於說傳統方法可以置之不顧了，而我們今天仍應對其重視。尤其是前人研究的某些經驗和成果，對我們肯定會有重要的借鑒作用。這和歷史研究的其他領域一樣，没有繼承也就不會有發展。如過去在燒溝五銖的整理過程中，大家從鄭家相的著作中得到不少的幫助和啓發。上面例子說明，在古錢的研究工作中，新的考古學方法和傳統的方法並不抵觸，若能將兩者結合起來，更會起到相得益彰的互補效應。這也將是今後古錢學研究的趨勢和發展方向。

一、西 漢 五 銖

（一） 西漢幣制沿革

從武帝始造五銖起，以後諸帝皆相沿不變。但五銖錢的形制與鑄造工藝仍存在着一定的差異，現將其分爲兩個不同的階段。

1. 武帝時期

武帝以前，漢因承前制而用半兩錢。武帝建元元年（前140年）起改用三銖錢，到建元五年而罷，這是《漢書·武帝紀》的記載；而《史記·平準書》所記則與此不同，認爲鑄三銖與造"白金"與"皮幣"同時，即在元狩四年時。這和元狩五年始造五銖祗差一年。故《平準書》以爲廢三銖後立即鑄五銖。而《漢書·武帝紀》以爲罷三銖後又復半兩，元狩五年時罷半兩造五銖。五銖出現以前，究竟是用哪種錢？由於《史記》、《漢書》的記載截然不同，故今日治經濟史或貨幣史者對於這問題仍有分歧。近年地下出土材料提供了有關三銖錢年代的證據，山東臨沂銀雀山的一號墓出土了半兩錢和1枚三銖錢，較其爲晚的二號墓出土有元光元年（前134年）的曆譜，表明二號墓入葬時間在元光元年。用這兩座墓作一比較，知道三銖錢的出現早於元光元年，證明它不可能和造"白金"都始於元狩四年。而《漢書·武帝紀》説元狩五年"罷半兩錢行五銖錢"，則較爲符合實際。

關於五銖出現的年代，《史記》、《漢書》的記載也有差異。如《史記·平準書》將"郡國鑄五銖錢"與衞、霍大破匈奴置於同一年之內。而《漢書·武帝紀》則將"行五銖錢"置於漢大破匈奴之翌年。兩書所記前後差一年。據《武帝紀》，大破匈奴在元狩四年，如按《平準書》鑄五銖在這年，而《漢書》在元狩五年。史書上出現的這種分歧，我們現在還無法證實哪一種説法正確。郡國五銖行用不久，因"郡國多姦鑄錢，錢多輕"，故"公卿請令京師鑄鍾官赤側"。《漢書·武帝紀》失載此事，《平準書》有之，《漢書·食貨志》沿襲其説，但《史記》並未明確言及赤側錢始鑄於何年，祗説"是歲也，張湯死而民不思"。《史記·漢興以來將相名臣年表》、《漢書·武帝紀》皆云湯於元鼎二年（前115年）自殺，則赤側錢即始行於此年。

赤側錢通用的時間不長。《平準書》説始行赤側的"其後二歲"即廢止，時間在元鼎四年。但現在根據《史記》、《漢書》和其他材料作進一步的核對，罷赤側似應在元鼎三年。現將有關的兩條記載抄引於後：

(1)《史記·高祖功臣侯年表》曲城侯蠱皋柔於元鼎三年時，"坐爲汝南太守，知民不用赤側錢爲賦"。《索隱》："不用赤側爲賦，案時用赤側錢，而汝南不以爲賦也。"

(2)《漢書·百官公卿表》酆城侯周仲居於元鼎三年，"坐不收赤側錢收行錢論"。

從曲成侯在汝南太守任內不用赤側爲賦而獲罪一事得知，當時赤側爲法定貨幣，地方官如對其流通推行不力必定要受到懲罰。而酆城侯則相反，因未能積極收繳赤側而論罪，這表明當時赤側錢已廢。以上兩件事都發生在同一年之內，可見在元鼎三年時，起初赤側錢和上一年一樣具有合法地位，祗是到這年的晚些時候纔停止使用，具體在何月則不詳。

廢赤側錢後立即行用上林三官五銖。《平準書》説行赤側錢後兩年，因"赤側錢賤，民巧法用之，不便，又廢。於是悉禁郡國無鑄錢，專令上林三官鑄。錢既多，而令天下非三官錢不得行，諸郡國所前鑄錢皆廢銷之，輸其銅三官。而民之鑄錢益少，計其費不能相當，唯真工大姦乃盜爲之"。武帝行五銖以後。正如《鹽鐵論·錯幣》所指出的那樣，即"幣數易而民益疑"，這對五銖的信譽頗爲不利，再加上私鑄的盛行，嚴重地影響了幣制的穩定性。針對以上情況，官府鑄造優質而較爲規範的三官錢以取代以往的幾種五銖，已成爲幣制改革中最後的一步棋。

所謂上林三官，乃指水衡都尉下的三個鑄錢機構。《鹽鐵論·錯幣》稱之爲"水衡三官"。由於水衡都尉掌上林苑，故水衡下屬的三官也可稱爲"上林三官"。水衡置於元鼎二年，下有上林、均輸、鍾官、技巧、辨銅等九官。三官爲哪三官？説法不一。《史記集解》："駰案，漢書百官表水衡都尉，武帝元鼎二年初置，掌上林苑，屬官有上林、均輸、鍾官、辨銅令。然則上林三官，其是此三令乎？"裴駰以爲三官爲均輸、鍾官、辨銅，後人多從之。而陳直在其《史記新證》中云："集解以均輸、鍾官、辨銅爲上林鑄錢之三官,其説本於張晏。以余考之,當爲鍾官、辨銅、技巧三令丞。"張、裴以爲均輸爲三官之一甚爲不妥,因爲均輸掌管貨賣各地貢輸物品,和鑄錢無關。陳氏將均輸除去而補進技巧,他舉漢封泥中有"技巧錢丞"爲證,這一説法具有很大的説服力。④西漢早期經過文、景的休養生息,到武帝時經濟已日益的繁榮,不少制度已不能適應新的客觀條件。故武帝即位後就着手於各方面的改革,貨幣制度也不例外。錢幣改革的主要任務是以五銖取代長期行用的四銖半兩。改革要達到的目的包含以下三個方面:

(1) 確立貨幣的合適重量。西漢初因戰亂而造成經濟的衰疲。隨着物資短缺而引起物價上漲,於是錢幣減重極爲嚴重,輕小的莢錢充斥於市。以後經濟逐步恢復起來,錢幣的重量也漸漸增加。如吕后時曾用八銖半兩,這在當時是行不通的,故很快改用"五分錢",其重量合今制 2.4 克。到文帝時改用重四銖的半兩錢。武帝即位之後就開始另鑄三銖錢,這無疑是一種失誤,三銖輕於四銖,顯然不合用。經過一段摸索之後,發現不僅三銖嫌輕,即使四銖也不合適,故而鑄造較四銖略重的五銖錢。在居延漢簡中有一條殘簡值得注意,簡文云:"將軍、使者、大守議,貨錢古惡小莘不爲用,改更舊制,設作五銖錢,欲便百姓……。"⑤這當是皇帝召集大臣舉行廷議時的一段内容,所議論的對象是嫌流通中的錢幣粗劣輕小不合用,遂更改舊制而造作五銖錢以便百姓。這一決策具有重要的歷史意義。因爲從武帝元狩五年到東漢,銅錢的重量不再變動。甚至以後如唐的開元錢或明、清制錢,其重量大都和五銖較接近。則五銖的出現,實際上也爲後來很長時期的銅錢重量標準打下了初步的基礎。

(2) 重如其文的鑄錢原則重新獲得實現。秦錢重 12 銖,錢文爲半兩,所謂重如其文。半兩既是錢的實際重量,又是錢的面值。但以後錢的重量不斷減輕,錢上依舊標明半兩,出現了名實不符的現象。武帝即位後就有志於要糾正這種文與重相偏離的狀況,如最初造的三銖錢,錢上就鑄上三銖二字。後來改鑄較三銖爲重的五銖,錢文也隨之改爲五銖。

(3) 規範了鑄錢的形制和書體。秦統一天下後,以秦半兩取代了各國的刀布等幣,從這個意義上説秦統一了錢幣。但半兩本身輕重、大小、文字書體並不統一。文、景時用四銖半兩,輕重、大小的差別已不大,但錢文書體的差異仍無較大的改變,這和刻石爲範的工藝有關。五銖和半兩或三銖在形制上有較大的差異,五銖的正面有較寬、較高的郭,背面除有周郭外,還有穿郭。半兩、三銖皆爲平背,鑄錢時無須背範,用一平滑的石板即可,而五銖要製背範,面背兩範還要對準,這在工藝上比半兩、三銖複雜和費工。另外是用泥母範以複製銅鑄範技術的廣泛推行,這使同一個範型的範能鑄造出數量極多的錢,改變了過去半兩一模一錢的局限性。因此從上林三官五銖起,錢在形制、錢文書體上都可規範、統一起來,這對防止盜鑄起到有效的作用。

2. 昭帝至平帝時期

武帝以後,幣制方面一直沿襲武帝所確立的制度,不再作較大的變動,故而在史書中很少提到錢幣或五銖者,僅有以下兩條記載比較重要:

(1)《漢書·食貨志》:"自孝武元狩五年三官初鑄五銖錢,至平帝元始中,成錢二百八十億萬餘枚。"

(2)《漢書·貢禹傳》:"故民棄本逐末,耕者不能半,貧民雖賜之田,猶賤賣以買,窮則起爲盜賊,何者? 末利深而惑於錢也。是以姦邪不可禁,其原皆起於錢也。疾其末者絶其本,宜罷採珠玉、金銀、鑄錢之官,亡復以爲幣。"

第一條引文提供了一個重要的數據,即從武帝元狩五年到平帝時漢朝鑄錢的總額。

第二條是元帝時貢禹的建議,要求皇帝廢止貨幣。他所針對的並非五銖本身,而是從社會角度來考慮,感到貨幣經濟導致了社會上出現的重商輕農的傾向,甚至把社會的不穩定也歸咎於人們對貨幣的追求。所以,他認爲應該取消商業與貨幣,回到古代的自然經濟中去爲好,這在當時無法實現,但又是後來東漢時漸漸向自然經濟靠近的一個先兆。

有些地下出土的材料,也幫助我們了解從昭、宣到元、成帝間五銖鑄造的某些情況,這主要是從西安出土的帶紀年的陶質範母殘塊。這類範母在清代晚期就開始引起古錢學家的重視。現在所知範上的年號和年份有以下一些。

昭帝: 元鳳元年、三年、四年、六年;宣帝: 本始元年、三年、四年,地節二年、四年,元康二年、三年,神爵元年、二年、四年,五鳳元年、三年,甘露元年;元帝: 永光五年,建昭五年;成帝: 永始三年⑥。

從元鳳元年(前 80 年)到永始三年(前 14 年)總共爲六十六年。而母範上能找出不同年份的有二十年,這表明六十六年中至少有二十年鑄過錢。當然,能保存下來的母範僅是全部範母中的一部分而已。也就是説,這六十六年中曾鑄過錢的年份要大大超過二十年。從上面數字能看出從昭、宣到元、成,鑄錢極其頻繁。從史書記載或漢簡以及銘刻資料來看,知道從昭帝到西漢末,貨幣經濟很發達,無論是百姓交納租税或國家支出以及商業交易都離不開錢幣,西漢政府如不大量鑄錢,自然是無法滿足當時社會的這一需要。

在居延漢簡中能透露出宣帝時期有關錢幣的一些消息,如説:"元康元年十二月辛丑朔壬寅,東部侯長長生敢言之官,官移太守府,所移河南都尉書曰:"詔所名捕,及鑄僞錢、盜賊,凡未得者,牛延壽、高建等……"⑦簡文説當時官府要捉拿的犯人中,包括有鑄僞錢的罪犯在内。儘管宣帝時社會安定,物價很低,但仍有人私鑄五銖錢。到元、成時,西漢由盛轉衰,盜鑄者恐怕就更多了。元帝時的貢禹曾説:"自五銖錢起已來七十餘年,民坐盜鑄錢被刑者衆。"據此則從武帝到元帝時,民間盜鑄錢一直未斷過,這和上引簡文可相互印證。

(二) 西漢五銖的種類

1. 郡國五銖與赤側錢

武帝元狩五年所鑄五銖,是五銖中年代最早者,當時多由郡國鑄造,故謂之郡國五銖。這類五銖的特點如何? 前人在經過長期研究之後,從傳世的五銖中能夠辨認出來,如方若在《言錢别録》中寫道:"西漢武帝五銖,文字寬放,郭細,色深赤,銖字朱旁折筆,酷肖三銖。金旁四點成方形,有並連如畫者,字體雖大小不同,折筆雖方圓長短雜見,要以五字闊、銖字折筆短,而上下相稱居多數,且金旁首間作斜方孔。"

後來鄭家相基本上接受了方氏的看法而又有所發展。我們現在根據地下出土材料,證明他在《五銖之研究》中所列出的郡國五銖基本正確。

屬於考古發掘而獲得的郡國五銖材料甚少。洛陽燒溝漢墓出土的Ⅰ型五銖被認爲是武帝五銖,但發掘報告並未指出它是武帝早期還是晚期所造。後來河北滿城漢墓出土的一大批五銖,和燒溝的Ⅰ型錢有較爲明顯的差異,這爲解決如何劃分武帝時期五銖的早晚帶來了希望。可是發掘報告簡單地按書體的特點分爲三個類型,認爲這批五銖和燒溝的類型不同,而且還認爲燒溝報告分辨出的武帝五銖和宣、元五銖都不可信。這一説法的出現,使人們對西漢五銖如何分期無所適從。約從 1987 年開始,大家對滿城五銖作了較爲深入的研究之後,開始認識到滿城漢墓所出者多屬郡國所鑄⑧。而燒溝的Ⅰ型五銖當屬上林三官錢,即滿城五銖在類型上要早於燒溝Ⅰ型。至於滿城五銖的書體不同基本上是同時出現的,和燒溝Ⅰ、Ⅱ型書體不同是因爲分別出於武帝、昭帝、宣帝時期大不一樣。特別應該一提的是,1991 年河北省博物館發表了《滿城漢墓錢幣新探》一文,文中披露了較原報告中多得多的五銖拓片⑨,這對大家全面地了解滿城漢墓所出五銖大有好處。過去因發掘報告問世而造成了大家對武帝五銖認識上所出現的反覆,到這年基本上告一段落。

由於滿城漢墓所出的五銖大部分屬郡國錢,因此現在研究郡國五銖就可以以它爲主要的標本,其特點有以下幾點:

(1) 大小、輕重有較大的差別。以錢徑而言,一般爲 25—26 毫米,有少部分錢則達到 27.7 毫米,有的僅爲 23.9 毫米。五銖的法定重量應爲 3.25 克,但滿城五銖中最重者達到 7.5 克,輕的爲 2.5 克。平均重量約爲 3.956 克。這比法定重量的 3.25 克超過較多。郡國五銖爲何普遍地厚重? 其原因目前尚不明瞭。有人或以爲武帝時衡制一斤不是合今制 250 克,而似爲 307 克。這種推測很難成立,因爲現在所見到的西漢到王莽的衡制材料,測算的結果都在 250 克左右。

(2) 錢有周郭,大多數爲細郭,寬郭很少見。郭雖不寬,但高挺者居多,這在以後的五銖中幾乎没有。郭的側面有明顯的車削痕,知道錢鑄成後要經過車削加工,和半兩錢的"不磨"大不相同。穿的大小不等,長寬約 10—12 毫米左右。

(3) 錢文的書體,多種多樣,形不成較爲一致的風格。如"五"字的寫法各異,有中間兩竪筆直者,也有稍曲或彎曲度較大者。"金"字四點有作圓點狀或短竪狀(見圖一①至⑧)。"朱"字上面一橫劃有方折者,也有圓折者。"五銖"兩字有稍狹而長者,而較多的是兩字矮而寬,"金"和"朱"之間留下較大空隙。字的筆劃較粗壯古樸,猶有半兩、三銖的某些特色。有極少數"五銖"兩字爲反文,即所謂傳形者。

(4) 部分錢正面帶有記號。如在穿上或穿下有凸出的橫文或三角形、半月形、方形小點。有的在穿的四角上有很短的突起的細劃,即所謂四角決文。一般有記號之錢僅有上述各種記號中的一種,但個別的也會具備兩種不同的記號,例如有的錢既有四角決文,又有穿上半月。

在郡國五銖中,有記號者佔到較大的比重,現以滿城一、二號墓爲例:一號墓共出土五銖錢 2 316 枚,無記號者 665 枚,有記號者 1 651 枚;二號墓共出土五銖錢 1 891 枚,無記號者 1 355 枚,有記號者

536 枚。二號墓有記號錢在全部錢中約佔四分之一强,而一號墓有記號錢大大超過於無記號者,即有記號的佔全部錢的十分之七强。錢上帶有多種的記號,其用意爲何? 現在尚不清楚。有人以爲或是地區性的標記,如洛陽出土的一件錢範,穿上有三角形小點[10]。

緊接郡國五銖的是赤側五銖。然從漢魏以來,大家對赤側的確切含義已不甚明了,因此作出不少主觀的推斷。如東漢末的應劭,他以爲赤側乃"紫紺錢",即紫紅色的銅錢。以後如韋昭則以爲"以赤銅爲郭",如淳的說法與韋說相同。錢以赤銅爲郭,實在是不可能有的事。清人翁樹培說:"銅質因有純赤者,然未見有郭色獨赤之錢。"戴熙也說:"如謂兩種銅鑄一種錢,必無是理也。"[11]翁、戴都駁斥了以赤銅爲郭的觀點,但也未提出具有建設性的看法。李佐賢在《古泉匯》中對赤側錢作出了解釋,他說:"史記平準書,武帝令京師鑄鍾官赤側錢,如淳曰: 以赤銅爲其郭。但今未識鑄法如何。竊疑半兩鑄就,皆不磨礱,今五銖因民磨取鎔,故加以周郭,復磨礱之,磨後其郭色新,故赤,因名赤側,並非別有製作也。"他認爲五銖的周郭要經過車削,故銅色如新,望之躍眼。半兩不削磨,當然不會出現赤側的現象。這樣解釋很實在,比較的合乎情理。現從實物材料細加觀察,知道郡國五銖的邊郭皆經過削磨,則郡國五銖也是赤側。赤側並非始於鍾官錢至爲明顯。前人或根據個別錢未磨邊,因謂郡國五銖爲"未赤側五銖"。現在有了滿城漢墓出土的五銖,證明以上的推測是不能成立的。由於郡國五銖的周郭經過削磨而成爲赤側,人們因爲這是前所未有的,赤側或許變爲五銖的俗名,後改鑄鍾官五銖,而《史記》即以"鍾官赤側"稱之,這並不意味着從鍾官鑄五銖纔出現赤側。當然,這也仍是推測。近年大家各抒己見,談赤側者不少,而具有說服力者很少,看來如沒有地下出土的新材料,問題的解決恐怕很困難。

2. 上林三官五銖

從郡國初鑄五銖到罷赤側錢,前後不過五年左右,而從上林三官鑄錢到武帝之卒長達二十七年。因此上林三官錢的數量要比郡國錢、赤側錢多若干倍,再加上郡國錢、赤側錢當時被銷毀者極多,故目前所能見到的武帝五銖,絕大多數都爲三官錢。識別這種錢一般可通過排除法。即早於昭、宣五銖和晚於郡國錢者,當爲三官錢無疑。

洛陽燒溝漢墓所出的早期五銖,發掘報告已指出這是武帝時所鑄造。當時滿城漢墓尚未發現,所以缺乏可以和燒溝出土的武帝五銖相比較的材料,這也就很難判斷它的年代早晚了。後來因滿城發掘報告的問世,人們漸漸明確了燒溝漢墓出土的武帝五銖晚於滿城漢墓所出者,它屬於上林三官錢已毫無問題。和燒溝漢墓所出的武帝五銖相像者,在其他省份也出土過不少,故目前能見到的上林三官錢的資料是比較豐富的。

現在經過研究,知道三官錢有以下一些特點:

(1) 大小、輕重差別較小。錢徑一般爲 25 毫米左右,重量在 3.5 克左右爲多。錢徑超過 27 毫米或重量超過 5 克者,很難見到。

(2) 周郭的寬度和郡國五銖基本相同,但明顯的差別是郭較低,與郡國五銖的高郭大爲不同。郭的側面都經過車削,車削後又經過打磨,故削紋大都被磨去,留下和錢面相平行的磨紋。穿長寬約爲10 毫米,和郡國錢相比,明顯地趨於劃一起來了。

(3) 錢文書體的趨於規範化,這是三官錢很大的一個特點。如"五銖"兩字比較地狹長,"五"字中間兩豎略帶彎曲。"銖"字的"金"旁和"朱"靠得較緊,"朱"字頭方折,"金"字四點成爲四小短豎。

(4) 錢上的記號較郡國五銖大爲減少。主要有穿上橫文、穿下橫文、穿下半月,還有面穿四角決文。其中以上橫文、下半月爲多,其次爲四角決文,穿下橫文最少。洛陽燒溝漢墓出土的武帝五銖共822 枚,其中無記號者 420 枚,有記號者 402 枚。有記號和無記號錢約爲一比一。

上林三官五銖的最大特色是形制的劃一和達到較高的規範程度。郡國五銖輕重、大小不一致,錢文書體也多種多樣。三官錢從形制到書體,彼此的差異已很小。這表明從郡國五銖到鍾官赤側、上林三官五銖,經過不斷的改進,最後可算是達到了定型的階段。因而現在對於鑄造和使用長達 27 年之久的三官錢,很難找出其中有什麼明顯的差別。這正標志着武帝幣制改革獲得了最後的成功。

3. 昭帝五銖

昭帝即位之初,所繼承的正是武帝晚年因龐大軍事開支而造成的財政上的爛攤子。當時霍光秉政,光"知時務之要",能夠實現"輕徭薄賦"、"與民休息",社會矛盾獲得緩解,經濟由穩定而漸趨繁榮。從傳世的不少帶昭帝年號的範母來推測,鑄錢數量也一定很大。

現在確認昭帝五銖的方法是借助於帶紀年的範母。"五"字的寫法較引人注目,即"五"字較小,中間兩豎在交叉處有重合的現象,這是武帝和宣帝時五銖所沒有。在五銖實物中確有符合這一特徵者,如洛陽燒溝和西郊漢墓中都出有這種五銖。[12]

4. 宣、元、成帝五銖

宣帝時期,號稱中興。因經濟繁榮、社會安定而成爲西漢後期的盛世。史稱這時期"技巧工匠器械,自元成間鮮能及之",因經濟發達而使手工藝技巧也達到精湛的程度,這在錢幣鑄造方面也不例外。今所見宣帝五銖,鑄造精良,武、昭帝五銖很難與其相比。元、成帝兩世,西漢國勢漸衰,但在鑄錢方面似仍延續前世之技藝,今以帶宣、元、成帝年號的範母相比。錢的形制和文字風格都較爲一致,出土的實物亦然,要將其分辨出早晚甚感困難。故目前祇好把這三朝所鑄的五銖列爲一種類型來加以研究了。其特徵約有以下幾方面:

(1) 錢的重量、大小和武帝上林三官錢、昭帝五銖相似。昭、宣帝五銖範母上有的錢模直徑在 23 毫米左右,而實物材料中很少見到這種小樣錢。

(2) 周郭普遍加寬,和其以前的各種五銖相比,這一特徵非常明顯。

(3) 錢文書法精美。字的筆劃纖細、勻稱而剛勁有力。和武帝、昭帝五銖稍帶古樸的風格不大一樣。字的規範化程度也高於武帝五銖。錢與錢之間在書體上差別極小。"五銖"兩字中,"五"字的寫法與武帝五銖明顯不同,即"五"字中間兩豎寬度較大,兩豎的上部、下部左右間已平行,也有少數錢,"五"字兩豎向外凸出。"五"字的大小較一致,不像三官錢中有長型、短型之差異。

(4) 鑄造工藝有了改進,明顯地表現在字劃更加清晰這方面,即兩字筆劃凸起的高度相等,而上林三官錢中有相當一部分錢的"銖"字較"五"字低平,往往是"金"字或"朱"字不清,在拓墨時尤能感到筆劃因低平而難有字迹清楚的效果。而從宣帝五銖開始,在鑄造上已克服這一缺陷。宣帝五銖筆劃較武帝三官錢爲細,這在製範的難度上當然也大大超過了三官錢。

(5) 記號仍有,最常見者爲穿上橫文、穿下半月。其餘的都已不見(見圖二①—③)。

武帝時三種五銖,以上林三官錢鑄造工藝爲最好,而武帝以後歷朝所造,又在三官錢基礎上提高了一步。其中尤以宣帝時所造爲最精。從整個西漢來說,宣帝五銖達到最高峰。古人或以爲王莽錢居宋以前鑄造技藝之榜首。現在根據大量出土材料來看,宣、元帝時所鑄造的錢,其精緻程度和有些莽錢不相上下。而且不難看出,莽錢鑄造技巧得力於宣、元帝等朝所達到的水平。可見宣、元帝時期鑄錢技術對後來所產生的重要影響是不能低估的。

5. 小五銖

所謂小五銖,是指直徑 12 毫米的五銖。這種形體特小的錢長期以來曾被人誤認爲是漢以後的貨幣。如宋洪遵《錢志》即以爲是晉的沈郎錢,以後像清人多從其說。民國時的劉體智在《善齋吉金録》中提出了自己的看法。他說:"此泉製作精好,有肉郭,無好郭,與漢五銖制相同。三國泉制已肉好周郭,至晉更無論已,其非漢以後泉斷然無疑。"

他根據錢的特點進行分析,認爲它不可能是魏晉的錢,而應該非漢莫屬,這無疑是正確的。不過,他最後將其歸之於新莽,以後鄭家相的《五銖之研究》即從其說。

近幾十年,隨着考古材料的日益豐富,大家已明確小五銖出現在王莽之前,應是西漢時所造。這種小錢在陝西尤爲常見,如扶風、咸陽、西安的漢墓或窖藏中屢有發現。陝西以外如江蘇盱眙、廣西合浦的西漢墓中也有出土。而且查明這些漢墓的年代皆在宣帝到元帝或成、哀帝之世,從而徹底否定了始鑄於王莽之說[13]。目前學術界對小五銖的年代問題已沒什麼異義,但是否爲通行貨幣仍有分歧,如有人認爲這是專供殉葬用的"冥錢"。這種推測很難站住,因爲漢代的冥錢多用泥或石料,其次是製作極粗糙。而這種小五銖製作精細,"五銖"兩字雖很小,但其筆劃清晰可辨,書寫極規整,和大五銖的風格一樣。若是冥錢,就沒必要在鑄造上花費過多的功夫。墓中出土這種小錢時,往往也伴隨有一般的五銖。冥錢和真錢混雜一起,在漢墓發掘中很難找到這種先例。西安相家巷官府鑄錢遺址中曾出過鑄造小錢的背範,證明小錢是國家所造的流通貨幣[14]。

現在可以明確,西漢約在昭、宣帝時期,曾有大小錢並存的現象。若從錢幣經濟的角度來探討,這似乎反映出當時錢幣的減重,可是在武帝以後並未出現經濟殘敗的情況,特別在宣帝時,糧價之低在西漢時少有,這和西漢初米石萬錢正相反,所以不可能發生錢幣的嚴重減重,如將其看作是"母子相權"可能比較合適。在西漢以前有過這種情況,如戰國時齊、燕的圓錢都是大小錢並存。武帝以後因商品貨幣關係有了較大的發展,錢幣中出現母子相權或許能更好地適應經濟的需要,後來的歷史證實了這點,如王莽改制時把錢幣分成大小若干品。當然,這未免太過分,故而在當時行不通。但在六泉、十布無法使用之後,大泉五十和小泉直一則被沿用下去。這和西漢後期大小錢並用的傳統很一致,因此小泉、大泉並存也可爲人們所接受。後來東漢時祇用一種五銖，那是出於貨幣經濟從此逐漸走向衰微之故。

西漢後期曾使用小型的五銖，但在史籍中沒有留下一點記載，今從漢簡中似能找到一點踪影：

"入錢二千七百，□儘三月積四月食馬，入大錢三千。"

"校得錢八百，其三百小錢⑮。"

上面兩條簡皆無年月。新莽時簡，凡提到錢者，錢都寫作泉，上引兩簡排除了新莽時期的可能性。由於小五銖是西漢後期的通行貨幣，故而它也會流通到居延一帶的邊塞之地。在新疆樓蘭古城出土過五銖錢和王莽錢，其中有一枚小五銖。據此則可確定，當時它已流入到較居延更遠的西域了。

現根據小五銖的實物，歸納其特點如下：

(1) 錢徑爲 12 毫米，穿的寬度、長度均爲 6 毫米左右。重量爲 0.7—0.8 克，約合漢制一銖上下。

(2) 面背皆有周郭，背穿有郭。郭制和武帝、宣帝五銖同。外郭側面經過車削打磨。穿廣 5 毫米。

(3) 錢文較規整，其書體特色和武帝三官錢有點相似，如"五"字中間兩竪略帶彎曲，但從有的範母來看，"五"字又很像宣帝五銖。

(4) 錢上的記號有穿上橫文、穿下半月兩種(見圖三①—③)。

這種小五銖在形制、錢文書體、記號等方面都和三官五銖、宣帝五銖非常地相似，也可說是武、宣帝五銖的縮小品。錢體雖小，但字迹清楚，在鑄作技巧上肯定要比鑄一般五銖有更大的難度。

6. 剪輪五銖

在西漢晚期墓中，常能見到一些周郭極細的錢，還有無周郭的，或是連錢肉部分也缺損不全的，五字和銖字僅餘下大半或一半，這就是後人所謂的剪輪五銖或磨郭五銖。

洛陽燒溝西漢晚期到新莽初年的一百三十二座墓中，出土有這類錢的就有三十二座。其中絕大部分的墓祇出一、二枚或四、五枚，出幾十枚者較少。其他地方如北京大葆台、陝西西安、河南鄭州、江蘇揚州、四川重慶等地的西漢晚期墓中也都有發現。這種剪輪錢有以下一些特點：

(1) 錢的缺損，多少不等。有的仍有周郭，不過已是郭細如綫，即所謂的磨郭錢；有的則爲周郭全無，而"五銖"兩字尚完整；有的錢肉祇剩下大半或一半，故"五"字和"銖"字都殘缺不全(見圖四①、②)。一般無周郭者，約重 2.5 克；而錢文僅存一半者，重量也祇有 1 克稍多一點。

(2) 這種錢雖名之爲剪輪錢，但細看其邊郭，知道並非剪鑿而成。因其周郭圓而光潔，當屬冶鑄而成。從錢的鑄造工藝和錢文書體來看，和一般五銖無差別，能基本肯定這是官府所造而決非出於私鑄。

(3) 錢文書體不一，一屬武帝三官錢類型，一屬宣帝五銖類型。各地的同一墓中，往往出土書體上爲兩種類型的剪輪錢。當時鑄造這種不帶周郭的五銖，爲何同時選用兩種不同的錢爲模式，其原因現在尚不清楚。

這種磨郭錢或剪輪錢最早出現於何時，現在要作出較爲準確的判斷還很困難。昭、宣帝兩代爲西漢之中興時期，自然不會鑄造這種減重的錢幣，地下出土的情況也證實了這點，如江蘇邗江胡場漢墓的年代爲宣帝本始三年(前 71 年)十二月，出土的五銖共 53 枚，其中有武帝、宣帝五銖，但絕無剪輪錢。江蘇儀徵胥浦漢墓的年代爲平帝元始五年(5 年)，出土五銖共 1 600 枚，其中周郭不全者達 700 枚之多⑯，剪輪錢佔當時流通貨幣的一半左右，這反映出當時貨幣貶值達到十分嚴重的程度。在有些西漢晚期墓中，剪輪錢祇出一、二枚，較多的仍是一般正常的五銖。這似乎看出剪輪錢初出現時並不多，時間愈往後，數量也愈多，到平帝時已達到高峰，所以王莽不能不另鑄新錢來取代這種減重的五銖。如今在出土新莽錢幣的墓中看到，有時也仍夾雜有剪輪五銖，但爲數甚少，表明到新莽時期，剪輪錢已逐漸消失。

二、東 漢 五 銖

（一）東漢幣制沿革

王莽改制的本意，企圖革除西漢的許多弊端。可是新制未能做到這點，而是更加地起到擾民的作用,這也是王莽不可避免地要走向失敗的主要原因。在人民的心目中,王莽的貨幣不如西漢的五銖,因而在民間激發起人心思漢的逆反心理。如公孫述據蜀時,民間有"黃牛白腹,五銖當復"的民謠,實際上當時人們企圖用五銖來替代王莽錢成爲普遍的願望,像劉玄就曾鑄造五銖。傳世品中有更始二年(24年)銘文的銅五銖範母就說明了這點。

劉秀登上帝位之後,爲了爭取人心,恢復五銖錢成爲當務之急,特別是一些有識之士,向劉秀提出了這方面的建議。如馬援在隴西時,就"上書言,宜如舊鑄五銖錢",後來爲劉秀所採納。《後漢書·光武紀》云,建武十六年(40年)十二月"初,王莽亂後,貨幣雜用布、帛、金、粟。是歲,始行五銖錢"。傳世品中有銅的範母,上面有銘曰:"建武十七年三月丙申,太僕監掾蒼、考工令通、丞或、令史鳳、工周儀造。"⑰由範銘證實,從十六年十二月起,東漢開始鑄造五銖錢。東漢和西漢或新莽一樣,除京師外,不少郡縣也鑄錢。《後漢書·第五倫傳》:"時長安鑄錢多姦巧,乃署倫爲督鑄錢掾,領長安市。"李注引《東觀漢記》:"時長安市未有秩,又鑄錢官姦軌所集,無能整齊理之者。興署第五倫督鑄錢掾,領長安市。"據《後漢書》,倫任長安鑄錢掾,當在建武二十七年以前,則建武十六年以後,至少在長安就設有鑄錢官。其他郡縣設官鑄錢者尚有武都郡,如《耿勳碑》云:"又開故道銅官,鑄作錢器,興利無極。"⑱東漢武都郡之故道縣,在今陝西寶雞南面不遠之處,銅官是指掌管冶銅或開發銅礦的機構。有人或以爲碑文中"錢器"是指錢鎛之類的農具,這是不對的,因爲東漢時絕無銅製的農具,所以故道銅官所造的"錢器"應是銅錢和其他銅製器物。據碑文記載,耿勳開故道銅官是在靈帝熹平二年(173年)。從文獻中所見到的有關東漢時各地鑄錢的情況,僅上引兩條材料而已。以此了解從東漢初到東漢末,鑄錢權並非祇集中於洛陽,地方上也設有鑄錢的作坊。

今從東漢時的史書,或是器物銘文、石刻、簡牘等材料,都能看出東漢時商品貨幣關係仍很發達,這又和東漢五銖實物材料大量出土相吻合。但從歷史發展趨勢來看,商業貨幣關係從東漢開始已由盛而衰,特別是由於大土地經營者的增多,自然經濟的勢力逐漸上升,這對貨幣經濟產生了不小的衝擊。如章帝時,因"穀貴","縣官經用不足而朝廷憂之",於是"尚書張林上言,穀所以貴,由錢賤故也,可儘封錢,一取布帛爲租,以通天下之用"。當然,這種言論未免過激,當時想以實物交易來替代錢幣流通仍是行不通的,或者說實現的條件還不成熟。不過這是以後魏晉時期,中國又回到粟帛爲市的一種先兆現象。

到桓帝時,東漢無論在政治上還是在經濟上,都顯示出嚴重的衰敗現象,在貨幣方面表現出銅錢減重很突出。《後漢書·劉陶傳》言:"時有上書,言人以貨輕錢薄,故致貧困,宜改鑄大錢。"從當時人的言論中反映出,大家都認識到"貨輕錢薄"是導致經濟惡化的重要原因,有人主張鑄大錢,即要求對幣制作一些改革。

《後漢書·靈帝紀》記載,中平三年二月,"鑄四出文錢"。此時正當黃巾大起義爆發兩年之後,東漢已岌岌可危,這種客觀形勢迫使其在穩定幣制方面須邁出重要的一步。這也是桓帝時人們要求改革幣制所獲得的一個後果。四出文五銖錢以新的姿態出現於當時,錢的背面有四出文,是區別於舊錢的明顯標記。東漢王朝想以此來樹立五銖在社會上的良好信譽,但由於社會矛盾的加劇,各地人民反抗活動的風起雲湧,四出文錢的出現已爲時太晚,無法挽救搖搖欲墜的東漢政權。

四出五銖問世後四年,東漢的大權被董卓所掌握,貨幣經濟進一步惡化。《後漢書·孝獻帝紀》記載,初平元年,"董卓壞五銖錢。更鑄小錢"。靈帝時鑄四出五銖,企圖以此來取代不合格的輕薄小錢,但並未成功。因爲隨着經濟的崩潰,各地陷於越來越嚴重的戰亂之中,錢幣減重有增無減。所以到董卓專權之後,鑄造小錢已取得合法化的地位。

有關董卓小錢的情況,《後漢書·董卓傳》云:"又壞五銖錢,更鑄小錢,悉取洛陽及長安銅人、鐘虡、飛廉、銅馬之屬,以充鑄焉,故貨賤物貴,穀石數萬。又錢無輪郭文章,不便人用。"另外,在《三國志·魏書·董卓傳》中也有記載:"及壞五銖錢。更鑄爲小錢,大五分,無文章,肉好無輪郭,不磨鑢……自是後錢貨不行。"以上兩段記載,都說董卓小錢無輪郭、文章。《魏書》更具體地說小錢的錢徑爲五分,漢制五分約合今制12毫米。後世古錢學家多依據上引二書,以爲小錢徑約12毫米,錢上無周郭、文字。因而把傳世古錢中符合這幾個特徵的都說成董卓小錢。可是,袁宏的《後漢紀》中則有不同的說法,如云:"卓發洛陽諸陵及大臣家墓,壞洛陽城中鐘虡,鑄以爲錢,皆不成文,更鑄五銖錢,文章輪郭,不可把持。"按袁宏所記,董卓鑄過兩次錢,第一次所鑄"皆不成文",第二次所鑄爲五銖,不過"輪郭"和文字都不清晰,故謂之"不可把持"。各家對董卓所鑄之錢說法不一,現在就很難判斷出哪家所說的最符合實際。

（二）東漢五銖的種類

東漢一朝，從建武十六年到獻帝初平元年都在鑄造和使用五銖，比西漢的流通時間長二十餘年。從出土的實物推測，東漢的總鑄造量也應大於西漢。除四出五銖外，其形制、錢文書體等也無明顯的變化，因此要想對東漢五銖分出早晚，實在是件極爲不易之事。鄭家相把東漢五銖分爲兩期：一、光武帝時期；二、明帝、靈帝時期。《洛陽燒溝漢墓發掘報告》也是把東漢五銖分成兩期，一是從光武到沖、質帝時期，二是桓、靈帝時期。

鄭氏將光武帝和以後歷世分開，其所持理由是，光武帝有帶紀年的範母傳世，而以後各帝有年號的範母或範從未發現過。故據建武年號範母可從東漢五銖中找到光武帝五銖，而其餘的衹能籠統地看作是明帝到靈帝時期所造。這種分法並不妥當，因爲東漢五銖在書體方面差別極小，即和建武範母相像的五銖未必都是光武帝時所造。燒溝分期的標準，多着眼於錢幣輕重和製作精粗等方面。像明、章、和帝時期的五銖，製作較好，和光武帝時期的差別不大。到桓、靈帝時期則不然，鑄作粗劣，重量也不如以前。桓、靈帝五銖與東漢初中期五銖的區別則如上所述。而出土這些錢的墓葬，其年代大致上能推斷出來，這爲測定出土錢幣的年代提供了旁證。因而到目前爲止，燒溝漢墓報告對東漢五銖的分期較爲合適。當然這也衹是粗分而已，如欲達到較爲精確的程度，還有待於地下出土更多的材料纔能達到這一目標。

1. 東漢前期五銖

燒溝的分期將東漢五銖分成Ⅲ、Ⅳ兩型。Ⅲ型是指光武帝到桓、靈帝以前，Ⅳ型則指桓、靈帝時期。今參照燒溝的分法，將Ⅲ型改稱爲東漢前期，Ⅳ型改稱爲東漢後期。這前後期是指五銖的相對關係，而不是對王朝年代早晚的劃分。

早期的五銖大約具有以下一些特徵：

（1）錢的重量較西漢略輕，一般在3克左右。錢徑比西漢略大，約在26毫米左右，穿長寬約爲9—10毫米。也有部分小樣錢，錢徑爲24毫米。

（2）周郭較宣帝五銖爲窄。錢上一般無記號。

（3）錢文在寫法或書法風格上都和西漢五銖有較爲明顯的差別，如"五"字中間兩豎彎曲度較宣帝五銖略緩，"五"字一般也比宣帝五銖稍寬大一些。"金"字頭部作三角形，和宣帝五銖作箭鏃狀不同。"朱"字上下部都圓折。書法上的特點是：不再像宣帝五銖那樣的規整、剛勁，筆劃略帶放逸、隨便；其次，書體雖是篆體，但有的筆劃存在頭重腳輕的現象，以上兩點反映出書法上多少已受到隸書的影響（見圖五①、②）。

現在根據燒溝報告，知道在東漢初期墓中出土的一些五銖，"錢鑄得並不太好"，其特點和建武範母上的相像。但在此稍後的墓中，出土一些鑄造較精、書法秀美的五銖。這些墓的年代，約爲明、章、和帝時期。現在可以明確，前期中屬於光武五銖者，鑄造並不太精緻，而從明帝到章、和帝時期的五銖，似爲東漢五銖中鑄造得最好者。從安、順帝開始又漸下降。這種情況和歷史發展狀況也相吻合。明帝到和帝時，社會安定，經濟繁榮，爲東漢之盛世。從安帝時起，社會矛盾加劇，是由盛而衰的轉折點，以後則每況愈下，錢幣鑄造也愈來愈粗惡輕薄。

2. 東漢後期五銖

後期主要指桓、靈帝時期，實際上也可把順、質帝時包括進去。這一時期的五銖主要具有以下一些特點：

（1）錢徑仍在26毫米左右，而重量比前期略有減輕，一般在2.5克左右。

（2）錢文書體和前期差別不大。但鑄工不如以前，還出現一些傳形錢。錢文筆劃較淺，有些甚至模糊不清。

（3）錢的正反面出現多種的記號，而且有記號者的數量較多。記號主要有以下一些：

① 面穿上或穿下有一圓形凸起的小星點，多者可有兩點或三、四點。

② 面穿上下有一凸起之豎文，也有兩豎或三、四豎者。

③ 面或背穿上下有凸起之丁、乂、七、五等形狀的符號。

④ 面穿或背穿上下有陰刻之一、二、五、六、八、九、十、工、王等字。

錢上的陽文記號，當是製範時所刻成的，而陰文記號則屬錢鑄成後所刻。錢上鑄、刻出記號的用意何在？現在尚無法知悉。在東漢晚期墓中出土的五銖，其中包含較多的這類帶記號者。

3. 靈帝四出文五銖

靈帝中平三年(186年)鑄四出文五銖，見於《後漢書》，也見於袁曄的《獻帝春秋》，袁氏對其特徵描繪如下："靈帝作錢猶五銖，面有四道連於邊輪，識者以爲妖。竊言錢有四道，京師將破壞，此錢四出散於四方乎？還如其言。"這一記載不確，因爲靈帝時四出文錢實物很多，四出文皆在背面，從不見有"面有四道"者。洛陽燒溝第147號墓，其年代爲初平元年(190年)。在時間上晚於中平三年僅四年，墓中出土背面有四出文五銖共15枚(見圖六)，屬於靈帝時所鑄無疑，這證明所謂"面有四道"純屬誤會。

現根據各處東漢末年墓所出的以及傳世品，知道靈帝四出文五銖有以下一些特點：

(1) 錢徑約爲26毫米，穿長寬約爲10毫米，這和其他型東漢五銖基本相同。所不同者是重量，燒溝所出者爲3.6克，這較五銖的法定重量爲重。另在洛陽唐寺門漢墓所出土的兩枚，重量達4.3克[19]，這比桓、靈帝時五銖重2克左右，將近重了一倍。而不少傳世品四出文錢的重量也多在4克左右。由此可知，這種錢的重量一般多在3.6—4克。當時或許爲了糾正貨輕錢薄之弊，特地鑄造較重的四出五銖。初鑄者質量都較好。

(2) 錢文書寫較工整，書體和前期五銖相似。

(3) 鑄工較好，文字筆劃較高挺，和東漢晚期錢文低平而模糊不清者不同。燒溝漢墓所出土者，錢上有沙眼，這可能是較爲個別的現象。現據不少傳世品來看，鑄造都較好。當然，四出五銖中也確有鑄工差者，其重量爲2克左右，穿長寬達12毫米左右，錢文書體卑弱無力等等。前人或以爲這類錢是靈帝以後各地群雄所鑄，看來頗有道理。因此，在鑒定靈帝四出文五銖時，應考慮到這點。歷史上不少王朝在其滅亡之前夕，往往是鑄造出劣質的減重貨幣，而東漢則相反，鑄造出量重質佳的四出五銖。當然，這仍無法扭轉當時社會上貨輕錢薄的趨勢。四出五銖的出現，恐怕只是回光返照。實際上不久之後，錢幣的濫惡又超過了桓、靈帝之世。

4. 剪輪、綖環錢

東漢和西漢一樣，也有剪輪五銖。但剪輪之名不見於東漢的史書。正式出現於文獻，似應在魏晉時。

東漢時剪輪錢是通過兩種不同途徑而形成的。一是民間爲盜銅而將部分流通中的五銖鑿去邊郭所致；一是官府爲了剋減鑄錢的銅料，在鑄錢時有意鑄出無邊郭的錢。

剪輪之"剪"本作"翦"，"翦"的本意爲斷或減滅。有人認爲是指剪刀剪物，顯然不對。現在觀察到這些剪輪錢是用鐵鑿之類工具鑿去邊郭的。有時特別能看到一些雖已被鑿過，但還未完全鑿斷者，故而留下了清楚的鑿痕。這種經過鑿去邊緣的剪輪錢，其邊緣上鑿痕宛然，而鑄成的剪輪則不然，其邊緣很圓。現在能看到一些銅的五銖範母，範上的錢模是無周郭的，或者"五銖"兩字各缺一小半[20]。從這類範母可證明，東漢時有些剪輪乃冶鑄而成。

剪輪錢在東漢出現較晚，在早期則不見。大量使用約在桓帝時或稍早時，洛陽燒溝屬於桓、靈帝時期的墓中出土很多，一般五銖和剪輪錢之比爲2:1或1:1，表明當時流通中劣質貨幣佔較大的比重。

剪輪錢大小不等，其重量也各異。如"五銖"兩字缺損不多者，其重量爲1.7克左右(見圖七①)；如"五銖"兩字都僅存一半者，其重量爲1克左右；若"五"字祇存少許，"朱"字也不全者，其重量僅有0.8克左右(見圖七②)。則一枚剪輪錢的重量僅爲正常五銖的三分之一到四分之一，這表明東漢晚期貨幣貶值已達到嚴重的程度。與剪輪並存的還有綖環錢(見圖七③)，"綖"爲"綫"的別體字，綖環是民間鑿錢盜銅所留下的錢幣外圈，鑿下的錢心爲剪輪錢。凡綖環錢都能清楚地看出上面有很不整齊的鑿痕。清代李佐賢曾推測古人或許會將一枚五銖鑿成兩部分，外面者爲"綖環"，錢心部分即"剪輪"，於是一錢可當兩錢使用，當時存在這種可能性。但從另一方面來看，鑿錢取銅，主要是取錢的外圈，因爲一枚綖環錢的重量在2克左右，比一枚剪輪錢幾乎重一倍，盜銅者一般不會把含銅多的綖環錢再投入市場。墓中出土綖環錢較少，似乎能證實這一推測。

綖環錢在墓中出現，時間上似比剪輪錢略晚一些。陝西西安昆侖廠延熹九年墓出土五銖600餘枚，其中有綖環錢15枚。當時人爲了鑿錢盜銅，鑿取對象並不僅限於五銖，像莽錢大泉五十、貨泉也在其內。如洛陽西郊漢墓的9007號墓，出有貨泉的綖環錢4枚，還有剪輪錢的布泉、貨泉。

5. 無字錢

錢的正反兩面都無文字，也可稱之爲"合面"錢。在西漢墓中曾發現過，後來王莽時有和貨泉一般大小的無字錢。東漢晚期的錢幣中無字錢數量要比過去多一些。洛陽西郊的東漢晚期墓中出過 2 枚。河南焦作發現的窖藏錢共 900 多枚,其中無字者多達 133 枚。錢徑 24 毫米,穿長寬 9 毫米,多無內外郭。還有較此更小的,其錢徑爲 18—23 毫米,也無内外郭[21]。以上的無字錢不像錯鑄,似爲民間私鑄品。

6. 鐵錢、鉛錫錢

鐵和鉛、錫都是比銅更爲價廉的金屬,雖然鐵錢或鉛錢在西漢時已有,但較多地出現仍在東漢晚期,這和不足值的銅錢並存,正是貨幣貶值的應有現象。

鐵錢大多因銹蝕過甚而看不清上面的文字。從其大小推測,大的可能是大泉五十,較其略小的或許是五銖。洛陽燒溝漢墓出過 1 枚,徑 24 毫米,無郭、無文字。湖南零陵漢墓出土過 2 枚鐵五銖[22]。在河南禹縣的漢畫像石墓中出土有鐵錢 3 枚,其外徑爲 19 毫米,似爲剪輪五銖的仿製品[23]。鉛或錫所鑄之五銖,在墓中或窖藏中都有出土,如洛陽西郊的 7025 號墓出土 2 枚錫五銖。洛陽漢河南城遺址東區 317 號房基遺址中出土五銖、剪輪五銖、貨泉等錢幣 6 枚,其中有鉛五銖 1 枚[24]。可見鉛錫錢可以和其他銅錢一併使用,而不像有的人所説,鉛錫錢皆屬於殉葬用的冥錢。

三、兩漢五銖的鑄造技術

（一）西漢五銖的鑄造技術

西漢時鑄錢的範或製範用的母範,實物材料較多。現根據這些材料,可以對當時鑄錢工藝有一些比較具體的了解。西漢鑄錢所用的範,大約經歷了石範、銅範兩大階段。西漢後期,與銅範同時並存的還有陶範。現在對幾種不同的範略作介紹:

1. 石範

在使用半兩、三銖的階段,鑄範一般都用軟質石料刻製而成。五銖錢初出現時,也和以前一樣,用石範鑄錢。但使用時間不太長而改用銅範。五銖石範留下者甚少,過去在山東濟南、西安相家巷發現過一些石範的殘片。近年在安徽發現一副完整的石範,石質屬青砂石,範型爲立式範。範上有雙行錢模,每行有錢模七個,中間爲流銅槽。此範刻製甚精,在技藝上明顯地超過了過去的水平[25]。石範需用手工刻劃,而銅範可用陶範母澆鑄,這比刻石範省力,故石範終於被銅範所取代。

2. 銅範

武帝時期經濟繁榮起來,社會上對貨幣需求量也隨之增加,這促使了鑄錢技術的改進和革新。能鑄造出質量更好的五銖,這對於反私鑄也是必要的。爲了能鑄造數量多、質量高的五銖,似用銅範最爲合適。武帝五銖的銅鑄範,傳世的實物不少。陝西西安、澄城,河南洛陽和山東諸城、萊陽等地都有發現[26]。有的範上能看出澆灌過銅汁的痕迹。銅範都爲鏟狀立式鑄範。範上錢模有雙行或多行的排列方式。雙行的範,一行上有錢模五、六枚或八、九枚。多行的有四行、六行兩種,每行有錢模 9—11 枚。陝西澄城西漢鑄錢遺址中出土的四十一件銅範,全部爲四行錢範。這種範一次灌銅能鑄出銅錢 30 枚或 40 多枚,從其鑄錢的工作效率來看,大大超過雙行錢模的範。從發現的實物材料得知,西安及澄城所發現者多屬多行範,而河南、山東、江蘇所發現者多爲雙行範。這多少反映出當時工藝水平在地區上所造成的差異性,即長安的技藝要優於各地。西漢時除用銅製範外,也有用鐵者。在陝西、山西都發現過鐵的五銖範,但數量極少[27]。背範的質料,或用銅或用陶,如山東諸城西漢遺址中一次出土銅的面範二十二件,同時也有銅的背範一件。可是在澄城的鑄錢作坊遺址中,出土的銅面範有四十一件之多,同時所出的陶背範有一百餘件。在西安的西漢鑄錢遺址中,陶背範大量存在。可見西漢時關中鑄錢都用陶質背範,這樣便有節省銅材的好處。另外,也許還有工藝上的目的而捨銅用陶。澄城出土鐵卡鉗三件,表明面範和背範合在一起之後,還要用這種專用的卡鉗將面、背範固定住,然後再灌銅澆鑄。

銅範也是冶鑄而成的,因爲現在能看到很多鑄銅範用的陶質範母。但目前祇知西安一地出土過這種範母,而且都是殘缺不全的碎片。但仍能看出上面有並列着四行或六行的錢模。有的範母上還有陽文的"官一"、"巧二"等字樣。有人推測這或許是"鍾官"、"技巧"的簡稱。

武帝以後的昭、宣帝或元、成帝時期,帶有年號和不帶年號的陶範母流傳至今者不少,範上錢模也是四行或六行。由此證明武帝以後鑄錢技術和武帝時相似,即先製作陶質範母,然後澆銅鑄範。再把銅面範和陶背範配合而灌銅以鑄錢。由於上述的範母和背範皆出土於今西安一帶,而其他地方則尚未見過。可以明確,在當時長安,從昭、宣帝到西漢末,鑄錢範材、範式方面和武帝時基本相同。

從昭帝到宣、元、成帝時,常有帶紀年者,一般是紀年、月、日,也即製作範母的時間,如"元康三年二月乙亥造"。有的後面還加上工名,如地節二年範,除年、月、日外,還有"乘山"二字,在別的範上有"工乘山",可見"乘山"爲工匠之名。字皆爲陽文。範母上紀年、月、日或工名,是昭、宣、元、成帝間的一個特點。後來王莽時的範母上也能見到紀年和官署名,這看出莽制和漢制保持着一定的承繼關係。

3. 陶質片範

這方面的實物材料較少,1986 年陝西耀縣孫塬鄉出土了一些陶範的殘片,在同一殘片上既有陰文的面模,又有陰文的背模,這是疊鑄的片範上纔有的現象。從模上的書體來看,與宣帝或元、成帝時五銖很相似。另外,西安也有這類範的殘片出土[28]。還有是傳世品中有盤狀銅範母,以其模上的"五銖"兩字書體而言,也和昭、宣帝五銖較接近,而盤狀銅範母正是扣製疊鑄片範的工具。從以上這些迹象看出,武帝晚期或以後,疊鑄法正在漸漸的興起。儘管用銅的立式鑄範鑄錢仍佔重要地位,但從銅範轉入到陶範,這無疑在冶鑄技巧上是一種進步。疊鑄技術到王莽時已達到高超的水平,如果沒有西漢的基礎,恐怕難以獲得這樣突出的成就。

(二) 東漢五銖的鑄造技術

東漢五銖出土的數量要多於西漢五銖,但有關東漢的錢範材料則異常的稀少,這對於了解東漢五銖鑄造狀況極爲不利,同時也對東漢五銖的分期造成很大的困難。從目前所能見到的很少材料得知,東漢的鑄錢技術沿襲西漢和新莽,即鏟狀立式鑄範和疊鑄範同時存在。

1. 鏟形立式範

這一類型的範發現很少,今舉以下兩例説明。一是北京懷柔龍山東坡的漢代遺址中出土過幾種陶範母的殘片,從範母看出,範爲鏟形,上列雙行錢模,範因殘缺,每行共有幾模已無法得知[29]。另外還出土陶質背範,這和西漢一樣,即面範用銅、背範用陶。二是山西山陰,一次出土過兩件鏟狀銅範,範上並列雙行錢模,每行各 4 枚[30]。從錢文書體觀察,範爲東漢遺物。

2. 疊鑄範

由於有建武十七年銅範母傳世,從而知悉光武帝初鑄五銖時採用的就是疊鑄法。範母上共有錢模 8 枚,四面四背,形制和王莽時大泉五十範一樣。東漢初年鑄錢技巧上承新莽可以確定。

類似於建武盤式銅範母者,在四川西昌也曾有發現。在西昌南面的東坪,現已查明有一古代的大銅礦遺址,地面上能見到不少的銅礦石、銅渣等物。出土的銅範母,上有 8 枚錢模,其文字書體屬東漢[31]。在東坪附近,過去還發現過貨泉銅範母。這一銅礦可能從西漢經新莽到東漢一直開採,並就地鑄器物和錢幣。今之西昌爲東漢越嶲郡之邛都,《續漢書·郡國志》云:"邛都,南山出銅。"所謂南山,其地域正與今東坪相合。則東坪一帶在東漢是有名的產銅地之一,故在史籍中留下了記載。看來東漢時如洛陽的考工或邛都南山等地的鑄錢作坊,規模較大,技術條件好,故冶鑄時用疊鑄法。今北京懷柔,東漢時屬漁陽郡。今山西山陰,東漢時屬雁門郡,這兩郡都屬邊郡,或因經濟文化較內郡落後,故仍用鏟形小銅範進行小批量的生產。

注:

① 《泉幣》第 2—22 期。

② 《洛陽燒溝漢墓》,科學出版社 1959 年版。

③ 《滿城漢墓發掘報告》,文物出版社 1980 年版。

④　陳直著：《摹廬叢著七種》第 446 頁《西漢陶錢範紀年著録表》。

⑤　《居延漢簡乙編》第 14 頁，科學出版社 1959 年版。

⑥　李佐賢、鮑康著：《古泉匯》(1864 年刊行)卷 13，著録有本始、五鳳、元康、神爵等年號的陶範母。《續泉匯》
　　(1875 年刊行)卷三，著録帶紀年或無紀年的陶範母共 26 件。

⑦　《居延漢簡甲編》179A，科學出版社 1959 年版。

⑧　吳榮曾著：《兩漢五銖錢研究中的幾個問題》，載《文物與考古論集》，文物出版社 1986 年版；蔣若是著：《郡
　　國赤仄與三官五銖之考古學驗證》，載《文物》1989 年第 4 期。

⑨　李建麗等著：《滿城漢墓錢幣新探》，載《中國錢幣》1991 年第 2 期。

⑩　米士誠著：《洛陽發現河南郡郡國五銖錢範》，載《中國錢幣》1987 年第 4 期。

⑪　引自丁福保《古錢大辭典》下册第 1414、1415 頁。

⑫　《洛陽西郊漢墓發掘報告》(圖 30)，載《考古學報》1963 年第 2 期。

⑬　有關小五銖出土情況，見《咸陽塔爾坡漢墓清理簡記》，載《考古與文物》1987 年第 1 期；《1982—1983 年西漢
　　杜陵的考古工作收穫》，載《考古》1984 年第 10 期；《西安交通大學西漢壁畫墓發掘簡報》，載《考古與文物》
　　1990 年第 4 期；《扶風縣博物館藏古錢述要》，載《中國錢幣》1989 年第 1 期；《樓蘭古城址調查與試掘簡報》，
　　載《文物》1988 年第 7 期；《江蘇盱眙東陽漢墓》，載《考古》1979 年第 4 期；《廣西合浦西漢木椁墓》，載《考古》
　　1972 年第 5 期。

⑭　《秦漢錢範》第 108、109 頁，三秦出版社 1992 年版。

⑮　《居延漢簡甲編》第 462 頁及《居延漢簡乙編》第 176 頁，科學出版社 1959 年版。

⑯　《江蘇儀徵胥浦 101 號西漢墓》，載《文物》1987 年第 1 期。

⑰　《秦漢錢範》第 264 頁，三秦出版社 1992 年版。

⑱　洪适著：《隸續》卷 11，中華書局 1985 年版。

⑲　《洛陽唐寺門兩座漢墓發掘簡報》，載《中原文物》1984 年第 3 期。

⑳　《小校經閣金文拓本》卷 14 第 86 頁，書中稱爲六朝錢範，不確。又見《河南徵集的五銖及大泉五十錢銅範》，
　　載《文物》1985 年第 6 期。

㉑　馬正元著：《焦作出土漢代窖藏銅錢》，載《中原文物》1988 年第 4 期。

㉒　周世榮著：《湖南零陵出土的東漢磚墓》，載《考古》1964 年第 9 期。

㉓　《禹縣東十里村東漢畫像石墓發掘簡報》，載《中原文物》1985 年第 3 期。

㉔　黃展岳著：《一九五五年春洛陽漢河南縣城東區發掘報告》，載《考古學報》1956 年第 4 期。

㉕　濟南發現的石範見《秦漢錢範》第 225 頁，西安所出土者見同書第 225 頁圖 226，安徽滁縣所出土者見同書
　　第 229 頁。

㉖　西安發現的銅範見蔡永華著《解放後西安附近發現的西漢新莽錢範》，載《考古》1978 年第 2 期；澄城所出土
　　者見《陝西坡頭村西漢鑄錢遺址發掘簡報》，載《考古》1982 年第 1 期；山東所出土者見孫善德著《萊陽古城
　　發現漢代銅錢範》，載《文物》1977 年第 3 期；鳳功、韓崗著《山東諸城出土一批五銖錢銅範》，載《文物》1987
　　年第 7 期。

㉗　陝西興平出土的鐵範見《秦漢錢範》第 231 頁，山西定襄出土的鐵範見《山西文物》1982 年第 1 期。

㉘　陝西耀縣和西安北沙口村出土的陶範殘片分別見《秦漢錢範》第 235—237 頁和第 156 頁第 129 圖。

㉙　《秦漢錢範》第 223、224 頁，三秦出版社 1992 年版。

㉚　賀仰文、劉迎春著：《山西山陰發現兩件漢代五銖錢銅範》，載《文物》1990 年第 12 期。

㉛　劉世旭、張正寧著：《四川西昌市東坪漢代煉銅遺址的調查》，載《考古》1990 年第 12 期。

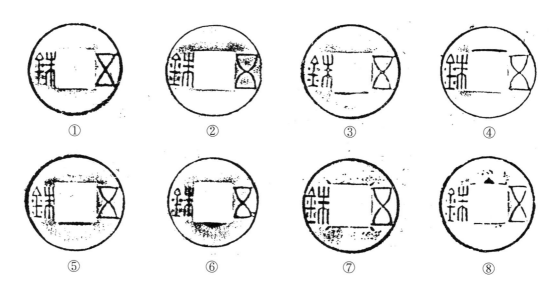

①　②　③　④

⑤　⑥　⑦　⑧

圖一：河北滿城漢墓出土的五銖

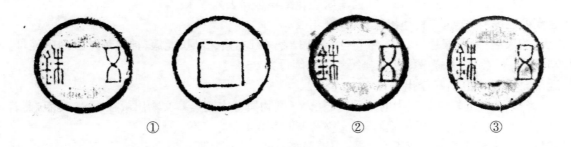

圖二：宣、元、成五銖（2. 穿上橫文、3. 穿下半月）

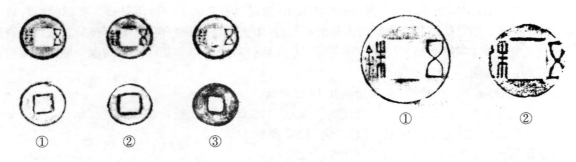

圖三：西漢小五銖（2. 穿上橫文、3. 穿下半月）　　圖四：西漢磨郭五銖和剪輪五銖

圖五：東漢五銖（洛陽燒溝漢墓出土）　　圖六：東漢四出五銖（洛陽燒溝漢墓 147 號墓出土）

圖七：東漢剪輪五銖和綖環五銖

六朝錢幣疑題考

鄒誌諒

六朝是對孫吳、東晉和南朝的宋、齊、梁、陳六個朝代的合稱,這六個朝代相繼更迭,京都均設在建康(東吳稱"建業",今名"南京")。有的史學家將我國 3 世紀初到 6 世紀末近四百年的歷史時期泛稱爲六朝。

六朝歷經多次貨幣制度變革,所行的貨幣政策有緊縮有膨脹,有行大錢,有行極度減重錢,有行鐵錢,還有廢錢署專用古錢者。有的新品雖出却未得正常行使。史書對六朝錢幣的記述過於簡單,有的能見於史載,却不知所記究竟是何所指,如天監五銖、二柱錢、四銖錢、陳五銖等;有的雖不見史載,却一種又一種新品被後人發現,如大型大泉五十、大泉五千、大明四銖等。六朝錢幣給了後人衆多的困惑。有幸的是,時下史學有了空前長進,考古發掘又成果頻傳,錢幣新品發現信息,如發現地、發現數、伴隨物、地層關係和新品拓本、照片均得以及時傳送,爲人們走出這些困惑創造了前所未有的有利條件。這裏對六朝錢幣有關疑題試作疏理和討論。

一、大型大泉五十的歸屬

晚清以來,人們開始注意和研究這種異於王莽錢風的大型大泉五十錢。發現的這種錢幣,除民國時期收集到一枚鐵錢外,大多爲銅質,目前已經發表的資料和收集到的實物,大致有以下十一起:

1. 清萬光煒《古金録》卷四録一品,銅質,直徑若大泉當千常見品,文字類吳錢。

2. 清李佐賢《古泉匯》貞集"異泉雜品"卷一"無考正品"録一品,銅質,合背,直徑如大泉當千大樣,作者以爲"或係當時私鑄,或後世物","決非莽泉"。

3. 1924—1931 年王蔭嘉在蘇州收集一品(圖一),載於《王蔭嘉品泉録》第 37 頁,銅質,徑 32.7 毫米,重 9.9 克。

4. 1924—1931 年王蔭嘉在蘇州收集一品(圖二),載於《王蔭嘉品泉續録》第 32 頁,鐵質,徑 33.2 毫米。

5. 20 世紀 30 年代商承祚得一品(圖三),後贈王貴忱,出於南京郊區荒冢,伴出晉磁殘器,銅質,合背,徑約 33 毫米,載於《中國錢幣》1983 年第 3 期。

6. 1982 年浙江嘉興中山路拓寬工程中出土一品,面文傳形,徑 30 毫米,重 8 克①。

7. 20 世紀 80 年代中期某君於福建漳州得一品(圖四),出自南宋錢幣窖藏,銅質,徑 35 毫米,重 18 克,載於《上海市錢幣學會第三次年會論文集》。

8. 20 世紀 80 年代末王律友得一品(圖五),出於安徽青陽,銅質,徑約 33 毫米,重 7.5 克,磨損較嚴重,載於《蘇州錢幣》1996 年總 12 期。

9. 20 世紀 90 年代何銀銓在浙北集得一品,徑 36 毫米,重 13.6 克,形類福建漳州一品②。

10. 20 世紀 90 年代初筆者得一品(圖六),出於江蘇丹陽,蒙眭書義見贈,銅質,徑 32 毫米,重 5.34 克,磨損嚴重。

11. 1988 年蘇州博物館在整理蘇州地區出土的錢幣中,發現一品錢文爲"五十"的大錢(圖七)。此錢銅質,周圓穿方,邊周與穿孔未經打磨,徑 37 毫米,重 24.97 克,邊緣厚 4 毫米。面呈淺盆底狀,周邊呈斜坡狀,面周隆起形成鈍尖狀輪郭。面穿左右置"五十"兩字,字體平夷古樸。背平,背徑略大於面,背視穿孔小於面,且呈圓角。此錢與前述幾種大泉五十相比,風格有類似之處,但十分古樸原始。清人對此錢的認識或以李佐賢爲代表,將此錢列入正用品,認爲非莽錢,係私鑄或後世物,具體時代無考定。20 世紀 20 至 30 年代,人們對此錢的認識或以王蔭嘉爲代表,王氏整理的筆記和藏錢拓集《雙長生樹屋泉龕》排序,將此錢列於王莽錢幣之後,知王氏識爲王莽以後的正用品,具體時代無考定。

20 世紀 80 年代以來,隨着這種大型大泉五十的多起發現,人們對此錢歸屬的討論漸趨熱烈,有以較大歷史段六朝而論者,以王貴忱爲代表認爲此錢應是孫吳鑄幣。王以陸心源《千甓亭古磚圖録》載孫吳故地浙江烏程所出赤烏四年(241 年)製"五十"錢紋磚,以及鄒安《藝術叢編·專門名家》録大泉五十錢紋磚等金石史料證之③。

史書記載孫吳"嘉禾五年春,鑄大錢,一當五百,詔使吏民輸銅,計銅畀直。設盜鑄之科","赤烏元年春,鑄當千大錢"④。孫吳是否僅鑄了史書所記的這兩種錢,早已被陸續發現的大泉二千、大泉五千實物否定,由錢幣形態、風格、面文、發現地域以及貨幣發展規律等方面看,錢幣界一致認定,大泉二千、大泉五千爲孫吳所鑄,且肯定鑄於大泉當千之後。足見史書會有失載,人們有理由追問孫吳在嘉禾五年(236 年)前,即立國前後三四十年中,該地區流通的是什麽錢?還鑄造過什麽錢?

大量的出土資料説明,孫吳立國前後該地區流通着五銖錢,這些錢大小混雜,質量參差不齊,如減重五銖、剪邊五銖、鑄對文五銖、侵輪五銖和少量的漢五銖。這些五銖錢有東漢所遺的,有當時豪强或商家自行鑄造的,有當時盛行秘密盜鑄的,其中亦當有孫氏勢力控制下鑄造的。東漢建安七年(202 年)周瑜對孫權曰:"將軍承父兄餘資,兼六郡之衆,兵精糧多,將士用命,鑄山爲銅,煮海爲鹽,境內富饒。"⑤"鑄山爲銅"當是指的鑄造錢幣和武器。吳嘉禾五年(236 年)前孫吳地區是否流通錢幣,史書並非隻字未記,祇是未作專題記述。史書記述孫吳丞相顧雍的母弟徽年輕時的一段往事:"吳書曰:雍母弟徽,字子嘆,少游學有唇吻,孫權統事,聞徽有才,辯召署主簿,嘗近出行,見營軍將一男子至市行刑,問之何罪,云盜百錢,徽語使住……兒且所盜少愚,乞哀原權許而嘉之。"後徽受孫權封巴東太守⑥。此事發生在孫權統事之初,距孫權立國尚有一二十年,記述説明當時吳地確有錢幣鑄造和流通,由因盜百錢即受軍營"至市行刑",知當時流通仍然是普通錢幣,如減重的五銖錢等,並非是當值大錢。

孫權於建安 5 年開始統事,周瑜講"鑄山爲銅"時在建安七年。"後獻帝建安十四年,孫權自吳理丹徒,號曰'京城',今州是也,十六年遷都建業,此爲京口鎮。"⑦孫權統事以後,都城二次西遷,隨着控制地域的擴大、經濟活動的活躍,社會對錢幣的需求亦會不斷增加。建安二十四年吳呂蒙攻克荆州。"呂蒙定荆州,孫權賜錢一億"⑧。此距嘉禾五年鑄大泉五百還有十八年之久,孫權用錢數量已經如此大增。建安十九年劉備攻入成都時,"巴曰:'易耳,但當鑄直百錢,平諸物賈,令吏爲官市。'備從之,數月之間,府庫充實"⑨。荆州原爲劉備控制,呂蒙攻克荆州時,且不論蜀地其他當百錢的起鑄是否更早,就直百錢已鑄行六年,故孫權所賜億錢中,至少包括作爲戰利品的直百錢。吳蜀兩地既有戰事,又有頻繁的經濟交往,兩地的錢幣始終是相互流通的,此際若吳地還是像孫權統事之初那樣僅鑄行減重五銖等普通錢幣,是難以進行的。此時吳地要麽使用或仿鑄蜀地大錢,要麽自行鑄造大錢。以下幾點可以判定,這種大型大泉五十就是此際吳地自行鑄造的。

1. 根據這些大泉五十的發現地域,無論是發現於南京、丹陽、蘇州、青陽、樟州,歷史上都曾是孫吳的領地。

2. 在吳地發現的六朝陶器和磚塊上,常能見到當時民間喜用的錢紋紋飾,能考察出當時部分實際流通錢幣的面貌。除前提及的孫吳故地浙江烏程所出赤烏四年製"五十"錢紋磚,又鄒安《藝術叢編》所録大泉五十錢紋磚外,2000 年在餘姚丈亭發現了有紀年的錢文磚(圖八),長 290 毫米,寬 155 毫米,厚 25 毫米,正背均置二枚方孔錢紋飾,錢紋周圍置輻射狀紋飾,當地人稱之爲"太陽紋"。磚右側爲紀年銘文"吳珍年六十六太康七年丙午歲十月三日"十七字。墓主吳珍六十六歲卒於太康七年(286 年),生於 220 年,正是孫吳時代人物。另外,在餘姚還發現了置有大型大泉五十錢紋飾的錢紋磚(圖九),長 300 毫米,寬 150 毫米,厚 43 毫米,錢紋風格和輻射狀"太陽紋"佈局與前者一致,屬同時代物。此磚正背所置二枚錢紋爲"大泉五十"錢幣,穿郭、字畫敦厚圓渾,直徑 40 毫米有餘,足顯大型大泉五十錢風格⑩。1973 年 12 月,在浙江龍游上宇頭村西晉元康八年(298 年)紀年墓中出土了一件褐釉罐⑪,該罐自罐肩至罐腹部印有四圈由連續的大泉五十錢紋排列成行的紋飾(圖十)。此罐入葬距孫吳亡(280 年)僅十八年,罐上印的錢紋當是吳地曾鑄行大泉五十的又一證據。

3. 根據已經發現的這些大泉五十的風格特徵,儘管輕重、版式有別,卻有一個共同特點,它們在風格上與孫吳所鑄的大錢是一致的,它們具有强烈的孫吳地區錢幣特徵。此錢錢文仿效王莽錢文,但字體另闢蹊徑:莽錢多用垂針篆,凡"泉"字中豎均斷筆,此錢無一用垂針篆,"泉"字中豎均連筆。莽錢穿郭棱角分明,字劃峻峭,此錢穿郭敦厚圓渾,字劃不如莽錢峻挺。所有這些特徵在大泉五百、大泉當千等孫吳錢上也有强烈反映。

4. 由錢文排序反映，孫吳所鑄的大泉五百爲對讀，大泉當千、大泉二千、大泉五千爲旋讀，對讀的大泉五百鑄行最早，可以看出孫吳大錢錢文排序開始是承着對讀的大泉五十而行的。

上述足以認定大型大泉五十是吳地自行鑄造的錢幣，但此等大錢是否是孫吳政權正式推出的新品，需認真研究。發現的大型大泉五十，大小輕重參差不齊，輕巧者 5 克餘，笨重者近 25 克；有鐵有銅，制式不一，有傳形的，有素背、平背、合背的。説明這些大錢鑄量少，行用時間不太長，但是在鑄造上並不是很統一的，它們不一定全是在集權控制下鑄造的。如蘇州博物館發現的那一品（圖七），平背，僅在錢面置明"五十"當值，重達 25 克，相當於當時流行之小錢的十幾倍，約是王莽早期厚重大泉五十的五倍，形制十分原始，反映了鑄造者既要解除小錢流通之不便，又要讓使用者能夠接受，具有非依仗權力推行的特點。此錢當是蜀地鑄行當百錢流入吳地之後和嘉禾五年孫吳鑄行大泉五百之前，爲適應社會錢幣流通的實際需要，先在民間自發鑄造，當有一定影響後，被掌權者認可權宜鑄行的，因而未作爲正式法定錢幣制度載入史册。《三國志•吳書•吳主權》記，嘉禾五年春鑄大泉五百之同時曾"設盜鑄之科"，説明當時社會上錢幣鑄造比較混亂。孫權嘉禾五年正式推出的大泉五百，比蜀地鑄行的當百錢值高五倍，能推出這樣高值大錢，除了防禁盜鑄外，還得看百姓是否接受，權宜鑄行大錢大泉五十成了鑄行大泉五百錢先行的測試和準備步驟。

二、劉宋錢新品知多少

東晉以後，劉宋爲恢復貨幣流通正常秩序，滿足財政需要，曾施行過多次幣制變革，有史可查的有以下四次：

第一次是元嘉七年（430 年），文帝"十月戊午，立錢署，鑄四銖錢"[12]。自漢武帝行五銖錢以來，至本次變革前均以五銖爲稱（莽錢除外），即便是孫吳虛值大錢，其折值也是若干五銖錢。本次變革法定新錢四銖較"五銖"減少一銖，既注意了社會上流通錢幣減重的實際狀態，又有意維持錢幣稱謂與錢幣實重的統一。史書説四銖"輪郭形制，與五銖同，用費損，無利，故百姓不盜鑄"[13]。由此帶來了劉宋的"元嘉之治"。

第二次是元嘉二十四年六月，"是月以貨貴，制大錢一當兩"[14]，是前一次幣制整頓後的一項補充治理。當時錢法有所放鬆，官鑄四銖漸趨減輕，存在大小之差，私鑄又有抬頭，未減重官鑄錢有遭私熔和剪鑿的威脅。官方"制大錢一當兩"，意在明確大小錢比價，穩住錢法的行使。但終因"繼而錢形不一，民弗之便"[15]，於次年"五月己卯罷大錢當兩"。錢幣繼續減重，私鑄更爲嚴重。

第三次是孝建元年（454 年），孝武帝"正月壬戌，更鑄四銖錢"[16]，即孝建四銖，重 2 克略餘。劉宋政權企圖以推出新品孝建四銖，把錢幣法定重量降低，穩住流通錢幣的秩序。但此際劉宋已國力直下，減重未得到有力控制，私鑄更加放任。

第四次是前廢帝劉子業於永光元年（465 年）"二月庚寅，鑄二銖錢"，當年"八月改元景和"[17]。這次幣制變革，實是爲應付軍費驟增的一項財政措施。史書失載所鑄二銖錢名稱，從年號和錢形判定當時推出的是永光、景和等二銖小錢。當時"放百姓鑄"[18]，於是"官錢每出，民間即模效之，而大小厚薄，皆不及也，無輪郭，不磨鑢"[19]。至此劉宋已錢法大亂，走向崩潰。

這四次幣制變革涉及的錢幣似乎祇有四銖、孝建四銖、永光、景和等四種，但從發現的錢幣實物看，可推及爲劉宋錢的還有多種，史書未予記載。

（一）五 七 錢

1993 年，在六朝故地江蘇蘇州農村發現了一種前所未見的錢幣（圖十一），此錢銅質細膩，色澤黃偏白，經鑒定無僞作之嫌，錢徑 23 毫米，重 2.47 克，從形態、文字考察，均認爲具六朝五銖風格，但此錢右爲"五"字，左字酷似手寫的小寫拉丁字母"f"。前人曾發現過六朝的"五工"、"五子"等錢幣，識者有認爲是六朝的私鑄或戲作品，有認爲是吉語錢或壓勝錢。此錢與之相比，銅質優良，字劃、底肉比較清晰，並無鑄造失誤迹象，在六朝錢幣中屬鑄工上乘，當是一種正用品，有必要作進一步研究。

解開此錢之謎，關鍵在於對左字的釋讀。從錢幣整體形制和此字所處位置可以確定，決非外國文字。縱觀我國先秦以下的錢幣文字,此字還是有踪可尋,如齊國刀幣上的"化"字,齊國環錢上的"化"字,中原布幣上的"化"字,其右部"七"就是這樣寫的,祇是較此字書寫更顯得粗獷,有的"化"字省書,僅作右部。

"七"在六朝時期早已獨立成字。成書於東漢建光元年的許慎《說文解字》釋:"'七',變也,從倒人",讀音"呼跨反",與之書寫接近的"匕首"的"匕"字為互不相干的兩個字。"匕,相與比叙也,從反人,匕亦所以用比取飯,一名柶"。北宋徐鍇《說文解字繫傳》曰:"七者,化也。"又曰:"可以交易曰貨。貨,化也。《尚書》:貿遷有無化居。"故此錢左字是小篆書寫的"七"字,面文讀為"五七"。

"五七"之解釋見李時珍《本草綱目》:"丸散云刀圭者,十分方寸七之一,準如梧桐子大也","五七者,即今五銖錢邊五字者抄之,不落為度,一撮者,四刀圭也"。由此可知"五七"是個專用數量名詞,它源於用五銖錢抄撮丸散,最早當出於行用五銖錢之時。由"五銖錢邊五字者抄之,不落為度"和4枚"梧桐子大"(四刀圭)推知,丸散五七之重當輕於五銖。李時珍在他的經典著作中如此認真作解,說明數量詞"五七"在明代已非廣為人知,但在中國古代民間却長期運用,至少在李氏《本草綱目》以前的藥書上常有出現。

五七錢史無記載,將此錢與六朝錢幣作排比:見出土的晉末宋初錢幣中,2.5克左右的五銖、五朱錢佔有一定比例,它們大多是面有外郭無內郭,面背略有錯範,緣周不修,留有毛邊,且多廣穿(圖十二)。五七錢與之相比,在時代特徵上可謂類同,與劉宋所鑄的四銖錢相比,更有承上啟下之姿態:此錢鑄造質量優於晉末宋初的五銖錢,鑄工、形態和重量等方面與劉宋四銖錢(圖十三)更為接近。此錢易"銖"為"七",較五銖保留了數字"五",改了錢名單位;四銖錢易"五"為"四",較五銖保留了錢名單位"銖",改了數,兩者當有一定聯繫。由排比得知,此錢鑄於劉宋初期的可能性最大。

由實物測定知,五七錢實重確輕於漢五銖,又大大重於劉宋初期流行的輕小劣錢,與劉宋初流通中質量較好的五銖、五朱等普通錢幣相近。此錢在當時若作為一種新錢,與元嘉七年推出的四銖新錢似有異曲同工之處。改"銖"為"七"與改"五"為"四",都是以當時通用的五銖錢為基礎,將錢文"五銖"改換了一個字,換量字與換數字的結果都是減輕了錢文標示的重量,讓錢幣實重與錢文標示相一致。由此顯示,改"五銖"為"五七"當是元嘉七年劉宋在推出四銖新幣制前所作的嘗試與探索,通過改變流通已五百多年的"五銖"錢名稱,對流通錢幣作法定的適度減重。"五七"錢雖有鑄就,可能終因改為"四銖"更加合適,最後未被正式推出。

(二) 大明四銖錢

1988年3月,在江蘇武進出土了一批劉宋錢幣,內含錢幣比較豐富,有孝建四銖和剪邊五銖,有極為罕見的景和錢,更引人注意的是其中發現了數枚史無記載、前所未見的大明四銖錢。據調查,這批錢原存放在一個入土的陶罐中,錢體呈青褐色,銹呈鐵銹色。

大明四銖錢(圖十四、十五),銅質,鑄工不精,有的出現殘缺,有的面背錯範,面文"大明",背文"四銖",字體同孝建四銖,為玉筯篆,有同常規右讀的,有傳形的,徑約21.5毫米左右,重1—2克餘。

宋孝武帝劉駿前後曾立兩個年號,454年至456年為孝建,457年至464年為大明。史書記孝建元年"正月壬戌,更鑄四銖錢",[20]錢譜有記:"孝建元年鑄四銖錢,一邊為孝建,一邊為四銖。"[21]由於一千五百多年以來,大明四銖一直沒有露面,人們對劉駿鑄第二種四銖之舉亦長期一無所知,因之理解為劉駿僅鑄孝建四銖錢。新發現的大明四銖錢徑較小,厚度較薄,鑄工粗糙,殘缺、錯範多見,形態、字體、重量和鑄造工藝均與減重的孝建四銖類同,且面文都為年號,背文都為"四銖",此錢證實劉駿於大明年間還鑄有置大明年號的四銖錢。通過對史料的進一步研究,能發現劉駿鑄大明四銖的初衷。

孝建元年劉駿推出減重較為明顯的新錢孝建四銖後,錢幣秩序並沒有得到預期的控制。孝建"三年,尚書右丞徐爰議曰:'……今宜以銅贖刑,隨罰為品。'詔可。所鑄錢形式薄小,輪郭不成。於是民間盜鑄者雲起,雜以鉛錫,並不牢固。又剪鑿古錢,以取其銅,錢轉薄小。"由於"盜鑄彌甚,百物踴貴,民人患苦之",不久"乃立品格,薄小無輪郭者,悉加禁斷"。[22]對於孝建三年詔鑄薄小錢,不久又禁之事,朝廷大臣間爭論激烈。以始興郡公沈慶之為代表,主張繼續鑄行薄小錢。沈慶之提出:"去春所禁新品,一時施用,今鑄悉依此格。萬稅三千,嚴檢盜鑄,並禁剪鑿。"此議得到公卿太宰王義恭的支持,曰:"又去春所禁新品,一時施用,愚謂此條在可開許。"而史部尚書顏竣反對,曰:"今百姓之貨,雖為較少,而市井之民,未有嗟怨,此新禁初行品式,未一須臾,自此不足以垂聖慮,唯府藏空匱,實為重憂,今縱行細錢,官無益賦之理,百姓雖贍,無解官乏,唯簡費去華,設在節儉,求贍之道,莫此為貴。"[23]三位所說"去春所禁新品"、"新禁初行品式"當指孝建三年詔鑄的薄小錢,錢雖薄小,名當不變,仍為"孝建四鉄"。沈慶之提出"今鑄悉依此格",時在大明,史書雖無明文記載大明年間是否鑄了"依此格"新錢,大明四銖的發現,證實當時確實鑄就了依薄小"孝建四銖"之格的新錢。

可見,史書云孝建元年"更鑄四銖錢",鑄的確是孝建四銖錢,但於孝建三年幣制又有所變,曾詔鑄"薄小,輪郭不成",極度減重的孝建四銖錢,不久禁此新錢式,次年由沈慶之等提議,在大明年間又鑄依前禁薄小錢格式的大明四銖錢。此際錢法大壞,既詔行薄小細錢,"民間盜鑄者雲起"又不可避免,再大量開鑄所謂官錢,已無更多實際意義,因此大明四銖鑄量很少,在一千五百餘年後才被後人發現。

(三) 兩銖錢和其他新見品

兩銖錢,徑不足 20 毫米,重 1—2 克,蕭梁或梁前已有發現,梁人著《顧烜錢譜》有記:"兩銖錢,劉氏錢志所載,奇異稀有,原始未聞。"後又不斷有所新見,梁前鑄造無疑,從錢幣形態特徵判斷亦當隸於劉宋錢。史書記,宋前廢帝永光元年(465 年)"二月庚寅鑄二銖錢",但未云此錢用何錢文,人們由永光、景和錢和劉宋年號推知該兩銖錢即所謂二銖錢。此等兩銖錢大小輕重較爲統一,實重約宋衡二銖,與永光、景和錢類同,形制、錢文書體亦相類。"兩"字除釋爲重量單位,另即爲"二"解,此錢文"兩"置於單位銖前,與史書記"大錢一當兩"之"兩"字作"二"解無異。此錢雖無年號,但錢文"兩銖"意已明確,無疑就是表示二銖。1998 年 12 月,北大考古系在重慶忠縣劉宋墓考古發掘中,出土了一批劉宋錢幣,其中有四銖和孝建、永光、景和錢以及兩銖錢,還包括"銖"字傳形的兩銖錢(圖十六),"兩銖錢,與孝建、永光、景和錢均成串混雜,一併出土"[24]。擱置了一千五百多年的疑案,由此得以明白,劉宋所鑄的二銖錢除了永光、景和錢外,還應納入兩銖錢。

由錢幣形態特徵判斷可隸於劉宋錢的還有若干新見品,如 1992 年在安徽發現的 1 枚孝業五朱錢(圖十七),同出土的有女錢、五朱、漢半兩等,其文字風格酷似孝建四銖,但"孝業"並非年號,又史無記載,具體鑄主難以確定。"孝"字六朝見於帝號、年號,此錢是否爲某事所作的紀念錢,尚需進一步考證。總之,諸如此類的新見品由於史書失載,暫難全面確證,劉宋時期究竟鑄過多少品種錢,尚需繼續深入研究。

三、蕭梁錢幣舉證

《隋書·食貨志》記:"梁初,唯京師及三吳、荊、郢、江、湘、梁、益用錢","武帝乃鑄錢,肉好周郭,文曰五銖,重如其文,而又別鑄,除其周郭,謂之女錢,二品並行。百姓或私以古錢交易,有直百五銖、五銖、女錢、太平百錢、定平一百、五銖稚錢、五銖對文等號,輕重不一。"又記:"至普通中,乃盡罷銅錢,更鑄鐵錢","始梁末又有兩柱錢及鵝眼錢"。《梁書·敬帝記》記:太平二年夏四月"己卯鑄四柱錢,一準二十,壬辰改四柱一準十,丙申復開細錢。"史書記載蕭梁鑄造或行用的錢幣品種特多,有的祇記名稱,未說形態,因其面文大多爲"五銖",使後人對某些蕭梁錢幣的形態,長期不得其解,或是以各人不同的理解,各持己見,難以統一。迄今相關歷史遺存相繼出土,結合史書和其他有關文獻進行研究,某些蕭梁錢幣已不難正確認定。

(一) 天監五銖"肉好周郭"的確證

梁武帝鑄"肉好周郭"五銖錢,時在天監年間(502—519),有稱天監五銖。由史書記"肉好周郭",長期以來錢幣界認定,一種製作精整、錢徑近漢五銖、面置內外郭的五銖錢爲天監五銖;認定另一種製作略遜、徑近大樣直百錢、面置內外郭的五銖錢爲蜀地鑄(下述內郭五銖不含蜀鑄者)。

清末以來,有的錢家誤以爲蕭梁錢均粗劣,因內郭五銖製作精整,有如陳太貨六銖、北周布泉,對內郭五銖爲天監五銖頗有異詞[25]。1940 年 7 月,羅伯昭以"鑄作不符"、"大小不合"等疑問,於《泉幣》雜志上撰文"所謂天監五銖宜改稱天嘉五銖",此後一些錢幣研究者對何爲天監五銖又起疑問。

彭信威亦以爲:"天監五銖到底是哪一種五銖,是一個難以決定的問題。過去的錢幣學家根據《隋書·食貨志》……把一種很精整、比較厚大、有內外郭的五銖看作天監五銖,可是這五銖在文字製作上同後來的陳錢太相像了,梁錢中沒有這樣精整的。"[26]近年又有人提出:"所謂梁五銖疑是北周錢。"[27]

縱觀內郭五銖是否爲天監五銖之疑，核心在於文字製作，疑者多以爲梁錢"粗率惡夷"，而內郭五銖精整，於是將其與太貨六銖比，與北周布泉比。無非是因太貨六銖與史書所記吻合，由此成爲陳錢之標準，而內郭五銖有具體出土記錄者較少，疑者凡知南方有出土者，將其與太貨六銖比，則以爲陳錢；亦然，疑者凡知北方有出土者，以北周布泉爲北周錢之標準，與其比則以爲北周錢。

錢幣出土發現地果然是鑒別鑄主的重要參考，但錢幣是不斷流通的，特別是六朝時期，雖然政權對峙，交易依然互通，戰爭掠奪對象也包括錢幣，因此出土發現地並非是鑒別鑄主的唯一依據。況且內郭五銖並非僅在某一地區發現。有研究者舉陝西關中有內郭五銖與北周錢同出之例，疑內郭五銖是北周錢，未免論據不足[28]，事實上內郭五銖並非祇有關中發現。1981年，在內蒙古赤峰市巴林右旗上石匠山出土一批古錢，360斤南北錢幣共存於一個甕中，上自戰國一化錢，下至遼代壽昌元寶錢，被認定爲"遼代古錢窖藏"，內含內郭五銖。據介紹該內郭五銖(圖十八)徑24毫米，重2.9克[29]。此錢在南方出土發現的更可舉出多例。早在20世紀20年代，王蔭嘉、張叔馴分別收集到武昌産內郭五銖(圖十九)，王蔭嘉還作了記錄："五銖，綱錢，馴初發。此武昌産第二品耳"[30]。1928年，戴葆庭在湖南長沙收集到內郭五銖(圖二十)，分歸同好[31]。1988年7月，安徽懷遠淝河鄉新集村出土唐錢窖藏，內含內郭五銖錢(圖二十一)，徑24毫米，重3克[32]。1989年5月在江蘇鹽城阜寧楊集鄉出土五銖窖藏，2 000餘枚五銖錢存於一個四繫陶罐中，內含內郭五銖(圖二十二)，徑25毫米，重3.1克[33]。1988年，筆者在蘇州集得一枚內郭五銖(圖二十三)，徑25毫米，重2.9克。事實説明內郭五銖在全國南北都有所發現，僅憑出土發現地難以説明問題。

1998年初，在江蘇鎮江市內出土發現了大量蕭梁五銖錢範，爲解決天監五銖是否爲內郭五銖之疑提供了契機。這起出土位於鎮江市北固山南脚下，緊靠六朝時期政治經濟中心鐵甕城遺址西側，錢範埋於離地表5米深的南朝文化層中，被認定爲蕭梁官鑄銅錢所遺的廢範堆積層。這批錢範大體可分爲兩大類：一類是面無內外郭五銖錢範(圖二十四、二十五)，另一類是面有內外郭五銖錢範(圖二十六)[34]。該兩種錢範同坑出土，正好驗證了史書所記梁初武帝時的"二品並行"。無可非議，前者是公式女錢範，後者是天監五銖範。無獨有偶，1998年5月，在南京城內白下路一基建工地又有大量公式女錢範出土[35]。蕭梁錢範的出土，把羅伯昭當年欲改天監五銖爲天嘉五銖的理由全盤推翻了。

1. 羅氏以爲梁錢均爲"粗率惡夷"，因"製作不符"不敢認內郭五銖爲梁錢。出土的兩類錢範反映，該兩類錢幣都是十分精整，現在可以説這兩種梁錢其特徵之一就是精整。兩類錢幣在直徑、肉好周郭等方面區別明顯，但文字書體上是驚人的一致(圖十八至二十六)。羅氏云公式女錢"粗率惡夷"，實是對公式女錢的誤解。這批錢範發現前，這種誤解何止羅氏一人。

2. 羅氏以爲"大小不合"，提到顧氏言天監五銖徑一寸，必小於徑一寸一分的五銖鐵錢，以爲"據實物證之適反"。據考證，梁一寸合今公制24.5毫米[36]。由天監五銖錢範知此錢直徑在24—25毫米，內郭五銖直徑正與其相符合。現在已發現徑26毫米的梁鐵五銖[37]，顧氏之言已被證實。羅氏以爲梁鐵五銖無大於內郭五銖，實是當時未見大直徑鐵五銖而產生的誤解。

3. 羅氏以爲《隋書》記"肉好周郭"不實，《隋書》不足盡信。以爲史書絕對正確，不敢越史書一步之觀念，當然不可取，但研究中遇到難解之矛盾，即以史書不足盡信來自圓其説，對研究之深入是極爲不利的。現天監五銖確爲內郭五銖已被證實，再看《隋書》所記，書中祇有對有穿郭的錢，如穿口四周置郭的天監五銖、穿口右則置郭的隋錢，纔用"肉好周郭"之詞，《隋書》所記"肉好周郭"是符合實際的，史書和文獻在錢幣研究中的重要作用不可低估。

4. 羅氏云："陳受梁禪"，內郭五銖"酷類太貨六銖"，均言之有理，但得出了內郭五銖爲"陳五銖"的錯誤結論，究其原因怕是基於他前面三條誤解，產生了先入爲主的觀念。既然"陳受梁禪"，陳錢太貨六銖繼承蕭梁天監五銖之風貌，是順理成章之事，何必牽強地將梁錢硬栽入陳錢。

天監五銖是否內郭五銖之研究，歷經肯定——否定——肯定之曲折過程，至此似可以劃上句號，但對天監五銖的研究並沒有到此結束。由鎮江出土的內郭五銖錢範反映，內郭五銖當有背素、背四決、背四出等多種錢型，而後人發現的內郭五銖，爲什麼祇見背素的，暫未見到背四決、四出的，這些背紋的用意和設置背景是什麼？發現的內郭五銖有面無星、面穿上下星、面穿上四星等錢型，當時鑄造這些錢型的用意和歷史背景又是什麼？上下星、上四星是否就是史書所説的兩柱錢、四柱錢？這都有待錢幣學界共同努力去攻克。

（二）公式女錢特徵及種類

江蘇鎮江出土蕭梁五銖錢範中，佔比較多的是面無內外郭、背有內郭無外郭錢範(圖二十四、二十五）。這批錢範平薄精緻，製作工藝成熟，爲十餘層封包式叠鑄用範。這些錢範之錢幣型腔都十分精整，錢文書體相互一致，如同天監五銖。錢型可分爲方孔外圓和方孔外呈方形兩大類，各略有大小之別。由史書和《顧烜錢譜》所記，天監五銖與公式女錢"二品並行"得以確定，這就是公式女錢之錢範。此前，人們關於公式女錢的認識是十分膚淺的，有將無外郭五銖，不論精整與否，全視作公式女錢，如羅伯昭以爲"粗率惡夷"之見，不在少數。

《隋書》記梁武帝"又別鑄"，祇云："除其周郭，謂之女錢"，無"公式"二字，其下文中又記"百姓或私以古錢交易，有直百五銖、女錢……"，可知女錢在蕭梁前已有之，梁時已屬古錢範疇。核對《通典》、《册府元龜》同樣記述梁武帝此項史事時，均謂之"公式女錢"，不知今傳本《隋書》在"謂之"後是否脱了"公式"兩字。好在蕭梁人著《顧烜錢譜》寫得比較明確："天監元年，鑄公式女錢，徑一寸，文曰五銖，稱兩如新鑄五銖，但邊無輪郭，未行用，又聽民間私鑄"，"普通三年，始興新錢五銖，並行用，斷民間私鑄"[38]。可見梁武帝天監元年又別鑄的"除其周郭"之公式女錢，和梁前民間就在使用的女錢不是一回事。南宋洪遵《泉志》引張臺曰："背有好郭者謂之公式女錢，背無好郭者，正謂之女錢，蓋聽民私鑄，有不精也。"由公式女錢範而知，張臺的話祇講對了一半，背無好郭者果然是女錢，背有好郭者也不一定全是公式女錢，兩者主要應從是官鑄錢還是非官鑄錢去判别。

無周郭之五銖錢中唯獨公式女錢纔是正宗官鑄錢。所謂女錢不是官方推出的某種錢式，屬非官鑄錢，它們雖然同是無周郭，但是鑄造工藝差距明顯，文字書法很不統一，大小輕重參差不齊。據顧氏記述，梁初所鑄的兩種新錢是在普通四年(523年)纔始興行用，次年以古錢私用轉甚，"乃議盡罷銅錢"[39]。因此兩種新錢實際行用時間都很短，過去祇以爲天監五銖發現較少，實際上公式女錢亦不多見，祇是誤把無輪郭的女錢等同於公式女錢了。

簡而言之，公式女錢面無内外郭，背有内郭無外郭，足重者如天監五銖，在3克上下，鑄工特精，直徑比天監五銖略小，肉稍厚，各錢面文"五銖"兩字書寫統一，與天監五銖類同。公式女錢至少有方孔外圓和方孔外呈方形兩大類别，公式女錢存在足重和減重的區别，但鑄工均十分精整。

（三）五銖稚錢考

《隋書》所記梁初百姓交易所用古錢中有稱"五銖稚錢"者，洪遵《泉志》目錄和毛本《隋書》"稚錢"作"雉錢"，知兩種稱謂相通。何謂稚錢，前有論者，或語焉不詳，或似是而非。

張端木曰："稚錢即幺錢之類。"翁樹培按："泉志所圖，銖從金，郭有重文，昧顧氏狹小之義，想其形小字狹而有輪，所以别與女錢之無輪者歟。"[40]王錫棨曰："右梁初稚錢，面無好郭，背有肉好郭。"[41]所論無非是在"稚"字上做文章，並想像其面背有否輪郭。

李佐賢、羅振玉則將稚錢歸於蜀錢。[42]主要有兩個因素：一是沒有發現真正的稚錢。二是史書所記梁初百姓交易使用古錢中，確有部分蜀錢。如此把梁初百姓所用之古錢統歸於蜀錢，顯然是不確切的。

1996年夏，江蘇蘇州近郊出土了一種五銖，徑小輕薄，但鑄工十分精良，引起了錢幣界的注意。1992年在離太湖十幾公里的吳縣木瀆鎮，這種鑄工精良的薄小錢再次大量出土。這種五銖直徑大者20毫米上下(圖二十七、二十八)，小者15毫米左右(圖二十九、三十)，重者不足2克，輕者僅0.4克，正背不見外郭，但周邊圓整，面無内郭，背有内郭。錢文書法相互間統一，與兩漢五銖有明顯區别，與天監五銖、公式女錢、陳五銖等相類，字形大小隨錢體直徑同比變化，個别錢文字角或因邊周加工而磨去。這種五銖在許多方面與顧氏描述的五銖稚錢完全符合。

此錢之文字製作，正如梁人顧烜所云，稚錢"文曰五銖，源流出於五銖，但稍狹小"，不論直徑如何變化，"五銖"兩字大小隨之同比變化，然錢文書體並不因錢文大小之變而異，其一致程度爲人驚嘆。縱觀劉宋四銖以下各種錢文，此錢文字書法與之一脉相承，錢文纖細有韵，柔中有剛，上承孝建四銖，下啓陳五銖。"銖"字"金"狹於"朱"，"金"頭尖鋭，四點多呈短竪，"朱"中竪有的呈内彎狀，面背有見上下竪凸紋，穿口下有見星點等，均與孝建四銖類似。"朱"字頭方折，個别"金"左兩竪呈圓點，在後出的陳五銖上常見。"五"字筆畫順勢粗細有轉，呈兩個對頂三角，兩個底角有等角或鈍鋭之變，更是開陳五銖文字風格之先。

稚錢之直徑，顧氏云"徑八分半"、"徑六分"。據吳承洛考，蕭梁一寸折24.5毫米。八分半即20.8毫米，六分即14.7毫米。這批錢直徑15—20毫米，正好相符合。

稚錢之重量，顧氏云"四銖"至"二銖半"。據吳承洛考，蕭梁一兩折今13.92克[43]，二十四銖爲一兩，一銖折0.58克。四銖、二銖半即2.32克、1.45克。這批錢重量有一部分與此符合，一部分更輕。

顧烜死於"侯景之亂"(549年),距梁亡還有七八年。若稚錢在顧氏身後繼有鑄造,那麼由當時錢幣不斷減重,後出的更輕也是可能的。

此錢鑄工精良堅實,無外郭,邊周經加工十分光滑,若將此堅實又薄小的錢幣繫於箭杆前端,足以取代箭頭用於"射雉",顧氏云"世有射雉,戲用此錢",正是名符其實,毫無夸大之詞。

(四) 蕭梁大樣鐵五銖之實證

《顧烜錢譜》記:梁"五銖鐵錢,徑一寸一分,文曰五銖,背文四出。"又記:"普通四年鑄大吉鐵錢,大小輕重如五銖,文曰五銖大吉,背文四出。"記大通五銖、大富五銖與記大吉五銖語相同。長期以來,人們以爲梁鐵五銖無顧氏所云徑一寸一分者。南宋洪遵在《泉志》中記述此錢時,云其所見者徑"七分"、"重三銖六參"。梁度一寸一分折今約26毫米,宋度一寸折今30.72毫米,七分約爲21.5毫米。[44]南宋洪氏所記鐵五銖直徑較梁人顧氏所記小了4.5毫米。洪遵以後的八百年中幾乎無人懷疑洪氏這一糾偏實際有誤,如彭信威於20世紀50年代還是認爲,"但留傳下來的鐵五銖沒有這樣大的"[45]。

20世紀30年代,在南京出土了大量梁背四出鐵五銖錢範,《古錢大辭典》將該範拓本原大刊出,云:"此範泉形甚大,或當時僅有其範而未鑄泉也。"可見30年代錢幣界雖見其範但對蕭梁大樣鐵五銖尚無所知。這批陶範當年被各家收藏,以鄭家相所得爲最多,今上海博物館和一些藏家尚完好保存。據《古錢大辭典》和《中國錢幣》雜志發表的這批範拓知[46],範上錢型的最大直徑爲26毫米。迄1996年,更有"知情"者以爲當年南京出土的這批錢範"係金陵'經古舍主'骨董張賈所爲",又云"在朱鍥氏處得知係僞品"[47]。"僞品論"既出,方家又對這批錢範重新審視,現經上海博物館和中國錢幣學會陶瓷、錢幣專家再次鑒定,這批錢範確爲蕭梁時期所遺。因此絕不可因另有僞、仿品範出現或未見相應的大樣鐵錢而將這批蕭梁錢範否定。

雖然,近千年來人們對有無直徑爲26毫米的蕭梁鐵錢無所知,甚至得出"或當時僅有範而未鑄錢"和"留傳下來的鐵五銖沒有這樣大的"結論,但是新出土、新發現終於把這千年之疑給打破了。20世紀80年代初,在江浙交界地吳江、嘉善、陶莊等地的古河床中出土了大批蕭梁鐵五銖,這批鐵五銖直徑16.5—26.5毫米不等,重0.88—6.2克[48]。這批鐵五銖與20世紀30年代南京出土的鐵五銖錢範互相提供了有力的佐證,其中直徑26毫米的大樣錢(圖三十一、三十二)宣告蕭梁的確鑄過此等大樣鐵五銖,顧氏所記五銖鐵錢形態,確是據實記錄的。

四、陳五銖的確認

陳五銖在史書上有明確記載:天嘉三年(562年)閏二月"甲子,改鑄五銖錢"[49],"初出,一當鵝眼之十"。宣帝太建十一年(579年)"又鑄太貨六銖,以一當五銖之十,與五銖錢並行。"[50]但是到底哪樣的五銖是陳五銖,長期多説並存,難以定論。比較有代表性的,一是丁福保《古錢大辭典》説,一是彭信威《中國貨幣史》説。

丁福保在《古錢大辭典》等著作中錄陳五銖一拓(圖三十三),後錢界從其説者較多。朱活先生編《古錢小辭典》時轉錄丁氏陳五銖圖,並描述"'五'字如一對三角形,頂角相抵,'金'小於'朱','朱'字頭圓折,外郭較寬,錢徑23.5毫米,重3.35克"。由於未見論定理由,部分學者和錢家對此持有疑議。

彭信威在《中國貨幣史》中提出:"(陳)五銖鑄於天嘉三年,重約三公分許,有內外郭,文字製作都很精整,以前被指作梁的天監五銖。太貨六銖鑄於太建十一年,……文字製作和天嘉五銖相同","過去的錢幣學家説是陳五銖,但同太貨六銖沒有共同點,六銖有內郭,穿孔不大,製作精,這種五銖沒有內郭,穿孔大,不怎麼精,所以大概也是隋錢。重約二公分半,有比較大樣的,文字筆劃稍有不同,也許是楊廣在鄂州所鑄"。此説從錢幣形態排比入手,以有無內郭和製作精度爲由,否定前説。在陳五銖暫時沒有確屬出土資料佐證之時,從此説者爲數不少,還影響着人們對內郭五銖的認識。

隨着對五銖錢研究的深入,人們從錢幣出土時的原始結構中得到了可貴的信息。1990年春,江蘇吳縣滸墅關農村出土一罐古錢,其中僅藏有兩種錢,一是太貨六銖,計80餘枚,另一種是基本形制統一又異於漢五銖的五銖錢,計300餘枚。這種五銖錢(圖三十四至三十七)的基本特徵是:徑略小於漢五銖,面無好郭,邊緣較寬,"五"字如兩個對頂的三角形,"朱"字頭方折,錢文筆劃順勢粗細有轉,製作工藝遜於太貨六銖。經隨機抽樣鑒測，這批五銖直徑 24—24.8 毫米，重 2.27—2.89 克，鑄造工藝比較統一。仔細排比有多種版別。"五"字有長、中、短之別，構成"五"字兩對頂三角之底角有銳、鈍之別。"銖"字"金"、"朱"相比，有等高、"金"微高、"金"低落之別，"金"頭有正、傾、矢狀、特銳之別，"金"點有杆狀、圓狀之別，等等。背面以素背爲多，偶見背置月痕、人紋等記號。

無獨有偶，1995 年 10 月在浙江桐鄉大麻鎮出土了一罐古錢，計 14.5 公斤，其中揀出太貨六銖 80 餘枚，餘清一色全是直徑小於漢五銖一輪、面無好郭、緣稍寬的五銖錢[31]，亦即上述蘇州滸墅關出土的那種，約計 4 600 枚。

若認真注意關於這種五銖的出土情況，有其與太貨六銖共出的遠非上述兩起，而且往往又是僅見此種五銖和太貨六銖。如 1997 年 4 月 28 日，在武帝陳霸先出生地浙江長興桑園里村出土一罐錢幣，這種五銖多達幾千枚，餘則爲太貨六銖[32]。在靠太湖的浙江湖州、沿長江南岸的江蘇鎮江等地都有類似出土，祇是有時人們更注意收集太貨六銖，忽視了這些五銖。

天嘉三年(562 年)陳文帝鑄五銖錢，十七年後陳宣帝於太建十一年(579 年)又鑄太貨六銖，兩者以一當十之比價並行。現於陳朝故地蘇州、桐鄉、長興等地多見二錢共存一罐而出，又常是別無它錢混入，正是當年"又鑄太貨六銖，以一當十，與五銖錢並行"史實的真實反映，有力説明此錢非陳五銖莫屬。丁氏所指陳五銖即此，完全正確。朱活之描述基本如實，唯所云"'朱'字頭圓折"、"重 3.35 克"與實際有出入，或其依丁氏所録拓本描述，因拓本幾經翻印失真所致。這種五銖絶不是彭信威以爲"楊廣在鄂州所鑄"的隋錢。現在陳五銖已被出土資料佐證，内郭五銖已被進一步確認爲蕭梁天監五銖，無可辯駁，"陳五銖即内郭五銖"説由此確認錯誤無疑。

注：

① 《中國錢幣》1987 年第 1 期第 71 頁。

② 《浙江錢幣》，杭州出版社 1999 年版。

③ 王貴忱、劉志颺著：《三國孫吳鑄錢問題探討》，載《中國錢幣》1983 年第 3 期。

④ 《三國志》卷 47《吳書·吳主權》。

⑤ 《三國志》卷 54《吳書·周瑜傳》。

⑥ 《三國志》卷 52《吳書·顧雍傳》。

⑦ 唐《元和郡縣志》。

⑧ 《晉書》卷 26《食貨志》。

⑨ 《三國志》卷 39《蜀書·劉巴傳》。

⑩ 《杭州錢幣》總 41、43 期，《苏州錢幣》2001 年總 17 期。

⑪ 《中國文物報》1999 年 1 月 6 日第 2 版。

⑫ 《宋書》卷 5《文帝紀》。

⑬ 《宋書》卷 75《顏竣傳》。

⑭ 《宋書》卷 5《文帝紀》。

⑮ 丁福保《古錢大辭典》引裴子野《宋略》。

⑯ 《宋書》卷 6《孝武帝紀》。

⑰ 《宋書》卷 7《前廢帝紀》。

⑱ 鄒誌諒編著：《顧烜錢譜輯佚》，載《中國錢幣文獻叢書》第 1 輯。

⑲ 《宋書》卷 75《顏竣傳》。

⑳ 《宋書》卷 6《孝武帝紀》。

㉑ 鄒誌諒編著：《顧烜錢譜輯佚》，載《中國錢幣文獻叢書》第 1 輯。

㉒㉓ 《宋書》卷 75《顏竣傳》。

㉔ 《中國錢幣》1999 年第 3 期。

㉕ 方若《言錢別録》言："今頗有以大者疑北周鑄，謂似周武帝布泉。其實與陳宣帝太貨六銖銖字，更絲毫無異"，"決同爲武帝時鑄"。

㉖ 彭信威著：《中國貨幣史》第 219 頁，上海人民出版社 1965 年第 2 版。

㉗㉘ 《陝西金融·錢幣研究專輯》(7)。

㉙ 《内蒙古金融·錢幣續刊》1985 年。

㉚ 鄒誌諒、王健興著：《王蔭嘉品泉録》第 25 頁，上海古籍出版社 1990 年版。

㉛ 見王蔭嘉《雙長生樹屋泉龢》記録，原件藏浙江博物館。

㉜ 《安徽錢幣》1998 年第 4 期。

㉝ 《鹽城錢幣選輯》第 24 頁，南京大學出版社出版。

㉞ 《中國錢幣》1999 年第 1 期。

㉟ 《揚子晚報》1998 年 6 月 1 日。

㊱ 吳承洛著：《中國度量衡史》。

㊲ 《蘇州錢幣》1987 年總 3 期。

㊳ 鄒誌諒編著：《顧烜錢譜輯佚》，載《中國錢幣文獻叢書》第 1 輯。

㊴ 《隋書》卷 24《食貨志》。

㊵ 翁樹培著：《古泉匯考》。

㊶ 王錫榮著：《泉貨匯考》。

㊷ 李佐賢著：《古泉匯》；羅振玉著：《俑廬日札》。

㊸㊹ 吳承洛著：《中國度量衡史》。

㊺ 彭信威著：《中國貨幣史》第 220 頁，上海人民出版社 1965 年第 2 版。

㊻ 《中國錢幣》1986 年第 4 期。

㊼ 《舟山錢幣》1996 年第 1 期。

㊽ 《蘇州錢幣》1987 年總 3 期。

㊾ 《陳書》卷 3《世祖本紀》。

㊿ 《隋書》卷 24《食貨志》。

○51 《舟山錢幣》1996 年第 3 期。

○52 《安徽錢幣》1998 年第 3 期。

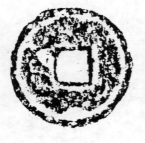

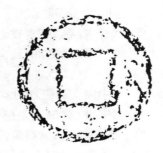

圖一 大泉五十　　　　圖二 大泉五十(鐵)　　　圖三 大泉五十(合背)　　　圖四 大泉五十

徑 32.7 毫米　　　　　徑 33.2 毫米　　　　　　徑 33 毫米　　　　　　　　徑 35 毫米

重 9.9 克　　　　　　　發現地江蘇蘇州　　　　　發現地江蘇南京　　　　　　重 18 克

發現地江蘇蘇州　　　　　　　　　　　　　　　　　　　　　　　　　　　　　發現地福建漳州

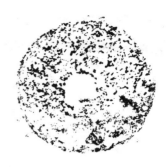

圖五　大泉五十
徑 33 毫米
重 7.5 克
發現地安徽青陽

圖六　大泉五十
徑 32 毫米
重 5.34 克
發現地江蘇丹陽

圖七　大泉五十
徑 37 毫米
重 24.97 克
發現地江蘇蘇州

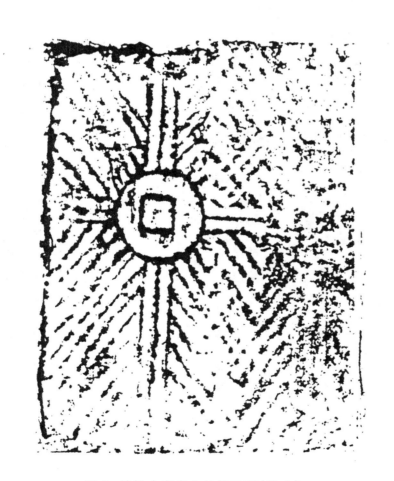

圖八　餘姚丈亭出土的錢紋磚（縮小）

右側銘文（縮小）

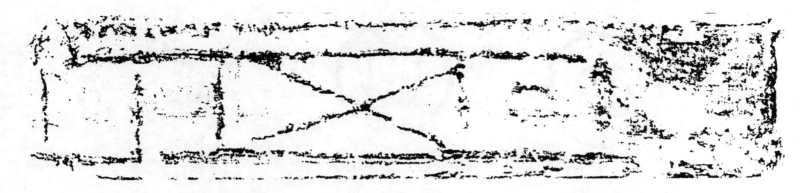

側面紋飾

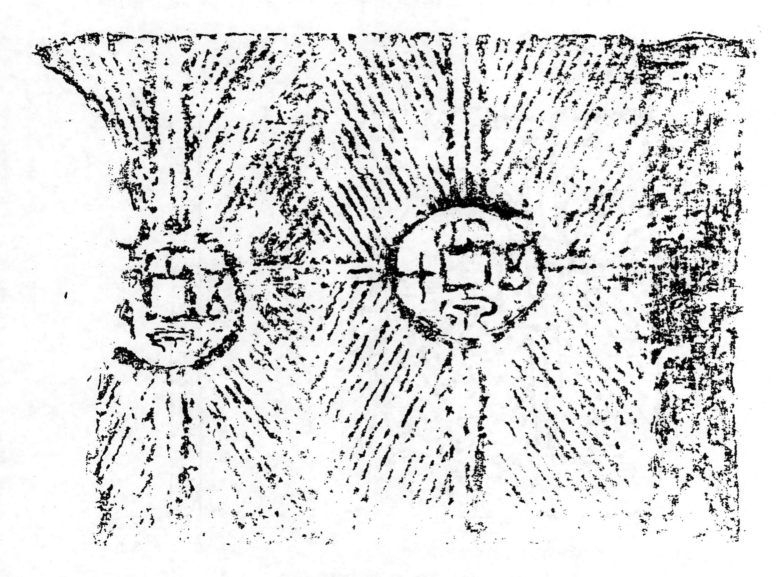

圖九　餘姚出土的大泉五十錢紋磚

圖十 印有四圈連續大泉五十錢紋的褐釉罐（1973年浙江西晉元康八年紀年墓出土）

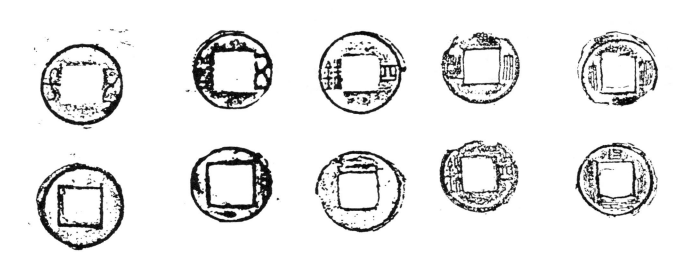

圖十一 五七　　　圖十二 五銖　　　圖十三 四銖　　　圖十四 大明四銖　　　圖十五 大明四銖（傳形）
徑 23 毫米　　　重 2.5 克　　　　重 2.6 克　　　　徑 22.4 毫米　　　　徑 21 毫米
重 2.47 克　　　出土地江蘇蘇州　　出土地江蘇溧水　　重 2.06 克　　　　重 1.11 克
發現地江蘇蘇州　　　　　　　　　　　　　　　　　　出土地江蘇武進　　出土地江蘇武進

 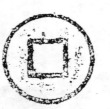 

① ②"銖"字傳形

圖十六　兩銖　　　　圖十七　孝業五朱(傳形)　　圖十八　天監五銖　　　圖十九　天監五銖

徑 17 毫米　　　　　徑 19 毫米　　　　　　徑 24 毫米　　　　　發現地湖北武昌

重 2 克　　　　　　發現地安徽　　　　　　重 2.9 克

出土地重慶忠縣　　　　　　　　　　　　　出土地內蒙古赤峰

圖二十　天監五銖　　圖二十一　天監五銖　　圖二十二　天監五銖　　圖二十三　天監五銖

發現地湖南長沙　　　徑 24 毫米　　　　　徑 25 毫米　　　　　徑 25 毫米

　　　　　　　　　重 3 克　　　　　　　重 3.1 克　　　　　　重 2.9 克

　　　　　　　　　出土地安徽懷遠　　　　出土地江蘇鹽城　　　　發現地江蘇蘇州

圖二十四　梁公式女錢範(正背·殘)

出土地江蘇鎮江

圖二十五　梁公式女錢範（正背·殘）　　圖二十六　梁天監五銖範（殘）
　　　出土地江蘇鎮江　　　　　　　　　　　出土地江蘇鎮江

圖二十七　稚錢
徑 19.8 毫米
重 1.90 克
出土地江蘇吳縣

圖二十八　稚錢　　圖二十九　稚錢　　圖三十　稚錢　　圖三十一　梁鐵五銖　　圖三十二　梁鐵五銖
徑 20.2 毫米　　　徑 16.1 毫米　　　徑 16.1 毫米　　徑 26.39 毫米　　　徑 26.14 毫米
重 1.63 克　　　　重 0.48 克　　　　重 0.40 克　　　重 5.1 克　　　　　重 6.2 克
出土地江蘇吳縣　　出土地江蘇吳縣　　出土地江蘇吳縣　發現地江浙交界地　發現地江浙交界地

圖三十三　陳五銖《古錢　　圖三十四　陳五銖　　圖三十五　陳五銖　　圖三十六　陳五銖　　圖三十七　陳五銖
　　大辭典》錄　　　　　　徑 24.3 毫米　　　徑 24.5 毫米　　　徑 24.7 毫米　　　徑 24.5 毫米
　　　　　　　　　　　　　重 2.46 克　　　　重 2.86 克　　　　重 2.80 克　　　　重 2.35 克
　　　　　　　　　　　　　出土地江蘇吳縣　　出土地江蘇吳縣　　出土地江蘇吳縣　　出土地江蘇吳縣

秦、漢、三國、兩晉、南北朝
西域（新疆）錢幣研究

蔣其祥

秦漢是我國歷史上强盛的大一統王朝。公元前 221 年秦王朝的建立，結束了春秋戰國以來列國並存、諸侯爭雄的動亂局面，奠定了我國作爲統一的多民族國家的基礎。漢承秦制，將大一統的中國歷史又向前推進了一大步。三國兩晉南北朝時期雖小國林立，政權更迭頻繁，但也孕育着新的更大發展。於是到了隋唐，我國歷史發展又走在世界的前列。

在這長達八百餘年的歷史時期内，新疆地區歷史發展最重要的大事是，自張騫通西域後，漢宣帝神爵二年（前 60 年）在新疆地區首建行政機構——西域都護府，標志着新疆正式列入中國版圖。從此新疆地區各族人民和全國人民一起，共同創造了中華民族光輝燦爛的文化。

舉世聞名的"絲綢之路"溝通了我國和中亞、西亞以及歐洲的貿易往來，而在西域都護府的轄境内，商旅使者的通行得到了安全保證。因此，新疆地區對促進我國和世界各國之間的經濟文化交流作出了特殊貢獻。

這一時期新疆地區貨幣的基本特點是：

第一，秦王朝建立後鑄半兩錢，統一了全國貨幣。西漢初也曾鑄半兩錢，至武帝元狩五年（前 118 年）鑄五銖錢。在新疆地區，兩漢鑄造的五銖也是主要的流通貨幣，到南北朝時期又出現了本地鑄造的龜兹五銖等錢幣，體現了以五銖錢制爲基礎的一脉相承的貨幣特徵。

第二，以中國爲代表的東方貨幣文化和以希臘爲代表的西方貨幣文化在新疆地區碰撞交匯，產生了第一種本地自鑄貨幣——漢佉二體錢。這是東西方貨幣文化交流的典型表現。至於後來出現的龜兹五銖則是漢文和龜兹文合璧，既帶有地方和民族特點，又包含了外來龜兹文文化的因素在内。

第三，由於絲綢之路的安全暢通，以及中外經濟文化交流的日益發展，國外貨幣也進入我國，先是貴霜錢幣，後是波斯銀幣。這兩種貨幣多次在新疆乃至全國各地發現，這是中國人民與世界各國人民友好往來的歷史見證。

一、漢以前新疆貨幣的歷史綫索

考古資料表明，早在史前時期，新疆地區和中原内地即有交往，與中亞、西亞以及北部鄰近地區也有不同程度的聯繫。距今 3 000 年前，和闐玉即傳至殷墟王室①。春秋晚期又傳到雲南江川②。内地所産絲織品、漆器，戰國時期銅鏡也被發現於新疆各地古遺址。

文獻記録與出土資料皆顯示，漢以前新疆本地並無自鑄貨幣的信息，但某種原始貨幣形態或某些以物易物的貿易已是不爭的事實。《史記·大宛列傳》中雖未直接提及新疆貨幣，但却明確講到大宛（費爾干納盆地）以西的某些情況。"大宛在匈奴西南，在漢正西，去漢可萬里。其俗土著，耕田，田稻麥。有蒲陶酒。多善馬，……有城郭房屋。其屬邑大小七千餘城，衆可數十萬"。安息"最爲大國。臨嬀水，有市，民商賈用車及船，……以銀爲錢，錢如其王面，王死輒更錢，效王面焉"。大夏"其俗土著，有城屋，與大宛同俗。……善賈市。及大月氏西徙，攻敗之，皆臣畜大夏。大夏民多，可百餘萬。其都曰藍市城，有市販賣諸物"。"自大宛以西至安息，國雖頗異言，然大同俗，相知言。……善市賈，爭分銖。……得漢黄白金，輒以爲器，不用爲幣"。

以上史料表明，今費爾干納至西亞商業貿易是頗爲發達的，但明確提及造幣的祇安息一國，而安息的地理位置正處於亞洲西部，其鑄幣技術來自希臘，顯然對於西方貨幣文化的東傳是起了重大作用的。

二、兩漢、魏、晉、南北朝時期五銖錢幣在新疆貨幣流通上佔主導地位

西域都護府的建立，加强了對新疆地區的軍政管轄，漢王朝政策得以執行。根本改變了"西域諸國，各有君長，兵衆分弱，無所統一"的歷史情況，"於是自敦煌西至鹽澤，往往起亭，而輪臺、渠犁皆有田卒數百人，置使者校尉領護，以給使外國者"。③漢武帝開始在新疆各地屯田墾荒，既解決軍隊口糧，也促進當地農業生產的發展，同時也保護了絲綢之路商道的通行，從而出現了使者"相望於道"的繁盛景象。

從此，漢代的五銖錢成了新疆地區主要的流通貨幣。南北朝時期，由於全國處於大動盪的分裂割據時期，中原錢幣進入新疆的極少。爲適應本地經濟發展需要，新疆地區先後出現龜兹國鑄造的龜兹五銖和龜兹小銅錢、高昌國鑄造的高昌吉利錢、于闐國鑄造的漢佉二體錢，以及從國外傳入的波斯銀幣等，構成了一幅以五銖錢爲主導而又絢麗多姿的貨幣文化圖景。

從考古發掘顯示，新疆地區存世最早的錢幣是西漢半兩。奇臺石城子遺址先後發現 6 枚，有大小兩種，大者徑 27 毫米，小者徑 24 毫米④。樓蘭故城發現榆莢半兩 1 枚，⑤木壘哈薩克自治縣發現半兩 1 枚。⑥另在阿勒泰地區福海發現過一批包括漢至清代各個歷史朝代的錢幣，其中有西漢半兩 1 枚。⑦

至於五銖錢，在新疆各地出土的數量極其可觀，出土地點也遍及南北疆。早在 20 世紀初，國外一些探險家紛至沓來，其中斯坦因 (Aurel Stein) 曾三次來新疆，單是在和闐約特幹即獲得五銖錢 470 枚。⑧在其所著《古代和闐》一書中報導説，除約特幹外，在尼雅、哈拉敦、丹丹烏里克、阿克斯比爾等遺址中都有五銖錢出土。另在《斯坦因西域考古記》中提及，當他去樓蘭考察時，在沿途古道及遺址地表見有散佈衆多的漢代古錢。

我國考古學者黃文弼於 20 世紀 20—30 年代時曾赴樓蘭進行考察與發掘，在《羅布淖爾考古記》書中記述："至於羅布淖爾本地用何種錢幣，今由考古學者的踏查，大多數皆爲漢五銖錢，已詳於各家考古報告中，無用再述。余於民國二十三年在孔雀河沿岸，曾在一地方圓不及一里，拾五銖錢六百餘枚，其散佈之廣，由此可見。"

中華人民共和國成立後，在新疆考古發現的漢代古錢更爲豐富，考古工作者幾乎每次進入羅布淖爾樓蘭古城遺址都有新的收獲。另在古于闐國（今和田地區）更有多次重要發現，全疆其他各地也有類似情況。

1977 年，在和田市東南 25 公里處玉瓏喀什河西岸買力克阿瓦提遺址出土一窖藏錢幣 45 公斤。據在和田文物管理所工作多年的李吟屏介紹，這批窖藏錢幣有東漢五銖，也有西漢五銖，還包括新莽錢。而且大都銹黏成塊，並未經過全部徹底整理，窖藏年代應在東漢末年。

1980 年，新疆考古所樓蘭考古隊在樓蘭古城發現 139 枚漢代錢幣（其中有 1 枚是貴霜錢）。具體情況是：西漢時期榆莢半兩 1 枚，徑 8 毫米，面文篆書"半兩"，字迹模糊，尚能辨識；五銖 5 枚；小五銖 1 枚，徑 12 毫米，重 0.5 克；剪輪五銖 1 枚，徑 25 毫米，重 2 克。新莽時期大泉五十 2 枚，小泉直一 2 枚，貨泉 3 枚。東漢時期五銖錢 14 枚，剪輪五銖 109 枚。

兩漢錢幣在新疆各地很多古遺址都有發現。表明兩漢五銖在新疆社會經濟生活中曾起過重大的作用。魏晉南北朝時期，内地某些王朝雖也有錢幣流入新疆（如北齊常平五銖等），但極少。因此，新疆則仿效五銖形制而自鑄錢幣流通使用。

三、新疆本地最早的自鑄貨幣——漢佉二體錢

漢佉二體錢，20 世紀 60 年代被稱作"和田馬錢"。1962 年，夏鼐先生著文認爲，這類錢幣雖大多數爲馬紋，但也有駱駝紋的，似乎不能概稱爲"馬錢"。它們的共同特徵是：一面爲漢文，另一面爲佉盧文。我們可以叫它們爲"漢佉二體錢"。由於漢佉二體錢的名稱能够真實反映其基本特點，又和國際錢幣學界所使用的"The Sino——Kharosthi Coins"名稱相接近，故已爲我國學術界所普遍接受。

漢佉二體錢面世已有 360 枚以上，主要散落在世界各大博物館。1876 年福賽斯 (Douglas Forsythe) 第一次在英國皇家地理學會公佈 2 枚後，英、法、俄、日等國相繼公佈一批得自我國新疆和田地區的漢佉二體錢。其中赫恩雷 (Rudolf Hoernle)、斯坦因所獲較多，尤以斯坦因爲最。保存在英國倫敦大英博物館即達 256 枚之多，其餘分別藏於俄羅斯艾爾米塔什博物館、英國牛津阿施莫憐博物館、印度政府圖書館、印度旁遮普博物館等，國内中國歷史博物館⑩、旅順博物館⑪等則藏有數拾枚。20 世紀 80 年代，新疆文物考古研究所在安迪爾遺址採集到 1 枚。⑫近幾年來新疆錢幣學會、中國錢幣學會也收藏數枚。有些錢幣收藏家、愛好者也有藏品。

經中外學術界的長期研究，漢佉二體錢主要特點可以歸納爲：

1. 已發現的皆爲銅質，不見有金銀質的。

2. 圓形無孔，採用源自希臘的打壓法製造。

3. 錢幣可分爲小錢和大錢兩種。以貴霜錢所用德拉克麥 (Drachme) 爲單位，重量分別爲 1 和 4 德拉克麥，按印度標準爲 3.264 克和 13.056 克，相當漢錢幣六銖、二十四銖重量。

4. 銘文爲漢文和佉盧文合璧，漢文主要爲"六銖錢"和"重廿四銖銅錢"，佉盧文識讀則不盡一致。

5. 錢幣圖案紋飾主要是馬紋和駱駝紋，以馬紋爲主。

6. 錢幣製造地點，由於都是出土於古于闐國(今和田地區)境内，故爲該國製造，學界認識基本一致，但也曾有個別人認爲可能是莎車王製造。

7. 錢幣製造年代，先後有多種説法。其中以大英博物館錢幣部學者克力勃 (J.Cribb) 所推斷的公元 1 世紀—132 年于闐國六位國王製造，和中國學者林梅村所推斷的公元 175—220 年由于闐國一位國王製造的兩種説法最具代表性。

8. 已發現的漢佉二體錢中，有幾枚是在貴霜錢幣上重新打壓的，表明貴霜錢也曾流入于闐國，是中西交通往來的物證。

1962 年，夏鼐先生的《和闐馬錢考》一文提出，漢佉二體錢製造年代應在公元 73 年班超到于闐至公元三世紀佉盧文在于闐停止使用時的看法。根據是：

1. 漢佉二體錢上漢字篆文與東漢銅容器上篆文相同，結構拘謹。

2. 從重量上看，二十四銖(即一兩)在秦及西漢時爲 16.14 克，在新莽及東漢至魏晉時爲 13.92 克，而大錢平均重 13.66 克，與東漢相比，相差 0.26 克，不到半銖，與秦及西漢相比，相差較大，達 2.48 克。這也可以表明，錢幣年代更接近於東漢。

英國學者克力勃認爲：

錢幣銘文是國王的稱號和名字。稱號爲：大王 Maharaja、于闐王 Yidiraja 或于闐人的王 Yitiraja、王中之王 Rajatiraja。

以上三種稱號中對大王和王中之王的兩種釋讀，學術界趨向一致，衹是對"于闐王"的釋讀有不同看法。克力勃將大英博物館收藏的漢佉二體錢劃分爲十三個類型。一至六型爲漢文"六銖錢"，佉盧文爲三個單詞，衹是詞尾有別。七至十三型爲漢文"廿四銖錢"，佉盧文有六個單詞(見附件：〔英〕大英博物館藏漢佉二體錢説明及復原摹本)。

克力勃從錢幣上的佉盧文考證認爲，于闐王包含了六個國王名字，他們是：

1. 矩拉戈陀摩(一型)Gurgadamasa。

2. 矩拉戈(二型)Gurgasa。

3. 矩拉戈摩奥(三、四型)Gurgamoasa。

4. 矩拉戈摩耶(五、六、七、八型)Gurgamayasa。

5. 伊諾鉢(十型，可能還包括九型)Inabasa。

6. 可能還有陀戈(十一型)Dogasa 或伊諾陀沙諾(十二型)Panadosana，或陀沙諾(十三型)Do-sana。

克力勃再結合歷史背景進行分析，認爲至少可以肯定有六個王在位時三個時期發行這種錢幣，具體結論是：

公元元年，于闐着手建立自己的貨幣，國王矩拉戈陀摩和矩拉戈在位時造錢，後者製造數量更多。

公元 25—50 年。國王矩拉戈摩耶發行兩種單位的貨幣，大多數漢佉二體錢屬於這一時期。

公元 50—60 年間未造錢。

公元 60—65 年，休莫霜與廣德都發行錢幣。

公元 73—107 年，班超控制于闐，本地未造錢。

公元 107—127 年，貴霜控制此地，未見造幣。

公元 127—129 年，127 年班超之子班勇率兵進入于闐，因而當地王未發行錢幣。

公元 129—132 年，于闐王仿前可能又發行錢幣。

公元 132 年後，未見到于闐發行貨幣資料。克力勃文章主要論點，堪稱爲目前西方學者研究漢佉二體錢有代表性的成果。

克力勃對漢佉二體錢上出現的"米"，解釋爲印戳符號，並提出是漢文"銖"字去掉金字旁"朱"的異體字，這個看法頗有見地。克力勃的文章也並非無懈可擊，比如對六個王三個時期鑄錢的完整構想更多是推論，有待證實。對銘文佉盧文的認讀也還有較大的疑問。説公元 107—127 年貴霜曾控制于闐，並無根據。説公元 73—107 年班超控制于闐以及 127—129 年班勇控制于闐時期都未造錢，還提到于闐國製造漢佉二體錢祇有在"獨立"時期纔有可能，也很值得商榷。

林梅村 1987 年發表的《再論漢佉二體錢》一文，認爲漢佉二體錢是一個王在位時製造發行的，這個于闐王名叫 Gurgamaya(矩伽羅摩耶)，ya 是後綴。林文説其餘不同寫法皆是這一王名的不同訛寫，並説克力勃文"六王之中有四王即 Gugramaya 的各種訛寫，實係一人之名"，並進一步考證此王即《魏書·西域傳》中于闐王"秋仁"的音譯。林文又進一步從語言學、類型學、年代學角度進行具體論證。他認爲漢佉二體錢的漢字銘文有以下三種：

1. 小錢漢文爲"六銖錢"三字和"元，六銖錢"四字兩種。其中"元"爲"�"的漢字。

2. 大錢漢文爲"重廿四銖銅錢"六字和貝符以及"元，重廿四銖銅錢"七字兩種。其中貝符爲"⊖"。

3. 特殊錢漢文爲"五朱(錢?)"三字和貝符以及正反面各"元"一字兩種。

漢佉二體錢佉盧文銘文有以下幾種：

1. 大錢佉盧文有兩種：其一爲"maharajasa rajatirasa mahatasa gugramayasa"，意爲"大王、衆王之王、太上秋仁之(錢貨)"；其二爲"maharajasa rajatirajasa thabirajasa gugramayasa"，意爲"大王、衆王之王，都尉之王秋仁之(錢貨)"。

2. 小錢佉盧文也有兩種：其一爲"maharaya thabiraya——gugramayasa"或"maharaja——thabiraja——gugramadasa"意爲"大王、都尉之王秋仁之(錢貨)"；其二，同大錢第二種銘文。

3. 特殊銘文也有二種：其一爲"panal"，意爲"一波那錢"；其二僅存殘文"…(ma)harayasa the (birayasa)…"，意爲"……大王、都尉之王……"。

這是林文對漢佉二體錢銘文釋讀結論。

目前國內外學者的分歧焦點是在製造年代和哪個王在位時鑄錢，分歧原因主要是對銘文識讀有別而引起。銘文識讀的分歧還在於從我國史書所記載的于闐國王名與佉盧文對應的困難很大。

四、絲綢之路暢通，國外錢幣傳入

早在秦漢以前，中西可能已有聯繫交往，到張騫通西域建立西域都護府以後，這條東西方通道，纔完全暢通。因此從漢朝起，有些外國貨幣也隨之進入新疆，考古發現的有貴霜錢、波斯銀幣等，以波斯銀幣最多。

（一）貴 霜 錢

由貴霜王朝所造,有相當數量流入新疆地區,據英國學者克力勃報導:在和田地區發現的有丘就却錢 1 枚、迦膩色加錢 24 枚、闍膏珍錢 3 枚[13];在出自和田的漢佉二體錢中有些也是在原貴霜錢幣上重新打壓的。[14]這種錢幣的基本特點是:圖案用馬或駱駝,沿馬或駱駝一周的銘文爲希臘紋和希臘文合璧,寫法從上部起首向左旋讀。這幾個特點後被于闐的漢佉二體錢所採用,祇是希臘文爲漢文所取代。

新疆文物考古研究所藏有一枚貴霜銅錢,是 1980 年在樓蘭古城發現的,據報導:"錢面單人騎駝圖案,錢背平整無紋。在古城中三間房西南民居附近採集。錢徑 27 毫米、厚 3 毫米、重 16.3 克。"[15]按常理貴霜錢應有銘文——希臘文和佉盧文,但此錢錢背却無字。不知該錢原來就無字,還是有字而被磨損掉了。

（二）波 斯 銀 幣

由波斯薩珊朝(226—651)所製造。薩珊朝相當於我國魏文帝黃初七年至唐高宗永徽二年,在這四百多年歷史時期中,我國和薩珊朝有頻繁的交通往來,全國有廣東、河南、山西、河北、陝西、青海、甘肅、寧夏、新疆九個省、自治區,[16]大量發現波斯銀幣則是實物例證。

就新疆來說,先後在庫車、吐魯番、烏恰等地發現過銀幣,尤以烏恰於 1959 年一次即發現 947 枚,這是新疆也是全國各地發現波斯銀幣最多的一次。這些波斯銀幣,包括從沙卜爾二世(310—379)至伊斯提澤德三世(632—651)十二個王在位時製造發行的錢幣。

在十二個王中庫思老二世(590—628)在位時,曾西侵叙利亞和巴勒斯坦,直抵埃及。《隋書·西域傳》講到波斯王庫薩和在隋煬帝時(605—618)曾和中國互通使者。此庫薩和即庫思老二世。他在其統治區内到處鑄錢,鑄量最多,所以在我國發現的波斯銀幣以庫思老二世時製造的爲最多。

波斯薩珊朝和我國的關係由來已久,在沙卜爾二世時起,打敗了嚈噠人,勢力擴展到阿富汗,和我國可能即有交往。6 世紀中葉,波斯勢力直達阿姆河,和中國邊境接近,商業貿易往來也就更多。公元 455—521 年的六十六年裏,當時遣使中國有十次之多,大量波斯銀幣的發現;正是歷史情況的真實反映。

夏鼐在其《綜述中國出土的波斯薩珊朝銀幣》[16]一文中,將輸入中國的波斯銀幣的用途歸納爲以下幾種:·1. 作爲有價值的貨幣而窖藏起來,如烏恰發現的 947 枚。2. 更多是作爲值錢的銀塊或裝飾品。3. 佛教徒作爲施捨品放入佛寺塔基。4. 秦漢以來傳統葬俗,銀幣含在死者口中。5. 更能引起人們興趣的是,在我國西北某些地區作爲流通貨幣在使用着。

《隋書·食貨志》記北周時(557—580)"河西諸郡或用西域金銀之錢而官不禁"。《通典·食貨志》卷九也有相同記載。鄭學檬著文認爲:"高昌地區的銀錢主要是本地鑄造抑或外地流入,這是個一直未能弄清楚的問題。"雖然高昌境内有鑄幣條件和能力,但却不能證明使用的銀幣是自鑄。因而鄭文進一步提出,"銀錢是當時對外貿易與高昌境内貿易的重要通貨,由於從事對外貿易與高昌境内貿易的商人多是胡商,他們願意使用一種當時在中亞和我國境内各小政權轄境内通用的銀錢"[17]。這種"通用的銀錢"或許即是指波斯銀幣,尚有待考古新發現和深入研究。引人注意的是,還在青海西寧發現 76 枚波斯銀幣。據有關學者研究,從公元 4 世紀末到 6 世紀,青海西寧在中西交通史佔有特殊地位,其重要性不亞於河西走廊。並聯繫到法顯、宋雲皆經西寧至新疆而出國境,波斯銀幣的發現加深了對這一歷史問題的認識。

五、新疆自鑄龜茲五銖錢

龜茲,是今新疆以庫車爲中心的古代西域大國之一,歷史文獻中稱爲:龜茲或丘茲、鳩茲、歸茲、屈茨、屈支。9 世紀中葉,回鶻人西遷至此又稱"龜茲回鶻"。

古龜茲國位於天山南麓、塔里木盆地北緣,是古代絲綢之路橫貫新疆的交通要道。漢通西域後屬西域都護府。西漢時建立的西域都護府所在地烏壘,即在庫車以東今輪臺縣境内;東漢班超任西域都護時曾一度將都護府設在今庫車縣境内它乾城。西漢時起,五銖錢在此通用,魏晉南北朝之際,本地曾大量鑄造龜兹五銖、小銅錢等外圓方孔形錢幣。

歷史上最早提及龜兹國使用五銖錢的是南宋洪遵《泉志》卷十一"龜兹國錢"條下引唐代徐氏曰:"龜兹疏勒國。即五銖也,大九分,一面文。"具體描述龜兹五銖錢的是清人翁樹培《古泉彙考》,說道光壬午二年(1822年)二月三日"陳南叔偶得古泉百數十枚於齊化門小市,……詢係近畿新出土者。而五銖皆不清晰,輪郭亦不完具,且或正或幕,穿之上下,有圈畫,不類文字"。後李佐賢《古泉匯貞集卷四》稱錢面上鉤下"〇","似漢壓勝品"。

1928年,我國考古學者黄文弼在庫車發現五銖錢稱"穿上有類似冂字形,穿下有一圈。黄文弼將它們與梁時四柱五銖錢進行比較後,認爲"與此不類,故我疑此錢穿上下爲民族古文字母"。[13]1958年,黄文弼在庫車蘇巴什古遺址發現龜兹五銖錢8枚。[19]1980年,新疆博物館文物隊在輪臺縣一古遺址發現龜兹五銖220枚。[20]1983年,新疆博物館文物隊在巴楚採集到龜兹五銖2枚。1984年,庫車縣文物保管所在庫木吐喇遺址發現龜兹五銖1枚,祇一面有龜兹文,而無漢文"五銖"字樣。[21]此種情況極其罕見。1986年4月在庫車縣城内一處高臺地施工時,推土機從土中推出一陶罐,内有龜兹五銖10 064枚,按其大小可分爲五種。同時發現的還有少量漢五銖、剪邊錢和無字小錢,皆爲紅銅質。[22]

至於龜兹小銅錢,出土數量要比龜兹五銖少得多,但其出土地點却甚廣泛,幾遍及於塔里木盆地南北古遺址中,説明龜兹小銅錢流通範圍遠較龜兹五銖廣泛。據黄文弼《塔里木盆地考古記》記述:龜兹小銅錢在塔里木盆地散佈極廣,"我在巴楚圖木舒克古僧墳中,得小錢約數十枚,出土時尚有麻繩貫串,可證此種銅錢爲本地人當時通用貨幣。多爲紅銅質,有孔,圓形,薄小。……無字,亦無輪郭。……故此錢時代,當在第五世紀以後,亦是西域文化正當隆盛時期,直至第八世紀均在通用,在唐代遺址中,如庫車蘇巴什古城亦出現類此小錢可證。此錢我疑爲龜兹製造"。黄文弼這些論斷比較符合歷史實際。

20世紀50年代以來,新疆地區多次有錢範出土,既是龜兹本地鑄造錢幣的實證,也有力地證明漢唐之際龜兹(不限於龜兹)的貨幣體系確是五銖錢體系佔主導地位。

1958年,黄文弼在庫車大黑汰沁古城發現小銅錢範"由細泥做成薄板,上面有成排龜兹小錢模印,由於模印之間無流道,疑是半成品"。[23]1959年,新疆博物館考古隊在巴楚脱庫孜沙來古城遺址發現鑄造五銖錢用的陶質錢範和生產工具小坩鍋及一批五銖錢。據考古隊領隊、博物館副館長李遇春告知,錢範有大小兩種,大範殘長約48毫米,寬約24毫米,厚4毫米;其中較完整的錢模直徑22毫米,孔徑9毫米,面文"五銖"二字。小範長35毫米,寬19毫米,厚3毫米;其中錢模直徑14毫米、孔徑6毫米。大小範皆不見範背。1983年,新疆文物考古調查組在巴楚窮梯木古城堡採集到多種龜兹小錢和錢範。[24]1989年,在庫車縣硝里汗那古城出土數百枚小銅錢以及碎坩鍋、煉渣和小銅錢範,範爲細泥質,呈灰色和紅褐色,錢範都爲碎片。值得注意的是,每枚型腔直徑、穿徑不相同,穿有的呈方形,有的呈圓形。[25]1989年10月,拜城縣温巴什河谷千佛洞臺地上發現小銅範400多片,其中有的範片整齊地叠摞在一起,底部尚有加固叠範的泥托。尤其引人注意的是,有部分殘範頂端保存有澆口,澆口長4毫米、寬5毫米,每一澆口下均有縱列的小銅錢型腔。[26]

綜合上述,其主要特點可歸納如下:

1. 龜兹五銖錢從形式到文字,皆同漢五銖錢,不同的是有龜兹文。小銅錢則無字無郭。因此從漢代普遍使用五銖到自鑄龜兹五銖、小銅錢(還有高昌吉利錢)等考察,西域的錢幣體系完全屬於我國傳統的外圓方孔錢形制和五銖錢體系。

2. 龜兹五銖錢銘文是漢文和龜兹文合璧,錢文佈局有三種形式:一是漢文和龜兹文都在正面,穿右穿左爲漢文"五銖";穿上穿下爲龜兹文"冂""〇",背素。二是面漢文"五銖",背爲龜兹文,此種錢式佔絕大多數。三是祇有龜兹文而無漢文,甚爲罕見,在已發現的萬餘枚中僅見三例,筆者頗疑此類錢非正式流通貨幣,或許是試鑄樣品或半成品,否則數量之少實在令人費解。

3. 龜兹五銖全係銅質,又多是紅銅,即純銅,就地取材,用紅銅造錢,是新疆鑄幣的基本特點之一。

4. 已發現的龜兹五銖、小銅錢以及錢範都確鑿證明,這是本地鑄造又在本地流通的貨幣。龜兹五銖的出土情況與小銅錢的出土相比較,小銅錢發現地區範圍大於龜兹五銖,表明小銅錢流通使用範圍大大超過龜兹五銖,廣泛流通於天山以南各地。

5. 錢範出土多次,其中除無字無郭的,可肯定爲小銅錢範外,有"五銖"字樣的錢範,皆不見背範,無法肯定是仿五銖的錢範,還是龜兹五銖錢範,當然更可能既有魏晉以後仿五銖錢範,也有龜兹五銖範,排除哪一種都不妥當。

龜茲五銖錢銘文中,所謂龜茲文,過去稱之爲吐火羅文,是使用北印度婆羅米字母斜體,書寫吐魯番、焉耆、庫車一帶的方言,龜茲五銖的錢文龜茲文即屬此種語言文字。

龜茲五銖錢的龜茲文,至今尚未能準確釋讀,有的認爲,龜茲文"ᛘ"是數字"50",另一字"ᴑ"何意不明。於是,文章作者就從我國歷史上的衡制推測,"ᴑ"等於一絫,十絫合計等於一銖,50個"ᴑ"(絫)正好等於五銖。如果"ᛘ"確是數字"50",那麼"ᴑ"作爲一種度量衡單位,50個"ᴑ"等於五銖,似乎言之成理。[27]但將"ᴑ"推測爲絫是否有根據,是值得研究的。漢唐之際,新疆錢幣重量面值遇到需要換算時所採取的處理方法:一是以漢佉二體錢爲例,是以貴霜錢所用德拉克麥爲準,小錢重約一德拉克麥,換算成漢制則等於六銖,大錢重四德拉克麥,漢文則用二十四銖;二是八世紀出現的突騎施錢,是仿開元通寶而鑄,錢幣粟特語中也無重量名稱,而用"文"字來表示一文錢。[28]

那麼,龜茲五銖上龜茲文是否像上面所說的50"絫"等於五銖呢?按常理,可以設想當時鑄幣時,可能有兩種考慮,五銖譯成龜茲文時,一是直接音譯,如突騎施錢幣上的"文"字(pny)即譯自漢文;二是用本地使用度量衡制來對應,即用龜茲文表示五銖的重量,這樣當地人民容易理解,使用方便。如用50個"絫"表示五銖,人爲複雜化,當地不懂漢文的居民會更加難以理解,不合常理,其立論基礎並不牢固。

許多研究者把龜茲五銖鑄造年代定在3至7世紀中葉,上限是據婆羅米文字傳入新疆,形成龜茲文纔有可能用來鑄幣。這是推論,因婆羅米文進入新疆並形成龜茲文的確切時間難定,龜茲文獻多屬5—8世紀,龜茲文最早出現時間也難以肯定,所以上限是個約數。下限確定容易理解,因到七世紀中葉,唐朝政府統一新疆,主要使用唐朝開元通寶、乾元重寶等錢,唐初武德年間,廢五銖改行通寶制。此時龜茲已無可能再鑄龜茲五銖。

龜茲小銅錢無字無郭、薄而小,和龜茲五銖比較屬粗劣之品,兩者不可能同時鑄造。考慮到從西漢五銖錢廣泛使用於新疆,以後自鑄五銖、龜茲五銖,應具有一脈相承的歷史聯繫,小銅錢祇是保留外圓內方孔形式,更可能屬新疆五銖錢流通階段的後期鑄造。玄奘在《大唐西域記》卷一《屈支國》所記,屈支國(即龜茲國)"……文字取自印度,粗有改變。……貨用金錢、銀錢、小銅錢"。這個"小銅錢"很大可能就是無字無郭小銅錢。玄奘到龜茲"時爲凌山雪路未開,不得進發,淹停六十餘日"。玄奘是具有很高文化素養的佛教高僧,如錢幣上有龜茲文,絕不會不提及,而却單提"小銅錢"三字。玄奘是603年抵庫車,那麼小銅錢是當時流通的銅幣,更是民間通用錢幣。另外這種小銅錢也通用於今和田地區,通行範圍遠較龜茲五銖爲廣泛。因此,龜茲國錢幣鑄造先後次序應是:五銖——龜茲五銖——龜茲小銅錢。

附:〔英〕大英博物館藏漢佉二體錢説明及復原摹本

一型

面:右側向立馬。銘文[從1至2點鐘之間起首(不加説明者皆爲順時針)]: maharaja yidiraja gurgadamasa(佉盧文)。

背:銘文:六銖錢(漢文)。

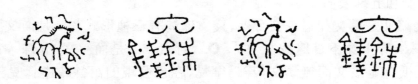

二型

面:右側向立馬。銘文(逆時針從7點鐘起首): maharaja yitiraja gurgasa(佉盧文)。

背:同一型。

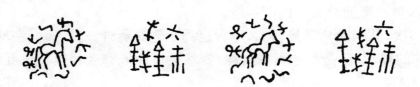

三型

面：右側向走馬。銘文（從 1 點鐘起首）：maharajasa yidirajasa gurgamoasa（佉盧文）。

背：同一型。

四型

面：右側向走馬。銘文（從 12 點鐘起首）：maharaja yitiraja gurgamoasa（佉盧文）。

背：同一型。

五型

面：右側向立馬。銘文（從 12 點鐘起首）：maharaya yidiraya gurgamoya（佉盧文）。

背：同一型。

六型

面：右側向立馬。銘文（從 12 點鐘起首）：maharaja yitiraja gurgamayasa（佉盧文）。

背：同一型。

七型

面：右側向立馬，前腿抬起，周圍有一圓圈，銘文在圓圈外（從 11 點鐘起首）：maharajasa rajatirajasa yidirajasa gurgamoyasa（佉盧文）。

背：圓圈中有一符號，銘文在圈外（逆時針從 5、8 或 12 點鐘起首）：重廿四銖銅錢（漢文）。

八型

面：同七型。

背：同七型，但銘文方向爲順時針，從 6 點鐘起首。

九型

面：圓圈中右側向站立的駱駝。圓圈外銘文漫漶。

背：圓圈中有符號。銘文同八型，從 2 點鐘起首。

十型

面：右側向走駝。銘文（從 12 點鐘起首）：maharajasa rajatirajasa yitirajasa inabasa（佉盧文）。

背：有符號。銘文同一型。

十一型

面：同七型。銘文在圓圈外（從 2 點鐘起首）：maharaja-sa rajati…dogasa（佉盧文）。

背：同七型。但銘文從 12 點鐘起首。

十二型

面：同七型。銘文（無外圈，從 11 點鐘起首）：maharajasa…panadosana（佉盧文）。

背：符號。銘文：于寘　大……（漢文）。

十三型

面：同十二型，但無內圈。銘文（從 10 點鐘起首）：maha…dosana（佉盧文）。

背：同十二型。

戳記

　　已知有兩枚漢佉二體錢上打有戳記，一枚是一型錢幣，藏於蘇聯艾爾米塔什博物館，另一枚是二型錢幣，藏於大英博物館。這兩枚錢幣上的戳記相同（摹圖放大兩倍）。它是圓形的，由環繞着一個符號的一圈佉盧文組成。這個符號與七、八和十一型背面的符號相同，環繞的文字則與三、四型正面相同。銘文爲（從 12 點鐘起首）：maharajasa yidirajasa gurgamoasa（佉盧文）。

鉛錢

　　兩枚與漢佉二體錢有關的鉛錢都發現於和田地區。一枚顯然屬於印度風格，而另一枚却是屬中國系統，但兩枚的銘文都用小篆標着漢字"元"。

印度風格：

面：左側向立馬，抬一條前腿。銘文（在馬脊上方）：元（漢字）。

背：銘文：元（漢字，在中央）和 dosana（佉盧文，從 12 點鐘起首）。

中國風格：

面：銘文：于元（漢字，當中爲面背好郭的矩形孔）。

背：素（肉好周郭）。

其他

還有一枚帶有漢字和佉盧文的錢幣,但沒有圖案,爲杜特雷依探險隊發現,銅質,重 1.51 克,現藏巴黎國家圖書館。

面:中心符號同七型,銘文:ha ra sha hathe⋯(佉盧文,釋讀不可靠)。

背:中心有一方框(象徵中國錢的方孔),符號在一邊(符號形狀與正面同)。銘文:五朱(漢字,模仿中國的五銖錢,但"銖"字無左半邊)。

注:

① 《殷墟婦好墓》第 222 頁,文物出版社 1980 年版。

② 王大道著:《雲南出土貨幣初探》,載《雲南文物》第 22 期。

③ 《漢書》卷 96《西域傳》。

④ 《新疆文物》1987 年第 1 期。

⑤ 《樓蘭古城址調查與試掘簡報》,載《文物》1988 年第 7 期。

⑥ 艾爾肯・肉孜著:《木壘縣發現的古代錢幣初探》,載《新疆社會科學》(維吾爾文版)1988 年第 1 期;漢文譯文見《新疆金融・錢幣研究專輯》(2)1988 年增刊。

⑦ 《中國錢幣》1987 年第 1 期。

⑧ 夏鼐著:《和闐馬錢考》,載《文物》1962 年第 7、8 期合刊。

⑨ 《樓蘭古城址調查與試掘簡報》,載《文物》1988 年第 7 期。

⑩ 黃文弼著:《塔里木盆地考古記》第 110 頁,科學出版社 1958 年版。

⑪ 王琳著:《旅順博物館藏新疆出土錢幣》,載《中國錢幣》1987 年第 2 期。

⑫ 劉文鎖著:《安迪爾新出漢佉二體錢考》,載《中國錢幣》1991 年第 3 期。

⑬⑭ By Joe Cribb 《The Sino—Kharosthi Coins of Khotan》(Part 1、2), Reprinted From the "Numismatic Chronicle"。譯文見《中國錢幣》1987 年第 2 期。

⑮ 《樓蘭古城址調查與試掘簡報》,載《文物》1988 年第 7 期。

⑯ 《考古學報》1979 年第 1 期。

⑰ 鄭學檬著:《十六國至麴氏王朝時期高昌使用銀錢情況研究》,見韓國盤主編:《敦煌吐魯番出土經濟文書研究》,廈門大學出版社 1986 年版。

⑱ 《塔里木盆地考古記》第 106 頁,科學出版社 1958 年版。

⑲ 《新疆考古發掘報告》。

⑳ 張平著:《漢龜二體錢及有關問題》,載《中國錢幣》1987 年第 1 期。

㉑㉒ 劉松柏著:《漢龜二體銅錢的發現及其認識》,載《中國錢幣》1987 年第 1 期。

㉓ 《新疆考古發掘報告》。

㉔ 《新疆文物》1985 年第 1 期。

㉕㉖ 張平著:《龜茲地方鑄幣的考古發現與研究》,載《新疆金融・錢幣研究專輯》1991 年增刊 (2)。

㉗ 張平著:《漢龜二體錢及有關問題》,載《中國錢幣》1987 年第 1 期;劉松柏著:《漢龜二體銅錢的發現及其認識》,載《中國錢幣》1987 年第 1 期。

㉘ 蔣其祥著:《試探隋唐五代十國時期西域貨幣文化》,見《中國歷代貨幣大系》第 3 卷第 501、502 頁,上海古籍出版社 1991 年版。

秦、漢、三國、兩晉、南北朝
錢幣合金成分研究

一、秦、漢錢幣合金成分研究

秦、漢是我國古代實行統一鑄幣的初創期,也是我國青銅鑄幣的第一個發展期,它是伴隨着中央集權的封建帝國的形成而產生的。這一時期由於社會變動、發展劇烈,因而鑄幣合金的變化很大。本來秦承周制、漢承秦制,貨幣的鑄造大致有一套既有的合金標準,即戰國秦半兩的標準。但由於漢初社會物質、經濟基礎極其薄弱,"自天子不能具鈞駟,而將相或乘牛車,齊民無藏蓋",不得不"更令民鑄錢"[①]。自此,鑄幣的合金變化無常。由於秦、漢及漢代各個時期的鑄幣合金變化較大,因此,我們將按不同的時期分開討論(詳見本卷"資料"《秦、漢、三國、兩晉、南北朝錢幣合金成分表》)。

1. 秦半兩

秦半兩均爲鉛錫青銅,銅含量一般都在 60% 以上,有不少超過 70%;鉛含量波動較大,但皆在 30% 以下;錫含量大約在 5%—10% 範圍(佔 76.9%)。平均值爲:銅 71.02%,鉛 19.42%,錫 7.16%。

《漢書·食貨志》曰:"秦兼天下,幣爲二等:黃金以'鎰'爲名,上幣;銅錢質如周錢,文曰:'半兩',重如其文。"比較而言,秦半兩銅、錫含量稍低於戰國秦半兩,而鉛含量要略高於戰國秦半兩。因此,總體來說"質如周錢"的説法當是可信的,但其所謂的周錢當是指戰國秦半兩。

2. 漢半兩

漢半兩是對秦半兩的直接繼承,但是經歷了秦末社會大動亂後,國庫空虛,百姓饑貧,無力維持秦半兩的品質,於是"爲秦錢重難用,更令民鑄莢錢"[②],即所謂"榆莢半兩"。至高后二年(前 186 年)"行八銖錢",即所謂的"八銖半兩"。高后六年"行五分錢"。文帝五年(前 175 年)又"除盜鑄錢令,更造四銖錢",即"四銖半兩"。至建元元年(前 140 年)"行三銖錢",錢文"三銖"。建元五年又"罷三銖錢,行半兩錢",一曰此即爲有郭半兩。從這些反反覆覆的變化可見,單就形制來說,漢初鑄幣的變化是很大的。由此可見,漢初爲調整適合於當時社會經濟發展的貨幣單位重量,其變革過程是非常繁雜的。

從分析數據來看,漢半兩合金成分的變化之大超乎尋常。銅含量,高者 96% 以上,近乎純銅;低者小於 50%。鉛含量,低者爲零,高者近乎 50%,實爲銅鉛對半。錫含量,低者爲零,高者達 18% 以上。需要特別指出的是,漢半兩鐵雜質的含量較前代有顯著的增高,最高達 6% 以上,已經超出了一般雜質的概念,應作爲組成元素來考慮。

仔細比較各類半兩錢,似可看出漢初半兩錢合金組成隨制度變更之變化。起初雖然聽任民衆自由鑄造,未加限制,但鑄錢用料基本上承襲秦的傳統,所以,儘管鑄幣輕薄如榆莢,但合金組成與秦半兩基本相同。這種狀況,看來一直到八銖半兩都還保持着。但在文帝再次"除盜鑄錢令,更造四銖錢"以後,情況就大不一樣了。銅含量高者達 90% 以上,有的簡直就是用純銅鑄造;低者,小於 50%,有的就用純鉛鑄錢;錫含量之變化也異常突出,高者達 18%,低者幾乎爲零。這種狀況在有郭半兩中還可見到,大概一直持續到武帝改制鑄五銖錢。漢半兩(含三銖錢)合金組成的平均值爲:銅 78.81%,鉛

12.96%,錫 3.91%。

3. 西漢五銖

西漢五銖自武帝元狩五年(前 118 年)"罷半兩錢,行五銖錢"起,至公元 6 年王莽居攝改制,共鑄行一百二十餘年。品種較多,歷來分法多樣,在此,我們僅作武帝五銖、武帝後五銖及小五銖之分。

西漢五銖有與半兩類似的情況——合金組成之銅、鉛、錫含量波動較大,數據比較分散;但與半兩不同,五銖錢含銅量普遍較高,絕大多數都在 60% 以上(佔 97.6%),且含錫量相對比較穩定,大都在 2%—5% 左右(約佔 71.1%)。所以,西漢五銖成分之波動主要在鉛成分上,且含鉛量普遍較低,絕大多數在 20% 以下(佔 89.2%)。仔細比較,我們可以看到,武帝五銖的合金組成整體比較穩定,平均含量爲:銅 80.37%,鉛 13.32%,錫 3.03%。另外,從已分析的兩枚小五銖錢的成分來看,其銅含量在西漢五銖中是很低的,而鉛含量却很高。所以,有人提出其爲漢代的冥幣,我們認爲可能性較大。西漢五銖錢的平均含量爲:銅 82.62%,鉛 9.51%,錫 3.91%。

4. 新莽錢

王莽於公元 6 年居攝後,隨即進行幣制改革,在其執政的十八年間,數易其幣。所以,新莽雖然時間不長,但貨幣種類不少。到目前爲止,作過成分分析的主要有大泉五十、貨泉、大布黄千、小泉直一、貨布等③。

新莽錢的合金組成非常規整劃一,合金含量大多集中在銅 80%—90%、鉛 5%—10%、錫 3%—6% 的範圍內,平均值爲:銅 83.70%,鉛 7.07%,錫 4.45%。仔細區分,大致可分作兩個區域,即 (1) 銅含量大於 80%,鉛含量小於 10%,錫含量小於 10%;(2) 銅含量在 70%—80% 之間,鉛含量大於 10%,錫含量小於 10%。

從總體來看,莽錢不僅外觀非常精美,合金組成也極其規整,在我國古代的鑄幣中堪稱"不惜銅,不愛工"的典範。但偶爾也見粗製濫造者,當屬盜鑄或私鑄品,這些錢的合金組成與真正的莽錢相去甚遠。

5. 東漢五銖

東漢光武帝恢復鑄造五銖錢,但此後名目較多,除"五銖"外,還有所謂"剪邊"、"綖環"、"對文"、"無文"等。

東漢五銖的合金成分與西漢五銖大體類似,即銅、鉛、錫含量波動較大,如銅含量最高者達 90% 以上,最低的不到 50%。不過總體來説,東漢五銖的合金組成較西漢五銖有所收斂。銅含量普遍較高,含量在 80% 以上的佔 73.47%;鉛錫含量普遍較低,鉛含量在 10% 以下、錫含量在 5% 以下的均佔 76.09%。有個別鉛含量達 40% 以上而銅含量不到 50% 的,可能爲東漢末年鑄造,也有可能即是私鑄品。仔細比較,我們還可以看到,同一品種之間及各個不同的品種之間,雖然重量、品相相差很大,但合金組成大體相當,並不存在顯著的差别。普通五銖的平均含量爲:銅 84.81%,鉛 7.13%,錫 4.02%;無文董卓錢的平均含量爲:銅 83.51%,鉛 12.04%,錫 3.11%;剪邊五銖的平均含量爲:銅 86.17%,鉛 8.45%,錫 3.23%;對文的平均含量爲:銅 83.55%,鉛 7.61%,錫 5.60%;總體平均含量爲:銅 84.65%,鉛 7.91%,錫 4.06%。

秦、漢以後,輝煌的青銅時代已經過去,雖然青銅冶鑄工藝在人們的日常生活中仍然繼續得到應用和發展,但是銅的主要用途已從製作青銅器轉變爲鑄錢,也就是説鑄錢是秦、漢以後採銅煉銅的根本所在。因此相對先秦而言,銅原料是比較充足的。這是我們在探究這一時期銅錢的合金組成時應考慮到的一個重要因素。在鑄錢工藝方面,這一時期在泥範鑄造的基礎上不但採取了石範、銅範鑄造,而且還發展了泥範疊鑄技術,大大提高了鑄錢生産效率。

二、三國、兩晉、南北朝錢幣合金成分研究

三國、兩晉、南北朝是我國古代社會大動盪的時期,各地諸侯、豪强割據而治,貨幣鑄造非常混亂,名目也繁多。到目前爲止,做過成分分析的有侵輪五銖、沈郎五銖、孝建四銖、南朝五銖、北朝五銖、五

行大布等六個品種的樣品(詳見本卷"資料"《秦、漢、三國、兩晉、南北朝錢幣合金成分表》)。

　　從合金組成來看,這個時期的銅錢有如下特點:

　　1. 儘管這個時期錢幣的減重很厲害,以致銅錢貶值,物價波動,甚至穀帛爲幣,但鑄幣的成色仍普遍較高,含銅量大都在 70% 以上,而鉛錫的配用量漸顯穩定增高的趨勢。所以,兩漢時期的那種動輒銅含量達 90% 以上的情形不見了,而同一品種的鑄幣合金組成趨於一致;個別地方發現超高鉛甚至純鉛的鑄幣,可能是私鑄或一些商人所爲。我們分析過的 4 枚與波斯銀幣同出的五銖錢,其銅含量之低、鉛含量之高超出尋常,明顯有別於其他同類出土物。

　　2. 南方地區的鑄幣錫含量普遍較高,如表中的沈郎五銖、孝建四銖與南朝五銖。有些銅錢錫含量之高以使錢體泛白,很像其後的隋五銖白錢。

　　從整體來看,雖然這一時期"因世道亂而貨幣亦亂",但銅錢鑄造在混亂中仍有所發展,其中最突出的變化就是鉛錫成分的穩定化趨勢,即銅含量的適量減少和鉛錫用量的適度增加,這爲其後隋唐時期的鑄幣技術品質的提高打下了基礎。

注:
① 《史記》卷 30《平準書》。
② 《漢書》卷 24《食貨志》。
③ 作過成分分析的莽錢實物還有一些,如章鴻釗 1925 年在《科學》第 9 卷第 9 期上發表的"再述中國用鋅的起源"一文中就列有五種,但數據可疑,我們未予收錄。

肆 資料

秦、漢、三國、兩晉、南北朝貨幣大事記

錢　嶼

公　元	年　號	大　　　事	資　料　來　源
		秦	
前 408	秦簡公七年	初租禾。	《史記·六國年表》
前 348	秦孝公十四年	初爲賦。	《史記·六國年表》
前 336	秦惠文王二年	初行錢。	《史記·六國年表》、《秦始皇本紀》
前 221	秦始皇二十六年	虞夏之幣，金爲三品，或黃，或白，或赤；或錢，或布，或刀，或龜貝。及至秦，中一國之幣爲〔二〕等，黃金以鎰名，爲上幣；銅錢識曰半兩，重如其文，爲下幣。而珠玉、龜貝、銀錫之屬爲器飾寶藏，不爲幣。然各隨時而輕重無常。	《史記·平準書》
前 210	秦始皇三十七年	秦始皇崩。子胡亥立，爲二世皇帝。復行錢。	《史記·六國年表》
		西　漢	
前 206	高祖元年	漢興，接秦之弊，丈夫從軍旅，老弱轉糧饟，作業劇而財匱，自天子不能具鈞駟，而將相或乘牛車，齊民無藏蓋。於是爲秦錢重難用，更令民鑄錢。一黃金一斤，約法省禁。而不軌逐利之民，蓄積餘業以稽市物，物踊騰糶，米至石萬錢，馬一匹則百金。	《史記·平準書》
前 186	高后二年	行八銖錢。其文仍曰半兩。	《漢書·高后紀》
前 182	高后六年	行五分錢。（應劭曰：“所謂莢錢者。”）	《漢書·高后紀》
前 187—前 180	高后年間	會孝惠、高后時天下初定，郡國諸侯各務自拊循其民。吳有豫章郡銅山，即招致天下亡命者盜鑄錢，東煮海水爲鹽，以故無賦，國用饒足。	《漢書·荊燕吳傳》
前 175	文帝五年	除盜鑄錢令。更造四銖錢。（應劭曰：“聽民放鑄也。”）文帝以五分錢太輕小，更作四銖錢，文亦曰“半兩”，今民間半兩錢最輕小者是也。	《漢書·文帝紀》
		至孝文時，莢錢益多，輕，乃更鑄四銖錢，其文爲“半兩”，令民縱得自鑄錢。	《史記·平準書》
		孝文五年，爲錢益多而輕，乃更鑄四銖錢，其文爲“半兩”。除盜鑄錢令，使民放鑄。又民用錢，郡縣不同：或用輕錢，百加若干；或用重錢，平稱不受。（應劭曰：“時錢重四銖，法錢百枚，當重一斤十六銖。輕則以錢足之若干枚，令滿平也。”應劭曰：“用重錢，則平稱有餘，不能受也。”臣瓚曰：“秦錢重半兩，漢初鑄莢錢，文帝更鑄四銖錢。秦錢與莢錢皆當廢，而故與四銖並行。民以其見廢，故用輕錢，則百加若干；用重錢，雖以一當一猶復不受之。是以郡縣不同也。”）	《漢書·食貨志》
		故吳，諸侯也，以即山鑄錢，富埒天子，其後卒以叛逆。鄧通，大夫也，以鑄錢財過王者。故吳、鄧氏錢佈天下，而鑄錢之禁生焉。	《史記·平準書》
前 151	景帝六年	定鑄錢僞黃金棄市律。（應劭曰：“文帝五年，聽民放鑄，律尚未除。先時多作僞金，僞金終不可成，而徒損費，轉相誑燿，窮則起爲盜賊，故定其律。”孟康曰：“民先時多作僞金，故其語曰‘金可作，世可度’。費損甚多而終不成。民亦稍知其意，犯者希，因此定律也。”）	《漢書·景帝紀》
前 140	武帝建元元年	行三銖錢。	《漢書·武帝紀》
前 136	建元五年	罷三銖錢，行半兩錢。（師古曰：“又新鑄作也。”）	《漢書·武帝紀》
前 119	元狩四年	於是天子與公卿議，更造貨幣以贍用，而摧浮淫併兼之徒。是時禁苑有白鹿而少府多銀錫。自孝文更造四銖錢，至是歲四十餘年。從建元以來，用少，縣官往往即多銅山而鑄錢，民亦閒盜鑄錢，不可勝數。錢益多而輕，物益少而貴。有司言曰：“古者皮幣，諸侯以聘享。金有三等，黃金爲上，白金爲中，赤金爲下。今半兩錢法重四銖，而姦或盜摩錢裏取鋊，錢益輕薄而物貴，則遠方用幣煩費不省。”乃以白鹿皮方尺，緣以藻繢，爲皮幣，直四十萬。王侯宗室朝覲聘享，必以皮幣薦璧，然後得行。又造銀錫爲白金。以爲天用莫如龍，地用莫如馬，人用莫如龜，故白金三品：其一曰重八兩，圜之，其文龍，名曰“白選”，直三千；二曰以重差小，方之，其文馬，直五百；三曰復小，橢之，其文龜，直三百。令縣官銷半兩錢，更鑄三銖錢，文如其重。盜鑄諸金錢罪皆死，而吏民之盜鑄白金者不可勝數。	《史記·平準書》
		湯承上指，請造白金及五銖錢，籠天下鹽鐵，排富商大賈，出告緡令，鉏豪彊併兼之家，舞文巧詆以輔法。	《漢書·張湯傳》
		有司言關東貧民徙隴西、北地、西河、上郡、會稽凡七十二萬五千口，縣官衣食振業，用度不足，請收銀錫造白金及皮幣以足用。初算緡錢。（應劭曰：“時國用不足，以白鹿皮爲幣，朝覲以薦璧。又造銀錫爲白金。”）	《漢書·武帝紀》
		有司言三銖錢輕，易姦詐，乃更請諸郡國鑄五銖錢，周郭其下，令不可磨取鋊焉。	《史記·平準書》

公　元	年　號	大　　　事	資　料　來　源
前118	元狩五年	罷半兩錢,行五銖錢。	《漢書·武帝紀》
		後會五銖錢白金起,民爲姦,京師尤甚。	《史記·酷吏列傳》
		會更立五銖錢,民多盜鑄錢者,楚地尤甚。	《漢書·汲黯傳》
前115	元鼎二年	郡國多姦鑄錢,錢多輕,而公卿請令京師鑄鍾官赤側,一當五,賦官用非赤側不得行。白金稍賤,民不寶用,縣官以令禁之,無益。歲餘,白金終廢不行。	《史記·平準書》
前114	元鼎三年	曲城侯皋柔坐爲汝南太守,知民不用赤側錢爲賦,國除。	《史記·高祖功臣侯者年表》
		鄶城制侯居仲坐爲太常收赤側錢不收,完爲城旦。	《漢書·高惠高后文功臣表》
前113	元鼎四年	自造白金五銖錢後五歲,赦吏民之坐盜鑄金錢死者數十萬人。其不發覺相殺者,不可勝計。赦自出者百餘萬人。然不能半自出,天下大抵無慮皆鑄金錢矣。犯者衆,吏不能盡誅取。	《史記·平準書》
		其後二歲,赤側錢賤,民巧法用之,不便,又廢。於是悉禁郡國無鑄錢,專令上林三官鑄。錢既多,而令天下非三官錢不得行,諸郡國所前鑄錢皆廢銷之,輸其銅三官。而民之鑄錢益少,計其費不能相當,唯真工大姦乃盜爲之。	
前95	太始二年	詔曰:"有司議曰,往者朕郊見上帝,西登隴首,獲白麟以饋宗廟,渥洼水出天馬,泰山見黄金,宜改故名。今更黄金爲麟趾裹蹏以協瑞焉。"因以班賜諸侯王。	《漢書·武帝紀》
前77	昭帝元鳳四年	存世有紀年陶質陽文五銖母範。	
前73	宣帝本始元年	存世有紀年五銖陶範。	
前71	本始三年	存世有紀年五銖陶範。	
前70	本始四年	存世有紀年五銖陶範。	
前68	地節二年	存世有紀年五銖陽文陶質母範。	
前66	地節四年	存世有紀年五銖陶範。	
前65	元康元年	辛丑朔壬寅,東部侯長長生敢言之侯官,官移太守府,所移河南都尉書曰:"詔所名捕,及鑄僞錢盜賊,凡未得者,牛延壽、高建等廿四人。"	《居延漢簡考釋文》
前64	元康二年	存世有紀年五銖陽文陶質母範。	
前61	神爵元年	存世有紀年五銖陶範。	
前60	神爵二年	存世有紀年五銖陶範。	
前58	神爵四年	存世有紀年五銖陽文陶質母範。	
前57	五鳳元年	存世有紀年五銖陶範。	
前55	五鳳三年	存世有紀年五銖陶範。	
前53	甘露元年	存世有紀年五銖陶範。	
前39	元帝永光五年	存世有紀年五銖陽文陶質母範。	
前34	建昭五年	存世有紀年五銖陽文陶質母範。	
前15	成帝永始二年	存世有紀年五銖陶範。	
前6—前1	哀帝時期	王嘉上疏:"孝元皇帝奉承大業,温恭少欲,都内錢四十萬萬,水衡錢二十五萬萬,少府錢十八萬萬。……是時外戚貲千萬者少耳,故少府水衡見錢多也。"	《漢書·王嘉傳》
1—5	平帝時期	自孝武元狩五年三官初鑄五銖錢,至平帝元始中,成錢二百八十億萬餘云。	《漢書·食貨志》
7	孺子居攝二年	五月,更造貨:錯刀,一直五千;契刀,一直五百;大錢,一直五十,與五銖錢並行。民多盜鑄者。禁列侯以下不得挾黄金,輸御府受直,然卒不與直。	《漢書·王莽傳》
		王莽居攝,變漢制,以周錢有子母相權,於是更造大錢,徑寸二分,重二十銖,文曰"大錢五十"。又造契刀、錯刀。契刀,其環如大錢,身形如刀,長二寸,文曰"契刀五百"。錯刀,以黄金錯其文,曰"一刀直五千"。與五銖凡四品,並行。	《漢書·食貨志》

新

| 9 | 王莽始建國元年 | 正月朔,王莽曰:"今百姓咸言皇天革漢而立新,廢劉而興王。夫'劉'之爲字,'卯、金、刀'也,正月剛卯,金刀之利,皆不得行。……乃更作小錢,徑六分,重一銖,文曰:'小錢直一,'與前'大錢五十'者爲二品,並行。欲防民盜鑄,乃禁不得挾銅炭。" 四月,是時百姓便安漢五銖錢,以莽錢大小兩行難知,又數變改不信,皆私以五銖錢市買。謞言大錢當罷,莫肯挾。莽患之,復下書:"諸挾五銖錢,言大錢當罷者,比非井田制,投四裔。"於是農商失業,食貨俱廢,民人至涕泣於市道。及坐賣買田宅奴婢,鑄錢,自諸侯卿大夫至於庶民,抵罪者不可勝數。 冬,又遣諫大夫五十人分鑄錢於郡國。 | 《漢書·王莽傳》 |
| 10 | 始建國二年 | 冬十二月,莽以錢幣訖不行,復下書曰:"民以食爲命,以貨爲資,是以八政以食爲首。寶貨皆重則小用不給,皆輕則僦載煩費,輕重大小各有差品,則用便而民樂。"於是造寶貨五品……百姓不從,但行小大錢二品而已。盜鑄錢者不可禁,乃重其法,一家鑄錢,五家坐之,没入爲奴婢。吏民出入,持布錢以副符傳,不持者,厨傳勿捨,關津苛留。公卿皆持以入宫殿門,欲以重行之。 莽即真,以爲書"劉"字有金刀,乃罷錯刀、契刀及五銖錢,而更作金、銀、龜、貝、錢、布之品,名曰"寶貨"。 | 《漢書·王莽傳》 |

公元	年　號	大　　　事	資　料　來　源
10	始建國二年	小錢徑六分，重一銖，文曰"小錢直一"。次七分，三銖，曰"幺錢一十"。次八分，五銖，曰"幼錢二十"。次九分，七銖，曰"中錢三十"。次一寸，九銖，曰"壯錢四十"。因前"大錢五十"，是爲錢貨六品，直各如其文。 黃金重一斤，直錢萬。朱提銀重八兩爲一流，直一千五百八十。它銀一流直千。是爲銀貨二品。 元龜岅冉長尺二寸，直二千一百六十，爲大貝十朋。公龜九寸，直五百，爲壯貝十朋。侯龜七寸以上，直三百，爲幺貝十朋。子龜五寸以上，直百，爲小貝十朋。是爲龜寶四品。 大貝四寸八分以上，二枚爲一朋，直二百一十六。壯貝三寸六分以上，二枚爲一朋，直五十。幺貝二寸四分以上，二枚爲一朋，直三十。小貝寸二分以上，二枚爲一朋，直十。不盈寸二分，漏度不得爲朋，率枚直錢三。是爲貝貨五品。 大布、次布、弟布、壯布、中布、差布、序布、幼布、幺布、小布。小布長寸五分，重十五銖，文曰"小布一百"。自小布以上，各相長一分，相重一銖，文各爲其布名，直各加一百。上至大布，長二寸四分，重一兩，而直錢千矣。是爲布貨十品。 凡寶貨五物，六名，二十八品。 鑄作錢布皆用銅，殽以連錫，文質周郭仿漢五銖錢云。其金銀與它物雜，色不純好，龜不盈五寸，貝不盈六分，皆不得爲寶貨。元龜爲蔡，非四民所得居，有者，入大卜受直。 百姓憒亂，其貨不行。民私以五銖錢市買。莽患之，下詔："敢非井田挾五銖錢者爲惑衆，投諸四裔以禦魑魅。"於是農商失業，食貨俱廢，民涕泣於市道。坐賣買田宅奴婢鑄錢抵罪者，自公卿大夫至庶人，不可稱數。莽知民愁，乃但行小錢直一與大錢五十，二品並行，龜貝布屬且寢。	《漢書·食貨志》
14	天鳳元年	復申下金銀龜貝之貨，頗增减其直。而罷大小錢，改作貨布，長二寸五分，廣一寸，首長八分有奇，廣八分，其圜好徑二分半，足枝長八分，間廣二分，其文右曰"貨"，左曰"布"，重二十五銖，直貨泉二十五。貨泉徑一寸，重五銖，文右曰"貨"，左曰"泉"，枚直一，與貨布二品並行。又以大錢行久，罷之，恐民挾不止，乃令民且獨行大錢，與新貨泉俱枚直一，並行盡六年，毋得復挾大錢矣。每壹易錢，民用破業，而大陷刑。莽以私鑄錢死，及非沮寶貨投四裔，犯法者多，不可勝行，乃更輕其法：私鑄作泉布者，與妻子沒入爲官奴婢；吏及比伍，知而不舉告，與同罪；非沮寶貨，民罰作一歲，吏免官。犯者逾衆，及五人相坐皆沒入，郡國檻車鐵鎖，傳送長安鍾官，愁苦死者什六七。	《漢書·食貨志》
		是歲，罷大小錢，更行貨布，長二寸五分，廣一寸，直貨泉二十五。貨錢徑一寸，重五銖，枚直一。兩品並行。敢盜鑄錢及偏行布貨，伍人知不發舉，皆沒入爲官奴婢。	《漢書·王莽傳》
21	地皇二年	卜者王況謂魏成大尹李焉曰："新室即位以來，民田奴婢不得賣買，數改錢貨，徵發煩數，軍旅騷動，四夷並侵，百姓怨恨，盜賊並起，漢家當復興。" 秋，民犯鑄錢，伍人相坐，沒入爲官奴婢。其男子檻車，兒女子步，以鐵鎖琅當其頸，傳詣鍾官，以十萬數。到者易其夫婦，愁苦死者什六七。	《漢書·王莽傳》
23	地皇四年	秋，時省中黃金萬斤者爲一匱，尚有六十匱。黃門、鉤盾、臧府、中尚方處處各有數匱。長樂御府、中御府及都内，平準帑藏錢帛珠玉財物甚衆，莽愈愛之，賜九虎士人四千錢。	《漢書·王莽傳》
24	劉玄更始二年	後二年，世祖受命，盪滌煩苛，復五銖錢，與天下更始。	《漢書·食貨志》
		存世有更始二年十月五銖陽文銅質母範。	

東　漢

公元	年　號	大　　　事	資　料　來　源
26	光武帝建武二年	又耒陽縣出鐵石，佗郡民庶常依因聚會，私爲冶鑄，遂招來亡命，多致姦盜。颯乃上起鐵官，罷斥私鑄，歲所增入五百餘萬。	《後漢書·衛颯》
30	建武六年	是時，述廢銅錢，置鐵官錢，百姓貨幣不行。蜀中童謠言曰："黃牛白腹，五銖當復。"好事者竊言王莽稱"黃"，述自號"白"，五銖錢，漢貨也，言天下當併還劉氏。	《後漢書·公孫述》
		公孫述後以鐵錢二當銅錢一。	《四川通志》
35	建武十一年	初，援在隴西上書，言宜如舊鑄五銖錢。事下三府，三府奏以爲未可許。事遂寢。	《後漢書·馬援》
		馬援在隴西上書曰："富民之本，在於食貨。宜如舊五銖錢，天下賴其便。"	《東觀漢記》
40	建武十六年	初，王莽亂後，貨幣雜用布、帛、粟。是歲，始行五銖錢。	《後漢書·光武帝本紀》
		光武寬仁，襲行天討，王莽之後，赤眉新敗，雖復三暉乃眷，而九服蕭條，及得隴望蜀，黎民安堵，自此始行五銖之錢，田租三十稅一，民有產子者復以三年之算。 馬援又上書曰："富國之本，在於食貨，宜如舊鑄五銖錢。"帝從之。於是復鑄五銖錢，天下以爲便。	《晉書·食貨志》
		馬援隴西上書鑄五銖錢，三府以爲未可，凡十三難，援一一解之，條奏其狀。	《東觀漢記》
		及援還，從公府求得前奏，難十餘條，乃隨牒解釋，更具表言。帝從之，天下賴其便。	《後漢書·馬援》
		數年，鮮于褒薦之於京兆尹閻興，興即召倫爲主簿。時長安鑄錢多姦巧，乃署倫爲督鑄錢掾，領長安市。倫平銓衡，正斗斛，市無阿枉，百姓悅服。	《後漢書·第五倫傳》
		時長安市未有秩，又鑄錢官姦軌所集，無能整齊理之者。閻興署第五倫督鑄錢掾，領長安市，其後小人爭訟，皆云"第五掾所平，市無姦枉"。	《東觀漢記》
41	建武十七年	存世有紀年五銖銅母範。	
85	章帝元和二年	是時穀貴，縣官經用不足，朝廷憂之。尚書張林上言："穀所以貴，由錢賤故也。可盡封錢，一取布帛爲租，以通天下之用。又鹽，食之急者，雖貴，人不得不須，官可自鬻。又宜因交趾、益州上計吏往來，市珍寶，收採其利，武帝時所謂均輸者也。"於是詔諸尚書通議。暉奏據林言不可施行，事遂寢。後陳事者復重述林前議，以爲於國誠便，帝然之，有詔施行。暉復獨奏曰："王制，天下不言有無，諸侯不言多少，禄食之家不與百姓爭利。今均輸之法與賈販無異，鹽利歸官，則下人窮怨，布帛爲租，則吏多姦盜，誠非明主所當宜行。"帝卒以林等言爲然，得暉重議，因發怒，切責諸尚書。暉等皆自繫獄。三日，詔敕出之。	《後漢書·朱暉》

公　元	年　號	大　　　　　事	資 料 來 源
147—167	桓帝時期	時有人上書,言人以貨輕錢薄,故致貧困,宜改鑄大錢。事下四府群僚及太學能言之士。劉陶上議曰:"……蓋以爲當今之憂,不在於貨,在乎民饑。夫生養之道,先食後貨。……食者乃有國之所寶,生民之至貴也。竊見比年已來,良苗盡於蝗螟之口,杼柚空於公私之求,所急朝夕之餐,所患靡鹽之事,豈謂錢貨之厚薄,銖兩之輕重哉?……蓋民可百年無貨,不可一朝有饑,故食爲至急也。……欲鑄錢齊貨以救其弊,此猶養魚沸鼎之中,栖鳥烈火之上。……願陛下寬鍥薄之禁,後冶鑄之議。"……帝竟不鑄錢。	《後漢書·劉陶列傳》
186	靈帝中平三年	又鑄四出文錢,錢皆四道。識者竊言侈虐已甚,形象兆見,此錢成,必四道而去。及京師大亂,錢果流佈四海。	《後漢書·宦者列傳·張讓》
190	獻帝初平元年	二月,乃徙天子都長安。……悉椎破銅人、鍾虡,及壞五銖錢。更鑄爲小錢,大五分,無文章,肉好無輪郭,不磨鑢。於是貨輕而物貴,穀一斛至數十萬。自是後錢貨不行。	《三國志·魏書·董卓》
		六月,董卓壞五銖錢,更鑄小錢。	《後漢書·孝獻帝紀》
		董卓又壞五銖錢,更鑄小錢,悉取洛陽及長安銅人、鍾虡、飛廉、銅馬之屬,以充鑄焉。故貨賤物貴,穀石數萬。又錢無輪郭文章,不便人用。	《後漢書·董卓列傳》
		初平中,董卓乃更鑄小錢,由是貨輕而物貴,穀一斛至錢數百萬。	《晉書·食貨志》
208	建安十三年	至魏武爲相,於是罷之,還用五銖。是時不鑄錢既久,貨本不多,又更無增益,故穀賤無已。	《晉書·食貨志》
212	建安十九年	劉備初攻劉璋,備與士衆約:"若事定,府庫百物,孤無預焉。"及拔成都,士衆皆捨干戈,赴諸藏競取寶物。軍用不足,備甚憂之。巴曰:"易耳,但當鑄直百錢,平諸物賈,令吏爲官市。"備從之,數月之間,府庫充實。	《三國志·蜀書·劉巴傳》
189—220	獻帝時期	獻帝作五銖錢,而有四道連於邊緣。有識者尤之曰:"豈京師破壞,此錢四出也。"	《晉書·食貨志》

吳

公　元	年　號	大　　　　　事	資 料 來 源
236	大帝嘉禾五年	春,鑄大錢,一當五百。詔使吏民輸銅,計銅畀直。設盜鑄之科。	《三國志·吳書·吳主權》
238	赤烏元年	春,鑄當千大錢。	《三國志·吳書·吳主權》
246	赤烏九年	是歲,權詔曰:"謝宏往日陳鑄大錢,云以廣貨,故聽之。今聞民意不以爲便,其省息之,鑄爲器物,官勿復出也。私家有者,敕以輸藏,計畀其直,勿有所枉也。"	《三國志·吳書·吳主權》

魏

公　元	年　號	大　　　　　事	資 料 來 源
221	文帝黃初二年	春三月,……初復五銖錢。冬十月,……以穀貴,罷五銖錢。	《三國志·魏書·文帝紀》
		及黃初二年,魏文帝罷五銖錢,使百姓以穀帛爲市。	《晉書·食貨志》
227	明帝太和元年	夏四月乙亥,行五銖錢。	《三國志·魏書·明帝紀》
		至明帝世,錢廢穀用既久,人間巧僞漸多,競濕穀以要利,作薄絹以爲市,雖處以嚴刑而不能禁也。司馬芝等舉朝大議,以爲用錢非徒豐國,亦所以省刑。今若更鑄五銖錢,則國豐刑省,於事爲便。魏明帝乃更立五銖錢,至晉用之,不聞有所改創。	《晉書·食貨志》

西　晉

公　元	年　號	大　　　　　事	資 料 來 源
291	惠帝元康元年	綱紀大壞,褒傷時之貪鄙,乃隱姓名,而著《錢神論》以刺之。	《晉書·魯褒傳》

東　晉

公　元	年　號	大　　　　　事	資 料 來 源
317	元帝建武元年	晉自中原喪亂,元帝過江,用孫氏舊錢,輕重雜行,大者謂之比輪,中者謂之四文。吳興沈充又鑄小錢,謂之沈郎錢。錢既不多,由是稍貴。	《晉書·食貨志》
378	孝武帝太元三年	詔曰:"錢,國之重寶,小人貪利,銷壞無已,監司當以爲意。廣州夷人寶貴銅鼓,而州境素不出銅,聞官私賈人皆於此下貪比輪錢斤兩差重,以入廣州,貨與夷人,鑄敗作鼓。其重爲禁制,得者科罪。"	《晉書·食貨志》
402—404	安帝元興年間	元興中,桓玄輔政,立議欲廢錢用穀帛。孔琳之議曰:"……救弊之術,無取於廢錢。"朝議多同琳之,故玄議不行。	《晉書·食貨志》

十　六　國

公　元	年　號	大　　　　　事	資 料 來 源
314	前涼張軌建興二年	太府參軍索輔言於軌曰:"……二漢制五銖錢,通易不滯,泰始中,河西荒廢,遂不用錢,裂匹以爲段數。縑布既壞,市易又難,徒壞女工,不任衣用,弊之甚也。今中州雖亂,此方安全,宜復五銖以濟通變之會。"軌納之,立制準布用錢,錢遂大行,人賴其利。	《晉書·張軌》
319	後趙石勒元年	後趙石勒僭號,鑄豐貨錢。時建德校尉王和掘得一鼎,容四升,中有大錢三十文,曰:"百當千,千當萬。"……因此令公私行錢,而人情不樂,乃出公絹市錢,限中絹匹一千二百,下絹八百。然百姓私買中絹四千,下絹二千,巧利者賤買私錢,貴賣於官,坐死者十數人,而錢終不行。	《晉書·石勒下》

公元	年號	大事	資料來源

南 朝 宋

公元	年號	大事	資料來源
421	武帝永初二年	時言事者多以錢貨減少，國用不足，欲悉市民銅，更造五銖錢。	《宋書·范泰》
430	文帝元嘉七年	冬十月戊午　立錢署，鑄四銖錢。	《南史·宋本紀中·文帝》
447	元嘉二十四年	六月，以貨貴，制大錢一當兩。	《宋書·文帝本紀》
		先是患貨重，鑄四銖錢，民間頗盜鑄，多剪鑿古錢以取銅，上患之。二十四年，錄尚書江夏王義恭建議，以一大錢當兩，以防剪鑿，議者多同。……遂以一錢當兩，行之經時，公私非便，乃罷。	《宋書·何尚之列傳》
448	元嘉二十五年	五月己卯，罷大錢當兩。	《宋書·文帝本紀》
454	孝武帝孝建元年	春正月壬戌，更鑄四銖錢。	《宋書·孝武帝本紀》
456	孝建三年	先是元嘉中，鑄四銖錢，輪郭形制，與五銖同，用費損，無利，故百姓不盜鑄。及世祖即位，又鑄孝建四銖。……所鑄錢形式轉小，輪郭不成就。於是民間盜鑄者雲起，雜以鉛錫，並不牢固。又剪鑿古錢，以取其銅，錢轉薄小，稍違官式。雖重制嚴刑，錢貨官長坐死免者相係，而盜鑄彌甚，百物踴貴，民人患苦之。乃立品格，薄小無輪郭者，悉加禁斷。	《宋書·顏竣列傳》
465	前廢帝永光元年	二月庚寅，鑄二銖錢。	《宋書·前廢帝本紀》
		前廢帝即位，鑄二銖錢，形式轉細。官錢每出，民間即模效之，而大小厚薄，皆不及也。無輪郭，不磨鑢，如今之剪鑿者，謂之耒子。	《宋書·顏竣列傳》
465	景和元年	九月戊午，"開百姓鑄錢"。	《宋書·前廢帝本紀》
		沈慶之啓通私鑄，由是錢貨亂敗，一千錢長不盈三寸，大小稱此，謂之鵝眼錢。劣於此者，謂之綖環錢。入水不沉，隨手破碎，市井不復料數，十萬錢不盈一掬，斗米一萬，商貨不行。	《宋書·顏竣列傳》
465	明帝泰始元年	太宗初，唯禁鵝眼、綖環，其餘皆通用。復禁民鑄，官署亦廢工，尋復並斷，唯用古錢。	《宋書·顏竣列傳》
		十二月，罷二銖錢，禁鵝眼、綖環錢，餘皆通用。	《資治通鑑》
466	泰始二年	三月壬子，斷新錢，專用古錢。	《南史·宋本紀下》
465—471	泰始年間	蕭道成於青溪宅得錢一枚，文有北斗七星雙節，又有人形帶劍。及治盆城，又得一大錢，文曰："太平百歲。"	《南齊書·祥瑞志》

南 齊

公元	年號	大事	資料來源
482	高帝建元四年	宋代太祖輔政，有意欲鑄錢，以樿讓之際，未及施行。建元四年，奉朝請孔覬上《鑄錢均貨議》，辭證甚博。其略以爲"……鑄錢之弊，在輕重屢變。重錢患難用，而難用爲累輕，輕錢弊盜鑄，而盜鑄爲禍深。民所盜鑄，嚴法不禁者，由上鑄錢惜銅愛工也。……自漢鑄五銖錢，至宋文帝，歷五百餘年，制度世有廢興，而不變五銖錢者，明其輕重可法，得貨之宜。以爲宜開置泉府，方牧貢金，大興鎔鑄。錢重五銖，一依漢法。府庫已實，國用有儲，乃量奉祿，薄賦稅，則家給民足。頃盜鑄新錢者，皆效作剪鑿，不鑄大錢也。……若官鑄已佈於民，便嚴斷剪鑿，小輕破缺無周郭者，悉不得行，官鑄細小者，稱合銖兩，銷以爲大。利貧良之民，塞姦巧之路。錢貨既均，遠近若一，百姓樂業，市道無爭，衣食滋殖矣。"時議者多以錢貨轉少，宜更廣鑄，重其銖兩，以防民姦。太祖使諸州郡大市銅炭，會晏駕事寢。	《南齊書·劉悛列傳》
483	武帝永明元年	武帝即位，祖思啓陳政事……曰："劉備取帳鈎銅鑄錢，以充國用。"	《南史·崔祖思列傳》
490	永明八年	劉悛啓世祖曰："南廣郡界蒙山下，有城名蒙城，可二頃地，有燒爐四所，高一丈，廣一丈五尺。從蒙城渡水南百許步，平地掘土深二尺，得銅。又有古掘銅坑，深二丈，並居宅處猶存。鄧通，南安人，漢文帝賜嚴道縣銅山鑄錢，今蒙山近青衣水南，青衣左側並是故秦之嚴道地。且蒙山去南安二百里，案此必是通所鑄。近喚蒙山獠出，云'甚可經略'。此議若立，潤利無極。"並獻蒙山銅一片，又銅石一片，平州鐵刀一口。上從之。遣使入蜀鑄錢，得千餘萬，功費多，乃止。	《南齊書·劉悛列傳》

梁

公元	年號	大事	資料來源
502	武帝天監元年	梁初，唯京師及三吳、荊、郢、江、湘、梁、益用錢。其餘州郡，則雜以穀帛交易。交、廣之域，全以金銀爲貨。武帝乃鑄錢，肉好周郭，文曰"五銖"，重如其文。而又別鑄，除其肉郭，謂之女錢，二品並行。百姓或私以古錢交易，有直百五銖、五銖、女錢、太平百錢、定平一百、五銖稚錢、五銖對文等號。輕重不一。天子頻下詔書，非新鑄二種之錢，並不許用。而趣利之徒，私用轉甚。	《隋書·食貨志》
		武帝乃鑄錢，肉好周郭，文曰"五銖"，重四銖三參二豪，其百文則重一斤二兩。又別鑄，除其周郭，謂之"公式女錢"，徑一寸，文曰"五銖"，重如新鑄五銖。二品並行。	《通典》
523	普通四年	十二月戊午，始鑄鐵錢。	《梁書·武帝本紀下》
		十二月戊午，用給事中王子雲議，始鑄鐵錢。	《南史·梁本紀中·武帝》
		至普通中，乃議盡罷銅錢，更鑄鐵錢。人以鐵賤易得，並皆私鑄。	《隋書·食貨志》
535—545	大同年間	及大同已後，所在鐵錢，遂如丘山，物價騰貴，交易者以車載錢，不復計數，而唯論貫。商旅姦詐，因之以求利。自破嶺以東，八十爲百，名曰東錢。江、郢以上，七十爲百，名曰西錢。京師以九十爲百，名曰長錢。	《隋書·食貨志》

公　元	年　號	大　　　　　　　事	資　料　來　源
546	中大同元年	秋七月丙寅,詔曰:"朝四而暮三,衆狙皆喜,名實未虧,而喜怒爲用。頃聞外間多用九陌錢,陌減則物貴,陌足則物賤,非物有貴賤,是心有顛倒。至於遠方,日更滋甚。豈直國有異政,乃至家有殊俗,徒亂王制,無益民財。自今可通用足陌錢。令書行後,百日爲期,若猶有犯,男子謫運,女子質作,並同三年。"	《梁書·武帝本紀下》
		天子乃詔通用足陌。詔下而人不從,錢陌益少。至於末年,遂以三十五爲百云。	《隋書·食貨志》
502—549	武帝時期	僧珍生子,季雅往賀,署函曰:"錢一千"。閽人少之,弗爲通,强之乃進。僧珍疑其故,親自發,乃金錢也。	《南史·呂僧珍》
556	敬帝太平元年	三月壬午,班下遠近並雜用古今錢。	《梁書·敬帝本紀》
557	太平二年	夏四月己卯,鑄四柱錢,一準二十。……壬辰,改四柱錢,一準十。丙申,復閉細錢。	《梁書·敬帝本紀》

陳

公　元	年　號	大　　　　　　　事	資　料　來　源
562	文帝天嘉三年	閏二月甲子,改鑄五銖錢。	《陳書·世祖本紀》
		陳初,承梁喪亂之後,鐵錢不行。始梁末又有兩柱錢及鵝眼錢,於時人雜用,其價同,但兩柱重而鵝眼輕。私家多熔錢,又間以錫鐵,兼以粟帛爲貨。至文帝天嘉三年(原本訛五年),改鑄五銖。初出,一當鵝眼之十。	《隋書·食貨志》
579	宣帝太建十一年	秋七月辛卯,初用大貨六銖錢。	《陳書·宣帝本紀》
		又鑄大貨六銖,以一當五銖之十,與五銖並行。後還當一,人皆不便。乃相與訛言曰:"六銖錢有不利縣官之象。"未幾而帝崩,遂廢六銖而行五銖,竟至陳亡。其嶺南諸州,多以鹽米布交易,俱不用錢云。	《隋書·食貨志》

北　魏

公　元	年　號	大　　　　　　　事	資　料　來　源
495	孝文帝太和十九年	魏初至於太和,錢貨無所周流,高祖始詔天下用錢焉。十九年,冶鑄粗備,文曰"太和五銖",詔京師及諸州鎮皆通行之。內外百官禄皆準絹給錢,絹匹爲錢二百。在所遣錢工備爐冶,民有欲鑄,聽就鑄之,銅必精煉,無所和雜。	《魏書·食貨志》
510	宣武帝永平三年	冬,又鑄五銖錢。	《魏書·食貨志》
516	孝明帝熙平元年	蕭宗初,京師及諸州鎮或鑄或否,或有止用古錢,不行新鑄,致商貨不通,貿遷頗隔。 熙平初,尚書令、任城王澄上言:"……'太和五銖'雖利於京邑之肆,而不入徐揚之市。……又河北州鎮,既無新造五銖,設有舊者,而復禁斷,並不行用,……愚意謂今之太和與新鑄五銖,及諸古錢方俗所便用者,雖有大小之異,並得通行。貴賤之差,自依鄉價。庶貨環海內,公私無壅。其不行之錢,及盜鑄毁大爲小,巧僞不如法者,據律罪之。"詔曰:"錢行已久,今東尚有事,且依舊用。" 澄又奏:"……請並下諸方州鎮,其太和及新鑄五銖並古錢內外全好者,不限大小,悉聽行之。鵝眼、環鑿,依律而禁。河南州鎮先用錢者,既聽依舊,不在斷限。唯太和、五銖二錢得用公造新者,其餘雜種,一用古錢,生新之類,普同禁約。諸方之錢,通用京師,其聽依舊之處,與太和錢及新造五銖並行,若盜鑄者罪重常憲。……"詔從之。而河北諸州,錢少錢貨,猶以他物交易,錢略不入市也。	《魏書·食貨志》
517	熙平二年	冬,尚書崔亮奏:"恒農郡銅青谷有銅礦,……南青州苑燭山、齊州商山並是往昔銅官,舊迹見在。謹按鑄錢方興,用銅處廣,既有冶利,並宜開鑄。"詔從之。自後所行之錢,民多私鑄,稍就小薄,價用彌賤。	《魏書·食貨志》
527	孝昌三年	於時朝議鑄錢,以謙之爲鑄錢都將長史。乃上表求鑄三銖錢曰:"蓋錢貨之立,本以通有無,便交易。故錢之輕重,世代不同。……況今寇難未除,州郡淪敗,民物凋零,軍國用少,別鑄小錢,可以富益,何損於政,何妨於人也?且政興不以錢大,政衰不以錢小,惟貴公私得所,政化無虧,既行之於古,亦宜效之於今矣。……臣今此鑄,以濟交乏,五銖之錢,任使並用,行之無損,國得其益,……求下公卿博議。如謂爲允,即乞施行。"詔將從之,事未就,會卒。	《魏書·高崇列傳》
528	孝莊帝建義元年	重盜鑄之禁,開糾賞之格。	《魏書·食貨志》
529	永安二年	時所用錢,人多私鑄,稍違薄小,乃至風飄水浮,米斗幾直一千。侃奏曰:"昔馬援至隴西,嘗上書求復五銖錢,事下三府,不許。及援徵入爲虎賁中郎,親對光武申釋其趣,始施行。臣頃在雍州,亦表陳其事,聽人與官並鑄五銖錢,使人樂爲,而俗弊得改。旦下尚書,八座不許。以今況昔,既理不殊,求取臣前表,經御抨析。"侃乃隨事剖辨,孝莊從之,乃鑄五銖錢,如侃所奏。	《魏書·楊播列傳》
		高恭之,字道穆,行字於世,歷御史中尉。於時用錢稍薄,道穆表曰:"四民之業,錢貨爲本,救弊改鑄,王政所先。自頃以來私鑄薄濫,官司糾繩,挂網非一。在市銅價,八十一文得銅一斤,私造薄錢,斤餘二百。既示之以深利,又隨之以重刑,罪罰雖多,姦鑄彌衆。今錢徒有五銖之文,而無二銖之實,薄甚榆莢,上貫便破,置之水上,殆欲不沉。此乃因循有漸,科防不切,朝廷之愆,彼復何罪?昔漢文帝以五分錢小,改鑄四銖,至武帝復改三銖爲半兩。此皆以大易小,以重代輕也。論今據古,宜改鑄大錢,文載年號,以記其始,則一斤所成止七十六文。銅價至賤五十有餘,其中人功、食料、錫炭、鉛沙,縱復私營,不能自潤。直置無利,自應息心,況復嚴刑廣設也。以臣測之,必當錢貨永通,公私獲允。"後遂用楊侃計,鑄永安五銖錢。	《魏書·高崇列傳》
		秋,詔更改鑄,文曰:"永安五銖"。官自立爐,起自九月至三年正月而止。官欲貴錢,乃出藏絹,分遣使人於二市賣之,絹匹止錢二百,而私市者猶三百。利之所在,盜鑄彌衆,巧僞既多,輕重非一,四方州鎮,用各不同。	《魏書·食貨志》

公 元	年 號	大　　　　事	資 料 來 源

東　魏

公元	年號	大事	資料來源
534	孝靜帝天平元年	齊神武霸政之初,承魏猶用永安五銖。遷鄴已後,百姓私鑄,體制漸別,遂各以爲名。有雍州青赤、梁州生厚、緊錢、吉錢、河陽生澀、天柱、赤牽之稱。冀州以北,錢皆不行,交貿者皆以絹布。	《隋書・食貨志》
534—537	天平年間	辛子馥爲東南道行臺左丞、徐州開府長史。入除太尉府司馬。……諸州豪右,在山鼓鑄,姦黨多依之,又得密造兵仗,亦請破罷諸冶。朝廷善而從之。	《魏書・辛紹先列傳》
538	元象元年	王則任洛州刺史。以前後勣,封太原縣伯。則性貪,在州不法,舊京諸像,毀以鑄錢,於時號河陽錢,皆出其家。	《北史・王則列傳》
543	武定元年	遷鄴以後,輕濫尤多。武定初,齊文襄王奏革其弊。於是詔遣使人詣諸州鎮,收銅及錢,悉更改鑄,其文仍舊。然姦僥之徒,越法趨利,未幾之間,漸復細薄。	《魏書・食貨志》
		神武帝乃收境内之銅及錢,仍依舊文更鑄,流之四境。未幾之間,漸復細薄,姦僞競起。	《隋書・食貨志》
548	武定六年	齊文襄王以錢文五銖,名須稱實,宜稱錢一文重五銖者,聽以市用。計百錢重一斤四兩二十銖,自餘皆準此爲數。其京邑二市、天下州鎮郡縣之市,各置二稱,懸於市門,私民所用之稱,皆準市稱以定輕重。凡有私鑄,悉不禁斷,但重五銖,然後聽用。若入市之錢,重不五銖,或雖重五銖而多雜鉛鑞,並不聽用。若有輒以小薄雜錢入市,有人糾獲,其錢悉入告者。其小薄之錢,若即禁斷,恐人交乏絕。畿内五十日,外州百日爲限。群官參議,咸以時穀頗貴,請待有年,上從之而止。	《魏書・食貨志》

西　魏

公元	年號	大事	資料來源
540	文帝大統六年	二月,鑄五銖錢。	《北史・魏本紀》
546	大統十二年	三月,鑄五銖錢。	《北史・西魏文帝紀》

北　齊

公元	年號	大事	資料來源
553	文宣帝天保四年	自魏末用永安錢,又有數品,皆輕濫。己丑,鑄新錢,文曰"常平五銖"。	《北史・齊本紀中》
		文宣受禪,除永安之錢,改鑄常平五銖,重如其文。其錢甚貴,且製造甚精。	《隋書・食貨志》
		文宣受東魏禪,除永安之錢,改鑄常平五銖,重如其文,其錢甚貴,而製作甚精。其錢未行,而私鑄已興,一二年間即有濫惡,雖殺戮不能止。乃令市增長銅價,由此利薄,私鑄少止。	《通典》
560	廢帝乾明元年至孝昭帝皇建元年	至乾明、皇建之間,往往私鑄。鄴中用錢,有赤熟、青熟、細眉、赤生之異。河南所用,有青薄鉛錫之別。青、齊、徐、兗、梁、豫州,輩類各殊。	《隋書・食貨志》
570—575	後主武平年間	武平已後,私鑄轉甚,或以生鐵和銅。至於齊亡,卒不能禁。 武平之後,國用轉屈。乃料境内六等富人,調令出錢。	《隋書・食貨志》

北　周

公元	年號	大事	資料來源
561	武帝保定元年	秋七月戊申,……更鑄錢,文曰"布泉",以一當五,與五銖併行。	《周書・武帝紀上》
		後周之初,尚用魏錢。及武帝保定元年七月,乃更鑄布泉之錢,以一當五,與五銖併行。時梁、益之境,又雜用古錢交易。河西諸郡,或用西域金銀之錢,而官不禁。	《隋書・食貨志》
574	建德三年	六月壬子,更鑄五行大布錢,以一當十,與布泉錢併行。	《周書・武帝紀上》
		六月,更鑄五行大布錢,以一當十,大收商估之利,與布泉錢併行。	《隋書・食貨志》
575	建德四年	秋七月己未,禁五行大布錢不得出入關,布泉錢聽入而不聽出。	《周書・武帝紀下》
		七月,又以邊境之上,人多盜鑄,乃禁五行大布,不得出入四關,布泉之錢,聽入而不聽出。	《隋書・食貨志》
576	建德五年	春正月丁酉,廢布泉錢。戊申,初令鑄錢者絞,其從者遠配爲民。	《周書・武帝紀下》
		正月,以布泉漸賤而人不用,遂廢之。初令私鑄者絞,從者遠配爲户。	《隋書・食貨志》
577	建德六年	齊平已後,山東之人,猶雜用齊氏舊錢。	《隋書・食貨志》
579	靜帝大象元年	十一月丁巳,初鑄永通萬國錢,以一當十,與五行大布並行。	《周書・宣帝紀》
		十一月,又鑄永通萬國錢。以一當十,與五行大布及五銖,凡三品併用。	《隋書・食貨志》

秦、漢、三國、兩晉、南北朝貨幣出土情況表

錢嶼　顧家熊

說　明

一、資料來源：《考古》、《考古學報》、《考古與文物》、《文物參考資料》、《文物》、《考古通訊》、《文博通訊》、《文物資料集刊》、《文物資料叢刊》、《中國錢幣》、《中國錢幣論文集》、《陝西金融》、《河北金融》、《中原文物》、《江漢考古》、《隴右文博》、《考古學集刊》、《中國錢幣論文集》、《錢幣博覽》、《遼寧金融》、《安徽錢幣》、《安徽金融研究》、《甘肅金融》、《蒙古金融》等。

二、編排順序：按中華人民共和國行政區劃次序排列。同一省、自治區、直轄市的按貨幣出土年月日順序排列，無具體出土日期的按出土資料發表的年月日順序編排。

三、截止時間：1999 年 12 月。

出土地點		出土時間	出土情況	資料來源
北京市	懷柔縣城北西漢墓、東漢墓	1959 年	西漢四出五銖 1 枚、西漢五銖 110 餘枚；東漢五銖、剪輪五銖、貨泉、半兩 190 枚	北京市文物工作隊：《北京懷柔城北東周兩漢墓葬》，載《考古》1962 年第 5 期
	昌平縣白浮村漢墓	1959—1960 年	半兩 1 枚、武帝五銖 2 枚、大泉五十 4 枚、宣帝五銖 1 枚	北京市文物工作隊：《北京昌平白浮村漢唐元墓葬發掘》，載《考古》1963 年第 3 期
	昌平縣史家橋漢墓 M8、M12、M1	1960 年 3 月	大泉五十 4 枚、五銖 1 枚	北京市文物工作隊：《北京昌平史家橋漢墓發掘》，載《考古》1963 年第 3 期
	北京市西郊西晉墓 M2	1962 年 10 月	明刀 1 枚、東漢五銖 1 枚、直百五銖 1 枚	北京市文物工作隊：《北京西郊發現兩座西晉墓》，載《考古》1964 年第 4 期
	北京市永定路東漢墓	1962 年	西漢五銖 10 枚	北京市文物工作隊：《北京永定路發現東漢墓》，載《考古》1963 年第 3 期
	北京市西北郊西晉王浚妻華芳墓	1965 年 7 月	東漢五銖、剪輪五銖、綖環五銖共 200 餘枚	北京市文物工作隊：《北京西北郊西晉王浚妻華芳墓清理簡報》，載《文物》1965 年第 12 期
	北京市大葆臺西漢燕王旦墓、華容夫人墓〔昭帝元鳳元年（前 80 年）〕	1974—1975 年	武帝五銖、昭帝五銖、穿上橫五銖、穿下半星五銖、剪輪五銖共百斤以上	北京市古墓發掘辦公室：《大葆臺西漢木槨墓發掘簡報》，載《文物》1977 年第 6 期
	順義縣臨河村東漢墓	1975 年 4 月	燒溝 IV、V 型五銖，剪輪五銖共 1 050 枚	北京市文物管理處：《北京順義縣臨河村東漢墓發掘簡報》，載《考古》1977 年第 6 期
	房山縣北鄭村遼塔	1977 年 6 月	漢五銖 4 枚	齊心、劉精義：《北京市房山縣北鄭村遼塔清理記》，載《考古》1980 年第 2 期
	北京市朝陽區化工學院	1978 年 7 月	西漢四銖半兩、武帝五銖；東漢早期五銖、晚期五銖、磨郭五銖、剪輪五銖、私鑄五銖共 2 300 斤	張先得：《北京市朝陽區出土漢代窖藏貨幣》，載《中國錢幣》1983 年第 2 期
	懷柔縣城延慶城關鄉、房山區、密雲大城子鄉、道縣	1979—1986 年	漢五銖	趙光林：《北京市發現一批古遺址和窖藏文物》，載《考古》1989 年第 2 期
	順義縣大營村西晉墓	1981 年 4 月	五銖、剪輪五銖、貨泉共 170 餘枚	北京市文物工作隊：《北京市順義縣大營村西晉墓葬發掘簡報》，載《文物》1983 年第 10 期
	順義縣花梨坎村東漢窖藏	1981 年 9 月	東漢晚期五銖、剪輪五銖、綖環五銖共 200 餘斤	高桂雲、張先得：《記北京市順義縣東漢窖藏貨幣》，載《中國錢幣》1984 年第 2 期
	密雲縣冶仙塔	1988 年秋	漢半兩、五銖、貨泉、大泉五十、常平五銖，同出唐至北宋天禧通寶共 78 枚	王有泉：《北京密雲冶仙塔塔基清理簡報》，載《文物》1994 年第 2 期
	北京市清河鎮漢墓		半兩、五銖	《介紹北京市的出土文物展覽》，載《文物參考資料》1954 年第 8 期
	昌平縣半截塔村西漢墓 M4、M6、M9、M20		半兩 2 枚、西漢五銖 6 枚	北京市文物工作隊：《北京昌平半截塔村東周和兩漢墓》，載《考古》1963 年第 3 期
	昌平縣半截塔村東漢墓 M1、M3、M7、M11、M17		宣帝五銖、貨泉、剪輪五銖	
	懷柔縣崎峰茶公社		馬蹄金	《懷柔縣崎峰茶公社發現漢代馬蹄金》，載《文物》1976 年第 6 期

出 土 地 點		出 土 時 間	出 土 情 況	資 料 來 源
天津市	寶坻縣牛道口遺址漢代墓葬	1980 年	大泉五十 10 枚	天津市歷史博物館考古發掘隊等：《天津寶坻縣牛道口遺址調查發掘簡報》，載《考古》1991 年第 7 期
	天津市軍糧城海口漢唐遺迹	1987 年	五銖 1 枚	天津市歷史博物館考古部：《天津軍糧城海口漢唐遺迹調查》，載《考古》1993 年第 2 期
	武清縣東漢鮮于璜墓〔東漢延光四年(125 年)〕		燒溝Ⅱ型、Ⅲ型五銖	天津市文物管理處：《武清東漢鮮于璜墓》，載《考古學報》1982 年第 3 期
河北省	望都縣漢墓、六朝墓	1953 年、1954 年 1 月	五銖	《河北望都縣清理古殘墓發現彩繪壁畫》，載《文物參考資料》1954 年第 5 期
	懷來縣大古城遺址古墓	1954 年 1 月	五銖	《河北省懷來縣大古城遺址調查情況》、《文物工作報導》，載《文物參考資料》1954 年第 9 期
	易縣洪城村古窖藏	1955 年 12 月	漢五銖共 700—800 斤	《文物工作報導》，載《文物參考資料》1956 年 2 月
	井陘縣井陘礦區東漢晚期墓	1955 年 12 月	五銖 10 枚、剪輪五銖 2 枚	程明遠：《河北井陘礦區清理一座古墓》，載《考古通訊》1958 年第 5 期
	涿縣半壁店東漢墓	1955 年	東漢五銖、剪邊五銖	《文物工作報導》，載《文物參考資料》1958 年第 11 期
	石家莊市橋東三國後期墓	1956 年 3 月	大泉五百 1 枚、五銖 10 枚、剪輪錢 2 枚	孟浩：《河北省石家莊市橋東單室磚墓》，載《文物》1959 年第 4 期
	磁縣講武城漢墓	1957 年	半兩、五銖、貨泉、貨布、大泉五十、鉛錢	河北省文物管理委員會：《河北磁縣講武城古墓清理簡報》，載《考古》1959 年第 1 期
	邯鄲市王郎村漢墓	1958 年 6 月	兩漢五銖、大泉五十、剪邊五銖	《邯鄲王郎村清理了五十二座漢墓》、《文物工作報導》，載《文物》1959 年第 7 期
	任邱縣東關漢墓 M2、M3、M4 多室磚墓	1960 年 3 月	五銖 66 枚	天津市文化局考古發掘隊：《河北任邱東關漢墓清理簡報》，載《考古》1965 年第 2 期
	大廠回族自治縣大坨頭遺址漢墓 M1、M2、M8	1964 年 4 月	五銖三種 124 枚	天津市文化局考古發掘隊：《河北大廠回族自治縣大坨頭遺址試掘簡報》，載《考古》1966 年第 1 期
	定縣北魏石函〔太和五年(481 年)〕	1964 年	半兩 3 枚、五銖 220 枚、貨泉 20 枚、大泉五十 4 枚、小泉直一 2 枚、波斯銀幣 41 枚	河北省文化局文物工作隊：《河北定縣出土北魏石函》，載《考古》1966 年第 5 期
	石家莊市東崗頭村漢墓	1965 年 4 月	五銖 200 多枚	王海航：《石家莊市東崗頭村發現漢墓》，載《考古》1965 年第 12 期
	滿城縣中山靖王劉勝、妻竇綰墓	1968 年	五銖 4 206 枚，宮中行樂錢、數字錢和韵語錢各 1 套，金餅 69 枚	中國社會科學院考古研究所、河北省文物管理處：《滿城漢墓發掘報告》，文物出版社 1980 年版
	定縣 43 號漢墓(東漢中山穆王劉暢之墓)	1969 年	銅餅 1 枚、五銖 235 枚	定縣博物館：《河北定縣 43 號漢墓發掘簡報》，載《文物》1973 年第 11 期
	平山縣北齊崔昂墓	1971 年 1 月	常平五銖 4 枚	河北省博物館、河北省文物管理處：《河北平山北齊崔昂墓調查報告》，載《文物》1973 年第 11 期
	邯鄲市區古墓	1972 年 9 月	五銖 2 枚、貨泉 3 枚	邯鄲市文物保管所：《河北邯鄲市區古遺址調查簡報》，載《考古》1980 年第 2 期
	易縣百福公社東斗城大隊燕下都第 23 號遺址 M2	1973 年 4 月	五銖 3 枚，同出安陽布 1 枚	河北省文物管理處：《燕下都第 23 號遺址出土一批銅錢》，載《文物》1982 年第 8 期
	定縣漢墓 M40	1973 年 5—12 月	五銖 1 000 枚、金餅 40 枚、大小馬蹄金各 2 件、麟趾金 1 件	河北省文物研究所：《河北定縣 40 號漢墓發掘簡報》，載《文物》1981 年第 8 期
	景縣北魏高譚墓	1973 年	五行大布 8 枚	河北省文物管理處：《河北景縣北魏高氏墓發掘簡報》，載《文物》1979 年第 3 期
	易縣、滿城縣、平泉縣、懷來縣	1976 年	西漢金餅 2 枚、亞腰銀錠 2 錠	鄭紹宗：《河北省發現西漢金餅和元代銀錠》，載《文物》1981 年第 4 期
	贊皇縣東魏李希宗墓 M2	1976 年	狄奧多西斯二世、查士丁一世、查士丁尼一世羅馬金幣	石家莊地區文化局文物發掘組：《河北贊皇東魏李希宗墓》，載《考古》1977 年第 6 期
	易縣太寧寺村淨覺寺舍利塔地宮	1977 年春	半兩 3 枚、貨泉 1 枚、五銖 9 枚、常平五銖 1 枚，同出唐至北宋錢共 154 枚	河北省文物管理處：《河北易縣淨覺寺舍利塔地宮清理記》，載《文物》1986 年第 9 期
	灤平縣虎什哈砲臺山戎墓地 M6、M21	1978 年 5 月	麟趾金(貼金箔石灰質)6 件、尖首刀 1 枚	河北省文物研究所、承德地區文化局、灤平縣文物管理所：《灤平縣虎什哈砲臺山戎墓地的發現》

續表

出　土　地　點	出土時間	出　土　情　況	資　料　來　源
磁縣城南大冢營林東魏茹茹公主墓	1978年9月—1979年6月	拜占庭金幣2枚	磁縣文化館：《河北磁縣東魏茹茹公主墓發掘簡報》，載《文物》1984年第4期
隆化縣東溝門	1978年10月	西漢半兩1枚，同出唐乾元重寶、遼太平通寶、大康通寶、北宋紹興通寶、金正隆元寶	隆化縣文物管理所：《河北隆化縣發現金代窖藏鐵器》，載《考古》1981年第4期
邢臺市南郊西漢南曲陽侯劉遷墓(前51年)	1978年	半兩、五銖	河北省文物管理處：《河北邢臺南郊西漢墓》，載《考古》1980年第5期
吳橋縣北朝墓M3	1978年	永安五銖1枚、常平五銖3枚	滄州地區文化館：《河北省吳橋四座北朝墓葬》，載《文物》1984年第9期
平泉縣楊杖子村漢墓	1979年4月	五銖151枚、剪輪五銖2枚、大泉五十1枚	張秀夫：《河北平泉縣楊杖子村發現漢墓》，載《文物》1987年第9期
石家莊市北郊柳辛莊村南東漢墓	1980年4月1日—5月7日	五銖18枚	石家莊市文物保管所：《石家莊北郊東漢墓》，載《考古》1984年第9期
蠡縣漢墓	1980年6月	五銖和貨泉共65枚	河北省文物研究所：《蠡縣漢墓發掘紀要》，載《文物》1983年第6期
石家莊市西南郊東漢墓	1980年9月	燒溝Ⅲ型五銖	李勝伍、郭書泰：《石家莊東漢墓及其出土的算籌》，載《考古》1982年第3期
徐水縣防陵村二號漢墓	1981年7月	五銖、貨泉共60餘枚	保定地區文物管理所：《河北省徐水縣防陵村二號漢墓》，載《文物》1984年第4期
曲陽縣南平羅村北宋政和七年(1117年)墓	1982年3月	大泉五十1枚，同出唐、北宋錢共8枚	保定地區文物管理所：《河北曲陽南平羅北宋政和七年墓清理簡報》，載《文物》1988年第11期
邢臺市小吳莊和拐角村北小黃河	1982、1984年	西漢四銖半兩、五銖，新莽布泉和減重大泉五十少量；貨泉100餘斤，內四出文貨泉2枚，背穿左有"亻"陽文的1枚	吳佩英、吳利碩：《邢臺出土的新莽貨泉錢的稀罕品》，載《河北金融》1996年第2期
灤南縣宋道口鄉西澤坨村	1983年12月	半兩10枚、西漢五銖1 100枚、東漢五銖4 180枚、剪邊五銖2枚、大泉五十3枚、貨泉26枚、布泉1枚	灤南縣文物保管：《河北灤南縣發現漢代窖藏銅錢》，載《考古》1986年第1期
易縣凌雲冊鄉北賈莊村	1983年12月	半兩1枚、五銖3枚、貨泉2 605枚	張洪印：《河北易縣發現新莽貨泉》，載《考古》1986年第7期
阜城縣桑莊東漢墓M1	1984年3月	五銖4枚、剪輪錢1枚、貨泉1枚、無文錢1枚	河北省文物研究所等：《河北阜城桑莊東漢墓發掘報告》，載《文物》1990年第1期
獲鹿縣張家莊村	1984年8月22日	西漢半兩、五銖和新莽、東漢、三國、南北朝錢，同出有隋、唐、五代、十國、兩宋、遼、金各朝代錢幣，夾有高麗國東國重寶錢1枚，共1 254.5公斤	李勝伍：《石家莊市獲鹿縣發現古錢窖藏》，載《考古》1989年第2期
陽原縣三汾溝漢墓M2、M4、M5、M9	1985年5—10月	五銖21枚	河北省文物研究所等：《河北陽原三汾溝漢墓群發掘報告》，載《文物》1990年第1期
陽原縣北關大隊漢墓M填土中發現	1985年9月	半兩1枚、五銖2枚	河北省文物研究所：《河北陽原縣北關漢墓發掘簡報》，載《考古》1990年第4期
贊皇縣城東鎮東石家莊村漢石室墓	1985年10月	五銖貨泉	馮杭印：《河北贊皇發現漢石室墓》，載《考古》1994年第1期
臨漳縣鄴南城朱明門遺址	1986年4—6月	五銖2枚、貨泉1枚、常平五銖3枚	中國社會科學院考古研究所等：《河北臨漳縣鄴南城朱明門遺址的發掘》，載《考古》1996年第1期
沙河市興固漢墓	1988年春	五銖36枚、大泉五十1枚、貨泉7枚	河北省文物研究所等：《河北沙河興固漢墓》，載《文物》1992年第9期
遷安縣于家村一號漢墓	1991年冬	五銖6枚	遷安縣文物保管所：《河北遷安于家村一號漢墓清理》，載《文物》1996年第10期
固安縣于沿村金寶嚴寺塔基地宮	1992年5月	秦半兩、漢文帝四銖半兩、漢宣帝五銖、貨泉、大泉五十、布泉、北魏永安五銖、北齊常平五銖，同出唐、遼、金、南宋錢	河北省文物研究所等：《河北固安于沿村金寶嚴寺塔基地宮出土文物》，載《文物》1993年第4期
懷安縣耿家屯西漢中晚期墓M1		五銖	《河北懷安縣耿家屯清理了兩座西漢墓葬》，載《文物參考資料》1954年第12期
石家莊市北宋村漢墓東漢晚期墓M1、M2		剪邊五銖7枚、東漢剪邊五銖8枚、東漢五銖43枚、五銖63枚	《河北石家莊市北宋村漢墓》，載《文物》1959年第1期

河北省

出 土 地 點		出 土 時 間	出 土 情 況	資 料 來 源
河北省	定縣北莊漢墓		東漢光武帝五銖 153 枚	河北省文物工作隊:《河北定縣北莊漢墓發掘報告》,載《考古學報》1964 年第 2 期
	石家莊市北郊東漢墓		燒溝Ⅲ型五銖 18 枚	石家莊市文物保管所:《石家莊北郊東漢墓》,載《考古》1984 年第 9 期
山西省	聞喜縣西官莊漢墓	1955 年	五銖 37 枚、剪邊五銖 1 枚	王寄生:《聞喜西官莊漢代空心磚墓清理簡報》,載《考古通訊》1955 年第 4 期
	侯馬市漢代窖藏	1958 年 9 月	五銖、剪邊錢、大泉五十、貨泉、半兩共 9 000 餘枚	《山西侯馬發現一批漢代貨幣》,載《文物》1959 年第 1 期
	孝義縣張家莊漢墓 M8、M15、M28	1959 年 6 月	半兩 2 枚、五銖 2 枚	山西省文物管理委員會、山西省考古研究所:《山西孝義張家莊漢墓發掘記》,載《考古》1960 年第 7 期
	太原市東大堡	1961 年 5 月	半兩錢共 42 斤	山西省文物管理委員會、山西省考古研究所:《太原東大堡出土的漢代銅器》,載《文物》1962 年第 4—5 期
	芮城縣石門村漢墓	1961 年	剪輪五銖、綖環錢	《山西芮城石門村發現的漢墓》,載《考古》1963 年第 9 期
	祁縣白圭北齊韓裔墓	1973 年	常平五銖包金錢 4 枚	陶正剛:《山西祁縣白圭北齊韓裔墓》,載《文物》1975 年第 4 期
	孝義縣上柵村	1977 年 12 月	秦半兩、漢半兩、漢五銖、新莽布泉、貨泉、大泉五十、契刀五百、東漢五銖、魏五銖、南北朝陳布泉、梁五銖、北齊常平五銖,同出隋五銖、唐開元通寶等	孝義縣博物館:《山西孝義縣上柵村出土一批古錢幣》,載《考古》1988 年第 4 期
	朔縣秦漢墓西漢前期前段墓葬	1982 年 10 月以來	榆莢半兩、四銖半兩,同出戰國時趙、魏布幣	山西省平朔考古隊:《山西朔縣秦漢墓發掘簡報》,載《文物》1987 年第 6 期
	西漢前期後段墓葬		榆莢半兩、四銖半兩、八銖半兩	
	西漢中期墓葬		五銖	
	西漢晚期墓葬		五銖	
	西漢末至東漢初期墓葬		剪邊五銖、大泉五十、大泉直一等	
	東漢中晚期墓葬		五銖、貨泉	
	太原市尖草坪漢墓	1982年12月18日—1983年1月4日	五銖 35 枚	山西省博物館:《太原市尖草坪漢墓》,載《考古》1985 年第 6 期
	朔縣北旺莊第六區 78 號漢墓 (83SSM78)	1983 年 8 月	西漢五銖;吉語錢 1 枚,面文:"日入千金",背文:"長毋相忘"	朱華:《山西朔縣西漢墓出土吉語錢》,載《中國錢幣》1992 年第 4 期
	大同市小南頭鄉東王莊北魏元淑墓	1984 年 4—5 月	貨泉 7 枚	大同市博物館:《大同東郊北魏元淑墓》,載《文物》1989 年第 8 期
	曲沃縣城關鎮蘇村漢墓	1985 年 4 月中旬	半兩、五銖、貨泉等共 259 枚	臨汾地區文化局等:《晉南曲沃蘇村漢墓》,載《文物》1987 年第 6 期
	朔縣趙十八莊一號漢墓 85SZJM1	1985 年 6—8 月	五銖 5 枚	山西省平朔考古隊:《山西省朔縣趙十八莊一號漢墓》,載《考古》1988 年第 5 期
	平魯縣上面高村西漢木槨墓	1985 年 10 月	五銖 3 枚	支配勇:《山西平魯上面高村西漢木槨墓》,載《文物》1989 年第 1 期
	運城縣十里舖村磚墓	1986 年 11 月	五銖 19 枚,其中剪輪 1 枚	山西省考古研究所等:《山西運城十里舖磚墓清理簡報》,載《考古》1989 年第 5 期
	盂縣北村秦漢時期墓	1987 年夏	半兩	劉有禎:《山西盂縣東周盉由遺址調查》,載《考古》1991 年第 9 期
	太原市南郊北齊墓	1987 年 8 月	常平五銖 2 枚	山西省考古研究所:《太原南郊北齊壁畫墓》,載《文物》1990 年第 12 期
	潞城縣潞河村漢墓	1987 年 9 月	半兩錢 7 枚,均無内外郭	長治縣博物館等:《山西潞城縣潞河村漢墓》,載《考古》1990 年第 11 期
	襄汾縣吳興莊漢墓	約 1987—1989 年	五銖 6 枚	李學文:《山西襄汾縣吳興莊漢墓出土銅器》,載《考古》1989 年第 11 期
	汾陽縣金墓 M1、M5	1990 年 5 月	漢五銖,同出唐開元通寶、北宋錢和金代正隆元寶,共 300 餘枚	山西省考古研究所等:《山西汾陽金墓發掘簡報》,載《文物》1991 年第 12 期
	侯馬市戰國西漢墓 M2、M4	1990 年 7 月、11 月	五銖 53 枚	山西省考古研究所侯馬工作站:《1990 年山西侯馬戰國西漢墓發掘簡報》,載《文物》1993 年第 7 期

出　土　地　點		出　土　時　間	出　土　情　況	資　料　來　源
山西省	夏縣禹王城漢代鑄鐵遺址	1990 年秋	半兩 2 枚、五銖 4 枚	山西省考古研究所：《山西夏縣禹王城漢代鑄鐵遺址試掘簡報》，載《考古》1994 年第 8 期
	離石縣馬茂莊東漢畫像墓 M2	1990 年 10—12 月	東漢五銖 3 枚	山西省考古研究所等：《山西離石馬茂莊東漢畫像石墓》，載《文物》1992 年第 4 期
	曲沃縣、翼城縣境內天馬——曲村遺址 M3	1992 年春	貨布 2 枚、貨泉 1 枚	北京大學考古系：《1992 年春天馬——曲村遺址墓葬發掘報告》，載《文物》1993 年第 3 期
	襄汾縣南部趙康村一帶古錢幣窖藏	1992 年夏	小泉直一 450 枚、小型貨泉 174 枚（內有平背的）、剪輪貨泉 11 枚、無文小錢 160 枚、么泉一十 1 枚	文伯、祁生：《對山西省錢幣學會徵集新莽錢的考察》，載《中國錢幣》1995 年第 2 期
	離石縣東漢畫像石墓 14 號墓	1992 年 12 月—1993 年 4 月	五銖 2 枚	山西省考古研究所等：《山西離石再次發現東漢畫像石墓》，載《文物》1996 年第 4 期
	太原市晉祠聖母殿	1993—1995 年	大泉五十 1 枚、貨泉 1 枚等	山西省古建築保護研究所：《晉祠聖母殿勘測收穫》，載《文物》1996 年第 1 期
	臨猗縣雙塔寺北宋塔基地宮	1995 年 1 月	散在函內佛骨中有貝幣 2 枚，五銖 1 枚，唐、北宋錢共 99 枚；擺放在石函前須彌座上有半兩 1 枚，唐、北宋錢共 93 枚	臨猗縣博物館：《山西臨猗雙塔寺北宋塔基地宮清理簡報》，載《文物》1997 年第 3 期
	永濟縣薛家崖		方足布、明刀、半兩	《山西永濟縣薛家崖發現的一批銅器》，載《文物參考資料》1955 年第 8 期
	太原市金勝村 9 號漢墓（東漢早期）		大泉五十、大布黃千共 7 枚	《山西太原金勝村 9 號漢墓》，載《文物》1959 年第 10 期
內蒙古自治區	敖漢旗小各各召村	1976 年夏	秦半兩 26 枚	邵國田：《內蒙古敖漢旗出土秦半兩》，載《中國錢幣》1988 年第 2 期
	寧城縣甸子公社黑城古城址	1979 年 5 月	半兩、五銖、大布黃千、貨泉、小泉直一	馮永謙、姜念思：《寧城縣黑城古城址調查》，載《考古》1982 年第 2 期
	霍林郭勒市霍林河礦區金代界壕邊堡	1981 年 6 月 23 日—8 月 23 日	布泉 1 枚	哲里木盟博物館：《內蒙古霍林河礦區金代界壕邊堡發掘報告》，載《考古》1984 年第 2 期
	林西縣新城子鎮三道營子	1981 年 7 月	秦漢半兩 4 枚，西漢五銖 96 枚，大泉五十、貨泉、東晉孝武帝太元貨泉各 1 枚，南北朝常平五銖 8 枚，五銖 76 枚，布泉 1 枚，五行大布 1 枚，同出一刀，唐開元通寶 37 000 餘枚，五代十國錢內通行貨泉 1 枚，北宋錢 162 000 餘枚，西夏、遼錢、高麗海東通寶各 1 枚	吳宗信：《三道營子窖藏古錢清理簡報》，載《中國錢幣》1986 年第 2 期
	巴林右旗羊場鄉上石匠山村	1981 年 8 月 30 日	西漢半兩 18 枚，漢五銖 194 枚，大泉五十 5 枚，貨泉 25 枚，南朝梁武帝五銖 1 枚，北齊常平五銖 1 枚，北周布泉 1 枚	韓仁信：《巴林右旗上石匠山遼代窖藏古錢清理報告》，載《中國錢幣》1986 年第 1 期
	涼城縣	1982 年	大泉五銖 2 枚	師寶珍：《內蒙古涼城發現"大泉五銖"錢》，載《中國錢幣》1984 年第 2 期
	興和縣南灣子鄉古城行政村	1983 年 10 月初	西漢半兩、西漢五銖、新莽貨泉，同出唐開元通寶、乾元重寶、五代唐國通寶、北宋宋元通寶、金正隆元寶等	崔利明：《內蒙古興和縣發現窖藏銅幣》，載《考古》1988 年第 12 期
	准格爾旗納林古城南	1983 年 11 月	五銖 90 枚	准格爾旗文化館：《內蒙古准格爾旗發現一批漢代文物》，載《文物》1990 年第 8 期
	烏審旗陶利鄉西沙灣	1987 年 2 月	秦半兩、永安五銖、常平五銖、布泉、五行大布，同出有唐至宋、西夏錢共 605 公斤	牛達生：《一座重要的西夏錢幣窖藏——內蒙古烏審旗陶利窖藏》，載《中國錢幣》1990 年第 2 期
	卓資縣三道營土城村北	1987 年 6 月	漢半兩，同出唐開元通寶、北宋元豐通寶、崇寧重寶、至道元寶、元祐通寶、嘉祐通寶等	李興盛：《內蒙古卓資縣三道營古城調查》，載《考古》1992 年第 5 期
	巴林右旗慶州白塔	1988—1992 年	漢半兩至北宋景祐元寶共 490 枚	德新等：《內蒙古巴林右旗慶州白塔發現近代佛教文物》，載《文物》1994 年第 12 期
	准格爾旗烏蘭不浪沙地	1991 年 8 月	北魏永平五銖 1 枚	楊魯安：《新出土魏永平五銖》，載《中國錢幣》1993 年第 2 期
	烏審旗清水鄉、縣窑溝鄉，古夏國境內	1992 年 9 月	大夏真興 2 枚	楊魯安：《新出"大夏真興"鎏銀錢辨析》，載《內蒙古金融研究》1993 年第 3 期錢幣專刊
	烏拉特前旗東漢墓		五銖 24 枚	《文物工作報導》，載《文物參考資料》1954 年第 4 期
	包頭市漢墓		五銖	《包頭市清理了十一座漢墓》，載《文物參考資料》1955 年第 1 期

出 土 地 點		出 土 時 間	出 土 情 況	資 料 來 源
内蒙古自治區	包頭市西郊漢墓召灣 M16、M18、M25、麻池 M1		五銖 200 餘枚	《包頭市西郊漢墓》，載《文物參考資料》1955 年第 10 期
	包頭市郊孟家梁漢墓		五銖、大泉五十	《内蒙包頭市郊孟家梁清理漢墓》，載《文物參考資料》1956 年第 8 期
	托克托縣漢代閔氏壁畫墓		五銖 1 枚、小五銖 1 枚	《内蒙托克托縣漢墓壁畫》，載《文物參考資料》1956 年第 9 期
	内蒙古西部古城遺址		五銖、小無文錢 1 枚	《内蒙古西部地區的匈奴和漢代文物》，載《文物參考資料》1957 年第 4 期
	涼城縣漢魏墓		五銖、大布黄千	張郁：《内蒙涼城縣發現古錢及漢魏時代墓葬群》，載《文物參考資料》1957 年第 4 期
	包頭市窩爾吐滩漢墓 M4		五銖 35 枚、剪邊五銖 1 枚、剪邊貨泉 2 枚	《内蒙包頭市窩爾吐滩漢墓》，載《文物》1960 年第 2 期
	磴口縣陶生井古城古墓		五銖、大泉五十共 68 枚	《内蒙古磴口縣陶生井附近的古城古墓調查清理》，載《考古》1965 年第 7 期
	烏蘭布和沙漠西漢晚期墓		西漢後期宣帝、平帝五銖 3 枚	侯仁之、俞偉超：《烏蘭布和沙漠的考古發現和地理環境的變遷》，載《考古》1973 年第 2 期
遼寧省	錦州市漢代貝殼墓	1952—1980 年	漢半兩 1 枚、漢五銖 72 枚	劉謙：《遼寧錦州漢代貝殼墓》，載《考古》1990 年第 8 期
	旅大市旅順口老鐵山區古墓	1954 年 9 月	東漢、六朝五銖 1 枚	于臨祥：《旅順老鐵山區發現古墓》，載《考古通訊》1956 年第 3 期
	瀋陽市唐户屯漢墓	1954 年	漢五銖、貨泉、大泉五十、貨布、小泉直一 1 枚	《東北文物工作隊一九五四年工作簡報》，載《文物參考資料》1957 年第 3 期
	旅大市營城子古墓 M9、M25、M45、M52	1954 年	半兩 1 枚、五銖 109 枚、剪輪五銖 7 枚、綖環五銖 1 枚	于臨祥：《營城子貝墓》，載《考古學報》1958 年第 4 期；許明綱：《旅大市營城子古墓清理》，載《考古》1959 年第 6 期
	鞍山市沙河東地漢墓	1954 年	五銖、貨泉	《在基本建設中鞍山發現漢墓群》，載《文物參考資料》1954 年第 1 期
	北票縣晉鮮卑墓	1956 年	五銖	王金鑣：《遼寧省 1956 年出土文物》，載《文物參考資料》1958 年第 6 期
	遼陽市南雪梅村壁畫墓及石墓 M1、M2	1957 年 5 月	五銖 484 枚、剪輪五銖 23 枚、貨泉 2 枚	王增新：《遼陽市南雪梅村壁畫墓及石墓》，載《考古》1960 年第 1 期。
	遼陽市棒臺子二號壁畫墓	1957 年 6 月	五銖 41 枚	王增新：《遼陽市棒臺子二號壁畫墓》，載《考古》1960 年第 11 期
	撫順市蓮花堡遺址	1957 年 7 月	半兩 1 枚	王增新：《遼寧撫順市蓮花堡遺址發掘簡報》，載《考古》1964 年第 6 期
	旅大市旅順口李家溝西漢貝墓 M4	1957 年	五銖 1 枚	《旅順李家溝西漢貝墓》，載《考古》1965 年第 3 期
	北票縣房身村晉墓 M3	1957 年	五銖 5 枚、貨泉 1 枚、綖環錢 1 枚	陳大爲：《遼寧北票房身村晉墓發掘簡報》，載《考古》1960 年第 1 期
	喀喇沁左翼蒙古族自治縣三臺子鄉西漢墓葬 M6	1960 年 7 月	石質冥錢	金殿傑：《遼寧省喀左縣三臺子鄉發現西漢墓葬》，載《文物》1960 年第 10 期
	丹東市靉河尖古城	1961 年 8 月	漢五銖	曹汛：《靉河尖古城和漢安平瓦當》，載《考古》1980 年第 6 期
	瀋陽市伯室屯漢魏墓葬 M1、M2、M4、M6	1963 年	五銖 48 枚、大泉五十 2 枚、半兩 2 枚	瀋陽市文物工作組：《瀋陽伯室屯漢魏墓葬》，載《文物參考資料》1964 年第 1 期
	瀋陽市鄭家窪子遺址擾亂層	1965 年 8 月	五銖，同出開元通寶、唐國通寶、咸平元寶、宋元通寶	中國社會科學院考古所東北工作隊：《瀋陽肇工街和鄭家窪子遺址的發掘》，載《考古》1989 年第 10 期
	新金縣普蘭店鎮花兒山公社漢代貝墓 M7、漢城遺址	1972 年、1975 年	安陽布、五銖 100 枚、剪輪五銖 15 枚、貨泉	旅順博物館、新金縣文化館：《遼寧新金縣花兒山漢代貝墓第一次發掘》，載《文物資料集刊》第 4 期
	蓋縣九壠地鄉九壠地村東漢墓 M1、M5	1972 年 11 月	五銖 76 枚，其中剪輪 5 枚，墓磚有"永和五年"銘	許玉林：《遼寧蓋縣東漢墓》，載《文物》1993 年第 4 期

出 土 地 點	出 土 時 間	出 土 情 況	資 料 來 源
鐵嶺市新臺子鎮邱家臺	1973 年 7 月	秦半兩、漢四銖半兩,同出大量戰國時期錢幣,共 15 123 枚	鐵嶺市博物館:《遼寧鐵嶺邱家臺發現窖藏錢幣》,載《考古》1992 年第 4 期
新金縣元臺公社後元臺大隊二隊	1974 年冬	西漢至王莽時期的五銖、貨泉	許明綱、于臨祥:《遼寧新金縣後元臺發現銅器》,載《考古》1980 年第 5 期
旅大市旅順口江西公社魯家大隊魯家村漢代窖藏	1976 年 7 月	瞞六化 1 枚、半兩 49 枚、五銖 6 枚	劉俊勇:《旅順魯家村發現一處漢代窖藏》,載《文物資料集刊》第 4 期
撫順縣劉爾屯村西漢墓	1977 年春	西漢半兩 24 枚、五銖 11 枚	撫順市博物館:《遼寧撫順縣劉爾屯村西漢墓》,載《考古》1983 年第 11 期
朝陽市西南大凌河南岸袁臺子古墓群	1979 年 8—10 月	四銖半兩、八銖半兩、五銖	遼寧省博物館文物工作隊:《遼寧朝陽袁臺子西漢墓 1979 年發掘簡報》,載《文物》1990 年第 2 期
朝陽市西大營子鄉西滂村西山涯遼代劉承嗣族墓	1979 年	五銖 2 枚,同出開元通寶、乾元重寶	王成生:《遼寧朝陽市遼代劉承嗣族墓》,載《考古》1987 年第 2 期
瀋陽市新城子區孟家房公社和黃家公社	1979 年、1981 年	半兩、五銖、貨泉、剪邊五銖等	瀋陽市新城子區文化館:《瀋陽新城子區出土兩批銅錢》,載《考古》1983 年第 11 期
大連市前牧城村驛東漢墓 M801	1980 年 5 月	西漢五銖、貨泉各 1 枚	旅順博物館:《遼寧大連前牧城驛東漢墓》,載《考古》1986 年第 5 期
朝陽縣十二臺公社四家子大隊後燕崔遹墓	1980 年 9 月	東漢五銖、貨泉各 1 枚	陳大爲、李宇峰:《遼寧朝陽後燕崔遹墓的發現》,載《考古》1982 年第 3 期
建平縣三家鄉西湖素臺村	1981 年 5、6 月間	漢半兩、五銖,同出燕刀幣、布幣	李宇峰:《遼寧建平縣兩座西漢古城址調查》,載《考古》1987 年第 2 期
錦西市綏中縣網户鄉大官帽村狗河河堤	1981 年 10 月 12 日	鑲嵌祖神西漢五銖、鑲嵌嫘祖東漢五銖各 1 枚	傅俊山:《祖神畫像藏金五銖錢簡議》,載《遼寧金融》1991 年錢幣專輯 (7)
綏中縣大官帽村	1981 年 10 月	五銖共 230 多公斤	錦州市博物館:《遼寧綏中縣大官帽村發現窖藏古錢幣》,載《考古》1992 年第 8 期
撫順市劉爾屯村漢墓 M1、M2	1982 年 5 月 23 日	五銖 18 枚,製造精良	肖景全、郭振安:《遼寧撫順市劉爾屯村發現兩座漢墓》,載《考古》1991 年第 2 期
朝陽縣袁臺子大隊東晉壁畫墓 M1	1982 年 10 月	東漢後期五銖 7 枚,其中剪輪五銖 3 枚	遼寧省博物館文物工作隊等:《朝陽袁臺子東晉壁畫墓》,載《文物》1984 年第 6 期
新金縣花兒山公社驛城堡大隊張店漢城址	1983 年 1 月 26 日	馬蹄金 2 件	許明綱:《遼寧新金縣花兒山張店出土馬蹄金》,載《考古》1984 年第 2 期
遼陽市舊城東門里東漢壁畫墓	1983 年 11 月 6 日—11 月 16 日	四銖半兩 1 枚、兩漢五銖 117 枚	遼寧省博物館等:《遼陽舊城東門里東漢壁畫墓發掘報告》,載《文物》1985 年第 6 期
建平縣萬壽鄉石灰窑子村	1984 年 11 月	西漢、新莽、東漢、蜀、北齊錢幣,同出有隋唐至西夏錢、越南天福鎮寶錢共 38 168 枚	李殿福:《遼寧建平發現遼代窖藏銅錢》,載《中國錢幣》1998 年第 4 期
遼陽市燈塔縣西馬峰鄉五一村	1986 年 9 月	馬蹄金 1 件,底中心刻"上"字	馬雲鴻:《遼陽市出土馬蹄金》,載《中國錢幣》1991 年第 2 期
朝陽縣北塔天宮、地宮	1986 年 11 月、1988 年 11 月	天宮藏漢至北宋慶曆年間錢 400 餘枚,地宮藏西漢小五銖 1 枚和唐至北宋元豐年間銅錢 31 枚、清乾隆通寶錢 1 枚	朝陽縣北塔考古勘察隊:《遼寧朝陽北塔天宮地宮清理簡報》,載《文物》1992 年第 7 期
朝陽縣十二臺鄉袁臺子村東王子墳山墓群	1987 年、1990 年	漢武帝、宣帝五銖 19 枚	遼寧省文物考古研究所等:《朝陽王子墳山墓群 1987、1990 年度考古發掘的主要收穫》,載《文物》1997 年第 11 期
兩晉墓葬		五銖 16 枚,其中剪輪平背 7 枚	
瓦房店市馬圈子漢魏晉墓 M2、M3	1989 年 5 月 3 日—6 月 14 日	新莽貨泉 1 枚、東漢五銖 5 枚、東漢末期剪輪五銖 12 枚	大連市馬圈子漢魏晉墓地考古隊:《遼寧瓦房店市馬圈子漢魏晉墓地發掘》,載《考古》1993 年第 1 期
錦州市凌河區前燕李廆墓	1992 年 11 月	五銖 31 枚、剪輪五銖 1 枚、貨泉 1 枚	辛發:《錦州前燕李廆墓清理簡報》,載《文物》1995 年第 6 期
凌源市凌河鄉安村子一村漢城遺址	1994 年 11 月	漢圓形金餅 1 枚	劉子玉等:《遼寧凌源發現漢金餅》,載《中國錢幣》1996 年第 2 期

遼

寧

省

出 土 地 點		出 土 時 間	出 土 情 況	資 料 來 源
遼寧省	潘陽市石臺子馬句麗山城	1997 年 5—11 月	五銖 1 枚、剪輪五銖 1 枚，同出隋五銖 1 枚	遼寧省文物考古研究所等：《遼寧潘陽市石臺子馬句麗城第一次發掘簡報》，載《考古》1998 年第 10 期
	潘陽市三道澆西漢村落遺址 T1、T2、T3、T4、T5、T6		小半兩、大半兩、一刀、西漢穿上橫五銖、穿上半星五銖、四出五銖、剪輪五銖、小五銖、刀幣	東北博物館：《遼寧三道澆西漢村落遺址》，載《考古學報》1957 年第 1 期
	遼陽縣上王家村晉代壁畫墓		五銖、剪輪五銖、貨泉 70 枚	李慶發：《遼陽上王家村晉代壁畫墓清理簡報》，載《文物》1959 年第 7 期
吉林省	集安縣高句麗墓 M195	1979 年 10 月 10 日—11 月 2 日	文帝半兩 1 枚，西漢、東漢五銖 32 枚(其中剪郭五銖 2 枚)	集安縣文物保管所：《集安高句麗墓葬發掘簡報》，載《考古》1983 年第 4 期
	柳河縣羅通山城	1980 年 1 月	兩漢五銖 2 枚，同出唐、宋、遼、金銅錢共 23 枚	吉林省文物工作隊：《高句麗羅通山城調查簡報》，載《文物》1985 年第 2 期
	樺甸縣木其河公社四道溝大隊	1982 年春	西漢五銖 5 枚、貨泉 2 枚，同出隋五銖 2 枚、唐至金代大寶通寶錢共 100 多公斤	吉林市博物館：《吉林樺甸出土金代窖藏銅錢》，載《文物》1985 年第 1 期
	九臺縣卡倫公社	1982 年 6 月	西漢四銖半兩、兩漢五銖、新莽貨泉，同出隋五銖、唐至金銅錢共 31 180 枚	谷潛：《吉林九臺出土窖藏銅錢》，載《中國錢幣》1984 年第 1 期
	永吉縣烏拉街鄉鄭村	1984 年 10 月	漢五銖 4 枚、貨泉 1 枚	尹郁山：《吉林永吉縣出土窖藏銅幣》，載《考古》1988 年第 2 期
	農安縣城內	1985 年 10 月	漢五銖 7 枚，同出開元通寶 2 枚、北宋錢 20 枚、金大定通寶 32 枚	吉林省博物館：《吉林農安金代窖藏文物》，載《文物》1988 年第 7 期
	雙遼縣電廠貯灰場遼金遺址	1992 年、1993 年	五銖 1 枚，同出皇祐、嘉祐、崇寧、建炎通寶各 1 枚	吉林省文物考古研究所等：《吉林雙遼電廠貯灰場遼金遺址發掘簡報》，載《考古》1995 年第 4 期
上海市	青浦縣駱駝墩西漢前期墓	1962 年	陰文陶質半兩近百枚	上海市文物管理委員會：《上海青浦縣的古文化遺址和西漢墓》，載《考古》1965 年第 4 期
	青浦縣重固鄉福泉山漢墓	1982 年底—1983 年初	泥半兩 500 餘枚、泥五銖上萬枚、泥餅 5 枚、銅半兩 70 餘枚、銅五銖 200 餘枚、壓勝錢 1 枚	王正書：《上海福泉山西漢墓群發掘》，載《考古》1988 年第 8 期
	嘉定區嘉定鎮南大街登龍橋南法華塔元明地宮	1996 年初	五銖 2 枚	上海市文物管理委員會：《上海嘉定法華塔元明地宮清理簡報》，載《文物》1999 年第 2 期
江蘇省	南京市鄧府山六朝墓 M3	1951 年 8 月—1952 年 3 月	大泉五十、貨泉 40 枚	南京博物院：《南京鄧府山古殘墓二次至四次清理簡介》，載《文物參考資料》1955 年第 11 期
	南京市鄧府山六朝墓 M5、M6、M7、M10		五銖、銅錢	
	南京市郊區西善橋六朝早期墓	1953 年 11 月	大泉五百 3 枚、大泉當千 7 枚	胡繼高：《記南京西善橋六朝古墓的清理》，載《文物參考資料》1954 年第 12 期
	南京市南郊鄧府山六朝墓	1953 年 11 月	五銖 10 餘枚	李蔚然：《南京南郊鄧府山發現六朝古墓》，載《考古通訊》1955 年第 1 期
	南京市中華門外晉墓 M2	1953 年	銅錢、大泉五十、五銖	南京市文物管理委員會：《南京中華門外晉墓清理》，載《考古》1961 年第 6 期
	南京市西善橋東晉泰和四年(369 年)墓	1953 年	明化 1 枚、半兩 3 枚、大泉五十、五銖 13 枚、直百五銖 3 枚、大泉五百、大泉當千 3 枚、無文錢 1 枚	葛治功：《南京西善橋東晉泰和四年墓清理簡報》，載《考古通訊》1958 年第 4 期
	睢寧縣九女墩漢墓	1954 年 3 月	五銖 40 枚	李鑒昭：《江蘇睢寧九女墩漢墓清理簡報》，載《考古通訊》1955 年第 2 期
	江都縣灣頭鎮漢墓	1954 年 11 月	五銖	《文物工作報導》，載《文物參考資料》1955 年第 4 期
	無錫市郊漢墓壁山莊 67 號墓、高家山 4 號墓	1954 年	五銖 2 串又 4 枚	王德慶：《江蘇無錫漢墓清理記》，載《考古通訊》1957 年第 3 期
	南京市幕府山六朝墓 M1	1955 年初	五銖 6 枚、小五銖 4 枚	華東文物工作隊：《南京幕府山六朝墓清理簡報》，載《文物參考資料》1956 年第 6 期
	南京市幕府山六朝墓 M2		五銖 1 串	
	南京市中華門外西晉元康三年(293 年)墓	1955 年 2 月	五銖，有磚銘"元康三年一月作"	李鑒昭：《南京市南郊清理了一座西晉墓葬》，載《文物參考資料》1955 年第 7 期
	徐州市雲龍山北朝末期墓	1955 年 4 月	永安五銖 65 枚、大泉五十 3 枚、漢五銖錢範一方	張寄庵：《徐州市雲龍山發現北朝末期墓葬及漢代五銖錢範》，載《文物參考資料》1955 年第 11 期

	出 土 地 點	出 土 時 間	出 土 情 況	資 料 來 源
江 蘇 省	南京市梅家山六朝墓 M1	1955 年 11 月	五銖約 110 枚	屠思華、李鑒昭:《南京梅家山六朝墓清理記略》,載《文物參考資料》1956 年第 4 期
	江寧縣丁甲山六朝墓 M1	1955 年	銀五銖	江蘇省文物管理委員會:《南京近郊六朝墓的清理》,載《考古學報》1957 年第 1 期
	銅山縣安東鄉周莊村東漢墓 M2、M3	1956 年 2 月	五銖近 10 枚	王德慶:《江蘇銅山安東鄉周莊村發現漢墓》,載《考古通訊》1957 年第 1 期
	龍栖鐵路改綫工程西漢末至東漢初石椁墓,高家山 M2、M3,韓家山 M2	1956 年 4—5 月	石質蟻鼻錢 3 枚、大泉五十	李蔚然:《龍栖鐵路改綫工程中發現漢石椁墓》,載《考古通訊》1958 年第 1 期
	銅山縣東漢墓洪樓 M1、周莊 M1、苗山 M1	1956 年 4—7 月	五銖 39 枚、半兩	王德慶:《江蘇銅山東漢墓清理簡報》,載《考古通訊》1957 年第 4 期
	無錫市惠山娘娘堂東漢墓	1956 年 12 月	半兩 1 枚	江蘇省文物管理委員會:《無錫惠山娘娘堂古墓清理簡報》,載《考古通訊》1957 年第 2 期
	睢寧縣小秦莊	1956 年 12 月	五銖 60 多斤	《文物工作報導》,載《文物參考資料》1957 年第 3 期
	南京市中山門外苜蓿園東晉太元九年(384 年)墓 M2	1956 年	大泉五十	南京博物院:《南京中山門外苜蓿園東晉墓清理簡報》,載《考古通訊》1958 年第 4 期
	南京市栖霞山漢墓 M1、M2、M13	1956 年	半兩、五銖、大泉五十、貨泉、石質蟻鼻錢	葛家瑾:《南京栖霞山及其附近漢墓清理簡報》,載《考古》1959 年第 1 期
	江都縣鳳凰河漢墓	1957 年 1—4 月	五銖、大泉五十	屠思華:《江蘇鳳凰河漢、隋、宋、明墓的清理》,載《考古通訊》1958 年第 2 期
	南京市西善橋六朝墓	1957 年 2 月	五銖 2 串	李蔚然:《南京西善橋六朝墓的清理》,載《考古通訊》1958 年第 4 期
	鎮江市陽彭山東晉墓	1957 年 7 月	秦半兩 1 枚、貨泉 3 枚、大泉五十 1 枚	陸九皋:《鎮江陽彭山東晉墓》,載《考古》1963 年第 2 期
	南京市六朝墓	1957 年	五銖、貨泉、大泉當千	南京市文物管理委員會:《南京六朝墓清理簡報》,載《考古》1959 年第 5 期
	淮安縣青蓮崖漢墓	1958 年 2 月	五銖、大泉五十、大布黄千	南京博物院:《江蘇淮安青蓮崖古遺址古墓葬清理簡報》,載《考古通訊》1958 年第 10 期
	高淳縣趙村漢墓	1958 年 4 月	五銖 22 枚、剪邊五銖 14 枚、貨泉 5 枚	江蘇省文物管理委員會:《江蘇高淳縣趙村漢墓清理簡報》,載《考古》1961 年第 6 期
	南京市老虎山晉墓 M1、M3	1958 年	銅錢 10 枚、無文錢 10 枚	南京市文物管理委員會:《南京老虎山晉墓》,載《考古》1959 年第 6 期
	南京市甘家巷、童家山六朝墓高場 M1、前頭山 M1	1958 年	銅錢、五銖	金琦:《南京甘家巷和童家山六朝墓》,載《考古》1963 年第 6 期
	徐州市賈汪古墓	1959 年 11 月	五銖、半兩、大泉五十、剪邊五銖 39 枚	南京博物院:《徐州賈汪古墓清理簡報》,載《考古》1960 年第 3 期
	泰州市新莊漢墓	1959 年	半兩 2 枚、五銖 1 281 枚、貨泉 6 枚	江蘇省博物館、泰州縣博物館:《江蘇泰州新莊漢墓》,載《考古》1962 年第 10 期
	贛榆縣漢代遺址、墓葬	1959 年	五銖	南京博物院:《江蘇贛榆新石器時代至漢代遺址和墓葬》,載《考古》1962 年第 3 期
	揚州市七里甸漢代木椁墓	1962 年 3 月	五銖 13 枚、剪邊五銖 2 枚	南京博物院、揚州市博物館:《江蘇揚州七里甸漢代木椁墓》,載《考古》1962 年第 8 期
	南京市北郊涂家村六朝墓	1962 年 10 月	五銖 5 枚	南京博物院:《南京北郊涂家村六朝墓清理簡報》,載《考古》1963 年第 6 期
	連雲港市海州網疃莊漢代木椁墓	1962 年	五銖 6 枚	南京博物院:《江蘇連雲港市海州網疃莊漢木椁墓》,載《考古》1963 年第 6 期
	鹽城市三羊墩漢墓 M1、M2	1963 年 11 月	五銖、磨郭五銖 2 串	江蘇省文物管理委員會、南京博物院:《江蘇鹽城三羊墩漢墓清理報告》,載《考古》1964 年第 8 期
	徐州市十里舖漢畫像石墓	1964 年 11 月	五銖 139 枚、磨郭五銖 1 枚、貨泉 1 枚	江蘇省文物管理委員會、南京博物院:《江蘇徐州十里舖漢畫像石墓》,載《考古》1966 年第 2 期

出 土 地 點	出 土 時 間	出 土 情 況	資 料 來 源
漣水縣三里墩西漢墓	1965 年 2 月	五銖 22 枚	南京博物院:《江蘇漣水三里墩西漢墓》,載《考古》1973 年第 2 期
儀徵縣石碑村漢代木槨墓	1965 年 5—8 月	五銖、磨郭五銖 165 枚	南京博物院:《江蘇儀徵石碑村漢代木槨墓》,載《考古》1966 年第 1 期
徐州市青山泉白集東漢畫像石墓	1965 年冬	五銖 6 枚,其中有東漢早期、東漢末期剪邊五銖	南京博物院:《徐州青山泉白集東漢畫像石墓》,載《考古》1981 年第 2 期
六合縣李崗楠木塘西漢建築遺址	1965 年	半兩 33 枚、五銖 22 枚	吳學文:《江蘇六合李崗楠木塘西漢建築遺址》,載《考古》1978 年第 3 期
南京市邁皋橋西晉墓	1965 年	剪邊五銖 5 枚	南京博物院:《南京邁皋橋西晉墓清理》,載《考古》1966 年第 4 期
南京市栖霞區西晉墓 M5、M6、M7	1965 年、1970 年	銅錢	南京市博物館:《南京象山 5 號、6 號、7 號墓清理簡報》,載《文物》1972 年第 11 期
句容縣西晉元康四年(294 年)墓	1966 年 2 月	五銖、半兩、剪邊五銖、小五銖、綖環錢	南波:《江蘇句容西晉元康四年墓》,載《考古》1973 年第 2 期
六合縣瓜埠西晉元康九年(299 年)墓	1972 年 4 月	剪輪五銖 5 枚	吳文訊:《江蘇六合瓜埠西晉墓清理簡報》,載《考古》1973 年第 2 期
銅山縣小龜山西漢崖洞墓	1972 年 6 月	金餅 2 枚	南京博物院:《銅山小龜山西漢崖洞墓》,載《文物》1973 年第 4 期
南京市南京大學北園東晉賀循墓	1972 年	東漢五銖、剪輪五銖、綖環錢	南京大學歷史系:《南京大學北園東晉墓》,載《文物》1973 年第 4 期
新沂縣東漢墓 M4	1973 年 3 月	五銖、貨泉	吳文信:《江蘇新沂東漢墓》,載《考古》1979 年第 2 期
連雲港市海州西漢霍賀墓	1973 年 3 月	五銖 36 枚、剪邊五銖 2 枚	南京博物院、連雲港市博物館:《海州西漢霍賀墓》,載《考古》1974 年第 3 期
丹徒縣高資公社高資大隊第八生產隊東晉窖藏	1973 年 10 月	西漢八銖半兩、四銖半兩、西漢五銖(7 型)、剪輪五銖、大泉五十、貨泉、直百五銖、五銖、五朱、直百、大泉當千、定平一百、太平百錢	鎮江市博物館:《江蘇丹徒東晉窖藏銅錢》,載《考古》1978 年第 2 期
連雲港市海州西漢侍其繇墓	1973 年 12 月	穿上橫五銖 8 枚、穿下半星五銖 7 枚、五銖 16 枚	南波:《江蘇連雲港市海州西漢侍其繇墓》,載《考古》1975 年第 3 期
丹陽縣東漢墓	1973 年	東漢五銖、貨泉 100 餘枚	鎮江市博物館、丹陽縣文化館:《江蘇丹陽東漢墓》,載《考古》1978 年第 3 期
揚州市肖家山東風磚瓦廠漢代木槨墓群 M1、M2、M3、M5、M6、M7	1974 年 1 月	五銖 1 037 枚、剪邊五銖 93 枚、小五銖 72 枚、大泉五十 367 枚、剪邊大泉五十 147 枚、貨泉 1 枚、大布黃千 5 枚	揚州市博物館:《揚州東風磚瓦廠漢代木槨墓群》,載《考古》1980 年第 5 期
盱眙縣東陽漢墓	1974 年 8 月	Ⅰ型五銖 4 枚、Ⅱ型五銖 29 枚、Ⅲ型五銖 57 枚、小五銖 1 枚、剪輪五銖 1 枚、大泉五十 7 枚	南京博物院:《江蘇盱眙東陽漢墓》,載《考古》1979 年第 5 期
連雲港市海清寺阿育王塔	1974 年 11 月 19 日	漢五銖與大泉五十共 15 枚、半兩 7 枚,同出唐宋錢幣共 1 200 餘枚	連雲港市博物館:《連雲港海清寺阿育王塔文物出土記》,載《文物》1981 年第 7 期
高淳縣東漢畫像磚墓	1974 年 12 月	東漢五銖 2 枚	鎮江市博物館:《江蘇省高淳縣東漢畫像磚墓》,載《文物》1983 年第 4 期
泰州市泰西公社魯莊一隊	1974 年	太貨六銖 2 枚	黃炳煜:《南朝青瓷十係罐》,載《文物》1986 年第 1 期
邗江縣甘泉公社雙山大隊東漢建武二十八年(52 年)甘泉一號墓	1975 年春	五銖	南京博物院:《江蘇邗江甘泉東漢墓清理簡況》,載《文物資料叢刊》第 4 期
句容縣葛村東吳鑄錢遺址	1975 年 10 月	大泉五百、大泉當千及錢範鑄芯	劉興:《江蘇句容縣發現東吳鑄錢遺物》,載《文物》1983 年第 1 期
睢寧縣張圩公社劉樓小學東漢墓	1975 年 12 月	東漢五銖 12 枚	睢文、南波:《江蘇睢寧縣劉樓東漢墓清理簡報》,載《文物資料叢刊》第 4 期
揚州市東風磚瓦廠漢墓 M8	1975 年	五銖近 100 枚	揚州市博物館:《揚州東風磚瓦廠八、九號漢墓清理簡報》,載《考古》1982 年第 3 期
揚州市東風磚瓦廠漢墓 M9		大泉五十 54 枚,五銖、剪邊五銖 77 枚,小泉直一 1 枚	
南京市郊區娘娘山東晉墓	1975—1978 年	大泉當千 1 枚	南京市博物館考古組:《南京郊區三座東晉墓》,載《考古》1983 年第 4 期

出 土 地 點	出 土 時 間	出 土 情 況	資 料 來 源
徐州市東郊子房山西麓西漢墓 M1、M3	1976 年 3 月、1977 年 6 月	漢半兩 1 枚,半兩 35 枚	徐州市博物館:《江蘇徐州子房山西漢墓清理簡報》,載《文物資料叢刊》第 4 期
常州市南郊戚家村畫像磚墓	1976 年	大泉五十、剪輪小錢	常州市博物館:《常州南郊戚家村畫像磚墓》,載《文物》1979 年第 3 期
揚州市邗江縣甘泉公社"姜英書"木槨墓	1977 年 10 月	五銖近 100 枚	揚州市博物館:《揚州西漢"姜英書"木槨墓》,載《文物》1980 年第 12 期
徐州市土山東漢墓	1977 年	大泉五十、五銖	李銀德:《徐州土山東漢墓出土封泥考略》,載《文物》1994 年第 11 期
徐州市東漢墓	1978 年 1 月	漢五銖、貨泉 78 枚	徐州市博物館:《徐州發現東漢建初二年五十諫鋼劍》,載《文物》1979 年第 7 期
鎮江市諫壁北宋墓	1978 年 2 月	五銖 1 枚,同出開元通寶、咸平元寶、景德元寶、祥符元寶共 37 枚	蕭夢龍:《江蘇鎮江諫壁北宋墓出土的瓷器》,載《考古》1980 年第 3 期
邗江縣酒甸公社包家大隊高小生產隊南朝畫像磚墓 M1	1978 年冬	對文五銖 1 枚、五銖女錢 2 枚,均剪邊	揚州市博物館:《江蘇邗江發現兩座南朝畫像磚墓》,載《考古》1984 年第 3 期
邗江縣酒甸公社包家大隊高小生產隊南朝畫像磚墓 M2		漢半兩 1 枚、五銖 9 枚、南朝對文五銖 51 枚、五銖女錢 44 枚	
邗江縣胡場漢墓 M1、M2、M3	1979 年 3 月	五銖 486 枚,其中磨輪五銖 108 枚;陶質馬蹄金、陶質五銖	揚州市博物館、邗江縣文化館:《揚州邗江縣胡場漢墓》,載《文物》1980 年第 3 期
邗江縣胡場 5 號漢墓	1979 年 3 月	西漢早期五銖 53 枚	揚州市博物館等:《江蘇邗江胡場五號漢墓》,載《文物》1981 年第 11 期
常州市南郊緒家塘花紋磚墓和田舍村畫像磚墓	1979 年 6 月、1984 年 8 月	漢五銖 25 枚、剪輪錢 1 枚,餘 30 多枚銹結不辨	常州市博物館等:《江蘇常州南郊畫像、花紋磚墓》,載《考古》1994 年第 12 期
南京市堯化門梁墓	1979 年	銅錢 3 枚	南京博物院:《南京堯化門南朝梁墓發掘簡報》,載《文物》1981 年第 12 期
連雲港市錦屏山漢畫像石墓 LTM1,LBM1	1979—1982 年	武帝五銖 20 餘枚,大泉五十、貨泉共 17 枚	李洪甫:《連雲港市錦屏山漢畫像石墓》,載《考古》1983 年第 10 期
邗江縣甘泉鄉 2 號漢墓	1980 年 4 月 17 日—5 月 7 日	五銖錢 42 斤	南京博物院:《江蘇邗江甘泉二號漢墓》,載《文物》1981 年第 11 期
南京市衛崗西晉墓	1980 年	五銖 150 餘枚	南京博物院:《南京市衛崗西晉墓清理簡報》,載《文物》1983 年第 10 期
連雲港市青龍山紗絹寺西漢木槨墓	1981 年 6 月 12 日	五銖 28 枚	連雲港市博物館:《連雲港地區的幾座漢墓及零星出土的漢代木槨墓》,載《文物》1990 年第 4 期
盱眙縣南窰莊	1982 年 2 月 10 日	金餅 10 枚、麟趾金 7 件、馬蹄金 8 件	姚遷:《江蘇盱眙南窰莊楚漢金幣窖藏》,載《中國錢幣》1983 年第 2 期
邳縣青龍山南麓	1982 年春	五銖 1 枚	南京博物院等:《東漢彭城楊繆宇墓》,載《文物》1984 年第 8 期
南京市北郊郭家山東吳紀年墓 82GJSM6	1982 年 5 月	五銖、大泉五十	南京市博物館:《江蘇南京市北郊郭家山東吳紀年墓》,載《考古》1998 年第 8 期
江寧縣官家山六朝早期墓	1982 年 8 月	大泉當千 1 枚、五銖 12 枚	南京市博物館:《江蘇江寧官家山六朝早期墓》,載《文物》1986 年第 12 期
鹽城市市區	1982 年 8 月、1985 年 5 月 26 日	西漢早期半兩錢 30.5 公斤	熊涵東:《江蘇鹽城出土半兩錢》,載《考古》1989 年第 8 期
金壇縣薛埠鄉方麓茶場三國東吳墓	1983 年 1 月	榆莢半兩、三銖半兩、武帝五銖、小五銖、貨泉、東漢五銖、剪輪五銖、蜀五銖、魏五銖,另有無文錢 1 枚	常州市博物館等:《江蘇金壇方麓東吳墓》,載《文物》1989 年第 8 期
揚州市平山養殖場漢墓 1—4 號	1983 年 4 月	五銖 72 枚、大泉五十 945 枚	揚州市博物館:《揚州平山養殖場漢墓清理簡報》,載《文物》1987 年第 1 期

江 蘇 省

出　土　地　點	出　土　時　間	出　土　情　況	資　料　來　源
南京市虎踞關東晉墓 83GHM1	1983 年 6 月、1984 年 4 月	五銖數枚	南京市博物館：《南京虎踞關曹后村兩座東晉墓》，載《文物》1988 年第 1 期
連雲港市花果山鄉	1983 年 11 月 27 日	四銖半兩 14 660 多枚	李洪甫：《連雲港市出土大批窖藏"半兩"錢》，載《中國錢幣》1985 年第 1 期
鎮江市東吳西晉墓	約 1983 年	大泉五百、大泉當千、內郭五銖共數十枚	鎮江市博物館：《鎮江東吳西晉墓》，載《考古》1984 年第 6 期
徐州市雪山寺遺址	1984 年 2 月	半兩 1 枚、貨泉 2 枚，同出開元通寶和北宋錢，共 10 餘公斤	李銀德：《徐州雪山寺北宋窖藏紀年文物》，載《文物》1990 年第 3 期
泗洪縣重崗鄉漢畫像石墓	1984 年 3 月 1—4 日	五銖 1 枚、大泉五十 17 枚、貨泉 11 枚	南京博物院等：《江蘇泗洪重崗鄉漢畫像石墓》，載《考古》1986 年第 7 期
揚州市郊新莽墓 M5、M6	1984 年 3 月	五銖 5 枚、大泉五十 54 枚、大布黃千 6 枚	揚州市博物館：《揚州市郊發現兩座新莽時期墓》，載《考古》1986 年第 11 期
邗江縣甘泉鄉老虎墩漢墓	1984 年 4 月 11 日—6 月 2 日	五銖 148 枚，具有東漢早期、中期特徵	揚州市博物館：《江蘇邗江縣甘泉老虎墩》，載《文物》1991 年第 10 期
邗江縣甘泉鄉姚莊村西漢墓 85 HYM101	1985 年 2 月 2—10 日	宣武帝或稍後所鑄五銖數百枚	揚州市博物館：《江蘇邗江姚莊一○一號西漢墓》，載《文物》1988 年第 2 期
徐州市韓山東漢墓	1985 年 2 月	五銖 50 餘枚	徐州市博物館：《徐州市韓山東漢墓發掘簡報》，載《文物》1990 年第 9 期
邗江縣楊壽鄉寶女墩新莽墓 M104	1985 年 4 月	馬蹄金 3 件、鎏金大泉五十 5 枚	揚州市博物館等：《江蘇邗江縣楊壽鄉寶女墩新莽墓》，載《文物》1991 年第 10 期
鹽城市	1985 年 5 月 26 日	半兩約 10 000 枚，其中秦半兩 56 枚，其他大部分爲四銖半兩；三銖錢 5 枚	俞洪順：《江蘇鹽城出土窖藏半兩錢》，載《考古》1993 年第 1 期
常州市半月島五代墓	1985 年 5 月	五銖 1 枚	常州市博物館：《江蘇常州半月島五代墓》，載《考古》1993 年第 9 期
江寧縣殷巷鄉其林村晉墓 85JYM1	1985 年 9 月	大泉當千 1 枚、大泉五百 3 枚、貨泉 4 枚、五銖約 100 枚（部分剪輪）	南京市博物館：《南京江寧晉墓出土瓷器》，載《文物》1988 年第 9 期
高淳縣固城鄉東漢畫像磚墓	1985 年底—1986 年初	五銖 3 枚、素面錢 1 枚	南京市博物館：《江蘇高淳固城東漢畫像磚墓》，載《考古》1989 年第 5 期
常州市紅梅新村宋墓 M1、M2	1986 年 3—5 月	漢五銖、貨泉	常州市博物館：《江蘇常州市紅梅新村宋墓》，載《考古》1997 年第 11 期
徐州市銅山縣茅村鄉洞山村北洞山西漢墓	1986 年 9 月 2 日—11 月 12 日	八銖半兩、四銖半兩共 70 000 餘枚	徐州市博物館：《徐州北洞山西漢墓發掘簡報》，載《文物》1988 年第 2 期
南京市鄧府山吳墓和柳塘村西晉墓	1986 年 10 月、12 月	五銖 200 餘枚，其中有剪輪五銖	南京市博物館：《江蘇南京鄧府山吳墓和柳塘村西晉墓》，載《考古》1992 年第 8 期
常州市郊區	1987 年秋	半兩五銖、莽錢、劉備五銖、定平一百、孝建四銖，南朝梁大明四銖 4 枚	袁濤：《談大明四銖錢》，載《中國錢幣》1993 年第 4 期
溧水縣寺橋	1987 年 11 月	半兩 12 枚、五銖 521 枚（規整 17 枚、磨郭 24 枚、小型 115 枚、五朱 3 枚、剪輪 92 枚、鑄造剪輪 119 枚、私鑄 151 枚）、新莽錢 22 枚（貨泉 15 枚、大泉五十 7 枚）、三國鑄幣 7 枚（直百五銖 3 枚、直百 1 枚、定平一百 1 枚、太平百錢 2 枚）、劉宋鑄幣 303 枚（四銖 39 枚、孝建四銖 192 枚、孝建二銖 72 枚）	溧水縣博物館：《江蘇溧水縣寺橋發現劉宋時期貨幣》，載《中國錢幣》1992 年第 3 期
南京市東北劉家塘梁墓	1988 年 1 月	銅錢 7 枚，殘存"五"字，疑爲五銖	南京市博物館：《梁朝桂陽王蕭象墓》，載《文物》1990 年第 8 期
南京市卡子門外六朝早期墓	1988 年 4 月	五銖 8 枚，其中剪輪錢 5 枚	南京博物院：《江蘇南京卡子門外六朝早期墓》，載《考古》1990 年第 11 期
徐州市東郊陶樓村漢墓 M1	1989 年 10 月	五銖 3 枚	徐州市博物館：《徐州市東陶樓漢墓清理簡報》，載《考古》1993 年第 1 期
鎮江市東吳墓高·化 M1	20 世紀 80 年代	大泉五百、大泉當千、內郭五銖數十枚	鎮江市博物館：《鎮江東吳西晉墓》，載《考古》1984 年第 6 期
蘇州市滸墅關	1990 年春	太貨六銖 80 餘枚、陳五銖 300 餘枚	鄒誌諒：《蘇州出土陳五銖》，載《中國錢幣》1992 年第 2 期
銅山縣荊山漢墓	1990 年 8 月 20—24 日	五銖 300 餘枚	徐州市博物館：《江蘇銅山縣荊山漢墓發掘簡報》，載《考古》1992 年第 12 期

江
蘇
省

	出　土　地　點	出　土　時　間	出　土　情　況	資　料　來　源
江	睢寧縣張圩鄉闒山村墓山漢畫像石墓91YM1、91YM2	1991年3月	五銖	徐州市博物館：《江蘇睢寧墓山漢畫像石墓》，載《文物》1997年第9期
	徐州市九里山漢墓91XJM1	1991年5月	半兩	徐州市博物館：《徐州九里山漢墓發掘簡報》，載《考古》1994年第12期
	銅山縣班井村東漢墓	1992年1月	五銖9枚	徐州市博物館：《江蘇銅山縣班井村東漢墓》，載《考古》1997年第5期
	徐州市奎山鄉韓山村西漢墓M1、M2	1992年5月	半兩1枚，冥錢陶餅110枚、石餅1枚	徐州市博物館：《徐州韓山西漢墓》，載《文物》1997年第2期
	東海縣尹灣漢墓群M1、M2、M3、M4、M6	1993年2—4月	五銖394枚、貨泉23枚、大泉五十134枚	連雲港市博物館：《江蘇東海縣尹灣漢墓群發掘簡報》，載《文物》1996年第8期
	宜興市宜城鎮蛟橋南堍	1994年初	漢半兩、五銖、契刀、直百五銖、直百、定平一百、太平百金、大泉五百、大泉當千、漢興、四銖、孝建四銖、二柱五銖、太貨六銖、景和等	朱漢堂：《宜興發現漢唐歷代錢幣》，載《無錫錢幣》1995年第2期
	徐州市獅子山西漢楚王陵	1994年12月—1995年3月	半兩(榆莢半兩、四銖半兩)176 000餘枚	獅子山楚王陵考古發掘隊：《徐州獅子山西漢楚王陵發掘簡報》，載《文物》1998年第8期
	徐州市東郊獅子山鄉東甸子北無名山上西漢墓	1995年8月—1996年1月	半兩54枚、榆莢半兩4枚、八銖半兩27枚、四銖半兩23枚	徐州市博物館：《徐州東甸子西漢墓》，載《文物》1999年第12期
	南京市板橋鎮楊家山西晉雙室墓95NBYM1	1995年9月	五銖2枚	南京市博物館：《江蘇南京市板橋鎮楊家山西晉雙室墓》，載《考古》1998年第8期
	蘇州市第一中學	1997年4月	出土百餘公斤，抽取104克，其中70%爲完整的普通東漢五銖，20%爲剪邊東漢五銖，少量爲侵輪五銖和漢半兩、貨泉	鄒誌諒等：《蘇州市一中工地發現東漢晚期錢幣窖藏》，載《錢幣博覽》1997年第3期
蘇	新安縣(今新沂市)新沂河丈八寺漢代墓葬遺址		小半兩、五銖	賈蘭坡：《蘇北新安縣新沂河的古遺址》，載《文物參考資料》1953年第1期
	無錫市西郊碧山莊烏龜墩		五銖208枚	《江蘇無錫郊區清理西漢墓葬一座》，載《文物參考資料》1955年第1期
	南京市光華門外黃家營六朝早期墓M5		傳形陰文五銖銀錢2枚	《南京附近六朝墓葬出土文物》，載《文物參考資料》1955年第12期
	江都縣鳳凰河西漢末至東漢初墓M20		五銖18枚	《江都鳳凰河二十號墓清理簡報》，載《文物參考資料》1955年第12期
	江都縣鳳凰河西漢木椁墓M25		五銖650枚、半兩5枚	屠思華：《江都鳳凰河西漢木椁墓的清理》，載《考古通訊》1956年第1期
	南京市御道街標營一號漢墓		五銖3枚	《南京御道街標營第一號墓清理概況》，載《文物參考資料》1956年第6期
省	常熟縣虞山東麓漢墓一號、二號		大泉五十328枚、大布黃千5枚、陶質半兩4枚	《常熟清理三座漢墓》，載《文物參考資料》1956年第11期
	宜興縣晉周處墓M1、M2		五銖、直百、大泉五十	羅宗真：《江蘇宜興晉墓發掘報告》，載《考古學報》1957年第4期
	揚州市鳳凰河漢代木椁墓		五銖20枚、陶質五銖14枚、陶質麟趾金10件	《揚州鳳凰河漢代木椁墓出土的漆器》，載《文物參考資料》1957年第7期
	昌梨水庫漢畫像磚墓M1、M3		半兩1枚、五銖73枚、布泉1枚、字迹不清的錢幣13枚	南京博物院：《昌梨水庫漢墓群發掘簡報》，載《文物參考資料》1957年第12期
	徐州市高皇廟秦漢遺址		五銖30餘枚、蟻鼻錢2枚、貝幣2枚	江蘇省文物管理委員會：《徐州高皇廟遺址清理報告》，載《考古學報》1958年第3期
	溧陽縣東王公社永和大隊孫吳鳳凰元年(272年)墓		東漢五銖、剪邊五銖	南京博物院：《江蘇溧陽孫吳鳳凰元年墓》，載《考古》1962年第8期
	邳縣劉林遺址漢墓		五銖1枚	《江蘇邳縣劉林遺址的漢墓》，載《考古》1965年第11期

出 土 地 點	出 土 時 間	出 土 情 況	資 料 來 源
寶應縣城郊公社民便橋東小渠南坂		西漢半兩、五銖,東漢五銖,同出隋唐五代十國兩宋錢幣共 4 000 多枚	寶應縣圖書館:《寶應縣發現一批窖藏銅錢》,載《中國錢幣》1983 年第 3 期
揚中市揚州地區農科所漢墓		半兩 370 枚、陶質半兩 10 枚	揚州市博物館:《揚州地區農科所漢代墓群清理簡報》,載《文博通訊》1983 年第 5 期
邳縣漢墓		五銖 5 枚	陳永清:《邳縣發現漢銅弩機和木弓》,載《文博通訊》1983 年第 6 期
邳縣東漢彭城相繆宇墓		五銖 1 枚	南京博物院、邳縣文化館:《東漢彭城相繆宇墓》,載《文物》1984 年第 7 期
儀徵縣胥浦 101 號西漢元始五年(5 年)紀年墓		五銖 1 635 枚、剪輪五銖 695 枚	陳平、王勤全:《江蘇儀徵胥浦一〇一號西漢墓》,載《文物》1987 年第 1 期
徐州市檀山石椁漢墓		大泉五十 1 枚、五銖 1 枚	徐州市博物館:《江蘇徐州市清理五座漢畫像石墓》,載《考古》1996 年第 3 期
鎮江市陽彭山東晉墓 M1		小貨泉 3 枚、大泉五十、半兩、貨布	劉建國:《鎮江東晉墓》,載《文物資料叢刊》第 8 期
鎮江市礱研所東晉墓 M4		五銖 3 枚	
鎮江市跑馬山東晉墓 M2		五銖 3 枚	
鎮江市跑馬山東晉墓 M4		大泉五十 5 枚	
鎮江市畜牧場二七大隊東晉墓 M1		陰刻金五銖 1 枚	
鎮江市跑馬山東晉墓 M3		剪輪五銖 100 枚	
常州市近郊東漢晚期至六朝初期花紋磚墓		五銖	徐伯元:《常州近郊發現花紋磚墓》,載《文博通訊》第 26 期
武義縣三國墓	新中國成立以來	五銖錢	武義縣文物管理委員會:《浙江省武義縣墓葬出土物談婺州窯早期青瓷》,載《文物》1981 年第 2 期
紹興市漓渚漢墓	1956 年	大布黃千、五銖 50 枚	浙江省文物管理委員會:《紹興漓渚的漢墓》,載《考古學報》1957 年第 1 期
安吉縣三官鄉六朝初期墓	1957 年 7 月	五銖 201 枚、剪邊五銖 24 枚、大泉五十 25 枚、貨泉 3 枚	浙江省文物管理委員會:《浙江安吉三官鄉的一座六朝初期墓》,載《考古通訊》1958 年第 6 期
杭州市老和山	1957 年	"令"、"一斤"、"令之金一斤"陶質金餅	趙人俊:《漢代隨葬冥幣陶麟趾金的文字》,載《文物》1960 年第 7 期
杭州市郊古蕩朱樂昌墓	1958 年 10 月	陶質麟趾金 80 件、五銖大量	浙江省文物管理委員會:《杭州古蕩漢代朱樂昌墓清理簡報》,載《考古》1959 年第 3 期
杭州市晉興寧二年(364 年)墓	1960 年 11 月	五銖、剪邊五銖	浙江省文物管理委員會:《杭州晉興寧二年墓發掘簡報》,載《考古》1961 年第 7 期
義烏縣西漢墓	1964 年	小半兩、五銖 10 枚	浙江省文物管理委員會:《浙江義烏發現西漢墓》,載《考古》1965 年第 3 期
海寧縣長安鎮東漢畫像石墓	1973 年春	五銖 32 枚、剪邊五銖 1 枚	嘉興地區文物管理委員會等:《浙江海寧東漢畫像石墓發掘簡報》,載《文物》1983 年第 5 期
衢縣街路村元康八年(298 年)西晉墓	1973 年 11 月	貨泉 10 餘枚	衢縣文化館:《浙江衢縣街路村西晉墓》,載《考古》1974 年第 6 期
嘉興市九里匯皇墳山東漢墓	1975 年 10 月	五銖 1 串重 4.5 公斤	嘉興市文化局:《浙江嘉興九里匯東漢墓》,載《考古》1987 年第 7 期
慈溪縣西晉紀年墓	1977 年 8 月	五銖 38 枚,其中剪輪五銖 8 枚	《寧波慈溪發現西晉紀年墓》,載《文物》1980 年第 10 期
新昌縣大岙底村象鼻山南齊墓	1977 年 11 月初	四出五銖形紋,在一平磚兩端	新昌縣文物管理委員會:《浙江新昌十九號南齊墓》,載《文物》1983 年第 10 期
新昌縣八一公社大聯大隊象鼻山東麓東晉太元十八年(393 年)墓 M21	1977 年 11 月	五銖、貨泉 10 餘枚	新昌縣文物管理委員會:《浙江新昌縣七座兩晉墓清理概況》,載《文物資料叢刊》第 8 期

左縱向表頭:江 蘇 省;浙 江 省

出 土 地 點	出 土 時 間	出 土 情 況	資 料 來 源
新昌縣八一公社新中大隊南朝宋墓	1978 年秋	東漢五銖及孝建四銖各 1 枚,墓磚有四出五銖錢紋	新昌縣文物管理委員會:《浙江新昌南朝宋墓》,載《文物》1983 年第 10 期
武義縣陶器廠三國墓	1979 年 10 月	五銖 40 多枚	金華地區文物管理委員會等:《浙江武義陶器廠三國墓》,載《考古》1981 年第 4 期
衢州市三國墓	1980 年 9 月	五銖數枚	衢州市文物管理委員會:《浙江衢州市三國墓》,載《文物》1984 年第 8 期
紹興縣獅子山東漢墓	1982 年 2 月、3 月	五銖(其中有剪輪、綖環五銖)、貨泉 108 枚	紹興市文物管理委員會:《紹興獅子山東漢墓》,載《考古》1984 年第 9 期
紹興縣獅子山西漢墓 M308	1982 年 10 月	五銖 17 枚	紹興縣文物管理處:《紹興獅子山西漢墓》,載《考古》1988 年第 9 期
桐廬縣七里壠豬頭山	1982 年 12 月	一批五銖鐵錢(可能是南朝蕭梁時期所鑄)	陳浩:《浙江首次出土五銖鐵錢》,載《中國錢幣》1984 年第 2 期
寧波市天封塔地宮	1982 年	西漢半兩等共 200 餘斤	林士民:《浙江寧波天封塔地宮發掘報告》,載《文物》1991 年第 6 期
紹興縣福全鄉迪埠村	1983 年 3 月	五銖 7 枚,其中剪輪 3 枚	紹興縣文物管理處考古組:《浙江紹興西晉墓》,載《文物》1987 年第 4 期
桐廬縣九嶺鄉雙湖村	1983 年 4 月 7 日	西漢四銖半兩、西漢五銖、莽錢大泉五十、貨泉、東漢五銖、北朝永安五銖、常平五銖、布泉、五行大布,還有隋五銖、唐至北宋錢,共重 1 190 斤,約 11 萬多枚	嚴康福:《浙江桐廬發現窖藏錢幣》,載《考古》1988 年第 5 期
臨安縣玲瓏山鄉夏禹村	1984 年 7 月	漢五銖 2 枚、磨邊五銖 1 枚、剪邊五銖 1 枚,同出唐至元代錢,共 2 360 枚	臨安縣文化館:《浙江臨安縣發現元代銅錢窖藏》,載《考古》1987 年第 5 期
臨海縣更樓鄉下塘園村	1984 年 12 月 6 日	半兩 63 枚(應是吳王劉濞所造之四銖半兩)、規整五銖 5 734 枚(内絶大多數爲東漢五銖)、磨郭五銖 2 210 枚、剪輪五銖 2 262 枚、綖環五銖 155 枚(殘 62 枚)、私鑄五銖 1 032 枚、大泉五十 4 枚、貨泉 273 枚、布泉 3 枚	徐三見、朱汝略:《臨海出土漢代銅錢》,載《中國錢幣》1986 年第 3 期
象山縣丹城鎮矮山東漢墓 M2	1986 年 6 月	四銖半兩、五銖、貨泉、大泉五十、五朱、無文錢、磨郭五銖、剪邊五銖、鑿邊五銖共 4 700 餘枚	象山縣文物管理委員會:《浙江象山縣清理一座東漢墓》,載《考古》1997 年第 7 期
嘉興市中山路	約 1986 年	大泉當千、大泉五十(穿口四决),同出鉛開元通寶、乾元重寶錢各 1 枚	周榮先:《嘉興出土東吳錢、鉛錢》,載《中國錢幣》1987 年第 1 期
龍游縣東華山 12 號漢墓	1987 年 1 月	五銖 8 枚	龍游縣文物管理委員會:《浙江龍游縣東華山十二號漢墓發掘簡報》,載《考古》1990 年第 4 期
嵊縣大塘嶺東吳墓	1987 年 3 月—1988 年 11 月	五銖 660 枚、大泉當千 9 枚、大泉五百 2 枚、直百五銖 3 枚、貨泉 26 枚、半兩 4 枚	嵊縣文物管理委員會:《浙江嵊縣大塘嶺東吳墓》,載《考古》1991 年第 3 期
紹興縣鳳凰山西晉永嘉七年(313 年)墓	1987 年 12 月	貨泉、五銖 20 多枚	沈作霖:《浙江紹興鳳凰山西晉永嘉七年墓》,載《文物》1991 年第 6 期
嵊縣中愛鄉東吳墓 M74	約 1987—1988 年	五銖 21 枚,其中剪邊五銖 4 枚	嵊縣文物管理委員會:《浙江嵊縣六朝墓》,載《考古》1988 年第 9 期
嵊縣中愛鄉東晉墓		五銖 2 枚	
嵊縣中愛鄉南朝墓		五銖 2 枚、四銖 1 枚(背無文)	
龍游縣東華山漢墓 M3、M5、M6、M28、M29	1987—1989 年	四銖半兩約 30 枚、五銖約 2 050 枚、大泉五十約 140 枚	朱土生:《浙江龍游縣東華山漢墓》,載《考古》1993 年第 4 期
安吉縣良朋鄉西漢墓	1989 年、1990 年	半兩 50 餘枚、五銖近 400 枚	安吉縣博物館:《浙江安吉縣上馬山西漢墓的發掘》,載《考古》1996 年第 7 期
鄞縣櫟社	1996 年	蜀五銖、常平五銖	王宏福、徐君傑:《浙江鄞縣發現日本長年大寶錢》,載《中國錢幣》1996 年第 4 期
杭州市葛嶺西段山腳西漢早期墓		五銖、麟趾金	《文物工作報導》,載《文物參考資料》1955 年第 2 期
嘉興市東漢初年墓		五銖、大泉五十	《文物工作報導》,載《文物參考資料》1955 年第 10 期
黃岩縣秀嶺水庫東吳天璽元年(276 年)墓		五銖 13 枚	浙江省文物管理委員會:《黃岩秀嶺水庫古墓發掘報告》,載《考古學報》1958 年第 1 期
黃岩縣秀嶺水庫晉墓 M11、M23、M51		貨泉、東漢五銖、大泉五百 4 枚、大泉當千 10 枚、大泉二千 1 枚	

左側縱列:浙 江 省

出　土　地　點		出　土　時　間	出　土　情　況	資　料　來　源
浙江省	淳安縣東漢墓 M17		五銖4枚	新安江水庫考古工作隊：《浙江淳安古墓發掘》，載《考古》1959年第7期
	金華市古方村六朝墓		大泉當千2枚、五朱2枚、五銖100多枚	金華市文物管理委員會：《浙江金華古方六朝墓》，載《考古》1984年第9期
	紹興市獅子山東漢墓 M307		五銖、貨泉108枚	紹興市文物管理委員會：《紹興獅子山東漢墓》，載《考古》1984年第9期
安徽省	霍邱縣葉集區長崗鄉張家崗龍臺孜東漢末至六朝大型花磚墓	1955年5月	半兩、五銖、剪輪五銖、貨泉、大泉五十	胡悅謙、王步藝、馬人權：《霍邱張家崗古墓發掘簡報》，載《文物參考資料》1958年第1期
	合肥市東郊古磚墓	1956年8月	五銖854枚、剪輪五銖144枚、貨泉5枚、大泉五十2枚	安徽省博物館清理小組：《安徽合肥東郊古磚墓清理簡報》，載《考古通訊》1957年第1期
	合肥市西北郊六朝墓	1957年2月	半兩、五銖	舒國志：《合肥市西郊清理六朝墓一座》，載《文物參考資料》1958年第1期
	合肥市郊區東漢墓	1958年1月	五銖12枚	《文物工作報導》，載《文物參考資料》1958年第10期
	壽縣茶庵馬家古堆東漢墓	1965年4月	半兩2枚，大泉五十3枚，貨泉1枚，五銖、磨郭五銖29枚	安徽省文化局文物工作隊、壽縣博物館：《安徽壽縣茶庵馬家古堆東漢墓》，載《考古》1966年第3期
	亳縣鳳凰臺一號漢墓	1972年8月	五銖149枚、大泉五十18枚	亳縣博物館：《亳縣鳳凰臺一號漢墓清理簡報》，載《考古》1974年第3期
	淮南市西郊唐山公社九星大隊劉家古堆漢墓	1972年秋	半兩4枚、五銖1 505枚、剪輪五銖40枚、貨泉10枚、大泉五十1枚	淮南市文化局：《安徽省淮南市劉家古堆漢墓發掘簡報》，載《文物資料叢刊》第4期
	淮南市南市賴山公社二十店廟臺孜東漢墓	1972年	五銖10枚	淮南市文化局：《安徽淮南市二十店廟臺孜漢墓》，載《文物資料叢刊》第4期
	青陽縣城關收購站	1973年7月	秦半兩錢3斤多	林介眉：《青陽古錢幣的發現》，載《安徽金融研究》1987年增刊3
	青陽縣九華鄉柯村	1984年12月	西漢半兩數枚、新莽貨泉10多枚、西漢五銖無數	
	青陽縣廟前鄉雙河村	1986年1月	五銖、大泉五十若干	
	亳縣曹操宗族墓元寶坑M1、馬圍村M2	1974—1977年	銅貝5枚、半兩11枚、貨泉3枚、五銖22枚、剪邊五銖47枚	亳縣博物館：《亳縣曹操宗族墓葬》，載《文物》1978年第8期
	天長縣漢墓M3、M5、M8	1975年	蟻鼻錢1枚、五銖1串又25枚、大泉五十113枚	安徽省文物工作隊：《安徽天長縣漢墓的發掘》，載《考古》1979年第4期
	合肥市西晉紀年磚墓	1976年6月	東漢中期五銖2枚	合肥市文物管理組：《合肥西晉紀年磚墓》，載《考古》1980年第6期
	定遠縣谷堆王村漢墓M1、M3、M5、M6	1977年3月25日—4月22日	五銖42枚、貨泉2枚	安徽省文物考古研究所：《安徽定遠谷堆王九座漢墓的發掘》，載《考古》1985年第5期
	阜陽縣雙古集西漢汝陰侯墓	1977年	大半兩1枚、中半兩12枚、小半兩20枚	安徽省文物工作隊等：《阜陽雙古堆西漢汝陰墓發掘簡報》，載《文物》1978年第8期
	桐城縣楊山嘴村東漢墓	1981年11月	五銖2枚	安徽省文物考古研究所：《安徽桐城楊山嘴東漢墓的清理》，載《考古》1985年第9期
	長豐縣楊廟棗林舖漢墓	1982年4月	陶金版數十塊、陶金餅8枚	楊鳩霞：《安徽出土的陶冥幣》，載《中國錢幣》1994年第3期
	亳州市曹操宗族墓	1982年11—12月	半兩1枚、剪邊五銖2枚	亳州市博物館：《安徽亳州發現一座曹操宗族墓》，載《考古》1988年第1期
	馬鞍山市佳山鄉東吳墓	1983年2月	五銖錢、大泉五十、貨泉、綖環五銖、剪邊五銖、直百五銖、太平百錢、定平一百、半兩、無文小錢共數百枚	安徽省文物考古研究所：《安徽馬鞍山市佳山東吳墓清理簡報》，載《考古》1986年第5期
	和縣腰埠公社山王生產隊	1983年3月	漢五銖，同出唐、南唐、北宋錢共350餘公斤	巢湖地區文物管理所：《安徽省和縣發現古代窖藏銅錢》，載《考古》1984年第12期
	和縣戚鎮公社復興大隊小周生產隊西晉紀年墓	1983年4月	大泉當千、大泉五百、五銖、剪輪五銖、鵝眼錢、直百錢共數十枚	安徽省文物工作隊等：《安徽和縣西晉紀年墓》，載《考古》1984年第9期

出　土　地　點		出　土　時　間	出　土　情　況	資　料　來　源
安徽省	合肥市隋開皇三年張静墓	1984 年 3 月	陳五銖 50 餘枚、北齊常平五銖 33 枚	安徽省博物館：《合肥隋開皇三年張静墓》，載《文物》1988 年第 1 期
	肥西縣金牛鄉李長莊漢墓 M3、M4	1984 年 4 月	五銖 59 枚	肥西縣文物管理所：《安徽肥西縣金牛漢墓》，載《考古》1990 年第 5 期
	馬鞍山市雨山鄉安民村東吳朱然墓	1984 年 6 月 9—23 日	半兩、五銖、貨泉、直百五銖、定平一百、太平百錢、大泉當千、大泉五百、大泉五十等共約 6 000 枚。其中五銖佔 97.5%，又可分爲有郭、無郭、綖環、"平"字幾種	安徽省文物考古研究所等：《安徽馬鞍山東吳朱然墓發掘簡報》，載《文物》1986 年第 3 期
	馬鞍山市朱然墓	1984 年 6 月	朱朱、五金、五五、五朱、布泉、傳形五銖等	殷春梅、雍玲玲：《朱然墓出土錢幣補遺》，載《中國錢幣》1997 年第 4 期
	利辛縣五人鄉李寨村	1985 年 5 月	大布黄千 3 枚、金錯刀 3 枚	安徽省文物考古研究所：《利辛縣發現新莽時期的古幣》，載《安徽金融研究》1987 年增刊 2
	全俶縣下集鄉西石村北宋墓	1986 年 6 月	五銖	滁縣地區行署文化局等：《安徽全俶西石北宋墓》，載《文物》1988 年第 11 期
	鳳臺縣白塘鄉殷家崗村	1986 年 11 月	大泉五十 12 枚	王西河等：《安徽鳳臺縣新莽時期墓葬》，載《考古》1992 年第 11 期
	六安縣	1986 年	外文鉛餅 2 枚、馬紋銀餅 1 枚、龜背紋鉛餅 2 枚	李勇：《六安發現三枚龍馬龜型金屬餅》，載《安徽錢幣》1994 年第 1 期
	固鎮縣濠城集古名垓下遺址	1987 年春	五銖 1.1 公斤，其中 23 枚有内外郭，其餘均爲剪邊、貨泉	黄立水：《垓下遺址出土一批漢代鐵器》，載《考古》1993 年第 1 期
	潛山縣模範鄉王墩村	1988 年 4 月	半兩 1 枚、大泉五十 2 枚、貨泉 24 枚、五銖 879 枚	衛國：《潛山縣模範鄉窖藏銅錢出土的清理報告》，載《安徽金融研究》1990 年錢幣增刊 (2)
	六安市東郊漢墓	1988 年 5 月 4 日	外文鉛餅 1 枚	李勇：《安徽六安漢墓出土鉛餅》，載《中國錢幣》1996 年第 4 期
	合肥市壽春路市衛生防疫站建築工地	1988 年 6 月初	兩漢五銖、王莽貨泉若干	合肥市文物管理處：《合肥市出土南唐窖藏錢幣簡報》，載《安徽金融研究》1989 年增刊 3
	涇縣	1988 年	剪輪直讀五銖 1 枚	吳龍鵬：《安徽涇縣發現直讀五銖》，載《中國錢幣》1991 年第 4 期
	馬鞍山市桃冲村三座晉墓 M2	1990 年 6—8 月	半兩、五銖、貨泉、大泉當千 200 餘枚	馬鞍山市文物管理所等：《安徽馬鞍山桃冲村三座晉墓清理簡報》，載《文物》1993 年第 11 期
	歙縣西村東漢墓 M1	1991 年 4 月 15—21 日	五銖 8 枚	楊鳩霞：《安徽歙縣西村東漢墓》，載《考古》1995 年第 11 期
	天長縣三角圩西漢墓 M1、M6	1991 年 12 月、1992 年 4 月	半兩 1 枚、五銖 1 枚	安徽省文物考古研究所等：《安徽天長縣三角圩戰國西漢墓出土文物》，載《文物》1993 年第 9 期
	長豐縣楊廟鎮棗林村大古堆水塘坎下青磚墓	1993 年 7 月中旬	五銖 37 枚	談念淮：《棗林漢墓出土的"赤仄五銖"錢》，載《安徽錢幣》1996 年第 1 期
	宣州市新河鄉青弋江與長江匯合處	1994 年 3 月	鐵蕭梁五銖，其他是鐵永通貨泉、開元通寶等	蕪湖市錢幣學會秘書處：《安徽蕪湖發現永通泉貨鐵錢》，載《中國錢幣》1994 年第 3 期
	太和縣舊縣鎮八里店	1997 年	南朝劉宋永光錢 1 枚	楊少哲：《安徽太和發現永光錢》，載《中國錢幣》1998 年第 4 期
	蕪湖市赭山東晉咸康二年 (336 年) 墓		半兩、貨泉、大泉當千、光武五銖、四出五銖、對文五銖	王步藝：《蕪湖赭山石墓 (魏晉) 出土古錢紋磚》，載《文物參考資料》1956 年第 12 期
	壽縣蘇王鄉漢代朱武墓		五銖 1 枚	《安徽壽縣蘇王鄉發現漢朱武墓》，載《文物參考資料》1957 年第 5 期
	固鎮縣濠城集古文化遺址漢墓		五銖 3 枚	《文物工作報導》，載《文物參考資料》1957 年第 10 期
	蕪湖市賀家園西漢墓 M1、M2、M3		燒溝Ⅰ型、Ⅱ型五銖 2 461 枚	安徽省文物工作隊：《蕪湖市賀家園西漢墓》，載《考古學報》1983 年第 3 期
福建省	福州市洪塘金鶏山漢墓	1975 年 1—7 月	西漢五銖 20 枚、貨泉 10 枚	曾凡：《福州洪塘金鶏山古墓葬》，載《考古》1992 年第 10 期
	漳平市永福鎮	1982 年	西漢五銖、新莽錢，同出唐至明洪武通寶、天定通寶、安南元豐通寶、大治通寶等	蔣訓前：《福建漳平市發現明初窖藏》，載《中國錢幣》1998 年第 1 期

出 土 地 點	出 土 時 間	出 土 情 況	資 料 來 源
福建省 尤溪縣尤溪口鎮	1984 年 8 月	半兩、五銖、貨泉	陳本穎:《福建尤溪縣發現一批窖藏錢幣》,載《考古》1987 年第 2 期
福州市六朝墓		大泉五十、五銖	《福州市發現六朝古墓》,載《考古通訊》1955 年第 2 期
南昌市郊漢墓	1957 年 3 月	大泉五十 5 枚、契刀五百 1 枚、大布黃千 1 枚、貨布 3 枚	劉玲:《江西南昌市郊清理一座漢墓》,載《考古》1964 年第 2 期
南昌市青雲譜漢墓 M1589	1960 年	東漢五銖 50 枚	江西省文物管理委員會:《江西南昌青雲譜漢墓》,載《考古》1960 年第 12 期
南昌市郊南朝墓	1960—1961 年	五銖 77 枚	江西省博物館考古隊:《江西南昌市郊南朝墓發掘簡報》,載《考古》1962 年第 4 期
南昌市徐家坊六朝墓	1964 年 11 月	東漢晚期五銖 300 枚	江西省文物管理委員會:《江西南昌徐家坊六朝墓清理簡報》,載《考古》1965 年第 9 期
南昌市郊東漢墓 M1、M2	1964 年 12 月	貨泉 15 枚、五銖 33 枚	《南昌市郊東漢墓清理》,載《考古》1965 年第 11 期
修水縣	1964 年	大布黃千 24 枚	江西省文物管理委員會:《江西修水出土戰國青銅樂器和漢代鐵器》,載《考古》1965 年第 6 期
南昌市南郊漢墓 M1、M2	1965 年	燒溝Ⅲ型五銖成堆	江西省博物館:《江西南昌市南郊漢六朝墓清理簡報》,載《考古》1966 年第 3 期
瑞昌縣馬頭西晉墓	1972 年 11 月	五銖、大泉五百、大泉當千	江西省博物館:《江西瑞昌馬頭西晉墓》,載《考古》1974 年第 1 期
南昌市東湖區晉墓 M1	1974 年 3—5 月	五銖數枚	江西省博物館:《江西南昌晉墓》,載《考古》1974 年第 6 期
南昌市郊繩金塔晉墓	1976 年 7—11 月	五銖、直百五銖、剪輪五銖、綖環五銖共 15 枚	江西省博物館:《江西南昌市郊的兩座晉墓》,載《考古》1981 年第 6 期
南昌市東吳高榮墓	1979 年	大泉五十 2 枚、貨泉 18 枚、五銖 387 枚、剪輪五銖 68 枚、直百五銖 10 枚	江西省博物館:《江西南昌市東吳高榮墓的發掘》,載《考古》1980 年第 3 期
永新縣舊東門外城牆基	1980 年 4 月	貨泉,同出唐、宋、遼、金、元錢共 1 171 枚	楊後禮:《江西永新發現元代窖藏瓷器》,載《文物》1983 年第 4 期
新建縣生米鄉	1983 年 6 月	西漢五銖	新建縣博物館許桂英:《江西新建古錢窖藏》,載《文物》1988 年第 4 期
南昌市京家山漢墓	1986 年 6 月	大泉五十 5 800 餘枚、五銖 2 900 餘枚、大布黃千 100 餘枚,還有剪輪、綖環五銖	江西省文物工作隊、南昌市博物館:《南昌市京家山漢墓》,載《考古》1989 年第 8 期
贛縣南塘鄉澄藉村	1986 年 7 月	五銖 1 508 枚、貨泉 2 枚、布泉 1 枚	贛縣博物館:《江西贛縣出土漢代錢幣》,載《考古》1992 年第 9 期
樂安縣池頭村	1988 年 9 月	半兩 8 枚、西漢五銖 65 枚、東漢五銖 75 枚、磨郭五銖 216 枚、剪輪五銖 238 枚、綖環五銖 2 枚、私鑄五銖 74 枚、無字錢 2 枚、大泉五十 1 枚、布泉 1 枚、貨泉 9 枚	樂安縣博物館:《江西樂安縣池頭村窖藏漢晉錢幣》,載《考古》1996 年第 3 期
修水縣渣津鎮司前龍崗坪	1998 年	特大型秦半兩 2 枚,平均每枚重 90 克	胡國安:《修水縣發現特大型秦半兩》,載《錢幣博覽》1998 年第 1 期
遂川縣漢墓		五銖	《文物工作報導》,載《文物參考資料》1954 年第 12 期
清江縣土城西漢墓		陶質錢	饒惠元:《江西清江的新石器時代遺址》,載《考古學報》1956 年第 2 期
南昌市東郊西漢墓		燒溝Ⅰ型五銖 29 枚	江西省博物館:《南昌市郊西漢墓》,載《考古學報》1976 年第 2 期
南昌市郊京山東漢墓 M1		東漢五銖	江西省博物館:《江西南昌地區東漢墓》,載《考古》1981 年第 5 期
南昌市郊塘山東漢墓 M3、M4		東漢五銖 30 多枚	
南昌市東吳墓 M1、M2、M3、M4		銅錢	唐昌樸:《江西南昌東吳墓清理簡記》,載《考古》1983 年第 10 期
福山縣東留公村漢墓	1953 年	東漢五銖 11 枚	山東省文物管理處:《山東福山東留公村漢墓清理簡報》,載《考古通訊》1956 年第 5 期
濟南市大觀園東漢末期墓	1954 年 7 月	五銖	山東省文物管理委員會:《濟南大觀園的一個漢墓》,載《考古通訊》1955 年第 4 期
章丘縣普集鎮漢墓	1955 年 2 月	五銖 120 枚	王思禮:《山東章丘縣普集鎮漢墓清理簡報》,載《考古通訊》1955 年第 6 期

左欄從上至下分別標註:福建省、江、西、省、山、東、省

續表

出 土 地 點	出 土 時 間	出 土 情 況	資 料 來 源
濟寧市漢墓	1955 年 5 月	五銖 70 多枚	王思禮：《山東濟寧發現漢墓一座》，載《考古通訊》1957 年第 1 期
滕縣柴胡店漢墓	1957 年 11 月	半兩 14 枚、五銖 543 枚、剪輪五銖 97 枚、貨泉 9 枚、大泉五十 7 枚	山東省博物館：《山東滕縣柴胡店漢墓》，載《考古》1963 年第 7 期
東平縣王陵山東漢中晚期墓	1958 年	五銖 226 枚	山東省博物館：《山東東平王陵山漢墓清理簡報》，載《考古》1966 年第 4 期
梁山縣柏木山東漢墓	1959 年 4 月	五銖	蘇文錦：《山東梁山柏木山的一座東漢墓》，載《考古》1964 年第 9 期
曲阜縣畢家村南昌平山漢墓	1962 年	半兩 5 枚	中國科學院考古研究所山東隊、曲阜縣文物管理委員會：《山東曲阜考古調查試掘簡報》，載《考古》1965 年第 12 期
曲阜縣紀莊漢代空心磚墓	1964 年 1 月	銅錢	孔次雲：《山東曲阜紀莊發現漢代空心磚墓》，載《考古》1964 年第 9 期
泰安縣舊縣村漢畫像石墓	1965 年 2 月 11—18 日	大泉五十 1 枚、東漢五銖 23 枚	泰安市文物管理局：《山東泰安縣舊縣村漢畫像石墓》，載《考古》1988 年第 4 期
曲阜縣大莊漢墓	1965 年 3 月	五銖 7 枚	魯輝：《山東曲阜縣大莊發現漢代玉璧等文物》，載《文物》1966 年第 4 期
濟南市無影山漢墓	1969 年	四銖半兩 2 枚	《濟南無影山發現西漢樂舞雜技俑群》，載《文物》1972 年第 1 期
曲阜縣九龍山漢墓	1970 年 5 月	半兩 14 枚、五銖 181 枚	山東省博物館：《曲阜九龍山漢墓發掘簡報》，載《文物》1972 年第 5 期
曲阜縣魯城 M120	1971—1978 年	西漢五銖 1 枚	田岸：《曲阜魯城勘探》，載《文物》1982 年第 12 期
臨沂縣銀雀山漢墓 M1、M2	1972 年 4 月	半兩 74 枚、三銖 1 枚	山東省博物館、臨沂文物管理組：《山東臨沂西漢墓發現"孫子兵法"和"孫臏兵法"等竹簡的簡報》，載《文物》1974 年第 2 期
臨沂縣銀雀山漢墓 M4、M5、M6	1973 年 3 月	小半兩 49 枚，燒溝 I 型五銖 28 枚、II 型五銖 24 枚、III 型五銖 32 枚	山東省博物館、臨沂文物管理組：《臨沂銀雀山四座漢代墓葬》，載《考古》1975 年第 6 期
淄博市臨淄齊國故城	1975 年	數字銅錢共 21 枚	張龍海、李劍：《齊國故城出土一套"數字銅錢"》，載《文物》1987 年第 9 期
福山縣八角公社小趙大隊	1977 年 8 月	西漢五銖、新莽布泉	福山縣文化館：《山東福山縣發現一批窖藏銅錢》，載《文物》1980 年第 4 期
無棣縣車鎮村東漢墓	1977 年	貨泉 1 枚、五銖 100 餘枚，另有部分綖環錢和剪輪錢	郭世雲：《山東無棣清理一座東漢墓》，載《考古》1992 年第 9 期
青島市郊漢墓	1978 年 1 月	燒溝 II 型五銖約 50 枚	孫善德：《青島市郊區發現漢墓》，載《考古》1980 年第 6 期
臨沂縣西漢前期劉疵墓	1978 年 5 月	半兩 60 枚，景帝、武帝半兩 20 餘枚	臨沂地區文物管理組：《山東臨沂西漢劉疵墓》，載《考古》1980 年第 6 期
寧津縣龐家寺漢墓	1978 年 6 月	東漢早期五銖、剪輪五銖 800 餘枚	德州地區文物管理組、寧津縣文化局：《山東寧津縣龐家寺漢墓》，載《文物資料叢刊》第 4 期
臨沂縣金雀山周氏墓群	1978 年 10 月 6 日—11 月 6 日	五銖 168 枚	臨沂市博物館：《山東臨沂金雀山周氏墓群發掘簡報》，載《文物》1984 年第 11 期
泰安縣大汶口漢畫像石墓	1978 年 10 月	五銖 12 枚	泰安地區文物管理局：《泰安縣大汶口發現一座漢畫像石墓》，載《文物》1982 年第 6 期
肥城縣石橫公社北大留村東漢畫像石墓	1978 年 12 月	五銖 12 枚	泰安地區文物管理局：《肥城縣發現一座東漢畫像石墓》，載《文物》1986 年第 5 期
微山縣歡城漢墓	1978 年	兩漢五銖 102 枚	微山縣文化館：《山東微山縣出土三批漢代貨幣》，載《陝西金融》1987 年錢幣專輯 (8)
博興縣興福公社	1979 年 4 月—1982 年 11 月	常平五銖 40 枚、五銖 100 枚、北周五行大布 1 枚，同出隋、唐、後唐、北宋、南宋、金代錢	李少南：《山東博興縣出土銅鏡和貨幣》，載《考古》1984 年第 11 期
嘉祥縣宋山漢畫像石墓 M14	1979 年 冬—1980 年	五銖	濟寧地區文物管理組、嘉祥縣文物管理所：《山東嘉祥宋山 1980 年出土的漢畫像石》，載《文物》1982 年第 5 期
金鄉縣胡集鄉郭山口村魚山漢墓 M1、M2	1980 年冬	五銖 13 枚、大泉五十 3 枚	顧承銀等：《山東金鄉魚山發現兩座漢墓》，載《考古》1995 年第 5 期
茌平縣南陳莊漢墓	1980 年	半兩 3 枚	山東大學歷史系考古專業等：《山東省茌平縣南陳莊遺址發掘簡報》，載《考古》1985 年第 4 期

山東省

出 土 地 點	出 土 時 間	出 土 情 況	資 料 來 源
金鄉縣漢代畫像磚墓 M1	1980 年、1981 年	五銖 1 枚	濟寧市文物管理處:《山東金鄉縣漢代畫像磚墓》,載《考古》1989 年第 12 期
滕縣金蘇瑀墓	1981 年 9 月	東漢四出五銖 1 枚,同出唐、北宋錢共 41 枚	滕縣博物館:《山東滕縣金蘇瑀墓》,載《考古》1984 年第 4 期
臨沂縣陳白莊西漢甕棺、磚棺墓	1981 年	半兩 6 枚	臨沂市博物館:《臨沂的西漢甕棺、磚棺、石棺墓》,載《文物》1988 年第 10 期
五蓮縣張家仲崗漢墓 M2、M4	1982 年 2 月	五銖 6 枚	濰坊市博物館:《山東五蓮張家仲崗漢墓》,載《文物》1987 年第 9 期
昌邑縣雙臺公社東侯大隊	1982 年 2 月	四銖半兩 10 萬餘枚	曹元啓:《山東昌邑縣發現窖藏十萬枚漢半兩錢》,載《文物》1984 年第 1 期
高密縣	1982 年 9 月	大布黃千 156 枚、貨布 52 枚、貨泉 160 枚、大泉五十 4 枚	濰坊市博物館等:《山東高密發現一批漢代銅鏡、銅錢》,載《文物》1985 年第 10 期
平陰縣洪港公社大隋皇帝舍利塔寶塔石函	1982 年 11 月	北周永通萬國錢 4 枚,同出隋五銖 360 餘枚	邱玉鼎等:《山東平陰發現大隋皇帝舍利寶塔石函》,載《考古》1986 年第 4 期
淄博市大武鄉北朝崔氏墓	1983 年 4 月	五銖 1 枚、剪輪五銖 3 枚	淄博市博物館:《臨淄北朝崔氏墓地第二次清理》,載《考古》1985 年第 3 期
日照縣濤雒公社李家潭崖大隊	1983 年 5 月	西漢五銖、貨泉,同出隋、唐、後唐、北宋、南宋廷炎通寶共 110 多公斤	楊深富:《山東日照縣發現窖藏銅錢》,載《考古》1985 年第 3 期
濱州市汲家灣	1983 年 5 月	西漢五銖 2 枚	郭世雲等:《山東濱州市汲家灣發現漢墓》,載《文物》1990 年第 2 期
日照縣石臼港	1983 年 8 月	大泉五十 1 375 枚	楊深富等:《山東日照石臼港出土一批古代錢幣》,載《考古》1986 年第 7 期
陽谷縣八里廟漢畫像石墓	1983 年 10 月	1 號墓出土四銖半兩 5 枚、西漢五銖 50 枚、東漢五銖 501 枚、剪輪五銖 55 枚、大泉五十 1 枚、貨泉 5 枚,2 號墓出土西漢五銖 3 枚、東漢五銖 14 枚、剪輪五銖 2 枚	聊城區博物館:《山東陽谷縣八里廟漢畫像石墓》,載《文物》1989 年第 8 期
莒南縣板泉鎮谷家嶺村	1983 年秋	漢半兩、西漢五銖、新莽貨泉、南朝五銖,同出隋、唐、五代十國、北宋錢共 69 公斤	李宏:《山東莒南縣發現窖藏銅錢》,載《考古》1990 年第 2 期
烟臺市殉鹿漢墓	1983 年 11 月	東漢晚期五銖 40 餘枚,其中剪輪五銖 4 枚	林仙庭:《烟臺市發現殉鹿漢墓》,載《考古》1985 年第 8 期
梁山縣城關鎮東漢墓	1983 年 12 月 11—19 日	五銖 31 枚	菏澤地區博物館:《山東梁山東漢紀年墓》,載《考古》1988 年第 11 期
臨沂市金雀山漢代墓葬	1983 年 12 月	半兩 45 枚(内有外郭 3 枚)、五銖 189 枚	臨沂市博物館:《山東臨沂金雀山九座漢代墓葬》,載《文物》1989 年第 1 期
泗水縣星村鎮南陳村東漢畫像墓	1984 年春	五銖 8 枚、貨泉小錢 5 枚	泗水縣文物管理所:《山東泗水南陳東漢畫像石墓》,載《考古》1995 年第 5 期
蒼山縣小北山漢石棺墓 M1—M4	1984 年春	五銖 55 枚、大泉五十 18 枚	林茂法等:《山東蒼山縣發現漢代石棺墓》,載《考古》1992 年第 6 期
莒縣杭頭遺址漢文化遺存	1984 年春、1987 年春	五銖 1 枚	山東省文物考古研究所等:《山東莒縣杭頭遺址》,載《考古》1988 年第 12 期
栖霞縣觀星鎮大睦村	1984 年 7 月 15 日	秦半兩 1 枚、新莽貨泉 1 枚、東漢五銖 3 枚,同出唐、南唐、北宋、南宋、金代錢共 1 688 枚	李元章:《山東栖霞發現金代窖藏銅錢》,載《考古》1992 年第 9 期
濟南市南神通寺殿堂遺址	1984 年 8 月	泥元寶 2 件、東漢五銖	王建浩:《山東濟南市神通寺殿堂遺址的清理》,載《考古》1996 年第 1 期
濟南市馬家莊北齊墓	1984 年 10 月 8 日—12 月 12 日	常平五銖 1 枚	濟南市博物館:《濟南市馬家莊北齊墓》,載《文物》1985 年第 10 期
淄博市張莊村東漢畫像石墓 8422KM1	1984 年 10 月	五銖 76 枚,内剪輪五銖 41 枚	淄博市博物館:《山東淄博張莊東漢畫像石墓》,載《考古》1986 年第 8 期
諸城縣芝靈鄉王家巴山村	1984 年 11 月 12 日	西漢半兩、五銖、新莽貨泉、布泉、東漢五銖,同出隋、唐、五代十國、兩宋、金代錢共 212.5 公斤	韓崗、華錫:《山東諸城縣出土窖藏銅錢》,載《考古》1991 年第 1 期
微山縣歡城鎮供銷采購站收購	1985 年 1 月	剪輪五銖、四出五銖 8 枚,傳形五銖 3 枚,五銖合範錢 1 枚,"五"字錢 1 枚,民間私鑄小五銖 2 枚,四決文五銖 1 枚,穿上橫郭穿下半星五銖 1 枚,各款星類五銖 42 枚,另有漢文帝有郭半兩、新莽大泉五十合背錢、東晉五朱、梁二柱五銖	楊建忠:《山東微山縣兩批古錢幣介紹》,載《考古》1993 年第 1 期
微山縣東田陳村	1986 年 10 月	漢文帝四銖半兩、王莽貨泉,同出隋五銖和大量唐宋錢幣	

（左側縱排：山 東 省）

續表

出土地點	出土時間	出土情況	資料來源
諸城縣西郊楊家莊西漢木椁墓	1985年4月12日	五銖1枚	諸城縣博物館:《山東諸城縣西漢木椁墓》,載《考古》1987年第9期
莒縣龍王廟鄉沈劉莊漢畫像石墓	1985年12月	五銖16枚	蘇兆慶等:《山東莒縣沈劉莊漢畫像石墓》,載《考古》1988年第9期
蒼山縣蘭陵北部城子遺址	1986年2月	西漢半兩,同出唐至金代正隆元寶錢共34 000餘枚	林茂法等:《山東蒼山縣發現金代窖藏錢幣》,載《中國錢幣》1987年第1期
平陰縣刀山坡鎮新屯村漢畫像石墓M1、M2	1986年3月	五銖237枚,其中磨郭五銖82枚	濟南市文化局文物管理處等:《山東平陰新屯漢畫像石墓》,載《考古》1988年第11期
萊蕪市古鐵礦冶煉遺址	1986年3—5月	常平五銖1枚	泰安市文物考古研究所等:《山東省萊蕪市古鐵礦冶遺址調查》,載《考古》1989年第2期
濟南市東八里窪北朝壁畫墓	1986年4月11日	永安五銖15枚	山東文物考古研究所:《濟南市東八里窪北朝壁畫墓》,載《文物》1989年第4期
莒縣陳家樓村	1986年8月	西漢五銖5枚	莒縣博物館:《莒縣發現西漢玉璧》,載《考古》1989年第6期
微山縣歡城鎮東田陳村	1986年10月	西漢五銖50餘枚、四銖半兩11枚、貨泉12枚、南北朝五銖1枚,同出隋、唐、五代十國、兩宋、遼、金錢共20 000餘枚	楊建中:《山東微山縣出土一批古幣》,載《中國錢幣》1987年第2期
濟南市青龍山漢畫像石壁畫墓	1986年11月	五銖22枚,内有剪輪五銖17枚	濟南市文化局文物管理處:《山東濟南青龍山漢畫像石壁畫墓》,載《考古》1989年第11期
萊蕪市牛家鎮東泉河村	1987年3月	五銖40枚	劉衛東:《山東萊蕪東泉河村出土一批西漢文物》,載《文物》1993年第12期
微山縣夏鎮收購站回收一批出土古幣	1987年4月3日	半兩2枚、大泉五十1枚、貨泉13枚、穿上一星五銖1枚、穿下一星五銖3枚、四出五銖2枚、綖環錢3枚、二星五銖2枚、小五銖109枚、鐵錢2枚	微山縣文化館:《山東微山縣出土三批漢代貨幣》,載《陝西金融》1987年錢幣專輯(8)
微山縣土產公司回收一批出土古幣	1987年7月2日	半兩1枚、王莽大泉五十重輪錢1枚、貨泉9枚、剪輪大泉五十1枚、剪輪貨泉1枚、四星五銖1枚、五金1枚、合面五銖1枚、輕薄小錢30餘枚、薄小五銖84枚	
昌樂縣朱留鎮東圈漢墓	1987年11月5日—12月2日	五銖769枚	濰坊市博物館:《山東昌樂縣東圈漢墓》,載《考古》1993年第6期
沂水縣牛嶺埠東漢墓	1987年11月	五銖5枚	馬璽倫:《山東沂水縣牛嶺埠發現一座東漢墓》,載《考古》1993年第10期
微山縣夏鎮王莊東漢墓	1988年2—5月	五銖181枚、貨泉312枚	微山縣文化館:《山東微山縣發現四座東漢墓》,載《考古》1990年第10期
濟寧市師專西漢墓群M1、M2、M5—M8、M10、M11、M12、M15、M18、M20、M21、M23、M24	1988年8月	五銖97枚、大泉五十65枚、磨郭五銖34枚、剪輪五銖9枚、貨泉324枚、大布黄千	濟寧市博物館:《山東濟寧師專西漢墓群清理簡報》,載《文物》1992年第9期
安丘縣管公鄉姜家莊	1989年3月	大泉五十數十枚	安丘縣博物館:《山東安丘發現一處銅器窖藏》,載《文物》1990年第8期
微山縣兩城山漢墓M1	1989年9—11月	五銖1枚	微山縣文物管理所:《山東微山縣發現漢、宋墓葬》,載《考古》1995年第8期
青州市戴家樓村西北戰國西漢墓M83、M95	1990年4月	五銖7枚	山東省文物考古研究所:《山東青州市戴家樓戰國西漢墓》,載《考古》1995年第12期
鄒城市古路口鄉車路口東漢畫像石墓	1990年5月9—22日	半兩1枚、五銖19枚(内剪廓2枚)、貨泉3枚	解華英:《山東鄒城市車路口東漢畫像石墓》,載《考古》1996年第3期
安丘縣柘山鄉	1990年6月	五銖130枚	曹徵民等:《山東安丘縣出土一批西漢器物》,載《考古》1995年第2期
鄒城市高李村漢畫像石墓	1990年11月25日	五銖1枚	鄒城市文物管理處:《山東鄒城高李村漢畫像石墓》,載《文物》1994年第6期
濟寧市區越河北路北側普育小學院内	1991年1月	半兩1枚、五銖349枚	濟寧市博物館:《山東濟寧發現一座東漢墓》,載《考古》1994年第2期
滕州市官橋車站村東首	1991年4月	五銖362枚、大泉五十12枚	山東省文物考古研究所魯中南考古隊:《山東滕州市官橋車站村漢墓》,載《考古》1999年第4期

出 土 地 點	出 土 時 間	出 土 情 況	資 料 來 源
鄒城市郭里村以西臥虎山	1991 年 5 月、1995 年 10 月	五銖 4 枚	鄒城市文物管理局：《山東鄒城市臥虎山漢畫像石墓》，載《考古》1999 年第 6 期
章丘市聖井鎮黃土崖村	1992 年 9 月	五銖 134 枚，其中剪輪 1 枚	章丘市博物館：《山東章丘市黃土崖東漢畫像石墓》，載《考古》1996 年第 10 期
濟寧市張山東漢墓 M2、M3	1993 年 2 月	剪郭五銖 3 枚、五銖 1 枚	濟寧市文物管理局：《山東濟寧張山發現三座東漢墓》，載《考古》1997 年第 7 期
濟寧市郊區陸橋窯場	1993 年 2 月	五銖等	魯波：《簡訊十則》，載《文物》1993 年第 11 期
微山縣漢畫像石墓	1993 年 12 月、1994 年 2 月	大泉五十 10 餘枚、五銖 30 枚	微山縣文物管理所：《山東微山縣漢畫像石墓的清理》，載《考古》1998 年第 3 期
臨沂市芝麻墩鄉秦家陵南朝墓群	1995 年清明前後	孝建四銖 9 枚、孝建光背 33 枚	孫軍：《山東臨沂發現南朝孝建四銖》，載《中國錢幣》1998 年第 2 期
長清縣雙乳山 1 號漢墓	1995 年 10 月—1996 年 7 月	金餅 20 枚、半兩 2 枚、五銖 21 枚	任相宏：《山東長清雙乳山一號漢墓出土的錢幣》，載《中國錢幣》1997 年第 2 期
滕州市張汪鎮夏樓村東北西晉元康九年(299 年)墓	1996 年 8 月	五銖 1 枚	滕州市博物館等：《山東滕州市西晉元康九年墓》，載《考古》1999 年第 12 期
青州市龍興寺佛教造像窖藏	1996 年 10 月 7—15 日	五銖 1 枚，同出唐、南唐、北宋錢共 100 餘枚	青州市博物館：《青州龍興寺佛教造像窖藏清理簡報》，載《文物》1998 年第 2 期
臨沂市金雀山西漢墓	1997 年 4—5 月	五銖 9 枚	金雀山考古發掘隊：《臨沂金雀山 1997 年發現的四座西漢墓》，載《文物》1998 年第 12 期
臨沂市銀雀山	1997 年 5 月 6—25 日	五銖 105 枚、鎏金五銖 22 枚	銀雀山考古發掘隊：《山東臨沂市銀雀山的七座西漢墓》，載《考古》1999 年第 5 期
陽谷縣定水鎮吳樓村西北 1 號漢墓	1997 年 8 月	五銖 13 枚	聊城市文物管理委員會：《山東陽谷縣吳樓一號漢墓的發掘》，載《考古》1999 年第 11 期
昌樂縣劉辛莊漢墓		五銖	《文物工作報導》，載《文物參考資料》1954 年第 3 期
安丘縣韓家王封村漢墓		五銖	《四年來華東區的文物工作及其重要的發現》，載《文物參考資料》1954 年第 8 期
禹城縣漢墓		五銖 22 枚	《禹城漢墓清理簡報》，載《文物參考資料》1955 年第 6 期
掖縣(今萊州市)漢墓		五銖 50 枚、貨泉 3 枚	《文物工作報導》，載《文物參考資料》1956 年第 12 期
淄博市臨淄區北朝崔德墓 M5		常平五銖 36 枚	山東省文物考古研究所：《臨淄北朝崔氏墓》，載《考古學報》1984 年第 2 期
淄博市臨淄區北朝崔博墓 M12		東漢五銖	
淄博市臨淄區北朝 M7、M8、M11、M13		貨泉 8 枚、五銖 1 枚	
臨沭縣北溝頭遺址		半兩、五銖、大泉五十	王亮：《山東臨沭縣北溝頭和寨子遺址調查》，載《考古》1990 年第 6 期
濟寧市藩廟漢墓		半兩 2 枚、五銖 16 枚	國家文物局考古領隊培訓班：《山東濟寧郊區藩廟漢代墓地》，載《文物》1991 年第 12 期
鄭州市二里崗東漢初期空心磚墓	1953 年 1 月	五銖 10 餘枚	安金槐：《鄭州二里崗空心磚墓介紹》，載《文物參考資料》1954 年第 6 期
鄭州市二里崗漢墓 M2	1953 年秋	五銖 17 枚	河南省文物工作隊：《鄭州二里崗的一座漢代小磚墓》，載《考古》1964 年第 4 期
湯陰縣後營村東漢墓	1953 年 11 月	五銖	周到：《豫北古墓群調查記》，載《考古通訊》1957 年第 6 期
林縣闊家堂村東漢墓		五銖 70 枚	
洛陽市西郊澗濱漢墓 M2、M4	1954 年春	燒溝Ⅰ型、Ⅱ型、Ⅲ型五銖共 40 枚	郭寶鈞等：《洛陽澗濱古文化遺址及漢墓》，載《考古學報》1956 年第 1 期
鄭州市二里崗漢畫像空心磚墓 M32、M33	1954 年 6 月	五銖 38 枚	河南省文物工作隊：《鄭州二里崗漢畫像空心磚墓》，載《考古》1963 年第 11 期
鄭州市南關外東漢墓	1954 年 10 月	五銖 179 枚	劉東亞：《鄭州南關外東漢墓的發掘》，載《考古通訊》1958 年第 2 期

(左側縱列自上而下依次標示：山 東 省、河 南 省)

出 土 地 點	出 土 時 間	出 土 情 況	資 料 來 源
洛陽市中州路西工段漢代建築遺址	1954—1955 年	半兩 4 枚,燒溝 I 型五銖 23 枚、II 型五銖 34 枚、III 型五銖 1 枚、IV 型五銖 1 枚、V 型五銖 3 枚,大泉五十 5 枚、貨泉 6 枚、小泉直一 1 枚	中國科學院考古研究所:《洛陽中州路(西工段)》,科學出版社 1959 年版
洛陽市中州路西工段漢墓		貨泉 3 枚,燒溝 I 型五銖、II 型五銖(無郭)、III 型五銖(四出)、IV 型五銖(剪輪)共 400 餘枚	
洛陽市漢河南縣城東區 301 號遺址	1955 年春	半兩 1 枚,燒溝 I 型五銖 5 枚、II 型五銖 3 枚、III 型五銖 1 枚、IV 型五銖 2 枚,貨泉 2 枚	黃展岳:《一九五五年春洛陽漢河南縣城東區發掘報告》,載《考古學報》1956 年第 4 期
洛陽市漢河南縣城東區 305 號糧倉遺址		貨幣 2 600 多枚	
洛陽市漢河南縣城東區 312 號糧倉遺址		大泉五十 1 枚、貨泉 1 枚	
洛陽市漢河南縣城東區 314 號房基遺址		半兩 1 枚,燒溝 II 型五銖 2 枚、III 型五銖 3 枚、IV 型五銖 6 枚,大泉五十 10 枚、貨泉 5 枚、布泉 1 枚	
洛陽市漢河南縣城東區 317 號房基遺址		燒溝 III 型五銖 4 枚、IV 型五銖 18 枚,貨泉和小貨泉 7 枚、無文錢 2 枚	
洛陽市漢河南縣城東區 320 號糧倉遺址		燒溝 IV 型五銖 8 枚、貨泉 2 枚	
洛陽市漢河南縣城東區 307 號擾土坑		燒溝 IV 型五銖 3 枚、大泉五十 1 枚	
洛陽市漢河南縣城東區 340a 號糧倉遺址		燒溝 IV 型五銖 1 枚	
洛陽市漢河南縣城東區 340c 號糧倉遺址		燒溝 III 型五銖 1 枚、IV 型五銖 16 枚、V 型五銖 8 枚	
洛陽市漢河南縣城東區 340d 號糧倉遺址		大泉五十 2 枚、貨泉和小貨泉 11 枚、貨布 2 枚	
洛陽市漢河南縣城東區 310 號糧倉遺址		燒溝 IV 型五銖 2 枚、V 型五銖 2 枚	
孟縣漢墓	1955 年 4 月	五銖 69 枚	趙世綱:《河南孟縣漢墓的清理》,載《考古通訊》1958 年第 3 期
新鄉市東漢墓	1955 年 6 月	五銖、無文錢 17 枚	杜靜山、齊泰定:《河南新鄉瓦墓中出土銅錢十七枚》,載《文物參考資料》1955 年第 9 期
朱村古墓	1955 年 6 月	五銖、大泉五十、貨泉近 600 枚	陳嘉祥:《河南朱村發現古墓》,載《考古通訊》1956 年第 6 期
洛陽市拖拉機廠西晉墓	1955 年 7 月	出土錢幣 92 枚,其中曹魏五銖 3 枚、五金 1 枚、五朱 1 枚	程永建:《洛陽西晉北魏墓出土的曹魏五銖》,載《中國錢幣》1997 年第 4 期
洛陽市 5106 廠西晉墓	1970 年 1 月	出土錢幣 192 枚,其中曹魏五銖 10 枚	
洛陽市谷水原第八步校西晉墓	1972 年 4 月	出土錢幣 50 枚,其中曹魏五銖 1 枚	
洛陽市科委大樓工地	1975 年 5 月	出土錢幣 10 枚,其中曹魏五銖 1 枚	
洛陽市軸承廠 704 分廠西晉墓	1977 年 11 月	出土錢幣 706 枚,其中曹魏五銖 15 枚、五朱 2 枚	
洛陽市棉紡廠西晉墓	1977 年 11 月	出土錢幣 706 餘枚,其中曹魏五銖 7 枚	
洛陽市玻璃廠晉墓	1979 年 5 月	出土錢幣 280 枚,其中曹魏五銖 1 枚、五朱 1 枚	
洛陽市吉利石化總廠古墓	1997 年 3 月	出土錢幣 10 餘枚,其中曹魏五銖 3 枚	

河 南 省

出 土 地 點		出 土 時 間	出 土 情 況	資 料 來 源
河 南 省	鄭州市晉墓	1955 年 9 月	半兩 1 枚、五銖 25 枚、剪郭五銖 7 枚	河南省文物工作隊一隊：《河南鄭州晉墓發掘記》，載《考古通訊》1957 年第 1 期
	洛陽市西郊漢代居住遺址	1955 年	莽泉、東漢五銖、鉛五銖、西漢晚期五銖 100 枚，小五銖 3 000 枚	郭寶鈞：《洛陽西郊漢代居住遺址》，載《考古通訊》1956 年第 1 期
	洛陽市澗西區北朝墓	1955 年	永安五銖 2 枚、常平五銖 2 枚、永通萬國 1 枚、剪郭錢 1 枚	河南省文物工作隊：《一九五五年洛陽澗西區北朝及隋唐墓葬發掘報告》，載《考古學報》1959 年第 2 期
	洛寧縣洛濟渠工程中原村	1955 年	五銖、貨布 12 筐	裴琪、賈峨：《河南洛寧縣發現大量古幣》，載《文物參考資料》1955 年第 6 期
	洛陽市澗西區小型漢墓陶棺葬	1955 年	西漢五銖 45 枚、東漢五銖 24 枚，另有大泉五十、貨泉	河南省文物工作隊：《一九五五年洛陽澗西區小型漢墓發掘報告》，載《考古學報》1959 年第 2 期
	洛陽市澗西區小型漢墓瓮棺葬		半兩 17 枚、西漢五銖 1 枚、東漢五銖 11 枚、五銖 45 枚、貨泉 1 枚、大泉五十 1 枚	
	洛陽市澗西區小型漢墓瓦棺葬		半兩 1 枚	
	洛陽市澗西區小型漢墓磚棺葬		西漢五銖 2 枚，布泉 1 枚、東漢五銖、東漢剪郭五銖 213 枚	
	洛陽市澗西區小型漢墓土壙墓		半兩、五銖、大泉五十、貨泉共 302 枚	
	南陽縣漢代石刻墓	1956 年 10 月	五銖、契刀五百、大泉五十	《南陽漢代石刻墓》，載《文物參考資料》1958 年第 10 期
	延津縣馬崗晉墓	1957 年 4 月	五銖 1 枚	陳文亮、郭瓚先：《河南延津縣馬崗晉墓的清理》，載《考古通訊》1958 年第 1 期
	新鄉市北郊五里崗 54 號磚墓	1957 年 9 月	五銖 23 枚	齊泰定：《河南省新鄉市北郊五里崗 54 號墓》，載《文物》1959 年第 4 期
	舞陽縣冢張村東漢中期墓 M2、M6、M7、M9、M10	1957 年	五銖 46 枚	河南省文物工作隊：《河南舞陽冢張村漢墓發掘簡報》，載《考古通訊》1978 年第 9 期
	陝縣西漢墓	1957 年	小半兩、五銖	黃河水庫考古工作隊：《1957 年河南陝縣發掘簡報》，載《考古通訊》1958 年第 11 期
	洛陽市燒溝西漢壁畫墓	1957 年	半兩 1 枚、燒溝 I 型五銖、II 型五銖 187 枚、五銖 89 枚	河南省文物工作隊：《洛陽西漢壁畫墓發掘報告》，載《考古學報》1964 年第 2 期
	洛陽市老城西北郊 81 號漢墓	1957—1958 年	上橫五銖、下半星五銖、五銖共 420 枚	賀官保：《洛陽老城西北郊 81 號漢墓》，載《考古》1964 年第 8 期
	滎陽縣河王水庫漢墓 CHM1	1958 年春	五銖 699 枚、貨泉 1 枚	河南省文化局文物工作隊：《河南滎陽河王水庫漢墓》，載《文物》1960 年第 5 期
	滎陽縣河王水庫漢墓 CHM3		五銖 38 枚	
	滎陽縣河王水庫漢墓 CHM4		五銖 82 枚	
	滎陽縣河王水庫漢墓 CHM6		五銖 169 枚	
	滎陽縣漢墓	1958 年春	五銖 699 枚、貨泉 1 枚	賈峨：《滎陽漢墓出土的彩繪陶樓》，載《文物參考資料》1958 年第 10 期
	南陽市西北隔玄廟觀西東漢磚券墓	1958 年 4 月	五銖 20 餘枚	河南省文物工作隊：《南陽東漢小磚券的發掘》，載《文物》1959 年第 2 期
	洛陽市燒溝西漢墓	1959 年春	五銖 7 枚	李宗道：《洛陽燒溝清理西漢墓葬》，載《文物》1959 年第 9 期
	鄭州市南關 159 號漢墓	1959 年 11 月	西漢晚期五銖約 100 枚	河南省文物工作隊：《鄭州南關 159 號漢墓的發掘》，載《文物》1960 年第 8、9 期
	沈丘縣蚌殼墓 M6	1959 年 12 月	半兩 20 枚	河南省文物工作隊：《河南沈丘附近發現蚌殼墓》，載《考古》1960 年第 10 期
	洛陽市王灣晉墓	1959—1960 年	五銖 70 多枚	北京大學考古實習隊：《洛陽王灣遺址發掘簡報》，載《考古》1961 年第 4 期
	洛陽市王灣北朝墓		五銖、常平五銖	

出　土　地　點		出　土　時　間	出　土　情　況	資　料　來　源
河 南 省	洛陽市東漢中葉 30、14 號漢墓側室、後室	50 年代	小泉直一、貨泉、貨布、五銖共 203 枚	《洛陽 30、14 號漢墓發掘簡報》，載《文物參考資料》1955 年第 12 期
	南陽縣東吳晉墓	1962 年 3 月	東漢五銖 20 枚，剪輪五銖 5 枚	河南省文物工作隊、南陽市文物管理委員會：《河南南陽東吳晉墓》，載《考古》1963 年第 1 期
	宜陽縣洛河岸窖藏	1963 年	西漢半兩、西漢五銖、大泉五十、貨泉、直百五銖、太平百錢、大泉當千、永安五銖、畫像錢共 300 多斤	陳娟：《宜陽出土的漢代壓勝錢》，載《中原文物》1984 年第 3 期
	南陽市新華公社西關漢畫像石墓	1964 年 3 月	貨泉 1 枚	王儒林：《河南南陽西關一座古墓中的漢畫像石》，載《考古》1964 年第 8 期
	南陽市西漢窖藏	1964 年 5 月	秦半兩、漢八銖半兩、漢初半兩、四銖半兩、榆莢半兩及小半兩等 20 餘公斤	魏仁華：《河南南陽發現一批秦漢銅錢》，載《考古》1964 年第 11 期
	新安縣古路溝東漢中期墓	1964 年 8 月	五銖 103 枚	河南省文物工作隊：《河南新安古路溝漢墓》，載《考古》1966 年第 3 期
	禹縣	1964 年 12 月	半兩、大泉五十、大泉當千、貨泉、剪輪五銖、綖環五銖共 30 餘斤	《河南禹縣出土一批漢代文物》，載《考古》1965 年第 12 期
	鄭州市碧沙崗公園東漢墓	1965 年 6 月	五銖 49 枚，剪輪貨泉 1 枚	鄭州市博物館：《河南鄭州市碧沙崗公園東漢墓》，載《考古》1966 年第 5 期
	洛陽市燒溝 M14 號漢墓	1965 年冬	五銖 320 枚	洛陽市文物工作隊：《洛陽燒溝 14 號漢墓發掘簡報》，載《文物》1983 年第 4 期
	濟源縣泗澗溝西漢晚期墓 M16、M24	1969 年 11 月	五銖 69 枚、大泉五十 1 枚	河南省博物館：《河南濟源泗澗溝三座漢墓的發掘》，載《文物》1973 年第 2 期
	洛陽市唐寺門漢墓	1970 年 9 月	半兩、五銖(分五型)、貨泉、大泉五十共 492 枚	洛陽市文物工作隊：《洛陽唐寺門兩座漢墓發掘簡報》，載《中原文物》1984 年第 3 期
	鄭州市新通橋漢代畫像空心磚墓	1970 年 9 月	五銖 200 多枚	鄭州市博物館：《鄭州新通橋漢代畫像空心磚墓》，載《文物》1972 年第 10 期
	鄭州市郊古城村	1971 年 2 月	馬蹄金 4 件	楊煥成：《鄭州市郊發現漢代麟趾馬蹄金》，載《考古》1974 年第 1 期
	洛陽市澗西七里河東漢墓	1972 年 6 月	貨泉 4 枚、東漢五銖 300 枚	洛陽市博物館：《洛陽澗西七里河東漢墓發掘簡報》，載《考古》1975 年第 2 期
	鞏縣葉嶺村西漢墓	1972 年 11 月	大泉五十 3 枚	鞏縣文化館：《河南鞏縣葉嶺村發現一座西漢墓》，載《考古》1974 年第 2 期
	靈寶縣張灣漢墓 M2、M3、M4、M5	1972 年	西漢晚期五銖 10 枚、東漢早期五銖 19 枚、中期五銖 288 枚、晚期五銖 174 枚，大泉五十 1 枚，貨泉 8 枚，貨布 1 枚	河南省博物館：《靈寶張灣漢墓》，載《文物》1975 年第 11 期
	洛陽市金谷園車站 11 號漢墓	1972 年	五銖 393 枚	洛陽市文物工作隊：《洛陽金谷園車站 11 號漢墓發掘簡報》，載《文物》1983 年第 4 期
	長葛縣漢墓	1973 年	五銖 25 枚	河南省文物研究所：《河南長葛漢墓出土的鐵器》，載《考古》1982 年第 3 期
	洛陽市東漢光和二年(179 年)墓 M1	1974 年 7 月	半兩 153 枚、五銖 133 枚、大泉五十 6 枚、貨泉 3 枚、幣形器 3 枚	洛陽市博物館：《洛陽東漢光和二年王當墓發掘簡報》，載《文物》1980 年第 6 期
	扶溝縣古城村西門	1974 年 8 月	金餅 197 枚	河南省博物館等：《河南扶溝古城村出土的楚金銀幣》，載《文物》1980 年第 10 期
	洛陽市西漢墓 CIM35	1974 年 12 月	五銖 46 枚	洛陽市文物工作隊：《洛陽西漢墓發掘簡報》，載《考古》1983 年第 1 期
	鄭州市古滎鎮漢代冶鐵遺址	1975 年	五銖 2 枚	鄭州市博物館：《鄭州古滎鎮漢代冶鐵遺址發掘簡報》，載《文物》1978 年第 2 期
	洛陽市西漢卜千墓	1976 年 6 月	五銖 67 枚	洛陽市博物館：《洛陽西漢卜千秋壁畫墓發掘簡報》，載《文物》1977 年第 6 期
	洛陽市戰國糧倉 62 號糧窖	1976 年	西漢半兩，同出中型削肩空首布 5 枚、小型平肩空首布 52 枚、平首布 9 枚、圜錢 48 枚	洛陽市博物館：《洛陽戰國糧倉試掘紀略》，載《文物》1981 年第 11 期
	洪縣高村公社	1978 年 3 月	五銖 3 枚	洪縣文物管理所：《河南洪縣出土一批北魏雙耳釜》，載《考古》1984 年第 3 期
	襄城縣王洛公社北宋莊村	1978 年 5 月	圓金餅 7 枚、馬蹄金 14 件	郭建邦：《河南襄城出土一批古代金幣》，載《文物》1986 年第 10 期

出　土　地　點		出　土　時　間	出　土　情　況	資　料　來　源
河 南 省	唐阿縣石灰窑村畫像石墓	1979 年 12 月	武帝五銖 8 枚	趙成甫、張逢西：《河南唐阿縣石灰窑村畫像石墓》，載《文物》1982 年第 5 期
	洛寧縣東漢墓 M4	1980 年春	五銖 205 枚、大泉五十 2 枚	洛陽地區文化局文物工作隊：《河南洛寧東漢墓清理簡報》，載《文物》1987 年第 1 期
	洛陽市火車站金谷園邙山坡西漢石椁墓 C8M15	1981 年 8 月	無文錢 2 枚	洛陽市文物工作隊：《洛陽西漢石椁墓》，載《考古》1984 年第 9 期
	方城縣城關鎮漢畫像石墓	1982 年 4 月	大泉五十 4 枚、大布黃千 1 枚	南陽地區文物工作隊、方城縣文化館：《河南方城縣城關鎮漢畫像石墓》，載《文物》1984 年第 3 期
	息縣臨河公社鄭寨大隊熊莊生產隊	1983 年 1 月	西漢四銖半兩、八銖半兩、西漢五銖、新莽貨泉、北齊常平五銖、北周布泉	息縣文化館：《息縣發現宋代窖藏錢幣》，載《考古》1987 年第 8 期
	南陽縣辛店公社英莊村漢畫像石墓	1983 年 4 月	五銖 2 枚、大泉五十陶錢 20 枚、大泉五十合背陶錢 5 枚、無文陶錢 22 枚	南陽地區文物工作隊、南陽縣文化館：《河南南陽縣英莊漢畫像石墓》，載《文物》1984 年第 3 期
	偃師縣李村	1983 年夏	西漢半兩、兩漢五銖、莽錢、無文錢、三國錢幣(其中曹魏五銖 116 枚)共 2 617 枚	霍宏偉等：《偃師李村窖藏錢幣中的曹魏五銖》，載《中國錢幣》1997 年第 4 期
	偃師縣杏園村東漢壁畫墓	1984 年春	半兩、五銖、剪輪五銖近 100 枚	中國社會科學院考古研究所等：《河南偃師杏園村東漢壁畫墓》，載《考古》1985 年第 1 期
	洛陽市漢魏故城北垣 1 號馬面	1984 年 3 月 21 日—4 月 9 日	五銖 1 枚、貨泉 2 枚	中國社會科學院考古研究所漢魏故城工作隊：《洛陽漢魏故城北垣一號馬面的發掘》，載《考古》1986 年第 8 期
	洛陽市龍門香山寺遺址	1984 年 4 月	五銖 1 枚	洛陽市龍門文物管理所：《洛陽龍門香山寺遺址的調查與試掘》，載《考古》1986 年第 1 期
	義馬市新市區 5 號西漢墓	1984 年 7 月	五銖 43 枚	洛陽市第二文物工作隊：《義馬新市區五號西漢墓發掘簡報》，載《文物》1995 年第 11 期
	偃師縣杏園村魏晉墓 84YDT16M6	1984 年夏	寬郭五銖、剪輪五銖、窄郭五銖共 100 餘枚	中國社會科學院考古研究所等：《河南偃師杏園村的兩座魏晉墓》，載《考古》1985 年第 8 期
	扶溝縣吳橋村漢代畫像磚墓	1984 年	大泉五十 9 枚	郝萬章：《扶溝吳橋村發現漢代畫像磚》，載《中原文物》1984 年第 3 期
	西華縣前石羊村	1984 年	大泉五十 1 枚、五銖 13 枚	張志華、王富安：《河南西華發現一枚漢代金印》，載《文物》1987 年第 4 期
	新鄉市楊崗戰國西漢墓	1985 年 2 月	五銖 20 枚	新鄉市博物館：《河南新鄉楊崗戰國西漢墓發掘簡報》，載《考古》1987 年第 4 期
	濟源縣承留鄉承留村漢墓	1985 年 3 月	五銖 5 枚，其中剪輪 1 枚	張新斌等：《河南濟源縣承留漢墓的發掘》，載《考古》1991 年第 12 期
	洛陽市西工區定鼎路小學唐宋遺迹	1985 年 8 月 2 日—9 月 12 日	漢五銖 1 枚	中國社會科學院考古研究所洛陽唐城隊：《洛陽定鼎路小學唐宋遺迹和東周墓葬發掘簡報》，載《考古》1997 年第 11 期
	洛陽市孟津縣邙山鄉三十里舖村東北晉墓 M20	1985 年秋	大泉五十 1 枚、東漢五銖 4 枚	洛陽市文物工作隊：《洛陽孟津晉墓、北魏墓發掘簡報》，載《文物》1991 年第 8 期
	洛陽市東郊漢魏洛陽故城北魏建春門遺址	1985 年 10—12 月	五銖 2 枚、剪輪五銖 1 枚、永安五銖 1 枚	中國社會科學院考古研究所洛陽漢魏故城工作隊：《漢魏洛陽故城北魏建春門遺址的發掘》，載《考古》1988 年第 9 期
	焦作市電廠	1986 年 6 月 17 日	西漢五銖、新莽貨泉	趙進才：《焦作市出土金代窖藏銅錢》，載《中國錢幣》1987 年第 1 期
	洛陽市北郊邙山南麓東漢壁畫墓	1987 年 6 月	五銖 5 枚、貨泉 71 枚、大泉五十 339 枚	洛陽市文物工作隊：《河南洛陽北郊東漢壁畫墓》，載《考古》1991 年第 8 期
	許昌縣張潘鄉盆李村	1987 年 6 月	細緣五銖 800 枚、剪輪磨輪五銖 80 枚、四出五銖 2 枚、無輪無郭錢 2 210 枚、小貨泉 28 枚、貨泉 1 枚、無文小錢 11 310 枚、剪輪對文和綖環五銖 17 800 枚、三國曹魏五銖 350 枚、五朱 10 枚、蜀漢五銖 15 枚、孫吳大泉當千 1 枚、太平百錢 2 枚、定平一百 1 枚	黃留春：《淺識漢魏許都故城窖藏銅錢》，載《中國錢幣》1992 年第 2 期
	偃師縣南莊鄉寺里碑村	1988 年 5 月	五銖 384 枚、大泉五十 3 枚、剪輪無文錢 1 枚	中國社會科學院考古研究所洛陽漢魏故城工作隊：《洛陽漢魏故城北魏外廓城內叢葬墓發掘》，載《考古》1992 年第 1 期
	鄧州市福勝寺塔地宮	1988 年 7—8 月	五銖、貨泉	河南省古代建築保護研究所等：《河南鄧州市福勝寺塔地宮》，載《文物》1991 年第 6 期

出 土 地 點	出 土 時 間	出 土 情 況	資 料 來 源
淮陽縣北關 1 號漢墓	1988 年 8—11 月	大泉五十 1 枚、五銖 115 枚、剪輪五銖 34 枚、綖環錢 79 枚	周口地區文物工作隊等:《河南淮陽北關一號漢墓發掘簡報》,載《文物》1991 年第 4 期
洛陽市西工區	1989 年春	剪輪五銖 1 枚	程永建等:《河南洛陽市發現東晉窖藏》,載《考古》1996 年第 9 期
息縣包信鎮鄒樓村	1989 年 10 月	布泉	張澤松:《河南息縣近年出土的錢幣精品》,載《中國錢幣》,1990 年第 1 期
洛陽市分金溝村故西城垣	1989 年初冬	貨泉	中國社會科學院考古研究所洛陽漢魏故城工作隊:《北魏洛陽外郭城和水道的勘查》,載《考古》1993 年第 7 期
孟津縣北陳村北魏壁畫墓	1989 年冬	永安五銖 4 枚	洛陽市文物工作隊:《洛陽孟津北陳村北魏壁畫墓》,載《文物》1995 年第 8 期
南陽市麒麟崗西漢古墓 M1	1989 年 12 月	兩甾錢 1 枚	包明軍:《河南南陽市出土兩甾錢》,載《中國錢幣》1996 年第 2 期
偃師縣東漢姚孝經墓	1990 年 1 月	五銖 1 枚	偃師縣博物館:《河南偃師東漢姚孝經墓》,載《考古》1992 年第 3 期
洛陽市北郊苗溝村西晉墓 C8M 868	1990 年 6 月	東漢五銖 45 枚,其中有東漢晚期剪輪五銖	洛陽市文物工作隊:《洛陽北郊西晉墓》,載《文物》1992 年第 3 期
洛陽市機車工廠東漢壁畫墓	1990 年 秋—1991 年春	五銖 3 枚、剪輪半兩 1 枚	洛陽市文物工作隊:《洛陽機車工廠東漢壁畫墓》,載《文物》1992 年第 3 期
洛陽市金谷園 372 號西漢墓	1992 年 8 月	五銖 124 枚、鐵五銖 1 枚	洛陽市第二文物工作隊:《洛陽郵電局 372 號西漢墓》,載《文物》1994 年第 7 期
洛陽市東漢孝女黃晨、黃芍合葬墓 C3M226	1992 年 8 月	五銖 25 枚、剪輪五銖 2 枚	洛陽市文物工作隊:《河南洛陽市東漢孝女黃晨、黃芍合葬墓》,載《考古》1997 年第 7 期
洛陽市南樓基建村後周墓 C8M 972	1992 年 9 月	五銖 1 枚,同出唐、後周錢	洛陽市文物工作隊:《洛陽發現一座後周墓》,載《文物》1995 年第 8 期
洛陽市淺井頭村西漢壁畫墓	1992 年 10 月	五銖 223 枚	洛陽市第二文物工作隊:《洛陽淺井頭西漢壁畫墓發掘簡報》,載《文物》1993 年第 5 期
洛陽市第 3850 號 東 漢 墓 C1M 3850	1992 年秋	五銖 61 枚,其中剪輪五銖 7 枚	洛陽市文物工作隊:《河南洛陽市第 3850 號東漢墓》,載《考古》1997 年第 8 期
洛陽市五女冢新莽墓	1992 年 12 月—1993 年 4 月	大泉五十 491 枚、小泉直一 1 枚	洛陽市第二文物工作隊:《洛陽五女冢新莽墓發掘簡報》,載《文物》1995 年第 11 期
洛陽市谷水晉墓 M4	1995 年 5 月	五銖 3 304 枚、貨泉 70 枚、半兩 8 枚、大泉五十 5 枚、布泉 4 枚	洛陽市第二文物工作隊:《洛陽谷水晉墓》,載《文物》1996 年第 8 期
洛陽市漢魏洛陽故城金墉城址	1995 年、1997 年	五銖 2 枚、剪輪五銖 1 枚	中國社會科學院考古研究所洛陽漢魏故城工作隊:《漢魏洛陽故城金墉城址發掘簡報》,載《考古》1999 年第 3 期
洛陽市谷水西晉墓 M4、M5、M6	1995—1999 年	半兩、西漢五銖、貨泉、大泉五十、布泉、東漢五銖、蜀五銖、曹魏五銖共 3 000 餘枚,其中 M4、M5 出土曹魏五銖 47 枚	喬棟等:《洛陽谷水西晉墓出土曹魏五銖》,載《中國錢幣》1997 年第 4 期
洛陽市五女冢 267 號新莽墓 96 HM267	1996 年 1 月	大泉五十 42 枚	洛陽市第二文物工作隊:《洛陽五女冢 267 號新莽墓發掘簡報》,載《文物》1996 年第 7 期
洛陽市谷水晉墓 FM5	1996 年 11 月	五銖 102 枚(其中剪輪 38 枚)、貨泉 2 枚	洛陽市第二文物工作隊:《洛陽谷水晉墓 (FM5) 發掘簡報》,載《文物》1997 年第 9 期
新鄭市	1996 年 12 月	東漢剪輪五銖 5 枚、曹魏五銖 580 枚	謝朱蘆:《新鄭發現曹魏五銖窖藏》,載《中國錢幣》1997 年第 4 期
洛陽市谷水晉墓 FM6	1997 年 4 月	西漢五銖 6 枚、貨泉 2 枚、布泉 1 枚、東漢五銖 31 枚、剪輪五銖 30 枚、對文五銖 2 枚、五朱 1 枚	洛陽市第二文物工作隊:《洛陽谷水晉墓 (FM6) 發掘簡報》,載《文物》1997 年第 9 期
洛陽市金谷園小學工地出土一批戰國西漢墓葬	1998 年 5—6 月	五銖 26 枚	洛陽市第二文物工作隊:《洛陽金谷園小學 IM1254 西漢墓發掘簡報》,載《文物》1999 年第 9 期
林縣嶺後村、交通局、東寨村	建國以來	秦半兩 2 枚,西漢呂后八銖半兩 1 枚、榆莢半兩 1 枚和半兩、五銖,新莽大泉五十、小泉直一,貨布 2 枚、貨泉,東漢五銖、剪輪五銖、綖環五銖,南朝梁五銖 1 枚,同出貝幣、空首布、平首布、垣字圜錢和隋、唐、五代、北宋、遼、西夏、金、明、清銅錢以及日本、安南錢	張增午:《河南林縣出土的古錢幣》,載《中國錢幣》1992 年第 1 期

河南省

出　土　地　點	出　土　時　間	出　土　情　況	資　料　來　源
鄧縣漢墓		五銖 2 枚	《河南日報》:《河南鄧縣發現漢墓》,載《文物工作情況》,載《文物參考資料》1950 年第 10 期
郟城縣磚寺鄉漢墓		五銖	《文物工作報導》,載《文物參考資料》1956 年第 5 期
洛陽市晉墓		半兩 19 枚、五銖 1 969 枚、大泉五十 9 枚、貨泉 52 枚、大泉當千 1 枚、直百五銖 4 枚、太平百錢 1 枚、定平一百 1 枚	河南省文物工作二隊:《洛陽晉墓的發掘》,載《考古學報》1957 年第 1 期
泌陽縣板橋漢墓		燒溝Ⅰ型、Ⅱ型五銖 3 枚、Ⅲ型、Ⅳ型五銖 600 枚、Ⅴ型五銖 60 枚	河南省文物工作隊:《河南泌陽板橋古墓葬及古井的發掘》,載《考古學報》1958 年第 4 期
鄧縣北朝彩繪畫像磚墓		五銖 9 枚	《河南鄧縣發現北朝七色彩繪畫像磚墓》,載《文物參考資料》1958 年第 6 期
禹縣白沙漢墓		大半兩、小半兩、五銖、大泉五十、契刀五百、貨布、貨泉、小泉直一	河南省文物工作隊:《河南禹縣白沙漢墓發掘報告》,載《考古學報》1959 年第 1 期
新安縣鐵門鎮西漢墓一期		大小半兩 44 枚,燒溝Ⅰ型、Ⅱ型五銖 247 枚	河南省文物工作隊:《河南新鄉鐵門鎮西漢墓發掘報告》,載《考古學報》1959 年第 2 期
新安縣鐵門鎮西漢墓二期		西漢五銖 109 枚	
新安縣鐵門鎮西漢墓三期		五銖 790 枚、大泉五十 108 枚	
南陽市楊官寺漢畫像石墓		上橫五銖 3 枚、下月五銖 1 枚、四決五銖 1 枚、磨郭五銖 26 枚	河南省文物工作隊:《河南南陽楊官寺漢畫像石墓發掘報告》,載《考古學報》1963 年第 1 期
洛陽市西郊漢墓 179 座		秦半兩 2 枚、呂后半兩 1 枚、文帝半兩 5 枚、剪邊半兩 2 枚,燒溝Ⅰ型武帝五銖 1 818 枚、Ⅱ型昭帝五銖 243 枚、Ⅲ型宣帝五銖 3 354 枚、Ⅳ型 1 式東漢早中期五銖 4 251 枚、Ⅳ型 2 式東漢早中期五銖 763 枚、Ⅴ型東漢晚期五銖 5 枚、Ⅴ型東漢晚期剪郭五銖 1 枚、Ⅵ型靈帝四出五銖 1 枚以及四決、四出、對文、剪郭大泉五十 1 635 枚,契刀五百 16 枚、貨泉 6 枚、傳形貨布 93 枚、一刀平五千 1 枚、小泉直一 313 枚、大布黃千 82 枚以及雙郭、上星、下星、右側星、四決、右下決、左下決貨泉 1 885 枚、無字錢 3 枚、鐵錢 44 枚、大泉五十鐵錢 1 枚、大泉五十鉛錢 1 枚、大泉五十對文錢 1 枚、五銖傳形錫錢 2 枚	中國社會科學院考古研究所洛陽文物工作隊:《洛陽西郊漢墓發掘報告》,載《考古學報》1963 年第 2 期
襄城縣茨溝漢畫像石墓		磨郭五銖等	河南省文物工作隊:《河南襄城茨溝漢畫像石墓》,載《考古學報》1964 年第 1 期
桐柏縣萬崗村西漢墓 M2、M6、M7、M8		燒溝Ⅰ型和Ⅱ型五銖、上下橫五銖、穿下半月五銖、四決五銖、磨輪五銖 41 枚	河南省文物工作隊:《河南桐柏萬崗漢墓的發掘》,載《考古》1964 年第 8 期
桐柏縣萬崗村東漢墓 M9		貨泉 79 枚、大泉五十 6 枚	
陝縣劉家渠漢墓		大小半兩 8 枚,燒溝Ⅰ型五銖 34 枚、Ⅱ型五銖 165 枚、Ⅲ型五銖 1 326 枚、Ⅳ型五銖 4 377 枚、Ⅴ型五銖 589 枚、Ⅵ型五銖 219 枚、大泉五十 31 枚、貨泉 73 枚、布泉 4 枚、鐵錢 11 枚、無文鉛錢 4 枚	黃河水庫考古工作隊:《河南陝縣劉家渠漢墓》,載《考古學報》1965 年第 1 期
唐河縣漢代郁平大尹馮君孺人畫像石墓		大泉五十 9 枚、小泉直一 3 枚	南陽地區文物工作隊:《唐河漢郁平大尹馮君孺人畫像石墓》,載《考古學報》1980 年第 2 期
洛陽市西晉墓		五銖合背錢 1 枚	趙振華:《洛陽出土西晉"合背"五銖銅錢》,載《中原文物》1981 年第 3 期
南陽市軍帳營漢畫像石墓		五銖 1 枚、貨泉 1 枚	南陽市博物館:《河南南陽軍帳營漢畫像石墓》,載《考古與文物》1982 年第 1 期
南陽市石橋漢畫像石墓		五銖 49 枚、大泉五十陶錢 3 枚	南陽市博物館:《河南南陽石橋漢畫像石墓》,載《考古與文物》1982 年第 1 期
洛陽市澗水東岸北周墓		五行大布 2 枚	洛陽市文物工作隊:《洛陽澗水東岸發現一座北周墓》,載《中原文物》1984 年第 3 期
鄭州市乾元北街空心磚墓		半兩 1 枚	鄭州市博物館:《鄭州市乾元北街空心磚墓》,載《中原文物》1985 年第 1 期
平輿縣		貨泉(其中有 1 枚皮製貨泉),大布黃千、貨泉、大泉五十各 1 枚,還有鑄錢陶範(大泉五十)及"貨泉"銅範	程景州:《河南平輿發現新莽時期的錢幣及鑄範》,載《考古》1990 年第 2 期
湯陰縣宜溝鄉東漢畫像石墓		五銖數枚	司玉葉:《河南湯陰縣發現東漢畫像石墓門》,載《考古》1994 年第 4 期
孟津縣送莊村西南漢代黃腸石墓		五銖 56 枚、剪輪五銖 4 枚	郭建邦:《河南孟津送莊漢黃腸石墓》,載《文物資料叢刊》第 4 期

注:左側縱排文字為「河　南　省」

出　土　地　點	出　土　時　間	出　土　情　況	資　料　來　源
江陵縣(今荆州市)郢城	1965 年春	貨泉 2 192 枚、大泉五十 12 枚、貨布 48 枚、大布黄千 2 枚	劉彬徽:《江陵郢城内出土王莽時期文物》,載《江漢考古》1980 年第 2 期
武漢市武昌吳家灣古墓	1972 年 12 月	五銖鐵錢 1 枚、四出五銖 1 枚、剪輪五銖 2 枚	武漢市文化局文物工作組:《武昌吳家灣發掘一座古墓》,載《文物》1975 年第 6 期
枝江縣姚家港晉墓 M3	1974 年	五銖 2 枚	姚家港古墓清理小組:《湖北枝江姚家港晉墓》,載《考古》1983 年第 6 期
江陵縣(今荆州市)鳳凰山 168 號漢墓	1975 年 3 月	漢四銖半兩 101 枚	《湖北江陵鳳凰山一六八號漢墓發掘簡報》,載《文物》1975 年第 9 期
江陵縣(今荆州市)鳳凰山 167 號漢墓	1975 年 10 月、11 月	文帝四銖半兩 9 枚、半兩 1 枚	江陵鳳凰山 167 號漢墓發掘整理小組:《江陵鳳凰山 167 號漢墓發掘簡報》,載《文物》1976 年第 10 期
宜城縣東南楚皇城遺址	1976 年冬	秦半兩、漢半兩、兩漢五銖、大布黄千及一塊"大泉五十"泥錢範(殘)	楚皇城考古發掘隊:《湖北宜城楚皇城勘查簡報》,載《考古》1980 年第 2 期
宜昌市前坪西漢墓	1978 年 10 月	半兩 97 枚、五銖 85 枚	宜昌地區博物館:《1978 年宜昌前坪漢墓發掘簡報》,載《考古》1985 年第 5 期
宜昌市前坪東漢墓 M109		五銖 104 枚、大泉五十 43 枚、貨泉 61 枚	
宜昌市前坪東漢墓 M110		五銖 133 枚、大泉五十 49 枚	
漢川縣南河漢墓	1979 年 3 月	大泉五十 8 枚、大布黄千 1 枚、五銖多枚	漢川縣文化館:《漢川南河漢墓清理簡報》,載《江漢考古》1984 年第 4 期
鄂城市吳墓水 M1	約 1980—1982 年	大泉五十 1 枚、東漢五銖 394 枚、無郭五銖 149 枚、剪輪五銖 20 枚、四出五銖 1 枚、直百五銖 10 枚、太平百錢 1 枚	鄂城縣博物館:《湖北鄂城四座吳墓發掘報告》,載《考古》1982 年第 3 期
鄂城市鐵 M105		東漢五銖 105 枚、剪輪五銖 10 枚、無名錢 150 枚、大泉當千 1 枚	
鄂城市鋼 M21		五銖(大部分爲剪輪五銖)170 枚、直百五銖 4 枚、小五銖 2 枚	
鄂城市楊 M1		五銖 2 枚	
江陵縣(今荆州市)城草市唐家山東漢晚期墓	1981 年 5 月	東漢五銖 6 枚	王毓彤:《東漢和平二年的 1 件銅斗》,載《文物》1992 年第 9 期
黄岡縣黄州鎮太平寺西漢墓	1981 年冬	五銖 8 枚	黄州古墓發掘隊:《湖北黄州太平寺西漢墓發掘》,載《江漢考古》1983 年第 4 期
隨州市城北門外西漢墓	1982 年 1 月	金塊 2 件	隨州市博物館:《湖北隨州市城北西漢墓》,載《文物》1989 年第 8 期
鄂城市 82 百子販 M18	1982 年 5 月	五銖 24 枚	鄂州市博物館:《湖北鄂城吳晉墓發掘簡報》,載《考古》1991 年第 7 期
宜昌縣前坪包金頭東漢、三國墓	1984 年 4—8 月	五銖 937 枚(其中鐵錢 1 枚)、大泉五十 156 枚、貨泉 34 枚、小泉直一 2 枚、大布黄千 10 枚、大泉當千 1 枚、鐵錢 2 枚(錢文不明)	長江庫區處紅花套考古工作站:《湖北宜昌前坪包金頭東漢、三國墓》,載《考古》1990 年第 9 期
通城縣楊壙垇鄉九嶺大隊	1984 年 6 月	漢代錢幣	徐勝民:《湖北通城縣出土一批古錢》,載《中國錢幣》1985 年第 2 期
宜昌市廢品收購門市部	1984—1986 年	秦半兩、漢鐵半兩、傳形五銖、三國直百五銖、直百、太平百金、大泉五百、大泉當千、王莽貨泉、餅錢、北周五行大布、布泉等	吳渝清:《從廢銅中搶救古錢》,載《中國錢幣》1986 年第 3 期
宜都縣陸城鎮解放村劉家屋場東漢墓	1985 年 7 月	五銖 85 枚	宜昌地區博物館等:《湖北宜都縣劉家屋場東漢墓》,載《考古》1987 年第 10 期
宜都縣陸城鎮劉家老屋六號漢墓	1985 年 7 月	五銖 11 枚、貨泉 10 枚	宜昌地區博物館:《湖北宜都劉家老屋六號漢墓》,載《考古》1989 年第 7 期
宜都縣陸城鎮漢、晉墓 M4、M1	1985 年夏	五銖 40 枚	宜昌地區博物館:《湖北宜都發掘三座漢晉墓》,載《考古》1988 年第 8 期
宜都縣陸城東漢墓	1985 年 7 月 12 日—8 月 2 日	五銖、剪輪五銖 40 餘枚	宜昌地區博物館等:《湖北宜都陸城發現一座東漢墓》,載《考古》1988 年第 10 期
襄樊市東漢墓 M1、M2	1986 年 11 月	五銖 98 枚(其中剪輪 7 枚)、貨泉 1 枚	襄樊市博物館:《湖北襄樊市兩座東漢墓發掘》,載《考古》1993 年第 5 期

（湖北省，跨表左側縱列標示）

出 土 地 點	出 土 時 間	出 土 情 況	資 料 來 源
當陽市半月鎮東漢墓 M1	1987 年 1—3 月	五銖 3 枚	宜昌地區博物館等:《湖北當陽半月東漢墓發掘簡報》,載《文物》1991 年第 12 期
武漢市武昌馬房山南坡隋墓	1988 年 5 月	南朝陳五銖 2 枚、太貨六銖 1 枚	武漢市博物館:《湖北武昌馬房山隋墓清理簡報》,載《考古》1994 年第 11 期
老河口市李樓西晉紀年墓	1988 年 9 月 1—7 日	五銖 106 枚	老河口市博物館:《湖北老河口市李樓西晉紀年墓》,載《考古》1998 年第 2 期
襄樊市毛紡廠漢墓 M1—M5	1988 年 11 月	五銖 45 枚	襄樊市博物館:《湖北襄樊市毛紡廠漢墓清理簡報》,載《考古》1997 年第 12 期
襄樊市峴山漢墓	1989 年 6 月	五銖 69 枚、大泉五十 177 枚、大布黃千 12 枚	襄樊市博物館:《湖北襄樊市峴山漢墓清理簡報》,載《考古》1996 年第 5 期
鄂州市石山鄉塘角頭村南六朝墓地	1989 年、1992 年初	半兩、五銖、剪輪五銖、貨泉、大泉當千等	湖北省文物考古研究所等:《湖北鄂州市塘角頭六朝墓》,載《考古》1996 年第 11 期
隨州市東城區東漢墓 M1	1990 年 3 月	五銖 40 餘枚	王世振等:《湖北隨州東城區東漢墓發掘報告》,載《文物》1993 年第 7 期
隨州市西城區東漢墓 M1	1990 年 4 月	東漢五銖 20 餘枚	王善才等:《湖北隨州西城區東漢墓發掘報告》,載《文物》1993 年第 7 期
洪湖市沙口鎮蔣嶺北宋墓	1991 年 5 月 21 日	西漢五銖	洪湖市文物管理委員會等:《湖北洪湖市蔣嶺北宋墓》,載《考古》1993 年第 7 期
荊沙市荊州鎮郢北村瓦墳園西漢墓	1991 年 9—10 月	五銖、大泉五十	荊州博物館:《湖北荊沙市瓦墳園西漢墓發掘簡報》,載《考古》1995 年第 11 期
鄖西縣羊尾鎮老觀廟村白石灘坡地	1992 年冬	五銖錢 3 枚	鄖陽地區博物館:《湖北鄖西縣老觀廟漢墓的清理》,載《考古》1999 年第 7 期
巴東縣雷家坪	1997 年 9—11 月	半兩 1 枚、五銖 20 枚(內剪輪五銖 17 枚)	吉林大學考古系:《湖北巴東縣雷家坪遺址發掘簡報》,載《考古》1999 年第 1 期
武漢市武昌郊區任家灣		五銖 1 串	《文物工作報導》,載《文物參考資料》1954 年第 9 期
均縣(今丹江口市)城南土橋鎮古墓		五銖、剪輪五銖 1 000 枚以上	《湖北省均縣城南土橋鎮古墓》,載《文物》1959 年第 11 期
光化縣(今老河口市)五座墳西漢墓 M5		五銖 105 枚	湖北省博物館:《光化五座墳西漢墓》,載《考古學報》1976 年第 2 期
宜昌市前坪西漢墓		秦半兩 4 枚、榆莢半兩 262 枚、傳形榆莢半兩 2 枚、呂后八銖半兩 61 枚、四銖半兩 736 枚、傳形四銖半兩 2 枚、鐵半兩 13 枚、上橫和下星五銖 23 枚、郢爰 1 件、麟趾金 1 件	湖北省博物館:《宜昌前坪戰國兩漢墓》,載《考古學報》1976 年第 2 期
宜昌市前坪東漢墓		剪郭五銖、穿上一星五銖、穿下一星五銖、下橫五銖 75 枚,大布黃千 5 枚,大泉五十 51 枚	
宜城縣楚皇城雷家坡西漢墓 M3、M9		秦半兩 52 枚	楚皇城考古發掘隊:《湖北宜城楚皇城戰國秦漢墓》,載《考古》1980 年第 2 期
新洲縣城關近郊東漢合葬墓		五銖 3 枚	程欣人:《新洲城關近郊東漢合葬墓》,載《江漢考古》1983 年第 4 期
沙市(今荊州市)東郊漢墓		燒溝 I 型、II 型、III 型五銖 34 枚,大泉五十 65 枚	沙市博物館:《沙市東郊漢墓清理簡報》,載《江漢考古》1985 年第 2 期
宜昌市前坪 105 號漢墓		西漢半兩 6 枚	盧德佩:《湖北宜昌前坪 105 號漢墓出土的青銅器》,載《文物資料叢刊》第 4 期
長沙市新莽墓葬	1953 年冬	大泉五十、小泉直一、五銖	吳銘生:《長沙發現新莽時代墓葬》,載《考古通訊》1956 年第 3 期
耒陽縣東漢墓耒花營 M1,耒野營 M5、M15	1955 年	五銖 4 串	湖南省文物管理委員會:《湖南耒陽東漢墓清理簡報》,載《考古通訊》1956 年第 4 期
零陵縣東門外漢墓	1956 年 2 月	五銖 6 枚	湖南省文物管理委員會:《湖南零陵東門外漢墓清理簡報》,載《考古通訊》1957 年第 1 期
長沙市東郊雷家嘴東漢墓	1956 年 3 月	五銖、貨泉	張鑫如:《長沙東郊雷家嘴東漢墓的清理》,載《考古通訊》1958 年第 2 期

註:表中"湖北省"、"湖南省"為縱向分區標題。

出 土 地 點	出 土 時 間	出 土 情 況	資 料 來 源
長沙市西漢墓 M22	1956 年 8 月	郢爰、半兩、泥質金版	吳銘生：《長沙西漢墓內發現"郢爰""郢稱"》，載《考古通訊》1956 年第 6 期
長沙市西漢墓 M26		郢稱泥質金版、泥質半兩	
長沙市硯瓦池東漢墓	1956 年 10 月	五銖、大泉五十、貨泉	《湖南長沙硯瓦池古墓的清理》，載《考古通訊》1957 年第 5 期
長沙市西漢墓	1956 年 11 月	半兩陶錢、陶質金餅	湖南省文物管理委員會：《湖南長沙西漢墓清理簡報》，載《考古通訊》1957 年第 4 期
衡陽市鳳凰山西漢墓	1956 年	鐵半兩大量	高至喜：《長沙、衡陽西漢墓中發現鐵半兩錢》，載《文物》1963 年第 11 期
衡 陽 市 漢 墓 M71		鐵半兩 320 枚	
衡 陽 市 漢 墓 M14		鐵半兩 150 枚	
長沙市黃土嶺	1956 年	五銖大量	《考古簡訊》，載《考古通訊》1957 年第 4 期
長沙市南門外 6009 工地西漢墓 56 長子 55 號	1956 年	泥質鄲版、泥質半兩、泥質圓錠	《湖南長沙發現印"鄲"字冥幣》，載《文物參考資料》1957 年第 3 期
湘鄉縣可心亭漢墓	1958 年 10 月	長方形泥錢、圓錐形泥錢、泥錢 24 枚、圓形雲紋泥錠 27 枚、五銖 34 枚	湘鄉縣博物館：《湖南湘鄉可心亭漢墓》，載《考古》1966 年第 5 期
長沙市東北郊西漢墓 58 長楊鐵 M1	1958 年	泥質金錠 35 枚、泥質半兩一堆	湖南省博物館：《長沙市東北郊古墓葬發掘簡報》，載《考古》1959 年第 12 期
長沙市東北郊西漢墓 58 長鐵 M3		陶質金錠 36 枚、泥質半兩一堆	
長沙市東北郊西漢墓 58 長古公 M1		泥質金錠 168 枚、泥質五銖 1 000 枚	
長沙市東北郊西漢墓 58 長古公 M2		漢宣帝、元帝、成帝五銖	
長沙市砂子塘 M5	1960 年 6 月	鐵半兩 33 枚、銅半兩 2 枚	高至喜：《長沙、衡陽西漢墓中發現鐵半兩錢》，載《文物》1963 年第 11 期
長沙市砂子塘西漢墓	1961 年 6 月	大小二種郢稱泥質金版數 10 枚、泥質半兩 8 枚	《文物》1963 年第 2 期
零陵縣李家園新莽墓	1963 年 2 月	五銖、大泉五十 50 餘枚	周世榮：《湖南零陵李家園發現新莽墓》，載《考古》1964 年第 9 期
零陵縣東漢磚墓	1963 年 2 月	西漢五銖 1 枚、東漢五銖 1 枚、五銖 10 枚、鐵五銖 1 枚以及剪輪五銖、小半兩	周世榮：《湖南零陵出土的東漢磚墓》，載《考古》1964 年第 9 期
長沙市湯家嶺西漢墓 63 長楊 M1	1963 年 9 月	金錠 1 錠、五銖 22 枚	湖南省博物館：《長沙湯家嶺西漢墓清理報告》，載《考古》1966 年第 4 期
常德市郭家舖東吳墓 1967 紅 M1	1967 年	剪輪五銖 1 枚	周能：《湖南常德東吳墓》，載《考古》1992 年第 7 期
常德市南坪東漢中期西陽長墓	1973 年 11 月	五銖 2 串	《湖南常德南坪東漢"西陽長"墓》，載《考古》1980 年第 4 期
長沙市馬王堆二號漢墓	1973 年 11 月	泥半兩、泥金餅	湖南省博物館、中國科學院考古研究所：《長沙馬王堆二、三號墓發掘簡報》，載《文物》1974 年第 7 期
長沙市咸家湖西漢曹㜈墓	1974 年	玉貝 12 枚	長沙市文化局文物組：《長沙咸家湖西漢曹㜈墓》，載《文物》1979 年第 3 期
長沙市阿彌嶺西漢墓 74 長阿 M7	1974 年	泥五銖、泥金餅一批	湖南省博物館：《長沙樹木嶺戰國墓、阿彌嶺西漢墓》，載《考古》1984 年第 9 期
郴州市郊東漢墓	1976 年 2 月	東漢五銖 10 餘枚	湖南省博物館：《湖南郴州市郊東漢墓發掘簡報》，載《考古》1982 年第 3 期
衡陽縣城西渡鎮東北邊道子坪東漢墓	1976 年 11—12 月	五銖錢 61 枚，其中剪郭五銖 11 枚	湖南省博物館：《湖南衡陽縣道子坪東漢墓發掘簡報》，載《文物》1981 年第 12 期

	出 土 地 點	出 土 時 間	出 土 情 況	資 料 來 源
湖 南 省	長沙市金塘坡東漢墓 M1、M12、M13、M18、M19、M20	1978 年	五銖 9 堆、4 堆、8 堆、1 堆、4 堆、16 堆	湖南省博物館：《長沙金塘坡東漢墓發掘簡報》,載《考古》1979 年第 5 期
	長沙市金塘坡東漢墓 M8		五銖 3 堆、大泉五十 1 枚	
	長沙市金塘坡東漢墓 M16		五銖 3 枚	
	資興縣新莽墓 M264	1979 年	大布黃千鐵錢 2 枚、大泉五十 10 枚、五銖 25 枚	傅舉有：《湖南資興新莽墓中發現大布黃千鐵錢》,載《文物》1981 年第 10 期
	益陽縣羊午嶺公社縣磚瓦廠生產基地東晉墓	1980 年 1—7 月	漢五銖、貨泉、大泉五十、無字剪輪錢等 1 150 餘枚	益陽地區文物工作隊、益陽縣文化館：《湖南省益陽縣晉、南朝墓發掘簡況》,載《文物資料叢刊》第 8 期
	益陽縣赫山廟城關鎮基建工地南齊建元二年(482 年)墓		西漢後期五銖 10 餘枚	
	吉首市郊巖谷山	1980 年 8 月 13 日	漢五銖 20 枚、半兩 6 枚、新莽貨泉 1 枚	湘西土家族苗族自治州博物館：《湘西吉首發現窖藏銅錢》,載《考古》1986 年第 1 期
	衡陽市苗圃五馬歸槽山古墓	1981 年 9 月—1982 年 1 月	銅半兩、泥半兩	衡陽市博物館：《衡陽市苗圃五馬歸槽茅坪古墓發掘簡報》,載《考古》1984 年第 10 期
	望城縣白若公社黃泥大隊響塘生產隊東吳墓	1982 年 1 月	五銖 2 枚、大泉五百 2 枚	長沙市文物工作隊：《湖南望城縣東吳墓》,載《文物》1984 年第 8 期
	邵陽縣白倉公社石脚大隊	1982 年 4 月	東漢五銖	邵陽縣文化館：《湖南邵陽縣出土宋代窖藏銅錢》,載《考古》1985 年第 11 期
	祁東縣小坪公社	1982 年 7 月	西漢文帝四銖半兩、武帝五銖、新莽貨泉、東漢光武帝五銖、獻帝五銖	唐鄭：《湖南衡陽出土兩批窖藏錢幣》,載《考古》1987 年第 2 期
	衡南縣古城公社	1983 年 9 月	西漢五銖、大泉五十、貨泉、北齊平當五銖 1 枚	
	保靖縣黃蓮鄉粟家坨西漢墓	1982 年 11 月	五銖 30 枚、泥五銖 10 餘枚	湘西土家族苗族自治州文物工作隊：《湖南保靖粟家坨西漢墓發掘簡報》,載《考古》1985 年第 9 期
	郴州市漢墓	1982 年	五銖若干、大泉五十 8 枚	湖南省郴州地區文物工作隊：《湖南郴州漢墓清理簡報》,載《考古》1985 年第 8 期
	衡陽市茶山坳東漢墓、三國墓	1982 年底—1984 年初	五銖約 120 枚、大泉五十約 20 枚、大泉當千 5 枚	衡陽市博物館：《湖南衡陽市茶山坳東漢至南朝墓的發掘》,載《考古》1980 年第 12 期
	衡陽市玄碧塘西漢墓 M1、M2、M3	1983 年 3 月	銅一兩錢 1 枚、銅半兩錢 100 餘枚、泥一兩、泥半兩、泥金餅	衡陽市文物工作隊：《湖南衡陽玄碧塘西漢墓清理簡報》,載《考古》1995 年第 3 期
	新寧縣白沙園藝場	1983 年春	西漢半兩、五銖、大泉五十、貨泉、東漢五銖、剪輪五銖	楊平懷：《湖南新寧縣出土漢代窖藏銅錢》,載《考古》1984 年第 12 期
	麻陽縣蘭里公社新營大隊	1983 年 5 月	西漢半兩、五銖、貨泉	舒向今：《民族交流的見證——麻陽發現古錢窖藏》,載《中國錢幣》1985 年第 1 期
	吉首市萬溶鄉金坪村	1983 年 9 月 30 日	西漢五銖,同出南宋、遼、金、夏等朝代的錢,共 42 斤半	劉樸生：《湘西出土遼金夏錢》,載《中國錢幣》1986 年第 2 期
	永州市鷗子山西漢劉疆墓	1984 年 8—9 月	五銖約 2 000 枚	零陵地區文物工作隊：《湖南永州市鷗子山西漢"劉疆"墓》,載《考古》1990 年第 11 期
	郴州市五里堆新莽墓	1984 年 9 月	小泉直一 2 枚	尤福廷：《湖南郴州清理一座新莽時期墓葬》,載《考古》1987 年第 4 期
	懷化市盈豐村西漢墓	1984 年 10 月、1985 年 3 月	銅五銖 20 餘枚、泥五銖 30 餘枚、泥金餅 6 枚	懷化地區文物工作隊：《湖南懷化西漢墓》,載《文物》1988 年第 10 期
	常德縣灌溪鄉樟樹山山坡西漢墓	1985 年 4 月	泥半兩約 1 000 餘枚、泥金餅約 4 枚	常德地區文物工作隊等：《湖南常德縣清理西漢墓葬》,載《考古》1987 年第 5 期
	茶陵縣濂溪漢墓 M1、M4、M5、M6	1985 年 8 月	泥五銖 55 枚、五銖約 100 枚、大泉五十 18 枚、貨泉 3 枚	湖南省文物考古研究所等：《湖南茶陵縣濂溪漢墓的發掘》,載《考古》1996 年第 6 期
	祁陽縣大忠橋鎮廣福村	1985 年 12 月 2 日	漢文帝半兩 5 枚、大泉五十 2 枚、貨泉 8 枚、東漢五銖 1 531 枚、東漢晚期剪輪五銖 87 枚、東漢靈帝中平三年四出五銖 2 枚、漢末剪輪小錢 29 枚	祁陽縣浯溪文物管理所：《湖南祁陽縣出土漢代窖藏錢幣》,載《考古》1987 年第 7 期
	汨羅市范家園鄉呂仙村	1986 年 4 月 18 日	漢半兩 1 枚、五銖 1 枚、貨泉 3 枚	汨羅市文物管理所：《湖南省汨羅市發現窖藏銅錢》,載《考古》1989 年第 7 期

續表

出 土 地 點	出 土 時 間	出 土 情 況	資 料 來 源
溆浦縣茅坪坳	1988 年 3 月	泥五銖 23 枚、泥金餅 33 枚、五銖 129 枚	懷化市文物管理處:《湖南溆浦縣茅坪坳戰國西漢墓》,載《考古》1999 年第 8 期
衡陽縣荆田村東漢墓	1988 年 4 月 17 日—5 月 7 日	五銖 300 枚	衡陽市文物工作隊:《湖南衡陽荆田村發現東漢墓》,載《考古》1991 年第 10 期
衡陽市江東區鳳凰山漢墓 M1、M3、M4、M6	1988 年 5 月	五銖 50 餘枚、泥金餅 80 餘枚、泥錢 300 枚、大泉五十 20 枚	衡陽市文物工作隊:《湖南衡陽市鳳凰山漢墓發掘簡報》,載《考古》1993 年第 3 期
邵東縣魏家橋鄉冷水村東漢墓	1989 年 5 月	五銖 7 枚、大泉五十 5 枚、貨泉 129 枚	曾少華:《湖南邵東縣冷水村發現一座東漢墓》,載《考古》1992 年第 10 期
溆浦縣大江口西漢墓 M3、M4、M6、M8	1990 年 3—7 月	五銖 125 枚	懷化地區文物工作隊等:《1990 年湖南溆浦大江口戰國西漢墓發掘簡報》,載《考古》1994 年第 1 期
衡陽市市郊新安鄉金蘭村	1990 年 12 月	五銖 18 枚、無文錢 2 枚	衡陽市文物工作隊:《湖南衡陽市郊新安鄉東漢墓》,載《考古》1994 年第 3 期
長沙市走馬樓街西南古井(窖)群	1996 年 7—12 月	五銖 100 多枚、貨泉 1 枚、無字錢 6 枚,另有大泉五十、直百五銖、太平百錢	長沙市文物工作隊等:《長沙走馬樓 J22 發掘簡報》,載《文物》1999 年第 5 期
長沙市郊區王莽時期墓		大泉五十、小泉直一、五銖	《長沙郊區發現王莽時期的墓葬》,載《文物參考資料》1954 年第 3 期
衡陽市蔣家山東漢墓		金餅	《文物工作報導》,載《文物參考資料》1954 年第 4 期
長沙市岳麓山桃園村南朝末年墓		太貨六銖 5 枚	海波:《長沙岳麓山桃園村發現古代墓葬》,載《文物參考資料》1955 年第 1 期
醴陵縣魏晉墓		直百五銖	《文物工作報導》,載《文物參考資料》1955 年第 7 期
耒陽縣花石坳漢魏墓葬 M3、M8、M11		銅錢 50 枚	湖南省文物管理委員會:《耒陽花石坳的漢魏墓葬》,載《考古通訊》1956 年第 2 期
長沙市漢墓長楊 M6		泥質金版數百塊	湖南省文物管理委員會:《長沙出土的三座大型木槨墓》,載《考古學報》1957 年第 1 期
長沙市西晉墓 M6		半兩、五銖、貨泉	湖南省博物館:《長沙兩晉南北朝隋墓發掘報告》,載《考古學報》1957 年第 3 期
長沙市西晉墓 M3		銅錢	
長沙市西晉墓 M24		直百五銖	
長沙市南朝墓 M1		元嘉四銖 26 枚	
長沙市西晉墓 M7		梁五銖 1 枚、大泉當千 1 枚	
長沙市星湖橋西漢墓		泥質半兩、泥質五銖、陶質金餅、兩字陶質金版、金字陶質金版、銅錢 21 包	李正光等:《長沙星湖橋一帶古墓發掘報告》,載《考古學報》1957 年第 4 期
長沙市東郊桐蔭里墓葬		圓金錠 1 錠、大泉五十數 10 枚	《文物工作報導》,載《文物參考資料》1957 年第 5 期
長沙市六朝墓		五銖 1 串	羅敦靜:《湖南長沙發現戰國和六朝洞室墓》,載《考古通訊》1958 年第 2 期
益陽市郊區西漢墓		陶質半兩、郅稱、郅爰、兩、金字泥質金版	周世榮:《湖南益陽市郊發現漢墓》,載《考古》1959 年第 2 期
益陽市郊區東漢墓		銅錢 20 枚	
長沙市五里牌西漢墓 M3、M5、M12		五銖、泥錢、泥錠、陶錠	湖南博物館:《長沙五里牌古墓葬清理簡報》,載《文物》1960 年第 3 期
長沙市五里牌新莽墓 M7		貨泉	
長沙市五里牌東漢墓 M6、M9		五銖、金錠	
長沙市東屯渡東漢晚期墓		五銖數百枚	《文物工作報導》,載《文物》1960 年第 5 期
長沙市南郊砂子塘西漢墓		陶質半兩、陶質郅稱金版、泥質金餅	湖南省博物館:《長沙南郊砂子塘漢墓》,載《考古》1965 年第 3 期
長沙市南郊砂子塘東漢墓		五銖 20 枚、鐵錢 1 枚	

左側縱排標題：湖 南 省

出　土　地　點	出　土　時　間	出　土　情　況	資　料　來　源
長沙市馬王堆一號漢墓	1996 年 7—12 月	大小二種泥質半兩、郢稱泥版	陳直:《馬王堆一號漢墓的若干問題考述》,載《文物》1972 年第 9 期
長沙市象鼻嘴一號西漢墓		陽文和陽文反書郢字陶版,大、小泥質半兩	湖南省博物館:《長沙象鼻嘴一號西漢墓》,載《考古學報》1981 年第 1 期
益陽市西漢墓		五銖 300 枚、二種泥金餅 12 枚、泥五銖數百枚	湖南省博物館等:《湖南益陽戰國兩漢墓》,載《考古學報》1981 年第 4 期
益陽市新莽墓		貨泉 250 枚	
益陽市東漢墓		五銖、剪輪五銖 17 枚	
資興縣東漢墓		文帝四銖半兩 1 枚,燒溝Ⅰ型五銖 2 枚、Ⅱ型五銖 25 枚、Ⅲ型五銖 424 枚、Ⅳ型五銖 817 枚、Ⅴ型五銖 262 枚,磨郭、剪輪五銖 279 枚	湖南省博物館:《湖南資興東漢墓》,載《考古學報》1984 年第 1 期
資興縣晉墓		大泉五十 1 枚	湖南省博物館:《湖南資興晉、南朝墓》,載《考古學報》1984 年第 3 期
資興縣南朝墓		五銖 4 枚	
長沙市西漢前期墓葬 M110、M115、M213、M225、M341		泥質半兩	《長沙發掘報告》
長沙市西漢前期墓葬 M122		泥質金餅、泥質小半兩	
長沙市西漢前期墓葬 M228		泥質半兩、泥質半兩版	
長沙市西漢前期墓葬 M224		泥質郢版、泥質半兩版	
長沙市西漢前期墓葬 M403		大、小泥質半兩	
長沙市西漢前期墓葬 M231		泥質半兩、泥質郢版	
長沙市西漢前期墓葬 M251、M342、M402、M407		泥質半兩	
長沙市西漢前期墓葬 M252		泥質小半兩	
長沙市西漢前期墓葬 M227		泥質大半兩、泥質半兩版	
長沙市西漢後期墓葬 M102、M271、M404		泥質金餅	
長沙市西漢後期墓葬 M108、M201、M217、M218、M239		泥質五銖	
長沙市西漢後期墓葬 M109、M203、M212、M214、M235、M240、M244、M259、M267、M327、M334、M405		泥質金餅、泥質五銖	
長沙市西漢後期墓葬 M211		五銖 2 000 枚、泥質金餅、泥質五銖	
長沙市西漢後期墓葬 M245、M265、M270		五銖 20 枚、5 枚、15 枚	
長沙市西漢後期墓葬 M255		五銖 10 枚、泥質五銖	
長沙市西漢後期墓葬 M401		五銖 10 枚、金餅 1 枚、泥質五銖、泥質金餅	

湖

南

省

出 土 地 點	出 土 時 間	出 土 情 況	資 料 來 源
廣州市東山東漢墓	1954 年 11 月	五銖數枚	廣州市文物管理委員會：《廣州東山東漢墓清理簡報》，載《考古通訊》1956 年第 4 期
廣州市東郊沙河漢墓	1960 年 3 月	五銖 500 餘枚	《文物工作報導》，載《文物》1961 年第 2 期
增城縣金蘭寺漢墓	1961 年 8 月	五銖 5 枚	廣東省文物管理委員會：《廣東增城金蘭寺漢墓發掘報告》，載《考古》1966 年第 1 期
佛山市郊區瀾石東漢墓 M2、M6	1961 年 9 月	五銖各 1 枚	廣東省文物管理委員會：《廣東佛山市郊瀾石東漢墓發掘報告》，載《考古》1964 年第 9 期
韶關市郊區南朝墓	1965—1966 年	五銖 3 枚、貨泉 1 枚	楊豪：《廣東韶關市郊的南朝墓》，載《考古學集刊》第 3 輯
曲江縣南華寺南朝墓	1973 年 10 月	波斯銀幣 9 枚	廣東省博物館：《廣東曲江南華寺古墓發掘簡報》，載《考古》1983 年第 7 期
德慶縣大遼山東漢墓	1975 年	鎏金銅質馬蹄金 1 件、五銖和剪輪五銖 260 枚	廣東省博物館：《廣東德慶大遼山發現東漢文物》，載《考古》1981 年第 4 期
清遠縣獨樹鄉高中坳村	1984 年 1 月	西漢半兩、貨泉、東漢五銖(佔絕大多數)約萬餘枚	郭寶通等：《廣東清遠出土漢代窨藏銅錢》，載《考古》1986 年第 8 期
羅定縣車田鄉	1984 年 3 月 15 日	西漢四銖半兩 1 枚、五銖 2 枚、王莽貨泉 3 枚、東漢五銖 11 枚，同出隋、唐、五代十國、宋、金錢幣共 160 斤	陳大遠：《廣東羅定縣發現窨藏銅錢》，載《考古》1992 年第 3 期
遂溪縣邊灣村	1984 年 9 月 29 日	波斯銀幣 20 枚	遂溪縣博物館：《廣東遂溪縣發現南朝窨藏金銀器》，載《考古》1986 年第 3 期
英德縣浛光鎮魚嘴鄉黃屋村	1985 年 12 月	五銖	陳松南：《廣東英德出土一件漢末神獸鏡》，載《文物》1992 年第 8 期
始興縣繅絲廠工地東晉、南朝墓 M1	1992 年 5 月 28 日—6 月 15 日	五銖 2 枚	廖晉雄：《廣東始興縣繅絲廠東晉南朝墓的發掘》，載《考古》1996 年第 6 期
新會市	1995 年 12 月	西漢半兩、莽錢，同出唐至金各代錢多達 3—4 噸，其中宋錢佔 95%	李錫鵬：《廣東新會發現南宋錢幣窨藏群》，載《中國錢幣》1998 年第 1 期
廣州市郊區黃花崗漢墓		秦半兩、西漢八銖半兩、四銖半兩 10 多枚	《廣州市郊發現許多古墓》，載《文物參考資料》1953 年第 8 期
廣州市郊區黃花崗東漢木槨墓		西漢五銖 1 串、大泉五十 1 枚	《廣州市郊發現巨大的東漢木槨古墓》，載《文物參考資料》1954 年第 1 期
廣州市河南南石頭西漢末年墓 M1		五銖 2 串	《廣州河南南石頭發現西漢末年古墓兩座》，載《文物參考資料》1954 年第 11 期
廣州市河南南石頭西漢末年墓 M2		五銖 2 串、包金銅質馬蹄金 1 件	
廣州市西村晉永嘉五年(311年)、七年磚墓		五銖、貨泉 6 枚	《廣州市西村晉代磚墓出土古錢六枚》，載《文物參考資料》1955 年第 1 期
廣州市西北郊晉墓		大泉當千 1 枚	廣州市文物管理委員會：《廣州市西北郊晉墓清理簡報》，載《考古通訊》1955 年第 5 期
廣州市東郊東漢磚室墓		東漢五銖一批	《廣州東郊東漢磚室墓》，載《文物參考資料》1955 年第 6 期
廣州市南郊南石頭西漢木槨墓		五銖 1 串	《文物工作報導》，載《文物參考資料》1955 年第 8 期
廣州市龍生岡 43 號東漢木槨墓		五銖 1 串、大泉五十 1 枚	廣州市文物管理委員會：《廣州市龍生岡 43 號東漢木槨墓》，載《考古學報》1957 年第 1 期
廣州市華僑新村西漢墓 M33		半兩 1 枚	麥英豪《廣州華僑新村西漢墓》，載《考古學報》1958 年第 2 期
廣州市華僑新村西漢墓 M5		四銖半兩 120 枚	
廣州市華僑新村西漢墓 M7		秦半兩、漢八銖半兩 88 枚	
廣州市東山象欄岡第二號木槨墓		西漢和東漢五銖 103 枚、大泉五十 20 枚、貨泉 4 枚	《廣州東山象欄岡第二號木槨墓》，載《文物參考資料》1958 年第 4 期
廣州市廣州動物園東漢建初元年(76 年)墓		五銖 30 枚	《廣州動物園東漢建初元年墓清理簡報》，載《文物》1959 年第 12 期
徐聞縣東漢墓 M47、M49		五銖各 5 枚	廣東省博物館：《廣東徐聞東漢墓》，載《考古》1977 年第 4 期

(左側豎排：廣 東 省)

出 土 地 點	出 土 時 間	出 土 情 況	資 料 來 源
貴縣漢代木椁墓	1955 年	西漢五銖 120 枚	黃增慶：《廣西貴縣木椁墓清理簡報》，載《考古通訊》1956 年第 4 期
合浦縣(原屬廣東)東漢磚室墓	1957 年 4 月	半兩、五銖數 10 枚	楊豪：《廣東合浦發現東漢磚室墓》，載《考古通訊》1958 年第 6 期
藤縣晉墓	1960 年 6 月	銅錢 1 枚	《藤縣清理一座晉代墓葬》，載《文物》1962 年第 1 期
桂林市南齊永明五年(487 年)墓	1962 年	石製錢幣 6 枚	黃增慶、周安民：《桂林發現南齊墓》，載《考古》1964 年第 6 期
合浦縣西漢木椁墓	1970 年 10 月	三種五銖 200 枚、金餅 2 枚	《廣西合浦西漢木椁墓》，載《考古》1972 年第 5 期
梧州市鶴頭山勝利酒廠東漢墓	1973 年 11 月	東漢五銖 33 枚	李乃賢：《廣西梧州市鶴頭山東漢墓》，載《文物資料叢刊》第 4 期
興安縣溶江公社石馬坪漢墓	1974 年 3 月	西漢五銖一批	李鋒玉：《廣西壯族自治區興安縣溶江公社石馬坪漢墓》，載《文物》1975 年第 5 期
合浦縣環城堂排西漢晚期墓 M1	1975 年	五銖數 10 枚	廣西壯族自治區文物工作隊：《廣西合浦縣堂排漢墓發掘簡報》，載《文物資料叢刊》第 4 期
合浦縣環城堂排西漢晚期墓 M2		五銖冥錢	
合浦縣環城堂排西漢晚期墓 M3		五銖數百枚	
貴縣羅泊灣二號漢墓	1979 年 4 月	金餅 1 枚	廣西壯族自治區文物工作隊：《廣西貴縣羅泊灣二號漢墓》，載《考古》1982 年第 4 期
藤縣勝西廣場漢代遺址	1979 年 12 月	五銖 4 枚	黃超漢：《廣西藤縣出土一批漢代文物》，載《文物》1981 年第 3 期
梧州市富民坊南朝墓	1980 年 4 月	五銖約 130 枚(其中有剪輪五銖)、貨泉數枚	梧州市博物館：《廣西壯族自治區梧州市富民坊南朝墓》，載《考古》1983 年第 9 期
荔浦縣興坪公社興坪大隊	1981 年 3 月	西漢八銖半兩、四銖半兩、晚期剪輪五銖、小五銖；新莽大泉五十、貨泉；東漢前期、中期五銖、晚期剪輪五銖、剪輪小錢、綖環錢；三國蜀直百五銖、直百；三國吳定平一百、太平百錢、小樣太平百錢；東晉沈郎五銖	廣西壯族自治區博物館：《廣西荔浦縣發現漢晉窖藏古銅錢》，載《文物》1984 年第 11 期
蒙山縣兩河鄉甘棠村	1981 年 6 月	西漢和榆莢小錢、漢武帝郡國五銖、赤仄五銖、剪邊五銖、貨泉、直百五銖、太平小百錢、定平小百錢共 30 餘斤	何秉：《廣西蒙山縣出土窖藏古錢》，載《中國錢幣》1985 年第 2 期
防城縣江平公社潿尾島	1981 年 7 月	五銖 7 枚、剪邊五銖 2 枚	廣西壯族自治區文物工作隊：《潿尾島考古調查》，載《文物》1984 年第 9 期
柳州市九頭村一號漢墓	1982 年冬	武帝五銖 12 枚、宣帝五銖 31 枚	柳州市博物館：《廣西柳州市九頭村一號漢墓》，載《文物》1984 年第 4 期
柳州市南郊九頭山東漢墓	1983 年 10 月	大泉五十 19 枚	柳州市博物館：《柳州市郊東漢墓》，載《考古》1985 年第 9 期
合浦縣凸鬼嶺漢墓	1984 年 9 月	剪輪五銖 9 枚	廣西壯族自治區博物館等：《廣西合浦縣凸鬼嶺清理兩座漢墓》，載《考古》1986 年第 9 期
合浦縣豐門嶺 10 號漢墓	1986 年 4 月 13—22 日	大泉五十 126 枚、貨泉 10 枚	合浦縣博物館：《廣西合浦縣豐門嶺 10 號漢墓發掘簡報》，載《考古》1995 年第 3 期
恭城縣黃嶺村大灣地南朝墓 M2	1993 年 4 月	五銖 2 枚	俸艷：《廣西恭城縣黃嶺大灣地南朝墓》，載《考古》1996 年第 8 期
恭城縣平安鄉牛路頭東漢石室墓	1994 年 3 月	五銖 16 枚、剪輪五銖 4 枚	俸艷：《廣西恭城縣牛路頭發現一座東漢石室墓》，載《考古》1998 年第 1 期
鍾山縣城西燕塘鎮張屋村東漢墓	1994 年 7—8 月	五銖	廣西壯族自治區文物工作隊等：《廣西鍾山縣張屋東漢墓》，載《考古》1998 年第 11 期
北海市盤子嶺東漢墓 M8、M9、M27、M32	1995 年 8 月 1 日—9 月 25 日	五銖 5 串、大泉五十 1 串、貨泉 1 枚	廣西壯族自治區文物工作隊：《廣西北海市盤子嶺東漢墓》，載《考古》1998 年第 11 期
貴縣漢墓		西漢五銖 325 枚、東漢五銖 2 190 枚以及大泉五十、貨泉	廣西省文物管理委員會：《廣西貴縣漢墓的清理》，載《考古學報》1957 年第 1 期
貴縣新牛嶺西漢墓 M3		五銖陶錢 12 枚	黃增慶：《廣西貴縣新牛嶺第二號西漢墓葬》，載《文物參考資料》1957 年第 2 期
平樂縣銀山嶺漢墓		五銖 3 枚	廣西壯族自治區文物工作隊：《平樂銀山嶺漢墓》，載《考古學報》1978 年第 4 期

(Note: 左側豎排大字「廣 西 壯 族 自 治 區」)

出 土 地 點		出 土 時 間	出 土 情 況	資 料 來 源
廣西壯族自治區	賀縣東吳墓		大泉五百 7 枚	廣西壯族自治區文物工作隊:《廣西賀縣兩座東吳墓》,載《考古與文物》1984 年第 4 期
	柳州九頭村一號漢墓		漢宣帝五銖 31 枚、漢武帝五銖 12 枚	柳州市博物館:《廣西柳州市九頭村一號漢墓》,載《文物》1984 年第 4 期
	賀縣舖門公社河東高寨西漢墓 M6		漢宣帝五銖、元帝五銖 7 枚	廣西壯族自治區文物工作隊、賀縣文化局:《廣西賀縣河東高寨西漢墓》,載《文物資料叢刊》第 4 期
四川省	南充市北門外金魚嶺漢墓	1953 年 6 月	漢宣帝五銖及刻文"大"、"小"等五銖數 10 枚、五銖 1 串	《文物工作報導》,載《文物參考資料》1954 年第 9 期
	昭化縣(今廣元市)寶輪院尾基坡崖墓 M4、M7、M15	1953 年 6 月	五銖 17 枚	張彥煌、龔廷萬:《四川昭化寶輪院尾基坡崖墓清理記》,載《考古通訊》1958 年第 7 期
	宜賓市漢代石棺墓	1954 年 8 月 15 日	小五銖 10 餘枚	《文物工作報導》,載《文物參考資料》1954 年第 12 期
	昭化縣(今廣元市)寶輪院船棺葬土坑墓	1954 年	半兩 22 枚	四川省博物館:《四川船棺葬發掘報告》,文物出版社 1960 年版
	成都市揚子山西漢墓葬 M30	1954 年	五銖 178 枚	沈仲常:《成都揚子山的西漢墓葬》,載《考古通訊》1955 年第 6 期
	成都市揚子山西漢墓葬 M35		西漢小半兩數百枚	
	宜賓市郊區東漢墓	1955 年 8 月	五銖、大泉五十數枚	《文物工作報導》,載《文物參考資料》1955 年第 10 期
	萬縣市漢墓	1956 年 2 月	五銖 32 枚	石正:《四川萬縣市發現的漢墓》,載《考古通訊》1957 年第 4 期
	成都市東北郊西漢墓	1956 年 3 月	大半兩 341 枚、小半兩 835 枚、榆莢錢 110 枚、五銖 128 枚	四川省文物管理委員會:《成都東北郊西漢墓葬發掘簡報》,載《考古通訊》1958 年第 1 期
	成都市北郊洪家包西漢墓	1956 年 4 月	秦大半兩、大半兩、榆莢半兩、無郭四銖半兩、有郭四銖半兩、西漢五銖、武帝五銖、宣帝五銖近 200 枚	四川省文物管理委員會:《成都北郊洪家包西漢墓清理簡報》,載《考古通訊》1957 年第 1 期
	新津縣堡子山東漢末期墓	1957 年 5 月	西漢五銖 20 枚、貨泉 5 枚、剪邊五銖 2 枚	四川省博物館文物工作隊:《四川新津縣堡子山崖墓清理簡報》,載《考古通訊》1958 年第 7 期
	重慶市化龍橋東漢磚墓	1957 年 6 月	東漢五銖、貨泉	《重慶市化龍橋東漢磚墓的清理》,載《考古通訊》1958 年第 3 期
	牧馬山灌溉渠東漢岩墓 M13	1957 年 11 月	五銖近 100 枚	四川省博物館:《四川牧馬山灌溉渠岩墓清理簡報》,載《考古》1959 年第 8 期
	牧馬山灌溉渠東漢岩墓 M13、M15、M17、M21		半兩、五銖、大泉五十、貨泉數百枚	
	金堂縣焦山、魏家冲漢代崖墓左墓	1958 年 1 月	五銖數百枚	郭立中:《四川焦山、魏家冲發現漢代崖墓》,載《考古》1959 年第 8 期
	金堂縣焦山、魏家冲漢代崖墓右墓		貨泉數百枚、貨布 3 枚	
	內江市西郊崖墓		貨布 1 枚、五銖 200—300 枚	
	蘆山縣蘆陽鎮向前村	1958 年 3 月	秦戰國半兩 89 枚	周曰連:《四川蘆山出土的巴蜀文化器物》,載《考古》1991 年第 10 期
	成都市天迴山西漢、東漢土坑墓	1958 年 6 月	小半兩數 10 枚,五銖、大泉五十、大布黃千數 10 枚	《成都天迴山發現三座土坑墓》,載《考古》1959 年第 8 期
	成都市北郊昭覺寺東漢磚墓	1966 年 2 月	東漢早、中、晚期五銖	劉志遠:《成都昭覺寺漢畫像磚墓》,載《考古》1984 年第 1 期
	奉節縣風箱峽崖棺葬	1971 年	文帝四銖半兩 1 枚	《四川奉節縣風箱峽崖棺葬》,載《文物》1978 年第 7 期
	鹽亭縣東漢晚期崖墓	1972 年 2 月	貨泉、五銖、剪輪五銖 1 串	《四川鹽亭東漢崖墓出土文物簡記》,載《文物》1974 年第 5 期
	郫縣紅光公社戰國墓	1972 年	半兩 1 枚	李復華:《四川郫縣紅光公社出土戰國銅器》,載《文物》1976 年第 10 期
	大邑縣馬王墳漢墓	1973 年 11 月	東漢五銖 4 枚	丁祖春:《四川大邑縣馬王墳漢墓》,載《考古》1980 年第 3 期

出 土 地 點	出 土 時 間	出 土 情 況	資 料 來 源
三臺縣東漢墓	1974年1月	五銖104枚、大泉五十1枚、貨泉1枚	三臺縣文化館：《四川三臺縣發現東漢墓》，載《考古》1976年第6期
寶興縣磽磧公社抑洛漢墓	1974年4月	塗硃五銖、五銖251枚、剪邊五銖17枚、貨布1枚，大泉五十1枚	《夾金山北麓發現漢墓》，載《文物》1976年第11期
大邑縣敦義公社吳墩子西漢坑墓	1974年10月	漢初半兩、四銖半兩50枚，漢宣帝時上林三官五銖近200枚	宋治民等：《大邑縣西漢土坑墓》，載《文物》1981年第12期
蘆山縣清源鄉大同村	1974年	大布黃千1枚	蘆山縣博物館：《蘆山發現一尊漢代青銅人像》，載《文物》1987年第10期
簡陽縣東溪廟子山元墓	1974年	五銖1枚，同出鐵錢宋元通寶3枚、太平通寶1枚	四川省文物管理委員會：《四川簡陽東溪園藝場元墓》，載《文物》1987年第2期
合川縣東漢初平三年至建安十九年（192—214年）畫像石墓	1975年2月	東漢光武五銖、後期五銖、剪輪五銖、東漢初平三年無文小錢共43枚	重慶市博物館、合川縣博物館《合川東漢畫像石墓》，載《文物》1977年第2期
理縣樸頭公社漢墓	1975年10月	東漢五銖500多枚	《四川阿壩州發現漢墓》，載《文物》1976年第11期
西昌縣禮州漢墓 M1、M2、M3、M4、M5	1976年2月、10月	燒溝Ⅰ型、Ⅱ型五銖2100枚，大泉五十8枚，契刀五百1枚	禮州遺址聯合考古發掘隊：《四川西昌禮州發現的漢墓》，載《考古》1980年第5期
喜德縣拉克公社大石墓 M8	1976年11月	四銖半兩1枚	涼山彝族地區考古隊：《四川涼山喜德拉克公社大石墓》，載《考古》1978年第2期
喜德縣拉克公社大石墓 M1		漢宣帝五銖4枚	
西昌縣河西鎮大石墓群	1976年	西漢五銖2枚	西昌地區博物館：《西昌河西大石墓群》，載《考古》1978年第2期
滎經縣城關鎮磚瓦廠漢代木椁墓 M2	1977年	八銖半兩4枚	滎經古墓發掘小組：《四川滎經古城坪秦漢墓葬》，載《文物資料叢刊》第4期
四川威遠縣黃荆溝公社	1978年1月	半兩1枚、五銖325枚、剪邊五銖281枚、蜀漢五銖400枚、無字小錢145枚、"五"字錢1枚、貨泉4枚、直百五銖435枚、鐵錢2枚	四川省博物館：《四川威遠出土大量"直百五銖"錢》，載《文物》1981年第12期
重慶市南岸區西漢土坑墓馬鞍山一號	1978年3月	漢文帝四銖半兩1枚	龔廷萬等：《重慶市南岸區的兩座西漢土坑墓》，載《文物》1982年第7期
綿竹縣清道公社糧站西漢木板墓	1978年9月	橋梁幣1枚、半兩50餘枚	四川省博物館等：《四川綿竹縣西漢木板墓發掘簡報》，載《考古》1983年第4期
茂汶羌族自治縣（今茂縣）東北石棺墓	1978年	秦半兩、八銖半兩、四銖半兩、榆莢半兩163枚，西漢中晚期五銖27枚，海貝260枚	四川省文物管理委員會、茂汶縣文化館：《四川茂汶羌族自治縣石棺墓發掘報告》，載《文物資料叢刊》第7期
平武縣古城鄉小坪山王璽家族墓	1979年1月、4—5月	貨泉、東漢五銖、剪輪五銖共20枚，同出唐、北宋、金、明錢，另有金壓勝錢	四川省文物管理委員會等：《四川平武王璽家族墓》，載《文物》1989年第7期
重慶市江北陳家館西漢石坑墓	1980年12月	漢武帝至宣帝五銖一批	胡人朝：《重慶江北陳家館西漢石坑墓》，載《文物》1987年第3期
三臺縣斷石公社元寶山石壁東漢岩墓	1980年	大布黃千、大泉五十	三臺縣文化館：《四川三臺縣東漢岩墓內發現新莽銅錢》，載《文物》1982年第6期
成都市	1980年	太平百錢1批，太平百錢銅母範1件	陳顯雙：《成都市出土"太平百錢"銅母範——兼談"太平百錢"的年代》，載《文物》1981年第10期
喜德縣拉克公社	1981年4月	五銖1枚、大泉五十1枚	涼山彝族自治州博物館等：《四川喜德縣清理一座大石墓》，載《考古》1987年第3期
忠縣塗井臥馬凼蜀漢岩墓	1981年5月	半兩2枚、大泉五十9枚、貨泉18枚、太平百錢10枚、直百五銖309枚、平五銖3枚、漢五銖2276枚、蜀五銖532枚	四川省文物管理委員會等：《四川忠縣塗井蜀漢崖墓》，載《文物》1985年第7期
滎經縣水井坎溝岩墓	1981年9—10月中旬	西漢中晚期至東漢初期五銖9枚、大泉五十15枚	四川省文物管理委員會等：《四川滎經水井坎溝岩墓》，載《文物》1985年第5期
崇慶縣五道渠蜀漢墓	1982年3月	直百、直百五銖2種，數量較多，大都銹蝕破碎	四川省文物管理委員會等：《四川崇慶縣五道渠蜀漢墓》，載《文物》1984年第8期

左側縱向：四川省

出 土 地 點	出 土 時 間	出 土 情 況	資 料 來 源
涪陵縣黃溪公社點易大隊西漢土坑墓 M1	1982 年 4 月	榆莢半兩 96 枚	四川省文物管理委員會、涪陵縣文化館:《四川涪陵西漢土坑墓發掘簡報》,載《考古》1984 年第 4 期
涪陵縣黃溪公社點易大隊西漢土坑墓 M2		秦半兩、榆莢半兩 99 枚	
三臺縣靈興鄉東漢墓	1982 年 11 月 19 日	五銖若干枚	三臺縣文化館:《四川三臺發現一座東漢墓》,載《考古》1992 年第 9 期
重慶市臨江支路西漢墓	1982 年 11 月 24 日—1983 年 2 月 8 日	五銖 1 200 多枚,另外還有早出土的五銖 231 枚	重慶市博物館:《重慶市臨江支路西漢墓》,載《考古》1986 年第 3 期
涪陵縣黃溪公社點易大隊東漢崖墓	1982 年 11 月	五銖	四川省文物管理委員會:《四川涪陵東漢崖墓清理簡報》,載《考古》1984 年第 12 期
成都市鳳凰山西漢木槨墓	1983 年 7 月 9 日—9 月	四銖半兩 130 多枚	徐鵬章:《成都鳳凰山西漢木槨墓》,載《考古》1991 年第 5 期
綿陽市西山	1984 年 4 月	貨泉 35 枚、五銖 196 枚	綿陽市博物館:《四川綿陽西山六朝崖墓》,載《考古》1990 年第 11 期
彭山縣江口鄉梅花村殘岩墓	1984 年 7 月	西漢五銖 12 枚、大布黃千 5 枚、大泉五十 54 枚、貨泉 520 枚、契刀五百 1 枚	彭山縣文物保護管理所:《四川彭山一座殘岩墓》,載《考古》1991 年第 5 期
西昌市	1984 年 11 月	貨泉 2 枚、五銖 100 餘枚;陶座銅搖錢樹,上飾方穿芒紋錢 11 枚	涼山彝族自治州博物館:《四川涼山西昌發現東漢、蜀漢墓》,載《考古》1990 年第 5 期
遂寧市東漢崖墓	1985 年 1 月	東漢早中期五銖 6 枚	莊文彬:《四川遂寧市發現兩座東漢崖墓》,載《考古》1994 年第 8 期
成都市青龍鄉漢磚室墓	1985 年 11 月 24 日	貨泉 450 枚	李加鐸:《成都青龍鄉漢代磚室墓清理》,載《文物》1997 年第 4 期
成都市十二橋商代遺址第六、七層	1985 年 12 月—1986 年 7 月	五銖錢,同出開元通寶銅錢	四川省文物管理委員會等:《成都十二橋商代建築遺址第一期發掘簡報》,載《文物》1987 年第 12 期
簡陽縣鬼頭山東漢崖墓	1986 年 4 月	五銖 247 枚、貨泉 4 枚,搖錢樹五銖 1 枚	內江市文物管理所等:《四川簡陽縣鬼頭山東漢崖墓》,載《文物》1991 年第 3 期
廣元市鞍子梁西晉崖墓	1986 年 4 月	五銖 1 枚	廣元市文物管理所:《四川廣元鞍子梁西晉崖墓的清理》,載《文物》1991 年第 8 期
綿陽市河邊鄉九龍山	1986 年 6 月	五銖錢 10 枚、大泉五十 1 枚	何志國:《四川綿陽河邊東漢崖墓》,載《考古》1988 年第 3 期
江油縣三合鄉	1986 年 10 月	五銖 15 枚,同出唐開元通寶錢其中帶月痕的 17 450 枚,乾元重寶錢 21 枚	黃石林、曾昌林:《四川江油縣發現一批窖藏錢幣》,載《考古》1990 年第 11 期
成都市鳳凰山漢代磚室墓	1986 年 12 月	大泉五十 950 枚、貨泉 890 枚	成都市博物館:《成都鳳凰山發現一座漢代磚室墓》,載《文物》1992 年第 1 期
達縣市西漢木槨墓	1987 年 6 月	漢初半兩 8 枚	馬幸辛:《四川達縣市西漢木槨墓》,載《考古》1992 年第 3 期
重慶市江北縣集真鄉	1987 年 8 月	直百五銖 5 400 餘枚	鄒元良:《重慶市江北縣出土蜀漢窖藏錢幣》,載《考古》1991 年第 3 期
合江縣勝利鄉菜壩村草山漢磚室墓	1987 年 9 月 25 日	東漢早期五銖 14 枚、五銖錢紋墓磚	謝荔等:《四川合江縣東漢磚室墓清理簡報》,載《文物》1992 年第 4 期
達縣市曹家梁東漢墓	1988 年 3 月	大泉五十 5 枚	達縣地區文化局:《四川達縣曹家梁東漢墓》,載《考古》1995 年第 1 期
簡陽縣夜月洞東漢崖墓	1988 年 4 月	五銖 4 枚,西漢昭、宣時期五銖 1 枚,東漢建武五銖 3 枚	方建國等:《四川簡陽縣夜月洞發現東漢崖墓》,載《考古》1992 年第 4 期
西昌市東坪漢代冶鑄遺址	1988 年 10—12 月	西漢後期五銖 5 枚、東漢初建武五銖(似爲廢品)33 枚	四川大學歷史系考古專業等:《四川西昌東坪漢代冶鑄遺址發掘》,載《文物》1994 年第 9 期
樂山市中區大灣嘴崖墓	1989 年 8 月	五銖兩式一批	樂山市文物管理所:《四川樂山市中區大灣嘴崖墓清理簡報》,載《考古》1991 年第 1 期
綿陽市何家山 1 號東漢崖墓	1989 年 11 月 23 日	西漢五銖、貨泉、大泉五十、東漢五銖、剪輪五銖、綖環五銖共 210 枚	綿陽市博物館:《四川綿陽何家山 1 號東漢崖墓清理簡報》,載《文物》1991 年第 3 期
綿陽市何家山 2 號東漢崖墓	1990 年 2 月 14 日	兩漢五銖、貨泉等 360 枚	綿陽市博物館:《四川綿陽何家山 2 號東漢崖墓清理簡報》,載《文物》1991 年第 3 期

左側縱排:四 川 省

出 土 地 點	出 土 時 間	出 土 情 況	資 料 來 源
樂山市沱溝嘴東漢崖墓	1990 年 12 月 31 日	五銖數枚	樂山市崖墓博物館:《四川樂山市沱溝嘴東漢崖墓清理簡報》,載《文物》1993 年第 1 期
廣元市張家溝北宋磚室墓	1990 年 12 月	五銖 1 枚,同出唐開元通寶和北宋錢	唐志工:《四川廣元張家溝北宋磚室墓》,載《考古》1995 年第 7 期
綿陽市園藝鄉蘇家坡南朝磚室墓	1991 年 10 月	大泉五十 3 枚、直百五銖 1 枚	何志國等:《四川綿陽市園藝鄉發現南朝墓》,載《考古》1996 年第 8 期
綿陽市涪城區永興鎮雙包山一號西漢木椁墓 MSM1	1992 年 1 月	泥金餅 150 枚、五銖 15 枚	綿陽市博物館:《四川綿陽永興雙包山一號西漢木椁墓發掘簡報》,載《文物》1996 年第 10 期
綿陽市涪城區永興鎮雙包山二號西漢木椁墓 95 MSM2	1995 年 3—7 月	泥金餅約 230 餘枚、四銖半兩 40 餘枚	四川省文物考古研究所等:《綿陽永興雙包山二號西漢木椁墓發掘簡報》,載《文物》1996 年第 10 期
成都市青白江區大同鎮躍進村	1996 年 3 月 25 日—4 月 20 日	五銖 3 965 枚、貨泉 1 枚	成都市文物考古工作隊等:《成都市青白江區躍進村漢墓發掘簡報》,載《文物》1999 年第 8 期
重慶市江北相國寺東漢磚墓		五銖 177 枚	《重慶江北相國寺東漢磚墓》,載《文物參考資料》1955 年第 3 期
彰明縣常山村六朝崖墓 M10、M11,M12、M13		五銖 4 枚、12 枚、19 枚、3 枚	石光明、沈仲常、張彥煌:《四川彰明縣常山村崖墓清理簡報》,載《考古通訊》1955 年第 5 期
巴縣冬筍壩 M49		兩錙 1 枚、半兩 20 枚	沈仲常、王家祐:《記四川巴縣冬筍壩出土的古印及古貨幣》,載《考古通訊》1955 年第 6 期
巴縣冬筍壩秦漢墓		半兩	
巴縣冬筍壩西漢墓		四銖半兩、五銖、貨泉	
彰明縣佛兒崖東漢墓 M2、M5、M6		五銖 96 枚	石光明、沈仲常、張彥煌:《四川彰明佛兒崖墓葬清理簡報》,載《考古通訊》1955 年第 6 期
成都市半子山第 172 號墓		金塊 2 件	四川省文物管理委員會:《成都市半子山第 172 號墓發掘報告》,載《考古學報》1956 年第 4 期
簡陽縣洛帶鄉西漢墓		大半兩 20 枚	任錫光:《四川簡陽洛帶鄉西漢、東漢墓清理》,載《考古通訊》1957 年第 4 期
簡陽縣洛帶鄉東漢墓		貨布 1 枚、貨泉 12 枚、五銖 565 枚	
岷江上游西漢船棺葬		四銖半兩 45 枚、八銖八兩 86 枚	馮漢驥等:《四川古代的船棺葬》,載《考古學報》1958 年第 2 期
昭化縣(今廣元市)寶輪鎮南北朝崖墓 M23		直百五銖	沈仲常:《四川昭化寶輪鎮南北朝時期的崖墓》,載《考古學報》1959 年第 2 期
昭化縣(今廣元市)寶輪鎮南北朝崖墓 M4		大泉五十 2 枚、直百五銖 2 枚	
昭化縣(今廣元市)寶輪鎮南北朝崖墓 M28		五銖 11 枚、大泉五十 4 枚、直百五銖 1 枚、貨泉 3 枚、銅錢 2 枚	
昭化縣(今廣元市)寶輪鎮南北朝崖墓 M2、M10		六朝五銖 2 枚、3 枚	
牧馬山灌溉渠工程古墓		直百五銖、定平一百 1 枚、直百五銖 1 枚、剪邊五銖 5 枚	四川省博物館:《四川牧馬山灌溉渠古墓清理簡報》,載《考古》1959 年第 8 期
廣元縣昭化鎮、巴縣冬筍壩鎮船棺葬		半兩、兩錙錢	馮漢驥等:《四川古代的船棺葬》,載《考古學報》1973 年第 2 期
成都市曾家包東漢畫像磚石墓 M1、M2		大泉五十、五銖、剪輪五銖	成都市文化局文物管理處:《四川成都曾家包東漢畫像磚石墓》,載《文物》1981 年第 10 期
威遠縣窖藏		半兩 1 枚、直百五銖 435 枚、其他錢 1 267 枚	四川省博物館:《四川威遠出土大量"直百五銖"錢》,載《文物》1981 年第 12 期
寶興縣西漢石棺葬		海貝 70 枚	寶興縣文化館:《四川寶興縣漢代石棺葬》,載《考古》1982 年第 4 期

出 土 地 點	出 土 時 間	出 土 情 況	資 料 來 源
西昌縣東漢魏晉磚室墓		五銖、大泉五十、貨泉、大布黃千、榆莢小錢	黃承宗:《西昌東漢魏晉時期磚室墓葬調查》,載《考古與文物》1983年第1期
成都市石羊西漢木槨墓		秦半兩、榆莢半兩、四銖半兩、減重四銖半兩、有郭半兩186枚	胡昌鈺:《成都石羊西漢木槨墓》,載《考古與文物》1983年第2期
寶興縣東漢石棺墓		貨泉1枚	楊文成:《四川寶興縣的石棺葬》,載《考古與文物》1983年第6期
遂寧縣船山坡崖墓		東漢中期五銖452枚	四川省文物管理委員會:《四川遂寧船山坡崖墓發掘簡報》,載《考古與文物》1984年第1期
宜賓縣黃傘崖墓群東漢墓 HY1 M4		東漢五銖8枚	四川大學歷史系、宜賓縣文化館:《四川宜賓縣黃傘崖墓群調查及清理簡報》,載《考古與文物》1984年第1期
赫章縣漢墓 M2、M3、M5、M7	1960—1961年	燒溝Ⅰ型五銖24枚、Ⅱ型五銖52枚、Ⅲ型五銖56枚	貴州省博物館:《貴州赫章縣漢墓發掘簡報》,載《考古》1966年第1期
平壩縣天龍鎮漢墓	1966年春	漢五銖	貴州省博物館考古組:《貴州平壩天龍漢墓》,載《文物資料叢刊》第4期
安順縣華嚴區寧谷公社徐家山東漢墓	1971年3月	大泉五十、剪輪五銖、綖環錢74枚	貴州省博物館:《貴州安順寧谷發現東漢墓》,載《考古》1972年第2期
安順縣華嚴區寧谷公社徐家山東漢墓 M6	1972年7月	早期五銖400枚	嚴平:《貴州安順寧谷漢墓》,載《文物資料叢刊》第4期
安順縣華嚴區寧谷公社徐家山東漢墓 M5、M9		晚期五銖	
安順縣華嚴區寧谷公社徐家山東漢墓 M7		晚期五銖、剪輪五銖、貨泉1枚	
安順縣華嚴區寧谷公社徐家山東漢墓 M10		大泉五十1枚、晚期五銖	
黔西縣漢墓 M1	1972年	貝幣30枚	貴州省博物館:《貴州黔西縣漢墓發掘簡報》,載《文物》1979年第11期
黔西縣漢墓 M2、M3、M12、M16		五銖15枚、剪輪五銖2枚、大泉五十1枚	
興義縣、興仁縣漢墓	1975—1976年	五銖各1枚	《貴州興義、興仁漢墓》,載《文物》1979年第5期
玉屏侗族自治縣長嶺鄉慶寨村	1985年12月26日	西漢五銖、東漢五銖、新莽貨泉,同出唐、五代十國、宋、金代錢約12 000枚	玉屏侗族自治縣文化館:《貴州玉屏出土窖藏銅錢》,載《考古》1989年第7期
威寧彝族回族苗族自治縣中水漢墓		燒溝Ⅰ型、Ⅱ型、Ⅲ型五銖111枚,大泉五十10枚,海貝20枚	貴州省博物館:《威寧中水漢墓》,載《考古學報》1981年第2期
昭通縣、魯甸縣大坪子窖藏	1953年8月	五銖500—600枚	《文物工作報導》,載《文物參考資料》1954年第4期
昭通縣東二坪寨東漢墓	1953年11月	五銖10餘枚	
昭通縣東漢墓 M1、M2	1954年5月26日	五銖2枚、30枚	《文物工作報導》,載《文物參考資料》1954年第7期
晉寧縣石寨山古墓 M23、M32	1958年	五銖1枚、10枚	雲南省博物館:《雲南晉寧石寨山古墓第三次發掘簡報》,載《考古》1959年第9期
晉寧縣石寨山墓葬	20世紀50年代	貝幣5—6馬馱、半兩、五銖	雲南省博物館:《雲南晉寧石寨山出土有關奴隸社會文物》,載《文物》1959年第5期
晉寧縣石寨山古墓 M40	1960年	五銖	雲南省博物館:《雲南晉寧石寨山古墓第四次發掘簡報》,載《考古》1963年第9期
晉寧縣石寨山古墓 M43		五銖18枚	
昭通縣白泥井東漢墓	1964年3月	貨泉1枚、五銖45枚	曹吟葵:《雲南昭通白泥井發現東漢墓》,載《考古》1965年第2期
昭通縣象鼻嶺崖墓	1974年春	西漢五銖1枚、東漢五銖11枚、大泉五十1枚、貨泉2枚	雲南省博物館文物工作隊:《雲南昭通象鼻嶺崖墓發掘簡報》,載《考古》1981年第3期

出　土　地　點		出　土　時　間	出　土　情　況	資　料　來　源
雲南省	下關市(今大理市)海東公社洱海東岸小海島	1979 年 3 月	漢五銖 13 枚、大泉五十 271 枚、大布黃千 61 枚	田懷清等：《大理洱海東岸小海島出土一罐古錢》，載《考古》1983 年第 9 期
	呈貢縣石碑村古墓 M32、M34、M42、M55、M61	1979 年 11 月	五銖 200 枚	昆明市文物管理委員會：《昆明呈貢石碑村古墓群第二次清理簡報》，載《考古》1983 年第 5 期
	昭通市鷄窩院子漢墓	1982 年 4 月	五銖 2 200 枚、大泉五十 50 枚	昭通地區文物管理所：《雲南昭通市鷄窩院子漢墓》，載《考古》1986 年第 11 期
	宣威市蘇家坡	1992 年	西漢五銖 3 枚	曲靖地區文物管理所：《雲南宣威市發現青銅器等文物》，載《考古》1996 年第 5 期
	個舊市冲子皮坡古冶煉遺址	1993 年 5 月	五銖	胡振東：《雲南發現古冶煉遺址》，載《文物》1994 年第 5 期
	晉寧縣石寨山古墓		貝幣數十萬枚、五銖和半兩極少	《雲南晉寧石寨山古墓群清理初記》，載《文物參考資料》1957 年第 4 期
	大關縣、昭通縣東漢崖墓 M1		東漢五銖 15 枚	雲南省文物工作隊：《雲南大關、昭通東漢崖墓清理報告》，載《考古》1965 年第 3 期
	大關縣、昭通縣東漢崖墓 M2		東漢五銖 64 枚、貨泉 7 枚、大泉五十 22 枚	
	大關縣、昭通縣東漢崖墓 M3		五銖 863 枚、貝幣 2 枚	
	江川縣李家山古墓葬		西漢五銖 42 枚、海貝 300 多斤	雲南省博物館：《雲南江川李家山古墓葬群發掘報告》，載《考古學報》1975 年第 2 期
陝西省	大荔縣古墓	1954 年 10 月	五銖 200 餘枚、黃金七兩四錢	《文物工作報導》，載《文物參考資料》1954 年第 12 期
	西安市環城馬路漢墓 M5、M6、M7、M8、M9	1954 年 11 月	五銖 166 枚、大布黃千 2 枚、壯布七百 1 枚、中布六百 1 枚、差布五百 3 枚、大泉五十 21 枚、小泉直一 173 枚	陝西省文物管理委員會：《西安環城馬路漢墓清理簡報》，載《考古通訊》1958 年第 7 期
	西安市東郊白鹿原漢墓	1954 年秋	燒溝Ⅰ型、Ⅱ型、Ⅲ型、Ⅳ型 106 枚，貨泉 2 枚	俞偉超：《西安白鹿原墓葬發掘報告》，載《考古學報》1956 年第 3 期
	西安市東郊白鹿原三國墓 M13		穿上一星五銖 2 枚、東漢五銖 5 枚、剪輪五銖 39 枚、五朱 5 枚、貨泉 1 枚、無文錢 1 枚、鐵錢 1 枚、鉛錢 1 枚	
	西安市白家口漢墓	1954 年	大泉五十	中國社會科學院考古研究所陝西考古調查發掘隊：《寶鷄和西安附近考古發掘簡報》，載《考古通訊》1955 年第 2 期
	寶鷄市李家崖漢墓		五銖、大泉五十、貨泉	
	西安市繆家寨村漢墓	1955 年 1 月	五銖 25 枚	《文物工作報導》，載《文物參考資料》1956 年第 2 期
	西安市郊十里舖東漢墓	1955 年	半兩 6 枚、大泉五十 11 枚、加重貨泉 4 枚、五銖、綖環五銖、剪輪五銖 165 枚	雒忠如：《西安十里舖東漢墓清理簡報》，載《考古通訊》1957 年第 4 期
	長安縣洪慶村秦漢墓	1955 年	大小半兩 101 枚，素面、大星、穿上橫、穿下半星、四決、剪輪等五銖 665 枚，大泉五十 3 枚	陝西省文物管理委員會：《陝西長安洪慶村秦漢墓第二次發掘簡報》，載《考古》1959 年第 12 期
	西安市東郊韓森寨漢墓	1956 年 11 月	五銖 9 枚	《西安東郊韓森寨漢墓清理簡報》，載《文物》1960 年第 5 期
	富平縣	1956 年	五銖 2 枚	陝西省博物館、陝西省文物管理委員會：《陝西省發現的漢代鐵鏵和鏵土》，載《文物》1966 年第 1 期
	隴縣	1965 年 4 月	大泉五十、布泉、貨泉數斤，五銖 1 枚	
	長安縣三里村東漢墓	1957 年 4 月	五銖 136 枚、貨泉 7 枚	陝西省文物管理委員會：《長安縣三里村東漢墓葬發掘簡報》，載《文物參考資料》1958 年第 7 期
	西安市郊漢長安城宣平門遺址	1957 年 10 月	東漢五銖、五朱、隋五銖	王仲殊：《漢長安城考古工作收獲續記》，載《考古通訊》1958 年第 4 期
	耀縣西漢墓	1957 年	半兩 92 枚	馬建熙：《陝西耀縣戰國、西漢墓葬清理簡報》，載《考古》1959 年第 3 期
	潼關縣吊橋漢代楊氏墓群(東漢至魏文帝)M1、M3、M4、M5	1959 年	剪輪五銖、綖環五銖、五銖 10 斤，另有貨泉、大泉五十	《潼關吊橋漢代楊氏墓群發掘簡記》，載《文物》1961 年第 1 期
	咸陽市長陵車站	1959—1961 年	半兩 7 枚	陝西省社會科學院考古研究所渭水工作隊：《秦都咸陽故城遺址的調查和發掘》，載《考古》1962 年第 6 期

續表

出 土 地 點	出 土 時 間	出 土 情 況	資 料 來 源
韓城縣芝川鎮東漢墓	1960 年 3 月	五銖 200 餘枚、貨泉 1 枚	陝西省文物管理委員會：《陝西韓城縣芝川鎮東漢墓》，載《考古》1961 年第 8 期
咸陽市長陵車站秦代窖藏	1962 年 3 月	半兩	陝西省博物館、陝西省文物管理委員會勘查小組：《秦都咸陽故城遺址發現的窖址和銅器》，載《考古》1974 年第 1 期
咸陽市咸陽故城灘毛村遺址	1962—1963 年	半兩 3 枚	
長安縣韋曲鄉首帕張堡	1962 年冬	半兩 997 枚、賹化錢 2 枚、兩甾錢 1 枚	陳尊祥等：《首帕張堡窖藏秦錢清理報告》，載《中國錢幣》1987 年第 3 期
白河縣白石河水庫漢代遺址	1964 年 8 月	半兩 3 枚、大泉五十 1 枚	《陝北榆林地區的出土文物——漢墓》，載《文物參考資料》1976 年第 2 期
古城灘西南古城遺址		半兩 1 枚、東漢晚期五銖 1 枚	
西安市任家坡漢陵叢葬坑 M23、M26	1966 年 7 月	半兩	王學理、吳鎮烽：《西安任家坡漢陵叢葬坑的發掘》，載《考古》1976 年第 2 期
咸陽市楊家灣漢墓 M5	1970—1976 年	半兩 1 枚、古錢 2 枚	陝西省文物管理委員會、陝西省博物館：《咸陽楊家灣漢墓發掘簡報》，載《文物》1977 年第 10 期
勉縣紅廟東漢墓	1972 年 6 月	五銖、大泉五十 404 枚，貨泉 1 枚	唐金祐、郭清華：《陝西勉縣紅廟東漢墓清理簡報》，載《考古與文物》1983 年第 4 期
千陽縣漢墓	1972 年 9 月	大小兩種大泉五十 58 枚	寶雞市博物館、千陽縣文化館：《陝西省千陽縣漢墓發掘簡報》，載《考古》1975 年第 3 期
大荔縣朝邑鎮秦墓 M1	1974 年	半兩 42 枚	陝西省文物管理委員會：《朝邑戰國墓葬發掘簡報》，載《文物資料叢刊》1978 年第 2 期
西安市漢上林苑遺址	1974—1975 年	馬蹄金 4 件、麟趾金 2 件	李正德、傅嘉儀、晁華山：《西安漢上林苑發現的馬蹄金和麟趾金》，載《文物》1977 年第 9 期
隴縣東南鄉張家莊	1975 年 2 月	貨泉銅餅錢、鐵餅錢、銅包鐵餅錢、小泉直一、貨布（殘）10 枚、大泉五十 47 枚、大泉十五 2 枚、貨泉合背 1 枚、貨泉傳形 2 枚，其餘均爲貨泉，共 83 斤	延晶平：《隴縣出土"餅錢"》，載《陝西金融》1987 年錢幣專輯 (8)
咸陽市郊馬泉村西漢墓	1975 年 2 月	大量燒溝Ⅰ型、Ⅱ型、Ⅲ型五銖	咸陽市博物館：《陝西咸陽馬泉西漢墓》，載《考古》1979 年第 2 期
西安市郊漢長安城武庫遺址	1975—1977 年	漢半兩、西漢五銖、貨泉、布泉	中國社會科學院考古研究所漢長安城工作隊：《漢長安城武庫遺址發掘的初步收穫》，載《考古》1978 年第 4 期
勉縣老道寺漢墓 M1	1978 年 1 月 16 日—12 月 3 日	五銖 68 枚	郭清華：《陝西勉縣老道寺漢墓》，載《考古》1985 年第 5 期
勉縣老道寺漢墓 M2		五銖 11 枚	
勉縣老道寺漢墓 M3		大泉五十 1 枚、小泉直一 1 枚、貨泉 1 枚、五銖 47 枚、剪輪五銖 1 枚	
勉縣紅廟公社金寨大隊新朝墓	1978 年 3 月	大泉五十 83 枚、大布黄千 16 枚	郭清華：《陝西勉縣金寨新朝墓葬》，載《文物》1984 年第 4 期
咸陽市吃店公社	1978 年 5 月	馬蹄金 2 件、麟趾金 2 件	王丕忠、許志高：《咸陽市發現的麟趾金和馬蹄金》，載《考古》1980 年第 4 期
扶風縣中顔村西漢銅器窖藏	1978 年 12 月	八銖半兩 1 枚、四銖八兩 1 枚、五銖 9 枚	羅西章：《陝西扶風中顔村發現西漢窖藏銅器和古紙》，載《文物》1979 年第 9 期
勉縣老道寺四號漢墓	1978 年 12 月	漢半兩 2 枚、貨泉 2 枚、五銖 45 枚、剪邊五銖 12 枚	郭清華：《陝西勉縣老道寺四號漢墓發掘簡報》，載《考古與文物》1982 年第 1 期
勉縣周家山公社紅衛大隊	1978 年	直交筆"五"、穿上橫、穿下半星五銖	郭清華：《陝西勉縣出土一批西漢銅器》，載《考古與文物》1980 年第 2 期
千陽縣西漢墓	1978 年	半兩 2 枚、漢宣帝五銖 15 枚	寶雞市博物館、千陽縣文化館、中國科學院自然科學史研究所：《千陽西漢墓出土算籌》，載《考古》1976 年第 2 期
漢中市西漢前期墓	1979 年 2 月	四銖半兩、八銖半兩、榆莢半兩數 10 枚	趙化成：《陝西漢中市清理兩座西漢前期墓》，載《考古與文物》1982 年第 2 期
鳳翔縣南指揮公社高家河窖藏	1979 年 11 月	半兩 1 罐	尚志儒：《鳳翔出土一批半兩錢》，載《陝西日報》1980 年 3 月 17 日
安康縣	1979 年 11 月	五銖、貨泉、大泉五十等 99 斤	徐信印等：《陝西安康發現古代窖藏錢幣》，載《考古》1987 年第 12 期
安康縣關廟區中渡臺	1984 年 8 月 20 日	貨泉 20 000 餘枚，少數東漢五銖	

陝西省

出　土　地　點		出　土　時　間	出　土　情　況	資　料　來　源
陝 西 省	漢陽縣月河村	1985 年 3 月 30 日	秦漢半兩、西漢五銖、貨泉、布泉、大泉五十、直百五銖、永安五銖、常平五銖、五行大布，同出隋五銖、周元通寶、唐國通寶、光天元寶和北宋錢、南宋建炎通寶錢共 2 000 餘斤	
	臨潼縣秦始皇陵西側趙背户村秦刑徒墓	1979 年 12 月—1980 年 6 月	半兩 43 枚	秦始皇陵秦俑坑考古發掘隊：《秦始皇陵西側趙背户村秦刑徒墓》，載《文物》1982 年第 3 期
	寶鷄市鑷車廠漢墓	1979 年	五銖 280 餘枚、貨泉 2 枚	寶鷄市博物館：《寶鷄市鑷車廠漢墓》，載《文物》1981 年第 3 期
	咸陽市北二道原下空心磚漢墓 M34、M36	1980 年 8 月	五銖 10 枚、半兩 2 枚、貨泉 1 枚、四曲文錢 1 枚	咸陽市文物管理委員會等：《咸陽市空心磚漢墓清理簡報》，載《考古》1982 年第 3 期
	淳化縣鐵王公社鐵王大隊漢甘泉宮遺址附近漢代陶棺	1980 年 8 月、1981 年 4 月	五銖 7 枚	淳化縣文化館：《陝西淳化縣出土漢代陶棺》，載《考古》1983 年第 9 期
	咸陽市秦咸陽宮二號宮遺址	1980 年秋	秦半兩 50 枚，原爲窖藏，已散失	蕭安順：《秦咸陽宮遺址出土窖藏半兩》，載《中國錢幣》1988 年第 2 期
	咸陽市源上	1980 年	五銖金幣 1 枚	陳穎：《一枚罕見的西漢五銖金幣》，載《考古與文物》1984 年第 4 期
	西安市王家巷（在唐時宮城的正南門"承天門"以北）	1980 年	秦半兩 2 枚、西漢半兩 17 枚、兩漢五銖 57 枚、大泉五十 26 枚、貨泉 25 枚、貨泉餅錢 7 枚	陳尊祥：《西安王家巷唐代窖藏錢幣出土清理簡報》，載《陝西金融》1985 年錢幣專輯 (4)
	淳化縣	1980—1981 年	五銖 7 枚	淳化縣文化館：《陝西淳化縣出土漢代陶罐》，載《考古》1983 年第 9 期
	咸陽市旬邑縣東關電廠施工工地	1981 年 9 月	半兩 34 枚、五銖 188 枚、貨泉 1 枚、布泉 1 枚	咸陽市文物管理委員會：《陝西旬邑東關電廠金代窖藏古幣》，載《陝西金融》1989 年錢幣專輯 (11)
	西安市未央區漢城公社漢長安城	1981 年 11 月 19—20 日	貨泉 1 枚	中國社會科學院考古研究所漢長安城工作隊：《漢長安城發現西漢窖藏銅器》，載《考古》1985 年第 5 期
	西安市漢城公社賣寨村生產隊	1981 年 11 月	貨泉 1 枚	錢惠：《漢長樂宮北墻出土"貨泉"》，載《陝西金融》1985 年錢幣專輯 (4)
	城固縣西原公社	1981 年冬	半兩 54 枚、漢武帝五銖 75 枚、昭宣五銖 9 枚、紫紅色赤仄五銖 4 枚、大泉五十 1 枚、貨泉 43 枚	王壽芝：《陝西城固出土窖藏銅錢》，載《陝西金融》1989 年錢幣專輯 (11)
	綏德縣蘇家岩公社漢畫像石墓	1982 年 6 月	五銖 8 枚	綏德縣博物館：《陝西綏德漢畫像石墓》，載《文物》1983 年第 5 期
	西安市雁塔區曲江鄉三兆鎮杜陵一號陪葬坑	1982—1983 年	小五銖數枚	中國社會科學院考古研究所杜陵工作隊：《1982—1983 西漢杜陵的考古工作收穫》，載《考古》1984 年第 10 期
	西安市漢長安城未央宮第二號遺址	1983 年春	半兩、五銖、大泉五十、貨泉、布泉	中國社會科學院考古研究所漢長安城工作隊：《漢長安城未央宮第二號遺址發掘簡報》，載《考古》1992 年第 8 期
	綏德縣城西漢畫像石墓	1983 年	五銖 23 枚	綏德縣博物館：《陝西綏德發現漢畫像石墓》，載《考古》1986 年第 1 期
	咸陽市胡家溝西魏墓	1984 年 12 月—1985 年 1 月	五銖 39 枚、永安五銖 1 枚	咸陽市文物管理委員會：《咸陽市胡家溝西魏侯義墓清理簡報》，載《文物》1987 年第 12 期
	長安縣漢宣帝杜陵五號遺址	1984 年—1985 年夏	四銖半兩、五銖、鎏金五銖、小五銖、大泉五十、貨泉、契刀、刀幣、鐵錢和壓勝錢等十餘種	中國社會科學院考古研究所西安唐城工作隊：《1984—1985 年西漢宣帝杜陵的考古工作收穫》，載《考古》1991 年第 12 期
	麟游縣洪泉鄉窰舍村	1984 年	出土一瓮錢，共 580 多斤，清代錢居多，其中漢代餅錢 6 枚	麟游縣博物館：《我縣兩次出土窖藏都有"餅錢"》，載《陝西金融》1987 年錢幣專輯 (8)
	麟游縣澄銘窰鄉山梁溝村	1986 年 4 月	出土一陶罐錢，共 13.5 斤，清代錢居多，其中漢代餅錢 1 枚	
	寶鷄市潭家村四號漢墓	1985 年 1 月	五銖 104 枚	寶鷄市考古工作隊：《寶鷄市潭家村四號漢墓》，載《考古》1987 年第 12 期
	西安市東郊北殿村	1985 年 2 月 26 日	西漢半兩、五銖、新莽貨泉、布泉、貨布、大布黄千、蜀漢直百五銖、傳形五銖	吳其榮：《西安東郊出土窖藏銅錢》，載《陝西金融》1987 年錢幣專輯 (8)
	漢陽縣城東	1985 年 3 月 3 日	兩漢、蜀漢、北齊、北周錢幣、戰國半兩，同出隋、唐、前蜀、後周、南朝陳、西晋、西燕、南唐、兩宋錢共 47 種，約 2 000 斤	漢陽縣文物管理所等：《陝西漢陽縣發現南宋貨幣窖藏》，載《中國錢幣》1986 年第 3 期

續表

出　土　地　點	出　土　時　間	出　土　情　況	資　料　來　源
西安市漢長安城區內東葉寨村南邊墓	1985 年 7 月 1 日	毛邊餅形貨泉、平厚型貨泉 32 枚，小平貨泉 2 枚	党順民：《漢長樂宮南墙外出土的"餅形貨泉"》，載《陝西金融》1985 年錢幣專輯 (4)
安康縣恒口區山坡	1986 年 9 月 5 日	赤銅大泉五十 100 枚	王愛亭：《恒口出土"大泉五十"》，載《陝西金融》1987 年錢幣專輯 (8)
陝西省境內	1986 年 10 月	西漢五銖鐵錢 3 枚	胡城：《西漢五銖鐵錢》，載《中國錢幣》1987 年第 4 期
麟游縣九成宮鎮城關村	1986 年	五銖 4 枚	麟游縣博物館：《九成宮關村金代窖藏錢幣》，載《陝西金融》1989 年錢幣專輯 (11)
岐山縣曹家鄉鄭家墳斷崖古墓殘址	1987 年 4 月中旬	一刀平五千 1 枚、契刀五百 1 枚、貨布 1 枚、五銖 17 枚、貨泉 9 枚	崔玫英：《岐山縣出土"一刀平五千"和"契刀五百"錢》，載《陝西金融》1987 年錢幣專輯 (8)
寧强縣	1987 年 5 月 20 日	餅錢 4 枚、貨泉 15 枚、大泉五十 4 枚、小泉直一 1 枚、五銖 4 枚	程西强：《陝西寧强出土餅貨泉》，載《陝西金融》1987 年錢幣專輯 (8)
西安市長安城六村堡 1 號漢陶窑址	1987 年 5 月	五銖 2 枚、五銖錢背範	中國社會科學院考古研究所西安唐城工作隊：《漢長安城 1 號窑址發掘簡報》，載《考古》1991 年第 1 期
麟游縣花廟鄉南溝村	1987 年 5 月	郡國五銖 1 枚、五銖 2 枚、貨泉 1 枚	麟游縣博物館：《麟游縣南溝村出土金代窖藏錢幣》，載《陝西金融》1989 年錢幣專輯 (11)
西安市唐長安城安定坊	1987 年 7—8 月	五銖 1 枚，同出開元通寶錢 8 枚	中國社會科學院考古研究所西安唐城工作隊：《唐長安城安定坊發掘記》，載《考古》1989 年第 4 期
西安市漢長安城未央宮第 4 號遺址	1987 年 10 月—1988 年 5 月	半兩、五銖、貨布、貨泉	中國社會科學院考古研究所漢長安城工作隊：《漢長安城未央宮第四號建築遺址發掘簡報》，載《考古》1993 年第 11 期
西安市漢長安城未央宮西南角樓遺址	1988 年 10 月—1989 年 4 月	半兩 2 枚、五銖 7 枚、貨泉 1 枚、大泉五十 1 枚	中國社會科學院考古研究所漢長安城工作隊：《漢長安城未央宮西南角樓遺址發掘簡報》，載《考古》1996 年第 3 期
西安市西郊	1988 年秋	秦半兩 500 餘枚	李金平：《西安西出土半兩錢的分類》，載《陝西金融》1991 年錢幣專輯 (15)
寧縣長慶橋鎮陝甘交界處	1988 年 12 月	賹四化錢 1 枚、無郭兩甾錢 2 枚，其餘爲半兩錢，共 2 萬餘枚，重達 70 餘公斤	周延齡等：《長慶橋窖藏秦錢及所見的問題》，載《陝西金融》1991 年錢幣專輯 (15)
鳳翔縣西關外，在秦代雍城遺址以內	1989 年 12 月 6 日	半兩錢 28 枚	吳琪榮：《雍城出的半兩錢》，載《陝西金融》1991 年錢幣專輯 (15)
安塞縣王家灣漢墓	1990 年春	五銖 9 枚、大泉五十 10 枚、貨布 1 枚、貨泉 10 枚	楊宏明等：《陝西安塞縣王家灣發現漢墓》，載《考古》1995 年第 11 期
咸陽市漢景帝陽陵南區	1990 年 5 月	小半兩冥錢 1 000 餘枚，背在陶俑身上	王學理：《漢景帝陽陵南區從葬坑出土小半兩冥錢》，載《中國錢幣》1999 年第 2 期
寶鷄縣東郊	1990 年 6 月	鐵質四銖半兩錢一批	胡城：《談鐵半兩錢的歸屬》，載《陝西金融》1991 年錢幣專輯 (15)
眉縣成山宮遺址	1990 年前後	漢五銖 2 枚	西北大學文博學院：《陝西眉縣成山宮遺址調查》，載《考古》1998 年第 6 期
户縣兆倫村漢莽鑄錢遺址	1991 年 3 月	半兩、五銖、大泉五十、幼泉四十、布泉、貨泉、鐵錢、小泉直一、貨布等，同時出土的還有各種陶錢範	姬蕊槐：《户縣兆倫村漢莽鑄錢遺址調查》，載《中國錢幣》1994 年第 2 期
咸陽市陽陵從葬坑	1991 年 3 月	半兩 690 枚	陝西省考古研究所漢陵考古隊：《漢景帝陽陵南區從葬坑發掘第一號簡報》，載《文物》1992 年第 4 期
咸陽市漢景帝陽陵南區	1991 年	半兩	陝西省考古研究所漢陵考古隊：《漢景帝陽陵南區從葬坑發掘第二號簡報》，載《文物》1994 年第 6 期
神木縣大保當鄉漢畫像石墓 M11、M25	1996 年夏	五銖錢	陝西省考古研究所等：《陝西神木大保當第十一號、第二十五號漢畫像石墓發掘簡報》，載《文物》1997 年第 9 期
西安市漢長安城遺址	1997 年 11 月—1998 年 5 月	五銖 2 枚、剪輪五銖 3 枚、大泉五十 1 枚	中國社會科學院考古研究所等：《漢長安城桂宮二號建築遺址發掘簡報》
華陰市東吳村	1998 年 7 月	新莽貨泉約 7 000 枚，内餅泉 1 枚	馮瑞林：《貨泉背穿上"ㄨ"餅錢》，載《錢幣博覽》1999 年第 3 期
西安市灞橋西漢墓		半兩 64 枚	《陝西省灞橋發現西漢的紙》，載《文物參考資料》1957 年第 7 期

出 土 地 點	出 土 時 間	出 土 情 況	資 料 來 源
西安市郊西漢漢城遺址未央宮東北錢幣窖藏		五銖、貨泉	《文物工作報導》,載《文物參考資料》1957 年第 8 期
西安市西郊漢代建築遺址		五銖 5 枚	唐金裕:《西安西郊漢代建築遺址發掘報告》,載《考古學報》1959 年第 2 期
西安市北郊東漢墓		五銖 564 枚、半兩 2 枚、大泉五十 2 枚、貨布 1 枚	《西安北郊清理一座東漢墓》,載《文物》1960 年第 5 期
邠縣雅店村東漢墓		貨布 1 枚、貨泉 7 枚	《陝西省邠縣雅店村東漢墓》,載《文物》1961 年第 1 期
扶風縣姜塬		漢代銘文鉛餅 2 枚	羅西章:《扶風姜塬發現漢代外國銘文鉛餅》,載《考古》1976 年第 4 期
鳳翔縣高莊秦墓		半兩 580 枚	吳鎮烽、尚志儒:《陝西鳳翔高莊秦墓地發掘簡報》,載《考古與文物》1981 年第 1 期
臨潼縣鄭莊秦石料加工場遺址		半兩 2 枚	秦俑坑考古工作隊:《臨潼鄭莊秦石料加工場遺址調查簡報》,載《考古與文物》1981 年第 1 期
漢代雲陵、雲陵邑		西漢晚期五銖 4 枚	姚生民:《漢雲陵、雲陵邑勘查記》,載《考古與文物》1982 年第 4 期
漢代華倉遺址		半兩 4 枚、五銖 7 枚、布泉 1 枚、貨泉 9 枚	陝西省考古研究所華倉考古隊:《漢華倉遺址發掘簡報》,載《考古與文物》1982 年第 6 期
西安市東郊三店村西漢墓		半兩 2 枚、五銖 1 枚、貝幣 1 枚	朱捷元、李域錚:《西安東郊三店村西漢墓》,載《考古與文物》1983 年第 2 期
臨潼縣魚池遺址		半兩 538 枚	秦始皇陵秦俑考古發掘隊:《陝西臨潼魚池遺址調查簡報》,載《考古與文物》1983 年第 4 期
勉縣金寨新朝墓		大泉五十 83 枚、大布黃千 16 枚	郭清華:《陝西勉縣金寨新朝墓葬》,載《文物》1984 年第 4 期
咸陽市西漢墓		五銖 27 枚	咸陽市博物館:《咸陽西漢墓清理簡報》,載《考古與文物》1984 年第 5 期
扶風縣石家一號漢墓		五銖 80 枚	羅西章:《陝西扶風石家一號漢墓發掘簡報》,載《中原文物》1985 年第 1 期
臨潼縣始皇陵二號兵馬俑坑		半兩 1 枚	吳鎮烽:《半兩錢及其相關的問題》、《中國錢幣論文集》中國金融出版社 1985 年版
臨潼縣上焦村秦墓 M15		半兩 1 枚	
臨潼縣趙背戶村 M29、M32		半兩 35 枚	
黃龍縣梁家山磚廠漢墓		五銖 5 枚	齊鴻浩:《陝西黃龍縣梁家山磚廠漢墓》,載《考古》1989 年第 3 期
咸陽市秦宮遺址西南長陵車站		秦半兩 460 餘枚	李厚志、孫志文:《咸陽長陵車站出土秦錢》,載《中國錢幣》1991 年第 2 期
西安市出土和徵集		秦半兩 2 373 枚、漢半兩 58 994 枚、西漢五銖 75 000 枚、大泉五十 13 886 枚、布泉 2 001 枚、大布黃千 201 枚、貨布 5 527 枚、王莽貨泉 13 164 枚、貨泉餅錢 2 337 枚、小泉直一 473 枚、東漢五銖 9 510 枚、西魏五銖 6 268 枚	陳尊祥等:《西安市文物庫房古錢幣清理報告》,載《中國錢幣》1992 年第 1 期
西安市		秦末漢初半兩一批,其中漢初榆莢半兩佔 20%、剪邊半兩 18 枚	王泰初:《西安發現剪鏨半兩》,載《中國錢幣》1996 年第 2 期
臨潼縣驪山湯遺址		漢五銖 2 枚、大泉五十 1 枚	唐華清宮考古隊:《秦漢驪山湯遺址發掘簡報》,載《文物》1996 年第 11 期
寶雞市北郊金河磚瓦廠東漢早期墓		五銖數枚	寶雞市博物館王紅武:《寶雞市金河磚瓦廠漢墓》,載《文物資料叢刊》第 4 期
古浪縣峽黑松驛董家臺漢木槨墓 M5	1953 年冬	五銖 20 枚、半兩 1 枚、貨布 1 枚	《文物工作報導》,載《文物參考資料》1955 年第 7 期
張掖縣郭家沙灘漢墓 M1、M4	1956 年春	五銖、大泉五十、貨泉共 60 餘枚	《甘肅張掖郭家沙灘漢墓》,載《文物參考資料》1957 年第 8 期
酒泉縣東漢晚期小孩墓 M6	1957 年 6 月	五銖 5 枚	甘肅省博物館:《甘肅酒泉漢代小孩墓清理報告》,載《考古》1960 年第 6 期
武威縣磨嘴子漢墓 M6	1959 年 7 月	大泉五十 12 枚	甘肅省博物館:《甘肅武威磨嘴子 6 號漢墓》,載《考古》1960 年第 5 期
武威縣滕家莊漢墓	1959 年 12 月	五銖、剪輪五銖、貨泉 122 枚	甘肅省博物館:《甘肅武威滕家莊漢墓發掘簡報》,載《考古》1960 年第 6 期
武威縣磨嘴子漢墓	1959 年	五銖、貨泉、小泉直一、大泉五十、半兩 1 000 餘枚	甘肅省博物館:《甘肅武威磨嘴子漢墓發掘簡報》,載《考古》1960 年第 9 期

左側縱向:陝 西 省　甘 肅 省

續表

出　土　地　點	出　土　時　間	出　土　情　況	資　料　來　源
敦煌縣甜水井漢代遺址	1964 年 8 月	五銖 14 枚	敦煌文物研究所考古組、敦煌縣文化館：《敦煌甜水井漢代遺址的調查》,載《考古》1975 年第 2 期
武威縣雷臺東漢墓	1969 年 10 月	早期半兩 14 枚、貨泉 91 枚、綖環五銖 1 枚、四出五銖 6 枚、五銖 20 000 餘枚	甘博文：《甘肅武威雷臺東漢墓清理簡報》,載《文物》1972 年第 2 期
敦煌縣晉墓 70 M4、70M5	1970 年 9 月	剪輪五銖、無輪郭五銖、小五銖、蜀五銖共 1 398 枚,貨泉 18 枚、布泉 1 枚、太平百錢 1 枚	敦煌文物研究所考古組：《敦煌晉墓》,載《考古》1974 年第 3 期
武威縣旱灘坡東漢後期墓	1972 年 11 月	五銖 5 枚	甘肅省博物館、武威縣文化館：《甘肅武威旱灘坡漢墓發掘簡報》,載《文物》1973 年第 12 期
居延縣漢代肩水金關遺址	1972—1978 年	半兩、五銖	甘肅省居延考古隊：《居延漢代遺址的發掘和新出土的簡册文物》,載《文物》1978 年第 1 期
靈臺縣傅家溝西漢墓	1974 年 12 月、1975 年 11 月	燒溝Ⅰ型五銖 62 枚	靈臺縣文化館：《甘肅靈臺發現的兩座西漢墓》,載《考古》1979 年第 2 期
武威縣魏晉墓 WNM1、M2	1976 年 5、6 月	布泉 2 枚、五銖 29 枚	武威地區博物館：《甘肅武威南灘魏晉墓》,載《文物》1987 年第 9 期
酒泉縣嘉峪關晉墓	1977 年 5 月	半兩 3 枚、貨泉 25 枚、大泉五十 1 枚、布泉 1 枚、五銖 280 枚、小五銖 11 枚、太平百錢 1 枚	甘肅省博物館：《酒泉、嘉峪關晉墓的發掘》,載《文物》1979 年第 6 期
敦煌縣馬圈灣漢代烽燧遺址	1979 年 6、7 月	五銖	甘肅省博物館等：《敦煌馬圈灣漢代烽燧遺址發掘簡報》,載《文物》1981 年第 10 期
嘉峪關市新城畫像磚墓 M12、M13	1979 年 11 月	宣平五銖、小五銖、剪輪五銖	嘉峪關市文物管理所：《嘉峪關新城十二、十三號畫像磚墓發掘簡報》,載《文物》1982 年第 8 期
敦煌縣佛爺廟灣五涼時期墓 M1、M3	1980 年 5 月	五銖 5 枚、貨泉 1 枚	敦煌縣博物館：《敦煌佛爺廟灣五涼時期墓葬發掘簡報》,載《文物》1983 年第 10 期
永昌縣亂墩子漢墓	1980 年 6 月	五銖 220 枚	武威地區博物館：《甘肅永昌亂墩子漢墓》,載《考古與文物》1985 年第 1 期
徽縣窖藏	1980 年	西漢武帝和宣帝五銖、東漢五銖、貨泉、布泉、大泉五十、剪輪貨泉,共 50 多公斤	熊國光：《甘肅徽縣出土一批窖藏銅錢》,載《考古》1982 年第 2 期
天水縣街子鄉街亭村	1983 年 7 月 20 日	西漢五銖 3 枚、貨泉 2 枚、東漢五銖 8 枚	天水縣文化館：《甘肅天水縣出土漢代銅甔銅井》,載《考古》1986 年第 3 期
武威縣地區師範學校	1983 年 7 月	貨泉 1 枚、五銖 4 枚,同出唐至金代錢	武威縣博物館：《甘肅武威出土一批銅錢》,載《考古》1992 年第 9 期
武威縣城東關街	1984 年 3 月	秦漢半兩、西漢五銖、王莽貨泉、大泉五十、魏晉五銖、豐貨、直百、涼造新泉	黎大祥：《武威出土"涼造新泉"》,載《中國錢幣》1988 年第 2 期
天水縣放馬灘秦墓 M4	1986 年 6—9 月	半兩 3 枚	甘肅省文物考古研究所等：《甘肅天水放馬灘戰國秦漢墓群的發掘》,載《文物》1989 年第 2 期
武威縣十六國墓	1986 年 9 月	大泉五十、貨泉、東漢五銖、三國無文錢、直百五銖共 100 餘枚	武威縣博物館：《甘肅武威十六國墓葬清理記》,載《文物》1993 年第 11 期
天水市賈家寺東漢墓葬 M1、M2	1987 年 5 月 6 日	貨布 6 枚、貨泉 54 枚	天水市博物館：《甘肅天水市賈家寺發現東漢墓葬》,載《考古》1991 年第 1 期
敦煌縣莫高窟北區洞窟	1988 年 6 月— 1995 年 11 月	五銖 1 枚,同出唐、宋、西夏錢 59 枚和波斯銀幣 1 枚	彭金章等：《敦煌莫高窟北區洞窟清理發掘簡報》,載《文物》1998 年第 10 期
清水縣柳灘村高家窯	1989 年 4 月	秦半兩 30 枚、莢錢 80 枚、漢初榆莢錢 51 枚、八銖 200 枚	黃本立：《清水出土"半兩"一罐千錢》,載《陝西金融》1991 年錢幣專輯(15)
西和縣蘇合鄉	1989 年 5 月	秦半兩 100 枚	辛甫：《西和出土秦半兩》,載《陝西金融》1991 年錢幣專輯(15)
寧縣長慶橋鎮	1989 年春	先秦半兩 20 600 餘枚,内兩甾 4 枚	何翔：《甘肅寧縣長慶橋出土先秦半兩》,載《甘肅金融》1990 年第 4 期
武威縣西營鄉宏寺村	1989 年 10 月	秦半兩 25 枚,西漢半兩 80 餘枚,五銖佔窖藏 90% 以上;另有新莽錢、大泉五十、貨泉、布泉共 25 枚,董卓小錢 1 000 枚以上,三國蜀五銖 8 枚,直百五銖 2 枚,曹魏五銖 6 枚,大泉當千 1 枚,太平百金 1 枚,涼造新泉 8 枚,豐貨 2 枚	鍾長發：《甘肅武威十六國窖藏出土涼新泉》,載《中國錢幣》1996 年第 1 期
臨夏縣	1991 年初	漢半兩 200 多枚	杜國新：《臨夏出土的漢半兩錢》,載《陝西金融》1991 年錢幣專輯(15)
酒泉縣果園鄉西溝村魏晉墓	1993 年 8—11 月	五銖、剪輪五銖、剪邊五銖共 34 枚	甘肅省文物考古研究所：《甘肅酒泉西溝村魏晉墓發掘簡報》,載《文物》1996 年第 7 期
莊浪縣(故新莽街泉亭)	1996 年	大泉五十一批,内有重輪、傳形,背有飾文	程曉鍾：《私鑄大泉五十》,載《錢幣博覽》1997 年

(甘肅省 — vertical left label)

出 土 地 點	出 土 時 間	出 土 情 況	資 料 來 源
酒泉縣城東漢墓		五銖1枚	《酒泉城東發掘出漢代磚墓器物》,載《文物參考資料》1950年第10期
蘭州市蘭上坪東漢墓		大泉五十5枚、五銖2枚	《蘭州蘭上坪東漢墓出土的殘骨尺》,載《考古通訊》1956年第2期
蘭新鐵路武威——永昌沿綫漢代墓、管家坡M3、丘家莊M2		五銖73枚、大泉五十1枚	《甘肅蘭新鐵路武威——永昌沿綫工地古墓清理概況》,載《文物參考資料》1956年第6期
武威縣		大泉五十	《文物工作報導》,載《文物》1959年第10期
酒泉縣下河清東漢墓M1、M18		剪邊五銖39枚、殘破五銖7枚、五銖264枚	《甘肅酒泉下河清第一號墓和十八號墓發掘簡報》,載《文物》1959年第10期
酒泉縣下河清漢墓 M1、M2、M3、M4、M5、M7、M8、M10、M11、M12、M14、M15、M17、M18、M23、M24		五銖652枚、貨泉1枚	《甘肅酒泉縣下河清漢墓清理簡報》,載《文物》1960年第2期
武威縣磨嘴子漢墓M48、M49、M62		漢半兩2枚、燒溝Ⅰ型五銖32枚、Ⅱ型五銖45枚、Ⅲ型五銖19枚、Ⅳ型五銖36枚、穿眼五銖2枚、貨泉52枚	甘肅省博物館:《武威磨嘴子三座漢墓發掘簡報》,載《文物》1972年第12期
靈臺縣溝門西漢墓		五銖1枚	劉得楨、朱建唐:《甘肅靈臺縣溝門西漢墓清理記》,載《考古與文物》1983年第1期
靈台縣、西和縣、禮縣、臨夏縣		鉛餅282枚(有希臘銘文)、銅餅1枚	康柳碩:《談甘肅出土的鉛餅》,載《隴右文博》1996年第1期
湟中縣巴達鄉古墓	1956年4月	五銖	《青海省湟中巴達鄉毀壞古墓》,載《文物參考資料》1957年第7期
西寧市哆吧鄉指揮莊村漢墓	1957年4月	五銖20餘枚	《青海西寧哆吧鄉指揮莊村漢墓》,載《文物》1959年第2期
大通縣上孫家寨匈奴墓	1977年	燒溝Ⅲ型五銖、剪輪五銖、小錢共33枚	青海省文物管理處考古隊:《青海大通上孫家寨的匈奴墓》,載《文物》1979年第4期
大通縣上孫家寨漢墓M115	1978年	漢武帝、昭帝、宣帝時期所鑄五銖600餘枚	青海省文物考古工作隊:《青海大通縣上孫家寨一一五號漢墓》,載《文物》1981年第2期
青海湖周圍	1981年5月	五銖	青海省文物考古工作隊:《青海湖環湖考古調查》,載《考古》1984年第3期
民和縣東垣村東漢墓群	1984年12月	五銖30枚	青海省文物考古研究所:《青海民和縣東垣村發現東漢墓群》,載《考古》1986年第9期
西寧市北朝墓	1985年12月	半兩4枚、五銖53枚、布泉1枚、貨泉14枚、豐貨1枚	盧耀光等:《青海西寧市發現一座北朝墓》,載《考古》1989年第6期
鹽池縣古城遺址三批窖藏	1955年、1960年、1979年	第一批莽錢200斤,第二批布幣等400斤,第三批大泉五十20枚、大布黃千45枚、貨泉200枚、貨布2400枚	陳永中:《寧夏鹽池縣古城遺址三次成批出土兩漢銅錢》,載《考古與文物》1981年第4期
中衛縣漢代遺址	1957年	五銖360枚	寧篤學:《寧夏回族自治區中衛縣古遺址及墓葬調查》,載《考古》1959年第7期
銀川市郊平吉堡漢墓	1972年	五銖103枚	寧夏回族自治區博物館:《銀川附近的漢墓和唐墓》,載《文物》1978年第8期
固原縣西郊公社北魏墓	1981年1月10—11日	波斯銀幣1枚	固原縣文物管理工作站:《寧夏固原北魏墓清理簡報》,載《文物》1984年第6期
鹽池縣柳楊堡張家場漢墓M2	1984年8—9月	五銖錢10枚	寧夏回族自治區文物考古研究所等:《寧夏鹽池縣張家場漢墓》,載《文物》1988年第9期
鹽池縣蘇步彬唐墓M5	1985年6—7月	貨泉1枚,同出開元通寶2枚	寧夏回族自治區博物館:《寧夏鹽池縣唐墓發掘簡報》,載《文物》1988年第9期
西吉縣保將臺鄉漢墓	1988年6—7月	五銖61枚、大泉五十4枚	寧夏回族自治區文物考古研究所等:《寧夏西吉縣漢、金墓發掘簡報》,載《考古》1993年第5期
鹽池縣興武營舊城子	1989年夏	涼造新泉1枚	趙培祥等:《寧夏發現涼造新泉》,載《中國錢幣》1991年第1期
賀蘭縣秤寺溝西夏遺址	1991年8—9月	五銖、貨泉,同出唐、十國、北宋錢共28枚	寧夏回族自治區文物考古研究所:《賀蘭縣秤寺溝西夏遺址調查》,載《文物》1994年第9期
固原縣北原東漢墓	1992年5月13—23日	五銖110枚	寧夏回族自治區文物考古研究所固原工作站:《寧夏固原北原東漢墓》,載《考古》1994年第4期
海源縣高崖鄉草場村		西漢"宜官"吉語壓勝五銖錢	趙培祥:《寧夏海源縣發現宜官五銖》,載《中國錢幣》1993年第4期

續表

出 土 地 點	出 土 時 間	出 土 情 況	資 料 來 源
庫車縣蘇巴什遺址(即昭怙厘大寺遺址)	1957—1958 年	漢龜二體錢 8 枚	庫車縣文物管理所:《漢龜二體錢的發現及其認識》,載《中國錢幣》1987 年第 1 期
輪臺縣輪臺古城	1980 年 6 月	漢龜二體錢 220 枚	
巴楚縣古遺址	1983 年	漢龜二體錢 2 枚	
庫車縣庫木吐喇古城址南	1984 年 8 月	漢龜二體錢 1 枚	
庫車縣文管所東南高臺下	1986 年 4 月	漢龜二體錢 10 000 餘枚	
民豐縣大沙漠古遺址	1959 年 9 月	東漢五銖、剪邊錢	新疆維吾爾自治區博物館考古隊:《新疆民豐大沙漠中的古代遺址》,載《考古》1961 年第 3 期
吐魯番縣阿斯塔那東漢建元廿年(384 年)墓 TAM305	1959 年	五銖 4 枚	新疆維吾爾自治區社會科學院考古研究所:《新疆考古三十年》,新疆人民出版社版
吐魯番縣阿斯塔那——哈拉和卓晉十六國至南北朝中期墓葬	1966—1969 年	東漢五銖 1 枚	
吐魯番縣阿斯塔那——哈拉和卓唐貞觀十六年(642 年)墓 M519		高昌吉利錢 1 枚	
吐魯番縣火焰山公社哈喇和卓地區水庫修建工程十六國至麴氏高昌墓葬	1975 年春	五銖 2 枚	
和田縣買力克阿瓦提窖藏	1977 年	西漢五銖 45 公斤	李遇春:《新疆和田縣買力克阿瓦提遺址的調查和試掘》,載《文物》1981 年第 1 期
焉耆回族自治縣西南博格達沁古城及其周圍古遺址	1978 年、1980 年	東漢五銖	韓翔:《焉耆國都、焉耆都督府治所與焉耆鎮城》,載《文物》1982 年第 4 期
若羌縣東北部樓蘭古城遺址	20 世紀 70 年代末、80 年代初	榆莢半兩 1 枚、西漢五銖 5 枚、小五銖 1 枚、西漢剪五銖 2 枚、大泉五十 2 枚、小泉直一 2 枚、貨泉 3 枚、東漢五銖 10 枚、東漢剪輪五銖 109 枚	侯燦:《樓蘭考古發現的錢幣》,載《中國錢幣》1995 年第 1 期
若羌縣東北部樓蘭古城遺址	1980 年 3—4 月	西漢榆莢半兩 1 枚、五銖 5 枚、小五銖 1 枚、剪輪五銖 1 枚、新莽大泉五十 2 枚、小泉直一 2 枚、貨泉 3 枚、東漢五銖 14 枚、剪輪五銖 109 枚、貴霜銅幣 1 枚	新疆維吾爾自治區樓蘭考古隊:《樓蘭古城址調查與試掘簡報》,載《文物》1988 年第 7 期
若羌縣東北部樓蘭城郊古墓 MA7、MB1	1980 年 3—4 月	西漢武帝後期五銖 6 枚	新疆維吾爾自治區樓蘭考古隊:《樓蘭城郊古墓群發掘簡報》,載《文物》1988 年第 7 期
鄯善縣蘇巴什西漢中晚期墓 M1	1980 年 5 月	貝幣 2 枚	吐魯番地區文物管理所:《新疆鄯善蘇巴什古墓葬》,載《考古》1984 年第 1 期
輪臺縣輪臺古城	1980—1981 年	漢龜二體五銖 220 枚、仿五銖 3 枚	張平:《新疆輪臺縣出土的漢龜二體五銖》,載《考古》1988 年第 7 期
輪臺縣拉伊蘇烽燧遺址		漢龜二體五銖 5 枚、仿五銖 4 枚、龜茲小錢 4 枚、剪邊五銖 1 枚	
福海縣解特阿勒熱鄉	1983—1986 年	漢半兩 1 枚、五銖 4 枚	趙養鋒:《新疆福海縣出土歷代銅鐵錢》,載《中國錢幣》1987 年第 1 期
洛浦縣	20 世紀 80 年代初期至中期	漢佉二體錢 4 枚	隴夫:《和田地區文管所所藏漢佉二體錢》,載《中國錢幣》1996 年第 2 期
吐魯番市西南交河故城溝西墓地漢晉墓葬 M5、M9、M16	1986 年 8 月 29 日—9 月 12 日	五銖 10 枚	新疆維吾爾自治區文物考古研究所:《1996 年新疆吐魯番交河故城溝西墓地漢晉墓葬發掘簡報》,載《考古》1997 年第 9 期
洛浦縣杭桂鄉蘇力塔木沙漠(屬古代和闐國範圍)	1989 年 10 月	漢佉二體錢 1 枚	王永生:《漢佉二體錢中的珍品》,載《中國錢幣》1993 年第 4 期

出　土　地　點		出　土　時　間	出　土　情　況	資　料　來　源
新疆維吾爾自治區	墨玉縣阿克薩拉依鄉	1992 年 10 月	西漢錢幣 2 枚（其中有八銖半兩）、新莽錢幣 1 枚	隴夫：《新疆墨玉縣窖藏銅錢》，載《中國錢幣》1998 年第 4 期
	吐魯番盆地西北部的綠洲地帶	1994 年 8—11 月	五銖錢 1 枚	新疆文物考古研究所：《吐魯番交河故城溝北一號臺地墓葬發掘簡報》，載《文物》1999 年第 6 期
	南疆木乃伊墓		漢五銖	《南疆發現一對木乃伊》，載《文物》1960 年第 3 期
	喀什市北魏殘廟遺址		五銖殘陶範	《新疆發現五銖錢殘陶範》，載《文物》1962 年第 7、8 期
	和田地區		漢佉二體錢大小二種	孟池：《從新疆歷史文物看漢代在西域的政治措施和經濟建設》，載《文物》1975 年第 7 期
	奇臺縣石城子西漢古墓		西漢半兩	

秦、漢、三國、兩晉、南北朝錢範出土情況表

錢　嶼　　顧家熊

說　明

一、資料來源：《考古》、《考古與文物》、《文物》、《陝西金融·錢幣專輯》、《秦漢錢範》、《新莽錢範》和其他報刊、專著等。

二、同一省、自治區、直轄市的按錢範出土年月日順序編排，無具體出土日期的按出土資料發表的年月日順序編排。編排次序：按中華人民共和國行政區劃次序排列。

三、截止時間：1999 年 12 月。

出　土　地　點		出土時間	數量	幣名	質地	型　　制	資　料　來　源
北京市	北京市朝陽區	1962 年	1	半兩	鉛	槽兩側各 5 枚，槽底端 1 枚。長 18.5 厘米，寬 10 厘米	高桂雲：《北京市朝陽區出土鉛範》，載《秦漢錢範》
	懷柔縣龍山東坡下漢代鑄幣遺址	1982 年	10	五銖	銅	錢文字迹清晰規整	趙光林：《北京市發現一批古遺址和窖藏文物》，載《考古》1989 年第 2 期
	懷柔縣龍山東坡下漢代鑄幣遺址		6	五銖	陶	"一日"殘範頭、"中"字殘範、"田"字殘範和殘面背範	高桂雲：《懷柔縣龍山漢代鑄幣遺址出土五銖範》，載《秦漢錢範》，三秦出版社1992 年版
河北省	石家莊市搪瓷廠	1957 年前	數件	五銖	銅	殘範，2 行 12 枚錢型	王海航：《河北石家莊市基建中發現漢代錢範》，載《文物參考資料》1957 年第 1 期
	石家莊市廢品站揀選	1958 年	1	五銖	銅	橢圓形，背有十字形加固筋	王海航：《石家莊市發現東漢五銖範》，載《文物》1979 年第 3 期
	平泉縣榆樹林子鄉半截溝村	1962 年春	1	半兩	鉛	長鏟形，2 行 8 枚錢型。寬 2.4 厘米，深 3.8 厘米	張秀夫：《河北平泉的漢半兩鉛母範》，載《中國錢幣》1987 年第 4 期
	易縣燕下都貫城村	1968 年	1	五銖	石	圭形，2 行 12 枚錢型。長 21.3 厘米，寬 9.4 厘米，厚 1 厘米	李樹田：《河北易縣燕下都發現五銖範》，載《考古》1994 年第 3 期
山西省	山陰縣西溝村	1986 年	2	五銖	銅	鏟形，2 行 8 枚錢型。一側長 15.5 厘米，另一側長 17 厘米，寬 7 厘米，厚 1 厘米	山陰縣文物管理所：《山西山陰發現兩件漢代五銖錢銅範》，載《文物》1990 年第 12 期
內蒙古自治區	呼和浩特市徵集	1957 年	2	大泉五十	銅	（一）4 枚錢型。長、寬各 8.4 厘米，厚 0.7 厘米； （二）4 枚錢型。長 8.7 厘米，寬 8.6 厘米，厚 0.8 厘米	安麗等：《內蒙古博物館藏"大泉五十"銅範》，載《內蒙古金融研究》1993 年錢幣專刊(2)
	寧城縣黑城古城王莽錢範作坊遺址	1976 年	497	大泉五十	陶	6 行 64 枚錢型	昭烏達盟文物工作站等：《寧城縣黑城古城王莽錢範作坊遺址的發現》，載《文物》1977 年第 12 期
			522	小泉直一	陶	10 行 150 枚錢型	
	准格爾旗	1996 年 6 月	1	大泉五十	陶	合範，長方形。四角圓弧，合範長 9 厘米，寬 8.3 厘米，厚 3 厘米	張景明：《內蒙古伊盟准格爾旗發現大泉五十陶範》，載《中國錢幣》1998 年第 2 期
上海市	上海煉銅廠廢銅堆裏揀選	約 1984 年	1	無文字	銅	背範橢圓形，6 行 12 枚錢型。長 8.1 厘米，寬 5.7 厘米，重 66.6 克，周邊高 0.2 厘米	陸松麟：《從煉銅廠裏搶救出西漢銅背範》，載《中國錢幣》1985 年第 1 期
江蘇省	徐州市市郊北洞山村	1955 年	1	四銖半兩	銅	鏟形，2 行 28 枚錢型。長 18 厘米，寬 11.7—12 厘米	朱活：《漢四銖半兩陰文銅範》，載《文物》1959 年第 3 期
	無錫市博物館徵集	20 世紀 50 年代	1	大泉五十	銅	鏟形，4 行 18 枚錢型。殘長 23.4 厘米，寬 16 厘米，厚 0.6—1.6 厘米	錢嶼：《王莽大泉五十銅範》，載《無錫日報》1983 年 9 月 10 日
	盱眙縣	20 世紀 70 年代以來	1	五銖	石	長方形，板狀，2 行 12 枚錢型。長 21.6 厘米，寬 7 厘米，厚 3.1 厘米	秦士芝：《盱眙出土西漢五銖錢範》，載《中國錢幣》1996 年第 3 期
			1	五銖	石	長方形，板狀，兩面範，2 行 12 枚錢型。一面長 21 厘米，寬 7.1 厘米，厚 3.5 厘米；另一面長 21.7 厘米，寬 7.3 厘米，厚 3.5 厘米	
			1	五銖	銅	長方形，2 行 12 枚錢型。長 21.3 厘米，寬 7.1 厘米，厚 0.8 厘米	

出　土　地　點		出土時間	數量	幣名	質地	型　　　制	資　料　來　源
江蘇省	鎮江市醫政路金田開發區	1997 年 11 月—1998 年 1 月	1	五銖	泥	子範,有有郭和無郭兩種疊鑄,有四出文、決文	鎮江古城考古研究所:《鎮江市蕭梁鑄錢遺迹發掘簡報》,載《中國錢幣》1999 年第 3 期
			1	公式女錢	泥	子範,錢模有內郭、四出文和決文	
浙江省	餘杭市沾橋公社	1980 年 8 月	10 餘	五銖	陶	正方剟角形,4 枚錢型。模徑 2.1 厘米	沈德祥:《浙江餘杭沾橋出土陶質五銖錢範》,載《文物》1985 年第 3 期
	餘杭市安溪鎮	1990 年	1	五銖	陶	疊鑄範,正方剟角形,4 枚錢型。長 5.2 厘米,寬 5.2 厘米,厚 0.25 厘米	李永興:《浙江餘杭市發現五銖錢範》,載《中國錢幣》1996 年第 3 期
安徽省	潛山縣彰法山	1977 年 10 月	2	五銖	銅	八角正方形,4 枚錢型。長 4.8 厘米,角邊長 1.7 厘米,厚 0.7 厘米	余本愛:《潛山縣出土五銖錢銅母範》,載《中國錢幣》1987 年第 4 期
	貴池縣灌口公社新河大隊秋浦河渡口,古石城縣舊址	1980 年 10 月	2	秦半兩	銅	(一)4 行 23 枚錢型。長 25 厘米,寬 15.7 厘米; (二)3 行 15 枚錢型。長 22.5 厘米,寬 13.7 厘米	盧茂村:《貴池出土的"秦半兩"錢範簡介》,載《安徽金融研究》1987 年增刊(2)
	滁州市琅琊鄉紅廟村	1984 年	1	五銖	石	2 行 14 枚錢型。長 23.2 厘米,寬 7 厘米,厚 2.7 厘米	章書範:《滁州市出土五銖石範》,載《中國錢幣》1987 年第 4 期
	桐城縣文物收購站收購	1987 年	1	大布黃千	青銅	半圓碑形。長 9.2 厘米,寬 6.8 厘米,內槽深 0.5 厘米	李華龍等:《安徽桐城縣發現王莽時期"大布黃千"的錢模》,載《安徽金融研究》1987 年增刊(2)
山東省	鄒縣城南,古邾國故城遺址,俗稱"紀王城"	1943 年秋	1	半兩	石	楔狀,4 行 24 枚錢型。一邊長 26.2 厘米,另一邊長 26.5 厘米;一邊寬 11.6 厘米,另一邊寬 12 厘米;一端厚 2.3 厘米,另一端厚 2 厘米	盧茂村:《安徽省博物館館藏"半兩"石範》,載《陝西金融·錢幣專輯》(15)1991 年
	青島市崂山區樓山	1958 年 10 月	4	四銖半兩	石	28—32 枚錢型	朱活:《青島樓山後出土的西漢半兩錢範》,載《文物》1959 年第 9 期
	萊陽市萊陽古城	1965 年、1967 年 8 月	14	五銖	銅	2 行 14 枚錢型。長 29 厘米,厚 0.8 厘米	孫善德:《萊陽古城發現漢代銅錢範》,載《文物》1977 年第 3 期
	萊蕪市銅山村南冶銅遺址	1973 年	1	三銖	石	4 行 16 枚錢型。長 14 厘米,寬 12 厘米,厚 8 厘米	王其雲:《萊蕪市出土"三銖"錢範》,載《中國錢幣》1985 年第 2 期
	淄博市臨淄區齊故城大城東北部今河崖頭村	1976—1987 年	1	半兩	石	長方形,4 行 32 枚錢型。長 26.5 厘米,上寬 14 厘米,下寬 13.5 厘米,厚 2.5 厘米	張龍海:《山東臨淄近年出土的漢代錢範》,載《考古》1993 年第 11 期
			1	半兩	石	長方形,4 行 32 枚錢型。長 28 厘米,寬 13 厘米,厚 2.5 厘米	
			1	半兩	石	長方形,4 行 27 枚錢型。長 25 厘米,寬 12 厘米,厚 2.5 厘米	
			1	半兩	石	長方形,4 行 30 枚錢型。長 26.6 厘米,寬 12.5 厘米,厚 1.3 厘米	
			1	半兩	石	長方形,3 行 24 枚錢型。長 27 厘米,上寬 12.3 厘米,下寬 11.8 厘米,厚 1.8 厘米	
			1	半兩	石	長方形,3 行 23 枚錢型。長 28.8 厘米,上寬 11.9 厘米,下寬 12 厘米,厚 1.5 厘米	
			1	半兩	石	長方形,3 行 24 枚錢型。長 26.6 厘米,上寬 11.2 厘米,下寬 11.8 厘米,厚 2.2 厘米	
			1	半兩	石	長方形,3 行 24 枚錢型。長 27.5 厘米,上寬 10.6 厘米,下寬 11 厘米,厚 2.2 厘米	
	淄博市臨淄區河崖頭村南	1978 年	1	半兩	石	2 行 14 枚錢型。長 19.5 厘米,上寬 9.8 厘米,下寬 9.6 厘米,厚 3 厘米	
	淄博市臨淄區齊故城內	1980 年	1	大布黃千	銅	方形,銅盤狀,2 枚錢型。邊長 8 厘米,厚 1.3 厘米	
	淄博市臨淄區齊故城大城西部永順村	1982 年	1	五銖	銅	2 行 14 枚錢型。長 26 厘米,寬 8 厘米,厚 0.8 厘米。有內外郭	
			1	五銖	銅	2 行 14 枚錢型。長 27.5 厘米,寬 8 厘米,厚 2 厘米。有內外郭	
	淄博市臨淄區齊故城西	1985 年 10 月	1	半兩	石	2 行 14 枚錢型。長 22.5 厘米,寬 8.5 厘米,厚 2.5 厘米	
	淄博市臨淄區齊故城西路山鄉西路村	1987 年 4 月	1	半兩	石	長方形,4 行 28 枚錢型。長 25.5 厘米,寬 11—12 厘米,厚 1.7—1.8 厘米	

出 土 地 點	出土時間	數量	幣名	質地	型 制	資 料 來 源
		1	半兩	石	長方形,4 行 30 錢型。長 25.1 厘米,寬 12.3—13 厘米,厚 1.7—2 厘米	
		1	半兩	石	長方形,4 行 28 枚錢型。長 24—25 厘米,寬 11 厘米,厚 2.2 厘米	
		1	半兩	石	長方形,4 行 28 枚錢型。長 24.5—24.8 厘米,寬 11.6—12.2 厘米,厚 1.7 厘米	
海陽縣趙疃鄉庶村	1977 年 12 月	1	大泉五十	陶	倒四棱臺狀,70 枚錢型。長邊 16.6 厘米,短邊 10.6 厘米,高 7 厘米	海陽縣博物館:《山東海陽出土"大泉五十"錢範》,載《文物》1990 年第 5 期
諸城縣昌城鎮辛莊子村(漢昌侯國故城)	1979 年 3 月	22	五銖	銅	圓角長方形,2 行 12 枚錢型。長 24.3 厘米,寬 8.5 厘米,厚 1.2 厘米	諸城縣博物館:《山東諸城出土一批五銖錢銅範》,載《文物》1987 年第 7 期
		1	五銖	銅	背範,圓角長方形,2 行 12 枚錢型。長 24 厘米,寬 7.9—8.3 厘米,厚 1.5 厘米	
博興縣辛張村	1982 年冬	1	榆莢半兩	石	6 行 90 枚錢型。長 28 厘米,寬 11 厘米,厚 2.2 厘米	李少南:《山東博興發現西漢錢範》,載《文物》1991 年第 11 期
		2	四銖半兩	石	(一)殘範,4 行 32 枚錢型。長 27.5 厘米,寬 11.5 厘米;(二)4 行 36 枚錢型,長 28 厘米,寬 11.7 厘米	
		1	四銖半兩	石	殘存兩側 3 行 12 枚錢型。殘長 13.5 厘米,殘寬 8 厘米	
		1	四銖半兩	石	殘存 2 行 8 枚錢型。殘長 8 厘米,殘寬 5 厘米	
		1	四銖半兩	石	殘存 5 行 20 枚錢型。殘長 15 厘米,厚 1.5 厘米	
		2	榆莢四銖半兩	石	雙面範,一面爲"榆莢",一面爲"四銖半兩"。一件長 23.5 厘米,寬 11.3 厘米;另一件長 27 厘米,寬 11.4 厘米	
		4		陶	背範。殘長 14—22 厘米,寬 9.5—11 厘米,厚 2.5—2.8 厘米	
		1		陶	背範。殘長 18.5 厘米,寬 11.2 厘米	
莒縣柏崖鄉孫家莊子村	1985 年 11 月	4	榆莢半兩	石	長方形,6 行 84 枚錢型。長 25—26 厘米,寬 10.5—11 厘米,厚 1.5—1.8 厘米	張安禮等:《山東莒縣出土榆莢錢範》,載《考古》1990 年第 5 期
			榆莢半兩	石	4 行 53 枚錢型。長 22 厘米,寬 8.6 厘米,厚 2.0 厘米	
鄒城市嶧山鎮張莊村	1986 年 2 月	1	四銖半兩	石	殘三角形,2 行 8 枚錢型。長 12.5 厘米,寬 5 厘米	程明:《山東鄒城發現四銖半兩錢範》,載《中國錢幣》1994 年第 2 期
博興縣賢城村	1986 年 5 月	1	榆莢半兩	石	長方形,4 行 60 枚錢型。長 33.2 厘米,寬 11.2 厘米,厚 1.7 厘米	李少南:《山東博興出土西漢"榆莢"錢石範》,載《文物》1987 年第 7 期
		1	榆莢半兩	石	長方形,6 行 108 枚錢型。殘長 14.5 厘米,寬 10.2 厘米,厚 2.5 厘米	
		1	榆莢半兩	石	長方形,176 枚錢型。長 34.5 厘米,寬 11.2 厘米,厚 2.5 厘米	
平度縣冷戈莊鄉大城西村距即墨故城西墻一華里	1987 年 6 月	2	半兩	石	錢範,皆無背範。(一)4 行 29 枚錢型。長 22 厘米,寬 12.8 厘米,厚 2.7 厘米;(二)2 行 7 枚錢型。殘長 12 厘米,寬 13 厘米,厚 3 厘米	楊樹民:《山東平度出土漢代錢範》,載《陝西金融·錢幣專輯》(10)1988 年
諸城市福勝村	1990—1991 年	1	半兩	石	直角長方形,4 行 68 枚錢型。長 27 厘米,寬 8.7 厘米,厚 2.2 厘米	韓崗等:《山東諸城出土半兩錢範介紹與研究》,載《中國錢幣》1992 年第 2 期
		1	半兩	石	直角長方形,一面 4 行 52 枚錢型,另一面 4 行 56 枚錢型。長 26.3 厘米,寬 8.4 厘米,厚 1.8 厘米	
諸城市孫村		1	半兩	石	直角長方形,2 行 16 枚錢型。長 26 厘米,寬 6.8 厘米,厚 1.7 厘米	
		1	半兩	石	直角長方形,2 行 14 枚錢型。長 25 厘米,寬 8.4 厘米,厚 1.6 厘米	
諸城市辛莊子,位於漢置昌侯國故城內北部		1	半兩	石	殘存 2 行 7 枚錢型。殘長 13.5 厘米,寬 7.5 厘米,厚 2.2 厘米	

山 東 省

	出 土 地 點	出土時間	數量	幣名	質地	型　　　制	資 料 來 源
山東省	諸城市都吉臺村,位於漢平昌故城内		2	半兩	石	直角長方形,4 行 28 枚錢型。長 25 厘米,寬 11.3—12 厘米,厚 1.3—1.7 厘米;另一範已殘,型制同前	
	臨朐縣七賢鄉長溝村	1993 年 10 月	1	四銖半兩	石	長方形,4 行 28 枚錢型。長 24.4 厘米,寬 11.6 厘米,厚 3 厘米	魯傑:《山東臨朐發現漢半兩錢範》,載《中國錢幣》1997 年第 2 期
			1	四銖半兩	石	長方形,4 行 32 枚錢型。殘長 21.8 厘米,寬 12.3 厘米,厚 3 厘米	
			1	四銖半兩	石	長方形,4 行 32 枚錢型。殘長 21.5 厘米,寬 12.2 厘米,厚 3 厘米	
	安丘縣許營鄉葛莊		大量	漢半兩	石	3 行 25 枚錢型。長 24 厘米,寬 8.3 厘米	既陶:《山東省普查文物展覽簡介》,載《文物》1959 年第 11 期
	沂水縣博物館徵集		2	半兩	滑石	(一)3 行 21 枚錢型。長 24.8 厘米,寬 9.7—10.8 厘米,厚 2.2—2.6 厘米;(二)殘範,2 行 18 枚錢型。長 30 厘米,寬 2.5—6.5 厘米,厚 3.6 厘米	孔繁剛:《山東沂水縣的西漢半兩錢範》,載《陝西金融·錢幣專輯》(10)1988 年
	淄博市臨淄區齊國故城遺址		1	五行大布	石	長方形,2 行 12 枚錢型。長 23.8 厘米,寬 12 厘米,厚 1.8 厘米	張龍海:《齊國故城出土"五行大布"範》,載《中國錢幣》1990 年第 2 期
河南省	洛陽市東周王城遺址	1955 年春	1	文信	滑石	殘存 3 個錢模,陰刻"文信行"3 字	霍宏偉:《洛陽東周王城遺址區鑄錢遺存述略》,載《中國錢幣》1999 年第 1 期
	洛陽市電訊局 613 研究所宿舍樓工地	1965 年 3 月	1	四銖半兩	滑石	武帝四銖半兩錢範	
	洛陽市橡膠廠西漢鑄錢遺址	1972 年 12 月	20 餘	莢錢	陶	母範,範爲夾沙粗紅陶	
			較多	四銖半兩	陶	母範,殘,拼合爲整範。長 26 厘米,寬 9.4 厘米,厚 4.5 厘米	
	洛陽市鍛鑄廠工地	20 世紀 70 年代	2	大泉五十	石	均無文字,應是未刻成的錢範	
	洛陽市電訊局 613 研究所宿舍樓工地	1983 年 3 月	3	郡國五銖	石	長 23—24.3 厘米,寬 8.6—9.1 厘米,厚 1.5—1.7 厘米	
			1	武帝五銖	石	2 行 12 枚錢型。長 23.2 厘米,寬 8.6 厘米,厚 1.7 厘米	
			1	武帝五銖	石	兩面範,一面 2 行 12 枚錢型,另一面 2 行 14 枚錢型。長 24.3 厘米,寬 8.7 厘米,厚 1.7 厘米	
			1	武帝五銖	石	12 枚錢型。長 23 厘米,寬 9.1 厘米,厚 1.5 厘米	
	洛陽市王城公園西部池塘工地	1986 年	2	郡國五銖	銅	長 26 厘米,寬 7.2—7.5 厘米,厚 0.4—0.6 厘米	
	鄧縣	1963 年春	大量	大泉五十	陶	近方形,平板。範徑 9.1 厘米,厚約 1 厘米,孔徑 0.3 厘米。錢模 4 個,多範版	《文物博物館簡訊》,《河南鄧縣發現一處漢代鑄錢遺址》,載《文物》1963 年第 12 期
	南陽市東關外小莊村	1963 年	1	半兩	石	2 行 12 枚錢型。長 24 厘米,寬 11 厘米,厚 2.4 厘米	王儒林、徐俊英:《河南省南陽市出土石範》,載《秦漢錢範》,三秦出版社 1992 年版
	南陽縣漢代遺址	1964 年春		大泉五十	陶	叠鑄範,長方形,2 枚錢型	王儒林:《河南南陽發現漢代錢範》,載《考古》1964 年第 11 期
				契刀五百	陶	叠鑄範,圓形,2 枚錢型。直徑 10 厘米,厚 2 厘米	
					陶	叠鑄範,方形,2 枚錢型	
	洛陽市橡膠廠工地	1972 年 12 月	20 餘	榆莢半兩	陶	母範,殘存 2 行 14 枚錢型。殘長 15.5 厘米,寬 7.5 厘米,厚 4.5 厘米。背刻"好"字	程永建:《洛陽出土幾批西漢錢範及有關問題》,載《中國錢幣》1994 年第 2 期
				四銖半兩	陶	母範,殘長 14.5 厘米,寬 9.4 厘米,厚 4.5 厘米	
	洛陽市電訊局 613 研究所工地	1973 年 12 月	1	四銖半兩	石	子範,殘存 2 行 5 枚錢型。殘長 14.5 厘米,寬 7.5 厘米,厚 3 厘米	
	洛陽市電訊局 613 研究所工地	1975 年 9 月	1	八銖半兩	陶	殘存 4 行 4 枚錢型。殘長 14.5 厘米,寬 9.2 厘米,厚 1.5 厘米	
	洛陽市康樂食品廠工地	1992 年初	9	四銖半兩	陶	母範,長方形,2 行 14 枚錢型。殘長 27 厘米,寬 12 厘米,厚 4 厘米。錢文陽文"半兩"兩字	
	新鄭縣新村鄉東嶺村	1975 年 12 月 15 日	1	西漢半兩	石	長方形,2 行 14 枚錢型。長 21.3 厘米,寬 7.3 厘米,厚 4 厘米	喬志敏等:《河南新鄭發現漢半兩錢範》,載《中國錢幣》1988 年第 2 期
	洛陽市王城公園	1976 年	2	郡國五銖	銅	長方形,2 行 14 枚錢型。長 26 厘米,上寬 7.6 厘米,下寬 7.2 厘米,厚 0.4—0.6 厘米	米士誠:《洛陽發現河南郡國五銖錢範》,載《中國錢幣》1987 年第 4 期

續表

出 土 地 點		出土時間	數量	幣名	質地	型 制	資 料 來 源
河 南 省	南陽市漢至新莽的冶鑄遺址	1995 年 8 月 26 日—9 月 15 日	5	五銖	銅	八角形,盤狀,6 枚錢型	劉紹明等:《南陽市冶鑄遺址出土五銖銅母範及相關問題》,載《中國錢幣》1996 年第 3 期
	河南省文物商店徵集		2	五銖	銅	長方形,2 行 14 枚錢型。長 24 厘米,寬 7.5 厘米,厚 1 厘米	劉亞東:《河南徵集"五銖"及"大泉五十"錢銅範》,載《文物》1985 年第 6 期
			1	五銖	銅	母範長方形,盤狀,8 枚錢型,4 枚正面,4 枚反面。長 10.5 厘米,寬 6.4 厘米,厚 0.8 厘米	
			1	大泉五十	銅	長方形,2 行 8 枚錢型。長 13.3 厘米,寬 7.2 厘米,厚 0.6 厘米	
			1	大泉五十	銅	近方形,4 枚錢型。長 8.2 厘米,寬 7.4 厘米,厚 0.5 厘米	
			1	大泉五十	銅	母範,六邊圈足盤形,4 枚錢型。長 9 厘米,寬 8.7 厘米,厚 1.5 厘米	
	商水縣程劉村新安故城		1	貨泉	銅	八邊形,盤狀,8 枚錢型。長邊 5 厘米,短邊 3 厘米	楊鳳翔:《河南商水發現貨泉銅範》,載《考古》1989 年第 11 期
	平輿縣		1	貨泉	銅	方形,盤狀,4 枚錢型	程景洲:《河南平輿發現新莽時期的錢幣及鑄範》,載《考古》1990 年第 2 期
			2	大泉五十	陶	殘範	
	河南省博物館徵集		2	五銖	銅	母範,長方形 2 行 6 枚錢型	翟呈祥:《郡國錢範》,載《秦漢錢範》,三秦出版社 1992 年版
	南召縣		1	五銖	銅	2 行 12 枚錢型。長 22 厘米,寬 7.3 厘米	王儒林:《南召縣出土銅範》,載《秦漢錢範》,三秦出版社 1992 年版
	河南省博物館徵集		3	貨泉	銅	圓角長方形,盤狀。 (一)8 枚錢型,模徑 2.26 厘米; (二)圓角長方形,盤狀,9 枚錢型; (三)八角形,盤狀,6 枚錢型。模徑 2.17 厘米	翟呈祥:《貨泉銅範》,載《新莽錢範》,三秦出版社 1996 年版
湖北省	宜城市楚皇城遺址	1976 年冬—1977 年夏	1	大泉五十	泥	殘長 4 厘米,寬 9.5 毫米,厚 1.8 厘米	楚皇城考古發掘隊:《湖北宜城楚皇城勘查簡報》,載《考古》1980 年第 2 期
湖南省	攸縣柏樹下公社風塔大隊井邊生產隊	1977 年 8 月	2	五銖	銅	雙合範,2 行 8 枚錢型。長 14.2 厘米,寬 6.6 厘米	湖南省博物館:《湖南攸縣發現西漢五銖錢銅範》,載《文物》1984 年第 1 期
四 川 省	西昌縣石嘉公社	1976 年 2 月 25 日	5	貨泉	銅	圓角長方形,盤狀,2 行 8 枚錢型。長 10.7 厘米,寬 7.3 厘米,厚 1 厘米	劉世旭等:《四川西昌發現的王莽、東漢鑄錢窖藏和遺址》,載《中國錢幣》1996 年第 3 期
	成都市營門公社	1980 年 4 月	1	太平百錢	銅	橢圓形,12 枚錢型。周長 47.2 厘米	陳顯權:《成都市出土"太平百錢"銅母範》,載《文物》1981 年第 10 期
	高縣文江公社水江生產隊	1980 年	1	半兩	石	長方形,4 行 28 枚錢型。長 25 厘米,寬 18.5 厘米,厚 5 厘米	沙澤寧:《四川高縣出土半兩錢範母》,載《考古》1982 年第 1 期
	西昌市東坪村漢代煉銅遺址	1987 年 3 月	1	五銖	銅	圓角長方形,淺盤狀,2 行 8 枚錢型。殘長 10 厘米,寬 7.5 厘米,厚 0.5 厘米	劉世旭等:《四川西昌市東坪村漢代煉銅遺址的調查》,載《考古》1990 年第 12 期
陝 西 省	西安市徵集	1951 年	1	半兩	銅	橢圓形,2 行 12 枚錢型。長 22 厘米,寬 4.7—7 厘米,中寬 10 厘米,厚 0.7 厘米	蔡永華:《解放後西安附近發現的西漢、新莽錢範》,載《考古》1978 年第 2 期
		1957 年 4 月	1		石	長方形,4 行 41 枚錢型。長 21.3 厘米,寬 9—9.6 厘米,厚 2.5 厘米	
		1958 年	1	大泉五十	鐵	長方形,6 行 54 枚錢型。長 40 厘米,寬 23 厘米,厚 1.7 厘米	
		1959 年	1	半兩	銅	平鏟形,2 行 6 枚錢型。長 14.8 厘米,寬 8 厘米,厚 0.4 厘米	
			1	五銖	泥	長方形,殘存 6 行 30 枚錢型。殘長 27.4 厘米,寬 18 厘米,厚 4 厘米	
		1964 年	1	大布黃千	銅	叠鑄,方形,2 枚錢型。邊長 8.2 厘米,厚 1.6 厘米	
			1	貨布	銅	叠鑄,長方形,4 枚錢型。長 15 厘米,厚 2.4 厘米	
		1965 年	1	布泉	銅	叠鑄,長方形,8 枚錢型。長 13 厘米,厚 1.2 厘米	
			1	貨泉	銅	叠鑄,長方形,8 枚錢型。長 11.6 厘米,寬 7.1 厘米	

出　土　地　點	出土時間	數量	幣名	質地	型　　制	資　料　來　源
		1	五銖	泥	殘存 4 行 13 枚錢型	
		1	小泉直一	泥	長方形,殘存 5 行 35 枚錢型	
		1	大泉五十	泥	方形,殘存 3 行 16 枚錢型	
		1	弟布八百	泥	長方形,殘存 3 枚錢型	
		1	中布六百	泥	長方形,殘範	
		1	五銖	泥	長方形,殘存 4 行 6 枚錢型。殘長 15.2 厘米,殘寬 14 厘米	
		2	五銖	泥	長方形,殘存 4 行 6 枚錢型	
	1966 年	1	壯泉四十	泥	長方形,殘存 3 行 14 枚錢型	
		1	半兩	銅	平鏟形,2 行 14 枚錢型。長 22.3 厘米,寬 7 厘米,厚 0.6 厘米	
		1	半兩	銅	長方形,2 行 14 枚錢型。長 21.8 厘米,寬 7.2 厘米,厚 0.4 厘米	
	1971 年	1	大泉五十	銅	叠鑄,方形,4 枚錢型(2 面 2 背)。邊長 7.7 厘米,厚 1 厘米	
		1	五銖	銅	叠鑄,橢圓形,2 行 8 枚錢型	
		1	大泉五十	銅	鏟形,2 行 12 枚錢型。長 25 厘米,寬 8.5 厘米,厚 1—1.3 厘米	
咸陽市漢長陵西南長興村	1973 年	2	半兩	銅	叠鑄,圓型,2 行 15 枚錢型。直徑 14.3—14.5 厘米,厚 1.2—1.3 厘米,郭寬 0.7 厘米	
丹鳳縣出土	1951 年	1	半兩	銅	合範,不規則長方形,2 行 24 枚錢型。長 21.7 厘米,寬 10 厘米,厚 1.7 厘米	師曉群:《陝西省博物館收藏的"半兩"錢銅範》,載《陝西金融·錢幣專輯》(10)1988 年
陝西省博物館徵集	1959 年	1	半兩	銅	2 行 12 枚錢型。長 14.7 厘米,寬 8 厘米,厚 0.8 厘米	
	1966 年	1	四銖半兩	銅	鏟形,2 行 14 枚錢型。長 22.6 厘米,寬 7.1 厘米,厚 0.7 厘米	
	1973 年	1	四銖半兩	銅	長方形,板狀,2 行 12 枚錢型。殘長 19.5 厘米,寬 7 厘米,厚 0.95 厘米	
陝西省博物館徵集	1952 年	1	大泉五十	陶	殘存陽文錢模 15 枚	師曉群:《陝西歷史博物館藏品》,載《陝西金融·錢幣專輯》(14)1990 年
	1954 年	1	大泉五十	銅	圓角正方形,陽文錢模 4 枚	
	1971 年	1	大泉五十	銅	2 行 12 枚錢型。高 25.6 厘米,寬 8.5 厘米,厚上 2.2 厘米,厚下 1.1 厘米	
西安市未央區相家巷	1954 年 3 月	1	五銖	陶	背範	陳直:《石渠閣王莽錢的背面範》,載《考古通訊》1955 年第 2 期
西安市北郊新莽錢範窰址	1958 年 11 月	115	大泉五十	陶	面背各 4 枚錢型	陝西省博物館:《西安北郊新莽錢範窰址清理簡報》,載《文物》1959 年第 11 期
西安市阿房宮遺址	1959 年	1	半兩	銅	鏟形,2 行 6 枚錢型。長 14.7 厘米,寬 8 厘米,厚 0.4 厘米	陳尊祥:《阿房宮遺址出土銅範》,載《秦漢錢範》,三秦出版社 1992 年版
陝西省供銷社上交和西安市徵集	1963 年 11 月、1964 年 10 月	3	貨布	銅	橢圓形,盤狀,陽文錢模 4 枚	師曉群:《"貨布"銅範》,載《新莽錢範》
西安市未央區相家巷	1963 年	1	大泉五十	陶	背範,殘存背模 37 枚	王長啓:《西安市文物局藏品》,載《陝西金融·錢幣專輯》(14)1990 年
西安市北郊六村堡		1	大泉五十	陶	殘存陽文面模 9 枚	
西安市北郊六村堡東		1	大泉五十	陶	殘存陽文面模 15 枚	
西安市西郊後圍寨		1	大泉五十	銅	母範,長方圓角形,陽文錢模 6 枚	
西安市漢長安城遺址		1	大泉五十	銅	母範,方形,陽文錢模 4 枚	
西安市北郊西漢城遺址		1	大泉五十	銅	母範,圓角方形,陽文錢模 4 枚	

（左側豎排：陝　西　省）

續表

出 土 地 點		出土時間	數量	幣名	質地	型 制	資 料 來 源
陝西省	西安市北郊尤家莊西		1	大泉五十	陶	殘存陽文錢模 9 枚	
	西安市好漢廟地區		1	大泉五十	陶	殘存陽文錢模 4 枚	
	西安市好漢廟地區		1	大泉五十	陶	殘存陽文錢模 13 枚	
	西安市徵集		1	大泉五十	銅	長方形,陽文錢模 8 枚	
	西安市北郊		1	大泉五十	陶	殘存陽文錢模 2 枚	
	西安市漢長安城北水渠岸上	1970 年	1	大泉五十	陶	叠鑄範,橢圓形,面背各 3 枚錢型。長 8.5 厘米,寬 10.5 厘米	
	西安市漢長安城北水渠岸上		1	大泉五十	陶	叠鑄範,橢圓形,面背各 4 枚錢型。長 13.5 厘米,寬 9 厘米	
	西安市南郊三兆		1	大泉五十	銅	4 行 28 枚錢型。長 30.5 厘米,寬 16 厘米,厚 0.8 厘米	
	孟津縣	1964 年 8 月	1	契刀五百	石	長方形,2 行 8 枚錢型。長 17.0 厘米,寬 7 厘米	趙新來:《"契刀五百"石範》,載《考古》1966 年第 2 期
	扶鳳縣博物館徵集	1964 年	1	大泉五十	泥質紅陶	合範完整,圓角長方形。長 12.5 厘米,寬 8.2 厘米,單範厚 0.75 厘米	王倉西:《扶鳳徵集到"大泉五十"陶範》,載《陝西金融·錢幣專輯》(8)1987 年
	扶鳳縣	1964 年	1	五銖	陶	陰文背範,槽左右各 3 行背模	王倉西:《扶鳳出土五銖背範》,載《陝西金融·錢幣專輯》(12)1989 年
	咸陽市韓家灣	1972 年 3 月	2	半兩	石	2 行 30 枚錢型。面範長 47 厘米,上寬 11.9 厘米,下寬 11.6 厘米;背範長 47 厘米,上下同寬 11.5 厘米	陳桂枝:《咸陽韓家灣出土長陰文石範》,載《秦漢錢範》,三秦出版社 1992 年版
	户縣玉禪公社新義大隊	1973 年	1	一刀平五千	銅	母範,2 行 8 枚錢型。長 29 厘米,寬 19 厘米	劉慶柱:《銅鑄"一刀平五千"母範》,載《考古與文物》1980 年第 1 期
	陝西省博物館徵集	1973 年	1	半兩	銅	2 行 12 枚錢型。長 19.3 厘米,寬 7.5 厘米,厚 2 厘米	陳尊祥:《背四足銅範》,載《秦漢錢範》,三秦出版社 1992 年版
	淳化縣于家村	1973 年	1	五銖	銅	殘存 2 行 8 枚錢型	王建榮:《淳化出土銅範》,載《秦漢錢範》,三秦出版社 1992 年版
	三原縣張家坳公社	1975 年	1	貨布	銅	叠鑄,近正方形,2 枚錢型。長 8.1 厘米,寬 6.4 厘米,厚 1 厘米	劉慶柱:《銅鑄"貨布"母範》,載《考古與文物》1980 年第 1 期
	三原縣張家坳公社	1975 年	1	貨泉	銅	叠鑄,近正方形,6 枚錢型。長 9.4 厘米,寬 9.2 厘米,厚 1.1 厘米	劉慶柱:《銅鑄"貨泉"母範》,載《考古與文物》1980 年第 1 期
	臨潼縣晏寨公社晏寨村東	1975 年	1	大泉五十	銅	叠鑄,方形,4 枚錢型。邊長 7.6 厘米,厚 0.7 厘米	李美俠:《臨潼縣出土西漢和新莽錢模》,載《考古與文物》1981 年第 4 期
	臨潼縣馬額公社趙家村東	1976 年 1 月	2	貨泉	銅	叠鑄,長方形,6 枚錢型。長 9.8 厘米,寬 7.7 厘米,厚 1.3 厘米	
						長方形,8 枚錢型。長 11.4 厘米,寬 6.9 厘米,厚 0.9 厘米	
			1	貨布	銅	背範,叠鑄,方形,2 枚錢型。長 9 厘米,寬 8.5 厘米	
			1	貨布	銅	叠鑄,方形,2 枚錢型。長 8.6 厘米,寬 7.3 厘米,厚 1.3 厘米	
	臨潼縣城關公社藏陽村	1980 年 11 月	1	五銖	銅	叠鑄,方形,4 枚錢型。長 7.6 厘米,寬 7.4 厘米,厚 1.1 厘米	
	西安市北郊	"文革"期間	1	契刀五百一刀平五千大泉五十	石	鏟形,一面爲契刀五百 3 枚,大泉五十 51 枚;另一面爲一刀平五千 3 枚,大泉五十 51 枚。長 20 厘米,寬 7.2 厘米,厚 2.7 厘米	劉春聲:《新莽契刀、大泉祖範述略》,載《中國錢幣》1993 年第 2 期
			1	契刀五百	陶	面範,幫腔長 4.6 厘米	
			5	大泉五十		模外徑 2.5—3.1 厘米,内徑 0.7—1 厘米	
			5	小泉直一		模外徑 1.5—1.6 厘米,内徑 0.3—0.4 厘米	
			1	幼布三百		首長 0.9 厘米,肩寬 2.3 厘米,範邊寬 2.5 厘米	
			1	序布四百		上部斷	
			1	差布五百		下部斷	

出　土　地　點	出土時間	數量	幣名	質地	型　　制	資　料　來　源
		1	中布六百		首長 1.2 厘米，寬 1.3 厘米，肩寬 2.1 厘米	
		1	次布九百			
		2	大布黃千			
		1	餅貨泉		模外徑 2.8 厘米	
		1	貨布		長約 3.3 厘米，足寬 0.8 厘米	
		20	各種背範			
渭南縣南七公社周家村	1977 年	1	秦半兩	石	3 行 50 枚錢型。長 40 厘米，殘寬 14.7 厘米	左忠誠、郭德法：《渭南縣發現秦半兩錢範和"櫟市"陶器》，載《考古與文物》1981 年第 2 期
澄城縣業善鄉坡頭村	1979 年 9 月 24 日	2	五銖	銅	2 行 15 枚錢型。帶柄長 34 厘米，寬 13.2 厘米，厚 0.6 厘米。	陳尊祥：《陝西省澄城縣坡頭村出土五銖錢範》，載《秦漢錢範》，三秦出版社 1992 年版
		33	五銖	銅	4 行 42 枚錢型。帶柄長 41.5 厘米，寬 13.5 厘米，厚 0.8 厘米。	
		33		銅	範背鑄陽文編號	
		102		陶	背範。長 45 厘米，寬 6.5 厘米，厚 6.5 厘米	
麟游縣豐塬村	1979 年	3	五銖	銅	（一）長方倒角形，盤狀，6 枚錢型。長 10.1 厘米，寬 7.9 厘米；（二）盤狀，6 枚錢型。長 10.4 厘米，寬 8 厘米；（三）正方形，折角狀。長 7.5 厘米，寬 7.3 厘米	王麟林：《麟游縣出土銅範》，載《秦漢錢範》，三秦出版社 1992 年版
澄城縣業善公社東白龍大隊坡頭村西漢鑄錢遺址	1980 年 10 月	39	五銖	銅	鏟形，4 行 42 枚錢型。長 41.5 厘米，寬 13.5 厘米，厚 0.8 厘米	陝西省文物管理委員會、澄城縣文化館聯合發掘隊：《陝西坡頭村西漢鑄錢遺址發掘簡報》，載《考古》1982 年第 1 期
		2	五銖	銅	鏟形，4 行 30 枚錢型。長 34 厘米，寬 13.2 厘米，厚 0.6 厘米	
		100 餘	五銖	陶	背範，鏟形，30—40 枚錢型。長 35.5 厘米，寬 15.8 厘米，厚 6.8 厘米	
興平縣	1980 年冬	1	五銖	鐵	6 行 60 枚錢型。帶柄長 44 厘米，上寬 20.5 厘米，下寬 20.2 厘米，厚 1.4 厘米	吳琪榮：《興平出土鐵範》，載《秦漢錢範》，三秦出版社 1992 年版
安康縣恒口新街村徵集	1981 年	1	私鑄半兩	石	長方形，3 行 23 枚錢型。長 26.5 厘米，寬 12.4 厘米，厚 3 厘米	李啓良：《安康縣發現"半兩"錢範》，載《考古與文物》1982 年第 4 期
岐山縣故郡鄉冗家村徵集	1982 年	2	半兩	銅	長方形，圓折角鏟狀，2 行 6 枚錢型。長 16.5 厘米，寬 8.7 厘米，厚 0.6 厘米	岐山縣博物館：《岐山館藏銅"半兩"錢範》，載《陝西金融·錢幣專輯》(10)1988 年
臨潼縣韓峪鄉秦芷陽宮遺址	1983 年 9 月	1	半兩	銅	母範，長方形，2 行 14 枚錢型。長 30 厘米，前寬 10 厘米，後寬 10.2 厘米，厚 1.75—2 厘米	張海雲：《陝西臨潼油王村發現秦"半兩"銅母範》，載《中國錢幣》1987 年第 4 期
渭南市官底鄉	1985 年 4 月	1	大布黃千	銅	橢圓形，2 枚錢型	邱曉群：《"巨萬"款"大布黃千"銅範》，載《陝西金融·錢幣專輯》(14)1990 年
長安縣郭社鎮社永村滈河北岸	1985 年 9 月	1	五銖	陶	2 行 18 枚錢型。長 30.3 厘米，寬 7.3 厘米，厚 3.8 厘米	陳尊祥：《長安出土一範兩面刻模三行錢範》，載《秦漢錢範》，三秦出版社 1992 年版
長安縣郭社鎮社永村滈河北岸 5 米深沙層	1985 年 9 月	1	五銖	陶	2 行 14 枚錢型。長 23.5 厘米，寬 9 厘米，厚 3.1 厘米	高應中、翟濤：《長安社永村出土三角榫陶範》，載《秦漢錢範》，三秦出版社 1992 年版
西安市未央區漢城鄉三九村	1986 年 8 月	多件	大泉五十	泥	（一）6 枚錢型。長 9.6 厘米，寬 8.3 厘米，厚 1.3 厘米；（二）8 枚錢型。長 12.6 厘米，寬 7.2 厘米，厚 1.4 厘米	龍游：《西安出土新莽大泉五十泥範》，載《陝西金融·錢幣專輯》(8)1987 年
大荔縣漢村鄉上堯頭村	1986 年 11 月	2	五銖	銅	合範，2 行 14 枚錢型。長 94.5 厘米，寬 7.6 厘米，厚 0.6 厘米	崔景賢：《大荔出土銅範》，載《秦漢錢範》，三秦出版社 1992 年版
西安市西漢長安城遺址區	1987 年 5 月	多件	五銖	陶	（一）殘存 25 枚錢型，寬約 19.5 厘米；（二）殘存 23 枚錢型	徐平：《西安發現"五銖"陶母範》，載《中國錢幣》1989 年第 1 期
西安市西漢建章宮前殿遺址	1987—1990 年	2	五銖	不明	（一）殘範，4 行錢型；（二）6 行錢型	周小平：《西漢建章宮前殿遺址出土範》，載《秦漢錢範》，三秦出版社 1992 年版

陝

西

省

出 土 地 點		出土時間	數量	幣名	質地	型　　制	資　料　來　源
陝　西　省	西安市長安城相家巷西漢鑄錢遺址	1990 年夏	1	小五銖	不明	背範,殘 5 枚錢型	魏筱智:《小五銖背模殘範》,載《秦漢錢範》,三秦出版社 1992 年版
	户縣兆倫村漢莽鑄錢遺址	1991 年 3 月	14	五銖	陶	橢圓形,錢模 2—10 行。寬 3.5—9.5 厘米,厚 1.2—4.5 厘米	姬蔭槐:《户縣兆倫村漢莽鑄錢遺址調查》,載《中國錢幣》1994 年第 2 期
			2	平五千	陶	面範。一件長 4.9 厘米,一件殘斷	
	鳳翔縣東社村雍水河南岸一臺地上屬戰國秦小型墓葬範圍内		1	半兩	銅	鏟形,2 行 6 枚錢型。長 17.1 厘米,寬 8 厘米,厚 1 厘米	田亞岐:《鳳翔出土秦半兩錢銅範》,載《陝西金融·錢幣專輯》(10)1988 年
	咸陽市窖店鄉長縣村		4	半兩	銅	(一)長鏟形,2 行 14 枚錢型。長 23 厘米,寬 8.2—9 厘米,厚 0.9 厘米; (二)長鏟形,2 行 12 枚錢型。長 21.6 厘米,寬 8.2—9 厘米,厚 1 厘米; (三)母範 2 件,型制基本相同,均圓盤狀,15 枚錢型	時瑞寶:《咸陽博物館收藏的半兩錢範》,載《陝西金融·錢幣專輯》(10)1988 年
	西安市好漢廟新莽鑄錢遺址		3	小泉直一	陶	模徑分別爲 1.4 厘米、1.5 厘米、1.6 厘米,穿徑分別爲 0.3 厘米、0.37 厘米、0.4 厘米	党順民:《西安好漢廟出土新莽陶錢範》,載《中國錢幣》1990 年第 3 期
			2	麽泉一十	陶	模徑分別爲 1.8 厘米、1.65 厘米,穿徑分別爲 0.55 厘米、0.5 厘米	
			1	中泉三十	陶	模徑 2.1 厘米,穿徑 0.55 厘米	
			2	壯泉四十	陶	模徑分別爲 2.2 厘米、2.4 厘米,穿徑均爲 0.7 厘米	
			4	大泉五十	陶	模徑分別爲 2.6 厘米、2.8 厘米、2.9 厘米、3 厘米,穿徑分別爲 0.75 厘米、0.8 厘米、0.9 厘米、0.8 厘米	
			2	小布一百	陶	長分別爲 3.25 厘米、3.5 厘米	
			2	麽布二百	陶	長分別爲 3.75 厘米、3.7 厘米	
			2	幼布三百	陶	長分別爲 3.7 厘米、3.95 厘米	
			1	序布四百	陶	長 4.2 厘米	
			2	差布五百	陶	長分別爲 4.15 厘米、4.4 厘米	
			1	中布六百	陶	長 4.5 厘米	
			2	壯布七百	陶	長分別爲 4.55 厘米、4.9 厘米	
			1	弟布八百	陶	長 5 厘米	
			2	次布九百	陶	長分別爲 4.95 厘米、5.3 厘米	
			3	大布黄千	陶	長分別爲 5.15 厘米、5.55 厘米、6.5 厘米	
			2	契刀五百	陶	殘存 2 枚錢型	
			1	貨泉	陶	模徑 2.45 厘米,穿徑 0.75 厘米	
	西安市西漢建章宫遺址		10 餘	五銖	陶	(一)高低堡出土的錢範: (1)"巧一"字殘範; (2)"巧二"字殘範,殘存 2 行 8 枚錢型; (3)"巧二"字範頭,長 11 厘米,寬 10 厘米,邊厚 2.8 厘米; (4)"巧二"字殘範,殘存 6 行錢型; (5)殘存 4 行 30 枚錢型; (6)殘存 6 行 81 枚錢型; (7)長"五"字穿上横劃錢模範,殘存 4 行 18 枚錢型; (8)穿内有圓圈範,殘存 14 枚錢型; (9)"五"字窄長範,殘存 3 行 14 枚錢型; (10)殘存 3 行 13 枚錢型; (11)穿上横劃範 2 件:①殘存 4 枚錢型,②殘存 3 枚錢型; (12)其他型制、錢文字形略異殘範	党順民:《西漢建章宫遺址鑄錢區出土陶範》,載《秦漢錢範》,三秦出版社 1992 年版

出土地點		出土時間	數量	幣名	質地	型制	資料來源
陝西省						（二）東柏梁村出土的殘範： (1)“二月田”背範，殘存4行錢型； (2)背範，殘存4行錢型； (3)背範，殘存6行39枚錢型； (4)錢器物範，錢形，如一般五銖錢大，一邊有方形柄，對邊有尖形三角； (5)其他各種不同型制的背範 （三）北沙口村出土的殘範。有各種陰文、陽文叠鑄等不同型制的面背範 （四）孟家村出土的殘範	
	西安市未央區相家巷		1	五銖	陶	殘存4行5枚錢型。殘長15厘米，寬14厘米	陳尊祥：《西漢元鳳四年陶錢範》，載《秦漢錢範》，三秦出版社1992年版
	西安市未央區相家巷		1	五銖	石膏	殘存8枚錢型	陳直：《五銖石膏範》，載《秦漢錢範》，三秦出版社1992年版
	西安市未央區相家巷		1	五銖	陶	殘存6行7枚錢型。殘長15厘米，寬15厘米	陳尊祥：《西漢元康二年陶範》，载《秦漢錢範》，三秦出版社1992年版
	西安市未央區相家巷		3	五銖	陶	分别爲西漢神爵元年殘範，西漢五鳳三年八月殘範，西漢永光五年殘範	陳尊祥：《有關西漢紀年殘範》，載《秦漢錢範》，三秦出版社1992年版
	西安市三橋鎮		1	五銖	銅	圓角長方形，2行8枚錢型。長12.7厘米，寬7.6厘米	王長啓：《西安三橋鎮徵集更始年銅範》，載《秦漢錢範》，三秦出版社1992年版
	西安市漢陽鄉袁家堡		2	五銖	銅	長方形，4行30枚錢型。長26厘米，上寬12.4厘米，下寬11.5厘米，厚0.7厘米	王長啓：《西安袁家堡出土銅範》，載《秦漢錢範》，三秦出版社1992年版
	西安市北郊大白楊庫		1	五銖	銅	4行30枚錢型。長28.5厘米，寬12.5厘米，厚0.9厘米	王長啓：《西安北郊大白楊庫徵集銅範》，載《秦漢錢範》，三秦出版社1992年版
	西安市北郊漢城鄉		1	半兩	銅	2行14枚錢型。長21.8厘米，寬9.3厘米，下寬8.8厘米，厚2.2厘米	王長啓：《西安漢城遺址出土銅範》，載《秦漢錢範》，三秦出版社1992年版
	西安市大白楊村		1	半兩	銅	2行14枚錢型。長23厘米，上寬8.8厘米，下寬8厘米，厚1厘米	王長啓：《西安大白楊村發現銅範》，載《秦漢錢範》，三秦出版社1992年版
	西安市三橋鎮		1	半兩	銅	2行14枚錢型。長22厘米，上寬8.8厘米，下寬8厘米，厚1厘米	王長啓：《西安三橋出土銅範》，載《秦漢錢範》，三秦出版社1992年版
			1	半兩	銅	2行14枚錢型。長21.2厘米，上寬8.8厘米，下寬8.5厘米，厚0.8厘米	
	漢陽市長興鄉		1	半兩	銅	2行14枚錢型。長23厘米，寬8.2—9厘米，厚0.9厘米	时瑞寶：《咸陽長興鄉出土長形銅範》，載《秦漢錢範》，三秦出版社1992年版
			1	半兩	銅	2行12枚錢型。長21.6厘米，寬8.2—9厘米，厚1厘米	
			1	半兩	銅	2行14枚錢型。長23厘米，寬8厘米	
	寶鷄市博物館徵集		1	半兩	銅	母範，2行10枚錢型。長15.9厘米，寬7.1厘米，厚1.5厘米	王桂枝：《長方形青銅範》，載《秦漢錢範》，三秦出版社1992年版
	涇陽縣蔣劉鄉小許五隊		3	五銖	銅	2行14枚錢型。一件長26.7厘米，寬2厘米，厚0.7厘米；另兩件相同，長26.5厘米，寬7.6厘米，厚0.8厘米	劉曉華：《涇陽銅範》，載《秦漢錢範》，三秦出版社1992年版
	咸陽市彭王村徵集		2	半兩	石	2行60枚錢型。長46.5厘米，寬12.2厘米，厚2.9厘米	時瑞寶：《咸陽彭王村發現60枚錢模長範》，載《秦漢錢範》，三秦出版社1992年版
	渭南縣		1	半兩	石	5行50枚錢型。殘長39.5厘米，寬20.5厘米	王建榮：《陝西省渭南縣出土半兩殘石範》，載《秦漢錢範》，三秦出版社1992年版
	府谷縣古城遺址		1	半兩	石	殘範	吴榮曾：《陝西府谷古城出土錢範》，載《秦漢錢範》，三秦出版社1992年版
	西安市未央區相家巷		多件	五銖	陶	（一）穿上一橫劃殘範2件； （二）雙圈符號殘範，殘存7枚錢型； （三）“巧一”字殘範，殘存9枚錢型； （四）“官一”字殘範，殘存6行19枚錢型； （五）“官一”字殘範，殘存6行24枚錢型； （六）西漢典型殘範，殘存3行11枚錢型	陳尊祥：《有關未央宫相家巷出土的五銖陶殘範》，載《秦漢錢範》，三秦出版社1992年版

出　土　地　點		出土時間	數量	幣名	質地	型　　制	資　料　來　源
陝西省	西安市北郊孟家村		3	五銖	銅	(一)重郭殘範,殘存 2 枚錢型; (二)六角形,6 枚錢型; (三)橢圓形,6 枚錢型	王長啓:《西安北郊孟家村出土三件銅範》,載《秦漢錢範》,三秦出版社 1992 年版
	西安市西郊後衛寨		1	五銖	銅	長橢圓形,4 行 8 枚錢型	王長啓:《西安西郊後衛寨出土銅範》,載《秦漢錢範》,三秦出版社 1992 年版
			1		陶	殘存 4 枚錢型	
	西安市西郊後衛寨		2	五銖	銅	殘存 4 枚錢型	陳尊祥:《兩種錢模銅範》,載《秦漢錢範》,三秦出版社 1992 年版
	西安市西漢上林苑遺址		21	五銖	陶	(一)殘,有陽文穿下半星、穿上一橫劃、無記號和錢文字形略異等 (二)背範,殘	党順民:《西漢上林苑遺址出土的陶範》,載《秦漢錢範》,三秦出版社 1992 年版
	西安市未央區相家巷		大量	五銖	陶	有"工"字、穿上一橫、砲彈形、對稱砲彈形等殘範	党順民:《西漢長安城遺址地區出土的錢範》,載《秦漢錢範》,三秦出版社 1992 年版
	渭南市		1	大布黃千	銅	鏟形,殘存 16 枚錢型。殘長 26.7 厘米,寬 16.2 厘米	師曉群、王建榮:《大布黃千銅範》,載《新莽錢範》,三秦出版社 1996 年版
	西安市北郊焦家村		1	大布黃千	石	長鏟形,2 行 20 枚錢型。長 36.5 厘米,寬 13.3 厘米	王長啓:《"布布"款"大布黃千"石範》,載《新莽錢範》,三秦出版社 1996 年版
	西安市好漢廟地區		1	多布同範	陶	殘存 5 枚錢型。有小布一百、麼布二百、幼布三百、序布四百、中布六百,係多布同範	張湘生:《"多布同範"陶範》,載《新莽錢範》,三秦出版社 1996 年版
	西安市好漢廟地區		2	貨泉	陶	(一)叠鑄範,殘存 6 枚錢型,模徑 2.45 厘米; (二)叠鑄範,殘存 4 枚錢型,模徑 2.35 厘米	党順民:《"貨泉"叠鑄陶範》,載《新莽錢範》,三秦出版社 1996 年版
	西安市好漢廟新莽鑄錢遺址		1	1 刀平五千	陶	殘存 1 枚錢型	党順民:《一刀平五千範》,載《新莽錢範》,三秦出版社 1996 年版
甘肅省	隴西縣師範學校	1951 年 5 月	1	半兩	石	2 行 16 枚錢型。長 20.5 厘米,上寬 11 厘米,下寬 15 厘米	《西北區各地發現的文物》,載《文物參考資料》1951 年第 10 期
	臨姚縣	1962 年	1	五銖	銅	殘存 6 枚錢型。長 9.8 厘米,背寬下 7.2 厘米,上 6.2 厘米,厚 0.75~0.8 厘米	孫益民:《臨姚出土郡國五銖銅範》,載《陝西金融·錢幣專輯》(12)1989 年
	崇信縣黃寨鄉何灣村廟	1982 年	1	貨泉	銅	方形,4 枚錢型	《甘肅崇信出土"貨泉"銅母範》,載《文物》1989 年第 5 期
	通渭縣	1986 年夏、1988 年秋	數件	大泉五十	陶	面範,殘存 9 枚錢型。模徑 2.7 厘米,穿 0.8 厘米	何鈺:《甘肅通渭縣出土新莽錢範》,載《中國錢幣》1989 年第 4 期
				大泉五十	泥	面範,殘存 2 枚錢型。模徑 2.9 厘米	
				大泉五十	陶	子範,背範,殘存 6 枚錢型。模徑 2.9 厘米	
				大泉五十	陶	母範,面範,殘存 12 枚錢型。模徑 2.5 厘米	
				大泉五十	陶	子範,背範,殘存 7 枚錢型。模徑 2.7 厘米,穿徑 1 厘米	
				大泉五十	陶	子範,背範,殘存 8 枚錢型	
				小泉直一	陶	母範,面範,鏟形,殘存 85 枚錢型。模徑 1.3 厘米,穿徑 0.4 厘米	
	環縣城西北	1987 年 5 月	100 餘	大泉五十	陶	母範,正面範 4 件,模徑 2.8~2.9 厘米;子範 100 餘件,最大範有 6 行 42 枚錢型,模徑 2.8—2.9 厘米	慶陽地區博物館等:《甘肅環縣發現一處漢代陶錢範遺址》,載《考古》1991 年第 5 期
			30 餘	新莽錢	陶	子範,背面範,10 行 90 枚錢型	
	環縣城子崗		1	小泉直一	陶	背範,殘存 108 枚錢型	周延齡、林振榮:《小泉直一陶背範》,載《陝西金融·錢幣專輯》(14)1991 年
	華池縣徵集			大泉五十	銅	橢圓形,6 枚錢型	何翔、周延齡:《甘肅省慶陽地區博物館藏品》,載《新莽錢範》,三秦出版社 1996 年版
青海省	海晏縣三角城遺址	1972 年	1	大泉五十	陶	殘存 3 行 31 枚錢型。殘長 21—24.5 厘米,寬 23.5 厘米,厚 5 厘米	李峰等:《青海省海晏縣出土的新莽錢範》,載《中國錢幣》1990 年第 3 期
	海晏縣三角城西漢西海郡遺址	1975 年	1	小泉直一	陶	殘存 1 枚錢型	李峰:《前鐘官"工良造第八"款"小泉直一"陶範》,載《新莽錢範》,三秦出版社 1996 年版

出 土 地 點		出土時間	數量	幣名	質地	型　　　制	資　料　來　源
寧夏回族自治區	銀川市廢品收購站揀選	1959 年	1	大泉五十	銅	鏟形,4 行 22 枚錢型。長 22.3 厘米,寬 15.1—15.4 厘米	蓋山林:《寧夏回族自治區新莽大泉五十陰文銅範》,載《文物》1965 年第 1 期
	隆德縣神林鄉神林村	1995 年 5 月	3	貨泉	陶	(一)腰鼓形,殘存 6 枚錢型; (二)圓角四邊形,殘存 4 枚錢型; (三)圓角正方形,殘存 4 枚錢型。 以上三種,每種 2 片,爲 1 副,兩背面黏合一起,正面向外。另有叠範座兩種,一種爲圓角多邊形,長 9 厘米,寬 8 厘米,厚 2 厘米;一種爲圓角四邊形狀,長 7 厘米,寬 6.5 厘米,厚 2 厘米	馬建軍等:《寧夏隆德縣發現貨泉叠範》,載《中國錢幣》1999 年第 1 期
新疆維吾爾自治區	庫車縣大黑汰沁古城	1958 年	數件	無文字	陶	殘長 8.5 厘米,最寬 3.5 厘米;模徑 1 厘米,穿徑約 0.5 厘米	張平:《新疆考古發現的龜兹錢範》,載《中國錢幣》1989 年第 3 期
	巴楚縣脱庫孜沙來古城	1959 年		五朱	陶	長 3.5 厘米,寬 1.9 厘米,厚約 0.3 厘米;模徑 1.4 厘米,穿徑 0.6 厘米	
				五朱	陶	長約 4.8 厘米,寬約 2.4 厘米,厚約 0.3—0.4 厘米;模徑 2.2 厘米,穿徑約 0.9 厘米	

秦、漢簡牘出土情況表

楊寶林

出 土 地 點	出土時間	簡牘名稱	數量	著 錄 時 間	貨 幣 情 況 記 載	資 料 來 源
甘肅省西部疏勒河流域,西漢敦煌、酒泉兩郡故地	1913 年	敦煌漢簡	千餘枚	西漢武帝天漢三年至東漢順帝永和二年(前 98—137 年)	在這一時期漢代邊陲社會生活的記錄中,保存了較多的貨幣經濟資料,反映了當時邊地錢幣流通支付、商業交換與物價方面的史實	林梅村、李均明:《疏勒河流域出土漢簡》,文物出版社 1984 年版
甘肅省額濟納河流域、西漢張掖郡居延縣故地	1930 年	居延漢簡	萬餘枚	西漢武帝太初二年至東漢光武帝十六年(前 103—40 年)	有西漢時期貨幣流通支付、物價、債務、奉用錢、官錢、司御錢和王莽錢幣改革等方面的資料	謝桂華、李均明、朱國炤:《居延漢簡釋文合校》,文物出版社 1987 年版
甘肅省酒泉、肩水金關、甲渠塞等地	1972—1974 年		2 萬餘枚	西漢昭帝始元時期至西晉武帝太康四年(前 86—283 年)		
山東省臨沂銀雀山 1 號漢墓	1972 年 4 月	銀雀山漢簡	4 942 枚	西漢武帝元光元年至元狩五年(前 134—前 118 年)	其中《守法守令等十三篇》據認爲是成書於商鞅變法前的秦國法令彙編,內有《田法》、《庫法》、《市法》等篇,對秦國賦稅、庫藏出入、市易交換、貨幣流通支付等情況均有記載	吳九龍:《銀雀山漢簡釋文》,文物出版社 1985 年版
山東省臨沂銀雀山 2 號漢墓			32 枚			
湖北省雲夢睡虎地秦墓	1975 年 12 月—1976 年 1 月 4 日	睡虎地秦墓竹簡	1 155 枚	秦昭王至秦始皇帝嬴政三十年(前 306—前 217 年)	內有戰國後期秦國律令。《秦律十八種》中《金布律》、《關市》是有關秦貨幣制度的內容,其他諸篇律令記載有秦半兩錢罰贖支付、半兩錢計值的物價水平、禁止私鑄半兩錢的法律	睡虎地秦墓竹簡整理小組:《睡虎地秦墓竹簡》,文物出版社 1978 年版
甘肅省甘谷、玉門、武威、敦煌、高臺;青海省大通;河北省定縣;四川省青川;湖北省江陵、鄂城;江西省南昌;江蘇省連雲港、邗江、揚州;湖南省長沙;安徽省馬鞍山;廣西壯族自治區貴縣等地	建國以來			戰國晚期至西晉時期	其中湖北省江陵鳳凰山 168 號漢墓竹簡和稱錢衡杆之墨書文字,包含有西漢文帝時期四銖半兩錢流通制度的內容	李均明、何雙全:《散見簡牘合輯》,文物出版社 1990 年版

秦、漢、三國、兩晉、南北朝錢幣合金成分表

周衛榮

編　號	名　　稱	重量及徑、穿、厚長度數據	Cu	Pb	Sn	Fe	出土 / 收藏地
QH1	秦半兩	5.5g,3.6—1.1cm	70.17	22.54	5.61	0.42	山西
QH2	秦半兩	4.9g,3.1—0.9cm	65.01	25.31	8.74	0.2	山西
QH3	秦半兩	5.6g	61.45	29.74	4.65	0.87	山西
QH4	秦半兩	6.6g, 3.3—1.0cm	72.48	16.62	6.51	0.065	山西
QH5	秦半兩		61.45	29.74	4.65	0.87	徐州
QH6	秦半兩		78.85	12.54	7.32	0.18	日本
QH7	榆莢半兩		81.21	8.84	7.32	0.02	徐州
QH8	榆莢半兩		73.45	16.72	5.83	0.66	徐州
QH9	榆莢半兩		74.43	18.19	5.53	0.60	徐州
QH10	榆莢半兩		68.00	24.60	6.33	0.38	徐州
QH11	榆莢半兩		82.78	5.11	9.98	0.06	徐州
QH12	八銖半兩		78.36	10.81	6.09	0.99	徐州
QH13	八銖半兩		85.13	5.55	7.86	1.71	徐州
QH14	八銖半兩		67.14	22.94	7.08	0.07	徐州
QH15	八銖半兩		79.64	12.07	6.49	0.07	徐州
QH16	八銖半兩		65.97	24.45	7.37	0.08	徐州
QH17	八銖半兩		63.12	30.85	4.64	0.15	日本
QH18	八銖半兩		77.66	4.33	12.47	0.35	湖北
QH19	四銖半兩		63.76	28.09	4.97	0.59	徐州
QH20	四銖半兩	2.7g	50.02	46.32	1.04	1.00	北京
QH21	四銖半兩	1.9g	68.15	24.25	2.38	1.08	北京
QH22	四銖半兩	2.3g	93.11	0.42	0.05	4.02	北京
QH23	四銖半兩	2.5g	94.86	0.33	0.03	3.44	北京
QH24	四銖半兩	1.9g	66.89	25.82	3.40	0.24	北京
QH25	四銖半兩	3.0g	91.90	0.30	0.00	4.92	北京
QH26	四銖半兩	1.9g	90.34	0.60	0.17	3.18	北京
QH27	四銖半兩	3.1g	56.82	37.79	1.22	0.88	北京
QH28	四銖半兩	2.4g	60.18	31.05	2.56	1.70	北京
QH29	四銖半兩	2.4g	62.48	26.62	4.45	0.12	北京
QH30	四銖半兩	2.0g	78.15	13.12	4.52	0.31	北京
QH31	四銖半兩	2.6g	92.15	0.21	0.88	3.60	北京
QH32	四銖半兩	2.3g	94.10	0.30	0.08	3.96	北京
QH33	四銖半兩	2.5g	90.11	0.54	0.01	6.08	北京
QH34	四銖半兩	2.0g	91.92	0.88	0.03	4.78	北京
QH35	四銖半兩	3.4g	93.36	2.76	0.01	1.48	北京
QH36	四銖半兩	2.6g	96.76	0.05	0.05	1.12	北京
QH37	四銖半兩	2.6g	95.21	0.25	0.02	3.30	北京
QH38	四銖半兩	2.8g	93.18	0.22	0.03	4.18	北京
QH39	四銖半兩	2.8g	92.24	0.52	0.01	5.20	北京
QH40	四銖半兩	2.3g	90.18	0.15	0.01	6.08	北京
QH41	四銖半兩	2.4g	93.38	0.22	0.01	3.67	北京

續表

編　號	名　　稱	重量及徑、穿、厚長度數據	Cu	Pb	Sn	Fe	出土／收藏地
QH42	四銖半兩	3.0g	91.92	0.38	0.01	5.44	北京
QH43	四銖半兩	3.0g	76.11	13.22	5.68	0.19	北京
QH44	四銖半兩	3.1g	92.84	0.32	0.01	3.76	北京
QH45	四銖半兩	2.9g	60.86	32.68	1.92	1.40	北京
QH46	四銖半兩	2.7g	96.30	0.32	0.01	1.92	北京
QH47	四銖半兩	2.4g	92.85	0.18	0.04	5.26	北京
QH48	四銖半兩	2.4g	93.76	0.33	0.01	3.96	北京
QH49	四銖半兩	2.9g	94.56	0.20	0.01	3.21	北京
QH50	四銖半兩	2.7g	92.46	0.26	0.05	5.04	北京
QH51	四銖半兩	2.4g	95.11	0.28	0.01	3.50	北京
QH52	四銖半兩	2.6g	63.14	25.62	6.64	0.12	北京
QH53	四銖半兩	3.0g	80.89	9.88	7.12	0.34	北京
QH54	四銖半兩	2.3g	95.51	0.40	0.01	2.77	北京
QH55	四銖半兩	2.7g	91.12	0.28	0.01	4.12	北京
QH56	四銖半兩	2.3g	94.01	0.21	0.10	3.86	北京
QH57	有郭半两		93.92		0.12	4.10	日本
QH58	有郭半两	1.8g, 2.2—0.65—0.11cm	86.44	1.69	1.24	5.21	河北
QH59	有郭半两	2.1g, 2.5—0.71—0.08cm	88.92	2.78	0.56	2.04	河北
QH60	有郭半两	3.0g, 2.5—0.72—0.14cm	73.58	10.36	9.82	0.88	河北
QH61	有郭半两	3.2g, 2.4—0.79—0.13cm	65.70	26.14	6.55	0.10	河北
QH62	有郭半两	2.6g, 2.4—0.65—0.13cm	63.52	27.12	5.80	0.77	河北
QH63	有郭半两	2.0g, 2.4—0.89—0.15cm	83.80	2.36	0.62	2.36	河北
QH64	三銖		69.24	22.69	6.04	0.17	日本
QH65	西漢五銖		78.72	12.31	3.34	0.67	滿城漢墓
QH66	西漢五銖		80.71	15.38	2.36	1.23	滿城漢墓
QH67	西漢五銖		80.54	16.16	2.55	0.92	滿城漢墓
QH68	西漢五銖		88.04	9.43	2.19	0.19	滿城漢墓
QH69	西漢五銖		82.55	12.04	3.55	1.07	滿城漢墓
QH70	西漢五銖		84.67	10.86	2.21	0.47	滿城漢墓
QH71	西漢五銖		78.89	17.40	2.51	0.93	滿城漢墓
QH72	西漢五銖		71.49	22.49	2.11	0.67	燕下都遺址
QH73	西漢五銖		80.77	15.26	2.85	0.71	燕下都遺址
QH74	西漢五銖		79.80	17.70	2.33	0.63	燕下都遺址
QH75	西漢五銖		82.52	6.04	8.84	0.88	江蘇
QH76	西漢五銖		95.79	0.12	2.00		河南
QH77	西漢五銖		78.72	12.31	3.34	0.67	滿城漢墓
QH78	西漢五銖		80.71	15.38	2.36	1.23	滿城漢墓
QH79	西漢五銖		84.67	10.86	2.21	0.47	滿城漢墓
QH80	西漢五銖		78.89	17.40	2.51	0.93	滿城漢墓
QH81	西漢五銖		71.49	22.49	2.11	0.67	燕下都遺址
QH82	西漢五銖		80.77	15.26	2.85	0.71	燕下都遺址
QH83	西漢五銖		79.80	17.70	2.33	0.63	燕下都遺址
QH84	西漢五銖	3.1g	95.68	0.12	2.25	0.20	北京
QH85	西漢五銖	3.5g	88.08	3.20	4.06	2.20	北京
QH86	西漢五銖	3.2g	93.26	0.61	2.78	0.69	北京
QH87	西漢五銖	3.0g	93.28	0.32	4.04	0.68	北京
QH88	西漢五銖	3.0g	67.78	20.12	10.08	0.06	北京
QH89	西漢五銖	2.7g	82.34	8.23	5.86	0.65	北京
QH90	西漢五銖	1.7g	77.86	14.18	6.02	0.50	北京
QH91	西漢五銖	3.6g	82.42	10.64	3.82	0.78	北京
QH92	西漢五銖	3.3g	91.38	0.58	3.62	0.88	北京

編　號	名　　稱	重量及徑、穿、厚長度數據	Cu	Pb	Sn	Fe	出土/收藏地
QH93	西漢五銖	2.5g	80.36	0.48	13.78	0.80	北京
QH94	西漢五銖	2.6g	80.78	5.82	6.88	1.66	北京
QH95	西漢五銖	2.3g	92.42	0.46	2.69	0.76	北京
QH96	西漢五銖	2.8g	82.02	9.02	5.82	1.75	北京
QH97	西漢五銖	4.2g	86.62	6.89	2.08	0.68	北京
QH98	西漢五銖	2.5g	92.24	0.38	3.76	0.80	北京
QH99	西漢五銖	3.2g	83.48	7.41	3.75	0.28	北京
QH100	西漢五銖	2.5g	91.48	0.32	2.34	0.50	北京
QH101	西漢五銖	3.5g	65.12	24.24	3.48	2.38	北京
QH102	西漢五銖	3.2g	82.86	5.30	4.84	1.74	北京
QH103	西漢五銖	2.8g	91.18	0.36	3.08	0.42	北京
QH104	西漢五銖	3.0g	55.60	31.62	7.38	1.80	北京
QH105	西漢五銖	2.7g	89.86	1.02	4.33	0.32	北京
QH106	大泉五十	6.4g, 2.7—0.8—0.25cm	86.07	8.77	4.29	0.10	日照
QH107	大泉五十		74.32	14.80	9.73	0.70	日照
QH108	大泉五十		86.06	7.36	5.21	0.73	日照
QH109	大泉五十		87.53	2.04	4.42	1.03	日照
QH110	大泉五十		85.19	4.49	3.03	0.12	日照
QH111	貨泉		83.93	7.68	4.29	0.27	北京
QH112	貨泉		87.67	5.27	5.22	0.26	北京
QH113	貨布		75.27	17.46	3.67	0.12	北京
QH114	貨布		85.24	7.52	6.04	1.40	北京
QH115	大布黃千		79.57	4.82	4.68	1.90	繁昌
QH116	大布黃千		86.68	4.76	3.68	0.01	繁昌
QH117	西漢小五銖		65.36	25.65	5.72	0.36	陝西
QH118	西漢小五銖		55.24	35.85	5.58	0.26	陝西
QH119	東漢五銖		83.91	11.44	4.22	0.94	江蘇
QH120	東漢五銖	3.9g	81.23	8.42	5.36	0.30	北京
QH121	東漢五銖	3.0g	46.85	44.12	3.65	0.58	北京
QH122	東漢五銖	3.0g	89.94	0.48	3.68	0.70	北京
QH123	東漢五銖	2.6g	88.84	6.12	0.02	0.67	北京
QH124	東漢五銖	2.8g	86.92	0.41	5.82	1.20	北京
QH125	東漢五銖	3.5g	82.10	6.76	4.89	1.02	北京
QH126	東漢五銖	2.5g	92.26	0.22	1.86	0.54	北京
QH127	東漢五銖	2.3g	92.12	0.26	3.65	0.67	北京
QH128	東漢五銖	2.7g	83.64	7.22	3.61	0.22	北京
QH129	無文董卓		85.31	11.71	1.53	0.85	許昌
QH130	無文董卓		88.11	9.05	1.62	0.64	許昌
QH131	剪邊五銖		91.97	3.67	1.62	0.47	許昌
QH132	剪邊五銖		85.97	7.38	1.87	0.51	許昌
QH133	剪邊五銖		88.21	10.47	1.06	0.81	許昌
QH134	對文		85.96	6.04	3.61	0.22	許昌
QH135	對文		79.97	6.38	10.57	0.18	許昌
QH136	對文		80.41	9.29	7.52	0.16	許昌
QH137	對文		86.32	8.68	3.65	0.76	許昌
LC1	侵輪五銖		76.51	10.84	11.81	0.12	洛陽
LC2	侵輪五銖		77.05	8.24	12.91	0.09	洛陽
LC3	侵輪五銖	2.40g, 2.28—0.96—0.15cm	67.76	23.17	5.98	0.1	許昌
LC4	侵輪五銖	2.45g,2.26—0.9—0.14cm	71.21	20.73	6.31	0.13	許昌
LC5	沈郎五銖		70.47	8.76	18.03	0.053	安徽
LC6	沈郎五銖		76.18	8.41	13.56	0.26	安徽

編　號	名　　稱	重量及徑、穿、厚長度數據	Cu	Pb	Sn	Fe	出土／收藏地
LC7	孝建四銖	0.2g, 1.3—0.7cm	88.12	9.06	2.58	0.23	江蘇
LC8	南朝五銖		70.71	13.18	10.31	0.18	江蘇
LC9	北朝五銖	2.1g, 2.33—0.86—0.08cm	89.12	9.07	1.53	0.59	山西
LC10	北朝五銖	2.27—0.95cm	89.94	6.22	1.93	0.61	山西
LC11	北朝五銖	0.77g, 1.01—0.54cm	59.74	28.51	6.12	0.23	洛陽
LC12	北朝五銖			95.31		0.11	洛陽
LC13	五行大布		67.42	26.91	4.89	0.71	山西

秦、漢、三國、兩晉、南北朝貨幣概況表

王　煒

編號	説　明	幣　名	材　質	直徑(毫米)	重(克)	來　源	等　級	注　釋
0001	先秦時期	半兩	銅質	42.15	64.5	上海博物館藏	3	
0002	先秦時期	半兩	銅質	40.33	26.2	上海博物館藏	2	
0003	先秦時期	半兩	銅質	36.21	20.5	劉建民提供	1	陝西神木出土
0004	先秦時期	半兩	銅質	38.92	12.1	選自《陝西金融·錢幣研究》		
0005	先秦時期	半兩	銅質	41.15	12.5	關漢亨藏		西安地區出土
0006	先秦時期	半兩	銅質	40.32	19.0	關漢亨藏	1	西安地區出土
0007	先秦時期	半兩	銅質	40.32	12.1	關漢亨藏		西安地區出土
0008	先秦時期	半兩	銅質	32.92	14.2	金立夫藏		
0009	先秦時期	半兩	銅質	34.94	11.4	上海博物館藏		
0010	先秦時期	半兩	銅質	38.54	12.1	選自《陝西金融》		
0011	先秦時期	半兩	銅質	34.98	17.1	選自《陝西金融》		
0012	先秦時期	半兩	銅質	34.89	16.5	選自《陝西金融》		
0013	先秦時期	半兩	銅質	33.61	13.3	選自《陝西金融》		
0014	先秦時期	半兩	銅質	31.96	12.4	金立夫藏		
0015	先秦時期	半兩	銅質	37.36	5.9	鄒誌諒提供		
0016	先秦時期	半兩	銅質	32.66	14.0	金立夫藏		
0017	先秦時期	半兩	銅質	33.00	9.5			首帕張堡出土
0018	先秦時期	半兩	銅質	28.00	5.0			首帕張堡出土
0019	先秦時期	半兩	銅質	35.35	12.1	上海博物館藏		
0020	先秦時期	半兩	銅質	34.28	9.1	存雲亭藏		
0021	先秦時期	半兩	銅質	29.66	4.0	上海博物館藏		
0022	先秦時期	半兩	銅質	33.45	11.2	金立夫藏		
0023	先秦時期	半兩	銅質	31.86	4.5	上海博物館藏		
0024	先秦時期	半兩	銅質	31.65	6.8	上海博物館藏		
0025	先秦時期	半兩	銅質	30.01	4.2	上海博物館藏		
0026	先秦時期	半兩	銅質	33.33	4.3	上海博物館藏		
0027	先秦時期	半兩	銅質	31.98	5.4	上海博物館藏		
0028	先秦時期	半兩	銅質	29.87	4.8	上海博物館藏		
0029	先秦時期	半兩	銅質	31.48	5.8	上海博物館藏		
0030	先秦時期	半兩	銅質	31.61	8.5	存雲亭藏		
0031	先秦時期	半兩	銅質	32.00	6.5			首帕張堡出土
0032	先秦時期	半兩	銅質	31.91	10.2	金立夫藏		
0033	先秦時期	半兩	銅質	31.00	4.5			首帕張堡出土
0034	先秦時期	半兩	銅質	31.94	9.5	存雲亭藏		
0035	先秦時期	半兩	銅質	36.29	7.2	上海博物館藏		
0036	先秦時期	半兩	銅質	35.29	10.8	上海博物館藏		
0037	先秦時期	半兩	銅質	35.79	11.4	上海博物館藏		
0038	先秦時期	半兩	銅質	32.14	13.8	上海博物館藏		
0039	先秦時期	半兩	銅質	33.19	11.8	上海博物館藏		
0040	先秦時期	半兩	銅質	32.72	9.8	上海博物館藏		
0041	先秦時期	半兩	銅質	33.49	10.2	上海博物館藏		
0042	先秦時期	半兩	銅質	35.26	11.6	上海博物館藏		
0043	先秦時期	半兩	銅質	31.59	11.0	上海博物館藏		

編號	説　明	幣　名	材　質	直徑（毫米）	重（克）	來　源	等　級	注　釋
0044	先秦時期	半兩	銅質	33.39	9.2	上海博物館藏		
0045	先秦時期	半兩	銅質	30.37	10.8	上海博物館藏		
0046	先秦時期	半兩	銅質	32.64	12.6	上海博物館藏		
0047	先秦時期	半兩	銅質	33.23	15.2	上海博物館藏		
0048	先秦時期	半兩	銅質	37.62	9.3	上海博物館藏		
0049	先秦時期	半兩	銅質	33.40	11.0	上海博物館藏		
0050	先秦時期	半兩	銅質	33.23	6.4	上海博物館藏		
0051	先秦時期	半兩	銅質	31.99	10.6	上海博物館藏		
0052	先秦時期	半兩	銅質	33.94	8.4	上海博物館藏		
0053	先秦時期	半兩	銅質	33.35	7.8	上海博物館藏		
0054	先秦時期	半兩	銅質	32.22	8.8	上海博物館藏		
0055	先秦時期	半兩	銅質	34.49	7.5	上海博物館藏		
0056	先秦時期	半兩	銅質	35.47	6.4	上海博物館藏		
0057	先秦時期	半兩	銅質	30.91	5.3	上海博物館藏		
0058	先秦時期	半兩	銅質	28.97	4.4	上海博物館藏		
0059	先秦時期	半兩	銅質	26.00	3.3	上海博物館藏		
0060	先秦時期	半兩	銅質	26.50	4.7	上海博物館藏		
0061	先秦時期	半兩	銅質	30.13	3.1	上海博物館藏		
0062	先秦時期	半兩	銅質	31.02	3.9	上海博物館藏		
0063	先秦時期	半兩	銅質	31.37	3.8	上海博物館藏		
0064	先秦時期	半兩	銅質	29.49	3.0	上海博物館藏		
0065	先秦時期	半兩	銅質	29.96	3.2	上海博物館藏		
0066	先秦時期	半兩	銅質	26.35	3.5	上海博物館藏		
0067	先秦時期	半兩	銅質	28.67	10.6	上海博物館藏		
0068	先秦時期	半兩	銅質	29.40	3.7	上海博物館藏		
0069	先秦時期	半兩	銅質	30.81	3.2	上海博物館藏		
0070	先秦時期	半兩	銅質	37.36	5.9	鄒誌諒藏		鎏金
0071	先秦時期	半兩	銅質	30.85	4.0	上海博物館藏		
0072	先秦時期	半兩	銅質	30.89	3.7	上海博物館藏		
0073	先秦時期	半兩	銅質	30.53	4.0	上海博物館藏		
0074	先秦時期	半兩	銅質	29.77	4.2	上海博物館藏		
0075	先秦時期	半兩	銅質	35.44	7.2	上海博物館藏		
0076	先秦時期	半兩	銅質	34.14	9.1	存雲亭藏		
0077	先秦時期	半兩	銅質	30.50	7.2	上海博物館藏		
0078	先秦時期	半兩	銅質	37.84	7.8	上海博物館藏		
0079	先秦時期	半兩	銅質	32.43	5.7	上海博物館藏		
0080	先秦時期	半兩	銅質	33.84	10.4	上海博物館藏		
0081	先秦時期	半兩	銅質	33.37	11.0	上海博物館藏		
0082	先秦時期	半兩	銅質	29.88	7.6	上海博物館藏		
0083	先秦時期	兩半	銅質	29.74	5.4	上海博物館藏		傳形
0084	先秦時期	半兩	銅質	35.31	6.6	上海博物館藏		
0085	先秦時期	半兩	銅質	32.83	14.8	上海博物館藏		
0086	先秦時期	半兩	銅質	32.69	10.0	上海博物館藏		
0087	先秦時期	兩半	銅質	29.34	4.6	上海博物館藏		傳形
0088	先秦時期	半兩	銅質	30.81	7.0	上海博物館藏		
0089	先秦時期	半兩	銅質	31.42	6.7	上海博物館藏		
0090	先秦時期	兩半	銅質	29.58	5.2	上海博物館藏		傳形
0091	先秦時期	兩半	銅質	32.48	6.0	上海博物館藏		傳形
0092	先秦時期	半兩	銅質	29.41	11.1	上海博物館藏		
0093	先秦時期	半兩	銅質	31.68	7.3	上海博物館藏		

編號	説　明	幣　名	材質	直徑 (毫米)	重 (克)	來　源	等　級	注　釋
0094	先秦時期	半兩	銅質	31.79	5.8	上海博物館藏		
0095	先秦時期	半兩	銅質	32.02	6.8	上海博物館藏		
0096	先秦時期	半兩	銅質	28.35	9.8	上海博物館藏		
0097	先秦時期	兩半	銅質	31.55	4.5	上海博物館藏		傳形
0098	先秦時期	半兩	銅質	30.71	11.5	上海博物館藏		
0099	先秦時期	半兩	銅質	31.19	10.0	上海博物館藏		
0100	先秦時期	半兩	銅質	31.65	9.0	上海博物館藏		
0101	先秦時期	半兩	銅質	31.02	5.3	存雲亭藏		
0102	先秦時期	半兩	銅質	30.84	7.5	上海博物館藏		
0103	先秦時期	半兩	銅質	32.52	10.8	上海博物館藏		
0104	先秦時期	半兩	銅質	30.29	3.6	上海博物館藏		
0105	先秦時期	半兩	銅質	31.42	6.0	上海博物館藏		
0106	先秦時期	半兩	銅質	29.77	5.2	上海博物館藏		
0107	先秦時期	半兩	銅質	32.81	7.0	上海博物館藏		
0108	先秦時期	半兩	銅質	33.03	9.0	上海博物館藏		
0109	先秦時期	半兩	銅質	30.53	8.3	上海博物館藏		
0110	先秦時期	半兩	銅質	31.24	4.8	上海博物館藏		
0111	先秦時期	半兩	銅質	23.98	3.0	上海博物館藏		
0112	先秦時期	半兩	銅質			上海博物館藏		
0113	先秦時期	半兩	銅質			上海博物館藏		
0114	先秦時期	半兩	銅質	24.67	2.7	上海博物館藏		
0115	先秦時期	半兩	銅質	25.97	3.1	上海博物館藏		
0116	先秦時期	半兩	銅質	27.75	3.4	上海博物館藏		
0117	先秦時期	兩半	銅質	26.72	3.1	上海博物館藏		傳形
0118	先秦時期	半兩	銅質	25.86	2.8	上海博物館藏		
0119	先秦時期	半兩	銅質	25.94	3.0	上海博物館藏		
0120	先秦時期	半兩	銅質	26.36	9.0	上海博物館藏		
0121	先秦時期	半兩	銅質	27.09	3.2	上海博物館藏		
0122	先秦時期	半兩	銅質	24.71	2.8	上海博物館藏		
0123	先秦時期	半兩	銅質	27.31	3.5	上海博物館藏		
0124	先秦時期	半兩	銅質	27.07	3.4	上海博物館藏		
0125	先秦時期	半兩	銅質	27.57	6.9	上海博物館藏		
0126	先秦時期	半兩	銅質	26.64	3.5	上海博物館藏		
0127	先秦時期	半兩	銅質	28.73	6.2	上海博物館藏		
0128	先秦時期	半兩	銅質	25.24	3.0	上海博物館藏		
0129	先秦時期	半兩	銅質	24.73	2.9	上海博物館藏		
0130	先秦時期	半兩	銅質	24.10	2.4	上海博物館藏		
0131	先秦時期	半兩	銅質	24.39	2.8	上海博物館藏		
0132	先秦時期	半兩	銅質	20.81	2.5	上海博物館藏		
0133	先秦時期	半兩	銅質			上海博物館藏		
0134	先秦時期	半兩	銅質	27.38	3.4	上海博物館藏		
0135	先秦時期	半兩	銅質			上海博物館藏		
0136	先秦時期	半兩	銅質			上海博物館藏		
0137	先秦時期	半兩	銅質	27.46	3.0	上海博物館藏		
0138	先秦時期	半兩	銅質			上海博物館藏		
0139	先秦時期	半兩	銅質	22.00	1.3	上海博物館藏		
0140	先秦時期	半兩	銅質			上海博物館藏		
0141	先秦時期	半兩	銅質	24.50	2.6	上海博物館藏		
0142	先秦時期	半兩	銅質			上海博物館藏		
0143	先秦時期	半兩	銅質	23.42	2.0	上海博物館藏		

編號	説　明	幣　名	材　質	直徑 (毫米)	重 (克)	來　　源	等　級	注　　釋
0144	先秦時期	半兩	銅質	20.65	2.3	傅爲群藏		
0145	先秦時期	半兩	銅質			上海博物館藏		
0146	先秦時期	半兩	銅質	31.17	12.2	上海博物館藏		
0147	先秦時期	半兩	銅質	31.91	7.8	上海博物館藏		
0148	先秦時期	半兩	銅質	28.51	3.1	上海博物館藏		
0149	先秦時期	半兩	銅質	32.04	4.2	上海博物館藏		
0150	先秦時期	半兩	銅質	31.71	14.5	上海博物館藏		
0151	先秦時期	半兩	銅質	30.25	3.7	上海博物館藏		
0152	先秦時期	半兩	銅質	30.34	3.6	上海博物館藏		
0153	先秦時期	半兩	銅質	29.73	3.4	上海博物館藏		
0154	先秦時期	半兩	銅質	30.12	4.1	上海博物館藏		
0155	先秦時期	半兩	銅質	29.79	3.7	上海博物館藏		
0156	先秦時期	半兩	銅質	30.08	5.0	上海博物館藏		
0157	先秦時期	半兩	銅質			上海博物館藏		
0158	先秦時期	半兩	銅質	33.86	11.4	上海博物館藏		
0159	先秦時期	半兩	銅質	30.69	3.8	上海博物館藏		
0160	先秦時期	半兩	銅質	32.08	11.0	上海博物館藏		
0161	先秦時期	半兩	銅質	33.21	6.6	上海博物館藏		
0162	先秦時期	半兩	銅質	30.48	8.0	上海博物館藏		
0163	先秦時期	半兩	銅質	33.38	8.3	上海博物館藏		
0164	先秦時期	半兩	銅質	32.61	8.6	上海博物館藏		
0165	先秦時期	半兩	銅質	32.23	7.5	上海博物館藏		
0166	先秦時期	半兩	銅質	29.96	14.2	上海博物館藏		
0167	先秦時期	半兩	銅質	33.74	9.0	上海博物館藏		
0168	先秦時期	半兩	銅質	35.22	8.7	上海博物館藏		
0169	先秦時期	半兩	銅質	31.95	7.2	上海博物館藏		
0170	先秦時期	半兩	銅質	32.19	6.5	上海博物館藏		
0171	先秦時期	半兩	銅質	31.39	4.8	上海博物館藏		
0172	先秦時期	半兩	銅質	32.06	7.0	上海博物館藏		
0173	先秦時期	半兩	銅質	31.72	8.4	上海博物館藏		
0174	先秦時期	半兩	銅質	32.29	7.4	上海博物館藏		
0175	先秦時期	半兩	銅質	32.16	7.8	上海博物館藏		
0176	秦時期	半兩	銅質	36.62	11.2	上海博物館藏		
0177	秦時期	半兩	銅質	35.34	9.6	上海博物館藏		
0178	秦時期	半兩	銅質	33.05	6.5	上海博物館藏		
0179	秦時期	半兩	銅質	38.35	9.7	上海博物館藏		
0180	秦時期	半兩	銅質	36.62	7.2	上海博物館藏		
0181	秦時期	半兩	銅質	36.15	8.7	選自《陝西金融・錢幣專輯》		西安出土
0182	秦時期	半兩	銅質	36.56	8.4	上海博物館藏		
0183	秦時期	半兩	銅質	31.73	9.3	金立夫藏		
0184	秦時期	半兩	銅質	35.36	8.7	上海博物館藏		
0185	秦時期	半兩	銅質	35.92	7.5	上海博物館藏		
0186	秦時期	半兩	銅質	35.93	6.8	上海博物館藏		
0187	秦時期	半兩	銅質	34.57	11.4	上海博物館藏		
0188	秦時期	半兩	銅質	34.15	7.0	王俞西提供		
0189	秦時期	半兩	銅質	35.81	11.0	上海博物館藏		
0190	秦時期	半兩	銅質	35.32	9.0	王俞西提供		
0191	秦時期	半兩	銅質	31.79	7.6	上海博物館藏		
0192	秦時期	半兩	銅質	32.18	6.5	上海博物館藏		
0193	秦時期	半兩	銅質	32.78				內蒙古敖漢旗出土

編號	説　明	幣　名	材質	直徑 (毫米)	重 (克)	來　源	等　級	注　釋
0194	秦時期	半兩	銅質	31.99				内蒙古敖漢旗出土
0195	秦時期	半兩	銅質	32.24				内蒙古敖漢旗出土
0196	秦時期	半兩	銅質	31.75	8.8	金立夫藏		
0197	秦時期	半兩	銅質	30.99	4.4	上海博物館藏		
0198	秦時期	半兩	銅質	30.89	3.8	上海博物館藏		
0199	秦時期	半兩	銅質	34.76	6.7	王俞西提供		
0200	秦時期	半兩	銅質	31.12		蕭琦 胡百川提供		
0201	秦時期	半兩	銅質	32.03	7.1	上海博物館藏		
0202	秦時期	半兩	銅質	31.94	9.5	傅爲群藏		
0203	秦時期	半兩	銅質	26.65	6.7	金立夫藏		
0204	秦時期	半兩	銅質	31.25	5.8	王俞西提供		
0205	秦時期	半兩	銅質	30.26	5.7	蕭琦 胡百川提供		
0206	秦時期	半兩	銅質	32.07	7.1	蕭琦 胡百川提供		
0207	秦時期	半兩	銅質			上海博物館藏		
0208	秦時期	半兩	銅質	32.09	9.5	金立夫藏		
0209	秦時期	半兩	銅質	27.83	3.4	上海博物館藏		
0210	秦時期	半兩	銅質	27.53	3.5	上海博物館藏		
0211	秦時期	半兩	銅質	28.75	3.1	上海博物館藏		
0212	秦時期	半兩	銅質	26.87	2.9	上海博物館藏		
0213	秦時期	半兩	銅質	25.44	2.8	上海博物館藏		
0214	秦時期	半兩	銅質	27.47	3.2	上海博物館藏		
0215	秦時期	半兩	銅質	26.61	3.1	上海博物館藏		
0216	秦時期	半兩	銅質	27.56	3.0	上海博物館藏		
0217	秦時期	半兩	銅質	25.87	3.0	上海博物館藏		
0218	秦時期	半兩	銅質	28.59	3.3	上海博物館藏		
0219	秦時期	半兩	銅質	27.75	3.2	上海博物館藏		
0220	秦時期	半兩	銅質	27.38	3.6	上海博物館藏		
0221	秦時期	半兩	銅質	28.99	3.0	上海博物館藏		
0222	秦時期	半兩	銅質	27.85	3.2	上海博物館藏		
0223	秦時期	半兩	銅質	25.00	3.4	上海博物館藏		
0224	秦時期	半兩	銅質	25.90	2.8	上海博物館藏		
0225	秦時期	半兩	銅質	23.00	2.1	上海博物館藏		
0226	秦時期	半兩	銅質	23.00	1.7	上海博物館藏		
0227	秦時期	半兩	銅質	23.00	1.1	上海博物館藏		
0228	秦時期	半兩	銅質	25.00	3.6	上海博物館藏		
0229	秦時期	半兩	銅質	23.50	3.2	上海博物館藏		
0230	秦時期	半兩	銅質	26.00	4.1	上海博物館藏		
0231	秦時期	半兩	銅質	27.00	4.6	上海博物館藏		
0232	秦時期	半兩	銅質	26.00	2.4	上海博物館藏		
0233	秦時期	半兩	銅質	26.21	2.4	上海博物館藏		
0234	秦時期	半兩	銅質	23.55	2.3	上海博物館藏		
0235	秦時期	半兩	銅質	23.06	2.2	上海博物館藏		
0236	秦時期	半兩	銅質	24.00	4.8	上海博物館藏		
0237	秦時期	半兩	銅質	26.00	3.6	上海博物館藏		
0238	秦時期	半兩	銅質	24.76	2.7	上海博物館藏		
0239	秦時期	半兩	銅質	24.50	2.8	上海博物館藏		
0240	秦時期	半兩	銅質	25.97	3.1	上海博物館藏		
0241	秦時期	半兩	銅質	25.50	2.3	上海博物館藏		
0242	秦時期	半兩	銅質	25.00	2.7	上海博物館藏		
0243	秦時期	半兩	銅質	22.50	2.9	上海博物館藏		

編號	説　明	幣　名	材質	直徑 (毫米)	重 (克)	來　　源	等　級	注　　釋
0244	秦時期	半兩	銅質	24.78	2.2	上海博物館藏		
0245	秦時期	半兩	銅質	25.00	4.2	上海博物館藏		
0246	秦時期	半兩	銅質	24.00	3.0	上海博物館藏		
0247	秦時期	半兩	銅質	22.00	2.0	上海博物館藏		
0248	秦時期	半兩	銅質	23.00	2.5	上海博物館藏		
0249	秦時期	半兩	銅質	25.00	2.2	上海博物館藏		
0250	秦時期	半兩	銅質	24.67	3.0	上海博物館藏		
0251	秦時期	半兩	銅質	25.00	3.4	上海博物館藏		
0252	秦時期	半兩	銅質	24.00	2.7	上海博物館藏		
0253	秦時期	半兩	銅質	25.38	2.8	上海博物館藏		
0254	秦時期	半兩	銅質	23.00	2.7	上海博物館藏		
0255	秦時期	半兩	銅質	27.28	3.2	上海博物館藏		
0256	秦時期	半兩	銅質	25.81	3.4	上海博物館藏		
0257	秦時期	半兩	銅質	24.73	2.4	上海博物館藏		
0258	秦時期	半兩	銅質	27.31	2.7	上海博物館藏		
0259	秦時期	半兩	銅質	24.66	2.5	上海博物館藏		
0260	秦時期	半兩	銅質	26.78	3.0	上海博物館藏		
0261	秦時期	半兩	銅質	26.10	2.5	上海博物館藏		
0262	秦時期	半兩	銅質	25.32	2.8	上海博物館藏		
0263	秦時期	半兩	銅質	26.36	2.6	上海博物館藏		
0264	秦時期	半兩	銅質	25.32	2.8	上海博物館藏		
0265	秦時期	半兩	銅質	24.00	2.6	上海博物館藏		
0266	秦時期	半兩	銅質	25.00	3.1	上海博物館藏		
0267	秦時期	半兩	銅質	23.00	5.4	上海博物館藏		
0268	秦時期	半兩	銅質	23.00	2.9	上海博物館藏		
0269	秦時期	半兩	銅質	22.00	2.7	上海博物館藏		
0270	秦時期	半兩	銅質	24.00	2.9	上海博物館藏		
0271	秦時期	半兩	銅質	23.00	3.0	上海博物館藏		
0272	秦時期	半兩	銅質	24.00	3.1	上海博物館藏		
0273	秦時期	半兩	銅質	24.92	2.6	上海博物館藏		
0274	秦時期	半兩	銅質	27.54	3.0	上海博物館藏		
0275	秦時期	半兩	銅質	27.23	3.4	上海博物館藏		
0276	秦時期	半兩	銅質	26.36	3.3	上海博物館藏		
0277	秦時期	半兩	銅質	23.08	3.0	上海博物館藏		
0278	秦時期	半兩	銅質	24.54	2.9	上海博物館藏		
0279	秦時期	半兩	銅質	23.71	3.9	上海博物館藏		
0280	秦時期	半兩	銅質	23.77	2.7	上海博物館藏		
0281	秦時期	半兩	銅質	25.10	2.8	上海博物館藏		
0282	秦時期	半兩	銅質	23.37	2.6	上海博物館藏		
0283	秦時期	半兩	銅質	23.12	5.7	上海博物館藏		
0284	秦時期	半兩	銅質	27.71	2.9	上海博物館藏		
0285	秦時期	半兩	銅質	26.75	2.8	上海博物館藏		
0286	秦時期	半兩	銅質	26.21	3.1	上海博物館藏		
0287	秦時期	半兩	銅質	25.24	3.0	上海博物館藏		
0288	秦時期	半兩	銅質	26.00	2.5	上海博物館藏		
0289	秦時期	半兩	銅質	25.27	2.5	上海博物館藏		
0290	秦時期	半兩	銅質	23.85	2.6	上海博物館藏		
0291	秦時期	半兩	銅質	23.91	2.5	上海博物館藏		
0292	秦時期	半兩	銅質	24.32	2.3	上海博物館藏		
0293	秦時期	半兩	銅質	26.00	2.5	上海博物館藏		

編號	説　明	幣　名	材質	直徑 (毫米)	重 (克)	來　　源	等　級	注　釋
0294	秦時期	半兩	銅質	22.00	2.4	上海博物館藏		
0295	秦時期	半兩	銅質	24.72	3.3	上海博物館藏		
0296	秦時期	半兩	銅質	24.33	3.1	上海博物館藏		
0297	秦時期	半兩	銅質	24.04	3.1	上海博物館藏		
0298	秦時期	半兩	銅質	26.00	2.5	上海博物館藏		
0299	秦時期	半兩	銅質	26.00	2.6	上海博物館藏		
0300	秦時期	半兩	銅質	24.00	2.3	上海博物館藏		
0301	秦時期	半兩	銅質	25.00	4.6	上海博物館藏		
0302	秦時期	半兩	銅質	24.00	3.1	上海博物館藏		
0303	秦時期	半兩	銅質	24.00	2.8	上海博物館藏		
0304	秦時期	半兩	銅質	26.91	3.0	上海博物館藏		
0305	秦時期	半兩	銅質	25.50	3.6	上海博物館藏		
0306	秦時期	半兩	銅質	24.86	2.6	上海博物館藏		
0307	秦時期	半兩	銅質	24.00	2.7	上海博物館藏		
0308	秦時期	半兩	銅質	23.00	2.7	上海博物館藏		
0309	秦時期	半兩	銅質	23.00	3.2	上海博物館藏		
0310	秦時期	半兩	銅質	29.39	3.6	上海博物館藏		
0311	秦時期	半兩	銅質	23.00	2.2	上海博物館藏		
0312	秦時期	半兩	銅質	26.50	2.3	上海博物館藏		
0313	秦時期	半兩	銅質	24.89	2.0	上海博物館藏		
0314	秦時期	半兩	銅質	22.00	3.0	上海博物館藏		
0315	秦時期	半兩	銅質	22.00	2.0	上海博物館藏		
0316	秦時期	半兩	銅質	23.00	3.0	上海博物館藏		
0317	秦時期	半兩	銅質	22.16	2.0	上海博物館藏		
0318	秦時期	半兩	銅質	23.44	2.4	上海博物館藏		
0319	秦時期	半兩	銅質	24.63	2.2	上海博物館藏		
0320	秦時期	半兩	銅質	26.61	3.2	上海博物館藏		
0321	秦時期	半兩	銅質	23.00	2.7	上海博物館藏		
0322	秦時期	半兩	銅質	22.75	2.7	上海博物館藏		
0323	秦時期	半兩	銅質	24.34	2.2	上海博物館藏		
0324	秦時期	半兩	銅質	23.73	2.4	上海博物館藏		
0325	秦時期	半兩	銅質	22.00	2.7	上海博物館藏		
0326	秦時期	半兩	銅質	24.44	2.3	上海博物館藏		
0327	秦時期	半兩	銅質	25.49	2.9	上海博物館藏		
0328	秦時期	半兩	銅質	23.67	2.5	上海博物館藏		
0329	秦時期	半兩	銅質	23.95	3.2	上海博物館藏		
0330	秦時期	半兩	銅質	25.08	3.1	上海博物館藏		
0331	秦時期	半兩	銅質	24.00	2.5	上海博物館藏		
0332	秦時期	半兩	銅質	24.00	3.1	上海博物館藏		
0333	秦時期	半兩	銅質	24.65	2.0	上海博物館藏		
0334	秦時期	半兩	銅質	22.85	1.4	上海博物館藏		
0335	秦時期	半兩	銅質	22.00	1.3	上海博物館藏		
0336	秦時期	半兩	銅質	20.94	1.5	上海博物館藏		
0337	秦時期	半兩	銅質	21.85	1.3	上海博物館藏		
0338	秦時期	半兩	銅質	22.00	4.6	上海博物館藏		
0339	秦時期	半兩	銅質	20.00	2.3	上海博物館藏		
0340	秦時期	半兩	銅質	23.00	3.2	上海博物館藏		
0341	秦時期	半兩	銅質	19.32	0.8	上海博物館藏		
0342	秦時期	半兩	銅質	19.33	1.4	上海博物館藏		
0343	秦時期	半兩	銅質	18.21	0.9	上海博物館藏		

編號	説　明	幣　名	材質	直徑 (毫米)	重 (克)	來　　　源	等　級	注　　釋
0344	秦時期	半兩	銅質	23.22	2.2	上海博物館藏		
0345	秦時期	半兩	銅質	18.27	0.9	上海博物館藏		
0346	秦時期	半兩	銅質	20.44	1.0	上海博物館藏		
0347	秦時期	半兩	銅質	21.97	1.1	上海博物館藏		
0348	秦時期	半兩	銅質	18.34	0.6	上海博物館藏		
0349	秦時期	半兩	銅質	25.50	6.0	上海博物館藏		
0350	秦時期	半兩	銅質	23.00	3.7	上海博物館藏		
0351	秦時期	半兩	銅質	22.00	2.1	上海博物館藏		
0352	秦時期	半兩	銅質	23.31	1.8	上海博物館藏		
0353	秦時期	半兩	銅質	22.08	1.2	上海博物館藏		
0354	秦時期	半兩	銅質	23.33	0.9	上海博物館藏		
0355	秦時期	半兩	銅質	21.78	1.6	上海博物館藏		
0356	秦時期	半兩	銅質	22.56	1.4	上海博物館藏		
0357	秦時期	半兩	銅質	22.29	1.4	上海博物館藏		
0358	秦時期	半兩	銅質	23.46	2.1	上海博物館藏		
0359	秦時期	半兩	銅質	24.46	2.2	上海博物館藏		
0360	秦時期	半兩	銅質	24.24	1.7	上海博物館藏		
0361	秦時期	半兩	銅質	24.97	2.0	上海博物館藏		
0362	秦時期	半兩	銅質	24.00	3.6	上海博物館藏		
0363	秦時期	半兩	銅質	22.22	1.4	上海博物館藏		
0364	秦時期	半兩	銅質	22.50	3.0	上海博物館藏		
0365	秦時期	兩半	銅質	20.63	2.4	上海博物館藏		傳形
0366	秦時期	兩半	銅質	21.95	1.9	上海博物館藏		傳形
0367	秦時期	兩半	銅質	21.03	1.9	上海博物館藏		傳形
0368	秦時期	半兩	銅質	20.00	1.4	上海博物館藏		
0369	秦時期	半兩	銅質	21.50	3.5	上海博物館藏		
0370	秦時期	半兩	銅質	19.50	1.5	上海博物館藏		
0371	秦時期	半兩	銅質	24.35		牛群生提供		
0372	秦時期	兩半	銅質	27.34	3.0	上海博物館藏		傳形
0373	秦時期	兩半	銅質	25.92	2.9	上海博物館藏		傳形
0374	秦時期	兩半	銅質	27.29	2.9	上海博物館藏		傳形
0375	秦時期	兩半	銅質	26.22	2.4	上海博物館藏		傳形
0376	秦時期	兩半	銅質	25.44	2.0	上海博物館藏		傳形
0377	秦時期	兩半	銅質	27.05	2.5	上海博物館藏		傳形
0378	秦時期	兩半	銅質	25.21	2.0	上海博物館藏		傳形
0379	秦時期	兩半	銅質	24.30	2.0	上海博物館藏		傳形
0380	秦時期	文信	銅質	23.74	3.5	李蔭軒舊藏		
0381	秦時期	文信	銅質	24.15		選自《泉幣》		
0382	秦時期	文信	銅質	24.03		馬定祥藏		
0383	秦時期	文信	銅質	23.68	3.0	上海博物館藏		
0384	秦時期	長安	銅質	23.11	2.5	上海博物館藏		
0385	秦時期	長安	銅質	23.23	2.7	上海博物館藏		
0386	秦時期	長安	銅質	22.03		選自《泉幣》		
0387	西漢時期	半兩	銅質	21.58	1.4	上海博物館藏		莢錢
0388	西漢時期	半兩	銅質	23.50	1.6	上海博物館藏		莢錢
0389	西漢時期	半兩	銅質	22.98	1.5	上海博物館藏		莢錢
0390	西漢時期	半兩	銅質	23.92	2.0	上海博物館藏		莢錢
0391	西漢時期	半兩	銅質	24.92	1.6	上海博物館藏		莢錢
0392	西漢時期	半兩	銅質	26.10	1.8	上海博物館藏		莢錢
0393	西漢時期	半兩	銅質	23.36	1.2	上海博物館藏		莢錢

編號	說　明	幣　名	材質	直徑 （毫米）	重 （克）	來　源	等　級	注　釋
0394	西漢時期	半兩	銅質	23.32	2.1	上海博物館藏		莢錢
0395	西漢時期	半兩	銅質	23.71	1.7	上海博物館藏		莢錢
0396	西漢時期	半兩	銅質	24.08	2.8	上海博物館藏		莢錢
0397	西漢時期	半兩	銅質	23.95	3.1	上海博物館藏		莢錢
0398	西漢時期	半兩	銅質	22.00	1.8	上海博物館藏		莢錢
0399	西漢時期	半兩	銅質	22.68	1.2	上海博物館藏		莢錢
0400	西漢時期	半兩	銅質	22.50	1.5	上海博物館藏		莢錢
0401	西漢時期	兩半	銅質	20.87	2.2	上海博物館藏		莢錢、傳形
0402	西漢時期	兩半	銅質	21.62	2.0	上海博物館藏		莢錢、傳形
0403	西漢時期	兩半	銅質	21.21	1.6	上海博物館藏		莢錢、傳形
0404	西漢時期	兩半	銅質	20.64	1.8	上海博物館藏		莢錢、傳形
0405	西漢時期	兩半	銅質	19.17	1.9	上海博物館藏		莢錢、傳形
0406	西漢時期	兩半	銅質	21.29	1.6	上海博物館藏		莢錢、傳形
0407	西漢時期	兩半	銅質	20.04	1.4	上海博物館藏		莢錢、傳形
0408	西漢時期	兩半	銅質	21.51	2.1	上海博物館藏		莢錢、傳形
0409	西漢時期	兩半	銅質	20.58	1.3	上海博物館藏		莢錢、傳形
0410	西漢時期	兩半	銅質	22.14	2.8	上海博物館藏		莢錢、傳形
0411	西漢時期	兩半	銅質	21.68	1.7	上海博物館藏		莢錢、傳形
0412	西漢時期	兩半	銅質	21.79	3.0	上海博物館藏		莢錢、傳形
0413	西漢時期	兩半	銅質	21.30	2.3	上海博物館藏		莢錢、傳形
0414	西漢時期	半兩	銅質	19.29	0.7	上海博物館藏		莢錢
0415	西漢時期	半兩	銅質	23.85	1.6	上海博物館藏		莢錢
0416	西漢時期	半兩	銅質	24.00	3.0	上海博物館藏		莢錢
0417	西漢時期	半兩	銅質	24.49	2.0	上海博物館藏		莢錢
0418	西漢時期	半兩	銅質	24.38	1.7	上海博物館藏		莢錢
0419	西漢時期	半兩	銅質	23.22	0.9	上海博物館藏		莢錢
0420	西漢時期	半兩	銅質	23.37	2.1	上海博物館藏		莢錢
0421	西漢時期	半兩	銅質	23.14	1.7	上海博物館藏		莢錢
0422	西漢時期	半兩	銅質	21.12	1.5	上海博物館藏		莢錢
0423	西漢時期	半兩	銅質	21.62	2.0	上海博物館藏		莢錢
0424	西漢時期	半兩	銅質	22.39	2.4	上海博物館藏		莢錢
0425	西漢時期	半兩	銅質	22.50	2.6	上海博物館藏		莢錢
0426	西漢時期	半兩	銅質	21.64	1.3	上海博物館藏		莢錢
0427	西漢時期	半兩	銅質	22.00	1.2	上海博物館藏		莢錢
0428	西漢時期	半兩	銅質	21.58	1.1	上海博物館藏		莢錢
0429	西漢時期	半兩	銅質	21.81	1.1	上海博物館藏		莢錢
0430	西漢時期	半兩	銅質	23.29	0.6	上海博物館藏		莢錢
0431	西漢時期	半兩	銅質	19.51	0.7	上海博物館藏		莢錢
0432	西漢時期	半兩	銅質	19.53	0.8	上海博物館藏		莢錢
0433	西漢時期	半兩	銅質			牛群生提供		莢錢
0434	西漢時期	半兩	銅質	19.97	0.8	上海博物館藏		莢錢
0435	西漢時期	半兩	銅質	22.97	1.6	上海博物館藏		莢錢
0436	西漢時期	半兩	銅質	17.97	0.6	上海博物館藏		莢錢
0437	西漢時期	半兩	銅質	20.15	1.3	上海博物館藏		莢錢
0438	西漢時期	半兩	銅質	20.86	1.1	上海博物館藏		莢錢
0439	西漢時期	半兩	銅質	19.77	0.9	上海博物館藏		莢錢
0440	西漢時期	半兩	銅質	18.28	0.9	上海博物館藏		莢錢
0441	西漢時期	半兩	銅質	19.15	1.3	上海博物館藏		莢錢
0442	西漢時期	半兩	銅質	17.02	1.8	上海博物館藏		莢錢
0443	西漢時期	半兩	銅質	18.26	1.5	上海博物館藏		莢錢

續表

編號	説　明	幣　名	材質	直徑 (毫米)	重 (克)	來　　源	等　級	注　釋
0444	西漢時期	半兩	銅質	17.64	0.7	上海博物館藏		莢錢
0445	西漢時期	半兩	銅質	17.81	0.5	上海博物館藏		莢錢
0446	西漢時期	半兩	銅質	18.40	0.7	上海博物館藏		莢錢
0447	西漢時期	半兩	銅質	17.25	1.0	上海博物館藏		莢錢
0448	西漢時期	半兩	銅質	17.70	1.0	上海博物館藏		莢錢
0449	西漢時期	半兩	銅質	20.11	1.0	上海博物館藏		莢錢
0450	西漢時期	半兩	銅質	21.18	0.7	上海博物館藏		莢錢
0451	西漢時期	半兩	銅質	19.75	0.7	上海博物館藏		莢錢
0452	西漢時期	半兩	銅質	17.84	0.6	上海博物館藏		莢錢
0453	西漢時期	半兩	銅質	17.82	0.4	上海博物館藏		莢錢
0454	西漢時期	半兩	銅質	13.86	0.5	上海博物館藏		莢錢
0455	西漢時期	半兩	銅質	15.36	1.2	上海博物館藏		莢錢
0456	西漢時期	半兩	銅質	14.98	0.9	上海博物館藏		莢錢
0457	西漢時期	半兩	銅質	14.49	0.4	上海博物館藏		莢錢
0458	西漢時期	半兩	銅質	14.98	0.6	上海博物館藏		莢錢
0459	西漢時期	半兩	銅質	14.76	0.6	上海博物館藏		莢錢
0460	西漢時期	半兩	銅質	15.38	1.1	上海博物館藏		莢錢
0461	西漢時期	半兩	銅質	12.85	0.7	上海博物館藏		莢錢
0462	西漢時期	半兩	銅質	12.66	0.5	上海博物館藏		莢錢
0463	西漢時期	半兩	銅質	12.48	0.9	上海博物館藏		莢錢
0464	西漢時期	半兩	銅質	15.75	1.1	上海博物館藏		莢錢
0465	西漢時期	半兩	銅質	15.62	0.4	上海博物館藏		莢錢
0466	西漢時期	半兩	銅質	15.76	0.5	上海博物館藏		莢錢
0467	西漢時期	半兩	銅質	16.48	0.3	上海博物館藏		莢錢
0468	西漢時期	半兩	銅質	15.41	0.5	上海博物館藏		莢錢
0469	西漢時期	半兩	銅質	15.33	0.6	上海博物館藏		莢錢
0470	西漢時期	半兩	銅質	15.32	0.9	上海博物館藏		莢錢
0471	西漢時期	半兩	銅質	15.82	0.9	上海博物館藏		莢錢
0472	西漢時期	半兩	銅質	15.49	0.5	上海博物館藏		莢錢
0473	西漢時期	半兩	銅質	16.40	0.5	上海博物館藏		莢錢
0474	西漢時期	半兩	銅質	14.68	0.5	上海博物館藏		莢錢
0475	西漢時期	半兩	銅質	14.64	0.7	上海博物館藏		莢錢
0476	西漢時期	半兩	銅質	13.29	0.6	上海博物館藏		莢錢
0477	西漢時期	半兩	銅質	14.09	0.2	上海博物館藏		莢錢
0478	西漢時期	半兩	銅質	12.95	0.4	上海博物館藏		莢錢
0479	西漢時期	半兩	銅質	13.19	0.6	上海博物館藏		莢錢
0480	西漢時期	半兩	銅質	13.48	0.4	上海博物館藏		莢錢
0481	西漢時期	半兩	銅質	12.67	0.3	上海博物館藏		莢錢
0482	西漢時期	半兩	銅質	13.42	0.5	上海博物館藏		莢錢
0483	西漢時期	半兩	銅質	13.45	0.6	上海博物館藏		莢錢
0484	西漢時期	半兩	銅質	14.33	0.6	上海博物館藏		莢錢
0485	西漢時期	半兩	銅質	14.04	0.7	上海博物館藏		莢錢
0486	西漢時期	半兩	銅質	12.31	0.4	上海博物館藏		莢錢
0487	西漢時期	半兩	銅質	12.22	0.5	上海博物館藏		莢錢
0488	西漢時期	半兩	銅質	12.54	0.5	上海博物館藏		莢錢
0489	西漢時期	半兩	銅質	12.84	0.5	上海博物館藏		莢錢
0490	西漢時期	半兩	銅質	13.01	0.5	上海博物館藏		莢錢
0491	西漢時期	半兩	銅質	13.28	0.5	上海博物館藏		莢錢
0492	西漢時期	半兩	銅質	13.28	0.3	上海博物館藏		莢錢
0493	西漢時期	半兩	銅質	12.63	0.5	上海博物館藏		莢錢

編號	説　明	幣　名	材質	直徑(毫米)	重(克)	來　源	等級	注　釋
0494	西漢時期	半兩	銅質	14.42	0.4	上海博物館藏		莢錢
0495	西漢時期	半兩	銅質	13.76	0.5	上海博物館藏		莢錢
0496	西漢時期	半兩	銅質	14.18	0.6	上海博物館藏		莢錢
0497	西漢時期	半兩	銅質	12.77	0.4	上海博物館藏		莢錢
0498	西漢時期	半兩	銅質	13.61	0.8	上海博物館藏		莢錢
0499	西漢時期	半兩	銅質	14.59	0.7	上海博物館藏		莢錢
0500	西漢時期	半兩	銅質	13.35	0.4	上海博物館藏		莢錢
0501	西漢時期	半兩	銅質	12.66	0.2	上海博物館藏		莢錢
0502	西漢時期	半兩	銅質	12.88	0.6	上海博物館藏		莢錢
0503	西漢時期	半兩	銅質	12.64	0.4	上海博物館藏		莢錢
0504	西漢時期	半兩	銅質	12.67	0.4	上海博物館藏		莢錢
0505	西漢時期	半兩	銅質	13.60	0.4	上海博物館藏		莢錢
0506	西漢時期	半兩	銅質	12.96	0.7	上海博物館藏		莢錢
0507	西漢時期	半兩	銅質	12.41	0.4	上海博物館藏		莢錢
0508	西漢時期	半兩	銅質	11.58	0.2	上海博物館藏		莢錢
0509	西漢時期	半兩	銅質	11.63	0.3	上海博物館藏		莢錢
0510	西漢時期	半兩	銅質	11.53	0.5	上海博物館藏		莢錢
0511	西漢時期	半兩	銅質	12.05	0.5	上海博物館藏		莢錢
0512	西漢時期	半兩	銅質	12.52	0.3	上海博物館藏		莢錢
0513	西漢時期	半兩	銅質	12.86	0.2	上海博物館藏		莢錢
0514	西漢時期	半兩	銅質	9.91	0.3	上海博物館藏		莢錢
0515	西漢時期	半兩	銅質	9.57	0.3	上海博物館藏		莢錢
0516	西漢時期	半兩	銅質	10.58	0.4	上海博物館藏		莢錢
0517	西漢時期	半兩	銅質	10.27	0.4	上海博物館藏		莢錢
0518	西漢時期	半兩	銅質	9.71	0.3	上海博物館藏		莢錢
0519	西漢時期	半兩	銅質	12.74	0.6	上海博物館藏		莢錢
0520	西漢時期	半兩	銅質	8.15	0.3	上海博物館藏		莢錢
0521	西漢時期	半兩	銅質	7.88	0.4	上海博物館藏		莢錢
0522	西漢時期	半兩	銅質	9.05	0.3	上海博物館藏		莢錢
0523	西漢時期	半兩	銅質	8.24	0.4	上海博物館藏		莢錢
0524	西漢時期	半兩	銅質	11.18	0.4	上海博物館藏		莢錢
0525	西漢時期	半兩	銅質	9.96	0.4	上海博物館藏		莢錢
0526	西漢時期	半兩	銅質	9.07	0.4	上海博物館藏		莢錢
0527	西漢時期	半兩	銅質	10.43	0.4	上海博物館藏		莢錢
0528	西漢時期	半兩	銅質	9.07	0.4	上海博物館藏		莢錢
0529	西漢時期	半兩	銅質	9.43	0.4	上海博物館藏		莢錢
0530	西漢時期	半兩	銅質	9.44	0.2	上海博物館藏		莢錢
0531	西漢時期	半兩	銅質	9.03	0.2	上海博物館藏		莢錢
0532	西漢時期	半兩	銅質	9.43	0.2	上海博物館藏		莢錢
0533	西漢時期	半兩	銅質	6.77	0.2	上海博物館藏		莢錢
0534	西漢時期	半兩	銅質	7.13	0.2	上海博物館藏		莢錢
0535	西漢時期	半兩	銅質	8.46	0.3	上海博物館藏		莢錢
0536	西漢時期	半兩	銅質	7.95	0.2	上海博物館藏		莢錢
0537	西漢時期	半兩	銅質	8.19	0.3	上海博物館藏		莢錢
0538	西漢時期	半兩	銅質	9.48	0.5	上海博物館藏		莢錢
0539	西漢時期	半兩	銅質	8.39	0.4	上海博物館藏		莢錢
0540	西漢時期	半兩	銅質	7.31	0.1	上海博物館藏		莢錢
0541	西漢時期	半兩	銅質	8.09	0.1	上海博物館藏		莢錢
0542	西漢時期	半兩	銅質	7.96	0.2	上海博物館藏		莢錢
0543	西漢時期	半兩	銅質	7.73	0.2	存雲亭藏		莢錢

編號	説　明	幣　名	材質	直徑 (毫米)	重 (克)	來　源	等　級	注　釋
0544	西漢時期	半兩	銅質	7.39	0.1	上海博物館藏		莢錢
0545	西漢時期	半兩	銅質	7.81	0.2	存雲亭藏		莢錢
0546	西漢時期	半兩	銅質	7.63	0.1	上海博物館藏		莢錢
0547	西漢時期	半兩	銅質	6.94	0.1	上海博物館藏		莢錢
0548	西漢時期	半兩	銅質	5.65	0.1	上海博物館藏		莢錢
0549	西漢時期	半兩	銅質	32.52	4.7	上海博物館藏		八銖錢
0550	西漢時期	半兩	銅質	31.22	4.9	上海博物館藏		八銖錢
0551	西漢時期	半兩	銅質	30.06	6.2	上海博物館藏		八銖錢
0552	西漢時期	半兩	銅質	30.96	5.9	上海博物館藏		八銖錢
0553	西漢時期	半兩	銅質	31.35	5.9	上海博物館藏		八銖錢
0554	西漢時期	半兩	銅質	29.88	3.3	上海博物館藏		八銖錢
0555	西漢時期	半兩	銅質	30.86	5.9	上海博物館藏		八銖錢
0556	西漢時期	半兩	銅質	31.26	8.4	上海博物館藏		八銖錢
0557	西漢時期	半兩	銅質	33.64	5.8	上海博物館藏		八銖錢
0558	西漢時期	半兩	銅質	32.44	7.0	上海博物館藏		八銖錢
0559	西漢時期	半兩	銅質	31.58	5.4	上海博物館藏		八銖錢
0560	西漢時期	半兩	銅質	31.99	6.3	上海博物館藏		八銖錢
0561	西漢時期	半兩	銅質	32.41	4.0	上海博物館藏		八銖錢
0562	西漢時期	半兩	銅質	31.17	3.1	上海博物館藏		八銖錢
0563	西漢時期	半兩	銅質	32.98	4.7	上海博物館藏		八銖錢
0564	西漢時期	半兩	銅質	30.69	7.3	上海博物館藏		八銖錢
0565	西漢時期	半兩	銅質	29.15	3.8	上海博物館藏		八銖錢
0566	西漢時期	半兩	銅質	31.30	3.6	上海博物館藏		八銖錢
0567	西漢時期	半兩	銅質	27.00	3.4	上海博物館藏		八銖錢
0568	西漢時期	半兩	銅質	30.80	3.6	上海博物館藏		八銖錢
0569	西漢時期	半兩	銅質	23.00	2.8	上海博物館藏		八銖錢
0570	西漢時期	半兩	銅質	25.00	5.0	上海博物館藏		八銖錢
0571	西漢時期	半兩	銅質	27.00	3.5	上海博物館藏		八銖錢
0572	西漢時期	半兩	銅質	26.50	3.4	上海博物館藏		八銖錢
0573	西漢時期	半兩	銅質	24.00	3.4	上海博物館藏		八銖錢
0574	西漢時期	半兩	銅質	24.81	2.2	上海博物館藏		八銖錢
0575	西漢時期	半兩	銅質	23.71	2.8	金立夫藏		五分錢、四銖錢
0576	西漢時期	半兩	銅質	24.63	1.6	上海博物館藏		五分錢、四銖錢
0577	西漢時期	半兩	銅質	22.83	1.3	上海博物館藏		五分錢、四銖錢
0578	西漢時期	半兩	銅質	21.57	0.6	上海博物館藏		五分錢、四銖錢
0579	西漢時期	半兩	銅質	23.19	0.5	上海博物館藏		五分錢、四銖錢
0580	西漢時期	半兩	銅質	22.50	3.1	上海博物館藏		五分錢、四銖錢
0581	西漢時期	半兩	銅質	22.92	2.0	上海博物館藏		五分錢、四銖錢
0582	西漢時期	半兩	銅質	23.50	2.9	上海博物館藏		五分錢、四銖錢
0583	西漢時期	兩半	銅質	24.47	2.1	上海博物館藏		五分錢、四銖錢、傳形
0584	西漢時期	兩半	銅質	23.16	2.6	上海博物館藏		五分錢、四銖錢、傳形
0585	西漢時期	半兩	銅質	25.00	2.9	上海博物館藏		五分錢、四銖錢
0586	西漢時期	半兩	銅質	24.00	2.9	上海博物館藏		五分錢、四銖錢
0587	西漢時期	兩半	銅質	24.66	2.3	上海博物館藏		五分錢、四銖錢、傳形
0588	西漢時期	半兩	銅質	24.37	2.6	上海博物館藏		五分錢、四銖錢
0589	西漢時期	半兩	銅質	23.79	2.8	上海博物館藏		五分錢、四銖錢
0590	西漢時期	半兩	銅質	23.93	3.2	上海博物館藏		五分錢、四銖錢
0591	西漢時期	半兩	銅質	24.35	4.2	上海博物館藏		五分錢、四銖錢
0592	西漢時期	半兩	銅質	24.41	3.0	上海博物館藏		五分錢、四銖錢
0593	西漢時期	半兩	銅質	24.61	3.2	上海博物館藏		五分錢、四銖錢

編號	說　明	幣　名	材　質	直徑 (毫米)	重 (克)	來　　源	等　級	注　　釋
0594	西漢時期	半兩	銅質	24.67	3.3	上海博物館藏		五分錢、四銖錢
0595	西漢時期	半兩	銅質	24.23	3.0	上海博物館藏		五分錢、四銖錢
0596	西漢時期	半兩	銅質	23.00	2.6	上海博物館藏		五分錢、四銖錢
0597	西漢時期	半兩	銅質	23.93	2.7	上海博物館藏		五分錢、四銖錢
0598	西漢時期	半兩	銅質	24.09	4.1	上海博物館藏		五分錢、四銖錢
0599	西漢時期	半兩	銅質	23.97	3.4	上海博物館藏		五分錢、四銖錢
0600	西漢時期	半兩	銅質	24.45	3.2	上海博物館藏		五分錢、四銖錢
0601	西漢時期	半兩	銅質	23.48	3.0	上海博物館藏		五分錢、四銖錢
0602	西漢時期	半兩	銅質	23.36	3.1	上海博物館藏		五分錢、四銖錢
0603	西漢時期	半兩	銅質	22.05	2.8	上海博物館藏		五分錢、四銖錢
0604	西漢時期	半兩	銅質	23.31	2.3	上海博物館藏		五分錢、四銖錢
0605	西漢時期	半兩	銅質	24.55	3.2	上海博物館藏		五分錢、四銖錢
0606	西漢時期	半兩	銅質	24.52	2.8	上海博物館藏		五分錢、四銖錢
0607	西漢時期	半兩	銅質	23.13	2.5	上海博物館藏		五分錢、四銖錢
0608	西漢時期	半兩	銅質	22.93	2.4	上海博物館藏		五分錢、四銖錢
0609	西漢時期	半兩	銅質	22.14	3.7	上海博物館藏		五分錢、四銖錢
0610	西漢時期	半兩	銅質	23.59	2.6	上海博物館藏		五分錢、四銖錢
0611	西漢時期	半兩	銅質	24.66	3.1	上海博物館藏		五分錢、四銖錢
0612	西漢時期	半兩	銅質	23.33	3.3	存雲亭藏		五分錢、四銖錢
0613	西漢時期	半兩	銅質	24.23	2.8	存雲亭藏		五分錢、四銖錢
0614	西漢時期	半兩	銅質	24.74	3.4	上海博物館藏		五分錢、四銖錢
0615	西漢時期	半兩	銅質	23.83	2.3	存雲亭藏		五分錢、四銖錢
0616	西漢時期	半兩	銅質	23.82	2.6	上海博物館藏		五分錢、四銖錢
0617	西漢時期	半兩	銅質	25.14	3.0	上海博物館藏		五分錢、四銖錢
0618	西漢時期	半兩	銅質	24.96	3.4	上海博物館藏		五分錢、四銖錢
0619	西漢時期	半兩	銅質	23.78	3.1	上海博物館藏		五分錢、四銖錢
0620	西漢時期	半兩	銅質	24.90	2.8	上海博物館藏		五分錢、四銖錢
0621	西漢時期	半兩	銅質	23.72	3.2	上海博物館藏		五分錢、四銖錢
0622	西漢時期	半兩	銅質	24.03	3.4	上海博物館藏		五分錢、四銖錢
0623	西漢時期	半兩	銅質	24.41	3.1	上海博物館藏		五分錢、四銖錢
0624	西漢時期	半兩	銅質	24.39	3.0	上海博物館藏		五分錢、四銖錢
0625	西漢時期	半兩	銅質	24.52	3.1	上海博物館藏		五分錢、四銖錢
0626	西漢時期	半兩	銅質	24.36	3.1	上海博物館藏		五分錢、四銖錢
0627	西漢時期	半兩	銅質	23.62	1.8	上海博物館藏		五分錢、四銖錢
0628	西漢時期	半兩	銅質	23.94	2.5	上海博物館藏		五分錢、四銖錢
0629	西漢時期	半兩	銅質	23.78	3.2	上海博物館藏		五分錢、四銖錢
0630	西漢時期	半兩	銅質	23.58	2.2	上海博物館藏		五分錢、四銖錢
0631	西漢時期	半兩	銅質	24.47	2.7	上海博物館藏		五分錢、四銖錢
0632	西漢時期	半兩	銅質	24.21	3.0	上海博物館藏		五分錢、四銖錢
0633	西漢時期	半兩	銅質	23.24	3.0	上海博物館藏		五分錢、四銖錢
0634	西漢時期	半兩	銅質	23.74	2.9	上海博物館藏		五分錢、四銖錢
0635	西漢時期	半兩	銅質	25.29	3.1	上海博物館藏		五分錢、四銖錢
0636	西漢時期	半兩	銅質	23.97	3.0	上海博物館藏		五分錢、四銖錢
0637	西漢時期	半兩	銅質	22.89	2.0			五分錢、四銖錢、徐州北洞山漢 墓出土
0638	西漢時期	半兩	銅質	24.98	1.6			五分錢、四銖錢、徐州北洞山漢 墓出土
0639	西漢時期	半兩	銅質	24.48	2.8	上海博物館藏		五分錢、四銖錢
0640	西漢時期	半兩	銅質	24.64	2.8	上海博物館藏		五分錢、四銖錢
0641	西漢時期	半兩	銅質	24.39	2.6	上海博物館藏		五分錢、四銖錢

編號	説　明	幣　名	材質	直徑 (毫米)	重 (克)	來　　源	等　級	注　釋
0642	西漢時期	半兩	銅質	23.21	2.3	上海博物館藏		五分錢、四銖錢
0643	西漢時期	半兩	銅質	22.71	3.1	上海博物館藏		五分錢、四銖錢
0644	西漢時期	半兩	銅質	25.34	2.9	上海博物館藏		五分錢、四銖錢
0645	西漢時期	半兩	銅質	23.47	2.7	上海博物館藏		五分錢、四銖錢
0646	西漢時期	半兩	銅質	23.66	2.6	上海博物館藏		五分錢、四銖錢
0647	西漢時期	半兩	銅質	24.26	2.7	上海博物館藏		五分錢、四銖錢
0648	西漢時期	半兩	銅質	23.51	3.0	上海博物館藏		五分錢、四銖錢
0649	西漢時期	半兩	銅質	24.10	2.8	上海博物館藏		五分錢、四銖錢
0650	西漢時期	半兩	銅質	24.76	2.6	上海博物館藏		五分錢、四銖錢
0651	西漢時期	半兩	銅質	24.12	2.7	上海博物館藏		五分錢、四銖錢
0652	西漢時期	半兩	銅質	24.41	2.7	上海博物館藏		五分錢、四銖錢
0653	西漢時期	半兩	銅質	23.51	2.9	上海博物館藏		五分錢、四銖錢
0654	西漢時期	半兩	銅質	24.09	2.5	上海博物館藏		五分錢、四銖錢
0655	西漢時期	半兩	銅質	23.06	3.2	上海博物館藏		五分錢、四銖錢
0656	西漢時期	半兩	銅質	23.88	2.8	上海博物館藏		五分錢、四銖錢
0657	西漢時期	半兩	銅質	22.90	2.5	上海博物館藏		五分錢、四銖錢
0658	西漢時期	半兩	銅質	24.85	2.7	上海博物館藏		五分錢、四銖錢
0659	西漢時期	半兩	銅質	23.30	2.7	上海博物館藏		五分錢、四銖錢
0660	西漢時期	半兩	銅質	24.06	2.8	上海博物館藏		五分錢、四銖錢
0661	西漢時期	半兩	銅質	24.15	2.8	上海博物館藏		五分錢、四銖錢
0662	西漢時期	半兩	銅質	23.75	2.5	上海博物館藏		五分錢、四銖錢
0663	西漢時期	半兩	銅質	23.89	2.9	上海博物館藏		五分錢、四銖錢
0664	西漢時期	半兩	銅質	24.21	3.1	上海博物館藏		五分錢、四銖錢
0665	西漢時期	半兩	銅質	24.38	3.6	上海博物館藏		五分錢、四銖錢
0666	西漢時期	半兩	銅質	24.83	2.8	上海博物館藏		五分錢、四銖錢
0667	西漢時期	半兩	銅質	24.35	3.1	上海博物館藏		五分錢、四銖錢
0668	西漢時期	半兩	銅質	24.34	3.4	上海博物館藏		五分錢、四銖錢
0669	西漢時期	半兩	銅質	23.30	2.3	上海博物館藏		五分錢、四銖錢
0670	西漢時期	半兩	銅質	24.95	2.7	上海博物館藏		五分錢、四銖錢
0671	西漢時期	半兩	銅質	22.86	2.2	上海博物館藏		五分錢、四銖錢
0672	西漢時期	半兩	銅質	24.40	2.8	上海博物館藏		五分錢、四銖錢
0673	西漢時期	半兩	銅質	24.48	2.8	上海博物館藏		五分錢、四銖錢
0674	西漢時期	半兩	銅質	24.13	2.9	上海博物館藏		五分錢、四銖錢
0675	西漢時期	兩半	銅質	24.01	2.2	上海博物館藏		五分錢、四銖錢、傳形
0676	西漢時期	半兩	銅質	23.91	2.8	上海博物館藏		五分錢、四銖錢
0677	西漢時期	半兩	銅質	23.52	3.5	上海博物館藏		五分錢、四銖錢
0678	西漢時期	半兩	銅質	22.94	2.3	上海博物館藏		五分錢、四銖錢
0679	西漢時期	半兩	銅質	24.76	3.9	上海博物館藏		五分錢、四銖錢
0680	西漢時期	半兩	銅質	23.41	3.2	上海博物館藏		五分錢、四銖錢
0681	西漢時期	半兩	銅質	23.86	3.4	上海博物館藏		五分錢、四銖錢
0682	西漢時期	半兩	銅質	22.96	2.7	上海博物館藏		五分錢、四銖錢
0683	西漢時期	半兩	銅質	24.82	2.9	上海博物館藏		五分錢、四銖錢
0684	西漢時期	半兩	銅質	24.80	3.5	上海博物館藏		五分錢、四銖錢
0685	西漢時期	半兩	銅質	23.82	2.9	上海博物館藏		五分錢、四銖錢
0686	西漢時期	半兩	銅質	24.71	3.2	上海博物館藏		五分錢、四銖錢
0687	西漢時期	半兩	銅質	25.24	2.0	上海博物館藏		五分錢、四銖錢
0688	西漢時期	半兩	銅質	21.97	1.9	上海博物館藏		五分錢、四銖錢
0689	西漢時期	半兩	銅質	23.12	3.5	上海博物館藏		五分錢、四銖錢
0690	西漢時期	半兩	銅質	22.43	2.9	上海博物館藏		五分錢、四銖錢
0691	西漢時期	半兩	銅質	21.69	2.3	上海博物館藏		五分錢、四銖錢

編號	說　明	幣　　名	材　質	直徑 (毫米)	重 (克)	來　　　源	等　級	注　　　釋
0692	西漢時期	半兩	銅質	22.30	2.3	上海博物館藏		五分錢、四銖錢
0693	西漢時期	半兩	銅質	23.34	3.2	上海博物館藏		五分錢、四銖錢
0694	西漢時期	半兩	銅質	23.16	2.9	上海博物館藏		五分錢、四銖錢
0695	西漢時期	半兩	銅質	22.63	1.5	上海博物館藏		五分錢、四銖錢
0696	西漢時期	半兩	銅質	22.29	2.4	上海博物館藏		五分錢、四銖錢
0697	西漢時期	半兩	銅質	22.52	2.0	上海博物館藏		五分錢、四銖錢
0698	西漢時期	半兩	銅質	23.01	2.9	上海博物館藏		五分錢、四銖錢
0699	西漢時期	半兩	銅質	22.24	2.6	上海博物館藏		五分錢、四銖錢
0700	西漢時期	半兩	銅質	22.64	2.9	上海博物館藏		五分錢、四銖錢
0701	西漢時期	半兩	銅質	23.33	3.0	上海博物館藏		五分錢、四銖錢
0702	西漢時期	半兩	銅質	23.06	2.5	上海博物館藏		五分錢、四銖錢
0703	西漢時期	半兩	銅質	22.87	3.1	上海博物館藏		五分錢、四銖錢
0704	西漢時期	半兩	銅質	22.51	2.7	上海博物館藏		五分錢、四銖錢
0705	西漢時期	半兩	銅質	22.13	1.6	上海博物館藏		五分錢、四銖錢
0706	西漢時期	半兩	銅質	23.22	2.6	上海博物館藏		五分錢、四銖錢
0707	西漢時期	半兩	銅質	22.63	3.5	上海博物館藏		五分錢、四銖錢
0708	西漢時期	半兩	銅質	22.70	2.3	上海博物館藏		五分錢、四銖錢
0709	西漢時期	半兩	銅質	23.69	3.2	上海博物館藏		五分錢、四銖錢
0710	西漢時期	半兩	銅質	23.05	2.8	上海博物館藏		五分錢、四銖錢
0711	西漢時期	半兩	銅質	22.35	2.6	上海博物館藏		五分錢、四銖錢
0712	西漢時期	半兩	銅質	23.00	4.4	上海博物館藏		五分錢、四銖錢
0713	西漢時期	半兩	銅質	23.34	2.6	上海博物館藏		五分錢、四銖錢
0714	西漢時期	半兩	銅質	22.30	2.5	上海博物館藏		五分錢、四銖錢
0715	西漢時期	半兩	銅質	22.92	2.7	上海博物館藏		五分錢、四銖錢
0716	西漢時期	半兩	銅質	22.20	2.2	上海博物館藏		五分錢、四銖錢
0717	西漢時期	半兩	銅質	22.66	2.9	上海博物館藏		五分錢、四銖錢
0718	西漢時期	半兩	銅質	23.22	3.0	上海博物館藏		五分錢、四銖錢
0719	西漢時期	半兩	銅質	22.61	3.2	上海博物館藏		五分錢、四銖錢
0720	西漢時期	半兩	銅質	23.60	2.9	上海博物館藏		五分錢、四銖錢
0721	西漢時期	半兩	銅質	23.03	2.9	上海博物館藏		五分錢、四銖錢
0722	西漢時期	半兩	銅質	22.90	2.5	上海博物館藏		五分錢、四銖錢
0723	西漢時期	半兩	銅質	22.03	2.0	上海博物館藏		五分錢、四銖錢
0724	西漢時期	半兩	銅質	23.86	3.1	上海博物館藏		五分錢、四銖錢
0725	西漢時期	半兩	銅質	23.01	3.1	上海博物館藏		五分錢、四銖錢
0726	西漢時期	半兩	銅質	23.82	2.8	上海博物館藏		五分錢、四銖錢
0727	西漢時期	半兩	銅質	24.02	3.0	上海博物館藏		五分錢、四銖錢
0728	西漢時期	半兩	銅質	24.40	3.1	上海博物館藏		五分錢、四銖錢
0729	西漢時期	半兩	銅質	24.08	2.7	上海博物館藏		五分錢、四銖錢
0730	西漢時期	半兩	銅質	24.50	2.6	上海博物館藏		五分錢、四銖錢
0731	西漢時期	半兩	銅質	23.76	3.1	上海博物館藏		五分錢、四銖錢
0732	西漢時期	半兩	銅質	23.71	2.7	上海博物館藏		五分錢、四銖錢
0733	西漢時期	半兩	銅質	23.17	2.8	上海博物館藏		五分錢、四銖錢
0734	西漢時期	半兩	銅質	23.00	2.6	上海博物館藏		五分錢、四銖錢
0735	西漢時期	半兩	銅質	23.50	2.4	上海博物館藏		五分錢、四銖錢
0736	西漢時期	半兩	銅質	23.50	3.0	上海博物館藏		五分錢、四銖錢
0737	西漢時期	半兩	銅質	22.00	2.8	上海博物館藏		五分錢、四銖錢
0738	西漢時期	半兩	銅質	24.37	2.9	上海博物館藏		五分錢、四銖錢
0739	西漢時期	半兩	銅質	24.30	2.6	上海博物館藏		五分錢、四銖錢
0740	西漢時期	半兩	銅質	24.15	2.4	上海博物館藏		五分錢、四銖錢
0741	西漢時期	半兩	銅質	23.81	3.0	上海博物館藏		五分錢、四銖錢

編號	説　明	幣　名	材　質	直徑 (毫米)	重 (克)	來　　源	等　級	注　　釋
0742	西漢時期	半兩	銅質	24.76	2.7	上海博物館藏		五分錢、四銖錢
0743	西漢時期	半兩	銅質	23.54	2.6	上海博物館藏		五分錢、四銖錢
0744	西漢時期	半兩	銅質	24.12	2.2	上海博物館藏		五分錢、四銖錢
0745	西漢時期	半兩	銅質	23.27	2.2	上海博物館藏		五分錢、四銖錢
0746	西漢時期	半兩	銅質	24.10	2.7	上海博物館藏		五分錢、四銖錢
0747	西漢時期	半兩	銅質	23.00	2.1	上海博物館藏		五分錢、四銖錢
0748	西漢時期	半兩	銅質	23.00	2.9	上海博物館藏		五分錢、四銖錢
0749	西漢時期	半兩	銅質	24.92	3.1	上海博物館藏		五分錢、四銖錢
0750	西漢時期	半兩	銅質	22.00	3.6	上海博物館藏		五分錢、四銖錢
0751	西漢時期	半兩	銅質	23.76	3.3	上海博物館藏		五分錢、四銖錢
0752	西漢時期	半兩	銅質	23.94	2.8	上海博物館藏		五分錢、四銖錢
0753	西漢時期	半兩	銅質	23.71	2.9	上海博物館藏		五分錢、四銖錢
0754	西漢時期	半兩	銅質	23.17	2.3	上海博物館藏		五分錢、四銖錢
0755	西漢時期	半兩	銅質	25.30	2.7	上海博物館藏		五分錢、四銖錢
0756	西漢時期	半兩	銅質	23.00	3.3	上海博物館藏		五分錢、四銖錢
0757	西漢時期	半兩	銅質	24.35	3.0	上海博物館藏		五分錢、四銖錢
0758	西漢時期	半兩	銅質	22.00	1.8	上海博物館藏		五分錢、四銖錢
0759	西漢時期	半兩	銅質	24.44	2.9	上海博物館藏		五分錢、四銖錢
0760	西漢時期	半兩	銅質	23.00	4.6	上海博物館藏		五分錢、四銖錢
0761	西漢時期	半兩	銅質	23.06	2.3	上海博物館藏		五分錢、四銖錢
0762	西漢時期	半兩	銅質	24.02	2.9	上海博物館藏		五分錢、四銖錢
0763	西漢時期	半兩	銅質	21.98	1.9	上海博物館藏		五分錢、四銖錢
0764	西漢時期	半兩	銅質	23.86	2.2	上海博物館藏		五分錢、四銖錢
0765	西漢時期	半兩	銅質	24.04	2.9	上海博物館藏		五分錢、四銖錢
0766	西漢時期	半兩	銅質	23.24	2.5	上海博物館藏		五分錢、四銖錢
0767	西漢時期	半兩	銅質	26.27	2.9	上海博物館藏		五分錢、四銖錢
0768	西漢時期	半兩	銅質	24.57	3.2	上海博物館藏		五分錢、四銖錢
0769	西漢時期	半兩	銅質	21.87	2.0	上海博物館藏		五分錢、四銖錢
0770	西漢時期	半兩	銅質	22.74	2.4	上海博物館藏		五分錢、四銖錢
0771	西漢時期	半兩	銅質	24.59	2.9	上海博物館藏		五分錢、四銖錢
0772	西漢時期	半兩	銅質	25.10	4.2	上海博物館藏		五分錢、四銖錢
0773	西漢時期	半兩	銅質	23.69	2.7	上海博物館藏		五分錢、四銖錢
0774	西漢時期	半兩	銅質	24.46	3.2	上海博物館藏		五分錢、四銖錢
0775	西漢時期	半兩	銅質	23.24	2.8	上海博物館藏		五分錢、四銖錢
0776	西漢時期	半兩	銅質	24.17	2.2	上海博物館藏		五分錢、四銖錢
0777	西漢時期	半兩	銅質	24.52	3.2	上海博物館藏		五分錢、四銖錢
0778	西漢時期	半兩	銅質	23.79	2.5	上海博物館藏		五分錢、四銖錢
0779	西漢時期	兩半	銅質	23.15	2.2	上海博物館藏		五分錢、四銖錢、傳形
0780	西漢時期	兩半	銅質	22.22	2.0	上海博物館藏		五分錢、四銖錢、傳形
0781	西漢時期	兩半	銅質	23.48	3.3	上海博物館藏		五分錢、四銖錢、傳形
0782	西漢時期	兩半	銅質	23.34	1.9	上海博物館藏		五分錢、四銖錢、傳形
0783	西漢時期	兩半	銅質	22.93	2.9	上海博物館藏		五分錢、四銖錢、傳形
0784	西漢時期	半兩	銅質	23.14	2.2	上海博物館藏		五分錢、四銖錢
0785	西漢時期	半兩	銅質	24.31	2.5	存雲亭藏		五分錢、四銖錢
0786	西漢時期	半兩	銅質	24.83	2.9	上海博物館藏		五分錢、四銖錢
0787	西漢時期	半兩	銅質	23.36	2.4	上海博物館藏		五分錢、四銖錢
0788	西漢時期	半兩	銅質	24.62	3.2	上海博物館藏		五分錢、四銖錢
0789	西漢時期	半兩	銅質	24.25	3.6	上海博物館藏		五分錢、四銖錢
0790	西漢時期	半兩	銅質	23.19	1.9	上海博物館藏		五分錢、四銖錢
0791	西漢時期	半兩	銅質	24.65	2.8	上海博物館藏		五分錢、四銖錢

編號	説　明	幣　名	材質	直徑(毫米)	重(克)	來　　源	等　級	注　　釋
0792	西漢時期	半兩	銅質	25.37	3.2	上海博物館藏		五分錢、四銖錢
0793	西漢時期	半兩	銅質	23.36	2.7	上海博物館藏		五分錢、四銖錢
0794	西漢時期	半兩	銅質	23.62	2.8	上海博物館藏		五分錢、四銖錢
0795	西漢時期	半兩	銅質	26.38	3.1	上海博物館藏		五分錢、四銖錢
0796	西漢時期	半兩	銅質	23.78	2.9	上海博物館藏		五分錢、四銖錢
0797	西漢時期	半兩	銅質	23.65	2.4	上海博物館藏		五分錢、四銖錢
0798	西漢時期	半兩	銅質	23.29	2.6	上海博物館藏		五分錢、四銖錢
0799	西漢時期	半兩	銅質	24.47	2.6	上海博物館藏		五分錢、四銖錢
0800	西漢時期	半兩	銅質	23.54	2.9	上海博物館藏		五分錢、四銖錢
0801	西漢時期	半兩	銅質	22.63	3.0	上海博物館藏		五分錢、四銖錢
0802	西漢時期	半兩	銅質	22.74	1.7	上海博物館藏		五分錢、四銖錢
0803	西漢時期	半兩	銅質	25.00	2.5	存雲亭藏		五分錢、四銖錢
0804	西漢時期	半兩	銅質	25.22	3.4	上海博物館藏		五分錢、四銖錢
0805	西漢時期	半兩	銅質	24.29	3.0	上海博物館藏		五分錢、四銖錢
0806	西漢時期	半兩	銅質	24.25	3.2	上海博物館藏		五分錢、四銖錢
0807	西漢時期	半兩	銅質	25.50	3.7	上海博物館藏		五分錢、四銖錢
0808	西漢時期	兩半	銅質	25.48	2.4	上海博物館藏		五分錢、四銖錢、傳形
0809	西漢時期	兩半	銅質	23.96	2.0	上海博物館藏		五分錢、四銖錢、傳形
0810	西漢時期	兩半	銅質	23.94	1.9	上海博物館藏		五分錢、四銖錢、傳形
0811	西漢時期	兩半	銅質	24.37	2.4	上海博物館藏		五分錢、四銖錢、傳形
0812	西漢時期	兩半	銅質	24.67	2.5	上海博物館藏		五分錢、四銖錢、傳形
0813	西漢時期	兩半	銅質	22.68	2.3	上海博物館藏		五分錢、四銖錢、傳形
0814	西漢時期	兩半	銅質	21.82	1.9	上海博物館藏		五分錢、四銖錢、傳形
0815	西漢時期	兩半	銅質	22.34	2.6	上海博物館藏		五分錢、四銖錢、傳形
0816	西漢時期	兩半	銅質	23.33	2.1	上海博物館藏		五分錢、四銖錢、傳形
0817	西漢時期	兩半	銅質	22.80	2.2	上海博物館藏		五分錢、四銖錢、傳形
0818	西漢時期	兩半	銅質	22.57	2.5	上海博物館藏		五分錢、四銖錢、傳形
0819	西漢時期	兩半	銅質	23.81	2.6	上海博物館藏		五分錢、四銖錢、傳形
0820	西漢時期	兩半	銅質	24.23	2.4	上海博物館藏		五分錢、四銖錢、傳形
0821	西漢時期	兩半	銅質	23.95	2.6	上海博物館藏		五分錢、四銖錢、傳形
0822	西漢時期	兩半	銅質	23.79	2.1	上海博物館藏		五分錢、四銖錢、傳形
0823	西漢時期	兩半	銅質	24.71	1.4	上海博物館藏		五分錢、四銖錢、傳形
0824	西漢時期	兩半	銅質	24.66	2.8	上海博物館藏		五分錢、四銖錢、傳形
0825	西漢時期	兩半	銅質	24.05	2.1	存雲亭藏		五分錢、四銖錢、傳形
0826	西漢時期	兩半	銅質	24.31	1.9	上海博物館藏		五分錢、四銖錢、傳形
0827	西漢時期	兩半	銅質	22.45	1.9	上海博物館藏		五分錢、四銖錢、傳形
0828	西漢時期	兩半	銅質	24.47	2.0	上海博物館藏		五分錢、四銖錢、傳形
0829	西漢時期	兩半	銅質	22.36	1.7	上海博物館藏		五分錢、四銖錢、傳形
0830	西漢時期	半兩	銅質	23.57	2.4	上海博物館藏		五分錢、四銖錢、合背
0831	西漢時期	兩兩	銅質	23.11	2.6	上海博物館藏		五分錢、四銖錢
0832	西漢時期	兩兩	銅質	22.85	1.5	上海博物館藏		五分錢、四銖錢
0833	西漢時期	半兩	銅質	23.56	2.5	存雲亭藏		五分錢、四銖錢
0834	西漢時期	半兩	銅質	23.42	2.4	上海博物館藏		五分錢、四銖錢
0835	西漢時期	半兩	銅質	24.02	2.7	上海博物館藏		五分錢、四銖錢
0836	西漢時期	半兩	銅質	23.33	2.7	上海博物館藏		五分錢、四銖錢
0837	西漢時期	半兩	銅質	23.22	2.0	上海博物館藏		五分錢、四銖錢
0838	西漢時期	半兩	銅質	24.29	2.4	上海博物館藏		五分錢、四銖錢
0839	西漢時期	半兩	銅質	24.17	2.9	上海博物館藏		五分錢、四銖錢
0840	西漢時期	半兩	銅質	24.08	2.3	上海博物館藏		五分錢、四銖錢
0841	西漢時期	半兩	銅質	23.70	2.6	上海博物館藏		五分錢、四銖錢

編號	說　明	幣　名	材　質	直徑 (毫米)	重 (克)	來　　源	等　級	注　釋
0842	西漢時期	半兩	銅質	22.38	2.6	上海博物館藏		五分錢、四銖錢
0843	西漢時期	半兩	銅質	23.44	2.4	上海博物館藏		五分錢、四銖錢
0844	西漢時期	半兩	銅質	23.11	2.2	上海博物館藏		五分錢、四銖錢
0845	西漢時期	半兩	銅質	23.43	2.7	上海博物館藏		五分錢、四銖錢
0846	西漢時期	半兩	銅質	23.18	2.5	上海博物館藏		五分錢、四銖錢
0847	西漢時期	半兩	銅質	21.82	2.2	上海博物館藏		五分錢、四銖錢
0848	西漢時期	半兩	銅質	23.42	2.6	上海博物館藏		五分錢、四銖錢
0849	西漢時期	半兩	銅質	24.15	2.2	上海博物館藏		五分錢、四銖錢
0850	西漢時期	半兩	銅質	24.12	2.8	上海博物館藏		五分錢、四銖錢
0851	西漢時期	半兩	銅質	22.86	1.9	上海博物館藏		五分錢、四銖錢
0852	西漢時期	半兩	銅質	23.62	2.1	上海博物館藏		五分錢、四銖錢
0853	西漢時期	半兩	銅質	23.39	2.9	上海博物館藏		五分錢、四銖錢
0854	西漢時期	半兩	銅質	23.31	2.2	上海博物館藏		五分錢、四銖錢
0855	西漢時期	半兩	銅質	23.75	2.7	上海博物館藏		五分錢、四銖錢
0856	西漢時期	半兩	銅質	24.25	2.4	上海博物館藏		五分錢、四銖錢
0857	西漢時期	半兩	銅質	23.42	3.1	上海博物館藏		五分錢、四銖錢
0858	西漢時期	半兩	銅質	23.29	2.9	上海博物館藏		五分錢、四銖錢
0859	西漢時期	半兩	銅質	23.43	2.7	上海博物館藏		五分錢、四銖錢
0860	西漢時期	半兩	銅質	22.92	2.3	上海博物館藏		五分錢、四銖錢
0861	西漢時期	半兩	銅質	23.24	3.1	上海博物館藏		五分錢、四銖錢
0862	西漢時期	半兩	銅質	22.20	2.7	上海博物館藏		五分錢、四銖錢
0863	西漢時期	半兩	銅質	22.82	2.9	上海博物館藏		五分錢、四銖錢
0864	西漢時期	半兩	銅質	22.42	2.3	上海博物館藏		五分錢、四銖錢
0865	西漢時期	半兩	銅質	23.10	2.7	上海博物館藏		五分錢、四銖錢
0866	西漢時期	半兩	銅質	23.57	2.8	上海博物館藏		五分錢、四銖錢
0867	西漢時期	半兩	銅質	23.42	2.8	上海博物館藏		五分錢、四銖錢
0868	西漢時期	半兩	銅質	23.53	2.8	上海博物館藏		五分錢、四銖錢
0869	西漢時期	半兩	銅質	24.27	2.4	上海博物館藏		五分錢、四銖錢、面下"土"
0870	西漢時期	半兩	銅質	24.47	2.8	上海博物館藏		五分錢、四銖錢、面上陰文"又"
0871	西漢時期	半兩	銅質	23.24	2.1	上海博物館藏		五分錢、四銖錢、面上陰文"H"
0872	西漢時期	半兩	銅質	23.84	2.0	上海博物館藏		五分錢、四銖錢、面上陰文"冂"
0873	西漢時期	半兩	銅質	24.89	3.0	上海博物館藏		五分錢、四銖錢、面上陰文"又"
0874	西漢時期	半兩	銅質	24.13	3.0	傅爲群藏		五分錢、四銖錢、面下星
0875	西漢時期	半兩	銅質	22.52	2.1	上海博物館藏		五分錢、四銖錢、面五竪
0876	西漢時期	半兩	銅質	23.23	3.1	上海博物館藏		五分錢、四銖錢、面下"土"
0877	西漢時期	半兩	銅質	22.80	1.8	上海博物館藏		五分錢、四銖錢、面雙"十"
0878	西漢時期	半兩	銅質	23.03	2.5	上海博物館藏		五分錢、四銖錢、面二竪
0879	西漢時期	半兩	銅質	24.82	2.6	上海博物館藏		五分錢、四銖錢、面一橫
0880	西漢時期	半兩	銅質	24.68	2.2	上海博物館藏		五分錢、四銖錢、面一橫
0881	西漢時期	半兩	銅質	25.40	2.4	上海博物館藏		五分錢、四銖錢、面一橫
0882	西漢時期	半兩	銅質	23.99	2.3	上海博物館藏		五分錢、四銖錢、面三竪
0883	西漢時期	半兩	銅質	23.84	2.2	上海博物館藏		五分錢、四銖錢、面三竪
0884	西漢時期	半兩	銅質	24.00	2.2	上海博物館藏		五分錢、四銖錢、面下"乂"
0885	西漢時期	半兩	銅質	23.70	2.4	上海博物館藏		五分錢、四銖錢、面三竪
0886	西漢時期	半兩	銅質	24.03	2.0	上海博物館藏		五分錢、四銖錢、面三竪
0887	西漢時期	半兩	銅質	24.55	2.3	上海博物館藏		五分錢、四銖錢、面下"八"
0888	西漢時期	半兩	銅質	23.69	1.9	上海博物館藏		五分錢、四銖錢、面四竪
0889	西漢時期	半兩	銅質	23.14	1.8	上海博物館藏		五分錢、四銖錢、面一橫
0890	西漢時期	半兩	銅質	23.70	1.9	上海博物館藏		五分錢、四銖錢、面一橫
0891	西漢時期	半兩	銅質	23.80	2.5	上海博物館藏		五分錢、四銖錢、面雙"十"

編號	説　明	幣　名	材　質	直徑 (毫米)	重 (克)	來　源	等　級	注　釋
0892	西漢時期	半兩	銅質	23.01	1.8	上海博物館藏		五分錢、四銖錢、面下"×"
0893	西漢時期	半兩	銅質	23.08	2.1	上海博物館藏		五分錢、四銖錢、面三竪
0894	西漢時期	半兩	銅質	24.15	2.4	上海博物館藏		五分錢、四銖錢、面二竪
0895	西漢時期	半兩	銅質	23.48	1.8	上海博物館藏		五分錢、四銖錢、面三竪
0896	西漢時期	半兩	銅質	23.94	2.2	上海博物館藏		五分錢、四銖錢、面三竪下"厂"
0897	西漢時期	半兩	銅質	24.45	2.8	上海博物館藏		五分錢、四銖錢、面三竪
0898	西漢時期	半兩	銅質	22.72	2.0	上海博物館藏		五分錢、四銖錢、面三竪
0899	西漢時期	半兩	銅質	23.50	2.6	上海博物館藏		五分錢、四銖錢、面四竪
0900	西漢時期	半兩	銅質	22.18	2.4	上海博物館藏		五分錢、四銖錢、面三竪
0901	西漢時期	半兩	銅質	22.34	2.4	上海博物館藏		五分錢、四銖錢、面三竪
0902	西漢時期	半兩	銅質	23.13		牛群生提供		五分錢、四銖錢、面下"人"
0903	西漢時期	半兩	銅質	23.28	2.3	上海博物館藏		五分錢、四銖錢、面三竪
0904	西漢時期	半兩	銅質	23.79		牛群生提供		五分錢、四銖錢、面上"十"
0905	西漢時期	半兩	銅質	25.61	2.8	上海博物館藏		五分錢、四銖錢、面一竪
0906	西漢時期	半兩	銅質	24.27	2.4	上海博物館藏		五分錢、四銖錢、面二竪
0907	西漢時期	半兩	銅質	24.49	2.6	上海博物館藏		五分錢、四銖錢
0908	西漢時期	半兩	銅質	23.07	2.2	上海博物館藏		五分錢、四銖錢、面二竪
0909	西漢時期	半兩	銅質	23.81	3.1	上海博物館藏		五分錢、四銖錢
0910	西漢時期	半兩	銅質	23.93	2.2	上海博物館藏		五分錢、四銖錢、面二竪
0911	西漢時期	半兩	銅質	24.82	3.5	上海博物館藏		五分錢、四銖錢、面一橫
0912	西漢時期	半兩	銅質	25.19	2.7	上海博物館藏		五分錢、四銖錢、面二竪
0913	西漢時期	半兩	銅質	24.33	3.2	上海博物館藏		五分錢、四銖錢、面下"人"
0914	西漢時期	半兩	銅質	23.59	3.3	上海博物館藏		五分錢、四銖錢、面一竪
0915	西漢時期	半兩	銅質	24.23	3.0	上海博物館藏		五分錢、四銖錢、面下二星
0916	西漢時期	半兩	銅質	23.95	2.8	上海博物館藏		五分錢、四銖錢、面一竪
0917	西漢時期	半兩	銅質	26.76	2.1	上海博物館藏		五分錢、四銖錢、面下星
0918	西漢時期	半兩	銅質	24.51	2.7	上海博物館藏		五分錢、四銖錢、面一竪
0919	西漢時期	半兩	銅質	24.24	2.3	上海博物館藏		五分錢、四銖錢、面一竪
0920	西漢時期	半兩	銅質	24.00	2.1	上海博物館藏		五分錢、四銖錢、面一竪
0921	西漢時期	半兩	銅質	22.96	2.2	上海博物館藏		五分錢、四銖錢、面一竪
0922	西漢時期	半兩	銅質	23.75	2.6	上海博物館藏		五分錢、四銖錢、面一竪
0923	西漢時期	半兩	銅質	24.01	2.8	上海博物館藏		五分錢、四銖錢、面一竪
0924	西漢時期	半兩	銅質	24.74	2.6	上海博物館藏		五分錢、四銖錢、面下星
0925	西漢時期	半兩	銅質	23.57	2.8	上海博物館藏		五分錢、四銖錢、面下星
0926	西漢時期	半兩	銅質	24.44	3.1	上海博物館藏		五分錢、四銖錢、面一竪
0927	西漢時期	半兩	銅質	23.81	3.2	上海博物館藏		五分錢、四銖錢、面下星
0928	西漢時期	半兩	銅質	24.00	3.0	上海博物館藏		五分錢、四銖錢、面下星
0929	西漢時期	半兩	銅質	24.95	3.5	上海博物館藏		五分錢、四銖錢、面下星
0930	西漢時期	半兩	銅質	24.55	2.8	上海博物館藏		五分錢、四銖錢、面上"ソ"
0931	西漢時期	半兩	銅質	24.04	3.0	上海博物館藏		五分錢、四銖錢、面四竪
0932	西漢時期	半兩	銅質	24.28	2.6	上海博物館藏		五分錢、四銖錢、面三竪
0933	西漢時期	半兩	銅質	25.09	3.2	上海博物館藏		五分錢、四銖錢、面一橫
0934	西漢時期	半兩	銅質	24.27	2.7	上海博物館藏		五分錢、四銖錢、面二竪
0935	西漢時期	半兩	銅質	23.09	2.7	上海博物館藏		五分錢、四銖錢、面一竪
0936	西漢時期	半兩	銅質	23.77	2.2	上海博物館藏		五分錢、四銖錢、面二竪
0937	西漢時期	半兩	銅質	24.67	2.7	上海博物館藏		五分錢、四銖錢、面一橫
0938	西漢時期	半兩	銅質	24.63	3.3	上海博物館藏		五分錢、四銖錢、面三竪
0939	西漢時期	半兩	銅質	24.15	3.1	上海博物館藏		五分錢、四銖錢、面四竪
0940	西漢時期	半兩	銅質	23.98	3.0	上海博物館藏		五分錢、四銖錢、面一橫
0941	西漢時期	半兩	銅質	22.86	2.7	上海博物館藏		五分錢、四銖錢、面三竪

編號	説　明	幣　名	材質	直徑 (毫米)	重 (克)	來　　源	等　級	注　　釋
0942	西漢時期	半兩	銅質	23.32	1.8	上海博物館藏		五分錢、四銖錢、面二竪
0943	西漢時期	兩	銅質	24.12	2.7	存雲亭藏		五分錢、四銖錢、面上"八"
0944	西漢時期	半兩	銅質	23.61	3.1	上海博物館藏		五分錢、四銖錢
0945	西漢時期	半兩	銅質	24.85	3.8	上海博物館藏		五分錢、四銖錢
0946	西漢時期	半兩	銅質	23.00	3.2	上海博物館藏		五分錢、四銖錢
0947	西漢時期	半兩	銅質	24.00	2.9	上海博物館藏		五分錢、四銖錢
0948	西漢時期	半兩	銅質	27.00	4.2	上海博物館藏		五分錢、四銖錢
0949	西漢時期	半兩	銅質	24.93	2.0	上海博物館藏		五分錢、四銖錢
0950	西漢時期	半兩	銅質	24.51	2.8	上海博物館藏		五分錢、四銖錢
0951	西漢時期	半兩	銅質	25.41	3.1	上海博物館藏		五分錢、四銖錢、面一橫
0952	西漢時期	半兩	銅質	23.99	2.2	上海博物館藏		五分錢、四銖錢
0953	西漢時期	半兩	銅質	24.71	2.3	上海博物館藏		五分錢、四銖錢
0954	西漢時期	半兩	銅質	23.59	3.8	上海博物館藏		五分錢、四銖錢
0955	西漢時期	半兩	銅質	25.28	3.3	上海博物館藏		五分錢、四銖錢
0956	西漢時期	半兩	銅質	22.06	3.0	上海博物館藏		五分錢、四銖錢
0957	西漢時期	半兩	銅質	23.95	2.8	上海博物館藏		五分錢、四銖錢
0958	西漢時期	半兩	銅質	24.68	2.9	上海博物館藏		五分錢、四銖錢
0959	西漢時期	半兩	銅質	25.10	3.1	上海博物館藏		五分錢、四銖錢
0960	西漢時期	半兩	銅質	24.60	3.0	上海博物館藏		五分錢、四銖錢
0961	西漢時期	半兩	銅質	23.57	2.4	上海博物館藏		五分錢、四銖錢
0962	西漢時期	半兩	銅質	23.88	3.0	上海博物館藏		五分錢、四銖錢
0963	西漢時期	半兩	銅質	24.76	2.3	上海博物館藏		五分錢、四銖錢
0964	西漢時期	半兩	銅質	23.71	2.9	存雲亭藏		五分錢、四銖錢
0965	西漢時期	半兩	銅質	23.84	2.8	上海博物館藏		五分錢、四銖錢
0966	西漢時期	半兩	銅質	25.82	2.9	上海博物館藏		五分錢、四銖錢
0967	西漢時期	半兩	銅質	24.48	2.6	上海博物館藏		五分錢、四銖錢
0968	西漢時期	半兩	銅質	24.32	2.8	上海博物館藏		五分錢、四銖錢
0969	西漢時期	半兩	銅質	23.33	2.5	上海博物館藏		五分錢、四銖錢
0970	西漢時期	半兩	銅質	24.09	2.7	上海博物館藏		五分錢、四銖錢
0971	西漢時期	半兩	銅質	23.32	2.1	上海博物館藏		五分錢、四銖錢
0972	西漢時期	半兩	銅質	24.51	2.4	上海博物館藏		五分錢、四銖錢
0973	西漢時期	半兩	銅質	23.97	3.0	上海博物館藏		五分錢、四銖錢
0974	西漢時期	半兩	銅質	23.98	2.8	上海博物館藏		五分錢、四銖錢
0975	西漢時期	半兩	銅質	24.28	3.1	上海博物館藏		五分錢、四銖錢
0976	西漢時期	半兩	銅質	23.32	2.6	上海博物館藏		五分錢、四銖錢
0977	西漢時期	半兩	銅質	24.36	3.8	上海博物館藏		五分錢、四銖錢
0978	西漢時期	半兩	銅質	23.56	2.9	上海博物館藏		五分錢、四銖錢
0979	西漢時期	半兩	銅質	23.24	2.9	上海博物館藏		五分錢、四銖錢
0980	西漢時期	半兩	銅質	23.53	3.3	上海博物館藏		五分錢、四銖錢
0981	西漢時期	半兩	銅質	24.06	2.9	上海博物館藏		五分錢、四銖錢
0982	西漢時期	半兩	銅質	24.37	2.5	存雲亭藏		五分錢、四銖錢
0983	西漢時期	半兩	銅質	23.17	2.8	上海博物館藏		五分錢、四銖錢
0984	西漢時期	半兩	銅質	24.72	3.2	上海博物館藏		五分錢、四銖錢
0985	西漢時期	半兩	銅質	24.08	2.9	上海博物館藏		五分錢、四銖錢
0986	西漢時期	半兩	銅質	22.81	2.6	上海博物館藏		五分錢、四銖錢
0987	西漢時期	半兩	銅質	24.41	3.1	上海博物館藏		五分錢、四銖錢
0988	西漢時期	半兩	銅質	23.00	2.4	上海博物館藏		五分錢、四銖錢
0989	西漢時期	半兩	銅質	24.01	2.9	上海博物館藏		五分錢、四銖錢
0990	西漢時期	半兩	銅質	23.93	2.4	存雲亭藏		五分錢、四銖錢
0991	西漢時期	半兩	銅質	24.39	2.3	上海博物館藏		五分錢、四銖錢

編號	說　明	幣　名	材　質	直徑 （毫米）	重 （克）	來　　源	等　級	注　　釋
0992	西漢時期	半兩	銅質	24.76	2.9	上海博物館藏		五分錢、四銖錢
0993	西漢時期	半兩	銅質	24.70	2.8	上海博物館藏		五分錢、四銖錢
0994	西漢時期	半兩	銅質	24.81	2.7	上海博物館藏		五分錢、四銖錢
0995	西漢時期	半兩	銅質	23.65	3.2	上海博物館藏		五分錢、四銖錢
0996	西漢時期	半兩	銅質	23.85	2.9	上海博物館藏		五分錢、四銖錢
0997	西漢時期	半兩	銅質	24.18	2.9	上海博物館藏		五分錢、四銖錢
0998	西漢時期	半兩	銅質	23.54	3.1	上海博物館藏		五分錢、四銖錢
0999	西漢時期	半兩	銅質	22.49	3.0	上海博物館藏		五分錢、四銖錢
1000	西漢時期	半兩	銅質	20.87	2.4	上海博物館藏		五分錢、四銖錢
1001	西漢時期	半兩	銅質	23.25	3.3	上海博物館藏		五分錢、四銖錢
1002	西漢時期	半兩	銅質	23.75	2.3	上海博物館藏		五分錢、四銖錢
1003	西漢時期	半兩	銅質	23.09	2.7	存雲亭藏		五分錢、四銖錢
1004	西漢時期	半兩	銅質	23.31	2.6	上海博物館藏		五分錢、四銖錢
1005	西漢時期	半兩	銅質	24.64	3.5	上海博物館藏		五分錢、四銖錢
1006	西漢時期	半兩	銅質	22.65	3.1	上海博物館藏		五分錢、四銖錢
1007	西漢時期	半兩	銅質	23.84	2.8	上海博物館藏		五分錢、四銖錢
1008	西漢時期	半兩	銅質	23.22	1.5	上海博物館藏		五分錢、四銖錢
1009	西漢時期	半兩	銅質	22.83	2.8	上海博物館藏		五分錢、四銖錢
1010	西漢時期	半兩	銅質	24.15	2.6	上海博物館藏		五分錢、四銖錢
1011	西漢時期	半兩	銅質	23.22	2.8	上海博物館藏		五分錢、四銖錢
1012	西漢時期	半兩	銅質	23.10	2.8	上海博物館藏		五分錢、四銖錢
1013	西漢時期	半兩	銅質	25.34	3.4	上海博物館藏		五分錢、四銖錢
1014	西漢時期	半兩	銅質	23.08	2.7	上海博物館藏		五分錢、四銖錢
1015	西漢時期	半兩	銅質	23.44	2.9	上海博物館藏		五分錢、四銖錢
1016	西漢時期	半兩	銅質	22.99	3.3	上海博物館藏		五分錢、四銖錢
1017	西漢時期	半兩	銅質	23.34	2.7	上海博物館藏		五分錢、四銖錢
1018	西漢時期	半兩	銅質	24.13	3.6	上海博物館藏		五分錢、四銖錢
1019	西漢時期	半兩	銅質	24.50	2.6	上海博物館藏		五分錢、四銖錢
1020	西漢時期	半兩	銅質	24.47	2.4	上海博物館藏		五分錢、四銖錢
1021	西漢時期	半兩	銅質	24.75	3.0	上海博物館藏		五分錢、四銖錢
1022	西漢時期	半兩	銅質	23.79	2.6	上海博物館藏		五分錢、四銖錢
1023	西漢時期	半兩	銅質	25.38	3.0	上海博物館藏		五分錢、四銖錢
1024	西漢時期	半兩	銅質	24.77	2.5	上海博物館藏		五分錢、四銖錢
1025	西漢時期	半兩	銅質	22.96	2.6	上海博物館藏		五分錢、四銖錢
1026	西漢時期	半兩	銅質	24.09	2.7	上海博物館藏		五分錢、四銖錢
1027	西漢時期	半兩	銅質	23.39	2.9	上海博物館藏		五分錢、四銖錢
1028	西漢時期	半兩	銅質	23.99	2.3	存雲亭藏		五分錢、四銖錢
1029	西漢時期	半兩	銅質	25.34	3.5	上海博物館藏		五分錢、四銖錢
1030	西漢時期	半兩	銅質	23.93	2.8	上海博物館藏		五分錢、四銖錢
1031	西漢時期	半兩	銅質	25.03	3.2	上海博物館藏		五分錢、四銖錢
1032	西漢時期	半兩	銅質	24.91	2.1	上海博物館藏		五分錢、四銖錢
1033	西漢時期	半兩	銅質	26.95	2.2	上海博物館藏		五分錢、四銖錢
1034	西漢時期	半兩	銅質	24.38	2.4	上海博物館藏		五分錢、四銖錢
1035	西漢時期	半兩	銅質	23.37	2.7	上海博物館藏		五分錢、四銖錢
1036	西漢時期	半兩	銅質	23.74	2.6	上海博物館藏		五分錢、四銖錢
1037	西漢時期	半兩	銅質	23.64	2.8	上海博物館藏		五分錢、四銖錢
1038	西漢時期	半兩	銅質	24.55	2.7	上海博物館藏		五分錢、四銖錢
1039	西漢時期	半兩	銅質	23.91	2.2	上海博物館藏		五分錢、四銖錢
1040	西漢時期	半兩	銅質	24.61	3.0	上海博物館藏		五分錢、四銖錢
1041	西漢時期	半兩	銅質	23.67	3.5	上海博物館藏		五分錢、四銖錢

編號	説　明	幣　名	材　質	直徑 (毫米)	重 (克)	來　　源	等　級	注　　釋
1042	西漢時期	半兩	銅質	24.19	2.8	上海博物館藏		五分錢、四銖錢
1043	西漢時期	半兩	銅質	24.77	1.8	上海博物館藏		五分錢、四銖錢
1044	西漢時期	半兩	銅質	24.15	2.8	上海博物館藏		五分錢、四銖錢
1045	西漢時期	半兩	銅質	23.12	2.2	上海博物館藏		五分錢、四銖錢
1046	西漢時期	半兩	銅質	25.89	3.0	上海博物館藏		五分錢、四銖錢
1047	西漢時期	半兩	銅質	25.18	2.9	上海博物館藏		五分錢、四銖錢
1048	西漢時期	半兩	銅質	24.97	2.8	上海博物館藏		五分錢、四銖錢
1049	西漢時期	半兩	銅質	25.16	2.4	上海博物館藏		五分錢、四銖錢
1050	西漢時期	半兩	銅質	24.36	2.6	上海博物館藏		五分錢、四銖錢
1051	西漢時期	半兩	銅質	23.71	1.9	上海博物館藏		五分錢、四銖錢
1052	西漢時期	半兩	銅質	24.57	2.9	上海博物館藏		五分錢、四銖錢
1053	西漢時期	半兩	銅質	24.80	2.5	上海博物館藏		五分錢、四銖錢
1054	西漢時期	半兩	銅質	24.17	2.9	傅爲群藏		五分錢、四銖錢
1055	西漢時期	半兩	銅質	24.89	2.9	上海博物館藏		五分錢、四銖錢
1056	西漢時期	半兩	銅質	25.65	2.6	上海博物館藏		五分錢、四銖錢
1057	西漢時期	半兩	銅質	25.33	2.3	上海博物館藏		五分錢、四銖錢
1058	西漢時期	半兩	銅質	24.82	3.4	上海博物館藏		五分錢、四銖錢
1059	西漢時期	半兩	銅質	26.22	2.4	上海博物館藏		五分錢、四銖錢
1060	西漢時期	半兩	銅質	25.70	2.7	上海博物館藏		五分錢、四銖錢
1061	西漢時期	半兩	銅質	25.94	2.3	上海博物館藏		五分錢、四銖錢
1062	西漢時期	半兩	銅質	24.66	3.3	上海博物館藏		五分錢、四銖錢
1063	西漢時期	半兩	銅質	24.92	2.7	上海博物館藏		五分錢、四銖錢
1064	西漢時期	半兩	銅質	24.54	3.1	上海博物館藏		五分錢、四銖錢
1065	西漢時期	半兩	銅質	23.69		牛群生提供		五分錢、四銖錢
1066	西漢時期	半兩	銅質	24.84	2.9	存雲亭藏		五分錢、四銖錢
1067	西漢時期	半兩	銅質	24.10	2.7	上海博物館藏		五分錢、四銖錢
1068	西漢時期	半兩	銅質	25.21	2.7	上海博物館藏		五分錢、四銖錢
1069	西漢時期	半兩	銅質	24.16	2.9	上海博物館藏		五分錢、四銖錢
1070	西漢時期	半兩	銅質	24.98	2.1	存雲亭藏		五分錢、四銖錢
1071	西漢時期	半兩	銅質	23.45	2.9	上海博物館藏		五分錢、四銖錢
1072	西漢時期	半兩	銅質	23.11	3.0	上海博物館藏		五分錢、四銖錢
1073	西漢時期	半兩	銅質	24.96	3.1	上海博物館藏		五分錢、四銖錢
1074	西漢時期	半兩	銅質	24.00	2.8	上海博物館藏		五分錢、四銖錢
1075	西漢時期	半兩	銅質	24.05	2.4	上海博物館藏		五分錢、四銖錢
1076	西漢時期	半兩	銅質	23.46	3.0	上海博物館藏		五分錢、四銖錢
1077	西漢時期	半兩	銅質	24.45	2.6	上海博物館藏		五分錢、四銖錢
1078	西漢時期	半兩	銅質	23.29	2.7	上海博物館藏		五分錢、四銖錢
1079	西漢時期	半兩	銅質	25.54	3.0	上海博物館藏		五分錢、四銖錢
1080	西漢時期	半兩	銅質	23.30	2.9	上海博物館藏		五分錢、四銖錢
1081	西漢時期	半兩	銅質	24.01	2.5	存雲亭藏		五分錢、四銖錢
1082	西漢時期	半兩	銅質	22.61	2.6	上海博物館藏		五分錢、四銖錢
1083	西漢時期	半兩	銅質	24.79	2.6	上海博物館藏		五分錢、四銖錢
1084	西漢時期	半兩	銅質	24.23	2.4	上海博物館藏		五分錢、四銖錢
1085	西漢時期	半兩	銅質	23.89	2.8	上海博物館藏		五分錢、四銖錢
1086	西漢時期	半兩	銅質	24.40	3.0	上海博物館藏		五分錢、四銖錢
1087	西漢時期	半兩	銅質	25.25	2.4	上海博物館藏		五分錢、四銖錢
1088	西漢時期	兩半	銅質	24.18	2.3	上海博物館藏		五分錢、四銖錢、傳形
1089	西漢時期	兩半	銅質	23.49	2.6	上海博物館藏		五分錢、四銖錢、傳形
1090	西漢時期	兩半	銅質	25.13	2.4	上海博物館藏		五分錢、四銖錢、傳形
1091	西漢時期	兩半	銅質	23.94	2.4	上海博物館藏		五分錢、四銖錢、傳形

編號	説　明	幣　　名	材　質	直徑 （毫米）	重 （克）	來　　源	等　級	注　釋
1092	西漢時期	兩半	銅質	23.80	2.9	上海博物館藏		五分錢、四銖錢、傳形
1093	西漢時期	兩半	銅質	24.22	2.0	上海博物館藏		五分錢、四銖錢、傳形
1094	西漢時期	兩半	銅質	23.48	2.8	上海博物館藏		五分錢、四銖錢、傳形
1095	西漢時期	兩半	銅質	24.29	2.9	上海博物館藏		五分錢、四銖錢、傳形
1096	西漢時期	半兩	銅質	22.87	1.6	上海博物館藏		五分錢、四銖錢
1097	西漢時期	兩半	銅質	24.71	2.7	上海博物館藏		五分錢、四銖錢、傳形異體
1098	西漢時期	半兩	鐵質	24.22		選自《中國珍稀錢幣》	1	五分錢、四銖錢
1099	西漢時期	半兩	鐵質	24.45		選自《中國古錢譜》	1	五分錢、四銖錢
1100	西漢時期	半兩	鐵質	23.07		選自《中國古錢譜》	1	五分錢、四銖錢
1101	西漢時期	半兩	鐵質	23.82		選自《中國古錢譜》	1	五分錢、四銖錢
1102	西漢時期	半兩	鐵質	23.41		選自《中國古錢譜》	1	五分錢、四銖錢
1103	西漢時期	半兩	鐵質	23.11		選自《中國古錢譜》	1	五分錢、四銖錢
1104	西漢時期	半兩	鉛質	24.04	2.5	金立夫藏	1	五分錢、四銖錢
1105	西漢時期	半兩	鉛質	23.00	2.7	蕭春源提供	1	五分錢、四銖錢
1106	西漢時期	半兩	鉛質	23.00	2.9	蕭春源提供	1	五分錢、四銖錢
1107	西漢時期	半兩	鉛質	22.50	2.5	鄒誌諒藏	1	五分錢、四銖錢
1108	西漢時期	大宮半兩	銅質	26.23		選自《古錢幣圖解》	2	五分錢、四銖錢、面“大宮”
1109	西漢時期	上間半兩	銅質	22.09		選自《古錢幣圖解》	2	五分錢、四銖錢、面“上間”
1110	西漢時期	三銖	銅質	23.62	2.7	上海博物館藏	1	無郭
1111	西漢時期	三銖	銅質	22.74		選自《中國珍稀錢幣》	1	無郭
1112	西漢時期	三銖	銅質	23.87	2.0	上海博物館藏	1	
1113	西漢時期	三銖	銅質	24.37	2.4	上海博物館藏	1	
1114	西漢時期	三銖	銅質	23.47	2.2	金立夫藏	1	
1115	西漢時期	三銖	銅質	23.36	2.2	上海博物館藏	1	
1116	西漢時期	三銖	銅質	23.34	1.9	上海博物館藏	1	
1117	西漢時期	三銖	銅質	23.29	1.8	金立夫藏	1	
1118	西漢時期	三銖	銅質	23.12	1.6	上海博物館藏	1	
1119	西漢時期	三銖	銅質	23.08	2.2	上海博物館藏	1	
1120	西漢時期	三銖	銅質	23.03	1.9	上海博物館藏	1	
1121	西漢時期	三銖	銅質	23.00	2.0	上海博物館藏	1	
1122	西漢時期	三銖	銅質	22.82	1.8	金立夫藏	1	
1123	西漢時期	三銖	銅質	22.76	2.0	上海博物館藏	1	
1124	西漢時期	三銖	銅質	22.72	2.1	金立夫藏	1	
1125	西漢時期	三銖	銅質	22.70	2.1	屠燕治藏	1	
1126	西漢時期	三銖	銅質	22.65	2.7	上海博物館藏	1	
1127	西漢時期	三銖	銅質	22.57	2.4	上海博物館藏	1	
1128	西漢時期	三銖	銅質	22.98	2.2	上海博物館藏	1	
1129	西漢時期	三銖	銅質	22.46	1.8	上海博物館藏	1	
1130	西漢時期	銖三	鐵質	22.31		選自《中國珍稀錢幣》	1	傳形
1131	西漢時期	五銖	銅質	25.00	8.0			1987 年漢長安西直門外高紙堡 村西北梁村出土
1132	西漢時期	五銖	銅質	25.00	3.5			1987 年漢長安西直門外高紙堡 村西北梁村出土
1133	西漢時期	五銖	銅質	25.00	4.0			1987 年漢長安西直門外高紙堡 村西北梁村出土
1134	西漢時期	五銖	銅質	25.00	4.0			1987 年漢長安西直門外高紙堡 村西北梁村出土
1135	西漢時期	五銖	銅質	25.00	4.0			1987 年漢長安西直門外高紙堡 村西北梁村出土
1136	西漢時期	五銖	銅質	25.00	4.5			1987 年漢長安西直門外高紙堡 村西北梁村出土
1137	西漢時期	五銖	銅質	27.36	4.1	上海博物館藏		

編號	説　明	幣　名	材　質	直徑 (毫米)	重 (克)	來　源	等　級	注　釋
1138	西漢時期	五銖	銅質	26.75	7.0	上海博物館藏		
1139	西漢時期	五銖	銅質	26.07	4.2	上海博物館藏		
1140	西漢時期	五銖	銅質	25.91	3.6	上海博物館藏		
1141	西漢時期	五銖	銅質	26.03	4.3	上海博物館藏		
1142	西漢時期	五銖	銅質	26.02	4.0	上海博物館藏		
1143	西漢時期	五銖	銅質	25.72	3.5	上海博物館藏		
1144	西漢時期	五銖	銅質	26.55	3.0	上海博物館藏		
1145	西漢時期	五銖	銅質	25.71	4.5	上海博物館藏		
1146	西漢時期	五銖	銅質	25.34	3.8	上海博物館藏		
1147	西漢時期	五銖	銅質	25.31	4.7	上海博物館藏		
1148	西漢時期	五銖	銅質	24.96	2.3	存雲亭藏		
1149	西漢時期	五銖	銅質	25.88	4.8	上海博物館藏		
1150	西漢時期	五銖	銅質	26.37	4.6	上海博物館藏		
1151	西漢時期	五銖	銅質	24.27	4.6	存雲亭藏		
1152	西漢時期	五銖	銅質	26.70	7.0	上海博物館藏		
1153	西漢時期	五銖	銅質	25.64	3.0	存雲亭藏		
1154	西漢時期	五銖	銅質	26.45	4.1	上海博物館藏		
1155	西漢時期	五銖	銅質	26.21	4.6	上海博物館藏		
1156	西漢時期	五銖	銅質	25.73	3.2	存雲亭藏		
1157	西漢時期	五銖	銅質	26.28	4.2	上海博物館藏		
1158	西漢時期	五銖	銅質	25.96	4.1	上海博物館藏		
1159	西漢時期	五銖	銅質	26.41	3.9	上海博物館藏		
1160	西漢時期	五銖	銅質	25.91	3.7	上海博物館藏		
1161	西漢時期	五銖	銅質	26.67	3.8	上海博物館藏		
1162	西漢時期	五銖	銅質	25.86	3.6	上海博物館藏		
1163	西漢時期	五銖	銅質	25.36	3.5	上海博物館藏		
1164	西漢時期	五銖	銅質	26.42	4.0	上海博物館藏		
1165	西漢時期	五銖	銅質	26.26	4.7	上海博物館藏		
1166	西漢時期	五銖	銅質	25.69	4.3	上海博物館藏		
1167	西漢時期	五銖	銅質	25.97	3.4	存雲亭藏		
1168	西漢時期	五銖	銅質	24.54	3.1	上海博物館藏		
1169	西漢時期	五銖	銅質	24.96	3.5	上海博物館藏		
1170	西漢時期	五銖	銅質	27.08	5.1	上海博物館藏		
1171	西漢時期	五銖	銅質	25.78	3.7	上海博物館藏		
1172	西漢時期	五銖	銅質	25.03	5.3	上海博物館藏		
1173	西漢時期	五銖	銅質	25.55	4.8	上海博物館藏		
1174	西漢時期	五銖	銅質	24.63	4.3	上海博物館藏		
1175	西漢時期	五銖	銅質	26.42	4.2	上海博物館藏		
1176	西漢時期	五銖	銅質	25.36	3.0	存雲亭藏		
1177	西漢時期	五銖	銅質	24.99	3.9	上海博物館藏		
1178	西漢時期	五銖	銅質	25.16	3.8	上海博物館藏		
1179	西漢時期	五銖	銅質	25.72	3.2	上海博物館藏		
1180	西漢時期	五銖	銅質	25.23	4.9	上海博物館藏		
1181	西漢時期	五銖	銅質	25.17	4.6	上海博物館藏		
1182	西漢時期	五銖	銅質	25.66	4.3	上海博物館藏		
1183	西漢時期	五銖	銅質	25.43	3.5	上海博物館藏		
1184	西漢時期	五銖	銅質	25.78	4.0	上海博物館藏		
1185	西漢時期	五銖	銅質	25.43	3.4	上海博物館藏		
1186	西漢時期	五銖	銅質	25.26	3.4	上海博物館藏		
1187	西漢時期	五銖	銅質	25.34	3.1	上海博物館藏		

編號	說　明	幣　名	材　質	直徑 (毫米)	重 (克)	來　　源	等　級	注　　釋
1188	西漢時期	五銖	銅質	24.72	3.3	上海博物館藏		
1189	西漢時期	五銖	銅質	25.11	3.3	上海博物館藏		
1190	西漢時期	五銖	銅質	25.43	2.0	存雲亭藏		
1191	西漢時期	五銖	銅質	24.76	3.0	上海博物館藏		
1192	西漢時期	五銖	銅質	24.66	4.1	上海博物館藏		
1193	西漢時期	五銖	銅質	25.22	4.6	上海博物館藏		
1194	西漢時期	五銖	銅質	25.33	3.8	上海博物館藏		
1195	西漢時期	五銖	銅質	25.70	3.7	上海博物館藏		
1196	西漢時期	五銖	銅質	25.19	3.6	上海博物館藏		
1197	西漢時期	五銖	銅質	25.55	4.5	上海博物館藏		
1198	西漢時期	五銖	銅質	25.23	2.6	存雲亭藏		
1199	西漢時期	五銖	銅質	25.41	3.8	上海博物館藏		
1200	西漢時期	五銖	銅質	24.98	4.0	上海博物館藏		
1201	西漢時期	五銖	銅質	26.27	4.1	上海博物館藏		
1202	西漢時期	五銖	銅質	25.61	3.6	上海博物館藏		
1203	西漢時期	五銖	銅質	25.77	3.2	上海博物館藏		
1204	西漢時期	五銖	銅質	25.41	3.8	上海博物館藏		
1205	西漢時期	五銖	銅質	25.24	3.9	上海博物館藏		
1206	西漢時期	五銖	銅質	25.22	4.3	上海博物館藏		
1207	西漢時期	五銖	銅質	25.44	3.4	上海博物館藏		
1208	西漢時期	五銖	銅質	25.23	2.6	上海博物館藏		
1209	西漢時期	五銖	銅質	25.26	2.1	存雲亭藏		
1210	西漢時期	五銖	銅質	24.67	2.8	上海博物館藏		
1211	西漢時期	五銖	銅質	24.71	2.1	上海博物館藏		
1212	西漢時期	五銖	銅質	25.17	2.5	上海博物館藏		
1213	西漢時期	五銖	銅質	24.62	2.8	上海博物館藏		
1214	西漢時期	五銖	銅質	23.84	1.9	存雲亭藏		
1215	西漢時期	五銖	銅質	25.24	3.0	上海博物館藏		
1216	西漢時期	五銖	銅質	25.07	2.3	上海博物館藏		
1217	西漢時期	五銖	銅質	26.02	3.1	上海博物館藏		
1218	西漢時期	五銖	銅質	25.46	4.1	上海博物館藏		
1219	西漢時期	五銖	銅質	26.91	3.2	上海博物館藏		
1220	西漢時期	五銖	銅質	26.08	2.4	上海博物館藏		
1221	西漢時期	五銖	銅質	24.93	2.9	存雲亭藏		
1222	西漢時期	五銖	銅質	26.11	3.0	上海博物館藏		
1223	西漢時期	五銖	銅質	25.76	3.8	上海博物館藏		
1224	西漢時期	五銖	銅質	25.08	4.1	上海博物館藏		面穿上星
1225	西漢時期	五銖	銅質	25.25	3.7	上海博物館藏		面穿上星
1226	西漢時期	五銖	銅質	25.11	3.3	上海博物館藏		面穿上星
1227	西漢時期	五銖	銅質	25.09	2.6	上海博物館藏		面穿上星
1228	西漢時期	五銖	銅質	25.58	4.3	上海博物館藏		面穿上星
1229	西漢時期	五銖	銅質	25.94	4.7	上海博物館藏		面穿上星
1230	西漢時期	五銖	銅質	25.32	3.6	上海博物館藏		面下杠
1231	西漢時期	五銖	銅質	25.15	4.2	上海博物館藏		面下杠
1232	西漢時期	五銖	銅質	25.05	3.6	上海博物館藏		面下杠
1233	西漢時期	五銖	銅質	25.97	3.2	上海博物館藏		面下杠
1234	西漢時期	五銖	銅質	27.07	3.9	上海博物館藏		面下杠
1235	西漢時期	五銖	銅質	26.51	4.0	上海博物館藏		面下杠
1236	西漢時期	五銖	銅質	25.29	4.4	上海博物館藏		面下杠
1237	西漢時期	五銖	銅質	26.00	3.4	上海博物館藏		面下杠

編號	説　明	幣　名	材　質	直徑 (毫米)	重 (克)	來　　源	等　級	注　　釋
1238	西漢時期	五銖	銅質	25.94	4.1	上海博物館藏		面下杠
1239	西漢時期	五銖	銅質	25.43	4.7	上海博物館藏		面下杠
1240	西漢時期	五銖	銅質	24.87	5.3	上海博物館藏		面四决
1241	西漢時期	五銖	銅質	25.43	4.2	上海博物館藏		面四决
1242	西漢時期	五銖	銅質	25.34	3.3	上海博物館藏		面四决
1243	西漢時期	五銖	銅質	25.02	4.6	上海博物館藏		面四决
1244	西漢時期	五銖	銅質	25.71	4.4	上海博物館藏		面四决
1245	西漢時期	五銖	銅質	24.98	3.2	上海博物館藏		面四决
1246	西漢時期	五銖	銅質	24.42	3.8	上海博物館藏		面四决
1247	西漢時期	五銖	銅質	25.56	4.5	上海博物館藏		面四决
1248	西漢時期	五銖	銅質	25.24	3.9	上海博物館藏		面四决
1249	西漢時期	五銖	銅質	26.67	4.0	上海博物館藏		面四决
1250	西漢時期	五銖	銅質	25.27	4.4	金立夫藏		面四决
1251	西漢時期	五銖	銅質	28.27	4.9	存雲亭藏		面四决
1252	西漢時期	五銖	銅質	25.67	3.7	上海博物館藏		面四决
1253	西漢時期	五銖	銅質	24.71	4.0	上海博物館藏		面四决
1254	西漢時期	五銖	銅質	24.73	5.1	上海博物館藏		面四决
1255	西漢時期	五銖	銅質	25.36	4.1	上海博物館藏		面四决
1256	西漢時期	五銖	銅質	25.17	4.3	上海博物館藏		面四决
1257	西漢時期	五銖	銅質	25.41	3.7	上海博物館藏		面四决
1258	西漢時期	五銖	銅質	27.33	4.6	上海博物館藏		面四决
1259	西漢時期	五銖	銅質	25.16	3.8	上海博物館藏		面四决
1260	西漢時期	五銖	銅質	27.23	4.6	上海博物館藏		面四决
1261	西漢時期	五銖	銅質	25.43	3.5	上海博物館藏		面四决
1262	西漢時期	五銖	銅質	25.36	3.9	上海博物館藏		面四决
1263	西漢時期	五銖	銅質	25.33	3.8	上海博物館藏		面四决
1264	西漢時期	五銖	銅質	24.90	3.4	上海博物館藏		面四决
1265	西漢時期	五銖	銅質	24.51	3.3	上海博物館藏		面四决
1266	西漢時期	五銖	銅質	25.14	3.4	上海博物館藏		鎏金、面四决
1267	西漢時期	五銖	銅質	24.97	2.8	上海博物館藏		面上杠下星
1268	西漢時期	五銖	銅質	24.73	2.6	上海博物館藏		面上杠下星
1269	西漢時期	五銖	銅質	25.76	5.6	上海博物館藏		面上杠
1270	西漢時期	五銖	銅質	25.51	3.8	上海博物館藏		面上杠
1271	西漢時期	五銖	銅質	25.13	4.2	上海博物館藏		面上杠
1272	西漢時期	五銖	銅質	25.23	3.1	上海博物館藏		面上杠
1273	西漢時期	五銖	銅質	25.46	3.7	上海博物館藏		面上杠
1274	西漢時期	五銖	銅質	25.33	3.7	上海博物館藏		面上杠
1275	西漢時期	五銖	銅質	25.77	4.2	上海博物館藏		面上杠
1276	西漢時期	五銖	銅質	25.14	3.9	上海博物館藏		面上杠
1277	西漢時期	五銖	銅質	25.32	4.0	上海博物館藏		面上杠
1278	西漢時期	五銖	銅質	24.93	3.5	存雲亭藏		面上杠
1279	西漢時期	五銖	銅質	24.92	3.7	上海博物館藏		面上杠
1280	西漢時期	五銖	銅質	25.17	4.3	上海博物館藏		面上杠
1281	西漢時期	五銖	銅質	25.33	3.8	上海博物館藏		面上杠
1282	西漢時期	五銖	銅質	26.02	3.4	上海博物館藏		面上杠
1283	西漢時期	五銖	銅質	25.13	4.0	上海博物館藏		面上杠
1284	西漢時期	五銖	銅質	25.25	4.1	上海博物館藏		面上杠
1285	西漢時期	五銖	銅質	25.56	3.3	上海博物館藏		面上杠
1286	西漢時期	五銖	銅質	26.21	3.1	存雲亭藏		面上杠
1287	西漢時期	五銖	銅質	25.72	4.6	上海博物館藏		面上杠

編號	説　明	幣　名	材質	直徑 （毫米）	重 （克）	來　源	等　級	注　釋
1288	西漢時期	五銖	銅質	24.64	3.7	上海博物館藏		面上杠
1289	西漢時期	五銖	銅質	25.76	3.8	上海博物館藏		面上杠
1290	西漢時期	五銖	銅質	25.53	2.8	上海博物館藏		面上杠
1291	西漢時期	五銖	銅質	25.58	3.9	上海博物館藏		面上杠
1292	西漢時期	五銖	銅質	24.59	3.8	上海博物館藏		面上杠
1293	西漢時期	五銖	銅質	26.15	4.2	上海博物館藏		面上杠
1294	西漢時期	五銖	銅質	25.48	3.5	上海博物館藏		面上杠
1295	西漢時期	五銖	銅質	25.64	4.1	上海博物館藏		面上杠
1296	西漢時期	五銖	銅質	25.23	3.4	上海博物館藏		面上杠
1297	西漢時期	五銖	銅質	24.97	3.9	上海博物館藏		面上杠
1298	西漢時期	五銖	銅質	25.06	3.3	上海博物館藏		面上杠
1299	西漢時期	五銖	銅質	26.42	4.4	上海博物館藏		面上杠
1300	西漢時期	五銖	銅質	25.11	3.0	上海博物館藏		面上杠
1301	西漢時期	五銖	銅質	25.04	4.0	上海博物館藏		面上杠
1302	西漢時期	五銖	銅質	25.33	4.1	上海博物館藏		面上杠
1303	西漢時期	五銖	銅質	24.84	4.0	上海博物館藏		面上杠
1304	西漢時期	五銖	銅質	25.39	4.7	上海博物館藏		面上杠
1305	西漢時期	五銖	銅質	24.46	4.0	上海博物館藏		面上杠
1306	西漢時期	五銖	銅質	25.06	3.4	上海博物館藏		面上杠
1307	西漢時期	五銖	銅質	25.67	3.1	上海博物館藏		面上杠
1308	西漢時期	五銖	銅質	25.35	4.5	上海博物館藏		面上杠
1309	西漢時期	五銖	銅質	25.12	3.4	上海博物館藏		面上杠
1310	西漢時期	五銖	銅質	25.98	3.7	上海博物館藏		面上杠
1311	西漢時期	五銖	銅質	25.25	3.0	上海博物館藏		面上杠
1312	西漢時期	五銖	銅質	24.57	4.7	上海博物館藏		面上杠
1313	西漢時期	五銖	銅質	25.48	4.4	上海博物館藏		面上杠
1314	西漢時期	五銖	銅質	25.24	3.8	上海博物館藏		面上杠
1315	西漢時期	五銖	銅質	25.02	4.4	上海博物館藏		面上杠
1316	西漢時期	五銖	銅質	25.36	4.0	上海博物館藏		面上杠
1317	西漢時期	五銖	銅質	25.77	3.5	上海博物館藏		面上杠
1318	西漢時期	五銖	銅質	25.81	4.6	上海博物館藏		面上杠
1319	西漢時期	五銖	銅質	24.34	3.3	上海博物館藏		面上杠
1320	西漢時期	五銖	銅質	25.44	3.9	上海博物館藏		面上杠
1321	西漢時期	五銖	銅質	24.88	4.1	上海博物館藏		面上杠
1322	西漢時期	五銖	銅質	25.68	3.8	上海博物館藏		面上杠
1323	西漢時期	五銖	銅質	24.87	3.3	上海博物館藏		面上杠
1324	西漢時期	五銖	銅質	25.05	3.2	上海博物館藏		面上杠
1325	西漢時期	五銖	銅質	26.11	3.4	上海博物館藏		面上杠
1326	西漢時期	五銖	銅質	25.05	3.0	上海博物館藏		面上杠
1327	西漢時期	五銖	銅質	25.82	3.8	上海博物館藏		面上杠
1328	西漢時期	五銖	銅質	26.58	3.8	上海博物館藏		面上杠
1329	西漢時期	五銖	銅質	25.20	2.9	上海博物館藏		面上杠
1330	西漢時期	五銖	銅質	26.08	3.2	上海博物館藏		面上杠
1331	西漢時期	五銖	銅質	25.36	3.2	上海博物館藏		面上杠
1332	西漢時期	五銖	銅質	25.46	3.8	上海博物館藏		面上杠
1333	西漢時期	五銖	銅質	25.82	4.0	上海博物館藏		面上杠
1334	西漢時期	五銖	銅質	27.15	3.5	上海博物館藏		面上杠
1335	西漢時期	五銖	銅質	26.17	4.7	上海博物館藏		面上杠
1336	西漢時期	五銖	銅質	25.85	3.3	上海博物館藏		面上杠
1337	西漢時期	五銖	銅質	25.36	3.2	上海博物館藏		面上杠

編號	說　明	幣　名	材質	直徑 (毫米)	重 (克)	來　　源	等　級	注　釋
1338	西漢時期	五銖	銅質	25.23	3.6	上海博物館藏		面上杠
1339	西漢時期	五銖	銅質	26.01	3.3	上海博物館藏		面上杠
1340	西漢時期	五銖	銅質	25.93	3.7	上海博物館藏		面上杠
1341	西漢時期	五銖	銅質	26.46	4.1	上海博物館藏		面上杠
1342	西漢時期	五銖	銅質	25.16	4.0	上海博物館藏		面上杠
1343	西漢時期	五銖	銅質	26.04	4.0	上海博物館藏		面上杠
1344	西漢時期	五銖	銅質	25.51	3.0	上海博物館藏		面上杠
1345	西漢時期	五銖	銅質	25.33	3.8	上海博物館藏		面下星
1346	西漢時期	五銖	銅質	23.84	4.9	上海博物館藏		面下星
1347	西漢時期	五銖	銅質	25.81	3.1	上海博物館藏		面下星
1348	西漢時期	五銖	銅質	25.35	4.7	上海博物館藏		面下星
1349	西漢時期	五銖	銅質	24.23	4.8	上海博物館藏		面下星
1350	西漢時期	五銖	銅質	25.03	3.1	上海博物館藏		面下星
1351	西漢時期	五銖	銅質	25.62	3.5	上海博物館藏		面下星
1352	西漢時期	五銖	銅質	25.83	2.4	存雲亭藏		面下星
1353	西漢時期	五銖	銅質	25.46	3.8	上海博物館藏		面下星
1354	西漢時期	五銖	銅質	25.31	3.4	上海博物館藏		面下星
1355	西漢時期	五銖	銅質	24.79	3.9	上海博物館藏		面下星
1356	西漢時期	五銖	銅質	25.10	4.6	上海博物館藏		面下星
1357	西漢時期	五銖	銅質	25.23	3.6	上海博物館藏		面下星
1358	西漢時期	五銖	銅質	24.65	4.1	上海博物館藏		面下星
1359	西漢時期	五銖	銅質	25.33	3.5	上海博物館藏		面下星
1360	西漢時期	五銖	銅質	24.87	3.4	上海博物館藏		面下星
1361	西漢時期	五銖	銅質	25.23	3.7	上海博物館藏		面下星
1362	西漢時期	五銖	銅質	25.22	3.7	上海博物館藏		面下星
1363	西漢時期	五銖	銅質	25.44	3.6	上海博物館藏		面下星
1364	西漢時期	五銖	銅質	25.46	3.4	上海博物館藏		面下星
1365	西漢時期	五銖	銅質	25.86	3.9	上海博物館藏		面下星
1366	西漢時期	五銖	銅質	25.23	4.2	上海博物館藏		面下星
1367	西漢時期	五銖	銅質	25.22	4.0	上海博物館藏		面下星
1368	西漢時期	五銖	銅質	26.32	4.1	上海博物館藏		面下星
1369	西漢時期	五銖	銅質	25.84	3.5	上海博物館藏		面下星
1370	西漢時期	五銖	銅質	25.32	3.5	上海博物館藏		面下星
1371	西漢時期	五銖	銅質	24.20	3.2	存雲亭藏		面下星
1372	西漢時期	五銖	銅質	25.43	3.8	上海博物館藏		面下星
1373	西漢時期	五銖	銅質	24.92	4.0	上海博物館藏		面下星
1374	西漢時期	五銖	銅質	26.83	4.1	上海博物館藏		面下星
1375	西漢時期	五銖	銅質	25.20	4.1	上海博物館藏		面下星
1376	西漢時期	五銖	銅質	25.46	4.3	上海博物館藏		面下星
1377	西漢時期	五銖	銅質	25.56	3.4	上海博物館藏		面下星
1378	西漢時期	五銖	銅質	25.76	2.6	上海博物館藏		面下星
1379	西漢時期	五銖	銅質	25.05	3.5	上海博物館藏		面下星
1380	西漢時期	五銖	銅質	24.91	5.0	上海博物館藏		面下星
1381	西漢時期	五銖	銅質	25.05	4.2	上海博物館藏		面下星
1382	西漢時期	五銖	銅質	25.09	3.7	上海博物館藏		面下星
1383	西漢時期	五銖	銅質	24.83	4.1	上海博物館藏		面下星
1384	西漢時期	五銖	銅質	25.30	4.1	上海博物館藏		面下星
1385	西漢時期	五銖	銅質	25.17	3.4	上海博物館藏		面下星
1386	西漢時期	五銖	銅質	(25.00)	4.2	上海博物館藏		面下星
1387	西漢時期	五銖	銅質	24.58	4.1	上海博物館藏		面下星

編號	説　明	幣　名	材質	直徑 (毫米)	重 (克)	來　　源	等級	注　釋
1388	西漢時期	五銖	銅質	25.44	4.4	上海博物館藏		面下星
1389	西漢時期	五銖	銅質	25.09	3.9	上海博物館藏		面下星
1390	西漢時期	五銖	銅質	24.57	4.0	上海博物館藏		面下星
1391	西漢時期	五銖	銅質	25.08	3.9	上海博物館藏		面下星
1392	西漢時期	五銖	銅質	25.95	3.3	上海博物館藏		面下星
1393	西漢時期	五銖	銅質	25.58	3.3	上海博物館藏		面下星
1394	西漢時期	五銖	銅質	25.33	3.0	上海博物館藏		面下星
1395	西漢時期	五銖	銅質	26.07	4.3	上海博物館藏		面下星
1396	西漢時期	五銖	銅質	25.67	3.8	上海博物館藏		
1397	西漢時期	五銖	銅質	25.54	3.5	上海博物館藏		
1398	西漢時期	五銖	銅質	26.25	4.1	上海博物館藏		
1399	西漢時期	五銖	銅質	25.33	2.8	上海博物館藏		
1400	西漢時期	五銖	銅質	25.91	3.8	上海博物館藏		
1401	西漢時期	五銖	銅質	25.45	4.1	上海博物館藏		
1402	西漢時期	五銖	銅質	26.07	3.1	上海博物館藏		
1403	西漢時期	五銖	銅質	25.23	3.1	上海博物館藏		
1404	西漢時期	五銖	銅質	25.41	4.4	上海博物館藏		
1405	西漢時期	五銖	銅質	25.78	3.9	上海博物館藏		
1406	西漢時期	五銖	銅質	24.41	3.8	上海博物館藏		
1407	西漢時期	五銖	銅質	25.93	4.0	上海博物館藏		
1408	西漢時期	五銖	銅質	26.26	4.0	上海博物館藏		
1409	西漢時期	五銖	銅質	25.71	3.5	上海博物館藏		
1410	西漢時期	五銖	銅質	25.67	3.1	上海博物館藏		
1411	西漢時期	五銖	銅質	25.44	3.5	上海博物館藏		
1412	西漢時期	五銖	銅質	25.06	3.2	上海博物館藏		
1413	西漢時期	五銖	銅質	26.88	5.2	上海博物館藏		
1414	西漢時期	五銖	銅質	26.27	5.6	上海博物館藏		
1415	西漢時期	五銖	銅質	27.84	4.7	上海博物館藏		
1416	西漢時期	五銖	銅質	27.01	4.0	上海博物館藏		
1417	西漢時期	五銖	銅質	28.74	5.5	上海博物館藏		
1418	西漢時期	五銖	銅質	25.98	4.0	上海博物館藏		鎏金
1419	西漢時期	銖五	銅質	25.32		牛群生藏		傳形
1420	西漢時期	銖五	銅質	26.84	4.5	金立夫藏		傳形、背兩杠
1421	西漢時期	銖五	銅質	26.87		曾澤禄藏		鎏金、傳形、背兩杠
1422	西漢時期	五銖	鉛質	27.11	3.85	《中國歷代貨幣大系》編輯委員會提供	1	
1423	西漢時期	銖五	鉛質	27.89	6.0	《中國歷代貨幣大系》編輯委員會提供	1	傳形
1424	西漢時期	五銖	鐵質	25.00	3.5	選自《中國錢幣》	2	
1425	西漢時期	五銖	鐵質	25.00	3.6	選自《中國錢幣》	2	
1426	西漢時期	五銖	銅質	11.85	0.4	上海博物館藏		小五銖
1427	西漢時期	五銖	銅質	12.23	0.6	上海博物館藏		小五銖
1428	西漢時期	五銖	銅質	11.82	0.7	上海博物館藏		小五銖
1429	西漢時期	五銖	銅質	11.99	0.5	存雲亭藏		小五銖
1430	西漢時期	五銖	銅質	11.63	0.5	上海博物館藏		小五銖
1431	西漢時期	五銖	銅質	10.35	0.4	上海博物館藏		小五銖
1432	西漢時期	五銖	銅質	11.97	0.6	上海博物館藏		小五銖
1433	西漢時期	五銖	銅質	11.67	0.4	上海博物館藏		小五銖
1434	西漢時期	五銖	銅質	11.86	0.5	存雲亭藏		小五銖
1435	西漢時期	五銖	銅質	11.65	0.5	上海博物館藏		小五銖

續表

編號	説　明	幣　　名	材質	直徑(毫米)	重(克)	來　　源	等級	注　釋
1436	西漢時期	五銖	銅質	11.95	0.5	上海博物館藏		小五銖
1437	西漢時期	五銖	銅質	11.43	0.6	上海博物館藏		小五銖
1438	西漢時期	五銖	銅質	11.43	0.7	上海博物館藏		小五銖
1439	西漢時期	五銖	銅質	12.01	0.6	上海博物館藏		小五銖
1440	西漢時期	五銖	銅質	12.12	0.7	上海博物館藏		小五銖、鎏金
1441	西漢時期	五銖	銅質	12.31	0.9	上海博物館藏		小五銖
1442	西漢時期	五銖	銅質	12.83	0.7	上海博物館藏		小五銖
1443	西漢時期	五銖	銅質	10.69	0.6	上海博物館藏		小五銖
1444	西漢時期	五銖	銅質	11.76	0.6	上海博物館藏		小五銖
1445	西漢時期	五銖	銅質	12.42	0.4	上海博物館藏		小五銖
1446	西漢時期	五銖	銅質	12.00	0.5	上海博物館藏		小五銖
1447	西漢時期	五銖	銅質	12.10	0.5	上海博物館藏		小五銖
1448	西漢時期	五銖	銅質	12.01	0.7	上海博物館藏		小五銖
1449	西漢時期	五銖	銅質	11.02	0.4	上海博物館藏		小五銖
1450	西漢時期	五銖	銅質	12.31	0.7	上海博物館藏		小五銖、面下星
1451	西漢時期	五銖	銅質	12.22	0.7	上海博物館藏		小五銖、面下星
1452	西漢時期	五銖	銅質	12.73	0.6	上海博物館藏		小五銖、面下星
1453	西漢時期	五銖	銅質	10.98	0.4	上海博物館藏		小五銖、面下星
1454	西漢時期	五銖	銅質	11.45	0.8	上海博物館藏		小五銖、面下星
1455	西漢時期	五銖	銅質	12.01	0.7	上海博物館藏		小五銖、面下星
1456	西漢時期	五銖	銅質	11.32	0.5	上海博物館藏		小五銖
1457	西漢時期	五銖	銅質	11.21	0.5	上海博物館藏		小五銖
1458	西漢時期	五銖	銅質	11.16	0.3	上海博物館藏		小五銖
1459	西漢時期	五銖	銅質	11.07	0.6	上海博物館藏		小五銖
1460	西漢時期	五銖	銅質	12.00	0.9	党順民提供		小五銖
1461	新莽時期	契刀五百	銅質	長：75.21	16.8	上海博物館藏	1	
1462	新莽時期	契刀五百	銅質	長：74.86	20.8	上海博物館藏	1	
1463	新莽時期	契刀五百	銅質	長：73.55	20.6	上海博物館藏	1	
1464	新莽時期	契刀五百	銅質	長：74.27	16.8	上海博物館藏	1	
1465	新莽時期	契刀五百	銅質	長：74.79	18.5	上海博物館藏	1	
1466	新莽時期	契刀五百	銅質	長：75.62	15.8	上海博物館藏	1	
1467	新莽時期	契刀五百	銅質	長：76.22	10.0	陝西扶風博物館藏	1	1977年陝西扶風絳帳柿坡出土
1468	新莽時期	契刀五百	銅質	長：73.25	23.0	上海博物館藏	1	
1469	新莽時期	契刀五百	銅質	長：76.04	17.2	上海博物館藏	1	
1470	新莽時期	契刀五百	銅質	長：76.08	20.2	上海博物館藏	1	
1471	新莽時期	契刀五百	銅質	長：76.92	18.0	金立夫藏	1	
1472	新莽時期	契刀五百	銅質	長：77.81	23.2	金立夫藏	1	
1473	新莽時期	契刀五百	銅質	長：72.33	14.2	屠燕治藏	1	
1474	新莽時期	契刀五百	銅質	長：75.41	17.4	上海博物館藏	1	
1475	新莽時期	契刀五百	銅質	長：93.72		選自《歷代古錢圖説》	1	二枚型錢樹
1476	新莽時期	契刀五百	銅質	28.43		選自《歷代古錢圖説》	1	斷刀頭
1477	新莽時期	契刀五百	銅質	28.92	8.4	金立夫藏	1	斷刀頭
1478	新莽時期	契刀五百	銅質	28.98	12.0	傅爲群藏	1	斷刀頭
1479	新莽時期	一刀平五千	銅質	長：76.04	30.8	王亢元舊藏	2	
1480	新莽時期	一刀平五千	銅質	長：76.04	34.9	上海博物館藏	2	
1481	新莽時期	一刀平五千	銅質	長：75.21	34.4	上海博物館藏	2	
1482	新莽時期	一刀平五千	銅質	長：78.12	33.6	上海博物館藏	2	
1483	新莽時期	一刀平五千	銅質	長：73.41	33.3	上海博物館藏	2	
1484	新莽時期	一刀平五千	銅質	長：72.34	34.0	上海博物館藏	2	
1485	新莽時期	一刀平五千	銅質	長：74.81	25.2	金立夫藏	2	

編號	説　明	幣　名	材質	直徑 （毫米）	重 （克）	來　源	等　級	注　釋
1486	新莽時期	一刀平五千	銅質	長：75.46	29.2	王紀耕提供	2	
1487	新莽時期	一刀平五千	銅質	長：73.43	28.8	中國歷史博物館藏	2	
1488	新莽時期	一刀平五千	銅質	長：71.36	29.6	金立夫藏	2	
1489	新莽時期	一刀平五千	銅質	長：75.02	28.5	張豐志提供	2	
1490	新莽時期	一刀平五千	銅質	長：72.36	39.1	上海博物館藏	2	
1491	新莽時期	一刀平五千	銅質	長：71.33	35.0	屠燕治藏	2	
1492	新莽時期	一刀平五千	銅質	長：73.05	34.8	上海博物館藏	2	
1493	新莽時期	一刀平五千	銅質	長：75.17	33.8	上海博物館藏	2	
1494	新莽時期	一刀平五千	銅質	長：73.34	30.2	上海博物館藏	2	
1495	新莽時期	一刀平五千	銅質	長：72.44	30.1	上海博物館藏	2	
1496	新莽時期	一刀平五千	銅質	長：72.31	26.6	中國歷史博物館藏	2	
1497	新莽時期	一刀平五千	銅質	長：73.48	25.4	中國歷史博物館藏	2	
1498	新莽時期	一刀平五千	銅質	27.75	17.8	上海博物館藏	2	斷刀頭
1499	新莽時期	一刀平五千	銅質	30.24	14.4	上海博物館藏	2	斷刀頭
1500	新莽時期	大泉五十	銅質	26.85	7.8	上海博物館藏		
1501	新莽時期	大泉五十	銅質	27.94	8.5	上海博物館藏		
1502	新莽時期	大泉五十	銅質	27.32	8.8	上海博物館藏		
1503	新莽時期	大泉五十	銅質	27.01	6.6	上海博物館藏		
1504	新莽時期	大泉五十	銅質	26.60	7.2	上海博物館藏		
1505	新莽時期	大泉五十	銅質	27.06	5.7	上海博物館藏		
1506	新莽時期	大泉五十	銅質	27.89	8.2	上海博物館藏		
1507	新莽時期	大泉五十	銅質	26.76	6.7	上海博物館藏		
1508	新莽時期	大泉五十	銅質	27.50	5.5	中國歷史博物館藏		
1509	新莽時期	大泉五十	銅質	27.32	6.3	上海博物館藏		
1510	新莽時期	大泉五十	銅質	26.62	7.4	上海博物館藏		
1511	新莽時期	大泉五十	銅質	27.29	5.6	上海博物館藏		
1512	新莽時期	大泉五十	銅質	27.66	6.9	上海博物館藏		
1513	新莽時期	大泉五十	銅質	28.35	7.6	上海博物館藏		
1514	新莽時期	大泉五十	銅質	27.70	5.6	上海博物館藏		
1515	新莽時期	大泉五十	銅質	27.14	7.2	上海博物館藏		
1516	新莽時期	大泉五十	銅質	27.51	5.1	存雲亭藏		
1517	新莽時期	大泉五十	銅質	30.43	8.8	上海博物館藏		
1518	新莽時期	大泉五十	銅質	28.06	6.6	存雲亭藏		
1519	新莽時期	大泉五十	銅質	28.25	9.8	上海博物館藏		
1520	新莽時期	大泉五十	銅質	28.27	9.6	上海博物館藏		
1521	新莽時期	大泉五十	銅質	27.81	7.2	上海博物館藏		
1522	新莽時期	大泉五十	銅質	28.97	7.8	上海博物館藏		
1523	新莽時期	大泉五十	銅質	26.86	6.0	上海博物館藏		
1524	新莽時期	大泉五十	銅質	27.47	6.3	上海博物館藏		
1525	新莽時期	大泉五十	銅質	27.71	8.2	上海博物館藏		
1526	新莽時期	大泉五十	銅質	29.05	13.4	上海博物館藏		
1527	新莽時期	大泉五十	銅質	26.11	6.3	上海博物館藏		
1528	新莽時期	大泉五十	銅質	26.33	6.4	上海博物館藏		
1529	新莽時期	大泉五十	銅質	26.91	8.4	上海博物館藏		
1530	新莽時期	大泉五十	銅質	26.22	4.7	上海博物館藏		
1531	新莽時期	大泉五十	銅質	25.99	6.0	上海博物館藏		
1532	新莽時期	大泉五十	銅質	26.19	4.8	上海博物館藏		
1533	新莽時期	大泉五十	銅質	26.74	6.0	上海博物館藏		
1534	新莽時期	大泉五十	銅質	25.90	6.8	上海博物館藏		
1535	新莽時期	大泉五十	銅質	27.50	5.5	中國歷史博物館藏		

編號	説　明	幣　名	材　質	直徑 (毫米)	重 (克)	來　　源	等　級	注　釋
1536	新莽時期	大泉五十	銅質	26.79	5.6	存雲亭藏		
1537	新莽時期	大泉五十	銅質	26.36	6.4	上海博物館藏		
1538	新莽時期	大泉五十	銅質	27.11	9.2	上海博物館藏		
1539	新莽時期	大泉五十	銅質	27.34	7.9	上海博物館藏		
1540	新莽時期	大泉五十	銅質	27.31	5.9	存雲亭藏		
1541	新莽時期	大泉五十	銅質	28.21	9.2	上海博物館藏		
1542	新莽時期	大泉五十	銅質	28.89	10.2	上海博物館藏		
1543	新莽時期	大泉五十	銅質	26.40	8.1	上海博物館藏		
1544	新莽時期	大泉五十	銅質	26.93	8.4	上海博物館藏		
1545	新莽時期	大泉五十	銅質	28.01	7.4	上海博物館藏		
1546	新莽時期	大泉五十	銅質	25.76	6.6	上海博物館藏		
1547	新莽時期	大泉五十	銅質	26.90	7.5	上海博物館藏		
1548	新莽時期	大泉五十	銅質	26.85	5.6	上海博物館藏		
1549	新莽時期	大泉五十	銅質	26.86	7.1	上海博物館藏		
1550	新莽時期	大泉五十	銅質	26.18	5.1	上海博物館藏		
1551	新莽時期	大泉五十	銅質	27.04	6.2	上海博物館藏		
1552	新莽時期	大泉五十	銅質	27.06	6.6	上海博物館藏		
1553	新莽時期	大泉五十	銅質	28.28	10.0	上海博物館藏		
1554	新莽時期	大泉五十	銅質	27.30	5.9	上海博物館藏		
1555	新莽時期	大泉五十	銅質	27.58	7.9	上海博物館藏		
1556	新莽時期	大泉五十	銅質	26.26	6.5	上海博物館藏		
1557	新莽時期	大泉五十	銅質	27.18	7.6	上海博物館藏		
1558	新莽時期	大泉五十	銅質	26.62	6.4	上海博物館藏		
1559	新莽時期	大泉五十	銅質	28.53	7.3	上海博物館藏		
1560	新莽時期	大泉五十	銅質	27.87	5.8	上海博物館藏		
1561	新莽時期	大泉五十	銅質	28.47	7.2	傅爲群藏		
1562	新莽時期	大泉五十	銅質	28.40	7.9	上海博物館藏		
1563	新莽時期	大泉五十	銅質	26.73	7.0	上海博物館藏		
1564	新莽時期	大泉五十	銅質	27.11	5.9	上海博物館藏		
1565	新莽時期	大泉五十	銅質	28.14	6.2	上海博物館藏		
1566	新莽時期	大泉五十	銅質	23.93	3.3	上海博物館藏		
1567	新莽時期	大泉五十	銅質	25.06	3.7	上海博物館藏		
1568	新莽時期	大泉五十	銅質	26.04	3.3	上海博物館藏		
1569	新莽時期	大泉五十	銅質	26.54	5.6	上海博物館藏		
1570	新莽時期	大泉五十	銅質	24.57	3.9	上海博物館藏		
1571	新莽時期	大泉五十	銅質	28.64	7.7	上海博物館藏		
1572	新莽時期	大泉五十	銅質	26.36	4.9	上海博物館藏		
1573	新莽時期	大泉五十	銅質	25.77	5.2	上海博物館藏		
1574	新莽時期	大泉五十	銅質	28.37	5.3	上海博物館藏		
1575	新莽時期	大泉五十	銅質	25.58	4.1	上海博物館藏		
1576	新莽時期	大泉五十	銅質	27.07	6.2	上海博物館藏		
1577	新莽時期	大泉五十	銅質	24.97	4.0	上海博物館藏		
1578	新莽時期	大泉五十	銅質	26.15	5.3	上海博物館藏		
1579	新莽時期	大泉五十	銅質	26.34	4.9	上海博物館藏		
1580	新莽時期	大泉五十	銅質	26.66	5.3	上海博物館藏		
1581	新莽時期	大泉五十	銅質	25.75	4.9	上海博物館藏		
1582	新莽時期	大泉五十	銅質	26.84	3.6	上海博物館藏		
1583	新莽時期	大泉五十	銅質	29.05	6.5	上海博物館藏		
1584	新莽時期	大泉五十	銅質	24.16	2.6	上海博物館藏		
1585	新莽時期	大泉五十	銅質	24.87	2.4	上海博物館藏		

編號	説　明	幣　名	材　質	直徑 (毫米)	重 (克)	來　　源	等　級	注　　釋
1586	新莽時期	大泉五十	銅質	24.46	3.7	上海博物館藏		
1587	新莽時期	大泉五十	銅質	24.16	1.1	存雲亭藏		
1588	新莽時期	大泉五十	銅質	23.62	2.1	上海博物館藏		
1589	新莽時期	大泉五十	銅質	22.71	2.0	上海博物館藏		
1590	新莽時期	大泉五十	銅質	23.13	1.8	上海博物館藏		
1591	新莽時期	大泉五十	銅質	25.21	2.3	存雲亭藏		
1592	新莽時期	大泉五十	銅質	21.62	1.3	上海博物館藏		
1593	新莽時期	大泉五十	銅質	23.23	2.7	存雲亭藏		
1594	新莽時期	大泉五十	銅質	22.60	2.6	上海博物館藏		
1595	新莽時期	大泉五十	銅質	22.66	1.8	上海博物館藏		
1596	新莽時期	大泉五十	銅質	21.89	1.4	上海博物館藏		
1597	新莽時期	大泉五十	銅質	22.45	2.0	上海博物館藏		
1598	新莽時期	大泉五十	銅質	23.43	2.8	上海博物館藏		
1599	新莽時期	大泉五十	銅質	26.09	3.6	上海博物館藏		
1600	新莽時期	大泉五十	銅質	21.91	2.1	上海博物館藏		
1601	新莽時期	大泉五十	銅質	17.00	0.7	上海博物館藏		
1602	新莽時期	大泉五十	銅質	20.27	1.2	上海博物館藏		
1603	新莽時期	大泉五十	銅質	20.66	2.8	上海博物館藏		
1604	新莽時期	大泉五十	銅質	18.26	0.8	上海博物館藏		
1605	新莽時期	大泉五十	銅質	18.77	0.8	上海博物館藏		
1606	新莽時期	大泉五十	銅質	20.24	1.2	上海博物館藏		
1607	新莽時期	大泉五十	銅質	20.23	0.9	上海博物館藏		
1608	新莽時期	大泉五十	銅質	20.73	1.2	上海博物館藏		
1609	新莽時期	大泉五十	銅質	27.43		選自《中國珍稀錢幣》		
1610	新莽時期	大泉五十	銅質	24.67	5.1	選自《中國珍稀錢幣》		
1611	新莽時期	大泉五十	銅質	24.64	4.5	上海博物館藏	1	旋讀
1612	新莽時期	大泉十五	銅質	26.43	5.9	上海博物館藏	1	
1613	新莽時期	大泉十五	銅質	26.44	5.3	上海博物館藏	1	
1614	新莽時期	大泉十五	銅質	27.00	4.8	上海博物館藏	1	
1615	新莽時期	大泉十五	銅質	26.14	4.4	上海博物館藏	1	
1616	新莽時期	大泉十五	銅質	25.60	4.5	上海博物館藏	1	
1617	新莽時期	大泉十五	銅質	26.45	4.1	上海博物館藏	1	
1618	新莽時期	大泉十五	銅質	26.54	5.1	上海博物館藏	1	
1619	新莽時期	大泉十五	銅質	25.15	5.2	上海博物館藏	1	
1620	新莽時期	大泉十五	銅質	25.53	4.0	上海博物館藏	1	
1621	新莽時期	大泉十五	銅質	26.84	3.5	上海博物館藏	1	
1622	新莽時期	大泉十五	銅質	28.21	5.2	金立夫藏	1	
1623	新莽時期	大泉十五	銅質	26.10	6.3	上海博物館藏	1	
1624	新莽時期	大泉十五	銅質	20.06	1.0	上海博物館藏	1	
1625	新莽時期	大泉十五	銅質	22.24	2.3	上海博物館藏	1	
1626	新莽時期	大泉十五	銅質	21.77	1.6	上海博物館藏	1	
1627	新莽時期	大泉十五	銅質	24.05	3.2	上海博物館藏	1	
1628	新莽時期	大泉十五	銅質	24.55	2.3	上海博物館藏	1	
1629	新莽時期	大泉十五	銅質	19.83	0.8	上海博物館藏	1	
1630	新莽時期	大泉五十	銅質	25.96	3.9	上海博物館藏	1	旋讀
1631	新莽時期	大泉大五	銅質	24.47	4.1	上海博物館藏	1	
1632	新莽時期	大泉五十	銅質	24.52	3.3	上海博物館藏	1	重輪
1633	新莽時期	大泉五十	銅質	26.65	4.6	上海博物館藏	1	重輪
1634	新莽時期	大泉五十	銅質	26.61	4.5	上海博物館藏	1	重輪
1635	新莽時期	大泉五十	銅質	26.22	4.4	上海博物館藏	1	重輪

編號	説　明	幣　　名	材質	直徑 (毫米)	重 (克)	來　　源	等　級	注　　釋
1636	新莽時期	大泉五十	銅質	26.23	4.4	上海博物館藏	1	重輪
1637	新莽時期	大泉五十	銅質	25.32	3.2	上海博物館藏	1	重輪
1638	新莽時期	大泉五十	銅質	25.80	3.3	上海博物館藏	1	重輪
1639	新莽時期	大泉五十	銅質	26.54	3.9	上海博物館藏	1	重輪
1640	新莽時期	大泉五十	銅質	24.03	2.0	上海博物館藏	1	重輪
1641	新莽時期	大泉五十	銅質	26.73	5.0	上海博物館藏	1	重輪
1642	新莽時期	大泉五十	銅質	26.74	11.8	上海博物館藏	1	合背
1643	新莽時期	大泉五十	銅質	26.48	7.5	上海博物館藏	1	合背
1644	新莽時期	大泉五十	銅質	25.50	4.5	上海博物館藏	1	合背
1645	新莽時期	大泉五十	銅質	24.84	3.2	上海博物館藏	1	合背
1646	新莽時期	大泉五十	銅質	25.41	5.5	上海博物館藏	1	合背
1647	新莽時期	大泉五十	銅質	24.76	6.3	上海博物館藏	1	合背
1648	新莽時期	大泉五十	銅質	26.80	8.7	上海博物館藏	1	合背
1649	新莽時期	大泉五十	銅質	27.24	7.8	上海博物館藏	1	合背
1650	新莽時期	大泉五十	銅質	22.57	4.5	上海博物館藏	1	合背
1651	新莽時期	大泉五十	銅質	25.49	7.7	上海博物館藏	1	合背
1652	新莽時期	大泉五十	銅質	28.30	6.4	上海博物館藏	1	合背
1653	新莽時期	大泉五十	銅質	26.46	4.5	上海博物館藏	1	合背
1654	新莽時期	大泉五十	銅質	28.00	7.3	存雲亭藏	1	合背
1655	新莽時期	大泉五十	銅質	26.72	7.0	上海博物館藏	1	合背
1656	新莽時期	大泉五十	銅質	25.44	6.4	上海博物館藏	1	合背
1657	新莽時期	大泉五十	銅質	26.67	5.8	上海博物館藏	1	合背
1658	新莽時期	大泉五十	銅質	25.11	5.0	上海博物館藏	1	合背
1659	新莽時期	大泉五十	銅質	26.97	4.8	上海博物館藏	1	合背
1660	新莽時期	大泉五十	銅質	27.02	4.5	上海博物館藏	1	合背
1661	新莽時期	大泉五十	銅質	26.98	4.3	上海博物館藏	1	合背
1662	新莽時期	大泉五十	銅質	24.75	4.0	上海博物館藏	1	合背
1663	新莽時期	大泉五十	銅質	24.28	3.6	上海博物館藏	1	合背
1664	新莽時期	大泉五十	銅質	26.86	2.6	上海博物館藏	1	合背
1665	新莽時期	大泉五十	銅質	24.55	3.9	上海博物館藏	1	合背
1666	新莽時期	大泉五十	銅質	26.22	6.9	上海博物館藏	1	合背
1667	新莽時期	大泉五十	銅質	24.31	3.6	上海博物館藏	1	合背
1668	新莽時期	大泉五十	銅質	26.74	3.3	上海博物館藏	1	合背
1669	新莽時期	大泉五十	銅質	26.68		選自《中國珍稀錢幣》	1	合背
1670	新莽時期	大泉五十	銅質	26.32		選自《中國珍稀錢幣》	1	合背
1671	新莽時期	大泉五十	銅質	25.78		選自《中國珍稀錢幣》	1	合背
1672	新莽時期	大泉五十	銅質	27.22		選自《中國珍稀錢幣》	1	合背
1673	新莽時期	大泉五十	銅質	28.20	6.2	上海博物館藏	1	合面
1674	新莽時期	大泉五十	銅質	28.11	8.2	上海博物館藏		背四决
1675	新莽時期	大泉五十	銅質	25.75	3.8	上海博物館藏		背四决
1676	新莽時期	大泉五十	銅質	25.15	4.0	上海博物館藏		背四决
1677	新莽時期	大泉五十	銅質	25.72	5.3	上海博物館藏		背四决
1678	新莽時期	大泉五十	銅質	26.39	4.7	上海博物館藏		背四决
1679	新莽時期	大泉五十	銅質	25.71	6.1	上海博物館藏		背四决
1680	新莽時期	大泉五十	銅質	24.54	2.0	上海博物館藏	1	背四竪
1681	新莽時期	大泉五十	銅質	27.20	5.8	上海博物館藏	1	面、背四出
1682	新莽時期	大泉五十	銅質	25.98	4.7	上海博物館藏	1	背四出
1683	新莽時期	大泉五十	銅質	25.41	4.3	上海博物館藏	1	背四出
1684	新莽時期	大泉五十	銅質	27.90	7.7	金立夫藏		
1685	新莽時期	大泉五十	銅質	25.86	5.1	金立夫藏		

編號	說　　　明	幣　　名	材質	直徑 (毫米)	重 (克)	來　　　源	等級	注　　釋
1686	新莽時期	大泉五十	銅質	27.47	6.9	金立夫藏		
1687	新莽時期	大泉五十	銅質	28.13	14.4	金立夫藏		
1688	新莽時期	大泉五十	銅質	26.87	6.2	金立夫藏		
1689	新莽時期	大泉五十	銅質	29.49	8.4	金立夫藏		
1690	新莽時期	大泉五十	銅質	26.30	4.7	上海博物館藏	1	
1691	新莽時期	大泉五十	銅質	26.61	5.7	上海博物館藏	1	
1692	新莽時期	大泉五十	銅質	25.49	4.6	上海博物館藏	1	
1693	新莽時期	大泉五十	銅質	34.11	20.1	選自《中國珍稀錢幣》		特大型
1694	新莽時期	大泉五十	銅質	24.63	7.2	選自《中國珍稀錢幣》		背"黃帝"
1695	新莽時期	大泉五十	銅質	26.76	5.0	上海博物館藏	1	
1696	新莽時期	大泉五十	銅質	24.95	4.1	上海博物館藏	1	
1697	新莽時期	大泉五十	銅質	25.72	4.6	上海博物館藏	1	
1698	新莽時期	大泉五十	銅質	27.23		選自《中國珍稀錢幣》		
1699	新莽時期	大泉五十	銅質	28.02		選自《中國珍稀錢幣》		
1700	新莽時期	大泉五十	銅質	26.98		選自《中國珍稀錢幣》		
1701	新莽時期	大泉五十	銅質	16.91	1.1	存雲亭藏		剪輪
1702	新莽時期	大泉五十	銅質	15.58	0.4	上海博物館藏		剪輪
1703	新莽時期	大泉五十	鐵質	27.83	5.7	上海博物館藏		
1704	新莽時期	大泉五十	鐵質	27.82		選自《中國珍稀錢幣》		
1705	新莽時期	大泉五十	鐵質	26.26		選自《中國珍稀錢幣》		
1706	新莽時期	小泉直一	銅質	14.80	1.5	上海博物館藏		
1707	新莽時期	小泉直一	銅質	14.17	1.2	上海博物館藏		
1708	新莽時期	小泉直一	銅質	14.59	1.5	上海博物館藏		
1709	新莽時期	小泉直一	銅質	14.36	1.1	上海博物館藏		
1710	新莽時期	小泉直一	銅質	14.26	0.8	上海博物館藏		
1711	新莽時期	小泉直一	銅質	16.00	1.8	中國歷史博物館藏		
1712	新莽時期	小泉直一	銅質	13.54	1.1	上海博物館藏		
1713	新莽時期	小泉直一	銅質	15.21	1.3	上海博物館藏		
1714	新莽時期	小泉直一	銅質	14.67	1.6	上海博物館藏		
1715	新莽時期	小泉直一	銅質	14.31	1.1	上海博物館藏		
1716	新莽時期	小泉直一	銅質	14.55	0.9	存雲亭藏		
1717	新莽時期	小泉直一	銅質	14.71	1.4	上海博物館藏		
1718	新莽時期	小泉直一	銅質	14.86	1.0	張豐志提供		
1719	新莽時期	小泉直一	銅質	14.74	1.2	上海博物館藏		
1720	新莽時期	小泉直一	銅質	14.58	1.3	上海博物館藏		
1721	新莽時期	小泉直一	銅質	14.67	1.2	上海博物館藏		
1722	新莽時期	小泉直一	銅質	13.82	1.5	上海博物館藏		
1723	新莽時期	小泉直一	銅質	13.78	1.3	上海博物館藏		
1724	新莽時期	小泉直一	銅質	14.48	1.2	上海博物館藏		
1725	新莽時期	小泉直一	銅質	14.68	1.2	存雲亭藏		
1726	新莽時期	小泉直一	銅質	14.40	1.7	上海博物館藏		
1727	新莽時期	小泉直一	銅質	14.24	1.4	上海博物館藏		
1728	新莽時期	小泉直一	銅質	13.69	0.8	查中偉藏		
1729	新莽時期	小泉直一	銅質	13.79	0.9	上海博物館藏		
1730	新莽時期	小泉直一	銅質	14.63	1.3	存雲亭藏		
1731	新莽時期	小泉直一	銅質	14.37	1.7	上海博物館藏		
1732	新莽時期	小泉直一	銅質	14.46	1.2	上海博物館藏		
1733	新莽時期	小泉直一	銅質	14.23	1.7	上海博物館藏		
1734	新莽時期	小泉直一	銅質	14.86	2.0	上海博物館藏		
1735	新莽時期	小泉直一	銅質	12.68	0.6	上海博物館藏		

編號	説　明	幣　　名	材質	直徑 (毫米)	重 (克)	來　　源	等級	注　釋
1736	新莽時期	小泉直一	銅質	15.71	1.7	上海博物館藏		
1737	新莽時期	小泉直一	銅質	15.37	1.0	上海博物館藏		
1738	新莽時期	小泉直一	銅質	13.01	0.8	上海博物館藏		
1739	新莽時期	小泉直一	銅質	14.11	1.0	陝西扶風博物館藏		1982年陝西扶風西官村出土
1740	新莽時期	小泉直一	銅質	14.73	0.9	上海博物館藏		
1741	新莽時期	小泉一直	銅質	15.10	1.7	存雲亭提供	2	
1742	新莽時期	小泉一直	銅質	14.32	1.3	存雲亭提供	2	
1743	新莽時期	小泉一直	銅質	13.76		選自《中國珍稀錢幣》	2	
1744	新莽時期	小泉一直	銅質	13.56		選自《中國珍稀錢幣》	2	
1745	新莽時期	小泉直二	銅質	14.68		選自《中國珍稀錢幣》	2	
1746	新莽時期	小泉直一	銅質	14.66		選自《歷代古錢圖説》	1	鎏金
1747	新莽時期	小泉直一	銅質	14.54		選自《歷代古錢圖説》	1	鎏金
1748	新莽時期	幺泉一十	銅質	16.42	2.0	上海博物館藏	1	
1749	新莽時期	幺泉一十	銅質	16.43	1.8	上海博物館藏	1	
1750	新莽時期	幺泉一十	銅質	16.81		選自《歷代古錢圖説》	1	
1751	新莽時期	幺泉一十	銅質	17.00	2.3	中國歷史博物館藏	1	
1752	新莽時期	幺泉一十	銅質	16.55	2.7	張豐志提供	1	
1753	新莽時期	幺泉一十	銅質	17.02		選自《中國珍稀錢幣》	1	
1754	新莽時期	幺泉一十	銅質	17.30	2.5	立川提供	1	
1755	新莽時期	幺泉一十	銅質	16.21	1.8	選自《中國珍稀錢幣》	1	
1756	新莽時期	幺泉一十	銅質	16.78		選自《中國珍稀錢幣》	1	
1757	新莽時期	幺泉一十	銅質	16.33		選自《中國珍稀錢幣》	1	
1758	新莽時期	幺泉一十	銅質	16.20	1.6	王紀耕提供	1	
1759	新莽時期	幼泉二十	銅質	19.00	2.9	中國歷史博物館藏	1	
1760	新莽時期	幼泉二十	銅質	18.64	2.3	上海博物館藏	1	
1761	新莽時期	幼泉二十	銅質	18.80	3.3	立川提供	1	
1762	新莽時期	幼泉二十	銅質	18.55	1.8	上海博物館藏	1	
1763	新莽時期	幼泉二十	銅質	18.35		選自《歷代古錢圖説》	1	
1764	新莽時期	幼泉二十	銅質	18.00	2.1	王紀耕提供	1	
1765	新莽時期	幼泉二十	銅質	18.79		選自《中國珍稀錢幣》	1	
1766	新莽時期	幼泉二十	銅質	17.96	2.1	張豐志提供	1	
1767	新莽時期	幼泉二十	銅質	17.98		選自《中國珍稀錢幣》	1	
1768	新莽時期	中泉三十	銅質	21.55	2.8	羅伯昭舊藏	3	
1769	新莽時期	中泉三十	銅質	21.11	3.9	上海博物館藏	2	
1770	新莽時期	中泉三十	銅質	20.00	3.4	中國歷史博物館藏	2	
1771	新莽時期	中泉三十	銅質	20.45	2.7	張豐志提供	2	
1772	新莽時期	中泉三十	銅質	20.60	2.5	鄒誌諒藏	2	
1773	新莽時期	中泉三十	銅質	20.88		選自《歷代古錢圖説》	2	
1774	新莽時期	中泉三十	銅質	20.30	2.7	王紀耕提供	2	
1775	新莽時期	中泉三十	銅質	20.71		選自《中國珍稀錢幣》	2	
1776	新莽時期	中泉三十	銅質	20.87		選自《中國珍稀錢幣》	2	
1777	新莽時期	中泉三十	銅質	21.22		選自《中國珍稀錢幣》	2	
1778	新莽時期	壯泉四十	銅質	22.12	3.0	上海博物館藏	2	
1779	新莽時期	壯泉四十	銅質	22.23	3.5	上海博物館藏	2	
1780	新莽時期	壯泉四十	銅質	22.98		選自《歷代古錢圖説》	2	
1781	新莽時期	壯泉四十	銅質	22.20	3.2	王紀耕提供	2	
1782	新莽時期	壯泉四十	銅質	22.87		選自《中國珍稀錢幣》	2	
1783	新莽時期	壯泉四十	銅質	23.00	5.1	中國歷史博物館藏	2	
1784	新莽時期	壯泉四十	銅質	24.56		選自《中國珍稀錢幣》	2	
1785	新莽時期	壯泉四十	銅質	23.11		選自《中國珍稀錢幣》	2	

編號	説　明	幣　名	材　質	直徑 （毫米）	重 （克）	來　　源	等　級	注　　釋
1786	新莽時期	壯泉四十	銅質	22.62		選自《中國珍稀錢幣》	2	
1787	新莽時期	壯泉四十	銅質	21.97	3.0	張豐志提供	2	
1788	新莽時期	壯泉四十	銅質	22.31		選自《中國珍稀錢幣》	2	
1789	新莽時期	小布一百	銅質	長：35.37		選自《歷代古錢圖説》	1	
1790	新莽時期	小布一百	銅質	長：34.41	7.5	李蔭軒舊藏	1	
1791	新莽時期	小布一百	銅質	長：34.22	6.1	張豐志提供	1	
1792	新莽時期	小布一百	銅質	長：37.15	6.8	上海博物館藏	1	
1793	新莽時期	小布一百	銅質	長：35.21	6.6	金立夫藏	1	
1794	新莽時期	小布一百	銅質	長：35.00	6.9	中國歷史博物館藏	1	
1795	新莽時期	小布一百	銅質	長：35.20	5.2	AMERICAN NUMISMATIC SOCIETY 提供	1	
1796	新莽時期	小布一百	銅質	長：35.50	5.5	屠燕治藏	1	
1797	新莽時期	小布一百	銅質	長：38.76		選自《中國珍稀錢幣》	1	
1798	新莽時期	小布一百	銅質	長：36.49	9.6	上海博物館藏	1	
1799	新莽時期	小布一百	銅質	長：33.98		選自《歷代古錢圖説》	1	
1800	新莽時期	小布一百	銅質	長：30.47	4.1	上海博物館藏	1	
1801	新莽時期	幺布二百	銅質	長：39.66	6.1	上海博物館藏	1	
1802	新莽時期	幺布二百	銅質	長：37.00	7.3	中國歷史博物館藏	1	
1803	新莽時期	幺布二百	銅質	長：36.70		選自《歷代古錢圖説》	1	
1804	新莽時期	幺布二百	銅質	長：37.65	7.0	金立夫藏	1	
1805	新莽時期	幺布二百	銅質	長：40.00	8.5	AMERICAN NUMISMATIC SOCIETY 提供	1	
1806	新莽時期	幺布二百	銅質	長：36.43		選自《中國珍稀錢幣》	1	
1807	新莽時期	幺布二百	銅質	長：38.12		選自《中國珍稀錢幣》	1	
1808	新莽時期	幺布二百	銅質	長：35.11	5.0	陝西扶風博物館藏	1	1977 年陝西扶風絳帳柿坡出土
1809	新莽時期	幺布二百	銅質	長：40.07	8.2	上海博物館藏	1	
1810	新莽時期	幺布二百	銅質	長：38.75		選自《歷代古錢圖説》	1	
1811	新莽時期	幺布二百	銅質	長：35.65	6.1	張豐志提供	1	
1812	新莽時期	幺布二百	銅質	長：38.21		選自《中國珍稀錢幣》	1	
1813	新莽時期	幼布三百	銅質	長：40.17	9.0	上海博物館藏	1	
1814	新莽時期	幼布三百	銅質	長：38.45		選自《歷代古錢圖説》	1	
1815	新莽時期	幼布三百	銅質	長：39.00	7.6	中國歷史博物館藏	1	
1816	新莽時期	幼布三百	銅質	長：39.90	10.1	AMERICAN NUMISMATIC SOCIETY 提供	1	
1817	新莽時期	幼布三百	銅質	長：39.15		選自《中國珍稀錢幣》	1	
1818	新莽時期	幼布三百	銅質	長：38.31		選自《中國珍稀錢幣》	1	
1819	新莽時期	幼布三百	銅質	長：44.33	15.0	上海博物館藏	1	
1820	新莽時期	幼布三百	銅質	長：42.34		選自《歷代古錢圖説》	1	
1821	新莽時期	幼布三百	銅質	長：40.87	9.4	金立夫藏	1	
1822	新莽時期	幼布三百	銅質	長：42.76		選自《中國珍稀錢幣》	1	
1823	新莽時期	幼布三百	銅質	長：38.32		選自《中國珍稀錢幣》	1	
1824	新莽時期	幼布三百	銅質	長：40.43	6.0	張豐志提供	1	
1825	新莽時期	序布四百	銅質	長：41.94	8.8	上海博物館藏	1	
1826	新莽時期	序布四百	銅質	長：40.00	6.8	中國歷史博物館藏	1	
1827	新莽時期	序布四百	銅質	長：41.71		選自《歷代古錢圖説》	1	
1828	新莽時期	序布四百	銅質	長：42.20	7.5	AMERICAN NUMISMATIC SOCIETY 提供	1	
1829	新莽時期	序布四百	銅質	長：39.81	5.7	張豐志提供	1	
1830	新莽時期	序布四百	銅質	長：41.32		選自《中國珍稀錢幣》	1	
1831	新莽時期	序布四百	銅質	長：46.35	14.2	上海博物館藏	1	
1832	新莽時期	序布四百	銅質	長：44.63	9.2	金立夫藏	1	

編號	説　明	幣　名	材　質	直徑(毫米)	重(克)	來　源	等級	注　釋
1833	新莽時期	序布四百	銅質	長：43.74		選自《歷代古錢圖説》	1	
1834	新莽時期	差布五百	銅質	長：44.07	9.8	上海博物館藏	1	
1835	新莽時期	差布五百	銅質	長：42.15		選自《中國珍稀錢幣》	1	
1836	新莽時期	差布五百	銅質	長：43.79		選自《歷代古錢圖説》	1	
1837	新莽時期	差布五百	銅質	長：44.62	9.1	金立夫藏	1	
1838	新莽時期	差布五百	銅質	長：45.80	9.1	AMERICAN NUMISMATIC SOCIETY 提供	1	
1839	新莽時期	差布五百	銅質	長：45.00	6.7	中國歷史博物館藏	1	
1840	新莽時期	差布五百	銅質	長：47.21	12.4	上海博物館藏	1	
1841	新莽時期	差布五百	銅質	長：46.33	8.7	張豐志提供	1	
1842	新莽時期	差布五百	銅質	長：44.89		選自《歷代古錢圖説》	1	
1843	新莽時期	差布五百	銅質	長：45.33	11.0	陝西扶風博物館藏	1	1977年陝西扶風絳帳柿坡出土
1844	新莽時期	差布五百	銅質	長：43.33		選自《中國珍稀錢幣》	1	
1845	新莽時期	中布六百	銅質	長：47.64	9.6	上海博物館藏	1	
1846	新莽時期	中布六百	銅質	長：47.00	11.2	中國歷史博物館藏	1	
1847	新莽時期	中布六百	銅質	長：46.27		選自《歷代古錢圖説》	1	
1848	新莽時期	中布六百	銅質	長：48.34		選自《中國珍稀錢幣》	1	
1849	新莽時期	中布六百	銅質	長：49.44		選自《中國珍稀錢幣》	1	
1850	新莽時期	中布六百	銅質	長：48.07	12.2	上海博物館藏	1	
1851	新莽時期	中布六百	銅質	長：49.63	11.0	金立夫藏	1	
1852	新莽時期	中布六百	銅質	長：42.11		選自《歷代古錢圖説》	1	
1853	新莽時期	中布六百	銅質	長：48.05	12.8	AMERICAN NUMISMATIC SOCIETY 提供	1	
1854	新莽時期	中布六百	銅質	長：46.47	7.9	張豐志提供	1	
1855	新莽時期	中布六百	銅質	長：50.21		選自《中國珍稀錢幣》	1	
1856	新莽時期	壯布七百	銅質	長：43.22	11.0	上海博物館藏	1	
1857	新莽時期	壯布七百	銅質	長：48.84	11.0	金立夫藏	1	
1858	新莽時期	壯布七百	銅質	長：50.00	8.0	中國歷史博物館藏	1	
1859	新莽時期	壯布七百	銅質	長：46.38		選自《歷代古錢圖説》	1	
1860	新莽時期	壯布七百	銅質	長：49.16		選自《中國珍稀錢幣》	1	
1861	新莽時期	壯布七百	銅質	長：46.79	7.3	張豐志提供	1	
1862	新莽時期	壯布七百	銅質	長：52.32	13.6	上海博物館藏	1	
1863	新莽時期	壯布七百	銅質	長：52.60	12.7	AMERICAN NUMISMATIC SOCIETY 提供	1	
1864	新莽時期	壯布七百	銅質	長：50.11		選自《歷代古錢圖説》	1	
1865	新莽時期	壯布七百	銅質	長：51.84		選自《中國珍稀錢幣》	1	
1866	新莽時期	弟布八百	銅質	長：50.02	10.6	上海博物館藏	1	
1867	新莽時期	弟布八百	銅質	長：50.00	11.2	中國歷史博物館藏	1	
1868	新莽時期	弟布八百	銅質	長：52.27		選自《歷代古錢圖説》	1	
1869	新莽時期	弟布八百	銅質	長：51.40		選自《中國珍稀錢幣》	1	
1870	新莽時期	弟布八百	銅質	長：53.74	13.6	上海博物館藏	1	
1871	新莽時期	弟布八百	銅質	長：50.27		選自《歷代古錢圖説》	1	
1872	新莽時期	弟布八百	銅質	長：54.90	15.4	AMERICAN NUMISMATIC SOCIETY 提供	1	
1873	新莽時期	弟布八百	銅質	長：50.06	11.3	張豐志提供	1	
1874	新莽時期	弟布八百	銅質	長：49.89		選自《中國珍稀錢幣》	1	
1875	新莽時期	次布九百	銅質	長：54.12	12.6	上海博物館藏	1	
1876	新莽時期	次布九百	銅質	長：53.08		選自《中國珍稀錢幣》	1	
1877	新莽時期	次布九百	銅質	長：54.49	12.4	金立夫藏	1	
1878	新莽時期	次布九百	銅質	長：52.45	8.4	AMERICAN NUMISMATIC SOCIETY 提供	1	

編號	説　　明	幣　　名	材質	直徑 (毫米)	重 (克)	來　　　源	等級	注　　釋
1879	新莽時期	次布九百	銅質	長：52.51		選自《歷代古錢圖説》	1	
1880	新莽時期	次布九百	銅質	長：52.00	11.0	中國歷史博物館藏	1	
1881	新莽時期	次布九百	銅質	長：52.76	10.1	張豐志提供	1	
1882	新莽時期	次布九百	銅質	長：51.65		選自《中國珍稀錢幣》	1	
1883	新莽時期	次布九百	銅質	長：54.03	15.4	上海博物館藏	1	
1884	新莽時期	次布九百	銅質	長：52.37		選自《中國珍稀錢幣》	1	
1885	新莽時期	次布九百	銅質	長：51.42		選自《歷代古錢圖説》	1	
1886	新莽時期	大布黄千	銅質	長：57.46	17.8	上海博物館藏		
1887	新莽時期	大布黄千	銅質	長：56.34	14.7	上海博物館藏		
1888	新莽時期	大布黄千	銅質	長：57.90	14.5	上海博物館藏		
1889	新莽時期	大布黄千	銅質	長：55.67	10.0	上海博物館藏		
1890	新莽時期	大布黄千	銅質	長：56.32	13.9	上海博物館藏		
1891	新莽時期	大布黄千	銅質	長：55.37	12.2	上海博物館藏		
1892	新莽時期	大布黄千	銅質	長：50.12	9.1	上海博物館藏		
1893	新莽時期	大布黄千	銅質	長：52.78	8.5	上海博物館藏		
1894	新莽時期	大布黄千	銅質	長：56.89	14.0	上海博物館藏		
1895	新莽時期	大布黄千	銅質	長：55.23	14.8	上海博物館藏		
1896	新莽時期	大布黄千	銅質	長：57.92	9.8	上海博物館藏		
1897	新莽時期	大布黄千	銅質	長：53.86	11.1	上海博物館藏		
1898	新莽時期	大布黄千	銅質	長：56.07	17.5	上海博物館藏		
1899	新莽時期	大布黄千	銅質	長：54.43	12.7	上海博物館藏		
1900	新莽時期	大布黄千	銅質	長：57.21	14.8	金立夫藏		
1901	新莽時期	大布黄千	銅質	長：55.53	12.2	存雲亭藏		
1902	新莽時期	大布黄千	銅質	長：54.89	11.2	上海博物館藏		
1903	新莽時期	大布黄千	銅質	長：55.43	9.6	上海博物館藏		
1904	新莽時期	大布黄千	銅質	長：58.35	9.7	金立夫藏		
1905	新莽時期	大布黄千	銅質	長：55.01	19.4	上海博物館藏		
1906	新莽時期	大布黄千	銅質	長：55.63	10.2	上海博物館藏		
1907	新莽時期	大布黄千	銅質	長：55.32	12.5	張豐志提供		
1908	新莽時期	大布黄千	銅質	長：56.21	15.6	上海博物館藏		
1909	新莽時期	大布黄千	銅質	長：53.68	15.6	上海博物館藏		
1910	新莽時期	大布黄千	銅質	長：53.44	11.2	上海博物館藏		
1911	新莽時期	大布黄千	銅質	長：56.56	19.5	上海博物館藏		
1912	新莽時期	大布黄千	銅質	長：53.61	10.2	上海博物館藏		
1913	新莽時期	大布黄千	銅質	長：54.50	16.2	謝世平提供		
1914	新莽時期	大布黄千	銅質	長：56.07	19.5	謝世平提供		
1915	新莽時期	大布黄千	銅質	長：53.11	11.2	上海博物館藏		
1916	新莽時期	大布黄千	銅質	長：55.23	11.7	上海博物館藏		
1917	新莽時期	大布黄千	銅質	長：51.71	12.2	上海博物館藏		
1918	新莽時期	大布黄千	銅質	長：54.63	13.8	上海博物館藏		
1919	新莽時期	大布黄千	銅質	長：50.22	18.1	上海博物館藏		
1920	新莽時期	大布黄千	銅質	長：50.27	13.6	上海博物館藏		
1921	新莽時期	大布黄千	銅質	長：54.91	7.3	上海博物館藏		
1922	新莽時期	大布黄千	銅質	長：55.23	11.0	上海博物館藏		
1923	新莽時期	大布黄千	銅質	長：56.89	12.1	上海博物館藏		
1924	新莽時期	大布黄千	銅質	長：58.98	14.0	上海博物館藏		
1925	新莽時期	大布黄千	銅質	長：56.00	11.8	中國歷史博物館藏		
1926	新莽時期	大布黄千	銅質	長：53.43	13.2	上海博物館藏		
1927	新莽時期	大布黄千	銅質	長：56.32	11.6	上海博物館藏		
1928	新莽時期	大布黄千	銅質	長：56.33	14.6	上海博物館藏		

續表

編號	説　明	幣　名	材質	直徑（毫米）	重（克）	來　源	等級	注　釋
1929	新莽時期	大布黃千	銅質	長：56.72	12.0	上海博物館藏		
1930	新莽時期	大布黃千	銅質	長：55.81	14.8	上海博物館藏		
1931	新莽時期	大布黃千	銅質	長：55.24	13.3	上海博物館藏		
1932	新莽時期	大布黃千	銅質	長：56.43	13.8	上海博物館藏		
1933	新莽時期	大布黃千	銅質	長：50.50	8.2	金立夫藏		
1934	新莽時期	大布黃千	銅質	長：56.10	15.3	AMERICAN NUMISMATIC SOCIETY 提供		
1935	新莽時期	大布黃千	銅質	長：53.77	10.6	上海博物館藏		
1936	新莽時期	大布黃千	銅質	長：55.74	11.6	上海博物館藏		
1937	新莽時期	大布黃千	銅質	長：56.43		謝世平提供		
1938	新莽時期	大布黃千	銅質	長：53.21	11.6	上海博物館藏		合面
1939	新莽時期	貨泉	銅質	22.10	2.8	上海博物館藏		
1940	新莽時期	貨泉	銅質	22.68	3.2	上海博物館藏		
1941	新莽時期	貨泉	銅質	22.80	2.3	上海博物館藏		
1942	新莽時期	貨泉	銅質	23.06	4.1	上海博物館藏		
1943	新莽時期	貨泉	銅質	22.69	3.5	上海博物館藏		
1944	新莽時期	貨泉	銅質	22.93	3.9	上海博物館藏		
1945	新莽時期	貨泉	銅質	22.17	2.6	上海博物館藏		
1946	新莽時期	貨泉	銅質	22.57	2.4	上海博物館藏		
1947	新莽時期	貨泉	銅質	22.14	3.4	上海博物館藏		
1948	新莽時期	貨泉	銅質	21.15	2.2	上海博物館藏		
1949	新莽時期	貨泉	銅質	22.76		上海博物館藏	2	方貝貨
1950	新莽時期	貨泉	銅質	24.20	4.3	吳佩英藏	2	方貝貨
1951	新莽時期	貨泉	銅質	24.21		選自《中國珍稀錢幣》	2	方貝貨
1952	新莽時期	貨泉	銅質	24.07		選自《中國珍稀錢幣》	2	方貝貨
1953	新莽時期	貨泉	銅質	25.11		選自《中國珍稀錢幣》	2	方貝貨
1954	新莽時期	貨泉	銅質	25.07		選自《中國珍稀錢幣》	2	方貝貨
1955	新莽時期	貨泉	銅質	22.20	2.8	上海博物館藏		
1956	新莽時期	貨泉	銅質	22.21	2.3	上海博物館藏		
1957	新莽時期	貨泉	銅質	23.20	2.7	上海博物館藏		
1958	新莽時期	貨泉	銅質	22.99	3.4	存雲亭提供		
1959	新莽時期	貨泉	銅質	22.41	3.2	上海博物館藏		
1960	新莽時期	貨泉	銅質	23.44	3.5	存雲亭提供		
1961	新莽時期	貨泉	銅質	22.87	3.0	上海博物館藏		
1962	新莽時期	貨泉	銅質	22.83	2.4	上海博物館藏		
1963	新莽時期	貨泉	銅質	22.82	2.5	上海博物館藏		
1964	新莽時期	貨泉	銅質	22.27	3.0	上海博物館藏		
1965	新莽時期	貨泉	銅質	22.23	2.7	存雲亭提供		
1966	新莽時期	貨泉	銅質	23.30	5.5	上海博物館藏		
1967	新莽時期	貨泉	銅質	22.74	4.1	上海博物館藏		
1968	新莽時期	貨泉	銅質	21.64	4.8	上海博物館藏		
1969	新莽時期	貨泉	銅質	22.75	3.4	上海博物館藏		
1970	新莽時期	貨泉	銅質	22.38	3.3	上海博物館藏		
1971	新莽時期	貨泉	銅質	23.42	3.1	存雲亭提供		
1972	新莽時期	貨泉	銅質	22.39	3.4	上海博物館藏		
1973	新莽時期	貨泉	銅質	23.27	3.6	存雲亭提供		
1974	新莽時期	貨泉	銅質	23.49	3.4	存雲亭提供		
1975	新莽時期	貨泉	銅質	22.55	3.1	上海博物館藏		
1976	新莽時期	貨泉	銅質	22.41	2.7	上海博物館藏		
1977	新莽時期	貨泉	銅質	23.67	6.3	存雲亭提供		

編號	説　明	幣　名	材質	直徑 （毫米）	重 （克）	來　源	等級	注　釋
1978	新莽時期	貨泉	銅質	21.50	2.3	上海博物館藏		
1979	新莽時期	貨泉	銅質	20.22	1.9	上海博物館藏		
1980	新莽時期	貨泉	銅質	21.96	2.0	存雲亭提供		
1981	新莽時期	貨泉	銅質	21.15	2.5	上海博物館藏		
1982	新莽時期	貨泉	銅質	22.01	2.6	上海博物館藏		
1983	新莽時期	貨泉	銅質	23.82	4.9	存雲亭提供		
1984	新莽時期	貨泉	銅質	22.14	2.7	上海博物館藏		
1985	新莽時期	貨泉	銅質	22.54	3.0	上海博物館藏		
1986	新莽時期	貨泉	銅質	21.56	1.5	存雲亭提供		
1987	新莽時期	貨泉	銅質	21.88	3.0	上海博物館藏		
1988	新莽時期	貨泉	銅質	21.20	1.9	上海博物館藏		
1989	新莽時期	貨泉	銅質	21.70	2.2	上海博物館藏		
1990	新莽時期	貨泉	銅質	22.63	2.2	上海博物館藏		
1991	新莽時期	貨泉	銅質	22.72	3.7	存雲亭提供		
1992	新莽時期	貨泉	銅質	19.82	2.0	上海博物館藏		
1993	新莽時期	貨泉	銅質	19.60	2.2	上海博物館藏		
1994	新莽時期	貨泉	銅質	23.11	3.6	存雲亭提供		
1995	新莽時期	貨泉	銅質	19.22	1.7	上海博物館藏		
1996	新莽時期	貨泉	銅質	19.85	1.5	上海博物館藏		
1997	新莽時期	貨泉	銅質	20.14	1.3	上海博物館藏		
1998	新莽時期	貨泉	銅質	21.11	1.9	存雲亭提供		
1999	新莽時期	貨泉	銅質	22.03	1.8	存雲亭提供		
2000	新莽時期	貨泉	銅質	19.89	1.3	上海博物館藏		
2001	新莽時期	貨泉	銅質	19.72	1.5	上海博物館藏		
2002	新莽時期	貨泉	銅質	19.81	1.4	上海博物館藏		
2003	新莽時期	貨泉	銅質	21.25	2.1	存雲亭提供		
2004	新莽時期	貨泉	銅質	19.81	1.4	上海博物館藏		
2005	新莽時期	貨泉	銅質	19.11	1.3	上海博物館藏		
2006	新莽時期	貨泉	銅質	19.44	1.6	上海博物館藏		
2007	新莽時期	貨泉	銅質	23.34	6.2	存雲亭提供		
2008	新莽時期	貨泉	銅質	19.87	1.5	上海博物館藏		
2009	新莽時期	貨泉	銅質	21.47	2.5	存雲亭提供		
2010	新莽時期	貨泉	銅質	19.44	1.1	上海博物館藏		
2011	新莽時期	貨泉	銅質	17.14	1.1	上海博物館藏		
2012	新莽時期	貨泉	銅質	17.50	1.0	上海博物館藏		
2013	新莽時期	貨泉	銅質	16.85	1.1	上海博物館藏		
2014	新莽時期	貨泉	銅質	17.05	0.9	上海博物館藏		
2015	新莽時期	貨泉	銅質	20.36	2.6	存雲亭提供		
2016	新莽時期	貨泉	銅質	18.29	1.3	上海博物館藏		
2017	新莽時期	貨泉	銅質	17.80	1.0	上海博物館藏		
2018	新莽時期	貨泉	銅質	15.91	0.8	上海博物館藏		
2019	新莽時期	貨泉	銅質	17.19	0.8	存雲亭提供		
2020	新莽時期	泉貨	銅質	20.18	1.5	上海博物館藏		傳形
2021	新莽時期	泉貨	銅質	21.12	2.3	上海博物館藏		傳形
2022	新莽時期	泉貨	銅質	20.04	1.3	上海博物館藏		傳形
2023	新莽時期	貨泉	銅質	23.28	3.2	存雲亭提供		
2024	新莽時期	泉貨	銅質	21.57	3.0	上海博物館藏		傳形
2025	新莽時期	貨泉	銅質	22.89	4.6	上海博物館藏		雙郭
2026	新莽時期	貨泉	銅質	23.06	2.8	存雲亭提供		雙郭
2027	新莽時期	貨泉	銅質	21.82	5.0	上海博物館藏		雙郭

編號	説　明	幣　名	材　質	直徑 （毫米）	重 （克）	來　　　源	等　級	注　　釋
2028	新莽時期	泉貨	銅質	21.70	2.1	上海博物館藏		雙郭、傳形
2029	新莽時期	貨泉	銅質	22.45	3.3	上海博物館藏		雙郭
2030	新莽時期	貨泉	銅質	23.86	3.5	存雲亭提供		雙郭
2031	新莽時期	貨泉	銅質	23.54	3.1	存雲亭提供		雙郭
2032	新莽時期	貨泉	銅質	22.47	3.6	上海博物館藏		雙郭
2033	新莽時期	貨泉	銅質	22.56	3.0	上海博物館藏		雙郭
2034	新莽時期	貨泉	銅質	23.27	3.4	存雲亭提供		雙郭
2035	新莽時期	貨泉	銅質	22.74	3.2	上海博物館藏		雙郭
2036	新莽時期	貨泉	銅質	22.05	3.2	上海博物館藏		雙郭
2037	新莽時期	貨泉	銅質	23.88	4.3	存雲亭提供		雙郭
2038	新莽時期	貨泉	銅質	22.57	2.8	上海博物館藏		雙郭
2039	新莽時期	貨泉	銅質	23.16	5.2	存雲亭提供		雙郭
2040	新莽時期	貨泉	銅質	22.22	3.1	上海博物館藏		雙郭
2041	新莽時期	貨泉	銅質	23.09	3.3	存雲亭提供		雙郭
2042	新莽時期	貨泉	銅質	23.58	3.4	存雲亭提供		雙郭
2043	新莽時期	貨泉	銅質	22.91	3.0	上海博物館藏		雙郭
2044	新莽時期	貨泉	銅質	22.03	2.1	存雲亭提供		雙郭
2045	新莽時期	貨泉	銅質	24.02	4.1	存雲亭提供		雙郭
2046	新莽時期	貨泉	銅質	23.21	3.3	存雲亭提供		雙郭
2047	新莽時期	貨泉	銅質	23.29	3.1	存雲亭提供		雙郭
2048	新莽時期	貨泉	銅質	22.01	3.8	上海博物館藏		雙郭
2049	新莽時期	貨泉	銅質	22.18	4.4	上海博物館藏		雙郭
2050	新莽時期	貨泉	銅質	20.86	2.2	上海博物館藏		雙郭
2051	新莽時期	貨泉	銅質	23.43	3.4	存雲亭提供		雙郭
2052	新莽時期	貨泉	銅質	21.13	1.6	存雲亭提供		雙郭
2053	新莽時期	貨泉	銅質	23.68	3.5	存雲亭提供		雙郭
2054	新莽時期	貨泉	銅質	23.21	3.2	存雲亭提供		雙郭
2055	新莽時期	貨泉	銅質	24.30	3.5	存雲亭提供		雙郭
2056	新莽時期	貨泉	銅質	23.22	3.0	存雲亭提供		雙郭
2057	新莽時期	貨泉	銅質	20.79	2.0	上海博物館藏		雙郭
2058	新莽時期	貨泉	銅質	20.61	1.8	上海博物館藏		雙郭
2059	新莽時期	貨泉	銅質	20.19	1.4	存雲亭提供		雙郭
2060	新莽時期	貨泉	銅質	21.36	2.3	上海博物館藏		雙郭
2061	新莽時期	貨泉	銅質	21.04	1.8	上海博物館藏		雙郭
2062	新莽時期	貨泉	銅質	20.94	2.4	存雲亭提供		雙郭
2063	新莽時期	貨泉	銅質	20.18	1.5	上海博物館藏		雙郭
2064	新莽時期	貨泉	銅質	19.72	1.3	上海博物館藏		雙郭
2065	新莽時期	貨泉	銅質	19.48	1.7	上海博物館藏		雙郭
2066	新莽時期	貨泉	銅質	21.42	2.0	上海博物館藏		雙郭
2067	新莽時期	貨泉	銅質	18.21	1.9	上海博物館藏		雙郭
2068	新莽時期	貨泉	銅質	18.21	1.1	上海博物館藏		雙郭
2069	新莽時期	貨泉	銅質	18.21	1.3	上海博物館藏		雙郭
2070	新莽時期	貨泉	銅質	17.52	1.3	上海博物館藏		雙郭
2071	新莽時期	貨泉	銅質	22.80	3.0	上海博物館藏		合背
2072	新莽時期	貨泉	銅質	22.31	2.6	上海博物館藏		無郭
2073	新莽時期	貨泉	銅質	22.52	2.8	上海博物館藏		無郭
2074	新莽時期	貨泉	銅質	20.05	2.4	上海博物館藏		無郭
2075	新莽時期	貨泉	銅質	22.42	3.0	存雲亭提供		無郭
2076	新莽時期	貨泉	銅質	21.55	2.8	上海博物館藏		無郭
2077	新莽時期	貨泉	銅質	22.11	2.6	上海博物館藏		無郭

編號	説　　明	幣　名	材質	直徑 (毫米)	重 (克)	來　　源	等級	注　　釋
2078	新莽時期	貨泉	銅質	22.12	2.4	上海博物館藏		無郭
2079	新莽時期	貨泉	銅質	20.71	2.7	上海博物館藏		無郭
2080	新莽時期	貨泉	銅質	21.19	1.8	上海博物館藏		無郭
2081	新莽時期	貨泉	銅質	21.09	2.1	上海博物館藏		無郭
2082	新莽時期	貨泉	銅質	21.57	2.7	上海博物館藏		無郭
2083	新莽時期	貨泉	銅質	21.87	2.7	上海博物館藏		無郭
2084	新莽時期	貨泉	銅質	20.09	1.8	上海博物館藏		無郭
2085	新莽時期	貨泉	銅質	23.22	3.3	存雲亭提供		無郭
2086	新莽時期	貨泉	銅質	21.84	2.0	存雲亭提供		無郭
2087	新莽時期	貨泉	銅質	22.01	3.2	上海博物館藏		面左星
2088	新莽時期	貨泉	銅質	21.13	2.5	存雲亭提供		面左星
2089	新莽時期	貨泉	銅質	22.72	3.7	上海博物館藏		面左星
2090	新莽時期	貨泉	銅質	22.39	3.0	上海博物館藏		面右星
2091	新莽時期	貨泉	銅質	21.43	3.1	上海博物館藏		面右星
2092	新莽時期	貨泉	銅質	23.03	2.8	上海博物館藏		面右星
2093	新莽時期	貨泉	銅質	23.26	3.8	存雲亭提供		面右星
2094	新莽時期	貨泉	銅質	22.67	3.8	上海博物館藏		面右星
2095	新莽時期	貨泉	銅質	22.88	3.2	上海博物館藏		面右星
2096	新莽時期	貨泉	銅質	22.87	3.4	上海博物館藏		面右星
2097	新莽時期	貨泉	銅質	23.20	3.4	上海博物館藏		面右星
2098	新莽時期	貨泉	銅質	22.81	2.4	上海博物館藏		
2099	新莽時期	貨泉	銅質	20.50	1.6	上海博物館藏		
2100	新莽時期	貨泉	銅質	21.28	1.9	上海博物館藏		
2101	新莽時期	貨泉	銅質	22.47	2.4	上海博物館藏		面上星
2102	新莽時期	貨泉	銅質	21.80	1.8	上海博物館藏		面上星
2103	新莽時期	貨泉	銅質	22.59	2.7	上海博物館藏		面上星
2104	新莽時期	貨泉	銅質	22.74	2.9	上海博物館藏		面上星
2105	新莽時期	貨泉	銅質	21.63	2.4	上海博物館藏		面上星
2106	新莽時期	貨泉	銅質	22.33	2.2	存雲亭提供		面上星
2107	新莽時期	貨泉	銅質	22.68	3.0	上海博物館藏		面上星
2108	新莽時期	貨泉	銅質	23.20	3.6	存雲亭提供		面上星
2109	新莽時期	貨泉	銅質	21.63	2.5	上海博物館藏		面上星
2110	新莽時期	貨泉	銅質	22.61	3.8	上海博物館藏		面上星
2111	新莽時期	貨泉	銅質	22.62	3.0	上海博物館藏		面上星
2112	新莽時期	貨泉	銅質	23.03	3.6	存雲亭提供		面上星
2113	新莽時期	貨泉	銅質	22.05	3.1	上海博物館藏		面上星
2114	新莽時期	貨泉	銅質	22.84	3.8	存雲亭提供		面上星
2115	新莽時期	貨泉	銅質	21.75	3.0	上海博物館藏		面下星
2116	新莽時期	貨泉	銅質	22.05	1.9	上海博物館藏		面下星
2117	新莽時期	貨泉	銅質	21.23	1.9	上海博物館藏		面上星
2118	新莽時期	貨泉	銅質	21.45	2.1	存雲亭提供		面上星
2119	新莽時期	貨泉	銅質	19.55	1.4	上海博物館藏		面上星
2120	新莽時期	貨泉	銅質	21.24	2.1	上海博物館藏		面上星、右下決
2121	新莽時期	貨泉	銅質	22.43	2.8	上海博物館藏		面上星、右下決
2122	新莽時期	貨泉	銅質	21.38	2.3	上海博物館藏		
2123	新莽時期	貨泉	銅質	23.49	4.2	存雲亭提供		面下星
2124	新莽時期	貨泉	銅質	22.37	2.6	上海博物館藏		面下星
2125	新莽時期	貨泉	銅質	22.72	4.0	上海博物館藏		面下星
2126	新莽時期	貨泉	銅質	22.76	3.1	上海博物館藏		面下星
2127	新莽時期	貨泉	銅質	22.38	3.3	上海博物館藏		面下星

續表

編號	説　明	幣　名	材　質	直徑(毫米)	重(克)	來　　源	等　級	注　　釋
2128	新莽時期	貨泉	銅質	20.14	2.0	上海博物館藏		面下星
2129	新莽時期	貨泉	銅質	21.40	2.2	上海博物館藏		面右下決
2130	新莽時期	貨泉	銅質	21.86	3.9	上海博物館藏		面右下決
2131	新莽時期	貨泉	銅質	22.59	2.8	存雲亭提供		面右下決
2132	新莽時期	貨泉	銅質	22.52	3.2	上海博物館藏		面右下決
2133	新莽時期	貨泉	銅質	21.38	4.0	上海博物館藏		面右下決
2134	新莽時期	貨泉	銅質	22.97	3.2	上海博物館藏		面右下決
2135	新莽時期	貨泉	銅質	22.45	2.3	存雲亭提供		面右下決
2136	新莽時期	貨泉	銅質	22.93	2.8	上海博物館藏		面右下決
2137	新莽時期	貨泉	銅質	22.18	2.0	上海博物館藏		面右下決
2138	新莽時期	貨泉	銅質	22.35	2.9	存雲亭提供		面右下決
2139	新莽時期	貨泉	銅質	22.09	2.5	上海博物館藏		面右下決
2140	新莽時期	貨泉	銅質	21.62	2.1	上海博物館藏		面右下決
2141	新莽時期	貨泉	銅質	21.14	2.4	上海博物館藏		面右下決
2142	新莽時期	貨泉	銅質	22.42	2.4	存雲亭提供		面右下決
2143	新莽時期	貨泉	銅質	20.41	2.5	上海博物館藏		面右下決
2144	新莽時期	貨泉	銅質	21.47	2.6	上海博物館藏		面右下決
2145	新莽時期	貨泉	銅質	22.52	3.0	上海博物館藏		面左下決
2146	新莽時期	貨泉	銅質	22.67	2.4	存雲亭提供		面左下決
2147	新莽時期	貨泉	銅質	22.00	3.3	上海博物館藏		面左下決
2148	新莽時期	貨泉	銅質	22.65	3.5	存雲亭提供		面左下決
2149	新莽時期	貨泉	銅質	22.62	2.8	存雲亭提供		面左下決
2150	新莽時期	貨泉	銅質	21.97	2.3	上海博物館藏		面左下決
2151	新莽時期	貨泉	銅質	22.49	3.2	上海博物館藏		面左下決
2152	新莽時期	貨泉	銅質	21.67	1.9	上海博物館藏		面左下決
2153	新莽時期	貨泉	銅質	22.97	3.7	存雲亭提供		面左下決
2154	新莽時期	貨泉	銅質	23.40	3.4	上海博物館藏		面左下決
2155	新莽時期	貨泉	銅質	20.10	1.4	上海博物館藏		面左下決
2156	新莽時期	貨泉	銅質	21.43	2.1	上海博物館藏		
2157	新莽時期	貨泉	銅質	20.00	5.6	上海博物館藏		
2158	新莽時期	貨泉	銅質	20.23	2.3	上海博物館藏		
2159	新莽時期	貨泉	銅質	21.12	2.1	上海博物館藏		
2160	新莽時期	貨泉	銅質	21.55	1.8	上海博物館藏		
2161	新莽時期	泉貨	銅質	21.54	2.1	上海博物館藏		傳形
2162	新莽時期	泉貨	銅質	22.05	2.0	上海博物館藏		傳形
2163	新莽時期	泉貨	銅質	20.87	2.2	上海博物館藏		傳形
2164	新莽時期	泉貨	銅質	22.17	2.5	上海博物館藏		傳形
2165	新莽時期	貨泉	銅質	21.46	2.3	上海博物館藏		
2166	新莽時期	貨泉	銅質	20.36	1.2	上海博物館藏		
2167	新莽時期	貨泉	銅質	19.23	1.3	上海博物館藏		
2168	新莽時期	貨泉	銅質	18.81	1.4	上海博物館藏		
2169	新莽時期	貨泉	銅質	19.35	1.7	上海博物館藏		
2170	新莽時期	貨泉	銅質	20.14	1.3	上海博物館藏		
2171	新莽時期	貨泉	銅質	19.40	1.3	上海博物館藏		
2172	新莽時期	貨泉	銅質	18.89	1.0	上海博物館藏		
2173	新莽時期	貨泉	銅質	18.52	1.1	上海博物館藏		
2174	新莽時期	貨泉	銅質	18.80	1.3	上海博物館藏		
2175	新莽時期	貨泉	銅質	19.22	1.4	上海博物館藏		
2176	新莽時期	貨泉	銅質	19.24	1.3	上海博物館藏		
2177	新莽時期	貨泉	銅質	18.05	1.0	上海博物館藏		

編號	說　　明	幣　　名	材　質	直徑 (毫米)	重 (克)	來　　　源	等　級	注　　釋
2178	新莽時期	貨泉	銅質	17.61	1.2	上海博物館藏		
2179	新莽時期	貨泉	銅質	17.93	1.3	上海博物館藏		
2180	新莽時期	貨泉	銅質	17.76	0.9	上海博物館藏		
2181	新莽時期	貨泉	銅質	18.74	1.3	上海博物館藏		
2182	新莽時期	貨泉	銅質	21.14	2.0	金立夫藏		重輪
2183	新莽時期	貨泉	銅質	16.15	0.9	上海博物館藏		
2184	新莽時期	貨泉	銅質	15.28	0.9	上海博物館藏		
2185	新莽時期	貨泉	銅質	16.46	0.9	上海博物館藏		
2186	新莽時期	貨泉	銅質	16.30	0.6	上海博物館藏		
2187	新莽時期	貨泉	銅質	15.99	1.0	上海博物館藏		
2188	新莽時期	貨泉	銅質	16.62	1.0	上海博物館藏		
2189	新莽時期	貨泉	銅質	17.02	0.8	上海博物館藏		
2190	新莽時期	貨泉	銅質	17.55	1.0	上海博物館藏		
2191	新莽時期	貨泉	銅質	18.48	0.8	上海博物館藏		
2192	新莽時期	貨泉	銅質	13.19	0.7	上海博物館藏		
2193	新莽時期	貨泉	銅質	15.73	0.8	上海博物館藏		
2194	新莽時期	貨泉	銅質	15.00	0.7	上海博物館藏		
2195	新莽時期	貨泉	銅質	15.22	0.9	上海博物館藏		
2196	新莽時期	貨泉	銅質	14.35	0.5	上海博物館藏		
2197	新莽時期	貨泉	銅質	14.66	0.8	上海博物館藏		
2198	新莽時期	貨泉	銅質	16.32	1.1	上海博物館藏		
2199	新莽時期	貨泉	銅質	15.24	0.6	上海博物館藏		
2200	新莽時期	貨泉	銅質	15.77	0.9	存雲亭提供		
2201	新莽時期	泉貨	銅質	22.81	3.0	上海博物館藏		傳形
2202	新莽時期	泉貨	銅質	20.11	1.7	上海博物館藏		傳形
2203	新莽時期	泉貨	銅質	21.22	2.5	上海博物館藏		傳形
2204	新莽時期	泉貨	銅質	21.64	2.5	上海博物館藏		傳形
2205	新莽時期	泉貨	銅質	20.97	1.9	上海博物館藏		傳形
2206	新莽時期	泉貨	銅質	21.06	2.2	上海博物館藏		傳形
2207	新莽時期	泉貨	銅質	18.24	1.0	上海博物館藏		傳形
2208	新莽時期	泉貨	銅質	18.35	1.3	上海博物館藏		傳形
2209	新莽時期	貨泉	銅質	22.13	4.5	上海博物館藏		合背
2210	新莽時期	貨泉	銅質	21.11	3.2	上海博物館藏		合背
2211	新莽時期	貨泉	銅質	21.41	5.4	上海博物館藏		合背
2212	新莽時期	貨泉	銅質	21.30	2.1	上海博物館藏		合背
2213	新莽時期	貨泉	銅質	21.65	2.3	上海博物館藏		合背
2214	新莽時期	貨泉	銅質	20.91	2.1	上海博物館藏		合背
2215	新莽時期	貨泉	銅質	21.95	3.7	上海博物館藏		合背
2216	新莽時期	貨泉	銅質	22.30	5.6	上海博物館藏		合背
2217	新莽時期	貨泉	銅質	21.32	3.9	上海博物館藏		合背
2218	新莽時期	貨泉	銅質	22.26	5.1	上海博物館藏		合背
2219	新莽時期	貨泉	銅質	22.29	3.0	上海博物館藏		合背
2220	新莽時期	貨泉	銅質	22.78	3.0	上海博物館藏		合背
2221	新莽時期	貨泉	銅質	22.78	2.8	上海博物館藏		合背
2222	新莽時期	貨泉	銅質	22.47	3.3	上海博物館藏		合背
2223	新莽時期	貨泉	銅質	22.32	2.6	上海博物館藏		合背
2224	新莽時期	貨泉	銅質	22.17	3.9	上海博物館藏		合背
2225	新莽時期	貨泉	銅質	22.11	3.7	上海博物館藏		合背
2226	新莽時期	貨泉	銅質	20.41	1.4	上海博物館藏		合背
2227	新莽時期	貨泉	銅質	22.05	2.6	上海博物館藏		合背

編號	説　明	幣　名	材　質	直徑 (毫米)	重 (克)	來　　源	等　級	注　　釋
2228	新莽時期	貨泉	銅質	21.15	2.3	上海博物館藏		合面
2229	新莽時期	貨泉	銅質	21.57	3.2	上海博物館藏		合面
2230	新莽時期	貨泉	銅質	22.75	2.4	存雲亭提供		合面
2231	新莽時期	貨泉	銅質	21.58	2.3	上海博物館藏		合面
2232	新莽時期	貨泉	銅質	21.82	5.2	上海博物館藏		合面
2233	新莽時期	貨泉	銅質	22.95	4.4	上海博物館藏		合面
2234	新莽時期	貨泉貨泉	銅質	21.77	2.5	上海博物館藏		
2235	新莽時期	貨泉貨泉	銅質	22.20	2.8	上海博物館藏		
2236	新莽時期	貨泉	銅質	21.85	4.0	上海博物館藏		背移範
2237	新莽時期	貨泉貨泉	銅質	21.01	2.4	上海博物館藏		
2238	新莽時期	貨泉	銅質	21.72	2.0	上海博物館藏		重輪
2239	新莽時期	貨泉	銅質	22.06	3.2	上海博物館藏		
2240	新莽時期	貨泉	銅質	23.12	3.4	上海博物館藏		
2241	新莽時期	貨泉	銅質	22.27	3.0	上海博物館藏		
2242	新莽時期	貨泉	銅質	22.52	2.4	上海博物館藏		面四決
2243	新莽時期	貨泉	銅質	21.13	1.5	鄒誌諒藏		
2244	新莽時期	泉貨	銅質	21.56	2.0	上海博物館藏		傳形
2245	新莽時期	貨泉	銅質	22.43	2.8	上海博物館藏		面四決
2246	新莽時期	貨泉	銅質	21.60	3.0	上海博物館藏		
2247	新莽時期	貨泉	銅質	21.24	3.3	上海博物館藏		
2248	新莽時期	貨泉	銅質	22.56	3.1	上海博物館藏		
2249	新莽時期	貨泉	銅質	21.94	3.2	上海博物館藏		面上星
2250	新莽時期	貨泉	銅質	18.93	1.6	上海博物館藏		面上四星
2251	新莽時期	貨泉	銅質	19.93	1.3	上海博物館藏		
2252	新莽時期	泉泉	銅質	17.90	1.0	上海博物館藏		
2253	新莽時期	泉泉	銅質	20.41	1.8	上海博物館藏		
2254	新莽時期	泉泉	銅質	19.35	2.0	上海博物館藏		
2255	新莽時期	貨貨	銅質	18.32		上海博物館藏		
2256	新莽時期	貨貨	銅質	19.94	1.8	上海博物館藏		
2257	新莽時期	泉貨	銅質	21.43		呂華林藏		傳形
2258	新莽時期	貨泉	銅質	19.61	1.9	上海博物館藏		磨邊
2259	新莽時期	貨泉	銅質	18.53	1.5	存雲亭提供		剪輪
2260	新莽時期	貨泉	銅質	15.18	0.9	上海博物館藏		剪輪
2261	新莽時期	貨泉	銅質	26.91	48.5	上海博物館藏		餅錢、雙聯錢
2262	新莽時期	貨泉	銅質	27.68	33.8	金立夫藏		餅錢、雙聯錢
2263	新莽時期	貨泉	銅質	27.05	24.9	上海博物館藏		特大型
2264	新莽時期	貨泉	銅質	27.65	44.0	上海博物館藏		餅錢、雙聯錢、合面
2265	新莽時期	貨泉	銅質	27.35	48.9	上海博物館藏		餅錢、雙聯錢、合面、圓孔
2266	新莽時期	貨泉	銅質	22.46	7.2	上海博物館藏		餅錢
2267	新莽時期	貨泉	銅質	24.21	11.0	上海博物館藏		餅錢
2268	新莽時期	貨泉	銅質	24.16	9.1	上海博物館藏		餅錢
2269	新莽時期	貨泉	銅質	24.68	12.9	上海博物館藏		餅錢
2270	新莽時期	貨泉	銅質	24.59	11.5	上海博物館藏		餅錢
2271	新莽時期	貨泉	銅質	26.21	17.8	陝西扶風博物館藏		餅錢、1982年陝西扶風西官村出土
2272	新莽時期	貨泉	銅質	24.72	9.2	上海博物館藏		餅錢
2273	新莽時期	貨泉	銅質	25.27	13.2	上海博物館藏		餅錢
2274	新莽時期	貨泉	銅質	24.77	8.8	上海博物館藏		餅錢
2275	新莽時期	貨泉	銅質	25.06	9.5	上海博物館藏		餅錢
2276	新莽時期	貨泉	銅質	24.79	10.0	上海博物館藏		餅錢
2277	新莽時期	貨泉	銅質	26.02	16.8	上海博物館藏		餅錢

編號	説　明	幣　名	材　質	直徑 (毫米)	重 (克)	來　　源	等　級	注　　釋
2278	新莽時期	貨泉	銅質	26.47	18.1	上海博物館藏		餅錢
2279	新莽時期	貨泉	銅質	26.23	19.0	上海博物館藏		餅錢
2280	新莽時期	貨泉	銅質	25.49	16.6	上海博物館藏		餅錢
2281	新莽時期	貨泉	銅質	26.86	17.8	上海博物館藏		餅錢
2282	新莽時期	貨泉	銅質	32.98	22.8	存雲亭提供		餅錢
2283	新莽時期	貨泉	銅質	25.94	19.2	上海博物館藏		餅錢
2284	新莽時期	貨泉	銅質	25.61	8.5	存雲亭提供		餅錢
2285	新莽時期	貨泉	鐵質	27.80		謝世平提供		餅錢
2286	新莽時期	貨泉	鐵質	27.90		謝世平提供		餅錢
2287	新莽時期	貨泉	鐵質	28.20		謝世平提供		餅錢
2288	新莽時期	貨泉	鐵質	29.00		謝世平提供		餅錢、雙聯體
2289	新莽時期	貨泉	鐵質	32.00	18.2	鄒誌諒藏		餅錢
2290	新莽時期	貨泉	鐵質	28.00	15.1	謝世平提供	1	銅包鐵餅錢
2291	新莽時期	貨泉	鐵質	30.50	25.6	謝世平提供	1	銅包鐵餅錢
2292	新莽時期	貨布	銅質	長：57.32	17.4	上海博物館藏		
2293	新莽時期	貨布	銅質	長：56.41	16.9	上海博物館藏		
2294	新莽時期	貨布	銅質	長：57.88	18.1	上海博物館藏		
2295	新莽時期	貨布	銅質	長：56.33	13.0	上海博物館藏		
2296	新莽時期	貨布	銅質	長：57.24	16.1	上海博物館藏		
2297	新莽時期	貨布	銅質	長：56.88	14.9	上海博物館藏		
2298	新莽時期	貨布	銅質	長：58.02	19.0	上海博物館藏		
2299	新莽時期	貨布	銅質	長：57.63	16.8	上海博物館藏		
2300	新莽時期	貨布	銅質	長：58.76	17.6	存雲亭藏		
2301	新莽時期	貨布	銅質	長：58.99	16.2	上海博物館藏		
2302	新莽時期	貨布	銅質	長：56.41	14.4	上海博物館藏		
2303	新莽時期	貨布	銅質	長：56.82	14.4	上海博物館藏		
2304	新莽時期	貨布	銅質	長：57.05	14.7	上海博物館藏		
2305	新莽時期	貨布	銅質	長：55.17	9.7	上海博物館藏		
2306	新莽時期	貨布	銅質	長：58.02	16.4	上海博物館藏		
2307	新莽時期	貨布	銅質	長：58.43	18.3	上海博物館藏		
2308	新莽時期	貨布	銅質	長：58.72	18.9	上海博物館藏		
2309	新莽時期	貨布	銅質	長：56.99	14.4	上海博物館藏		
2310	新莽時期	貨布	銅質	長：56.55	13.9	上海博物館藏		
2311	新莽時期	貨布	銅質	長：56.71	14.9	上海博物館藏		
2312	新莽時期	貨布	銅質	長：58.00	16.6	上海博物館藏		
2313	新莽時期	貨布	銅質	長：57.65	15.4	上海博物館藏		
2314	新莽時期	貨布	銅質	長：54.62		選自《歷代古錢圖說》		合背
2315	新莽時期	布泉	銅質	26.44	3.6	金立夫藏		面上雙決、雙胎
2316	新莽時期	布泉	銅質	26.08	4.0	上海博物館藏		面上雙決
2317	新莽時期	布泉	銅質	26.05	3.0	上海博物館藏		面上雙決
2318	新莽時期	布泉	銅質	25.99	3.0	上海博物館藏		面上雙決
2319	新莽時期	布泉	銅質	25.96	3.4	金立夫藏		面上雙決
2320	新莽時期	布泉	銅質	25.84	3.4	金立夫藏		面上雙決
2321	新莽時期	布泉	銅質	25.20	3.3	上海博物館藏		面上雙決
2322	新莽時期	布泉	銅質	25.78		上海博物館藏		面上雙決
2323	新莽時期	布泉	銅質	25.96	3.2	上海博物館藏		面下雙決
2324	新莽時期	布泉	銅質	25.93	3.0	上海博物館藏		面下雙決
2325	新莽時期	布泉	銅質	25.82	3.0	上海博物館藏		面下雙決
2326	新莽時期	布泉	銅質	25.57	3.0	上海博物館藏		面下雙決
2327	新莽時期	布泉	銅質	25.19	3.1	上海博物館藏		面下雙決

編號	説 明	幣 名	材質	直徑 (毫米)	重 (克)	來 源	等 級	注 釋
2328	新莽時期	布泉	銅質	25.19	3.2	上海博物館藏		面下雙決
2329	新莽時期	布泉	銅質	23.95	2.5	上海博物館藏		面下雙決
2330	新莽時期	布泉	銅質	23.64	2.5	上海博物館藏		面下雙決
2331	新莽時期	布泉	銅質	27.21	4.0	上海博物館藏		面上星
2332	新莽時期	布泉	銅質	26.13	3.0	上海博物館藏		面上星
2333	新莽時期	布泉	銅質	25.89	3.4	上海博物館藏		面上星
2334	新莽時期	布泉	銅質	25.20	3.1	上海博物館藏		面上星
2335	新莽時期	布泉	銅質	25.19	3.5	上海博物館藏		面上星
2336	新莽時期	布泉	銅質	26.17	4.0	上海博物館藏		合背
2337	新莽時期	布泉	銅質	19.99	1.4	上海博物館藏		剪輪
2338	新莽時期	國寶金匱·直萬	銅質	長:61.32		選自《中國珍稀錢幣》	4	
2339	新莽時期	國寶金匱·直萬	銅質	長:62.50	41.6	中國歷史博物館藏	4	
2340	東漢時期	五銖	銅質	25.20	3.2	金立夫藏		
2341	東漢時期	五銖	銅質	25.44	4.4	金立夫藏		
2342	東漢時期	五銖	銅質	25.76	3.6	金立夫藏		
2343	東漢時期	五銖	銅質	25.91	3.5	金立夫藏		
2344	東漢時期	五銖	銅質	25.35	3.6	上海博物館藏		
2345	東漢時期	五銖	銅質	25.55	3.0	上海博物館藏		
2346	東漢時期	五銖	銅質	25.84	2.9	上海博物館藏		
2347	東漢時期	五銖	銅質	25.02	3.3	上海博物館藏		面上星
2348	東漢時期	五銖	銅質	26.02	3.6	上海博物館藏		面上星
2349	東漢時期	五銖	銅質	25.41	2.8	上海博物館藏		面上星
2350	東漢時期	五銖	銅質	25.31	3.4	上海博物館藏		面上星
2351	東漢時期	五銖	銅質	25.56	3.0	存雲亭藏		面上星
2352	東漢時期	五銖	銅質	25.76	4.8	上海博物館藏		面上星
2353	東漢時期	五銖	銅質	25.33	3.0	上海博物館藏		面上星
2354	東漢時期	五銖	銅質	25.48	2.8	上海博物館藏		面上星
2355	東漢時期	五銖	銅質	26.16	2.8	上海博物館藏		背下陰文
2356	東漢時期	五銖	銅質	25.24	2.3	存雲亭藏		
2357	東漢時期	五銖	銅質	25.92	3.3	上海博物館藏		面上星
2358	東漢時期	五銖	銅質	25.21	2.9	上海博物館藏		面下星
2359	東漢時期	五銖	銅質	25.51	2.3	上海博物館藏		
2360	東漢時期	五銖	銅質	25.73	2.5	存雲亭藏		
2361	東漢時期	五銖	銅質	25.98	2.5	上海博物館藏		面上星
2362	東漢時期	五銖	銅質	26.02	3.0	上海博物館藏		
2363	東漢時期	五銖	銅質	25.28	3.4	存雲亭藏		
2364	東漢時期	五銖	銅質	24.43	2.2	上海博物館藏		面下星
2365	東漢時期	五銖	銅質	25.46	2.3	上海博物館藏		面下星
2366	東漢時期	五銖	銅質	25.45	3.3	上海博物館藏		
2367	東漢時期	五銖	銅質	25.77	3.4	存雲亭藏		
2368	東漢時期	五銖	銅質	25.52	3.6	上海博物館藏		雙胎
2369	東漢時期	五銖	銅質	25.69	2.8	上海博物館藏		
2370	東漢時期	五銖	銅質	25.43	3.6	上海博物館藏		面穿上星
2371	東漢時期	五銖	銅質	25.34	3.3	上海博物館藏		面穿下星
2372	東漢時期	五銖	銅質	25.43	2.9	上海博物館藏		面上星
2373	東漢時期	五銖	銅質	25.03	3.2	上海博物館藏		背下星
2374	東漢時期	五銖	銅質	24.86	1.8	上海博物館藏		背右陰文
2375	東漢時期	五銖	銅質	24.72	2.9	上海博物館藏		面上星
2376	東漢時期	五銖	銅質	26.24	3.6	存雲亭藏		
2377	東漢時期	五銖	銅質	25.76	3.3	上海博物館藏		

編號	説　明	幣　名	材質	直徑（毫米）	重（克）	來　　源	等級	注　釋
2378	東漢時期	五銖	銅質	27.02	2.7	上海博物館藏		
2379	東漢時期	五銖	銅質	25.89	2.8	上海博物館藏		面上星
2380	東漢時期	五銖	銅質	25.03	3.0	上海博物館藏		面上星
2381	東漢時期	五銖	銅質	22.89	2.3	存雲亭藏		面上星
2382	東漢時期	五銖	銅質	25.82	3.2	上海博物館藏		背右星
2383	東漢時期	五銖	銅質	25.22		上海博物館藏		
2384	東漢時期	五銖	銅質	26.02	2.4	上海博物館藏		面下星
2385	東漢時期	五銖	銅質	25.44	2.7	上海博物館藏		面上星、背左二横
2386	東漢時期	五銖	銅質	25.67	2.6	上海博物館藏		面上星
2387	東漢時期	五銖	銅質	25.82	2.8	上海博物館藏		
2388	東漢時期	五銖	銅質	24.64	1.9	上海博物館藏		背右星
2389	東漢時期	五銖	銅質	25.77	3.0	上海博物館藏		
2390	東漢時期	五銖	銅質	26.97	3.7	上海博物館藏		
2391	東漢時期	五銖	銅質	25.78	2.8	上海博物館藏		背下陰文“王”
2392	東漢時期	五銖	銅質	25.07	2.8	上海博物館藏		面上陰文“王”
2393	東漢時期	五銖	銅質	24.88	2.4	存雲亭藏		“五”内上星
2394	東漢時期	五銖	銅質	22.76	1.2	上海博物館藏		“五”内下星、面下星
2395	東漢時期	五銖	銅質	26.04	3.2	存雲亭藏		“五”内雙星
2396	東漢時期	五銖	銅質	25.31	3.2	上海博物館藏		背上“六”
2397	東漢時期	五銖	銅質	25.61	3.0	上海博物館藏		面下陰文“八”、背左星
2398	東漢時期	五銖	銅質	24.90	3.1	上海博物館藏		背左上角出
2399	東漢時期	五銖	銅質	25.35	3.0	上海博物館藏		背下陰文“八”
2400	東漢時期	五銖	銅質	24.52	3.1	上海博物館藏		背左“五”
2401	東漢時期	五銖	銅質	25.89	3.3	上海博物館藏		面下星、背右上角星
2402	東漢時期	五銖	銅質	25.22	3.0	上海博物館藏		
2403	東漢時期	五銖	銅質	25.19	2.9	上海博物館藏		
2404	東漢時期	五銖	銅質	25.13	2.8	上海博物館藏		背下“六”
2405	東漢時期	五銖	銅質	25.58	2.8	上海博物館藏		面下星、背上陰文“八”
2406	東漢時期	五銖	銅質	26.17	3.1	存雲亭藏		面下星
2407	東漢時期	五銖	銅質	24.97	2.3	上海博物館藏		面上陰文“八”
2408	東漢時期	五銖	銅質	24.50	2.2	上海博物館藏		面下陰文“五”
2409	東漢時期	五銖	銅質	25.83	2.8	上海博物館藏		面上雙决
2410	東漢時期	五銖	銅質	23.67	2.2	上海博物館藏		面下陰文“千”、背右陰文“十”
2411	東漢時期	五銖	銅質	24.95	3.0	上海博物館藏		背下陰文“八”
2412	東漢時期	五銖	銅質	25.76	2.2	上海博物館藏		背左陰文“二”
2413	東漢時期	五銖	銅質	25.14	2.6	上海博物館藏		背右陰文“十”
2414	東漢時期	五銖	銅質	24.98	3.0	上海博物館藏		背左“三”
2415	東漢時期	五銖	銅質	25.34	1.7	上海博物館藏		面上陰文“八”
2416	東漢時期	五銖	銅質	25.17	2.7	上海博物館藏		
2417	東漢時期	五銖	銅質	23.67	1.8	上海博物館藏		
2418	東漢時期	五銖	銅質	24.67	2.7	上海博物館藏		面上陰文“工”
2419	東漢時期	五銖	銅質	25.89	2.8	上海博物館藏		背左陰文“十”
2420	東漢時期	五銖	銅質	25.91	2.7	存雲亭藏		面下陰文“一”
2421	東漢時期	五銖	銅質	25.03		選自《長安縣三里村東漢墓發掘報告》		
2422	東漢時期	五銖	銅質	24.76		選自《長安縣三里村東漢墓發掘報告》		
2423	東漢時期	五銖	銅質	26.07	2.7	上海博物館藏		
2424	東漢時期	五銖	銅質	26.13	3.4	存雲亭藏		
2425	東漢時期	五銖	銅質	26.11	3.3	上海博物館藏		

編號	説　明	幣　名	材　質	直徑 (毫米)	重 (克)	來　　源	等級	注　　釋
2426	東漢時期	五銖	銅質	25.64	2.7	上海博物館藏		面下陰文"八"、背左星
2427	東漢時期	五銖	銅質	25.45	4.3	上海博物館藏		
2428	東漢時期	五銖	銅質	26.49	3.2	上海博物館藏		面上陰文"十"
2429	東漢時期	五銖	銅質	26.05	3.4	上海博物館藏		
2430	東漢時期	五銖	銅質	26.13	2.5	存雲亭藏		面下星
2431	東漢時期	五銖	銅質	25.91	3.2	上海博物館藏		面上星
2432	東漢時期	五銖	銅質	24.97	3.3	上海博物館藏		面上星、背移範
2433	東漢時期	五銖	銅質	25.11	2.9	上海博物館藏		面上星
2434	東漢時期	五銖	銅質	25.60	2.8	上海博物館藏		背上陰文"六"
2435	東漢時期	五銖	銅質	25.77	3.1	上海博物館藏		面上星
2436	東漢時期	五銖	銅質	24.55	2.3	上海博物館藏		面上星、面下陰文"五"
2437	東漢時期	五銖	銅質	25.33	2.3	上海博物館藏		面上星
2438	東漢時期	五銖	銅質	24.67	2.4	上海博物館藏		面下星
2439	東漢時期	五銖	銅質	26.05	2.6	上海博物館藏		背下陰文"二"
2440	東漢時期	五銖	銅質	25.17	2.3	上海博物館藏		面上陰文"四"
2441	東漢時期	五銖	銅質	25.32	2.3	上海博物館藏		面下一竪
2442	東漢時期	五銖	銅質	25.72	3.1	上海博物館藏		面下一竪
2443	東漢時期	五銖	銅質	25.78	2.4	上海博物館藏		面上一橫
2444	東漢時期	五銖	銅質	25.07	2.9	上海博物館藏		面下一竪
2445	東漢時期	五銖	銅質	23.43		選自《河北定縣43號漢墓發掘報告》		
2446	東漢時期	五銖	銅質	23.76		選自《河北定縣43號漢墓發掘報告》		
2447	東漢時期	五銖	銅質	25.88		選自《河北定縣43號漢墓發掘報告》		
2448	東漢時期	五銖	銅質	25.97		選自《河北定縣43號漢墓發掘報告》		
2449	東漢時期	五銖	銅質	25.65	2.9	上海博物館藏		面上四星
2450	東漢時期	五銖	銅質	25.30	2.7	上海博物館藏		面上一橫
2451	東漢時期	五銖	銅質	25.02	2.8	上海博物館藏		背右星
2452	東漢時期	五銖	銅質	25.12	3.3	上海博物館藏		
2453	東漢時期	五銖	銅質	25.54	2.8	上海博物館藏		
2454	東漢時期	五銖	銅質	25.74	3.5	上海博物館藏		雙胎
2455	東漢時期	五銖	銅質	24.06	3.0	上海博物館藏		雙胎
2456	東漢時期	五銖	銅質	24.52	1.9	上海博物館藏		面上、下一竪
2457	東漢時期	五銖	銅質	24.85	2.2	上海博物館藏		背左陰文"二"
2458	東漢時期	五銖	銅質	24.96	1.9	上海博物館藏		"五"内雙星
2459	東漢時期	五銖	銅質	24.88	2.3	上海博物館藏		面上下星
2460	東漢時期	五銖	銅質	23.33	2.3	上海博物館藏		"五"内雙星
2461	東漢時期	五銖	銅質	24.49	2.3	上海博物館藏		面下星、"五"内下星
2462	東漢時期	五銖	銅質	23.36	1.9	上海博物館藏		"五"内雙星
2463	東漢時期	五銖	銅質	24.19	1.5	上海博物館藏		面下星、"五"外右星
2464	東漢時期	五銖	銅質	24.72	2.3	上海博物館藏		面下二橫
2465	東漢時期	五銖	銅質	25.15	3.1	上海博物館藏		面下二竪
2466	東漢時期	五銖	銅質	25.02	2.6	上海博物館藏		面下一橫
2467	東漢時期	五銖	銅質	25.06	3.1	上海博物館藏		"五"上一橫
2468	東漢時期	五銖	銅質	25.03	2.9	上海博物館藏		面下一橫
2469	東漢時期	五銖	銅質	25.17	2.6	上海博物館藏		面上一竪
2470	東漢時期	五銖	銅質	25.00	2.7	上海博物館藏		面上一橫
2471	東漢時期	五銖	銅質	25.32	2.6	上海博物館藏		
2472	東漢時期	五銖	銅質	25.31	2.0	上海博物館藏		

編號	説　明	幣　　名	材質	直徑 (毫米)	重 (克)	來　　源	等　級	注　　釋
2473	東漢時期	五銖	銅質	25.28	2.7	上海博物館藏		
2474	東漢時期	五銖	銅質	24.12	2.4	上海博物館藏		面上"十"
2475	東漢時期	五銖	銅質	25.91	2.3	上海博物館藏		面上"丁"
2476	東漢時期	五銖	銅質	25.54	3.1	上海博物館藏		面下"丁"
2477	東漢時期	五銖	銅質	26.15	3.1	上海博物館藏		面上"七"
2478	東漢時期	五銖	銅質	25.51	2.8	上海博物館藏		面上"七"
2479	東漢時期	五銖	銅質	23.74	2.4	上海博物館藏		背上"丁"
2480	東漢時期	五銖	銅質	26.11	3.1	上海博物館藏		面下"丁"
2481	東漢時期	五銖	銅質	22.86	1.9	上海博物館藏		面上"丁"
2482	東漢時期	五銖	銅質	23.25	2.1	上海博物館藏		背上"丁"
2483	東漢時期	五銖	銅質	25.56	3.1	上海博物館藏		面上"下"
2484	東漢時期	五銖	銅質	25.71	2.5	上海博物館藏		面下"下"
2485	東漢時期	五銖	銅質	24.11	2.0	上海博物館藏		面下"七"、雙胎
2486	東漢時期	五銖	銅質	24.75	1.8	上海博物館藏		面上"七"、"五"開口
2487	東漢時期	五銖	銅質	23.23	2.5	上海博物館藏		面上"十"
2488	東漢時期	五銖	銅質	24.81	2.7	上海博物館藏		面上"十"
2489	東漢時期	五銖	銅質	25.39	2.6	上海博物館藏		面上"七"
2490	東漢時期	五銖	銅質	25.89	2.3	上海博物館藏		面上"七"、雙胎
2491	東漢時期	五銖	銅質	25.42	2.8	上海博物館藏		面上"七"
2492	東漢時期	五銖	銅質	25.34	2.2	上海博物館藏		面上"七"
2493	東漢時期	五銖	銅質	25.75	2.4	上海博物館藏		面下陰文"十"
2494	東漢時期	五銖	銅質	24.99	3.4	上海博物館藏		面上陰文"王"
2495	東漢時期	五銖	銅質	25.48	2.8	上海博物館藏		面上"王"
2496	東漢時期	五銖	銅質	24.83	2.8	上海博物館藏		面下陰文"工"
2497	東漢時期	五銖	銅質	25.87	2.7	上海博物館藏		面下一橫
2498	東漢時期	五銖	銅質	25.76	2.7	上海博物館藏		面上星、下一竪
2499	東漢時期	銖五	銅質	23.93	2.4	上海博物館藏		面上星、傳形
2500	東漢時期	銖五	銅質	22.52	3.0	上海博物館藏		傳形
2501	東漢時期	銖五	銅質	23.01	2.0	上海博物館藏		傳形
2502	東漢時期	銖五	銅質	22.74	2.2	上海博物館藏		傳形
2503	東漢時期	銖五	銅質	22.66	2.1	上海博物館藏		傳形
2504	東漢時期	銖五	銅質	25.56	2.6	上海博物館藏		傳形
2505	東漢時期	銖五	銅質	25.18	2.9	上海博物館藏		傳形
2506	東漢時期	銖五	銅質	25.57	3.8	上海博物館藏		傳形
2507	東漢時期	銖五	銅質	24.92	2.9	上海博物館藏		傳形
2508	東漢時期	銖五	銅質	23.76	2.7	上海博物館藏		傳形
2509	東漢時期	銖五	銅質	24.44	2.0	上海博物館藏		傳形
2510	東漢時期	銖五	銅質	25.25	2.4	上海博物館藏		傳形
2511	東漢時期	銖五	銅質	24.66	2.6	上海博物館藏		傳形
2512	東漢時期	銖五	銅質	26.00	1.9	上海博物館藏		傳形
2513	東漢時期	銖五	銅質	25.77	2.8	上海博物館藏		傳形
2514	東漢時期	銖五	銅質	25.34	3.3	上海博物館藏		傳形
2515	東漢時期	銖五	銅質	25.45	3.6	上海博物館藏		傳形
2516	東漢時期	銖五	銅質	24.97	2.6	上海博物館藏		傳形、背陰文四竪
2517	東漢時期	銖五	銅質	24.48	2.5	上海博物館藏		傳形、面下"王"
2518	東漢時期	銖五	銅質	24.44	1.9	上海博物館藏		傳形
2519	東漢時期	銖五	銅質	24.95	2.5	上海博物館藏		傳形
2520	東漢時期	銖五	銅質	24.96	2.6	上海博物館藏		傳形
2521	東漢時期	銖五	銅質	24.06	2.3	上海博物館藏		傳形
2522	東漢時期	銖五	銅質	24.35	2.4	上海博物館藏		傳形

編號	説　明	幣　名	材質	直徑 (毫米)	重 (克)	來　　源	等　級	注　釋
2523	東漢時期	銖五	銅質	23.55	2.1	上海博物館藏		傳形
2524	東漢時期	銖五	銅質	23.87	3.1	上海博物館藏		傳形
2525	東漢時期	銖五	銅質	23.93	2.7	上海博物館藏		傳形
2526	東漢時期	銖五	銅質	23.10	2.4	上海博物館藏		傳形
2527	東漢時期	銖五	銅質	23.61	2.0	上海博物館藏		傳形
2528	東漢時期	銖五	銅質	21.82	2.3	上海博物館藏		傳形
2529	東漢時期	銖五	銅質	22.70	1.5	上海博物館藏		傳形
2530	東漢時期	銖五	銅質	23.19	1.9	上海博物館藏		傳形
2531	東漢時期	銖五	銅質	21.19	1.1	上海博物館藏		傳形
2532	東漢時期	銖五	銅質	20.88	1.5	上海博物館藏		傳形
2533	東漢時期	銖五	銅質	18.82	1.2	上海博物館藏		傳形
2534	東漢時期	五銖	銅質	24.60	5.3	上海博物館藏		合背
2535	東漢時期	五銖	銅質	24.77	4.1	上海博物館藏		合背
2536	東漢時期	五銖	銅質	26.37	3.3	存雲亭藏		合背
2537	東漢時期	五銖	銅質	26.04	6.2	上海博物館藏		合背
2538	東漢時期	五銖	銅質	25.77	5.3	上海博物館藏		合背
2539	東漢時期	五銖	銅質	23.89	4.7	上海博物館藏		合背、面穿下星、背上星、背穿下星
2540	東漢時期	五銖	銅質	27.73	5.2	上海博物館藏		合背
2541	東漢時期	五銖	銅質	24.69	3.2	上海博物館藏		合背
2542	東漢時期	五銖	銅質	25.74	3.4	上海博物館藏		合背
2543	東漢時期	五銖	銅質	24.73	3.2	上海博物館藏		合背
2544	東漢時期	五銖	銅質	25.39	4.6	上海博物館藏		合背
2545	東漢時期	五銖	銅質	25.39	6.0	上海博物館藏		合背
2546	東漢時期	五銖	銅質	26.20	3.5	上海博物館藏		合背
2547	東漢時期	五銖	銅質	24.88	4.6	上海博物館藏		合背
2548	東漢時期	五銖	銅質	25.15	2.7	上海博物館藏		合背
2549	東漢時期	五銖	銅質	26.04	2.9	陝西西安金泉錢幣文化股份有 限公司藏		
2550	東漢時期	五銖	銅質	25.43	3.5	上海博物館藏		背四出
2551	東漢時期	五銖	銅質	24.87	3.5	上海博物館藏		背四出
2552	東漢時期	五銖	銅質	25.11	3.0	上海博物館藏		背四出
2553	東漢時期	五銖	銅質	26.06	3.9	上海博物館藏		背四出
2554	東漢時期	五銖	銅質	25.95	4.2	上海博物館藏		背四出
2555	東漢時期	五銖	銅質	25.63	3.9	上海博物館藏		背四出
2556	東漢時期	五銖	銅質	24.50	4.0	上海博物館藏		背四出
2557	東漢時期	五銖	銅質	25.13	3.4	上海博物館藏		背四出
2558	東漢時期	五銖	銅質	25.52	3.2	上海博物館藏		背四出
2559	東漢時期	五銖	銅質	25.31	3.8	上海博物館藏		背四出
2560	東漢時期	五銖	銅質	25.48	3.7	上海博物館藏		背四出
2561	東漢時期	五銖	銅質	24.81	3.6	上海博物館藏		背四出
2562	東漢時期	五銖	銅質	25.66	4.3	上海博物館藏		背四出
2563	東漢時期	五銖	銅質	24.83	3.1	上海博物館藏		背四出
2564	東漢時期	五銖	銅質	24.44	2.6	存雲亭藏		背四出
2565	東漢時期	五銖	銅質	24.98	3.5	上海博物館藏		背四出
2566	東漢時期	五銖	銅質	25.66	3.0	存雲亭藏		背四出
2567	東漢時期	五銖	銅質	25.46	3.7	上海博物館藏		背四出
2568	東漢時期	五銖	銅質	24.10	2.7	上海博物館藏		背四出
2569	東漢時期	五銖	銅質	22.52	2.4	上海博物館藏		背四出
2570	東漢時期	五銖	銅質	23.55	2.3	上海博物館藏		背四出
2571	東漢時期	五銖	銅質	25.64	3.4	上海博物館藏		背四出

編號	説　明	幣　　名	材　質	直徑（毫米）	重（克）	來　　源	等　級	注　　釋
2572	東漢時期	五銖	銅質	24.34	1.4	上海博物館藏		背四出
2573	東漢時期	五銖	銅質	25.56	3.5	存雲亭藏		背四出
2574	東漢時期	五銖	銅質	22.41	2.2	上海博物館藏		背四出
2575	東漢時期	五銖	銅質	25.33	4.6	鄒誌諒藏		背四出
2576	東漢時期	五銖	銅質	25.83	3.3	鄒誌諒藏		面四出
2577	東漢時期	銖五	銅質	24.57	2.1	上海博物館藏		傳形、背四出
2578	東漢時期	銖五	銅質	24.52	1.8	上海博物館藏		傳形、背四出
2579	東漢時期	銖五	銅質	25.50	2.0	上海博物館藏		傳形、背四出
2580	東漢時期	銖五	銅質	23.08	1.5	上海博物館藏		傳形、背四出
2581	東漢時期	銖五	銅質	24.19	1.9	上海博物館藏		傳形、背四出
2582	東漢時期	五朱	銅質	16.43	1.2	上海博物館藏		董卓小錢
2583	東漢時期	五朱	銅質	2.00	0.7	上海博物館藏		董卓小錢
2584	東漢時期	五朱	銅質	19.66	0.7	上海博物館藏		董卓小錢
2585	東漢時期	五朱	銅質	17.88	0.9	存雲亭藏		董卓小錢
2586	東漢時期	五朱	銅質	18.21	1.5	上海博物館藏		董卓小錢
2587	東漢時期	五朱	銅質	19.23	0.7	上海博物館藏		董卓小錢
2588	東漢時期	五朱	銅質	12.32		選自《中國錢幣》		董卓小錢
2589	東漢時期	五朱	銅質	17.67		選自《中國錢幣》		董卓小錢
2590	東漢時期	五朱	銅質	16.45		選自《中國錢幣》		董卓小錢
2591	東漢時期	五朱	銅質	17.02		選自《中國錢幣》		董卓小錢
2592	東漢時期	五朱	銅質	17.11		選自《中國錢幣》		董卓小錢
2593	東漢時期	五朱	銅質	16.12	0.3	上海博物館藏		董卓小錢
2594	東漢時期	五朱	銅質	16.12	1.1	上海博物館藏		董卓小錢
2595	東漢時期	五朱	銅質	14.75	0.6	上海博物館藏		董卓小錢
2596	東漢時期	五朱	銅質	15.74	0.4	上海博物館藏		董卓小錢
2597	東漢時期	五朱	銅質	18.64	0.5	上海博物館藏		董卓小錢
2598	東漢時期	五朱	銅質	15.24	1.0	上海博物館藏		董卓小錢
2599	東漢時期	五朱	銅質	15.63	0.8	上海博物館藏		董卓小錢
2600	東漢時期	五朱	銅質	15.93	0.7	上海博物館藏		董卓小錢
2601	東漢時期	五朱	銅質	14.16	0.6	存雲亭藏		董卓小錢
2602	東漢時期	五朱	銅質	14.05	0.5	上海博物館藏		董卓小錢
2603	東漢時期	五朱	銅質	13.47	0.5	上海博物館藏		董卓小錢
2604	東漢時期	五朱	銅質	15.85	1.2	上海博物館藏		董卓小錢
2605	東漢時期	五朱	銅質	13.54	0.5	上海博物館藏		董卓小錢
2606	東漢時期	五朱	銅質	14.12	0.4	上海博物館藏		董卓小錢
2607	東漢時期	五朱	銅質	13.62	0.6	上海博物館藏		董卓小錢
2608	東漢時期	五朱	鉛質	25.23	2.1	選自《中國錢幣》		董卓小錢、河南洛陽燒溝漢墓出土
2609	三國時期·蜀漢	五銖	銅質	21.17	2.3	上海博物館藏		
2610	三國時期·蜀漢	五銖	銅質	21.23	2.2	上海博物館藏		背左陰文
2611	三國時期·蜀漢	五銖	銅質	20.23	2.0	上海博物館藏		背左陰文
2612	三國時期·蜀漢	五銖	銅質	20.96	2.5	上海博物館藏		背左陰文
2613	三國時期·蜀漢	五銖	銅質	20.78	2.4	上海博物館藏		背左陰文
2614	三國時期·蜀漢	五銖	銅質	21.01	2.1	上海博物館藏		面下星
2615	三國時期·蜀漢	五銖	銅質	21.03	2.2	上海博物館藏		背下星
2616	三國時期·蜀漢	五銖	銅質	21.06	2.2	上海博物館藏		
2617	三國時期·蜀漢	五銖	銅質	20.81	2.1	上海博物館藏		背左陰文
2618	三國時期·蜀漢	五銖	銅質	20.81	2.0	上海博物館藏		背左陰文
2619	三國時期·蜀漢	五銖	銅質	20.95	1.4	上海博物館藏		背下陰文
2620	三國時期·蜀漢	五銖	銅質	21.67	2.5	上海博物館藏		背左陰文
2621	三國時期·蜀漢	五銖	銅質	21.03	1.9	上海博物館藏		背左陰文

編號	説　明	幣　名	材質	直徑 （毫米）	重 （克）	來　源	等級	注　釋
2622	三國時期·蜀漢	五銖	銅質	20.95	1.4	存雲亭藏		
2623	三國時期·蜀漢	五銖	銅質	22.11	2.2	上海博物館藏		面雙柱
2624	三國時期·蜀漢	五銖	銅質	21.29	2.9	上海博物館藏		面雙柱
2625	三國時期·蜀漢	五銖	銅質	19.96	2.1	上海博物館藏		面雙柱
2626	三國時期·蜀漢	五銖	銅質	21.97	2.3	上海博物館藏		面雙柱
2627	三國時期·蜀漢	五銖	銅質	21.96	2.3	上海博物館藏		面雙柱
2628	三國時期·蜀漢	五銖	銅質	22.26	2.5	金立夫藏		面雙柱
2629	三國時期·蜀漢	五銖	銅質	21.18	2.0	存雲亭藏		面雙柱
2630	三國時期·蜀漢	世平百錢	銅質	29.12	8.2	選自《中國珍稀錢幣》	3	背六柱網紋
2631	三國時期·蜀漢	世平百錢	銅質	27.28	5.4	上海博物館藏	3	背六柱網紋
2632	三國時期·蜀漢	世平百錢	銅質	27.63		選自《戴葆庭集拓中外錢幣珍品》	3	背六柱網紋
2633	三國時期·蜀漢	世平百錢	銅質	26.47	5.6	上海博物館藏	3	背六柱網紋
2634	三國時期·蜀漢	世平百錢	銅質	28.58	7.4	金立夫藏	3	背六柱網紋
2635	三國時期·蜀漢	太平百錢	銅質	28.11	8.7	金立夫藏	2	背六柱網紋
2636	三國時期·蜀漢	太平百錢	銅質	27.90	7.3	屠燕治藏	2	背六柱網紋
2637	三國時期·蜀漢	太平百錢	銅質	27.77	6.1	上海博物館藏	2	背六柱網紋
2638	三國時期·蜀漢	太平百錢	銅質	27.40	6.7	立川提供	2	背六柱網紋
2639	三國時期·蜀漢	太平百錢	銅質	26.43	5.2	張豐志提供	2	背六柱網紋
2640	三國時期·蜀漢	太平百錢	銅質	25.74	5.0	上海博物館藏	2	背六柱網紋
2641	三國時期·蜀漢	太平百錢	銅質	26.36	4.3	上海博物館藏	2	背六柱網紋
2642	三國時期·蜀漢	太平百錢	銅質	24.89	4.4	張豐志提供	1	背一柱網紋
2643	三國時期·蜀漢	太平百錢	銅質	23.83	2.5	上海博物館藏	1	背一柱網紋
2644	三國時期·蜀漢	太平百錢	銅質	24.88	4.5	金立夫藏	1	背一柱網紋
2645	三國時期·蜀漢	太平百錢	銅質	24.43	4.5	上海博物館藏	1	背一柱網紋
2646	三國時期·蜀漢	太平百錢	銅質	25.17	5.7	上海博物館藏	1	背一柱網紋
2647	三國時期·蜀漢	太平百錢	銅質	25.76	6.3	張豐志提供	1	背一柱網紋
2648	三國時期·蜀漢	太平百錢	銅質	24.89	4.3	金立夫藏	1	背一柱網紋
2649	三國時期·蜀漢	太平百錢	銅質	24.42	5.3	張豐志提供	1	背一柱網紋
2650	三國時期·蜀漢	太平百錢	銅質	24.01	4.0	上海博物館藏	1	背一柱網紋
2651	三國時期·蜀漢	太平百錢	銅質	23.76	4.2	上海博物館藏	1	背一柱網紋
2652	三國時期·蜀漢	太平百錢	銅質	22.93	4.7	上海博物館藏	1	背一柱網紋
2653	三國時期·蜀漢	太平百錢	銅質	24.71	5.4	金立夫藏	1	背一柱網紋
2654	三國時期·蜀漢	太平百錢	銅質	24.62	2.5	張豐志提供		
2655	三國時期·蜀漢	太平百錢	銅質	24.44	3.8	上海博物館藏		
2656	三國時期·蜀漢	太平百錢	銅質	23.98	4.3	上海博物館藏		
2657	三國時期·蜀漢	太平百錢	銅質	23.98	4.2	上海博物館藏		
2658	三國時期·蜀漢	太平百錢	銅質	23.11	1.9	張豐志提供		
2659	三國時期·蜀漢	太平百錢	銅質	22.41	2.8	上海博物館藏		
2660	三國時期·蜀漢	太平百錢	銅質	23.78	3.3	上海博物館藏		
2661	三國時期·蜀漢	太平百錢	銅質	23.66	2.5	上海博物館藏		
2662	三國時期·蜀漢	太平百錢	銅質	22.86	3.6	上海博物館藏		
2663	三國時期·蜀漢	太平百錢	銅質	24.37	4.8	上海博物館藏		
2664	三國時期·蜀漢	太平百錢	銅質	24.54	4.2	上海博物館藏		
2665	三國時期·蜀漢	太平百錢	銅質	23.77	2.8	上海博物館藏		
2666	三國時期·蜀漢	太平百錢	銅質	22.85	4.7	上海博物館藏		背左陰文"五"
2667	三國時期·蜀漢	太平百錢	銅質	24.71	5.2	金立夫藏		背右陰文"十一"
2668	三國時期·蜀漢	太平百錢	銅質	23.84	2.8	上海博物館藏		背左陰文"四"
2669	三國時期·蜀漢	太平百錢	銅質	23.88	3.6	上海博物館藏		背右陰文"七十"
2670	三國時期·蜀漢	太平百錢	銅質	24.13	5.1	上海博物館藏		背右陰文"十六"
2671	三國時期·蜀漢	太平百錢	銅質	24.15	3.1	上海博物館藏		背左陰文"六十一"

編號	説　明	幣　名	材質	直徑 (毫米)	重 (克)	來　　源	等級	注　釋
2672	三國時期·蜀漢	大平百錢	銅質	24.81	4.2	上海博物館藏		背右陰文"七十"
2673	三國時期·蜀漢	大平百錢	銅質	23.70	3.4	上海博物館藏		背右陰文"六十一"
2674	三國時期·蜀漢	大平百錢	銅質	19.67	1.4	上海博物館藏		
2675	三國時期·蜀漢	大平百錢	銅質	19.78	1.5	上海博物館藏		
2676	三國時期·蜀漢	大平百錢	銅質	19.62	1.4	存雲亭藏		
2677	三國時期·蜀漢	大平百錢	銅質	20.02	1.6	上海博物館藏		
2678	三國時期·蜀漢	大平百錢	銅質	19.37	1.6	上海博物館藏		
2679	三國時期·蜀漢	大平百錢	銅質	17.36	0.9	上海博物館藏		
2680	三國時期·蜀漢	大平百錢	銅質	18.14	0.9	存雲亭藏		
2681	三國時期·蜀漢	大平百錢	銅質	18.76	1.3	上海博物館藏		
2682	三國時期·蜀漢	大平百錢	銅質	19.74	1.3	張豐志提供		
2683	三國時期·蜀漢	大平百錢	銅質	17.49	1.2	存雲亭藏		
2684	三國時期·蜀漢	大平百錢	銅質	17.79	0.6	查中偉藏		
2685	三國時期·蜀漢	大平百錢	銅質	17.54	0.9	上海博物館藏		
2686	三國時期·蜀漢	大平百錢	銅質	19.83	1.3	查中偉藏		
2687	三國時期·蜀漢	大平百錢	銅質	19.31	1.5	上海博物館藏		
2688	三國時期·蜀漢	大平百錢	銅質	16.92	1.1	上海博物館藏		
2689	三國時期·蜀漢	大平百錢	銅質	17.95	0.9	存雲亭藏		
2690	三國時期·蜀漢	大平百錢	銅質	18.60	1.1	存雲亭藏		
2691	三國時期·蜀漢	大平百錢	銅質	17.95	1.1	上海博物館藏		
2692	三國時期·蜀漢	大平百錢	銅質	18.16	1.4	上海博物館藏		
2693	三國時期·蜀漢	大平百錢	銅質	17.22	1.0	上海博物館藏		
2694	三國時期·蜀漢	大平百錢	銅質	16.55	0.9	上海博物館藏		
2695	三國時期·蜀漢	大平百錢	銅質	17.79	0.7	存雲亭藏		
2696	三國時期·蜀漢	大平百錢	銅質	16.46	1.1	上海博物館藏		
2697	三國時期·蜀漢	大平百錢	銅質	16.52	1.2	上海博物館藏		
2698	三國時期·蜀漢	大平百錢	銅質	18.04	1.0	上海博物館藏		
2699	三國時期·蜀漢	大平百金	銅質	12.07	0.4	上海博物館藏		
2700	三國時期·蜀漢	大平百金	銅質	11.97	0.4	上海博物館藏		
2701	三國時期·蜀漢	大平百金	銅質	12.20	0.5	上海博物館藏		
2702	三國時期·蜀漢	大平百金	銅質	13.02	0.4	上海博物館藏		
2703	三國時期·蜀漢	大平百金	銅質	13.02	0.5	上海博物館藏		
2704	三國時期·蜀漢	大平百金	銅質	12.21	0.5	存雲亭藏		
2705	三國時期·蜀漢	大平百金	銅質	12.06	0.4	張豐志提供		
2706	三國時期·蜀漢	大平金百	銅質	17.81	0.8	存雲亭藏		
2707	三國時期·蜀漢	大平金百	銅質	16.69	1.0	存雲亭藏		
2708	三國時期·蜀漢	大平金百	銅質	16.34	0.9	上海博物館藏		
2709	三國時期·蜀漢	大平金百	銅質	16.10	0.9	上海博物館藏		
2710	三國時期·蜀漢	大平金百	銅質	16.11	1.3	上海博物館藏		
2711	三國時期·蜀漢	大平金百	銅質	16.33	0.8	上海博物館藏		
2712	三國時期·蜀漢	大平金百	銅質	16.45	1.2	上海博物館藏		
2713	三國時期·蜀漢	大平金百	銅質	16.16	0.6	查中偉藏		
2714	三國時期·蜀漢	大平金百	銅質	15.68	0.8	上海博物館藏		
2715	三國時期·蜀漢	大平金百	銅質	15.44	0.4	張豐志提供		
2716	三國時期·蜀漢	大平金百	銅質	13.31	0.7	上海博物館藏		
2717	三國時期·蜀漢	直一	銅質	12.30	0.5	上海博物館藏	2	
2718	三國時期·蜀漢	直百	銅質	18.18	2.3	上海博物館藏		
2719	三國時期·蜀漢	直百	銅質	18.17	1.9	上海博物館藏		
2720	三國時期·蜀漢	直百	銅質	18.43	2.0	上海博物館藏		
2721	三國時期·蜀漢	直百	銅質	19.34	2.3	上海博物館藏		

編號	説　明	幣　名	材質	直徑 (毫米)	重 (克)	來　源	等　級	注　釋
2722	三國時期·蜀漢	直百	銅質	19.37	2.0	上海博物館藏		
2723	三國時期·蜀漢	直百	銅質	17.66	2.1	上海博物館藏		
2724	三國時期·蜀漢	直百	銅質	18.49	1.9	上海博物館藏		
2725	三國時期·蜀漢	直百	銅質	18.22	1.6	上海博物館藏		
2726	三國時期·蜀漢	直百	銅質	17.67	2.0	上海博物館藏		
2727	三國時期·蜀漢	直百	銅質	15.82	0.9	上海博物館藏		
2728	三國時期·蜀漢	直百	銅質	17.86		南京博物院藏		
2729	三國時期·蜀漢	直百	銅質	16.22	0.9	上海博物館藏		
2730	三國時期·蜀漢	直百	銅質	12.40	0.8	上海博物館藏		
2731	三國時期·蜀漢	直百	銅質	12.21	0.8	上海博物館藏		
2732	三國時期·蜀漢	直百	銅質	12.93	0.6	上海博物館藏		背上二竪
2733	三國時期·蜀漢	直百	銅質	11.23	1.0	上海博物館藏		
2734	三國時期·蜀漢	直百	銅質	11.30	0.8	上海博物館藏		
2735	三國時期·蜀漢	直百	銅質	11.36	0.6	上海博物館藏		
2736	三國時期·蜀漢	直百	銅質	13.21	0.6	上海博物館藏		
2737	三國時期·蜀漢	直百	銅質	13.24	0.6	上海博物館藏		
2738	三國時期·蜀漢	直百	銅質	11.62	0.3	上海博物館藏		
2739	三國時期·蜀漢	直百	銅質	11.76	0.4	上海博物館藏		
2740	三國時期·蜀漢	直百	銅質	11.36	0.6	上海博物館藏		
2741	三國時期·蜀漢	直百	銅質	11.36	0.7	上海博物館藏		背上二竪
2742	三國時期·蜀漢	直百	銅質	11.28	0.4	上海博物館藏		
2743	三國時期·蜀漢	百直	銅質	13.08	0.8	上海博物館藏		傳形
2744	三國時期·蜀漢	直百	銅質	13.22	0.5	上海博物館藏		背上陰文"上"
2745	三國時期·蜀漢	直百	銅質	12.40	0.7	上海博物館藏		背左陰文"五"
2746	三國時期·蜀漢	直百	銅質	12.90	0.7	上海博物館藏		背左陰文"四"
2747	三國時期·蜀漢	直百	銅質	13.12	0.3	上海博物館藏		背左陰文"一"
2748	三國時期·蜀漢	直百五銖	銅質	27.16	10.2	上海博物館藏		
2749	三國時期·蜀漢	直百五銖	銅質	26.93	9.4	上海博物館藏		
2750	三國時期·蜀漢	直百五銖	銅質	27.22	8.7	上海博物館藏		
2751	三國時期·蜀漢	直百五銖	銅質	26.99	8.6	上海博物館藏		背上陰文"十"
2752	三國時期·蜀漢	直百五銖	銅質	26.98	8.6	上海博物館藏		背上陰文"六"
2753	三國時期·蜀漢	直百五銖	銅質	27.61	8.4	上海博物館藏		
2754	三國時期·蜀漢	直百五銖	銅質	27.71	7.7	上海博物館藏		
2755	三國時期·蜀漢	直百五銖	銅質	26.06	6.2	上海博物館藏		
2756	三國時期·蜀漢	直百五銖	銅質	27.10	7.1	上海博物館藏		
2757	三國時期·蜀漢	直百五銖	銅質	26.17	8.5	上海博物館藏		背上星
2758	三國時期·蜀漢	直百五銖	銅質	26.73	8.2	上海博物館藏		背左帶勾圖
2759	三國時期·蜀漢	直百五銖	銅質	26.58	8.1	上海博物館藏		
2760	三國時期·蜀漢	直百五銖	銅質	26.59	7.8	上海博物館藏		
2761	三國時期·蜀漢	直百五銖	銅質	27.57	7.8	上海博物館藏		背陰文"八十"
2762	三國時期·蜀漢	直百五銖	銅質	26.36	7.2	上海博物館藏		背左陰文"十"
2763	三國時期·蜀漢	直百五銖	銅質	26.49	7.4	上海博物館藏		背下陰文"八"
2764	三國時期·蜀漢	直百五銖	銅質	26.17	7.6	上海博物館藏		背右陰文菱形圖
2765	三國時期·蜀漢	直百五銖	銅質	26.42	6.7	上海博物館藏		背右陰文"十一"
2766	三國時期·蜀漢	直百五銖	銅質	26.70	6.3	上海博物館藏		背上陰文"十一"
2767	三國時期·蜀漢	直百五銖	銅質	25.47	7.0	上海博物館藏		背左陰文菱形圖
2768	三國時期·蜀漢	直百五銖	銅質	25.77	6.2	上海博物館藏		背下陰文二竪
2769	三國時期·蜀漢	直百五銖	銅質	26.52	5.6	上海博物館藏		背下陰文菱形圖
2770	三國時期·蜀漢	直百五銖	銅質	25.97	4.9	上海博物館藏		
2771	三國時期·蜀漢	直百五銖	銅質	26.07	4.0	上海博物館藏		背左陰文"一"

編號	說　明	幣　名	材質	直徑（毫米）	重（克）	來　　源	等級	注　釋
2772	三國時期·蜀漢	直百五銖	銅質	26.02	3.9	上海博物館藏		背上陰文二豎
2773	三國時期·蜀漢	直百五銖	銅質	22.41	3.0	上海博物館藏		
2774	三國時期·蜀漢	直百五銖	銅質	23.46	3.2	上海博物館藏		
2775	三國時期·蜀漢	直百五銖	銅質	24.99	4.3	上海博物館藏		
2776	三國時期·蜀漢	直百五銖	銅質	25.25	3.3	上海博物館藏		
2777	三國時期·蜀漢	直百五銖	銅質	25.66	3.1	上海博物館藏		
2778	三國時期·蜀漢	直百五銖	銅質	25.24	3.2	上海博物館藏		
2779	三國時期·蜀漢	直百五銖	銅質	25.72	3.1	上海博物館藏		背上星
2780	三國時期·蜀漢	直百五銖	銅質	24.77	3.0	上海博物館藏		背上陰文二豎
2781	三國時期·蜀漢	直百五銖	銅質	21.74	1.6	上海博物館藏		
2782	三國時期·蜀漢	直百五銖	銅質	21.69	1.4	上海博物館藏		
2783	三國時期·蜀漢	直百五銖	銅質	23.32	2.0	上海博物館藏		
2784	三國時期·蜀漢	直百五銖	銅質	22.33	4.0	上海博物館藏		
2785	三國時期·蜀漢	直百五銖	銅質	27.08	7.5	金立夫藏		背下陰文"王"
2786	三國時期·蜀漢	直百五銖	銅質	26.26	7.1	上海博物館藏		背左陰文"王"
2787	三國時期·蜀漢	直百五銖	銅質	26.48	7.2	上海博物館藏		背左陰文"王"
2788	三國時期·蜀漢	直百五銖	銅質	25.62	2.1	上海博物館藏		背右陰文"十二"
2789	三國時期·蜀漢	直百五銖	銅質	26.98	8.4	上海博物館藏		背下陰文"六"
2790	三國時期·蜀漢	直百五銖	銅質	26.43	6.6	上海博物館藏		背上陰文"吉"
2791	三國時期·蜀漢	直百五銖	銅質	27.86	7.6	金立夫藏		背上陰文"上"
2792	三國時期·蜀漢	直百五銖	銅質	27.16	9.6	金立夫藏		背上陰文"六"
2793	三國時期·蜀漢	直百五銖	銅質	26.45	7.8	上海博物館藏		背下陰文橫S圖
2794	三國時期·蜀漢	直百五銖	銅質	26.42	5.8	上海博物館藏		背上陰文橫S圖
2795	三國時期·蜀漢	直百五銖	銅質	26.59	6.5	上海博物館藏		背右陰文圈
2796	三國時期·蜀漢	直百五銖	銅質	25.47	6.8	上海博物館藏		背右陰文二橫、下陰文菱形圖
2797	三國時期·蜀漢	直百五銖	銅質	26.13	6.3	上海博物館藏		背右菱形圖
2798	三國時期·蜀漢	直百五銖	銅質	27.04	4.0	上海博物館藏		背左陰文"工"
2799	三國時期·蜀漢	直百五銖	銅質	25.38	3.0	上海博物館藏		背右陰文"中"
2800	三國時期·蜀漢	直百五銖	銅質	25.92	2.5	上海博物館藏		背陰文三個"十"
2801	三國時期·蜀漢	直百五銖	銅質	25.48	6.3	上海博物館藏		背上陰文"十"
2802	三國時期·蜀漢	直百五銖	銅質	26.60	5.3	上海博物館藏		背上陰文"口"
2803	三國時期·蜀漢	直百五銖	銅質	26.05	5.2	上海博物館藏		背上陰文"十"
2804	三國時期·蜀漢	直百五銖	銅質	26.89	5.2	上海博物館藏		背左陰文菱形圖
2805	三國時期·蜀漢	直百五銖	銅質	24.42	3.5	上海博物館藏		背下陰文一豎
2806	三國時期·蜀漢	直百五銖	銅質	26.33	2.8	上海博物館藏		背上陰文"十"
2807	三國時期·蜀漢	直百五銖	銅質	25.06	2.7	上海博物館藏		
2808	三國時期·蜀漢	直百五銖	銅質	26.21	2.8	上海博物館藏		
2809	三國時期·蜀漢	直百五銖	銅質	26.23	3.9	上海博物館藏		背下陰文三豎
2810	三國時期·蜀漢	直百五銖	銅質	25.81	5.1	上海博物館藏		背上陰文"十二"
2811	三國時期·蜀漢	直百五銖	銅質	26.25	4.4	上海博物館藏		
2812	三國時期·蜀漢	直百五銖	銅質	25.88	4.0	上海博物館藏		背左陰文"工"
2813	三國時期·蜀漢	直百五銖	銅質	25.43	3.0	上海博物館藏		背上陰文"小"
2814	三國時期·蜀漢	直百五銖	銅質	24.27	2.7	上海博物館藏		背左陰文"千"
2815	三國時期·蜀漢	直百五銖	銅質	25.55	3.2	上海博物館藏		背上陰文"千"
2816	三國時期·蜀漢	直百五銖	銅質	25.80	3.3	上海博物館藏		背下陰文四豎
2817	三國時期·蜀漢	直百五銖	銅質	24.79	2.5	上海博物館藏		背上陰文"十"、下陰文三豎
2818	三國時期·蜀漢	直百五銖	銅質	24.94	2.8	上海博物館藏		背上陰文"十"
2819	三國時期·蜀漢	直百五銖	銅質	26.58	3.4	上海博物館藏		背上陰文"十"
2820	三國時期·蜀漢	直百五銖	銅質	25.57	3.6	上海博物館藏		背上陰文"工"
2821	三國時期·蜀漢	直百五銖	銅質	25.80	3.3	上海博物館藏		背上陰文"千"

編號	説　明	幣　名	材質	直徑 (毫米)	重 (克)	來　　源	等　級	注　釋
2822	三國時期·蜀漢	直百五銖	銅質	25.61	3.3	上海博物館藏		背右陰文"十二"
2823	三國時期·蜀漢	直百五銖	銅質	25.93	3.5	上海博物館藏		背右陰文"十二"
2824	三國時期·蜀漢	直百五銖	銅質	26.37	3.5	上海博物館藏		背上陰文"二"
2825	三國時期·蜀漢	直百五銖	銅質	24.76	3.9	上海博物館藏		背下陰文一豎
2826	三國時期·蜀漢	直百五銖	銅質	25.87	2.9	上海博物館藏		背右陰文一豎
2827	三國時期·蜀漢	直百五銖	銅質	21.75	1.4	上海博物館藏		
2828	三國時期·蜀漢	直百五銖	銅質	25.13	2.7	上海博物館藏		
2829	三國時期·蜀漢	直百五銖	銅質	24.68	3.0	上海博物館藏		背下陰文四豎
2830	三國時期·蜀漢	直百五銖	銅質	24.68	4.0	上海博物館藏		背下陰文三豎
2831	三國時期·蜀漢	直百五銖	銅質	24.93	3.0	上海博物館藏		
2832	三國時期·蜀漢	直百五銖	銅質	25.78	3.2	上海博物館藏		背下陰文二豎
2833	三國時期·蜀漢	直百五銖	銅質	26.87	5.0	上海博物館藏		背左"爲"、上陰文二豎
2834	三國時期·蜀漢	直百五銖	銅質	27.04	6.6	上海博物館藏		背左"爲"
2835	三國時期·蜀漢	直百五銖	銅質	26.33	8.1	上海博物館藏		背左"爲"
2836	三國時期·蜀漢	直百五銖	銅質	27.05	7.9	上海博物館藏		背左"爲",下陰文一豎
2837	三國時期·蜀漢	直百五銖	鐵質	27.68	8.4	金立夫藏		背左"爲"
2838	三國時期·蜀漢	直百五銖	銅質	26.97	8.4	上海博物館藏		背左"爲"
2839	三國時期·蜀漢	直百五銖	銅質	26.72	7.3	上海博物館藏		背左"爲"
2840	三國時期·蜀漢	直百五銖	銅質	26.49	5.7	上海博物館藏		背左"爲"、上陰文"工"
2841	三國時期·蜀漢	直百五銖	銅質	26.86	6.6	上海博物館藏		背左"爲"、上陰文"十"
2842	三國時期·蜀漢	直百五銖	銅質	26.49	6.2	上海博物館藏		背左"爲"
2843	三國時期·蜀漢	直百五銖	銅質	25.57	3.5	上海博物館藏		背左"爲"
2844	三國時期·蜀漢	直百五銖	銅質	25.31	3.4	上海博物館藏		背左"爲"
2845	三國時期·蜀漢	直百五銖	銅質	25.07	2.5	上海博物館藏		背左"爲"
2846	三國時期·蜀漢	定平一百	銅質	16.44	0.8	上海博物館藏		背左陰文"十"
2847	三國時期·蜀漢	定平一百	銅質	16.52	0.7	查中偉藏		
2848	三國時期·蜀漢	定平一百	銅質	16.16	1.7	上海博物館藏		
2849	三國時期·蜀漢	定平一百	銅質	16.17	1.2	上海博物館藏		背左"二"
2850	三國時期·蜀漢	定平一百	銅質	17.06	0.7	查中偉藏		
2851	三國時期·蜀漢	定平一百	銅質	17.32	1.3	上海博物館藏		
2852	三國時期·蜀漢	定平一百	銅質	15.83	0.5	查中偉藏		背左陰文圖
2853	三國時期·蜀漢	定平一百	銅質	15.84	0.6	查中偉藏		
2854	三國時期·蜀漢	定平一百	銅質	16.27	0.9	上海博物館藏		
2855	三國時期·蜀漢	定平一百	銅質	16.45	1.0	上海博物館藏		背左陰文"三"
2856	三國時期·蜀漢	定平一百	銅質	15.91	0.7	存雲亭藏		
2857	三國時期·蜀漢	定平一百	銅質	15.69	0.8	查中偉藏		
2858	三國時期·蜀漢	定平一百	銅質	16.11	1.1	上海博物館藏		背左陰文"十"
2859	三國時期·蜀漢	定平一百	銅質	16.44	0.9	上海博物館藏		
2860	三國時期·蜀漢	定平一百	銅質	13.12	0.5	上海博物館藏		
2861	三國時期·蜀漢	定平一百	銅質	14.14	0.9	上海博物館藏		
2862	三國時期·蜀漢	定平一百	銅質	15.83	0.7	存雲亭藏		背左陰文"八"
2863	三國時期·蜀漢	定平一百	銅質	12.89	0.6	上海博物館藏		
2864	三國時期·蜀漢	定平一百	銅質	12.86	0.5	上海博物館藏		
2865	三國時期·蜀漢	定平一百	銅質	13.41	0.4	上海博物館藏		背左陰文"十一"
2866	三國時期·蜀漢	定平一百	銅質	13.01	0.7	上海博物館藏		背上陰文"十"
2867	三國時期·蜀漢	定平一百	銅質	13.15	0.6	上海博物館藏		
2868	三國時期·蜀漢	定平一百	銅質	15.34	0.8	上海博物館藏		背左陰文"十"
2869	三國時期·蜀漢	定平一百	銅質	16.29	1.3	上海博物館藏		背左陰文"正"
2870	三國時期·蜀漢	定平一百	銅質	15.71	1.0	上海博物館藏		背左陰文"二"
2871	三國時期·蜀漢	定平一百	銅質	15.75	0.7	查中偉藏		背上陰文二豎

編號	說　　明	幣　　名	材　質	直徑（毫米）	重（克）	來　　　源	等　級	注　　　釋
2872	三國時期·蜀漢	定平一百	銅質	13.46	0.7	上海博物館藏		背左陰文"七"
2873	三國時期·孫吳	大泉五百	銅質	29.42	11.2	上海博物館藏		
2874	三國時期·孫吳	大泉五百	銅質	28.12	6.9	上海博物館藏		
2875	三國時期·孫吳	大泉五百	銅質	29.03	7.0	上海博物館藏		
2876	三國時期·孫吳	大泉五百	銅質	30.44	5.4	上海博物館藏		
2877	三國時期·孫吳	大泉五百	銅質	29.37	6.3	上海博物館藏		
2878	三國時期·孫吳	大泉五百	銅質	27.63	5.7	上海博物館藏		
2879	三國時期·孫吳	大泉五百	銅質	27.66	5.3	上海博物館藏		
2880	三國時期·孫吳	大泉五百	銅質	29.04	8.0	上海博物館藏		
2881	三國時期·孫吳	大泉五百	銅質	30.84	7.7	上海博物館藏		
2882	三國時期·孫吳	大泉五百	銅質	28.64	5.3	上海博物館藏		
2883	三國時期·孫吳	大泉五百	銅質	28.63	6.8	上海博物館藏		
2884	三國時期·孫吳	大泉五百	銅質	29.42	8.1	上海博物館藏		
2885	三國時期·孫吳	大泉五百	銅質	28.43	8.3	上海博物館藏		
2886	三國時期·孫吳	大泉五百	銅質	27.56	5.2	上海博物館藏		
2887	三國時期·孫吳	大泉五百	銅質	28.48	10.0	上海博物館藏		雙胎
2888	三國時期·孫吳	大泉五百	銅質	28.46	6.7	上海博物館藏		
2889	三國時期·孫吳	大泉五百	銅質	31.70	7.6	屠燕治藏		未成品
2890	三國時期·孫吳	大泉五百	銅質	31.90	7.4	屠燕治藏		未成品
2891	三國時期·孫吳	大泉當千	銅質	48.99	15.4	上海博物館藏	2	特大型錢
2892	三國時期·孫吳	大泉當千	銅質	37.86	18.8	李蔭軒舊藏	2	
2893	三國時期·孫吳	大泉當千	銅質	33.21	9.4	上海博物館藏		
2894	三國時期·孫吳	大泉當千	銅質	35.57	13.6	上海博物館藏		
2895	三國時期·孫吳	大泉當千	銅質	35.61	15.0	上海博物館藏		
2896	三國時期·孫吳	大泉當千	銅質	34.21	12.4	上海博物館藏		
2897	三國時期·孫吳	大泉當千	銅質	34.28	14.3	上海博物館藏		
2898	三國時期·孫吳	大泉當千	銅質	33.45	9.3	上海博物館藏		
2899	三國時期·孫吳	大泉當千	銅質	33.31	9.7	上海博物館藏		
2900	三國時期·孫吳	大泉當千	銅質	32.42	8.8	上海博物館藏		
2901	三國時期·孫吳	大泉當千	銅質	33.41	7.3	上海博物館藏		
2902	三國時期·孫吳	大泉當千	銅質	32.71	12.8	上海博物館藏		
2903	三國時期·孫吳	大泉當千	銅質	30.73	11.7	上海博物館藏		
2904	三國時期·孫吳	大泉當千	銅質	30.23	6.0	張豐志提供		
2905	三國時期·孫吳	大泉當千	銅質	28.86	5.3	上海博物館藏		
2906	三國時期·孫吳	大泉當千	銅質	29.53	9.6	上海博物館藏		
2907	三國時期·孫吳	大泉當千	銅質	29.56	6.3	上海博物館藏		
2908	三國時期·孫吳	大泉當千	銅質	26.51	3.8	上海博物館藏		
2909	三國時期·孫吳	大泉當千	銅質	26.40	3.9	屠燕治藏		
2910	三國時期·孫吳	大泉當千	銅質	27.05	4.2	金立夫藏		
2911	三國時期·孫吳	大泉當千	銅質	26.18	3.2	張豐志提供		
2912	三國時期·孫吳	大泉當千	銅質	26.47	4.0	上海博物館藏		
2913	三國時期·孫吳	大泉當千	銅質	26.10	3.6	上海博物館藏		
2914	三國時期·孫吳	大泉當千	銅質	25.00		鄒誌諒提供		
2915	三國時期·孫吳	大泉二千	銅質	33.27	8.7	選自《中國珍稀錢幣》	1	
2916	三國時期·孫吳	大泉二千	銅質	33.08		選自《戴葆庭集拓中外錢幣珍品》	1	
2917	三國時期·孫吳	大泉二千	銅質	32.90	9.7	林春雄提供	1	
2918	三國時期·孫吳	大泉二千	銅質	32.33		選自《戴葆庭集拓中外錢幣珍品》	1	
2919	三國時期·孫吳	大泉二千	銅質	32.00	6.3	王紀耕提供	1	
2920	三國時期·孫吳	大泉二千	銅質	31.51	11.5	上海博物館藏	1	
2921	三國時期·孫吳	大泉二千	銅質	31.20	8.0	立川提供	1	

編號	説　明	幣　名	材　質	直徑 （毫米）	重 （克）	來　　　源	等　級	注　　　釋
2922	三國時期·孫吳	大泉二千	銅質	30.89		王蔭嘉舊藏	1	
2923	三國時期·孫吳	大泉二千	銅質	30.25		選自《戴葆庭集拓中外錢幣珍品》	1	
2924	三國時期·孫吳	大泉二千	銅質	22.51	8.5	選自《中國珍稀錢幣》	1	
2925	三國時期·孫吳	大泉五千	銅質	39.50	14.8	陳仁濤舊藏	3	
2926	三國時期·孫吳	大泉五千	銅質	37.84		程文龍舊藏	3	
2927	三國時期·孫吳	大泉五千	銅質	37.22	13.0	中國歷史博物館藏	3	
2928	兩晉十六國·前涼	涼造新泉	銅質	22.00	2.1	陳吾年提供	2	
2929	兩晉十六國·前涼	涼造新泉	銅質	21.70	2.4	陳吾年提供	2	
2930	兩晉十六國·前涼	涼造新泉	銅質	21.20	2.5	陳吾年提供	2	
2931	兩晉十六國·前涼	涼造新泉	銅質	21.20	1.7	陳吾年提供	2	
2932	兩晉十六國·前涼	涼造新泉	銅質	21.20	2.3	立川提供	2	
2933	兩晉十六國·前涼	涼造新泉	銅質	21.00	1.8	王紀耕提供	2	
2934	兩晉十六國·前涼	涼造新泉	銅質	21.00	1.2	陳吾年提供	2	
2935	兩晉十六國·前涼	涼造新泉	銅質	21.00	2.1	陳吾年提供	2	
2936	兩晉十六國·前涼	涼造新泉	銅質	21.00	1.8	陳吾年提供	2	
2937	兩晉十六國·前涼	涼造新泉	銅質	20.80	2.0	陳吾年提供	2	
2938	兩晉十六國·前涼	涼造新泉	銅質	20.80	2.5	王紀耕提供	2	
2939	兩晉十六國·前涼	涼造新泉	銅質	20.50	2.1	陳吾年提供	2	
2940	兩晉十六國·前涼	涼造新泉	銅質	20.50	2.0	陳吾年提供	2	
2941	兩晉十六國·前涼	涼造新泉	銅質	20.47		選自《戴葆庭集拓中外錢幣珍品》	2	
2942	兩晉十六國·前涼	涼造新泉	銅質	20.27	1.5	上海博物館藏	2	
2943	兩晉十六國·前涼	涼造新泉	銅質	20.11		上海博物館藏	2	
2944	兩晉十六國·前涼	涼造新泉	銅質	19.77	2.0	李蔭軒舊藏	2	
2945	兩晉十六國·前涼	涼造新泉	銅質	19.62		選自《戴葆庭集拓中外錢幣珍品》	2	
2946	兩晉十六國·前涼	涼造新泉	銅質	19.62	1.7	上海博物館藏	2	
2947	兩晉十六國·前涼	涼造新泉	銅質	19.60	2.0	陳吾年提供	2	
2948	兩晉十六國·前涼	涼造新泉	銅質	19.52		王蔭嘉舊藏	2	
2949	兩晉十六國·前涼	涼造新泉	銅質	19.22	1.1	張豐志提供	2	
2950	兩晉十六國·前涼	涼造新泉	銅質	19.20	1.3	屠燕治藏	2	
2951	兩晉十六國·前涼	涼造新泉	銅質	19.00	1.1	陳吾年提供	2	
2952	兩晉十六國·前涼	涼造新泉	銅質	18.10	1.2	陳吾年提供	2	
2953	兩晉十六國·前涼	涼造新泉	銅質	18.75	1.7	上海博物館藏	2	
2954	兩晉十六國·前涼	涼造新泉	銅質	18.00	1.2	陳吾年提供	2	
2955	兩晉十六國·前涼	涼造新泉	銅質	18.00	1.2	陳吾年提供	2	
2956	兩晉十六國·前涼	涼造新泉	銅質	18.00	1.3	陳吾年提供	2	
2957	兩晉十六國·前涼	涼造新泉	銅質	17.30	1.4	陳吾年提供	2	
2958	兩晉十六國·前涼	涼造新泉	銅質	17.00	1.3	陳吾年提供	2	
2959	兩晉十六國·成漢	漢興	銅質	17.55	0.9	金立夫藏		直讀
2960	兩晉十六國·成漢	漢興	銅質	17.55	0.9	金立夫藏		直讀
2961	兩晉十六國·成漢	漢興	銅質	17.54	0.8	金立夫藏		直讀
2962	兩晉十六國·成漢	漢興	銅質	17.46	0.9	金立夫藏		直讀
2963	兩晉十六國·成漢	漢興	銅質	17.40	1.0	鄒誌諒藏		直讀
2964	兩晉十六國·成漢	漢興	銅質	17.40	0.9	鄒誌諒藏		直讀
2965	兩晉十六國·成漢	漢興	銅質	17.19	0.8	金立夫藏		直讀
2966	兩晉十六國·成漢	漢興	銅質	17.13	1.1	上海博物館藏		直讀
2967	兩晉十六國·成漢	漢興	銅質	17.03		選自《戴葆庭集拓中外錢幣珍品》		直讀
2968	兩晉十六國·成漢	漢興	銅質	16.98		選自《中國珍稀錢幣》		直讀
2969	兩晉十六國·成漢	漢興	銅質	16.60	1.0	上海博物館藏		直讀
2970	兩晉十六國·成漢	漢興	銅質	15.48	0.9	張豐志提供		直讀
2971	兩晉十六國·成漢	漢興	銅質	17.72	0.9	上海博物館藏		直讀

編號	説　明	幣　名	材質	直徑（毫米）	重（克）	來　源	等級	注　釋
2972	兩晉十六國·成漢	漢興	銅質	18.00	0.9	鄒誌諒藏	1	橫讀
2973	兩晉十六國·成漢	漢興	銅質	18.00	1.6	選自《蘇州錢幣》	1	橫讀
2974	兩晉十六國·成漢	漢興	銅質	17.90	1.1	金立夫藏	1	橫讀
2975	兩晉十六國·成漢	漢興	銅質	17.62	0.9	張豐志提供	1	橫讀
2976	兩晉十六國·成漢	漢興	銅質	17.45	0.8	上海博物館藏	1	橫讀
2977	兩晉十六國·成漢	漢興	銅質	17.44		選自《中國珍稀錢幣》	1	橫讀
2978	兩晉十六國·成漢	漢興	銅質	17.32	0.9	上海博物館藏	1	橫讀
2979	兩晉十六國·成漢	漢興	銅質	17.23	1.2	上海博物館藏	1	橫讀
2980	兩晉十六國·成漢	漢興	銅質	17.22		選自《戴葆庭集拓中外錢幣珍品》	1	橫讀
2981	兩晉十六國·成漢	漢興	銅質	17.10	1.1	李蔭軒舊藏	1	橫讀
2982	兩晉十六國·成漢	漢興	銅質	17.01		選自《中國珍稀錢幣》	1	橫讀
2983	兩晉十六國·成漢	漢興	銅質	16.95		選自《中國珍稀錢幣》	1	橫讀
2984	兩晉十六國·成漢	漢興	鉛質	18.00	1.4	選自《蘇州錢幣》	2	橫讀
2985	兩晉十六國·後趙	豐貨	銅質	23.27	2.7	上海博物館藏		
2986	兩晉十六國·後趙	豐貨	銅質	24.49	2.7	上海博物館藏		
2987	兩晉十六國·後趙	豐貨	銅質	25.60	2.6			甘肅武威城關鎮出土
2988	兩晉十六國·後趙	豐貨	銅質	24.45	2.5	上海博物館藏		
2989	兩晉十六國·後趙	豐貨	銅質	24.67	2.7	張豐志提供		
2990	兩晉十六國·後趙	豐貨	銅質	23.67	2.9	金立夫藏		
2991	兩晉十六國·後趙	豐貨	銅質	24.84	2.6	查中偉藏		
2992	兩晉十六國·後趙	豐貨	銅質	25.17	3.9	張豐志提供		
2993	兩晉十六國·後趙	豐貨	銅質	23.10	2.5			甘肅武威城關鎮出土
2994	兩晉十六國·後趙	豐貨	銅質	24.32	3.0	上海博物館藏		
2995	兩晉十六國·後趙	豐貨	銅質	23.81	2.5	上海博物館藏		
2996	兩晉十六國·後趙	豐貨	銅質	23.76	2.6	張豐志提供		
2997	兩晉十六國·後趙	豐貨	銅質	23.40	2.6	立川提供		
2998	兩晉十六國·後趙	豐貨	銅質	24.44	2.8	金立夫藏		
2999	兩晉十六國·後趙	豐貨	銅質	23.67	2.5	金立夫藏		
3000	兩晉十六國·後趙	豐貨	銅質	25.01	2.8	金立夫藏		
3001	兩晉十六國·後趙	豐貨	銅質	23.81	3.3	陝西扶風博物館藏		1977年陝西扶風絳帳柿坡出土
3002	兩晉十六國·後趙	豐貨	銅質	24.81	4.2	金立夫藏		
3003	兩晉十六國·後趙	豐貨	銅質	26.08	3.1	張豐志提供		
3004	兩晉十六國·後趙	豐貨	銅質	24.83	3.3	張豐志提供		
3005	兩晉十六國·後趙	豐貨	銅質	25.33	2.9	張豐志提供		
3006	兩晉十六國·夏	太夏真興	銅質	24.80	2.3	王俞西提供	4	
3007	兩晉十六國·夏	太夏真興	銅質	24.05		選自《戴葆庭集拓中外錢幣珍品》	4	
3008	南朝時期·劉宋	四銖	銅質	23.02	2.4	上海博物館藏		
3009	南朝時期·劉宋	四銖	銅質	22.40	3.6	上海博物館藏		
3010	南朝時期·劉宋	四銖	銅質	24.07	2.3	上海博物館藏		
3011	南朝時期·劉宋	四銖	銅質	23.01	2.1	上海博物館藏		
3012	南朝時期·劉宋	四銖	銅質	22.76	2.1	上海博物館藏		
3013	南朝時期·劉宋	四銖	銅質	21.96	1.9	上海博物館藏		
3014	南朝時期·劉宋	四銖	銅質	22.36	1.7	上海博物館藏		
3015	南朝時期·劉宋	四銖	銅質	21.06	1.3	上海博物館藏		
3016	南朝時期·劉宋	四銖	銅質	21.20	1.1	上海博物館藏		
3017	南朝時期·劉宋	四銖	銅質	18.93	1.3	上海博物館藏		
3018	南朝時期·劉宋	四銖	銅質	22.17	2.0	上海博物館藏		
3019	南朝時期·劉宋	四銖	銅質	21.98	1.7	上海博物館藏		
3020	南朝時期·劉宋	四銖	銅質	21.80	1.5	屠燕治藏		面二柱、鎏金
3021	南朝時期·劉宋	四銖	銅質	22.97	3.0	張豐志提供		面二柱

編號	説　明	幣　名	材質	直徑 (毫米)	重 (克)	來　　源	等級	注　　釋
3022	南朝時期·劉宋	孝建	銅質	21.99	1.6	上海博物館藏		背"四銖"
3023	南朝時期·劉宋	孝建	銅質	22.44	3.1	上海博物館藏		背"四銖"
3024	南朝時期·劉宋	孝建	銅質	21.44	1.8	上海博物館藏		背"四銖"
3025	南朝時期·劉宋	孝建	銅質	21.91	1.9	上海博物館藏		背"四銖"
3026	南朝時期·劉宋	孝建	銅質	21.73	2.7	上海博物館藏		背"四銖"
3027	南朝時期·劉宋	孝建	銅質	20.06	1.3	上海博物館藏		背"四銖"
3028	南朝時期·劉宋	孝建	銅質	20.38	1.0	上海博物館藏		背"四銖"
3029	南朝時期·劉宋	孝建	銅質	21.69	1.3	上海博物館藏		背"四銖"
3030	南朝時期·劉宋	孝建	銅質	20.75	1.4	上海博物館藏		背"四銖"
3031	南朝時期·劉宋	孝建	銅質	21.30	1.3	上海博物館藏		背"四銖"
3032	南朝時期·劉宋	孝建	銅質	21.15	1.0	上海博物館藏		背"四銖"
3033	南朝時期·劉宋	孝建	銅質	19.92	1.0	上海博物館藏		背"四銖"
3034	南朝時期·劉宋	孝建	銅質	21.22	0.7	上海博物館藏		背"四銖"
3035	南朝時期·劉宋	孝建	銅質	19.77	1.0	張豐志提供		背"四銖"
3036	南朝時期·劉宋	孝建	銅質	20.02	1.2	上海博物館藏		背"四銖"
3037	南朝時期·劉宋	孝建	銅質	19.03	1.1	上海博物館藏		背"四銖"
3038	南朝時期·劉宋	孝建	銅質	21.21	1.4	張豐志提供		背"四銖"
3039	南朝時期·劉宋	孝建	銅質	19.29	1.0	上海博物館藏		背"四銖"
3040	南朝時期·劉宋	孝建	銅質	18.66	0.9	上海博物館藏		背"四銖"
3041	南朝時期·劉宋	孝建	銅質	20.80	1.2	林春雄提供		背"四銖"
3042	南朝時期·劉宋	孝建	銅質	18.84	1.4	上海博物館藏		背"四銖"
3043	南朝時期·劉宋	孝建	銅質	19.72	1.3	上海博物館藏		背"四銖"
3044	南朝時期·劉宋	孝建	銅質	19.90	0.8	上海博物館藏		背"四銖"
3045	南朝時期·劉宋	孝建	銅質	18.67	1.1	上海博物館藏		背"四銖"
3046	南朝時期·劉宋	孝建	銅質	16.58	0.8	上海博物館藏		背"四銖"
3047	南朝時期·劉宋	孝建	銅質	18.85	0.7	上海博物館藏		背"四銖"
3048	南朝時期·劉宋	孝建	銅質	16.09	0.4	上海博物館藏		背"四銖"
3049	南朝時期·劉宋	孝建	銅質	17.79	0.6	上海博物館藏		背"四銖"
3050	南朝時期·劉宋	孝建	銅質	18.97	1.2	上海博物館藏		背"四銖"
3051	南朝時期·劉宋	孝建	銅質	18.85	0.9	上海博物館藏		背"四銖"
3052	南朝時期·劉宋	孝建	銅質	17.85	0.7	上海博物館藏		背"四銖"
3053	南朝時期·劉宋	孝建	銅質	16.77	0.5	上海博物館藏		背"四銖"
3054	南朝時期·劉宋	孝建	銅質	17.57	0.4	上海博物館藏		背"四銖"
3055	南朝時期·劉宋	孝建	銅質	15.45	0.6	上海博物館藏		背"四銖"
3056	南朝時期·劉宋	孝建	銅質	15.99	1.0	上海博物館藏		背"四銖"
3057	南朝時期·劉宋	孝建	銅質	16.08	0.5	上海博物館藏		背"四銖"
3058	南朝時期·劉宋	孝建	銅質	14.76	0.4	上海博物館藏		背"四銖"
3059	南朝時期·劉宋	孝建	銅質	15.28	0.5	上海博物館藏		背"四銖"
3060	南朝時期·劉宋	孝建	銅質	16.72	0.6	上海博物館藏		背"四銖"
3061	南朝時期·劉宋	孝建	銅質	17.39	0.7	上海博物館藏		背"四銖"
3062	南朝時期·劉宋	孝建	銅質	15.08	0.4	上海博物館藏		背"四銖"
3063	南朝時期·劉宋	孝建	銅質	16.02	0.5	上海博物館藏		背"四銖"
3064	南朝時期·劉宋	孝建	銅質	16.31	0.6	上海博物館藏		合背
3065	南朝時期·劉宋	孝建	銅質	17.30	0.8	上海博物館藏		
3066	南朝時期·劉宋	孝建	銅質	17.52	1.3	上海博物館藏		
3067	南朝時期·劉宋	孝建	銅質	17.74	1.4	上海博物館藏		
3068	南朝時期·劉宋	孝建	銅質	18.59	1.0	上海博物館藏		
3069	南朝時期·劉宋	孝建	銅質	17.23	1.0	上海博物館藏		
3070	南朝時期·劉宋	孝建	銅質	16.80	0.5	上海博物館藏		
3071	南朝時期·劉宋	孝建	銅質	15.94	0.8	上海博物館藏		

編號	説　明	幣　名	材　質	直徑 (毫米)	重 (克)	來　源	等　級	注　釋
3072	南朝時期·劉宋	孝建	銅質	17.95	1.0	上海博物館藏		
3073	南朝時期·劉宋	孝建	銅質	15.87	0.4	上海博物館藏		
3074	南朝時期·劉宋	孝建	銅質	17.03	0.8	上海博物館藏		
3075	南朝時期·劉宋	大明	銅質	22.40	2.0	選自《中國錢幣》	2	背"四銖"
3076	南朝時期·劉宋	大明	銅質	21.50	2.1	選自《中國錢幣》	2	背"四銖"
3077	南朝時期·劉宋	明大	銅質	21.00	1.1	選自《中國錢幣》	2	背"四銖"、傳形
3078	南朝時期·劉宋	明大	銅質	20.50	1.3	選自《中國錢幣》	2	背"四銖"、傳形
3079	南朝時期·劉宋	兩銖	銅質	18.48		選自《中國珍稀錢幣》	1	
3080	南朝時期·劉宋	兩銖	銅質	17.86		選自《中國珍稀錢幣》	1	
3081	南朝時期·劉宋	兩銖	銅質	17.00	2.0	選自《中國錢幣》	1	
3082	南朝時期·劉宋	兩銖	銅質	17.00	2.0	選自《中國錢幣》	1	
3083	南朝時期·劉宋	兩銖	銅質	16.98		選自《戴葆庭集拓中外錢幣珍品》	1	
3084	南朝時期·劉宋	兩銖	銅質	18.80	1.0	鄒誌諒藏	1	
3085	南朝時期·劉宋	兩銖	銅質	19.30	1.0	立川提供	1	
3086	南朝時期·劉宋	兩銖	銅質	19.27	0.8	上海博物館藏	1	
3087	南朝時期·劉宋	兩銖	銅質	19.11		選自《中國珍稀錢幣》	1	
3088	南朝時期·劉宋	兩銖	銅質	19.03	1.2	上海博物館藏	1	
3089	南朝時期·劉宋	兩銖	銅質	18.43	0.9	張豐志提供	1	
3090	南朝時期·劉宋	永光	銅質	18.00	1.0	羅伯昭舊藏	2	
3091	南朝時期·劉宋	永光	銅質	19.00	1.2	何昌建藏	2	
3092	南朝時期·劉宋	永光	銅質	17.00	1.8	選自《中國錢幣》	2	
3093	南朝時期·劉宋	永光	銅質	16.00	2.0	選自《中國錢幣》	2	
3094	南朝時期·劉宋	永光	銅質	18.21		何昌建提供	2	
3095	南朝時期·劉宋	永光	銅質	15.17		何昌建提供	2	
3096	南朝時期·劉宋	永光	銅質	17.16	0.9	金立夫藏	2	
3097	南朝時期·劉宋	永光	銅質	16.98		選自《中國珍稀錢幣》	2	
3098	南朝時期·劉宋	永光	銅質	16.00	0.9	選自《安徽錢幣》	2	
3099	南朝時期·劉宋	景和	銅質	18.50	0.9	立川提供	2	
3100	南朝時期·劉宋	景和	銅質	18.47		羅伯昭舊藏	2	
3101	南朝時期·劉宋	景和	銅質	18.32	1.5	上海博物館藏	2	
3102	南朝時期·劉宋	景和	銅質	18.21		選自《中國珍稀錢幣》	2	
3103	南朝時期·劉宋	景和	銅質	18.00	2.0	選自《中國錢幣》	2	
3104	南朝時期·劉宋	景和	銅質	18.00	1.9	選自《中國錢幣》	2	
3105	南朝時期·劉宋	景和	銅質	18.00	1.9	選自《中國錢幣》	2	
3106	南朝時期·劉宋	景和	銅質	17.98	1.5	孫鼎舊藏	2	
3107	南朝時期·劉宋	景和	銅質	17.32		何昌建提供	2	
3108	南朝時期·劉宋	景和	銅質	16.72		選自《中國珍稀錢幣》	2	
3109	南朝時期·蕭梁	五銖	銅質	25.10	3.3	立川提供		
3110	南朝時期·蕭梁	五銖	銅質	24.24	3.2	上海博物館藏		
3111	南朝時期·蕭梁	五銖	銅質	24.44	2.2	上海博物館藏		
3112	南朝時期·蕭梁	五銖	銅質	22.12	3.1	上海博物館藏		
3113	南朝時期·蕭梁	五銖	銅質	23.62	3.2	上海博物館藏		
3114	南朝時期·蕭梁	五銖	銅質	23.25	3.2	上海博物館藏		
3115	南朝時期·蕭梁	五銖	銅質	23.94	2.4	上海博物館藏		面二柱
3116	南朝時期·蕭梁	五銖	銅質	21.67	2.2	上海博物館藏		面二柱
3117	南朝時期·蕭梁	五銖	銅質	22.79	2.1	上海博物館藏		面二柱
3118	南朝時期·蕭梁	五銖	銅質	21.02	1.8	上海博物館藏		面二柱
3119	南朝時期·蕭梁	五銖	銅質	21.26	2.3	上海博物館藏		面二柱
3120	南朝時期·蕭梁	五銖	銅質	19.80	1.0	鄒誌諒藏		稚錢
3121	南朝時期·蕭梁	五銖	銅質	20.20	1.6	鄒誌諒藏		稚錢

編號	説　明	幣　名	材質	直徑 (毫米)	重 (克)	來　　源	等級	注　釋
3122	南朝時期·蕭梁	五銖	銅質	19.10	0.7	鄒誌諒藏		稚錢
3123	南朝時期·蕭梁	五銖	銅質	18.20	0.7	鄒誌諒藏		稚錢
3124	南朝時期·蕭梁	五銖	銅質	18.40	0.9	鄒誌諒藏		稚錢
3125	南朝時期·蕭梁	五銖	銅質	16.70	0.5	鄒誌諒藏		稚錢
3126	南朝時期·蕭梁	五銖	銅質	16.20	0.5	鄒誌諒藏		稚錢
3127	南朝時期·蕭梁	五銖	銅質	17.50	0.6	鄒誌諒藏		稚錢
3128	南朝時期·蕭梁	五銖	銅質	16.10	0.4	鄒誌諒藏		稚錢
3129	南朝時期·蕭梁	五銖	銅質	16.90	0.6	鄒誌諒藏		稚錢
3130	南朝時期·蕭梁	五銖	銅質	16.90	0.6	鄒誌諒藏		稚錢
3131	南朝時期·蕭梁	五銖	銅質	16.70	0.5	鄒誌諒藏		稚錢
3132	南朝時期·蕭梁	五銖	銅質	16.10	0.5	鄒誌諒藏		稚錢
3133	南朝時期·蕭梁	五銖	銅質	16.70	0.7	鄒誌諒藏		稚錢
3134	南朝時期·蕭梁	五銖	銅質	16.40	0.6	鄒誌諒藏		稚錢
3135	南朝時期·蕭梁	五銖	鐵質	26.39	5.1	吴根生藏	1	背四出、大型錢
3136	南朝時期·蕭梁	五銖	鐵質	26.21	3.0	吴根生藏	1	背四出、大型錢
3137	南朝時期·蕭梁	五銖	鐵質	26.14	6.2	吴根生藏	1	背四出、大型錢
3138	南朝時期·蕭梁	五銖	鐵質	25.00	3.3	鄒誌諒提供	1	背四出、大型錢
3139	南朝時期·蕭梁	五銖	鐵質	25.00	4.2	鄒誌諒提供	1	背四出、大型錢
3140	南朝時期·蕭梁	五銖	鐵質	24.80	3.2	鄒誌諒藏	1	背四出、大型錢
3141	南朝時期·蕭梁	五銖	鐵質	24.00	4.0	鄒誌諒提供	1	背四出、大型錢
3142	南朝時期·蕭梁	五銖	鐵質	23.40	3.9	鄒誌諒藏		背四出
3143	南朝時期·蕭梁	五銖	鐵質	21.35	4.4	上海博物館藏		背四決
3144	南朝時期·蕭梁	五銖	鐵質	21.33	4.2	上海博物館藏		背四決
3145	南朝時期·蕭梁	五銖	鐵質	22.56	4.8	上海博物館藏		背四決
3146	南朝時期·蕭梁	五銖	鐵質	21.82	4.0	上海博物館藏		
3147	南朝時期·蕭梁	五銖	鐵質	22.66	4.0	上海博物館藏		背四出
3148	南朝時期·蕭梁	五銖	鐵質	22.46	4.0	上海博物館藏		背四決、面下三星
3149	南朝時期·蕭梁	五銖	鐵質	22.35	4.1	上海博物館藏		背四決
3150	南朝時期·蕭梁	五銖	鐵質	21.55	3.6	上海博物館藏		背四出
3151	南朝時期·蕭梁	五銖	鐵質	20.99	3.9	上海博物館藏		背四決
3152	南朝時期·蕭梁	五銖	鐵質	19.65	3.7	上海博物館藏		背四出
3153	南朝時期·蕭梁	五銖	鐵質	18.72	2.2	上海博物館藏		背四出
3154	南朝時期·蕭梁	五銖	鐵質	19.35	3.4	上海博物館藏		背四出
3155	南朝時期·蕭梁	五銖	鐵質	19.36	3.4	上海博物館藏		背四出、背上一竪
3156	南朝時期·蕭梁	五銖	鐵質	22.08	3.3	上海博物館藏		背四決
3157	南朝時期·蕭梁	五銖	鐵質	18.96	1.6	上海博物館藏		背四決
3158	南朝時期·蕭梁	五銖	鐵質	19.38	3.4	上海博物館藏		背四出
3159	南朝時期·蕭梁	五銖	鐵質	19.15	3.0	上海博物館藏		背四決
3160	南朝時期·蕭梁	五銖	鐵質	19.65	4.0	上海博物館藏		背四決
3161	南朝時期·蕭梁	五銖	鐵質	19.18	3.3	上海博物館藏		背四決
3162	南朝時期·蕭梁	五銖	鐵質	19.63	3.5	上海博物館藏		背四決
3163	南朝時期·蕭梁	五銖	鐵質	23.11	2.6	上海博物館藏		背四出
3164	南朝時期·蕭梁	五銖	鐵質	19.92	2.6	上海博物館藏		背四出
3165	南朝時期·蕭梁	五銖	鐵質	19.92	2.8	上海博物館藏		背四出
3166	南朝時期·蕭梁	五銖	鐵質	19.67	2.9	上海博物館藏		背四決
3167	南朝時期·蕭梁	五銖	鐵質	19.08	3.2	上海博物館藏		背四決
3168	南朝時期·蕭梁	五銖	鐵質	19.79	3.2	上海博物館藏		背四決
3169	南朝時期·蕭梁	五銖	鐵質	19.17	3.1	上海博物館藏		背四決
3170	南朝時期·蕭梁	五銖	鐵質	19.64	2.9	上海博物館藏		背四決
3171	南朝時期·蕭梁	五銖	鐵質	19.24	2.3	上海博物館藏		背四決

編號	説　明	幣　　名	材質	直徑 (毫米)	重 (克)	來　　　源	等級	注　　釋
3172	南朝時期·蕭梁	五銖	鐵質	19.56	2.9	上海博物館藏		背四決
3173	南朝時期·蕭梁	五銖	鐵質	20.02	3.3	上海博物館藏		背四決
3174	南朝時期·蕭梁	五銖	鐵質	19.26	3.0	上海博物館藏		背四決
3175	南朝時期·蕭梁	五銖	鐵質	19.63	2.9	上海博物館藏		背四出
3176	南朝時期·蕭梁	五銖	鐵質	20.04	2.7	上海博物館藏		背四出
3177	南朝時期·蕭梁	五銖	鐵質	18.93	2.2	上海博物館藏		背四出
3178	南朝時期·蕭梁	五銖	鐵質	19.38	3.2	上海博物館藏		背四出
3179	南朝時期·蕭梁	五銖	鐵質	19.86	2.9	上海博物館藏		背四出
3180	南朝時期·蕭梁	五銖	鐵質	19.05	2.7	上海博物館藏		背四出
3181	南朝時期·蕭梁	五銖	鐵質	19.56	2.3	上海博物館藏		背四出
3182	南朝時期·蕭梁	五銖	鐵質	19.15	3.4	上海博物館藏		背四決
3183	南朝時期·蕭梁	五銖	鐵質	19.15	3.0	上海博物館藏		背四出
3184	南朝時期·蕭梁	五銖	鐵質	18.55	2.8	上海博物館藏		背四決
3185	南朝時期·蕭梁	五銖	鐵質	19.86	3.4	上海博物館藏		背四決
3186	南朝時期·蕭梁	五銖	鐵質	19.18	2.9	上海博物館藏		背四出
3187	南朝時期·蕭梁	五銖	鐵質	18.83	2.5	上海博物館藏		背四決
3188	南朝時期·蕭梁	五銖	鐵質	19.73	2.8	上海博物館藏		背四出
3189	南朝時期·蕭梁	五銖	鐵質	18.10	2.5	上海博物館藏		背四決
3190	南朝時期·蕭梁	五銖	鐵質	18.11	2.8	上海博物館藏		背四出
3191	南朝時期·蕭梁	五銖	鐵質	21.33	3.6	上海博物館藏		背四決
3192	南朝時期·蕭梁	五銖	鐵質	19.48	3.5	上海博物館藏		背四出
3193	南朝時期·蕭梁	五銖	鐵質	19.62	2.9	上海博物館藏		背四出
3194	南朝時期·蕭梁	五銖	鐵質	20.28	2.6	上海博物館藏		背四出
3195	南朝時期·蕭梁	五銖	鐵質	18.83	2.4	上海博物館藏		背四出
3196	南朝時期·蕭梁	五銖	鐵質	18.40	2.7	上海博物館藏		背四出
3197	南朝時期·蕭梁	五銖	鐵質	22.07	3.7	上海博物館藏		背四決
3198	南朝時期·蕭梁	五銖	鐵質	19.82	3.0	上海博物館藏		背四決
3199	南朝時期·蕭梁	五銖	鐵質	20.04	2.7	上海博物館藏		背四出
3200	南朝時期·蕭梁	五銖	鐵質	19.87	2.5	上海博物館藏		背四出
3201	南朝時期·蕭梁	五銖	鐵質	19.25	2.8	上海博物館藏		背四出
3202	南朝時期·蕭梁	五銖	鐵質	18.92	2.3	上海博物館藏		背四出
3203	南朝時期·蕭梁	五銖	鐵質	18.23	2.5	上海博物館藏		背四出
3204	南朝時期·蕭梁	五銖	鐵質	19.86	2.7	上海博物館藏		背四出
3205	南朝時期·蕭梁	五銖	鐵質	19.05	2.7	上海博物館藏		背四出
3206	南朝時期·蕭梁	五銖	鐵質	19.06	2.3	上海博物館藏		背四出
3207	南朝時期·蕭梁	五銖	鐵質	19.33	2.6	上海博物館藏		背四出
3208	南朝時期·蕭梁	五銖	鐵質	19.12	2.5	上海博物館藏		背四出
3209	南朝時期·蕭梁	五銖	鐵質	19.76	3.1	上海博物館藏		背四出
3210	南朝時期·蕭梁	五銖	鐵質	19.35	2.5	上海博物館藏		背四出
3211	南朝時期·蕭梁	五銖	鐵質	19.57	2.3	上海博物館藏		背四出、"五"内二星
3212	南朝時期·蕭梁	五銖	鐵質	19.44	2.7	上海博物館藏		背四出、"五"内二星
3213	南朝時期·蕭梁	五銖	鐵質	19.67	2.5	上海博物館藏		背四出、"五"内二星
3214	南朝時期·蕭梁	五銖	鐵質	20.71	3.0	吴根生藏		背四出
3215	南朝時期·蕭梁	五銖	鐵質	19.97	1.9	吴根生藏		背四出
3216	南朝時期·蕭梁	五五銖	鐵質	23.79	3.9	吴根生藏	1	背陰文五銖
3217	南朝時期·蕭梁	五銖五銖	鐵質	20.72	3.1	吴根生藏	1	背四出、面四決
3218	南朝時期·蕭梁	五銖	鐵質	20.47	3.3	吴根生藏	1	背四出、"五"中一橫
3219	南朝時期·蕭梁	五銖	鐵質	21.42	4.0	上海博物館藏	1	背四出、"五"中一橫
3220	南朝時期·蕭梁	五銖	鐵質	16.50	0.9	鄒誌諒藏		
3221	南朝時期·蕭梁	太清豐樂	銅質	22.46		選自《戴葆庭集拓中外錢幣珍品》	1	

編號	說　明	幣　名	材質	直徑 (毫米)	重 (克)	來　　源	等級	注　釋
3222	南朝時期·蕭梁	太清豐樂	銅質	23.97	2.8	金立夫藏	1	
3223	南朝時期·蕭梁	太清豐樂	銅質	23.30	2.6	鄒誌諒提供	1	背四出
3224	南朝時期·蕭梁	太清豐樂	銅質	22.60	2.5	鄒誌諒提供	1	背四出
3225	南朝時期·蕭梁	太清豐樂	銅質	23.00	3.2	鄒誌諒提供	1	背四出
3226	南朝時期·蕭梁	太清豐樂	銅質	23.12	2.9	上海博物館藏	1	背四出
3227	南朝時期·蕭梁	太清豐樂	銅質	22.22	2.7	上海博物館藏	1	背四出
3228	南朝時期·蕭梁	太清豐樂	銅質	21.20		選自《戴葆庭集拓中外錢幣珍品》	1	背四出
3229	南朝時期·蕭梁	太清豐樂	銅質	23.07		選自《戴葆庭集拓中外錢幣珍品》	1	背四出
3230	南朝時期·蕭梁	太清豐樂	銅質	22.27		選自《戴葆庭集拓中外錢幣珍品》	1	背四出
3231	南朝時期·蕭梁	太清豐樂	銅質	23.08		選自《中國珍稀錢幣》	1	背四出
3232	南朝時期·蕭梁	太清豐樂	銅質	23.21	3.0	選自《中國珍稀錢幣》	1	背四出
3233	南朝時期·蕭梁	太清豐樂	銅質	23.30	2.6	鄒誌諒提供	1	背四出
3234	南朝時期·蕭梁	太清豐樂	銅質	23.00	2.8	鄒誌諒提供	1	背四出
3235	南朝時期·蕭梁	太清豐樂	銅質	23.80	3.2	鄒誌諒提供	1	背四出
3236	南朝時期·蕭梁	太清豐樂	銅質	23.30	3.0	鄒誌諒提供	1	背四出
3237	南朝時期·蕭梁	太清豐樂	銅質	23.20	3.0	鄒誌諒提供	1	背四出
3238	南朝時期·蕭梁	太清豐樂	銅質	23.50	3.0	鄒誌諒提供	1	背四出
3239	南朝時期·蕭梁	太清豐樂	銅質	23.20	3.8	鄒誌諒提供	1	背四出
3240	南朝時期·蕭梁	太清豐樂	銅質	22.90	2.1	鄒誌諒提供	1	背四出
3241	南朝時期·蕭梁	太清豐樂	銅質	23.20	3.6	鄒誌諒提供	1	背四出
3242	南朝時期·蕭梁	太清豐樂	銅質	22.90	2.9	鄒誌諒提供	1	背四出
3243	南朝時期·蕭梁	太清豐樂	銅質	22.80		選自《中國珍稀錢幣》	1	背四出
3244	南朝時期·蕭梁	太清豐樂	銅質	22.80	3.3	鄒誌諒提供	1	背四出
3245	南朝時期·蕭梁	太清豐樂	銅質	23.30	2.8	鄒誌諒提供	1	背四出
3246	南朝時期·蕭梁	太清豐樂	銅質	22.80	2.7	鄒誌諒提供	1	背四出
3247	南朝時期·蕭梁	太清豐樂	銅質	22.80	3.0	鄒誌諒提供	1	背四出
3248	南朝時期·蕭梁	太清豐樂	銅質	23.20	2.7	鄒誌諒提供	1	背四出
3249	南朝時期·蕭梁	太清豐樂	銅質	23.30	3.2	鄒誌諒提供	1	背四出
3250	南朝時期·蕭梁	太清豐樂	銅質	22.90	3.4	鄒誌諒提供	1	背四出
3251	南朝時期·蕭梁	太清豐樂	銅質	22.15	2.6	鄒誌諒提供	1	背四出
3252	南朝時期·蕭梁	太清豐樂	銅質	23.10	2.4	鄒誌諒提供	1	背四出
3253	南朝時期·蕭梁	太清豐樂	銅質	23.10	3.4	鄒誌諒提供	1	背四出
3254	南朝時期·陳	五銖	銅質	24.07	2.4	上海博物館藏		
3255	南朝時期·陳	五銖	銅質	24.08	2.3	上海博物館藏		
3256	南朝時期·陳	五銖	銅質	24.30	2.6	鄒誌諒藏		
3257	南朝時期·陳	五銖	銅質	24.30	2.5	鄒誌諒藏		
3258	南朝時期·陳	五銖	銅質	24.30	2.5	鄒誌諒藏		
3259	南朝時期·陳	五銖	銅質	24.50	2.9	鄒誌諒藏		
3260	南朝時期·陳	五銖	銅質	24.00	2.6	鄒誌諒藏		
3261	南朝時期·陳	五銖	銅質	24.80	2.7	鄒誌諒藏		
3262	南朝時期·陳	五銖	銅質	24.50	2.3	鄒誌諒藏		
3263	南朝時期·陳	五銖	銅質	24.50	2.6	鄒誌諒藏		
3264	南朝時期·陳	五銖	銅質	24.60	2.7	鄒誌諒藏		
3265	南朝時期·陳	五銖	銅質	24.50	2.4	鄒誌諒藏		
3266	南朝時期·陳	五銖	銅質	24.40	2.9	鄒誌諒藏		
3267	南朝時期·陳	五銖	銅質	24.10	2.7	鄒誌諒藏		
3268	南朝時期·陳	五銖	銅質	24.50	2.4	鄒誌諒藏		
3269	南朝時期·陳	五銖	銅質	24.30	2.6	鄒誌諒藏		
3270	南朝時期·陳	五銖	銅質	24.30	2.4	鄒誌諒藏		
3271	南朝時期·陳	五銖	銅質	24.00	2.3	鄒誌諒藏		

編號	説　明	幣　名	材質	直徑 (毫米)	重 (克)	來　　源	等級	注　釋
3272	南朝時期·陳	五銖	銅質	24.70	2.6	鄒誌諒藏		
3273	南朝時期·陳	五銖	銅質	24.70	2.6	鄒誌諒藏		
3274	南朝時期·陳	五銖	銅質	24.70	2.8	鄒誌諒藏		
3275	南朝時期·陳	五銖	銅質	24.70	2.4	鄒誌諒藏		
3276	南朝時期·陳	五銖	銅質	22.22	2.3	上海博物館藏		
3277	南朝時期·陳	五銖	銅質	23.70	2.4	鄒誌諒藏		
3278	南朝時期·陳	太貨六銖	銅質	25.66	3.9	金立夫藏		
3279	南朝時期·陳	太貨六銖	銅質	25.62	3.1	存雲亭藏		
3280	南朝時期·陳	太貨六銖	銅質	25.40	3.2	屠燕治藏		
3281	南朝時期·陳	太貨六銖	銅質	25.40	3.6	鄒誌諒藏		
3282	南朝時期·陳	太貨六銖	銅質	25.40	3.6	查中偉藏		
3283	南朝時期·陳	太貨六銖	銅質	25.22	4.2	上海博物館藏		
3284	南朝時期·陳	太貨六銖	銅質	25.21	3.9	上海博物館藏		
3285	南朝時期·陳	太貨六銖	銅質	25.20	3.9	上海博物館藏		
3286	南朝時期·陳	太貨六銖	銅質	25.19	3.5	上海博物館藏		
3287	南朝時期·陳	太貨六銖	銅質	25.07	3.1	金立夫藏		
3288	南朝時期·陳	太貨六銖	銅質	24.94	2.8	查中偉藏		
3289	南朝時期·陳	太貨六銖	銅質	24.86	2.8	上海博物館藏		
3290	南朝時期·陳	太貨六銖	銅質	23.55	2.3	上海博物館藏		
3291	南朝時期·陳	太貨六銖	銅質	24.82		張豐志提供		
3292	南朝時期·陳	太貨六銖	銅質	23.67		選自《戴葆庭集拓中外錢幣珍品》		
3293	北朝時期·北魏、東魏	太和五銖	銅質	24.66	3.2	上海博物館藏		
3294	北朝時期·北魏、東魏	太和五銖	銅質	24.60	3.5	鄒誌諒藏		
3295	北朝時期·北魏、東魏	太和五銖	銅質	25.21	3.0	金立夫藏		
3296	北朝時期·北魏、東魏	太和五銖	銅質	24.55	2.7	金立夫藏		
3297	北朝時期·北魏、東魏	太和五銖	銅質	24.28	2.7	上海博物館藏		
3298	北朝時期·北魏、東魏	太和五銖	銅質	24.19	2.3	金立夫藏		
3299	北朝時期·北魏、東魏	太和五銖	銅質	23.72	2.8	上海博物館藏		
3300	北朝時期·北魏、東魏	太和五銖	銅質	22.82	2.2	上海博物館藏		
3301	北朝時期·北魏、東魏	太和五銖	銅質	22.34	1.8	上海博物館藏		
3302	北朝時期·北魏、東魏	太和五銖	銅質	21.67	2.0	金立夫藏		
3303	北朝時期·北魏、東魏	太和五銖	銅質	21.61	1.8	上海博物館藏		
3304	北朝時期·北魏、東魏	太和五銖	銅質	25.45	3.7	上海博物館藏		
3305	北朝時期·北魏、東魏	太和五銖	銅質	24.30	2.4	林春雄提供		
3306	北朝時期·北魏、東魏	太和五銖	銅質	24.12	2.7	上海博物館藏		
3307	北朝時期·北魏、東魏	太和五銖	銅質	23.80	2.1	林春雄提供		
3308	北朝時期·北魏、東魏	太和五銖	銅質	22.45		選自《戴葆庭集拓中外錢幣珍品》	2	
3309	北朝時期·北魏、東魏	太和五銖	銅質	25.33	4.9	上海博物館藏	2	
3310	北朝時期·北魏、東魏	永安五銖	銅質	24.40	4.1	上海博物館藏		
3311	北朝時期·北魏、東魏	永安五銖	銅質	24.20	3.8	上海博物館藏		
3312	北朝時期·北魏、東魏	永安五銖	銅質	24.57	3.9	上海博物館藏		
3313	北朝時期·北魏、東魏	永安五銖	銅質	23.49	3.7	上海博物館藏		
3314	北朝時期·北魏、東魏	永安五銖	銅質	23.23	3.8	上海博物館藏		
3315	北朝時期·北魏、東魏	永安五銖	銅質	22.74	3.4	上海博物館藏		
3316	北朝時期·北魏、東魏	永安五銖	銅質	22.75	3.1	上海博物館藏		
3317	北朝時期·北魏、東魏	永安五銖	銅質	22.47	3.2	上海博物館藏		
3318	北朝時期·北魏、東魏	永安五銖	銅質	22.76	3.3	上海博物館藏		
3319	北朝時期·北魏、東魏	永安五銖	銅質	23.51	3.2	上海博物館藏		
3320	北朝時期·北魏、東魏	永安五銖	銅質	22.43	3.0	上海博物館藏		
3321	北朝時期·北魏、東魏	永安五銖	銅質	23.86	2.8	上海博物館藏		

編號	説　　明	幣　　名	材質	直徑 （毫米）	重 （克）	來　　　源	等　級	注　　釋
3322	北朝時期·北魏、東魏	永安五銖	銅質	23.24	3.1	上海博物館藏		
3323	北朝時期·北魏、東魏	永安五銖	銅質	23.24	2.8	上海博物館藏		
3324	北朝時期·北魏、東魏	永安五銖	銅質	23.09	3.2	上海博物館藏		
3325	北朝時期·北魏、東魏	永安五銖	銅質	22.76	3.4	上海博物館藏		
3326	北朝時期·北魏、東魏	永安五銖	銅質	23.19	3.2	上海博物館藏		
3327	北朝時期·北魏、東魏	永安五銖	銅質	23.26	3.0	上海博物館藏		
3328	北朝時期·北魏、東魏	永安五銖	銅質	22.98	3.1	上海博物館藏		
3329	北朝時期·北魏、東魏	永安五銖	銅質	22.41	2.6	上海博物館藏		
3330	北朝時期·北魏、東魏	永安五銖	銅質	22.63	2.9	上海博物館藏		
3331	北朝時期·北魏、東魏	永安五銖	銅質	22.10	2.1	上海博物館藏		
3332	北朝時期·北魏、東魏	永安五銖	銅質	22.60	2.9	上海博物館藏		
3333	北朝時期·北魏、東魏	永安五銖	銅質	22.29	2.2	上海博物館藏		
3334	北朝時期·北魏、東魏	永安五銖	銅質	22.64	2.4	上海博物館藏		
3335	北朝時期·北魏、東魏	永安五銖	銅質	22.63	2.8	上海博物館藏		
3336	北朝時期·北魏、東魏	永安五銖	銅質	23.06	2.8	上海博物館藏		
3337	北朝時期·北魏、東魏	永安五銖	銅質	23.40	2.7	上海博物館藏		
3338	北朝時期·北魏、東魏	永安五銖	銅質	21.57	2.7	上海博物館藏		
3339	北朝時期·北魏、東魏	永安五銖	銅質	22.21	2.7	上海博物館藏		
3340	北朝時期·北魏、東魏	永安五銖	銅質	22.61	3.1	上海博物館藏		
3341	北朝時期·北魏、東魏	永安五銖	銅質	22.37	3.0	上海博物館藏		
3342	北朝時期·北魏、東魏	永安五銖	銅質	22.80	2.8	上海博物館藏		
3343	北朝時期·北魏、東魏	永安五銖	銅質	23.56	3.0	上海博物館藏		
3344	北朝時期·北魏、東魏	永安五銖	銅質	22.13	3.1	上海博物館藏		
3345	北朝時期·北魏、東魏	永安五銖	銅質	22.47	3.0	上海博物館藏		
3346	北朝時期·北魏、東魏	永安五銖	銅質	22.67	2.8	上海博物館藏		
3347	北朝時期·北魏、東魏	永安五銖	銅質	22.43	2.9	上海博物館藏		
3348	北朝時期·北魏、東魏	永安五銖	銅質	22.44	2.9	上海博物館藏		
3349	北朝時期·北魏、東魏	永安五銖	銅質	22.28	2.8	上海博物館藏		
3350	北朝時期·北魏、東魏	永安五銖	銅質	21.47	2.8	上海博物館藏		
3351	北朝時期·北魏、東魏	永安五銖	銅質	22.31	2.9	上海博物館藏		
3352	北朝時期·北魏、東魏	永安五銖	銅質	23.38	2.8	上海博物館藏		
3353	北朝時期·北魏、東魏	永安五銖	銅質	22.33	2.6	上海博物館藏		
3354	北朝時期·北魏、東魏	永安五銖	銅質	23.03	3.1	上海博物館藏		
3355	北朝時期·北魏、東魏	永安五銖	銅質	21.57	2.6	上海博物館藏		
3356	北朝時期·北魏、東魏	永安五銖	銅質	21.51	2.8	上海博物館藏		
3357	北朝時期·北魏、東魏	永安五銖	銅質	22.37	2.7	上海博物館藏		
3358	北朝時期·北魏、東魏	永安五銖	銅質	22.68	3.4	上海博物館藏		
3359	北朝時期·北魏、東魏	永安五銖	銅質	22.35	3.1	上海博物館藏		
3360	北朝時期·北魏、東魏	永安五銖	銅質	22.34	2.9	上海博物館藏		
3361	北朝時期·北魏、東魏	永安五銖	銅質	24.00	3.8	上海博物館藏		背移範
3362	北朝時期·北魏、東魏	永安五銖	銅質	25.00		選自《文物》	3	咸陽侯義墓出土
3363	北朝時期·北魏、東魏	永安五銖	銅質	24.80	2.9	立川提供		背上"土"
3364	北朝時期·北魏、東魏	永安五銖	銅質	23.33	3.4	上海博物館藏		背上"土"
3365	北朝時期·北魏、東魏	永安五銖	銅質	23.49	3.1	上海博物館藏		背上"土"
3366	北朝時期·北魏、東魏	永安五銖	銅質	23.48	2.8	上海博物館藏		背上"土"
3367	北朝時期·北魏、東魏	永安五銖	銅質	24.05	3.5	上海博物館藏		背上"土"
3368	北朝時期·北魏、東魏	永安五銖	銅質	24.44	3.3	金立夫藏		背上"土"
3369	北朝時期·北魏、東魏	永安五銖	銅質	22.72	3.4	上海博物館藏		背四出
3370	北朝時期·北魏、東魏	永安五銖	銅質	23.89	3.4	上海博物館藏		背四出
3371	北朝時期·北魏、東魏	永安五銖	銅質	23.55	3.2	上海博物館藏		背四出

編號	説　明	幣　名	材質	直徑 (毫米)	重 (克)	來　　源	等級	注　釋
3372	北朝時期·北魏、東魏	永安五銖	銅質	23.12	3.1	上海博物館藏		背四出
3373	北朝時期·北魏、東魏	永安五銖	銅質	23.65	3.2	上海博物館藏		背四出
3374	北朝時期·北魏、東魏	永安五銖	銅質	24.72	3.5	上海博物館藏		背四出
3375	北朝時期·北魏、東魏	永安五銖	銅質	22.70	2.1	鄒誌諒藏		背四出
3376	北朝時期·西魏	五銖	銅質	25.00		選自《文物》	3	咸陽侯義墓出土
3377	北朝時期·西魏	五銖	銅質	23.43	2.5	上海博物館藏		
3378	北朝時期·西魏	五銖	銅質	22.62	1.6	上海博物館藏		
3379	北朝時期·西魏	五銖	銅質	23.97	2.8	上海博物館藏		
3380	北朝時期·西魏	五銖	銅質	24.83	2.7	上海博物館藏		
3381	北朝時期·西魏	五銖	銅質	23.18	1.9	上海博物館藏		
3382	北朝時期·西魏	五銖	銅質	23.00		選自《中國古錢譜》		
3383	北朝時期·北齊	常平五銖	銅質	23.81	3.9	上海博物館藏		
3384	北朝時期·北齊	常平五銖	銅質	23.67	3.6	上海博物館藏		
3385	北朝時期·北齊	常平五銖	銅質	24.43	3.9	上海博物館藏		
3386	北朝時期·北齊	常平五銖	銅質	23.23	3.2	上海博物館藏		
3387	北朝時期·北齊	常平五銖	銅質	24.55	3.6	上海博物館藏		
3388	北朝時期·北齊	常平五銖	銅質	24.64	4.2	傅爲群藏		
3389	北朝時期·北齊	常平五銖	銅質	24.61	4.4	傅爲群藏		
3390	北朝時期·北齊	常平五銖	銅質	23.00	3.3	鄒誌諒藏		
3391	北朝時期·北齊	常平五銖	銅質	24.00	2.6	鄒誌諒藏		
3392	北朝時期·北齊	常平五銖	銅質	24.00	2.9	鄒誌諒藏		
3393	北朝時期·北齊	常平五銖	銅質	24.00	3.3	鄒誌諒藏		
3394	北朝時期·北齊	常平五銖	銅質	24.45	4.1	金立夫藏		
3395	北朝時期·北齊	常平五銖	銅質	24.53	3.5	金立夫藏		
3396	北朝時期·北齊	常平五銖	銅質	24.40	8.5	林春雄提供		合背、鎏金
3397	北朝時期·北周	布泉	銅質	25.26	4.1	上海博物館藏		
3398	北朝時期·北周	布泉	銅質	25.65	3.3	上海博物館藏		
3399	北朝時期·北周	布泉	銅質	25.50	3.4	牛群生藏		
3400	北朝時期·北周	布泉	銅質	26.02	5.0	王俞西提供		
3401	北朝時期·北周	布泉	銅質	25.16	3.8	上海博物館藏		
3402	北朝時期·北周	布泉	銅質	24.09	2.3	上海博物館藏		
3403	北朝時期·北周	布泉	銅質	25.55	3.8	金立夫藏		
3404	北朝時期·北周	布泉	銅質	26.20	3.4	鄒誌諒藏		
3405	北朝時期·北周	布泉	銅質	26.86	4.3	金立夫藏		
3406	北朝時期·北周	布泉	銅質	26.25	3.4	金立夫藏		
3407	北朝時期·北周	布泉	銅質	26.51	3.6	金立夫藏		
3408	北朝時期·北周	五行大布	銅質	28.26	5.2	上海博物館藏		
3409	北朝時期·北周	五行大布	銅質	26.23	4.7	上海博物館藏		
3410	北朝時期·北周	五行大布	銅質	26.10	4.2	上海博物館藏		
3411	北朝時期·北周	五行大布	銅質	26.85	4.1	上海博物館藏		
3412	北朝時期·北周	五行大布	銅質	25.48	3.4	上海博物館藏		
3413	北朝時期·北周	五行大布	銅質	25.48	3.1	上海博物館藏		
3414	北朝時期·北周	五行大布	銅質	26.21	3.2	上海博物館藏		
3415	北朝時期·北周	五行大布	銅質	24.40	2.5	上海博物館藏		
3416	北朝時期·北周	五行大布	銅質	24.14	2.1	上海博物館藏		
3417	北朝時期·北周	五行大布	銅質	24.04	2.4	上海博物館藏		
3418	北朝時期·北周	五行大布	銅質	26.50	3.6	牛群生藏		
3419	北朝時期·北周	五行大布	銅質	26.04		南京博物院藏		
3420	北朝時期·北周	五行大布	銅質	24.11	3.0	王俞西提供		
3421	北朝時期·北周	五行大布	銅質	23.38	2.7	上海博物館藏		

編號	說　明	幣　名	材　質	直徑 (毫米)	重 (克)	來　　源	等　級	注　　釋
3422	北朝時期·北周	五行大布	銅質	21.43	1.7	上海博物館藏		
3423	北朝時期·北周	五行大布	銅質	21.92	1.9	上海博物館藏		
3424	北朝時期·北周	五行大布	銅質	18.64	1.5	上海博物館藏		
3425	北朝時期·北周	五行大布	銅質	19.16	1.5	上海博物館藏		
3426	北朝時期·北周	五行大布	銅質	27.20	4.2	林春雄提供		鎏金
3427	北朝時期·北周	五行大布	銅質			山西省錢幣學會提供	3	七枚型錢樹
3428	北朝時期·北周	永通萬國	銅質	30.46	5.7	金立夫藏		
3429	北朝時期·北周	永通萬國	銅質	29.96	5.2	金立夫藏		
3430	北朝時期·北周	永通萬國	銅質	29.32	5.2	上海博物館藏		
3431	北朝時期·北周	永通萬國	銅質	29.00	5.4	上海博物館藏		
3432	北朝時期·北周	永通萬國	銅質	28.50	4.6	牛群生藏		
3433	北朝時期·北周	永通萬國	銅質	27.86	6.9	上海博物館藏		
3434	北朝時期·北周	永通萬國	銅質	27.46	2.4	上海博物館藏		
3435	北朝時期·北周	永通萬國	銅質	26.72	2.7	上海博物館藏		
3436	北朝時期·北周	永通萬國	銅質	25.01	2.3	上海博物館藏		
3437	北朝時期·北周	永通萬國	銅質	24.62	2.1	上海博物館藏		
3438	北朝時期·北周	永通萬國	銅質	23.82	2.3	上海博物館藏		
3439	北朝時期·北周	永通萬國	銅質	23.17	1.8	上海博物館藏		
3440	北朝時期·北周	永通萬國	銅質	22.70	1.6	鄒誌諒藏		
3441	北朝時期·北周	永通萬國	銅質	22.63	1.9	上海博物館藏		
3442	北朝時期·北周	永通萬國	銅質	21.81	1.5	上海博物館藏		
3443	北朝時期·北周	永通萬國	銅質	28.95	6.0	上海博物館藏	1	合背
3444	北朝時期·北周	永通萬國	鉛質	29.80	9.4	立川提供	1	
3445	西域(新疆)地區	六銖錢	銅質	15.77	2.5	大英博物館藏		馬圖
3446	西域(新疆)地區	六銖錢	銅質		3.0	大英博物館藏		馬圖
3447	西域(新疆)地區	六銖錢	銅質	21.23		大英博物館藏		馬圖
3448	西域(新疆)地區	六銖錢	銅質	21.02	4.2	大英博物館藏		馬圖
3449	西域(新疆)地區	六銖錢	銅質		4.9	大英博物館藏		馬圖
3450	西域(新疆)地區	六銖錢	銅質			曾澤祿藏		馬圖
3451	西域(新疆)地區	六銖錢	銅質	22.00	5.1	旅順博物館藏		馬圖
3452	西域(新疆)地區	六銖錢	銅質	21.00	4.1	旅順博物館藏		馬圖
3453	西域(新疆)地區	六銖錢	銅質	19.00	4.1	旅順博物館藏		馬圖
3454	西域(新疆)地區	六銖錢	銅質	17.70	2.3	旅順博物館藏		馬圖
3455	西域(新疆)地區	六銖錢	銅質	17.20	3.1	旅順博物館藏		馬圖
3456	西域(新疆)地區	六銖錢	銅質	17.70	2.1	旅順博物館藏		馬圖
3457	西域(新疆)地區	六銖錢	銅質	20.11	4.0	牛津市博物館藏		馬圖
3458	西域(新疆)地區	六銖錢	銅質	17.84	3.9	大英博物館藏		馬圖
3459	西域(新疆)地區	六銖錢	銅質	22.87		列寧格勒愛爾米塔什博物館藏		駱駝圖
3460	西域(新疆)地區	六銖錢	銅質	25.00	6.1	中國錢幣博物館藏		駱駝圖、新疆洛甫出土
3461	西域(新疆)地區	重廿四銖錢	銅質	26.17		列寧格勒愛爾米塔什博物館藏		馬圖
3462	西域(新疆)地區	重廿四銖錢	銅質		15.7	大英博物館藏		馬圖
3463	西域(新疆)地區	重廿四銖錢	銅質		1.2	大英博物館藏		馬圖
3464	西域(新疆)地區	重廿四銖錢	銅質		1.5	大英博物館藏		馬圖
3465	西域(新疆)地區	重廿四銖錢	陶質	26.07	16.1	大英博物館藏		馬圖
3466	西域(新疆)地區	重廿四銖錢	銅質	26.34		列寧格勒愛爾米塔什博物館藏		駱駝圖
3467	西域(新疆)地區	于闐五銖錢	銅質	20.71	1.5	法國巴黎圖書館藏		杜特雷依探險隊發現
3468	西域(新疆)地區	于闐五銖錢	鉛質	24.07	12.9	大英博物館藏		馬圖
3469	西域(新疆)地區	于闐五銖錢	鉛質	23.41	17.5	大英博物館藏		穿長方孔
3470	西域(新疆)地區	龜茲五銖	銅質	18.00	1.8	新疆維吾爾自治區阿克蘇地區博物館藏		一式錢

編號	説　明	幣　名	材質	直徑（毫米）	重（克）	來　源	等級	注　釋
3471	西域（新疆）地區	龜兹五銖	銅質	20.00	2.0	新疆維吾爾自治區博物館藏		一式錢、1957－1958年庫車蘇巴什遺址出土
3472	西域（新疆）地區	龜兹五銖	銅質	18.50	2.0	旅順博物館藏		一式錢
3473	西域（新疆）地區	龜兹五銖	銅質	18.00	1.5	新疆維吾爾自治區博物館藏		一式錢
3474	西域（新疆）地區	龜兹五銖	銅質	17.00	1.2	新疆維吾爾自治區庫車縣文物保護管理所藏		一式錢、1986年庫車地區出土
3475	西域（新疆）地區	龜兹五銖	銅質	18.00	1.6	新疆維吾爾自治區庫車縣文物保護管理所藏		一式錢、1986年庫車地區出土
3476	西域（新疆）地區	龜兹五銖	銅質	17.30	1.3	新疆維吾爾自治區庫車縣文物保護管理所藏		一式錢、1986年庫車地區出土
3477	西域（新疆）地區	龜兹五銖	銅質	18.00	2.1	新疆維吾爾自治區博物館藏		一式錢、1957－1958年庫車蘇巴什遺址出土
3478	西域（新疆）地區	龜兹五銖	銅質	17.60	1.2	新疆維吾爾自治區阿克蘇地區博物館藏		一式錢
3479	西域（新疆）地區	龜兹五銖	銅質	16.00	1.3	新疆維吾爾自治區博物館藏		一式錢、1957－1958年庫車蘇巴什遺址出土
3480	西域（新疆）地區	龜兹五銖	銅質	16.00	1.3	新疆維吾爾自治區博物館藏		一式錢、1957－1958年庫車蘇巴什遺址出土
3481	西域（新疆）地區	龜兹五銖	銅質	15.00	0.9	新疆維吾爾自治區庫車縣文物保護管理所藏		一式錢、1986年庫車地區出土
3482	西域（新疆）地區	龜兹五銖	銅質	21.50	2.0	旅順博物館藏		二式錢
3483	西域（新疆）地區	龜兹五銖	銅質	19.20	1.7	新疆維吾爾自治區庫車縣文物保護管理所藏		二式錢、1986年庫車地區出土
3484	西域（新疆）地區	龜兹五銖	銅質	21.00	2.7	新疆維吾爾自治區庫車縣文物保護管理所藏		二式錢、1986年庫車地區出土
3485	西域（新疆）地區	龜兹五銖	銅質	17.00	1.2	新疆維吾爾自治區庫車縣文物保護管理所藏		二式錢、1986年庫車地區出土
3486	西域（新疆）地區	龜兹五銖	銅質	20.00	1.9	新疆維吾爾自治區庫車縣文物保護管理所藏		二式錢、1986年庫車地區出土
3487	西域（新疆）地區	龜兹五銖	銅質	21.00	2.2	新疆維吾爾自治區庫車縣文物保護管理所藏		二式錢、1986年庫車地區出土
3488	西域（新疆）地區	龜兹五銖	銅質	21.00	1.9	新疆維吾爾自治區阿克蘇地區博物館藏		二式錢
3489	西域（新疆）地區	龜兹五銖	銅質	21.00	2.2	新疆維吾爾自治區博物館藏		二式錢、1986年輪臺古城遺址出土
3490	西域（新疆）地區	龜兹五銖	銅質	20.00	2.4	新疆維吾爾自治區阿克蘇地區博物館藏		二式錢
3491	西域（新疆）地區	龜兹五銖	銅質	19.20	1.2	鄒誌諒藏		二式錢
3492	西域（新疆）地區	龜兹五銖	銅質	20.00	1.4	新疆維吾爾自治區阿克蘇地區博物館藏		三式錢
3493	西域（新疆）地區	龜兹五銖	銅質	20.00	1.6	新疆維吾爾自治區阿克蘇地區博物館藏		三式錢
3494	西域（新疆）地區	龜兹五銖	銅質	21.00	2.1	新疆維吾爾自治區庫車縣文物保護管理所藏		四式錢、1986年庫車地區出土
3495	西域（新疆）地區	龜兹五銖	銅質	21.01	1.8	傅爲群藏		四式錢
3496	西域（新疆）地區	龜兹五銖	銅質	18.50	1.7	新疆維吾爾自治區庫車縣文物保護管理所藏		四式錢、1986年庫車地區出土
3497	西域（新疆）地區	龜兹五銖	銅質	18.00	1.2	新疆維吾爾自治區阿克蘇地區博物館藏		四式錢
3498	西域（新疆）地區	龜兹五銖	銅質	16.50	1.5	新疆維吾爾自治區博物館藏		四式錢、1986年輪臺古城遺址出土
3499	西域（新疆）地區	龜兹五銖	銅質	16.10	0.9	鄒誌諒藏		四式錢
3500	西域（新疆）地區	龜兹五銖	銅質	15.00	1.3	新疆維吾爾自治區博物館藏		四式錢、1986年輪臺古城遺址出土
3501	西域（新疆）地區	龜兹五銖	銅質	17.60	1.2	林春雄提供		四式錢
3502	西域（新疆）地區	龜兹五銖	銅質	15.00	1.1	新疆維吾爾自治區庫車縣文物保護管理所藏		四式錢、1986年庫車地區出土

編號	説　明	幣　名	材質	直徑 (毫米)	重 (克)	來　源	等級	注　釋
3503	西域(新疆)地區	龜兹五銖	銅質	18.50	1.6	新疆維吾爾自治區庫車縣文物保護管理所藏		五式錢、1986年庫車地區出土
3504	西域(新疆)地區	龜兹五銖	銅質	17.20	1.6	林春雄提供		五式錢
3505	西域(新疆)地區	龜兹五銖	銅質	18.00		新疆維吾爾自治區阿克蘇地區博物館藏		五式錢
3506	西域(新疆)地區	龜兹五銖	銅質	18.00		新疆維吾爾自治區博物館藏		五式錢
3507	西域(新疆)地區	龜兹五銖	銅質	18.00		新疆維吾爾自治區阿克蘇地區博物館藏		五式錢
3508	西域(新疆)地區	龜兹五銖	銅質	20.00	1.8	新疆維吾爾自治區庫車縣文物保護管理所藏		五式錢、1986年庫車地區出土
3509	西域(新疆)地區	龜兹五銖	銅質	18.00	1.6	新疆維吾爾自治區庫車縣文物保護管理所藏		五式錢、1986年庫車地區出土
3510	西域(新疆)地區	龜兹五銖	銅質	14.00	1.0	新疆維吾爾自治區博物館藏		五式錢、1957－1958年庫車蘇巴什遺址出土
3511	西域(新疆)地區	龜兹五銖	銅質	14.00	0.9	新疆維吾爾自治區庫車縣文物保護管理所藏		一體錢、1986年庫車地區出土
3512	西域(新疆)地區	龜兹五銖	銅質	15.50	1.0	新疆維吾爾自治區庫車縣文物保護管理所藏		一體錢、1986年庫車地區出土
3513	西域(新疆)地區	龜兹五銖	銅質	15.00	1.1	新疆維吾爾自治區博物館藏		一體錢、1984年庫車庫木吐拉古遺址南五百米古缸群出土
3514	西域(新疆)地區	龜兹五銖	銅質	14.90	1.1	新疆維吾爾自治區庫車縣文物保護管理所藏		一體錢、1986年庫車地區出土
3515	西域(新疆)地區	龜兹五銖	銅質	15.00	1.1	新疆維吾爾自治區博物館藏		一體錢、1957－1958年庫車蘇巴什遺址出土
3516	西域(新疆)地區	龜兹五銖	銅質	14.00	1.1	新疆維吾爾自治區博物館藏		一體錢、1957－1958年庫車蘇巴什遺址出土
3517	西域(新疆)地區	龜兹五銖	銅質	18.00	1.6	新疆維吾爾自治區博物館藏		素背錢、1928年庫車遺址出土
3518	西域(新疆)地區	龜兹五銖	銅質	11.51	0.5	新疆維吾爾自治區阿克蘇地區博物館藏		小錢
3519	西域(新疆)地區	龜兹五銖	銅質	11.21	0.5	新疆維吾爾自治區阿克蘇地區博物館藏		小錢
3520	西域(新疆)地區	龜兹五銖	銅質	10.91	0.3	新疆維吾爾自治區阿克蘇地區博物館藏		小錢
3521	西域(新疆)地區	龜兹五銖	銅質	10.57	0.5	新疆維吾爾自治區阿克蘇地區博物館藏		小錢
3522	西域(新疆)地區	龜兹五銖	銅質	10.54	0.3	新疆維吾爾自治區阿克蘇地區博物館藏		小錢
3523	西域(新疆)地區	龜兹五銖	銅質	10.38	0.5	新疆維吾爾自治區阿克蘇地區博物館藏		小錢
3524	東漢三國兩晉南北朝常見貨幣	五銖	銅質	23.57	2.0	上海博物館藏		面下四點
3525	東漢三國兩晉南北朝常見貨幣	五銖	銅質	21.06	1.6	上海博物館藏		面背上各三點
3526	東漢三國兩晉南北朝常見貨幣	五銖	銅質	23.21	1.9	上海博物館藏		背右四點
3527	東漢三國兩晉南北朝常見貨幣	五銖	銅質	24.46	1.9	上海博物館藏		背右三點
3528	東漢三國兩晉南北朝常見貨幣	五銖	銅質	22.24	1.6	上海博物館藏		面下二劃
3529	東漢三國兩晉南北朝常見貨幣	五銖	銅質	21.97	1.8	上海博物館藏		背上四點
3530	東漢三國兩晉南北朝常見貨幣	五銖	銅質	21.00	1.7	上海博物館藏		
3531	東漢三國兩晉南北朝常見貨幣	五銖	銅質	20.13	2.0	上海博物館藏		
3532	東漢三國兩晉南北朝常見貨幣	五銖	銅質	20.56	1.7	上海博物館藏		

編號	説　明	幣　名	材　質	直徑 （毫米）	重 （克）	來　　源	等　級	注　釋
3533	東漢三國兩晉南北朝常見貨幣	五銖	銅質	24.87	4.0	上海博物館藏		面上橫杠
3534	東漢三國兩晉南北朝常見貨幣	五銖	銅質	23.41	3.0	上海博物館藏		
3535	東漢三國兩晉南北朝常見貨幣	五銖	銅質	23.17	2.6	上海博物館藏		面上橫杠
3536	東漢三國兩晉南北朝常見貨幣	五銖	銅質	24.59	3.4	上海博物館藏		面上橫杠
3537	東漢三國兩晉南北朝常見貨幣	五銖	銅質	24.09	2.5	上海博物館藏		面上橫杠
3538	東漢三國兩晉南北朝常見貨幣	五銖	銅質	24.24	2.6	上海博物館藏		
3539	東漢三國兩晉南北朝常見貨幣	五銖	銅質	23.39	3.2	上海博物館藏		
3540	東漢三國兩晉南北朝常見貨幣	五銖	銅質	23.39	3.4	上海博物館藏		
3541	東漢三國兩晉南北朝常見貨幣	五銖	銅質	24.32	2.3	上海博物館藏		面上橫杠
3542	東漢三國兩晉南北朝常見貨幣	五銖	銅質	24.32	3.2	上海博物館藏		面上橫杠
3543	東漢三國兩晉南北朝常見貨幣	五銖	銅質	22.92	1.8	上海博物館藏		
3544	東漢三國兩晉南北朝常見貨幣	五銖	銅質	22.93	1.3	上海博物館藏		
3545	東漢三國兩晉南北朝常見貨幣	五銖	銅質	24.92	2.6	上海博物館藏		
3546	東漢三國兩晉南北朝常見貨幣	五銖	銅質	23.28	2.5	上海博物館藏		
3547	東漢三國兩晉南北朝常見貨幣	五銖	銅質	21.82	2.0	上海博物館藏		
3548	東漢三國兩晉南北朝常見貨幣	五銖	銅質	23.11	2.5	上海博物館藏		
3549	東漢三國兩晉南北朝常見貨幣	五銖	銅質	23.24	2.9	上海博物館藏		
3550	東漢三國兩晉南北朝常見貨幣	五銖	銅質	22.07	2.1	上海博物館藏		背四出
3551	東漢三國兩晉南北朝常見貨幣	五銖	銅質	20.64	1.3	上海博物館藏		
3552	東漢三國兩晉南北朝常見貨幣	五銖	銅質	22.12	1.9	上海博物館藏		
3553	東漢三國兩晉南北朝常見貨幣	五銖	銅質	23.18	2.2	上海博物館藏		
3554	東漢三國兩晉南北朝常見貨幣	五銖	銅質	23.10	2.1	上海博物館藏		
3555	東漢三國兩晉南北朝常見貨幣	五銖	銅質	22.88	1.7	上海博物館藏		
3556	東漢三國兩晉南北朝常見貨幣	五銖	銅質	22.73	3.9	上海博物館藏		
3557	東漢三國兩晉南北朝常見貨幣	五銖	銅質	22.33	2.4	上海博物館藏		
3558	東漢三國兩晉南北朝常見貨幣	五銖	銅質	22.53	2.5	上海博物館藏		
3559	東漢三國兩晉南北朝常見貨幣	五銖	銅質	22.77	2.0	上海博物館藏		面上下二點
3560	東漢三國兩晉南北朝常見貨幣	五銖	銅質	23.76	2.8	上海博物館藏		面上下二點
3561	東漢三國兩晉南北朝常見貨幣	五銖	銅質	22.64	2.4	上海博物館藏		面上下二點、背左右二點

編號	説　明	幣　名	材質	直徑 (毫米)	重 (克)	來　　源	等　級	注　　釋
3562	東漢三國兩晉南北朝常見貨幣	五銖	銅質	22.64	2.2	上海博物館藏		面上下二星
3563	東漢三國兩晉南北朝常見貨幣	五銖	銅質	23.70	3.1	上海博物館藏		面上"平"
3564	東漢三國兩晉南北朝常見貨幣	五銖	銅質	24.55	3.4	上海博物館藏		面上"平"
3565	東漢三國兩晉南北朝常見貨幣	五銖	銅質	23.72	2.5	上海博物館藏		面上"平"
3566	東漢三國兩晉南北朝常見貨幣	五銖	銅質	24.22	3.2	上海博物館藏		面上"平"
3567	東漢三國兩晉南北朝常見貨幣	五銖	銅質	24.41	2.8	上海博物館藏		面上"平"
3568	東漢三國兩晉南北朝常見貨幣	五銖	銅質	24.60	3.7	上海博物館藏		面上"平"
3569	東漢三國兩晉南北朝常見貨幣	五銖	銅質	23.47	2.7	上海博物館藏		面下"平"
3570	東漢三國兩晉南北朝常見貨幣	五銖	銅質	23.71	2.6	上海博物館藏		面下"平"
3571	東漢三國兩晉南北朝常見貨幣	五銖	銅質	24.88	2.8	上海博物館藏		面下"平"
3572	東漢三國兩晉南北朝常見貨幣	五銖	銅質	24.15	3.0	上海博物館藏		面下"平"
3573	東漢三國兩晉南北朝常見貨幣	五銖	銅質	24.00	3.3	上海博物館藏		面上"平"
3574	東漢三國兩晉南北朝常見貨幣	五銖	銅質	24.15	3.0	上海博物館藏		面上"平"
3575	東漢三國兩晉南北朝常見貨幣	五銖	銅質	28.00	3.9	鄒誌諒藏		
3576	東漢三國兩晉南北朝常見貨幣	五銖	銅質	24.98	2.8	上海博物館藏		
3577	東漢三國兩晉南北朝常見貨幣	五銖	銅質	24.14	2.7	存雲亭藏		
3578	東漢三國兩晉南北朝常見貨幣	五銖	銅質	23.38	2.8	上海博物館藏		
3579	東漢三國兩晉南北朝常見貨幣	五銖	銅質	24.37	2.8	上海博物館藏		
3580	東漢三國兩晉南北朝常見貨幣	五銖	銅質	22.84	3.0	上海博物館藏		
3581	東漢三國兩晉南北朝常見貨幣	五銖	銅質	23.22	2.2	上海博物館藏		
3582	東漢三國兩晉南北朝常見貨幣	五銖	銅質	24.30	2.2	上海博物館藏		
3583	東漢三國兩晉南北朝常見貨幣	五銖	銅質	23.93	2.5	存雲亭藏		
3584	東漢三國兩晉南北朝常見貨幣	五銖	銅質	23.53	2.6	上海博物館藏		
3585	東漢三國兩晉南北朝常見貨幣	五銖	銅質	23.64	2.3	上海博物館藏		
3586	東漢三國兩晉南北朝常見貨幣	五銖	銅質	22.87	2.0	上海博物館藏		
3587	東漢三國兩晉南北朝常見貨幣	五銖	銅質	23.00	1.9	上海博物館藏		
3588	東漢三國兩晉南北朝常見貨幣	五銖	銅質	22.81	2.7	存雲亭藏		
3589	東漢三國兩晉南北朝常見貨幣	五銖	銅質	22.34	2.4	上海博物館藏		
3590	東漢三國兩晉南北朝常見貨幣	五銖	銅質	25.12	3.0	上海博物館藏		

編號	説　明	幣　名	材質	直徑（毫米）	重（克）	來　源	等級	注　釋
3591	東漢三國兩晉南北朝常見貨幣	五銖	銅質	24.64	2.8	上海博物館藏		
3592	東漢三國兩晉南北朝常見貨幣	五銖	銅質	25.67	3.1	上海博物館藏		
3593	東漢三國兩晉南北朝常見貨幣	五銖	銅質	18.26	1.7	上海博物館藏		
3594	東漢三國兩晉南北朝常見貨幣	五銖	銅質	19.00	1.4	上海博物館藏		
3595	東漢三國兩晉南北朝常見貨幣	五銖	銅質	19.60	1.2	上海博物館藏		
3596	東漢三國兩晉南北朝常見貨幣	五銖	銅質	19.16	1.0	上海博物館藏		
3597	東漢三國兩晉南北朝常見貨幣	五銖	銅質	18.73	3.1	上海博物館藏		合背
3598	東漢三國兩晉南北朝常見貨幣	五銖	銅質	19.63	0.4	上海博物館藏		
3599	東漢三國兩晉南北朝常見貨幣	五銖	銅質	19.63	0.7	上海博物館藏		
3600	東漢三國兩晉南北朝常見貨幣	五銖	銅質	22.85	2.0	存雲亭藏		
3601	東漢三國兩晉南北朝常見貨幣	五銖	銅質	22.06	2.1	上海博物館藏		
3602	東漢三國兩晉南北朝常見貨幣	五銖	銅質	24.00		選自《歷代古錢圖説》	1	
3603	東漢三國兩晉南北朝常見貨幣	五銖	銅質	23.32	1.7	上海博物館藏		
3604	東漢三國兩晉南北朝常見貨幣	五銖	銅質	23.85	2.5	上海博物館藏		
3605	東漢三國兩晉南北朝常見貨幣	五銖	銅質	24.58	2.4	上海博物館藏		合背
3606	東漢三國兩晉南北朝常見貨幣	五銖	銅質	20.62	2.2	上海博物館藏		合背
3607	東漢三國兩晉南北朝常見貨幣	五銖	銅質	22.23	2.2	上海博物館藏		合面
3608	東漢三國兩晉南北朝常見貨幣	五銖	銅質	22.56	2.9	上海博物館藏		合面
3609	東漢三國兩晉南北朝常見貨幣	五銖	銅質	21.17	3.4	上海博物館藏		合面
3610	東漢三國兩晉南北朝常見貨幣	五銖	銅質	22.36	1.6	上海博物館藏		合面
3611	東漢三國兩晉南北朝常見貨幣	五銖	銅質	22.51	2.1	上海博物館藏		合面
3612	東漢三國兩晉南北朝常見貨幣	五銖	銅質	23.18	2.0	上海博物館藏		合面
3613	東漢三國兩晉南北朝常見貨幣	五銖	銅質	24.25	3.0	上海博物館藏		合面
3614	東漢三國兩晉南北朝常見貨幣	五銖	銅質	24.17	3.0	上海博物館藏		合面
3615	東漢三國兩晉南北朝常見貨幣	五銖	銅質	24.94	2.3	上海博物館藏		合面四出
3616	東漢三國兩晉南北朝常見貨幣	五銖	銅質	17.34	0.8	上海博物館藏		合面
3617	東漢三國兩晉南北朝常見貨幣	五銖	銅質	16.85	0.9	上海博物館藏		合面
3618	東漢三國兩晉南北朝常見貨幣	五銖	銅質	21.47	1.2	上海博物館藏		合面
3619	東漢三國兩晉南北朝常見貨幣	五銖	銅質	23.53	2.0	上海博物館藏		合面

編號	說　明	幣　名	材　質	直徑 (毫米)	重 (克)	來　源	等　級	注　釋
3620	東漢三國兩晉南北朝常見貨幣	五銖	銅質	18.39	1.7	上海博物館藏		合面
3621	東漢三國兩晉南北朝常見貨幣	五銖	銅質	19.94	1.4	上海博物館藏		合面
3622	東漢三國兩晉南北朝常見貨幣	五銖	銅質	18.13	1.5	上海博物館藏		合面
3623	東漢三國兩晉南北朝常見貨幣	五銖	銅質	21.76	1.8	上海博物館藏		合面
3624	東漢三國兩晉南北朝常見貨幣	五五	銅質	22.78	2.9	上海博物館藏		
3625	東漢三國兩晉南北朝常見貨幣	五五	銅質	21.77	3.1	上海博物館藏		
3626	東漢三國兩晉南北朝常見貨幣	五五	銅質	22.41		選自《戴葆庭集拓中外錢幣珍品》		
3627	東漢三國兩晉南北朝常見貨幣	銖銖	銅質	23.25	2.8	上海博物館藏		
3628	東漢三國兩晉南北朝常見貨幣	異形五銖	銅質	22.30	3.9	上海博物館藏		
3629	東漢三國兩晉南北朝常見貨幣	異形五銖	銅質	23.22	4.0	上海博物館藏		
3630	東漢三國兩晉南北朝常見貨幣	五五銖	銅質	22.74		選自《戴葆庭集拓中外錢幣珍品》		
3631	東漢三國兩晉南北朝常見貨幣	異形五銖	銅質	23.23		選自《戴葆庭集拓中外錢幣珍品》		
3632	東漢三國兩晉南北朝常見貨幣	異形五銖	銅質	22.27		選自《戴葆庭集拓中外錢幣珍品》		
3633	東漢三國兩晉南北朝常見貨幣	銖五	銅質	23.59	2.7	鄒誌諒藏		傳形
3634	東漢三國兩晉南北朝常見貨幣	五f	銅質	23.70	2.5	鄒誌諒藏		
3635	東漢三國兩晉南北朝常見貨幣	銖五	銅質	22.20	1.9	金立夫藏		傳形
3636	東漢三國兩晉南北朝常見貨幣	五工	銅質	21.81	2.1	上海博物館藏		
3637	東漢三國兩晉南北朝常見貨幣	朱朱	銅質	20.11		選自《戴葆庭集拓中外錢幣珍品》		
3638	東漢三國兩晉南北朝常見貨幣	一銖	銅質	19.56	1.3	上海博物館藏		
3639	東漢三國兩晉南北朝常見貨幣	五十	銅質	18.96	1.4	上海博物館藏		
3640	東漢三國兩晉南北朝常見貨幣	五十	銅質	19.15	1.8	上海博物館藏		
3641	東漢三國兩晉南北朝常見貨幣	十五	銅質	21.04		選自《戴葆庭集拓中外錢幣珍品》		
3642	東漢三國兩晉南北朝常見貨幣	五銖	銅質	23.11	1.7	上海博物館藏		侵輪
3643	東漢三國兩晉南北朝常見貨幣	五銖	銅質	23.24	2.3	上海博物館藏		侵輪
3644	東漢三國兩晉南北朝常見貨幣	五銖	銅質	22.46	1.6	上海博物館藏		侵輪
3645	東漢三國兩晉南北朝常見貨幣	五銖	銅質	23.10	3.5	上海博物館藏		侵輪
3646	東漢三國兩晉南北朝常見貨幣	五銖	銅質	22.67	2.9	上海博物館藏		侵輪
3647	東漢三國兩晉南北朝常見貨幣	五銖	銅質	21.78	2.1	上海博物館藏		侵輪
3648	東漢三國兩晉南北朝常見貨幣	五銖	銅質	23.96	3.1	上海博物館藏		侵輪

編號	說　明	幣　　名	材　質	直徑 （毫米）	重 （克）	來　　　源	等　級	注　　釋
3649	東漢三國兩晉南北朝常見貨幣	五銖	銅質	23.02	2.1	上海博物館藏		侵輪
3650	東漢三國兩晉南北朝常見貨幣	五銖	銅質	21.13	2.0	上海博物館藏		侵輪
3651	東漢三國兩晉南北朝常見貨幣	五銖	銅質	20.69	1.8	上海博物館藏		侵輪
3652	東漢三國兩晉南北朝常見貨幣	五銖	銅質	21.23	1.9	上海博物館藏		侵輪
3653	東漢三國兩晉南北朝常見貨幣	五銖	銅質	21.50	2.2	上海博物館藏		侵輪
3654	東漢三國兩晉南北朝常見貨幣	五銖	銅質	21.34	1.8	上海博物館藏		侵輪
3655	東漢三國兩晉南北朝常見貨幣	五銖	銅質	21.77	2.1	上海博物館藏		侵輪
3656	東漢三國兩晉南北朝常見貨幣	五銖	銅質	19.23	1.2	上海博物館藏		侵輪
3657	東漢三國兩晉南北朝常見貨幣	五銖	銅質	22.77	2.3	上海博物館藏		侵輪
3658	東漢三國兩晉南北朝常見貨幣	五銖	銅質	22.50	2.5	上海博物館藏		侵輪
3659	東漢三國兩晉南北朝常見貨幣	銖五	銅質	21.89	1.5	上海博物館藏		侵輪、傳形
3660	東漢三國兩晉南北朝常見貨幣	銖五	銅質	23.22	2.2	存雲亭藏		侵輪、傳形
3661	東漢三國兩晉南北朝常見貨幣	銖五	銅質	24.32	2.5	上海博物館藏		侵輪、傳形
3662	東漢三國兩晉南北朝常見貨幣	銖五	銅質	24.76	3.0	上海博物館藏		侵輪、傳形
3663	東漢三國兩晉南北朝常見貨幣	銖五	銅質	22.12	2.2	上海博物館藏		侵輪、傳形
3664	東漢三國兩晉南北朝常見貨幣	銖五	銅質	23.33	2.6	上海博物館藏		侵輪、傳形
3665	東漢三國兩晉南北朝常見貨幣	五銖	銅質	21.94	2.9	上海博物館藏		侵輪、面上下二點
3666	東漢三國兩晉南北朝常見貨幣	五銖	銅質	22.80	2.8	上海博物館藏		侵輪、面上下二點
3667	東漢三國兩晉南北朝常見貨幣	五銖	銅質	22.98	2.4	上海博物館藏		侵輪、面上下二點
3668	東漢三國兩晉南北朝常見貨幣	五銖	銅質	22.44	2.6	上海博物館藏		侵輪、面上下二點
3669	東漢三國兩晉南北朝常見貨幣	五銖	銅質	22.87	2.8	上海博物館藏		侵輪、面上下二點
3670	東漢三國兩晉南北朝常見貨幣	五銖	銅質	20.43	1.4	上海博物館藏		侵輪、面上下二點
3671	東漢三國兩晉南北朝常見貨幣	五銖	銅質	20.90	2.3	上海博物館藏		侵輪、面上下二點
3672	東漢三國兩晉南北朝常見貨幣	五朱	銅質	23.40	1.9	上海博物館藏		
3673	東漢三國兩晉南北朝常見貨幣	五朱	銅質	23.31	1.8	上海博物館藏		
3674	東漢三國兩晉南北朝常見貨幣	五朱	銅質	22.30	2.3	上海博物館藏		
3675	東漢三國兩晉南北朝常見貨幣	五朱	銅質	23.69	2.8	上海博物館藏		
3676	東漢三國兩晉南北朝常見貨幣	五朱	銅質	23.69	2.4	上海博物館藏		
3677	東漢三國兩晉南北朝常見貨幣	五朱	銅質	23.08	3.1	上海博物館藏		

編號	説　明	幣　名	材質	直徑 (毫米)	重 (克)	來　　源	等　級	注　釋
3678	東漢三國兩晉南北朝常見貨幣	五朱	銅質	22.36	2.6	上海博物館藏		
3679	東漢三國兩晉南北朝常見貨幣	五朱	銅質	21.37	1.9	上海博物館藏		
3680	東漢三國兩晉南北朝常見貨幣	五朱	銅質	19.06	1.0	上海博物館藏		
3681	東漢三國兩晉南北朝常見貨幣	五朱	銅質	20.05	2.1	上海博物館藏		
3682	東漢三國兩晉南北朝常見貨幣	五朱	銅質	21.16	1.6	上海博物館藏		
3683	東漢三國兩晉南北朝常見貨幣	五朱	銅質	18.92	1.5	存雲亭藏		
3684	東漢三國兩晉南北朝常見貨幣	五朱	銅質	19.12	1.3	上海博物館藏		
3685	東漢三國兩晉南北朝常見貨幣	五朱	銅質	18.45	0.7	上海博物館藏		
3686	東漢三國兩晉南北朝常見貨幣	五朱	銅質	21.76	1.9	上海博物館藏		
3687	東漢三國兩晉南北朝常見貨幣	五朱	銅質	22.07	3.2	上海博物館藏		
3688	東漢三國兩晉南北朝常見貨幣	五朱	銅質	22.45	3.3	上海博物館藏		
3689	東漢三國兩晉南北朝常見貨幣	五朱	銅質	21.54	2.2	上海博物館藏		
3690	東漢三國兩晉南北朝常見貨幣	五朱	銅質	21.79	2.4	上海博物館藏		
3691	東漢三國兩晉南北朝常見貨幣	五朱	銅質	21.85	1.4	上海博物館藏		
3692	東漢三國兩晉南北朝常見貨幣	五朱	銅質	22.70	2.4	上海博物館藏		
3693	東漢三國兩晉南北朝常見貨幣	五朱	銅質	20.47	1.3	上海博物館藏		
3694	東漢三國兩晉南北朝常見貨幣	五朱	銅質	21.04	1.9	上海博物館藏		
3695	東漢三國兩晉南北朝常見貨幣	五朱	銅質	19.51	1.3	上海博物館藏		背四出
3696	東漢三國兩晉南北朝常見貨幣	五朱	銅質	22.12	1.6	上海博物館藏		
3697	東漢三國兩晉南北朝常見貨幣	五朱	銅質	17.11	1.0	上海博物館藏		
3698	東漢三國兩晉南北朝常見貨幣	五朱	銅質	17.82	0.6	上海博物館藏		
3699	東漢三國兩晉南北朝常見貨幣	五朱	銅質	20.09	1.5	存雲亭藏		
3700	東漢三國兩晉南北朝常見貨幣	五朱	銅質	19.96	1.6	上海博物館藏		
3701	東漢三國兩晉南北朝常見貨幣	五朱	銅質	22.17	1.4	上海博物館藏		
3702	東漢三國兩晉南北朝常見貨幣	五朱	銅質	21.92	1.7	上海博物館藏		
3703	東漢三國兩晉南北朝常見貨幣	五朱	銅質	21.21	1.6	上海博物館藏		
3704	東漢三國兩晉南北朝常見貨幣	五朱	銅質	20.68	1.1	上海博物館藏		
3705	東漢三國兩晉南北朝常見貨幣	五朱	銅質	18.14	0.7	上海博物館藏		
3706	東漢三國兩晉南北朝常見貨幣	五朱	銅質	19.99	1.4	上海博物館藏		

編號	説　明	幣　名	材　質	直徑(毫米)	重(克)	來　　源	等　級	注　　釋
3707	東漢三國兩晉南北朝常見貨幣	五朱	銅質	20.23	1.1	上海博物館藏		
3708	東漢三國兩晉南北朝常見貨幣	五朱	銅質	21.38	1.8	上海博物館藏		
3709	東漢三國兩晉南北朝常見貨幣	五朱	銅質	20.94	1.7	上海博物館藏		
3710	東漢三國兩晉南北朝常見貨幣	五朱	銅質	21.21	1.3	上海博物館藏		
3711	東漢三國兩晉南北朝常見貨幣	五朱	銅質	17.60	1.2	上海博物館藏		
3712	東漢三國兩晉南北朝常見貨幣	五朱	銅質	18.67	1.2	存雲亭藏		
3713	東漢三國兩晉南北朝常見貨幣	五朱	銅質	18.78	1.1	上海博物館藏		
3714	東漢三國兩晉南北朝常見貨幣	五朱	銅質	18.68	0.9	上海博物館藏		
3715	東漢三國兩晉南北朝常見貨幣	五朱	銅質	17.45	0.7	上海博物館藏		
3716	東漢三國兩晉南北朝常見貨幣	五朱	銅質	17.13	0.8	上海博物館藏		
3717	東漢三國兩晉南北朝常見貨幣	五朱	銅質	18.86	1.1	上海博物館藏		
3718	東漢三國兩晉南北朝常見貨幣	五朱	銅質	16.63	1.1	上海博物館藏		
3719	東漢三國兩晉南北朝常見貨幣	五朱	銅質	17.95	1.1	上海博物館藏		
3720	東漢三國兩晉南北朝常見貨幣	五朱	銅質	20.25	1.3	上海博物館藏		
3721	東漢三國兩晉南北朝常見貨幣	五朱	銅質	19.80	1.6	上海博物館藏		
3722	東漢三國兩晉南北朝常見貨幣	五朱	銅質	20.34	1.8	上海博物館藏		
3723	東漢三國兩晉南北朝常見貨幣	五朱	銅質	21.55	1.3	上海博物館藏		
3724	東漢三國兩晉南北朝常見貨幣	五朱	銅質	21.85	2.0	上海博物館藏		
3725	東漢三國兩晉南北朝常見貨幣	五朱	銅質	20.81	1.3	上海博物館藏		
3726	東漢三國兩晉南北朝常見貨幣	五朱	銅質	19.68	1.6	上海博物館藏		
3727	東漢三國兩晉南北朝常見貨幣	五朱	銅質	18.70	1.6	上海博物館藏		
3728	東漢三國兩晉南北朝常見貨幣	五朱	銅質	18.69	1.4	上海博物館藏		背四出
3729	東漢三國兩晉南北朝常見貨幣	五朱	銅質	22.82	1.8	上海博物館藏		
3730	東漢三國兩晉南北朝常見貨幣	五朱	銅質	19.31	1.2	上海博物館藏		
3731	東漢三國兩晉南北朝常見貨幣	五朱	銅質	16.77	1.2	上海博物館藏		
3732	東漢三國兩晉南北朝常見貨幣	五朱	銅質	18.11	0.7	上海博物館藏		
3733	東漢三國兩晉南北朝常見貨幣	五朱	銅質	19.77	0.8	上海博物館藏		
3734	東漢三國兩晉南北朝常見貨幣	五朱	銅質	18.47	1.4	上海博物館藏		
3735	東漢三國兩晉南北朝常見貨幣	五朱	銅質	20.46	1.3	上海博物館藏		

編號	説　明	幣　名	材　質	直徑 (毫米)	重 (克)	來　　源	等　級	注　　釋
3736	東漢三國兩晉南北朝常見貨幣	五朱	銅質	21.32	1.5	上海博物館藏		
3737	東漢三國兩晉南北朝常見貨幣	五朱	銅質	19.24	1.3	上海博物館藏		
3738	東漢三國兩晉南北朝常見貨幣	五朱	銅質	19.41	1.1	上海博物館藏		
3739	東漢三國兩晉南北朝常見貨幣	五朱	銅質	19.77	2.6	上海博物館藏		
3740	東漢三國兩晉南北朝常見貨幣	五朱	銅質	21.39	2.0	上海博物館藏		
3741	東漢三國兩晉南北朝常見貨幣	五朱	銅質	21.86	1.6	上海博物館藏		
3742	東漢三國兩晉南北朝常見貨幣	五朱	銅質	21.07	1.6	上海博物館藏		
3743	東漢三國兩晉南北朝常見貨幣	五朱	銅質	22.86	2.2	上海博物館藏		
3744	東漢三國兩晉南北朝常見貨幣	五朱	銅質	21.46	2.1	上海博物館藏		
3745	東漢三國兩晉南北朝常見貨幣	五朱	銅質	21.72	1.5	上海博物館藏		
3746	東漢三國兩晉南北朝常見貨幣	五朱	銅質	22.34	1.7	上海博物館藏		
3747	東漢三國兩晉南北朝常見貨幣	五朱	銅質	23.11	2.2	上海博物館藏		
3748	東漢三國兩晉南北朝常見貨幣	五朱	銅質	21.76		上海博物館藏		
3749	東漢三國兩晉南北朝常見貨幣	五朱	銅質	20.27	1.4	上海博物館藏		
3750	東漢三國兩晉南北朝常見貨幣	五朱	銅質	20.17	1.3	上海博物館藏		
3751	東漢三國兩晉南北朝常見貨幣	五朱	銅質	22.35	1.8	上海博物館藏		
3752	東漢三國兩晉南北朝常見貨幣	五金	銅質	19.67	1.1	上海博物館藏		
3753	東漢三國兩晉南北朝常見貨幣	五金	銅質	21.43	2.1	上海博物館藏		
3754	東漢三國兩晉南北朝常見貨幣	五金	銅質	17.03	0.7	上海博物館藏		
3755	東漢三國兩晉南北朝常見貨幣	五金	銅質	16.21	0.6	上海博物館藏		
3756	東漢三國兩晉南北朝常見貨幣	五金	銅質	19.88	2.4	上海博物館藏		
3757	東漢三國兩晉南北朝常見貨幣	五金	銅質	17.01	0.9	上海博物館藏		
3758	東漢三國兩晉南北朝常見貨幣	五金	銅質	16.91	1.4	上海博物館藏		
3759	東漢三國兩晉南北朝常見貨幣	五金	銅質	18.22	1.1	上海博物館藏		
3760	東漢三國兩晉南北朝常見貨幣	五金	銅質	19.25	0.7	上海博物館藏		
3761	東漢三國兩晉南北朝常見貨幣	五金	銅質	21.46	1.4	上海博物館藏		
3762	東漢三國兩晉南北朝常見貨幣	五金	銅質	23.88	3.6	金立夫藏		
3763	東漢三國兩晉南北朝常見貨幣	五金	銅質	23.70	3.3	上海博物館藏		
3764	東漢三國兩晉南北朝常見貨幣	五金	銅質	23.20	3.6	林春雄提供		

編號	説明	幣名	材質	直徑（毫米）	重（克）	來源	等級	注釋
3765	東漢三國兩晉南北朝常見貨幣	五金	銅質	21.45	3.1	上海博物館藏		
3766	東漢三國兩晉南北朝常見貨幣	五金	銅質	16.14	1.0	上海博物館藏		
3767	東漢三國兩晉南北朝常見貨幣	五金	銅質	16.94	0.8	上海博物館藏		
3768	東漢三國兩晉南北朝常見貨幣	金五	銅質	19.43	0.6	上海博物館藏		傳形
3769	東漢三國兩晉南北朝常見貨幣	金五	銅質	19.61	0.4	上海博物館藏		傳形
3770	東漢三國兩晉南北朝常見貨幣	金五	銅質	18.48	1.1	上海博物館藏		傳形
3771	東漢三國兩晉南北朝常見貨幣	五金	鐵質	22.58	3.3	上海博物館藏		
3772	東漢三國兩晉南北朝常見貨幣	五金	鐵質	22.57	3.0	上海博物館藏		
3773	東漢三國兩晉南北朝常見貨幣	五金	鐵質	23.40	2.8	林春雄提供		
3774	東漢三國兩晉南北朝常見貨幣	五銖	銅質	20.76	0.7	上海博物館藏		磨邊
3775	東漢三國兩晉南北朝常見貨幣	五銖	銅質	23.14	2.5	存雲亭藏		磨邊
3776	東漢三國兩晉南北朝常見貨幣	五銖	銅質	18.85	0.7	上海博物館藏		磨邊
3777	東漢三國兩晉南北朝常見貨幣	五銖	銅質	20.94	1.8	上海博物館藏		磨邊
3778	東漢三國兩晉南北朝常見貨幣	五銖	銅質	21.08	2.2	上海博物館藏		磨邊
3779	東漢三國兩晉南北朝常見貨幣	五銖	銅質	22.17	1.7	存雲亭藏		磨邊
3780	東漢三國兩晉南北朝常見貨幣	五銖	銅質	22.49	3.6	上海博物館藏		磨邊
3781	東漢三國兩晉南北朝常見貨幣	五銖	銅質	21.28	2.4	上海博物館藏		磨邊
3782	東漢三國兩晉南北朝常見貨幣	五銖	銅質	21.37	1.3	存雲亭藏		磨邊
3783	東漢三國兩晉南北朝常見貨幣	五朱	銅質	15.67	0.6	上海博物館藏		剪輪
3784	東漢三國兩晉南北朝常見貨幣	五朱	銅質	17.64	1.1	傅爲群藏		剪輪
3785	東漢三國兩晉南北朝常見貨幣	五朱	銅質	17.04	1.0	上海博物館藏		剪輪
3786	東漢三國兩晉南北朝常見貨幣	五朱	銅質	16.66	1.2	上海博物館藏		剪輪
3787	東漢三國兩晉南北朝常見貨幣	五朱	銅質	14.10	0.7	上海博物館藏		剪輪
3788	東漢三國兩晉南北朝常見貨幣	五朱	銅質	16.93	0.7	上海博物館藏		剪輪
3789	東漢三國兩晉南北朝常見貨幣	半兩	銅質	16.24	1.1	上海博物館藏		剪輪
3790	東漢三國兩晉南北朝常見貨幣	半兩	銅質	15.76	1.0	上海博物館藏		剪輪
3791	東漢三國兩晉南北朝常見貨幣	大泉五十	銅質	18.87	2.3	上海博物館藏		剪輪
3792	東漢三國兩晉南北朝常見貨幣	大泉五十	銅質	16.33	0.9	上海博物館藏		剪輪
3793	東漢三國兩晉南北朝常見貨幣	大泉五十	銅質	16.86	1.1	上海博物館藏		剪輪

編號	説　明	幣　名	材　質	直徑 (毫米)	重 (克)	來　　源	等　級	注　釋
3794	東漢三國兩晉南北朝常見貨幣	貨泉	銅質	12.88	0.8	上海博物館藏		剪輪
3795	東漢三國兩晉南北朝常見貨幣	貨泉	銅質	15.98	1.3	上海博物館藏		剪輪
3796	東漢三國兩晉南北朝常見貨幣	布泉	銅質	18.12	1.1	上海博物館藏		剪輪
3797	東漢三國兩晉南北朝常見貨幣	太平百錢	銅質	17.20	1.4	上海博物館藏		剪輪
3798	東漢三國兩晉南北朝常見貨幣	直百五銖	銅質	17.22	1.3	上海博物館藏		剪輪
3799	東漢三國兩晉南北朝常見貨幣	大泉當千	銅質	18.38	2.0	上海博物館藏		剪輪
3800	東漢三國兩晉南北朝常見貨幣	四銖	銅質	15.81	1.0	上海博物館藏		剪輪
3801	東漢三國兩晉南北朝常見貨幣	五銖	銅質	25.31	1.7	上海博物館藏		綖環
3802	東漢三國兩晉南北朝常見貨幣	五銖	銅質	25.53	3.0	存雲亭藏		綖環
3803	東漢三國兩晉南北朝常見貨幣	五銖	銅質	25.15	1.7	上海博物館藏		綖環
3804	東漢三國兩晉南北朝常見貨幣	五銖	銅質	24.62	1.5	上海博物館藏		綖環
3805	東漢三國兩晉南北朝常見貨幣	五銖	銅質	25.02	1.6	上海博物館藏		綖環
3806	東漢三國兩晉南北朝常見貨幣	五銖	銅質	26.02	2.5	上海博物館藏		綖環
3807	東漢三國兩晉南北朝常見貨幣	五銖	銅質	25.86	1.6	上海博物館藏		綖環
3808	東漢三國兩晉南北朝常見貨幣	五銖	銅質	21.63	1.6	上海博物館藏		綖環
3809	東漢三國兩晉南北朝常見貨幣	五銖	銅質	23.12	1.4	上海博物館藏		綖環
3810	東漢三國兩晉南北朝常見貨幣	五銖	銅質	25.44	2.3	上海博物館藏		綖環
3811	東漢三國兩晉南北朝常見貨幣	五銖	銅質	21.11	1.5	上海博物館藏		綖環
3812	東漢三國兩晉南北朝常見貨幣	五銖	銅質	20.98	0.8	上海博物館藏		綖環
3813	東漢三國兩晉南北朝常見貨幣	五銖	銅質	22.24	0.9	上海博物館藏		綖環
3814	東漢三國兩晉南北朝常見貨幣	五銖	銅質	19.33	0.9	上海博物館藏		綖環
3815	東漢三國兩晉南北朝常見貨幣	五銖	銅質	21.30	0.8	上海博物館藏		綖環
3816	東漢三國兩晉南北朝常見貨幣	五銖	銅質	22.63	0.9	上海博物館藏		綖環
3817	東漢三國兩晉南北朝常見貨幣	五銖	銅質	21.12	0.8	上海博物館藏		綖環
3818	東漢三國兩晉南北朝常見貨幣	五銖	銅質	23.58	1.2	上海博物館藏		綖環
3819	東漢三國兩晉南北朝常見貨幣	五銖	銅質	22.56	1.1	上海博物館藏		綖環
3820	東漢三國兩晉南北朝常見貨幣	五銖	銅質	25.66	2.3	上海博物館藏		綖環、未鑿下料
3821	東漢三國兩晉南北朝常見貨幣	五銖	銅質	25.21	2.4	上海博物館藏		綖環、未鑿下料
3822	東漢三國兩晉南北朝常見貨幣	五銖	銅質	28.61	2.8	上海博物館藏		綖環、未鑿下料

編號	説　明	幣　　名	材　質	直徑 (毫米)	重 (克)	來　　　源	等　級	注　　釋
3823	東漢三國兩晉南北朝常見貨幣	五銖	銅質	25.32	2.6	上海博物館藏		綖環、未鑿下料
3824	東漢三國兩晉南北朝常見貨幣	五銖	銅質	26.42	2.4	上海博物館藏		綖環、未鑿下料
3825	東漢三國兩晉南北朝常見貨幣	五銖	銅質	26.12	3.2	上海博物館藏		綖環、未鑿下料
3826	東漢三國兩晉南北朝常見貨幣	五銖	銅質	25.84	2.5	上海博物館藏		綖環、未鑿下料
3827	東漢三國兩晉南北朝常見貨幣	半兩	銅質	23.61	1.7	上海博物館藏		綖環
3828	東漢三國兩晉南北朝常見貨幣	半兩	銅質	25.09	1.4	上海博物館藏		綖環
3829	東漢三國兩晉南北朝常見貨幣	半兩	銅質	23.32	1.6	上海博物館藏		綖環
3830	東漢三國兩晉南北朝常見貨幣	大泉五十	銅質	25.73	1.6	上海博物館藏		綖環
3831	東漢三國兩晉南北朝常見貨幣	貨泉	銅質	19.56	1.2	上海博物館藏		綖環
3832	東漢三國兩晉南北朝常見貨幣	貨泉	銅質	22.13	2.1	上海博物館藏		綖環
3833	東漢三國兩晉南北朝常見貨幣	貨泉	銅質	22.82	1.8	上海博物館藏		綖環
3834	東漢三國兩晉南北朝常見貨幣	貨泉	銅質	22.76	1.7	上海博物館藏		綖環
3835	東漢三國兩晉南北朝常見貨幣	布泉	銅質	25.55	2.0	上海博物館藏		綖環
3836	東漢三國兩晉南北朝常見貨幣	大泉當千	銅質	27.23	3.6	上海博物館藏		綖環
3837	東漢三國兩晉南北朝常見貨幣	五朱	銅質	18.43	1.6	上海博物館藏		鑄對文
3838	東漢三國兩晉南北朝常見貨幣	五朱	銅質	18.01	1.3	上海博物館藏		鑄對文
3839	東漢三國兩晉南北朝常見貨幣	五朱	銅質	18.47	1.0	上海博物館藏		鑄對文
3840	東漢三國兩晉南北朝常見貨幣	五朱	銅質	19.34	1.6	上海博物館藏		鑄對文
3841	東漢三國兩晉南北朝常見貨幣	五朱	銅質	18.13	1.0	上海博物館藏		鑄對文
3842	東漢三國兩晉南北朝常見貨幣	五朱	銅質	18.46	1.2	上海博物館藏		鑄對文
3843	東漢三國兩晉南北朝常見貨幣	五朱	銅質	17.68	0.7	存雲亭藏		鑄對文
3844	東漢三國兩晉南北朝常見貨幣	五朱	銅質	18.35	0.9	存雲亭藏		鑄對文
3845	東漢三國兩晉南北朝常見貨幣	五朱	銅質	17.11	1.2	上海博物館藏		鑄對文
3846	東漢三國兩晉南北朝常見貨幣	五朱	銅質	19.26	1.3	上海博物館藏		鑄對文
3847	東漢三國兩晉南北朝常見貨幣	五朱	銅質	18.91	1.1	上海博物館藏		鑄對文
3848	東漢三國兩晉南北朝常見貨幣	五朱	銅質	18.18	0.7	存雲亭藏		鑄對文
3849	東漢三國兩晉南北朝常見貨幣	五朱	銅質	19.71	1.7	上海博物館藏		鑄對文
3850	東漢三國兩晉南北朝常見貨幣	五朱	銅質	19.70	1.3	上海博物館藏		鑄對文
3851	東漢三國兩晉南北朝常見貨幣	五朱	銅質	18.56	1.0	上海博物館藏		鑄對文

編號	説　明	幣　名	材　質	直徑 (毫米)	重 (克)	來　　源	等　級	注　釋
3852	東漢三國兩晉南北朝常見貨幣	五朱	銅質	17.33	0.9	存雲亭藏		鑄對文
3853	東漢三國兩晉南北朝常見貨幣	五朱	銅質	17.47	0.8	上海博物館藏		鑄對文
3854	東漢三國兩晉南北朝常見貨幣	五朱	銅質	18.96	1.1	上海博物館藏		鑄對文
3855	東漢三國兩晉南北朝常見貨幣	五朱	銅質	18.74	1.2	上海博物館藏		鑄對文
3856	東漢三國兩晉南北朝常見貨幣	五朱	銅質	19.85	1.1	上海博物館藏		鑄對文
3857	東漢三國兩晉南北朝常見貨幣	五朱	銅質	18.42	1.2	上海博物館藏		鑄對文
3858	東漢三國兩晉南北朝常見貨幣	五朱	銅質	20.21	1.6	上海博物館藏		鑄對文
3859	東漢三國兩晉南北朝常見貨幣	五朱	銅質	17.07	0.8	存雲亭藏		鑄對文
3860	東漢三國兩晉南北朝常見貨幣	五朱	銅質	17.14	0.9	上海博物館藏		鑄對文
3861	東漢三國兩晉南北朝常見貨幣	五朱	銅質	19.32	1.2	上海博物館藏		鑄對文
3862	東漢三國兩晉南北朝常見貨幣	五朱	銅質	17.67	1.5	上海博物館藏		鑄對文
3863	東漢三國兩晉南北朝常見貨幣	五朱	銅質	18.79	1.0	上海博物館藏		鑄對文
3864	東漢三國兩晉南北朝常見貨幣	五朱	銅質	17.23	1.1	上海博物館藏		鑄對文
3865	東漢三國兩晉南北朝常見貨幣	五朱	銅質	18.42	0.8	上海博物館藏		鑄對文
3866	東漢三國兩晉南北朝常見貨幣	五朱	銅質	19.20	0.8	上海博物館藏		鑄對文
3867	東漢三國兩晉南北朝常見貨幣	五朱	銅質	16.38	1.1	存雲亭藏		鑄對文
3868	東漢三國兩晉南北朝常見貨幣	五朱	銅質	17.24	1.0	上海博物館藏		鑄對文
3869	東漢三國兩晉南北朝常見貨幣	五朱	銅質	18.46	1.2	上海博物館藏		鑄對文
3870	東漢三國兩晉南北朝常見貨幣	五朱	銅質	21.37	1.6	上海博物館藏		鑄對文
3871	東漢三國兩晉南北朝常見貨幣	五朱	銅質	18.18	1.5	上海博物館藏		鑄對文
3872	東漢三國兩晉南北朝常見貨幣	五朱	銅質	18.34	1.1	上海博物館藏		鑄對文
3873	東漢三國兩晉南北朝常見貨幣	五朱	銅質	18.61	1.0	上海博物館藏		鑄對文、合背
3874	東漢三國兩晉南北朝常見貨幣	五朱	銅質	16.62	1.3	上海博物館藏		鑄對文、合背
3875	東漢三國兩晉南北朝常見貨幣	五朱	銅質	17.12	1.7	上海博物館藏		鑄對文、合背
3876	東漢三國兩晉南北朝常見貨幣	無文錢	銅質	17.32	1.3	上海博物館藏		
3877	東漢三國兩晉南北朝常見貨幣	無文錢	銅質	19.36	1.3	上海博物館藏		
3878	東漢三國兩晉南北朝常見貨幣	無文錢	銅質	17.66	1.1	上海博物館藏		
3879	東漢三國兩晉南北朝常見貨幣	無文錢	銅質	16.81	0.9	上海博物館藏		
3880	東漢三國兩晉南北朝常見貨幣	無文錢	銅質	17.43	0.9	上海博物館藏		

編號	説　　明	幣　名	材　質	直徑 (毫米)	重 (克)	來　　　源	等　級	注　　釋
3881	東漢三國兩晉南北朝常見貨幣	無文錢	銅質	17.72	1.1	上海博物館藏		
3882	東漢三國兩晉南北朝常見貨幣	無文錢	銅質	18.02	1.0	上海博物館藏		
3883	東漢三國兩晉南北朝常見貨幣	無文錢	銅質	18.38	1.0	上海博物館藏		
3884	東漢三國兩晉南北朝常見貨幣	無文錢	銅質	17.64	0.8	上海博物館藏		
3885	東漢三國兩晉南北朝常見貨幣	無文錢	銅質	17.25	1.3	上海博物館藏		
3886	東漢三國兩晉南北朝常見貨幣	無文錢	銅質	19.50	1.3	上海博物館藏		
3887	東漢三國兩晉南北朝常見貨幣	無文錢	銅質	13.59	0.5	上海博物館藏		
3888	東漢三國兩晉南北朝常見貨幣	無文錢	銅質	13.89	0.3	上海博物館藏		
3889	東漢三國兩晉南北朝常見貨幣	無文錢	銅質	15.32	0.6	上海博物館藏		
3890	東漢三國兩晉南北朝常見貨幣	無文錢	銅質	17.23	1.3	上海博物館藏		
3891	東漢三國兩晉南北朝常見貨幣	無文錢	銅質	17.42	1.0	上海博物館藏		
3892	東漢三國兩晉南北朝常見貨幣	無文錢	銅質	17.67	1.3	上海博物館藏		
3893	東漢三國兩晉南北朝常見貨幣	無文錢	銅質	12.81	0.6	上海博物館藏		
3894	東漢三國兩晉南北朝常見貨幣	無文錢	銅質	14.27	0.4	上海博物館藏		
3895	東漢三國兩晉南北朝常見貨幣	無文錢	銅質	15.91	1.1	上海博物館藏		
3896	東漢三國兩晉南北朝常見貨幣	無文錢	銅質	14.78	0.8	上海博物館藏		
3897	東漢三國兩晉南北朝常見貨幣	無文錢	銅質	16.91	1.1	上海博物館藏		
3898	東漢三國兩晉南北朝常見貨幣	無文錢	銅質	12.93	0.5	上海博物館藏		
3899	東漢三國兩晉南北朝常見貨幣	無文錢	銅質	13.07	0.5	上海博物館藏		
3900	東漢三國兩晉南北朝常見貨幣	無文錢	銅質	13.44	0.8	上海博物館藏		
3901	東漢三國兩晉南北朝常見貨幣	無文錢	銅質	11.99	0.4	上海博物館藏		
3902	東漢三國兩晉南北朝常見貨幣	無文錢	銅質	13.26	0.3	上海博物館藏		
3903	東漢三國兩晉南北朝常見貨幣	無文錢	銅質	11.69	0.4	上海博物館藏		
3904	東漢三國兩晉南北朝常見貨幣	無文錢	銅質	11.31	0.4	上海博物館藏		
3905	東漢三國兩晉南北朝常見貨幣	無文錢	銅質	12.25	0.6	上海博物館藏		
3906	東漢三國兩晉南北朝常見貨幣	無文錢	銅質	11.56	0.5	上海博物館藏		
3907	東漢三國兩晉南北朝常見貨幣	無文錢	銅質	11.94	0.4	上海博物館藏		
3908	東漢三國兩晉南北朝常見貨幣	無文錢	銅質	12.56	0.7	上海博物館藏		
3909	東漢三國兩晉南北朝常見貨幣	無文錢	銅質	14.33	0.5	上海博物館藏		

續表

編號	説明	幣名	材質	直徑(毫米)	重(克)	來源	等級	注釋
3910	東漢三國兩晉南北朝常見貨幣	無文錢	銅質	15.04	0.6	上海博物館藏		
3911	東漢三國兩晉南北朝常見貨幣	無文錢	銅質	15.11	0.9	上海博物館藏		
3912	東漢三國兩晉南北朝常見貨幣	無文錢	銅質	16.28	0.6	上海博物館藏		
3913	東漢三國兩晉南北朝常見貨幣	無文錢	銅質	16.87	1.0	上海博物館藏		
3914	東漢三國兩晉南北朝常見貨幣	無文錢	銅質	16.48	1.3	上海博物館藏		
3915	東漢三國兩晉南北朝常見貨幣	無文錢	銅質	9.08	0.2	上海博物館藏		
3916	東漢三國兩晉南北朝常見貨幣	無文錢	銅質	9.97	0.2	上海博物館藏		
3917	東漢三國兩晉南北朝常見貨幣	無文錢	銅質	11.12	0.2	上海博物館藏		
3918	東漢三國兩晉南北朝常見貨幣	無文錢	銅質	9.99	0.3	上海博物館藏		
3919	東漢三國兩晉南北朝常見貨幣	無文錢	銅質	10.05	0.4	上海博物館藏		
3920	東漢三國兩晉南北朝常見貨幣	無文錢	銅質	12.05	0.7	上海博物館藏		
3921	東漢三國兩晉南北朝常見貨幣	無文錢	銅質	14.60	0.5	上海博物館藏		
3922	東漢三國兩晉南北朝常見貨幣	無文錢	銅質	16.14	0.6	上海博物館藏		
3923	東漢三國兩晉南北朝常見貨幣	無文錢	銅質	17.18	1.0	上海博物館藏		
3924	東漢三國兩晉南北朝常見貨幣	五銖	銅質	14.11	0.7	上海博物館藏		劣錢
3925	東漢三國兩晉南北朝常見貨幣	五銖	銅質	13.04	0.5	上海博物館藏		劣錢
3926	東漢三國兩晉南北朝常見貨幣	五銖	銅質	14.94	0.6	上海博物館藏		劣錢
3927	東漢三國兩晉南北朝常見貨幣	五銖	銅質	14.08	0.7	上海博物館藏		劣錢
3928	東漢三國兩晉南北朝常見貨幣	五銖	銅質	14.21	0.6	上海博物館藏		劣錢
3929	東漢三國兩晉南北朝常見貨幣	五銖	銅質	14.96	0.6	上海博物館藏		劣錢
3930	東漢三國兩晉南北朝常見貨幣	五銖	銅質	14.34	0.7	上海博物館藏		劣錢
3931	東漢三國兩晉南北朝常見貨幣	五銖	銅質	15.98	0.7	上海博物館藏		劣錢
3932	東漢三國兩晉南北朝常見貨幣	五銖	銅質	15.31	0.6	上海博物館藏		劣錢
3933	東漢三國兩晉南北朝常見貨幣	五銖	銅質	17.11	0.9	上海博物館藏		劣錢
3934	東漢三國兩晉南北朝常見貨幣	五銖	銅質	15.96	0.7	上海博物館藏		劣錢
3935	東漢三國兩晉南北朝常見貨幣	五銖	銅質	14.49	0.6	上海博物館藏		劣錢
3936	東漢三國兩晉南北朝常見貨幣	五銖	銅質	13.92	0.6	上海博物館藏		劣錢
3937	東漢三國兩晉南北朝常見貨幣	五銖	銅質	14.40	0.5	上海博物館藏		劣錢
3938	東漢三國兩晉南北朝常見貨幣	五銖	銅質	15.98	1.0	上海博物館藏		劣錢

編號	說　　明	幣　　名	材　質	直徑 (毫米)	重 (克)	來　　　源	等　級	注　　釋
3939	東漢三國兩晉南北朝常見貨幣	五銖	銅質	16.19	0.7	上海博物館藏		劣錢
3940	東漢三國兩晉南北朝常見貨幣	五銖	銅質	16.44	0.7	上海博物館藏		劣錢
3941	東漢三國兩晉南北朝常見貨幣	五銖	銅質	18.29	1.0	上海博物館藏		劣錢
3942	東漢三國兩晉南北朝常見貨幣	五銖	銅質	16.86	0.8	上海博物館藏		劣錢
3943	東漢三國兩晉南北朝常見貨幣	五銖	銅質	16.45	0.7	上海博物館藏		劣錢
3944	東漢三國兩晉南北朝常見貨幣	五銖	銅質	17.60	0.7	上海博物館藏		劣錢
3945	東漢三國兩晉南北朝常見貨幣	五銖	銅質	15.97	0.8	上海博物館藏		劣錢
3946	東漢三國兩晉南北朝常見貨幣	五銖	銅質	15.27	1.0	上海博物館藏		劣錢
3947	東漢三國兩晉南北朝常見貨幣	五銖	銅質	14.94	0.8	上海博物館藏		劣錢
3948	東漢三國兩晉南北朝常見貨幣	五銖	銅質	15.59	0.8	上海博物館藏		劣錢
3949	東漢三國兩晉南北朝常見貨幣	五銖	銅質	14.03	0.8	上海博物館藏		劣錢
3950	東漢三國兩晉南北朝常見貨幣	五銖	銅質	15.44	0.7	上海博物館藏		劣錢
3951	東漢三國兩晉南北朝常見貨幣	五銖	銅質	10.52	0.5	上海博物館藏		劣錢
3952	東漢三國兩晉南北朝常見貨幣	五銖	銅質	10.89	0.3	上海博物館藏		劣錢
3953	東漢三國兩晉南北朝常見貨幣	五銖	銅質	14.53	0.6	上海博物館藏		劣錢
3954	東漢三國兩晉南北朝常見貨幣	五銖	銅質	13.04	0.6	上海博物館藏		劣錢
3955	東漢三國兩晉南北朝常見貨幣	五銖	銅質	12.79	0.5	上海博物館藏		劣錢
3956	東漢三國兩晉南北朝常見貨幣	五銖	銅質	12.86	0.4	上海博物館藏		劣錢
3957	待考各品	大泉五銖	銅質	24.91	2.4	鄒誌諒藏		
3958	待考各品	大泉五銖	銅質	22.79		選自《戴葆庭集拓中外錢幣珍品》		
3959	待考各品	大泉五十	銅質	35.00	18.0	陳耀基藏		
3960	待考各品	大泉五十	銅質	32.17		王蔭嘉舊藏		
3961	待考各品	大泉五十	銅質	32.16	5.3	鄒誌諒藏		
3962	待考各品	大泉五十	鐵質	32.45		王蔭嘉舊藏		
3963	待考各品	孝業	銅質	19.00		鄒誌諒藏		背"五朱"
3964	待考各品	太元貨泉	銅質	23.10	1.8	選自《中國錢幣》		
3965	待考各品	太元貨泉	銅質	24.62		選自《歷代古錢圖説》		面、背全四出
3966	待考各品	續銖	銅質	24.22		上海博物館藏		
3967	待考各品	續銖	銅質	26.04		戴葆庭舊藏		
3968	待考各品	翮虞峙錢	銅質	25.31		選自《歷代古錢圖説》		
3969	待考各品	義通	銅質	32.33		沈子槎舊藏		
3970	待考各品	大吉銖	銅質	20.50	1.7	林春雄提供		
3971	待考各品	大吉銖	銅質	20.30	1.5	鄒誌諒藏		
3972	待考各品	大吉銖	銅質	20.20		選自《歷代古錢圖説》		
3973	西漢時期 黃金、白銀	金餅	金質	63.00	254.2	選自《文物天地》		
3974	西漢時期 黃金、白銀	金餅	金質	63.00	252.1	選自《文物天地》		

編號	説　明	幣　名	材質	直徑 (毫米)	重 (克)	來　　源	等　級	注　　釋
3975	西漢時期 黃金、白銀	金餅	金質	63.00	247.2	選自《文物天地》		
3976	西漢時期 黃金、白銀	金餅	金質	63.00	249.5	選自《文物天地》		
3977	西漢時期 黃金、白銀	金餅	金質	61.02	376.0	朱活提供		
3978	西漢時期 黃金、白銀	麟趾金	金質	長：56.00	269.5	上海博物館藏		
3979	西漢時期 黃金、白銀	麟趾金	金質		288.4	選自《中國錢幣》		
3980	西漢時期 黃金、白銀	麟趾金	金質		279.3	選自《中國錢幣》		
3981	西漢時期 黃金、白銀	麟趾金	金質		279.2	選自《中國錢幣》		
3982	西漢時期 黃金、白銀	麟趾金	金質		268.2	朱活提供		
3983	西漢時期 黃金、白銀	麟趾金	金質		266.5	選自《中國錢幣》		
3984	西漢時期 黃金、白銀	麟趾金	金質		246.6	選自《中國錢幣》		
3985	西漢時期 黃金、白銀	馬蹄金	金質		462.4	選自《中國錢幣》		
3986	西漢時期 黃金、白銀	馬蹄金	金質		421.4	朱活提供		
3987	西漢時期 黃金、白銀	馬蹄金	金質		414.2	選自《中國錢幣》		
3988	西漢時期 黃金、白銀	馬蹄金	金質		327.1	選自《中國錢幣》		
3989	西漢時期 黃金、白銀	馬蹄金	金質		296.7	選自《中國錢幣》		
3990	西漢時期 黃金、白銀	金五銖	金質	22.55	9.0	選自《中國錢幣》		
3991	西漢時期 黃金、白銀	銀五銖	銀質	26.10	5.4	屠燕治藏		
3992	西漢時期 黃金、白銀	銀銖五	銀質	26.00		選自《文物參考資料》		傳形、南京光華門外黃家營5號墓出土
3993	西漢時期 黃金、白銀	銀銖五	銀質	25.00		選自《文物參考資料》		傳形、南京光華門外黃家營5號墓出土
3994	秦時期	半兩銅範	銅質	長：171.80		陝西雍城考古隊藏		二行六枚錢型、陝西鳳翔雍城東社村出土
3995	秦時期	半兩銅範	銅質	長：165.00		選自《陝西金融·錢幣專輯》		二行六枚錢型、陝西岐山出土
3996	秦時期	半兩銅範	銅質			選自《戴葆庭集拓中外錢幣珍品》		三行九枚錢型
3997	秦時期	半兩銅範	銅質	長：250.00		安徽省考古研究所藏		四行二十三枚錢型、安徽貴池江村渡口河崖出土
3998	秦時期	半兩銅母範	銅質	長：300.00	2380.0	陝西省考古研究所藏		二行十四枚錢型、陝西臨潼韓峪鄉油王村秦芷陽宮遺址出土
3999	秦時期	半兩銅範	銅質		1500.0	陝西咸陽博物館藏		二行十四枚錢型
4000	秦時期	半兩鉛範	鉛質	長：159.00	767.0	選自《中國錢幣》		二行八枚錢型、河北平泉出土
4001	秦時期	半兩鉛範	鉛質	長：185.00		首都博物館藏		三行十一枚錢型、北京朝陽出土
4002	秦時期	半兩石範	石質	長：265.00		陝西安康地區博物館藏		三行二十三枚錢型、陝西安康恒口新街村出土
4003	秦時期	半兩石範	石質			上海博物館藏		殘範
4004	秦時期	半兩石範	石質	長：248.00		山東沂水縣博物館藏		三行二十一枚錢型、左側陰刻"四年三月"
4005	秦時期	半兩石範	石質			屠燕治提供		四行二十八枚錢型
4006	秦時期	半兩石範	石質	長：395.80		陝西省博物館藏		殘範、七行七十枚錢型、陝西渭南出土
4007	西漢時期	半兩莢錢石範	石質			孫仲匯提供		四行五十六枚錢型
4008	西漢時期	莢錢石範	石質	長：345.00		選自《秦漢錢範》		八行一百七十五枚錢型、山西博興出土
4009	西漢時期	半兩銅範	銅質	118.00	450.0	陝西省博物館藏		二圈十八枚錢型
4010	西漢時期	半兩銅母範	銅質			選自《小校經閣金文》		三圈三十枚錢型
4011	西漢時期	半兩銅範	銅質	145.00	850.0	陝西咸陽博物館藏		二圈十五枚錢型、咸陽窰店永興村出土
4012	西漢時期	半兩銅母範	銅質			北京大學藏		三行八枚錢型、背陽文"大吉"
4013	西漢時期	半兩銅母範	銅質			選自《小校經閣金文》		一圈七枚錢型
4014	西漢時期	半兩銅範	銅質	141.00	950.0	陝西咸陽博物館藏		二圈十五枚錢型、咸陽窰店永興村出土

編號	説　明	幣　名	材質	直徑 (毫米)	重 (克)	來　源	等　級	注　釋
4015	西漢時期	三銖錢滑石範	滑石			山東省博物館藏		殘範、山東萊蕪銅山村冶銅遺址出土
4016	西漢時期	三銖錢石範	石質			上海博物館藏		殘範
4017	西漢時期	郡國五銖銅範	銅質	長：192.00		河南省博物館藏		二行十二枚錢型
4018	西漢時期	郡國五銖銅範	銅質			選自《中國錢幣》		二行十四枚錢型、河南洛陽王城公園出土
4019	西漢時期	五銖銅範	銅質	長：242.00	1200.0	鄒誌諒藏		二行十二枚錢型
4020	西漢時期	五銖銅範	銅質	長：415.00	5500.0	陝西省博物館藏		四行四十二枚錢型
4021	西漢時期	五銖銅範	銅質			陝西省博物館藏		兩種五銖型式同範、殘範
4022	西漢時期	五銖陶範	陶質	長：303.00	1632.0	陝西省博物館藏		三種五銖型式同範、二行十八枚錢型、陝西長安郭社鎮永村出土
4023	西漢時期	範背	陶質			陝西省博物館藏		背陽文"五十三"、"第七"、"第八"、"第九"
4024	西漢時期	五銖銅範	銅質	長：101.00	405.0	陝西省博物館藏		二行六枚錢型、背陽文"多得五銖千万"
4025	西漢時期	五銖銅範	銅質	長：104.00	500.0	陝西省博物館藏		二行六枚錢型
4026	西漢時期	五銖銅範	銅質	長：76.00	400.0	陝西省博物館藏		二行四枚錢型、背陽文"弍万"
4027	西漢時期	五銖銅範	銅質	長：70.00		朱活提供		殘範
4028	西漢時期	五銖銅範	銅質			上海博物館藏		二行八枚錢型
4029	西漢時期	陶範頭	陶質			陝西咸陽博物館藏		殘範、陽文"元鳳三年八月"、西安相家巷出土
4030	西漢時期	陶範頭	陶質			陝西省博物館藏		殘範、陽文"元鳳四年造"
4031	西漢時期	陶範頭	陶質			陝西省博物館藏		殘範、陽文"元鳳六年"、西安相家巷出土
4032	西漢時期	陶範頭	陶質			羅伯昭舊藏		殘範、陽文"本始元年五月"
4033	西漢時期	陶範頭	陶質			陳介祺舊藏		殘範、陽文"地節二年五月"
4034	西漢時期	陶範頭	陶質	長：150.00		陝西省博物館藏		殘範、陽文"元康二年八月"
4035	西漢時期	陶範頭	陶質			陳介祺舊藏		殘範、陽文"元康三年二月乙亥造"
4036	西漢時期	陶範頭	陶質			陝西省博物館藏		殘範、陽文"神爵元年"
4037	西漢時期	陶範頭	陶質			陳介祺舊藏		殘範、陽文"神爵四年四月"
4038	西漢時期	陶範頭	陶質			陝西省博物館藏		殘範、陽文"建昭五年二月造"
4039	西漢時期	五銖陶範	陶質	長：190.00		陝西省博物館藏		殘範、陽文"巧一"
4040	西漢時期	五銖陶範	陶質	長：150.00		陝西省博物館藏		殘範、陽文"巧二"
4041	西漢時期	五銖陶範	陶質			上海博物館藏		殘範、陽文"官一"
4042	西漢時期	五銖陶範	陶質			陝西省博物館藏		殘範、陽文"工"
4043	西漢時期	五銖陶範	陶質			姜寶蓮提供		殘範、陝西戶縣兆倫村出土
4044	西漢時期	五銖陶範	陶質			姜寶蓮提供		殘範、陝西戶縣兆倫村出土
4045	西漢時期	五銖陶範	陶質			陝西省博物館藏		殘範、西安相家巷出土
4046	西漢時期	五銖陶範	陶質			陝西省博物館藏		殘範、西安相家巷出土
4047	西漢時期	小五銖陶母範	陶質			上海博物館藏		殘範
4048	西漢時期	小五銖陶母範	陶質			上海博物館藏		殘範
4049	新莽時期	大泉五十銅母範	銅質			上海博物館藏		二行四枚錢型
4050	新莽時期	大泉五十銅母範	銅質			上海博物館藏		二行六枚錢型
4051	新莽時期	大泉五十銅母範	銅質			上海博物館藏		二行六枚錢型
4052	新莽時期	大泉五十銅母範	銅質			上海博物館藏		一圈六枚錢型、背陽文"上利"虎形圖
4053	新莽時期	大泉五十銅範	銅質			上海博物館藏		二行八枚錢型
4054	新莽時期	大泉五十銅範	銅質			上海博物館藏		一行二枚錢型
4055	新莽時期	大泉五十銅範	銅質			上海博物館藏		三行六枚錢型
4056	新莽時期	大泉五十銅範	銅質			上海博物館藏		二行六枚錢型
4057	新莽時期	大泉五十銅範	銅質			上海博物館藏		二行八枚錢型
4058	新莽時期	大泉五十陶母範頭	陶質			姜寶蓮提供		殘範、陽文"鐘官前官始建國元年三月工常造"

續表

編號	説　明	幣　　名	材質	直徑 (毫米)	重 (克)	來　　　源	等　級	注　　　釋
4059	新莽時期	大泉五十陶母範	陶質			上海博物館藏		殘範、陽文"日利千萬"
4060	新莽時期	大泉五十陶母範	陶質			上海博物館藏		殘範、陽文"紀鐘官工府"
4061	新莽時期	大泉五十陶母範	陶質			上海博物館藏		殘範
4062	新莽時期	大泉五十陶範	陶質			上海博物館藏		一行三枚錢型
4063	新莽時期	小泉直一銅母範	銅質			上海博物館藏		一圈六枚錢型
4064	新莽時期	小泉直一陶母範	陶質			上海博物館藏		殘範
4065	新莽時期	小泉直一陶母範	陶質			上海博物館藏		殘範
4066	新莽時期	小泉直一陶母範	陶質			姜寶蓮提供		殘範
4067	新莽時期	小泉直一陶母範	陶質			上海博物館藏		殘範
4068	新莽時期	小泉直一陶母範	陶質			上海博物館藏		殘範
4069	新莽時期	幺泉一十陶母範	陶質			陝西省錢幣學會藏		殘範、西安好漢廟地區出土
4070	新莽時期	幼泉二十陶母範	陶質			選自《新莽錢範》		殘範、西安好漢廟地區出土
4071	新莽時期	中泉三十陶範	陶質	長:242.00		陝西省錢幣學會藏		殘範、西安好漢廟地區出土
4072	新莽時期	中泉三十陶範	陶質	長:243.00		陝西省錢幣學會藏		殘範、西安好漢廟地區出土
4073	新莽時期	中泉三十陶範	陶質	長:244.00		陝西省錢幣學會藏		殘範、西安好漢廟地區出土
4074	新莽時期	壯泉四十陶範	陶質			上海博物館藏		殘範
4075	新莽時期	壯泉四十陶範	陶質			西安市文物局藏		殘範、陝西西安北郊六村堡出土
4076	新莽時期	壯泉四十陶範	陶質	長:150.00		陝西歷史博物館藏		殘範
4077	新莽時期	壯泉四十陶範	陶質			西安市文物局藏		殘範、陝西西安北郊六村堡出土
4078	新莽時期	小布一百陶範	陶質			陝西省錢幣學會藏		殘範、西安好漢廟地區出土
4079	新莽時期	小布一百陶範	陶質			陝西省歷史博物館藏		殘範
4080	新莽時期	幺布二百陶範	陶質			陝西省錢幣學會藏		殘範
4081	新莽時期	幺布二百陶範	陶質			陝西省錢幣學會藏		殘範、西安好漢廟地區出土
4082	新莽時期	幺布二百陶範	陶質			孫仲匯提供		殘範、陽文"始建國四年四月壬午造九月丁築"
4083	新莽時期	幼布三百陶範	陶質			陝西省錢幣學會藏		殘範
4084	新莽時期	幼布三百陶範	陶質			上海博物館藏		一圈六枚錢型
4085	新莽時期	序布四百陶範	陶質			上海博物館藏		殘範
4086	新莽時期	序布四百陶範	陶質			陝西省錢幣學會藏		殘範、西安好漢廟地區出土
4087	新莽時期	差布五百陶範	陶質			上海博物館藏		殘範
4088	新莽時期	中布六百陶範	陶質			周小平藏		殘範、西安好漢廟地區出土
4089	新莽時期	中布六百陶範	陶質			陝西省錢幣學會藏		殘範、西安好漢廟地區出土
4090	新莽時期	中布六百陶範	陶質			陝西省歷史博物館藏		殘範
4091	新莽時期	中布六百陶範	陶質			周小平藏		殘範、西安好漢廟地區出土
4092	新莽時期	壯布七百陶範	陶質			陝西省錢幣學會藏		殘範、西安好漢廟地區出土
4093	新莽時期	壯布七百陶範	陶質			陝西省錢幣學會藏		殘範、西安好漢廟地區出土
4094	新莽時期	弟布八百陶母範	陶質			上海博物館藏		殘範
4095	新莽時期	弟布八百陶範	陶質			上海博物館藏		殘範
4096	新莽時期	次布九百陶範	陶質	長:149.00		西安市文物局藏		殘範、西安好漢廟地區出土
4097	新莽時期	次布九百陶範	陶質			上海博物館藏		殘範
4098	新莽時期	大布黄千陶範	陶質			上海博物館藏		方形二枚錢型
4099	新莽時期	大布黄千銅母範	銅質			上海博物館藏		長方形二枚錢型
4100	新莽時期	大布黄千銅母範	銅質			上海博物館藏		長方形二枚錢型
4101	新莽時期	大布黄千銅母範	銅質			上海博物館藏		蛋形二枚錢型
4102	新莽時期	大布黄千銅母範	銅質			上海博物館藏		蛋形二枚錢型
4103	新莽時期	大布黄千銅母範	銅質			上海博物館藏		長方形四枚錢型
4104	新莽時期	大布黄千銅範	銅質			上海博物館藏		一枚錢型
4105	新莽時期	大布黄千陶範	陶質			上海博物館藏		殘範
4106	新莽時期	契刀五百銅母範	銅質			上海博物館藏		二枚錢型
4107	新莽時期	契刀五百陶母範	陶質			上海博物館藏		殘範

編號	説　明	幣　名	材質	直徑(毫米)	重(克)	來　　源	等　級	注　釋
4108	新莽時期	絜刀五百陶母範	陶質			上海博物館藏		殘範
4109	新莽時期	一刀平五千銅範	銅質			姜寶蓮提供		二行八枚錢型、陝西户縣兆倫村出土
4110	新莽時期	一刀平五千陶母範	陶質			上海博物館藏		殘範
4111	新莽時期	一刀平五千陶母範	陶質			上海博物館藏		殘範
4112	新莽時期	貨布銅母範	銅質			上海博物館藏		二枚錢型
4113	新莽時期	貨布銅母範	銅質			上海博物館藏		二枚錢型
4114	新莽時期	貨布銅母範	銅質			上海博物館藏		二枚錢型
4115	新莽時期	貨布銅母範	銅質			上海博物館藏		二行四枚錢型
4116	新莽時期	貨泉銅母範	銅質			上海博物館藏		二行六枚錢型
4117	新莽時期	貨泉銅母範	銅質			上海博物館藏		二行六枚錢型
4118	新莽時期	貨泉銅母範	銅質			上海博物館藏		二行六枚錢型
4119	新莽時期	貨泉銅母範	銅質			上海博物館藏		二行八枚錢型
4120	新莽時期	貨泉銅母範	銅質			上海博物館藏		二行四枚錢型
4121	新莽時期	貨泉銅母範	銅質			上海博物館藏		二行六枚錢型、背陽文"大利日吉"
4122	新莽時期	貨泉銅母範	銅質			上海博物館藏		一圈六枚錢型
4123	新莽時期	貨泉銅母範	銅質			上海博物館藏		一圈八枚錢型
4124	新莽時期	貨泉銅母範	銅質		223.0	河南省博物館藏		剪輪錢範、四行十八枚錢型
4125	新莽時期	布泉銅母範	銅質			上海博物館藏		二行八枚錢型、背陰文"母二"
4126	新莽時期	布泉銅母範	銅質			陝西省歷史博物館藏		二行八枚錢型、背陰文"新母"
4127	新莽時期	合範陶範	陶質			中國錢幣學會藏		大泉五十、絜刀五百合範、西安出土
4128	新莽時期	合範陶範	陶質			中國錢幣學會藏		殘範、大泉五十、絜刀五百合範、西安出土
4129	新莽時期	合範陶範	陶質			上海博物館藏		殘範、大泉五十、絜刀五百合範
4130	新莽時期	合範陶範	陶質			上海博物館藏		殘範、大泉五十、絜刀五百合範
4131	新莽時期	合範陶範	陶質			上海博物館藏		殘範、小布一百、幼布三百合範
4132	新莽時期	合範陶範	陶質			上海博物館藏		殘範、壯泉四十、次布九百合範
4133	新莽時期	合範陶範	陶質			張湘生藏		殘範、小布一百、幺布二百、幼布三百、序布四百、差布五百合範、陝西西安好漢廟出土
4134	新莽時期	合範陶範	陶質			張湘生藏		殘範、小布一百、幺布二百、幼布三百、序布四百、差布五百、中布六百合範、陝西西安好漢廟出土
4135	新莽時期	銖泉五一陶母範	陶質			上海博物館藏		殘範
4136	新莽時期	銖泉五一陶母範	陶質			上海博物館藏		殘範
4137	東漢時期	五銖銅母範	銅質			上海博物館藏		二行八枚錢型、背陰文"更始二年十月工維李刻"
4138	東漢時期	五銖銅母範	銅質			西安市文物局藏		二行八枚錢型、背陰文"更始二年十月工維李刻"
4139	東漢時期	五銖銅母範	銅質			上海博物館藏		二行八枚錢型、背陰文"建武十七年三月丙申太僕監掾蒼考工令通丞或令史鳳工周儀造"
4140	東漢時期	五銖銅母範	銅質			上海博物館藏		二行八枚錢型
4141	東漢時期	五銖銅母範	銅質			上海博物館藏		二行八枚錢型
4142	三國時期	五銖銅母範	銅質			中國歷史博物館藏		二行八枚錢型
4143	三國時期	五銖銅母範	銅質			中國歷史博物館藏		二行八枚錢型
4144	三國時期	大泉五百陶範	陶質	35.80	11.2	屠燕治藏		一枚錢型
4145	三國時期	大泉五百陶範	陶質	37.60	11.4	屠燕治藏		一枚錢型
4146	三國時期	大泉五百陶範	陶質	35.20	7.1	屠燕治藏		殘範、一枚錢型
4147	三國時期	大泉五百陶範	陶質	31.50	5.3	屠燕治藏		殘範、一枚錢型
4148	三國時期	大泉五百陶範	陶質	24.70	3.8	屠燕治藏		殘範、一枚錢型

編號	説　明	幣　名	材　質	直徑 (毫米)	重 (克)	來　　源	等　級	注　釋
4149	兩晉南北朝時期	五銖陶範	陶質			屠燕治提供		二行四枚錢型、陰文"君官"、浙江杭州西湖地區出水
4150	兩晉南北朝時期	五銖陶範	陶質			江蘇省錢幣學會藏		三行八枚錢型、範包
4151	兩晉南北朝時期	五銖陶範	陶質			江蘇省錢幣學會藏		殘範
4152	兩晉南北朝時期	五銖陶範	陶質			江蘇省錢幣學會藏		殘範
4153	兩晉南北朝時期	五銖陶範	陶質			江蘇省錢幣學會藏		殘範
4154	兩晉南北朝時期	五銖陶範	陶質			江蘇省錢幣學會藏		殘範
4155	兩晉南北朝時期	五銖陶範	陶質			鎮江古城考古所藏		殘範、江蘇鎮江北固山南脚出土
4156	兩晉南北朝時期	五銖陶範	陶質			鎮江古城考古所藏		殘範、江蘇鎮江北固山南脚出土
4157	兩晉南北朝時期	五銖陶範	陶質			鎮江古城考古所藏		殘範、江蘇鎮江北固山南脚出土
4158	兩晉南北朝時期	五銖陶範	陶質			鎮江古城考古所藏		殘範、江蘇鎮江北固山南脚出土
4159	兩晉南北朝時期	五銖陶範	陶質			鎮江古城考古所藏		殘範、江蘇鎮江北固山南脚出土
4160	兩晉南北朝時期	五銖陶範	陶質			鎮江古城考古所藏		殘範、江蘇鎮江北固山南脚出土
4161	兩晉南北朝時期	五銖陶範	陶質			鎮江古城考古所藏		殘範、江蘇鎮江北固山南脚出土
4162	兩晉南北朝時期	五銖陶範	陶質			上海博物館藏		二行四枚錢型、背四出
4163	兩晉南北朝時期	五銖陶範	陶質			上海博物館藏		二行四枚錢型、陽文"齊"、背四出
4164	兩晉南北朝時期	五銖陶範	陶質			上海博物館藏		二行四枚錢型、陽文"合"、背四出
4165	兩晉南北朝時期	五銖陶範	陶質			上海博物館藏		二行四枚錢型、陽文"定"、背四出
4166	兩晉南北朝時期	五銖陶範	陶質			上海博物館藏		二行四枚錢型、陽文"侃"、背四出
4167	兩晉南北朝時期	五銖陶範	陶質			上海博物館藏		二行四枚錢型、陽文"未"、背四出
4168	兩晉南北朝時期	五銖陶範	陶質			上海博物館藏		二行四枚錢型、陽文"尪"、背四出
4169	兩晉南北朝時期	五銖陶範	陶質			上海博物館藏		二行四枚錢型、陽文"康"、背四出
4170	兩晉南北朝時期	五銖陶範	陶質			上海博物館藏		二行四枚錢型、陽文"由"、背四出
4171	兩晉南北朝時期	五銖陶範	陶質			上海博物館藏		二行四枚錢型、陽文"丁"、背四出
4172	兩晉南北朝時期	五銖陶範	陶質			上海博物館藏		二行四枚錢型、陽文"道"、背四出
4173	兩晉南北朝時期	五銖陶範	陶質			上海博物館藏		二行四枚錢型、陽文"尚"、背四出
4174	兩晉南北朝時期	五銖陶範	陶質			上海博物館藏		二行四枚錢型、陽文"赤"、背四出
4175	兩晉南北朝時期	五銖陶範	陶質			上海博物館藏		三行八枚錢型、背四出
4176	兩晉南北朝時期	五銖陶範	陶質			上海博物館藏		三行八枚錢型、背四出
4177	兩晉南北朝時期	五銖陶範	陶質			屠燕治提供		二行四枚錢型、浙江杭州西湖地區出水
4178	兩晉南北朝時期	五銖陶範	陶質			屠燕治提供		殘範、浙江杭州西湖地區出水
4179	兩晉南北朝時期	五銖陶範	陶質			屠燕治提供		殘範、浙江杭州西湖地區出水
4180	兩晉南北朝時期	合範陶範	陶質			金立夫藏		二行四枚錢型，大吉五銖、大富五銖、大通五銖合範，陽文"方"，背四出
4181	兩晉南北朝時期	合範陶範	陶質			上海博物館藏		二行四枚錢型，大吉五銖、大富五銖、大通五銖合範，陽文"方"，背四出
4182	兩晉南北朝時期	合範陶範	陶質			上海博物館藏		二行四枚錢型，大吉五銖、大富五銖、大通五銖合範，陽文"方"，背四出
4183	兩晉南北朝時期	無文小錢銅母範	銅質			上海博物館藏		二行八枚錢型

編號	説　明	幣　名	材　質	直徑（毫米）	重（克）	來　源	等　級	注　釋
4184	兩晉南北朝時期	無文小錢銅母範	銅質			上海博物館藏		二行八枚錢型
4185	兩晉南北朝時期	五銖銅範	銅質			上海博物館藏		二行八枚錢型
4186	兩晉南北朝時期	五銖銅範	銅質			上海博物館藏		二行十枚錢型
4187	兩晉南北朝時期	五銖銅範	銅質			上海博物館藏		二行八枚錢型、背陽文“大吉□子”
4188	兩晉南北朝時期	五銖銅範	銅質			上海博物館藏		二行八枚錢型
4189	兩晉南北朝時期	五銖銅母範	銅質			上海博物館藏		四行十六枚錢型
4190	兩晉南北朝時期	太平百錢銅母範	銅質	長：47.20		選自《文物》		四行十二枚錢型、背單星網紋、1980 年成都營門出土
4191	出土資料	半兩	銅質	33.00	9.5	陝西首帕張堡窖藏		
4192	出土資料	半兩	銅質	37.00	10.0	陝西首帕張堡窖藏		
4193	出土資料	半兩	銅質	33.00	9.5	陝西首帕張堡窖藏		
4194	出土資料	半兩	銅質	35.00	7.0	陝西首帕張堡窖藏		
4195	出土資料	半兩	銅質	32.00	7.2	陝西首帕張堡窖藏		
4196	出土資料	半兩	銅質	32.00	6.2	陝西首帕張堡窖藏		
4197	出土資料	兩半	銅質	31.00	6.0	陝西首帕張堡窖藏		傳形
4198	出土資料	半兩	銅質	28.00	5.0	陝西首帕張堡窖藏		
4199	出土資料	半兩	銅質	27.00	5.0	陝西首帕張堡窖藏		
4200	出土資料	半兩	銅質	26.50	4.0	陝西首帕張堡窖藏		
4201	出土資料	半兩	銅質	37.00	11.0	陝西首帕張堡窖藏		
4202	出土資料	半兩	銅質	34.00	6.0	陝西首帕張堡窖藏		
4203	出土資料	半兩	銅質	32.00	8.0	陝西首帕張堡窖藏		
4204	出土資料	半兩	銅質	32.00	6.5	陝西首帕張堡窖藏		
4205	出土資料	半兩	銅質	32.50	4.0	陝西首帕張堡窖藏		
4206	出土資料	半兩	銅質	30.50	3.0	陝西首帕張堡窖藏		
4207	出土資料	半兩	銅質	31.50	3.5	陝西首帕張堡窖藏		
4208	出土資料	半兩	銅質	28.50	4.0	陝西首帕張堡窖藏		
4209	出土資料	半兩	銅質	30.50	8.0	陝西首帕張堡窖藏		
4210	出土資料	半兩	銅質	31.00	7.5	陝西首帕張堡窖藏		
4211	出土資料	半兩	銅質	34.00	6.0	陝西首帕張堡窖藏		
4212	出土資料	半兩	銅質	30.50	7.0	陝西首帕張堡窖藏		
4213	出土資料	半兩	銅質	33.00	5.0	陝西首帕張堡窖藏		
4214	出土資料	半兩	銅質	31.50	4.0	陝西首帕張堡窖藏		
4215	出土資料	半兩	銅質	32.50	5.0	陝西首帕張堡窖藏		
4216	出土資料	半兩	銅質	31.00	5.0	陝西首帕張堡窖藏		
4217	出土資料	半兩	銅質	28.00	3.0	陝西首帕張堡窖藏		
4218	出土資料	半兩	銅質	21.50	4.0	陝西首帕張堡窖藏		
4219	出土資料	半兩	銅質	29.00	3.5	陝西首帕張堡窖藏		
4220	出土資料	半兩	銅質	28.00	4.0	陝西首帕張堡窖藏		
4221	出土資料	半兩	銅質	26.00	2.5	陝西首帕張堡窖藏		
4222	出土資料	半兩	銅質	32.00	7.0	陝西首帕張堡窖藏		
4223	出土資料	半兩	銅質	32.50	7.0	陝西首帕張堡窖藏		
4224	出土資料	半兩	銅質	31.00	6.5	陝西首帕張堡窖藏		
4225	出土資料	兩半	銅質	31.00	5.5	陝西首帕張堡窖藏		傳形
4226	出土資料	半兩	銅質	32.00	7.0	陝西首帕張堡窖藏		
4227	出土資料	半兩	銅質	32.00	6.0	陝西首帕張堡窖藏		
4228	出土資料	半兩	銅質	32.50	6.0	陝西首帕張堡窖藏		
4229	出土資料	半兩	銅質	31.00	5.0	陝西首帕張堡窖藏		
4230	出土資料	半兩	銅質	31.70	6.0	陝西首帕張堡窖藏		
4231	出土資料	半兩	銅質	30.00	4.1	陝西首帕張堡窖藏		

續表

編號	説　明	幣　名	材質	直徑 (毫米)	重 (克)	來　　源	等　級	注　　釋
4232	出土資料	半兩	銅質	30.00	5.0	陝西首帕張堡窖藏		
4233	出土資料	半兩	銅質	30.50	10.0	陝西首帕張堡窖藏		
4234	出土資料	半兩	銅質	28.00	4.5	陝西首帕張堡窖藏		
4235	出土資料	半兩	銅質	30.00	7.5	陝西首帕張堡窖藏		
4236	出土資料	半兩	銅質	31.00	6.0	陝西首帕張堡窖藏		
4237	出土資料	半兩	銅質	31.50	4.5	陝西首帕張堡窖藏		
4238	出土資料	半兩	銅質	30.50	5.5	陝西首帕張堡窖藏		
4239	出土資料	半兩	銅質	28.00	5.0	陝西首帕張堡窖藏		
4240	出土資料	半兩	銅質	31.00	4.5	陝西首帕張堡窖藏		
4241	出土資料	半兩	銅質	32.00	6.5	陝西首帕張堡窖藏		
4242	出土資料	半兩	銅質	30.00	4.5	陝西首帕張堡窖藏		
4243	出土資料	半兩	銅質	27.00	4.0	陝西首帕張堡窖藏		
4244	出土資料	半兩	銅質	27.50	4.0	陝西首帕張堡窖藏		
4245	出土資料	半兩	銅質	26.50	5.0	陝西首帕張堡窖藏		
4246	出土資料	半兩	銅質	26.50	3.5	陝西首帕張堡窖藏		
4247	出土資料	半兩	銅質	27.50	3.5	陝西首帕張堡窖藏		
4248	出土資料	半兩	銅質	25.00	3.0	陝西首帕張堡窖藏		
4249	出土資料	半兩	銅質	21.00	3.5	陝西首帕張堡窖藏		
4250	出土資料	半兩	銅質	20.00	3.0	陝西首帕張堡窖藏		
4251	出土資料	半兩	銅質	25.00	4.0	陝西首帕張堡窖藏		
4252	出土資料	半兩	銅質	27.50	4.5	陝西首帕張堡窖藏		
4253	出土資料	半兩	銅質	31.00	5.0	陝西首帕張堡窖藏		
4254	出土資料	半兩	銅質	32.50	5.5	陝西首帕張堡窖藏		
4255	出土資料	半兩	銅質	30.50	5.0	陝西首帕張堡窖藏		
4256	出土資料	半兩	銅質	29.50	6.1	陝西首帕張堡窖藏		
4257	出土資料	半兩	銅質	27.50	6.0	陝西首帕張堡窖藏		
4258	出土資料	半兩	銅質	26.50	2.5	陝西首帕張堡窖藏		
4259	出土資料	半兩	銅質	27.50	5.5	陝西首帕張堡窖藏		
4260	出土資料	半兩	銅質	27.50	5.5	陝西首帕張堡窖藏		
4261	出土資料	半兩	銅質	24.00	3.0	陝西首帕張堡窖藏		
4262	出土資料	半兩	銅質	27.50	3.0	陝西首帕張堡窖藏		
4263	出土資料	半兩	銅質	25.00	3.0	陝西首帕張堡窖藏		
4264	出土資料	半兩	銅質	27.00	6.0	陝西首帕張堡窖藏		
4265	出土資料	半兩	銅質	30.00	3.0	陝西首帕張堡窖藏		
4266	出土資料	半兩	銅質	28.50	3.0	陝西首帕張堡窖藏		
4267	出土資料	半兩	銅質	24.00	3.0	陝西首帕張堡窖藏		
4268	出土資料	半兩	銅質	23.00	2.0	陝西首帕張堡窖藏		
4269	出土資料	半兩	銅質	28.50	4.0	陝西首帕張堡窖藏		
4270	出土資料	半兩	銅質	31.50	4.0	陝西首帕張堡窖藏		
4271	出土資料	半兩	銅質	27.50	5.0	陝西首帕張堡窖藏		
4272	出土資料	半兩	銅質	30.00	6.0	陝西首帕張堡窖藏		
4273	出土資料	半兩	銅質	27.00	4.0	陝西首帕張堡窖藏		
4274	出土資料	半兩	銅質	24.50	3.0	陝西首帕張堡窖藏		
4275	出土資料	半兩	銅質	26.00	3.0	陝西首帕張堡窖藏		
4276	出土資料	半兩	銅質	25.00	3.0	陝西首帕張堡窖藏		
4277	出土資料	半兩	銅質	25.00	3.0	陝西首帕張堡窖藏		
4278	出土資料	半兩	銅質	24.50	5.0	陝西首帕張堡窖藏		
4279	出土資料	半兩	銅質	25.00	3.5	陝西首帕張堡窖藏		
4280	出土資料	半兩	銅質	25.00	3.5	陝西首帕張堡窖藏		
4281	出土資料	半兩	銅質	28.00	3.0	陝西首帕張堡窖藏		合面

編號	説 明	幣 名	材 質	直徑 (毫米)	重 (克)	來 源	等 級	注 釋
4282	出土資料	半兩	銅質	24.50	3.0	陝西首帕張堡窖藏		
4283	出土資料	半兩	銅質	24.50	3.0	陝西首帕張堡窖藏		
4284	出土資料	半兩	銅質	27.00	3.0	陝西首帕張堡窖藏		
4285	出土資料	半兩	銅質	25.00	3.5	陝西首帕張堡窖藏		
4286	出土資料	半兩	銅質	24.50	6.0	陝西首帕張堡窖藏		
4287	出土資料	半兩	銅質	26.00	4.0	陝西首帕張堡窖藏		
4288	出土資料	半兩	銅質	28.00	4.0	陝西首帕張堡窖藏		
4289	出土資料	半兩	銅質	25.00	3.0	陝西首帕張堡窖藏		
4290	出土資料	半兩	銅質	26.50	3.5	陝西首帕張堡窖藏		
4291	出土資料	半兩	銅質	27.00	5.0	陝西首帕張堡窖藏		
4292	出土資料	半兩	銅質	25.00	6.0	陝西首帕張堡窖藏		
4293	出土資料	半兩	銅質	27.00	5.2	陝西首帕張堡窖藏		
4294	出土資料	半兩	銅質	26.50	3.0	陝西首帕張堡窖藏		
4295	出土資料	半兩	銅質	26.00	3.0	陝西首帕張堡窖藏		
4296	出土資料	兩半	銅質	21.00	2.5	陝西首帕張堡窖藏		傳形
4297	出土資料	半兩	銅質			山西河津東辛封村窖藏		
4298	出土資料	半兩	銅質			山西河津東辛封村窖藏		
4299	出土資料	半兩	銅質			山西河津東辛封村窖藏		
4300	出土資料	半兩	銅質			山西河津東辛封村窖藏		
4301	出土資料	半兩	銅質			山西河津東辛封村窖藏		
4302	出土資料	半兩	銅質			山西河津東辛封村窖藏		
4303	出土資料	半兩	銅質			山西河津東辛封村窖藏		
4304	出土資料	半兩	銅質			山西河津東辛封村窖藏		
4305	出土資料	半兩	銅質			陝西咸陽二號宮遺址窖藏		
4306	出土資料	半兩	銅質			陝西咸陽二號宮遺址窖藏		
4307	出土資料	半兩	銅質			陝西咸陽二號宮遺址窖藏		
4308	出土資料	半兩	銅質			陝西咸陽二號宮遺址窖藏		
4309	出土資料	半兩	銅質			陝西咸陽二號宮遺址窖藏		
4310	出土資料	半兩	銅質			陝西咸陽二號宮遺址窖藏		
4311	出土資料	半兩	銅質			陝西咸陽二號宮遺址窖藏		
4312	出土資料	半兩	銅質			陝西咸陽二號宮遺址窖藏		
4313	出土資料	半兩	銅質			陝西咸陽二號宮遺址窖藏		
4314	出土資料	半兩	銅質			陝西咸陽二號宮遺址窖藏		
4315	出土資料	半兩	銅質			陝西咸陽二號宮遺址窖藏		
4316	出土資料	半兩	銅質			陝西咸陽二號宮遺址窖藏		
4317	出土資料	半兩	銅質			陝西咸陽二號宮遺址窖藏		
4318	出土資料	半兩	銅質			陝西咸陽二號宮遺址窖藏		
4319	出土資料	半兩	銅質			陝西咸陽二號宮遺址窖藏		
4320	出土資料	半兩	銅質			陝西咸陽二號宮遺址窖藏		
4321	出土資料	半兩	銅質			陝西咸陽二號宮遺址窖藏		
4322	出土資料	半兩	銅質			陝西咸陽二號宮遺址窖藏		
4323	出土資料	半兩	銅質			陝西咸陽二號宮遺址窖藏		
4324	出土資料	半兩	銅質			陝西咸陽長陵車站窖藏		
4325	出土資料	半兩	銅質			陝西咸陽長陵車站窖藏		
4326	出土資料	半兩	銅質			陝西咸陽長陵車站窖藏		
4327	出土資料	半兩	銅質			陝西咸陽長陵車站窖藏		
4328	出土資料	半兩	銅質			陝西咸陽長陵車站窖藏		
4329	出土資料	半兩	銅質			陝西咸陽長陵車站窖藏		
4330	出土資料	半兩	銅質			陝西咸陽長陵車站窖藏		
4331	出土資料	半兩	銅質			陝西咸陽長陵車站窖藏		

編號	説 明	幣 名	材 質	直徑 (毫米)	重 (克)	來 源	等 級	注 釋
4332	出土資料	半兩	銅質			陝西咸陽長陵車站窖藏		
4333	出土資料	半兩	銅質			陝西咸陽長陵車站窖藏		
4334	出土資料	半兩	銅質			陝西咸陽長陵車站窖藏		
4335	出土資料	半兩	銅質			陝西咸陽長陵車站窖藏		
4336	出土資料	半兩	銅質			陝西咸陽長陵車站窖藏		
4337	出土資料	半兩	銅質			陝西咸陽長陵車站窖藏		
4338	出土資料	半兩	銅質			陝西咸陽長陵車站窖藏		
4339	出土資料	半兩	銅質			陝西咸陽長陵車站窖藏		
4340	出土資料	半兩	銅質			陝西咸陽長陵車站窖藏		
4341	出土資料	半兩	銅質			陝西咸陽長陵車站窖藏		
4342	出土資料	半兩	銅質			陝西咸陽長陵車站窖藏		
4343	出土資料	半兩	銅質			陝西咸陽長陵車站窖藏		
4344	出土資料	半兩	銅質			陝西咸陽長陵車站窖藏		
4345	出土資料	半兩	銅質			陝西咸陽長陵車站窖藏		
4346	出土資料	半兩	銅質			陝西咸陽長陵車站窖藏		
4347	出土資料	半兩	銅質			陝西咸陽長陵車站窖藏		
4348	出土資料	半兩	銅質			内蒙古赤峰敖漢旗窖藏		
4349	出土資料	半兩	銅質			内蒙古赤峰敖漢旗窖藏		
4350	出土資料	半兩	銅質			内蒙古赤峰敖漢旗窖藏		
4351	出土資料	半兩	銅質			内蒙古赤峰敖漢旗窖藏		
4352	出土資料	半兩	銅質			内蒙古赤峰敖漢旗窖藏		
4353	出土資料	半兩	銅質			内蒙古赤峰敖漢旗窖藏		
4354	出土資料	半兩	銅質			内蒙古赤峰敖漢旗窖藏		
4355	出土資料	半兩	銅質			内蒙古赤峰敖漢旗窖藏		
4356	出土資料	半兩	銅質			内蒙古赤峰敖漢旗窖藏		
4357	出土資料	半兩	銅質		12.4	山西安澤窖藏		
4358	出土資料	半兩	銅質		11.7	山西安澤窖藏		
4359	出土資料	半兩	銅質		10.4	山西安澤窖藏		
4360	出土資料	半兩	銅質		7.6	山西安澤窖藏		
4361	出土資料	半兩	銅質		10.1	山西安澤窖藏		
4362	出土資料	半兩	銅質		7.5	山西安澤窖藏		
4363	出土資料	半兩	銅質		5.5	山西安澤窖藏		
4364	出土資料	兩半	銅質		6.1	山西安澤窖藏		傳形
4365	出土資料	半兩	銅質		4.2	山西安澤窖藏		
4366	出土資料	半兩	銅質		6.4	山西安澤窖藏		
4367	出土資料	半兩	銅質		5.2	山西安澤窖藏		
4368	出土資料	半兩	銅質		7.8	山西安澤窖藏		
4369	出土資料	半兩	銅質		5.0	山西安澤窖藏		
4370	出土資料	半兩	銅質		5.5	山西安澤窖藏		
4371	出土資料	半兩	銅質		6.3	山西安澤窖藏		
4372	出土資料	半兩	銅質		5.1	山西安澤窖藏		
4373	出土資料	半兩	銅質		5.9	山西安澤窖藏		
4374	出土資料	半兩	銅質		6.3	山西安澤窖藏		
4375	出土資料	半兩	銅質		5.5	山西安澤窖藏		
4376	出土資料	半兩	銅質		4.8	山西安澤窖藏		
4377	出土資料	半兩	銅質		5.5	山西安澤窖藏		
4378	出土資料	半兩	銅質		12.5	山西安澤窖藏		
4379	出土資料	半兩	銅質		6.0	山西安澤窖藏		
4380	出土資料	半兩	銅質		5.4	山西安澤窖藏		
4381	出土資料	半兩	銅質		3.5	山西安澤窖藏		

編號	説　明	幣　名	材　質	直徑 (毫米)	重 (克)	來　　源	等　級	注　釋
4382	出土資料	半兩	銅質		3.3	山西安澤窖藏		
4383	出土資料	半兩	銅質		3.0	山西安澤窖藏		
4384	出土資料	半兩	銅質		13.8	山西安澤窖藏		
4385	出土資料	半兩	銅質		4.1	山西安澤窖藏		
4386	出土資料	半兩	銅質		6.5	山西安澤窖藏		
4387	出土資料	半兩	銅質		3.3	山西安澤窖藏		
4388	出土資料	半兩	銅質		3.0	山西安澤窖藏		
4389	出土資料	兩半	銅質		4.9	山西安澤窖藏		傳形
4390	出土資料	半兩	銅質		2.5	山西安澤窖藏		
4391	出土資料	半兩	銅質		4.3	山西安澤窖藏		
4392	出土資料	半兩	銅質		3.3	山西安澤窖藏		
4393	出土資料	半兩	銅質		3.5	山西安澤窖藏		
4394	出土資料	半兩	銅質		3.6	山西安澤窖藏		
4395	出土資料	半兩	銅質		3.9	山西安澤窖藏		
4396	出土資料	半兩	銅質		4.0	山西安澤窖藏		
4397	出土資料	半兩	銅質		4.1	山西安澤窖藏		
4398	出土資料	半兩	銅質		2.4	山西安澤窖藏		
4399	出土資料	半兩	銅質		2.1	山西安澤窖藏		
4400	出土資料	半兩	銅質		1.9	山西安澤窖藏		
4401	出土資料	半兩	銅質		2.0	山西安澤窖藏		
4402	出土資料	半兩	銅質		2.5	山西安澤窖藏		
4403	出土資料	半兩	銅質		2.1	山西安澤窖藏		
4404	出土資料	半兩	銅質		2.0	山西安澤窖藏		
4405	出土資料	半兩	銅質		3.1	山西安澤窖藏		
4406	出土資料	半兩	銅質		2.4	山西安澤窖藏		
4407	出土資料	半兩	銅質		1.9	山西安澤窖藏		
4408	出土資料	半兩	銅質		1.2	山西安澤窖藏		
4409	出土資料	半兩	銅質		1.9	山西安澤窖藏		
4410	出土資料	兩半	銅質		2.4	山西安澤窖藏		傳形
4411	出土資料	半兩	銅質		1.5	山西安澤窖藏		
4412	出土資料	半兩	銅質		1.4	山西安澤窖藏		
4413	出土資料	半兩	銅質		3.2	山西安澤窖藏		
4414	出土資料	半兩	銅質		3.8	山西安澤窖藏		
4415	出土資料	半兩	銅質		3.4	山西安澤窖藏		
4416	出土資料	半兩	銅質		3.7	山西安澤窖藏		
4417	出土資料	半兩	銅質		4.4	山西安澤窖藏		
4418	出土資料	半兩	銅質		3.5	山西安澤窖藏		
4419	出土資料	半兩	銅質		3.2	山西安澤窖藏		
4420	出土資料	半兩	銅質		2.8	山西安澤窖藏		
4421	出土資料	半兩	銅質		2.7	山西安澤窖藏		
4422	出土資料	半兩	銅質		2.4	山西安澤窖藏		
4423	出土資料	半兩	銅質			山西安澤窖藏		
4424	出土資料	半兩	銅質			山西安澤窖藏		
4425	出土資料	半兩	銅質			山西安澤窖藏		
4426	出土資料	半兩	銅質			山西安澤窖藏		
4427	出土資料	半兩	銅質			山西安澤窖藏		
4428	出土資料	半兩	銅質			山西安澤窖藏		
4429	出土資料	半兩	銅質			山西安澤窖藏		
4430	出土資料	半兩	銅質	32.00	6.8	陝西鳳翔高莊秦墓出土		
4431	出土資料	半兩	銅質	24.00	3.1	陝西鳳翔高莊秦墓出土		

續表

編號	説　明	幣　名	材質	直徑 (毫米)	重 (克)	來　　　源	等　級	注　　釋
4432	出土資料	半兩	銅質	23.50	2.3	陝西鳳翔高莊秦墓出土		
4433	出土資料	半兩	銅質	27.00	1.9	陝西鳳翔高莊秦墓出土		
4434	出土資料	半兩	銅質	24.50	3.3	陝西鳳翔高莊秦墓出土		
4435	出土資料	半兩	銅質	24.00	2.6	陝西鳳翔高莊秦墓出土		
4436	出土資料	半兩	銅質	23.50	3.0	陝西鳳翔高莊秦墓出土		
4437	出土資料	半兩	銅質	23.00	2.6	陝西鳳翔高莊秦墓出土		
4438	出土資料	半兩	銅質	22.50	1.8	陝西鳳翔高莊秦墓出土		
4439	出土資料	半兩	銅質	22.00	0.9	陝西鳳翔高莊秦墓出土		
4440	出土資料	半兩	銅質	21.00	0.8	陝西鳳翔高莊秦墓出土		
4441	出土資料	半兩	銅質	20.00	0.6	陝西鳳翔高莊秦墓出土		
4442	出土資料	半兩	銅質	19.50	1.0	陝西鳳翔高莊秦墓出土		
4443	出土資料	半兩	銅質	19.00	0.6	陝西鳳翔高莊秦墓出土		
4444	出土資料	半兩	銅質	18.50	0.7	陝西鳳翔高莊秦墓出土		
4445	出土資料	半兩	銅質	18.00	0.4	陝西鳳翔高莊秦墓出土		
4446	出土資料	半兩	銅質	16.50	0.3	陝西鳳翔高莊秦墓出土		
4447	出土資料	半兩	銅質	15.50	0.7	陝西鳳翔高莊秦墓出土		
4448	出土資料	半兩	銅質	15.00	0.4	陝西鳳翔高莊秦墓出土		
4449	出土資料	半兩	銅質	14.50	0.3	陝西鳳翔高莊秦墓出土		
4450	出土資料	半兩	銅質	13.50	0.3	陝西鳳翔高莊秦墓出土		
4451	出土資料	半兩	銅質	13.00	0.3	陝西鳳翔高莊秦墓出土		
4452	出土資料	半兩	銅質	12.50	0.4	陝西鳳翔高莊秦墓出土		
4453	出土資料	半兩	銅質	12.00	0.2	陝西鳳翔高莊秦墓出土		
4454	出土資料	半兩	銅質	11.50	0.3	陝西鳳翔高莊秦墓出土		
4455	出土資料	半兩	銅質	25.00	3.0	陝西鳳翔高莊秦墓出土		
4456	出土資料	半兩	銅質	24.50	3.1	陝西鳳翔高莊秦墓出土		
4457	出土資料	半兩	銅質	24.00	1.8	陝西鳳翔高莊秦墓出土		
4458	出土資料	半兩	銅質	23.50	2.3	陝西鳳翔高莊秦墓出土		
4459	出土資料	半兩	銅質	23.00	2.5	陝西鳳翔高莊秦墓出土		
4460	出土資料	半兩	銅質	22.50	1.6	陝西鳳翔高莊秦墓出土		
4461	出土資料	半兩	銅質	22.00	1.1	陝西鳳翔高莊秦墓出土		
4462	出土資料	半兩	銅質	21.50	1.7	陝西鳳翔高莊秦墓出土		
4463	出土資料	半兩	銅質	21.00	1.2	陝西鳳翔高莊秦墓出土		
4464	出土資料	半兩	銅質	20.50	0.5	陝西鳳翔高莊秦墓出土		
4465	出土資料	半兩	銅質	20.00	1.3	陝西鳳翔高莊秦墓出土		
4466	出土資料	半兩	銅質	19.50	0.6	陝西鳳翔高莊秦墓出土		
4467	出土資料	半兩	銅質	19.00	0.7	陝西鳳翔高莊秦墓出土		
4468	出土資料	半兩	銅質	18.50	1.3	陝西鳳翔高莊秦墓出土		
4469	出土資料	半兩	銅質	18.00	1.1	陝西鳳翔高莊秦墓出土		
4470	出土資料	半兩	銅質	15.00	0.6	陝西鳳翔高莊秦墓出土		
4471	出土資料	半兩	銅質	14.50	0.3	陝西鳳翔高莊秦墓出土		
4472	出土資料	半兩	銅質	14.00	0.5	陝西鳳翔高莊秦墓出土		
4473	出土資料	半兩	銅質	13.50	0.3	陝西鳳翔高莊秦墓出土		
4474	出土資料	半兩	銅質	13.00	0.2	陝西鳳翔高莊秦墓出土		
4475	出土資料	半兩	銅質	12.50	0.3	陝西鳳翔高莊秦墓出土		
4476	出土資料	半兩	銅質	12.00	0.4	陝西鳳翔高莊秦墓出土		
4477	出土資料	半兩	銅質	11.50	0.2	陝西鳳翔高莊秦墓出土		
4478	出土資料	半兩	銅質	11.00	0.1	陝西鳳翔高莊秦墓出土		
4479	出土資料	半兩	銅質	10.50	0.1	陝西鳳翔高莊秦墓出土		
4480	出土資料	半兩	銅質	24.00	3.0	陝西鳳翔高莊秦墓出土		
4481	出土資料	半兩	銅質	23.50	2.9	陝西鳳翔高莊秦墓出土		

編號	說　　明	幣　　名	材質	直徑 (毫米)	重 (克)	來　　源	等　級	注　　釋
4482	出土資料	半兩	銅質	23.00	2.6	陝西鳳翔高莊秦墓出土		
4483	出土資料	半兩	銅質	30.50	2.9	陝西鳳翔高莊秦墓出土		
4484	出土資料	半兩	銅質	23.00	1.6	陝西鳳翔高莊秦墓出土		
4485	出土資料	半兩	銅質	28.00	2.9	陝西鳳翔高莊秦墓出土		
4486	出土資料	半兩	銅質	27.00	2.7	陝西鳳翔高莊秦墓出土		
4487	出土資料	半兩	銅質	26.50	3.0	陝西鳳翔高莊秦墓出土		
4488	出土資料	半兩	銅質	26.00	3.1	陝西鳳翔高莊秦墓出土		
4489	出土資料	半兩	銅質	25.50	3.5	陝西鳳翔高莊秦墓出土		
4490	出土資料	半兩	銅質	25.00	3.8	陝西鳳翔高莊秦墓出土		
4491	出土資料	半兩	銅質	24.50	2.7	陝西鳳翔高莊秦墓出土		
4492	出土資料	半兩	銅質	24.00	3.6	陝西鳳翔高莊秦墓出土		
4493	出土資料	半兩	銅質	23.50	2.7	陝西鳳翔高莊秦墓出土		
4494	出土資料	半兩	銅質	22.50	2.2	陝西鳳翔高莊秦墓出土		
4495	出土資料	半兩	銅質	22.00	2.0	陝西鳳翔高莊秦墓出土		
4496	出土資料	半兩	銅質	21.50	1.0	陝西鳳翔高莊秦墓出土		
4497	出土資料	半兩	銅質	26.50	3.5	陝西鳳翔高莊秦墓出土		
4498	出土資料	半兩	銅質	25.00	3.2	陝西鳳翔高莊秦墓出土		
4499	出土資料	半兩	銅質	24.00	2.8	陝西鳳翔高莊秦墓出土		
4500	出土資料	半兩	銅質	23.00	2.8	陝西鳳翔高莊秦墓出土		
4501	出土資料	半兩	銅質	22.00	1.2	陝西鳳翔高莊秦墓出土		
4502	出土資料	半兩	銅質	25.00	3.0	陝西鳳翔高莊秦墓出土		
4503	出土資料	半兩	銅質	24.50	3.0	陝西鳳翔高莊秦墓出土		
4504	出土資料	半兩	銅質	24.00	3.1	陝西鳳翔高莊秦墓出土		
4505	出土資料	半兩	銅質	23.50	2.8	陝西鳳翔高莊秦墓出土		
4506	出土資料	半兩	銅質	23.00	2.7	陝西鳳翔高莊秦墓出土		
4507	出土資料	半兩	銅質	25.50	2.6	陝西鳳翔高莊秦墓出土		
4508	出土資料	半兩	銅質	25.00	3.2	陝西鳳翔高莊秦墓出土		
4509	出土資料	半兩	銅質	24.50	3.1	陝西鳳翔高莊秦墓出土		
4510	出土資料	半兩	銅質	24.00	2.8	陝西鳳翔高莊秦墓出土		
4511	出土資料	半兩	銅質	23.50	3.1	陝西鳳翔高莊秦墓出土		
4512	出土資料	半兩	銅質	23.00	2.7	陝西鳳翔高莊秦墓出土		
4513	出土資料	半兩	銅質	22.50	2.9	陝西鳳翔高莊秦墓出土		
4514	出土資料	半兩	銅質	22.00	2.9	陝西鳳翔高莊秦墓出土		
4515	出土資料	半兩	銅質	24.00	2.6	陝西鳳翔高莊秦墓出土		
4516	出土資料	半兩	銅質	23.50	2.8	陝西鳳翔高莊秦墓出土		
4517	出土資料	半兩	銅質	22.50	2.2	陝西鳳翔高莊秦墓出土		
4518	出土資料	五銖	銅質			河北滿城西漢劉勝墓出土		
4519	出土資料	五銖	銅質			河北滿城西漢劉勝墓出土		
4520	出土資料	五銖	銅質			河北滿城西漢劉勝墓出土		
4521	出土資料	五銖	銅質			河北滿城西漢劉勝墓出土		
4522	出土資料	五銖	銅質			河北滿城西漢劉勝墓出土		
4523	出土資料	五銖	銅質			河北滿城西漢劉勝墓出土		
4524	出土資料	五銖	銅質			河北滿城西漢劉勝墓出土		
4525	出土資料	五銖	銅質			河北滿城西漢劉勝墓出土		
4526	出土資料	五銖	銅質			河北滿城西漢劉勝墓出土		
4527	出土資料	五銖	銅質			河北滿城西漢劉勝墓出土		
4528	出土資料	五銖	銅質			河北滿城西漢劉勝墓出土		
4529	出土資料	五銖	銅質			河北滿城西漢劉勝墓出土		
4530	出土資料	五銖	銅質			河北滿城西漢劉勝墓出土		
4531	出土資料	五銖	銅質			河北滿城西漢劉勝墓出土		

編號	説　明	幣　　名	材　質	直徑 (毫米)	重 (克)	來　　源	等　級	注　　釋
4532	出土資料	五銖	銅質			河北滿城西漢劉勝墓出土		
4533	出土資料	五銖	銅質			河北滿城西漢劉勝墓出土		
4534	出土資料	五銖	銅質			河北滿城西漢劉勝墓出土		
4535	出土資料	五銖	銅質			河北滿城西漢劉勝墓出土		
4536	出土資料	五銖	銅質			河北滿城西漢劉勝墓出土		
4537	出土資料	五銖	銅質			河北滿城西漢劉勝墓出土		
4538	出土資料	五銖	銅質			河北滿城西漢劉勝墓出土		
4539	出土資料	五銖	銅質			河北滿城西漢劉勝墓出土		
4540	出土資料	五銖	銅質			河北滿城西漢劉勝墓出土		
4541	出土資料	五銖	銅質			河北滿城西漢劉勝墓出土		
4542	出土資料	五銖	銅質			河北滿城西漢劉勝墓出土		
4543	出土資料	五銖	銅質			河北滿城西漢劉勝墓出土		
4544	出土資料	五銖	銅質			河北滿城西漢劉勝墓出土		
4545	出土資料	五銖	銅質			河北滿城西漢劉勝墓出土		
4546	出土資料	五銖	銅質			河北滿城西漢劉勝墓出土		
4547	出土資料	五銖	銅質			河北滿城西漢劉勝墓出土		
4548	出土資料	五銖	銅質			河北滿城西漢劉勝墓出土		
4549	出土資料	五銖	銅質			河北滿城西漢劉勝墓出土		
4550	出土資料	五銖	銅質			河北滿城西漢劉勝墓出土		
4551	出土資料	五銖	銅質			河北滿城西漢劉勝墓出土		
4552	出土資料	五銖	銅質			河北滿城西漢劉勝墓出土		
4553	出土資料	五銖	銅質			河北滿城西漢劉勝墓出土		
4554	出土資料	五銖	銅質			河北滿城西漢劉勝墓出土		
4555	出土資料	五銖	銅質			河北滿城西漢劉勝墓出土		
4556	出土資料	五銖	銅質			河北滿城西漢劉勝墓出土		
4557	出土資料	五銖	銅質			河北滿城西漢劉勝墓出土		
4558	出土資料	五銖	銅質			河北滿城西漢劉勝墓出土		
4559	出土資料	五銖	銅質			河北滿城西漢劉勝墓出土		
4560	出土資料	五銖	銅質			河北滿城西漢劉勝墓出土		
4561	出土資料	五銖	銅質			河北滿城西漢劉勝墓出土		
4562	出土資料	五銖	銅質			河北滿城西漢劉勝墓出土		
4563	出土資料	五銖	銅質			河北滿城西漢劉勝墓出土		
4564	出土資料	五銖	銅質			河北滿城西漢劉勝墓出土		
4565	出土資料	五銖	銅質			河北滿城西漢劉勝墓出土		
4566	出土資料	五銖	銅質			河北滿城西漢劉勝墓出土		
4567	出土資料	銖五	銅質			河北滿城西漢劉勝墓出土		傳形
4568	出土資料	半兩	銅質		1.6	江蘇徐州北洞山西漢墓出土		
4569	出土資料	半兩	銅質		2.0	江蘇徐州北洞山西漢墓出土		
4570	出土資料	半兩	銅質		2.0	江蘇徐州北洞山西漢墓出土		
4571	出土資料	半兩	銅質		1.7	江蘇徐州北洞山西漢墓出土		
4572	出土資料	半兩	銅質		1.6	江蘇徐州北洞山西漢墓出土		
4573	出土資料	半兩	銅質		7.5	江蘇徐州北洞山西漢墓出土		
4574	出土資料	半兩	銅質		3.3	江蘇徐州北洞山西漢墓出土		
4575	出土資料	半兩	銅質		2.0	江蘇徐州北洞山西漢墓出土		
4576	出土資料	半兩	銅質		2.8	江蘇徐州北洞山西漢墓出土		
4577	出土資料	半兩	銅質		2.8	江蘇徐州北洞山西漢墓出土		
4578	出土資料	半兩	銅質		4.3	江蘇徐州北洞山西漢墓出土		
4579	出土資料	半兩	銅質		3.1	江蘇徐州北洞山西漢墓出土		
4580	出土資料	半兩	銅質		2.6	江蘇徐州北洞山西漢墓出土		
4581	出土資料	半兩	銅質		2.8	江蘇徐州北洞山西漢墓出土		

編號	說　明	幣　名	材　質	直徑 （毫米）	重 （克）	來　源	等　級	注　釋
4582	出土資料	半兩	銅質		3.8	江蘇徐州北洞山西漢墓出土		
4583	出土資料	半兩	銅質		2.0	江蘇徐州北洞山西漢墓出土		
4584	出土資料	半兩	銅質		2.6	江蘇徐州北洞山西漢墓出土		
4585	出土資料	半兩	銅質		2.6	江蘇徐州北洞山西漢墓出土		
4586	出土資料	半兩	銅質		2.9	江蘇徐州北洞山西漢墓出土		
4587	出土資料	半兩	銅質			江蘇徐州北洞山西漢墓出土		
4588	出土資料	半兩	銅質			江蘇徐州北洞山西漢墓出土		
4589	出土資料	半兩	銅質			江蘇徐州北洞山西漢墓出土		
4590	出土資料	半兩	銅質		5.4	江蘇徐州北洞山西漢墓出土		
4591	出土資料	半兩	銅質		3.5	江蘇徐州北洞山西漢墓出土		
4592	出土資料	半兩	銅質			河南永城芒山西漢梁王墓出土		
4593	出土資料	半兩	銅質			河南永城芒山西漢梁王墓出土		
4594	出土資料	半兩	銅質			河南永城芒山西漢梁王墓出土		
4595	出土資料	半兩	銅質			河南永城芒山西漢梁王墓出土		
4596	出土資料	半兩	銅質			河南永城芒山西漢梁王墓出土		
4597	出土資料	半兩	銅質			河南永城芒山西漢梁王墓出土		
4598	出土資料	半兩	銅質			河南永城芒山西漢梁王墓出土		
4599	出土資料	半兩	銅質			河南永城芒山西漢梁王墓出土		
4600	出土資料	半兩	銅質			河南永城芒山西漢梁王墓出土		
4601	出土資料	半兩	銅質			河南永城芒山西漢梁王墓出土		
4602	出土資料	半兩	銅質			河南永城芒山西漢梁王墓出土		
4603	出土資料	半兩	銅質			河南永城芒山西漢梁王墓出土		
4604	出土資料	半兩	銅質	16.70		河南永城芒山西漢梁王墓出土		
4605	出土資料	半兩	銅質	13.20		河南永城芒山西漢梁王墓出土		
4606	出土資料	半兩	銅質	21.90	1.8	河南永城芒山西漢梁王墓出土		
4607	出土資料	半兩	銅質	23.70	2.4	河南永城芒山西漢梁王墓出土		
4608	出土資料	半兩	銅質			山東臨沂銀雀山西漢墓出土		
4609	出土資料	半兩	銅質			山東臨沂銀雀山西漢墓出土		
4610	出土資料	半兩	銅質			山東臨沂銀雀山西漢墓出土		
4611	出土資料	半兩	銅質			山東臨沂銀雀山西漢墓出土		
4612	出土資料	半兩	銅質			山東臨沂銀雀山西漢墓出土		
4613	出土資料	半兩	銅質			山東臨沂銀雀山西漢墓出土		
4614	出土資料	半兩	銅質			山東臨沂銀雀山西漢墓出土		
4615	出土資料	半兩	銅質			山東臨沂銀雀山西漢墓出土		
4616	出土資料	半兩	銅質			山東臨沂銀雀山西漢墓出土		
4617	出土資料	五銖	銅質			陝西興平窖藏		
4618	出土資料	五銖	銅質			陝西興平窖藏		
4619	出土資料	五銖	銅質			陝西興平窖藏		
4620	出土資料	五銖	銅質			陝西興平窖藏		
4621	出土資料	五銖	銅質			陝西興平窖藏		
4622	出土資料	五銖	銅質			陝西興平窖藏		
4623	出土資料	五銖	銅質			陝西興平窖藏		
4624	出土資料	五銖	銅質			陝西興平窖藏		
4625	出土資料	五銖	銅質			陝西興平窖藏		
4626	出土資料	五銖	銅質			陝西興平窖藏		
4627	出土資料	五銖	銅質			陝西興平窖藏		
4628	出土資料	五銖	銅質			陝西興平窖藏		
4629	出土資料	五銖	銅質			陝西興平窖藏		
4630	出土資料	五銖	銅質			陝西興平窖藏		
4631	出土資料	五銖	銅質			陝西興平窖藏		

編號	説　明	幣　名	材　質	直徑 (毫米)	重 (克)	來　源	等　級	注　釋
4632	出土資料	五銖	銅質			陝西興平窖藏		
4633	出土資料	五銖	銅質			陝西興平窖藏		
4634	出土資料	五銖	銅質			陝西興平窖藏		
4635	出土資料	五銖	銅質			陝西興平窖藏		
4636	出土資料	五銖	銅質			陝西興平窖藏		
4637	出土資料	五銖	銅質			陝西興平窖藏		
4638	出土資料	五銖	銅質			陝西興平窖藏		
4639	出土資料	五銖	銅質			陝西興平窖藏		
4640	出土資料	五銖	銅質			陝西興平窖藏		
4641	出土資料	五銖	銅質			陝西興平窖藏		
4642	出土資料	五銖	銅質			陝西興平窖藏		
4643	出土資料	五銖	銅質			陝西興平窖藏		
4644	出土資料	五銖	銅質			陝西興平窖藏		
4645	出土資料	五銖	銅質			陝西興平窖藏		
4646	出土資料	五銖	銅質			陝西興平窖藏		
4647	出土資料	五銖	銅質			陝西興平窖藏		
4648	出土資料	五銖	銅質			陝西興平窖藏		
4649	出土資料	五銖	銅質			陝西興平窖藏		
4650	出土資料	五銖	銅質			陝西興平窖藏		
4651	出土資料	五銖	銅質			陝西興平窖藏		
4652	出土資料	五銖	銅質			陝西興平窖藏		
4653	出土資料	五銖	銅質			陝西興平窖藏		
4654	出土資料	五銖	銅質			陝西興平窖藏		
4655	出土資料	五銖	銅質			陝西興平窖藏		
4656	出土資料	五銖	銅質			陝西興平窖藏		
4657	出土資料	五銖	銅質			陝西興平窖藏		
4658	出土資料	五銖	銅質			陝西興平窖藏		
4659	出土資料	五銖	銅質			陝西興平窖藏		
4660	出土資料	五銖	銅質			陝西興平窖藏		
4661	出土資料	五銖	銅質			陝西興平窖藏		
4662	出土資料	五銖	銅質			陝西興平窖藏		
4663	出土資料	五銖	銅質			陝西興平窖藏		
4664	出土資料	五銖	銅質			陝西興平窖藏		
4665	出土資料	五銖	銅質			陝西興平窖藏		
4666	出土資料	五銖	銅質			陝西興平窖藏		
4667	出土資料	五銖	銅質			陝西興平窖藏		
4668	出土資料	五銖	銅質			陝西興平窖藏		
4669	出土資料	五銖	銅質			陝西興平窖藏		
4670	出土資料	五銖	銅質			陝西興平窖藏		
4671	出土資料	五銖	銅質			陝西興平窖藏		
4672	出土資料	五銖	銅質			陝西興平窖藏		
4673	出土資料	五銖	銅質			陝西興平窖藏		
4674	出土資料	五銖	銅質			陝西興平窖藏		
4675	出土資料	五銖	銅質			陝西興平窖藏		
4676	出土資料	五銖	銅質			陝西興平窖藏		
4677	出土資料	五銖	銅質			陝西興平窖藏		
4678	出土資料	五銖	銅質			陝西興平窖藏		
4679	出土資料	五銖	銅質			陝西興平窖藏		
4680	出土資料	五銖	銅質			陝西興平窖藏		
4681	出土資料	五銖	銅質			陝西興平窖藏		

編號	說　明	幣　名	材質	直徑 (毫米)	重 (克)	來　　源	等　級	注　釋
4682	出土資料	五銖	銅質			陝西興平窖藏		
4683	出土資料	五銖	銅質			陝西興平窖藏		
4684	出土資料	五銖	銅質			陝西興平窖藏		
4685	出土資料	五銖	銅質			陝西興平窖藏		
4686	出土資料	五銖	銅質			陝西興平窖藏		
4687	出土資料	五銖	銅質			陝西興平窖藏		
4688	出土資料	五銖	銅質			陝西興平窖藏		
4689	出土資料	五銖	銅質			陝西興平窖藏		
4690	出土資料	五銖	銅質			陝西興平窖藏		
4691	出土資料	五銖	銅質			陝西興平窖藏		
4692	出土資料	五銖	銅質			陝西興平窖藏		
4693	出土資料	五銖	銅質			陝西興平窖藏		
4694	出土資料	五銖	銅質			陝西興平窖藏		
4695	出土資料	五銖	銅質			陝西興平窖藏		
4696	出土資料	五銖	銅質			陝西興平窖藏		
4697	出土資料	五銖	銅質			陝西興平窖藏		
4698	出土資料	五銖	銅質			陝西興平窖藏		
4699	出土資料	五銖	銅質			陝西興平窖藏		
4700	出土資料	五銖	銅質			陝西興平窖藏		
4701	出土資料	五銖	銅質			陝西興平窖藏		
4702	出土資料	五銖	銅質			陝西興平窖藏		
4703	出土資料	五銖	銅質			陝西興平窖藏		
4704	出土資料	五銖	銅質			陝西興平窖藏		
4705	出土資料	五銖	銅質			陝西興平窖藏		
4706	出土資料	五銖	銅質			陝西興平窖藏		
4707	出土資料	五銖	銅質			陝西興平窖藏		
4708	出土資料	五銖	銅質			陝西興平窖藏		
4709	出土資料	五銖	銅質			陝西興平窖藏		
4710	出土資料	五銖	銅質			陝西興平窖藏		
4711	出土資料	五銖	銅質			陝西興平窖藏		
4712	出土資料	五銖	銅質			陝西興平窖藏		
4713	出土資料	五銖	銅質			陝西興平窖藏		
4714	出土資料	五銖	銅質			陝西興平窖藏		背四出
4715	出土資料	五銖	銅質			陝西興平窖藏		背四出
4716	出土資料	五銖	銅質			陝西興平窖藏		
4717	出土資料	五銖	銅質			陝西興平窖藏		
4718	出土資料	五銖	銅質			陝西興平窖藏		
4719	出土資料	五銖	銅質			陝西興平窖藏		
4720	出土資料	五銖	銅質			陝西興平窖藏		
4721	出土資料	銖五	銅質			陝西興平窖藏		傳形
4722	出土資料	銖五	銅質			陝西興平窖藏		傳形
4723	出土資料	五銖	銅質			陝西興平窖藏		
4724	出土資料	五銖	銅質			陝西興平窖藏		
4725	出土資料	五銖	銅質			陝西興平窖藏		
4726	出土資料	五銖	銅質			陝西興平窖藏		
4727	出土資料	五銖	銅質			陝西興平窖藏		
4728	出土資料	五銖	銅質			陝西興平窖藏		
4729	出土資料	五銖	銅質			陝西興平窖藏		
4730	出土資料	五銖	銅質			陝西興平窖藏		
4731	出土資料	五銖	銅質			陝西興平窖藏		

編號	說　明	幣　名	材質	直徑 (毫米)	重 (克)	來　　源	等　級	注　　釋
4732	出土資料	五銖	銅質			陝西興平窖藏		
4733	出土資料	五銖	銅質			陝西興平窖藏		
4734	出土資料	五銖	銅質			陝西興平窖藏		
4735	出土資料	五銖	銅質			陝西興平窖藏		
4736	出土資料	五銖	銅質			陝西興平窖藏		
4737	出土資料	五銖	銅質			陝西興平窖藏		
4738	出土資料	五銖	銅質			陝西興平窖藏		
4739	出土資料	五銖	銅質			陝西興平窖藏		
4740	出土資料	五銖	銅質			陝西興平窖藏		
4741	出土資料	五銖	銅質			陝西興平窖藏		
4742	出土資料	五銖	銅質			陝西興平窖藏		
4743	出土資料	五銖	銅質			陝西興平窖藏		
4744	出土資料	五銖	銅質			陝西興平窖藏		
4745	出土資料	五銖	銅質			陝西興平窖藏		
4746	出土資料	五銖	銅質			陝西興平窖藏		
4747	出土資料	五銖	銅質			陝西興平窖藏		
4748	出土資料	五銖	銅質			陝西興平窖藏		背"五銖"合背
4749	出土資料	五銖	銅質			陝西興平窖藏		
4750	出土資料	五銖	銅質			陝西興平窖藏		
4751	出土資料	五銖	銅質			陝西興平窖藏		
4752	出土資料	五銖	銅質			陝西興平窖藏		
4753	出土資料	五銖	銅質			陝西興平窖藏		
4754	出土資料	五銖	銅質			陝西興平窖藏		
4755	出土資料	五銖	銅質			陝西興平窖藏		
4756	出土資料	五銖	銅質			陝西興平窖藏		
4757	出土資料	五銖	銅質			陝西興平窖藏		
4758	出土資料	半兩	銅質			河南洛陽燒溝漢墓群出土		
4759	出土資料	半兩	銅質			河南洛陽燒溝漢墓群出土		
4760	出土資料	半兩	銅質			河南洛陽燒溝漢墓群出土		
4761	出土資料	半兩	銅質			河南洛陽燒溝漢墓群出土		
4762	出土資料	半兩	銅質			河南洛陽燒溝漢墓群出土		
4763	出土資料	半兩	銅質			河南洛陽燒溝漢墓群出土		
4764	出土資料	五銖	銅質			河南洛陽燒溝漢墓群出土		
4765	出土資料	五銖	銅質			河南洛陽燒溝漢墓群出土		
4766	出土資料	五銖	銅質			河南洛陽燒溝漢墓群出土		
4767	出土資料	五銖	銅質			河南洛陽燒溝漢墓群出土		
4768	出土資料	五銖	銅質			河南洛陽燒溝漢墓群出土		
4769	出土資料	五銖	銅質			河南洛陽燒溝漢墓群出土		
4770	出土資料	五銖	銅質			河南洛陽燒溝漢墓群出土		
4771	出土資料	五銖	銅質			河南洛陽燒溝漢墓群出土		
4772	出土資料	五銖	銅質			河南洛陽燒溝漢墓群出土		
4773	出土資料	五銖	銅質			河南洛陽燒溝漢墓群出土		
4774	出土資料	五銖	銅質			河南洛陽燒溝漢墓群出土		
4775	出土資料	五銖	銅質			河南洛陽燒溝漢墓群出土		
4776	出土資料	五銖	銅質			河南洛陽燒溝漢墓群出土		
4777	出土資料	五銖	銅質			河南洛陽燒溝漢墓群出土		
4778	出土資料	五銖	銅質			河南洛陽燒溝漢墓群出土		
4779	出土資料	五銖	銅質			河南洛陽燒溝漢墓群出土		
4780	出土資料	五銖	銅質			河南洛陽燒溝漢墓群出土		
4781	出土資料	五銖	銅質			河南洛陽燒溝漢墓群出土		

編號	説　　明	幣　名	材質	直徑 (毫米)	重 (克)	來　　源	等　級	注　　釋
4782	出土資料	五銖	銅質			河南洛陽燒溝漢墓群出土		
4783	出土資料	五銖	銅質			河南洛陽燒溝漢墓群出土		
4784	出土資料	五銖	銅質			河南洛陽燒溝漢墓群出土		
4785	出土資料	五銖	銅質			河南洛陽燒溝漢墓群出土		
4786	出土資料	五銖	銅質			河南洛陽燒溝漢墓群出土		
4787	出土資料	五銖	銅質			河南洛陽燒溝漢墓群出土		
4788	出土資料	五銖	銅質			河南洛陽燒溝漢墓群出土		
4789	出土資料	五銖	銅質			河南洛陽燒溝漢墓群出土		
4790	出土資料	五銖	銅質			河南洛陽燒溝漢墓群出土		
4791	出土資料	銖五	銅質			河南洛陽燒溝漢墓群出土		傳形
4792	出土資料	五銖	銅質			河南洛陽燒溝漢墓群出土		綖環
4793	出土資料	五銖	銅質			河南洛陽燒溝漢墓群出土		背四出
4794	出土資料	大泉五十	銅質			河南洛陽燒溝漢墓群出土		
4795	出土資料	大泉五十	銅質			河南洛陽燒溝漢墓群出土		
4796	出土資料	大泉五十	銅質			河南洛陽燒溝漢墓群出土		
4797	出土資料	大泉五十	銅質			河南洛陽燒溝漢墓群出土		
4798	出土資料	大泉五十	銅質			河南洛陽燒溝漢墓群出土		
4799	出土資料	契刀五百	銅質			河南洛陽燒溝漢墓群出土		斷刀頭
4800	出土資料	小泉直一	銅質			河南洛陽燒溝漢墓群出土		
4801	出土資料	大布黄千	銅質			河南洛陽燒溝漢墓群出土		
4802	出土資料	貨泉	銅質			河南洛陽燒溝漢墓群出土		
4803	出土資料	貨泉	銅質			河南洛陽燒溝漢墓群出土		
4804	出土資料	貨泉	銅質			河南洛陽燒溝漢墓群出土		
4805	出土資料	貨泉	銅質			河南洛陽燒溝漢墓群出土		
4806	出土資料	貨布	銅質			河南洛陽燒溝漢墓群出土		
4807	出土資料	布泉	銅質			河南洛陽燒溝漢墓群出土		
4808	出土資料	兩半	銅質			安徽馬鞍山東吳朱然墓出土		傳形
4809	出土資料	半兩	銅質			安徽馬鞍山東吳朱然墓出土		
4810	出土資料	五銖	銅質			安徽馬鞍山東吳朱然墓出土		
4811	出土資料	五銖	銅質	23.20	2.2	安徽馬鞍山東吳朱然墓出土		
4812	出土資料	五銖	銅質	22.40	1.9	安徽馬鞍山東吳朱然墓出土		
4813	出土資料	五銖	銅質	22.40	2.7	安徽馬鞍山東吳朱然墓出土		
4814	出土資料	五銖	銅質	24.30	2.4	安徽馬鞍山東吳朱然墓出土		
4815	出土資料	五銖	銅質	25.40	2.2	安徽馬鞍山東吳朱然墓出土		
4816	出土資料	五銖	銅質	20.30	1.2	安徽馬鞍山東吳朱然墓出土		
4817	出土資料	五銖	銅質	21.30	1.0	安徽馬鞍山東吳朱然墓出土		
4818	出土資料	五銖	銅質	23.50	2.0	安徽馬鞍山東吳朱然墓出土		
4819	出土資料	五銖	銅質	23.60	2.1	安徽馬鞍山東吳朱然墓出土		
4820	出土資料	五銖	銅質	20.50	1.4	安徽馬鞍山東吳朱然墓出土		
4821	出土資料	五銖	銅質	22.00	1.4	安徽馬鞍山東吳朱然墓出土		
4822	出土資料	五銖	銅質	24.10	1.6	安徽馬鞍山東吳朱然墓出土		
4823	出土資料	五銖	銅質	20.30	1.3	安徽馬鞍山東吳朱然墓出土		
4824	出土資料	銖五	銅質	24.70	2.0	安徽馬鞍山東吳朱然墓出土		傳形
4825	出土資料	銖五	銅質	24.00	2.0	安徽馬鞍山東吳朱然墓出土		傳形
4826	出土資料	銖五	銅質	22.00	1.8	安徽馬鞍山東吳朱然墓出土		傳形
4827	出土資料	銖五	銅質	21.30	1.5	安徽馬鞍山東吳朱然墓出土		傳形
4828	出土資料	五朱	銅質	19.20	1.1	安徽馬鞍山東吳朱然墓出土		
4829	出土資料	五金	銅質	19.70	1.1	安徽馬鞍山東吳朱然墓出土		
4830	出土資料	五朱	銅質	23.30	1.5	安徽馬鞍山東吳朱然墓出土		
4831	出土資料	五銖	銅質			安徽馬鞍山東吳朱然墓出土		背上"平"

編號	說　明	幣　名	材質	直徑 (毫米)	重 (克)	來　源	等　級	注　釋
4832	出土資料	五銖	銅質			安徽馬鞍山東吳朱然墓出土		
4833	出土資料	五銖	銅質			安徽馬鞍山東吳朱然墓出土		綖環
4834	出土資料	大泉五十	銅質			安徽馬鞍山東吳朱然墓出土		
4835	出土資料	貨泉	銅質			安徽馬鞍山東吳朱然墓出土		
4836	出土資料	大泉當千	銅質			安徽馬鞍山東吳朱然墓出土		
4837	出土資料	大泉五百	銅質			安徽馬鞍山東吳朱然墓出土		
4838	出土資料	直百五銖	銅質			安徽馬鞍山東吳朱然墓出土		
4839	出土資料	直百五銖	銅質	21.40	1.3	安徽馬鞍山東吳朱然墓出土		
4840	出土資料	布泉	銅質	25.00		安徽馬鞍山東吳朱然墓出土		
4841	出土資料	大平百錢	銅質	18.10	1.0	安徽馬鞍山東吳朱然墓出土		
4842	出土資料	大平百錢	銅質			安徽馬鞍山東吳朱然墓出土		
4843	出土資料	大平百錢	銅質			安徽馬鞍山東吳朱然墓出土		
4844	出土資料	大平金百	銅質			安徽馬鞍山東吳朱然墓出土		
4845	出土資料	定平一百	銅質			安徽馬鞍山東吳朱然墓出土		
4846	出土資料	半兩	銅質	22.40	2.0	江蘇蘇州市一中窖藏		
4847	出土資料	貨泉	銅質	23.00	3.6	江蘇蘇州市一中窖藏		
4848	出土資料	五銖	銅質	25.60	2.5	江蘇蘇州市一中窖藏		
4849	出土資料	五銖	銅質	25.40	2.8	江蘇蘇州市一中窖藏		
4850	出土資料	五銖	銅質	24.60	2.1	江蘇蘇州市一中窖藏		
4851	出土資料	五銖	銅質	26.00	3.4	江蘇蘇州市一中窖藏		
4852	出土資料	五銖	銅質	25.90	3.2	江蘇蘇州市一中窖藏		
4853	出土資料	五銖	銅質	23.00	2.3	江蘇蘇州市一中窖藏		
4854	出土資料	五銖	銅質	25.00	3.0	江蘇蘇州市一中窖藏		
4855	出土資料	五銖	銅質			江蘇蘇州市一中窖藏		
4856	出土資料	五銖	銅質	25.90		江蘇蘇州市一中窖藏		
4857	出土資料	五銖	銅質			江蘇蘇州市一中窖藏		背四出
4858	出土資料	銖五	銅質			江蘇蘇州市一中窖藏		傳形
4859	出土資料	五銖	銅質	22.40	1.5	江蘇蘇州市一中窖藏		
4860	出土資料	五銖	銅質	22.00	1.5	江蘇蘇州市一中窖藏		
4861	出土資料	五銖	銅質	17.40	0.9	江蘇蘇州市一中窖藏		
4862	出土資料	五銖	銅質	17.30	0.8	江蘇蘇州市一中窖藏		
4863	出土資料	五銖	銅質	17.40	1.0	江蘇蘇州市一中窖藏		
4864	出土資料	五銖	銅質	22.70	2.0	江蘇蘇州市一中窖藏		
4865	出土資料	五銖	銅質	21.40	1.6	江蘇蘇州市一中窖藏		
4866	出土資料	五銖	銅質			江蘇蘇州市一中窖藏		
4867	出土資料	五銖	銅質			江蘇蘇州市一中窖藏		
4868	出土資料	五銖	銅質			江蘇蘇州市一中窖藏		
4869	出土資料	五銖	銅質			江蘇蘇州市一中窖藏		
4870	出土資料	五銖	銅質			甘肅武威十六國墓出土		
4871	出土資料	五銖	銅質			甘肅武威十六國墓出土		
4872	出土資料	五銖	銅質			甘肅武威十六國墓出土		
4873	出土資料	五銖	銅質			甘肅武威十六國墓出土		
4874	出土資料	五銖	銅質			甘肅武威十六國墓出土		
4875	出土資料	大泉五十	銅質			甘肅武威十六國墓出土		
4876	出土資料	大泉五十	銅質			甘肅武威十六國墓出土		
4877	出土資料	貨泉	銅質			甘肅武威十六國墓出土		
4878	出土資料	五銖	銅質			甘肅武威十六國墓出土		
4879	出土資料	五銖	銅質			甘肅武威十六國墓出土		
4880	出土資料	無文錢	銅質			甘肅武威十六國墓出土		
4881	出土資料	無文錢	銅質			甘肅武威十六國墓出土		

編號	説　明	幣　　名	材　質	直徑 (毫米)	重 (克)	來　　源	等　級	注　　釋
4882	出土資料	五銖	銅質			甘肅武威十六國墓出土		
4883	出土資料	五銖	銅質	22.00	2.0	甘肅武威西營鄉宏寺村窖藏		
4884	出土資料	五銖	銅質	21.00	2.5	甘肅武威西營鄉宏寺村窖藏		
4885	出土資料	五銖	銅質	23.00	1.2	甘肅武威西營鄉宏寺村窖藏		
4886	出土資料	五銖	銅質	22.00	1.6	甘肅武威西營鄉宏寺村窖藏		
4887	出土資料	五銖	銅質	21.00	2.3	甘肅武威西營鄉宏寺村窖藏		
4888	出土資料	五銖	銅質	20.50	1.5	甘肅武威西營鄉宏寺村窖藏		
4889	出土資料	五銖	銅質	12.00	0.6	甘肅武威西營鄉宏寺村窖藏		
4890	出土資料	五銖	銅質	15.00	1.0	甘肅武威西營鄉宏寺村窖藏		
4891	出土資料	五銖	銅質	23.00	2.6	甘肅武威西營鄉宏寺村窖藏		
4892	出土資料	五銖	銅質	21.00	2.2	甘肅武威西營鄉宏寺村窖藏		
4893	出土資料	五銖	銅質	21.00	2.2	甘肅武威西營鄉宏寺村窖藏		
4894	出土資料	五銖	銅質	22.00	1.6	甘肅武威西營鄉宏寺村窖藏		
4895	出土資料	五銖	銅質	23.00	2.2	甘肅武威西營鄉宏寺村窖藏		
4896	出土資料	五銖	銅質	23.00	1.8	甘肅武威西營鄉宏寺村窖藏		
4897	出土資料	五銖	銅質	23.00	2.2	甘肅武威西營鄉宏寺村窖藏		
4898	出土資料	五銖	銅質	22.00	2.3	甘肅武威西營鄉宏寺村窖藏		
4899	出土資料	五銖	銅質	23.00	2.2	甘肅武威西營鄉宏寺村窖藏		
4900	出土資料	銖五	銅質	24.00	2.0	甘肅武威西營鄉宏寺村窖藏		傳形
4901	出土資料	五銖	銅質	22.00	2.3	甘肅武威西營鄉宏寺村窖藏		
4902	出土資料	五銖	銅質	23.00	2.6	甘肅武威西營鄉宏寺村窖藏		
4903	出土資料	五銖	銅質	22.00	2.5	甘肅武威西營鄉宏寺村窖藏		
4904	出土資料	五銖	銅質	22.00	1.9	甘肅武威西營鄉宏寺村窖藏		
4905	出土資料	五銖	銅質	19.00	1.6	甘肅武威西營鄉宏寺村窖藏		
4906	出土資料	五銖	銅質	13.00	2.1	甘肅武威西營鄉宏寺村窖藏		
4907	出土資料	五銖	銅質	22.00	2.3	甘肅武威西營鄉宏寺村窖藏		
4908	出土資料	五銖	銅質	23.00	2.3	甘肅武威西營鄉宏寺村窖藏		
4909	出土資料	五銖	銅質	23.00	1.8	甘肅武威西營鄉宏寺村窖藏		
4910	出土資料	五銖	銅質	23.00	2.1	甘肅武威西營鄉宏寺村窖藏		
4911	出土資料	五銖	銅質	23.00	1.8	甘肅武威西營鄉宏寺村窖藏		
4912	出土資料	五銖	銅質	22.00	1.6	甘肅武威西營鄉宏寺村窖藏		
4913	出土資料	半兩	銅質			江蘇溧水寺橋窖藏		
4914	出土資料	半兩	銅質			江蘇溧水寺橋窖藏		
4915	出土資料	半兩	銅質			江蘇溧水寺橋窖藏		
4916	出土資料	半兩	銅質			江蘇溧水寺橋窖藏		
4917	出土資料	半兩	銅質			江蘇溧水寺橋窖藏		
4918	出土資料	半兩	銅質			江蘇溧水寺橋窖藏		
4919	出土資料	半兩	銅質			江蘇溧水寺橋窖藏		
4920	出土資料	大泉五十	銅質			江蘇溧水寺橋窖藏		
4921	出土資料	大泉五十	銅質			江蘇溧水寺橋窖藏		
4922	出土資料	大泉五十	銅質			江蘇溧水寺橋窖藏		
4923	出土資料	大泉五十	銅質			江蘇溧水寺橋窖藏		
4924	出土資料	大泉五十	銅質			江蘇溧水寺橋窖藏		
4925	出土資料	貨泉	銅質			江蘇溧水寺橋窖藏		
4926	出土資料	貨泉	銅質			江蘇溧水寺橋窖藏		
4927	出土資料	貨泉	銅質			江蘇溧水寺橋窖藏		
4928	出土資料	貨泉	銅質			江蘇溧水寺橋窖藏		
4929	出土資料	貨泉	銅質			江蘇溧水寺橋窖藏		
4930	出土資料	貨泉	銅質			江蘇溧水寺橋窖藏		
4931	出土資料	五銖	銅質			江蘇溧水寺橋窖藏		

編號	說　明	幣　名	材質	直徑 (毫米)	重 (克)	來　源	等　級	注　釋
4932	出土資料	五銖	銅質			江蘇溧水寺橋窖藏		
4933	出土資料	直百五銖	銅質			江蘇溧水寺橋窖藏		
4934	出土資料	直百	銅質			江蘇溧水寺橋窖藏		
4935	出土資料	定平一百	銅質			江蘇溧水寺橋窖藏		
4936	出土資料	大平百錢	銅質			江蘇溧水寺橋窖藏		
4937	出土資料	五銖	銅質			江蘇溧水寺橋窖藏		
4938	出土資料	五銖	銅質			江蘇溧水寺橋窖藏		
4939	出土資料	五銖	銅質			江蘇溧水寺橋窖藏		
4940	出土資料	五銖	銅質			江蘇溧水寺橋窖藏		
4941	出土資料	五銖	銅質			江蘇溧水寺橋窖藏		
4942	出土資料	五銖	銅質			江蘇溧水寺橋窖藏		
4943	出土資料	五銖	銅質			江蘇溧水寺橋窖藏		
4944	出土資料	五銖	銅質			江蘇溧水寺橋窖藏		
4945	出土資料	五銖	銅質			江蘇溧水寺橋窖藏		
4946	出土資料	五銖	銅質			江蘇溧水寺橋窖藏		
4947	出土資料	五銖	銅質			江蘇溧水寺橋窖藏		
4948	出土資料	五銖	銅質			江蘇溧水寺橋窖藏		
4949	出土資料	五銖	銅質			江蘇溧水寺橋窖藏		
4950	出土資料	五銖	銅質			江蘇溧水寺橋窖藏		
4951	出土資料	五銖	銅質			江蘇溧水寺橋窖藏		
4952	出土資料	五朱	銅質			江蘇溧水寺橋窖藏		
4953	出土資料	五朱	銅質			江蘇溧水寺橋窖藏		
4954	出土資料	五朱	銅質			江蘇溧水寺橋窖藏		
4955	出土資料	五朱	銅質			江蘇溧水寺橋窖藏		
4956	出土資料	五朱	銅質			江蘇溧水寺橋窖藏		
4957	出土資料	五朱	銅質			江蘇溧水寺橋窖藏		
4958	出土資料	五朱	銅質			江蘇溧水寺橋窖藏		
4959	出土資料	五朱	銅質			江蘇溧水寺橋窖藏		
4960	出土資料	五朱	銅質			江蘇溧水寺橋窖藏		
4961	出土資料	五朱	銅質			江蘇溧水寺橋窖藏		
4962	出土資料	五銖	銅質			江蘇溧水寺橋窖藏		剪輪
4963	出土資料	五銖	銅質			江蘇溧水寺橋窖藏		剪輪
4964	出土資料	五銖	銅質			江蘇溧水寺橋窖藏		
4965	出土資料	五銖	銅質			江蘇溧水寺橋窖藏		
4966	出土資料	五銖	銅質			江蘇溧水寺橋窖藏		
4967	出土資料	五銖	銅質			江蘇溧水寺橋窖藏		
4968	出土資料	五銖	銅質			江蘇溧水寺橋窖藏		
4969	出土資料	五銖	銅質			江蘇溧水寺橋窖藏		剪輪
4970	出土資料	四銖	銅質			江蘇溧水寺橋窖藏		
4971	出土資料	四銖	銅質			江蘇溧水寺橋窖藏		
4972	出土資料	四銖	銅質			江蘇溧水寺橋窖藏		
4973	出土資料	四銖	銅質			江蘇溧水寺橋窖藏		
4974	出土資料	四銖	銅質			江蘇溧水寺橋窖藏		
4975	出土資料	四銖	銅質			江蘇溧水寺橋窖藏		
4976	出土資料	四銖	銅質			江蘇溧水寺橋窖藏		
4977	出土資料	四銖	銅質			江蘇溧水寺橋窖藏		
4978	出土資料	孝建	銅質			江蘇溧水寺橋窖藏		背"四銖"
4979	出土資料	孝建	銅質			江蘇溧水寺橋窖藏		背"四銖"
4980	出土資料	孝建	銅質			江蘇溧水寺橋窖藏		背"四銖"
4981	出土資料	孝建	銅質			江蘇溧水寺橋窖藏		背"四銖"

編號	說　明	幣　名	材質	直徑 (毫米)	重 (克)	來　　　源	等　級	注　　釋
4982	出土資料	孝建	銅質			江蘇溧水寺橋窖藏		背"四銖"
4983	出土資料	孝建	銅質			江蘇溧水寺橋窖藏		背"四銖"
4984	出土資料	孝建	銅質			江蘇溧水寺橋窖藏		背"四銖"
4985	出土資料	孝建	銅質			江蘇溧水寺橋窖藏		背"四銖"
4986	出土資料	孝建	銅質			江蘇溧水寺橋窖藏		
4987	出土資料	孝建	銅質			江蘇溧水寺橋窖藏		
4988	出土資料	孝建	銅質			江蘇溧水寺橋窖藏		
4989	出土資料	孝建	銅質			江蘇溧水寺橋窖藏		
4990	出土資料	孝建	銅質			江蘇溧水寺橋窖藏		背"四銖"
4991	出土資料	孝建	銅質			江蘇溧水寺橋窖藏		背"四銖"
4992	出土資料	孝建	銅質			江蘇溧水寺橋窖藏		背"四銖"
4993	出土資料	孝建	銅質			江蘇溧水寺橋窖藏		背"四銖"
4994	出土資料	孝建	銅質			江蘇溧水寺橋窖藏		背"四銖"
4995	出土資料	孝建	銅質			江蘇溧水寺橋窖藏		背"四銖"
4996	出土資料	孝建	銅質			江蘇溧水寺橋窖藏		背"四銖"
4997	出土資料	孝建	銅質			江蘇溧水寺橋窖藏		背"四銖"
4998	出土資料	孝建	銅質			江蘇溧水寺橋窖藏		背"四銖"
4999	出土資料	孝建	銅質			江蘇溧水寺橋窖藏		背"四銖"
5000	出土資料	孝建	銅質			江蘇溧水寺橋窖藏		背"四銖"
5001	出土資料	孝建	銅質			江蘇溧水寺橋窖藏		
5002	出土資料	孝建	銅質			江蘇溧水寺橋窖藏		
5003	出土資料	孝建	銅質			江蘇溧水寺橋窖藏		
5004	出土資料	孝建	銅質			江蘇溧水寺橋窖藏		
5005	出土資料	孝建	銅質			江蘇溧水寺橋窖藏		
5006	附錄	半兩	銅質	50.00	80.0	《中國歷代貨幣大系》編輯委員會提供		
5007	附錄	半兩	銅質	49.70		《中國歷代貨幣大系》編輯委員會提供		
5008	附錄	半兩	銅質	48.00		張金連提供		
5009	附錄	半兩	銅質	45.00	26.1	《中國歷代貨幣大系》編輯委員會提供		陝西西安地區出土
5010	附錄	小泉直一	銅質	14.50	1.3	謝世平提供		背左"吉"
5011	附錄	第一	銅質		11.0	張龍海提供		山東臨淄西漢墓出土
5012	附錄	第二	銅質		11.5	張龍海提供		山東臨淄西漢墓出土
5013	附錄	第三	銅質		12.0	張龍海提供		山東臨淄西漢墓出土
5014	附錄	第四	銅質		9.5	張龍海提供		山東臨淄西漢墓出土
5015	附錄	第五	銅質		13.0	張龍海提供		山東臨淄西漢墓出土
5016	附錄	第六	銅質	35.00	12.0	張龍海提供		山東臨淄西漢墓出土
5017	附錄	第八	銅質		9.0	張龍海提供		山東臨淄西漢墓出土
5018	附錄	第九	銅質		11.0	張龍海提供		山東臨淄西漢墓出土
5019	附錄	第十	銅質	34.00	12.5	張龍海提供		山東臨淄西漢墓出土
5020	附錄	第十	銅質		12.5	張龍海提供		山東臨淄西漢墓出土
5021	附錄	第十一	銅質	34.00	12.0	張龍海提供		山東臨淄西漢墓出土
5022	附錄	第十二	銅質		10.0	張龍海提供		山東臨淄西漢墓出土
5023	附錄	第十三	銅質		9.5	張龍海提供		山東臨淄西漢墓出土
5024	附錄	第十四	銅質		12.0	張龍海提供		山東臨淄西漢墓出土
5025	附錄	第十五	銅質		12.5	張龍海提供		山東臨淄西漢墓出土
5026	附錄	第十八	銅質		11.5	張龍海提供		山東臨淄西漢墓出土
5027	附錄	第十九	銅質		11.6	張龍海提供		山東臨淄西漢墓出土
5028	附錄	第廿	銅質	35.00	12.0	張龍海提供		山東臨淄西漢墓出土
5029	附錄	第廿一	銅質		13.0	張龍海提供		山東臨淄西漢墓出土

編號	説　明	幣　名	材　質	直徑 (毫米)	重 (克)	來　　源	等　級	注　　釋
5030	附録	第廿三	銅質		13.5	張龍海提供		山東臨淄西漢墓出土
5031	附録	第十	銅質		11.5	張龍海提供		山東臨淄西漢墓出土
5032	附録	三朱	銅質			選自《歷代古錢圖説》		圓形、圓孔
5033	附録	三朱	銅質			選自《歷代古錢圖説》		方形、圓孔
5034	附録	三朱	銅質	長：15.00	3.7	選自《安徽錢幣》		方形、圓孔
5035	附録	四朱	銅質	14.64	2.5	金立夫藏		圓形、圓孔
5036	附録	四朱	銅質			選自《歷代古錢圖説》		圓形、圓孔
5037	附録	四朱	銅質			選自《歷代古錢圖説》		圓形、圓孔、背"四朱"
5038	附録	下蔡四朱	銅質	19.00	2.8	選自《安徽錢幣》		圓形、圓孔
5039	附録	下蔡四朱	銅質			選自《歷代古錢圖説》		圓形、圓孔
5040	附録	平安	銅質			選自《歷代古錢圖説》		圓形、圓孔、背"四朱"
5041	附録	宜陽四朱	銅質			選自《歷代古錢圖説》		圓形、圓孔
5042	附録	臨朐四朱	銅質			選自《歷代古錢圖説》		圓形、圓孔
5043	附録	四朱	銅質			選自《歷代古錢圖説》		方形、圓孔
5044	附録	四朱	銅質			選自《歷代古錢圖説》		方形、圓孔、背"四朱"
5045	附録	吕	銅質			選自《歷代古錢圖説》		方形、背"四朱"
5046	附録	東阿	銅質			選自《歷代古錢圖説》		方形、圓孔、背"四朱"
5047	附録	東阿四朱	銅質			選自《歷代古錢圖説》		方形、圓孔
5048	附録	姑幕	銅質			選自《歷代古錢圖説》		方形、背"四朱"
5049	附録	姑幕	銅質	長：14.00	1.9	選自《安徽錢幣》		方形、圓環、背"四朱"
5050	附録	定襄	銅質			選自《歷代古錢圖説》		方形、圓環、背"四朱"
5051	附録	淳于四朱	銅質			選自《歷代古錢圖説》		方形、圓孔
5052	附録	淳于四朱	銅質	長：15.80	2.0	存雲亭藏		方形、圓環、背"四朱"
5053	附録	淳于四朱	銅質	長：15.00	2.5	選自《安徽錢幣》		方形、圓環、背"四朱"
5054	附録	陳	銅質			選自《歷代古錢圖説》		方形、背"四朱"
5055	附録	蕾	銅質			選自《歷代古錢圖説》		方形、背"四朱"
5056	附録	敬	銅質			選自《歷代古錢圖説》		方形
5057	附録	臨蕾四朱	銅質			選自《歷代古錢圖説》		方形、圓孔
5058	附録	僕陽	銅質			選自《歷代古錢圖説》		方形、圓孔、背"四朱"
5059	附録	□相	銅質			選自《歷代古錢圖説》		方形、背"四朱"
5060	附録	□□	銅質			選自《歷代古錢圖説》		方形、背"四朱"
5061	附録	□□四朱	銅質			選自《歷代古錢圖説》		方形、圓孔
5062	附録	□□	銅質			選自《歷代古錢圖説》		長方形、側圓孔

索　引

後　　記

　　自秦經兩漢、三國、兩晉到南北朝這一歷史時期,中華民族經歷"合"和"分"、安定和戰亂,以後又長期分裂爲各民族國家割據和對峙的局面。社會經濟的發展不平衡,在發行的鑄幣上表現爲相繼以半兩錢和五銖錢爲主的多種鑄幣交替的基本結構。這一時期歷史貨幣的研究,限於文獻和出土資料的不足,因而存在不少長期爭論而一時難以解決的問題。

　　《總論》是總論編寫組在多位學者的討論和提供意見的基礎上撰寫的,由王山谷執筆。

　　《圖版》由王裕巽、傅爲群、鄒誌諒、王煒選編,王煒參加圖版的徵集、整理和編排工作。圖版拓片和照片由中國歷史博物館、南京博物院、上海博物館、鎮江博物館、中國錢幣博物館、陝西省博物館、河南省博物館、山東省博物館、新疆維吾爾自治區博物館、陝西歷史博物館、旅順博物館、陝西省扶風縣博物館、陝西省咸陽博物館、陝西省安康地區博物館、甘肅省隴縣博物館、新疆維吾爾自治區阿克蘇地區博物館、山東省沂水縣博物館、陝西省考古研究所、安徽省考古研究所、鎮江古城考古所、陝西省雍城考古隊、陝西省文物保護中心、新疆維吾爾自治區庫車縣文物保護管理中心、西安市文物局、北京大學以及大英博物館、牛津市博物館、列寧格勒愛爾米塔什博物館、法國巴黎圖書館等提供,國內外很多錢幣界學者、研究工作者和錢幣收藏者、愛好者以及讀者也熱心提供,還有選自書刊的,在圖版下都一一注明。

　　《專論》按內容性質排列順序。香港錢幣學者關漢亨撰寫《秦半兩的分期斷代及版別初探》、北京大學教授吳榮曾撰寫《兩漢五銖概述》、江蘇錢幣學者鄒誌諒撰寫《六朝錢幣疑題考》、新疆維吾爾自治區考古研究所教授蔣其祥撰寫《秦、漢、三國、兩晉、南北朝西域(新疆)錢幣研究》、湖南省考古研究所研究員周衛榮撰寫《秦、漢、三國、兩晉、南北朝錢幣合金成分研究》。

　　《資料》部分的編寫者分別如下:《秦、漢、三國、兩晉、南北朝貨幣大事記》由錢嶼編寫,《秦、漢、三國、兩晉、南北朝貨幣出土情況表》由錢嶼和顧家熊編寫,《秦、漢、三國、兩晉、南北朝錢範出土情況表》由錢嶼、顧家熊編寫,《秦、漢簡牘出土情況表》由楊寶林編寫,《秦、漢、三國、兩晉、南北朝錢幣合金成分表》由周衛榮編寫,《秦、漢、三國、兩晉、南北朝貨幣概況表》由王煒編寫。

　　上海博物館原副館長陳佩芬幫助提供館藏資料。中國人民銀行上海分行、上海博物館、上海市錢幣學會在本卷編輯過程中,給予多方面的指導和支持。許多有關單位和個人熱情參加編寫、印刷和發行工作。

　　對於編寫出版本卷提供幫助和作出貢獻的所有單位和個人,表示誠摯的謝意。

編　　者

2002 年 10 月

圖書在版編目 (CIP) 數據

秦漢三國兩晉南北朝貨幣 / 馬飛海主編. —上海：上海辭書出版社，
2002.12
（中國歷代貨幣大系·第 2 卷）
ISBN 7-5326-0939-1

Ⅰ. 秦…　Ⅱ. 馬…　Ⅲ. ①古代貨幣—中國—秦漢—時代—圖
錄②古代貨幣—中國—三國時代—圖錄③古代—貨幣—中國—魏晉南
北朝時代—圖錄　Ⅳ.K875.62

中國版本圖書館 CIP 數據核字 (2002)第 094051 號

馬飛海　總主編
中國歷代貨幣大系
2
秦漢三國兩晉南北朝貨幣
汪慶正　朱　活　陳尊祥　主編
上海辭書出版社出版、發行
（上海陝西北路 457 號　郵政編碼 200040）
上海麗佳分色製版有限公司製版　深圳利豐雅高印刷有限公司印刷
開本 787×1092　1/8　印張 98　插頁 16　字數 1 077 000　圖版頁 469
2002 年 12 月第 1 版　2002 年 12 月第 1 次印刷
書號 ISBN 7-5326-0939-1/K・129
印數 1—2 000
定價：620 圓

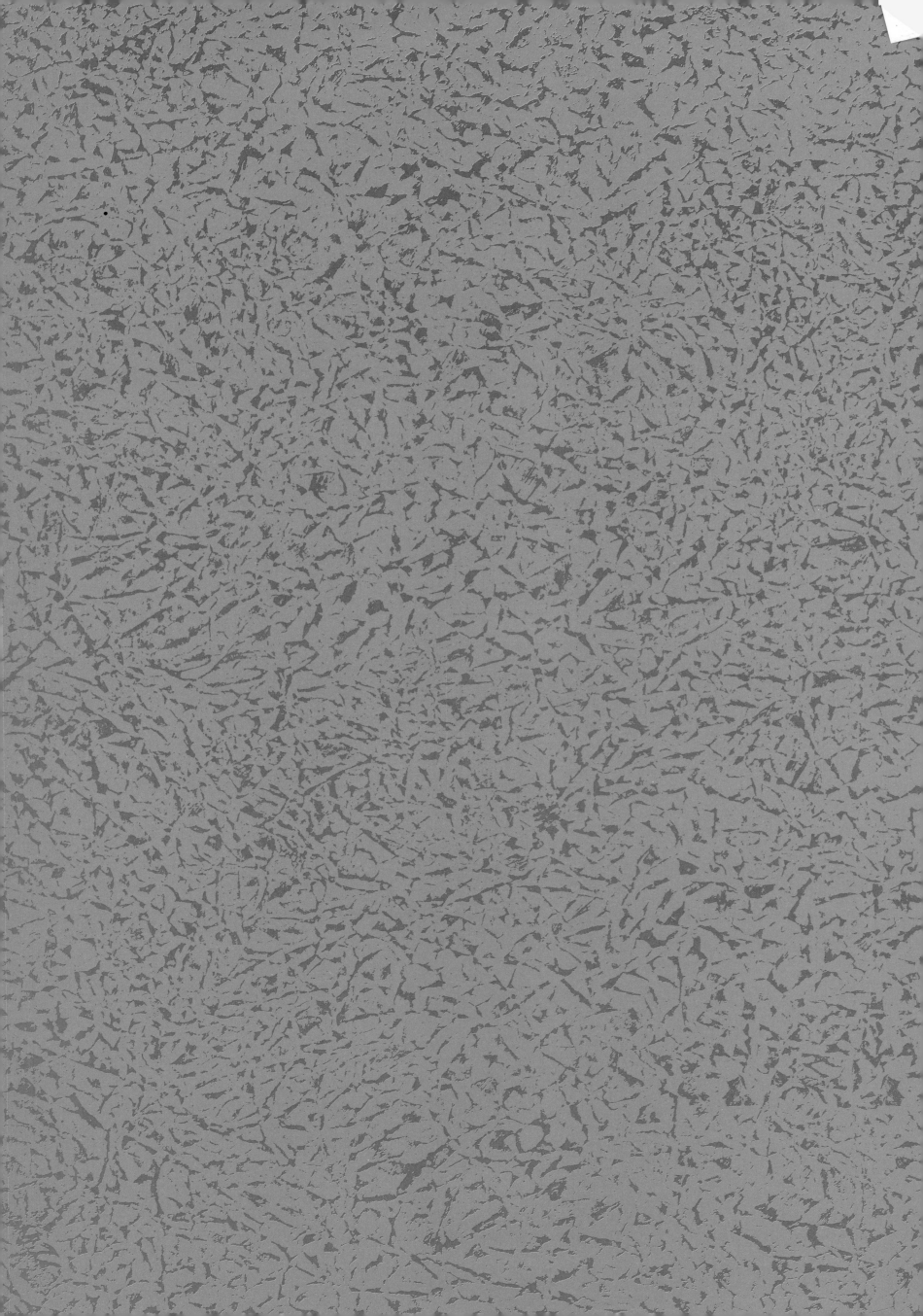